돌에서 짜내는 마음

SQUEEZING MINDS FROM STONES:
Cognitive Archaeology & the Evolution of the Human Mind, FIRST EDITION
edited by Karenleigh A. Overmann and Frederick L. Coolidge

SQUEEZING MINDS FROM STONES

돌에서 짜내는 마음

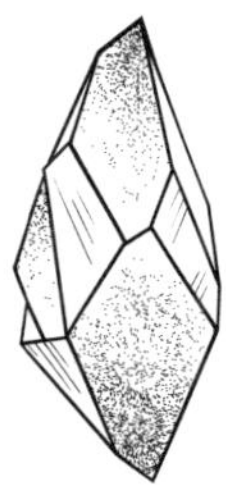

인지고고학과 인간 마음의 진화

카렐레이 A. 오버만, 프레데릭 L. 쿨리지 편저
이성근, 오미경, 이승현, 이수빈 옮김

圖書出版 하나醫學社

목차

| 기고자 |

Philip J. Barnard
명예회원
의학 연구회 인지와 뇌 과학부
영국 케임브리지대학교

Tony Berlant
미국, 산타모니카
예술가

Adam Brumm
부교수
호주 인류 진화 연구 센터
환경 특성 연구소
호주 그리피스대학교

James Cole
주 강사
환경기술학교
영국 브라이튼대학교

Frederick L. Coolidge
교수
심리학과
콜로라도대학교
미국, 콜로라도스프링스

Iain Davidson
고고학 명예교수
호주 뉴잉글랜드대학교

Sophie A. de Beaune
교수
장 물린 리옹 제3대학교
문자 및 문명 학부, 리옹
UMR 7041 "고고학과 고대 과학"
프랑스 낭테르

Kate Emery
고고학 연구소
영국 유니버시티 칼리지 런던

Tiago Falótico
박사후연구원
심리학 연구소
브라질 상파울루대학교

Clive Gamble
명예교수
인류기원 고고학 센터
고고학과
영국 사우샘프턴대학교

Michael D. Gumert
부교수
심리학부
사회과학대학
싱가포르 난양기술대학교

Miriam Noël Haidle
과학 코디네이터
하이델베르크 과학과 인문학 아카데미
"인류의 초기 확장에 있어 문화의 역할"
연구 센터
젠켄베르크 자연사박물관
선사시대, 초기 역사 및 중세 고고학
연구소
고대 선사시대 및 분기생태학과
인지고고학부
독일 튀빙겐

Derek Hodgson
겸임 교수
고고학과
영국 요크대학교

Mathieu Leroyer
미술사 및 고고학과(UFR 03)
프랑스 판테온-소르본 파리 제1대학교

Marlize Lombard
교수
인류학 연구/고인류학 연구소
남아프리카 요하네스버그대학교

Stephen J. Lycett
부교수
인류학과(진화 인류학과 인류 고고학 연구소)
미국 뉴욕 주립대학교

William C. McGrew
명예교수
심리학과 신경과학대학
스코틀랜드 세인트 앤드류대학교

Mark W. Moore
부교수
고고학과 고인류학
호주 아미데일, 뉴잉글랜드대학교

Eduardo B. Ottoni
교수
심리학 연구소
브라질 상파울루대학교

Karenleigh A. Overmann
MSCA 연구위원
심리사회과학과
노르웨이 베르겐대학교

Matt Pope
책임 연구원
고고학 연구소
영국 유니버시티 칼리지 런던

Shelby S. Putt
박사후연구원
석기시대 연구소 그리고 기법의 인류학적
토대 연구 센터
미국 인디아나대학교

Lana Ruck
박사과정 학생
인지과학 프로그램; 인류학과
미국 인디아나대학교

Gonen Sharon
부교수
다원적 연구
이스라엘 북부 갈릴리 텔 하이대학교

Ceri Shipton
연구소 회원
호주 우주 센터
생물다양성과 유산
호주 국립대학교

Cory Stade
객원 연구원
인류기원 고고학 센터
영국 사우샘프턴대학교

Dietrich Stout
부교수
인류학과
미국 아틀란타, 에모리대학교

Natalie Uomini
연구원
언어문화진화과
막스 플랑크 연구소 인문과학부
독일, 예나

Lyn Wadley
명예 교수
진화연구소
남아프리카 공화국 비트바테르스란트
대학교

Rex Welshon
교수
철학과
콜로라도대학교
미국, 콜로라도스프링스

Thomas Wynn
특훈 교수
인류학과
인지고고학 UCCS 센터
콜로라도대학교
미국, 콜로라도스프링스

| 역자 서문 |

인지cognition는 생각하는 힘이다. 호모 사피엔스는 생존의 문제 해결과 번영의 꽃을 피우기 위해 석기stone tool를 사용했었다. 지금 마주하고 있는 이 순간에도 기술은 진화하며 문명의 뿌리로 뻗어 나가고 있다. 이 책은 호모 사피엔스의 생각을 바라보며 정신병리를 치료하기 위한 도구가 필요하여 번역하게 되었다.

한국의 어떤 고고학자에게 고고학과 인지과학과의 결합에 관해 물어보니 시도하는 데 있어서 실험이 어렵다는 말을 들었다. 심리학자에게 인지과학과 고고학과의 결합에 관해 물어보니 흥미롭지만, 실험이 되지 않으니 과학이라고 부르기 어렵다고 하였다. 이 책은 토마스 윈Thomas Wynn이란 선구자가 내디딘 진화인지고고학evolutionary cognitive archaeology을 소개한다. 이후 대략 40년 동안의 과학적 논쟁을 거치며 마련한 이정표들 22개를 소주제로 발표한다. 정신과 의사로 작년에 『진화신경심리학evolutionary neuropsychology』을 번역한 경험이 있는데, 후속으로 이 책을 번역하며 현장의 치열함과 멋을 느꼈다.

원서의 제목은 『Squeezing Minds From Stones: Cognitive Archaeology and the Evolution of the Human Mind』로 인간 마음의 진화를 돌을 쥐어짜는 마음으로 표현하고 있다. 편집자인 프레데릭 쿨리지Frederick L. Coolidge와 카렌레이 오버만Karenleigh A. Overmann은 사

제지간이다. 쿨리지는 심리학자로 인류학자 동료인 톰 윈 그리고 제자 오버만과의 만남을 행운의 별을 보았다고 표현했다. 편집자들은 석기를 매개로 인지의 진화를 씨줄과 날줄로 엮었다. 쟁점은 석기를 떼면서 누적된 문명들이 어떻게 그리고 어디로 진화해가냐를 보는 데 있다. 과잉 모방을 통한 학습을 원동력으로 보고 있다. 그런데 신뢰를 통한 모방의 진화가 이 시대에서 정보과잉으로 사람과 자연과의 관계에서 몸부림을 치고 있다.

3백만 년 전 몸돌core에서 격지flake를 떼는knapping 작업을 재현하기 위해 뒷산에 올라가 화강암을 부딪쳐 깨보았다. 송곳니도 작은 호미닌이 전 세계를 지배하는 현실을 만들 수 있었던 것은 도구를 만드는 생각의 힘과 실험이라고 느꼈다. 이 책은 부부와 자녀가 함께 번역하였다. 가족이 주먹도끼handaxe를 함께 만들어 가는 것 같은 즐거움을 느꼈다. 번역에 잘못이 있다면 대표 역자에게 있다. 많은 분들의 도움을 받았다. 인류 진화의 번역에 심신 양면으로 지원해주신 주명진 원장님에게 감사를 드린다. 하나의학사에서 연계를 하고 끝까지 편집과 교정을 잘 보아주셔서 감사를 드린다. 정신과를 왜 지원했냐는 질문에 시계의 시침이나 분침을 수리하기보다는 시계가 잘 돌아가게 도와주고 싶었다고 말한 것이 기억난다. 호모 사피엔스와 생태계의 생명체들 그리고 우주를 마주하며 깊은 감사를 드린다. 모두들 이 여행을 멋지게 펼쳐나가기를 기원한다.

2023년 9월

이성근, 오미경, 이승현, 이수빈 올림

| 소개 |

교차로에 있는 인지고고학

Karenleigh A. Overmann and Frederick L. Coolidge

1974년 가을쯤, 토마스 윈Thomas Wynn이라는 대학원생이 초기 석기시대/후기 구석기 고고학 박사학위 연구의 잠재적인 프로젝트에 대해 심사숙고하면서 깊은 생각에 잠긴 채 샘페인-어베너에 있는 일리노이대학교 캠퍼스를 가로질러 걸어갔다. 갑자기, 머리에 떠오른 연구 가능성으로 인해 걸어가던 중간에 멈추었다. 몇 달 전, 봄 학기에 박사학위 지도교수인 인류학자 찰스 켈러Charles Keller는 그에게 심리학자인 장 피아제Jean Piaget라는 별칭을 지어주었고, 아이들의 인지 발달에 대한 피아제Piaget의 아이디어가 고고학자에게 도움이 되는지를 평가하는 일을 맡겼다. 그 당시 윈은 고고학적 기록에 심리학 이론을 적용할 방법이 없다고 결론지었었다. 그러나 지금, 그는 인지 능력의 유전적 발달에 대한 피아제의 생각이 석기 형태의 변화를 통해 어떻게 인간의 인지 능력이 진화했는지 설명해 줄 수도 있다는 생각에 강한 충격을 받았다.

인간의 인지 진화가 수백만 년 이상 보존된 석기로부터 이해될 수 있다는 생각은 몇몇 유골과는 별도로 1970년대의 시대정신에 대한 반응일 수도 있었다. 경직된 물질주의에 대한 반작용으로, 초기 도구 사용에서 우리를 분리시켜주는 유일한 것이었다. 10년 전 '새로운 고고학자'가 옹호한 '과정고고학processual archaeology'[01]의 특징을 가지는 경직된 물질주의에 대한 반작용이었다. 확실히 일리노이대학교 캠퍼스에 떠도는 것은 루이스 빈포드Lewis Binford(1962, 1972; Binford & Binford, 1968)의 아이디어와 클로드 레비 스트라우스Claude Lévi-Strauss(1962)와 에드먼드 리치Edmund Leach(1973)의 문화와 과학에 대한 초기 구조주의적 개념들이었다. 사실, 비슷한 생각들이 대서양 양쪽에서 출현하여 윈의 작업뿐만 아니라 동시대 학자들인 고고학자 글린 아이작Glynn Isaac, 콜린 렌프루Colin Renfrew, 존 고울렛John Gowlett, 이아인 데이비드슨Iain Davidson, 심리학자인 윌리엄 노블William Noble, 진화 영장류학자 윌리엄 맥그루William McGrew, 생물 인류학자 수 테일러 파커Sue Taylor Parker 그리고 진화 신경생물학자인 캐슬린 깁슨Kathleen Gibson의 연구에서도 나타나고 있었다.

오늘날에도 남아 있는 것처럼, 인지에 관심이 있는 고고학에서 가장 큰 난제가 있었다. 오래된 미스터리를 해결하려는 벅찬 목표와 함께 어떻게 고고학적 기록에서 자료의 모든 마지막 조각까지 쥐어 짜내어 인간의 인지의 진화적 변화를 이해하는 데 사용할 수 있을까? 어떻게 우리가 인간이 되었을까? 이런 질문은 특히 어려운데, 해석들은 고고학적 해석을 혼란스럽게 하는 예측불허의 변화뿐 만이 아니라, 반드시 고고학적 밖에서 오는 이론적인 틀, 정의, 가정, 방법 그리고 모델들을 필연적으로 포함시켜야 하기 때문이다. 인지 능력은 고고학적으로 감지할 수 있는 행태behavior[02]로 작동하기 위해서, 심리학적인 용어로 이해해

01 물질 중심으로 문화적 적응 과정을 중요하게 보았다(역자 주).

02 행동뿐 아니라 태도도 포함한다. 문맥에 따라 행동으로도 번역하였다(역자 주).

야만 했다. 그 결과, 인지고고학은 발견과 서술의 비교적 간단한 문제가 아니라, 물질적 형태의 변화에서 감지할 수 있는 심리적인 구성을 어떻게 운영할 수 있는지에 대해 알고 적용되어야 하는 학문 간 노력이었다. 이 노력에는 신경해부학과 신경 기능성functionality이 시간의 개체발생적, 진화적 기간에 걸쳐 변화하는 방식과 인지, 개념 그리고 상징의 본성에 대해 물질적 변화와 철학적 추측에 어떻게 관련되는지 그리고 그러한 현상에서 물질성의 역할을 포함하였다.

인지고고학은 돌에서 마음을 짜내는 그리 간단하지 않은 예술art이라고 불릴 수 있는데, 이 책을 위해 선택한 제목이 우연은 아니다. 이것을 소개하기 위해 먼저 인지고고학의 선구자들의 연구를 간단히 살펴본 후 그것을 사용하여 비록 새로운 이론적인 틀과 방법론적인 기법들이 해결하기 위해 채택되었지만 약 40년이 지난 후에도 어떻게 많은 동일한 우려와 도전들이 여전히 남아 있는지 보여준다. 그런 다음 이 책의 내용을 네 부분으로 나누었다. 일반적인 인지 진화, 석기와 마음, 사회적 인지 그리고 더 최근의 인지(숫자, 무기, 함정 같은 것)이다. 기고자들 중에는 연구 조사로서 인지고고학을 확립하는 데 도움을 준 많은 학자들뿐만 아니라 몇몇 신진 학자들을 포함하였다. 이 범위는 분야 자체의 변화를 반영하지만, 언어 기원과 같이 해결되지 않은 질문들, 신경영상과 같은 접근법들 그리고 성별 분할(여성에서 더욱)과 특수성(영장류 고고학과 현대 예술)과 같이 해결되지 않고 여전히 고민하는 변화를 반영한다. 인지고고학의 미래에 대하여 선구자 중 한 명인 토마스 윈의 생각으로 이 책을 마무리 짓는다.

인지고고학의 시작: 과정주의에 대한 반작용

과정고고학은 해석이 이론에 의해 인도되어야 한다고 요구했는데, 그것은 계속된 명령으로 남아 있다. 또한 과거가 물적 증거에 따라 엄격히 해석되어야 한다며 반작용할 무언가를 제공했다. 리치Leach(1973)가 표현했듯이, 고고학은 고대 **사람들**을 연구하기에 설비가 부족했다. 그는 "… 세상의 모든 독창성은 영원히 없어지고 사라진 증거를 대체하지 못할 것이다" 그리고 "… 당신은 그것들이 무엇을 위해 있었는지에 대한 당신의 추측을 인정해야 한다"(p. 768)라고 말했다. 그럼에도 불구하고, 과정주의processualism는 고고학적 기록이 인공물 그 자체로 고고학적 생각에 대한 초기 학파들의 발견과 기법 임무뿐만 아니라, 만들고 사용한 사람들의 생활양식에도 정보가 될 가능성을 열어주었다. 나중에 렌프루Renfrew(1982)가 지적했듯이, "물질적 인공물에서 지적인 행태를 유추하는 것"은 고고학만이 할 수 있는 일이었다(p. 4). 분명히, 이것들은 새로운 접근법과 이론적 틀, 더 긴 추론적 연쇄 그리고 때로는 넌센스가 없는 과학에 명령적으로 편안하게 들어맞는 것보다 더 큰 믿음의 도약을 요구하는 문제였다. 예를 들어, 빈포드Binford(2001)는 고고학적 기록이 현대의 수렵채집 사회로부터 통찰력을 얻음으로써 이해될 수 있다는 생각을 소개했었다. 민족지적 설명ethnic explanation[03]은 만약 완전히 거부되지는 않더라도 빠르게 비판될 것이다. 왜냐하면, 현대 전통 사회는 거의 선사시대적이지 못하기 때문이다. 스미스Smith(1955)가 표현했듯

---

03 민족은 단순 혈연보다는 문화와 언어를 공유하는 추상적 개념으로 토속적인 문화정서를 의미한다(역자 주).

이, 그러한 비교는 단지 "사실 다양한 행태 코드code[04]가 인간의 행동을 실제로 작동시킨 것"만을 입증했기 때문이다(p. 5). 그래서 형식이나 권위에 있어 사회들과 비교할 수 있는 가치를 제공하지 못한다. 빈포드와 동시대의 인류학자 랄프 할로웨이Ralph Holloway(1969)는 비슷하게 어렵고 여전히 해결되지 않은 종간between-species 비교 가능성에 대한 문제와 씨름하고 있었다. 다음과 같은 질문을 하였다. 인간은 인간 아닌 종에 비해 얼마나 특별한가? 문화와 문화의 전달과 같은 개념이 어떻게 정의될 수 있을까? 그리고 그러한 정의는 인간과 비인간 종 사이의 연속성을 보여줄 수 있을 만큼 충분히 광범위해야 하는가 아니면 불연속성이 인간의 고유성을 강조하도록 좁게 해석되어야 하는가?

이러한 과정들의 아이디어들 중 일부를 확장하면서 혁명의 기류에 대응하면서, 토마스 윈은 박사학위 연구를 약 200만 년에 걸친 돌 기법들(올도완Oldowan, 아슐리안Acheulean, 르발루아 공작Levallois industry)의 변화에 집중하여 Man에서 『후기 아슐리안 호미니드 지능The Intelligence of Later Acheulean Hominids』(1979)으로 출판하였고, 이후에, 『공간 역량의 진화The Evolution of Spatial Competence』(1989)로 출판하였다. 윈은 어떻게 물질 형태의 변화가 공간 인지와 지능의 진화적 변화를 나타내는지 설명하기 위한 틀로 피아제 발달이론을 이용했다. 증거, 이론 그리고 조사 범위가 좁게 그려졌다. 돌 변화, 피아제의 발달 틀, 공간성과 지능을 위한 인간의 능력 등을 포함하였다. 본질적으로, 물질 형태의 복잡성이 증가하는 것은 새롭고 점점 더 복잡해지는 심리적 능력의 출현을 위한 지표였다. 지속성(확실히 유인원과 유사했었던 종말점)에서 비롯되어 불연속성(현생 인류

04 부호, 암호 등의 뜻이 있으나 원저의 뜻을 명확히 전달하기 위해 코드라고 번역했다(역자 주).

의 독특한 인지적 복합성에 닻을 내린 종말점)에서 도달하였다. 윈은 나중에 진화적 영장류학자 윌리엄 맥그루와 팀(Wynn & McGrew, 1989)을 이뤄, 인간의 불연속성이 유인원과 같은 연속성에서 비롯되었다는 생각을 더 욱 탐구했다. 올도완 공작을 현대의 유인원(특히 침팬지)에 의한 도구 사용에 비교하면서, 더 먼 거리를 운반하고 큰 육식동물과 먹이를 겨루는 등의 예외적인 부분과 함께 올도완에 필요한 능력이 현대의 유인원에 의해 증명된 범위 내에 있다고 주장하였다. 여기서 **필요한 최소한의 능력**을 강조하였다. 도구가 생산과 사용에 필요한 능력의 하위 경계만을 반영하기 때문에, 제작자의 실제 또는 잠재적 인지 능력을 과소평가할 가능성이 있다는 생각을 다루었다. 이 개념은 윈이 협력자들과 학생들에게 물려준 주문mantra이 되었다. 현상을 설명하는 데 필요 이상의 추측은 하지 말라는 것이었다.

또한, 북미에서 일했지만 윈과는 독립적이었던 수 테일러 파커와 캐슬린 깁슨Sue Taylor Parker and Kathleen Gibson(1979)은 약간 다른 각도에서 그 문제를 공격하고 있었다. 공간 인지와 같이 인지 능력을 작동하고 물질적 변화에서 흔적을 찾기보다는, 인지의 계통발생적 발전과 두뇌 크기의 진화적 변화를 통해 지능과 언어의 기원을 조사했다. 피아제 학파들이 개체발생적 발달에 대해 철저히 연구했음에도 불구하고 피아제 이론의 계통발생학적 부분에 대한 진화적 모델에 대해서는 '라마르크 학파와 생기론자Lamarckian and vitalistic'[05]라고 불렀다(p. 400). 그들의 타협은 인간 아동을 위한 지적 능력의 진화의 네 단계(피아제의 개체발생 이론)와 비피아제 학파의 진화기준에 따른 다양한 영장류 집단(원원류, 구

05 생기론은 생명에는 목적을 실현하는 생명력이 있다면서 인공물론에 반대하는 입장이다(역자 주).

세계 원숭이, 대형 유인원 그리고 호미니드hominid[06]) 사이의 유사점을 비교하고 찾아내는 것이었다.[07] 도구 사용을 호미니드 지능의 표시인 **조건설**sine non qua로 간주하여, 도구 사용의 발전된 방법 모델에 협력, 공유 관심사, 식생활, 사냥, 사회성과 사회 구조, 음식 공유와 전달, 은신처 구축과 사용, 기후, 사용 가능한 환경 자원 등의 기여요인factor[08]들을 포함시켰다. 계획과 같은 도메인domain[09]에서 인지적 이점을 통해 더 많은 자원을 획득할 수 있는 개체들은 자연선택과 사회선택 모두에 의해 선호된다고 생각되었다. 즉, 생존하고, 짝짓기 습득, 문화적, 유전적 기전을 통해, 유리한 행태 기술skil[10]과 인지적 특성을 영속시킬 가능성이 더 높다는 것이다.

거의 비슷한 시기에 지구 반대편 동아프리카에서 글린 아이작Glynn Isaac(1976)은 고고학적 기록의 물질적 복잡성을 분석하고 인류 진화에 대한 결론을 도출하고 있었다. 초기 도구와 생계유지에 대한 의존이 현대 유인원의 범위를 벗어나는 것으로 확인하였다. 윈과 같이, 그는 인공물과 그 성질에 가까이 접근하였지만, 윈이 형태학적 변화로부터 인지적 변화를 해석했던 곳에서, 아이작은 원재료의 운반, 완성된 도구의 변경

---

06 사람 그리고 고릴라, 침팬지, 오랑우탄 등의 현재 또는 과거 사라진 모든 대형 유인원을 일컫는다(역자 주).

07 파커와 깁슨(Parker and Gibson)(1979)이 피아제의 계통발생 이론을 완전히 거부하는 데 성공했는지는 논란의 여지가 있지만, 그들의 타협은 결국 영장류의 진화적 변화와 피아제의 인지발달의 개체발생 단계를 비교하는 것으로 끝났다. 저자들은 피아제의 **감각운동기**(출생 후 2세), **전조작기**(2~7세), **구체적 조작기**(7~12세 이후) 그리고 **형식적 조작기**(12세 이후)와 그들이 부르는 **원원류 단계**, **구세계 원숭이 단계**, **대형 유인원 단계** 그리고 **호미니드 단계**는 인간 유아, 인간 걸음마 시기를 지닌 원숭이 등, 그것을 특징화 지으며 평행하게 추론한다. 그러나 19세기 이론가들에 의해 인간 사회에 그려진 유사한 평행만큼 평행하지는 않으며, 여전히 부정확하게 남아있다.

08 factor는 요인, element는 성분, component는 구성요소로 번역하였다(역자 주).

09 영역, 범위 등의 뜻이 있는데 원저의 뜻을 명확히 전달하기 위해 도메인으로 번역하였다(역자 주).

10 technique은 동작 구성의 방법이란 뜻의 기법으로, skill은 잘 다룰 수 있는 능력이란 뜻의 기술로 번역을 하였다(역자 주).

과 사용 그리고 집단들 사이의 문화적 차이들에 대해 어떤 형태학적 성질을 나타낼지에 대해 초점을 맞췄다. 화석과 식생활에 대한 증거를 통합했는데, 그 자료는 학제 간 데이터 유형으로 인지고고학에 포함되는 것이 상당히 보편적으로 되었다. 또한, 윈과 달리(최소한, 이 기간에) 오늘날처럼 논쟁적이고 결정적이지 않은 주제인 언어에 대해 기꺼이 추측했다. 도구 사용과 관련된 경제적 행태와 적응적 패턴(예: 지역 사냥감을 스카벤지scavenge[11]하기 위해 집과 같은 곳에 가져와, 집단이 고기 같은 음식을 얻고 공유하기 위해 협력하는 것을 포함하는 생계 방식)을 정보 교환과 언어 출현의 창구로 삼았다(Isaac & Isaac, 1975).

호주에서는 이아인 데이비드슨과 윌리엄 노블Iain Davidson and William Noble(1989)도 언어의 도전을 받아들였고, 고고학적 탐구로서 언어의 기원을 되살리려 하였다. 고고학적 기록에서 언어 기원과 발달의 흔적을 발견할 필요성을 인식하면서, 언어가 몸짓에서 유래된 묘사적인 이미지에서 비롯되었다고 가정했다. 구석기시대에는 들소와 같은 대상의 모양을 재현하는 몸짓이 벽 예술품parietal art[12]을 만들었다. 이것은 들소의 의미에 대한 반사성reflexivity을 그리고, 그것은 단어들에 대한 반사성을 낳았다. 기본적으로, 언어는 대상의 의미를 이해하는 것을 필요로 하며, 인간과 비인간 종이 사회적 의미를 구성하고, 이해하고, 공유하는 방법에 있어 상당한 불연속성을 가정한 묘사를 참조하며 정신적 도약을 요구한다. 이 접근은 언어 기원 연구의 두 가지 관련 방법에서 따르는 것과는 달랐다. 즉 언어가 데이비드슨과 노블Davidson and Noble이 주장했던 것처럼 참고로 이행하기 위해서가 아니라 그 자체로 의사소통의 방식으

11 사냥하지 않고 죽은 동물을 샅샅이 뒤지며 찾는 행동(역자 주).

12 동굴 벽 또는 암석의 예술작품을 명명하는 고고학 용어(역자 주).

로서 몸짓(동작 기원 가설; Corballis, 1999; Gentilucci & Corballis, 2006)에서 비롯되었다는 생각과 도구 행태와 연합된 언어와 운동 동작의 신경 그리고 조합 유사성을 인식하고 언어가 도구 사용에서 비롯되었다는 생각을 했다(Bradshaw & Nettleton, 1982; Higuchi, Chaminade, Imamizu, & Kawato, 2009). 데이비드슨과 노블은 또한 문화가 언어 없이 존재할 수 있다는 것을 의심하였는데, 이것은 사회적으로 학습된 행동들은 아마도 인간의 말과 동등한 의사소통 능력이 없는 종인 비인간 영장류와 고래들에 의해서도 증명되어서, 최근 수십 년간 **확답 된** 질문이기 때문이다(Laland & Janik, 2006). 또한, 데이비드슨과 노블은 주먹도끼가 윈이 주장했던 것처럼 점점 더 복잡한 공간적 능력에 의해 가능하게 된 성형의 의도적인 부과보다는 반복적인 행태의 의도하지 않은 결과라고 주장했다.

초창기 개념으로서 물질적 실체가 주어졌다는 데이비드슨과 노블Davidson and Noble(1989)의 생각은 콜린 렌프루Colin Renfrew(1982)가 '인지적 과정주의cognitive processualism'[13]를 만들기 위해 작업하고 있었던 영국에서 발전하는 철학적 방향을 보완한 후에야 작동되고 인식되었다. 렌프루는 호미니드 인지 진화가 '개체발생은 계통발생학을 따른다는 오래되고 위험한 원리'(p. 14)인 피아제 이론과 역으로 계통발생은 개체발생을 따른다는 이론을 통해 이해될 수 있다는 것에 동의하지 않았다. 또한 "설명은 보편적 법의 형태로 재현되어야만 '과학적'이 될 수 있다(p. 10)"라는 주장과 같은 과정적 요소들을 거부하였다. 반면에 객관성을 우선시하고 물질적 형태는 제작자들이 **어떻게** 생각했는지 그리고 어쩌면 **무**

13 고고학에서 인지와 상징적 요소를 통합하여 접근하는 학파(역자 주).

엇을 생각했는지를 조사하여 과정적 아이디어를 구체화했다. 마음의 고고학에서 지적 행태는 물질문화가 문화적 현실을 구성하는 데 적극적인 역할을 했기 때문에 고고학적으로 발견된 물질적 형태에서 인식될 수 있었다. 고고학자들은 인더스 밸리 문명의 장소인 모헨조다로의 돌로된 정육면체 같은 인공물들을 개념적 지도 체계와 그것과 관련된 사회적 조건 모두를 암시하는 가중치로 해석하도록 자유로워지고 있었다(Renfrew, 1982). 렌프루는 또한 인지고고학이 인간 심리학 그리고 신경생리학, 사회적 인류학 그리고 생리적 인류학, 다른 종과의 비교 연구, 심지어 인공 지능과 같이 다른 분야와 중복될 수밖에 없으며, 추론을 유도하기 위해 일관성 있는 이론과 건전한 분석 과정이 필요하다고 지적했다. 더욱이, 마음과 물질의 데카르트 구분이 문제가 있다는 것을 인식했는데, 나중에 심리철학philosophy of mind[14]의 개념을 통합한 인지고고학자 람브로스 말라푸리스Lambros Malafouris(2013)의 훨씬 더 철학적인 물질적 연계성 이론material engagement theory[15]을 고무시켰다.

또한 존 고울렛John Gowlett(1979, 1984)은 영국에서 윈이 하던 것처럼 인공물들 자체에 매우 가까이 접근하여, 돌 기법에서 디자인 형태의 진화에 초점을 맞추고 있었다. 그는 돌떼기(완성된 인공물에 반영됨)와 같은 기술을 분석하는 것이 인지 진화에 접근하는 유익한 방법이 될 수 있다고 제안했다. 따라서 양날 제작을 일련의 타격 결정과 타격뿐만 아니라 원재료 선택과 운반, 도구 사용까지 포함하는 복잡한 공작으로 설명했다. 고울렛은 주먹도끼가 인지적 복잡성의 증가세를 보인다는 것에 동의했지만 윈에 대해 논박하며, 그것은 표준화의 사안이지 다중 시각 공간

14 몸과 마음의 성질의 관계에 관하여 연구하는 철학 분야(역자 주).

15 인지가 뇌를 넘어 물질로 확장한다는 이론(역자 주).

의 관점을 협응하는 사안 중 하나가 아니라고 주장했다. 그는 한쪽 끝을 다른 쪽 끝과 잇는 처리end-to-end process가 너무 복잡해서 현대의 비인간 영장류들 그리고 심지어 올도완의 초기 능력을 능가할 것이라고 제안했다(윈과 동료 윌리엄 맥그루Wynn and colleague William McGrew가 1989년에 반대하였다). 또한, 고울렛은 주먹도끼와 가로날도끼cleaver가 제작자의 마음에 개념을 반영한다고 제안했는데, 이는 형태 시행을 유도하는 일종의 정신적 템플릿으로, 물질적 참여를 통해 새로운 방식으로 구체화되고 뚜렷해지는 개념과 상충되었다(Malafouris, 2010b, 2013). 고울렛은 또한 인간의 인지가 다른 종과의 연속성과 불연속성의 특징화, 특히 세대 간 경험의 누적과 전달에 대한 호미니드 적응(다른 말로 문화)을 가능하게 하는 방법에서 충분히 이해되지 않을 가능성이 있다고 언급했다.

이 책에서, 우리 기고자들의 22개 장Chapter은 인지고고학을 형성하는 수십 년 간 제기된 많은 동일한 주제들을 떠 올린다. 민족지고고학과 실험 방법의 타당성과 사용, 인간과 비인간 종 사이의 연속성과 불연속성의 문제, 이론적인 틀의 선택과 적용, 뇌 기능과 형태에 대한 현대의 심리학적, 신경과학적인 접근에 의한 피아제 이론의 치환을 포함하는 구조들, 학제 간 자료의 통합, 언어의 기원, 인공적인 형태로부터 의도성intentionality을 구성하는 능력, 인지고고학의 철학적 전환, 그리고 불가사의한 세대 간 누적과 전달을 포함한다. 물론, 여전히 석기뿐만 아니라 활, 화살, 덫, 올가미 같은 최신 기법까지, 가능한 모든 자료를 짜내고자 한다.

40년 후: 현대의 인지고고학

빈포드의 수렵채집자 비교에 대한 거부에도 불구하고, 오늘날의 어떤 고고학적, 실험적 접근법은 현생 인류와 비인간 종의 행태와 두뇌에서 추론하여, 전통적인 기법과 고대 기법 그리고 그것들이 수반하는 인지적 과정을 이해하는 활기찬 방식으로 남아 있다. 예를 들어, 이 책의 제18장에서는 소피 아드 비오네Sophie de Beaune는 호주, 아프리카, 북극에 있는 현대 수렵채집자들의 민족지 자료를 사용한다. 그녀는 그들의 성별 분업을 선사시대 민족지에서 해석된 것과 동일시하지 않고, 오히려 성별에 대한 고고학적 분석이 종종 연구원 자신의 문화적 기대치에 의해 왜곡된다는 것을 증명하기 위해 사용한다. 무기와 말 뼈를 포함하고 있어 전사의 무덤으로 확인된 바이킹 무덤에서 유해의 DNA 분석을 통해 성이 확인되었는데, 남성이 아닌 여성의 것이라는 지난해 발표의 깜짝 소개로 예증하였다(Hedenstierna-Jonson et al., 2017). 그리고 실험적인 접근법의 한 예로, 마크 무어Mark Moore는 개인적인 플린트flint[16] 떼기 경험을 돌 유물의 의도 해석 문제에 적용했다. 변형된 돌은 고대의 제작자가 돌을 부딪쳐 격지flake[17]를 만들어내고 다듬을 때 의도한 것에 대해 무엇을 의미한다고 우리에게 말해주는 것인가? 주먹도끼와 같은 인공물을 만드는 데 얼마나 많은 목표가 포함되는가? 최종 생산물을 시각화함으로써 생산을 안내하는 정신적 템플릿이 필요한가? 아니면 단순히 1980년대에 데이비드슨과 노블이 주장했던 것처럼 몸돌을 고갈시키는 의도하지 않은 결과인가? 그리고 만약 정신적 템플릿이 있다면, 현대

---

16 석영의 하나로, 부싯돌로 사용하였다(역자 주).

17 돌조각으로, 격지는 한글이고 박편(剝片)은 한자어다(역자 주).

의 돌떼기들이 행한 실험들이 인공적인 형태를 실현하려는 고대 의도에 영향을 미칠 수 있는 빛은 무엇일까? 쉘비 푸트Shelby Putt의 언어(후에 논의된다)에 대한 기여도 또한 실험 범주에 속한다.

종간 비교 가능성에 대한 할로웨이Holloway의 우려는 비교 분석에 있어서 비인간 영장류, 특히 도구 사용과 학습된 행태의 전달 그리고 재생산과 관련하여 현재 상당한 관심이 있음을 암시했다. 윌리엄 맥그루William McGrew, 티아고 팔로이코Tiago Falótico, 마이클 구머트Michael Gumert, 에듀라도 오토니Eduardo Ottoni는 현재 고고학의 뚜렷한 하위 분야인 영장류 고고학의 광범위한 연구를 검토함으로써 이 연구 범위를 확장했다(Haslam et al., 2009, 2017). 포획된 유인원에 대한 실험과는 달리(예: Kanzi; Savage-Rumbaug, Toth, & Schick, 2007), 영장류 고고학은 초기 호미니드의 더 직접적으로 유사한 조건인 자연 상황에서의 도구 사용에 초점을 맞추고 있다. 저자들은 유인원 및 구세계와 신세계의 원숭이가 생산한 도구를 올도완 공작과 같은 초기 돌 기법과 비교하였고, 윈과 맥그루Wynn and McGrew가 작업을 추가로 업데이트하였다(Wynn, Hernandez-Aguilar, Marchant, & McGrew, 2011; Wynn & McGrew, 1989). 도구 사용 행태의 한 가지 중요한 차이점은 도구를 재사용하는 정도이다. 비인간 영장류는 조개류나 견과류와 같은 열리는 음식을 깨기 위해 모루 같은 도구를 재사용할 때와 같이, 필요할 때마다 새로운 도구를 만드는데(예: 침팬지가 흰개미를 잡기 위해 탐색하는 데 쓰이는 잔가지), 그들은 그렇게 한 번에 하나씩 한다. 이러한 행태에는 여러 가지 효과가 있다. 첫째, 도구는 한 번에 한 개체 이상에 의해 사용되지 않으며, 공동주의joint attention[18]와

18 두 사람이 상호작용하기 위해 대상이나 사건에 초점을 맞추는 행위이다(역자 주).

같은 인지과정에 참여할 수 있는 잠재적 기회를 제한한다. 렉스 웰손Rex Welshon이 그의 장(제3장)에서 탐구하는 것이다. 둘째로, 도구들은 필요를 충족시키기 위해 만들어지고 일단 그것을 충족시키기 위해 사용되면 폐기되거나 혹은 모루와 같이 그들의 형태가 세련되지 않아서 사회적 지식을 누적하는 행동을 하지 않기 때문에 변경을 누적하지 않는다. 세대 간 문화를 누적하고 전달하기 위해 무엇이 필요한가에 대한 문제는 스티븐 리셋과 미리암 노엘 하이들Stephen Lycett and Miriam Noël Haidle이 각각 그들의 장(스티븐 리셋은 제12장, 미리암 노엘 하이들은 제6장)에서 다루고 있다.

그 부분에 있어서 피아제Piaget 이론은 유행에 뒤떨어졌는데, 특히 파커와 깁슨Parker and Gibson에 의해 당연히 거부된 철학적 측면에서 더욱 그러하였다. 피아제 학파의 계통발생이 '라마르크 학파와 생기론자'였다면(Parker & Gibson, 1979, p. 400), 피아제 유전학 이론은 고대, 전통, 산업화된 사회에 적용되었고, 성년과 어린이를 구분하는 효과가 있는데(Piaget, 1928), 부정확한 특징으로 인해 부적절하다고 느낄 수 있다. 심리학적 능력에 대한 보다 최근의 이론적인 틀들이 인지고고학에서 채택되었다. 예를 들어, 배들리와 히치Baddeley and Hitch(1974)의 작업기억 모델이 있다. 프레데릭 쿨리지Frederick Coolidge는 토마스 윈Thomas Wynn과 수십 년간의 협력 관계를 맺고, 이 책에 대한 기고를 재탄생시켰다. 현대 심리학 이론으로의 전환과 함께, 토마스 윈과 토니 베를란트Tony Berlant는 예술의 신경미학을 탐구하는데, 돌 기법에 대칭 형태의 통합이 증가하는 것에서 발전하는 것을 볼 수 있다. 윈과 베를란트의 장(제13장)에서는 그들 각각의 고고학적, 예술적 감성으로 판단되는 세계에서 가장 매력적인 주먹도끼를 찾는 5년간의 임무인 '위대한 주먹도끼 유람 여행the great handaxe junket'에 대해 다루고 있다. 이 전시회는 댈러스의 나셔 조각 센터에서 2018년 1월에 열렸다(Farago, 2018). 데릭 호지슨Derek Hodgson은 시각 공간 기억의 신경과학, 시각 운동의 조절, 주의력 그리고 계획에서 얻은 통찰력을 이용하여 석기 형태의 변화로부터 구별되는 공간 인지의 발전을 조사했다. 제임스 콜James Cole은 다른 사람들이 자신과는 다른 내용의 마음을 가지고 있다는 것을 알 수 있는 능력인 마음이론theory of mind으로 알려진 구조의 발전을 조명한다고 주장하면서, 돌 형태의 변화에 대한 유사한 조사를 제공한다.

마음 모델링과 마음의 진화적 발전은 특히나 학제 간 자료가 이 문제에 수반됨에 따라 계속해서 도전을 제기하고 있다. 필립 바나드Philip Barnard는 정신 그리고 신경계에 미치는 도구 사용과 효과와 같은 행태를 보고, 정신적 상태, 지각, 그리고 육체적 조절의 기저를 이루는 제안적 의미propositonal meaning와 같은 능력의 발달로 인간과 비인간 영장류를 구별했다. 현존하는 종의 정신 능력을 분석하고 비교할 수 있도록 하는 상호작용 인지 하위체계interacting cognitive subsystems(이하 ICS로 표기) 모델과 인간의 인지의 진화적 발전을 검토한다. 디트리히 스타우트Dietrich Stout는 유기체가 시간에 따라 환경과 상호작용하는 방식을 분석할 수 있는 이론과 방법의 지속적인 통합에 초점을 맞춘다. 즉 다윈주의와 신다윈주의 진화론, 던바Dunbar의 사회적 뇌 가설, 기법적 지능 가설, 적소 건설niche contruction[19] 이론, 표현형 동화phenotypic accomodation, 유전자-문화 공진화를 통합하려고 하였다. 이아인 데이비드슨Iain Davidson은 인지고고학자들이 수십 년 동안 어떤 식으로 석기에 접근했는지를 돌아보고, 19세기 초 과정주의 이전의 영향을 찾아냈다. 그는 **작업순서**

19 niche는 틈새, 생태학적 지위로도 번역이 되는데 여기서는 적소로 번역하였다(역자 주).

분석[20]을 이용하여 분석했다. 또한, 비인간 영장류 도구 사용 그리고 바나드Barnard의 인지 하위체계 모델을 사용하여 새롭고 더 생산적인 방법을 주장한다. 그러한 방법 중 하나는 부다페스트의 진화인지체계evolving cognitive system(이하 ECS로 표기) 모델로서, 비교 연구를 통해 조상들의 인지 상태를 이해하려고 한다. 목표는 조상들의 인지 상태를 불완전하거나 결핍된 것으로 모델링하는 것을 피하고(예를 들어, 현대 인지에서는 부족한 언어), 현존하는 종들이 유능하다고 가정한다(그러나 비언어적으로).

언어의 기원은 여전히 중요한 관심의 주제로 남아 있다. 쉘비 푸트Shelby Putt는 또 다른 실험적인 접근 방식을 적용하는 데 신경영상을 사용하여, 어떤 부분이 플린트를 뗄 때 활성화되는지 확인한다. 초점은 형태를 실현하기 위해 얼마나 많은 의도가 필요한지가 아니라, 플린트 떼기와 관련된 운동이 언어의 운동과 어느 정도 겹칠지를 이해하는 데 있다. 그녀는 도구 행태에서 언어의 기원을 찾으려는 시도는 이론적으로 정당화되어야 하며, 만약 그것들이 타당하고 설득력이 있다면 실현 가능한 정도까지 경험적으로 정당화되어야 한다는 윈Wynn(1991)의 상기에 주목한다. 푸트는 현대의 돌떼는 자에게 있어서, 초기 석기들을 복제하는 데 있어서 침묵의 모방보다는 언어를 통한 가르침이 뇌의 어떤 부분이 활발해지도록 영향을 미친다는 것을 주목한다. 언어의 신경 활성화 패턴과 돌떼기 사이의 특정한 중복은 공통 기원의 가설을 뒷받침하는 것으로 받아들여진다는 생각이다. 이에 비해, 코리 스타드와 클라이브 갬블Cory Stade and Clive Gamble은 마음이론을 통해 언어 기원에 대한 문제에 접근한다. 가설은 석기제작의 오랜 선사시대 동안, 준비된 몸돌 기

20 프랑스 고고학자 앙드레 르로이 구라한(André Leroi-Gourhan)이 처음 도입한 용어로, 기법적 처리 그리고 사회적 행동에 대해 단계적 생산과정을 보여 준다(역자 주).

법의 복잡성과 함께 인공물을 재생하는 데 침묵의 모방만으로는 불충분하다는 것이다. 언어 지시는 그것의 전달을 위해 필요했을 것이다. 저자들은 이 도구를 '제3의 파트너'로 분석하는데, 교사와 학생의 공동주의와 이해, 인지의 중요한 발전[렉스 웰손Rex Welshon의 장(제3장)을 보라] 그리고 누적 문화[스티븐 리셋과 미리암 노엘 하이들Stephen Lycett and Miriam Noël Haidle의 장(스티븐 리셋은 제12장, 미리암 노엘 하이들은 제6장)을 보라]를 가능하게 한다.

철학적인 전환은 몇몇 학자들에 의해 여기서 재현된다. 카렌레이 오버만Karenleigh Overmann은 선사시대의 숫자 인지를 분석한다. 양 지각quantity perception과 같은 기여요인의 진화를 검토한 후, 메소포타미아의 고고학적 기록, 그 속에 있는 물질적 형태의 역할 그리고 그러한 물질적 형태의 변화가 가능한 고고학적 신호와 심지어 초기 시대의 연대표에 대해 제안한다. 이 논의는 인지고고학자 람브로스 말라푸리스Lambros Malafouris(2010a, 2013; Malafouris & Renfrew, 2010)의 이론적 틀인 물질적 연계성 이론material engagement theory(이하 MET로 표기)에 의해 뒷받침된다. MET는 단지 **체화된**embodied 그리고 **내재된**embedded 마음(즉, 인지는 신체에 영향을 받고 환경에 놓여있다)뿐만 아니라, **확장된**extended 마음(물질적 형태는 단지 인지에 원인적으로 연결될 뿐만 아니라 인지의 구성요소component와도 관련이 있다), **활성화된**enacted 마음(인지는 뇌, 신체 그리고 행태의 상호작용이다) 그리고 **진화하는 중**evolving(인간은 결코 궁극의 인지 상태에 도달하지 못했다)이라고 본다. 오버만은 '도구들이 마음을 만든다'라는 말라푸리스의 생각을 받아들여, 물질적 형태의 변화가 행동과 심리적인 과정의 변화를 지표로 나타낸다고 주장한다. 말라이즈 롬버드Marlize Lombard도 마찬가지로 도구가 어떻게 행태, 신체, 뇌를 공동 창조하고 변형시키는지를 살펴본다. 마크 무어Mark Moore는 돌떼기의 구체적이고 적극적인 측면을 강조한다. "다음 타격을 어디에 둘지 그리고 얼마나 많은 힘을 사용할지에 대한 결정은 돌떼는 자가 단독으로 취하지 않는다. 즉 내부에서조차 처리되지 않는다. 격지 의도는 돌 자체에 의해 최소한 부분적으로 구성되며…. (이것은) 돌떼는 자의 몸처럼 돌떼기 의도의 필수적이고 보완적인 부분이다"(Malafouris, 2010b, p. 17). 그리고 렉스 웰숀Rex Welshon은 반사성, 대칭 그리고 이행성 같은 공동주의의 핵심적 특성에 대한 분석철학을 가지고 온다.

이 책의 모든 기고들은 고고학적 기록을 조상의 마음을 밝히기 위해 사용하지만, 어떤 것들은 가장 긴 세월을 가진 물질 형태인 석기, 즉 인간의 인지 진화의 가장 깊은 역사를 밝히기 위해 가장 좋은 잠재력인 물질에 더 가까이 붙어 있다. 이런 맥락에서, 아담 브룸Adam Brumm, 맷 포프Matt Pope, 마티외 레루이어Mathieu Leroyer, 케이트 에머리Kate Emery 등의 기고가 있다. 저자들은 풍화작용과 파티나 효과patina effects 분석을 통해 입증된 바와 같이, 전기 구석기시대의 석기에서 스카벤징과 재사용을 분석한다. 나탈리 우오미니Natalie Uomini와 라나 럭Lana Ruck은 왜 인간이 왜 그렇게 강한 오른손잡이인지에 대한 세 가지 가설을 비교하고 대조한다. 즉, 오른손잡이를 강화하거나 소수의 왼손잡이를 유지할 수 있는 사회학습, 싸움 또는 과제 복잡성의 문제이다. 그러고 나서 저자들은 고고학적 분석을 통해 다양한 가설들이 어떻게 검토되고 입증될 수 있는지에 대해 추측한다. 고넨 샤론Gonen Sharon은 아프리카 대륙 대부분에 의해 분리된 뚜렷한 아슐리안Acheulean[21] 집단에 의한 거대한 몸돌

21 프랑스의 생 아슐 지방에서 발견된 주먹도끼에서 어원이 나왔다(역자 주).

기법의 독립적 발달을 조사한다. 동일한 사회적 요구와 목적에 대응하여 기법 그리고 디자인 문제에 있어 유사한 해결책으로, 서로 다른 집단들이 모여 있는 수렴적 진화의 한 예로서 그들의 유사성을 제안한다. 세리 쉬프턴Ceri Shipton은 석기들이 과잉모방에 대해 무엇을 드러내고 있는지, 돌을 떼낼 때 행동을 재창조하는 경향에 대해 살펴본다. 이러한 행동이 인과적으로 효과적이든 그렇지 않든 말이다. 그러고 나서 이 증거를 분석하여 그것이 우리에게 사회적 전달에 대해 무엇을 말해 줄 수 있는지 그리고 언어의 형태를 취하기 위한 지침이 필요한지에 대해 분석한다.

마지막으로, 어떤 복잡한 기법들이 인지변화에 대해 무엇을 보여줄 수 있는지는 이 책의 마지막 두 장에 쓰여 있다. 말라이즈 롬버드Marlize Lombard는 인지적 변화의 지표로써 활과 화살 같은 복합기법에 초점을 맞추고 있는데, 그것을 서로 가르치고 배우는 인간의 능력으로 정의하며, 행태와 기법 모두를 혁신하고, 새로운 상황이나 복잡한 상황에서 유연하고 창조적으로 반응한다고 정의 내린다. 린 와들리Lyn Wadley는 올가미와 덫에 대한 유사한 분석을 제공하며, 계획 그리고 억제(즉, 지연된 만족)와 같은 인지 능력을 요구한다고 제안한다. 직접적인 고고학적 증거의 부족으로 인해 추론의 필요성을 강조한다. 올가미와 덫은 고고학적으로 증명되지 않았는데, 아마도 썩기 쉬운 물질로 만들어졌기 때문일 것이다. 오히려, 동물 잔류물의 집단적 차이(예: 크기, 속도 그리고 습관으로 인해 사냥하기 어려운 종에 있어서 예상보다 많은 뼈가 있다)에 의해 제안된다. 그러한 간접적인 증거는 특히 민족지고고학적 비교와 실험 자료를 통해 이해된 바와 같이 고고학적 발견을 그것들을 생산하는 조건과 연관시키는 기술인, 소위 가교적 주장bridging arguments의 사용을 요구한다.

감사

외부 평론가 역할을 해 주신 미국 웨인 주립대학교 스티븐 크리스오말리스Stephen Chrisomalis, 캐나다 토론토대학교 마이클 카잔Michael Chazan, 포르투갈 노바 데 리스본대학교 로버트 클로즈Robert Clowes, 미국 노트르담대학교 아구스틴 푸엔테스Agustin Fuentes, 영국 옥스퍼드대학교 마이클 하슬람Michael Haslam, 영국 옥스퍼드대학교, 고고학과 안토니스 일리노풀로스Antonis Iliopoulos, 영국 켄트대학교 알라스테어 키Alastair Key, 미국 노트르담대학교 마크 키셀Marc Kissel, 미국 툴사대학교 다니엘 맥도널드Danielle Macdonald, 스페인 마드리드대학교 마누엘 마틴-루지스Manuel Martín-Loeches, 미국 미주리대학교 마이클 오브라이언Michael O'Brien, 네델란드 위트레흐트대학교 에릭 룰란드Eric Reuland, 독일 막스 플랑크 연구소 패트릭 로버츠Patrick Roberts, 이탈리아 로마대학교 엔자 스피나폴리스Enza Spinapolice, 미국 드폴대학교 알렉산드라 섬머Alexandra Sumner, 캐나다 캘거리대학교 매튜 월스Matthew Walls에게 감사를 드린다.

이 책의 작업은 우리 가족들의 친절한 지원과 무한한 인내로 이루어졌고, 물론 우리의 동료들이자 친구이며 멘토인 토마스 윈의 영감으로 이루어졌다.

참고문헌

Baddeley, A. D., & Hitch, G. J. (1974). Working memory. In G. H. Bower (Ed.), *The psychology of learning and motivation: Advances in research and theory* (Vol. 8, pp. 47–89). New York: Academic Press.

Binford, L. R. (1962). Archaeology as anthropology. *American Antiquity, 28*(2), 217–225.

Binford, L. R. (1972). *An archaeological perspective.* New York: Seminar Press.

Binford, L. R. (2001). *Constructing frames of reference: An analytical method for archaeological theory building using ethnographic and environmental data sets.* Berkeley, CA: University of California Press.

Binford, S. R., & Binford, L. R. (Eds.). (1968). *New perspectives in archaeology.* Chicago, IL: Aldine Publishing Company.

Bradshaw, J. L., & Nettleton, N. C. (1982). Language lateralization to the dominant hemisphere: Tool use, gesture and language in hominid evolution. *Current Psychology, 2,* 171–192.

Corballis, M. C. (1999). The gestural origins of language: Human language may have evolved from manual gestures, which survive today as a "behavioral fossil" coupled to speech. *American Scientist, 87*(2), 138–145.

Davidson, I., & Noble, W. (1989). The archaeology of perception: Traces of depiction and language. *Current Anthropology, 30*(2), 125–155.

Farago, J. (2018, February 2). Stone Age tools, or art? Or both? *New York Times,* p. C17. New York.

Gentilucci, M., & Corballis, M. C. (2006). From manual gesture to speech: A gradual transition. *Neuroscience and Biobehavioral Reviews, 30*(7), 949–960.

Gowlett, J. A. J. (1979). Complexities of cultural evidence in the Lower and Middle Pleistocene. *Nature, 278*(5699), 14–17.

Gowlett, J. A. J. (1984). Mental abilities of early man: A look at some hard evidence. In R. Foley (Ed.), *Hominid evolution and community ecology: Prehistoric human adaptation in biological perspective* (pp. 167–192). London: Academic Press.

Haslam, M., Hernandez-Aguilar, R. A., Ling, V., Carvalho, S., De la Torre, I., DeStefano, A., . . . Warren, R. (2009). Primate archaeology. *Nature, 460*(7253), 339–344.

Haslam, M., Hernandez-Aguilar, R. A., Proffitt, T., Arroyo, A., Falótico, T., Fragaszy, D. M., . . . Luncz, L. V. (2017). Primate archaeology evolves. *Nature Ecology and Evolution, 1,* 1431–1437.

Hedenstierna-Jonson, C., Kjellström, A., Zachrisson, T., Krzewińska, M., Sobrado, V., Price, N., . . . Storå, J. (2017). A female Viking warrior confirmed by genomics. *American Journal of Physical Anthropology, 164*(4), 853–860.

Higuchi, S., Chaminade, T., Imamizu, H., & Kawato, M. (2009). Shared neural correlates for language and tool use in Broca's area. *Neuroreport, 20*(15), 1376–1381.

Holloway, R. L. (1969). Culture: A human domain. *Current Anthropology, 10*(4), 395–412.

Isaac, G. L. (1976). Stages of cultural elaboration in the Pleistocene: Possible archaeological indicators of the development of language capabilities. *Annals of the New York Academy of Sciences, 280*(1), 275–288.

Isaac, G. L., & Isaac, B. (1975). Africa. In R. L. Stigler (Ed.), *Varieties of culture in the Old World* (pp. 8–48). New York: St. Martins Press.

Laland, K. N., & Janik, V. M. (2006). The animal cultures debate. *Trends in Ecology and Evolution, 21*(10), 542–547.

Leach, E. R. (1973). Concluding address. In C. Renfrew (Ed.), *The explanation of culture change: Models in prehistory. Proceedings of a meeting of the Research Seminar in Archaeology and Related Subjects held at the University of Sheffield, December 14–16, 1971* (pp. 761–771). London: Gerald Duckworth.

Lévi-Strauss, C. (1962). *The savage mind* (G. Weidenfield, Trans.). Chicago, IL: University of

Chicago Press.

Malafouris, L. (2010a). Grasping the concept of number: How did the sapient mind move beyond approximation? In C. Renfrew & I. Morley (Eds.), *The archaeology of measurement: Comprehending heaven, earth and time in ancient societies* (pp. 35–42). Cambridge, UK: Cambridge University Press.

Malafouris, L. (2010b). Knapping intentions and the marks of the mental. In L. Malafouris & C. Renfrew (Eds.), *The cognitive life of things: Recasting the boundaries of the mind* (pp. 13–27). Cambridge, UK: McDonald Institute for Archaeological Research.

Malafouris, L. (2013). *How things shape the mind: A theory of material engagement.* Cambridge, MA: MIT Press.

Malafouris, L., & Renfrew, C. (2010). Introduction: The cognitive life of things: Archaeology, material engagement and the extended mind. In L. Malafouris & C. Renfrew (Eds.), *The cognitive life of things: Recasting the boundaries of the mind* (pp. 1–12). Cambridge, UK: McDonald Institute for Archaeological Research.

Parker, S. T., & Gibson, K. R. (1979). A developmental model for the evolution of language and intelligence in early hominids. *Behavioral and Brain Sciences, 2*, 367–408.

Piaget, J. (1928). Logique génétique et sociologie. *Revue Philosophique de La France et de l'Étranger, 105*, 167–205.

Renfrew, C. (1982). *Towards an archaeology of mind: An inaugural lecture delivered before the University of Cambridge on 30th November 1982.* Cambridge, UK: Cambridge University Press.

Savage-Rumbaugh, E. S., Toth, N. P., & Schick, K. D. (2007). Kanzi learns to knap stone tools. In D. A. Washburn (Ed.), *Primate perspectives on behavior and cognition* (pp. 279–291). Washington, DC: American Psychological Association.

Smith, M. A. (1955). The limitations of inference in archaeology. *Archaeological News Letter, 6*, 3–7.

Wynn, T. (1979). The intelligence of later Acheulean hominids. *Man, 14*, 371–391.

Wynn, T. (1989). *The evolution of spatial competence.* Chicago, IL: University of Illinois Press.

Wynn, T. (1991). Tools, grammar and the archaeology of cognition. *Cambridge Archaeological Journal, 1*(2), 191–206.

Wynn, T., Hernandez-Aguilar, R. A., Marchant, L. F., & McGrew, W. C. (2011). "An ape's view of the Oldowan" revisited. *Evolutionary Anthropology, 20*(5), 181–197.

Wynn, T., & McGrew, W. C. (1989). An ape's view of the Oldowan. *Man, 24*(3), 383–398.

| 제1장 |

올도완에 대한 진원류적 견해

인간 기법의 진화적 기원을 재구성하는 것

William C. McGrew, Tiago Falótico, Michael D. Gumert, and Eduardo B. Ottoni

서론

질문: 왜 인간의 기원을 모델로 삼는가? 대답: 왜냐하면 우리에게는 선택의 여지가 없기 때문이다. 즉, 우리가 중신세miocene[22] 후기로 돌아갈 수 있는 타임머신을 고안할 때까지, 초기 호미닌 선조들로부터 행태 자료를 직접 수집할 수 있어야 한다(Andrews, 2015). 그러한 도구가 없다면, 살아있는 **호모 사피엔스**나 다른 관련 분류군taxa으로부터 살아있는 종에 대한 자료를 수집해야 하고, 추론적 재구성을 위해 프록시proxy[23]를 사용해야 한다. 만약 모델을 찾는다면, 첫 번째 들려야 할 곳은 영장목의 다른 구성원이 되어야 한다. 우리와 더 밀접하게 관련될수록 더 좋다. 계통유전체학 그리고 유전학에 대한 첫 번째 선택 근거는 우리와 마지막으로 공통 조상을 공유한 생물로, 현존하는 **침팬지** 속genus Pan의

22 마이오세라고도 부르며, 대략 2,300만 년 전부터 600만 년 전의 지질 시대이다(역자 주).

23 대리인, 대용물이라는 뜻인데, 원저의 뜻을 명료하게 표현하기 위해 프록시로 번역했다(역자 주).

보노보bonobo(**P. paniscus**)와 침팬지chimpanzee(**P. troglodytes**)라는 두 구성원이다(Gruber & Clay, 2016). 기법의 진화적 기원에 관심이 있다면, 출발점은 자연에서 보잘것없는 기법을 보여주는 보노보가 아니라 엄청난 도구 제작자와 도구 사용자, 즉 침팬지가 되어야 한다(Haslam, 2014).

톰 윈Tom Wynn은 이것을 오래전에 깨달았다. 올도완에 적용된 지적 발달에 대한 피아제 이론 사용 시도를 다시 읽어볼 가치가 충분히 있다(Wynn, 1981). 그의 대담한 주장은 올도완 돌 공작이 현재 살아있는 유인원의 기초기법에서 증명된 조작전 기간 지능preoperational intelligence만을 필요로 한다는 것이었다. 그는 자신의 가설을 명확히 했다. "독특한 호미니드 지능의 진화는 올도완 시대에 의해 일어나지 않았다"(Wynn, 1981). 그러므로 멸종된 초기 호미닌의 석기 유물과 적어도 한 종의 아프리카 유인원 종의 행태에 대한 비교 분석은 유용한 정보를 주고 도움이 될 것이다.

이를 토대로 윈과 맥그루Wynn and McGrew(1989)는 체계적이고 상세하게 협업했다. 올도완의 도구와 살아있는 침팬지의 도구와의 비교에서, 가장 오래된 것으로 알려진 고고학적 증거에 대해 전적으로 인간적인 것은 없다고 결론지었지만, 멀리 떨어진 대상의 운반과 큰 먹잇감을 위한 거대한 육식동물과의 경쟁에 대한 경고는 인정했다. 2010년까지, 우리는 야생 침팬지에 대한 풍부한 새로운 지식뿐만 아니라 야생 오랑우탄 속Pongo species(spp.)에 대한 비교적 인상적인 발견으로 이전의 노력이 시대에 뒤떨어졌다는 것을 부인할 수 없었다(Meulman & van Schaik, 2013)[또한, 주목할 만한 것은 다른 아프리카 유인원으로 분류되는 두 종인 보노보와 고릴라(Gorilla spp.)의 습관적인 도구 사용에 대한 자료가 계속해서 없다는 것이다]. 따라서 확장된 업데이트가 필요했지만, 단지 호미노이드들 사이뿐만이 아니었다. 그때까지, 기초기법에 대한 인상적인 새로운 자료는 원숭이로부터 나오고 있었다. 오직 최소한 두 개의 간략한 삽입 항목으로, 카푸친 원숭이(**Sapajus** spp.)와 긴꼬리 마카크(**Macaca fascicularis**)가 각각 한 개씩만 인정받았다(Wynn, Hernandez-Aguilar, Marchant, & McGrew, 2011). 이제, 자연환경에서 구세계 원숭이(Malaivijitnond, Lekprayoon, Tandavanittj, Panha, Cheewatham, & Hamada, 2007)와 신세계 원숭이(Ottoni, 2015)의 발견으로 인해 '유인원 적응 등급ape adaptive grade'에 대한 우리의 초기 아이디어는 쓸모없어 보인다.

동시에, 올도완에 대한 지식이 1989년과 2011년 사이에 확장되면서(Toth & Schick, 2009; Whiten, Schick, & Toth, 2009), 예기치 않은 새로운 구석기 현상이 출현했다. 260만 년 전의 오래된 격지 석기 증거와 파악하기 어려운 올도완 이전 석기(Panger, Brooks, Richmond, and Wood, 2002)를 케냐 웨스트 투르카나에서 최근 발견된 것으로 인해 찾아내었다. 이전에 에티오피아 디키카에서 339만 년 전에 절단된 뼈의 발견을 발표했지만(McPherron et al., 2010), 아직 이것에 관한 후속 연구가 나오지 않았다. 한편, 하만드와 동료들Harmand and colleagues(2015)은 투르카나 호수에 있는 로메크위 3Lomekwi 3에서 330만 년 전의 새로운 공작인 로메크위안Lomekwian에 대한 돌 증거를 제시했다. 로메크위안이 올도완과 어느 정도 관련이 있는지 판단하는 것은 시기상조이지만(Lewis & Harmand, 2016) 전구체인지 아닌지에 대한 분석은 간절히 기다려지고 있다.

그러므로 이 장의 여러 가지 목적은 자연에서 침팬지 기법에 대한 기록을 업데이트하고, 신세계 원숭이[대부분 수염 카푸친(**Sapajus libidinosus**)]와 구세계 원숭이[대부분 긴꼬리 마카크(**Macaca fascicularis aurea**)]의 흥미로운 새로운 자료를 추가하는 것이다. 마지막으로, 우리는 톰 윈이 개척한 정신에서 인간 기법의 진화적 기원에 유용한 모델을 찾는 올도완과 비교하기 위해 이러한 다양한 발견들을 대조하려고 한다.

방법

윈과 맥그루Wynn and McGrew(1989), 윈과 동료들Wynn and colleagues(2011)은 두 개의 표에서 하나씩 비교를 하기 위한 틀을 고안했다. 하나는 도구와 절차(〈표 1.1〉 참고)이고 다른 하나는 도구 사용과 **작업순서분석**에 관한 것이다(〈표 1.2〉 참고). 〈표 1.1〉에는 도구 유형, 유형의 집단 분류, 제작 그리고 연관된 도구 사용이라는 네 가지 주제가 있었다. 〈표 1.2〉에는 처리된 표적, 처리 방식, 현장, 운반 대상, 운반 거리 그리고 **작업순서분석**이라는 여섯 가지 주제가 수록되었다. 직접적인 비교를 위해, 여기서는 윈이 개척한 확립된 기준을 고수한다. 우리는 10개의 주제 중 9개만을 유지하고 있다. 마지막 주제인 **작업순서분석**은 단일 2차 참조를 기반으로 했으며(Haidle, 2010) 효용성이 제한적인 것으로 보여, 여기서의 비교에서는 삭제하였다.

이전의 두 처치(Wynn & McGrew, 1989, Wynn et al., 2011)는 증거 포함 여부를 위해 단순한 이진binary(존재/부재) 기준을 채택했다. 독자들은 나열된 참고문헌들에서 대부분의 주제에 관한 주요 자료를 찾을 수 있지만, 모두는 아니다. 따라서 〈표 1.1〉에서 도구 유형의 출처를 보였지만, 제작과정에 관해서는 그렇지 못했다. 〈표 1.2〉에서 처리된 표적은 출처를 보였지만, 처리 방식에서는 그렇지 않았다(Wynn et al., 2011). 여기서 우리는 비인간 영장류 모델에 대한 주요 출처를 인용하는 데 있

〈표 1.1〉 침팬지[Pan troglodytes(Pt)], 버마 긴꼬리 마카크[Macaca fascicularis aurea(Mfa)], 수염 카푸친[Sapajus libidinosus(Sl)]의 도구 그리고 특징

도구 특징	Pt	참고문헌(Pt)	Mfa	참고문헌(Mfa)	Sl	참고문헌(Sl)
도구의 유형은 무엇인가?						
돌망치	C	Benito-Calvo, Carvalho, Arroyo, Matsuzawa, & de la Torre, 2015; Carvalho, 2011	C	Malaivijitnond, Lekprayoon., Tandavanittj, Panha., Cheewatham, & Hamada 2007; Gumert, Kluck, & Malaivijitnond, 2009; Gumert &Malaivijitnond, 2012, 2013; Haslam, Gumert, Biro, Carvalho, & Malaivijitnond, 2013; Tan, Tan, Vyas, Malaivijitnond, & Gumert, 2015, Tan 2017	C	Canale, Guidorizzi, Kierulff, & Gatto, 2009; Falótico & Ottoni, 2016; Fragaszy, Izar, Visalberghi, ottoni, & de Oliveira, 2004; Mendes et al., 2015; Moura & Lee, 2004; Ottoni & Mannu, 2001
모루	C	Benito-Calvo et al., 2015; Carvalho, 2011	C	Malaivijitnond et al, 2007; Gumert et al., 2009; Gumert & Malaivijitnond, 2012, 2013; Haslam et al., 2013; Tan et al., 2015, Tan 2017	C	Canale et al., 2009; Falótico & Ottoni, 2016; Fragaszy et al., 2004; Mendes et al., 2015; Moura & Lee, 2004; Ottoni & Mannu, 2001
나무망치	C	Luncz, Mundry, & Boesch, 2012; Yamakoshi, 2011			H	Cutrim, 2013; Ottoni& Mannu, 2001
나무모루	C	Luncz et al., 2012			C	Falótico & Ottoni, 2016; Mendes et al, 2015; Ottoni& Mannu, 2001; Visalberghi, Haslam, Spagnoletti, & Fragaszy, 2013

(계속)

도구 특징	Pt	참고문헌(Pt)	Mfa	참고문헌(Mfa)	SI	참고문헌(SI)
유연한 탐사 가지	H	O'Malley, Wallauer, Murray, & Goodall, 2011; Sanz & Morgan, 2011				
딱딱한 탐사 가지	C	Boesch et al., 2016; Humle, Yamakoshi, & Matsuzawa, 2011; Koops, Schöning, Isaji, & Hashimoto, 2015			H	Falótico & Ottoni, 2014; Souto et al., 2011
뾰족한 줄기	C	Pruetz et al., 2015			H	Falótico & Ottoni, 2014; Mannu & Ottoni, 2009
해면	H	Hobaiter, Poisot, Zuberbühler, Hoppitt, & Gruber, 2014				
관통기, 천공기	C	Sanz & Morgan, 2013				
연체동물 껍질 뾰족부위와 망치			C	Gumer, Kluck, & Malaivijitnond, 2009, Tan et al., 2015		
도구는 어떻게 다른가?						
망치는 먹잇감 특성을 반영(예: 견과류 딱딱함)	C	Boesch & Boesch, 1984	C	Gumert et al., 2009; Gumert & Malaivijitnond, 2013	C	Liu, Fragaszy, & Visalberghi, 2016; Visalberghi, Addessi, et al., 2009
같은 도구를 위해 다른 원재료를 사용(예: 나무껍질, 풀, 덩굴 등)	H	Hobaiter et al., 2014: moss or leaf for spone			C	Mannu & Ottoni, 2009: arthropod probe

(계속)

도구 특징	Pt	참고문헌(Pt)	Mfa	참고문헌(Mfa)	SI	참고문헌(SI)
다양한 도구를 위해 같은 원재료를 사용	C	McGrew, Tutin, & Baldwin, 1979: leaf for termite fishing porble and sponge	C	Gumert et al., 2009; Tan et al., 2015: stone for axe hammer and pound hanmmer	C	Mannu & Ottoni, 2009: stone for digging and pounding
같은 원재료로 물에 접근할 수 있는 여러 디자인(예: 나뭇잎)	C	Sousa, 2011			C	Mannu & Ottoni, 2009
무게/크기에 의해 선택된 원재료	C	Boesch et al., 2016, Carvalho, Matsuzawa, & McGrew, 2013	C	Gumert & Malaivijitnond, 2013	C	Falótico & Ottoni, 2016; Falótico, Siqueira, & Ottoni, 2017
도구 사용의 성별 차이	C	Lonsdorf, 2005	H	Gumert, Hoong, & Malaivijitnond, 2011	C	Falótico & Ottoni, 2014
어떻게 도구가 만들어지는가?						
원재료 선택성	C	Luncz & Boesch, 2014; Luncz, Wittig, & Boesch, 2015			C	Falótico & Ottoni, 2014; Fragaszy et al., 2004; Mannu & Ottoni, 2009; Ottoni & Mannu, 2001; Visalberghi et al., 2007; Visalberghi, Addessi, et al., 2009
운반(예: 원산지에서 사용 장소로)	C	Pascual-Garrido, Buba, Nodza, & Sommer, 2012	C	Haslam, Pascual-Garrido, Malaivijitnond, & Gumert, 2016; Gumert & Malaivijitnond, 2013	C	Falótico & Ottoni, 2014; Fragaszy et al., 2004; Mannu & Ottoni, 2009; Ottoni & Mannu, 2001
단순 유형학적 공간 개념(예: 근접, 경계, 차원, 대칭)	C	Wynn, 1981			C	Proffitt et al., 2016; flake stone
손과 입으로 변경	C	Sanz, Morgan, & Gulick, 2004; Yamakoshi, 2011			C	Falótico & Ottoni, 2014; Mannu & Ottoni, 2009

(계속)

도구 특징	Pt	참고문헌(Pt)	Mfa	참고문헌(Mfa)	SI	참고문헌(SI)
잔손질	C	Carvalho, Biro, McGrew, & Matsuzqwa, 2009				
재사용	C	Bessa et al., 2016; Carvalho et al., 2009				
원재료 유형에 따른 처리(예: 떼기, 감쇄, 재성형, 조합)	C	Sousa, Biro, & Matsuzawa, 2009			C	Liu et al., 2016; Proffitt et al., 2016
도구가 어떻게 연합되는가?						
키트	C	Sanz & Morgan, 2013	C	Gumert et al., 2009	C	Falótico & Ottoni, 2016
세트	C	Sanz & Morgan, 2013			H	Mannu & Ottoni, 2009
구성(예: 망치와 모루)	C	Carvalho et al., 2012, 2013	C	Malaivijitnond et al., 2007; Gumert et al., 2009; Gumert & Malaivijitnond, 2012, 2013; Tan, et al., 2015; Tan, 2017	C	Falótico & Ottoni, 2016; Fragaszy et al., 2004; Mannu & Ottoni, 2009; Mendes et al., 2015; Moura & Lee, 2004; Ottoni & Mannu, 2001
기술	C	Sanz & Morgan, 2013			H	Falótico & Ottoni, 2016
메타 도구	P	Matsuzawa, 2011b				
복합물	C	Carvalho et al., 2012, 2013	C	Haslam et al., 2016	H	Falótico & Ottoni, 2016
다기능	C	O'Malley et al., 2012: ant fish, termite fish with flexible probe			C	Mannu & Ottoni, 2009: dig, hammer with pounding stone

참고: 표는 저자가 편집. C, 관습적(Customary); H, 습관적(Habitual); P, 현재(Present)

〈표 1.2〉 침팬지[Pan troglodytes(Pt)], 버마 긴꼬리 마카크[Macaca fascicularis aurea(Mfa)], 수염 카푸친[Sapajus libidinosus(Sl)]의 도구 사용 절차

도구 사용 절차	Pt	참고문헌(Pt)	Mfa	참고문헌(Mfa)	Sl	참고문헌(Sl)
무엇이 처리되는가?						
흰개미 언덕, 둥지	C	Sanz, Call, & Morgan, 2009; Sanz et al., 2004; Sanz & Morgan, 2011; Stewart & Piel, 2014			P	Souto et al., 2011
개미 둥지	C	Pascual-Garrido, Umaru, Allon, & Sommer, 2013			P	Falótico & Ottoni, 2014
벌집(꿀)	C	Sanz, Call, & Morgan, 2009; Sommer, Buba, Jesus, & Pascual-Garrido, 2012			C	Falótico & Ottoni, 2014; Mannu & Ottoni, 2009
견과류	C	Luncz et al., 2012	C	Gumrt et al., 2009; Gumert & Malaivijitnond, 2012; Luncz et al., 2017; Falótico, Spagnoletti, Haslam, Luncz, Malaivijitnond, & Gumert, 2017; Proffitt, Luncz, Malaivijitnond, Gumert, Svensson, Haslam, 2018	C	De Moraes, Souto, & Schiel, 2014; de Resende, Ottoni, & Fragaszy, 2008; Falótico & Ottoni, 2016; Fragaszy et al., 2004; Mannu & Ottoni, 2009; Moura & Lee, 2004; Ottoni & Mannu, 2001; Visalberghi et al., 2013, 2016
껍질이 딱딱한 과일, 씨앗	H	McGrew, Marchant, Wrangham, & Klein, 1999	P	Gumert & Malaivijitnond, 2012	C	De Moraes et al., 2014; Falótico & Ottoni, 2016; Mannu & Ottoni, 2009
척추동물	C	Pruetz et al., 2015	P	Gumert & Malaivijitnond, 2012	C	Falótico & Ottoni, 2014; Mannu & Ottoni, 2009

(계속)

도구 사용 절차	Pt	참고문헌(Pt)	Mfa	참고문헌(Mfa)	SI	참고문헌(SI)
물	C	Hobaiter et al., 2014; McGrew, Marchant, Payne, Webster, & Hunt, 2013			H	Mannu & Ottoni, 2009
무척추동물	C	Bessa et al., 2015; Sanz, Deblauwe, Tagg, & Morgan, 2014	C	Malaivijitnond et al., 2007; Gumert et al., 2009; Gumert & Malaivijitnond, 2012; Tan, et al., 2015; Tan, 2017	C	Falótico & Ottoni, 2014; Mannu & Ottoni, 2009; Cutrim, 2013
조류(algae)	C	Boesch et al., 2016; Humle et al., 2011				
종려나무 순	C	Yamakoshi, 2011				
어떤 처리가 되는가?						
흡수	C	Hobaiter et al., 2014; Sousa, 2011; Sousa et al., 2009			H	Mannu & Ottoni, 2009
차단	H	Alp, 1977; Suzuki, Kuroda, & Nishihara, 1995				
담기	C	Sousa, 2011				
파기	C	Dutton & Chapman, 2015; Sommer et al., 2012			C	Falótico, Siqueira, et al., 2017; Mannu & Ottoni, 2009
씌우기	H	Boesch et al., 2016				

(계속)

도구 사용 절차	Pt	참고문헌(Pt)	Mfa	참고문헌(Mfa)	SI	참고문헌(SI)
돌망치	C	Matsuzawa, 2011b; Sanz & Morgan, 2009; Yamakoshi, 2011	C	Malaivijitnond et al., 2007; Gumert et al., 2009; Gumert & Malaivijitnond, 2012, 2013; Haslam et al., 2013; Tan, et al., 2015; Tan, 2017	C	Falótico & Ottoni, 2016; Fragaszy et al., 2004; Liu et al., 2016; Mannu & Ottoni, 2009; Mendes et al., 2015; Moura & Lee, 2004; Visalberghi et al., 2007
뚫기	C	Sanz & Morgan, 2013				
비틀기	C	Sanz & Morgan, 2009	C	fulcrum hammer; Gumert et al., 2009; Tan, et al., 2015	C	Falótico & Ottoni, 2016; Mannu & Ottoni, 2009
탐사	C	O'Malley et al., 2012; Sanz et al., 2009			C	Falótico & Ottoni, 2016; Mannu & Ottoni, 2009; Souto et al., 2011
찌르기, 쑤시기	C	Pruetz et al., 2015			H	Falótico & Ottoni, 2014
어디서 처리되는가?						
흙무더기, 둥지, 벌집	C	Allon, Pascual-Garrido, & Sommer, 2012			C	Falótico & Ottoni, 2014; Mannu & Ottoni, 2009
강바닥, 샘, 물웅덩이	C	Boesch et al., 2016; Humle et al., 2011; McGrew et al., 2013			H	Mannu & Ottoni, 2009
나무, 관목, 덩굴 등. 먹이가 있는 곳	C	Marchant & McGrew, 2005; Yamakoshi, 2011	C	Falótico et al., 2017; Gumert & Malaivijitnond, 2012	C	Falótico & Ottoni, 2014, 2016; Souto et al., 2011
죽인 장소		Plummer & Stanford, 2000			C	Falótico & Ottoni, 2014
사냥감 은신처 (예: 동굴, 바위 틈)	C	Pruetz et al., 2015			C	Falótico & Ottoni, 2014; Mannu & Ottoni, 2009

(계속)

도구 사용 절차	Pt	참고문헌(Pt)	Mfa	참고문헌(Mfa)	SI	참고문헌(SI)
인류발생적 서식지 (예: 식량공급 장소)	C	Carvalho et al., 2012; Luncz, Proffitt, Kulik, Haslam, & Wittig, 2016	C	Tan, 2017	C	Liu et al., 2016; Luncz, Falótico, et al., 2016
해안 암석 기슭, 맹그로브, 모래 해변			C	Malaivijitnond et al., 2007; Gumert et al., 2009; Gumert & Malaivijitnond, 2012, 2013; Tan, et al., 2015; Tan, 2017	H	Cutrim, 2013
무엇이 운반되었나?						
원재료, 돌 그리고 유기물	C	Teleki, 1974			C	Falótico & Ottoni, 2014
돌망치	C	Carvalho & McGrew, 2012; Luncz, Proffitt, et al., 2016	C	Gumert & Malaivijitnond, 2012, 2013; Haslam et al., 2016; Malaivijitnond et al., 2007	C	Corat, Siqueira, & Ottoni, 2016; Fragaszy et al., 2004; Visalberghi, Spagnoletti et al., 2009
모루	C	Carvalho & McGrew, 2012				
탐사 가지	H	Boesch et al., 2016; Pascual-Garrido et al., 2012			C	Falótico & Ottoni, 2014; Mannu & Ottoni, 2009
견과류	C	Carvalho et al., 2012	C	Falótico et al., 2017; Gumert & Malaivijitnond, 2012; Luncz et al., 2017	C	Visalberghi, Addessi, et al., 2009
껍질이 딱딱한 과일, 씨앗	H	Marchant & McGrew, 2005			C	Mannu & Ottoni, 2009

(계속)

도구 사용 절차	Pt	참고문헌(Pt)	Mfa	참고문헌(Mfa)	SI	참고문헌(SI)
포유동물, 새의 사체	C	Teleki, 1975			C	de Resende, Greco, Ottoni, & Izar, 2003; Falótico(unpubl. Data); Ferreira, de Resende, Mannu, Ottoni, & Izar, 2002
무척추동물			C	Gumert & Malaivijitnond, 2012	H	Cutrim, 2013
얼마나 멀리 운반되었나?						
견과류	265m	Carvalho et al., 2012; Carvalho, Cunha, Sousa, & Matsuzawa, 2008	50m	Falótico et al, 2017; Gumert & Malaivijitnond, 2012	〉10m	Corat et al., 2016
돌망치	2,265m 2,265m	Boesch & Boesch, 1984; Carvalho et al., 2012; Carvalho & McGrew, 2012; Luncz, Proffitt, et al., 2016	〈100m	Gumert & Malaivijitnond, 2013; Haslam et al., 2016	〉10m	Corat et al., 2016
모루	〈10m	Carvalho et al., 2012; Carvalho & McGrew, 2012				
탐사 가지	800m	Goodall, 1968; Pascual-Garrido et al., 2012			〉15m	Falótico & Ottoni, 2014; Mannu & Ottoni, 2009
동물 사냥감	1,000s m	Teleki, 1975	〈4m	Haslam et al., 2016	100s m	de Rsenede et al., 2003; Ferreira et al., 2002
원재료	100m	Teleki, 1974			〉15m	Falótico & Ottoni, 2014

참고: 표는 저자가 편집. C, 관습적(Customary); H, 습관적(Habitual); P, 현재(Present)

어 포괄적이기를 원한다. 또한, 확립된/정규적인 결과와 예비/비공통적인 결과를 구별한다. 화이튼과 동료들Whiten and colleagues(1999)에 이어, 우리는 **습관적**habitual **현상**(여러 개체에서 반복적으로 관찰됨) 또는 **관습적**customary **현상**(최소한 하나의 연령-성별 등급의 신체 건강한 구성원 전부 또는 대부분에서 관찰됨)에 포함된 것을 제한하려고 한다. 가장 최근의 또는 드문 경우를 표에서 제외하지만, 비록 일화일지라도 이들 중 일부는 시사적이거나 잠재적으로 중요한 것으로, 본문에서 논의된다. 마지막으로, 침팬지의 경우, 도구 사용에 관한 광범위한 출판 문헌과 함께 2010년 이후 발표된 대부분의 새로운 참고문헌을 추가함으로써, 독자들은 윈과 동료들의 완전한 목록Wynn and colleagues(2011)에서 초기 출처를 추적할 수 있다.

이상적으로, 비교되는 모든 분류군은 동일한 상태여야 한다(즉, 사과는 사과, 오렌지는 오렌지, 그러나 사과와 오렌지는 안 된다). 실제로, 현재까지 알려진 것은 이것을 허용하지 않았다. 알려진 모든 복합 석기 기법은 유인원 중 단일 종인 **침팬지**P. troglodytes이지만 4종의 아종 중 하나인 **웨스트침팬지**P. t. verus에서 나온다. 마카크(**Macaca** spp.)와 카푸친(**Sapajus** spp., 이전에는, **Cebus apella**)이라는 각각의 원숭이 속은 진원류의 다양한 범위와 진화적 방사성의 대표로 나타난다. 두 분류군 모두 돌에 초점을 맞추고 있다. 기법적 측면에서 보면, 앞에서 인용한 바와 같이 대부분의 마카크는 단일 아종에서 나오고, 대부분의 카푸친은 단일 종에서 온다. 또한, 이러한 '모델' 분류군 각각은 여러 현장에서 연구되어 왔으며, 그 결과도 다양하여, 개체군 간 또는 심지어 개체군 내 변동 범위까지 다르다는 것을 보여준다(Luncz & Boesch, 2015). 여기서는 횡개체군 간/문화적 다양성이 매력적이지만 복잡한 문제를 다룰 수 없으므로,

자료는 기본 기법을 출판한 기록물의 주요 분류군에서 추출한 표본만 간주한다.

마지막으로 다른 차원에서, 올도완은 화석 기록에 여러 후보들이 있기 때문에 단일의 호미닌 분류군으로 귀속될 수 없다. 그것의 생산에 책임이 있는 유기체들은 오스트랄로피테신이나 초기 **호모**였을 수도 있다. 살아 있는 영장류들에 대한 자료는 살아 있고 접근하기 쉬운 개체군의 행태와 인공물에서 얻어지지만, 멸종된 분류군으로부터 얻은 자료는 오직 인공물에서만 얻을 수 있다. 행태에 대한 접근도 없고, 그것의 제작자나 이용자에 대한 확실한 속성도 없다. 우리는 이 불리한 이질성에 주목하는 것 외에는 아무것도 할 수 없다.

똑같이 혼란스러운 것은 맥락의 문제다. 영장류는 감옥 스타일의 실험실에서부터 비교적 자연 생태계에 이르기까지 다양한 장소를 차지하고 있다[후자에 대한 주의사항은 필요하다. 예를 들어 기후 변화를 통해 간접적으로, **모든** 살아있는 영장류가 **호모 사피엔스**의 영향을 어느 정도 받기 때문이다(Hockings, McLennan, et al., 2015을 참고)]. 이 맥락의 연속성을 따라 선을 긋는 곳은 논쟁의 여지가 있고 임의적이지만, 우리는 (인위적 보다는) 자연선택의 힘에 대한 진화적 적응을 추구하기 때문에, 실험실, 동물 정원, 보호시설과 보호구역, 사파리 그리고 야생동물 공원, 사원, 재활 프로젝트, 또는 동네/마을에 분포하는 자료의 유형은 배제하였다. 이러한 모든 장소는 자유로운 범위의 수렵채취를 억제하고, 이에 따라 포식자와 피식자와의 접근을 제한하거나 먹이 제공을 중단하거나 가둬둠과 같은 인간의 주요 영향을 수반한다(Haslam, 2013). 우리는 (쉽지는 않지만) 영장류 개체군 중에서, 농장을 빠져나와 배회한 자(Pruetz et al., 2015), 지역 주민과의 공생한 자(Moscovice et al., 2007), 불규칙한 먹이 제공한

자(Tan, 2017) 또는 작물 침입자(Hockings, Bryson-Morrison, et al., 2015)를 포함한다.

마찬가지로, 우리는 자연환경에서 발생하더라도 자발적으로 드러나는 행태만 포함하며 인위적으로 유도된 행태를 배제한다. 따라서 연구 대상의 부자연스러운 행태를 묻는 경우, 부자연스러운 자극이나 조건을 사용하는 현장 실험은 생략된다. 그러나 자연스러운 자극에 반응하여 자연스러운 행태를 기록하는 경우이지만(Carvalho et al., 2012; Haslam, Cardoso, Visalberghi, & Fragaszy, 2014; Gumert & Malaivijitnond, 2013), 예외적으로 보소우Bossou의 '외부 실험실'(Matsuzawa, 2011a), 파젠다 보아 비스타Fazenda Boa Vista의 비슷한 연구(Hanna et al., 2015)와 같은 회색 영역을 포함하기도 한다. 물론, 행태의 많은 유형에 관한 많은 연구가 앞의 두 단락에 나열된 배척된 설정에서 이루어진다. 틀림없이, 우리가 인과관계 기전과 개체발생을 이해하려면 그러한 연구가 필요하지만, 이 정성적 훈련의 목적은 아니다.

우리는 공공 도메인의 조사 결과로부터 자료를 얻었다. 따라서 중요한 시점이 만들어지지 않는 한, 미발표 보고서, 개인 통신 그리고 진행 중인 작업을 배제하고, 필요한 주의를 기울였다. 이상적으로, 기본 기법에 관한 모든 자료는 윤리적이어야 한다. 즉, 행태의 직접 관찰에 기초해야 한다. 그러나 적어도 침팬지의 경우 대부분의 연구 개체군이 익숙해지지 않아서, 일상생활 전반에 걸친 근거리 연구에 적응할 수 없다(McGrew, 2017). 이러한 경우, 우리는 도구, 원재료, **데비타지**débitage[24] 그리고 변경된 표적 항목과 더불어 발자국이나 손자국, 머리카락, 대변 그

24 암석 환원 과정에서 생성된 모든 재료(역자 주).

[그림 1.1] 보소우에 사는 침팬지가 돌망치와 모루로 기름 야자넛(Elaeis guineensis)을 깨는 장면(전경)과 다른 침팬지들이 나무 구멍에서 물을 흡수하기 위해 초목을 사용하고 있는 장면(후경)

수사나 카르발류(Susana Carvalho)의 허락을 받아 촬영하고 출판된 사진.

[그림 1.2] 양손을 사용하여 돌망치와 모루로 캐슈너트(cashew nut)를 깨뜨리는 세라 다 카피바라(Serra da Capivara)의 수염 카푸친 원숭이

알레한드라 파스쿠알 가리도(Alejandra Pascual-Garrido)의 허가를 받아 촬영하고 출판된 사진.

[그림 1.3] 돌 도끼 망치를 사용하여 바위에 붙어 있는 굴을 뜯어내는 버마 긴꼬리 마카크 원숭이

마이클 구머트(Michael D. Gumert)의 허락을 받아 촬영하고 출판된 사진. Wynn et al., (2011) "An ape's view of the Oldowan" revisited, Evolutionary Anthropology, Fig. 4(p. 187)로, 이전에 출판되었다.

[그림 1.4] 유연한 초목 탐사 가지로 흰개미(Macrotermes sp.)를 잡는 곰베(Gombe)에 사는 어른 침팬지

알레한드라 파스쿠알 가리도(Alejandra Pascual-Garrido)의 허락을 받아 촬영하고 출판된 사진.

[그림 1.5] 나뭇가지에 있는 이구아나과 도마뱀(iguanid lizard)을 찌르기 위해 딱딱한 초목 탐사 가지를 사용하는 세라 다 카피바라(Serra da Capivara)의 수컷 카푸친 원숭이

티아고 팔로이코(Tiago Falótico)의 허락을 받아 촬영하고 출판된 사진.

[그림 1.6] 연체동물을 깨기 위해 양손으로 큰 타격 망치를 사용하는 버마 긴꼬리 마카크
마이클 구머트(Michael D. Gumert)의 허락을 받아 촬영하고 출판된 사진.

리고 DNA와 같은 사용자 유기체의 존재를 나타내는 신호 등 간접적인 증거에 의존한다. 그러한 증거는 고고학에서 반드시 존재해야 하는 것과 마찬가지로, 확률적이다(Haslam et al., 2009, 2017). 마지막으로, 여기서 강조된 분류군을 통한 연구 노력에는 큰 차이가 있다. 야생 침팬지는 120개 이상의 현장에서 60년 동안 연구되어 왔으며, 다른 영장류 분류군은 이 정도 범위의 연구에 접근조차 하지 못한다(McGrew, 2017). 따라서, 아직 덜 연구된 원숭이들이 우리에게 보여주는 것은 그것이 무엇이든지 두 배로 인상적이다([그림 1.1]에서 [그림 1.6]까지를 보라).

발견

여기에서의 표는 침팬지, 카푸친 그리고 마카크 도구들의 행태를 3가지로 비교한 것을 보여준다. 유사점과 차이점을 모두 확인할 수 있으며, 올도완 도구의 형태에 맞추기 전에 이 점을 먼저 고려할 수 있다. 여기에서는 〈표 1.1〉과 〈표 1.2〉에서 검토되고 인용된 자료의 핵심 사항을 요약한다. 가장 기본적인 수준에서는 모두가 도구 사용자다. 마카크들은 침팬지와 카푸친을 합친 것보다 더 많은 먹잇감을 처리하기 위해 도구를 사용한다. 세 분류군 모두 석기를 사용하지만, 오직 한 분류군(카푸친)만이 도구가 될 수 있는 돌 인공물을 만들지만, 만들고 난 후 그것을 사용하지는 않는다. 세 분류군 모두 단단한 대상을 두들겼던 돌이 출토된 고고학적 기록을 남겼지만, 보통 하나(마카크)만이 일반적으로 망치를 사용하여 동식물의 딱딱한 껍질을 깼다. 세 분류군 모두 도구 사용에서 성별 차이를 보여준다. 마카크와 침팬지는 암컷의 우세(각각 다른 과제, 두들김 그리고 탐색)에 동의하지만, 카푸친의 경우 수컷이 탐사에서 우세를 보여주지만 두들김에서는 아니다. 전반적으로, 우리의 비교는 침팬지와 카푸친의 유사성이 마카크가 있는 분류군에서보다 더 높다는 것을 보여준다. 그러나 좀 더 상세하고 광범위한 비교가 필요하다.

〈표 1.1〉은 도구 유형의 경우 침팬지가 가장 다양하고, 그다음이 카푸친과 마카크라는 것을 보여준다. 침팬지가 망치와 모루, 탐사 가지, 창, 관통기penetrators 그리고 천공기perforators를 위해 나무 식물을 사용하는 것은 주목할 만하다. 이러한 모든 유형은 그들만의 장점이 있지만, 유연한 탐사 가지는 개미와 흰개미의 둥지가 구불구불한 통로로 꿰어져 있어서 도구의 정확한 조작이 필요하다. 카푸친의 더 단단한 탐사 가지

는 도마뱀과 설치류 모두를 틈에서 끄집어내지만, 사용 방법은 정밀도보다 힘에 더 의존한다. 마카크들은 또한 굴과 다른 조개들을 깨기 위해 연체동물의 껍질을 사용하는 것으로 보고되었다. 마카크들은 굴의 부드러운 내장에 접근하기 위해 그리고 선형적이고 뾰족한 껍질과 같은 다른 연체동물을 처리하기 위해 다양한 껍데기를 사용한다.

도구 특징은 적어도 여기에 나열된 매개변수에서 세 개의 분류군 간의 차이보다 더 많은 유사성을 보여준다. 모든 분류군들은 먹이(견과류이든 연체동물이든)를 둘러싼 외부 껍질의 딱딱함 때문에 망치를 사용한다. 모두가 크기, 질량, 딱딱함, 굳음 등 실용적 변수에 따라 원재료를 선택한다. 하나 이상의 추출적 수렵채집extractive foraging[25]을 위해, 모두 동일한 유형의 원재료를 사용한다. 마카크는 탐사 가지 또는 잎 도구에 대한 재료 선택성을 비교할 수 없다.

이 세 분류군 모두, 사용할 수 있는 자연적이거나 때로는 부자연스러운 대상의 배열에서 임의적이지 않은 선택을 유추한 것처럼, 당면한 과제에 적합한 형태를 가진 원재료를 선호한다. 모든 원재료 또는 도구를 사용할 장소로 운반한다. 도구 제작의 경우, 침팬지와 카푸친은 놀라울 정도로 유사하며, 도구들을 손질하고 재사용하지만, 마카크의 경우에는 미미하다. 돌에 적용할 때, 도구 제작 모드mode[26]의 주요 특성은 카푸친만이 이러한 원재료를 분리, 감쇄 그리고 재성형하고, 역암 망conglomerate matrix에서 석영 자갈을 추출하여 분말(섭취용)로 줄이고, (사용하지 않는) 격지를 생성한다는 것이다.

연합된 도구 사용을 위해, 세 분류군 모두 도구 유형이 다른 도구 키

25 땅속 또는 단단한 껍질에 쌓인 과일 등을 채집하는 활동(역자 주).

26 방식 또는 양식으로 번역할 수 있으나, 원저의 뜻을 명확하기 위해 모드로 번역했다(역자 주).

트를 가지고 있으며, 모두 성공적인 고고학적 복구에 적합한 복합물을 남겨둔다. 모든 도구에는 주로 망치와 모루를 포함한 복합도구가 있으며, 동일한 유형의 도구가 두 개 이상의 용도를 보인다는 점에서 모두 다기능성이 있다. 그러나 오직 침팬지와 카푸친만이 도구 세트와 정교하게 만들어진 도구를 가지고 있고, 오직 침팬지만이 돌 모루의 기능을 향상시키는 쐐기돌의 형태로 메타 도구를 보여준다.

도구로 처리된 항목과 도구의 사용 방법에는 현저한 유사점과 차이가 있다. 침팬지와 카푸친은 〈표 1.2〉의 식물과 동물 먹잇감 모두를 포함하여 기초기법에 의해 처리된 항목 범위에서 주목할 만한 일치성을 보여준다. 마카크들이 처리한 항목은 곤충과 마시는 물이 생활 기법이 없는 것처럼 보인다는 점을 제외하면 유사하다. 맥그루McGrew(2013)가 열거한 22가지 처리 행동 방식 중, 침팬지는 10, 카푸친은 6을 보여주지만, 마카크는 2개에 불과하다. 마카크에서 결여된 대부분의 방식은 식물 재료의 도구를 포함한다. 세 분류군 모두는 식물로 만든 도구를 사용하는데 나무, 관목, 리아나liana[27], 또는 풀과 같은 다른 식물이든 상관하지 않는다. 맹그로브 지역에 서식하는 카푸친은 나무 도구를 사용하여 갑각류와 복족류gastropod를 처리하는 것으로 보고되었지만, 오직 마카크만이 해안 자원을 전문으로 하여 간조와 만조 사이의 지역에서 많은 무척추동물의 분류군을 잡는다(Cutrim, 2013).

운반도 다양하다. 세 분류군 모두 원재료를 운반한다. 돌에 관해서, 세 분류군 모두 돌망치를 운반하지만, 그중 오직 카푸친과 침팬지만이 모루를 운반한다. 마카크들은 고정된 모루, 전형적으로 반들거리는 바

27 열대산 칡의 일종(역자 주).

위, 암석 노두rocky outcrops[28]나 노출된 뿌리를 사용한다. 모두 견과류와 딱딱한 껍데기 과일을 원천지에서 가공 장소로 운반한다. 동물 먹이 운반은 선호되는 분류군을 반영한다. 침팬지와 카푸친은 종종 사냥 후에 포유류나 파충류 먹잇감을 운반하는데, 이는 '이동 축제movable feast'로 불리며, 소유자(침팬지와 카푸친)들은 운반자(포유류나 파충류 먹잇감)를 압박하여 끌고 온다. 마카크들은 연체동물과 갑각류를 포획 장소에서 모루 장소로 옮기고, 침팬지나 카푸친처럼 게나 다른 유인 먹잇감의 운반에도 따라다닐 것이다.

원재료, 도구 또는 먹이를 운반하는 거리는 크기에 따라 다르다. 마카크나 카푸친에 의한 대부분의 운반 거리는 몇 미터밖에 되지 않는다. 단 카푸친에 의해 운반되는 척추동물 먹이는 예외이다. 카푸친은 때때로 죽은 도마뱀과 설치류를 수백 미터씩 나르는데, 이는 보통 먹이의 일부를 얻으려고 하는 다른 원숭이들을 피하고자 함이다. 침팬지는 때때로 모든 유형의 휴대용 물건들을 수백 미터 동안 나른다. 그들은 흰개미 낚시와 같이, 사용하기 전에 만들어진 원재료와 도구 모두를 운반할 수 있다. 곤충 먹이는 그 자리에서 바로 먹는 반면 척추동물 먹이는 완전히 먹는 데 몇 시간이 걸릴 수도 있어, 때로는 수천 미터, 심지어 하루 넘게 운반되기도 한다.

다음으로 올도완 공작의 형태에 관한 설명과 새로운 업데이트에도 불구하고 윈과 동료들Wynn and colleagues(2011)이 처음 보여 준 **침팬지**Pan와 올도완 기법의 비교에는 거의 변화가 없다는 것을 보여준다. 〈표 1.1〉에서 우리는 침팬지 흰개미 낚시의 레퍼토리에서 최근에 추가된 관통기

---

28 광맥이나 암석의 노출부(역자 주).

와 천공기를 제외하고, 도구의 유형이 거의 같다는 것을 알 수 있다. 도구의 다양성은 여기 있는 우리의 표에 크게 특화되었지만, 주로 선택성과 과제 요구사항을 반영한다.

도구 제작 기법의 경우 동일한 유사점과 차이가 지속되며, 차이는 돌떼기에서 뚜렷하게 나타난다. 도구 활동의 부산물을 제외하고 자연에서 살아 있는 어떤 유인원이나 원숭이도 아직 의도적으로 격지를 생산하는 것으로 보이지 않았다. 연합된 도구(즉, 복합 그리고 다중 구성요소)는 최근 그러한 기법의 분류법이 뚜렷해지고 유형이 확대되었기 때문에, 보고서 전반에 걸쳐 비교하기가 더 어렵다(정의는 McGrew, 2013, 보충 정보를 보라). 침팬지의 경우, 습관적인 수준이나 관습적인 수준에서 관련 범주의 수가 4개에서 10개로 증가했고, 유인원에서는 이들 10개 중 7개만이 발견되었고, 3개(시퀀스sequence[29]적, 이차적 그리고 건설적)는 알려지지 않았다. 침팬지 도구 사용을 생활방식 이상으로 확장한다면, 유인원의 매일 얽히고설킨 수면 플랫폼과 둥지를 만드는 공사는 쉽게 입증될 것이다(Koops, McGrew, de Vries, & Matsuzawa, 2012; Samson, 2012; Stewart, Piel, & McGrew, 2011을 보라). 올도완을 이와 같은 용어로 재분류하기는 쉽지 않다(다음 항목인 「토론」을 보라). 공작은 10가지 중 적어도 6가지(키트, 구성, 기술, 복합물, 2차, 다기능)를 반영하는 것으로 보인다. 다른 것(구축, 메타 도구, 시퀀스, 세트)은 행태가 없을 때 고고학적으로 식별하기 어렵다. 예를 들어, 다른 도구를 얻기 위해 도구를 시퀀스하게 사용하는 것은 인공물 자료가 아닌 행태에 전적으로 의존하는 것처럼 보인다. 올도완에는 눈에 띄게 존재하지만 유인원에는 없는 것이 이차적

29 순서, 연속적인 사건들 등의 뜻이 있는데, 원저의 뜻을 명확히 전달하기 위해 시퀀스로 번역했다(역자 주).

인 도구 사용, 즉 다른 도구 제작을 위한 도구의 사용이다.

〈표 1.2〉에서 유인원의 도구 사용에서 처리되는 것의 목록은 대부분 변경되지 않았지만, 육지 달팽이와 같은 특정 항목은 먹이 목록에 추가되었다. 올도완의 경우, 단순한 이유로 인해 목록이 짧다. 살아 있는 유인원의 먹잇감은 대부분 부패하기 쉬우므로 화석 기록에 남아있지 않다. 올도완의 가공품 목록은 뼈의 절단 자국과 같은 화석 증거를 산출하는 화석생성taphonomic 처리 기능이지만, 이는 윈과 동료들Wynn and colleagues의 보고(2011) 이후 눈에 띄게 달라지지는 않았다.

비슷한 오해의 소지가 있는 제한은 올도완 도구 사용자가 사용하는 모드 수number of modes다(〈표 1.3〉 참고). 직접 관찰과는 달리, 절단하기, 망치질하기/두드리기, 파기, 문지르기/긁기와 같은 네 가지 행태 결과만 보일 수 있다. 이들 중 문지르기/긁기 두 가지는 나무를 작업하는 데 있어, 흙으로 마모된 격지, 뼈 또는 긁개처럼 사용한 표면의 미세마모에 대한 유효한 측정이 필요할 것이다.

올도완 처리 유적지는 증거 누락으로 더욱 한계가 있다. 국소적 생계 활동의 유기적 지표는 절단된 흔적이나 파손 패턴으로 처리의 신호를 보이는 화석화된 뼈들의 복합물이 아니라면 검색할 수 없다. 현실적으로, 이것은 살처분 장소에 집중되어 있거나 고립된 채 다른 곳에서 발견되는 큰 체구의 척추동물의 잔해를 의미한다. 이것은 벌집과 같은 먹이 현장의 특별한 형태나 견과류 수풀과 같은 맥락 변수와 대조가 되는데, 야생 원숭이를 따르는 연구자들이 기꺼이 이용할 수 있지만 대개 고고학적으로 보이지 않기 때문이다.

올도완에서 탐지 가능한 물품의 운반은 돌과 뼈로 제한되는 반면 (Hayden, 2008) 살아 있는 유인원의 경우 다양한 식물과 동물의 부분을

〈표 1.3〉 올도완 도구, 특징 그리고 사용 절차

올도완 도구 특징	올도완 도구 사용 절차
도구 유형은 무엇이었나? • 돌망치 • 돌 모루 • 격지가 떼인 몸돌 • 변경되지 않은 격지 • 변경된 격지 • 부서진 자갈 • 변경되지 않은 자갈 • 변경된 뼈(드릴) **도구를 어떻게 변경시켰나?** • 돌 원재료 변화 • 다른 도구 유형에 사용된 같은 원재료 • 무게, 크기 등으로 선택된 원재료 **도구를 어떻게 만들었나?** • 원재료 선택 • 원재료 운반 • 단순 유형학적 공간 개념 • 손 변경(예: 양극 돌 떼내기) • 돌 떼낼 수 있는 각도 사용 • 돌 떼내기 치기의 인접한 부위(예: 몸돌 회전) • 잔손질(예: 몸돌 재활용, 손질) • 원재료 형태와 관련된 처리 **도구와 연합된 것이 무엇이 있었나?** • 키트 • 구성 • 기술 • 복합물 • 이차적(예: 양극) • 다기능	**무엇을 처리했었나?** • 골수를 위한 뼈 • 동물 연체조직(예: 근육, 인대 등) • 식물 부위(예: 과일, 뿌리, 줄기, 알줄기 등) **어떻게 처리했었나?** • 끊기(예: 동물 또는 식물 조직을 작은 조각내기/절단) • 파기 • 망치질/빻기(예: 먹잇감, 조각 뼈를 찧기) • 천공 **어디서 처리했었나?** • 동물 먹잇감이 죽은 장소 • 식물 먹잇감을 처리하기 위한 안전한 장소 **무엇을 운반하였나?** • 원재료 • 망치 • 격지를 뗀 몸돌 • 커다란 격지 • 자갈 • 동물 신체 부위 **얼마나 멀리 운반하였나?** • 몇만 미터(13km까지 이동)

포함하므로 범위가 훨씬 더 넓다. 그러나 운반되는 거리는 올도완 호미닌과 살아 있는 유인원 사이의 뚜렷한 차이를 보여주는 것 같다. 전자의 이동 거리는 수백 미터보다 거의 몇십 배 더 먼 거리, 즉 수천 미터나 된다.

토론

침팬지와 오랑우탄의 기본 기법에 근거한 유인원 적응 등급에 대한 윈과 맥그루Wynn and McGrew(1989)의 생각 그리고 윈과 동료들Wynn and colleagues(2011)의 생각은 다른 살아 있는 비인간 영장류들을 암묵적으로 배제했다. 예전에는, 적어도 두 종의 원숭이가 유인원 적응 등급[30]에 대한 차례를 기다리고 있었지만, 다른 종들은 거의 알려지지 않았다. 윈과 동료들Wynn and colleagues(2011)은 올도완의 '유인원성apeness'에 대해 토론하면서, 살아있는 유인원과 올도완 호미닌이 공유하는 아홉 가지 특징을 열거했다. (1) 먹이에 접근하기 위한 도구의 사용, (2) 먹이 처리를 위한 도구의 사용, (3) 원재료의 차별과 선택, (4) 사용에 앞서 도구의 선택, (5) 도구와 먹이의 운반, (6) 활동 영역의 재사용, (7) 계층적으로 조직된 절차, (8) 유연한 절차의 사용, (9) 문화적 차이. 이 모든 것들은 또한 **카푸친 원숭이**Sapajus libidinosus와 **마카크 원숭이**Macaca fascicularis aurea 모두에서 보고되고 있다. 그러므로 유인원 적응 등급은 진원류 적응 등급으로 확장되어야 한다. 물론, 원칙적으로, 그 등급은 더 확대될 수 있는데, 이것은 원원류, 다른 포유류, 또는 심지어 조류도 포함한다. 그러

30 유인원이 도구를 사용하여 서식지에서 적응하였다는 용어로, 윈(Wynn) 등은 이 용어를 올도완 도구를 사용한 호미닌에게도 적용시키려 하였다(역자 주).

나 우리는 여기서 그것을 평가하지 않는다.

그러나 〈표 1.1〉과 〈표 1.2〉의 카푸친과 마카크 열에 있는 빈칸은 어떤 것일까? 침팬지들을 위해 〈표 1.1〉과 〈표 1.2〉의 어떤 빈칸이 채워진 것일까? 그런 빈칸은 채울 수 없다고 말하는 것은 경솔할 것이다. 카푸친과 마카크를 기반으로 연구가 이루어짐에 따라, 우리는 다른 형태의 도구 행태를 발견할 수 있다. 침팬지는 그러한 증거를 찾기 위해 훨씬 더 많은 연구 장소와 시간을 투자했다. 그러나 이는 도구를 사용하는 원숭이에서는 비교적 일치하지는 않는다. 카푸친의 발견은 주로 브라질의 파젠다 보아 비스타Fazenda Boa Vista와 세라 다 카피바라Serra da Capivara 두 곳에서만 나온 반면, 마카크들의 발견은 태국의 피아크 남 야이Piak Nam Yai 한 곳에서만 나왔다. 단 몇 년 동안, 그 연구 주제들은 오늘날 가까운 거리에서 온종일 근거리 관찰에 익숙해져 왔다. 이것을 완전히 적응한 침팬지의 연구 현장 10곳과 대조해 보자. 그들 대부분은 수십 년에 걸쳐 기록을 모았다. 또한, 기간이 더 짧은 110개 이상의 침팬지 연구 현장이 있다(McGrew, 2017). 따라서 원숭이 종에 관한 전체 연구 노력은 유인원 종에 비해 떨어진다. 이 진원류들에서 무엇이 보일지 누가 알겠는가?

그렇다면, 비인간 영장류 세 분류군 중 무엇이 올도완에게 가장 좋은 참조모델을 제공하는가? 각각의 장단점은 다음과 같다. 침팬지는 더 많은 유형의 연합 도구 사용을 포함하여 가장 다양한 도구 사용 그리고 제작방법을 보여주지만, 돌 생활도구는 망치와 모루의 가장 단순한 두들김으로 제한된다. 카푸친은 실제 격지(아직 사용되지 않은 조각이기는 하지만)에서는 다른 것을 능가하지만, 유연한 탐사 가지와 그들의 부속품 같은 도구의 정확한 사용의 일부 측면은 부족하다. 마카크는 돌 전문가로서, 가장 넓은 범위의 석기로 먹이를 처리하지만, 여러 도구를 이용하거나 만드는 데는 부족하다. 어떤 것이 더 나은 모델인지 할당하는 대신, 각각 올도완의 진화적 기원을 모델링하기 위해 중요한 것을 제공한다. 셋 모두의 공통적인 특성은 예를 들어 마지막 공통 조상의 기법을 재구성하는 기초의 형성일 것이다. 이 셋 모두에 존재하는 공통분모는 고정식 모루에 감싸진 먹이를 두드리기 위해 돌망치를 사용하는 것이다. 이 기법을 이용하면, 셋 모두에서 가공되는 유일한 먹이는 딱딱한 껍질의 견과류이다.

그러나 우리는 또한 올도완과의 비교를 고려할 때 윈과 맥그루Wynn and McGrew(1989)와 윈과 동료들Wynn and colleagues(2011)이 주장한 두 가지 차이를 설명해야 한다. 첫째, 멸종된 호미닌에 비해 살아있는 유인원에 의한 도구나 그 원재료가 운반되는 거리이다. 오직 척추동물 먹이를 운반하는 경우에만 유인원의 운반 거리가 1km를 넘는데, 이 연장선은 단지 큰 먹이를 먹는 데 더 많은 시간이 소요되기 때문으로 보인다. 즉, 예를 들어, 침팬지 포식자에 의해 운반된 붉은 콜로부스 원숭이 사체는 처리나 소비를 위해 어떤 특정한 장소로 옮겨지지 않고, 오히려 이동 중에 먹힌다. 비인간 영장류들은 수백 미터까지 운반할 수 있지만, 10m 이내인 경우가 더 많고, 보통 1m 안에서만 운반한다. 대조적으로, 호미닌은 최대 13km까지 돌 원재료나 도구를 운반했다.

이것은 사과 대 오렌지 비교일까? 살아 있는 영장류 운반은 전형적으로 한 개체가 한 번 운반하는 단일 **여정**journeys으로, 운반된 물품은 소모되거나 사용된 후에 버려진다. 이것은 원재료의 기원(전형적인 암석의 노두)에서 변경과 사용 장소까지의 **거리**를 고고학적으로 측정하는 것과는 매우 다르다. 돌이 어떻게 그곳에 도달했는지, 그리고 운반된다면 얼마나 많은 개체에 의해 얼마나 많은 시간을 들여 이동했는지를 알지 못한다. 그러므로 올도완 도구들의 일상적 사용에서, 유인원과 원숭이를 관찰한 방법과 유사하게 돌이 운반되었을 가능성이 있다. 발견되지 않은 올도완 도구와 같이, 비인간 도구들이 도구로서의 수명 동안 어느 정도까지 운반될 수 있는지를 결정하기 위해서는 도구와 모루에 초점을 둔 표본이 필요할 것이다. 다행히, 그러한 연구가 현재 진행 중이다(Luncz, Proffitt et al., 2016).

두 번째 격차는 영장류와 육식동물 사이의 동물 먹이 경쟁인데, 영장류는 원숭이, 유인원, 호미닌일 수 있고 육식동물은 포유류 사체, 즉 **스카벤징**에 대한 접근을 다투는 고양잇과 동물, 갯과 동물, 하이에나일 수 있다. 여기서, 누가 죽였는지, 누가 강탈했는지는 중요하지 않고, 누가 그것을 먹었는지가 중요하다. 분명히 경쟁은 없어 보인다. 즉 살아 있는 영장류는 고기를 거의 스카벤징하지 않는다(Watts, 2007, 그러나 Morris & Goodall, 1977을 참고하라). 반면 화석 뼈에 있는 절단 자국, 두들겨 맞아 생긴 골절 그리고 육식동물 이빨 자국이 풍부하다는 증거는 호미닌과 육식동물 사이에 일종의 상호작용이 있음을 나타낸다(Stanford & Bunn, 2001). 이 상호작용이 어떻게 그리고 언제 일어났는지 알아내기는 쉽지 않다. 왜냐하면, 새로이 생명을 빼앗기가 버려진 긴 뼈를 쪼개기와 같진 않기 때문이다. 올도완 호미닌에게 그러한 경쟁이 얼마나 중요했는지는 알려지지 않았지만, 비인간 영장류와 인간의 구별은 여전히 예리하다. 침팬지-육식동물 상호작용에 대한 자료는 거의 없다. 야생 사바나에 서식하는 유일한 침팬지 집단은 동지역성sympatric[31] 대형 육식동물이 없지만(Pruetz et al., 2015), 다른 후보 연구 현장(McGrew,

31 동일한 지역을 차지하는 종의 집단(역자 주).

Baldwin, Marchant, Pruetz, & Tutin, 2014; Stewart & Piel, 2014)을 이용할 수도 있다.

올도완 이전의 출현으로, 지금까지 디키카Dikika(McPherron et al., 2010)와 로메크위(Harmand et al., 2015)에서 절단 자국이 발견됨에 따라, 이러한 문제는 더욱 과거로 밀려났다. 이 장에서는 이러한 새롭고 흥미로운 연구결과를 평가하려는 것은 아니지만, 두 가지 특히 중요한 시사점이 있다. 330만 년 전에 존재한 것으로 알려진 유일한 호미닌은 살아 있는 아프리카 유인원보다 크지 않은 뇌를 가지고 있었고, 로메크위안이 만들기 위해 사용되었다고 가정되는 두 가지 두들기기 기법은 유인원과 원숭이의 망치와 모루를 이용한 추출적 수렵채집(양극성), 유인원과 원숭이의 딱딱한 껍질 과일 때려 부수기(수동적)와 닮은 것처럼 보인다. 아마도 톰 윈의 1981년 가설이 매우 유용한 것으로 입증되었다는 점을 감안할 때, 이제 새로운 증거에 대한 그의 또 다른 날카로운 평가를 다시 요구할 때이다.

감사

도움을 주신 다음 연구원 여러분께 감사를 드린다. 수사나 카르발류Susana Carvalho, 아드리아나 에르난데스-아길라Adriana Hernandez-Aguilar, 소니아 하먼드Sonia Harmand, 마이클 하슬람Michael Haslam, 킴 호킹스Kim Hockings, 캐털리네 쿠프스Kathelijne Koops, 엘리자베스 론스도르프Elizabeth Lonsdorf, 알레한드라 파스쿠알 가리도Alejandra Pascual-Garrido, 그리고 크레이그 스탠포드Craig Stanford. 사진을 제공한 수사나 카르발류Susana Carvalho, 알레한드라 파스쿠알 가리도Alejandra Pascual-Garrido에게 다시 한

번 감사드리고, 유익한 논평에 준 두 명의 익명의 평론가에게도 감사드린다. 우리는 편집자들의 인내심에 감사드린다!

참고문헌

Allon, O., Pascual-Garrido, A., & Sommer, V. (2012). Army ant defensive behaviour and chimpanzee predation success: Field experiments in Nigeria. *Journal of Zoology, 288*(4), 237–244.

Alp, R. (1997). "Stepping-sticks" and "seat-sticks": New types of tools used by wild chimpanzees (*Pan troglodytes*) in Sierra Leone. *American Journal of Primatology, 41*(1), 45–52.

Andrews, P. (2015). *An ape's view of human evolution*. Cambridge, UK: Cambridge University Press.

Benito-Calvo, A., Carvalho, S., Arroyo, A., Matsuzawa, T., & de la Torre, I. (2015). First GIS analysis of modern stone tools used by wild chimpanzees (*Pan troglodytes verus*) in Bossou, Guinea, West Africa. *PloS One, 10*(3), e0121613.

Bessa, J., Sousa, C., & Hockings, K. J. (2015). Feeding ecology of chimpanzees (*Pan troglodytes verus*) inhabiting a forest-mangrove-savanna-agricultural matrix at Caiquene-Cadique, Cantanhez National Park, Guinea-Bissau. *American Journal of Primatology, 77*(6), 651–665.

Boesch, C., & Boesch, H. (1984). Mental map in wild chimpanzees: An analysis of hammer transports for nut cracking. *Primates, 25*(2), 160–170.

Boesch, C., Kalan, A. K., Agbor, A., Arandjelovic, M., Dieguez, P., Lapeyre, V., & Kühl, H. S. (2016). Chimpanzees routinely fish for algae with tools during the dry season in Bakoun, Guinea. *American Journal of Primatology, 79*(3), e22613.

Canale, G. R., Guidorizzi, C. E., Kierulff, M. C. M., & Gatto, C. A. F. (2009). First record of tool use by wild populations of the yellow-breasted capuchin monkey (*Cebus xanthosternos*) and new records for the bearded capuchin (*Cebus libidinosus*). *American Journal of Primatology, 71*(5), 366–372.

Carvalho, S. (2011). Extensive surveys of chimpanzee stone tools: From the telescope to the magnifying glass. In T. Matsuzawa, T. Humle, & Y. Sugiyama (Eds.), *The chimpanzees of Bossou and Nimba* (pp. 145–155). Tokyo: Springer.

Carvalho, S., Biro, D., Cunha, E., Hockings, K. J., McGrew, W. C., Richmond, B. G., & Matsuzawa, T. (2012). Chimpanzee carrying behaviour and the origins of human bipedality. *Current Biology, 22*(6), R180–R181.

Carvalho, S., Biro, D., McGrew, W. C., & Matsuzawa, T. (2009). Tool-composite reuse in wild chimpanzees (*Pan troglodytes*): Archaeologically invisible steps in the technological evolution of early hominins? *Animal Cognition, 12*(1), 103–114.

Carvalho, S., Cunha, E., Sousa, C., & Matsuzawa, T. (2008). *Chaînes opératoires* and resource-exploitation strategies in chimpanzee (*Pan troglodytes*) nut cracking. *Journal of Human*

Evolution, 55(1), 148–163.

Carvalho, S., Matsuzawa, T., & McGrew, W. C. (2013). From pounding to knapping: How chimpanzees can help us to model hominin lithics. In C. M. Sanz, J. Call, & C. Boesch (Eds.), *Tool use in animals: Cognition and ecology* (pp. 225–241). Cambridge, UK: Cambridge University Press.

Carvalho, S., & McGrew, W. C. (2012). The origins of the Oldowan: Why chimpanzees (*Pan troglodytes*) still are good models for technological evolution in Africa. In M. Domínguez-Rodrigo (Ed.), *Stone tools and fossil bones: Debates in the archaeology of human origins* (pp. 201–221). Cambridge, UK: Cambridge University Press.

Corat, C., Siqueira, J. O., & Ottoni, E. B. (2016). Sequential organization and optimization of the nut-cracking behavior of semi-free tufted capuchin monkeys (*Sapajus* sp.). *Primates, 57*(1), 113–121.

Cutrim, F. H. R. (2013). *Padrão comportamental e uso de ferramentas em macacos-prego (*Sapajus libidinosus*) residentes em manguezal.* Doctoral thesis, University of São Paulo, Brazil.

De Moraes, B. L. C., Souto, A. da S., & Schiel, N. (2014). Adaptability in stone tool use by wild capuchin monkeys (*Sapajus libidinosus*). *American Journal of Primatology, 76*(10), 967–977.

de Resende, B. D., Greco, V. L. G., Ottoni, E. B., & Izar, P. (2003). Some observations on the predation of small mammals by tufted capuchin monkeys (*Cebus apella*). *Neotropical Primates, 11*(2), 103–104.

de Resende, B. D., Ottoni, E. B., & Fragaszy, D. M. (2008). Ontogeny of manipulative behaviour and nut-cracking in young tufted capuchin monkeys (*Cebus apella*): A perception-action perspective. *Developmental Science, 11*(6), 828–840.

Dutton, P., & Chapman, H. (2015). New tools suggest local variation in tool use by a montane community of the rare Nigeria–Cameroon chimpanzee, *Pan troglodytes ellioti*, in Nigeria. *Primates, 56*(1), 89–100.

Falótico, T., & Ottoni, E. B. (2014). Sexual bias in probe tool manufacture and use by wild bearded capuchin monkeys. *Behavioural Processes, 108*, 117–122.

Falótico, T., & Ottoni, E. B. (2016). The manifold use of pounding stone tools by wild capuchin monkeys of Serra da Capivara National Park, Brazil. *Behaviour, 153*(4), 421–442.

Falótico, T., Siqueira, J. O., & Ottoni, E. B. (2017). Digging up food: Excavation stone tool use by wild capuchin monkeys. *Scientific Reports, 7*(1), 6278.

Falótico, T., Spagnoletti, N., Haslam, M., Luncz, L. V., Malaivijitnond, S., & Gumert, M. D. (2017). Analysis of sea almond (*Terminalia catappa*) cracking sites used by wild Burmese long-tailed macaques (*Macaca fascicularis aurea*). *American Journal of Primatology, 79*, e22629.

Ferreira, R. G., de Resende, B. D., Mannu, M., Ottoni, E. B., & Izar, P. (2002). Bird predation and prey-transference in brown capuchin monkeys (*Cebus apella*). *Neotropical Primates, 10*, 84–89.

Fragaszy, D. M., Izar, P., Visalberghi, E., Ottoni, E. B., & de Oliveira, M. G. (2004). Wild capuchin monkeys (*Cebus libidinosus*) use anvils and stone pounding tools. *American Journal of Primatology, 64*(4), 359–366.

Goodall, J. van L. (1968). The behaviour of free-living chimpanzees in the Gombe Stream Reserve. *Animal Behaviour Monographs, 1*, 161–311.

Gruber, T., & Clay, Z. (2016). A comparison between bonobos and chimpanzees: A review and update. *Evolutionary Anthropology, 25*(5), 239–252.

Gumert, M. D., Hamada, Y., & Malaivijitnond, S. (2013). Human activity negatively affects stone tool-using Burmese long-tailed macaques *Macaca fascicularis aurea* in Laem Son National Park, Thailand. *Oryx, 47*(4), 535–543.

Gumert, M. D., Hoong, L. K., & Malaivijitnond, S. (2011). Sex differences in the stone tool-use behavior of a wild population of Burmese long-tailed macaques (*Macaca fascicularis aurea*). *American Journal of Primatology, 73*(12), 1239–1249.

Gumert, M. D., Kluck, M., & Malaivijitnond, S. (2009). The physical characteristics and usage patterns of stone axe and pounding hammers used by long-tailed macaques in the Andaman Sea region of Thailand. *American Journal of Primatology, 71*(7), 594–608.

Gumert, M. D., & Malaivijitnond, S. (2012). Marine prey processed with stone tools by Burmese long-tailed macaques (*Macaca fascicularis aurea*) in intertidal habitats. *American Journal of Physical Anthropology, 149*(3), 447–457.

Gumert, M. D., & Malaivijitnond, S. (2013). Long-tailed macaques select mass of stone tool according to food type. *Philosophical Transactions of the Royal Society of London. Series B, Biological Sciences, 368*(1630), 20120413.

Haidle, M. N. (2010). Working-memory capacity and the evolution of modern cognitive potential. *Current Anthropology, 51*(S1), S149–S166.

Hanna, J. B., Schmitt, D., Wright, K., Eshchar, Y., Visalberghi, E., & Fragaszy, D. M. (2015). Kinetics of bipedal locomotion during load carrying in capuchin monkeys. *Journal of Human Evolution, 85*, 149–156.

Harmand, S., Lewis, J. E., Feibel, C. S., Lepre, C. J., Prat, S., Lenoble, A., . . . Roche, H. (2015). 3.3-million-year-old stone tools from Lomekwi 3, West Turkana, Kenya. *Nature, 521*(7552), 310–315.

Haslam, M. (2013). "Captivity bias" in animal tool use and its implications for the evolution of hominin technology. *Philosophical Transactions of the Royal Society of London. Series B, Biological Sciences, 368*(1630), 20120421.

Haslam, M. (2014). On the tool use behavior of the bonobo-chimpanzee last common ancestor, and the origins of hominine stone tool use. *American Journal of Primatology, 76*(10), 910–918.

Haslam, M., Cardoso, R. M., Visalberghi, E., & Fragaszy, D. M. (2014). Stone anvil damage by wild bearded capuchins (*Sapajus libidinosus*) during pounding tool use: A field experiment. *PLoS One, 9*(11), e111273.

Haslam, M., Gumert, M. D., Biro, D., Carvalho, S., & Malaivijitnond, S. (2013). Use-wear patterns on wild macaque stone tools reveal their behavioural history. *PLoS One, 8*(8), e72872.

Haslam, M., Hernandez-Aguilar, R. A., Ling, V., Carvalho, S., de la Torre, I., DeStefano, A., . . . Warren, R. (2009). Primate archaeology. *Nature, 460*(7253), 339–344.

Haslam, M., Hernandez-Aguilar, R. A., Proffitt, T., Arroyo, A., Falótico, T., Fragaszy, D. M., . . . Luncz, L. V. (2017). Primate archaeology evolves. *Nature Ecology and Evolution, 1*, 1431–1437.

Haslam, M., Luncz, L. V., Pascual-Garrido, A., Falótico, T., Malaivijitnond, S., & Gumert, M. D.

(2016). Archaeological excavation of wild macaque stone tools. *Journal of Human Evolution, 96*(13), 134–138.

Haslam, M., Pascual-Garrido, A., Malaivijitnond, S., & Gumert, M. D. (2016). Stone tool transport by wild Burmese long-tailed macaques (*Macaca fascicularis aurea*). *Journal of Archaeological Science: Reports, 7*, 408–413.

Hayden, B. (2008). What were they doing in the Oldowan? An ethnoarchaeological perspective on the origins of human behaviour. *Lithic Technology, 33*(2), 105–139.

Hobaiter, C., Poisot, T., Zuberbühler, K., Hoppitt, W. J. E., & Gruber, T. (2014). Social network analysis shows direct evidence for social transmission of tool use in wild chimpanzees. *PLoS Biology, 12*(9), e1001960.

Hockings, K. J., Bryson-Morrison, N., Carvalho, S., Fujisawa, M., Humle, T., McGrew, W. C., . . . Matsuzawa, T. (2015). Tools to tipple: Ethanol ingestion by wild chimpanzees using leaf-sponges. *Royal Society Open Science, 2*, 150150.

Hockings, K. J., McLennan, M. R., Carvalho, S., Ancrenaz, M., Bobe, R., Byrne, R. W., . . . Hill, C. M. (2015). Apes in the Anthropocene: Flexibility and survival. *Trends in Ecology and Evolution, 30*(4), 215–222.

Humle, T., Yamakoshi, G., & Matsuzawa, T. (2011). Algae scooping remains a puzzle. In T. Matsuzawa, T. Humle, & Y. Sugiyama (Eds.), *The chimpanzees of Bossou and Nimba* (pp. 117–122). Tokyo: Springer.

Koops, K., McGrew, W. C., de Vries, H., & Matsuzawa, T. (2012). Nest-building by chimpanzees (*Pan troglodytes verus*) at Seringbara, Nimba Mountains: Anti-predator, thermoregulatory, and anti-vector hypotheses. *International Journal of Primatology, 33*(2), 356–380.

Koops, K., Schöning, C., Isaji, M., & Hashimoto, C. (2015). Cultural differences in ant-dipping tool length between neighbouring chimpanzee communities in Kalinzu, Uganda. *Scientific Reports, 5*, 12456.

Lewis, J. E., & Harmand, S. (2016). An earlier origin for stone tool making: Implications for cognitive evolution and the transition to *Homo*. *Philosophical Transactions of the Royal Society of London. Series B, Biological Sciences, 371*(1698), 20150233.

Liu, Q., Fragaszy, D. M., & Visalberghi, E. (2016). Wild capuchin monkeys spontaneously adjust actions when using hammer stones of different mass to crack nuts of different resistance. *American Journal of Physical Anthropology, 161*(1), 53–61.

Lonsdorf, E. V. (2005). Sex differences in the development of termite-fishing skills in the wild chimpanzees, *Pan troglodytes schweinfurthii*, of Gombe National Park, Tanzania. *Animal Behaviour, 70*(3), 673–683.

Luncz, L. V., & Boesch, C. (2014). Tradition over trend: Neighboring chimpanzee communities maintain differences in cultural behavior despite frequent immigration of adult females. *American Journal of Primatology, 76*(7), 649–657.

Luncz, L. V., & Boesch, C. (2015). The extent of cultural variation between adjacent chimpanzee (*Pan troglodytes verus*) communities: A microecological approach. *American Journal of Physical Anthropology, 156*(1), 67–75.

Luncz, L. V., Falótico, T., Pascual-Garrido, A., Corat, C., Mosley, H., & Haslam, M. (2016). Wild capuchin monkeys adjust stone tools according to changing nut properties. *Scientific Reports,*

6, 33089.

Luncz, L. V., Mundry, R., & Boesch, C. (2012). Evidence for cultural differences between neighbouring chimpanzee communities. *Current Biology, 22*(10), 922–926.

Luncz, L. V., Proffitt, T., Kulik, L., Haslam, M., & Wittig, R. M. (2016). Distance-decay effect in stone tool transport by wild chimpanzees. *Proceedings of the Royal Society of London B: Biological Sciences, 283,* 20161607.

Luncz, L. V., Svensson, M. S., Haslam, M., Malaivijitnond, S., Proffitt, T., & Gumert, M. D. (2017). Technological response of wild macaques (*Macaca fascicularis*) to anthropogenic change. *International Journal of Primatology, 38*(5), 872–880.

Luncz, L. V., Wittig, R. M., & Boesch, C. (2015). Primate archaeology reveals cultural transmission in wild chimpanzees (*Pan troglodytes verus*). *Philosophical Transactions of the Royal Society of London. Series B, Biological Sciences, 370,* 20140348.

Malaivijitnond, S., Lekprayoon, C., Tandavanittj, N., Panha, S., Cheewatham, C., & Hamada, Y. (2007). Stone-tool usage by Thai long-tailed macaques (*Macaca fascicularis*). *American Journal of Primatology, 69*(2), 227–233.

Mannu, M., & Ottoni, E. B. (2009). The enhanced tool-kit of two groups of wild bearded capuchin monkeys in the Caatinga: Tool making, associative use, and secondary tools. *American Journal of Primatology, 71*(3), 242–251.

Marchant, L. F., & McGrew, W. C. (2005). Percussive technology: Chimpanzee baobab smashing and the evolutionary modelling of hominin knapping. In V. Roux & B. Bril (Eds.), *Stone knapping: The necessary conditions for a uniquely hominin behaviour* (pp. 341–350). Cambridge, UK: McDonald Institute for Archaeological Research.

Matsuzawa, T. (2011a). Field experiments of tool-use. In T. Matsuzawa, T. Humle, & Y. Sugiyama (Eds.), *The chimpanzees of Bossou and Nimba* (pp. 157–164). Tokyo: Springer.

Matsuzawa, T. (2011b). Stone tools for nut-cracking. In T. Matsuzawa, T. Humle, & Y. Sugiyama (Eds.), *The chimpanzees of Bossou and Nimba* (pp. 73–83). Tokyo: Springer.

McGrew, W. C. (2013). Is primate tool use special? Chimpanzee and New Caledonian crow compared. *Philosophical Transactions of the Royal Society of London. Series B, Biological Sciences, 368*(1630), 20120422.

McGrew, W. C. (2017). Field studies of *Pan troglodytes* reviewed and comprehensively mapped, focussing on Japan's contribution to cultural primatology. *Primates, 58*(1), 237–258.

McGrew, W. C., Baldwin, P. J., Marchant, L. F., Pruetz, J. D., & Tutin, C. E. G. (2014). Chimpanzees (*Pan troglodytes verus*) and their mammalian sympatriates: Mt. Assirik, Niokolo-Koba National Park, Senegal. *Primates, 55*(4), 525–532.

McGrew, W. C., Marchant, L. F., Payne, C. L. R., Webster, T. H., & Hunt, K. D. (2013). Well-digging by Semliki chimpanzees: New data on laterality and possible significance of hydrology. *Pan Africa News, 20*(1), 5–8.

McGrew, W. C., Marchant, L. F., Wrangham, R. W., & Klein, H. (1999). Manual laterality in anvil use: Wild chimpanzees cracking *Strychnos* fruits. *Laterality: Asymmetries of Body, Brain and Cognition, 4*(1), 79–87.

McGrew, W. C., Tutin, C. E. G., & Baldwin, P. J. (1979). Chimpanzees, tools, and termites: Cross-cultural comparisons of Senegal, Tanzania, and Rio Muni. *Man, 14,* 185–215.

McPherron, S. P., Alemseged, Z., Marean, C. W., Wynn, J. G., Reed, D., Geraads, D., . . . Béarat, H.

A. (2010). Evidence for stone-tool-assisted consumption of animal tissues before 3.39 million years ago at Dikika, Ethiopia. *Nature, 466*(7308), 857–860.

Mendes, F. D. C., Cardoso, R. M., Ottoni, E. B., Izar, P., Villar, D. N. A., & Marquezan, R. F. (2015). Diversity of nutcracking tool sites used by *Sapajus libidinosus* in Brazilian Cerrado. *American Journal of Primatology, 77*, 535–546.

Meulman, E. J. M., & van Schaik, C. P. (2013). Orangutan tool use and the evolution of technology. In C. M. Sanz, J. Call, & C. Boesch (Eds.), *Tool use in animals: Cognition and ecology* (pp. 176–202). Cambridge, UK: Cambridge University Press.

Morris, K., & Goodall, J. van L. (1977). Competition for meat between chimpanzees and baboons of the Gombe National Park. *Folia Primatologica, 28*(2), 109–121.

Moscovice, L. R., Issa, M. H., Petrzelkova, K. J., Keuler, N. S., Snowdon, C. T., & Huffman, M. A. (2007). Fruit availability, chimpanzee diet, and grouping patterns on Rubondo Island, Tanzania. *American Journal of Primatology, 69*(5), 487–502.

Moura, A. C. de A., & Lee, P. C. (2004). Capuchin stone tool use in Caatinga dry forest. *Science, 306*(5703), 1909.

O'Malley, R. C., Wallauer, W., Murray, C. M., & Goodall, J. van L. (2012). The appearance and spread of ant fishing among the Kasekela chimpanzees of Gombe: A possible case of intercommunity cultural transmission. *Current Anthropology, 53*(5), 650–663.

Ottoni, E. B. (2015). Tool use traditions in nonhuman primates: The case of tufted capuchin monkeys. *Human Ethology Bulletin, 30*(1), 22–40.

Ottoni, E. B., & Mannu, M. (2001). Semi-free-ranging tufted capuchins (*Cebus apella*) spontaneously use tools to crack open nuts. *International Journal of Primatology, 22*(3), 347–358.

Panger, M. A., Brooks, A. S., Richmond, B. G., & Wood, B. A. (2002). Older than the Oldowan? Rethinking the emergence of hominin tool use. *Evolutionary Anthropology, 11*(6), 235–245.

Pascual-Garrido, A., Buba, U., Nodza, G., & Sommer, V. (2012). Obtaining raw material: Plants as tool sources for Nigerian chimpanzees. *Folia Primatologica, 83*(1), 24–44.

Pascual-Garrido, A., Umaru, B., Allon, O., & Sommer, V. (2013). Apes finding ants: Predator-prey dynamics in a chimpanzee habitat in Nigeria. *American Journal of Primatology, 75*(12), 1231–1244.

Plummer, T. W., & Stanford, C. B. (2000). Analysis of a bone assemblage made by chimpanzees at Gombe National Park. *Journal of Human Evolution, 39*(3), 345–365.

Proffitt, T., Luncz, L. V., Falótico, T., Ottoni, E. B., de la Torre, I., & Haslam, M. D. (2016). Wild monkeys flake stone tools. *Nature, 539*(7627), 85–88.

Proffitt, T., Luncz, V.L., Malaivijitnond, S., Gumert, M., Svensson, M.S., Haslam, M. D. (2018). Analysis of wild macaque stone tools used to crack oil palm nuts. *Royal Society Open Science*, 5: 171904.

Pruetz, J. D., Bertolani, P., Ontl, K. B., Lindshield, S., Shelley, M., & Wessling, E. G. (2015). New evidence on the tool-assisted hunting exhibited by chimpanzees (*Pan troglodytes verus*) in a savannah habitat at Fongoli, Sénégal. *Royal Society Open Science, 2*, 140507.

Samson, D. R. (2012). The chimpanzee nest quantified: Morphology and ecology of arboreal sleeping platforms within the dry habitat site of Toro-Semliki Wildlife Reserve, Uganda. *Primates, 53*(4), 357–364.

Sanz, C. M., Call, J., & Morgan, D. B. (2009). Design complexity in termite-fishing tools of chimpanzees (*Pan troglodytes*). *Biology Letters, 5*, 293–296.

Sanz, C. M., Deblauwe, I., Tagg, N., & Morgan, D. B. (2014). Insect prey characteristics affecting regional variation in chimpanzee tool use. *Journal of Human Evolution, 71*, 28–37.

Sanz, C. M., & Morgan, D. B. (2009). Flexible and persistent tool-using strategies in honey-gathering by wild chimpanzees. *International Journal of Primatology, 30*(3), 411–427.

Sanz, C. M., & Morgan, D. B. (2011). Elemental variation in the termite fishing of wild chimpanzees (*Pan troglodytes*). *Biology Letters, 7*, 634–637.

Sanz, C. M., & Morgan, D. B. (2013). Ecological and social correlates of chimpanzee tool use. *Philosophical Transactions of the Royal Society of London. Series B, Biological Sciences, 368*(1630), 20120416.

Sanz, C. M., Morgan, D. B., & Gulick, S. (2004). New insights into chimpanzees, tools, and termites from the Congo Basin. *American Naturalist, 164*(5), 567–581.

Sommer, V., Buba, U., Jesus, G., & Pascual-Garrido, A. (2012). Till the last drop: Honey gathering in Nigerian chimpanzees. *Ecotropica, 18*, 55–64.

Sousa, C. (2011). Use of leaves for drinking water. In T. Matsuzawa, T. Humle, & Y. Sugiyama (Eds.), *The chimpanzees of Bossou and Nimba* (pp. 85–96). Tokyo: Springer.

Sousa, C., Biro, D., & Matsuzawa, T. (2009). Leaf-tool use for drinking water by wild chimpanzees (*Pan troglodytes*): Acquisition patterns and handedness. *Animal Cognition, 12*(S1), 115–125.

Souto, A., Bione, C. B. C., Bastos, M., Bezerra, B. M., Fragaszy, D. M., & Schiel, N. (2011). Critically endangered blonde capuchins fish for termites and use new techniques to accomplish the task. *Biology Letters, 7*(4), 532–535.

Stanford, C. B., & Bunn, H. T. (Eds.). (2001). *Meat-eating and human evolution*. Oxford, UK: Oxford University Press.

Stewart, F. A., & Piel, A. K. (2014). Termite fishing by wild chimpanzees: New data from Ugalla, western Tanzania. *Primates, 55*(1), 35–40.

Stewart, F. A., Piel, A. K., & McGrew, W. C. (2011). Living archaeology: Artifacts of specific nest site fidelity in wild chimpanzees. *Journal of Human Evolution, 61*(4), 388–395.

Suzuki, S., Kuroda, S., & Nishihara, T. (1995). Tool-set for termite-fishing by chimpanzees in the Ndoki forest, Congo. *Behaviour, 132*(3), 219–235.

Tan, A. W. Y. (2017). From play to proficiency: The ontogeny of stone-tool use in coastal-foraging long-tailed macaques (*Macaca fascicularis*) from a comparative perception-action perspective. *Journal of Comparative Psychology, 131*(2), 89–115.

Tan, A. W. Y., Tan, S. H., Vyas, D. K., Malaivijitnond, S., & Gumert, M. D. (2015). There is more than one way to crack an oyster: Identifying variation in Burmese long-tailed macaque (*Macaca fascicularis aurea*) stone-tool use. *PLoS One, 10*(5), e0124733.

Teleki, G. (1974). Chimpanzee subsistence technology: Materials and skills. *Journal of Human Evolution, 3*(6), 575–594.

Teleki, G. (1975). Primate subsistence patterns: Collector-predators and gatherer-hunters. *Journal of Human Evolution, 4*(2), 125–184.

Toth, N. P., & Schick, K. D. (2009). The Oldowan: The tool making of early hominins and chimpanzees compared. *Annual Review of Anthropology, 38*, 289–305.

Visalberghi, E., Addessi, E., Truppa, V., Spagnoletti, N., Ottoni, E. B., Izar, P., & Fragaszy, D. M. (2009). Selection of effective stone tools by wild bearded capuchin monkeys. *Current*

Biology, 19(3), 213–217.
Visalberghi, E., Albani, A., Ventricelli, M., Izar, P., Schino, G., & Fragaszy, D. M. (2016). Factors affecting cashew processing by wild bearded capuchin monkeys (*Sapajus libidinosus*, Kerr 1792). *American Journal of Primatology, 78*(8), 799–815.
Visalberghi, E., Fragaszy, D. M., Ottoni, E. B., Izar, P., De Oliveira, M. G., & Andrade, F. R. D. (2007). Characteristics of hammer stones and anvils used by wild bearded capuchin monkeys (*Cebus libidinosus*) to crack open palm nuts. *American Journal of Physical Anthropology, 132*(3), 426–444.
Visalberghi, E., Haslam, M., Spagnoletti, N., & Fragaszy, D. M. (2013). Use of stone hammer tools and anvils by bearded capuchin monkeys over time and space: Construction of an archeological record of tool use. *Journal of Archaeological Science, 40*(8), 3222–3232.
Visalberghi, E., Spagnoletti, N., Ramos da Silva, E. D., Andrade, F. R. D., Ottoni, E. B., Izar, P., & Fragaszy, D. M. (2009). Distribution of potential suitable hammers and transport of hammer tools and nuts by wild capuchin monkeys. *Primates, 50*(2), 95–104.
Watts, D. P. (2007). Scavenging by chimpanzees at Ngogo and the relevance of chimpanzee scavenging to early hominid behavioral ecology. *Journal of Human Evolution, 54*(1), 125–133.
Whiten, A., Goodall, J. van L., McGrew, W. C., Nishida, T., Reynolds, V., Sugiyama, Y., . . . Boesch, C. (1999). Cultures in chimpanzees. *Nature, 399*(6737), 682–685.
Whiten, A., Schick, K. D., & Toth, N. P. (2009). The evolution and cultural transmission of percussive technology: Integrating evidence from palaeoanthropology and primatology. *Journal of Human Evolution, 57*(4), 420–435.
Wynn, T. (1981). The intelligence of Oldowan hominids. *Journal of Human Evolution, 10*(7), 529–541.
Wynn, T., Hernandez-Aguilar, R. A., Marchant, L. F., & McGrew, W. C. (2011). "An ape's view of the Oldowan" revisited. *Evolutionary Anthropology, 20*(5), 181–197.
Wynn, T., & McGrew, W. C. (1989). An ape's view of the Oldowan. *Man, 24*(3), 383–398.
Yamakoshi, G. (2011). Pestle-pounding behavior: The key to the coexistence of humans and chimpanzees. In T. Matsuzawa, T. Humle, & Y. Sugiyama (Eds.), *The chimpanzees of Bossou and Nimba* (pp. 107–115). Tokyo: Springer.

| 제2장 |

호모 아티펙스[32]

인간의 마음, 뇌, 문화의 기원에 대한 확장된 진화적 관점

Dietrich Stout

서론

19세기 진화론자들에게, 인간의 도구 사용 능력이 독특하면서도 근본적으로 변화한다는 것은 분명해 보였다. 예를 들어, 다윈Darwin(1871)은 '잡기 그리고 다른 목적으로' 손과 팔을 자유롭게 하기 위해 직립보행이 생겨났다는 시나리오를 제안했고(p. 143), 그 이후 '완벽한 손'의 진화는 "여러 가지 무기, 도구, 함정, 그리고 (배와 불을 포함한) 발명을 허용했다"라고 말했다(p. 137). 다윈에게 '이 몇 가지 발명품'은 '인간의 관찰력, 기억, 호기심, 상상력 그리고 이성 발달의 직접적인 결과'인 인간의 지적 예외주의intellectual exceptionalism의 핵심 사례였다(p. 137). 따라서 "인간은 지적인 능력, 동료들을 돕고 옹호하는 사회적 습관, 그리고 그의 신체 구조 때문에 분명히 엄청난 우월감이 있다"라고 주장했다(p. 137). 엥

32 아티펙스는 라틴어 artifex로, 예술가, 기술자라는 뜻이 있다(역자 주).

겔스Engels(1873년 최초 출판, 2003년 재출판)는 도구, 사회성, 언어 진화 사이의 명확한 연관성을 이론화하기 위해 이 주장을 확장했고 아래와 같이 주장했다.

> 자연에 대한 지배는 손의 발달로 노동과 함께 시작되었고, 모든 새로운 진보에서 인간의 지평을 넓혔다. 그는 자연대상에서 지금까지 알려지지 않은 새로운 성질을 계속해서 발견하고 있었다. 한편, 노동력의 발전은 상호지원 그리고 공동활동 사례를 증가시키고 각 개체에 이러한 공동활동의 이점을 명확히 함으로써 사회의 구성원들을 더욱 가깝게 하는 데 반드시 도움이 되었다. 요약하면, 무엇인가를 만들고 있는 인간은 서로에게 **할 말이 있는 지점**에 도착했다(p. 73, 원문 강조).

흔히 그렇듯이, 이 초기 연구의 양상은 협력, 공유, 모방학습 그리고 공동주의와 같은 주제에 대한 현대적인 강조를 예상하는 데 있어 두드러진 선견지명이 있는 것으로 보인다. 하지만, 다윈과 엥겔스의 이러한 사회적 현상을 인간의 해부학적, 기법적 진화에 기초하려는 어느 정도의 시도는 최근 몇 년 동안 덜 주목을 받았다.

20세기 내내, 인류 진화의 기법에 대한 강조가 주류를 이루었다. 루이스 빈포드Lewis Binford와 과정고고학에 큰 영향을 미친 레슬리 화이트Leslie White(1949)의 문화적 신진화주의cultural neo-evolutionism와 기법적 결정론technological determinism이 하나의 중요한 예이다. 인간의 생물학적, 인지적 진화와 관련하여, 오클리Oakley(1949)의 『인간: 도구 제작자Man: The Tool-Maker』가 있는데, 그는 다윈과 엥겔스에 대해 "인간은 사회적 동물이고, '문화'에 의해 구분된다. 도구를 만들고 아이디어를 소통하는 능력에 의한 도구의 사용은 주요 생물학적 특성으로 보인다"라고 반복했다. 이것은 우리의 진보된 "정신적 그리고 신체적 협응 능력"의 진화를 이끌었다(pp. 1-2). 특히 석기를 주제로 한 오클리의 가르침은 "가장 조악한 구석기 인공물도 상당히 신중했음을 보여준다…. 주먹도끼를 제작하기 위해 돌망치를 사용하는 것과 나무창 모양을 제작하기 위해 격지로 치는 것은 인간의 정신적인 특징을 잘 보여주는 전형적인 활동이다"라고 주장했다(p. 15). 마찬가지로, 워시번Washburn(1960)과 할로웨이Holloway(1967)는 신체, 뇌, 도구 그리고 사회성 사이의 강력한 진화적 피드백 관계의 존재를 강조했다.

그러나 1970년대 후반까지 사회의 인지적 요구에 대한 배타적 강조가 힘을 얻고 있었다. 험프리Humphrey(1976)는 영장류가 먹이를 찾고 포식을 피하는 것과 같은 '생활의 실질적인 문제'를 해결하기 위해 '필요한 것보다 훨씬 더 영리하다'라고 주장하며 힘을 실어주었다(p. 306). 이 주장은 이상하게도 자연선택이 진보된 인간의 지성을 설명할 수 없다는 월리스Wallace(1870)의 이전 반대, 즉 실용적이고 생태적인 도전(특히 도구 사용 도함)이 단순히 지능을 요구하지 않는다는 유사한 주장에 근거한다는 의견을 환기시켰다. 그러나 월리스가 어떤 형태로든 초자연적인 개입으로 이 난제에 대한 해답을 찾는 반면, 험프리는 지능을 증가시키는 주된 선택적 압력은 '동료들을 능가하는 개체의 능력'이라고 주장했다. 험프리와 다른 이들의 연구는 결국 영장류 기만과 사회적 전략의 질적 증거에 의해 뒷받침된 마키아벨리주의 지능 가설Machiavellian intelligence hypothesis로 발전했다(Byrne & Whiten, 1988).

몇 년 후 던바Dunbar(1992)는 험프리(1976, p. 316)의 특정 예측에 대해 '사회 복잡성과 개체 지능 사이의 종에 걸친 긍정적인 상관관계'를 실험하기 시작했다. 지능('정보처리능력')을 뇌의 나머지 부피에 대한 신피질의 비율로 사회적 복잡성을 평균 집단 크기로 작동할 수 있게 하여, 던바는 광범위한 영장류 종에 걸쳐 둘 사이에서 강한 상관관계를 보여줄 수 있었다. 이것은 뇌 크기가 집단 크기를 제한한다는 증거로 받아들여졌고, 그래서(어떤 이유로든) 집단 크기가 진화적으로 증가하면, 사회적 복잡성의 증가를 다루기 위해 뇌 크기 증가를 위한 부수적인 선택적 압력이 생성된다는 것이다. 동시에, 던바는 신피질 비율이 다양한 생태학적 복잡성 측정(예: 음식에 있어서 과일이 차지하는 비율, 크기의 범위)과 상관관계가 **없다**는 것을 보여주었다. 음식에 있어서 이 간단하고 결정적인 결과는 많은 회의론자에게 사회적 복잡성이 단순히 중요할 뿐만 아니라 영장류의 뇌 팽창으로 이어지는 선택적 압력을 발생시키는 데 거의 전적으로 책임이 있다는 것을 확신시켰다.

던바의 '사회적 뇌 가설social brain hypothesis'은 학계 안팎으로 할 것 없이 큰 영향을 미쳤다(예: Bennett, 2013). 고고학에서, 그것은 인간의 인지 그리고 뇌 진화에서 도구 제작의 오랫동안 가정된 중요한 회의론에 기여해 왔으며, 인류 진화에 대한 기법적 변화는 사회적 인지의 보다 근본적인 발전에 부수적이라는 주장으로 이어졌다(Gowlett, Gamble, & Dunbar, 2012). 특히 인지고고학의 오랜 주축인 석기제작과 관련하여(Isaac, 1976; Wynn, 1989), 최근의 평가들은 그러한 '실질적인 문제들'이 상대적으로 '창조적 지성intellect(p. 305)'이라고 부르는 것을 요구하지 않는다는 험프리(1976)의 견해와 유사했다. 따라서 쿨리지와 윈Coolidge and Wynn(2005)은 석기가 공간 그리고 절차적 학습능력의 증거를 제공할 수는 있지만, 집행기능은 제공하지 않는다고 결론짓고, 미튼(1996, p. 76)은 구석기 제작이 현생 인류의 '인지적 유동성fluidity' 특징이 제한된 전문화된 인지 도메인에 의해 지원되었다고 주장한다.

그러나 보다 최근에는 생태학적, 기법적 인지에 관한 관심이 새롭게 대두되고 있다. 예를 들어, 나바리트, 리더, 스트릿, 웨일런 그리고 랄랑드Navarrete, Reader, Street, Whalen, and Laland(2016)는 '기법 지능technical intelligence' 가설(Byrne, 1997과 비교)을 뒷받침하는 비교 증거를 보고하며, 영장류의 대뇌화 기법 혁신 속도를 연결한다. 신경해부학을 살펴보면, 제노브시오, 와이즈, 패싱엄Genovesio, Wise, and Passingham(2014)의 제안으로, 현생 인류 일반지능의 중심인 전두두정엽의 '다중 요구 체계multiple-demand system'(Duncan, 2010)는 원래 순서, 수, 기간, 길이, 거리 그리고 비율과 같은 관계적 특성을 포함하는 보다 효율적인 수렵채집 결정을 위한 적응으로 진화했다. 더 넓게는 영장류(그리고 다른 동물들)의 행태에 대한 사회학습의 근본적인 중요성 때문에, '생태적' 인지와 '사회적' 인지 사이의 이분법이 잘못된 것이라는 깨달음이 증가하고 있다. 역설적으로, 험프리가 "사회의 주요 기능 중 하나는 생계 기법을 가르치는 '폴리테크닉 학교polytechnic school'[33]의 역할을 하는 것"이라고 썼을 때, 다윈과 엥겔스가 더 일찍 언급했던 글로 거슬러 올라간 통찰에 대해 이미 험프리(1976, p. 310)는 분명히 그것을 인식하고 있었다.

이제 많은 연구자들은 인간은 여러 세대에 걸쳐 누적된 복잡한 적응기법, 관행 그리고 믿음을 포함한 '문화적 적소cultural niche'를 점유하고 있으며, 한 개인의 일생 동안 재창조 능력을 넘어선다는 데 동의한다(Boyd, Richerson, & Henrich, 2011). 그러한 '누적 문화cumulative culture'의 출현은 현생 인류의 놀라운 인구통계학적 성공(Hill, Barton, & Hurtado, 2009)을 보증하고 호미닌 뇌 팽창의 핵심 요소(van Schaik, Isler, &

33 폴리테크닉의 기원은 영국의 과학과 기술에 대한 전문학교다. 본문에서 사회성과 기술을 연결하고 있다(역자 주).

Burkart, 2012)가 되었고, 우리 종을 구별하는 많은 인지적, 행태적 특징을 만들어냈다고 생각된다(Tomasello, 1999). 동시에, 인간의 생각, 행동, 그리고 진화를 형성하는 데 있어, 맥락의 중요성에 대한 이론적 (재)발견을 반영하여 문화와 인지의 구체적인 중요성에 관한 관심이 증가하고 있다(Cole, 1996과 비교). 예를 들어, 말라푸리스Malafouris(2004)는 인공물이 단순히 내부 인지에 영향을 주는 것이 아니라 인지체계를 적극적으로 구성하는 데 도움이 된다고 주장하기 위해, 앤디 클라크Andy Clark(예: Clark, 2008; Clark & Chalmers, 1998)의 확장된 마음 개념을 이용한다. 진화론의 최근 발전은 이러한 다양한 실마리에 대한 통합 틀을 제공하는 데 도움이 될 수 있다. 특히 유망한 것은 유전적인 상속뿐만 아니라 환경적, 문화적 상속의 중요성을 인식하는 새로운 '확장된 진화 합성extended evolutionary synthesis'에 대한 요구이다(Laland et al., 2015). 맥락에 대한 심리적 주의 그리고 진화적 주의는 프래가지와 동료들Fragaszy and colleagues(2013)의 영장류 사회학습 치료에서 설명한 바와 같이 문화적, 인지적, 발달적 적소 건설의 개념을 통해 통합될 수 있다(예: Flynn, Laland, Kendal, & Kendal, 2013). 개발에 걸리는 기간에서의 작업은 행태적 분석과 진화적 분석 수준 사이의 가교로서 특별한 가능성을 가지고 있다. 바이지, 스폰즈 그리고 스미스Byrge, Sporns, and Smith(2014)는 신경 활동, 가소성, 신체적 활동과 성장의 발달, 물리적 적소 건설 그리고 사회적 발판에 이르기까지, 다양한 시공간적 척도에 걸친 동적 처리 간의 인과적 상호작용의 경로를 추적함으로써 핵심적인 기여를 했다. 이러한 최근의 진보는 다윈, 엥겔스 그리고 다른 많은 사람들에 의해 제기된 인류 진화에서의 인지적, 사회적 그리고 신체적인 상호작용에 관한 지속된 생각들을 재검토할 수 있는 적절한 시간이 되게 한다.

인간 기법적 적소

이러한 새로운 통찰력과 관점은 물질적 증거로부터 인지적 그리고 진화적 과정에 이르기까지, 추론을 위한 새로운 기회를 열기 때문에 인류 진화의 인지고고학에서 특히 유망하다. 가장 중요한 것은 사회적, 행태적, 신체적, 신경적 그리고 인지적 변화 사이의 복잡한 피드백 관계를 포함한 진화하는 인간 적소의 개념이며, 적절한 연구는 학문 간, 통합적 접근 방식을 필요로 한다(Fuentes, 2015; Stout & Hecht, 2017). 이러한 방향의 초기 연구는 이미 다양한 공진화 시나리오와 연대표를 산출했다(Hill, Barton, & Hurtado, 2009; Isler & van Schaik, 2012; Sterelny 2011). 그러한 아이디어를 실험하고, 시기와 원인 문제를 해결하는 데 있어서 추가적인 진전은 반드시 화석, 고고학적 및 오래된 환경 기록의 직접적인 증거(Anton, Potts, & Aiello, 2014)와 더불어 이 증거 해석을 위한 강력한 중간 이론의 발달에 의존할 것이다(Stout & Khreisheh, 2015).

분명히, 적절한 진화인지고고학evolutionary cognitive archaeology(Wynn & Coolidge, 2016)은 자연선택을 뒷받침하는 변이, 차별적 생존과 번식, 유전의 기본 과정을 포함하여 진화론의 기초를 필요로 한다. 따라서 다윈(1871, p. 136)이 그랬던 것처럼, 인간이 매우 성공한 종이라는 관찰로 시작하는 것이 유용하다. 농업이 없었더라도 **호모 사피엔스**는 전 세계 계체수가 7천만 명 이상이고 다른 대형 척추동물보다 총 바이오매스biomass[34]가 더 클 것으로 추정되었다(Hill et al., 2009). 이러한 인구통계학적 잠재력은 느리고 비용이 많이 드는 발달로 알려진 큰 두뇌의 영

34 생물 자원(역자 주).

장류에서 역설적으로 보인다. 부모 이외의 개인이 양육을 돕기 위해 자원(예: 시간, 노력, 음식)을 기증하는 동종부모 역할alloparenting(Hrdy, 2009; Kramer, 2010) 또는 '생물문화 재생산'(Bogin, Bragg, & Kuzawa, 2014)의 인간 전략에서 이러한 역설에 대한 해결책을 찾고 있다. 분명히, 이러한 모든 부모들이 기증할 수 있는 자원을 가지기 위해서는 그들 자신이 생존에 필요한 것 이상의 잉여물을 안정적으로 생산해야 한다. 조력자의 잉여 생산은 인간 어미는 어떤 유인원들보다도 출산 간격이 가장 짧고, 침팬지보다 총 출산율(Kramer, 2010)이 3배나 높은 큰 뇌를 가진 아이를 낳을 수 있게 해준다(Isler & van Schaik, 2012).

어떻게 다른 유인원들과 대조적으로 홍적세Pleistocene[35]의 인간 수렵채집자가 인구통계학적 성공을 부채질한 잉여물을 안정적으로 생산할 수 있었을까? 체화된 자본 이론embodied capital theory(Kaplan, Gurven, Winking, Hooper, & Stieglitz, 2010; Kaplan, Hill, Lancaster, & Hurtado, 2000)은 인간이 고부가가치, 획득하기 어려운 식량자원에 초점을 맞추고 성장, 생존, 번식에 필요한 잉여 영양분을 제공하는 긴밀하게 통합된 전략을 발전시켰다고 제안한다. 이것은 필요한 수렵채집 기술을 습득할 수 있는 수명과 두뇌의 크기 증가로 인해 가능해졌다. 생물학적 문화적 번식에 필요한 친사회성을 위한 인지적, 정동적 적응(Hill et al., 2009) 또한 사회학습과 교육의 장을 제공하며, 궁극적으로 보이드와 동료들Boyd and colleagues(2011)이 기술한 '문화적 적소'를 창출한다. 이러한 다양한 이론적 가닥을 통합하면, 도구의 생산과 사용을 포함하여 수렵채집 기법의 세대 간 재생과 누적을 지원하는 인지, 정동 그리고 생

35 플라이스토세라고 하는 약 250만 년 전부터 1만 년 전까지의 지질 시대(역자 주).

활사life-history 적응에 의존하는 뚜렷하게 인간적인 삶의 방식이 그려진다(Shennan & Steele 1999). 우리(Stout & Hecht, 2017; Stout & Khreisheh 2015)는 이전에 체화된 자본 그리고 문화진화론의 통합을 물질 생산과 사회 조직의 이러한 중요한 상호작용을 강조하기 위해 (광범하게 '문화적'이 아닌) 특정 기법적 적소를 기술하는 것으로 언급했었다.

기법적 적소의 이러한 개념은 인간 본성과 진화에 대한 좁은 물질적 또는 공리주의적 관점을 의미하지 않는다는 점을 강조하는 것이 중요하다. 아마도 놀랍게도, **기법**technology이라는 용어는 20세기가 되기 전까지는 널리 사용되지 않았다. 레오 마르크스Leo Marx(1997)에 의해 주장되었듯이, 새로운 용어는 두 가지 개념적 공백을 메우기 위해 등장했다. 첫째, 그것은 **기계적** 또는 **유용한**(즉, 지능적이지 않거나 창조적이지 않은) **기술**arts의 기존 개념으로 암시된 그 어떤 것을 훨씬 뛰어넘어 새롭게 부상하고 급진적인 기법의 변혁적인 힘을 인식하는(더 높은 사회적 지위를 부여하는) 역할을 했다. 둘째로, 그것은 예를 들어, '자동차 기법'과 같이 하나의 '것thing'을 구성하는 복잡한 물질, 사회와 경제관계, 제도 그리고 규정에서 볼 수 있는 새로운 형태의 사회 조직의 이름을 제공하였다. 마르크스에게 있어 **기법**은 '위험한' 개념이다. 왜냐하면, 인간 활동의 이 넓은 영역의 물화reification[36]가 기법의 물질적 측면에 암묵적으로 초점을 맞추고 넓은 사회적 차원을 혼란스럽게 하기 때문이다(Ingold, 1996과 비교). 이것은 마르크스와 관련된 중요한 정치적, 이념적 함의를 가지고 있다. 인류 진화에 관심이 많은 학생들에게 그것은 인류 진화의 '기법'을 지나치게 좁은 개념으로 보는 것에 대한 경고의 역할을 한다. 인간의 기

36 사람과 사람 사이의 관계가 물건과 물건 사이의 관계로 나타나는 것을 말한다(역자 주).

법적 적소에 대해 말하는 것은 물질적, 경제적, 사회적, 문화적이라는 것을 동시에 말하는 것이다. 이러한 통찰력은 영장류와 인간의 지능에 대한 '사회적' 대 '생태학적' 설명을 삽입하는 이분법적인 논쟁으로 모호해진 반면, 그것은 19세기 이론가들에게는 더 직관적이었으며, 현재는 뇌 진화에 대한 현대의 설명으로 재발견되고 있는 것으로 보인다.

인간 뇌 진화를 위한 확장된 합성

현대의 합성synthesis은 인구 유전학, 동물학, 식물학, 고생물학 그리고 자연사와 신다윈주의를 통합함으로써, 20세기 중반에 진화생물학에 혁명을 일으켰다(Pigliucci, 2009). 현재, 점점 더 많은 연구자들이 진화 과정에 상호 인과관계, 포괄적 유전 그리고 발달 편향의 영향을 명시적으로 다루어 추가 확장을 추구하고 있다(Laland et al., 2015). 이 새로운 확장된 합성은 인간의 뇌 진화에서 복잡한 피드백 관계, 특히 문화적 상속과 발달 제약을 지닌 행태 그리고 신경 가소성의 잠재적 상호작용을 이해하기 위한 새로운 틀을 제공한다.

비싼 문화적 뇌

현재 이용 가능한 뇌 크기의 진화에 대한 가장 포괄적인 비교 설명은 반 샤익과 동료들van Schaik and colleagues의 설명이다. 이 설명은 '비싼'(Isler & van Schaik, 2014) 그리고 '문화적인'(van Schaik, Isler, & Burkart, 2012) 두

뇌 가설에 경제 그리고 문화 성분element[37]을 통합하여 논의한 기법적 적소 개념에 근거를 둔다. 기본적인 가정은, 다른 모든 것들이 같다면, 더 큰 두뇌가 일반적으로 유리하다는 것이다. 따라서 고가의 뇌 구조는 에너지와 생활사의 제약도 고려하는 순net 적합도 효과의 관점에서 뇌 크기의 상호특이적인 변화를 설명하려고 한다. 더 큰 두뇌는 그러한 체화된 자본에 대한 투자를 보상할 수 있을 정도로 충분히 낮은 사망률을 가지고 있고, 섭취량 증가 그리고/또는 재배치를 통해 충분한 에너지 예산을 찾을 수 있을 때만 진화할 수 있다. 중요하게도, 이러한 관계는 뇌를 확대하면 사망률을 낮추고(예: 포식 방지 기능을 통해) 에너지 섭취(수렵채집 생산성)를 증가시킬 수 있기 때문에 본질적으로 양방향이다. '문화적 뇌'(van Schaik & Burkart, 2011; van Schaik et al., 2012) 요소는 유전자-문화 공진화 가능성을 추가한다. 모델링은 빈도, 학습능력 그리고 기술 복잡성의 기본 조건이 충족될 경우, 사회학습이 집단의 평균 적합도를 증가시키고 누적된 문화적 진화를 이끌 수 있음을 나타낸다(Henrich & McElreath 2003). 이는 또 다른 잠재적 피드백 관계를 만들어 내는데, 이 관계는 점점 더 복잡하고 사회적으로 학습된 기법을 재정적으로 지원하고 신경 조직에 대한 더 큰 투자를 필요로 할 뿐만 아니라, 사회적 관용, 더 느린 생활사 그리고 광범위한 자원 전달을 요구/촉진한다.

이 틀에 따른 광범위한 보편적 지능은 영장류 전반에 걸친 '일반지능'(Reader, Hager, & Laland, 2011; Reader & Laland 2002)의 뇌 크기와 행태 유연성 사이의 상관관계에 대한 비교 증거와 일치한다. 실제로 일반지능은 유연한 연합 네트워크의 불균형적인 확장을 선호하는 보

37 component는 구성요소, element는 성분, factor는 요인으로 번역하였다(역자 주).

존된 발달 기전으로 인해 매우 진화 가능한 것으로 보이며(Buckner & Krienen, 2013; Finlay & Uchiyama, 2015), 뇌 크기와 인지기능에 작용하는 많은 다양한 선택압력에 대해 '같은 결과가 되는' 반응을 나타낼 수 있다. 앞에서 언급한 바와 같이, 인간의 일반지능은 복잡한 문제를 구성적 하위 문제로 나누는 시퀀스적 정신 프로그래밍을 통해, '복잡한 다중 구성요소 행태'를 지원하도록 제안된 전두두정 다중 요구(multiple demand, 이하 MD로 표기) 체계와 연계되어 있다(Duncan, 2010). MD 체계는 인간(Power et al., 2011)과 원숭이(Neubert, Mars, Thomas, Sallet, & Rushworth, 2014)의 신피질을 함께 설명하는 여러 분산 연합 네트워크 중 하나이며, 유연하고 지능적인 행태에 중요한 도메인 일반 인지과정을 지원한다. 그러한 네트워크의 출현과 확장은 널리 공유된 발달 기전과 제약조건의 자연스러운 결과일 가능성이 새에서 고래에 이르는 분류군에서 일반지능의 수렴진화를 설명하는 데 도움이 될 수 있다(van Horik, Clayton, & Emery, 2012).

가소성, 진화 그리고 발달

디콘Deacon(1997, p. 193)이 도발적으로 말했듯이, 현대의 합성에 대한 기존의 유전자 중심 진화론에 따르면 "두뇌 진화는 불가능해야 한다"라고 한다. 실제로, 그러한 복잡한 통합 체계에 대한 무작위 돌연변이 변화가 어떻게 재앙 이외의 다른 것이 될 수 있는지는 알 수 없다. 물론, 이 명백한 역설에 대한 해결책은 두뇌 발달이 진화한 유전적 '청사진'의 단순한 재현이 아니라, 그 자체가 놀라운 유연성과 적응성의 진화 과정이라는 것이다. 간단히 말하면, 발달 중인 신경관의 증식 영역에서의 세포 분열은 초기에 미분화 뉴런을 과잉생성하며, 방사 신경아교세포를 따라 이동하여 피질의 다양한 세분화를 조립한다(Rakic, 2009). 이 과정 동안, 뉴런 정체성(목적지 그리고 연결성 경향)은 증식 영역에 위치한 국소적 패턴 센터에서 분비되는 신호 분자에 의해 결정된다. 피질 판 도착 후, 충분한 외부 자극을 제공하는 실행 가능한 연결부를 형성하지 못하는 과잉 뉴런은 프로그램된 세포사멸 과정을 통해 선별적으로 '가지치기' 된다. 뉴런의 증식을 증가시키거나 감소시키고, 뉴런의 정체성을 결정하는 세포 기전의 패턴 중심을 바꾸거나, 외부 자극의 패턴이나 범위를 바꾸는 사건들은 성년의 피질 조직을 변화시키는 경향이 있다. 이러한 방식으로 보존된 발달 제약 그리고 기전(Finlay & Uchiyama, 2015)은 상당히 중요한 환경 또는 유전적 요동에도, 기능체계를 생산하기 위해 발달 선택 과정(Edelman, 1987)과 상호작용할 수 있다. 이러한 적응성의 한 가지 주목할 만한 인간 사례로는 선천적으로 눈이 먼 성년의 언어 처리를 위한 후두 시각피질의 모집이 있다(Bedny, Pascual-Leone, Dodell-Feder, Fedorenko, & Saxe, 2011).

진화적 규모로, 버크너와 크리넨Buckner and Krienen(2013)의 **테더링 가설**tethering hypothesis은 뇌 확대 동안 피질 맨틀의 불균형적인 확장[그 자체로 보존된 신경 증식의 결과이다. Finlay and Darlington, (1995)를 보라]이 피질의 분화를 패턴화시키는 화학적 신호 경사와의 사이에 간격을 생성하는 경향이 있다는 것을 주장한다.[38] 이러한 간격의 뉴런은 자연선택에 의해 구축되고 일반적으로 발달 중에 '가지치기' 될 것으로 예상될 수

38 테더링의 뜻은 소나 말에 매는 밧줄이라는 뜻으로, 현재는 인터넷에 접속할 수 있게 해주는 기술이라는 뜻으로 사용하고 있다(역자 주).

있는 지각과 행동을 위해 고도로 구조화된 '캐논canonical' 신경회로[39]에 통합될 가능성이 적다. 그러나 일반적인 피질 팽창은 또한 여러 개의 간격이 있으리라는 것을 의미하며, 따라서 **서로** 실행 가능한 연결을 형성함으로써 세포분열에서 살아남을 수 있는 피질 부위의 분산 체계를 야기한다. 따라서 **테더링 가설**은 발달적 패턴 격차에서의 경쟁과 개발 선택은 더욱 발달적으로 제약된 주변 감각운동 체계보다는 서로 밀도가 높은 내부 연결로 특징지어지는 '비규범non-canonical' 연합 네트워크의 출현을 촉진한다는 것을 주장한다. 이는 인간과 마카크 피질의 유형학적 연결성 경사를 보여주는 최근의 증거와 일치한다. 즉, 상호 연결된 연합피질이 일차감각 운동피질로부터 증가하는 거리에 위치하는 것이다(Margulies et al., 2016).

테더링 가설의 주요 함축은 제한되지 않은 연합피질들이 개체를 가로지르는 구조와의 연결에서 상대적으로 가변적이어야 한다는 것이다. 실제로, 연합영역은 단일한 감각운동피질에 비해 정지상태 기능 연결성에 있어 훨씬 더 큰 가변성을 보인다(Mueller et al., 2013). 이는 연합영역이 피질(Hill et al., 2010)의 최신 발달 부분이라는 사실과 일치하며, 따라서 발달 선택에 대한 환경 그리고 행태 영향에 특히 민감할 가능성이 높다. 특히 인간 뇌 진화에서 이러한 일반적인 경향의 중요성은 침팬지에서 전체 뇌 크기와 피질 형태학(이랑 차원) 모두에서 높은 유전성과 대조되는 패턴으로, 인간에서 전체 뇌 크기에 비례한 피질 형태학에 대한 낮은 유전성의 증거에 의해 뒷받침된다(Gomez-Robles, Hopkins, Schapiro, & Sherwood, 2015). 다른 말로 하면, 인간 피질 형태학은 테더

39 특정 물건을 보는 것만으로도 특정 운동영역이 활성화되는 회로(역자 주).

링 가설에 의해 예측된 바와 같이, 발달적으로 더 가소성이 좋아서 유전적으로 덜 제한적으로 보인다. 고메즈-로블스와 동료들Gómez-Robles and colleagues(2015, p. 14802)은 또한 이 증가된 가소성이 앞에서 논의된 문화적 두뇌와 **기법적 적소** 개념과 매우 일치하는 개념인 '사회적이고 문화적으로 매개되는 행태 진화를 위한 신경생물학적 기반'을 제공했을 수도 있다고 주장한다.

유기체 가소성이 적응을 촉진하고 진화를 가속하기 위해 사회적 상속과 상호작용할 수 있다는 제안은 19세기부터 존재해 온 또 다른 아이디어이다(Morgan & Harris, 2015). 본질적으로, 가소성은 유기체가 환경 변화에 반응하여, 새로운 표현형(신체적 그리고/또는 행태적)을 탐구할 수 있게 한다. 이러한 새로운 표현형은 유기체의 세계(환경 그리고/또는 문화적 적소 건설을 포함한)와의 상호작용을 호혜적으로 변화시켜, 선택압력의 변화와 추가 진화를 이끈다. 그러한 가소성은 유기체에 분명히 유리하지만, 약간의 비용(예: 일시적인 표현형-환경 불일치, 학습에 대한 투자)이 들 수 있다고 생각된다. 따라서, 시간이 지남에 따라 새로운 유기체-환경 상호작용이 안정화되는 경우, 선택으로 인해 기존의 가소성 응답을 정상 발달의 자동적이고, '운하된canalized'[40] 부분으로 동화시킴으로써 비용을 절감하는 작용을 할 것으로 기대된다(Ancel, 1999). 이것은 굴드와 브르바Gould and Vrba(1982)에 의해 구상된 이차 적응에 이어, 더욱 일반적인 굴절적응exaptation 과정(진화적 용도 변경)의 특별한 경우로 보일 수 있다. 사실, 우리는 이전에 신경해부학적 가소성, 유전적 동화, 행태적 공동 선택 그리고 기법적 전구체로부터 현생 인류 언어능력의 도출을 위한 이차

40 발생을 교란시키는 환경에서 결정된 어떤 발생을 이끄는 후생적 기제(역자 주).

적응의 시나리오를 주장했다(Hecht, Gutman, Khreisheh et al., 2015).

적소 건설과 환경적 상속

그러나 인간 두뇌의 진화에서, 가소성 대 운하된 적응의 상대적 중요성에 대한 많은 의문이 남아 있다. 우리가 보았듯이, 진화가 뇌의 발달에 가소성을 증가시켰고 크기를 증가시키는 데 필요한 보조적 역할을 한다는 실질적인 증거가 있다. 어떤 이유로든 가소성이 크고 '비싼' 두뇌를 구축하는 비용에 포함되는 한(Isler & van Schaik, 2014; Murren et al., 2015), 특정 회로의 발달적 운하화는 언어와 같은 원형적 인간 인지 '전문화'를 지원하는 회로 등에 압력이나 기회가 거의 없었을 수 있다(Bedny et al., 2011). 마음이론(Heyes & Frith 2014) 그리고 모방(Oostenbroek et al., 2016)은 인간 인지의 진화에 대한 많은 이야기가 발달하는 적소 건설(Flynn et al., 2013) 그리고 누적 문화의 진화와 같은 사회적 과정을 통해 작업하면서, 엄격하게 생물학적(Tomasello, 1999)이기보다는 문화적일 수 있다는 가능성을 제기한다.

적소 건설(Odling-Smee Laland, & Feldman, 2003)은 유기체가 자신의 환경(사회환경을 포함)을 변경하고, 변경된 선택압력에 노출되는 상호 진화 과정을 말한다. 그러한 변경이 지속적이거나 시간이 지남에 따라 지속해서 재생산되는 한, 그것들은 현대적 합성에 의해 더 일반적으로 강조되는 유전적 상속과 평행하는 환경적 상속으로 설명될 수 있다. 발달하는 적소 건설은 이러한 유전된 환경 변화가 발달의 맥락(예: 특정 상황, 인공물 또는 행태에 대한 노출)에 지속해서 영향을 미쳐 잠재적으로 유전적 진화를 이끌 때 발생한다(Heyes, 2003). 비인간적인 좋은 예로는 카푸친의 견과류 깨기 행태가 있는데, 이것은 어린 원숭이들의 관심을 끌고 의도적인 교육 없이도 필요한 재료에 노출시킨다(Fragaszy et al., 2013). 인간의 발달하는 적소 건설은 대상 손놀이manipulation[41]와 걷는 것(Byrge et al., 2014)부터 다른 사람의 정신 상태를 읽고 생각하는 것(Heyes & Frith 2014)에 이르기까지, 훨씬 광범위한 기술 범위로 분명하게 확장되며 의도적인 영향에서 부수적인 영향까지 포함한다. 앞에서 요약했듯이, 세대를 가로지르는 기술의 복제와 정교함은 인간의 삶의 방식, 즉 기법적 적소의 기초를 형성한다. 그러한 과정이 뇌의 크기, 가소성 그리고 행태 유연성의 더 일반화된 증가 외에 특정적이고 선천적인(상대적으로) 인지 적응의 진화로 이어졌는지는 두고 봐야 한다. 그러한 전문화가 존재하는 경우, 비교적 유전성이 높은 주변 감각운동 체계에서 오랫동안 상대적으로 불변하는 행동과 자극에 대하여 먼저 발견할 것으로 예상할 것이다.

석기와 인간 두뇌의 진화

석기제작은 연구할 수 있는 인간의 다양한 기술 중에서 가장 오래되고 고고학 기록에 가장 잘 표현된 것 중 하나이다. 이것은 단순한 올도완 스타일의 격지 생산과 더 정교한 아슐리안 스타일의 형태를 포함하여, 구석기 제작의 '신경고고학'에 대한 실험적 연구 프로그램의 핵심 동기가 되었다(Stout & Hecht, 2015). 결과는 특정 뇌 적응에 대해 가능한 초

41 젖먹이가 자기의 손발 또는 손가락을 가지고 노는 것을 말한다(역자 주).

점의 표시뿐만 아니라 다른 주요 인간 능력의 진화와 상호작용했을 수 있는 보다 일반적인 인지적 요구의 증거를 제공한다.

올도완 스타일의 격지 생산은 계획에 대한 요구가 상대적으로 적고 연속적인 행동들 사이의 제한적인 우발성을 가진 단순한 기법이다(Stout, 2011; Wynn, Hernandez-Aguilar, Marchant, & McGrew, 2011). 플로로데옥시글루코스 양전자 방출 단층촬영Fluorodeoxyglucose positron emission tomography[FDG-PET]을 사용한 기능 이미지(Stout & Chaminade, 2007)는 시각인지, 신체 인식 그리고 운동조절을 지원하는 뇌 부위에서 가장 두드러진 대사 요구가 발생한다는 것을 나타낸다. 흥미롭게도, 올도완 돌떼기의 이러한 활동 중 일부는 마카크의 비교 연구에서 확인되고 유래된 인간 기능영역에 해당한다. 여기에는 추가적인 가장 중요한 시각적 재현을 제공하고 상대적인 동작 단서(Orban et al., 2006)에서 3차원 형태의 추출에 대한 민감도를 증가시키는 등쪽두정엽속고랑 부위가 포함되며, 또한 인간에서의 전두엽 운동 계획 부위에 대한 연결성이 강화될 수 있다(Hecht et al., 2013). 그러한 지각 능력은 돌떼기 이외의 광범위한 도구의 배열과 수렵채집 행위와 관련이 있을 수 있으며, 그것들이 인간에게 유일한 것인지 아니면 다른 유인원과 공유되는지는 알려지지 않았다. 특히, 운하화된 적응이 점점 더 기법적인 적소에서 일관성있게 관련될 가능성이 있는 지각 현상과 관련될 가능성이 더 큰 상대적으로 주변적인 감각운동피질 부분에 위치한다(Margulies et al., 2016).

좀 더 넓은 관점에서 보면, 간단한 격지떼기 기술이라도 습득하려면 연습이 필요하다는 것은 분명하다. 자료는 제한적이다. 왜냐하면, 현생 인류의 합리적인 숙련도는 아마도 10에서 50시간의 상당한 개인 가변성이 필요하기 때문이다(Stout, Hecht, Khreisheh, Bradley, & Chaminade,

2015; Stout & Khreisheh 2015). 이는 몸돌 행동 유도성affordance[42]의 지각적 인지와 타격 정확도와 적절한 힘의 운동협응을 위한 체화된 기술의 발달을 반영하는 것으로 보인다(Nonaka, Bril, & Rein, 2010). 실제로 우리는 100에서 200시간의 연습에도 여전히 파괴 패턴을 신뢰할 수 있는 예측으로 이어지지 않는다는 것을 발견했다(Stout et al., 2015). 분명히 인지-운동 기술 습득의 요구는 선사시대 기법의 인지적 영향, 특히 지속적이고 의도적인 실천에 필요했을 수 있는 자기 규제 능력과 사회적 발판을 평가할 때 고려되어야 한다(Nonaka et al., 2010; Stout 2010). 실험증거(Morgan et al., 2015)는 이러한 맥락에서 도구 제작, 교육 그리고 언어 사이의 잠재적 공진화 관계를 강조한다.

기술은 또한 두뇌에도 반영되며, 신체 도구 체계의 재현과 그 작용능력에 관련하여 아래두정엽inferior parietal lobe(이하 IPL로 표기)의 더 큰 활성화를 보여준다(Stout, Toth, Schick, & Chaminade, 2008). 다시 말하지만, 침팬지와 마카크와 비교하여 인간에서 휴대용 도구의 지각에 특화된 전방 왼쪽 IPL 부위의 기능적 증거(Peeters et al., 2009; Peeters, Rizzolatti, & Orban, 2013)와 아래전두피질inferior frontal cortex(이하 IFC로 표기)과의 연결성 증가의 해부학적 증거를 포함하여, 이 부위의 인간 적응을 암시하는 몇 가지 증거가 있다(Hecht, Gutman, Bradley, Preuss, & Stout, 2015). 아마도 가장 흥미로운 것은, IFC와의 이러한 연결이 현생 인류에 대한 석기제작 훈련에 의해 크게 강화되었다는 것이다(Hecht, Gutman, Khreisheh,et al., 2015). 이러한 기능적 그리고 구조적 특성은 상대적으로 주변 구조에 위치하므로 인류 진화에 대한 적응적 운하화

42 물건의 형태가 행동을 유도한다는 뜻이다(역자 주).

의 좋은 후보자로 보일 수 있으며, 이들이 지원하는 지각-운동의 협응은 진화하는 기법 적소 내에서 광범위하고 지속적인 관련성을 지녔을 가능성이 있다. 그럼에도 불구하고, 실험 훈련 결과는 심지어 성년들에게도 상당한 가소성이 이 체계에 남아 있다는 것을 분명히 보여주며, 현생 인류 표현형을 생성하는 유전적, 발달적, 문화적 과정의 상대적 기여와 상호작용은 아직 명시되지 않았다.

더 많은 중앙 체계와 관련하여, 고전적인 전두엽 연합피질의 기능적 관여가 증가되는 것은 보다 복잡한 후기 아슐리안 스타일 형태에서만 볼 수 있다(Stout et al., 2008, 2015). 이러한 효과는 오른쪽 아래전두엽 이랑right inferior frontal gyrus(이하 rIFG로 표기)에서 가장 일관되며, 이는 주먹도끼 생산의 집행(Stout et al., 2008)과 관찰(Stout, Passingham, Frith, Apel, & Chaminade, 2011) 모두에 반응하며, 도구 제작 훈련 동안 백질 리모델링의 초점이 된다(Hecht, Gutman, Khreisheh, et al., 2015). 전전두엽 피질은 일반적으로 동작의 고차 인지 또는 '집행' 조절과 관련이 있으며, 특히 rIFG와 함께 반응 억제와 과제 전환을 지원한다(Levy & Wagner, 2011). 실제로, 최근의 한 연구(Chavan, Mouthon, Draganski, van der Zwaag, & Spierer, 2015)는 헥트 및 동료들Hecht and colleagues(2015)의 도구 제작 효과와 거의 동일한 rIFG 위치에서, 고전적인 '고/노-고go/no-go' 억제 조절 과제를 학습하는 것과 관련된 백질 변화를 발견했다. 그리고 경두개 자기자극법transcranial magnetic stimulation[TMS] 자료는 복합 작용 시퀀스 생성 시, rIFG 억제의 인과적 역할을 보여준다(Dippel & Beste, 2015). 인지조절 과정에 대한 이러한 일반적인 기여는 손작업 시퀀스 학습(Seitz & Roland, 1992)에서 언어 처리(Matchin & Hickok, 2016; Vigneau et al., 2011)에 이르기까지의 표면적으로 다양한 활동에 대한

rIFG 참여를 뒷받침할 수 있다. 또한 던컨Duncan(2010)은 일반지능을 지원하는 MD 체계에 rIFG를 포함하며, 양쪽 IFG(대략, '브로카 영역')는 언어에서 행동 시퀀싱, 음악 및 수학(Fitch & Martins, 2014)에 걸쳐 계층적으로 구조화된 행태의 조절에 지속으로 관여되어 왔다. 구조적으로 IFG는 감각운동 주변부(Margulies et al., 2016)에서 상대적으로 멀기 때문에 개발하는 중에 사회 및 환경 입력에 민감하고 의존적이라 예상될 수 있다. 이러한 이유로, 언어, 음악, 도구 제작과 같은 구조화된 관행의 문화적 진화와 구체적인 재생산은 현생 인류의 신경 인지 표현형을 이해하려는 시도에서 자연선택과 같은 전통적인 진화 과정과 함께 고려되어야 한다.

결론

여기서 발전된 확장된 진화적 관점에 따라, 점점 더 복잡해지는 석기제작은 아마도 전체 뇌 크기의 비특이적인 증가에 의해 매개되었을지도 모르는 연합피질의 확장에 의해 제공되는 강화된 행태 유연성을 위한 하나의 요인일 수 있다. 그러한 진화는 '유기체 대 환경', '문화 대 생물학', '인지 대 행동', '사회 대 생태학', '진화 대 발달' 그리고 '근접 대 궁극' 설명의 전통적인 이분법이 오도될 수 있는 본질적으로 복잡하고 상호적인 과정이다. 이러한 진화의 관점에 관련된 상호작용과 관계의 범위는 힘겨워 보일 수 있지만, 한편으로 오랫동안 경험적 연구가 불가능하다고 여겨졌던 인류 진화의 측면에 대한 통찰에 대한 새롭고 흥미로운 전망을 제공한다(예: Lewontin, 1998). 마음, 문화 그리고 진화에 대한 '확장' 개념의 진정한 약속은 그것들이 동시에 물리적 세계에 기반을 두고 있으며 시공간 조직의 여러 단계에 걸쳐 동적 상호작용을 원활하게 통합할 수 있다는 것이다. 따라서 신경 활동은 행태를 성형하는 데 도움이 되는 기능적 뇌와 해부학적 뇌 연결의 패턴을 변화시키는 추가적인 신경 활동을 유발하는 행태를 구동한다(Byrge et al., 2014). 이 건설적인 처리는 개체 행태를 성형하는 패턴화된 관행과 구조화된 환경의 맥락에서 발달 시간에 걸쳐 전개되며(Flynn et al., 2013), 개체의 누적 행동에 의해 역사적 시간 척도로 그 자체가 표현된다. 훨씬 더 큰 규모로, 이러한 발전적, 사회적 그리고 환경적 역동은 진화적 변화를 구동하는 변이와 자연선택 모두를 형성하도록 도움을 주어(Laland et al., 2015), 발달과 행태를 교대로 제약하는 생물학적 체계에 영향을 준다. 우리가 다른 곳에서 주장했듯이, 이러한 복잡하고 부수적인 상호작용을 조사하기 위해서는 헌신적이고 경험적인 연구를 요구하는데, "두뇌와 행태적 변화의 비교 증거를 i) 진화와 발달과정, ii) 진화 시기와 맥락에 대한 일차적 고고학과 고생물학 증거 그리고 iii) 이 기본 증거를 해석하는 데 필요한 민족지학, 윤리학 그리고 실험 아날로그들을 비추어 평가해야 한다"(Stout & Hecht, 2017, p. 7862).

감사

이 책의 출판에 편집장님 그리고 특히나 톰 윈Tom Wynn께 감사드린다. 여기서 검토한 신경고고학 연구는 티에리 샤미나드Thierry Chaminade와 에린 헥트Erin Hecht의 공동의 노력과 지적인 기여로 가능했다.

참고문헌

Ancel, L. W. (1999). A quantitative model of the Simpson–Baldwin effect. *Journal of Theoretical Biology, 196*(2), 197–209.

Antón, S. C., Potts, R., & Aiello, L. C. (2014). Evolution of early *Homo*: An integrated biological perspective. *Science, 345*(6192), 1236828–1–13.

Bedny, M., Pascual-Leone, A., Dodell-Feder, D., Fedorenko, E., & Saxe, R. (2011). Language processing in the occipital cortex of congenitally blind adults. *Proceedings of the National Academy of Sciences of the United States of America, 108*(11), 4429–4434.

Bennett, D. (2013). The Dunbar number, from the guru of social networks: How a technophobic Oxford primatologist became Silicon Valley's social networking guru. *Bloomberg Businessweek*. Retrieved from https://www.bloomberg.com/news/articles/2013-01-10/the-dunbar-number-from-the-guru-of-social-networks

Bogin, B., Bragg, J., & Kuzawa, C. (2014). Humans are not cooperative breeders but practice biocultural reproduction. *Annals of Human Biology, 41*(4), 368–380.

Boyd, R., Richerson, P. J., & Henrich, J. (2011). The cultural niche: Why social learning is essential for human adaptation. *Proceedings of the National Academy of Sciences of the United States of America, 108*(Suppl. 2), 10918–10925.

Buckner, R. L., & Krienen, F. M. (2013). The evolution of distributed association networks in the human brain. *Trends in Cognitive Sciences, 17*(12), 648–665.

Byrge, L., Sporns, O., & Smith, L. B. (2014). Developmental process emerges from extended brain–body–behavior networks. *Trends in Cognitive Sciences, 18*(8), 395–403.

Byrne, R. W. (1997). The technical intelligence hypothesis: An additional evolutionary stimulus to intelligence? In A. Whiten & R. W. Byrne (Eds.), *Machiavellian intelligence II: Extensions and evaluations* (pp. 289–311). Cambridge, UK: Cambridge University Press.

Byrne, R. W., & Whiten, A. (Eds.). (1988). *Machiavellian intelligence: Social expertise and the evolution of intellect in monkeys, apes, and humans*. Oxford, UK: Clarendon Press.

Chavan, C. F., Mouthon, M., Draganski, B., van der Zwaag, W., & Spierer, L. (2015). Differential patterns of functional and structural plasticity within and between inferior frontal gyri support training-induced improvements in inhibitory control proficiency. *Human Brain Mapping, 36*(7), 2527–2543.

Clark, A. (2008). *Supersizing the mind: Embodiment, action, and cognitive extension*. New York: Oxford University Press.

Clark, A., & Chalmers, D. J. (1998). The extended mind. *Analysis, 58*(1), 7–19.

Cole, M. (1996). *Cultural psychology: A once and future discipline*. Cambridge, MA: Harvard University Press.

Coolidge, F. L., & Wynn, T. (2005). Working memory, its executive functions, and the emergence of modern thinking. *Cambridge Archaeological Journal, 15*(1), 5–26.

Darwin, C. (1871). *The descent of man, and selection in relation to sex* (Vol. 1). London: John Murray.

Deacon, T. W. (1997). *The symbolic species: The co-evolution of language and the brain.*

New York: W. W. Norton.

Dippel, G., & Beste, C. (2015). A causal role of the right inferior frontal cortex in implementing strategies for multi-component behaviour. *Nature Communications, 6*, 1–10.

Dunbar, R. I. M. (1992). Neocortex size as a constraint on group size in primates. *Journal of Human Evolution, 22*(6), 469–493.

Duncan, J. (2010). The multiple-demand (MD) system of the primate brain: Mental programs for intelligent behaviour. *Trends in Cognitive Sciences, 14*(4), 172–179.

Edelman, G. M. (1987). *Neural Darwinism: The theory of neuronal group selection.* New York: Basic Books.

Engels, F. (2003). The part played by labour in the transition from ape to man. In R. C. Scharff & V. Dusek (Eds.), *Philosophy of technology: The technological condition—An anthology* (pp. 71–77). London: Blackwell. [Originally published 1873]

Finlay, B. L., & Darlington, R. B. (1995). Linked regularities in the development and evolution of mammalian brains. *Science, 268*(5217), 1578–1584.

Finlay, B. L., & Uchiyama, R. (2015). Developmental mechanisms channeling cortical evolution. *Trends in Neurosciences, 38*(2), 69–76.

Fitch, W. T., & Martins, M. D. (2014). Hierarchical processing in music, language, and action: Lashley revisited. *Annals of the New York Academy of Sciences, 1316*(1), 87–104.

Flynn, E. G., Laland, K. N., Kendal, R. L., & Kendal, J. R. (2013). Target article with commentaries: Developmental niche construction. *Developmental Science, 16*(2), 296–313.

Fragaszy, D. M., Biro, D., Eshchar, Y., Humle, T., Izar, P., De Resende, B. D., & Visalberghi, E. (2013). The fourth dimension of tool use: Temporally enduring artefacts aid primates learning to use tools. *Philosophical Transactions of the Royal Society of London. Series B, Biological Sciences, 368*(1630), 1–10.

Fuentes, A. (2015). Integrative anthropology and the human niche: Toward a contemporary approach to human evolution. *American Anthropologist, 117*(2), 302–315.

Genovesio, A., Wise, S. P., & Passingham, R. E. (2014). Prefrontal–parietal function: From foraging to foresight. *Trends in Cognitive Sciences, 18*(2), 72–81.

Gómez-Robles, A., Hopkins, W. D., Schapiro, S. J., & Sherwood, C. C. (2015). Relaxed genetic control of cortical organization in human brains compared with chimpanzees. *Proceedings of the National Academy of Sciences of the United States of America, 112*(48), 14799–14804.

Gould, S. J., & Vrba, E. S. (1982). Exaptation—A missing term in the science of form. *Paleobiology, 8*(1), 4–15.

Gowlett, J. A. J., Gamble, C., & Dunbar, R. I. M. (2012). Human evolution and the archaeology of the social brain. *Current Anthropology, 53*(6), 693–722.

Hecht, E. E., Gutman, D. A., Bradley, B. A., Preuss, T. M., & Stout, D. (2015). Virtual dissection and comparative connectivity of the superior longitudinal fasciculus in chimpanzees and humans. *NeuroImage, 108*, 124–137.

Hecht, E. E., Gutman, D. A., Khreisheh, N., Taylor, S. V, Kilner, J., Faisal, A. A., . . . Stout, D. (2015). Acquisition of Paleolithic toolmaking abilities involves structural remodeling to inferior frontoparietal regions. *Brain Structure and Function, 220*(4), 2315–2331.

Hecht, E. E., Gutman, D. A., Preuss, T. M., Sanchez, M. M., Parr, L. A., & Rilling, J. K. (2013). Process versus product in social learning: Comparative diffusion tensor imaging of neural systems for action execution–observation matching in macaques, chimpanzees, and humans. *Cerebral Cortex, 23*(5), 1014–1024.

Henrich, J., & McElreath, R. (2003). The evolution of cultural evolution. *Evolutionary Anthropology: Issues, News, and Reviews, 12*(3), 123–135.

Heyes, C. M. (2003). Four routes of cognitive evolution. *Psychological Review, 110*(4), 713–727.

Heyes, C. M., & Frith, C. D. (2014). The cultural evolution of mind reading. *Science, 344*(6190), 1243091-1-6.

Hill, J., Inder, T., Neil, J., Dierker, D., Harwell, J., & van Essen, D. C. (2010). Similar patterns of cortical expansion during human development and evolution. *Proceedings of the National Academy of Sciences of the United States of America, 107*(29), 13135–13140.

Hill, K., Barton, M., & Hurtado, A. M. (2009). The emergence of human uniqueness: Characters underlying behavioral modernity. *Evolutionary Anthropology: Issues, News, and Reviews, 18*(5), 187–200.

Holloway, R. L. (1967). The evolution of the human brain: Some notes toward a synthesis between neural structure and the evolution of complex behavior. *General Systems, 12*, 3–19.

Hrdy, S. B. (2009). *Mothers and others: The evolutionary origins of mutual understanding.* Cambridge, MA: Harvard University Press.

Humphrey, N. K. (1976). The social function of intellect. In P. P. G. Bateson & R. A. Hinde (Eds.), *Growing points in ethology* (pp. 303–317). Cambridge, MA: Cambridge University Press.

Ingold, T. (1996). Social relations, human ecology, and the evolution of culture: An exploration of concepts and definitions. In A. Lock & C. R. Peters (Eds.), *Handbook of human symbolic evolution* (pp. 178–203). Oxford, UK: Clarendon Press.

Isaac, G. L. (1976). Stages of cultural elaboration in the Pleistocene: Possible archaeological indicators of the development of language capabilities. *Annals of the New York Academy of Sciences, 280*(1), 275–288.

Isler, K., & van Schaik, C. P. (2012). How our ancestors broke through the gray ceiling: Comparative evidence for cooperative breeding in early *Homo*. *Current Anthropology, 53*(S6), S453–S465.

Isler, K., & van Schaik, C. P. (2014). How humans evolved large brains: Comparative evidence. *Evolutionary Anthropology: Issues, News, and Reviews, 23*(2), 65–75.

Kaplan, H., Gurven, M., Winking, J., Hooper, P. L., & Stieglitz, J. (2010). Learning, menopause, and the human adaptive complex. *Annals of the New York Academy of Sciences, 1204*(1), 30–42.

Kaplan, H., Hill, K., Lancaster, J., & Hurtado, A. M. (2000). A theory of human life history evolution: Diet, intelligence, and longevity. *Evolutionary Anthropology: Issues, News, and Reviews, 9*(4), 156–185.

Koechlin, E., & Jubault, T. (2006). Broca's area and the hierarchical organization of human behavior. *Neuron, 50*(6), 963–974.

Kramer, K. L. (2010). Cooperative breeding and its significance to the demographic success of humans. *Annual Review of Anthropology, 39*, 417–436.

Laland, K. N., Uller, T., Feldman, M. W., Sterelny, K., Müller, G. B., Moczek, A., . . . Odling-Smee, F. J. (2015). The extended evolutionary synthesis: Its structure, assumptions and predictions. *Proceedings of the Royal Society of London B: Biological Sciences, 282*(1813), 1–14.

Levy, B. J., & Wagner, A. D. (2011). Cognitive control and right ventrolateral prefrontal cortex: Reflexive reorienting, motor inhibition, and action updating. *Annals of the New York Academy of Sciences, 1224*(1), 40–62.

Lewontin, R. C. (1998). The evolution of cognition: Questions we will never answer. In D. Scarborough & S. Sternberg (Eds.), *An invitation to cognitive science. Volume 4: Methods models, and conceptual issues* (pp. 107–132). Cambridge, MA: MIT Press.

Malafouris, L. (2004). The cognitive basis of material engagement: Where brain, body and culture conflate. In E. DeMarrais, C. Gosden, & C. Renfrew (Eds.), *Rethinking materiality: The engagement of mind with the material world* (pp. 53–61). Cambridge, UK: McDonald Institute for Archaeological Research.

Margulies, D. S., Ghosh, S. S., Goulas, A., Falkiewicz, M., Huntenburg, J. M., Langs, G., . . . Smallwood, J. (2016). Situating the default-mode network along a principal gradient of macroscale cortical organization. *Proceedings of the National Academy of Sciences of the United States of America, 113*(44), 12574–12579.

Marx, L. (1997). "Technology": The emergence of a hazardous concept. *Social Research, 64*(3), 965–988.

Matchin, W., & Hickok, G. (2016). "Syntactic perturbation" during production activates the right IFG, but not Broca's area or the ATL. *Frontiers in Psychology, 7*, 1–14.

Mithen, S. J. (1996). *The prehistory of mind: The cognitive origins of art, religion and science.* London: Thames & Hudson.

Morgan, T. J. H., & Harris, P. L. (2015). James Mark Baldwin and contemporary theories of culture and evolution. *European Journal of Developmental Psychology, 12*(6), 666–677.

Morgan, T. J. H., Uomini, N. T., Rendell, L. E., Chouinard-Thuly, L., Street, S. E., Lewis, H. M., . . . Laland, K. N. (2015). Experimental evidence for the co-evolution of hominin toolmaking teaching and language. *Nature Communications, 6*(6029), 1–18.

Mueller, S., Wang, D., Fox, M. D., Yeo, B. T. T., Sepulcre, J., Sabuncu, M. R., . . . Liu, H. (2013). Individual variability in functional connectivity architecture of the human brain. *Neuron, 77*(3), 586–595.

Murren, C. J., Auld, J. R., Callahan, H., Ghalambor, C. K., Handelsman, C. A., Heskel, M. A., . . . Schlichting, C. D. (2015). Constraints on the evolution of phenotypic plasticity: Limits and costs of phenotype and plasticity. *Heredity, 115*(4), 293–301.

Navarrete, A. F., Reader, S. M., Street, S. E., Whalen, A., & Laland, K. N. (2016). The coevolution of innovation and technical intelligence in primates. *Philosophical Transactions of the Royal Society of London. Series B, Biological Sciences, 371*(1690), 1–10.

Neubert, F.-X., Mars, R. B., Thomas, A. G., Sallet, J., & Rushworth, M. F. S. (2014). Comparison of human ventral frontal cortex areas for cognitive control and language with areas in monkey frontal cortex. *Neuron, 81*(3), 700–713.

Nonaka, T., Bril, B., & Rein, R. (2010). How do stone knappers predict and control the outcome of flaking? Implications for understanding early stone tool technology. *Journal of Human Evolution, 59*(2), 155–167.

Oakley, K. P. (1949). *Man: The tool-maker.* London: British Museum Press for the Trustees of the British Museum.

Odling-Smee, F. J., Laland, K. N., & Feldman, M. W. (2003). *Niche construction: The neglected process in evolution.* Princeton, NJ: Princeton University Press.

Oostenbroek, J., Suddendorf, T., Nielsen, M., Redshaw, J., Kennedy-Costantini, S., Davis, J., . . . Slaughter, V. (2016). Comprehensive longitudinal study challenges the existence of neonatal imitation in humans. *Current Biology, 26*(10), 1334–1338.

Orban, G. A., Claeys, K., Nelissen, K., Smans, R., Sunaert, S., Todd, J. T., . . . Vanduffel, W. (2006). Mapping the parietal cortex of human and non-human primates. *Neuropsychologia, 44*(13), 2647–2667.

Peeters, R. R., Rizzolatti, G., & Orban, G. A. (2013). Functional properties of the left parietal tool use region. *NeuroImage, 78*, 83–93.

Peeters, R. R., Simone, L., Nelissen, K., Fabbri-Destro, M., Vanduffel, W., Rizzolatti, G., & Orban, G. A. (2009). The representation of tool use in humans and monkeys: Common and uniquely human features. *Journal of Neuroscience, 29*(37), 11523–11539.

Pigliucci, M. (2009). An extended synthesis for evolutionary biology. *Annals of the New York Academy of Sciences, 1168*(1), 218–228.

Power, J. D., Cohen, A. L., Nelson, S. M., Wig, G. S., Barnes, K. A., Church, J. A., . . . Petersen, S. E. (2011). Functional network organization of the human brain. *Neuron, 72*(4), 665–678.

Rakic, P. (2009). Evolution of the neocortex: A perspective from developmental biology. *Nature Reviews. Neuroscience, 10*(10), 724–735.

Reader, S. M., Hager, Y., & Laland, K. N. (2011). The evolution of primate general and cultural intelligence. *Philosophical Transactions of the Royal Society of London. Series B, Biological Sciences, 366*(1567), 1017–1027.

Reader, S. M., & Laland, K. N. (2002). Social intelligence, innovation and enhanced brain size in primates. *Proceedings of the National Academy of Sciences of the United States of America, 99*(7), 4436–4441.

Roepstorff, A., Niewöhner, J., & Beck, S. (2010). Enculturing brains through patterned practices. *Neural Networks, 23*(8), 1051–1059.

Seitz, R. J., & Roland, P. E. (1992). Learning of sequential finger movements in man: A combined kinematic and positron emission tomography (PET) study. *European Journal of Neuroscience, 4*(2), 154–165.

Shennan, S., & Steele, J. (1999). Cultural learning in hominids: A behavioral ecological approach. In H. O. Box & K. R. Gibson (Eds.), *Mammalian social learning: Comparative and ecological perspectives* (pp. 367–388). Cambridge, UK: Cambridge University Press.

Sterelny, K. (2011). From hominins to humans: How *sapiens* became behaviourally modern. *Philosophical Transactions of the Royal Society of London. Series B, Biological Sciences, 366*(1566), 809–822.

Stout, D. (2010). The evolution of cognitive control. *Topics in Cognitive Science, 2*(4), 614–630.

Stout, D. (2011). Stone toolmaking and the evolution of human culture and cognition. *Philosophical Transactions of the Royal Society of London. Series B, Biological Sciences, 366*(1567), 1050–1059.

Stout, D., & Chaminade, T. (2007). The evolutionary neuroscience of tool making. *Neuropsychologia, 45*(5), 1091–1100.

Stout, D., & Hecht, E. E. (2015). Neuroarchaeology. In E. Bruner (Ed.), *Human paleoneurology* (pp. 145–175). Berlin: Springer.

Stout, D., & Hecht, E. E. (2017). Evolutionary neuroscience of cumulative culture. *Proceedings*

of the National Academy of Sciences of the United States of America, 114(30), 7861–7868.
Stout, D., Hecht, E. E., Khreisheh, N., Bradley, B. A., & Chaminade, T. (2015). Cognitive demands of lower Paleolithic toolmaking. *PLoS One, 10*(4), 1–18.
Stout, D., & Khreisheh, N. (2015). Skill learning and human brain evolution: An experimental approach. *Cambridge Archaeological Journal, 25*(4), 867–875.
Stout, D., Passingham, R. E., Frith, C. D., Apel, J., & Chaminade, T. (2011). Technology, expertise and social cognition in human evolution. *European Journal of Neuroscience, 33*(7), 1328–1338.
Stout, D., Toth, N. P., Schick, K. D., & Chaminade, T. (2008). Neural correlates of early Stone Age tool-making: Technology, language and cognition in human evolution. *Philosophical Transactions of the Royal Society of London. Series B, Biological Sciences, 363*(1499), 1939–1949.
Tomasello, M. (1999). *The cultural origins of human cognition*. Cambridge, MA: Harvard University Press.
van Horik, J. O., Clayton, N. S., & Emery, N. J. (2012). Convergent evolution of cognition in corvids, apes and other animals. In J. Vonk & T. K. Shackelford (Eds.), *The Oxford handbook of comparative evolutionary psychology* (pp. 80–101). Oxford, UK: Oxford University Press.
van Schaik, C. P., & Burkart, J. M. (2011). Social learning and evolution: The cultural intelligence hypothesis. *Philosophical Transactions of the Royal Society of London. Series B, Biological Sciences, 366*(1567), 1008–1016.
van Schaik, C. P., Isler, K., & Burkart, J. M. (2012). Explaining brain size variation: From social to cultural brain. *Trends in Cognitive Sciences, 16*(5), 277–284.
Vigneau, M., Beaucousin, V., Hervé, P.-Y., Jobard, G., Petit, L., Crivello, F., . . . Tzourio-Mazoyer, N. (2011). What is right-hemisphere contribution to phonological, lexico-semantic, and sentence processing? Insights from a meta-analysis. *NeuroImage, 54*(1), 577–593.
Wallace, A. R. (1870). *Contributions to the theory of natural selection: A series of essays*. London: Macmillan and Co.
Washburn, S. L. (1960). Tools and human evolution. *Scientific American, 203*(3), 62–75.
White, L. (1949). *The science of culture: A study of man and civilization* (2nd ed.). New York: Grove Press.
Wynn, T. (1989). *The evolution of spatial competence*. Chicago: University of Illinois Press.
Wynn, T., & Coolidge, F. L. (2016). Archeological insights into hominin cognitive evolution. *Evolutionary Anthropology: Issues, News, and Reviews, 25*(4), 200–213.
Wynn, T., Hernandez-Aguilar, R. A., Marchant, L. F., & McGrew, W. C. (2011). "An ape's view of the Oldowan" revisited. *Evolutionary Anthropology, 20*(5), 181–197.

| 제3장 |

암석 함께 보기

도구 생산, 공동주의 그리고 오프라인 인지

Rex Welshon

서론

석기 생산에 대한 톰 윈Tom Wynn의 인지고고학은 초기 **호모** 종의 인지와 의식의 진화를 둘러싼 우리의 지식에 독특하고, 영향력 있고, 지속적인 기여를 했다. 1970년대와 1980년대에, 그는 거의 단독으로 인지고고학 분야를 발명했다[Wynn, 1989. 윈(2017)은 다른 사람들에게 점수를 매기는 평가를 제공한다]. 그 이후, 전기 구석기시대의 인지적 삶에 대한 창구인 석기제작의 계속되는 성찰로 인해 지속적으로 주목할 만한 논문과 책들이 나왔다(Coolidge & Wynn, 2005, 2009; Wynn, 1991, 2002; Wynn & Coolidge, 2004, 2010, 2012; Wynn, Haidle, Lombard, & Coolidge, 2017). 이 출판물들에서, 점점 더 정교한 석기제작과 관련된 인지 능력의 확장과 신경 기질을 조사함으로써 전문가 마음의 차원을 탐구한다. 그렇게 함으로써, 전문적 마음이 어떻게 나타나는지 설명하기 위해 피아제 발달심리학에서부터 작업기억에 대한 인지과학적인 작업에 이르기까지 모든 것을 다루고, 심지어 전문가 마음을 더 큰 사회적 맥락에 포함시킬 것을 제안하기도 한다.

이 장에서는 윈의 작업 일부에 대한 성찰로 야기된 작은 쟁점들에 관해 설명한다. 이러한 쟁점은 반사적인 의식적 경험, 대칭적 공동주의, 이행적 계획 그리고 재현적 인지로 인해 인지 진화에서 실행되는 역할을 둘러싸고 있다. 이 용어들을 정의한 후, 돌떼기 도구 생산에 관한 고고학적 연구결과를 검토한다. 이 장의 핵심은 이러한 발견과 반사적인 의식적 경험, 공동주의 그리고 이행적 계획의 현상을 '구석기시대의 인지 진화는 작업기억의 일련의 강화'라는 윈의 주장에 적용한다. 석기제작에 필요한 시간적, 인과적 그리고 사회적 차원이 어떻게 작업기억의 강화와 증대를 넘어 점점 더 사회적 그리고 오프라인의 의식 인지의 발전을 의미하는지 논의한다.

반사성, 대칭, 이행성 그리고 재현

반사성과 의식적 경험

일반적으로 반사적 관계reflexive relation R은 '자신과 동일하다'라는 관계에서와같이 x와 그 자체 사이에 유지되는 관계이다. **의식적 경험**은 그 자체가 재현하기 때문에 반사적이다. 자기재현self-represents[43]이 어느 정도인지 이해하기 위해서, 의식적인 경험이 무엇인지에 대해 더 많은 것

43 자신을 다시 나타낸다(역자 주).

을 말할 필요가 있다. **의식적 경험**은 일련의 심리적 상태로 (1) 주관적으로 조직되고, (2) 현상적 또는 질적 특징을 가지며 (3) 후속 인지 그리고/또는 감정적 반응을 위해 광범위하게 접근할 수 있다. 의식적인 경험을 의식적으로 만드는 것은 그것이 주관적으로 조직되어 있다는 것이다. 의식적인 경험을 만드는 것은 그것의 질적인 특징이다. 그리고 의식적인 경험을 심리적으로 유용하게 하는 것은 특정한 시간과 시간에 걸친 넓은 접근성이다. 의식적 경험의 세 가지 형태는 모두 의식 문헌의 철학과 신경과학에서 널리 논의되고 있다.[44] 여기서 우리의 관심은 바로 의식적 경험의 주관성에 있다.

의식적 경험의 주관적 특징은 의식적으로 외부적 그리고 상호적 입력을 경험하는 유기체와 의식적으로 그러한 입력을 경험하지 않고 변환하고 처리하는 개체 사이의 구별을 인정한다. 예를 들어, 온도 조절기가 그렇다.[45] 대안적으로, 우리는 입력을 변환하고 처리하는 입력과 어떤 것a thing과 외수용exteroceptive 및 내수용interoceptive 입력과 그들의 원인에 대해 의식하거나 알아차리는 유기체의 차이는 알아차림의 주관성이라고 말할 수 있다. 만약 이것이 사실이라면, 유기체가 알아차리는 것이 알아차리는 존재를 야기한다는 것을 알아차릴 때 비로소, 그것들the things의 변환과 처리가 의식적인 경험이 된다.

44 주관성과 반사성에 대한 현대적 논의를 위해 다른 많은 것 중에서도 블록, 플라나간, 궤젤델레(Block, Flanagan, Güzeldere)(1998), 크리겔(Kriegel)(2009), 메챙제(Metzinger)(2003), 레본수오(Revonsuo)(2006), 설(Searle)(2000) 그리고 자하비(Zahavi)(2008)를 보라. 질적 특성에 대한 현대적 논의는 다른 많은 것 중에서도 블록(Block)(2001, 2005, 2007a, 2007b), 데닛(Dennett)(2006), 르빈(Levine)(2001)과 나겔(Nagel)(1974)을 보라. 접근성에 대한 현대적 논의는 다른 많은 것 중에서도 바스(Baars)(1988)와 블록(Block)(2001, 2007a, 2007b)을 보라.

45 주관적 특징은 경험에 체화된 시공간적 투사 지점에 있는 진통작용 속성보다 더 복잡하며, 또한 예시화(instantiation)의 조건으로서 자기개념을 소유하는 속성보다 덜 복잡하다. 논의사항 그리고 관련 참고사항은 웰손(Welshon)(2013)을 보라.

철학 문헌에서 주관성에 대한 두 가지 설명은 다른 모든 것을 지배한다. 첫 번째는 다른 곳 중에서도 에드먼드 후설Edmund Husserl에게서 내려온 현상학적 전통에서 발견된 주관성에 대한 **원초주의자**primitivist의 설명이다. 두 번째는 주관성에 대한 환원주의자reductionist의 설명이다. 그것은 의식을 이해하는 재현주의자representationalist의 전통에서 비롯된다. 원초주의자의 설명에 따르면, 잠재의식 변환과 처리를 의식적으로 만드는 것은 분석할 수 없는 경험의 양식, 즉 주관적 양식이다. 환원주의자 설명에 따르면, 잠재의식적 변환과 처리를 의식적으로 만드는 것은 재현주의적 심리상태의 형태, 즉 주관적 형태로 분석될 수 있다.

무의식적 변환과 의식적 경험의 차이는 온도 조절기와 인간 그리고 다른 종과 인간에 걸쳐서 뿐만 아니라, 개인적 인간들 사이에서도 그리고 심지어 개인 사이에서도 일어난다. 우리는 또한 잠재의식적으로 몇몇 외수용과 내수용의 입력을 변환하고 의식적으로 다른 입력을 경험한다.[46] 맹시blindsight 현상이 한 예이다. 맹시는 외수용 감각 입력은 변환되고 처리되지만, 의식적으로 경험되지는 않는다(대체로 맹시는 외수용 입력을 알아차리지 못한다). 원초주의자 및 환원주의자와 마찬가지로, 의식적인 시각적 상태는 주관적으로 구성됨으로써 잠재의식 변환/처리 상태보다 더욱 복잡하다. 원초주의자의 경우 주관적 특징을 갖는 추가적인

46 맹시란 개인이 질적으로 부여받은 시각 지각은 없지만 보이지 않는 분야에서 대상과 사건을 구별할 수 있는 장애이다. 맹시는 후두피질에서 피질 시각 경로의 초기 단계의 기능 장애 또는 파괴와 가장 빈번하게 연관되어 있다. 이 부위가 손상되면 시야에 검은 점[맹점(scotoma)]이 생긴다. 개인은 손상된 피질 부위의 반대측 시각적 부위에서 보는 것을 부인하지만, 여전히 상당히 비정상적으로 낮은 신뢰성을 가지면서도 해당 영역에서 대상의 위치를 식별하도록 강요받을 수도 있다. 맹시의 다른 특징들도 마찬가지로 호기심이 강하다. 예를 들어, 일부 맹시 상태의 개인은 자신이 인지하지 못하는 사실을 알아차리며, 보이지 않는 항목의 시각적 잔상(afterimages)을 지각한다고 보고한다. 자세한 내용은 코웨이(Cowey)(2004), 홀트(Holt)(2003)와 밀너 그리고 구데일(Milner and Goodale)(1995)을 보라.

복잡성은 분석 불가능한 방법으로 '나를 위해' 경험되는 상태로 구성된다. 그러므로 잠재의식적인 시각적 상태는 원초주의적 관점에서 볼 때, 관련 의미에서는 나를 위한 것이 아닌 시각적 상태이다. 환원주의자에게도 마찬가지로, 의식적인 시각 상태는 주관적인 특징을 가지고 있기 때문에 의식적이다. 환원주의자의 경우, 주관적인 특징을 갖는 추가적인 복잡성은 그 상태가 자신을 재현하는 구조를 갖는 상태에서 이루어진다. 따라서 잠재의식 시각적 상태는 환원주의자 관점에서 자기재현에 실패한 시각적 상태이다.

따라서 원초주의자와 환원주의자는 모두, 의식적인 상태에는 항상 고유한 반사성이 수반되고 드러나게 된다고 주장한다. 현재로서는 어느 쪽에든 동의하는 것이다. 그러나 토론을 단순화하기 위해, 우리는 주관적인 특징의 자기재현주의자self-representationalist적 설명을 가정할 것이다. 즉, 의식적인 심리상태의 반사성은 심리상태가 그것의 외수용 또는 내수용의 원인을 재현할 뿐 아니라 의식적인 상태를 나타낸다.

두 개의 간단한 요점이 있다. 첫째, 의식적 상태의 반사성reflexivity은 대상에게 자신을 노출시키는 반영성reflectivity의 종류와 혼동되지 않아야 한다. 즉, **반사적**reflexive 의식 상태의 구조는 또한 **자기반영적**self-reflective 상태로서의 자격을 부여하지 않는다. 모든 의식 상태가 반사적이라고 해도, 오직 일부 반사적 의식 상태만이 자기반영적이다. 자기반영적 의식 상태는 단순히 의식적인 상태이기 때문에 이미 반사적이지만, 자기반영적 의식 상태는 자기 자신에 대한 추가적인 측면을 더하여 반사적이 된다. 둘째, 반사적으로 구조화된 모든 의식 상태가 의식 상태를 **모니터링**하는 것은 아니다. 예를 들어, 어떤 사람이 어떤 정치적 인물에 대한 편견을 깨닫거나 편견이 정당화되지 않는다는 것을 반영할 때, 의식적인 상태를 모니터링하는 것은 다른 의식적인 상태에 대한 의식적인 상태다. 일반적으로, 자기반영과 모니터링 의식 상태는 다른 의식 상태에 대한 의식 상태이기 때문에 고차 의식 상태다. 이러한 방식으로, 자기반영 상태, 모니터링 상태 그리고 다른 모든 고차 의식 상태는 기본적인 주관으로 구성된 의식 상태보다 더 복잡한 인지 성과이다. 우리는 곧 이 문제로 돌아간다.

대칭과 공동주의

일반적으로 대칭 관계 R은 x와 y의 두 개체 사이의 하나이므로, 즉 x가 y에 대해 R이면 y는 x에 대해 R이다. 공유 또는 이를 일컫는 **공동주의**joint attention는 대칭이다. 만약 마르시아가 얀과 어떤 일에 공동으로 참여하고 있다면, 얀은 마르시아와 그 일에 공동으로 참여하고 있는 것이다. 물론, 마르시아나 얀은 다른 한 사람이 주의를 기울이지 않아도 주의할 수 있다. 그러나 그것은 **공동**주의가 아니다.

모든 의식이 있는 상태가 주의적 상태는 아니며, 공동주의적 상태는 더더욱 아니다. 우리는 종종 특정한 면에 주의를 기울이지 않고 의식적으로 청각적 경관을 경험한다. 예를 들어, 우리는 오토바이에서의 윙윙거리는 소리를 알아차리지만, 그것에 주의를 집중하지 않을 때 그렇다. 마찬가지로, 모든 주의상태가 의식적인 상태는 아니다. 즉, 일부 주의력 상태는 잠재의식적인 상태다. 예시들은 주목할 만하지만 찾기 어렵지는 않다. 예를 들어, 많은 부모들은 위협으로부터 아이를 너무 빨리 구해내기에 그 위협은 의식적으로 처리되지 않았지만, 잠재의식적으로 환경에 참여하지 않았다면 아이를 구하기 위한 반응은 일어나지 않았을 사건을 떠올릴 수 있다.

인지과학은 다양한 차원에 걸쳐 주의를 분류하였고, 그중에서도 아래 두 가지는 밀접하게 관련 있다. 첫째, 주의는 자발적일 수도 있고 비자발적일 수도 있다. **자발적, 목표 주도적 또는 내생적 주의**voluntary, goal-driven or endogenous attention는 개인의 목표나 욕망에 부합하는 자발적 인지활동에 의해 내부적으로 개시된다. **비자발적, 자극 주도적, 외생적 주의**involuntary, stimulus-drive, or exogenous attention는 목표나 욕구에 관계없이 지속적인 인지활동을 방해하는 지각적 경험의 형태에 의해 유발된다. 둘째, 주의는 명백하거나 은밀할 수 있다. **과도한 주의**overt attention는 주의를 하려는 하나의 감각 기관 또는 여러 감각 기관들로 방향을 돌리지만, **은밀한 주의**covert attention는 그렇지 않다. 예를 들어, 형태에 눈을 돌리지 않고 시각 분야의 형태에 주의를 기울일 수 있다. 마찬가지로, 우리는 머리를 그것의 근원으로 돌리지 않고 특정한 소리나 냄새에 주의를 기울일 수 있다.

그다음으로 네 가지 일반적인 유형의 주의가 있는데, 각각은 내생적 과도한 주의, 내생적 은밀한 주의, 외생적 과도한 주의, 외생적 은밀한 주의를 가지고 있다. **내생적 과도한** 주의는 어떤 형태에 주의를 기울이려는 의도가 발생하고 그 형태에 대한 노골적인 행태가 수반될 때 일어난다(창에서 20m 떨어진 덤불 오크 안에 코요테가 있는지 보기 위해 고개를 돌리기로 할 때와 같다). **내생적인 은밀한** 주의는 주의를 둔 대상에게 명시적으로 돌리지 않고 어떤 형상에 기울이려는 의도가 일어날 때 발생한다(컴퓨터로 타이핑하는 동안 코요테 낑낑거리는 소리를 듣기로 할 때와 같다). **외생적 과도한** 주의는 일부 형태가 주목할 만한 방식으로 침입하고 그 형태를 향해 과도한 행태가 일어날 때 발생한다(코요테를 보기 위해 컴퓨터에서 눈을 뗄 때와 같다). **외생적인 은밀한** 주의는 어떤 형태가 주목할 만한 방식으로 침입하고 그 형태에 대한 명백한 운동행태가 일어나지 않을 때 발생한다(내 시각 영역의 한구석에서 코요테를 캐치했을 때와 같다).

공동주의는 내생적 과도한 주의의 유형으로 다음과 같을 때마다 일어난다. (1) 두 개의(또는 그 이상의) 주체가 주의를 두는 대상이 있고, (2) 대상에 주의를 둔 두 주체 간에 인과적 연결이 있으며, (3) 두 주체의 경험이 주의의 인지적 형태에 대한 이해를 탐구하고, (4) 각 주체는 두 주체 모두에게 대상이 존재한다는 것을 알아차리고 각 주체가 대상에 주의를 두는 것이 다른 주체에게 서로 명백하다는 것을 알아차린다(Eilan, 2005; 또한 Metcalfe & Terrace, 2013; Moore & Dunham, 1995; Seeman, 2011을 보라). 공동주의에서 중요한 것은 각 주체의 대상에 대한 주의가 다른 주체에게 명백하다는 것이다. 즉, 공동주의를 만드는 것은 공동이 주체를 넘어서, 대칭이라는 것이다. 공동주의의 대칭성은 두 주체가 동일한 대상에 개별적으로 참여하지만, 주의를 공유하지 않는 유사성과 뚜렷하게 구별된다.

예시를 들어 차이를 분명히 알 수 있다. 캘빈과 조라는 두 개인이 경사진 땅에서 사다리의 균형을 맞추기 위해 개별적으로 참여하는 것과 사다리의 균형을 맞추기 위해 공동으로 참여하는 것은 한 가지이다. 후자의 경우, 전자의 경우와 달리, 각자는 서로가 사다리 균형 조정에 관여하고 있으므로 사다리 균형을 맞추기 위해 서로 더 잘 협응하고 협력할 수 있다는 것을 알아차리고 있다. 마찬가지로, 두 개인이 각각 한 동물을 사냥하면, 그 동물을 사냥하기 위해 공동으로 참여하는 것과 같다. 다시 말하지만, 만약 서로가 상대방이 동물을 사냥하고 있다는 것을 알아차린다면, 서로 협력할 준비가 더 잘 되어 있고, 공동의 목표를 달성하기 위해 행동을 조정할 준비가 되어 있다.

이행성과 계획

일반적으로, 이행적 관계transitive relation R은 x, y, z의 세 개체 사이의 하나이며, 만약 x가 y에 대해 R이고, 그리고 y가 z에 대해 R이면, x는 z까지 R이다.[47] 의식적인 계획은 이행적이다. 만약 마르시아가 이사회에서 프레젠테이션 발표 날짜를 정해야 한다는 것을 이해한다면, 그리고 발표 날짜를 정하기 위해서는 달력을 봐야 한다는 것을 이해한다면, 마르시아는 이사회에서 프레젠테이션을 위해 달력을 봐야 한다는 것을 이해할 것이다. 계획을 세우는 것처럼, 절차를 따르는 것도 마찬가지다. 만약 마티가 욕실 타일을 방수 반죽으로 처리해야 한다는 것을 이해한다면, 그리고 타일을 방수 반죽으로 처리하기 전에 방수 반죽을 벽에 붙여야 한다는 것을 이해한다면, 마티는 타일을 방수 반죽으로 처리하기 전에 벽에 방수 반죽 처리하는 것을 이해하게 될 것이다. 마찬가지로, 창 촉을 부착하기 위해 창을 준비하는 경우, 적절한 점도와 가소성을 달성하기 위해 접착제를 가열하고 냉각해야 한다는 점을 이해하고 있으면, 가

47 우리는 여기서 타동사(transitive verb)(역자 주: 이행성과 철자가 같다)에는 관심이 없다. 타동사는 단순히 목적어를 취하는 동사이다. 예로는 "돈은 케이크를 구웠다(Don baked a cake)"가 있다. 여기서, 동사 '굽다'라는 것은 그것의 목적어로 '케이크'를 취한다. 다른 동사들은 대상을 가져가지 않기 때문에 자동사다. 한 예로 "지난 1년 동안 토냐는 확실히 성장했다!(Over the last year, Tonya has certainly grown!)"가 있다. 많은 동사들은 타동사 또는 자동사로 나타날 수 있다. "조지는 스트레스를 많이 받으면 먹는다(When he's stressed out, George eats)"와 "조지는 혈당이 낮을 때 일반적으로 스니커즈 바를 먹는다(When he's having a low blood sugar moment, George typically eats a Snickers bar)"를 비교해 보라.

열 시 불에 재료를 넣고 냉각시켜야 한다는 점을 이해하고 있다.

계획 그리고 절차를 따르는 이행성transitivity은 개체와 둘 이상의 개체에 대한 의식적 심리상태의 접근성을 나타낸다. 의식 상태의 이행성은 시퀀스적으로 정렬된 반사적 의식 상태의 수용적 루프를 깨고, 원칙적으로 무한인 추가적 구성요소로 그것들을 보완함으로써 공동주의 상태의 대칭 루프를 확장한다.

이 마지막 요점을 더 자세히 고려하라. 이행성은 여러 번 반복repetition, 되풀이iteration, 재귀recursion의 기본이다. 특정 시간에 서부 초원종달새western meadowlark가 지저귀는 발성의 음표 x가 나중에 음표 y로 발생하며, 그 후에 발성이 여전히 음표로 발생한다면 z는 x를 **반복**한다. **되풀이**와 마찬가지로 여러 번의 반복의 경우는 처리의 이전 출력이 처리의 다음 입력이 된다는 조건을 추가하는 반복 처리이다. 이 마지막 부분을 좀 더 자세히 생각해 보라. 마르시아는 부엌에서 테두리를 칠할 때 각 초기 단계의 결과가 다음 단계에 입력되는 이행적 반복 처리를 따른다. 사포질 전에 테두리의 구멍을 메워야 하고, 밑칠 전에 사포질이 필요하며, 마무리 페인트를 칠하기 전에 밑칠이 필요하므로, 마무리 페인트를 칠하기 전에 테두리의 구멍을 메워야 한다.

재귀는 다음 단계의 입력값이 되는 처리 단계의 출력이 모든 후속 단계에서 보존된다는 조건으로, 목표 달성을 위해 되풀이해서 여러 번 반복 처리한다. 파티에서 모든 사람들이 자신을 제외한 다른 모든 사람들과 악수를 정확히 한 번씩 할 때, 그 악수하는 횟수를 세어봐라. 파티에 단지 두 사람, 즉 a와 b만 있다고 가정해 보자. 악수는 대칭이기 때문에 a와 b 사이의 악수 횟수가 1이라는 것은 간단하다. 그리고 두 사람이 있는 곳에서 악수의 함수는 다음과 같다. (2)=2-1, 즉 1이다. 다음으로는 파티에 세 사람, a, b, c가 있다고 가정하자. 그렇다면, a와 b가 악수하고, a와 c가 악수하며, b와 c가 악수한다. 따라서 총 2+1=3의 악수가 있다. 그리고 세 사람이 있는 곳에서 악수의 함수는 $(3)=(3-1)+(2-1)$이다. 그것은 2+1, 즉, 3이다.

만약 파티에 4명이 온다면? 우리는 이 질문에 답하기 위한 재귀적인 기능을 제공할 수 있다. 두 명과 세 명의 경우에 대한 대답의 논리에 초점을 맞추고 그 대답을 일반화할 수 있다. 일반적으로 일행의 인원수가 $n(n>2)$인 경우 악수의 횟수는 다음과 같이 결정된다.

$$(n)=(n-1)+(n-1),\ n>2$$

네 사람에 대한 질문의 답을 계산해 보면 다음과 같다.

$(4)=(4-1)+(3-1)+(2-1)$, 즉, 3+2+1=6번의 악수.

마찬가지로 파티에 10명이 참석하면 다음과 같다.

$(10)=9+8+7+6+5+4+3+2+1=45$번의 악수.

이 되풀이에 대해 재귀적인 것은 되풀이의 각 이전 단계가 되풀이의 모든 추가 단계에 연결된다는 것이다.

반사성, 대칭 그리고 이행에 대한 이러한 반영을 종합하면, 우리는 두 주체 x와 y가 시퀀스적 절차Procedure P를 이용하여 대상object o에 공동 내생적 주의의 일화가 다음과 같은 구조로 되어있다고 말할 수 있다.

첫째, x와 y 각각은 절차 P를 사용하여 대상 o에 의식적으로 주의를 기울인다. 즉, x와 y는 각각 반사적으로 구조화되어 즉, 자기-재현self-representing하여 의식적이며 대상 o와 절차 P에 대해 내생적으로 과도한 주의상태를 나타낸다. 둘째로, x와 y는 절차 P를 사용하여 대상 o에 내생적으로 그리고 과도하게 주의를 기울이기 때문에, 그들의 의식 상태는 단지 주의만이 반사적으로 구조화된 의식 상태에 가져오는 추가적인 각성vigilance을 가지고 있다. 셋째, x와 y는 절차 P의 활용을 목적으로 대상 o에 공동으로 참여하고 있기 때문에 x의 주의와 y의 주의 사이에 인과관계가 있다. x와 y는 각각 o와 P가 x와 y 모두에 존재한다는 것을 알아차리고, 각 주체가 o와 P에 참여하는 것은 o와 P의 후속 사용을 위해 탐구할 수 있다. 넷째, P는 시퀀스적으로 절차가 지정된 처리이므로 일부 그 단계는 이전 단계를 완료하는 것을 수반하며, x와 y 각각은 P의 되풀이되고 아마도 재귀적인 단계를 이행적으로 알아차리고 있다.

그렇다면 한 가지 질문이 있다. 석기를 두드리는 것은 반사적 의식 상태, 대칭적 공동주의의 일화 그리고 되풀이와 재귀가 통합된 이행적 계획을 필요로 하는 과정인가? 나는 그 대답이 "네"라고 주장할 것이다.

재현의 굶주림

앞 절에서, 재현은 의식적인 경험의 특정한 형태들을 이해하기 위한 기초였다. 그러나 재현은 놀라울 정도로 비옥하다. 증상들은 질병을 재현한다. 절름발이 걸음은 부상을 재현한다. 페로몬은 성적 이용가능성을 재현한다. 행태는 의도를 재현한다. 얼굴표정은 기분을 재현한다. 얼굴

표정은 그들이 사진으로 찍은 것을 재현한다. 지도는 지리적 영역을 재현한다. 차트, 그래프 그리고 도표는 관계, 과정 그리고 다른 조직적이고 구조적인 형태들을 재현한다. 그리고 언어의 단어와 문장은 종종 상당한 성공과 함께 태양 아래의 모든 것을 재현한다. 이런 이질성에도 불구하고, 형태의 일련의 핵심은 다양한 종류의 재현에 공통적이다. 재현 관계는 다음과 같이 분석할 수 있다. 한 항목은 다른 어떤 항목에 대한 정보를 **운반하거나 대역을 할** 때마다 재현한다.

재현 속genus에는 도상図像, icons, 지표指標, indexes, 상징象徵, symbols[48] 등 최소한 세 가지 이상의 구별되는 종species[49]이 있다.[50] **도상**은 그림 또는 사진과 같은 감각적인 재-현re-presentation이다. **지표**는 특정한 지각perceptual 정보를 다른 것(즉, 지표들)과 연관시키는 자극 의존적인 재현이다. 절뚝거리는 손은 부상, 팔 전체를 펴는 손은 멈추는 방향, 페로몬의 후각 감지는 성적 이용가능성, 특정한 종류의 소리 행태는 위험, 다른 종류의 소리 행태는 만족 그리고 여전히 다른 종류의 소리 행동은 즐거운 지표를 나타낸다. 마지막으로, **상징**은 자극에 독립적인 재현으로, 다른 상징과의 연관성을 통해 얻어진, 관습적인 의미를 갖는다. 도상과 지표와는 달리 상징은 재현하는 것에 자연스럽지 않고 틀 관계를 나타낸다. 바다매seahawk는 시애틀의 프로 미식축구팀을 상징하며, 's 모양'은 특정 음소를 상징적으로 나타내는 잉크로 된 구불구불한 선이다. 그리고 새겨진 'sea hawk'는 시애틀의 미식축구팀을 상징적으로 재현하고 특정 종류의 새를 상징적으로 재현하면서, 음소의 연결을 상징적으로

48 이것들은 기호학에서 사용하는 기호들이다(역자 주).

49 저자는 생물학적 분류 용어인 속과 종을 사용하고 있다(역자 주).

50 도상, 지표 그리고 상징 간의 차이는 찰스 샌더스 퍼스(Charles Saunders Peirce)의 기호론 작업으로 거슬러 올라간다(다른 참고문헌 가운데, Peirce, 1984[1867]를 보라).

재현하는 잉크로 된 구불구불한 선의 집합이다.[51] 인간은 의심할 여지 없이, 동물세계에서 가장 열정적이고 모험적인 상징 사용자이다.

다른 종류의 재현들이 다른 종류의 인지에 사용되고 있다. 두 종류의 인지는 현재의 목적을 위해 밀접한 관련이 있다. 감각지각이나 내수용에 의해 발생하거나 운동행태 과제에 관여하는 의식적 인지는 감각지각이나 내수용으로부터 상대적으로 독립적이거나 내부 인지활동에 의해 유지되거나 어떤 운동행태를 해내지 않는 인지와는 특정한 방식으로 다르다. 외부환경과의 지속적인 인과적 상호작용에 있는 인지는 **온라인** 인지이며, 외부환경과의 지속적인 인과적 상호작용에 있지 않은 인지는 **오프라인** 인지이다. 온라인 인지에는 감각지각(즉, 외수용 exteroception)을 포함하여 다섯 가지 양상modalities이 있다, 공동주의, 과제 운동 행태, 대화, 절차적(암묵적) 기억의 인출 등이 포함된다. 오프라인 인지는 은밀한 내생적 주의, 인지 모델링과 정신적 대상 회전, 추상적 반영, 모니터링, 특정 종류의 문제 해결과 규칙 준수, 백일몽과 공상, 장기 선언적(의미적 그리고 일화적) 기억의 회상, 계획 그리고 즐거운 의도를 포함한다.

온라인 인지는 외부환경과 **인과적으로 결합**causally couples되기 때문에 온라인 상태이고, 오프라인 인지는 외부환경과 **인과적으로 분리**causally decoupled되기 때문에 오프라인 상태이다. 인과적으로 결합된 인지는 인지와 외부환경 사이에 긍정적이고 부정적인 피드백 루프가 발생할 때마다, 즉 인지와 환경 사이의 인과적 처리에서 일부 노드node[52]의 결과가 해당 인과적 처리의 이전 노드로 피드백될 때마다 발생한다. 단지, 인지

51 저자는 의도적이고 상징적으로 재현한다는 표현을 반복하였다(역자 주).

52 매듭으로 연결 지점을 의미한다(역자 주).

능력은 외부환경과 인과적으로 결합되지 않을 때마다 외부환경으로부터 인과적으로 분리된다(Prinz, 2009).

오프라인 인지는 진화적으로 중요한 발전이다. 곤충과 파충류는 오프라인에서 인지할 수 없기 때문에 “잠재적으로 매우 복잡하고 상황에 따라 변하는 거미줄에 갇힌 채로… 생존이 좌우되는 현실”(Clark & Grush, 1999, p. 7)이다. 반면에 인간과 다른 특정한 포유류들은 “세계를 직접 작동하는 대신에 모델(내부 그리고 외부)을 사용한다”(Clark & Grush, 1999, p. 7). 분리된 오프라인 인지는 종종 **재현에 굶주려**있기 때문에 중요한데, 오프라인 인지는 종종 도상, 지표 또는 상징과 관계없이 재현을 **수반한다**entails고 말한다. 물론, 모든 인지가 재현에 굶주린 것은 아니다. 아마도 결합된 인지 처리는 재현되지 않을 수 있으며, 심지어 일부 분리된 인지 처리는 재현되지 않을 수도 있다(Gallagher, 2008). 그럼에도 불구하고, 최소한 일부 분리된 인지 처리는 재현이 필요하다. 왜냐하면, 이러한 종류들은 지각적으로 존재하는 외부환경과 내수용으로 존재하는 내부환경의 정보 행동유도성을 대체하고, 참가하는 인과 노드를 수반하기 때문이다. 간단히 말해서 오프라인 인지 처리가 분리되고 인과 노드로 재현되는 경우, 오프라인 처리의 설명은 **반드시** 재현을 불러와야 한다(Clark & Toribio, 1994).[53]

---

53 재현의 범주는 현재의 인지신경과학과 마음의 철학에서 논쟁의 여지가 있다. 어떤 철학자들은 재현 설명이 대부분의 인지과정에 필수적이라고 주장하지만, 다른 철학자들은 재현 설명이 작고 난해한 인지과정만을 제외하고는 모두 무관하다고 주장한다. 전자의 관점에 대한 방어들에 대해서는, 많은 다른 관점 중에서도 클라크 그리고 토리비오(Clark and Toribio)(1994), 클로즈 그리고 멘도사(Clowes and Mendonça)(2016), 포도르(Fodor)(1975, 1981), 그와지예프스키(Gładziejewski)(2016), 그러쉬(Grush)(2004), 애쉬 그리고 웰손(Ash and Welshon)(n.d.)을 보라. 후자의 관점에 대한 방어로 다른 많은 연구 중에서 체메로(Chemero)(2000, 2009), 디제나르 그리고 마인(Degenaar and Myin)(2014), 헤이즐라거 반 다이크 그리고 반 루이지(Haselager, van Dijk, and van Rooij)(2008), 후토 그리고 마인(Hutto and Myin)(2013) 그리고 반 겔더(van Gelder)(1995)를 보라.

그렇다면 또 다른 질문이 있다. 석기를 떼는 것은 재현하는 오프라인 인지를 필요로 하는 처리인가? 그리고 만약 그렇다면, 어떤 종류의 재현이 수반되는가? 나는 질문의 첫 번째 부분에 대한 답은 “네”이고, 두 번째 부분에 대한 답은 “우리는 아직 잘 모른다”라고 답할 것이다.

도구 생산과 오프라인 인지 출현

윈은 도구 제작 실습이, 2백만 년 전에 시작된 전기 구석기부터 약 3만 년 전 중기 구석기 말까지 발달한 인지 능력을 보여주었다는 것을 증명했다. 이러한 인지적 진화를 이해하기 위해 그가 선호하는 방법 중 하나는 작업기억의 일련의 강화이다. **작업기억**은 고전적으로(배들리Baddeley의 작업에서 볼 수 있듯이) 네 가지 요소로 구성되어 있다. 시공간 스케치패드, 음운루프, 중앙집행, 그리고 일화완충기다. 음운루프는 두 개의 하위체계, 즉 음운 저장소와 발성 루프로 구성되어 있는데, 첫 번째는 소리의 임시 저장고, 두 번째는 소리 생성을 담당한다. 시공간 스케치패드는 두 개의 체계로 구성되어 있는데, 첫 번째 체계는 색상, 질감, 모양과 같은 시각적 패턴 정보를 처리하는 데 사용되고 두 번째 체계는 공간 위치와 시퀀스적 이동 정보를 처리하는 데 사용된다. 중앙집행은 주의, 행태 억제, 의사결정 그리고 계획에 대한 책임을 진다. 일화완충기는 단일 다중모드에 결합된 일화 같은 장기기억을 포함한 서로 다른 근원의 정보를 통합하고 저장한다.[54]

54 후각, 미각, 신체적 저장은 왜 그럴 수 없는가에 대한 원칙적인 이유는 없다. 자세한 내용은 다른 많은 것들 중에서도 배들리(Baddeley)(1986, 1996, 2000, 2002, 2003)를 보라.

우리는 이제 의식적인 경험의 반사성, 공동주의의 대칭성 그리고 되풀이와 재귀의 이행성을 사용하여 작업기억에 대해 강화된 일부 차원이 무엇이었는지를 파악하고 풀어나가려고 한다.

까마귀부터 해달sea otters, 병코돌고래bottle nose dolphins까지 많은 동물들은 다양한 종류의 도구를 다양한 용도로 **사용**하지만, 대부분의 동물들은 한 가지 목적으로만 도구를 사용한다. 침팬지는 예외이다. 침팬지들은 도구 사용에 있어 새로운 인지 발달을 소개한다. 그들은 일반적인 도구를 사용할 뿐만 아니라, 나뭇잎 스펀지, 지렛대, 탐사 가지, 스쿠프, 막대기 브러시, 절구, 돌망치와 같은 여러 가지 다른 종류의 도구를 사용하고, 흰개미, 개미와 꿀을 추출, 물 회수, 그리고 견과류 깨기와 같은 다양한 이유로 도구를 사용한다(Ambrose, 2001). 도구를 사용하는 이러한 새로운 방법은 급성을 아급성 요구로부터 분리하는 초기 인지 능력과 작업기억의 특정한 강화 모두를 제안한다. 예를 들어, 흰개미와 꿀 추출 그리고 견과류 깨기를 위한 도구를 사용하는 것은 진행 중인 의식 활동을 장기기억 저장을 예상 결과와 조기통합하도록 제안하며, 이는 현재에서 과거로 되돌아가고 현재에서 미래로 되돌아가는 인지 시간의 확장을 의미한다.

더 중요한 것은 침팬지가 도구를 **만든다**는 것이다. 예를 들어, 흰개미 언덕에서 흰개미를 추출하기 위한 많은 막대기 중에서 올바른 직경을 선택하고, 잎을 벗겨내어 방해 없이 삽입할 수 있게 한다. 두 가지 실행 모두 현재 진행 중인 의식적 경험의 거품bubble(즉, 작업기억)을 과거와 미래에 통합한다는 것을 의미한다. 그러나 침팬지의 도구 제작 과정이 흥미로울 수 있지만, **호모** 계열의 초기 구성원들이 할 수 있었던 것에 비하면 여전히 간단하다. 심지어 **호모** 계열의 초기 멤버들도 출현 시점에 매우 가까웠기 때문에, 침팬지를 포함한 다른 어떤 종에 의해 사용되는 것보다 더 복잡한 도구 제작 과정을 이용했다. 예를 들어, 백만 년보다 더 이전에, **호모 에렉투스**는 이미 침팬지들이 사용하는 가장 진보된 도구 제작 절차보다 훨씬 더 복잡한 생산절차를 사용하여 도구 제작하기에 바빴다.

구석기시대의 도구를 만드는 과정은 다른 돌로 돌을 치거나 뼈나 나무와 같이 돌보다 부드러운 것으로 치는 **떼기**를 중심으로 이뤄진다. 떼기는 우리 조상들이 생존을 위해 사용했을지도 모르는 많은 실제 기술들 중 하나일 뿐이다. 요리, 폐기물 처리, 사회적 결합, 은신처 건설, 놀이 그리고 번식 등 많은 일상 활동은 운동 기술, 실행, 계획 그리고 기법 개선의 다양한 레퍼토리에서 인지적 성장을 위한 기회를 제공했다. 그러나 신체적 자취가 무엇이든지간에 기법적 향상과 그에 수반되는 인지 능력과 운동행태 기술은 고고학적 기록에서 사라졌다. 다행히도, 석기들은 살아남았고, 우리가 그것들을 가지고 있기 때문에, 다양한 **호모** 종들에 의해 사용되는 돌떼기 절차와 **호모** 종 이전과 비**호모** 종non-Homo species들에 의해 사용된 절차들을 비교할 수 있다. 그래서 속 간cross-genus 작업기억 강화와 종 간cross-species을 보이는 속 내intra-genus 작업기억 강화를 추론할 수 있다.[55]

---

55 고고학적 인공물에서 인지 능력까지의 추론에 대한 제약은 보타(Botha)(2006, 2008)를 보라.

반사성과 도구 제작

심지어 가장 기본적인 종류의 석기제작도 도구 생산과정을 실행하고 완성하기 위해서는 종속물을 섭취해야 해서, 급성 필요와 아급성 요구 사이의 차이를 전제로 한다. 그래서 또한, 어떤 종류의 계획이든 모든 종류의 도구 생산에 필요하기 때문에, 인지 시간에 대한 확장도 암시된다. 여기서 '인지 시간에 대한 확장'은 진행 중인 지각 입력, 회고(기억 회상을 통해 과거를 나타내는 능력) 그리고 전망(반사실적 재현을 통해 미래를 재현할 수 있는 능력)을 통합하는 작업기억의 강화를 의미하는데 다차원적인 의식적 경험으로 만들 수 있다.

석기제작을 위한 계획에는 틀림없이 반사적 자기재현 상태를 포함한 특정 재현 의식 상태가 수반된다. 첫 번째 재현적 상태는 감각지각에 동시에 나타난 암석에 관한 것이다. 둘째, 돌떼기 타격이 있고 난 후, 그 암석에 대한 잠재적인 반사실적 재현이 있다.[56] 계획을 세우기 위해 작업기억은 발생 그리고 전망적 재현을 모두 통합해야 한다. 또한, 돌떼는 자는 지각된 암석과 전망적 반사실적 암석이 인과적으로 연결되어 있다는 것을 알아차려야 한다.[57] 결국, 지각된 암석이 반사실적 재현과 인과적으로 연결되어 있다는 것을 알아차리지 못한 채 반사실적으로 암석을 나타낼 수 있다는 것은 사실상 쓸모없는 부수적인 호기심에 지나지

56 타격으로 형성된 암석의 전망적인 반사실적 재현의 존재를 나타내기 위해 완성된 도구의 전망적인 반사실적 재현의 존재를 주장할 필요는 없다. 단순한 종류의 계획은 전망적인 반사실적 재현의 존재만을 필요로 한다. 따라서 여기서의 논쟁은 데이비드슨(Davidson)과 노블(Noble)의 '완성된 인공물의 오류'를 피한다. 자세한 내용은 Davidson and Noble(1993)을 보라.

57 공간 제한은 관계를 인과관계로 재현하는 것의 의미 또는 인과인지가 무엇으로 구성될 수 있는지에 대한 논의를 배제한다. 이러한 문제에 대한 자세한 내용은 맥코맥, 회를 그리고 버터필(McCormack, Hoerl, and Butterfill)(2011)의 에세이를 보라.

않을 것이다. 더욱이, 돌떼는 자는 또한 자신이 지각적으로 나타나는 암석을 변화시키는 데 필요한 운동행태를 할 수 있고, 할 수도 있는 에이전트agent[58]라는 것을 알아차려야 한다. 마지막으로, 돌떼는 자는 암석의 모양을 만드는 운동행태에 관여하는 동안 주의를 기울여야 한다.

이것들은 사소한 인지 성과가 아니다. 그것들은 과거에 대한 통합된 회고적 재현, 발생된 감각적 지각적 표현과 재현, 그리고 미래의 반사실적 재현들의 지속적인 일화를 수반한다. 이러한 성과 중 어느 것도 반사적으로 자기현존self-present[59]하는 심리적 상태 없이는 가능하지 않다. 오프라인 의식의 체험의 반사성은 감각지각을 통해 암석이 나타나는 방식과 다음 사항과의 사이에 절단을 뒷받침한다. (1) 암석이 반사실적으로 재현되는 방식, (2) 반사실적 재현 속에서 떼내기를 하려는 전망적 계획, (3) 특정 절차의 계획이 들어있는 주의 깊게 조직된 운동행태 그리고 (4) 주의 깊게 조직된 운동행태를 통해 계획을 함의하는 원인적 에이전트로서 자신을 알아차리기. 이러한 인지적 성과들이 특정한 종류의 개념적 이해, 자신self에 대한 반영적 알아차림, 의식적 상태 모니터링, 또는 심지어 선언적 기억을 전제로 하지 않더라도, 그들 모두는 반사성을 전제로 한다. 반사성이 없으면, 감각지각에 의해 제시된 진행 중인 세계를 즐겁게 하는 것과 다른 한편으로 진행 중인 세계로부터 분리된 오프라인의 반사실적 재현을 즐기는 것 사이의 차이를 인지할 수 없다. 주의 깊게 조직된 운동행태는 세상의 변화를 얻을 수 있다는 알아차림의 인식에 대한 반사성 없이는 가능하지 않다.

58 대리인, 작인 등의 뜻이 있는데, 원저의 뜻을 명확히 하기 위해 에이전트라고 번역했다(역자 주).

59 과거나 미래가 아니라 현재에 있다. 현재와 하나로 있다(역자 주).

이행성과 도구 제작

호모 에렉투스의 돌떼기 기법과 백만 년 이상의 석기 기법 안정성은 계획하는 인지 능력이 반복과 아마도 몇 개의 되풀이 단계로 제한되었다는 것을 제안한다. 그럼에도 불구하고, 이행적으로 구조화된 계획을 세울 수 있었다. 그리고 두 가지 이상의 성분들을 가지고 후대의 종들보다 더 복잡한 절차로 이행하며 확장하는 데 능숙하지는 않았지만, 할 수 있었다는 것은 매우 중요하다.

이행적 계획능력에서 중요한 인지적 발달은 다음과 같이 발생한다. **호모 하이델베르겐시스**의 더 복잡한 돌떼기 기법의 출현과 **호모 네안데르탈인**의 르발루아 석기 기법을 생각해 보아라. 르발루아 기법에서, 돌떼는 자는 한 돌에 다른 돌을 부딪치는 것으로 시작하여, 중심부 돌 조각 주위에 수많은 날을 형성한다. 그러고 나서 그 돌떼는 자는 팬케이크 모양의 얇은 웨이퍼wafer[60]를 생산하면서 돌의 끝을 때린다. 이 얇은 조각은 현재 상태로 사용할 수도 있고, 보다 전문적인 도구 제작을 위해 모양을 다시 만들 수도 있다. 웨이퍼는 몸돌이 너무 작아져서 더 많은 웨이퍼를 생산할 수 없을 때까지 반복적으로 사용할 수 있다.

르발루아 기법은 절차에서 한 단계의 출력, 즉 팬케이크 모양의 웨이퍼가 다음 단계에 입력되는 경우에 반복적이라는 것을 입증할 수 있다. 일단 이러한 반복적 절차가 마련되면 하나 이상의 내장된 구성요소 단계를 포함한 보다 복잡한 계획을 이용할 수 있게 된다. 35만 년 전, 네안데르탈인 유적지에서 나무 창이 등장했고 그 후로는 자루 도구가 등장하면서 도구 제작 과정이 내장되고 심지어 재귀적인 구성요소 단계까지

60 얇은 원형 모양으로 구워낸 빵이나 쿠키 또는 얇은 실리콘 판(역자 주).

도입되었다. 자루 부착과정은 다양한 구성요소가 준비되면 최소 며칠 때로는 몇 주 동안 생산 일정을 필요로 한다. 특히 접착제 생산 공정은 재귀 공정의 후보이다. 그 이유는 다음과 같다. (1) 인지적 다중과제. 즉, 접착제의 점도, 질감 그리고 가소성의 진행률 모니터링, (2) 적절한 점도, 질감 그리고 가소성을 보장하기 위해 접착제 가열 그리고 냉각에 대한 반복적인 주의, (3) 다양한 자원의 인과적 특성에 대한 다단계 생각, (4) 접착제 생산 단계의 적절한 시퀀싱 그리고 (5) 접착제가 생산되고 나서, 자루 만들기의 적절한 시퀀싱(Wadley, Hodgskiss, & Grant, 2009; 또한 Bradfield, Lombard, & Wadley, 2015; Wadley, 2010; Wynn, 2002를 보라).

이러한 기법적 개선은 절차 단계의 시퀀싱을 올바르게 하고 절차에서 필수적인 것과 우발적인 것을 구별하기 위해 개체의 주의, 회고적 기억 회상 그리고 전망적 계획의 끊임없이 새로워진 일화를 수반한다. 필수적인 것과 우발적인 것 사이의 차이를 좀 더 자세히 고려하라. 현대 망치의 특정한 속성(머리 무게, 자루 길이 그리고 강성)은 망치가 못을 박는 것과 마찬가지이며, 현대 망치의 다른 속성(자루가 만들어지는 소재, 그립 색상)도 망치 작동 방식에 영향을 미치지 않고 변경될 수 있다. 마찬가지로 자루 생산절차의 특정 성분(예: 특정 자원 사용, 특정 순서로 단계 완료, 어떤 출력을 특정 방식으로 결합)은 절차에 영향을 미치지 않고는 변경할 수 없다. 반면에, 다른 성분들(장작의 지름, 하루 중의 시간)은 절차에 영향을 미치지 않고 쉽게 바뀔 수 있다.[61] 지능형 도구 생산은 절차의 필수적 성분과 우발적 성분 간의 차이점에 의존하며 활용할 뿐만 아니라, 도상 또는 지표의 선언적 기억과 의식적 상태의 모니터링을 제안하는 절차의 필수

61 도구의 본질적 속성과 우발적 속성 사이의 구분에 대한 자세한 내용은 캠벨(Campbell)(2011)을 보라.

속성에 대한 지식에도 근거한다.[62]

다중 구성요소 생산과 구성 기법은 그 후 수십만 년 동안 발전했고, 선구적인 **호모 네안데르탈인**은 결국 **호모 사피엔스**에게 기법 혁신을 내주었다. 따라서 일반적으로는 퇴적된 가운데, 특히나 반복적이고 재귀적인 도구 생산절차의 이행성은 **호모 네안데르탈인**과 초기 **호모 사피엔스**의 구성원의 의식적인 경험과 일상의 인지 생활에 훨씬 더 깊이 침투한다. 중기 구석기시대에 그들은 아마도 특정한 선언적 기억, 지속적인 주의, 반복적이고 재귀적인 계획 그리고 자신의 진행 과정과 심지어 자신의 생각을 모니터링할 수 있었을 것이다. 더욱이, 반복적이고 재귀적인 다중 구성요소 생산절차에서 발생한 알아차림은 그들 자신의 인과관계 에이전시agency[63]에 대해 알아차리며 상응하는 확대와 심화를 제안한다. 이 확대에는 두 가지 측면이 있다. 다양한 인과관계에 대한 재현과 인과적 에이전트로서 그들의 지위에 대한 깊은 알아차림이다.

대칭, 재현과 도구 제작

되풀이되고 재귀적인 도구 생산절차가 구석기 문화의 일상생활에 스며들면서, 재현-굶주림 오프라인 인지와 지표적인 사회적 재현도 처음으로 등장했을 것이다. 차례대로 생각해 보아라.

생산절차의 복잡성이 도상 또는 지표적 재현(다소간 상징적 재현)을 사

62 원인이 되는 속성들의 지식에 있어서 의존하는 것(relying on)과 근거하는 상태(being grounded)의 차이는 피코크(Peacocke)(2011) 때문이다.

63 대리인의 행위, 대리점, 동인 등의 뜻이 있는데, 원자의 뜻을 명확히 전달하기 위해 에이전시로 번역했다(역자 주).

용하는 분리된 오프라인 인지를 수반하는 정확한 지점을 식별하는 것은 불가능할 수 있다. 르발루아 이전의 돌떼기는 아무것도 상상하지 않고 일어났을 수도 있다. 강화된 절차적, 장기적인 기억을 통해 이용할 수 있는 것만을 사용하는 그 돌떼는 자는 어떠한 반사실적 재현이나 어떤 선언적 기억도 불러 일으키지 않고 우위를 점할 때까지 계속해서 몸돌을 칠 수 있었다. 그러나 르발루아 석기 생산의 되풀이되는 성분은 이러한 석기 기법의 기법적 개선 특징을 설명하기 위한 사전 반사실적 재현 없이 절차적 그리고 장기기억 호출의 용량을 제한한다(Coolidge & Wynn, 2018; Gamble, 1999). 도상, 지표의 선언적 기억과 도상, 지표의 전망적인 반사실적 재현을 도입하지 않고서는 손잡이 도구를 구성하는 데 필요한 계획을 푸는 것이 훨씬 더 어렵다.

다중 구성요소 도구 생산의 다른 측면은 언급할 가치가 있다. 다중 구성요소 구성 기법의 모든 추가 단계는 도구를 생산하는 데 필요한 아급성 욕구로부터 급성 욕구를 더욱 분리시키며, 이러한 분리와 함께 만족의 분리도 동반한다. 도구를 만들 때 수반되는 새로운 형식의 만족이 처음으로 나타나고, 도구 제작 자체가 목표가 되고, 그 결과 새로운 사회적 차별화 수단이 탄생하게 된다(Coolidge & Wynn, 2009). 도구 생산 절차의 복잡성이 계속 증가함에 따라 다양한 절차를 갖춘 전문가 계층이 출현하게 된다. 또한, 찌르개, 도끼, 긁개, 가로날도끼 그리고 기타 돌칼 등 이러한 절차의 생산물에는 사회적으로 적대된 재현의 중요성이 부여된다(Wynn & Coolidge, 2004). 도구는 사회적 계층에서 자신의 지위를 확립하고 유지하며 잃어버리는 것을 의미하는 사회적 계층화의 지표가 된다. 석기 그리고 석기를 어떻게 만들고 사용하는지에 대한 지식은 지성, 지식, 효용, 성적 매력, 사회적 힘을 나타낸다.

다시 말하지만, 전문가들이 생겨나는 곳마다, 그들에게서 배우는 초보자들도 있다. 따라서 석기제작 절차가 점점 복잡해짐에 따라 전문가, 초보자, 강사 그리고 학생이 필연적으로 숙달된 절차의 공동주의에 함께 참여해야 한다(Högberg, Gärdenfors, & Larsso, 2015). 그러므로 이행적 인과관계와 반복적이고 재귀적인 돌떼기 절차에 대한 알아차림과 함께, 공동주의의 대칭과 그에 수반되는 인지 편익은 구석기 의식에 고정되었다. 이러한 인지적 이점 중 적어도 하나는 강사와 학생의 상호 인식이 상대방이 자기 자신과 비슷한 마음을 가지고 있다는 것이다. 그러한 인식은 다른 사람들을 그들 자신의 경험, 믿음, 욕망, 두려움, 희망, 계획, 그리고 모든 것이 공유될 수 있는 약간의 지식으로 가득 찬 경험의 종류로 귀속시키는 것을 의미한다.

예를 들어 이행적 돌떼기 기법에 대한 개체 간의 공동주의는 의식적 상태와 협력적 행태를 모니터링할 수 있는 명백한 맥락이다(Tomasello, 2008, 제5장). 첫째, 공동주의의 대칭 회로는 의식 상태의 모니터링이 발생한다는 것을 의미한다. 강사와 학생이 생산절차의 단계에 공동으로 참여함에 따라, 그들은 다른 사람과 공유하는 상태로서 자신의 의식 상태를 암묵적으로 모니터함으로써만 형성되는 피드백-피드포워드 인지 루프를 유도한다. 둘째, 돌떼기 하는 법을 가르치고 배우는 공동 목표는 강사와 학생 사이의 협응과 협력을 의미한다. 강사와 학생은 돌떼기 기술을 개발하는 목표와 그 기술을 가르치는 목표를 각각 다른 사람과 공유한다. 또한, 각자는 다른 사람이 이러한 목표를 공유한다는 것을 인정한다. 이러한 형태에 대한 그들의 이해와 각 개인의 다른 개인과의 공동주의가 다른 개인에게 상호적으로 분명히 나타난다는 '알아차림' 때문에 성공적인 지시가 된다.[63]

호모 네안데르탈인과 초기 **호모 사피엔스**의 점점 더 정교해지는 돌 떼기 과정은 우리의 특이한 재능들이 구축된 인지적 도가니에 일부 연료를 제공한다.[65] 물론, 우리의 가장 특이한 재능 중 하나는 언어 능력으로 대표되는 우리의 상징적인 능력이다. 우리는 이제 지시/학습의 일화에서 이행적 계획과 절차와 대칭적 공동주의의 결합이 **신뢰할 수 있는 인지 경험**이라고 부르는 것을 시작한다고 제안함으로써 결론을 내리고, 그 신뢰할 수 있는 인지 경험은 다시 상징 사용이 나타나도록 도왔다.

침팬지는 규칙적으로, 큰 발성으로 그리고 상당한 변화를 가지고 목소리를 낸다. 그러나 그들의 발성은 감정과 정동에 의해 지배되고, 재귀적으로 구조화되지 않으며, 발생한 경험 공간 밖의 어떤 것도 언급하지 않는다. 유명한 보노보 칸지Bonobo Kanzi[66]와 그의 자매 판바니샤Panbanisha는 대부분의 침팬지보다 덜 말하는데도 불구하고 그들의 발성은 다른 침팬지들처럼 감정적으로 동요되고 맥락이 결정되어 있다. 그러나 이 보노보들은 침팬지들의 일반적이지 않은 점을 가지고 있어 흥미롭다. 즉 도상 사용자이다. 칸지와 판바니샤는 화면에 있는 표의문자들ideograms의 시퀀스를 누르고 그것을 공유함으로써 서로 (일종의) 대화를 계속할 수 있다. 판바니샤는 자신의 포도를 테이블 위에 올려놓음으로써 칸지가 포도를 나눠 먹도록 하는 데 부분적으로 표의문자를 사용한 것으로 유명하며, 칸지는 그녀의 요청을 만족시킨 것으로 유명하다(Savage-Rumbaugh et al., 1993; Savage-Rumbaugh, McDonald, Sevcik,

---

64 토마셀로(Tomasello)는 마찬가지로 가르침(instruction)이 인간의 인지의 일부 독특한 측면을 개발하는 데 중요한 맥락이라고 주장한다(Tomasello, 2014, 특히 제3장을 보라).

65 모든 연료까지는 아니고 일부 연료이다. 토마셀로(Tomasello)(2014, 제3장)는 공동주의의 출현에 협력적 수렵채집도 구성적 역할을 했다고 주장한다.

66 동물의 언어 습득을 연구하기 위해 인간과 유전적으로 가까운 보노보를 교육하였다. 성대의 해부학적 구조가 인간과 달라서 그림문자로 언어 교육을 하였다(역자 주).

Hopkins, & Rubert, 1986; Savage-Rumbaugh, Shanker, & Taylor, 1998; Savage-Rumbaugh & Lewin, 1994).

상징 사용에 대한 인지적 전제조건은 아마도 유사한 흔한 환경에서 처음 나타났을 것이며 이미 도상, 지표적 재현 성분으로 충분히 채워져 있는 의식적 경험에서 나왔다. 우리는 한 강사가 학생들에게 몸돌에 대한 타격 연습을 하고 공동주의와 모방을 장려함으로써 몸돌을 준비하는 방법을 보여주는 돌떼기 개별지도를 상상할 수 있다. 그러나 몸돌이 없는 개별지도를 상상할 수도 있다. 몸돌이 없어도 강사가 특징적인 방식으로 타격을 시연할 수 있다.[67] 이 경우 리허설된 팔 동작은 학생이 흉내낼 것으로 예상되는 몸돌의 타격을 지표적으로 나타낸다. 학생과 강사의 다양한 동작과 몸짓에 대한 공동주의는 강사의 행동과 행동에 필요한 격려를 제공한다. 이러한 공동주의의 활동은 강사가 학생을 인도하고 지도하면서 강사와 학생의 협력을 증진시킨다. 그러나 또한 신뢰할 수 있는 인지 경험 즉, 지각적perceptual, 내수용적interoceptive, 감정적 내용과 구별되는 인지적 측면이 가장 주목할 만한 의식적 경험을 발판으로 만든다. 공동주의와 이행적 계획의 반응자를 고려할 때, 신뢰할 수 있는 인지 경험은 지각, 내수용, 감정 그리고 급성 필요에 의해 지배되었던 의식적 경험에서 멀리 드러난다. 이 신뢰할 수 있는 인지 경험은 차례로 아급성 문제 해결과 오프라인 인지를 위한 내생적 주의 능력을 향상시킨다.

이렇게 점점 더 신뢰할 수 있는 인지 맥락에서, 직접적인 가르침의 보조 도구를 발견하는 것은 예측 가능하다. 우리는 강사가 흙 속에 새

---

67 토마셀로(Tomasello)에 따르면, 침팬지들은 지표적인 운동행태를 흉내내지 않는다. "만약 원숭이가 어떤 사람이 견과류를 망치질하는 것을 본다면, 그들은 그가 무엇을 하고 있는지 완벽하게 알고 있지만, 돌이나 견과류가 없는 상태에서 망치질하는 것을 본다면, 그들은 그저 당황할 뿐이다"(Tomasello, 2014, p. 60).

기거나 그 과정에서 한 단계를 상징적으로 표현하고, 학생에게 그것을 언급하는 것을 상상할 수 있다. 비슷하게, 강사가 절차에서의 특유의 매너로 목소리를 내고 손짓을 하는 것을 상상할 수 있다. 두 종류의 도움 모두 학생들에게 학습 보조와 특정 운동행태의 연관성을 강화시킨다. 물론 언어의 특징 중 어떤 것도 그러한 시나리오에서 아직 명백하거나 전제로 되어있지 않다. 발생 경험 분야 밖의 어떤 것에 대한 문법이나 먼 참고문헌은 직접적인 가르침의 보조 도구의 사용에 의해 암시될 필요가 없으며, 내장된 하위 문장 구성요소의 전형적 재귀성에 접근하는 직접적인 가르침 보조 도구에는 확실히 아무것도 필요 없다. 그것에 관한 한, 이 시나리오에서도 분명한 상징 사용은 없다. 도상과 지표는 상징 없이 재현한다. 도상은 지형학적으로 유사하게 재현되는 것을 나타내고, 지표는 상관관계를 통한 감각 의존적인 정보 전달로 재현되는 것을 나타낸다. 반면에 상징은 하나의 음소 또는 시각적인 표식이 재현되는 것을 사회적 관습으로 나타낼 때 재현한다.[68]

도상과 지표는 발생 경험 분야와 공동주의의 구체성에 묶여있기 때문에, 상징과 달리 추상적이지 않으며 분명한 방식으로 관례적이게 사용할 수 있는 임의성이 없다. 그러나 도상과 지표가 갖추어진 의식적인 경험에 비추어 볼 때, 상징은 재현과 사회적 협력 모두에 있어서, 상징의 창조와 사용의 두 가지 전제조건인, 이미 신뢰할 수 있는 인지적 경험에 존재하고 있다. 더욱이 도상과 지표는 모두 오프라인 인지를 위한 자원 저

68 따라서 나는 상징 행태가 도상, 지표 그리고 모방이 있을 때 확립된다고 주장하는 토마셀로(Tomasello)(2014, 제3장)의 의견에 동의하지 않는다. 언급한 바와 같이 도상과 지표는 재현되기는 하지만, 아직 상징적인 것은 아니다. 여기에 제시된 내용들을 설명하자면, 상징 사용은 도상, 지표의 의식적 경험에 편승하는 것이 아니라, 도상, 지표의 의식적 경험으로 환원할 수 없는, 추가적으로 복잡하고 후속적인 성과이다.

장, 작업기억 그리고 장기기억이 회상하여 회고할 수 있는 자원 그리고 미래 상황의 반사실적 재현의 일부를 형성할 수 있는 자원을 마음에 제공한다. 마지막으로, 이러한 분리된 재현의 대부분은 원래의 경험의 사회적 측면에 대한 절차적 기억과 1인칭 일상의 기억으로 가득 차 있다.

결론

언어의 출현을 설명하는 것은 여기서 논의된 인지 능력과 사회적 차원 이상의 것을 요구한다. 많은 다른 것 중에서, 도구 제작의 식별된 인지적 그리고 사회적 차원은 먼 거리 참조, 발성적 변화 그리고 덩이짓기, 발성 덩이로 된 발성 행태의 고정된 해석을 확립하는 사회적 관습, 공유된 의미적 내용 또는 되풀이되고 재귀적인 구조의 발견을 설명하지 못한다. 또한, 식별된 인지 및 사회적 능력 중 어느 것도 개별적으로 언어의 전제조건인 더 넓은 지표, 훨씬 덜 상징적인 인지 능력을 수반하지는 않는다. 그럼에도 특히 잘 뒷받침된 현대 이론에 의해 정보를 얻을 때 석기를 보는 것은, 상당한 인지적 삶을 드러낸다.

물론 도구 제작의 인지적 의미를 과대평가하거나 이러한 이론이 도구 제작에 미치는 영향을 과장하지 않는 것이 중요하다. 예를 들어, 도구 생산에 관여된 동적 사회적 상호작용에서 나타나는 증가된 복합적 인지 능력의 설명에 반사성과 이행성/재귀성을 초기 또는 중기 구석기 개체들에게 귀속하여 개념적 이해를 하려고 추론할 이유는 없다. 유사하게, 도구 제작 전문가와 함께 있는 개체가 대칭으로부터 실제적으로 그리고 인지적으로 이득을 얻는다고 가정하여 공동주의의 대칭성에 대해 개념적으로 믿음을 가질 필요는 없다. 윈Wynn(2017)이 다른 현대 이론에 관해 지적했듯이, 도구 제작자와 사회적 상호작용은 이런 이론들의 설명 속성이 확장되는 인지적 그리고 사회적 힘을 이해하는 데 있다는 것으로 충분하다. 의식적 경험의 반사성, 계획의 이행성 그리고 공동 주의의 대칭을 인식하는 것은 수십만 년 전, 심지어 수백만 년 전에 일어난 일을 인지적으로 부과된 환경 적소의 진화 차원에 대한 통찰을 제공해 주는 틀에 넣는 것을 도와준다.

윈은 고고학적 기록과 현대의 인지과학 그리고 신경과학 사이에 본질적으로 상호작용을 평가할 수 있는 지적 호기심, 끈기 그리고 엄격함을 주었다. 윈은 피아제의 개체발생적 발달 틀에 대한 초기 작업에서 최근의 작업기억 그리고 인지과학과 자연과학 자원에 이르기까지 설명할 수 있는 증거 그리고 이론적 측면에서의 길고 험한 사고 과정을 보여주었다. 그 결과는 고고학 기록이 어떻게 임신pregnant하였는가를 설명하고 이해하는 엄격한 이론적 기초를 확실히 보여주면서 풍요로운 이익을 증명해 주는 작품이다.

감사

나는 이 이슈들과 다른 이슈들에 대해 토론을 한 리 오버만Leee Overmann과 이 장의 개선을 제안한 심사원들에게 감사드린다.

참고문헌

Ambrose, S. H. (2001). Paleolithic technology and human evolution. *Science, 291*(5509), 1748–1753.

Ash, M., & Welshon, R. (n.d.). Representations in a dynamic mind. (Under review).

Baars, B. B. (1988). *A cognitive theory of consciousness*. New York: Cambridge University Press.

Baddeley, A. D. (1986). *Working memory*. New York: Oxford University Press.

Baddeley, A. D. (1996). The fractionation of working memory. *Proceedings of the National Academy of Sciences of the United States of America, 93*(24), 13468–13472.

Baddeley, A. D. (2000). The episodic buffer: A new component of working memory? *Trends in Cognitive Sciences, 4*(11), 417–423.

Baddeley, A. D. (2002). Is working memory still working? *European Psychologist, 7*(2), 85–97.

Baddeley, A. D. (2003). Working memory: Looking back and looking forward. *Nature Reviews: Neuroscience, 4*(10), 829–839.

Block, N. (2001). Paradox and cross purposes in recent work on consciousness. *Cognition, 79*(1), 197–219.

Block, N. (2005). Two neural correlates of consciousness. *Trends in Cognitive Sciences, 9*(2), 46–52.

Block, N. (2007a). Consciousness, accessibility, and the mesh between psychology and neuroscience. *Behavioral and Brain Sciences, 30*(5/6), 481–499.

Block, N. (2007b). On a confusion about a function of consciousness. In *Consciousness, function, and representation: Collected papers* (Vol. 1, pp. 159–213). Cambridge, MA: MIT Press.

Block, N., Flanagan, O., & Güzeldere, G. (Eds.). (1998). *The nature of consciousness: Philosophical debates*. Cambridge, MA: MIT Press.

Botha, R. (2006). On the windows approach to language evolution. *Language & Communication, 26*(2), 129–143.

Botha, R. (2008). Prehistoric shell beads as a window on language evolution. *Language & Communication, 28*(3), 197–212.

Bradfield, J., Lombard, M., & Wadley, L. (2015). South African arrow poison recipes, their ingredients and implications for Stone Age archaeology. *Southern African Humanities, 27*(1), 29–64.

Campbell, J. (2011). Why do language use and tool use both count as manifestations of intelligence? In T. McCormack, C. Hoerl, & S. Butterfill (Eds.), *Tool use and causal cognition* (pp. 169–182). New York: Oxford University Press.

Chemero, A. (2000). Anti-representationalism and the dynamical stance. *Philosophy of Science, 67*(4), 625–647.

Chemero, A. (2009). *Radical embodied cognitive science*. Cambridge, MA: MIT Press.

Clark, A., & Grush, R. (1999). Towards a cognitive robotics. *Adaptive Behavior, 7*(1), 5–16.

Clark, A., & Toribio, J. (1994). Doing without representing? *Synthese, 101*, 401–431.

Clowes, R. W., & Mendonça, D. (2016). Representation redux: Is there still a useful role for representation to play in the context of embodied, dynamicist and situated theories of mind?

New Ideas in Psychology, 40(Special Issue on Representation), 26–47.

Coolidge, F. L., & Wynn, T. (2005). Working memory, its executive functions, and the emergence of modern thinking. *Cambridge Archaeological Journal, 15*(1), 5–26.

Coolidge, F. L., & Wynn, T. (2009). *The rise of* Homo sapiens: *The evolution of modern thinking.* Oxford, UK: Wiley-Blackwell.

Coolidge, F. L., & Wynn, T. (2018). *The rise of* Homo sapiens: *The evolution of modern thinking* (2nd ed.). Oxford, UK: Oxford University Press.

Cowey, A. (2004). The 30th Sir Frederick Bartlett lecture: Fact, artefact, and myth about blindsight. *Quarterly Journal of Experimental Psychology Section A, 57*(4), 577–609.

Davidson, I., & Noble, W. (1993). Tools and language in human evolution. In K. R. Gibson & T. Ingold (Eds.), *Tools, language and cognition in human evolution* (pp. 363–388). Cambridge, UK: Cambridge University Press.

Degenaar, J., & Myin, E. (2014). Representation-hunger reconsidered. *Synthese, 191*(15), 3639–3648.

Dennett, D. C. (2006). *Sweet dreams: Philosophical obstacles to a science of consciousness.* Cambridge, MA: MIT Press.

Eilan, N. (2005). Joint attention, communication, and mind. In N. Eilan, C. Hoerl, T. McCormack, & J. Roessler (Eds.), *Joint attention: Communication and other minds: Issues in philosophy and psychology* (pp. 1–34). New York: Oxford University Press.

Fodor, J. A. (1975). *The language of thought.* Cambridge, MA: Harvard University Press.

Fodor, J. A. (1981). The mind-body problem. *Scientific American, 244*(1), 114–123.

Gallagher, S. (2008). Are minimal representations still representations? *International Journal of Philosophical Studies, 16*(3), 351–369.

Gamble, C. (1999). *The Palaeolithic societies of Europe.* Cambridge, MA: Cambridge University Press.

Gładziejewski, P. (2016). Action guidance is not enough: A plea for a two-factor theory of representation. *New Ideas in Psychology, 40*(Special Issue on Representation), 13–25.

Grush, R. (2004). The emulation theory of representation: Motor control, imagery, and perception. *Behavioral and Brain Sciences, 27*(3), 377–396.

Haselager, P., van Dijk, J., & van Rooij, I. (2008). A lazy brain? Embodied embedded cognition and cognitive neuroscience. In P. Calvo & T. Gomila (Eds.), *Handbook of cognitive science: An embodied approach* (pp. 273–290). Amsterdam: Elsevier.

Högberg, A., Gärdenfors, P., & Larsso, L. (2015). Knowing, learning and teaching—How homo became docens. *Cambridge Archaeological Journal, 25*(4), 847–858.

Holt, J. (2003). *Blindsight and the nature of consciousness.* New York: Broadview Press.

Hutto, D. D., & Myin, E. (2013). *Radicalizing enactivism: Basic minds without content.* Cambridge, MA: MIT Press.

Kriegel, U. (2009). *Subjective consciousness: A self-representational theory.* New York: Oxford University Press.

Levine, J. (2001). *Purple haze: The puzzle of consciousness.* New York: Oxford University Press.

McCormack, T., Hoerl, C., & Butterfill, S. (Eds.). (2011). *Tool use and causal cognition.* New York: Oxford University Press.

Metcalfe, J., & Terrace, H. S. (Eds.). (2013). *Agency and joint attention.* New York: Oxford

University Press.
Metzinger, T. (2003). *Being no one: The self-model theory of subjectivity*. Cambridge, MA: MIT Press.
Milner, A. D., & Goodale, M. A. (1995). *The visual brain in action*. New York: Oxford University Press.
Moore, C., & Dunham, P. J. (Eds.). (1995). *Joint attention: Its origins and role in development*. New York: Psychology Press.
Nagel, T. (1974). What is it like to be a bat? *Philosophical Review, 83*(4), 435–450.
Peacocke, C. (2011). Representing causality. In T. McCormack, C. Hoerl, & S. Butterfill (Eds.), *Tool use and causal cognition* (pp. 148–168). New York: Oxford University Press.
Peirce, C. S. (1984). On a new list of categories. In E. C. Moore, M. H. Fisch, C. J. W. Kloesel, D. D. Roberts, & L. A. Ziegler (Eds.), *Writings of Charles S. Peirce: A chronological edition. Volume 2: 1867–1871* (pp. 49–59). Bloomington, IN: Indiana University Press.
Prinz, J. (2009). Is consciousness embodied? In P. Robbins & M. Aydede (Eds.), *The Cambridge handbook of situated cognition* (pp. 419–436). New York: Cambridge University Press.
Revonsuo, A. (2006). *Inner presence: Consciousness as a biological phenomenon*. Cambridge, MA: MIT Press.
Savage-Rumbaugh, E. S., & Lewin, R. (1994). *Kanzi: The ape at the brink of the human mind*. Toronto: John Wiley & Sons.
Savage-Rumbaugh, E. S., McDonald, K., Sevcik, R. A., Hopkins, W. D., & Rubert, E. (1986). Spontaneous symbol acquisition and communicative use by pygmy chimpanzee (*Pan paniscus*). *Journal of Experimental Psychology: General, 115*(3), 211–235.
Savage-Rumbaugh, E. S., Murphy, J., Sevcik, R. A., Brakke, K. E., Williams, S. L., Rumbaugh, D. M., & Bates, E. (1993). *Language comprehension in ape and child*. Chicago: University of Chicago Press.
Savage-Rumbaugh, E. S., Shanker, S., & Taylor, T. J. (1998). *Apes, language, and the human mind*. New York: Oxford University Press.
Searle, J. R. (2000). Consciousness. *Annual Review of Neuroscience, 23*, 557–578.
Seeman, A. (Ed.). (2011). *Joint attention: New developments in psychology, philosophy of mind, and social neuroscience*. Cambridge, MA: MIT Press.
Tomasello, M. (2008). *Origins of human communication*. Cambridge, MA: MIT Press.
Tomasello, M. (2014). *A natural history of human thinking*. Cambridge, MA: Harvard University Press.
van Gelder, T. (1995). What might cognition be, if not computation? *Journal of Philosophy, 92*(7), 345–381.
Wadley, L. (2010). Compound-adhesive manufacture as a behavioral proxy for complex cognition in the Middle Stone Age. *Current Anthropology, 51*(S1), S111–S119.
Wadley, L., Hodgskiss, T., & Grant, M. (2009). Implications for complex cognition from the hafting of tools with compound adhesives in the Middle Stone Age, South Africa. *Proceedings of the National Academy of Sciences of the United States of America, 106*(24), 9590–9594.
Welshon, R. (2013). Searching for the neural realizers of ownership unity. *Philosophical Psychology, 26*(6), 839–862.

Wynn, T. (1989). *The evolution of spatial competence*. Chicago: University of Illinois Press.
Wynn, T. (1991). Tools, grammar and the archaeology of cognition. *Cambridge Archaeological Journal, 1*(2), 191–206.
Wynn, T. (2002). Archaeology and cognitive evolution. *Behavioral and Brain Sciences, 25*(3), 389–402.
Wynn, T. (2017). Evolutionary cognitive archaeology. In T. Wynn & F. L. Coolidge (Eds.), *Cognitive models in Palaeolithic archaeology* (pp. 1–20). New York: Oxford University Press.
Wynn, T., & Coolidge, F. L. (2004). The expert Neandertal mind. *Journal of Human Evolution, 46*(4), 467–487.
Wynn, T., & Coolidge, F. L. (2010). Beyond symbolism and language: An introduction to Supplement 1, Working Memory. *Current Anthropology, 51*(S1), S5–S16.
Wynn, T., & Coolidge, F. L. (2012). *How to think like a Neandertal*. Oxford: Oxford University Press.
Wynn, T., Haidle, M. N., Lombard, M., & Coolidge, F. L. (2017). The expert cognition model in human evolutionary studies. In T. Wynn & F. L. Coolidge (Eds.), *Cognitive models in Palaeolithic archaeology* (pp. 21–43). Oxford: Oxford University Press.
Zahavi, D. (2008). *Subjectivity and selfhood: Investigating the first-person perspective*. Cambridge, MA: MIT Press.

제4장

인지체계 진화를 통한 인지고고학의 진화

톰 윈을 위한 장

Iain Davidson

서론

나는 1986년 빌 맥그루Bill McGrew와 함께 사우샘프턴에서 열린 제1차 세계 고고학 학회에서 톰 윈Tom Wynn을 처음 만났다. 톰과 빌은 침팬지 물질문화와 올두바이의 초기 유인원의 문화를 비교하는 획기적인 논문을 쓰고 있었다(Wynn & McGrew, 1989). 그들은 학회장에서 논문 발표 후, 유인원이 초기 호미니드 행태의 가장 좋은 모델이라 주장하였다. 그들의 결론은 침팬지가 생각했던 것보다 더 인간적이라는 견해에 치우쳤다. 나는 평소와 같이 직관적으로 반대하며, 이것이 초기 호미니드 hominids[69]가 생각했던 것보다 유인원과 유사하다는 것을 암시한다고 제안했다.

호주로 돌아와서 심리학자인 빌 노블Bill Noble과 집중적으로 논의를

69 이것은 그로브스(Groves)(1989)의 분지학 평가에서 비롯된, 호미니드(hominid)에서 호미닌(hominin)으로의 전환 전이었다.

시작했다. 이 토론은 언어의 진화적 출현에 관한 탐구가 되었다. '지각의 고고학Archaeology of Perception'으로 시작하는 몇몇 출판물은 초기 석기의 인지적 함의에 있어 윈의 초기 연구에 대한 의견을 포함했다(Davidson & Noble, 1989). 비록 그 당시 우리가 매우 용감하게 그러한 연구를 개척했다고 주장하지는 않았지만, 이제 나는 톰이 이슈를 인식하고 진화적 시간에서 변화에 대한 피아제의 개체발생을 적응시켰던 독창성을 경탄하고 있다. 이후의 출판물에서, 노블과 나(Noble & Davidson, 1991)는 재현주의자recapitulationist[70]의 특성에 대한 톰의 작업을 비판하고(Noble & Davidson, 1993) 고고학 기록에서 상징의 출현이 언어의 출현을 어떻게 나타냈는지에 관해서 새로운 주장을 구성했다(Noble & Davidson, 1996). 톰이 언어의 진화에 대한 논쟁을 절대 좋아하지 않았다고 말하는 것이 타당하다. 할로웨이Holloway(1969)가 석기제작에서 구문을 검색하는 데 한계가 있었다는 점을 고려하면 그리 놀랍지는 않다. 또한, 나는 노블과 함께 한 연구는 인지라는 개념을 피하는 데 전념했다고 해도 과언이 아니다. 나의 견해로는, 이제 이 개념은 주요 약점으로 보일 수 있다.

"지각의 고고학"의 출판의 결과 중 하나로, 1989년 포르투갈에서 열린 웬너그웬Wenner-Gren 학회에 참여했고(Gibson & Ingold, 1993), 거기에서 톰을 다시 만났다. 첫날 저녁, 한 참석자는 몇몇 사람들이 그 컨퍼런스에서 살아남지 못할 것이라고 유머러스하게 말했다. 톰과 나는 서로 그 예측이 우리 중 한 명일 거라고 말했다. 그러나 그 예측은 빗나갔다. 톰은 독감에 걸렸었지만, 어떤 경우든 고고학에서 가장 훌륭한 사람 중 한 명이었기에, 우리가 출판한 차이점들에 대한 갈등의 가능성은

70 개체발생은 계통발생을 반복한다고 주장하는 사람들(역자 주).

[그림 4.1] 콜로라도스프링스, 1993년의 톰 윈과 그의 가족

사진은 저자 제공.

거의 없었다. 우리는 좋은 친구가 되었고, 나는 그의 조언과 콜로라도스프링스에서 그의 너그러운 환대의 혜택을 받았다([그림 4.1] 참고). 비록 우리가 주먹도끼에 대해 결코 동의하지 않을 수도 있지만(Wynn, 1995, 2002), 그럼에도 불구하고 그는 내가 주먹도끼에 대한 내 견해를 표현할 때 항상 인내심을 갖고 귀를 기울였다(Davidson & Noble, 1993; Noble & Davidson, 1996).

인지, 언어 그리고 주먹도끼에 관한 이러한 질문들이 인류 진화에서 정말 중요한 문제들을 다룬다는 우리의 공통된 이해는 그것들에 대답하는 방식이 계속해서 일탈했음에도 불구하고, (톰이 어떤 때 "편협하다"라고 일컫기도 하였지만) 친구로 남을 수 있게 해주었다(내 생각에). 2008년, 우리는 포르투갈의 같은 장소에서 열린 또 다른 웬너그웬학회에서 다시 모였는데(Wynn & Coolidge, 2010a), 이번에 톰은 배들리와 히치Baddeley and Hitch의 작업기억 모델(Baddeley & Hitch, 1974)에 관한 이슈에 전념했었는데, 이것은 2,000년에 인지심리학자 프레드릭 쿨리지Fred Coolidge[71]와 팀을 이루고 나서 협력한 이후, 톰의 작업에 지배적인 형태가 되었다(Coolidge & Wynn, 2007, 2009, Wynn & Coolidge, 2007, 2012)([그림 4.2] 참고). 그사이에 빌 노블은 인지심리학에 대한 더 전통적인 연구로 돌아왔고, 나는 2003년 부다페스트에 기반을 둔 연구 프로젝트 동안 인지과학자 필 바나드Phil Barnard 그리고 심리학자 리처드 바이든Richard Byrne과 함께 이론 개발에 참여했다(Barnard, Duke, Byrne, & Davidson, 2007; Byrne et al., 2004).

부다페스트 프로젝트에는 두 가지 주요 생산물이 있었다. 첫 번째

71 프레드릭(Frederick)의 애칭으로, Fred로 호칭했다(역자 주).

생산물은 인간과 침팬지 사이의 의미 역할 세트를 비교하여 '언어에 있어서 의미의 역할 그리고 표현된 전구체가 동물 인지에서 내재하는 것'(Byrne et al., 2004)을 탐구했다. 나는 석기(Davidson, 2010a), 표식 제작(Davidson, 2014) 그리고 이 장에서 언급된 다른 부분들을 자세히 알아보았다. 이 방법론은 이러한 행태들이 고고학에서 새로운 사고를 열어가는 인지적 진화를 우리가 이해하는 데 미치는 영향을 강조하고 있다.

두 번째 생산물은 바나드가 상호작용 인지체계Interacting Cognitive Systems(이하 ICS로 표기)라고 부르는 인지 모델(Barnard, 1985)에 대한 오랜 탐색의 확장(Barnard et al., 2007)이었다. 바나드의 접근 방식은 이 책의 제5장에 기술되어있다. 인간의 마음을 9개의 상호작용하는 인지 하위체계로 간주하는 것이었다. 부다페스트 프로젝트는 번이 유인원의 마음을 그 하위체계 중 6개로 모델링할 수 있다는 인식에서 시작되었다. 2007년 논문은 새로운 하위체계가 호미닌의 행위와 물질적 생산물 사이의 통계적 규칙성을 식별함으로써 진화할 수 있는 기전을 탐구했다. 이것은 호미닌이 그러한 역할의 의미적 가치를 인식하게 되고, 따라서 그것들과 관련하여 의미를 추출하게 되는 선택적 맥락이었다. 유인원과 같은 마지막 공통 조상Last Common Ancestor(이하 LCA로 표기)과 현생 인류 사이에, 9번째 하위체계가 출현하는 길을 따라 7, 8개의 하위체계를 가진 생명체가 있었을 것이다. 가장 중요한 것은 ICS와 부다페스트의 진화인지체계Evolving Cognitive Systems(이하 ECS로 표기) 모델 모두 뇌의 작동 또는 마음 처리에만 국한되지 않고, 호미닌 그리고 인간 마음 밖의 세계에 대한 사회적 그리고 물질적 연결의 중요성을 인지하고 있다는 점이다(Davidson, 2010a).

부다페스트 프로젝트 진행 중에, 나는 빌 맥그루와 함께 유인원과

[그림 4.2] 2008년, 포르투갈 에보라에서 웬너그웬학회 도중, 크롬렉 도스 알멘드레스(Cromlech dos Almendres)에 있는 톰 윈

사진은 저자 제공.

호미닌의 유사점이 아니라 다른 점을 탐구하는 논문을 썼다. 우리는 그 환경에서 절단용 석기의 사용과 떼낸 돌 잔유물의 지속성을 강조하면서, LCA 집단 사이에서 다양한 진화 궤도가 자연선택을 설명하는 다른 점이라고 검토했다(Davidson & McGrew, 2005). 2008년 총회를 위해, 나는 작업기억에 대해 '여러 측면들의 모자이크적 출현'의 틀 안에서 조건들을 분류하였다. 많은 부분들의 조합으로 만들어진 배watercarft를 사용하여 호주를 점유하는 것에 필요한 조건들을 살펴보았다. 그리고 포괄적으로 결정할 수는 없다고 결론 내렸다. 점유를 위한 인지 요건, 그러한 분석은 매우 복잡할 것이기 때문이다(Davidson, 2010c). 이것은 이러한 맥락에서 피아제의 이론에 대한 톰 윈의 초기 탐험으로부터 유래된 지속적인 방법론의 일부였다. 고고학 기록에서 경험적 참고문헌으로 인식 기준을 사용하여 이론을 성분들로 세분화하는 것이었다.

작업기억 모델을 개발하고 있을 당시 배들리의 연구소에서 일했던 바나드는 2008년 웬너그렌학회에 참여했다. 그는 LCA에서 현생 인류의 인지 하위체계 간 상호작용의 진화 모델을 탐구했고, 현생 인류의 출현 이전 시기를 특징짓는 진화적 시퀀스의 고전적인 작업기억 모델과 8개의 하위체계 단계 사이의 형식적인 '동형isomorphism'을 보여주었다(Barnard, 2010b). 이 접근법의 과제는 이론적인 단계의 성분들을 윈과 쿨리지에 의해 조직된 집중 회의 동안 인류 진화 연구를 위한 유럽 협회European Society for the Study of Human Evolution(이하 ESHE)의 2013년 빈Vienna 회의에서 시도되었던 것과 같이 고고학적으로 식별될 수 있는 성분들로 분해하는 것이었다(Barnard, Davidson, & Byrne, 2017)(또한 [그림 4.3]을 보라).

이 역사로부터 나오는 가닥들은 다양한데, 그것은 다음과 같다. 호미닌 진화에 대한 건설적 논쟁에서는 영장류 행태에 대한 지식의 역할, 개체발생과 계통학의 관계, 석기의 해석, 현생 인류 행태의 진화적 출현에서의 언어의 중요성 또는 그 외의 점, 비현대적 행태의 다른 측면에 대한 인지 요건을 이해하기 위해 현생 인류의 인지에 대한 이론 이해의 중

[그림 4.3] 2013년, 빈에 있는 프로이트 박물관에서 프레드릭 쿨리지와 함께 있는 톰 윈
사진은 저자 제공.

요성 그리고 살아 있는 사람들의 인지를 이해하기 위해 사용된 모델들을 진화 시간의 역동적인 변화로 허용하는 문제들이 있다. 꽤 많은 가닥들이 있고, 나는 톰 윈과 30년 동안 이 가닥들로 서로 다르지만 관련 있는 옷감을 짜는 일에 관여한 것이 자랑스럽다. 가닥을 서로 붙들고 올이 드러나는 진부한 논쟁의 구멍을 피하기 위해서는 날실과 씨실, 즉 자료와 이론 모두 필요하다는 점에 주목할 필요가 있다.

나는 제5장에서 바나드의 보다 공식적인 인지 모델과 이론을 다룬 지식과 제8장에서 마크 무어의 석기에 대한 질문을 다룬 지식에서, 석기에 대한 질문을 이 장에서 다루고 싶다. 이를 통해, 석기 연구에서 인지에 대한 추론의 어려움에 주목하고 싶다. 나의 요점은 윈 혹은 피아제든, 바나드든 그 누구라도 우리 고고학자가 발견한 것을 만들어낸 호미닌의 행동과 의도를 신중하게 고려하지 않은 채 과거의 물질적 증거를 사용하여 인지 진화 모델을 평가할 수 없다는 것이다. 현생 인류의 인지 진화의 문제에 대한 해결책은 고고학뿐만 아니라 인지과학에서의 이론 개발이 필요하다. 이것은 두 학문 모두 인지과학의 진화와 고고학의 인지 진화와의 관계에서 이론 개발 없이 그들의 보다 즉각적인 문제에 대한 표준 접근 방식을 발전시켰기 때문이다. 특히 고고학은 이야기에 기여하는 성분들의 이론적 배경을 무시하는 내러티브 묘사를 창조하는 방법을 발전시켰다.

나는 2010년에 인지 연구의 진화와 관련하여, "현생 인류의 인지의 진화적 출현에 대한 우리의 이해가 손상되지 않은 조상의 인지 상태에 대한 이해에 기초하기보다는 손상된 현생 인류의 인지 상태를 통해 방해받으려는 것인가요?"라고 물었다(Davidson, 2010c). 부다페스트팀은 비교 연구에 기초한 대체 인지체계의 명확한 모델을 개발함으로써 그 문제를 해결할 방법을 고안해냈다. 고대 그리스(또는 다른 좋아하는 시대와 장소) 사람들이 비행기를 조종할 수 있었을 것이라고 반복적으로 제기되지만, 고대 그리스인들의 물질적 문화가 그렇게 되도록 뒷받침해 주지 못했다. 이런 식으로 논쟁하는 것은 인간이 유인원과 인지적으로 다르다는 사실의 중심성을 무시한다. 내가 처음 빌 맥그루와 톰 윈을 만났을 때 그들이 주장했듯이, 현대의 유인원은 LCA의 인지 능력에 가장 유사하다. 의심할 여지 없이, 초기 호미닌들의 인지의 진화와 인지 능력 모두에 대한 약한 이해는 처음에 윈, 그리고 노블과 내가 우리의 인지고고학 브랜드를 발전시키는 과정에 착수했을 때에는 그렇게 명확하지 않았다. 우리를 앞으로 나아가게 할 접근법들을 우리와 다른 사람들이 만들어 낸 변화 중에서 선택함으로써 점차 진화해 왔다. 그것이 왜 이 장이 인지고고학의 진화에 관한지에 대한 이유이다.

직립보행, 운반, 공동주의, 학습

노블과 나는 인지 진화에 대한 재현주의자recapitulationist의 접근 방식을 비판하면서, 개체발생을 완전히 무시하지는 않았다(Noble & Davidson, 1996). 실제로, 우리는 양육자가 자신의 유아를 자신과 마주 앉힌 채 옮기는 것이 필요하게 되었다는 강제된 직립보행 출현의 중요한 결과를 강조했다. 이는 체모에 대한 제거가 선택적으로 더욱 필요했다(David-Barrett & Dunbar, 2016). 운반자와 운반 당하는 자 사이의 결과적인 공동주의의 결과로, 유아들은 그들이 세상에 대해 배우는 방식이 풍부해지고, 돌보는 사람이 세상을 이해하는 방식을 풍부하게 가졌다. 이 현상은 '협동 양육'이 무력한 아기를 가진 인간에게 높은 선택적 이점을 가지고 있고, 인간의 아기들과 유아들이 그들의 얼굴을 적극적으로 모니터함링으로써 다른 인간들로부터 관심을 구하고 있다는 주장의 결과로 보아 더욱 중요하게 보인다(Hrdy, 2007). 인간 유아들의 발달 시퀀스 내에서 이 필수적인 피드백이 어떻게 발생했는지는 알려지지 않았다.

이해력이 생산보다 선행한다는 경험의 보편성을 감안할 때(Burling, 2005), 아이들은 세계가 해석될 수 있다고 생각하게 된다. 이후의 실험에서, 인간 실험자가 인간 유아, 인간 문화에 적응된 침팬지 유아 그리고 인간 문화에 적응되지 않은 침팬지 유아와 상호작용할 때, 처음 두 집단에 대해 인간과 유사한 모방학습의 발달을 강화하는 것은 공동주의이며, 이것은 인간과 유사한 인지에 대한 함축성이 있는 것으로 나타났다(Carpenter, Tomasello, & Savage-Rumbaugh, 1995). 다시 말하지만, 그러한 연구는 유아들이 그러한 공동주의에 관심을 갖는 것은 당연하다고 생각하지만, 어떻게 아프리카 유인원들은 그렇지 않은 반면 인간이 이러한 행태를 하게 되었는지에 대한 또 다른 의문이 있다. 공동주의와 강화된 학습 기간은 2차 만성성secondary altriciality[72]이 출현함에 따라 초기 호미닌 유아에서 필연적으로 장기화되었다. 특히 두뇌의 발달 초기 단계에서 신생아가 태어나는 것은 아마도 제한적인 대사의 결과일 것이다(Dunsworth, Warrener, Deacon, Ellison, & Pontzer, 2012). 어떤 단계에서 2차 만성성이 나타났는지는 여전히 논쟁의 여지가 있다. 어떤 사람들은 그것이 호미닌 진화 초기인 **호모 에렉투스**에 있었다고 주장하며, 다른 사람들은 그것이 나중에, 두개골 수용력의 두 번째 도약 즈음에 있었다고 주장한다(Davidson, 1999).

이 연구에 대한 더 많은 요점들이 있다. 첫째, 우리는 유전적 획득 기전의 진화적 출현의 관점에서 의사소통 모드mode의 차이에 대한 문제를 틀로 만들었다. 이후, 그 주장을 확장하여 개체발생적 과정과 그 인지적 결과를 강화된 의사소통에서 고려했다.

이 성분들 중 어떤 것도 호미닌과 인간의 진화에 대한 새로운 관찰은 아니었지만, 적어도 나에게는 이런 형태로 결합해서, 인지 진화에 대한 논쟁을 만들어낸다는 것은 참신한 일이었다. 이 조합은 거의 전적으로 노블(Noble & Davidson, 1996)에 기인하는 마음의 사회구조에 관한 장기간의 논쟁을 위한 상황을 설정했으며, 다른 상황에서 유용하다고

72 미성숙하게 태어났지만 성숙하게 되는 데 필요한 양육을 뜻한다(역자 주).

입증된 기호적 신호의 관찰에 대한 논쟁을 수반했다(Davidson, 2014). 우리 주장의 특징은 언어의 출현이 직립보행의 결과라는 다른 일반적인 웅대한 이야기와는 달리, 그 경우를 지탱할 수 있는 성분들에 대한 분석을 제공했다는 점이다. 그 접근법이 주장을 본질적인 성분들로 분해하고 새로운 방식으로 재결합하며 방법론적으로 가치가 있었다고 주장하는 것은 타당해 보인다. 중요한 점은, 그 주장이 후에 호미닌 밖의 세계와 인간 마음과의 사회적, 물질적 연결로 강화되는 행태적 맥락을 강조함으로써 부다페스트 모델에 들어맞는다는 것이다.

돌떼기의 신호

윈과 맥그루는 함께 침팬지의 행태와 초기 호미닌의 행태로 알려진 것 사이의 체계적인 비교를 시행했다. 처음에 두 사례(Wynn & McGrew, 1989) 사이에는 강한 유사성이 보였지만, 새로운 자료에 비추어 비교를 다시 했을 때 차이가 나타났다(Wynn, Hernandez-Aguilar, Marchant, & McGrew, 2011). 유인원들은 인간의 조상들과 더 비슷해 보였지만, 결국 호미닌들이 유인원과 더 비슷해 보였다. 두 번째 검토 때, 침팬지들 사이에서 도구들이 사냥에 사용된 것으로 관찰되었고(Pruetz & Bertolani, 2007), 땅속 구멍 옆에서 발견된 막대기가 지하 저장 기관을 위해 막대기를 파는 것으로 해석될 수 있고(Hernandez-Aguilar, Moore, & Pickering, 2007), 큰 과일을 좀 더 다루기 쉬운 크기로 나누기 위해 가로날도끼 사용을 위한 사례가 만들어질 수 있다고 지적했다(Koops, McGrew, & Matsuzawa, 2010). 지난 20년 동안 모든 영장류들에 대한 엄청난 양의 자료 증가는 그들 사이의 상호관계에 대한 더 정교한 분석을 가능하게 했다. 최근 다수의 비교 연구에 포함된 것은 생활사 매개변수의 선택에 기초한 '사람상과Hominoidea'[73]와 '사람과Hominidae'[74]의 계통발생에 대한 분석이다(Duda & Zrzavý, 2013). 이 분석은 전적으로 살아있는 종의 특징에 기초했고, 침팬지와 인간의 LCA의 특징을 정의할 수 있는 것으로 보인다. 여기에서 설명한 생활사와 관련하여, 이러한 분석의 한 가지 중요한 결론은 두 현대 종의 일대기와 행태가 공유된 조상 이후 변화의 결과이며, 이는 현대 종을 초기 호미닌 행태의 모델로 사용함에 따라 때때로 모호해진다는 결과이다. 다시 말해, 고고학적 특성이 거의 없거나 전혀 없는 변수를 사용하면 LCA 특징에 관한 주장의 진실성을 실험하기가 매우 어렵다. 그들은 여전히 그럴듯한 추측으로 남아 있다.

대안적 접근은 물질적 문화를 관찰함으로써 발생한다. 맥그루와 투틴McGrew and Tutin(1978)이 정의한 특정 행태의 문화적 임곗값을 식별하기 위한 기준을 사용하여, 데이비드슨과 맥그루Davidson and McGrew(2005)는 초기 호미닌 석기제작이 문화적인 것으로 분류되어서는 안 된다고 주장했다(Davidson, 2016). 문제는 다음과 같다. 침팬지가 현생 인류보다 LCA에 가깝다고 가정하고, 윈과 맥그루가 확인한 유사점을 고려할 때, 장기적으로 결정적인 차이를 만든 올도완의 행태는 무엇이었을까? 올도완 도구 제작자들을 갑자기 변화시킨 것은 작은 마법 재료에 대한 질문이 아니다. 비교에서 확인된 유사성에도 불구하고 기회의 환경에 결정적인 변화를 준 무언가가 있다. 이러한 차이는 그 모든 시간 동안 일관된 행동 패턴에도 불구하고 오직 장기적으로만 영향을 미칠 수 있다. 데

73 사람, 침팬지, 고릴라, 오랑우탄 그리고 긴팔원숭이를 포함한다(역자 주).

74 긴팔원숭이를 제외한 사람상과(역자 주).

이비드슨과 맥그루Davidson and McGrew(2005)는 다음과 같은 두 가지 제안을 했다. (1) 환경에서의 석기 파편 생산은 적소 건설의 한 예로서, 도구 사용의 새로운 자원이었다. (2) 다음 절에서 논의한 바와 같이, 절단에 사용된 격지 제작은 음식을 구하는 능력에 결정적인 차이를 만들었다. 두 경우 모두에서, 행태는 6개의 하위체계 인지의 산물이 될 수 있지만, 보다 복잡한 인지 구축이 진화함에 따라, 초기의 간단한 행태적 변화의 결과로 호미닌들에게 새로운 기회가 열렸다.

적소 건설 논쟁에 대한 근본적인 관찰은 호미닌이 물건들을 가지고 다녔으리라는 것이다. 특히 망치와 격지를 제거할 원재료를 가지고 있었을 것이다. 가장 유명한 예로, 침팬지들도 물건을 나르지만, 망치만 가지고 다닐 뿐 모루는 가지고 다니지 않는다(Boesch & Boesch, 1981). 호미닌의 경우, 초기 돌떼기 현장인 로칼라레이 유적지site Lokalalei(Roche et al., 1999)에서 보듯이 일련의 격지들이 몸돌에서 제거되었고 현장에 남겨졌다. 다른 격지들은 그 유적지에서 제거되었다. 이것은 생산물의 사용 장소와 다른 장소에서 돌을 떼어 낸 활동의 한 부분이다. 이것과 유사한 것은 침팬지에서 발견될 수 있는데, 특히 망치를 운반하는 것을 통해서 발견될 수 있다. 침팬지는 새로운 견과류 철이 시작될 때 망치를 숲 주위로 옮기고, 그 이동의 통계는 그들이 한 계절에서 다음 계절까지 망치의 위치를 기억한다는 것을 암시하는 것으로 해석될 수 있다(Boesch & Boesch, 1984). 재사용은 항상 동일한 목적으로 사용된다. 초기의 증거에서 격지가 다른 재료를 자르는 데 사용되었다는 점을 고려할 때(Keeley & Toth, 1981), 도구와 도구의 돌을 얻을 수 있는 새로운 위치를 만들면서 열린 기회 중 하나는 그러한 재료를 다른 목적으로 모집할 수 있다는 것 같다. "호미닌이 이전의 돌떼는 사건 현장으로 돌아와 다른 의도로 도구를 만드는 행동을 반복했을 때, 그들은 반영적 알아차림으로 유인원과 같은 문화에 상징적인 구성요소를 추가하는 길을 걷기 시작했다"라는 것이 우리 주장의 중요한 부분이다(Davidson & McGrew, 2005). 즉 신호에서 상징으로 변환하기 위한 필수 전제조건이 된 과거 활동의 지표적 신호를 인식했다(Davidson, 2014).

오래전에 버려지고 지금은 파티네이션patination[75]을 받은 석기 조각의 증거에 대한 최근 리뷰는 많은 다른 장소에서 스카벤징하고 재활용하는 과정에 대한 출판된 증거를 인용했다. 이러한 행태의 광범위한 특성은 이러한 장소들이 브리튼(Ashton, Cook, Lewis, & Rose, 1992), 아프리카(Leakey, 1971), 그리고 인도네시아의 플로렌스(Moore, Sutikna, Morwood, & Brumm, 2009)(이 책의 제7장을 보라)와 같이 멀리 떨어져 있었다는 사실에서 알 수 있다. 이 모든 예들은 꽤 늦은 스카벤징의 일화들과 관련이 있는 것 같다. 물론, 여기에 편차가 있다. 왜냐하면, 충분한 시간이 지나야만 파티나patina[76]가 형성될 수 있기 때문이다.

유사한 물질적 생산물을 남기는 작용의 반복은 고고학자로서뿐만 아니라 호미닌 그 자체에 의해서 이러한 작용과 생산물들 사이에서 통계적 규칙성을 식별하기 위한 환경을 제공한다. 이것은 호미닌이 그러한 역할의 의미적 가치를 인식하게 되고, 따라서 그것들과 관련하여 의미를 추출하게 되는 선택적 맥락이었다. 격지를 제작하는 지속적인 역할 실행은 호미닌 인지에 영향을 미쳤다.

75 푸른 녹이 슨 상태 같은 얇은 층이 형성되는 과정(역자 주).

76 푸른 녹 같은 얇은 층(역자 주).

절단: 끊기, 얇은 조각내기와 모양내기… 그리고 각 부분에서 구성하기

톰 윈은 피아제가 식별한 작업에 집중함으로써, 돌 인공물의 변화 양상이 초기 호미닌의 인지 능력에 대한 통찰력을 제공할 수 있음을 식별할 수 있었다(Wynn, 1979, 1981, 1993a, 1993b). 그 자리의 특징을 부각시키는 캐리커처caricature는 석기의 사용이 호미닌의 진화와 관련이 있다는 것으로 종종 거부당하는 허수아비 논증의 오류[77]이다. 윈이 그 캐리커처에 대한 분석을 제시하기까지, 석기가 필요하거나 인지적 변화를 촉진하는 방법에서가 아니라, 윈이 끌어들인 피아제 학파 지표에 따라 이미 도달한 인지적 진화의 상태를 확인하는 측면에서 더 많이 중요한 것이었다. 그럼에도 불구하고, 그것은 인지 진화론에 대한 중요한 혁신이었고 파커와 깁슨Parker and Gibson(1979)이 피아제를 사용한 방식과는 상당히 다른 방식으로 확인 기준을 지정했다.

노블과 내가 알아낸 문제는 그 당시에 행해질 수 있었던 모든 것은 석기들이 발견되고 묘사된 형태들이 그러한 형태를 제작하려는 의도의 산물인 것처럼 보는 것이었다. 즉, 고고학자가 돌조각이나 대상의 날에 있는 전체적인 형상을 보고 그 형상을 만든 격지의 제거를 고려한다면(Wynn, 1979), 그 모양은 돌떼는 자가 원하는 가정과 같다(Davidson, 2002). 이것은 디블Dibble(1989)에 의해 잘 증명되고 히스콕과 아텐브로우Hiscock and Attenbrow(2005)에 의해 드러난 약점인, 고고학적 증거를 해석하기 위한 불가피한 전제조건이다. “만약 도구들implements의 형태가 계속해

77 허수아비처럼 상대방의 주장을 공격하기 쉬운 대상으로 제멋대로 바꾸어놓고 공격하는 오류이다(역자 주).

서 변화하고 있다면, 어떻게 특정한 용도에 맞게 디자인되고, 효율적이겠는가?"(Hiscock & Attenbrow, 2005). 그 증거는 형태가 격지의 사용 방법에 대한 좋은 지침이 되지 않는다는 강력한 증거이다(Beyries, 1987; Nowell et al,, 2016). 그리고 최근의 실험에 따르면, 의미 있다고 알려진 전형적인 형태 중 일부는 형태에 대한 최소한의 가정을 포함하는 돌떼기에서 실제로 발생할 수 있다는 것을 보여주었다(Moore & Perston, 2016). 어떻게 이 웅대한 이야기가 형태에 대한 집착에서 벗어나서 인지적 중요성을 전달하는 방식으로 고고학적 질문들을 체계화할 수 있을까?

빌 맥그루Bill McGrew는 항상 침팬지와 인간 사이의 차이를 최소화할 방법을 찾고 있다. 그는 침팬지가 이빨을 이용해 식물이든 고기든 먹이를 얻을 수 있기 때문에 석기가 필요하지 않다고 말했다. 초기 호미닌은 이빨을 사용할 수 없었지만 석기를 가지고 있었으므로 절단 실행은 호미닌 진화에서 중요한 단계 중 하나일 수 있다(Davidson & McGrew, 2005).

야생에 사는 침팬지들은 견과류를 깨다가 우연히 격지를 생산하지만, 그것을 사용하거나 주목하지 못한다(Davidson & McGrew, 2005). 고릴라가 돌을 조작하는 것으로 알려지지 않았지만, 적어도 한 종의 원숭이(남미 카푸친)가 돌을 조작하는 것으로 알려져 있다는 사실은 원숭이, 유인원 그리고 인간에게 돌을 사용하는 것이 수렴적인 행태라는 것을 보여준다. 원숭이는 자신의 활동(Proffitt et al., 2016)에서 발생한 격지를 사용하지 않으므로, 프로피트 등(Proffitt et al., 2016)의 논문인 「야생 원숭이는 석기를 뗀다Wild Monkeys Flake Stone Tools」는 오해의 소지가 있다. 즉, 원숭이는 돌을 떼지만, 석기를 떼지는 않는다. 포획된 보노보(Toth, Schick, Savage-Rumbaugh, Sevcik, & Rumbaugh, 1993)와 오랑우탄(Wright, 1972)이 격지를 만드는 법을 배웠고, 줄을 절단cutting하는 것으로 보상을 받는 법도 배웠다. 따라서 절단은 유인원의 개념적 능력을 넘어서는 것이 아니다. 그러나 '절단'은 무엇을 의미할까? 파커와 깁슨Parker and Gibson(1979)은 아이들이 어떻게 대상의 작은 부분을 잘라내고 나머지는 무시하는지를 강조한 피아제를 인용하면서 이 문제의 일부 측면을 다루었다.

보노보나 오랑우탄의 경우, 줄을 자르는 것은 하나의 물건을 두 부분으로 분리하는 것을 의미하지만, 절단자cutter는 어느 한 부분에도 관심이 없다. 이를 **끊기**severing라고도 할 수 있다(C1)[78]. 이것은 피아제의 아이들이 했던 것과 같이 사체에서 고기 한 조각을 **자르는 데**slicing 동일한 날카로운 모서리를 사용하는 것과 개념적으로 다르며(C2a)[79], 이것은 또한 깎은 나무를 제작하기 위해 나무 한 조각을 **깎는**shaving off 것과도 개념적으로 다르다(C2b)[80]. 얇게 자르기와 깎기는 절단된 대상을 두 부분으로 분리하는 것을 포함한다는 공통점을 가지고 있는데, 하나는 관심 있는 것이고 하나는 그렇지 않은 것이다. 그들은 작은 것이 잔류물인지 큰 것이 잔류물인지에 따라 다르다. 쿠비 포라Koobi Fora[81]에서 올도완 유적지의 격지가 고기를 자른 흔적과 다른 나무 자른 흔적이 있다는 사실(Keeley & Toth, 1981)은 얇은 조각내기와 모양내기는 모두 호미닌 석기제작 초기였음을 제안한다. 디키카Dikika(McPherron et al., 2010. 뿐만 아니라 Sahle, El Zaatari, & White, 2017도 보라)의 뼈에 새겨진 자국은 날카로운 모서리를 만들기 위해 돌을 조각낸 증거로, 얇은 조각내기가 약 330만 년 전과 비슷한 시기일 수 있음을 시사한다(Harmand et al., 2015).

---

78 C1은 절단(cutting)하여 둘로 나누었다는 뜻이다(역자 주).
79 C2a는 절단하여 한쪽을 베어냈다는 뜻이다(역자 주).
80 C2b는 절단하여 한쪽을 깎아낸다는 뜻이다(역자 주).
81 케냐의 북쪽 트루카나 호수 옆에 있으며, 인류 조상들의 유물이 많이 출토되었다(역자 주).

이 분류에는 두 가지 중요한 확장이 있다. 첫째, 침팬지는 견과류 껍질을 제거할 때 망치로 견과류를 때리거나 풀 줄기의 잎을 다듬어 흰개미를 탐사하는 것과 동등한 일을 한다고 할 수 있다. 사냥에 사용하기 전에 막대기를 다듬고 날카롭게 다듬는 것도(Pruetz & Bertolani, 2007)이 범주에 속할 것이다. 그러나 석기로 성형을 해서 만든 태즈메이니아Tasmanian 발굴용 막대는 석기 없이는 만들 수 없기 때문에, 탄자니아 흰개미를 탐사하는 것과 같지 않다(McGrew, 1987). 결과적으로, 기법은 도구들의 편리한 조합 이상의 것을 필요로 한다. 원숭이가 과일을 관리 가능한 크기로 줄이기 위해 '쪼개기cleaving' 도구를 사용한다는 제안은 그렇게 간주될 수 있지만, 유인원이 조각내기와 같은 일을 한다는 것은 명확하지 않다(Koops et al., 2010).

두 번째 확장은 몸돌의 격지 제거로, 오직 호미닌 사이에서만 있는 행태이다. 이것은 얇은 조각내기와 같은데, 원하는 생산물이 몸돌로부터 제거된 격지였기 때문이다. 따라서 석기제작과 선택적 이점 모두에 있어 얇은 조각내기가 큰 혁신이었을 수 있다. 진크와 동료들Zink and colleagues(Zink, Lieberman, & Lucas, 2014)은 먹이 조각내기로 쉽게 씹히는 조각을 큰 덩어리에서 제거하는 것이 효과적인 영양 섭취와 저작에 쓰는 해부학의 자연선택에 중요할 수 있다는 것을 보여주었다. 그러한 장점은 조각내기를 행태 레퍼토리의 두드러진 부분으로 만드는 선택의 맥락을 제공할 수 있었다.

오클리Oakley(1952)는 도구를 만드는 능력으로 인간성을 정의했지만, 구달Goodall(1964)은 침팬지가 도구를 만드는 것을 관찰함으로써 이 개념을 정교하게 만들었다. 도구의 새로운 정의가 만들어졌다는 것이다, 즉 도구는 다른 도구로 만들었다. 나는 1960년대 중반부터 초창기 학생들에게 가르쳐진 이 아이디어의 원천을 찾을 수 없었다. 이것은 윈과 맥그루(1989)에 의해 반복된 아이디어로,[82] 파커와 깁슨Parker and Gibson(1979)의 아이디어를 잘못 인용했고, 그들은 다시금 대상에 사용되는 도구를 언급하고 있었다.[83] 새로운 정의는 해석할 수 없을 정도로 에둘러 말하는 것뿐만 아니라 정교함이 요구되었다. 이것은 석기를 사용하여 파내기 막대를 만드는 과정에서 개념적으로 다른 조작을 명시할 수 있는 정교함이며, 흰개미 탐사 가지보다 근본적으로 더 복잡한 방법을 보여줄 것이다(McGrew, 1987; Oswalt, 1976). 상호 보완적이지만 개념적으로 다른 두 가지 작용이 있다. (1) 몸돌에서 격지를 얇게 조각내어 몸돌에 주의 기울이기를 중단하는 것과 (2) 나무에서 조각들을 떼어내어 나무 '조각'에 주의 기울이기를 중단하는 것이다.

부다페스트 집단은 침팬지가 '언어로 표현된 전구체'(Byrne et al., 2004, p. 342)에 지나지 않는데 인간의 의미적 역할과 유사하다고(Fillmore, 1968) 확인하는 것이 어떻게 가능하겠는지를 지적했다. 예를 들어, 필모어 분류Fillmore's classification의 경험자 역할은 동물이 주어진 경험이나 정신 상태를 가질 때 식별된다. 예를 들어, 인간들 사이에서 우리는 '아빠가 화가 나셨다'라는 것을 확인할 수 있다. 침팬지들 사이에서, 털 세움과 "와" 소리는 침팬지 프로도Frodo가 분노했음을 보여준다. 그러한 분석이 석기의 호미닌 사용으로 확장되었을 때, 동일한 범위의 의미적 역할을 확인

82 p. 389에서 윈과 맥그루(Wynn and McGrew)(1989)는 "돌을 떼는 자들은 격지 석기제작을 위해 돌망치를 사용할 필요가 있었다. 즉, 그들은 다른 도구를 제작하기 위해 도구를 사용했다. 이 점은 주목을 받아, 지능의 진화에 대한 논의에서 어느 정도 악명을 얻게 되었다(예: Parker & Gibson 1979)"라고 주목하였다.

83 p. 371에서 파커와 깁슨(Parker and Gibson)(1979)은 "진정한 도구 사용은(단순한 형태를 지닌 원재료 사용과는 대조적으로) 하나의 분리된 대상을 사용하여(동물 해부적 일부가 아닌) 다른 대상의 상태를 변경하는 것을 포함한다. 즉, 도구를 사용하려면 도구가 필요하다"라고 말한다.

할 수 있었다. 중요한 것은, 앞의 절에서 논했듯이 8개의 의미론적 역할 중 6개의 내구적 물질 생산물이 호미닌에게 새로운 기회의 환경을 제공했다는 것이다. 또한, 그러한 내구성은 호미닌들이 생산한 것과 생산에서 그들의 역할 사이의 관계에 대한 숙고를 통해 행태 패턴을 가능한 한 인식할 수 있도록 촉진했다(Davidson, 2010a).

진화하는 인지 하위체계의 모델에서, 8개의 하위체계를 가진 후기 단계 호미닌들 사이에서도 "다중모드 하위체계는 공간-프락시스spatial-praxis[84], 언어 그리고 신체반응을 관리하는 곳으로 완전히 흡수될 것이다. 의미를 반영하거나 예를 들어 도구를 만들면서 더 나은 도구를 만드는 방법에 대해 생각할 수 있는 능력은 없다"(Barnard et al., 2017). 호미닌이 후기 단계의 8개 하위체계 마음을 가지고 있는지 또는 9개 하위체계를 모두 모집했는지를 확인하는 데에는 내재적인 불확실성이 있다.

원재료 또는 땅을 파는 막내기로 제거하기보다는 격지를 내거나 얇게 고기를 조각을 내어 일단 단일 생산물로부터 관심이 멀어지면, 두 부분(격지와 몸돌) 모두에 대한 관심으로, '분할' 과정을 개념화할 수 있는 길이 열렸다(Barnard et al., 2017). 호미닌이 '부분'의 개념을 발견해야만, 별도의 부품을 촉이 있는 창(Haidle, 2009)이나 활과 화살(Lombard & Haidle, 2012)과 같은 새로운 단일 인공물로 결합하는 것을 개념화할 수 있다. 이것은 둥지와 같이(Parker & Gibson, 1979), 그 자체가 '만들어진' 것이 아닌 구성요소만을 사용하여, 틀에 박힌stereotyped 그리고 맥락에 특화된 구조물의 구성과 구별되어야 한다.

석기제작 과정을 이해하기 위한 한 가지 접근 방식은 특정한 돌떼기

84 praxis는 학습의 실천이라는 뜻으로, 원저의 뜻을 명확히 전달하고자 프락시스로 번역을 하였다 (역자 주).

일화가 실행된 **작업순서분석**chaîne opératoire 또는 작업 시퀀스Operational Sequence(이하 OS로 표기)를 살펴보는 것이다(Bar-Yosef & Van Peer, 2009). 태즈메이니아Tasmania(Moore, 2010)의 감쇄 시퀀스에 대한 무어의 분석(2000a)을 사용하여 다른 곳(Moore, 2010)에서 보여주었던 기본 격지 단위 접근법의 문제와 강점을 설명할 수 있다. 사용 가능한 도구는 단순한 격지 제거 원칙의 결과로, 시퀀스 적용에 의해 만들어졌다.

다른 동물의 개입 없이 자연 상태에서 동물 몸이 탈구되는 것과 마찬가지로, 일관된 조작 시퀀스가 에이전시 없이 발생할 수 있다(Hill & Behrensmeyer, 1984). 마찬가지로, 고릴라가 찌르는 잎을 뽑고 접는, 판에 박힌 시퀀스는 의도성이 필요 없이 일관된 시퀀스로 에이전시에서 발생할 수 있다(Byrne, 2003). 일관된 시퀀스의 존재 자체가 의도성을 확립하지는 않는다. 찌르는 잎을 처리할 때마다 일련의 동작을 재현할 수 있는 고릴라와 마찬가지로, 돌떼는 호미닌은 무어Moore의 '기본적 격지 단위'와 같이 일련의 돌떼는 동작을 반복 가능한 시퀀스로 묶을 수 있는 것 같다. 윈과 쿨리지(2010b)는 체스 게임 과정과의 유사성을 탐구했으며, 여기서 기억된 동작의 시퀀스는 전문 선수가 경쟁하는 방식에 필수적인 부분이다.

윈과 쿨리지는 몸돌 준비의 르발루아 기법이 미리 결정된 격지를 생성했다는 주장에 유추를 적용했고, 별개의 서브루틴sub-routines과 함께 루틴routines의 시퀀스가 포함한다는 것을 인정했다(Wynn & Coolidge, 2010b). 이러한 해석에 대해 약간의 주의가 요구된다(Davidson, 2010a). 이는 추정상 미리 결정된 격지가 실제로 떼기의 대상이 아니었을 뿐만 아니라(Beyries, 1987; van Peer, 1992), 적절한 몸돌이 추정된 격지의 외관보다 훨씬 일찍 나타났기 때문이다(de la Torre, Mora, Domínguez-Rodrigo, de Luque, & Alcalá, 2003). 이제 무어와 퍼스턴Moore and Perston(2016)은 타격면 선택에 관한 결정이 무작위로 이루어질 때 미리 결정된 것과 비슷한 격지가 발생한다는 것을 보여주었다(이 책의 제8장을 보라). 생산과정의 의도성을 해석하는 것은 상상했던 것보다 훨씬 더 어렵다.

호주 본토의 헌터 밸리(Moore, 2000b)에서 기본적 격지 단위는 몸돌이 준비된 후 열처리를 받는 복잡한 처리의 시작이었다(Brown et al., 2009; Delagnes et al., 2016). 그리고 더 많은 전문 생산을 제작하기 위해 한 번 더 작게 떼어냈다. 결국, 이것들은 반으로 쪼개졌고, 또한 손잡이와 윗부분을 모두 생산해야 하는 과정이었다. 격지떼기 모듈module[85]의 조합은 기본 격지 단위 내의 시퀀스에 의해 반드시 설정될 필요는 없는 의도성을 나타낸다.

이 예는 특히 작업기억과 관련하여 인지 연구에 공명을 일으키는 석기제작의 형태를 설명한다. 작업기억에 관한 많은 연구는 다른 작업을 실행할 필요성에 의해 분산되어졌을 때 하나의 과제를 실행할 수 있는 능력을 실험하는 것을 포함한다. 일반적인 작업은 숫자 목록을 처리하는 것이며, 동시에 단어 목록을 제시함으로써 주의가 분산되어진다(Salamé & Baddeley, 1982). 이러한 분산 과제들은 작업기억에 어떤 것들을 저장하는 능력을 실험한다. 관심의 초점을 완전히 바꿀 때 그러한 과제를 시퀀스에 통합하는 초기 능력은 새로운 인지 능력을 나타낸다. 그것은 격지 제거 전 몸돌을 열처리하거나(Brown et al., 2009) 돌칼의 시퀀스를 생성하기 위해 몸돌의 준비에 돌기가 있는 날crested blade을 사용함으로써 고고학적 기록에서 인식될 수 있다(Soriano, Villa, & Wadley, 2007).

85 업무, 조립 부품 등의 뜻이 있으나, 원저의 뜻을 명확하게 옮기기 위해 모듈 번역했다(역자 주).

주의 분산과 관련된 궁극적인 과제는 사람들을 호주로 데려온 배watercraft 건설이었다. 이것은 다른 장소에 존재하는 이질적인 물질로 작은 배craft를 조립해야 하거나 혹은 손잡이가 달린 석기로 나무 몸통을 비워내서 만들어야 하는 것에 해당한다. 어떤 경우든, 배는 아마도 작은 배를 만드는 행위에서 약간 벗어난 목적으로 만들어졌을 것이다. 배로서, 그것은 아마도 티모르의 유골에서 알 수 있듯이, 그물로 어업을 하는 데 사용되었을 것이다(Kealy, Louys, & O'Connor, 2016; O'Connor, Ono, & Clarkson, 2011).

인지 진화를 위한 이야기 방향

다음 서술에서 5단계(A~E)를 잠정적으로 정의한다.

A. 절단Cutting은 호미닌들 사이에서 약 350만 년 전에 나타났으며(McPherron et al., 2010), 아마도 LCA의 절단을 넘어서는 인지의 출현을 나타낼 것이다.

B. 돌떼기Knapping는 A단계 직후에 존재했으며(Harmand et al., 2015), 몸돌을 별도의 사용 가능한 실체로 나누고, 몸돌에서 제거된 부분의 유용성을 인지하며, 제3의 대상에 부분을 사용할 수 있는 호미닌 재능에서 LCA의 능력과 뚜렷한 차이를 나타낸다. 몸돌에서 격지를 제거하고 격지에 의해 가능한 절단은 모두 얇게 썰기와 유사한 기능을 제안한다.

C. 이 두 가지 새로운 점(A단계와 B단계)은 고기 획득 그리고 기타 강화된

먹이 기회, 특히 얇게 썬 먹이를 섭취함으로써 얻을 수 있는 향상된 영양분과 관련이 있다(Zink & Lieberman, 2016). 그것들은 차례로 큰 뇌에 대한 선택의 이완과 그에 따른 신체 크기의 증가와 관련이 있다. 나는 이전에(Davidson, 1999) 뇌 크기 이 증가 단계가 2차 만성성의 출현을 유리하게 만든다고 주장했다.

D. 돌떼기의 출현에 따라 반복적인 격지 제거 시퀀스를 한 줄로 함께 연결하는 돌떼기의 확장이 뒤따랐다. 이를 위해서는 돌떼기로써 제거되는 것과 제거되고 남은 것이 모두 유용한 대상이라는 것을 인식할 수 있는 능력이 필요했다. 이는 행동 시작 그리고 그에 따른 완료 사이에 비교적 긴 일련의 행동과 과제의 달성을 나타내었지만, 단일 시퀀스의 행동의 일부가 될 수 있었다.

E. 주의 분산attention distraction(즉, 서로 특성이 다른 여러 하위 과제로 구성된 과제의 완료)을 포함하는 과제 구성으로의 인지적 도약은 15만 년 전에 달성되었다. 제거된 물건과 그것이 D단계에서 제거된 것의 인식에서만 이어질 수 있는 "부분"의 개념의 인식과 관련이 있었다.

ICS(Barnard et al., 2017)의 진화에 기초하여, 7번째 하위체계는 한 손에는 사지limbs, 다른 한 쪽에는 조음기관articulator과 관련된 별도의 체계로 분리되어, B와 C 단계 사이에 출현했을 것이다. 감정 상태와는 별개로 조절되는 발성 발화vocal utternace는 이 단계에서 가능했을 수 있으며, 단순한 발성 안내 교육의 가능성을 허용한다(Davidson, 2009). 이것은 다시 D단계와 E단계 사이에 8번째 인지 하위체계의 출현을 위한 선택적인 맥락의 일부였을 것이다. 이것은 그러한 시퀀스의 인지적 확장을 발성 발화의 조합으로 포함시켰다. E단계는 인간이 도구를 제작하기 전에, 도구와 과제를 상상할 수 있는 9번째 인지 하위체계의 출현을 이끌었다. 즉 외부로부터의 입력 없이 제안된 하위체계에서 도구와 작업을 처리하고 현재 행동의 우발적인 상황에서 발생하지 않는 새로운 기회를 창출하였다(Barnard et al., 2017). 이 인지체계는 데이비드슨과 노블(1989)의 주장에 중심이었던 반영의 기능을 가지고 있었다.

인간과 침팬지의 행태 분석을 석기제작으로 확장하는 것은 그림 그리기와 관련이 있다(Davidson, 2014). 이미지 생산에서, 의미적 역할 중 네 가지는 행동이나 역할에서 개념적으로 제거된 정신적인 과정의 관점에서만 정의될 수 있다. E단계 도구 제작과 마찬가지로, 이것은 바나드의 인지체계의 최종 9번째 하위체계가 암시하는 중앙집행의 차별화에 의해 가능했다(Davidson, 2014). 의미를 전달하는 데 사용할 수 있는 반복적인 표식mark을 포함한 표식 제작의 실행은 현생 인류 인지체계의 출현을 보여주는 가장 명확한 지표 중 하나이다.

이것은 인지고고학이 진화했던 방식에 대해 무엇을 의미하는가?

거의 50년 전, 할로웨이Holloway(1969)는 인공물에서 임의의 형태와 형태가 부과되는 것 사이의 상호작용을 탐구했다. 이 접근법이 논의에 가져온 통찰력에도 불구하고, 그 접근법은 주로 고고학자들의 유형학typology에서 파생된 초기 인공물의 형태에 대한 이해에 지나치게 의존했다. 하지만 그 시도는 인지 진화에 대한 더 생산적인 접근을 위한 길을 열었다.

파커와 깁슨Parker and Gibson(1979)은 (윈과 거의 동시에) 호미닌 진화의 과정에 대해 피아제의 발달 계획을 이용하여 추측하였고, 도구를 이용한 첫 번째 추출적 수렵채취 그다음 복잡한 사냥을 강조했다. 그러나 당시의 학문 상태를 감안할 때, 그들은 그러한 경제적 상황을 확인하기 위한 고고학적 분석의 당시 표준적인 결론을 받아들이는 것 외에는 선택의 여지가 없었다. 윈(1979, 1981)의 돌파구는 고고학적 기록에서 나온 한 특정한 종류의 증거의 세부사항을 고려하고 그것을 만드는 데 필요한 작동을 신중하게 평가하는 것이었다. 다른 말로 하자면, 그는 그가 옹호했던 이론을 기록의 기본 증거에 대한 새로운 통찰력을 생산하는 데 있어서 할로웨이와 파커 그리고 깁슨 모두를 뛰어넘었다.

데이비드슨과 노블(Davidson & Noble, 1989; Noble & Davidson, 1991)은 이러한 세부사항을 개념적 문제만큼 고려하지 않았으며, 재현주의가 설명만큼 적절하지 않다고 지적했다. 우리의 관점에서 초기 호미닌의 마음은 불완전한 현대적 마음이 아니라 현대적 마음과 같은 방식으로 모델링이 필요한 마음으로 간주되어야 하며, 비인간적(호미닌 포함) 마음에 대해 예측을 할 수 있는 이론적 틀 안에서 이루어져야 한다(Barnard, 2010a). 대신, 우리는 반영과 언어가 그것에 미치는 영향을 강조했다. 그러나 우리는 현생 인류의 마음이나 그것이 진화했을지도 모르는 방법을 모델링 하지 않았다. 우리는 언어를 상징을 사용한 의사소통으로서의 정의와(할로웨이가 중심적으로 만든 구문 문제를 피하고) 마음의 사회적 구성에서의 역할에만 의존했다(Noble & Davidson, 1996). 상징의 초기 출현과 그에 수반되는 더 큰 정보 경로, 계획의 깊이 그리고 개념화의 중요성을 파악함으로써, 우리는 현생 인류 행태의 출현을 확인하려고 했다(Noble & Davidson, 1991). 우리 주장의 약점은 마음의 빈약한 모델링과 새롭고, 문서화가 잘되어 있고, 잘 알려진 상징적 사용에 대한 초기 후보들이 폭발 이전에 남아프리카(d'Errico, Henshilwood, & Nilssen, 2001; d'Errico, Henshilwood, Vanhaeren, & van Niekerk, 2005; Henshilwood et al., 2011; Henshilwood, d'Errico, & Watts, 2009; Mackay & Welz, 2008; Texier et al., 2010)에서 그리고 유럽(Burdukiewicz, 2014; Caron, d'Errico, Del Moral, Santos, & Zilhão, 2011; Finlayson et al., 2012; Peresani, Fiore, Gala, Romandini, & Tagliacozzo, 2011; Peresani, Vanhaeren, Quaggiotto, Queffelec, & d'Errico, 2013; Radovčić, Sršen, Radovčić, & Frayer, 2015; Rodríguez-Vidal et al., 2014; Roebroeks et al., 2012; Soressi et al., 2013; Zilhão et al., 2010)에서 나왔다는 사실이었다.

톰 윈이 프레드 쿨리지와 팀을 이루었을 때, 그들은 배들리의 작업기억 모델의 상세한 검사를 사용하여(Coolidge & Wynn, 2001, 2005; Wynn & Coolidge, 2004, 2006) 주로 네안데르탈인과 현생 인류의 상호작용에 집중하면서 마음이 작용하는 방식에 주의를 돌렸다. 그러나 재현주의자와 마찬가지로, 그들은 현생 인류에게 적합한 강력한 모델에 의존했고 고고학적 증거가 어떻게 그들의 틀에 들어맞고 또 들어맞지 않았는지를 고려했다. 작업기억의 세부 정보의 사용은 특정 상호작용에 대해서는 엄청나게 생산적이었지만, 일반적으로 호미닌 인지의 진화에 대해서는 훨씬 덜 생산적이었다.

작업기억과 마찬가지로 부분적으로 이에 대응하여, 바나드는 이 토론에 중요한 세 가지 형태를 갖춘 ICS 모델을 개발했다. 첫째, 다양한 심리학적 조건에 성공적으로 적용될 수 있다(Barnard & Teasdale, 1991). 둘째, 작업기억과의 관계가 명시될 수 있다(Barnard, 1999). 셋째, 작업기억보다 훨씬 더 큰 범위로, 감각을 통해 물질과 다른 사람들의 입력에 대한 인지 모델이 가능하다(Davidson, 2010b). 6개의 하위체계 LCA 마음에서 9개 하위체계 ICS의 진화적 출현에 대한 부다페스트 모델의 뚜렷한 기여는(Barnard et al., 2007, 2017) 바나드의 ICS에 기초하는 동일한 이론적 가정으로부터 도출된 호미닌 인지 진화 모델을 생성했다는 것이다. 작업기억과의 비교 결과, 이는 네안데르탈인과 관련된 8개 하위체계 인지'와 일치했다(Barnard et al., 2007).

마지막으로, 부다페스트 모델은 또 다른 역설에 대한 해결책을 제공한다. 노블과 내가 상징이 없는 네안데르탈인과 상징이 있는 현생 인류 사이의 뚜렷한 구분에 호소하여, 언어의 출현을 탐구하기 위해 노력했던 25년 동안 그 증거가 근본적으로 바뀌었다. 가장 중요한 것은, 후기 네안데르탈인은 후대 사람들 사이에서 상징적으로 여겨지는 방법인 오커ochre[86], 새의 깃털과 다른 부분 그리고 조개껍질을 사용한 것으로 보인다는 것이다. 그들은 35만 년 이상의 분리 기간에도 불구하고, 9개의 하위체계 정신 구조의 특징을 가지고 있는 것으로 보인다. 이러한 공통의 인지 능력에 대한 수렴이 있었거나 존재했지만 이들 종들의 LCA에 잠재되어 있었을 수 있다. 여기서 중요한 점은 부다페스트 모델이 수렴의 이론적 토대를 제공한다는 것이다. 9번째 하위체계의 행태적 결과가 나타나는 형태를 명시하지 않지만, 그 이론은 그것이 얼마나 많은 하위체계를 가지고 있거나 가지고 있었든지에 상관없이 진화가 체계에 영향을 디칠 수 있다는 것을 반영한다. 또한, 새로운 인지 하위체계가 나타날 스 있는 조건을 명시하는 진화된 모델이기 때문에 새로운 하위체계가 나타나는 경계에서 해석의 모호성을 이해할 수 있게 한다(Barnard et al., 2017). 그것은 후기 네안데르탈인이 오랜 분리에도 불구하고, 현

86 페인트, 그림물감의 원재료로 쓰이는 황토(역자 주).

생 인류의 전형으로 생각되는 행태 중 일부를 드러낼지도 모른다는 것은 대부분 이론적인 예측이다.

인지고고학의 진화는 계속 진행되어왔다. 나의 이전 작업에서 끌어낸 실마리에는 유용한 조각이 제거된 후 환경에 남겨진 돌떼기 생산물에 내재된 적소 창조와 발달과정의 진화가 포함되어 있다. 여기에, 마음에 대한 입력과 그 내부 과정에 대한 입력을 모두 인식하는 인지의 정교한 모델링이 추가되어야 하며, 새로운 변형의 도입이 정신 과정의 다른 구성의 진화를 이끌 수 있는 기전이 추가되어야 한다. 이러한 몇 개의 실마리를 통해 인지 진화의 연구를 진화론의 최근 발전에 더 가깝게 할 새로운 천이 짜일 수 있을 것이다(Laland et al., 2015).

다양한 시도들이 이론적 전선에서 발전을 이뤄냈고, 경험적 기록에 대한 방법론적 함의를 특화하면서 진보했다. 여러 가지 시도가 점점 더 많은 관심 영역을 지정함에 따라, (많은 증거들이 있었지만) 새로운 증거만으로는 충분하지 않다는 것이 명백해졌다. 이론은 보조를 맞춰야 했지만, 고고학을 위해 적절하게 구성되어야만 했고, 단지 다른 문제들을 다루는 현대 연구에서 빌린 것이 아니어야 한다. 미래에 더 많은 반복이 있으리라는 것은 의심의 여지가 없지만, 우리는 항상 톰 윈이 이 지점까지 우리를 안내하는 데 있어 근본적이고 독창적인 기여를 했다는 것을 명심해야 한다.

감사

익명의 두 심사원의 논평에 비추어 변화가 있었다. 여러 해 동안 도움을 주신 분들에게 감사를 드리고 비난을 겸허히 받아들이겠다. 헬렌 아르선슨Helen Arthurson, 필 바나드Phil Barnard, 아담 브룸Adam Brumm, 딕 번Dick Byrne, 엘리자베스 컬리Elisabeth Culley, 마크 무어Mark Moore, 에이프릴 노웰April Nowell, 맷 포프Matt Pope, 필립 R. 프레스톤Philip R. Preston, J. 피터 화이트J. Peter White, 그리고 물론 톰 윈Tom Wynn에게 감사드린다.

참고문헌

Ashton, N. M., Cook, J., Lewis, S. G., & Rose, J. (Eds.). (1992). *High Lodge: Excavations by G. de G. Sieveking, 1962–8, and J. Cook, 1988*. London: British Museum Press for the Trustees of the British Museum.

Baddeley, A. D., & Hitch, G. J. (1974). Working memory. In G. H. Bower (Ed.), *The psychology of learning and motivation: Advances in research and theory* (Vol. 8, pp. 47–89). New York: Academic Press.

Barnard, P. J. (1985). Interacting cognitive subsystems: A psycholinguistic approach to short-term memory. In A. W. Ellis (Ed.), *Progress in the psychology of language* (Vol. 2, pp. 197–258). London: Lawrence Erlbaum Associates.

Barnard, P. J. (1999). Interacting cognitive subsystems: Modelling working memory phenomena within a multiprocessor architecture. In A. Miyake & P. Shah (Eds.), *Models of working memory: Mechanisms of active maintenance and executive control* (pp. 298–339). Cambridge, UK: Cambridge University Press.

Barnard, P. J. (2010a). Current developments in inferring cognitive capabilities from the archaeological traces left by stone tools: Caught between a rock and a hard inference. In A. Nowell & I. Davidson (Eds.), *Stone tools and the evolution of human cognition* (pp. 207–226). Boulder, CO: University Press of Colorado.

Barnard, P. J. (2010b). From executive mechanisms underlying perception and action to the parallel processing of meaning. *Current Anthropology, 51*(S1), S39–S54.

Barnard, P. J., Davidson, I., & Byrne, R. W. (2017). Toward a richer theoretical scaffolding for interpreting archaeological evidence concerning cognitive evolution. In T. Wynn & F. L. Coolidge (Eds.), *Cognitive models in Palaeolithic archaeology* (pp. 45–67). Oxford, UK: Oxford University Press.

Barnard, P. J., Duke, D. J., Byrne, R. W., & Davidson, I. (2007). Differentiation in cognitive and emotional meanings: An evolutionary analysis. *Cognition and Emotion, 21*(6), 1155–1183.

Barnard, P. J., & Teasdale, J. D. (1991). Interacting cognitive subsystems: A systemic approach to

cognitive-affective interaction and change. *Cognition and Emotion, 5*(1), 1–39.
Bar-Yosef, O., & Van Peer, P. (2009). The *chaîne opératoire* approach in Middle Paleolithic archaeology. *Current Anthropology, 50*(1), 103–131.
Beyries, S. (1987). *Variabilité de l'industrie lithique au Moustérien: Approche fonctionnelle sur quelques gisements français.* Oxford, UK: British Archaeological Reports.
Boesch, C., & Boesch, H. (1981). Sex differences in the use of natural hammers by wild chimpanzees: A preliminary report. *Journal of Human Evolution, 10*(7), 585–593.
Boesch, C., & Boesch, H. (1984). Mental map in wild chimpanzees: An analysis of hammer transports for nut cracking. *Primates, 25*(2), 160–170.
Brown, K. S., Marean, C. W., Herries, A. I. R., Jacobs, Z., Tribolo, C., Braun, D. R., . . . Bernatchez, J. (2009). Fire as an engineering tool of early modern humans. *Science, 325*(5942), 859–862.
Burdukiewicz, J. M. (2014). The origin of symbolic behavior of Middle Palaeolithic humans: Recent controversies. *Quaternary International, 326,* 398–405.
Burling, R. (2005). *The talking ape: How language evolved.* Oxford, UK: Oxford University Press.
Byrne, R. W. (2003). Imitation as behaviour parsing. *Philosophical Transactions of the Royal Society of London. Series B, Biological Sciences, 358*(1431), 529–536.
Byrne, R. W., Barnard, P. J., Davidson, I., Janik, V. M., McGrew, W. C., Miklósi, Á., & Wiessner, P. W. (2004). Understanding culture across species. *Trends in Cognitive Sciences, 8*(8), 341–346.
Caron, F., d'Errico, F., Del Moral, P., Santos, F., & Zilhão, J. (2011). The reality of Neandertal symbolic behavior at the Grotte du Renne, Arcy-sur-Cure, France. *PLoS One, 6*(6), 1–11.
Carpenter, M., Tomasello, M., & Savage-Rumbaugh, E. S. (1995). Joint attention and imitative learning in children, chimpanzees, and enculturated chimpanzees. *Social Development, 4*(3), 217–237.
Coolidge, F. L., & Wynn, T. (2001). Executive functions of the frontal lobes and the evolutionary ascendancy of *Homo sapiens. Cambridge Archaeological Journal, 11*(3), 255–260.
Coolidge, F. L., & Wynn, T. (2005). Working memory, its executive functions, and the emergence of modern thinking. *Cambridge Archaeological Journal, 15*(1), 5–26.
Coolidge, F. L., & Wynn, T. (2007). The working memory account of Neandertal cognition—How phonological storage capacity may be related to recursion and the pragmatics of modern speech. *Journal of Human Evolution, 52*(6), 707–710.
Coolidge, F. L., & Wynn, T. (2009). *The rise of* Homo sapiens: *The evolution of modern thinking.* Oxford, UK: Wiley-Blackwell.
Dávid-Barrett, T., & Dunbar, R. I. M. (2016). Bipedality and hair loss in human evolution revisited: The impact of altitude and activity scheduling. *Journal of Human Evolution, 94,* 72–82.
Davidson, I. (1999). The game of the name: Continuity and discontinuity in language origins. In B. J. King (Ed.), *The origins of language: What nonhuman primates can tell us* (pp. 229–268). Santa Fe, NM: School of American Research Press.
Davidson, I. (2002). The finished artefact fallacy: Acheulean hand-axes and language origins. In A. Wray (Ed.), *The transition to language* (pp. 180–203). Oxford, UK: Oxford University Press.
Davidson, I. (2009). Comment on Bar-Yosef and Van Peer. *Current Anthropology, 50*(1),

119–120.

Davidson, I. (2010a). Stone tools and the evolution of hominin and human cognition. In A. Nowell & I. Davidson (Eds.), *Stone tools and the evolution of human cognition* (pp. 185–205). Boulder, CO: University Press of Colorado.

Davidson, I. (2010b). The archaeology of cognitive evolution. *Wiley Interdisciplinary Reviews: Cognitive Science, 1*(2), 214–229.

Davidson, I. (2010c). The colonization of Australia and its adjacent islands and the evolution of modern cognition. *Current Anthropology, 51*(S1), S177–S189.

Davidson, I. (2014). Origins of pictures: An argument for transformation of signs. In K. Sachs-Hombach & J. R. J. Schirra (Eds.), *Origins of pictures: Anthropological discourses in image science* (pp. 15–45). Cologne, Germany: Herbert von Halem Verlag.

Davidson, I. (2016). Stone tools: Evidence of something in between culture and cumulative culture? In M. N. Haidle, N. J. Conard, & M. Bolus (Eds.), *The nature of culture: Based on an interdisciplinary symposium "The nature of culture", Tübingen, Germany* (pp. 99–120). Dordrecht, The Netherlands: Springer Science + Business Media.

Davidson, I., & McGrew, W. C. (2005). Stone tools and the uniqueness of human culture. *Journal of the Royal Anthropological Institute of Great Britain and Ireland, 11*(4), 793–817.

Davidson, I., & Noble, W. (1989). The archaeology of perception: Traces of depiction and language. *Current Anthropology, 30*(2), 125–155.

Davidson, I., & Noble, W. (1993). Tools and language in human evolution. In K. R. Gibson & T. Ingold (Eds.), *Tools, language and cognition in human evolution* (pp. 363–388). Cambridge, UK: Cambridge University Press.

Delagnes, A., Schmidt, P., Douze, K., Wurz, S., Bellot-Gurlet, L., Conard, N. J., . . . Henshilwood, C. S. (2016). Early evidence for the extensive heat treatment of silcrete in the Howiesons Poort at Klipdrift Shelter (Layer PBD, 65 ka), South Africa. *PLoS One, 11*(10), 1–27.

de la Torre, I., Mora, R., Domínguez-Rodrigo, M., de Luque, L., & Alcalá, L. (2003). The Oldowan industry of Peninj and its bearing on the reconstruction of the technological skills of Lower Pleistocene hominids. *Journal of Human Evolution, 44*(2), 203–224.

d'Errico, F., Henshilwood, C. S., & Nilssen, P. (2001). An engraved bone fragment from c. 70,000-year-old Middle Stone Age levels at Blombos Cave, South Africa: Implications for the origin of symbolism and language. *Antiquity, 75*(288), 309–318.

d'Errico, F., Henshilwood, C. S., Vanhaeren, M., & Van Niekerk, K. L. (2005). *Nassarius kraussianus* shell beads from Blombos Cave: Evidence for symbolic behaviour in the Middle Stone Age. *Journal of Human Evolution, 48*(1), 3–24.

Dibble, H. L. (1989). The implications of stone tool types for the presence of language during the Lower and Middle Paleolithic. In P. A. Mellars & C. B. Stringer (Eds.), *The human revolution: Behavioural and biological perspectives in the origins of modern humans* (pp. 415–431). Princeton, NJ: Princeton University Press.

Duda, P., & Zrzavý, J. (2013). Evolution of life history and behavior in Hominidae: Towards phylogenetic reconstruction of the chimpanzee–human last common ancestor. *Journal of Human Evolution, 65*(4), 424–446.

Dunsworth, H. M., Warrener, A. G., Deacon, T. W., Ellison, P. T., & Pontzer, H. (2012). Metabolic hypothesis for human altriciality. *Proceedings of the National Academy of Sciences of the United States of America, 109*(38), 15212–15216.

Fillmore, C. J. (1968). The case for case. In E. Bach & R. T. Harms (Eds.), *Universals in linguistics theory* (pp. 1–88). New York: Holt, Rinehart and Winston.

Finlayson, C., Brown, K., Blasco, R., Rosell, J., Negro, J. J., Bortolotti, G. R., . . . Llanes, J. M. R. (2012). Birds of a feather: Neanderthal exploitation of raptors and corvids. *PLoS One, 7*(9), 1–9.

Gibson, K. R., & Ingold, T. (Eds.). (1993). *Tools, language and cognition in human evolution.* Cambridge, UK: Cambridge University Press.

Goodall, J. van L. (1964). Tool-use and aimed throwing in a community of free-living chimpanzees. *Nature, 201*(4926), 1264–1266.

Groves, C. P. (1989). *A theory of human and primate evolution.* Oxford, UK: Clarendon Press.

Haidle, M. N. (2009). How to think a simple spear. In S. A. de Beaune, F. L. Coolidge, & T. Wynn (Eds.), *Cognitive archaeology and human evolution* (pp. 57–74). Cambridge, MA: Cambridge University Press.

Harmand, S., Lewis, J. E., Feibel, C. S., Lepre, C. J., Prat, S., Lenoble, A., . . . Roche, H. (2015). 3.3-million-year-old stone tools from Lomekwi 3, West Turkana, Kenya. *Nature, 521*(7552), 310–315.

Henshilwood, C. S., D'Errico, F., Van Niekerk, K. L., Coquinot, Y., Jacobs, Z., Lauritzen, S.-E., . . . García-Moreno, R. (2011). A 100,000-year-old ochre-processing workshop at Blombos Cave, South Africa. *Science, 334*(6053), 219–222.

Henshilwood, C. S., D'Errico, F., & Watts, I. (2009). Engraved ochres from the Middle Stone Age levels at Blombos Cave, South Africa. *Journal of Human Evolution, 57*(1), 27–47.

Hernandez-Aguilar, R. A., Moore, J., & Pickering, T. R. (2007). Savanna chimpanzees use tools to harvest the underground storage organs of plants. *Proceedings of the National Academy of Sciences of the United States of America, 104*(49), 19210–19213.

Hill, A., & Behrensmeyer, A. K. (1984). Disarticulation patterns of some modern East African mammals. *Paleobiology, 10*(3), 366–376.

Hiscock, P., & Attenbrow, V. (2005). Reduction continuums and tool use. In C. Clarkson & L. Lamb (Eds.), *Lithics "Down Under": Australian perspectives on lithic reduction, use and classification* (pp. 43–55). Oxford, UK: Archaeopress.

Holloway, R. L. (1969). Culture: A human domain. *Current Anthropology, 10*(4), 395–412.

Hrdy, S. B. (2007). Evolutionary context of human development: The cooperative breeding model. In C. A. Salmon & T. K. Shackelford (Eds.), *Family relationships: An evolutionary perspective* (pp. 39–68). Oxford, UK: Oxford University Press.

Kealy, S., Louys, J., & O'Connor, S. (2016). Islands under the sea: A review of early modern human dispersal routes and migration hypotheses through Wallacea. *Journal of Island and Coastal Archaeology, 11*(3), 364–384.

Keeley, L. H., & Toth, N. P. (1981). Microwear polishes on early stone tools from Koobi Fora, Kenya. *Nature, 293*(5832), 464–465.

Koops, K., McGrew, W. C., & Matsuzawa, T. (2010). Do chimpanzees (*Pan troglodytes*) use cleavers and anvils to fracture *Treculia africana* fruits? Preliminary data on a new form of percussive technology. *Primates, 51*(2), 175–178.

Laland, K. N., Uller, T., Feldman, M. W., Sterelny, K., Müller, G. B., Moczek, A., . . . Odling-

Smee, F. J. (2015). The extended evolutionary synthesis: Its structure, assumptions and predictions. *Proceedings of the Royal Society of London B: Biological Sciences, 282*(1813), 1–14.

Leakey, M. D. N. (1971). *Olduvai Gorge. Vol. 3, Excavations in beds I and II, 1960–63*. Cambridge, UK: Cambridge University Press.

Lombard, M., & Haidle, M. N. (2012). Thinking a bow-and-arrow set: Cognitive implications of Middle Stone Age bow and stone-tipped arrow technology. *Cambridge Archaeological Journal, 22*(2), 237–264.

Mackay, A., & Welz, A. (2008). Engraved ochre from a Middle Stone Age context at Klein Kliphuis in the Western Cape of South Africa. *Journal of Archaeological Science, 35*(6), 1521–1532.

McGrew, W. C. (1987). Tools to get food: The subsistants of the Tasmanian aborigines and Tanzanian chimpanzees compared. *Journal of Anthropological Research, 43*(3), 247–258.

McGrew, W. C., & Tutin, C. E. G. (1978). Evidence for a social custom in wild chimpanzees? *Man, 13*, 234–251.

McPherron, S. P., Alemseged, Z., Marean, C. W., Wynn, J. G., Reed, D., Geraads, D., . . . Béarat, H. A. (2010). Evidence for stone-tool-assisted consumption of animal tissues before 3.39 million years ago at Dikika, Ethiopia. *Nature, 466*(7308), 857–860.

Moore, M. W. (2000a). Lithic technology in Tasmania. *Archaeology in Oceania, 35*(2), 57–73.

Moore, M. W. (2000b). Technology of Hunter Valley microlith assemblages, New South Wales. *Australian Archaeology, 51*(1), 28–39.

Moore, M. W. (2010). "Grammars of action" and stone flaking design space. In A. Nowell & I. Davidson (Eds.), *Stone tools and the evolution of human cognition* (pp. 13–43). Boulder, CO: University Press of Colorado.

Moore, M. W., & Perston, Y. (2016). Experimental insights into the cognitive significance of early stone tools. *PLoS One, 11*(7), 1–37.

Moore, M. W., Sutikna, T., Morwood, M. J., & Brumm, A. (2009). Continuities in stone flaking technology at Liang Bua, Flores, Indonesia. *Journal of Human Evolution, 57*(5), 503–526.

Noble, W., & Davidson, I. (1991). The evolutionary emergence of modern human behaviour: Language and its archaeology. *Man, 26*(2), 223–253.

Noble, W., & Davidson, I. (1993). Tracing the emergence of modern human behavior: Methodological pitfalls, and a theoretical path. *Journal of Anthropological Archaeology, 12*(2), 121–149.

Noble, W., & Davidson, I. (1996). *Human evolution, language, and mind: A psychological and archaeological inquiry*. Cambridge, UK: Cambridge University Press.

Nowell, A., Walker, C., Cordova, C. E., Ames, C. J. H., Pokines, J. T., Stueber, D., . . . Al-Souliman, A. S. A. (2016). Middle Pleistocene subsistence in the Azraq Oasis, Jordan: Protein residue and other proxies. *Journal of Archaeological Science, 73*, 36–44.

Oakley, K. P. (1952). *Man: The tool-maker*. London: British Museum Press for the Trustees of the British Museum.

O'Connor, S., Ono, R., & Clarkson, C. (2011). Pelagic fishing at 42,000 years before the present and the maritime skills of modern humans. *Science, 334*(6059), 1117–1121.

Oswalt, W. H. (1976). *An anthropological analysis of food-getting technology*. New York: John Wiley & Sons.

Parker, S. T., & Gibson, K. R. (1979). A developmental model for the evolution of language and intelligence in early hominids. *Behavioral and Brain Sciences, 2*, 367–408.

Peresani, M., Fiore, I., Gala, M., Romandini, M., & Tagliacozzo, A. (2011). Late Neandertals and the intentional removal of feathers as evidenced from bird bone taphonomy at Fumane Cave 44 ky BP, Italy. *Proceedings of the National Academy of Sciences of the United States of America, 108*(10), 3888–3893.

Peresani, M., Vanhaeren, M., Quaggiotto, E., Queffelec, A., & d'Errico, F. (2013). An ochered fossil marine shell from the Mousterian of Fumane Cave, Italy. *PLoS One, 8*(7), 1–15.

Proffitt, T., Luncz, L. V, Falótico, T., Ottoni, E. B., De la Torre, I., & Haslam, M. (2016). Wild monkeys flake stone tools. *Nature, 539*(7627), 85–88.

Pruetz, J. D., & Bertolani, P. (2007). Savanna chimpanzees, *Pan troglodytes verus*, hunt with tools. *Current Biology, 17*(5), 412–417.

Radovčić, D., Sršen, A. O., Radovčić, J., & Frayer, D. W. (2015). Evidence for Neandertal jewelry: Modified white-tailed eagle claws at Krapina. *PLoS One, 10*(3), 1–14.

Roche, H., Delagnes, A., Brugal, J.-P., Feibel, C. S., Kibunjia, M., Mourre, V., & Texier, P.-J. (1999). Early hominid stone tool production and technical skill 2.34 Myr ago in West Turkana, Kenya. *Nature, 399*(6731), 57–60.

Rodríguez-Vidal, J., D'Errico, F., Pacheco, F. G., Blasco, R., Rosell, J., Jennings, R. P., . . . Finlayson, C. (2014). A rock engraving made by Neanderthals in Gibraltar. *Proceedings of the National Academy of Sciences of the United States of America, 111*(37), 13301–13306.

Roebroeks, W., Sier, M. J., Nielsen, T. K., Loecker, D. De, Parés, J. M., Arps, C. E. S., & Mücher, H. J. (2012). Use of red ochre by early Neandertals. *Proceedings of the National Academy of Sciences of the United States of America, 109*(6), 1889–1894.

Sahle, Y., El Zaatari, S., & White, T. D. (2017). Hominid butchers and biting crocodiles in the African Plio–Pleistocene. *Proceedings of the National Academy of Sciences, 114*(50), 13164–13169.

Salamé, P., & Baddeley, A. D. (1982). Disruption of short-term memory by unattended speech: Implications for the structure of working memory. *Journal of Verbal Learning and Verbal Behavior, 21*(2), 150–164.

Soressi, M., McPherron, S. P., Lenoir, M., Dogandžić, T., Goldberg, P., Jacobs, Z., . . . Texier, P.-J. (2013). Neandertals made the first specialized bone tools in Europe. *Proceedings of the National Academy of Sciences of the United States of America, 110*(35), 14186–14190.

Soriano, S., Villa, P., & Wadley, L. (2007). Blade technology and tool forms in the Middle Stone Age of South Africa: The Howiesons Poort and post-Howiesons Poort at Rose Cottage Cave. *Journal of Archaeological Science, 34*(5), 681–703.

Texier, P.-J., Porraz, G., Parkington, J. E., Rigaud, J.-P., Poggenpoel, C., Miller, C. E., . . . Verna, C. (2010). A Howiesons Poort tradition of engraving ostrich eggshell containers dated to 60,000 years ago at Diepkloof Rock Shelter, South Africa. *Proceedings of the National Academy of Sciences of the United States of America, 107*(14), 6180–6185.

Toth, N. P., Schick, K. D., Savage-Rumbaugh, E. S., Sevcik, R. A., & Rumbaugh, D. M. (1993). *Pan* the tool-maker: Investigations into the stone tool-making and tool-using capabilities of a bonobo (*Pan paniscus*). *Journal of Archaeological Science, 20*(1), 81–91.

van Peer, P. (1992). *The Levallois reduction strategy (monographs in world archaeology no. 13)*. Madison, WI: Prehistory Press.

Wright, R. V. S. (1972). Imitative learning of a flaked-stone technology—The case of an orangutan. *Mankind, 8*(4), 296–306.

Wynn, T. (1979). The intelligence of later Acheulean hominids. *Man, 14*, 371–391.

Wynn, T. (1981). The intelligence of Oldowan hominids. *Journal of Human Evolution, 10*(7), 529–541.

Wynn, T. (1993a). Layers of thinking in tool behavior. In K. R. Gibson & T. Ingold (Eds.), *Tools, language and cognition in human evolution* (pp. 389–406). Cambridge, UK: Cambridge University Press.

Wynn, T. (1993b). Two developments in the mind of early *Homo*. *Journal of Anthropological Archaeology, 12*(3), 299–322.

Wynn, T. (1995). Handaxe enigmas. *World Archaeology, 27*(1), 10–24.

Wynn, T. (2002). Archaeology and cognitive evolution. *Behavioral and Brain Sciences, 25*(3), 389–402.

Wynn, T., & Coolidge, F. L. (2004). The expert Neandertal mind. *Journal of Human Evolution, 46*(4), 467–487.

Wynn, T., & Coolidge, F. L. (2006). The effect of enhanced working memory on language. *Journal of Human Evolution, 50*(2), 230–231.

Wynn, T., & Coolidge, F. L. (2007). A Stone-Age meeting of minds. *American Scientist, 96*(1), 44–51.

Wynn, T., & Coolidge, F. L. (2010a). Beyond symbolism and language: An introduction to Supplement 1, Working Memory. *Current Anthropology, 51*(S1), S5–S16.

Wynn, T., & Coolidge, F. L. (2010b). How Levallois reduction is similar to, and not similar to, playing chess. In A. Nowel & I. Davidson (Eds.), *Stone tools and the evolution of human cognition* (pp. 83–104). Boulder, CO: University of Colorado Press.

Wynn, T., & Coolidge, F. L. (2012). *How to think like a Neandertal*. Oxford, UK: Oxford University Press.

Wynn, T., Hernandez-Aguilar, R. A., Marchant, L. F., & McGrew, W. C. (2011). "An ape's view of the Oldowan" revisited. *Evolutionary Anthropology, 20*(5), 181–197.

Wynn, T., & McGrew, W. C. (1989). An ape's view of the Oldowan. *Man, 24*(3), 383–398.

Zilhão, J., Angelucci, D. E., Badal-García, E., d'Errico, F., Daniel, F., Dayet, L., . . . Zapata, J. (2010). Symbolic use of marine shells and mineral pigments by Iberian Neandertals. *Proceedings of the National Academy of Sciences of the United States of America, 107*(3), 1023–1028.

Zink, K. D., & Lieberman, D. E. (2016). Impact of meat and Lower Palaeolithic food processing techniques on chewing in humans. *Nature, 531*(7595), 500–503.

Zink, K. D., Lieberman, D. E., & Lucas, P. W. (2014). Food material properties and early hominin processing techniques. *Journal of Human Evolution, 77*, 155–166.

| 제5장 |

막대기, 돌 그리고 사피엔스의 기원

Philip J. Barnard

서론

도구의 출현, 사용 그리고 연속적인 개선은 기존의 진화적 서술의 몇 가지 형태 내에서 논의되어 왔다. 막대기와 석기들로 무장한 호미닌들은 먹이 자원을 더 쉽게 이용하거나, 먹이 자원이 부족한 종들을 앞지를 기회를 가졌다(예: Mithen, 1994, 1996). 예를 들어, 아마도 기능이 덜한 특성들 중 일부는 성선택sexual selection에서 비롯되었다고 주장되어 왔다(Kohn & Mithen, 1999). 비록 성선택이 주먹도끼의 중요성에 대한 한 가지 설명일 뿐이지만, 대부분의 사람들은 막대기와 돌을 사용하는 것이 적자생존에 도움이 된다는 것에 동의할 것이다. 날에 남은 자국과 잔여물들은 석기들이 의심할 여지 없이 사체를 도살하고, 수많은 뼈를 부수고, 나무를 작업하는 데 도움이 되었음을 보여준다. 그렇게 함으로써, 수천 세대generations의 호미닌에게 식량을 공급하고 보호하는 데 한몫을 했다. 도구 사용의 증가 범위를 지원하게 된 두뇌, 마음 그리고 사회 집단의 구조와 능력의 변화에 기초하는 기전의 특성과 범위는 상당히 덜 명확하며 많은 논쟁의 주제이다(예: Nowell & Davidson, 2010). 발단된 다중 부분multipart 도구를 개발하는 데 필요한 생각 패턴의 질적 차이를 산출하기 위해, 일련의 정신 그리고 신경 능력이 누적되는 방법을 명확하게 입증하는 것은 다소 어려울 수 있다.

그러한 적응의 기초를 푸는 것은 진정한 학제 간 그리고 다단계 기획이며, 특히 논의 중인 호미닌 종들이 없거나 심지어 현재 과학에 알려지지 않았기 때문에 물리적 증거가 희박하고 실험 가능성이 제한된 맥락에서 필요하다. 해석의 모호함이 많다. 그러한 애매모호함이 강하게 논의되어 온 정신노동의 지형은 어마어마하다. 그 경관은 고고학, 인류학, 생물학, 기후학, 유전학, 심리학, 신경과학, 언어학, 기호학, 신학, 철학 그리고 그 외 더 많은 분야에서 훈련된 많은 종류의 지적 장인들이 거주해 왔다는 것을 알아두자. 이러한 서로 다른 실행 공동체의 용어, 방법, 증거 그리고 추론 전략이 항상 조화를 이루기가 쉬운 것은 아니다. 많은 이야기들이 만들어졌고 앞으로도 계속 만들어질 것이다. 인간이 주의하는 '스포트라이트'의 작동과 같이, 우리의 마음이 어떻게 진화했는지에 대한 구체적인 설명은 더 큰 그림의 상세한 부분에 초점을 맞추는 경향이 있을 것이다. 옹호자들의 주요 원칙의 일부 측면과 진화 시간의 어떤 점에 대한 고해상도 지능적 비전과 함께, 상당히 덜 상세하거나 심지어 지능적 주변 비전과 동등한 위치에 있는 많은 문제들은 무시되면서, 그림의 다른 부분들과 다른 시기들을 다룰 것이다(Barnard, Davidson, and & Bynne, 2017을 보라).

인지 진화의 논쟁에 대한 우리의 기고(Barnard, 2010b; Barnard et al., 2017; Barnard, Duke, Byrne, & Davidson, 2007)는 최근 몇 가지 접근법

과 함께, 마음의 특정한 속성 그리고 도구 사용 이상으로 물질적 문화의 행태적 개입에 대한 체화와 더욱 많은 패턴을 포함하며 관심의 초점을 넓히는 것에 대한 우려를 공유하고 있다(예: Garofoli, 2015a, 2015b; Malafouris, 2013; Taylor, 2010을 보라). 정신 능력의 진화에 대한 우리의 특별한 스포트라이트는 상호작용 인지 하위체계interacting cognitive subsystem(이하 ICS로 표기)라고 불리는 정신 구축에 대한 체계 수준의 접근 방식을 채택한다. ICS는 우리의 마음을 구성하는 모든 범위의 마음 자원과 그러한 마음이 어떻게 감각자료, 생각, 행동 조절을 처리하는지를 근골격, 발성 또는 신체적인 요인에 의해 매개된다는 점에서 **호모 사피엔스**의 정신 구축에 대한 후보 거시이론candidate macro-theory으로 출발했다. 그것은 광범위한 범위의 이론이며 심리 실험실의 광범위한 실험 결과와 관련된 증거일뿐만 아니라(예: Barnard, 1985, 1999; Su, Bowman, & Barnard, 2011), 본질적으로 실험실 현상을 설명하는 데 국한된 이론을 넘어서는 현실 세계 현상으로, 응용 심리학에서 수십 년에 걸쳐 개발되었다. 여기에는 다양한 정신병리학에서 보여주는 생각 패턴과 감정의 기능부전(예: Barnard, 2004; Barnard & Teasdale, 1991; Teasdale & Barnard, 1993), 복잡한 정보 기법의 사용(Barnard, May, Duke, & Duce, 2000) 그리고 무대 예술의 창조적 과정(예: Barnard & deLahunta; 2018을 보라)에 대한 분석이 포함되었다. 거시적 범위의 이론으로서, 인지, 의미, 영향 그리고 창조적 생각에 대한 이전의 적용은 물론, 기법 사용에 대한 상세한 분석이 중요하다. 최소한 기본 접근 방식이 초기 호미닌에 의한 도구 사용을 다루기 위한 광범위한 설명 그리고 설명 가능성의 기록을 가지고 있다는 것을 나타낸다.

이 장에서는 도구 사용과 연관된 행태가 적자생존뿐만 아니라 사피엔스의 기초를 놓는 데 중요한 역할을 했다는 바나드와 동료들Barnard and colleagues(2007)의 초기 추측에 대해 자세히 설명한다. 기본적인 아이디어는 정말 간단하다. 수천 년에 걸쳐 도구는 제작, 유지보수 그리고 사용과 관련된 광범위한 새로운 행태와 발성을 점진적으로 차별화할 수 있었고, 이러한 차별화는 **더 깊은 의미의** 추상화를 실현하는 데 필요한 조건을 만들었다.

바나드와 동료들Barnard and colleagues(2007)에 의해 제공된 예는 도구를 사용하기 전에 대부분의 포유류들은 오직 발, 손 또는 이빨로 찢어서만 분해할 수 있다는 것이었다. 이 경우에, 지각과 행동 통제의 기초가 되는 마음과 신경 기전은 어떤 특정한 종류의 '물질stuff'을 다룰 때 주어진 상황에서 정확히 어떻게 행동해야 하는지를 결정하기 위해 그렇게 많이 애쓸 필요가 없었다. 그들의 '결정 공간'은 작았다. 도구의 출현 이후, 그 결정 공간은 확장되었다. 다른 유형의 음식물은 두들겨서 조각조각으로 쪼개질 수 있고, 고기 꾸러미는 뼈나 인대와 분리될 수도 있고, 얇은 조각으로 떼어 다른 모양과 크기로 형성될 수도 있다. 도구를 사용하면, 모든 종류의 부드러운 재료와 단단한 재료를 여러 가지 다른 방법으로 자르거나 나눌 수 있다. 또한 도구 사용의 결과는 사회적 역할의 분배를 야기할 수 있다. 예를 들어 밴드band[87]가 이동할 때, 아기들과 먹이를 지닌 사람들은 무기 운반을 신경 쓰지 못할 수도 있다. 도구의 사용으로, 마음과 뇌는 비록 해골처럼 작용하거나, 발성하여 표현하거나, 또는 단지 도구에 관해 생각만 하더라도 인지와 행동의 통제에서 **더 많은 차이**를 만들 필요가 있었다. 이러한 추가적인 차이점들은 이런

87 5에서 80명 정도의 무리(역자 주).

저런 형태에서 더 많은 정신적, 신경적 능력을 필요로 했다. 행태 간의 차별화는 '분할'과 같은 특정 개념과 더 깊은 추상화가 나타나기 위한 전제조건이라고 주장되었다. 일련의 작용이 더 추상적인 속성을 공통으로 가질 수 있거나 한 유형의 작용과 다른 유형의 작용이 구별할 수 있다는 사실을 파악하는 데 이익이 되기 전에, 관련 작용 사례 간의 상당한 변화가 필요했다.

무엇을 해야 하는지에 대해 구별하는 더 많은 능력은 그 자체로 그리고 그것을 통해서 우리가 대형 유인원, 호미닌 그리고 강화된 인지 능력의 존재에 대한 좋은 증거가 있는 우리 자신과 같은 종과 관련된 인지와 감정의 특징에 대해 충분한 이론적 설명을 발전할 수 있게 한다. 명제적 의미, 지혜 그리고 슬픔이나 공감과 같은 진보된 감정들, 창조성, 다중과제와 함께, 모두가 우리의 사피엔스 개념에 기여하고, 그렇게 함으로써, 더 정교한 이론적 그림을 필요로 한다. 다음 절에서는 도구가 일반적인 인지 진화와 특히 우리의 의미 체계에 중요한 촉매가 될 수 있었던 이유를 상세히 설명할 때 요구될 기본적인 개념 중 몇 가지를 소개한다.

포유류 마음에서 호모 사피엔스로 가는 세 가지 궤적

바나드와 동료들(2007)은 진보된 인지가 결여된 대부분의 포유류의 정신적 능력이 매우 특별한 종류의 구축 배열에서 네 개의 하위체계로 된 구축 체계로 모델링될 수 있다고 제안했다([그림 5.1]의 왼쪽 상단 사분면을 보라). 이 네 개의 하위체계 중 세 개는 감각 정보 처리를 전문으로 한다. 두 가지는 먼 부위의 지각(시각과 청각)을 다루는 반면, 다른 하나는 맛과 냄새를 포함하여 신체 범위 내에서와 신체에 대한 감각 정보를 다룬다. 네 번째 하위체계는 세 가지 지각 분석의 산출물 전체에 걸쳐 통합되며, 어떤 신체적 반응과 행동이 그 시점의 물리적 환경에 가장 적합한

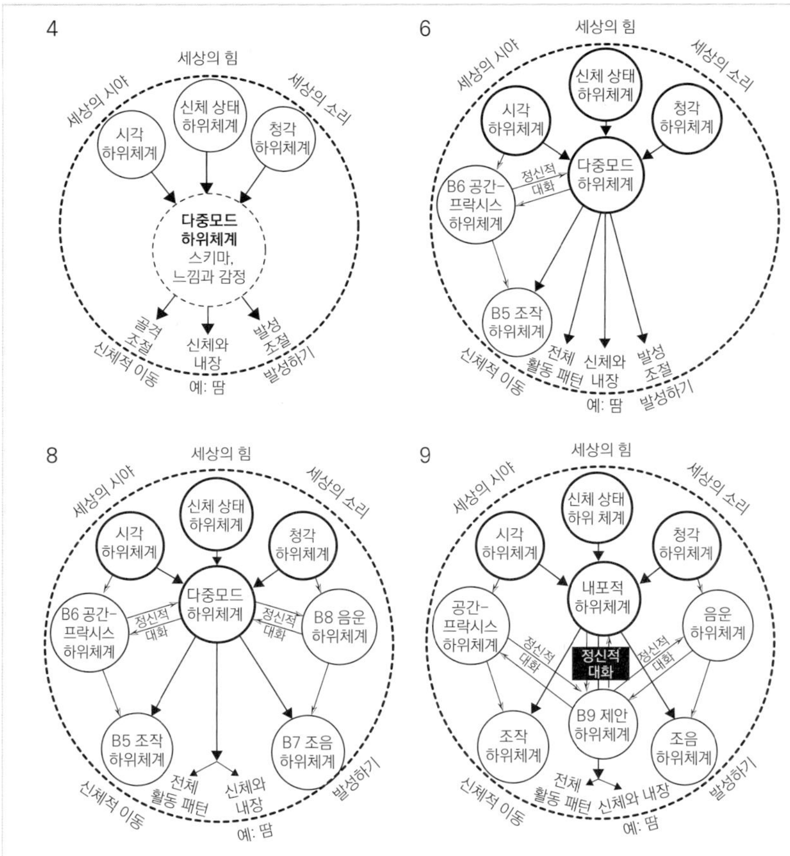

[그림 5.1] 4개(위, 왼쪽), 6개(위, 오른쪽), 8개(아래, 왼쪽) 그리고 9개(아래, 오른쪽) 하위체계를 갖춘 정신 구축 계열

9개 하위체계 구축에서, 전체 활동 패턴과 신체/내장 반응을 조절하는 '내포적' 하위체계의 굵은 화살은 '제안' 하위체계를 통과하거나 들어가지 않고 뒤로 지나간다. '정신 대화'라는 꼬리표가 붙은 양방향 화살은 정보의 내부 그리고 외부 경로에 대한 가능성의 지표일 뿐만 아니라, 정신 이미지의 요소를 재정렬하고 대체하기 위한 조건을 제공한다. 이미지는 저자 제공.

지를 결정하기 위해 생성된 '통합' 그리고 보다 추상적인 다중모드 패턴을 사용한다. 감정 모듈이나 프로그램이 원래 행동의 적응적 조절을 지원하기 위해 진화했다는 다른 많은 견해와 함께(예: Cosmides & Tooby, 2000), 만족, 안전 또는 불편의 감정적 표식affecitve marker은 다중모드 코드 체계의 필수적이고 상속된 부분이며 고정 행동 방식을 계승한 레퍼토리 안에 무엇을 할 것인가의 선택을 유도하는 기능이다.

이 출발점으로부터, 다섯 개의 하위체계가 추가되었다는 주장이 제기되었다. 이 기전은 생물학에서 세포분열과 유사하며 동일한 제약조건이 궤도에 적용된다. 각각의 5가지 단계에서 새로운 자녀 하위체계는 분리 전에 다중모드 처리에 통합되어 있었지만 이제 부모 다중모드 하위체계 내에 남겨진 보완적 기능과는 통계적으로 독립된 더 좁고 전문화된 기능을 지원하기 위해 상위 다중모드 하위체계에서 분리된다. [그림 5.1]은 4개의 하위체계(사분면 중 상단 왼쪽)와 5개 중 3개의 후속 단계인 6개 하위체계(상단 오른쪽), 8개의 하위체계(하단 왼쪽), 9개의 하위체계(하단 오른쪽)의 구축을 포함하여 출발 지점을 설명하기 위해 4개의 사분면으로 나뉘어 있다. 정보적으로 풍부한 네 가지 구축의 병렬 배치를 통해 전체 궤도의 주요 속성을 요약할 수 있다.

도구 사용의 기초가 되는 정신기전은 시각 공간 도메인에서 먼저 차별화해야 한다고 주장되었다. 윈Wynn(1989)에 의해 더 많은 관심을 끌게 된, 고고학에서의 중요한 주제이다. 바나드와 동료들(2007)은 오랫동안 보지 못한 초기의 영장류 종들이 양손잡이 능력을 발달시켰고, 더 복잡한 양손 조작을 조절하도록 전문화된 하위체계가 등장했다고 주장했다([그림 5.1] B5; 사분면의 상단 오른쪽). 이로 인해 5개 하위체계 구축의 소유자가 잠재적으로 매우 광범위한 물질(예: 과일 비틀기, 콩 씻기, 땅속 식물 발굴, 공동 제작, 물건 운반, 돌 이동 등)을 조작할 수 있는 환경이 조성되었다. 발굽이나 발로 달성할 수 있는 것보다 더 복잡한 양손의 행동의 집합은 정신적, 신경적 능력을 증가시켰다. 이로 인해 공간-프락시스 정보를 코드화하고 처리하는 여섯 번째 하위체계가 등장할 수 있는 여건이 마련되었으며, 보이는 것과 실행된 것이 공통적인 것을 포획하는 보다 추상적인 형태가 된다([그림 5.1] B6; 상단 오른쪽). 그러고 나서 다중모드와 공간-프락시스 하위체계 사이의 '정신 대화'로 표시된 상호 화살로 지표화되어, 공간적으로 '생각'을 위한 토대를 마련한다. 이 내부 대화는 공간에서 대상 및 행동에 대한 내부 **정신 표상**mental imagery을 가능하게 했다. 이것은 하위체계가 외부 또는 신체 자원에서 구동되는 체계를 통해 실행되는 데이터 이음을 가지지 않고, **대체 및 재정렬뿐만 아니라 내부적으로 정보를 생성**할 수 있는 첫 번째 지점이다.

두 번째 단계는 청각 발성 기술 발달에 있어 정확히 동일한 패턴을 따른다. 손재주처럼, 추가될 다음 효과기effector 하위체계([그림 5.1] B7; 하단 왼쪽)는 전구체 호미닌 종에 의해 결여된 발성 운동 조음vocal motor articulation과 독립적 호흡 제어 종류를 다룬다. 이 7개 하위체계 구조의 소유자의 말에서 발성 형태의 정량적 분화를 가능하게 했다. 이는 결국, 청각 소리와 발성 조음이 공통적으로 가지고 있는 것을 포획하는 추상적인 형태로 전문화된 다중모드 하위체계에서 8번째 하위체계가 나올 수 있는 조건을 제시한다. 여기에는 음운학적 하위체계가 도입된다([그림 5.1] B8, 하단 왼쪽). 8개 하위체계 구조의 소유자는 다중모드 하위체계에 연결된 두 개의 내부 '정신 대화'에 의해 지표 된 시각 그리고 청각 언어 이미지를 모두 가지고 있다. 실제로 꽤 정교한 재정렬 가능한reorderable 발성 구성요소 체계를 가지고 있으며, 의사소통 기술의 결과적인 차별화는 물질적인 대상이나 사회적 에이전트와 관련될 때 공간-프락시스 처리 활동과 함께 조정될 것이다. 이 이론은 8개 하위체계 구조의 소유자는 단어와 공간-프락시스 이미지로 모든 것을 '생각'할 수 있다고 주장한다.

상호작용하거나 작용되는 물질에 관해 이야기하는 것은 다중모드 하위체계가 감각의 패턴을 기반으로 신체적 행동을 선택하는 것에만 관여하지 않는다는 것을 의미한다. 현재 감각 하위체계에서는 피드백을 처리하는 것과 동시에 시각 공간적이고 재정렬 가능한 말의 발화를 선택, 생성 그리고 협응하고 있다. [그림 5.1]의 사분면 중 하단 왼쪽에 표시된 구축에서 알 수 있듯이, 8개의 하위체계 구축의 다중모드 구성요소 안팎에 엄청나게 많은 화살이 있다. 계산적으로, 이 구조의 다중모드 하위체계 내의 처리는 작용의 기반 속성(예: 방향, 힘, 위치), 에이전트, 대상 그리고 환경의 추상적 속성에 대한 정보 구조를 구별할 것이다. 그리고 물론 그들 사이의 관계의 속성으로서 대화할 수 있는 수단을 차별화할 것이다. 그러한 추상적인 성질과의 관계는 우리 인간이 명제의 자료로 이해하는 것이며, 따라서 분할의 많은 행동들 사이에서 유사성과 차이점을 확립하는 것은 분할과 같은 더 추상적인 개념의 출현을 틀에 박히게 만들 수 있다. 이전의 모든 '세포 분할'과 마찬가지로, 이 똑같은 분화는 공간-프락시스와 음운학적 물질이 공통적으로 가지고 있는 속성을 다루는 다중모드 하위체계에서 9번째 하위체계가 나올 수 있는 조건을 만들었다. 이 시점에서, 복잡한 의미로의 전환을 반영하기 위해 원래의 부모 다중모드 하위체계는 '내포적implicational' 하위체계로 이름이 바뀌었고, 최종 자녀 하위체계는 '제안적propositional' 하위체계로 명명되었다([그림 5.1] B9; 하단 오른쪽). 마음은 이제 두 가지 다른 형태의 의미를 가지고 있다.

중요한 것은 하위체계 분할을 지배하는 원칙의 직접적인 결과로서 정동(또는 감정)의 기능은 원래 부모에 의해 유지된다는 점이다. 재구성은 자녀 제안 하위체계가 공간-프락시스 그리고 음운학적 하위체계와의 두 내부 대화에 대한 제어권을 가지고 계산적으로 가정하는 것을 수반한다. "무엇이 무엇을 조절하는가"의 이러한 변화는 [그림 5.1]의 사분면 중 왼쪽 하단과 오른쪽 하단을 비교하여 조사할 수 있다. 마찬가지로, 부모가 감각 하위체계에서 직접 경로를 유지하는 것 외에도, 고통으로부터의 후퇴와 같은 다른 총체적인 행동 패턴과 함께 신체적 그리고 본능적 패턴에 대한 책임을 계속 진다. 세 가지 내부 대화 또는 **동시** 처리 루프가 존재하는 것은 9개의 하위체계 구축의 소유자가 도구를 만들고 현재 일어나고 있는 일에 대해 말할 뿐만 아니라, 동시에 더 나은 도구를 만드는 방법에 대해 생각할 수 있게 하는 것이다. 이 정신적인 구조는 의미 있는 생각을 하기 위한 완전히 현대적인 능력을 가지고 있다.

분명히, 이 뼈대가 되는 설명에 덧붙여야 할 살이 많이 있다. 그중 일부는 뒷부분에서 추가될 것이며, 훨씬 더 많은 내용을 제공하는 이 접근법에 관한 우리의 다른 출판물들도 참고해야 할 것이다. 이어지는 내용 전체에 걸쳐, 정신 구조의 명세는 신경 또는 행태 체계에 적용되는 명세보다는 **계산**computational 가능성과 제약조건과 관련이 있다는 것을 명심하는 것이 중요하다. 체계적 특성화의 세 가지 대안적 수준 사이의 관계는 이 장의 마지막에 설명될 것이다. 이 접근 방식은 우리의 마지막 공통 조상인 대형 유인원과 대형 유인원 자체의 인지 능력은 6개 하위체계 정신 구축의 잠재력과 제약에서 나온다고 주장한다. 이 시퀀스는 마지막 공통 조상과 9개의 하위체계 구축을 가진 **호모 사피엔스** 사이에서, 오직 두 개의 재구성(7과 8)만 중재한다는 것을 의미한다. 공간 인지가 발성 인지보다 우선한다고 가정한다면, 하위체계의 출현 순서는 논리적으로 고정된다. **호모 에렉투스** 시대에 걸쳐 많은 종들이 존재했을 가능성이 높고, 여기서 이용 가능한 증거는 7개 이하의 하위체계를 가진 구조가 필요한 것으로 보인다. 마찬가지로, 지난 50만 년 동안, 아마도 네안데르탈인/데니소반이 멸망할 때까지, **많은** 고대 종들은 더 풍부한 형태의 물질문화를 만들고 사용하고 그것을 세대에 걸쳐 전달할 수 있는 8개의 하위체계로 구축하여 존재했을 것이다. 이 거시이론 접근법의 주요 측면을 설명하기 위해서는 하나의 그림에서 구축을 나란히 배치하는 것이 필요하다.

각 단계에서 단일 하위체계가 추가되지만, 정신 능력을 결정하는 '체계 수준' 속성은 하나가 아닌 세 가지 속성에서 발생하며, **이 속성 모두는 인지 능력과 행태를 연관시킬 때 추론의 발판에 필요하다**. 여기에는 하위체계의 도메인 특수성, 동시 처리 범위 그리고 다중모드 하위체계 내에서 달성되는 추상화 정도가 있다. 나중에 자세히 설명하겠지만, 추상화는 4개 하위체계 구축의 두 가지 수준에서 9개 하위체계 구축의 최대 네 가지 수준으로 발전할 수 있으며, 이러한 추상화의 기본은 2차, 3차 그리고 4차 불변량invariants이라고 한다.[88] 처리 시퀀스를 통해 추적할 수 있는 단계가 많을수록 계산될 수 있는 추상화도 깊어진다. 예를 들어, 9개 하위체계 구축에서 '내포적' 의미는 2차 불변량을 산출하는 감각 하위체계의 직접 경로와 시각적 처리(1차), 공간-프락시스(2차) 그리고 제안(3차) 처리를 통한 긴 간접적 경로로 기여할 수 있다. 4차 불변

---

88 수학에서는 특정된 변환(specified transformation)을 적용할 때 **불변량**(invariant) 함수, 수량 또는 속성은 변경되지 않는다. 여기서 이 용어는 정보 패턴의 변하지 않는 속성을 의미한다.

량은 2차 불변량과 혼합하기 위해서 2차 하위체계에서 좀 더 직접적인 전달을 통해 산출된다.

[그림 5.1]의 전체 구축 세트를 조사하면 4개 하위체계 구축의 특유한 배열이 **전체 시퀀스에 걸쳐 유지되며**, 유전된 성분이 굵은 글꼴로 요약되어 있음을 알 수 있다. 나중에 추가된 것은 포유류의 핵심 마음을 대체하기보다는 증가시킨다. 물론, 다중모드 하위체계에 대한 입력은 그것이 내장된 형태에 따라 변한다. 각 하위체계의 추가는 그 입력이 추상화의 다른 수준에서 증강됨에 따라, 다중모드 하위체계 내에서 계산되는 중요도 또는 '의미' 체계의 특성에 매우 분명하고 추론할 수 있는 영향을 미친다(나중에 참조할 수 있도록 〈표 5.1〉에 요약되었다).

〈표 5.1〉 인지적 진보를 뒷받침하는 주요 계산적 특징들 요약

하위체계 숫자	추상의 깊이(순서)	공존 처리 잠재력
4 핵심 세트	불변량의 두 수준이 산정될 수 있음. • 1차 감각 • 2차 다중모드	동시 처리가 각 하위체계에서 일어날 수 있지만, 처리는 하위체계를 건너서 시퀀스(또는 직렬적)로 일어남. • 감각 → 다중모드 → 신체적 효과기
6 핵심에 추가: 조작 그리고 공간-프락시스	3차 공간-프락시스 불변량이 계산되고 다중모드 하위체계에서 다른 2차와 혼합될 수 있음.	핵심 시퀀스 진행. • 감각 → 다중모드 → 효과기 하위체계 → 신체적 효과기 하나의 동시적 처리 루프에 의해 증가. • 공간-프락시스 ↔ 다중모드
8 추가: 조음 그리고 음운	3차 공간-프락시스 그리고 청각-발성 불변량이 계산되고 다중모드 하위체계에서 다른 2차와 혼합될 수 있음.	핵심 시퀀스 진행. • 감각 → 다중모드 → 효과기 하위체계 → 신체적 효과기 하나의 동시적 처리 루프에 의해 증가. • 공간-프락시스 ↔ 다중모드 그리고 • 음운적 ↔ 다중모드

9 추가: 제안	3차 불변량이 제안적 하위체계에서 이제 혼합될 수 있는 반면, 내포적 하위체계는 어떤 4차와 2차 불변량이 혼합될 수 있음.	핵심 시퀀스 진행. • 감각 → 다중모드 → 효과기 하위체계 → 신체적 효과기 하나의 동시적 처리 루프에 의해 증가. • 공간-프락시스 ↔ 다중모드 그리고 • 음운적 ↔ 다중모드 그리고 • 내포적 ↔ 제안적 의미

양방향 화살표는 [그림 5.1]에서 보여주는 하위체계 사이에서 일어날 수 있는 세 가지 가능한 내적 정신적 대화의 지표이다.

내용은 Barnard and colleagues(2017), Toward a richer theoretical scaffolding for interpreting archaeological evidence concerning cognitive evolution, *Cognitive Models in Palaeolithic Archaeology*, Oxford University Press에 있는 Table 3.1(pp. 58-59)에서 인용하였다.

인지고고학을 위한 모듈, 구축 그리고 방법론적 내포

물론 하위체계는 진화론적인 논쟁에서 종종 요구되는 '도메인 특정 처리 모듈'의 한 형태이다. 여기서 그것들은 입력과 출력 사이를 중개하기 위해 사용하는 정신 코드의 특성에 의해 정의된다. 그들은 기법, 사회, 자연사 '지능'을 먼저 분리한 다음 '인지적 유연성'으로 상호 연결된 미튼Mithen(1996)이 언급한 도메인 특수성의 유형과는 상당히 다르다. 처리를 구축하는 가계family는 4개에서 9개의 하위체계까지 발달한다. 이것은 또한 모듈 수가 논쟁적으로 그리고 문자 그대로 '거대'하게 될 수 있는 진화심리학에서(Sperber, 1994) 자주 논의되는 모듈들과는 매우 다르다(Cosmides & Tooby, 2000). 여기서 주장하는 정보 처리 접근 방식은 쿨리지와 윈Coolidge and Wynn(2005)에 의한 배들리와 히치Baddeley and Hitch(1974)의 인간 작업기억working memory(이하 WM으로 표기)의 모델 사용과 가장 밀접한 관련이 있다. 그러나 주목할 만한 차이점이 몇 가지 있다.

ICS는 완전한 정신기전의 체계적으로 제약된 거시이론으로서 WM 모델보다 광범위한 범위를 가지며, 각각의 새로운 하위체계 추가와 함께 의도하거나 보증하거나 그렇지 않은 경우 새로운 가정을 추가하는 대신 정교하게 함으로써 광범위한 현상을 다룰 수 있다. 예를 들어, WM 모델은 감각/인지 기전, 신체 효과, 의미 그리고 감정의 전문화에 대해 비교적 조용하다. 그들은 오직 WM 모델 자체의 일부가 아닌 가정을 추가하여 해결할 수 있다. 또한, ICS의 각 하위체계는 세 가지 등급의 '모듈 내부' 기능을 가진 잘 정의된 **내부** 구축을 가지고 있다. 이미지는 해당 하위체계에 대한 입력의 현상적 알아차림을 지원한다. 기억 기록은 해당 도메인에서 경험의 규칙성을 모델링하고 입력이 부분적일 때 패턴을 완성할 수 있다. 처리는 입력의 기초가 되는 불변량을 계산하여 다음 하위체계 또는 신체적 효과기physical effectors로 전달한다(자세한 내용은 Barnard, 1985; Teasdale & Barnard, 1993를 보라). 체계적인 과제별 정비를 가능하게 하는 것은 내부 구조의 특이함이다. 또한, 자녀 하위체계가 다중모드 하위체계의 기능을 세분화할 수 있는 기전의 분석을 지원한다. 분자가 원자 구성요소로 구성되는 것과 거의 동일한 방법으로, 하위체계는 각각의 부모에게 동일한 내부 구조를 가진 아이를 낳기 위해 그리고 정보 교환, 추상화 그리고 상호연결성에 대한 체계 전체의 변화된 잠재력을 제공하기 위해 세 가지 유형의 구성요소로 구성된다(Barnard et al., 2007; 〈표 5.1〉을 보라). WM 모델을 포함한 많은 다른 형태의 모듈형 생각과는 달리, ICS 접근 방식은 체계적이고 시퀀스하며 밀접하게 상호 연관되어 있는 구속된 정신 구축의 가족을 생성하며, 이들이 포유류 그리고 호미닌 발달의 전체 범위에 걸쳐 종과 '결혼'할 수 있도록 한다. 정신 구축의 속성을 고고학적 기록의 증거와 연결하는 과정은 공급, 도구 사용 그리고 약물medication과 관련된 세 가지 종류의 증거를 위해 다른 곳에서 자세히 설명되었다(Barnard et al., 2017).

많은 사람들이 그러한 증거의 희박한 분포를 고려한다면, 근거를 잘 두고 이론적 전개를 좀 더 광범위하고 체계적으로 사용하는 것을 보고 행복해할 것이다. 왜 동물계의 나머지 부분에서 호미닌의 특정한 집단이 좀 더 정신적으로 능력이 있는지에 대한 이유를 설명할 때, 이것은 어떤 "단일 마술적 성분"과 "그냥 그런 이야기"에 너무 쉽게 의존하는 서술에 대항할 것이다(예: Byrne et al., 2004를 보라). 물질적 연계성 이론이나 근본적으로 체화된 인지와 관련된 아이디어를 개발하는 것과 같이, 마음의 진화에 대한 개선된 주장을 추구하는 일부 조사자들은 인지에 모듈식 또는 재현적 접근법과 관련된 몇 가지 기본적인 가정을 거부한다(예: Garofoli, 2015b; Malafouris, 2013). 그들은 마음의 진화에 대해 질적으로 다른 방식으로 논점을 세우려고 한다. 일반적으로, 「오캄Ockham의 면도날」로 교육을 받은 이론가들은 지금까지 소개된 종류의 복잡하고 야심 차고 광범위한 이론적 교양을 회피하는 경향이 있으며, 도전하고 반증하기 쉬운 단순한 설명을 선호한다. 왜 그 해석을 엄격히 필요한 형태에만 국한시키는 특정 증거의 해석에 초점을 맞추기보다는 구축의 전체 가족을 고려하는가? 이것은 단지 부당한 추측이 아닌가?

그 반론은 부분적으로 설명주제explananda[89]가 정말로 복잡하며, 그들의 비밀을 단 한 가닥의 추론으로 설명할 수 없으리라는 것이다. 더

89 설명주제: 설명할 내용.

중요한 것은, 이론의 무게가 경험적 실험에 열린 아이디어를 갖는 것과 추측이나 생각 실험에 의존하는 것 사이의 균형 잡힌 노력 배분에 의해 평가될 수 있다는 것이다. 과학 커뮤니티는 현재 4개의 하위체계(예: 쥐, 개), 5개의 하위체계(예: 원숭이와 손재주가 좋은 기타 동물), 6개의 하위체계(분명히 대형 유인원, 아마도 코끼리 그리고 일부 까마귀)를 가진 구축 소유자에게 접근하고 있으며, 현장 또는 실험실 연구를 실행할 수 있다. 또한, 인간 심리학에 관한 방대한 문헌은 우리 자신의 마음 모델로서 9개 하위체계 배열의 기술적이고 설명적인 적합성을 평가하는 데 사용될 수 있다. 따라서 이론의 핵심 가정이 4개, 5개, 6개 그리고 9개의 하위체계(전체 궤적의 큰 부분)를 기반으로 포유류 층위의 다른 구성원의 정신적 능력을 설명할 수 있는지를 실험하고 검증할 수 있다. 이렇게 되면 더 큰 격자이론의 일부로서 7개 그리고 8개의 하위체계를 갖춘 작은 부분만 남게 된다. 증거가 희박한 경우, 고고학적 기록의 재료에 적용되는 새로운 기법으로 실험될 수 있는 생각 실험, 재구성 작업 그리고 이론적 예측에 관한 생각이 중요하다(예: Wadley, 2013).

다음 절에서는 4개에서 9개의 하위체계까지의 궤도에 걸쳐 인지-정동적 의미에 대한 특성을 직접 다룰 것이다. 그 뒤의 섹션은 전적으로 도구를 사용한 행태의 분화가 어떻게 8개 하위체계 구축에서 9개 하위체계 구축으로의 전환을 추진하는 데 매우 중요한 역할을 했는지에 대한 생각 실험으로 구성되어 있다. 이러한 맥락에서 생각 실험은 고인류학뿐만 아니라 행동과학과 인지과학에서도 종종 부당한 추측으로 치부된다. 양자역학과 상대성 이론에서 복잡한 아이디어를 형성하는 데 생각 실험이 행해지고 필수적인 역할을 하는 물리학과 우주론에서는 그렇지 않다(예: Al-Khalili, 2011, p. 29를 보라). 생각 실험은 **이론을 다듬기**

위한 전제조건으로서 또는 때로는 **설명할 수 없는 이론적 공식의 결과를 파악하고** 그것들이 어떻게 실험될 수 있는지를 탐구하기 위해, 문제를 결정짓고 생각할 수 있는 것으로 재현한다.

제안과 내포 의미로 향한 궤적에서 다중모드 재현, 진전 그리고 보강

하위체계 추가 시퀀스는 '추상 수준'을 2개에서 4개로 변경하는 작업을 포함한다는 아이디어는 앞서 소개되었다(〈표 5.1〉의 2열 참고). 이 절에서는 추상화 수준에 의해 의미되는 것과 의미 개념에 어떻게 연결되는지가 설명되고 다듬어질 것이다. 추상화 수준의 개념은 인지와 의사소통의 진전된 형태의 진화에 대한 논의에서 잘 알려진 많은 형식을 취한다. 기호학에서 도상iconic, 지표indexical, 상징적 신호symbolic sign 사이의 구별(Peirce, 1955)은 추상화의 3가지 정도를 반영하는 반면, 언어 진화에 관한 문헌에서는 동물이 원형-제안proto-propositions을 형성할 수 있다는 생각에 대한 언급을 포함한다(Hurford, 2007). 또한, 특정 형태의 목표 기반 학습에서 동물들은 단순한 연관성이 아닌 제안과 유사한 구조를 사용해야 한다는 주장이 제기되었다(Dickinson, 2012). 물론, 윈(1979, 1985)이 원래 동종의 지능 분석에 적용한 피아제 학파 접근법은 감각운동, 구체적 그리고 형식적 조작을 위한 추상화 수준도 유발한다. 이 특정 접근법의 측면은 다음에 나오는 것과 유사하다. 그러나 추상화에 대한 현재의 접근법은 처리 구축에서 발달되며, 몇 가지 구체적인 예와 함께 가장 잘 소개된다.

ICS 내의 개별 하위체계는 시간의 차원 중 하나인 주성분 분석과 같은 단순한 통계 기전을 기반으로 하여 이미지 내에서 어떤 것이 진행되는지 각각을 학습한다(자세한 내용은 Barnard et al., 2007을 보라). 감각 하위체계는 시각적 패턴, 신체적 감각의 패턴 그리고 청각 패턴에 대한 지각 학습을 실행하는 반면, 다중모드 하위체계는 그러한 모든 1차 감각 분석의 산출물을 취하여 고전적 조건과 도구적 조건의 패러다임에서 연구된 광범위하게 이루어진 더 깊고 추상적인 관계에 대한 2차 주성분

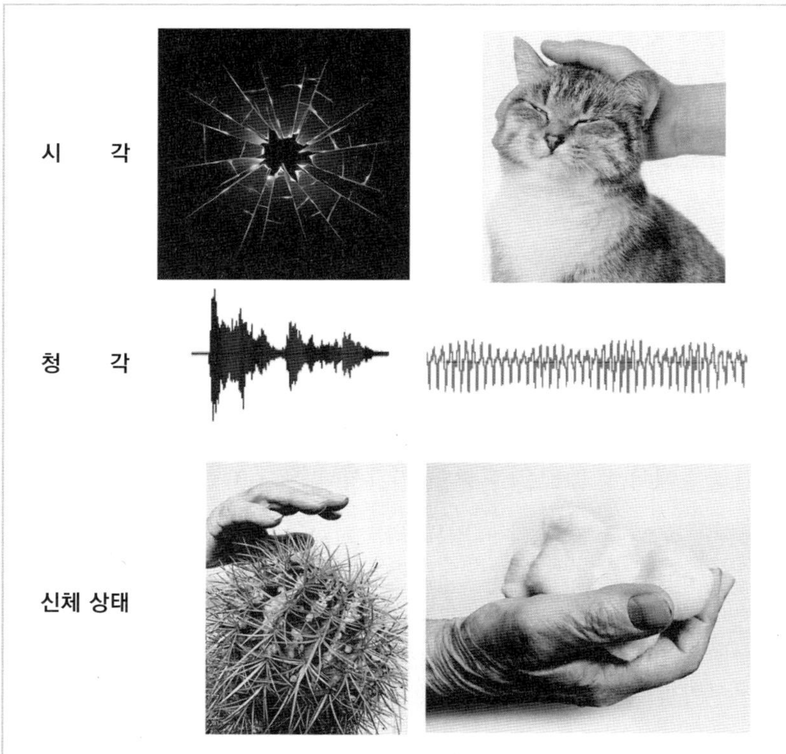

[그림 5.2] 다중모드 통합 생산물에서의 동시 발생에 대한 그림

고양이 이미지는 에르몰라예프 알렉산더/셔터스톡(Ermolaev Alexander/Shutterstock), 깨진 유리 이미지는 보로브요프/셔터스톡(Vorobyov/Shutterstock). 모든 이미지는 저자 제공.

분석을 실행한다. 이것은 유사한 성질을 가진 사물이나 사건과 유사한 방식으로 반응하도록 동물들의 정신기전을 조정하고, 앞서 설명한 다른 사물이나 사건들에 대해 다른 방식으로 반응한다. 시각과 소리의 기본 특성은 대상, 사건 그리고 장소(예: Jenkins, 1985)뿐만 아니라 그것들과 관련하여 어떻게 행동해야 하는지 알려준다. 물리학은 다음과 같은 특정한 형태의 다중모드 상관관계가 자연스럽게 발생한다는 것을 지시한다. 예를 들어, 큰 대상은 작은 대상보다 낮은 주파수로 진동하고, 물체를 이동하기 위해 더 많은 힘이 필요하며, 저항성 고유 수용적 피드백을 더 많이 제공한다.

[그림 5.2]의 상단 행은 고양이를 쓰다듬을 때 "보이는" 것과 나란하게, 유리창을 깨뜨릴 때 생성되는 파단 패턴을 보여준다. 비록 여기서의 그 움직임들은 상상해야만 한다. 두 번째 행은 반복적인 스트로크에 반응하여 유리 깨짐(왼쪽)과 고양이 울음소리(오른쪽)의 소리 패턴을 보여준다. 세 번째 행은 선인장의 가시에 접근하는 손과 솜털 공을 잡은 손을 보여준다. 일상생활에서 유리 깨짐과 같은 거친 소리와 뾰족한 모양은 자연적으로 공존하게 되고, 더 주기적인 소리와 함께 역동적으로 굴절되는 물질의 출현도 함께 발생할 것이다. 다중모드 하위체계는 이러한 동시 발생을 모델링하는 것으로 간주되며, 패턴이 만족, 고통, 좌절 또는 기타 형태의 불만족과 연결된 정동적 속성을 포함할 경우 이러한 요소도 모델링될 것이다. 이러한 '뾰족뾰족한' 패턴은 피부를 뚫는 듯한 불편함, 심한 오르내림, 타격 또는 편안함이나 즐거움의 솜털 패턴과 함께 발생하는 분명한 맥락이 있다. 이러한 모델은 통계적 의미론(예: Landauer & Dumais, 1997을 보라)의 경우와 마찬가지로, 단순한 연관성이라기보다는 고차원적이고 귀납적이다. 4개의 하위체계 구축을 가진

포유류는 이미 행동 선택을 유도하는 데 매우 복잡하고 효과적인 '정신 모델'을 구축하고 의존한다(예: 크고 작은 고양이 모두를 생각해 보라).

일찍이 4개의 하위체계의 핵심 배열이 궤적을 가로질러 9개로 상속된다는 것에 주목했기에, 따라서 9개의 하위체계 구축에서 내포 의미가 제안 입력과 다중모드 입력을 혼합한다는 생각을 뒷받침하는 **실험적 증거**를 요구할 수 있다. [그림 5.3]의 상단 부분은 쾰러Köhler(1929)가 원래 개발한 유형의 두 개의 그래픽을 보여준다. 데이비스Davis(1961)는 전 세계의 현저하게 다른 문화권의 어린아이들이 새로운 비 단어novel non-word '타케테Takete'를 새로운 비 단어의 삐죽삐죽한 모양과 동일하게 연결시키거나, '울루무Ulumoo'나 '말루마Maluma'와 같은 새로운 비 단어novel non-words를 더 둥글고 부풀어 오르는 모양과 동일하게 연관시킨

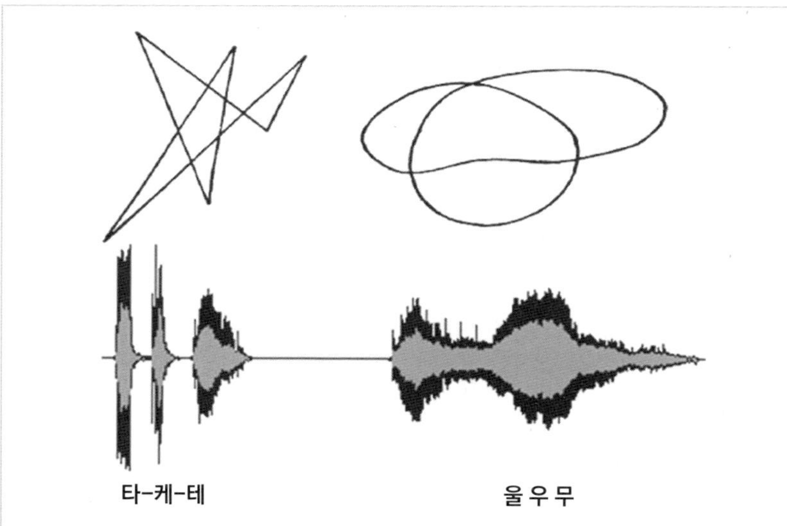

[그림 5.3] 데이비스(Davis)(1961)의 연구에서 비 단어와 일치하는 유형의 추상적 형태
존 티스테일(John Teasdale)이 제공한 이미지로, 그의 허락에 따라 사용.

다는 것을 보여주었다. 그들은 이전에 그러한 자료를 듣거나 본 적이 없지만, 그들의 잠재된 지식을 신속하고 즉각적으로 이용할 수 있다. 또한, 두 개의 비언어적 단어의 청각적 흔적은 유리를 깨는 소리와 그르렁거리는 소리의 일반적인 계통family 유사성을 나타낸다. 맛과 단어의 소리 사이의 연관성에 대해서도 동일한 고려 사항이 적용되는 것으로 나타났다(Gallace, Boschin, & Spence, 2011). 우리는 심지어 레몬의 맛이 어느 정도 날카롭다고 묘사한다. 유사 추상개념은 순수 추상적 형태를 포함하는 동작과 함께 발생한다(Heider & Simmel, 1944). 매끄럽고 포용적인 패턴으로 함께 움직이는 추상적 모양은 친화적인 사회적 맥락에서 에이전트를 나타내는 것으로 해석되는 반면, 갑작스럽게 칼로 찌르는 모양은 적대적인 사회적 맥락의 더 전형적인 행태로 해석된다(Tavares, Lawrence, & Barnard, 2008).

이러한 경험적 연구는 모두 깨끗하게 기술된 범위의 표면적 속성보다는 수지상 관계dendritic relationships에 진입하는 심층 구성 속성에 대한 증거를 제공한다. 기껏해야, 우리는 이러한 불변 패턴의 본질을 '급격한 이행-불편함/위험' 또는 '부드러운 이행-편안함/안전'과 같은 것으로 지나치게 단순화할 수 있다. 우리는 모두, 아마도 그러한 설명이 보증된다는 것에 동의할 것이다. 그러나 고양이나 쥐보다는 우리 인간을 위한 기질은 단순한 단어나 문장으로 완전히 포획하기 어려운 많은 차원을 불러일으키는 4차 추상화이기 때문에, 그 세부사항은 불가피하게 이루 말할 수 없는 상태로 여전히 남아 있다.

고양이와 같은 기본적인 포유류는 그러한 패턴을 추상화하고 이용하는 것으로 더 잘 생각되지만, 암묵적으로만 고려된다. 그럼에도 불구하고 의미는 다중모드 합성 속에 잠재되어 있다. 4개 그리고 9개 하위체계 구축 사이에서 제안된 진화 궤적은 다중모드 하위체계 내에서 불변 패턴을 추출할 수 있는 가장 깊은 수준으로 3차 추상화를 가진 3개(6, 7, 8개)를 포함한다(〈표 5.1〉 참고). 우리는 또한 7개에서 8개의 하위체계 구축을 보유했다고 가정되는 사라진 호미닌들을 위한 구조들을 고려하기 전에, 최소한 대형 유인원과 다른 종들의 확실한 증거들을 체크포인트로 고려할 수 있다. 이러한 형태의 이론적 논리에 따르면, 이것들은 3차 불변성의 추상화로 제한되었을 것이다. 이것들은 단지 4개의 하위체계를 가진 포유류가 이용할 수 있는 2차 구성요소보다 더 정교할 것이지만, 그럼에도 불구하고 의미는 외현하기보다는 잠재되어 있을 것이다. 이론적으로, 6개, 7개 그리고 8개 하위체계 구축의 시퀀스는 전적으로 하위체계가 수신하는 교차 모드 입력의 **특정** 패턴을 모델링하는 다중모드 하위체계 방식에 내재된 의미적 구분의 형태를 가져야 한다. 물론, 침팬지에 대한 인지에 관한 문헌은 비인간 영장류들이 어떻게 '범주'를 코드화 하는지에 대한 가능성을 이미 고려했다(예: Povinelli, 2000; Tomasello, Call, & Hare, 2003).

바나드와 동료들(2007)은 공간-프락시스 하위체계와 다중모드 하위체계 사이의 가설화된 대화의 결과를 간략하게 탐구했다. 이 경우에, 공간-프락시스 하위체계는 원래 핵심 다중모드 하위체계의 일부였던 2차 불변성을 사전 분리로 계산하고 있다. 분리는 공간-프락시스 하위체계에서 다중모드 하위체계로 전달되는 것이 이제 2차 추상화가 된다는 것을 의미하며, 두 가지 사이의 대화는 감각 하위체계에서 직접 도착하는 2차 불변량과 함께 다중모드의 더 깊은 3차 불변량을 '보고' 모델링할 수 있다는 것을 의미한다. 이는 또한 정동affective이 사건 및 특히 시각 공간 개념의 보다 정교한 조직에 연결될 수 있다는 것을 의미한다. 바나드와 동료들은 이 특별한 대화가 대형 유인원의 감정적 연계 행태가 더 복잡하고 추상적인 어떤 경우일 뿐 아니라 시각적 기억, 프로그램 수준의 행동 시퀀스 모방, 그리고 마음이론 일부 측면의 좀 더 발전된 기술의 이론적 설명의 기초를 형성할 수 있다고 주장한다.

그러한 추론은 침팬지 문화 그 자체가 아니라 **구축의 계산적 제약에서 비롯된다**. 이 주장의 핵심 성분은 복잡성과 상관관계가 있는 피드백의 두 출처가 다중모드 하위체계로 들어갈 때 새로운 하위체계가 등장할 가능성이 있다는 것이다. 예를 들어, 보거나 듣는 것은 동일한 골격 또는 발성 작용에 대한 자기 수용적proprioceptive 피드백에 의한 지연과 상관관계가 있을 것이다(Barnard et al., 2007). 코끼리가 발달된 공간적 기술을 가지고 있고 공감각적인 느낌을 보여주는 최근의 사례가 있다(예: Byrne, Bates, & Moss, 2009). 침팬지와 마찬가지이지만, 더 논란이 많은 증거로 뒷받침되는 일부 아시아 코끼리들도 자기인식의 거울 실험을 통과할 수 있다(Plotnik, De Waal, & Reiss, 2006). 마찬가지로, 일부 까마귀과corvids 즉, 까마귀corws[90]는 도구 사용과 사회적 인지와 관련된 광범위한 지능적 능력을 보여주기 때문에 '깃털 덮인 유인원feathered apes'이라고도 불린다(Emery, 2004). 비록 이 종들이 더 큰 진화 계보에서 광범위하게 분리되어 있지만, 그들이 다섯 번째와 그럴듯하게 여섯 번째 하위체계를 진화시켰을 수도 있다는 주장이 제기될 수 있다.

코끼리들은 매우 민감할 뿐만 아니라 다른 먹을 수 없는 대상이나 사회적 행위자와 상호작용할 때 꽤 놀랄만한 '조작적인' 재주가 있는 유연한 코를 가지고 있다. 새들이 혀에 뼈를 가지고 있다는 것을 아는 독

90 corvids는 '과'이고 crows는 '종'이다(역자 주).

자는 거의 없을 것인데, 앵무새와 까마귀를 포함한 많은 새들은 언어 조절을 위한 매우 복잡한 근육 체계를 가지고 있다. 신기하게도, 마네골드Manegold(2009)는 핵심 집단인 까마귀과(잣까마귀nutcrackers뿐 아니라 구북구 어치Palearctic jays, 까마귀crows, 큰까마귀ravens로 구성) 내의 집단 모두가 영장류의 손과 유사하게 능숙한 조절을 발달시켰다는 것을 제안하는 특정한 형태의 혀를 공유하고 있다는 것을 발견했다. 이는 아마도 '적대할 수 있는 혀opposable tongue'에 해당된다. 논쟁의 여지가 있지만 틀림없이, 코끼리와 까마귀 모두 처음에는 다섯 번째 효과기 하위체계가 발달했고, 그다음에는 행동 요소의 대체와 재정렬을 가능하게 하는 여섯 번째 공간-프락시스 하위체계가 발달했으며, 따라서 일부 3차 추상화와 도구 사용을 지원할 수 있다. 앞에서 언급한 점을 반복하자면, 코끼리나 까마귀에 의해 다중모드 모델이 형성되는 방식에 내재된 '의미적 차이'의 특정한 형태는 그들의 다중모드 하위체계가 받는 교차 모드 입력의 **특정** 패턴을 자연스럽게 반영할 것이다. 우리가 코와 혀를 다루고 있어서(즉, 냄새나 맛이 직접 작용 조절에 기여할 수 있는 곳), 공간적 인지는 현존하는 유인원과 멸종된 유인원과는 질적으로 다를 수 있다. 모든 것이 작용 성분을 대체하고 재정렬할 수 있지만, 의미 체계에 내재된 3차 불변성은 종에 따라 다르다. 도구 사용의 차별화에 관한 한, 더 깊은 추상화로 가는 경로의 개방과 함께 양손 조작 능력은 부리와 몸통이 제공하는 가능성을 쉽게 능가하는 것처럼 보인다.[91]

8번째 하위체계가 우리의 가상적인 궤도에서 완전한 지혜sapience에

91 돌고래도 동일한 기준을 충족한다. 시각과 음파 탐지기로 볼 수 있는 능력을 통해, 그들은 또한 더 "관련 있는(referential)" 다양한 불변량을 파악할 수 있는 잠재력을 가지고 있다. 또한, 복잡한 발성 조음을 가지고 있는데, 그 성질은 현재 잘 이해되지 않는다.

추가될 때, 언어의 진화에 대해 출판된 많은 책들에 널리 퍼진 논쟁에 들어가는 것은 분명히 필요하다. 여기서 이어지는 자료는 우리의 특별한 가상적인 형태의 정신 구조에서 의미 체계 진화에 집중하도록 그러한 논쟁의 많은 부분을 비켜갈 것이다. 여기에서는 필모어Fillmore(1968) 사례 문법에서 도출한 아이디어를 경험적으로 활용할 것이다. 이 형태의 분석은 특정 동사에 필요한 의미적 역할을 고려한다. 다른 동사들은 의무적이거나 선택적인 사례의 종류에 대해 다른 요구들을 보여주며, 이러한 패턴들은 우리의 신체적 그리고 정신적인 세계에서 일어나는 일들을 반영한다. 이어지는 본문에서 그것의 사용은 **이 특정 분석**의 심리학적 또는 진화적 현실을 주장하기 위해 어떤 방법으로도 받아들여져서는 안 된다. 우리가 제안적 의미의 기원을 탐구하는 맥락에서, 그것은 단순히 의미의 분화에 관한 생각 실험, 즉 실체가 관여하는 것, 그들이 어떤 속성을 가지고 있는지 그리고 어떤 관계가 재현되는지에 대한 것을 지원하는 장치로 받아들여질 것이다.

격문법[92]은 또한 문화가 의미할 수 있는 것의 많은 측면을 토론하는 과정에서 번과 동료들Byrne and colleagues(2004)에 의해 선택된 분류의 형태였다. 이 저자들은 필모어가 제안한 사례 역할을 이용하여 침팬지 문화와 다른 많은 종들의 일상적인 활동을 완벽하게 **기술할** 수 있다고 지적한다. 이것들은 모두 침팬지의 행태에 분명히 내재되어 있다(〈표 5.2〉를 보라). 번과 동료들은 또한 그러한 활동들이 행동 그 자체와 행동에 대한 다른 의미적 역할에 서 있는 동물과 무생물 사이의 관계로만 **이해될** 수 있다고 지적한다. 그러므로 침팬지나 이후의 호미닌이 단지 그러

92 미국의 언어학자 C. J. 필모어(C. J. Fillmore)가 제안한 변형생성문법으로, 술어를 중심에 두고 각 단어의 의미적 관계를 기술하여 의미구조를 표현한다(역자 주).

한 행동을 하는 것만이 아니라 고양이보다 더 추상적인 수준으로 그들의 의미를 실제로 **이해할** 수 있는 정도까지, 그것은 더 깊은 의미 관계를 코딩하는 어떠한 방법을 가지고 있어야 한다. 그것은 호미닌들이 물질적, 사회적 문화에 관해 이야기하고 상호작용하게 될 때, 그다음에 탐구되는 의미 코드 체계의 차별화이다.

〈표 5.2〉 침팬지의 행태에서 사례 역할 내포

의미역할	필모어 정의	언어 예제	침팬지를 위한 내포적 상응
에이전트	사건 **촉발자**	'**존**'은 문을 연다.	침팬지, '**마이크**', 나무를 오른다.
카운터 에이전트	행동의 실행과 **반대되는** 힘 또는 저항	존은 '**책상**'을 친다.	침팬지가 스트리크노스 열매를 열기 위해 '**돌**'에 그것을 쳤다.
대상	**움직이거나 변하는** 또는 위치나 존재를 **고려해야 하는** 독립체	'**메리**'는 7살이다.	침팬지, '**피그나**'가 이제 알파 수컷이다.
결과	행위의 결과로 **나타나는** 독립체	메리는 '**케이크**'를 만들었다.	침팬지는 나무줄기에서 잎들을 벗겨내고 '**낚시 탐사 가**지'를 만들었다.
도구	비생물적 **자극** 또는 사건의 즉각적 **물리적 원인**	'**열쇠**'로 문을 열었다.	침팬지가 견과류를 깨기 위해 돌망치로 사용하는 '**동그란 돌**'.
여격	동사의 행위로 **영향을 받는** 생물학적 존재	나는 '**메리**'에게 사탕을 주었다.	암컷 침팬지 '**플로라**'가 다른 침팬지에게 털 손질 받고 있다.
경험자	**경험** 또는 **정신적 상태를 갖는** 생물학적 존재	'**아빠**'가 화가났다.	털이 서고 소리 짖는 것은 챔팬지 '**프로도**'가 화가 났음을 보여준다.
위치격	동사의 상태 또는 행위가 일어나는 **장소** 또는 **공간 지향**	토비는 '**불**' 옆에 앉아 있다.	수컷 침팬지 집단이 '**가장자리**'로 가서 불법 침입자를 찾고 있다.

Byrne and colleagues(2004), Understanding culture across species, Trends in Cognitive Sciences, 8(8), 341-346에 있는 Table 1(p. 343)으로 이전에 출판되었다.

8개 하위체계 구조에서 의미 분화

웰손Welshon(2010, p. S195)은 ICS 모델을 요약하고 다른 이론과 비교하면서, 8개 하위체계 구축을 "의미적 참고와 의미 형성의 도가니"라고 유창하게 설명한다. 이론적으로, 이 구축 내에서 공간-프락시스 그리고 음운론적 하위체계를 포함하는 두 개의 내부적, 정신적 대화는 8개 하위체계 구축의 다중모드 하위체계에서 교차한다([그림 5.1], 왼쪽 하단). 말로 말하는 것과 공간에서의 행동의 실행은 공통적으로 실체, 속성 그리고 관계에 대한 참조이며, 이것들은 다중모드 교차점에서 유도되어야 한다. 이것이 바로 '도가니'이다.

이러한 관점에서 볼 때, 의미는 물질문화 그리고 사회적 참여의 분화와 함께 진화한다. 물질적 연계성 이론(Malafouris, 2013)과 높은 수준의 유사성이 있지만, 설명의 세부사항은 질적으로 다르다. 여기에 제시된 생각 실험은 수십만 년 이상 동안 8개의 하위체계 구축들이 지구를 돌아다녔다고 가정한다. 이러한 구축이 개발됨에 따라, 신경, 정신 그리고 행태적 능력은 모두 많은 작은 단계로 함께 진화했다. 좀 더 분화된 행태종과 그러한 행태를 실행할 수 있는 근본적인 정신적, 신경적 능력을 가진 종들은 더 잘 살아남고 번영할 수 있었다. 또한, 바나드와 동료들(2017)이 지적한 바와 같이, 초기의 8개 하위체계 구축은 완전히 개발된 7개 하위체계 구축보다 성능이 더 좋을 수 없다. 약 50만 년의 발달과 기술의 문화적 전달의 도움을 받은 후, 8개 하위체계 구축은 초기 9개 하위체계 구축과 달리 행태적인 레퍼토리를 가지고 있었을지도 모른다. 〈표 5.2〉에 요약된 형태들은 8개 하위체계 구축의 인지 능력이 지적 '유리 천장glass ceiling'[92]과 동등한 것을 의미한다. 그들은 순간적으로 아이디어의 성분들을 쉽게 대체하고 재정렬할 수 없으며, 4차 추상을 파악하지도 못한다.

우리는 결코 모든 범위의 세부사항들을 알 수 없기 때문에, 생각 실험을 패턴에 집중해야 한다. 생각 실험은 장기적인 관점에서 분화의 큰 그림에 대한 몇 가지 핵심 질문을 제기할 수 있다. 도구 사용의 기능으로서 어떤 영역과 방법에서 조치가 분화되었을 수 있는가? 정의상, 각 작용은 다른 작용과 다르며, 물론 어떤 다른 작용이 동일한 목적을 달성할 수 있지만 기본적인 정신적 기전은 그것들 사이에서 구별되어야 한다. 각 조치는 세계와 마음의 서로 다른 정보 상태에 대한 응답이기 때문에, 〈표 5.2〉에 나타난 사례 역할의 종류는 행동과 관련된 정신 상태의 분화를 다루는 방법을 구성하는 데 도움이 될 수 있다. 따라서 두 번째 질문을 제기할 수 있다. 도구 사용과 관련된 조치 선택과 함께, 조치 선택을 결정하는 데 관련된 에이전트, 대상, 경험 등의 상태 속성은 어떻게 분화되는가?

이 질문들이 실제로 다뤄지기 전에, 각각의 대답은 그것들이 암시하는 패턴만큼 중요하지 않다는 것을 이해하는 것이 중요하다. 제기된 주제 중 일부에 대해서는 이미 고려하고 평가할 상세한 증거가 있지만, 관련된 많은 출판물에 대한 전통적인 언급으로 여기서 실행되어야 한다면 생각 실험의 추진력을 떨어뜨릴 것이다. 실험의 요점은 간단하다. 우리가 인지고고학에 관여하는 12명의 지적 장인들로 구성된 배심원을 모을 것이라고 가정해 보자. 패턴의 증거에 직면했을 때, 예를 들어 유전적 오류나 하나의 새로운 인지의 도착이라는 어떤 행복한 결과보다는,

93 보이지 않는 장벽(역자 주).

선택적 압력 하에서 진화 과정을 통해 발전하는 인지 능력을 끌어내는 데 도움이 될 수 있었던 좋은 사례가 있다는 것에 동의하는가? 동일한 배심원이 도구 사용을 통해 발생하는 분화의 정도가 4개 하위체계 구축을 가진 도구 사용 전 포유류의 전형적인 수렵채집, 사회적 상호작용, 짝짓기, 육아 등을 지원하는 데 필요한 수준보다 작거나 비슷하거나 더 크다고 고려할 수 있는가?[94]

행동의 분화

돌떼기는 조심스럽게 조준된 힘을 필요로 하는 반면, 고기를 썰거나 막대기 끝에 촉을 만드는 것은 특정한 획으로 구분되는 어떤 것에 대하여 적절한 방향과 힘의 정도를 가진 적절한 시기의 타격을 필요로 한다. 이러한 각 특정 행동 종류 내에서, 실행될 수 있는 별개 행동의 특성에 상당한 **변화**가 있을 것이며, 따라서 고려해야 할 많은 상태-행동 쌍이 있을 것이다. 우리는 특정한 종류의 패턴(예: 뼈나 석기 자체의 절단 자국이 있고, 때로는 뼈나 석기제작에서 남은 **데비타지** 조각으로 보완됨)에 대한 증거만 가지고 있기 때문에, 학문적 관심의 초점은 일반적으로 그러한 행동의 부분집합과 효과를 발휘하기 위해 필요한 신체적 또는 정신적 조건에 집중된다. 학문적인 추구는 종종 기록에서 실제로 관찰되는 다른 세대의 호미닌들에 의해 만들어진 도구들 사이에 "무엇이 차이를 만드는가?"를 식별하지 않는 경우가 더 많다. 당연히 지능적으로 주변 시야에 있어 종

94 창조론자들의 존재에 대해, 만장일치보다는 다수결로 주장하자.

종 관심을 가지지 않는 유물은 크기가 클 것이다. 그리고 도구로 작용을 하거나 뭔가를 했다면, 또는 실제로 많이 관여했을 것이라고 연상이 되었다면, 보다 중요하게 남아 있을 것이다.

침팬지 문화에 관한 토론에서, 맥그루McGrew(1992)는 자연 서식지에서 12개의 집단들에 의해 보인 43개의 습관적인 도구 사용의 패턴을 나열했다. 망치와 모루로 견과류를 깨는 것과 흰개미 낚시에 대한 고전적 관찰 외에도, 몽둥이, 잎, 던지는 무기 등의 사용을 포함한다. 만약 우리가 단지 도구 사용의 다른 패턴의 식별을 고려하는 것뿐만 아니라 관련된 정확한 행동에 대한 좀 더 상세한 분석을 해야 한다면, 고릴라가 먹이 처리에 대해 실행한 것(Byrne & Byrne, 1993)과 같이 서열과 관련된 대형 유인원 행동 패턴의 차별화를 고려해야 한다. 물질문화에 관심을 갖는 것은 도구를 포함하지 않는 수렵채집 행동과 사회적 상호작용을 구현하기 위해 필요한 행태의 분화와 동등할 것이다.

만약 우리가 우리의 생각 실험을 고대 **호모** 종의 가능한 물질문화로 전환한다면, 그 결과물은 몇 페이지 정도가 아니라 하나의 책정도 일 것이다. 존재하는 것으로 알려진 유형의 창spears을 창조 또는불을 통제하거나 황토, 깃털 또는 구슬을 상징적으로 사용하는 것과 관련된 행동과 정신 상태의 구별은 일반적으로 연구의 초점이 된다. 그러나 이러한 소수의 사람들뿐만 아니라 다른 많은 일상적인 형태의 물질문화가 활동했을 가능성이 높았고, 그 세트는 고대 종이 존재하던 시대에 걸쳐 실질적으로 증가했을 가능성이 높다. 치료뿐만 아니라 혈액 경로를 차단하고 감염으로부터 보호하기 위한 물질을 사용 가능하다는 것은 부상 후 생존할 수 있다는 증거이다. 그럴듯하다고 행동 목록에 추가하는 것은 그렇게 어려운 일은 아니다. 음식물 찌꺼기가 있는 도구는 박테리아 발달을 막기 위해 깨끗이 닦거나 씻어야 할 수 있으며, 확실히 어떤 도구는 잔손질을 통해 유지된 것으로 보인다. 고대 종들은 곤충을 멀리하고, 뱀을 내쫓거나, 지저분한 것을 털기 위해 이런저런 종류의 도리깨를 사용했을지도 모른다. 우리가 아는 한, 8개의 하위체계 구조를 가진 종들이 격지가 끊어지는 것을 막기 위해 잎에 싸서 운반할 수도 있다.

생각 실험에서 실례를 만들어 내는 것을 너무 지나치게 추진하는 것은 분명히 의미가 없다. 도구 사용이 잠재적으로 대형 유인원 전문지식의 다른 도메인과 함께 접근하거나 동등한 서열을 매기는 것으로 보일 수 있다면, **나란하게** 최소한 도구에 직접 연결된 행동의 분화가 가상의 7개 하위체계 구축을 갖춘 호미닌, 여전히 초기 종에 호미닌과 초기 종에 더 큰 영향을 미칠 가능성이 충족되게 만들어야 한다. 이는 물질적 참여에서 수십만 년 동안의 행태 발달 이후 8개 하위체계 구축과 그 이상을 갖추었다.

또한, 8개 하위체계 구축의 소유자들이 어떤 형태로든 재정렬 가능한 구군을 사용하여 말하고 있다는 것을 받아들인다면, 도구 사용과 관련된 상당한 범위의 발성을 추가하는 것은 차별 학습의 증가뿐만 아니라 사용 가능한 신경 또는 정신 능력 범위 내에서 조직되고 관리되어야 할 조합의 폭발을 의미한다. 이 논쟁의 일반적인 경향은 많은 발성 행위들이 행동을 참고하는 어떤 방식, 즉 동사 또는 '원형동사'의 어떤 형태를 포함한다는 것을 주장할 것이다.

촉발 행동에 관여된 실제 세계와 정신 상태의 분화

행동 패턴 자체의 분화와 함께, 특정 행동이 호출되는 조건도 상관관계가 있는 분화를 겪으리라는 것은 명백하다. 우리의 사회와 물리적 세계는 분명히 무작위적이지 않기 때문에, 2차이지만 "의미적" 추상화의 주요 특징들을 설명하기 위해 「울루무와 타케트Ulumoo and Takete」의 사례를 사용한 이전 절에서 고려된 것과 같은 방식으로 직접적으로 이용하기 위한 규칙들이 있을 것이다. 한 가지 분명한 작업은 이론적으로 제한된 구축 시퀀스의 8개 하위체계 구축이 다중모드 하위체계에서 3차 규칙성을 계산한다는 것이다. 이것들은 앞에서 이차적인 것들이 고려했던 말로, 설명하기가 훨씬 더 불가능하고 어려울 것이다. 〈표 5.2〉에 나타난 사례 역할이 의미 공간의 풍부한 설명을 생성하는 목적에는 적합하지 않지만, 의미 역할 분화 주제에 대한 추가적 생각 실험에는 충분하다. 분화의 바탕이 되는 패턴은 이론적 접근법에서의 다중모드 처리와 그 기억 기록 내에서 모델이 되어야 한다.

호미닌의 도구 사용에 관한 문헌은 이미 초기 도구 사용자가 다른 어떤 조치보다 하나의 조치를 선택할 때 어떤 종류의 구별을 이용했을 것인가에 대한 많은 중요성을 확인하였다. 주먹도끼의 경우 대칭과 같은 추상적 형태를 포함한 각도, 형상의 새로운 지각적 차별과 분류가 포함되었다. 다른 초점은 몸돌 후보 돌 재료의 경도와 파괴적 특성, 매끄럽고 딱딱한 망치와 같은 물리적 특성을 포함한다. 더욱이, 나무를 다룰 때, 강성, 유연성, 길이, 둘레, '수액이 많음'과 같은 비교가 가능하고, 나무를 가공하거나, 콩과식물legumes을 파내거나, 육류를 가공하는 데 어떤 도구가 적합한지 다루기도 한다. 다시 한번 말하지만, 우리는 가능한 차별의 극히 일부만이 연구자들의 관심을 받고 있다는 것을 고려해야 한다.

만약 생각 실험을 확장한다면, 초점을 둔 물리적 특성이 변하는 곳에 다른 행동의 범주가 많이 있을 것이다. 스펀지 사용 시의 흡수성, 바닥 선택 시의 부드러움, 마모 표면의 경우 거칠기 등이 있을 수 있다. 관련 지각 특성은 충돌이나 조각내기에 대한 저항 또는 가죽, 살, 힘줄 강타나 얇게 썰기에 있어서, 혼란 또는 타격, 격지 때리기 도리깨 동작의 궤적 누락으로 인한 신체 피드백뿐 아니라 행동의 효과기 근육 조절effector muscular control의 분화로 확장될 수 있다. 공간-프락시스의 더 넓은 패턴과 관련된 어떤 발성들은 필모어의 '대상object'과 '카운터 에이전트counter-agent' 역할의 패턴을 정교하게 하는 것으로 해석될 수 있다.

분화의 가능한 범위에 대한 일반적인 요점은 합리적으로 파악되어야 하며, 〈표 5.2〉에서 다른 사례 역할의 잠재적 분화를 설명할 수 있지만 가능한 생각 실험의 전체 범위는 독자들이 추구할 수 있도록 개방되어 있다. 결과 역할의 분화를 위해, 도입부에서 언급된 음식물을 나누는 예를 재사용하여, 물리적 또는 영양학적 특성이 다른 더 작은 부분 또는 더 큰 부분을 산출할 수 있다. 물론 도구는 그 자체가 하나의 도구이고 결과이며, 그 결과의 성공은 형태, 선명도, 길이, 둘레 또는 목적에 적합하도록 회복성의 '적절한' 종류 중 하나를 갖는 것을 포함할 수 있다. 위치 역할의 경우, 도구 사용이 광범위하게 이루어지기 전에 굳이 사용 방법으로 코드화시킬 필요가 없었을 도구 제작을 위한 출처 재료의 위치를 탐색하는 것과 관련된 거리, 방향 그리고 위험이 정교하게 포함될 수 있다.

연령, 성별, 계급, 밴드 멤버십, 유전적 관계 또는 집단 내의 특정 사회적 관계와 같이 이미 구별된 동종의conspecific **에이전트**는 이제 도구 사용 차원에 대해 확장을 겪을 수 있다. 상태 구분에는 도구 제작자 또는 사용자 그리고 일부 역량이 갖춰져 있는 다른 도구의 범위가 포함될 수 있다. 또한, 전문가나 초보자의 지위, 학습을 위해 관찰하거나 대화할 에이전트를 포함할 수 있다. 도구 사용의 결과로, 다른 종의 동물들은 가능한 음식 공급원으로서 이전보다 행태적으로 더 관련성이 있고, 죽이고, 도살하는 어려움 또는 노력을 위해 얻은 영양의 질이라는 측면에서 추가적으로 분화될 수 있다.

필모어의 특정 체계에서 의미론적 그리고 경험자 역할은 에이전트에게 생기를 불어넣는 것으로 제한된다. 결정적 역할에 대한 생각 실험에는 자연스럽게 자신의 집단과 관련된 에이전트가 최근에 잘린 음식 꾸러미를 받는 것을 관찰하거나, 막대기에 찔리거나, 심지어 어떤 종류의 도구를 사용하는 과정에서 베이거나 멍드는 것과 같은 주제가 포함될 수 있다. 작용에 영향을 받는 에이전트가 자기 자신인 경우, 경험자 사례 역할의 패턴에 초점을 맞춘다. 도구 그리고 도구 사용이 미칠 수 있는 영향에 대한 일부 간단한 관찰은 이미 바나드와 동료들(2007)에 의해 논의되었으며, 의도된 기능에 있어 망치의 타격 표시가 없어지고 몸돌 파단이 잘못될 수 있는 좌절이나 짜증 또는 특히 '좋은' 도구를 사용할 때 발생할 수 있는 긍정적인 영향이 포함된다. 이 시점에서 다른 많은 것들은 독자들의 상상력에 안전하게 남겨질 수 있다.

정신 처리의 협응과 조절의 분화

지금까지, 생각 실험은 신체적 세계에서 발생하는 행동 분화를 다루었다. 그것들은 도구를 이용한 물질 참여에 초점을 맞추었다. 또한, 다중 모드 하위체계에서 교차하는 두 개의 내부 정신적 대화(공간-프락시스 그리고 발성적)를 사용하여 실제와 상상의 참여를 생각하기 위해 8개 하위체계 구축을 사용할 수 있다. 이 8개 하위체계 구축의 조절과 협응은 포유류 층위를 위해 제안된 다른 모든 것들과 마찬가지로 자료 기반이다. 다음에 무엇을 할지 계획하거나 선택할 여러 후보 행동 중 어떤 것을 선택할 것인지에 대한 갈등을 중재하기 위해 '중앙집행' 또는 '호문쿨루스'가 필요하지 않다(Barnard, 1999, 2010b를 보라). 집단행동을 하는 모듈은 평등 위원회 또는 인터넷과 같다. 하위체계의 내적인 구성요소들 그리고 하위체계 간들의 교환의 왕복으로 조절된다. 하위체계 그리고 하위체계 내적 요소들 사이에서 마음속의 사건들은 그들 자신의 조절 조건을 제공하며 신체나 세계의 사건들과 정확히 같은 방식으로 모델이 된다. 만약 그러한 사건들이 물질문화의 사용이 확대되는 8개 하위체계 구축에서 발생하는 것처럼 더욱 복잡해진다면, '마음에서' 처리 활동의 조절과 협응은 행태 레퍼토리의 확장과 상관관계가 있는 방식으로 복잡해질 것이다. 이것은 심장과 두뇌의 기능에 대한 도구의 영향을 분명히 복합적으로 만들 것이다.

이론적으로 추진된 이러한 생각 실험으로부터, 지적 장인의 가상 배심원단이 제기할 사건은 다음과 같다. 도구 사용을 둘러싼 실체, 위치, 에이전트 그리고 조치의 상태를 고려하여 발생하는 다중모드 패턴의 분화의 규모는 우리의 가상 8개 하위체계 구축으로 세대를 걸쳐 확장하므로 확실히 중요하다. 그것은 동물 에이전트와 도구에 의해 매개되지 않는 다른 것들과의 다른 약속의 인지 능력에 대한 요구에 접근하거나, 경쟁하거나 전파해야 한다. 도구를 전혀 혹은 거의 사용하지 않거나, 덜 광범위하게 사용하는 8개 하위체계 구축의 전구체 종들은 완벽하게 살아남고, 공급하고, 스스로를 보호하고, 자신의 종을 전달할 수 있었다. 생각 그리고 이야기와 함께 도구 기반 행동의 선택을 뒷받침하는 풍부한 다양한 행동과 조건의 **추가적** 공간은 두뇌의 웨트웨어wetware[95]뿐만 아니라 '마인드웨어mindware'[96]에서도 뒷받침되어야 한다는 점에서 촉매제 역할을 한다.

분화의 도전에 직면한 신경 네트워크는 상관된 패턴의 공통점을 유도적으로 찾는 데 매우 능숙하다. 그들은 '입력'을 '출력'에 매핑하기 위해 경제적인 연결 패턴 또는 치수를 찾을 것이다. 대조적으로, 사례 문법 공식과 같은 것의 사용은 비록 실제적인 심층 분석을 더 설명할 수 없을지라도, 그러한 패턴들이 어떻게 구성되는지에 대한 마인드웨어 수준에서 우리가 생각할 수 있는 지적 매력을 얻을 수 있게 해준다. 여기서, 8개 하위체계 구축의 ICS 사양은 고려해야 할 많은 유형의 입력과 출력을 식별하고, 다중모드 처리 이전 그리고 이후 배열과 비교를 지원한다([그림 5.1] 참고). 이론적인 스키마는 작용과 연결된 의미적 역할의 종류가 3차 추상일 것이며, 따라서 도구에 대해 행동하고 광범위한 언어 의사소통을 하는 8개 하위체계의 소유자들은 그들의 생각과 행태가 원형 제안 조직에 의해 지배되는 다중모드 의미 체계를 가질 것이다.

바나드와 동료들(2007)에 의해 제안된 시퀀스의 최종 전환은 제안 의미 처리가 다중모드 하위체계의 모든 다른 교차점에서 통계적으로 독립적이될 때이다. 이러한 분리는 일련의 미세한 단계minute steps로 성취될 수도 있다. 분리가 일어나는 시점에서, 제안과 내포적 하위체계에서 병

95 컴퓨터의 하드웨어와 소프트웨어를 사람의 두뇌에 빗대어 표현한 것(역자 주).

96 문제 해결 또는 의사결정을 위해 사용하는 정신적 지식 또는 처리(역자 주).

렬로 처리되는 현재 두 종류의 의미 사이에 새로운 대화가 설정된다. 여섯 번째 하위체계가 등장하고 3차 추상을 촉진할 때 발생했다고 주장되는 것과 마찬가지로, 3차 정신 대화는 이제 이전 구축에 잠재되어 있던 의미의 규칙성을 '둘러보기' 위한 내포 의미를 처리할 수 있게 한다. 이는 '분할', '원인', '믿음', 또는 '애도'와 같은 4차 추상을 추론과 세계와 마음에서의 행동의 직접 선택과 지침에서 모두 이해하고 활용할 수 있는 능력으로 이어진다. 인지 도메인에서는 9개의 하위체계를 가진 구조의 소유자가 현명할 수 있다. 그러나 감정이 4차 추상 안에 얽혀 있는 곳에서, 9개 하위체계 구조의 소유자는 그들의 생존뿐만 아니라 추상적인 믿음의 전달을 위해 싸울 준비가 되어있을 수 있다.

[그림 5.1]의 진화 궤적은 4개 하위체계 구축에서 비롯되었다. 이 구조를 가진 표준 포유류는 한순간에 세계의 상태에 있는 자신의 신체 상태에서 파생된 복합적인 '감정'을 가지고 있다. 우리 세계와 우리 몸속의 자아에 대한 감각과 느낌은 몇 배나 더 정교하다. 그들은 세상과 마음 상태에 대한 의미 있는 추상화 처리의 산물 그리고 그것들을 되돌아보는 능력으로 증강된다. 도구 사용과 진화적인 시간대에 걸친 점진적인 확대가 없었다면, 이러한 주장들이 함께 어울리고 평가와 실험을 위해 그들 자신을 제공하는 정도까지, **호모 사피엔스**는 존재하지 않았을지도 모른다.

결론

이 장은 인지 진화의 마지막 단계가 두 가지 유형의 의미를 산출하기 위한 단일 다중모드 체계의 확장과 세분화를 포함한다는 내용을 조금 더 많이 추가했다. 진화적 전환은 물질과 사회 문화의 분화와 확장에 있어 크게 증대된 잠재력에 중요한 역할을 한다고 주장되었다. 고고학적 증거의 해석과 이러한 이론적인 생각들이 어떻게 더 철저하게 실험될 수 있는지에 대한 이 접근법은 바나드와 동료들(2017)에 의해 광범위하게 연구되었다.

이 장의 전반부는 정신 구축의 구성과 구성에 대한 이론인 ICS에 초점을 맞추고 요약했다. 이 장의 후반부는 행태와 관련된 이슈들과 도구와 상호작용할 때 **행태 구축**에서 일어나는 일들 사이의 관계 그리고 신경 능력, 정신 능력, 행태 능력 사이의 관계가 어떻게 서로 보조를 맞추어 함께 진화하는지 조사했다. 물질문화에 대한 관여는 그 자체가 마음에 대한 이론이나 행태에 대한 이론이 아니다. 오히려 그것은 정신 구축과 행태 구축 사이의 **관계**에 대한 이론이고 둘 사이에 있을 수 있는 상호적인 영향에 대한 이론이다.

인지고고학 영역에서 현재 논의되고 있는 광범위한 맥락에서 볼 때, 현재 체화되거나 상황 지어진 인지situated cognition(예: Garofoli, 2015a, 2015b)[97] 또는 물질적 연계성 이론(예: Malafouris, 2013; Taylor, 2010을 보라)의 설명력에 대한 논의가 많이 이루어지고 있다. 여기서 강조하는 것은 어떻게 그것들을 가지고 있는 행태가 마음을 성형하는지에 대한 명백한 아이디어를 발달시키는 것이다. 이러한 이슈에 관한 연구의 주목을 끌면서, 40년 전 토마스 윈에 의해 초점화된 인지 기전이 어떻게 작용하고 진화하는지 이해하는 기법성technicalities은 지적인 측면에서 주변

97 상황과 맥락에 따라 이루어지는 문제 해결이나 학습과 같은 인지(역자 주).

적인 비전으로 나아가고 어쩌면 학문적 소멸로까지 옮겨갈지도 모르는 어떤 위협에 처해 있다.

이 장의 시작에서 제시한 견해들은 특히 인지 이론을 위한 강력한 역할을 유지하면서 물질적 연계성 이론에 대한 논의의 대부분과 직접적으로 유사하다는 것에 주목하였다. [그림 5.4]는 서로 다른 체계 수준에서 접근법 간의 차이를 설명하는 방법을 제공한다. 이 그림에서는 원래 현대 정보 기법의 사용을 가장 잘 모델링하는 방법을 논의하기 위해 처음

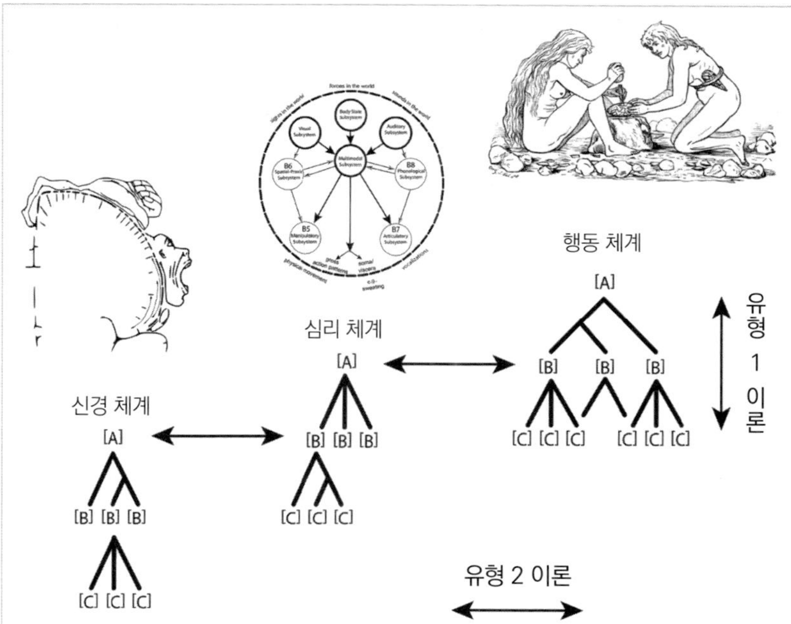

[그림 5.4] 뇌, 마음 그리고 행태의 관계 이론(유형 1 이론)은 신경학적 체계 이론과 심리학적 이론 그리고 심리학적 이론과 행태적 이론(유형 2 이론)의 관계성 이론으로 구성됨

호문쿨루스 이미지는 ralf@ark.in-berlin.de/Shutterstock에서 나왔다. 도구 제작에 협력하는 두 명의 옷을 입지 않은 여성의 이미지는 빅토리아 시대 고인류학자 W. G. Smith(1894), Man the Primeval Savage, Edward Stanford(공공 도메인의 자료)에 의해 만들어진 삽화에서 나온 것이다.

소개되었지만(Barnard et al., 2000), 임상 심리학(Barnard, 2009)과 인지 고고학(Barnard, 2010a; Barnard et al, 2017)에도 적용된 이 그림에서는 수직 차원에서 체계 이론을 탐구한다. 이 수직 차원에서는 A가 전체 체계를 지표하고, B는 해당 체계의 주요 구성요소이며, C는 구성요소의 성분이다. 이것은 '유형 1' 이론이라고 불리며, 그러한 이론의 완전한 명세를 위해 정교하게 설명할 필요가 있다(다시, Barnard et al., 2000를 보라). ICS는 마음속의 정보의 행태를 다루는 유형 1 이론이다.

[그림 5.4]의 두 가지 다른 형태의 유형 1 이론은 행태 체계에서의 작용 조직과 신경학 체계 내의 전기화학적인 행태를 다룬다. 에이전트가 다른 물리적 실체 또는 힘과 관련될 때, 행태 체계의 기본 구성요소가 되며, 물질적 연계성 이론을 개발하는 것이 이 수준에서 적절하다. 물질 참여가 어떻게 마음을 형성하는지를 다루는 것은 설명의 수준들 사이에 매핑되는 되는 **다른** 종류의 이론을 필요로 한다. 때때로 가교 이론으로 알려졌지만 여기서는 유형 2 이론으로 언급된다. 이 장의 두 번째 부분에서 진전된 주장들은 행태 체계의 점진적인 분화가 심리 체계의 기능과 진화에 어떻게 영향을 미치는지를 고려했다. 이러한 주장은 유형 2 이론의 도메인에 있다. 유형 2 이론은 매핑의 양쪽이 적절히 지정된 경우에만 접근할 수 있다. ICS 구축, 구성요소와 성분의 상세한 명세는 심리 체계에 대한 요구사항을 직접 다룬다. 또한, 이 명세는 분석을 안내하고 값을 추가한다. 앞에서 탐구한 부가가치의 좋은 예는 이론적 명세가 명시적 행동 통제에 대한 속성을 구별하는 것뿐만 아니라 정신 처리 활동의 협응과 조절을 분화하는 데도 문제를 제기한다는 것이다.

여기서 제시된 주장은 신경계에 심리학적 체계의 매핑을 간략하게만 다루었다. 우리가 다른 곳(Barnard, 2010a)에서 뇌 구조와 호미닌 행태에 의해 생성된 고고학적 증거 사이의 관계에 대한 논의를 중재하기 위해서는 심리학적 체계의 분석이 필요하다고 주장했기 때문에 세 가지 수준이 포함된다. 그럼에도 불구하고, [그림 5.4]에서 신경계 위에 묘사된 '호문쿨루스'는 양손 조작과 안면/발성 근육 구조를 다루기 위해 전문화된 신경 하위체계가 과도하게 재현되었음을 상기시킨다. 손과 발성 조절에 대한 이 관계는 여기서 논의되지 않은 5번째와 7번째 하위체계의 출현이 유형 2 매핑 이론을 통해 기본 신경회로의 상관관계 증가와 어떻게 직접적으로 연관될 것인지를 반영한다고 주장될 수 있다. 본 장의 유형 2 이론적 주장의 본질은 도구 사용 행태와 ICS의 특정 하위체계의 분화가 상호 간에 영향을 미쳤으며, 도구 사용의 분화가 없었다면 9개 하위체계 구축이 전혀 발생하지 않았을 수 있다는 것이다.

우리는 케네스 오클리Kenneth P. Oakley(1944)는 '인간 도구 제작자Man the tool-maker'[98]라는 주제에 관해 쓴 이후 '여자 도구 제작자woman the tool-maker'[99]를 인정할 먼 길을 걸어왔다(Bird, 1993). 이 장에서의 결론은, 여기에서 제시된 주장의 힘에 대해 요약할 수 있는 간단한 방법이 있다는 것이다. 오클리 동전의 이면에도 동등한 관심을 가지고 도구들이 '인류 제작자man-maker'이었을 가능성을 즐기고 싶을지도 모르고, 최소한 그 도구들이 우리가 **호모** 속Genus에 한정적인 사피엔스를 추가할 수 있도록 하는 데 매우 중요한 촉매 역할을 했을 수도 있다.

98 오클리의 원문에서 man은 ape와 비교되는 인류(mankind)였다(역자 주).

99 성별 표시에 대한 사과를 보낸다. 1944년은 현재보다 훨씬 더 성별이 표시된 시대였다.

감사

나는 나의 협력자들인 리차드 바이든Richard W. Byrne, 데이비드 듀크David Duke, 그리고 이아인 데이비드슨Iain Davidson이 이 특정 프로젝트에 대해 오랜 세월 동안 지원하고 많은 통찰력을 주었던 점에 감사드린다. 심리과학의 기본 이론에서 나온 호미닌의 도구 사용에 대한 우리의 이해에 관한 아이디어의 적용은 토마스 윈Thomas Wynn의 40년간의 연구 덕택이다. 이 장에 제시된 주장의 내용은 그 분야에 대한 그의 엄청난 영향력을 반영하는 많은 속성들을 가지고 있다.

참고문헌

Al-Khalili, J. (2011). *Black holes, wormholes and time machines* (2nd ed.). Boca Raton, FL: CRC Press.

Baddeley, A. D., & Hitch, G. J. (1974). Working memory. In G. H. Bower (Ed.), *The psychology of learning and motivation: Advances in research and theory* (Vol. 8, pp. 47–89). New York: Academic Press.

Barnard, P. J. (1985). Interacting cognitive subsystems: A psycholinguistic approach to short-term memory. In A. W. Ellis (Ed.), *Progress in the psychology of language* (Vol. 2, pp. 197–258). London: Lawrence Erlbaum Associates.

Barnard, P. J. (1999). Interacting cognitive subsystems: Modelling working memory phenomena within a multiprocessor architecture. In A. Miyake & P. Shah (Eds.), *Models of working memory: Mechanisms of active maintenance and executive control* (pp. 298–339). Cambridge, UK: Cambridge University Press.

Barnard, P. J. (2004). Bridging between basic theory and clinical practice. *Behaviour Research and Therapy, 42*(9), 977–1000.

Barnard, P. J. (2009). Depression and attention to two kinds of meaning: A cognitive perspective. *Psychoanalytic Psychotherapy, 23*(3), 248–262.

Barnard, P. J. (2010a). Current developments in inferring cognitive capabilities from the archaeological traces left by stone tools: Caught between a rock and a hard inference. In A. Nowell & I. Davidson (Eds.), *Stone tools and the evolution of human cognition* (pp. 207–226). Boulder,

CO: University Press of Colorado.

Barnard, P. J. (2010b). From executive mechanisms underlying perception and action to the parallel processing of meaning. *Current Anthropology, 51*(S1), S39–S54.

Barnard, P. J., Davidson, I., & Byrne, R. W. (2017). Toward a richer theoretical scaffolding for interpreting archaeological evidence concerning cognitive evolution. In T. Wynn & F. L. Coolidge (Eds.), *Cognitive models in Palaeolithic archaeology* (pp. 45–67). Oxford, UK: Oxford University Press.

Barnard, P. J., & DeLahunta, S. (2018). Intersecting shapes in music and in dance. In D. Leech-Wilkinson & Helen M. Prior (Eds.), *Music and shape* (pp. 328–349). New York: Oxford University Press.

Barnard, P. J., Duke, D. J., Byrne, R. W., & Davidson, I. (2007). Differentiation in cognitive and emotional meanings: An evolutionary analysis. *Cognition and Emotion, 21*(6), 1155–1183.

Barnard, P. J., May, J., Duke, D., & Duce, D. (2000). Systems, interactions, and macrotheory. *ACM Transactions on Computer-Human Interaction (TOCHI), 7*(2), 222–262.

Barnard, P. J., & Teasdale, J. D. (1991). Interacting cognitive subsystems: A systemic approach to cognitive-affective interaction and change. *Cognition and Emotion, 5*(1), 1–39.

Bird, C. F. M. (1993). Woman the tool maker: Evidence for women's use and manufacture of flaked stone-tools in Australia and New Guinea. In H. du Cros & L. Smith (Eds.), *Women in archaeology: A feminist critique* (pp. 22–30). Canberra: Australian National University.

Byrne, R. W., Barnard, P. J., Davidson, I., Janik, V. M., McGrew, W. C., Miklósi, Á., & Wiessner, P. W. (2004). Understanding culture across species. *Trends in Cognitive Sciences, 8*(8), 341–346.

Byrne, R. W., Bates, L., & Moss, C. J. (2009). Elephant cognition in primate perspective. *Comparative Cognition & Behavior Reviews, 4*, 65–79.

Byrne, R. W., & Byrne, J. M. E. (1993). Complex leaf-gathering skills of mountain gorillas (*Gorilla g. beringei*): Variability and standardization. *American Journal of Primatology, 31*(4), 241–261.

Coolidge, F. L., & Wynn, T. (2005). Working memory, its executive functions, and the emergence of modern thinking. *Cambridge Archaeological Journal, 15*(1), 5–26.

Cosmides, L., & Tooby, J. (2000). Evolutionary psychology and the emotions. In M. Lewis & J. M. Haviland-Jones (Eds.), *Handbook of emotions* (2nd ed., pp. 91–115). New York: Guilford Press.

Davis, R. (1961). The fitness of names to drawings: A cross-cultural study in Tanganyika. *British Journal of Psychology, 52*(3), 259–268.

Dickinson, A. (2012). Associative learning and animal cognition. *Philosophical Transactions of the Royal Society of London. Series B, Biological Sciences, 367*(1603), 2733–2742.

Emery, N. J. (2004). Are corvids "feathered apes"? *Comparative Analysis of Minds, 181*, 1–33.

Fillmore, C. J. (1968). The case for case. In E. Bach & R. T. Harms (Eds.), *Universals in linguistics theory* (pp. 1–88). New York: Holt, Rinehart and Winston.

Gallace, A., Boschin, E., & Spence, C. (2011). On the taste of "Bouba" and "Kiki": An exploration of word–food associations in neurologically normal participants. *Cognitive Neuroscience, 2*(1), 34–46.

Garofoli, D. (2015a). A radical embodied approach to Lower Palaeolithic spear-making. *Journal of Mind and Behavior, 36*(1/2), 1–26.
Garofoli, D. (2015b). Do early body ornaments prove cognitive modernity? A critical analysis from situated cognition. *Phenomenology and the Cognitive Sciences, 14*(4), 803–825.
Heider, F., & Simmel, M. (1944). An experimental study of apparent behavior. *American Journal of Psychology, 57*(2), 243–259.
Hurford, J. R. (2007). *The origins of meaning: Language in the light of evolution*. Oxford, UK: Oxford University Press.
Jenkins, J. J. (1985). Acoustic information for objects, places, and events. In W. H. J. Warren & R. E. Shaw (Eds.), *Persistence and change: Proceedings of the first international conference on event perception* (pp. 115–138). Hillsdale, NJ: Lawrence Erlbaum Associates.
Köhler, W. (1929). *Gestalt psychology*. New York: Liveright Kovic.
Kohn, M., & Mithen, S. J. (1999). Handaxes: Products of sexual selection? *Antiquity, 73*(281), 518–526.
Landauer, T. K., & Dumais, S. T. (1997). A solution to Plato's problem: The latent semantic analysis theory of acquisition, induction, and representation of knowledge. *Psychological Review, 104*(2), 211–240.
Malafouris, L. (2013). *How things shape the mind: A theory of material engagement*. Cambridge, MA: MIT Press.
Manegold, A. (2009). Morphological characters of the tongue skeleton reveal phylogenetic relationships within the Corvidae (Oscines, Passeriformes). *Emu, 108*(4), 321–330.
McGrew, W. C. (1992). *Chimpanzee material culture: Implications for human evolution*. Cambridge, UK: Cambridge University Press.
Mithen, S. J. (1994). From domain specific to generalized intelligence: A cognitive interpretation of the Middle/Upper Palaeolithic transition. In C. Renfrew & E. B. W. Zubrow (Eds.), *The ancient mind: Elements of cognitive archaeology* (pp. 29–39). Cambridge, UK: Cambridge University Press.
Mithen, S. J. (1996). *The prehistory of mind: The cognitive origins of art, religion and science*. London: Thames & Hudson.
Nowell, A., & Davidson, I. (Eds.). (2010). *Stone tools and the evolution of human cognition*. Boulder, CO: University Press of Colorado.
Oakley, K. P. (1944). Man the tool-maker. *Proceedings of the Geologists' Association, 55*(2), 115–118.
Peirce, C. S. (1955). Logic as semiotic: The theory of signs. In J. Buchler (Ed.), *Philosophical writings of Peirce* (pp. 98–119). New York: Dover Publications.
Plotnik, J. M., De Waal, F. B. M., & Reiss, D. (2006). Self-recognition in an Asian elephant. *Proceedings of the National Academy of Sciences of the United States of America, 103*(45), 17053–17057.
Povinelli, D. J. (2000). *Folk physics for apes: The chimpanzee's theory of how the world works*. Oxford, UK: Oxford University Press.
Sperber, D. (1994). The modularity of thought and the epidemiology of representations. In L. A. Hirschfeld & S. A. Gelman (Eds.), *Mapping the mind: Domain specificity in cognition and culture* (pp. 39–67). Cambridge, UK: Cambridge University Press.

Su, L., Bowman, H., & Barnard, P. J. (2011). Glancing and then looking: On the role of body, affect, and meaning in cognitive control. *Frontiers in Psychology, 2*, 1–23.

Tavares, P., Lawrence, A. D., & Barnard, P. J. (2008). Paying attention to social meaning: An fMRI study. *Cerebral Cortex, 18*(8), 1876–1885.

Taylor, T. (2010). *The artificial ape: How technology changed the course of human evolution.* New York: Palgrave Macmillan.

Teasdale, J. D., & Barnard, P. J. (1993). *Affect, cognition and change: Re-modelling depressive thought.* Hove, UK: Lawrence Erlbaum Associates.

Tomasello, M., Call, J., & Hare, B. (2003). Chimpanzees understand psychological states—The question is which ones and to what extent. *Trends in Cognitive Sciences, 7*(4), 153–156.

Wadley, L. (2013). Recognizing complex cognition through innovative technology in Stone Age and Palaeolithic sites. *Cambridge Archaeological Journal, 23*(2), 163–183.

Welshon, R. (2010). Working memory, neuroanatomy, and archaeology. *Current Anthropology, 51*(S1), S191–S199.

Wynn, T. (1979). The intelligence of later Acheulean hominids. *Man, 14*, 371–391.

Wynn, T. (1985). Piaget, stone tools and the evolution of human intelligence. *World Archaeology, 17*(1), 32–43.

Wynn, T. (1989). *The evolution of spatial competence.* Chicago: University of Illinois Press.

| 제6장 |

누적 문화의 기원

단일 특성 사건이 아닌 다요인 과정

Miriam Noël Haidle

서론

지난 20년 동안 누적 문화는 문화 진화 연구의 주요 성분 중 하나가 되었으며, 종종 독특한 인간 특성으로 간주된다(Boyd & Richerson, 1996; Dean, Vale, Laland, Flynn, & Kendal, 2014; Tomasello, 1999). 다른 동물들과 대조적으로, 인간 집단은 지구의 거의 모든 육지 영역에 도달하여 영구한 식민지를 건설했다. 심지어 우주뿐만 아니라 깊은 바다도 탐험하고 있다. 단일 종에 의해 사용되는 자원의 범위를 전례 없는 범위까지 확장했고, 심지어 새로운 물질을 창조했다. 대규모 공동 사회의 노력으로, 식물을 기르고 동물을 가축화했다. 대도시를 건설하고 정치와 종교 단체를 만들었다. 오늘날 수천 개의 언어, 수백 개의 쓰기 체계로 의사소통하고 심지어 가상 세계에서조차 서로 다른 코드로 의사소통을 한다. 이들의 다면 기법은 모듈화되어 복합적이고 보완적인 성분, 자동 장치와 신화적 세계, 측정 단위, 통화와 같은 개념 체계를 포함하는 복잡한 처리와 사슬에서 도구를 다양하게 재조합할 수 있다. 이 모든 누적 문화의 최고급 표현은 (1) 세대에 걸친 사회학습에 의해 획득되고 유지되며 (2) 단일 개인의 창의성을 넘어 지속적인 다양한 실행[100]을 생성하고 있다(Tennie, Call, & Tomasello, 2009와 비교하라). 그러나 누적 문화에 대한 바로 그 정의는 현생 인류 이외의 종에서 어떻게 경험적으로 식별될 수 있는지에 대한 문제를 제기한다. 실제로, 침팬지 집단(McGrew, 2015; Whiten et al., 1999), 오랑우탄(van Schaik et al., 2003), 뉴칼레도니아 까마귀 집단(Hunt & Gray, 2003; St Clair, Klump, van der Wal, Sugasawa, & Rutz, 2016) 그리고 고래 집단(Whitehead & Rendell, 2014)이 여러 전통과 기본적 문화적 패턴을 보여주었다(Whiten, 2016, 2017; Whiten, Caldwell, & Mesoudi, 2016). 그러나 그들은 종종 인간 문화의 누적 측면이 결여된 것으로 여겨지는데, "문화적 특성이 연속적인 세대에 걸쳐 보존되고 변경되어 그러한 특징의 복잡성 또는 효율성을 '단계적으로 상승시키는' 결과를 낳는다"(Kempe, Lycett, & Mesoudi, 2014, p. 29).

멀리서 보면, 인간, 대형 유인원 그리고 다른 동물 종의 성능에 뚜렷한 차이가 있으며, 이것들은 종종 누적 문화가 특정한 인간의 특성이기 때문이라고 여겨진다. 그러나 언제, 어떻게 누적 문화가 생겨났을까? 생태학적, 고고학적 자료는 흐릿한 그림을 낳는다. 타이포레스트Taï Forest의 침팬지 견과류 깨기 현장에서의 발굴은 수천 년 동안 지속되어 온 전통을 보여준다(Mercader et al., 2007). 브라질 카푸친 현장에는 딱딱한 음식물을 찧기 위해 사용된 적어도 600년 전으로 거슬러 올라가는 돌

100 콜드웰, 앳킨슨 그리고 레너(Caldwell, Atkinson, and Renner)(2016, p. 191)에 따르면, "누적 문화의 진화는 일련의 사회 전달 사건들에 대한 변경사항들이 누적되면서 잇따른 실행 향상을 보이는 과정이다." 따라서 여기서 사용되는 실행(performances)이라는 용어는 문화적 처리(예: 재생산, 변경, 포기 등)로 알려진 모든 행태를 나타낸다.

망치와 모루가 포함되어 있다(Haslam et al., 2016). 실험에서 침팬지는 '누적 문화의 필수적인 전제조건'을 시연한다. 즉, 비효율적인 행태를 포기하고, 목격한 더 효과적인 전략을 채택하고, 훨씬 더 큰 효과를 실현하기 위한 대안을 결합함으로써, 사회학습을 통해 행태 복잡성을 증가시킬 수 있는 능력을 보여준다(Davis, Vale, Schapiro, Lambeth, & Whiten, 2016; Vale, Davis, Lambeth, Schapiro, & Whiten, 2017). 마찬가지로, 귀소본능 비둘기는 개체의 인지 복잡성이 아니라 집단 지능을 학습하고 결합함으로써, 여러 세대에 걸쳐 점진적인 변경을 누적할 수 있는 능력을 입증했다(Sasaki & Biro, 2017). 따라서 세대를 초월한 전통의 획득과 유지, 그리고 연속적인 세대에 의한 전통의 변경은 전적으로 인간의 현상으로 보이지 않는다. 다른 종들이 문화를 누적한다는 사실은 인간의 문화적 누적이 뚜렷한 인지적 또는 행태적 실행을 포함하는지에 대한 의문을 제기한다.

대부분의 경우, 호미닌 계통의 초기 문화 발달에 대한 통찰력을 제공할 수 있는 고고학적 자료는 원재료로서 돌로 만들어진 도구에 한정된다. 이것은 현존하는 도구를 사용하는 동물들에 의해 일반적으로 사용되는 유기물질들(예: 나무, 나무껍질, 나뭇잎, 풀잎)이 썩기 쉽기 때문이다. 우리가 추측하기로는 초기 호미닌들은 유사한 물질을 사용했지만, 고고학적 흔적을 남기지 않았다. 결과적으로, 초기 호미닌의 가능한 기법적 스펙트럼의 극히 일부만 조사할 수 있다. 도구 행태, 인지 맥락과 제작, 사용, 관련기술 그리고 노하우 획득은 관찰할 수 없으므로, 대신 몇 가지 추론 단계를 통해 재료 기록에서 도출해야 한다(Haidle, 2014). 케냐의 로메크위 3에서 절단날을 지닌 석기(즉, 다른 도구를 사용하여 생산된 2차 도구)가 생산되었다는 첫 번째 증거는 나왔다(Lewis & Harmand,

2016). 이 도구는 현재 어떤 종이 제작한 것인지 알려지지 않았지만, 약 330만 년 전으로 거슬러 올라간다. 고고학적 유골은 최소한 두 가지 다른 제작 기법, 즉 수동 망치와 양극 기법을 사용한 것으로 해석되어 왔다.[101] '특이하게 다른 몇 가지 방식'은 재구성되었으며, 거기에는 연속 사용 시 격지를 의도적으로 운반하는 것도 포함된다(Harmand et al., 2015, p. 312). 석기의 의도적인 제작은 두들김 기법의 복잡성 또는 효율성에 대한 래칫효과ratchet effect[102]의 한 예인가?(Lombard, Högberg, & Haidle, 2018.) 그러면 누적 문화가 그때 시작된 것일까?

260만 년 전 이후부터는 신호가 훨씬 더 빈번해지고 상세해진다. 에티오피아의 유적지 고나Gona(Semaw et al., 2003; Stout, Semaw, Rogers, & Cauche, 2010)와 오모Omo(de la Torre, 2004), 케냐의 로칼라레이 2CLokalalei 2C(Delagnes & Roche, 2005)에서 다양한 기법적 접근법이 사용되었다. 그들의 차이에도 불구하고, 이것들은 종종 올도완 또는 모드 1 기법의 범주에 단순하게 분류된다. 다양한 돌 원재료가 사용된 것은 단지 자원 가용성이 다양하기 때문만이 아니라, 돌 돌떼는 자들이 격지 특성을 위해 적극적으로 원재료를 선택했기 때문이다(Braun, Plummer, Ferraro, Ditchfield, & Bishop, 2009; Goldman-Neuman & Hovers, 2012; Harmand, 2009; Stout, Quade, Semaw, Rogers, & Levin, 2005). 기법 지식의 스펙트럼은 다양한 돌떼기 기법 사용, 특정 품질을 위한 원재료 선택, 원하는 원재료를 찾을 수 있는 장소에 대한 지리적 정보 등으로 더

101 수동 망치 기법에서 몸돌이 모루에 직접 부딪혀 격지를 생성하며, 원 도구 또는 보조 도구로서 망치 그 자체로 작동한다. 양극 기법에서는 몸돌이 모루에 지지된 이후 망치로 타격하여 격지를 발생시킨다.

102 rachet은 한쪽으로만 회전하는 톱니로, rachet effect는 특정 수준에 도달한 수준이 이전으로 되돌아가기 어려운 현상을 의미한다(역자 주).

욱 넓어진다. 이 지식은 세대에 걸쳐 사회적으로 전달되고 변경되었는가? 그러면 누적 문화가 시작된 것일까? 또한, 이러한 처리, 전략 그리고 기법에 의해 제안된 인적 능력은 예를 들어, 현존하는 침팬지(Luncz, Proffitt, Kulik, Haslam, & Wittig, 2016; 또한 Boesch, Bombjaková, Boyette, & Meier, 2017; Toth & Schick, 2009를 보라) 또는 카푸친(Visalberghi et al., 2009)에 있는가?

170만~180만 년 전, 케냐(Lepre et al., 2011), 탄자니아(Diez-Martin et al., 2015) 그리고 에티오피아(Beyene et al., 2013)의 아슐리안 양날 기법이 출현함에 따라 생산적 공작의 준비 행동을 이해하기 위한 새로운 요구사항이 대두되었으며, 종종 인류 진화의 주요 문화적 전환으로 감지되었다. 교육 그리고 문화적 성과를 유지하는 데 필요한 고급 의사소통 능력을 논의하는 경우, 그것은 일반적으로 주먹도끼와 가로날도끼에 필요한 것으로 간주된다(Davidson, 2016; de la Torre, 2016; Gärdenfors & Högberg, 2017; Morgan et al., 2015; Pradhan, Tennie, & van Schaik, 2012; Shipton & Nielsen, 2015; Tennie, Braun, Premo, & McPherron, 2016). 그러나 주먹도끼, 이를 생산하기 위해 사용된 처리, 그리고 아마도 뒤에 숨어 있는 개념들은 시간이 지남에 따라 현저한 차이를 보여준다(Gallotti & Mussi, 2017). 그러면, 누적 문화는 아슐리안 초기에 사회적 인지의 일부 능력의 변화로 시작되었을까? 아니면 좀 더 진보된 양날 기법에 의해 반영된 후기의 아슐리안 단계에서 시작되었을까? 아니면 문화가 폭발한 것으로 추정되는 구석기시대의 상승과 함께 훨씬 후에 인구통계학 같은 구조적 요인의 변화에서 비롯되었을까?(Caldwell, 2015; Powell, Shennan, & Thomas, 2009; Shennan, 2001.)

이 장에서, 나는 누적 문화의 출현을 뒷받침하는 몇 가지가 필요하다는 일반적인 결론에 도달함에 따라, 그것이 가능한 요소들을 검토한다. 그런 다음, 자기강화 효과로 개발 처리를 모델링하기 위해 요인의 개발 차원에 대해 논의한다. 마지막으로, 다양한 기본 요인과 발전적인 다른 차원의 상호작용을 다루는 시나리오를 소개한다. 그 결과, 누적 문화의 시작은 비교적 짧은 기간에 일어난 단일 특성 사건이 아니라 수백만 년에 걸쳐 전개된 다요소적이고 점진적인 과정의 결과라고 결론지었다.

누적 문화는 단일 특성에 기초하였나?

누적 문화의 몇 가지 기본적인 요인들이 제안되었다. 초기 출판물에서, 보이드와 리처슨Boyd and Richerson(1996)은 관찰학습 또는 모방을 중심 요인으로 제안했다. 마이클 토마셀로Michael Tomasello(1999)는 공동 의도성joint intentionality을 조상 인간들이 새로운 형태의 문화적 학습을 개발할 수 있도록 하는 핵심 적응이라고 정의했다. 누적 문화와 동등한 시퀀스적 문제 해결의 실험적 연구에서 딘과 동료들(Dean, Kendal, Schapiro, Thierry, & Laland, 2012)은 인간 어린이, 침팬지 그리고 카푸친 원숭이가 상위 수준의 해결책에 도달할 수 있는 능력을 비교했다. 저자들은 이 실험들에서 인간 아이들의 성공이 교육, 의사소통과 언어, 친사회성, 관찰학습, 모방과 상당히 관련있다는 것을 보여주었다. 콜드웰Caldwell(2015, p. 152)은 인지적으로 불투명한 행태에 대한 높은 충실도의 복제의 중요성을 인식하면서도, 모방의 중요성에 의문을 제기하고, '다른 사람의 행동을 관찰하는 것과 그 같은 행동을 자신이 실행하는 것 사이에 있는 … 교차모드 맵핑'을 요구했다. 딘과 동료들Dean and colleagues(2014)은 누적 문화 발달에 잠재적으로 중요한 요인으로 (1) 혁신, 보수성, 모방, 적응성 필터링, 가르침, 복잡한 의사소통 그리고 친사회성, (2) 순응성 그리고 선택적 복제와 같은 사회학습 전략, (3) 독점 그리고 슬쩍 집어가기 같은 사회 구조 그리고 (4) 인구통계학적 요인에서 차이가 나는 점을 열거했다. 그러나 퀘브와 동료들(Querbes, Vaesen, & Houkes, 2014)은 복잡성complexity의 정의를 사용하여 인구통계학이 문화 변화의 요인인지에 대한 의문을 제기해 왔다. 복잡성을 특성 성분들 사이의 상호작용 밀도(Simon, 1962)로 정의하면서, 그들은 "대규모의 집단은 누적 문화의 변화를 지속하는 데 있어 이점을 잃는 경향이 있다"(Querbes et al., 2014, p. 7; 문화적 복잡성의 변화를 설명하기 위한 집단 규모에 대한 일반적인 비평은 Vaesen, Collard, Cosgrove, & Roebroeks, 2016을 보라)라고 주목했다.

누적 문화를 생성하기 위한 기본 전제조건과 충분한 요인(들)을 평가하는 것은 쉬운 과제가 아니다. 방금 열거한 몇 가지 측면은 서로 독립적이지 않은 다중요인 (그리고 문화적) 실행이다. 예를 들어 서로 다른 형태의 교육 그리고 점점 발전하는 의사소통 형태이다(Gärdenfors & Högberg, 2017). 결과적으로, 필요하고 충분한 특성을 식별하는 데는 몇 가지 문제가 있다. 그 평가는 살아있는 인간과 다른 동물들의 실행 능력의 차이에 기초한다. 누적 문화의 진화를 묘사하기 위해, 관련 실행들의 진화를 상호의존성과 함께 추적해야 한다. 더욱이, 어떻게 누적 문화가 진화했는지에 대한 이야기는 완전히 발전된 누적 문화가 초기 선사시대의 어느 시점에 발생했다는 개념을 받아들일 것을 요구한다. 그러나 물질적 기록에서 문화의 누적적 양상의 표현은(논의된 바와 같이) 약간의 논쟁의 문제이며, 많은 다른 관련 실행들은 고고학적 기록에서 거의 발견될 수 없다. 가정은 또 다른 가정을 초래할 수 있다.

또 다른 관점이 관련 요인을 추적하는 데 도움이 될 수 있다. 딘과 동료들Dean and colleagues(2014, p. 287)이 제공한 누적 문화의 정의로 돌아가 보자. "다중 전달 일화를 넘어서는 변경을 통해 문화적 특성(사회학습을 통해 전달되는 행태 패턴)이 복잡성 또는 효율성의 증가를 가져온다." 이것은 무엇을 의미하는가? 개체들의 집단은 특정 실행을 보여준다. 이것은 개체들의 환경 분야의 일부이며 사회적 상호작용을 수반하지 않는다(→ 환경 분야). 개체는 이러한 실행을 사회적 맥락에서 학습한다(→ 개체적 그리고 사회적 분야). 다른 개체는 한 개체가 행태를 변경할 때까지 그들과 여럿으로부터 배운다(→ 개체적 분야). 해결책이든 문제든 또는 둘 사이의 연결이든, 기존의 문화적 패턴에서 새로운 것을 발명하는 것 외에도, 개체 발명에서 사회 집단 수준의 혁신으로의 전환은 누적 과정에서 중요한 단계이다(Haidle, Garofoli, Scheiffele, & Stolarczyk, 2017; Renfrew, 1978과 비교하라). 오래된 행태 관행은 개체의 습관과 사회적 순응에 반하여 버려져야 하며, 새로운 행동 방식으로 대체되어야 한다(→ 개체적 그리고 사회적 분야). 마지막으로, 새로운 실행이 집단에서 널리 받아들여진다면, 그것은 일반적인 학습 환경의 일부가 된다(→ 환경 분야). 다음 세대의 학습자들은 더 이상 이것을 혁신이나 누적 성분으로 인식하지 않고, 오히려 표준 실행으로 인식한다. 그러므로 누적 문화의 과정에서 중요한 측면은 다음과 같이 확인할 수 있다. (1) 여러 세대에 걸친 사회학습에 의해 실행을 복제한다(어떤 수단을 써서라도)(전통). (2) 개체 수준에서 행태를 변경한다(발명). (3) 최소한 부분적으로 (1)과 모순되지 않으며, 새로운 문제 해결책을 채택한다(혁신). 요약하자면, 누적 문화의 기반은 사회적 측면의 변화에서만 추구되는 것이 아니라 개체와 환경적 측면에서도 추구되어야 한다.

실행의 전체성은 누적 문화의 발전의 다른 사회적, 개체적, 환경적 영역에서 중요한 역할을 한다. 한 개체로부터 다른 개체로의 실행의 비유전적 전달(예를 들어 축구, 인사, 돌망치로 견과류를 깨는 것 그리고 다른 형식의 교육을 통해 지식과 기술을 배우고 전달하는 것 등)이 사회적 영역에 주로 영향을 받는다. 이 분야의 일부는 몇 개만 말하자면, 집단의 사회 구조, 다른 종류의 구성원들(예: 젊은이와 늙은이, 수컷과 암컷, 친족과 비친족)에 대한 사회적 관용, 순응하거나 이탈하는 행태, 다른 종류의 구성원들과의 사회적 상호작용의 빈도와 형태, 공동 의도성, 의사소통 능력 그리고 친사회적 능력이다. 사회 분야의 다양한 실행은 잘 확립된 실행뿐만 아니라 새로운 실행이나 변경된 실행들의 전달을 지지하거나 방해한다. 누적 문화 발달에서, 대인관계의 가입accession과 강화(예: 공동 의도성)와 지원적이고 지시된 전달(예: 서로 다른 형태의 가르침)은 집단 적합성에 대한 복잡한 정보와 새로운 실행 성분을 전달하는 데 점점 더 중요해지고 있다.

실행의 사회적 전달이 누적 문화의 필수 조건임에도 불구하고, 그것은 충분하지 않다. 변경과 새로운 해결의 개발은 개체 영역에서 이루어진다. 발명은 (1) 기존 문제에 대한 새로운 해결을 생성하는데, 이는 보다 효율적이고, 더 안전하며, 더 편안하고, 더 명망 있고, 더 저렴하고, 접근하기 더 쉬울 수 있다. 다시 말해, 새로운 해결은 어느 정도 더 매력적이다. (2) 새로운 문제에 기존 해결을 적용하고, 알려진 해결과 더 나은 관계를 맺는다. (3) 알려진 해결과 알려진 문제 사이에 새로운 연결을 만든다. 또는 (4) 새로운 해결책을 통해 새로운 문제를 해결한다. 일반적으로 문제나 해결책은 완전히 새로운 것이 아니라 일부 측면에서만 변경되었을 뿐이다(Haidle & Bräuer, 2011). 누적 변경은 하나의 점진적 선상에서 더 복잡하거나 효율적인 해결책으로 제한되지 않지만, 이전 버전의 각 변경 구조는 성능의 다른 측면을 변경할 수 있다. 변경은 어떤 면에서는 유익할 수 있지만 다른 면에서는 불리할 수 있다. 또한, 문화의 누적된 측면은 알려진 성분을 새로운 맥락으로 옮기거나 새로운 성분과 결합하는 개체적인 실행에 기초한다. 충실도가 높은 사회적 복제 기능은 변경을 방해한다. 대신, 호기심과 확장된 놀이의 개체적인 실행들(Riede, Johannsen, Högberg, Nowell, & Lombard, 2018)은 문제와 해결을 분리하는 능력과 함께 성능의 일부를 덩이짓고chunk 연쇄하는chain 능력과 함께 이전과 결합을 통해 혁신을 지원한다.

덩이짓기와 연쇄 또는 모듈화는 인간 문화 진화에서 매우 중요해졌다(Wynn, Haidle, Lombard, & Coolidge, 2017; Lombard, Högberg, & Haidle, 2018). 동물 도구 행태에서 행동은 일반적으로 하나의 행태 단위의 범위 내에 있으며, 특정 요구(예: 배고픔, 갈증, 방어, 자극 등)를 충족시키는 방향으로 향한다. 이에 비해 인간 도구 행태에서 행태 단위는 점점 더 기본 요구에서 벗어나고 있다. 예를 들어, 침팬지는 견과류를 깨는 경우에만 돌망치를 다루는 데 반해, 인간은 중간 목적을 가진 모듈로 행동을 점차적으로 분리해 왔다(예: 단순한 나무 창wooden spear에서의 원재료 획득, 1차 그리고 2차 도구의 제작과 사용, 도구 유지 그리고 다르게 처리하고 나오는 최종 생산물). 이러한 목표들은 예를 들어, 먹는 것과 같은 현재의 필요성으로부터 분리된다. 침팬지가 막대기를 사용하여 새끼 덤불 사냥을 하기 때문에 한 가지 행태적 시퀀스 내에서 먹이를 사냥하는 인지와 직접적으로 관련이 있다면(Pruetz et al., 2015; Pruetz & Bertolani, 2007), 약 30만 년 전 독일 쇠닝겐Schöningen에서 발견된 것(Schoch, Bigga, Böhner, Richter, & Terberger, 2015; Thieme, 1997)과 같은 단순한 나무 창을 만든다는 것은 인지적으로 매우 까다로울 것이다. 단일 행태 시퀀스에도 불구하고 인지 자원에 대한 요구는 상대적으로 높을 것이다(Haidle, 2010). 그러나 덩이짓기와 연쇄는 이러한 도구 생산과 사용의 복잡성(이러한 의미에서 작용 단위 내의 성분 수 그리고 이들의 상호작용)을 감쇄시킬 것이다. 긴 생각과 행동 시퀀스를 더 짧게 조각내어 인지와 행태의 복잡을 줄이는 것은 합성 도구(예: 손잡이 달린 창)와 공생 도구 그리고 보완 도구(예: 활과 화살)와 같은 최종 생산물에 서로 다른 기법을 적용하는 데 점점 더 중요해진다(Lombard & Haidle, 2012). 덩이짓기와 연쇄 또는 모듈화는 복잡한 실행의 집행뿐만 아니라 복잡한 해결의 학습과 높은 충실도의 복제를 통한 사회적 획득에도 긍정적인 영향을 미친다. 누적 문화 진화를 제약할 수 있는 문화 획득 비용을 낮추는 것(Mesoudi, 2011) 외에도, 그들은 처리 내에서 조각의 변경(그리고 보존)을 단순화하고 실행 성분의 일부 이전과 조합을 다른 성분으로 자극한다. 그러나 덩이짓기와 연쇄는 누적 문화를 생성하기에 충분하지 않으며 오히려 개체 그리고 사회적 실행 범위를 향상시키는 촉매 역할을 한다.

누적 문화의 발달의 환경 분야는 새로운 실행이나 변경과 함께 성장한다. 집단 설정에서 집행되는 각 실행은 개체 분야에서 변경되고 사회 분야에서 전달될 수 있는 직접 자원을 나타낸다. 또한, 각 성능은 덩이짓기, 변경, 옮기기, 결합 그리고 전달을 위한 원형으로 사용될 수 있다. 자원과 모델이 확장됨에 따라, 새로운 실행을 위한 잠재적인 발판이 확장된다. 기법 발명과 혁신의 기회는 물질 참여 빈도에 따라 증가한다(Malafouris, 2013). 환경의 다양한 측면을 처리하고 기법 적용에 익숙해질수록, 이러한 특정 상호작용이나 다른 측면에서 환경과 함께 더 많이 변화, 적응, 개선 그리고 강화할 수 있다. 그 결과, 성능뿐만 아니라 그 영향에서 작은 차이를 인지할 수 있으며, 심지어는 이를 반영하여 능동적으로 변경을 전달할 수 있다. 문화 실행의 누적은 변경과 전달의 측면에서 누적 문화를 촉진할 수 있다.

사건 또는 과정?

누적 문화를 지원하는 이러한 모든 개체 그리고 사회적 실행은 특정 환경 또는 자원 공간과 상호작용하는 개발 처리의 세 가지 상호의존적인 차원으로 추적할 수 있다(Haidle et al., 2015)([그림 6.1] 참고). **진화-생물학적 차원**evolutionary-biological dimension([그림 6.1]의 (A) 참고)에서 실행의 신체적, 정신적, 행태적 측면에 대한 일반적인 해부학적 그리고 생리학적 범위는 유전적 요인(예: 복제, 돌연변이, 자연선택과 성선택, 유전적 부동)에 의해 형성되었다. **개체발생적 개체 차원**ontogenetic-individual dimension([그림 6.1]의 (B) 참고)을 통해 실행의 일반적인 신체적, 정신적, 행태적 측면은 개체의 참여와 긍정적이고 부정적인 경험에 의해 형성된다. 개체가 자신의 환경을 탐색하고 상호작용하는 방법(예: 유해한 설정을 피하고 유익한 상황을 찾는 방법)을 배울 때, 특정 자원 공간의 성분과의 개별적 만남을 통해 다른 에이전트 그리고 대상과 함께 고유한 경험을 얻는다. 개별 실행이 (누적) 문화의 발전에 영향을 미치는 것은 유전적-개별적 차원을 통해서이다. **역사적-사회적 차원**historical-social dimension([그림 6.1]의 (C) 참고)은 역사적-사회적 맥락에서 설정된 실행의 문화적 범위를 표시한다. 그것은 실행이 어떻게 집중되는지를 결정한다. 역사적-사회적 차원은 진화적 생물학적 차원에 의해 주어진 가변성의 범위를 좁히지만, 특정 시간과 문화 집단의 동일한 틀 내에서 다른 개체의 경험을 이용할 수 있게 함으로써 개체의 잠재력을 넓힐 수 있다. 문화가 개체 실행의 발전에 영향을 미치는 것은 역사적, 사회적 차원을 통해서이다. 인류 진화에서, 역사적-사회적 차원은 개체 실행의 점점 더 많은 부분을 위해 중요해지도록 크게 확장되었다. 마지막으로, **특정 기능 환경(또는 자원 공간)**specific functional environment(or resource space)([그림 6.1]의 (D) 참고)은 실행이 개발, 발생 그리고 변화하는 곳이다. 그것은 특정 관계와 특정 시간 깊이에서 다른 생물학적 그리고 비생물학적 에이전트와 대상뿐만 아니라 동종conspecifics도 포함하고 있다. 에이전트와 대상은 자연적으로 발생하거나 인위적으로 만들어질 수 있으며, 유형 또는 무형일 수 있으며, 영양, 먹이, 경쟁자, 포식자, 기생충, 공생자, 원재료, 인공물 그리고 성능을 포함한다. 동종은 공동체, 친족 집단, 동료들 집단 그리고 문화적으로 정의된 집단(예: 고용, 이익, 종교 그리고 정치적 제휴 등)의 구성원으로서 부모, 친구, 동맹 그리고 경쟁자의 역할을 실행한다. 특정 환경은 유기체의 실행에 의해 지속적으로 형성되며 물질적, 사회적 상호작용을 야기한다.

진화-생물학적 차원은 개체발생적-개체적 그리고 역사적-사회적 차원의 기초를 형성하지만, 집단 내에서의 개체발생적-개체적 그리고 역사적-사회적 차원의 특화는 진화-생물학적, 개체발생적-개체적 그리고 역사적-사회적 차원으로 추가적인 발전을 위한 선택적이고 발전적인 환경을 형성하는 데 기여하며, 문화적 적소를 구성한다(Laland & O'Brien, 2011). 강화된 물질 참여(Malafouris, 2013)는 덩이짓기와 연쇄와 같은 새로운 성능이 개체에서 개발되고 역사적 사회적 차원에서 전달되고 형성되는 환경을 조성한다. 마지막으로, 작업기억 체계와 같은 인지 성분의 진화적 생물학적 차원의 변화는 적응하게 된다(Garofoli, 2016). 또 다른 예로서, 공동 의도성과 가르침 실행의 씨앗은 아마도 자

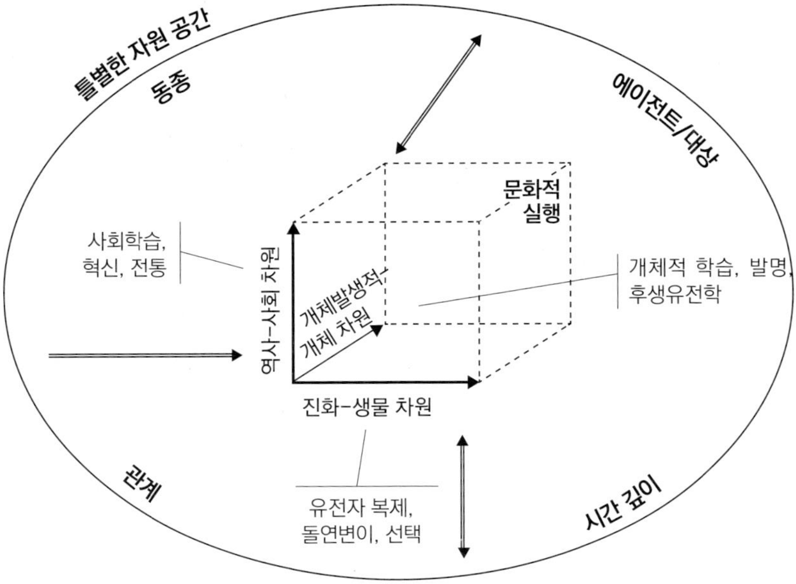

[그림 6.1] 맥락뿐만 아니라 서로 상호작용(⇔)하는 세 가지 상호의존적 차원에서의 문화적 실행 발달

진화적-생물학적 차원(A)은 실행의 물리적, 정신적, 행태적 측면(즉, 유전적 요인에 의해 결정되는 해부학적 그리고 생리학적 범위)을 포함한다. 개체발생적-개체적 차원(B)은 생리적, 정신적, 행태적 발달에 영향을 미치는 경험적 요소를 포함한다. 역사적-사회적 차원(C)은 실행에 영향을 미치는 자원과 표준(예: 전구체, 모델, 습관, 전통, 규범)의 가용성을 결정한다. 특정한 기능적 환경(자원 공간)(D)은 문화 실행에 영향을 미치는 자원(예: 사회적 다른 종, 다른 종, 문화적 그리고 자연적 인공물, 관계 그리고 시간)을 포함한다. Haidle et al., (2015), The nature of culture: An eight-grade model for the evolution and expansion of cultural capacities in hominins and other animals, *Journal of Anthropological Sciences*에 있는 Fig. 1(p. 46)에서 인용. 크리에이티브 커먼즈 라이센스(Creative Commons License)에 따라 발행되었다.

발적인 유전자 돌연변이가 아니었을 것이다. 오히려, 유전학적-개체적이고 역사적-사회적 차원에 있어서 순진naïve[103]하고 경험 많은 사람들 사이의 사회적 참여 강화는 진화적-생물학적 적응을 위한 선택적인 환경

103 문화적으로 학습되지 않았다는 뜻으로 사용한다(역자 주).

을 만들었다(Haidle, 2017). 자연 교육학Natural pedagogy(Csibra & Gergely, 2011)과 마음이론(Frith & Frith, 2005)은 의심할 여지 없이 교육 실행에 유익하지만, 개발 과정의 전제조건보다는 결과일 가능성이 가장 크다.

개체의 창의성, 사회적 상호작용, 개체와 사회학습을 통해 누적 문화를 조성하는 실행은 이러한 실행들의 추가적인 개발과 유지를 위한 유익한 환경을 동시에 조성한다. 모듈화 또는 개체 학습 분야에서 개발된 누적 문화의 한 측면으로서 덩이짓기와 연쇄는 세 가지 영역에서 모두 긍정적인 영향을 미친다. 개체 영역에서는 전달/결합을 촉진하고, 사회 영역에서는 사회학습을 촉진하며, 환경 영역에서는 자원의 합을 확대한다. 누적 문화의 양상의 발전과 증가하는 적용은 자기강화적인 효과를 가져올 수 있다. 예를 들어, 사회적 참여의 증가를 통해, 사회 분야는 자기강화적으로 변한다. 누적 문화와 언어는 서로의 발전을 지원한다(Dean et al., 2012; Sterelny, 2016b). 능동적인 형태의 교육은 언어 학습을 촉진하고 언어는 교육을 훨씬 더 효율적으로 만들 수 있다(Laland, 2017). 언어와 가르침은 친사회성으로부터 이익을 얻고, 친사회성은 모방을 지원하고, 모방은 친사회성을 육성할 수 있다. 환경 분야는 물질 참여를 증가시켜(Malafouris, 2013) 자체 강화되며, 물질 참여를 증가시키기 위한 발판을 형성하는 풍요로운 물질 환경을 조성한다. 또한, 한 분야의 개발은 다른 분야로부터 긍정적인 피드백을 받을 수 있다. 예를 들어, 개체의 발명(개체 분야)을 지원하는 사회적 도구(사회 분야)의 발명(개체 분야)이 있다(Sterelny, 2016a).

누적 문화의 발전은 각각 몇 가지 측면을 가진 개체, 사회 그리고 환경 분야의 복잡한 상호작용 처리 네트워크에 의존한다. 따라서 토마셀로(1999)가 제안한 대로, 발달은 생물학적 적응 때문에 감소될 수 없다. 오히려, 계통발생학과 개체발생 모두에서, 특정 환경과의 상호작용에서 개체발생적-개체적, 역사적-사회적 그리고 진화적-생물학적 차원의 지속적인 과정에 기초한다. 누적 문화의 성과는 특정한 유전적 코드로 고정되어 있지 않다. 대신에, 진화 과정을 통해 형성된 유전적 기본은 개별적으로 역사적-사회적 맥락에서 발달되며, 그것들은 생활사의 단계 전반에 걸쳐 변화한다. 예를 들어, 테니와 동료들(Tennie, Walter, Gampe, Carpenter, & Tomasello, 2014)은 상대적으로 효율적인 해결이 이미 알려져 있다면, 혁신하지 않는 어린아이들의 문화적 래칫효과의 한계를 입증한다. 어린 시절에는 많은 것을 배워야 하기 때문에, 새로운 성과를 얻는 것에 초점은 아직 해결되지 않은 문제에 있을 수 있다. 한편, 개체적 물질 그리고 사회적 참여 증가는 인류 진화의 발전 과정을 설명하기에 충분하지 않으며, 대신 인류 참여에 의해 변화된 사회 그리고 물질적 환경 내에서 신경계의 돌연변이 강화와 결합되어야 한다(Garofoli, 2016). 그럼에도 불구하고 여전히, 발달 모델의 3차원을 움직이는 최종 표적를 향한 길은 보이지 않는다. 그 길은 분석적 회고에서 비롯되는 착각이다. 그러나 인류 누적 문화의 발전을 되돌아보면, 누적 문화 실행의 확대를 관찰할 수 있다.

좀 더 복합적이고 효율적인가?

래칫효과ratchet effect는 누적 문화 발전에 널리 사용되는 은유이다(Tennie et al., 2009; Tomasello, 1999). 문화적 특성은 세대에 걸쳐 사회학습을 통해 재생되며, 행태 패턴을 바꾸는 변경 플랫폼을 생성하고, 추가 변경을 위한 고급 플랫폼을 만든다. 래칫 은유는 복잡성에 대한 지속적인 발전을 의미하며, 각각의 추가 단계는 동일한 수준의 단순한 변화뿐만 아니라 이전의 덜 복잡한 수준으로의 전이를 방해한다. 진보적인 래칫과는 대조적으로, 말라이즈 롬버드Marlize Lombard(2016)는 **등산** 은유mountaineering metaphor를 개발했다. 이 개념 내에서, 각 플랫폼은 갈고리가 고정된 장소의 기능을 한다. 이 플랫폼을 통해 등산객은 등반을 계속하고, 같은 층을 횡단하며, 오르내리는 것을 막론하고 다른 각도와 방향으로 나아가며, 심지어 훨씬 더 낮은 층으로 바로 내려갈 수 있다. 이동 방향과 상관없이, 등산객은 다음 갈고리를 고정할 수 있는 새로운 플랫폼에 도착한다. 등산 은유에는 정상회담이나 어떤 목적론적 목표까지 도달하는 것이 아니라, 끊임없이 다른 방향으로 진행하기 위한 가능성이나 제약과 함께 새로운 시각으로 이전의 결정에서 발전하는 경로와 가능성이 수반된다. 능률과 복잡성(또는 더 나은, 더 매력적인 조건)은 문화적 특성의 일부에만 관계될 수 있고 다른 관점과는 다르게 평가될 수 있는 상대적인 가치이기 때문에, 등산 은유는 문화가 어떻게 발전하는지를 훨씬 더 현실적으로 전달한다.

그것이 래칫으로 계획되든, 등산으로 계획되든, 문화의 누적적인 측면은 발명가의 변경 과정과 사용자의 채택 과정을 포함한다. 개인적 특성들은 다른 배경, 관심사를 가지며 다른 사용자에게 영향을 미칠 수 있다. 혁신적인 처리(그리고 실패)의 현대적인 예는 보다 효율적이고 명백한 '더 나은' 해결로 보이는 것이 다른 관점에서 거부될 수 있음을 보여준다. 특히, 이전에 누적 문화(등산 은유 측면에서, 선택한 경로와 도달한 지점에서 계속해야 할 필요성)는 기법 혁신의 채택을 방해할 수 있다. 이는 기존의 쿼티QWERTY 레이아웃을 대체하기 위해 개선된 드보락Dvorak 키보드의 실패로 잘 알려져 있다(Rogers, 1995).[104] 누적 문화는 경로에 따라 달라지며, 기존 관행을 기반으로 변경이 이루어지지만, 경로가 반드시 효율성을 '높이고' 복잡성을 증가시키는 것은 아니다. 누적 문화를 효율성 증대와 복잡성의 문제로 특징짓는 경제 패러다임은 그 발전에 대한 제한적인 관점을 제공하고, 따라서 포기되어야 한다.

시나리오: 누적 문화에서 기증문화로

누적 문화에 기여하는 다른 요소(예: 세 가지 개발 차원으로 개발의 사회적 그리고 물질적 환경과의 상호의존성, 경로 의존성)를 고려할 때, 동물이나 인류 진화의 특정 순간에 누적 문화의 시작을 찾는 것은 비현실적이다. 점진적인 개발 모델이 더 적절하다. 다음에 제시된 시나리오는 그러한 개발을 일반적으로 특징짓는 작은 우여곡절, 분기, 막다른 골목은 제쳐두고 대략적인 스케치만을 제안한다. 소급적이긴 하지만, 시나리오는 초기 단계부터 후기 단계까지 역사적 줄거리를 따르고 누적 문화 잠재력의 확장을 보여주는데, 그렇게 하는 것은, 진보적인 것처럼 보인다. 그러나 그것은 자동차의 속도 개발과도 비교할 수 있다. 광범위한 추세에서 잠재적 최대 속도는 증가하지만, 평균 순항 속도는 훨씬 낮다. 개체의 요구

104 쿼티 키보드는 라틴 알파벳에 익숙한 레이아웃으로, 1873년에 디자인되었으며 왼쪽 상단 행의 처음 6개의 키 이름을 따서 명명되었다. 가장 자주 사용하는 문자는 타이핑 속도를 방해하기 위해 의도적으로 간격을 두었기 때문에, 타이프라이터 키의 기계적 동작이 걸리적거릴 가능성이 적었다. 이와 비교하여, 드보락 키보드는 전자(비-기계식) 컴포넌트를 위해 디자인되었으며, 이는 모음 키(왼쪽)와 가장 자주 사용되는 자음을 홈 행(home row)(오른쪽)으로 재구성하는 등 여러 측면에서 쿼티와 다르다. 그것의 장점에도 불구하고, 대부분의 타이피스트들은 쿼티 레이아웃이 충분히 잘 작동하고 새로운 디자인을 다시 배울 필요가 없기 때문에 드보락 키보드를 채택하는 것을 꺼린다.

와 결정, 속도 제한, 빨간불, 교통 체증과 같은 환경적 제약으로 인해 실제 개별 속도가 위아래로 변경되며, 도보에서의 속도에서 최대 고속도로에서의 속도까지 범위가 다양하다.

전통의 누적은 걷는 속도로 설정할 수 있다. 이전에 획득한 문화적 관행을 변경한다는 의미에서 누적되지는 않지만, '개체 또는 집단의 행태 레퍼토리에 대한 지식 또는 행태 패턴의 추가'(Dean et al., 2014, p. 287)는 누적 문화의 초기 분기branch를 나타낸다. 누적의 기본은 다양한 전통의 사회적 전달이다. 기존 관행을 변경할 수 있는 개체의 역량은 여전히 약할 수 있으며, 이는(집단 적합성에 대한 기법 혁신을 시작할 때) 오래된 습관을 포기하고 변경된 행태로 대체할 수 있다. 그러나 비록 각각의 실행이 한 개체에 의해서만 발명될 수 있었다고 해도, 모든 실행들이 한 개체에 의해서 발명되었을 것 같지는 않다. 누적 문화의 초기 그리고 기본 분기는 문화적 역량의 진화 그리고 확장(Evolution and Expansion of Cultural Capacities, 이후 EECC로 표기) 모델(Haidle et al., 2015)에서 제안한 '기본 문화 역량'의 개발 등급과 동일할 수 있다. 따라서 적어도 침팬지(McGrew, 2015; Whiten et al., 1999)와 오랑우탄(van Schaik et al., 2003), 뉴칼레도니아 까마귀(Hunt & Gray, 2003; St Clair et al., 2016)와 일부 고래(Whitehead & Rendell, 2014)에서 표현될 수 있다. 이 단계의 누적 효과는 약하며, 개발 속도는 매우 낮다. 학습 환경은 약간 풍부하다. 사회적 전달은 행동의 정확한 복제 없이 상황별 목표 지향 학습으로 제한될 수 있다(Logan, Breen, Taylor, Gray, & Hoppitt, 2016을 보라).

문화적 변경은 누적 문화 발전의 두 번째 분기이다. 사회적으로 전승된 관행은 개인의 발명품에 의해 변경된다. 사회 혁신 과정에서, 이러한 변경은 오래된 관습적인 관행을 대체한다. 실험에서 귀소 비둘기는 사회적 맥락에서 학습한 행태 패턴을 변경할 수 있다는 것을 보여주었다(Sasaki & Biro, 2017). 그러한 실행은 (비둘기처럼) 쉬운 집으로 가는 길을 찾는 것과 같은 특정한 행태에만 제한될 수 있지만, 다양한 행태에도 적용될 수 있다. 침팬지는 사회적으로 학습된 패턴을 개선할 수 있었고(Davis et al., 2016; Vale et al., 2017), 앞에서 설명한 것처럼 이러한 변화된 행태를 누적할 수 있었다.

EECC 모델에서 제안된 바와 같이, 누적 문화의 문화적 변경 분기는 2차 도구 사용과 관련된 모듈식 문화적 역량에 의해 강화되었다. 2차 도구 사용(예: 석기 생산에 사용)은 문제 해결 거리를 확장하여 문제와 해결의 분리를 촉진하고 덩이짓기와 연쇄의 개발을 촉진한다. 이는 다시 사회학습과 단순하고 의도하지 않은 지원을 지지한다. 예를 들어 돌망치(침팬지 그리고 다른 영장류에서 흔히 볼 수 있는)(Boesch et al., 2017; Proffitt et al., 2016)로 두드리는 것에서 격지로 절단하는 것으로의 전환은 새로운 해결책(절단날)으로 적용되는 우발적인 부산물을 새로운 문제(잘라서 열거나, 잘라 내거나 잘라 떼야 할 어떤 부분)로 굴절적응exaptation[105]하는 것에서 비롯되었을 수 있다. 절단 공작은 기존 해결을 변경해야 하는 기존 문제가 되었다. 예를 들어 돌망치로 견과류를 두드리는 것에서부터 우발적인 부산물로 돌 파편을 만드는 것, 절단 모서리가 있는 격지를 의도적으로 생산하고 사용하는 것 등이 이에 해당한다. 330만 년 전, 로메크위 3에서의 수동 망치, 양극 기법의 때리기 그리고 몸돌 감쇄는 초기 변경을 나타낼 수 있다(Harmand et al., 2015; Lewis & Harmand, 2016). 올도완 기법 콤플렉스[106]에서 발견된 석기의 기법적 특징에 기

105 원래의 기능이 다른 환경에서 변경되어 적응하는 경우(역자 주).

106 찍개를 특징으로 하는 호미닌 초기 문화(역자 주).

초하여, 260만 년 전의 여러 동아프리카 유적지에서 직접 자유로운 손 두들김과 함께 다른 변경이 도입되었다(Delagnes & Roche, 2005; de la Torre, 2004; Semaw et al., 2003; Stout et al., 2010). 이후 개발된 올도완의 기법 변경은 초기 아슐리안의 평평한 조각과 결절nodule[107]의 양날 기법(Beyene et al., 2013; de la Torre, 2016; Diez-Martin et al., 2015; Lepre et al., 2011), 평평한 조각에서 커다란 격지의 양날 기법에 자리를 내주었다(Galotti & Mussi, 2017). 석기제작 방법에 대한 변경은 석기 사용 방법에 대한 변경과 함께 실행되었다. 물론 이러한 인류 진화의 초기 단계에서 고고학적 기록의 해상도는 너무 낮아서 그 과정을 자세히 따르고 개체가 스스로 변경을 발명한 범위를 결정하기에는 너무 낮다. 그러나 다시 말하지만, 전체 변경 집합이 단일 개체에 의해 계속해서 재발명되기는 어려울 것이다. 문화적 변경 단계의 누적 효과는 여전히 약하고, 발전 속도는 여전히 낮다. 덩이짓기와 연쇄는 해결책과 문제의 전달 그리고 (재)결합을 지원함으로써 변경을 용이하게 할 수 있다. 학습 환경은 약간 더 풍부하다. 사회학습은 중요해지고 있으며 모방과 단순하고 의도하지 않은 지원에 의해 에뮬레이션emulation[108]을 넘어 확장될 수 있다(Gärdenfors & Högberg, 2017).

전통의 누적과 문화적 변경이 일어나면서, 누적 문화의 주요 요인들이 자리 잡고 있다. 그러나 단순한 **기증문화**simple donated culture로 누적 효과가 확대되고 발전 속도가 높아진다. 에뮬레이션, 모방, 그리고 어쩌면 의도하지 않은 단순한 원조에 기초한 누적 문화 발전은 복잡성의 증가뿐만 아니라 전문가의 의도적인 도움 없이 순진한 개체가 획득해야

107 다른 바위에 동심원으로 붙어서 커진 돌(역자 주).

108 에뮬레이션은 다른 사람을 따라 한다는 뜻 이외에 능가하려는 노력이나 욕망의 뜻도 있다(역자 주).

하는 누적된 관행의 수에 의해 제한된다. 동기부여, 의도적인 평가 피드백, 주의 끌기, 도움 또는 사회학습의 가능성을 입증하는 것을 통해 전문가들이 순진한 개체에 문화 실천을 단순 기증하는 것은 사회학습의 가능성을 확장시킨다(Gärdenfors & Högberg, 2017). 그러므로 실천을 전달하는 주도는 더 이상 순진한 개체에 국한되지 않고 전문가가 취할 수도 있다. 또한, 전문가는 실천의 중요한 성분에 초점을 맞추고 시행착오 학습을 줄이고 가능한 지름길을 도입함으로써 전달 과정을 강화할 수 있다. 전문가의 적극적인 지원은 배울 수 있는 성능의 양과 복잡성을 확대한다. 이는 실천에 대한 더 깊은 이해를 촉진하여 전달과 재결합이 점점 더 복잡해질 수 있도록 한다. 학습 환경은 상당히 풍부하다. 단순한 기증문화의 도입은 아마도 공동 의도성의 개발과 관련된 느린 과정이었을 것이다(앞서 설명한 내용 참고). 복합기법에서는 복잡성이 현저하게 증가하고 다양한 관행이 결합되는 것을 관찰할 수 있다(Barham, 2013). 예를 들어, 자루 도구는 석기를 나무 자루와 어떤 형태의 접착제 그리고/또는 묶는 재료와 결합하였다(모든 것이 다른 원재료로 그리고 다른 기법으로 만들어지고 처리되었다). 단순 기증문화는 EECC 모델에서 기술한 것과 같은 복합문화보다 훨씬 일찍 발생하였다(Haidle et al., 2015). 그렇지만 예를 들어, 발달된 양날 기법에서 관찰 가능한 특성과 특징을 중간 평가할 수 있지만, 전달 처리에 있어 전문가에 의한 능동적 참여 없이는 전통으로 유지되기 어렵다. 단순한 기증문화의 누적 효과는 더 강하고, 발전 속도는 더 빨라진다. 문화적 실천 성분의 이전과 재결합은 점차 더 복잡해진다. 복합도구와 같은 새로운 성분으로 인해 학습 환경이 풍부해지고 확장된다.

투명하지 않은 상황을 다루는 보완적 그리고 개념적 문화 역량

(Haidle et al., 2015)은 **선진적 기증문화**를 필요로 한다. 보완 도구 세트(예: 활과 화살, 바늘과 실)에서 일차 작용은 성분 조절(활, 바늘)에서 실행되지만, 주요 작용은 표적에서 효과적인 성분 조절(화살, 실)에 의해 실현된다(Lombard & Haidle, 2012). 도구의 주제, 목표 그리고 다른 구성요소 간의 상호작용은 점점 불투명해진다. 사회학습의 연장선상에서, 공식적인 가르침은 특정한 예들을 넘어 지식을 전달함으로써 불투명 관계의 학습과 이해를 가능하게 한다. 이러한 불투명한 학습 상황은 복합 재료의 생성, 올가미와 덫의 구성 그리고 주제 기반 작용제(예: 원재료 돌의 열처리에서의 불)의 적용에 존재한다(Wadley, 2013). 또한, 선진 기증문화는 사회적 협상 성분이 있는 개념 도구를 개발하고 전달하는 데 필수적이다(Haidle et al., 2015). 여기서, 개념의 의미(예: 측정 단위, 가치, 윤리, 초자연적 존재)에 대한 개인 간의 담론은 창조적 그리고 유지 과정의 중심이다. 그러나 문화를 기증하는 진보된 기전은 더 단순한 전달 기법 중 하나로 달성될 수 있었던 실행의 전달을 촉진하고 보충할 수 있다(앞에서 기술한 바와 같이). 선진 기증문화의 누적 효과는 강하고 발전 속도가 빠르다. 문화적 실행 성분의 전달과 재결합은 점점 더 복잡해질 수 있다. 학습 환경은 보완 도구 그리고 개념 도구와 같은 새로운 성분을 통해 상당히 풍부해지고 확장된다.

잠재적 해결

여기에 제시된 것과 같은 누적 문화의 점진적 발전 시나리오는 토마셀로Tomasello(1999)가 제안하고 테니와 동료들(Tennie, Premo, Braun &

McPherron, 2016, 2017)이 추가로 개발한 '섬 실험island test'이라는 생각 실험으로 도전한다. '섬 실험'은 잠재 해결이 높은 충실도의 복제에 의해 전달되는 문화적 행태와 구별될 수 있다는 생각에 기초한다. 잠재적 해결은

> 개인에 잠재되어 있으며 특정 자극의 맥락에서 재현되거나 다른 사람에 의해 재현된 행태(또는 환경에 대한 영향)를 인식할 때 표현된다. 반면 문화적 전달은 시간을 통해 변경의 누적(소위, 누적 문화의 「래칫효과」)을 허용한다. 잠재적 해결은 궁극적으로 유전자에 의해 과소평가되는 각 개인의 인지 그리고/또는 운동 능력에 의해 더욱 엄격하게 제한되거나 감소된다 (Tennie et al., 2017, p. 653).

잠재적 해결의 개념은 몇 가지 문제를 제기한다. 해결책이 잠재되어 있는지는 특정 자극, 다른 개인의 행태 또는 그 영향을 포함한 특정 환경에 따라 달라진다. 특정 학습 환경의 이러한 성분들은 여러 세대에 걸쳐 집단에 의해 문화적으로 변경될 수 있다(즉, 역사적-사회적으로). 잠재적 행태는 유전적 기반을 가지고 있지만, 역사적-사회적 차원(즉, 특정 학습 환경과 상호작용하면서 수 세대에 걸쳐 재생산된 문화적 체계)에서 개별적으로 훈련되는 개별 인지 능력 또는 운동 능력 또는 둘 모두에 의해 좌우된다. 따라서 잠재적 해결 영역은 어떤 형태의 사회학습과 그 결과로 발생하는 특정 학습 환경의 확장에 따라 확장된다. 예를 들어, 오랑우탄은 "사회적으로 유도된 탐구를 통해 사실상 모든 학습된 기술을 습득한다"(van Schaik et al., 2016, p. 1). 오늘날, 인간 아이들은 완전히 문화적으로 변형된 학습 환경에서 자라고 심지어 태어날 때부터 물질적, 사회

적 참여에 의해 적극적으로 훈련된다. 따라서 오랑우탄과 인간 아이들 모두, 비록 그들이 특정한 과제에 대한 사회적 예가 부족하더라도, 동종에 의해 모델링된 행태와 환경에 의존한다. 결코, 순진naïve하지 않다. 잠재적 해결의 영역을 확장하는 것은 누적 문화의 신호이다.

침팬지들이 견과류를 깨는 법을 배울 때, 지식과 기술의 다양한 성분들을 습득해야 한다(예를 들어, 저 견과류를 먹을 수 있다, 바로 저 견과류를 먹을 수 있다, 견과류를 망치로 깰 수 있다, 저것은 좋은 망치를 만든다, 망치가 효과적으로 사용된다, 모루가 도움이 된다, 모루, 망치 그리고 견과류가 발견된 곳이 있다). 개체에게 있어서 이러한 성분 중 어느 것도 높은 충실도의 복제를 수반하는 것은 아니지만, 이 모든 것은 한 개체가 특히 배워야 하는 수십 가지의 다른 행태와 부분을 고려해 볼 때, 발견하기에는 아마도 너무 많을 것이다. 이것은 우리를 다시 섬 실험island test으로 이끈다. 그 생각 실험은 섬에서 혼자 자라는 개체(어떤 종이라도)를 포함한다. 모든 사회가 결여된 이 섬의 고립된 개체는 특정 행태(예: 석기제작 그리고 사용)를 실행하는 방법을 본 적이 없으며, 섬에 이러한 행태의 산물에 대한 어떠한 증거도 없다. 순진한 개체가 관심 있는 행태를 발명(예: 올도완 격지를 생산하고 사용)할 수 있을까? 만약 그렇다면, 그 행태(여기 있다. 즉 올도완 기법)는 그 행태를 발전시키기 위해 문화적 전달이 필요하지 않기 때문에, 누적 문화를 위한 섬 실험에 실패한다. 즉, "문화적으로 전달되는 기법보다는 잠재적 해결에 대한 기대와 일치한다"(Tennie et al., 2017, p. 653).

그러나 단일 개체의 창의성을 실험하는 것은 역사적-사회적으로 발달된 문화적 맥락에서 성장한 개체에게는 불가능하다. 견과류를 깨는 법을 배우는 어린 침팬지는 사회적으로 고립되지 않고, 행태를 실행하는 동종을 관찰하고, 그 실행의 도구와 생산물을 검사할 수 있다. 순진하지 않으며, 지속적인 자극과 때때로 촉진되는 사회적 환경에서 수년간 기술을 배운다(Biro, Sousa, & Matsuzawa, 2006; Boesch, 1991). 호미닌은 아마도 세대와 세대를 통해, 어떻게 날카로운 절단날을 가진 격지 도구를 사용하고, 만들고 향상시킬지를 조금씩 발견하였고, 개체적 학습의 시작부터 사회적, 물질적 참여와 함께 유사한 환경에 많이 의존했을 가능성이 높다. 오늘날의 청소년기 침팬지juvenile chimpanzee[109]와 인간의 아이들이 그렇듯이, 잠재적 해결이 특정 지역에서 발견되고 발명되었다. 견과류를 깨고 돌떼기를 배우는 것은 에뮬레이션emulation(목표 지향, 낮은 충실도의 복제)이나 모방imitation(처리 지향, 높은 충실도의 복제)만으로 배울 수 있는 과정이 아니다. 발견해야 할 몇 가지 측면이 있고, 숙달하려면 상당한 시간이 필요하며, 좌절할 가능성이 크다. 집단 내에서 퍼지기 위해서는, 행동에 대한 사회적 자극이 높아야 하고, 적어도 처음에는 엄청난 양의 놀이 행태(주체 또는 집단 지향, 낮은 충실도 복제)와 연합되어야 한다. 경험적으로, 에뮬레이션과 모방적인 측면이 중요해진다. 잠재적 해결과 높은 충실도의 복제는 구별할 수 없다. 모순은 없지만, 높은 충실도의 복제는 잠재적 해결의 특정 영역 내에서 표현된다. 섬 실험은 잠재적 해결을 고려하지 않기 때문에 누적 문화 평가에 사용할 수 없다(잠재적 해결과 섬 실험에 대한 자세한 설명은 Tennie et al., 2017을 보라).

109 침팬지가 6~9세에 있으며, 점차 그들 구성원과의 상호작용이 늘어나는 시기이다(역자 주).

단일 특성 사건이 아니라 다요인 과정

그러면, 누적 문화는 언제, 어떻게 생겨났을까? 그것은 단 하나의 특성 현상이 아니라, 오히려 일련의 실행으로 구성된 하나의 현상이다. 누적 문화의 발명 그리고 변경 측면을 지원하는 일부는 개체 영역에서 작동한다. 혁신과 누적된 측면을 지지하는 다른 것들은 사회 영역에서 운영된다. 누적 문화의 중요한 점은 사회적으로 유지되는 전통에 대항하는 새로운 관행을 도입하는 데 있어서 개체와 사회 영역 사이의 상호작용이다. 문화 실행과 그 결과가 환경 분야에서 점점 더 오래 지속될수록, 그것들은 실행을 유지하고 변경하는 자극과 행동 유도성이 될 수 있다. 문화적 존재에게 있어서, 호미닌이 선사시대에도 그랬고 오늘날에도 그랬듯이, 실행은 서로 그리고 특정 환경과 상호작용하는 진화적-생물학적, 역사적-사회적 그리고 유전적-개별적 차원의 3차원으로 발전한다. 누적 문화의 발전은 몇몇 자기강화적인 성분들과 점진적이고 상호작용적인 과정이다. 누적 문화는 기존 실행을 기반으로 변경되기 때문에 경로에 따라 다르지만, 그 경로가 반드시 효율성을 높이고 복잡성을 증가시키는 '상향'인 것은 아니다. 점진적인 래칫의 그림은 복잡성과 효율성 그리고 서로 모순될 수 있는 다른 성분들의 다양성을 포획하는 데 부족하다. 혁신으로 받아들여지기 위해서는 변경이 어떤 방식으로든 매력적이어야 한다. 경제적, 사회적, 실용적, 정서적, 환경적 영향에 대한 평가는 후대에 맡겨진다. 단순한 기증문화에서 선진화된 기증문화로의 문화적 변화를 통해 전통이 누적됨에 따라 누적 문화가 어떻게 발전하는지를 대략적으로 보여주는 스케치는 복합적 과정으로 보여주며, 그것은 지속적으로 발달하고 변화하고 있다.

감사

매우 상세한 질문을 한 익명의 평론가에게 감사한다. 이제 내 생각이 더 정확하게 표현되기를 바란다. 여기에 제시된 연구는 독일 행정부처German Ministry(BMBF)와 바덴뷔르템베르크주와 헤세주the states of Baden-Wurttemberg and Hesse의 아카데미 연합 프로그램 내에서 자금을 지원하는 「인간의 초기 확장에서 문화의 역할The Role of Culture in Early Expansions of Humans」이라는 센터 작업의 일부이다. 또한, 독일연구재단German Research Foundation, DFG에서는 프로젝트 「HA 2744-9」의 맥락으로 "구석기 시대의 혁신적 행태의 질적 그리고 정량적 차이—남아프리카 중기 석기시대 기법-복합체의 예시Qualitative and quantitative differences in innovative behaviour in the Paleolithic—the example of Middle Stone Age techno-complexes of Southern Africa"를 지지했다.

참고문헌

Barham, L. S. (2013). *From hand to handle: The first industrial revolution.* Oxford, UK: Oxford University Press.

Beyene, Y., Katoh, S., WoldeGabriel, G., Hart, W. K., Uto, K., Sudo, M., . . . Asfaw, B. (2013). The characteristics and chronology of the earliest Acheulean at Konso, Ethiopia. *Proceedings of the National Academy of Sciences of the United States of America, 110*(5), 1584–1591.

Biro, D., Sousa, C., & Matsuzawa, T. (2006). Ontogeny and cultural propagation of tool use by wild chimpanzees at Bossou, Guinea: Case studies in nut cracking and leaf folding. In T. Matsuzawa, M. Tomonaga, & M. Tanaka (Eds.), *Cognitive development in chimpanzees* (pp. 476–508). Tokyo: Springer.

Boesch, C. (1991). Teaching among wild chimpanzees. *Animal Behaviour, 41*(3), 530–532.

Boesch, C., Bombjaková, D., Boyette, A., & Meier, A. (2017). Technical intelligence and culture: Nut cracking in humans and chimpanzees. *American Journal of Physical Anthropology,*

163(2), 339–355.

Boyd, R., & Richerson, P. J. (1996). Why culture is common, but cultural evolution is rare. *Proceedings of the British Academy, 88*, 77–93.

Braun, D. R., Plummer, T. W., Ferraro, J. V, Ditchfield, P. W., & Bishop, L. C. (2009). Raw material quality and Oldowan hominin toolstone preferences: Evidence from Kanjera South, Kenya. *Journal of Archaeological Science, 36*(7), 1605–1614.

Caldwell, C. A. (2015). Experimental studies of cumulative culture in modern humans: What are the requirements of the ratchet? In A. Mesoudi & K. Aoki (Eds.), *Learning strategies and cultural evolution during the Palaeolithic* (pp. 145–154). Tokyo: Springer.

Caldwell, C. A., Atkinson, M., & Renner, E. (2016). Experimental approaches to studying cumulative cultural evolution. *Current Directions in Psychological Science, 25*(3), 191–195.

Csibra, G., & Gergely, G. (2011). Natural pedagogy as evolutionary adaptation. *Philosophical Transactions of the Royal Society of London. Series B, Biological Sciences, 366*(1567), 1149–1157.

Davidson, I. (2016). Stone tools: Evidence of something in between culture and cumulative culture? In M. N. Haidle, N. J. Conard, & M. Bolus (Eds.), *The nature of culture: Based on an interdisciplinary symposium "The nature of culture", Tübingen, Germany* (pp. 99–120). Dordrecht, The Netherlands: Springer Science + Business Media.

Davis, S. J., Vale, G. L., Schapiro, S. J., Lambeth, S. P., & Whiten, A. (2016). Foundations of cumulative culture in apes: Improved foraging efficiency through relinquishing and combining witnessed behaviours in chimpanzees (*Pan troglodytes*). *Scientific Reports, 6*, 35953.

Dean, L. G., Kendal, R. L., Schapiro, S. J., Thierry, B., & Laland, K. N. (2012). Identification of the social and cognitive processes underlying human cumulative culture. *Science, 335*(6072), 1114–1118.

Dean, L. G., Vale, G. L., Laland, K. N., Flynn, E. G., & Kendal, R. L. (2014). Human cumulative culture: A comparative perspective. *Biological Reviews, 89*(2), 284–301.

Delagnes, A., & Roche, H. (2005). Late Pliocene hominid knapping skills: The case of Lokalalei 2C, West Turkana, Kenya. *Journal of Human Evolution, 48*(5), 435–472.

de la Torre, I. (2004). Omo revisited: Evaluating the technological skills of Pliocene hominids. *Current Anthropology, 45*(4), 439–465.

de la Torre, I. (2016). The origins of the Acheulean: Past and present perspectives on a major transition in human evolution. *Philosophical Transactions of the Royal Society of London. Series B, Biological Sciences, 371*(1698), 20150245.

Diez-Martín, F., Yustos, P. S., Uribelarrea, D., Baquedano, E., Mark, D. F., Mabulla, A. Z. P., . . . Domínguez-Rodrigo, M. (2015). The origin of the Acheulean: The 1.7 million-year-old site of FLK West, Olduvai Gorge (Tanzania). *Scientific Reports, 5*(17839), 1–9.

Frith, C. D., & Frith, U. (2005). Theory of mind. *Current Biology, 15*(17), R644–R645.

Gallotti, R., & Mussi, M. (2017). Two Acheuleans, two humankinds: From 1.5 to 0.85 Ma at Melka Kunture (Upper Awash, Ethiopian highlands). *Journal of Anthropological Sciences, 95*, 1–46.

Gärdenfors, P., & Högberg, A. (2017). The archaeology of teaching and the evolution of *Homo docens*. *Current Anthropology, 58*(2), 188–208.

Garofoli, D. (2016). Metaplasticit-*ies*: Material engagement meets mutational enhancement. In G. Etzelmüller & C. Tewes (Eds.), *Embodiment in evolution and culture* (pp. 307–336).

Tübingen, Germany: Mohr Siebeck.

Goldman-Neuman, T., & Hovers, E. (2012). Raw material selectivity in late Pliocene Oldowan sites in the Makaamitalu Basin, Hadar, Ethiopia. *Journal of Human Evolution, 62*(3), 353–366.

Haidle, M. N. (2010). Working-memory capacity and the evolution of modern cognitive potential. *Current Anthropology, 51*(S1), S149–S166.

Haidle, M. N. (2014). Building a bridge—An archeologist's perspective on the evolution of causal cognition. *Frontiers in Psychology, 5*(1472), 1–15.

Haidle, M. N. (2017). Development of teaching performance: Comment on P. Gärdenfors and A. Högberg, The archaeology of teaching and the evolution of *Homo docens*. *Current Anthropology, 58*(2), 202–204.

Haidle, M. N., Bolus, M., Collard, M., Conard, N. J., Garofoli, D., Lombard, M., . . . Whiten, A. (2015). The nature of culture: An eight-grade model for the evolution and expansion of cultural capacities in hominins and other animals. *Journal of Anthropological Sciences, 93*, 43–70.

Haidle, M. N., & Bräuer, J. (2011). Special issue: Innovation and the evolution of human behavior. From brainwave to tradition—How to detect innovations in tool behaviour. *PaleoAnthropology, 2011*, 144–153.

Haidle, M. N., Garofoli, D., Scheiffele, S., & Stolarczyk, R. E. (2017). Die Entstehung einer Figurine? Material Engagement und verkörperte Kognition als Ausgangspunkt einer Entwicklungsgeschichte symbolischen Verhaltens. In G. Etzelmüller, T. Fuchs, & C. Tewes (Eds.), *Verkörperung—Eine neue interdisziplinäre Anthropologie* (pp. 251–279). Berlin: de Gruyter.

Harmand, S. (2009). Variability in raw material selectivity at the late Pliocene sites of Lokalalei, West Turkana, Kenya. In E. Hovers & D. R. Braun (Eds.), *Interdisciplinary approaches to the Oldowan* (pp. 85–97). Dordrecht, The Netherlands: Springer.

Harmand, S., Lewis, J. E., Feibel, C. S., Lepre, C. J., Prat, S., Lenoble, A., . . . Roche, H. (2015). 3.3-million-year-old stone tools from Lomekwi 3, West Turkana, Kenya. *Nature, 521*(7552), 310–315.

Haslam, M., Luncz, L. V, Staff, R. A., Bradshaw, F., Ottoni, E. B., & Falótico, T. (2016). Pre-Columbian monkey tools. *Current Biology, 26*(13), R521–R522.

Hunt, G. R., & Gray, R. D. (2003). Diversification and cumulative evolution in New Caledonian crow tool manufacture. *Proceedings of the Royal Society of London B: Biological Sciences, 270*(1517), 867–874.

Kempe, M., Lycett, S. J., & Mesoudi, A. (2014). From cultural traditions to cumulative culture: Parameterizing the differences between human and nonhuman culture. *Journal of Theoretical Biology, 359*, 29–36.

Laland, K. N. (2017). The origins of language in teaching. *Psychonomic Bulletin & Review, 24*(1), 225–231.

Laland, K. N., & O'Brien, M. J. (2011). Cultural niche construction: An introduction. *Biological Theory, 6*(3), 191–202.

Lepre, C. J., Roche, H., Kent, D. V, Harmand, S., Quinn, R. L., Brugal, J.-P., . . . Feibel, C. S. (2011). An earlier origin for the Acheulian. *Nature, 477*(7362), 82–85.

Lewis, J. E., & Harmand, S. (2016). An earlier origin for stone tool making: Implications for cognitive evolution and the transition to *Homo*. *Philosophical Transactions of the Royal Society of London. Series B, Biological Sciences, 371*(1698), 1–8.

Logan, C. J., Breen, A. J., Taylor, A. H., Gray, R. D., & Hoppitt, W. J. E. (2016). How New Caledonian crows solve novel foraging problems and what it means for cumulative culture. *Learning & Behavior, 44*(1), 18–28.

Lombard, M. (2016). Mountaineering or ratcheting? Stone Age hunting weapons as proxy for the evolution of human technological, behavioral and cognitive flexibility. In M. N. Haidle, N. J. Conard, & M. Bolus (Eds.), *The nature of culture: Based on an interdisciplinary symposium "The nature of culture", Tübingen, Germany* (pp. 135–146). Dordrecht, The Netherlands: Springer Science + Business Media.

Lombard, M., & Haidle, M. N. (2012). Thinking a bow-and-arrow set: Cognitive implications of Middle Stone Age bow and stone-tipped arrow technology. *Cambridge Archaeological Journal, 22*(2), 237–264.

Lombard, M., Högberg, A., & Haidle, M. N. (2018). Cognition: From capuchin rock pounding to Lomekwian flake production. *Cambridge Archaeological Journal,* (online first), doi:10.1017/S0959774318000550

Luncz, L. V, Proffitt, T., Kulik, L., Haslam, M., & Wittig, R. M. (2016). Distance-decay effect in stone tool transport by wild chimpanzees. *Proceedings of the Royal Society of London B: Biological Sciences, 283*(1845), 20161607.

Malafouris, L. (2013). *How things shape the mind: A theory of material engagement.* Cambridge, MA: MIT Press.

McGrew, W. C. (2015). The cultured chimpanzee: Nonsense or breakthrough? *Human Ethology Bulletin, 30*(1), 41–52.

Mercader, J., Barton, H., Gillespie, J., Harris, J., Kuhn, S. L., Tyler, R., & Boesch, C. (2007). 4,300–year-old chimpanzee sites and the origins of percussive stone technology. *Proceedings of the National Academy of Sciences of the United States of America, 104*(9), 3043–3048.

Mesoudi, A. (2011). Variable cultural acquisition costs constrain cumulative cultural evolution. *PLoS One, 6*(3), e18239.

Morgan, T. J. H., Uomini, N. T., Rendell, L. E., Chouinard-Thuly, L., Street, S. E., Lewis, H. M., . . . Laland, K. N. (2015). Experimental evidence for the co-evolution of hominin toolmaking teaching and language. *Nature Communications, 6*(6029), 1–18.

Powell, A., Shennan, S., & Thomas, M. G. (2009). Late Pleistocene demography and the appearance of modern human behavior. *Science, 324*(5932), 1298–1301.

Pradhan, G. R., Tennie, C., & van Schaik, C. P. (2012). Social organization and the evolution of cumulative technology in apes and hominins. *Journal of Human Evolution, 63*(1), 180–190.

Proffitt, T., Luncz, L. V, Falótico, T., Ottoni, E. B., De la Torre, I., & Haslam, M. (2016). Wild monkeys flake stone tools. *Nature, 539*(7627), 85–88.

Pruetz, J. D., & Bertolani, P. (2007). Savanna chimpanzees, *Pan troglodytes verus,* hunt with tools. *Current Biology, 17*(5), 412–417.

Pruetz, J. D., Bertolani, P., Ontl, K. B., Lindshield, S., Shelley, M., & Wessling, E. G. (2015). New evidence on the tool-assisted hunting exhibited by chimpanzees (*Pan troglodytes verus*) in a savannah habitat at Fongoli, Sénégal. *Royal Society Open Science, 2*(4), 1–11.

Querbes, A., Vaesen, K., & Houkes, W. (2014). Complexity and demographic explanations of cumulative culture. *PLoS One, 9*(7), e102543.

Renfrew, C. (1978). The anatomy of innovation. In D. R. Green, C. Haselgrove, & M. Spriggs (Eds.), *Social organization and settlement: Contributions from anthropology, archaeology and geography* (pp. 89–117). Oxford, UK: British Archaeological Reports.

Riede, F., Johannsen, N. N., Högberg, A., Nowell, A., & Lombard, M. (2018). The role of play objects and object play in human cognitive evolution and innovation. *Evolutionary Anthropology, 26.*

Rogers, E. M. (1995). *Diffusion of innovations.* New York: Free Press.

Sasaki, T., & Biro, D. (2017). Cumulative culture can emerge from collective intelligence in animal groups. *Nature Communications, 8,* 15049.

Schoch, W. H., Bigga, G., Böhner, U., Richter, P., & Terberger, T. (2015). New insights on the wooden weapons from the Paleolithic site of Schöningen. *Journal of Human Evolution, 89,* 214–225.

Semaw, S., Rogers, M. J., Quade, J., Renne, P. R., Butler, R. F., Domínguez-Rodrigo, M., . . . Simpson, S. W. (2003). 2.6-million-year-old stone tools and associated bones from OGS-6 and OGS-7, Gona, Afar, Ethiopia. *Journal of Human Evolution, 45*(2), 169–177.

Shennan, S. (2001). Demography and cultural innovation: A model and its implications for the emergence of modern human culture. *Cambridge Archaeological Journal, 11*(1), 5–16.

Shipton, C., & Nielsen, M. (2015). Before cumulative culture. *Human Nature, 26*(3), 331–345.

Simon, H. A. (1962). The architecture of complexity. *Proceedings of the American Philosophical Society, 106*(6), 467–482.

St Clair, J. J. H., Klump, B. C., van der Wal, J. E. M., Sugasawa, S., & Rutz, C. (2016). Strong between-site variation in New Caledonian crows' use of hook-tool-making materials. *Biological Journal of the Linnean Society, 118*(2), 226–232.

Sterelny, K. (2016a). Adaptable individuals and innovative lineages. *Philosophical Transactions of the Royal Society of London. Series B, Biological Sciences, 371*(1690), 20150196.

Sterelny, K. (2016b). Cumulative cultural evolution and the origins of language. *Biological Theory, 11*(3), 173–186.

Stout, D., Quade, J., Semaw, S., Rogers, M. J., & Levin, N. E. (2005). Raw material selectivity of the earliest stone toolmakers at Gona, Afar, Ethiopia. *Journal of Human Evolution, 48*(4), 365–380.

Stout, D., Semaw, S., Rogers, M. J., & Cauche, D. (2010). Technological variation in the earliest Oldowan from Gona, Afar, Ethiopia. *Journal of Human Evolution, 58*(6), 474–491.

Tennie, C., Braun, D. R., Premo, L. S., & McPherron, S. P. (2016). The island test for cumulative culture in the Paleolithic. In M. N. Haidle, N. J. Conard, & M. Bolus (Eds.), *The nature of culture: Based on an interdisciplinary symposium "The nature of culture", Tübingen, Germany* (pp. 121–133). Dordrecht, The Netherlands: Springer Science + Business Media.

Tennie, C., Call, J., & Tomasello, M. (2009). Ratcheting up the ratchet: On the evolution of cumulative culture. *Philosophical Transactions of the Royal Society of London. Series B, Biological Sciences, 364*(1528), 2405–2415.

Tennie, C., Premo, L. S., Braun, D. R., & McPherron, S. P. (2017). Early stone tools and cultural transmission: Resetting the null hypothesis. *Current Anthropology, 58*(5), 652–672.

Tennie, C., Walter, V., Gampe, A., Carpenter, M., & Tomasello, M. (2014). Limitations to the cultural ratchet effect in young children. *Journal of Experimental Child Psychology, 126,*

152–160.

Thieme, H. (1997). Lower Palaeolithic hunting spears from Germany. *Nature, 385*(6619), 807–810.

Tomasello, M. (1999). The human adaptation for culture. *Annual Review of Anthropology, 28*(1), 509–529.

Toth, N. P., & Schick, K. D. (2009). The Oldowan: The tool making of early hominins and chimpanzees compared. *Annual Review of Anthropology, 38*, 289–305.

Vaesen, K., Collard, M., Cosgrove, R., & Roebroeks, W. (2016). Population size does not explain past changes in cultural complexity. *Proceedings of the National Academy of Sciences of the United States of America, 113*(16), E2241–E2247.

Vale, G. L., Davis, S. J., Lambeth, S. P., Schapiro, S. J., & Whiten, A. (2017). Acquisition of a socially learned tool use sequence in chimpanzees: Implications for cumulative culture. *Evolution and Human Behavior, 38*(5), 635–644.

van Schaik, C. P., Ancrenaz, M., Borgen, G., Galdikas, B., Knott, C. D., Singleton, I., . . . Merrill, M. (2003). Orangutan cultures and the evolution of material culture. *Science, 299*(5603), 102–105.

van Schaik, C. P., Burkart, J. M., Damerius, L., Forss, S. I. F., Koops, K., van Noordwijk, M. A., & Schuppli, C. (2016). The reluctant innovator: Orangutans and the phylogeny of creativity. *Philosophical Transactions of the Royal Society of London. Series B, Biological Sciences, 371*(1690), 20150183.

Visalberghi, E., Addessi, E., Truppa, V., Spagnoletti, N., Ottoni, E. B., Izar, P., & Fragaszy, D. M. (2009). Selection of effective stone tools by wild bearded capuchin monkeys. *Current Biology, 19*(3), 213–217.

Wadley, L. (2013). Recognizing complex cognition through innovative technology in Stone Age and Palaeolithic sites. *Cambridge Archaeological Journal, 23*(2), 163–183.

Whitehead, H., & Rendell, L. (2014). *The cultural lives of whales and dolphins*. Chicago, IL: University of Chicago Press.

Whiten, A. (2016). The evolution of hominin culture and its ancient pre-hominin foundations. In M. N. Haidle, N. J. Conard, & M. Bolus (Eds.), *The nature of culture: Based on an interdisciplinary symposium "The nature of culture", Tübingen, Germany* (pp. 27–39). Dordrecht, The Netherlands: Springer Science + Business Media.

Whiten, A. (2017). Culture extends the scope of evolutionary biology in the great apes. *Proceedings of the National Academy of Sciences of the United States of America, 114*(30), 7790–7797.

Whiten, A., Caldwell, C. A., & Mesoudi, A. (2016). Cultural diffusion in humans and other animals. *Current Opinion in Psychology, 8*, 15–21.

Whiten, A., Goodall, J. van L., McGrew, W. C., Nishida, T., Reynolds, V., Sugiyama, Y., . . . Boesch, C. (1999). Cultures in chimpanzees. *Nature, 399*(6737), 682–685.

Wynn, T., Haidle, M. N., Lombard, M., & Coolidge, F. L. (2017). The expert cognition model in human evolutionary studies. In T. Wynn & F. L. Coolidge (Eds.), *Cognitive models in Palaeolithic archaeology* (pp. 21–43). Oxford, UK: Oxford University Press.

| 제7장 |

전기 구석기시대의 호미닌 진화, 석기 스카벤징과 재사용

Adam Brumm, Matt Pope, Mathieu Leroyer, and Kate Emery

고고학적 기록은 인류의 가장 큰 자산, 즉 다른 인류가 남긴 것을 재활용할 수 있는 능력을 보여주는 매혹적인 기록이다(Ebert, 1992, p. 11).

서론

인간 인지의 기원과 진화에 대한 토마스 윈Thomas Wynn의 연구는 기본적이지만 근본적인 문제를 중심으로 전개된다. 인간의 인지는 언제 그리고 왜 자연에서의 유인원과 같은 것에서 인간과 같은 것으로 바뀌었을까? 윈은 영장류학자 윌리엄 맥그루William McGrew와의 고전적 논문에서, 올도완 석기 기법은 우리의 가장 가까운 진화적 가계도인 침팬지의 도구를 사용하는 '문화와' 거의 다르지 않다고 주장했다(Wynn & McGrew, 1989). 그러나 좀 더 최근에, 호주의 고고학자 이아인 데이비드슨Iain Davidson은 맥그루 함께 올도완의 도구 행태가 여러 면에서 유인원과 유사하지만 적어도 한 가지 인간다운 특징을 갖는 '적소 창조'을 만든다는 견해를 제시했다(Davidson & McGrew, 2005). **적소 건설** 또는 **적소 창조**는 유기체가 자신의 행태를 통해 환경의 중요한 구성요소를 변경하고 자신과 다른 유기체가 노출되는 조건 그리고 선택압력을 변경하는 과정을 의미한다(Laland & Brown, 2006; Laland & O'Brien, 2010; Laland, Odling-Smee, & Feldman, 2001; Odling-Smee, Laland, & Feldman, 1996). 데이비드슨과 맥그루Davidson and McGrew(2005)는 침팬지 도구 행태가 이러한 특성을 나타내지 않는다고 주장한다. 그들은 침팬지가 이전에 방문했던 지역으로 돌아가 유사한 행동을 실행함으로써 파편 누적 패턴과 유사한 '현장' 형성을 초래한다는 점에서 호미닌과 유사하다고 지적한다(Haslam et al., 2009). 그러나 가장 복잡한 형태의 침팬지 도구 사용은 적소 창조를 포함하지 않는다. 왜냐하면 도구 사용 행동에 대한 물리적 증거가 장기적으로 침팬지 행태에 영향을 줄 만큼 충분히 오랫동안 환경에서 살아남지 못하기 때문이다. 침팬지가 사용하는 대부분의 도구는 습한 열대지방에서 급속히 악화되는 유기물(즉, 식물 기반) 물질로 구성되어 있다. 더욱이, 침팬지가 견과류를 깨기 위해 사용하는 돌과 망치는 항상 같은 목적으로 재사용된다. 지금까지, 다른 기능적 환경에서 사용하기 위해 모집되고 있는 침팬지 견과류 깨기 도구 세트와 관련된 일련의 행태에 대한 문서화된 증거는 없다.

데이비드슨과 맥그루Davidson and McGrew(2005)는 호미닌은 달랐다고 제안했다. 그들은 돌을 두드리는 바로 그 물리적인 행위가 이전의 도구 제작 사건의 몸돌, 격지, 파편 그리고 기타 버려진 생산물들이 후대의 도구 사용자에게 돌 재료의 원천을 제공했다는 점에서 올도완 호미닌의 기회 환경(데이비드슨과 맥그루의 문구)을 변화시켰을 것이라고 주장한다(Potts, 1988). 데이비드슨과 맥그루(2005)는 "돌을 운반하고 떼어내는 호미닌 습관의 효과는 고정된 돌 재료 공급원으로부터 도구 제공 기회의 창조를 통한 돌의 환경적 분포의 가변성을 감소시켰다"라고 주장한다. 이 개념에 따르면 돌떼기는 올도완 호미닌을 위해 새로운 적소를 만들어 냈을 것이다. 이 복잡하고 독특한 행태는 자연적인 호미닌 서식지를 변경했고, 이전의 호미닌 행태의 영구적인 잔존물인 오래된 돌 인공물들이 지속적인 행태에 영향을 줄 수 있는 환경을 만들었다.

이러한 이유로, 데이비드슨과 맥그루(2005)는 동아프리카의 초기 돌떼기 기록에서조차 호미닌 도구 제작 문화에서만 발견되는 배타적인 특징에 대한 증거가 있으며, 우리가 아는 한, 현대의 침팬지 문화와 공유되는 것은 아니라고 제안한다. 사실, 이 학자들에 의해 제안된 모델은 다른 호미닌들에 의해 버려진 돌 인공물들을 뒤지고 재사용하는 초기 호미닌들의 능력이 독특한 인간의 인지적 특성이 출현하는 중요한 단계에 대한 증거를 제공할 수 있다는 것을 제안한다. 저자들이 지적했듯이, "호미닌이 이전의 돌떼는 사건 현장으로 돌아와 도구 제작의 행동을 다른 의도로 반복했을 때, 그들은 반영적 알아차림으로 유인원과 유사한 문화에 상징적 구성요소를 추가하는 길을 걷기 시작했다"(Davidson & McGrew, 2005, p. 813).

이 장에서는 전기 구석기 호니민에 의한 석기 인공물의 스카벤징과 재사용에 대한 경험적 증거를 살펴본다. 우리는 적어도 두 가지의 독특한 풍화 상태를 보여주는 고대 석기들의 존재에 관심을 집중시키며, 시간 경과에 의해 분리된 작업 단계의 증거를 제공한다. 비록 흔하지는 않지만, 전기 구석기 복합물에는 주먹도끼를 포함하여 이런 종류의 인공물들이 있다. 차별된 파티네이션patination[109]이 발생하는 상황을 조사하면 전기 구석기에서의 도구 스카벤징과 재사용의 강도가 과소평가될 수 있다는 것을 추론할 수 있다. 우리는 호미닌 인지의 진화를 이해하는 데 있어서 이것의 의미를 고려한다.

스카벤징, 재사용 그리고 재활용의 확인

고고학자들이 **재사용**reuse과 **재활용**recycling이라는 용어를 사용하여 어떻게 과거 인간 행태의 양상 특히 돌 기법에 관해서 언급하는가에는 많은 차이와 불일치가 있다(Amick, 2007; Bamforth, 1986; Camilli & Ebert, 1992; Ebert, 1992; Schiffer, 1972, 1987; Schiffer, Downing, & McCarthy, 1981). 일반적으로, 인공물은 이미 지나간 생활사의 과정 또는 단계를 변경하는 기법적 체계를 통해서 재사용되는 것으로 분류된다(Schiffer, 1972, 1987). 프레스톤Preston(2000)은 세 가지 재사용 형태를 정의한다. (1) **재활용**은 사용된 대상을 새로운 품목으로 제작하고(즉, 재작업) 형태와 기능 모두 새로운 목적으로 사용하는 경우이다. (2) **이차적 사용**은 변경되지 않은 품목이 아닌 다른 활동으로, 형태는 새롭지 않고 기능만 새롭게 하여 사용되는 경우이다. (3) **측면 순환**은 형태나 기능이 변경되지 않고 대상이 한 사용자로부터 다른 사용자로 전달되는 경우이다. 품목items의 재활용과 이차 사용은 사용자의 변화를 수반할 수도 있고 아닐 수도 있지만, 측면 순환은 항상 변화를 수반한다(Schiffer, 1987; Schiffer et al., 1981). 중요한 재사용 기전은 동일한 사용자건 다른 사용자건(Medina, 2007) 이전에 누적한 대상을 재생하고 재사용하는 것으로

110 푸른 녹이 슨 상태 같은 얇은 층이 형성되는 과정, 제4장 참조(역자 주).

서, 이는 **스카벤징**scavenging이라고 알려진 행태이다. 후자와 관련하여, 쉬퍼Schiffer(1987, p. 114)가 언급했듯이, "크기와 관계없이 사실상 어떤 물체도 스카벤징할 수 있다." 재사용은 **유지보수**maintenance와 구별되며, 유지보수는 사용수명을 연장하기 위해 품목을 수리하거나 개조하여 새로운 형태를 만들지만, 반드시 새로운 기능은 아니다(Andrefsky, 2009; Preston, 2000; Schiffer, 1987).

초기 형태의 재활용 인공물의 흔적은 이러한 도구를 다른 형태로 개조한 후에도 종종 인식될 수 있으며, 따라서 재활용은 일반적으로 고고학적 자료에서 가장 자주 확인되는 재사용 과정이다(Schiffer, 1987). 그럼에도 불구하고, 모든 경우는 아니지만 대부분 석기의 유형학적 변환 뒤에 있는 의도 수준을 추론하는 것은 이러한 과정을 동등하게 설명할 수 있는 광범위한 변수에 의해 복잡해진다(Odell, 2001). 이러한 변수 중 가장 중요한 것은 도구 사용 중 정기적인 유지보수의 결과로 발생할 수 있는 도구 형태의 변화이다(Frison, 1968). 이에 따라 이전에 사용된 석기를 재사용할 수 있는 가장 좋은 증거는 시간적으로 구별되는 두 가지 이상의 뚜렷한 감쇄 단계를 경험했다는 것을 증명하는 것이다.

인공물 재파티네이션

학자들은 오랫동안 특정한 선사시대 석기 인공물들이 표면 풍화 정도에 기초하여 연대순으로 정렬될 수 있는 음영의 조각상 자국을 보인다는 것을 인식해 왔다(예: Barkai, Gopher, & Shimelmitz, 2006; Boucher de Perthes, 1999a, 1999b; Breuil, 1954; Clarkson, 2007; de Mortillet, 1885;

de Pradenne, 1935; Henri-Martin, 1906, 1923; Hiscock & Attenbrow, 2005; Mora, de la Torre, & Martínez-Moreno, 2004; Rudner & Rudner, 1954; Smith, 1894; Sturge, 1911; Warren, 1902). 이와 같은 표본으로 어떤 흔scars 은 다른 흔보다 더 심하게 풍화되며, 풍화 흔이 덜한 것과 더한 것이 겹치는 경우, 덜한 것이 더한 것에 침입하여 나중에 발생했다는 것을 분명하게 보여준다. 이 현상은 **차별 파티네이션**differential patination, **재파티네이션** repatination[111] 또는 정확하진 않지만, **이중 파티네이션**double patination으로 다양하게 알려져 있다(Amick, 2007; Goodwin, 1960; Sturge, 1911). 이 형태를 나타내는 돌 인공물은 침적 그리고 풍화의 중간 기간(시간 경과)에 의해 분리된 두 개(또는 그 이상) 단계의 결과로 분명하게 해석될 수 있다. 차별 파티네이션 된 격지 흔 형성은 항상 시간 경과를 수반한다. 비록 우리가 보통 이 시간의 경과 기간을 알 수는 없지만(몇 달, 몇 년 또는 몇천 년이 걸릴 수도 있음), 반복된 인공물은 그것에 대한 명확한 증거를 제공한다. 따라서 차별 파티네이션을 받은 돌 인공물은 도구 스카벤징 그리고 재사용에 대한 가장 명확한 프록시proxy 증거를 제공한다.

일반적으로 도구 재사용에 따른 차별 파티네이션에 대한 증거는 수력으로 굴렀거나 파괴 손상과 같이 퇴적 후 기계적 풍화 공작에 의한 흔 그리고 돌날 마모에서 생긴 도구 재사용으로부터 온다. 예를 들어 부분적으로 묻힌 도구의 높은 표면 또는 돌출된 부분과 같은 화학적 변화 그리고/또는 기계적 풍화 또는 인공물 표면의 얼룩의 비율로 인해 석기에서 차별 파티네이션과 유사한 현상이 발생할 수 있다(예: Boucher de Perthes, 1999a; de Mortillet, 1885, p. 65; Evans, 1872; Goodwin, 1960;

111 푸른 녹이 슨 상태 같은 얇은 층이 다시 형성되는 과정(역자 주).

Howard, 1999; Prestwich, 1860; Sturge, 1911; Woodcock, 1981). 대부분의 경우 이러한 형태를 스카벤징 그리고 재사용 흔으로부터 구별할 수 있다.

전기 구석기 맥락에서의 재파티네이션 인공물

고고학 문헌을 조사한 결과, 많은 전기 구석기 유적에서 서로 다르게 풍화된 표면을 가진 석기 인공물의 존재가 밝혀졌다. 예를 들어, 142±7만 년 전의 케냐 체소완자의 올도완 유적지Oldowan site of Chesowanja에서 고우렛과 동료들(Gowlett, Harris, Walton & Wood 1981, p. 125)은 "한 표면에 새로 다듬어진 인공물은 재사용을 한 강력한 증거"라고 확인했었다. 재파티네이션 된 도구implements는 쿠비 포라Koobi Fora(Ludwig & Harris, 1998)와 올두바이 협곡의 HWK East(Leakey, 1971)의 150만 년~160만 년 전에 발달된 올도완 복합물에서도 보고되었다. 쿠비 포라에서는 대형 운반 몸돌이 현장에 퇴적되어 이후 단계에서 재작업되어 풍화 흔이 있는 인공물이 생성되었다(Ludwig & Harris, 1998, p. 99). 또한, 영국과 프랑스(de Mortillet, 1906; Soriano, 2000; Villa, 1983, p. 185)와 벨기에(Rutot, 1906)와 같이 유럽 전역의 아슐리안 복합물에서도 재파티네이션 된 주먹도끼와 다른 풍화의 돌 인공물이 확인되었다. 유럽 이외의 지역에서는 아프리카 아슐리안 문화(Aumassip, 2004; Kuman, 2001), 아시아 중동 지역Near East(Bar-Yosef & Goren-Inbar, 1993; Gopher et al., 2005, p. 82; Le Tensorer,1997; Marder, Milevski, & Matskevich, 2006, p. 240)[111] 그리고 아대륙 인도subcontinental India(Pappu & Akhilesh, 2006)[102]에 기인하는 복합물에서 차별 파티네이션 된 도구가 알려져 있다.

우리는 문헌의 검토와 이 지역의 주요 수집에 대한 직접적인 지식을 바탕으로 영국 전기 구석기 복합물에서 차별 파티네이션을 받은 석기에 대한 증거를 표로 작성했다(〈표 7.1〉을 보라). 영국 아슐리안과 몸돌과 격지(예: 클랙턴Clactonian) 복합물에 재파티네이션 된 인공물이 존재한다는 사실은 오래전부터 알려져 있다. 예를 들어, 1세기 전에, 영국의 골동품 전문가인 워싱턴 스미스는 영국 남동부에서 온 두 개의 재파티네이트 된 주먹도끼([그림 7.1] 참고)를 묘사하면서, "'아슐리안 주먹도끼'의 재-지향re-pointing은 중기 시대에 흔히 행해지는 것처럼 낡은 판 갑옷을 새로운 형태로 망치질하는 것을 연상시킨다"라고 언급했다(Smith, 1894, p. 117). 아슐리안 지역 혹슨Hoxne([그림 7.2] 참고), 워렌 힐Warren Hill([그림 7.3] 참고), 박스그로브Boxgrove([그림 7.4]~[그림 7.8] 참고)에서도 재작업된 주먹도끼의 주목할 만한 예가 확인되었다. 워렌 힐 주먹도끼는 초기 생산 그리고 폐기에 따른 세 가지 뚜렷한 파티네이션 상태를 나타내며, 각각 시간 경과로 구분된다([그림 7.9] 참고). 박스그로브(Woodcock, 1981)에서 이와 유사한 3중으로 파티네이션 된 주먹도끼가 발견되었다. 하이로지High Lodge 복합물에는 '격지된 격지flaked flake', 몸돌 그리고 2개의 긁개 등 세 가지 추가 인공물이 있다([그림 7.10] 참고).

112 저자의 위치에서 가까운 동쪽은 중동지역이다(역자 주).

113 인도 지역이 넓어서 아대륙이라고 부른다(역자 주).

〈표 7.1〉 영국의 전기 구석기 맥락의 차별 파티네이션 인공물의 발견

장소	숫자	유형	출처	참고
이스트 딘 (East Dean)	1	주먹도끼	Brown(1983, p. 98, plate 1.4)	—
켐프턴 (Kempston)	1	주먹도끼	Smith(1894, pp. 116-117)	[그림 7.1]을 보라.
캐딩턴 (Caddington)	1	주먹도끼	Smith(1894, pp. 116-117)	—
샌턴 다운햄 (Santon Downham)	1	주먹도끼	AB, pers. obs., February 2010	워렌 컬렉션, 프랭크스 하우스, 대영박물관.
워렌 힐 (Warren Hill) (MIS 12/13)	6	주먹도끼	Sturge(1911. p. 68)	워렌 힐의 광범위한 주먹도끼 수집에서 스터지(1911, p. 65)는 다음과 같이 지적했다. "나중의 단계에서 재작업하는 것을 보여주는 몇 가지 실행이 있다. 즉 이중 파티네이션이다." 그러나 이러한 실행의 개수는 제공되지 않았다. 우리의 비공식적인 조사에서 대영박물관에 소장된 스터지의 워렌 힐 자료의 작은 표본(80여 개의 주먹도끼)에서 6개의 재파티네이션 표본이 발견되었으며, 그중에는 한 개의 주먹도끼가 세 가지 작업 기간으로 구별되는 증거를 보여주고 있다([그림 7.3] 참고).
월사흐 (Warsash)	1	주먹도끼	Burkitt, Paterson, and Mogridge(1939)	반대쪽 홈날이 다른 인공물과 다르게 파티네이션 된 주먹도끼의 몇 가지 예는 최근 월사흐 해변가에서 수집되었다(닉 애쉬튼, 개인적 의사소통, 2008년 6월). 흔이 더 있는 것은 역사적으로 최근에 낚시한 사람이 사용한 것 때문일 수 있다(닉 애쉬튼, 개인적 의사소통, 2008년 6월). 그러나 버킷과 동료(1939)가 지적한 바와 같이, 월사흐 자갈 구덩이에서 직접 회수된 일부 주먹도끼는 비슷하게 노치되어있고, 이러한 흔은 나머지 인공물과 동일한 파티나를 나타낸다(AB,per. obs. 2009년 7월).

(계속)

장소	숫자	유형	출처	참고
위담 (Witham)	2	주먹도끼	Turner and Wymer(1987)	두 개의 차별 파티네이션 주먹도끼가 로마 종교 유적지인 이섹스의 커다란 자갈밭 웅덩이에서 발견되었다.
프리오리 베이 (Priory Bay) (~MS 11)	1	주먹도끼	Francis Wenban-Smith, pers. comm., August 2009	대형 재파티네이션 주먹도끼는 2011년 와이트 섬의 동부 해안, 프리오리 베이에서 발굴 작업을 하던 중 발견되었다. 이 인공물은 활동적인 해변가에서 건져낸 것으로 보이며, 원래의 흔에 풍화가 넓혀지면서 재작업하기 전에 심하게 뒹굴어진 것으로 보인다.
박스그로브 (Boxgrove) (MIS 13)	15	주먹도끼	Woodcock(1981); Pope(2002); Emery(2009)	우드콕(1981, p. 111)은 에이미 어텀 구덩이(Amey's Eartham pit)에 매장된 침전물을 발견했다고 보고했다. 최소 3개의 감쇄된 차별 파티네이션을 나타내는 재작업된 주먹도끼가 있었다. 두 기간 동안 작업을 했던 세 개의 주먹도끼는 하부 백악질 토양 쿰베락 그리고 하부 퇴적 지하/매장 채널 침전물에서 별견되었다(Woodcock, 1981). 말하자면 광범위한 돌 복합물이 쿼리 1/B에서 발견되었다(Roberts & Parfitt, 1999). 이곳은 잔존하는 해양 절벽에서 74미터 주변에 위치했다(박스그로브에서 유일한 천연자원 공급원이다). 우리는 총 416 표본 중 최소 10개의 주먹도끼에서 차별 파티네이션에 대한 식별된 증거를 확인하였다. 이 가운데 5개는 스카벤지 주먹도끼로 만든 것이 분명하고, 나머지는 재활용된 격지 또는 다른 인공물에서 제작되었다. 백커(2007)는 차별 파티네이션 된 박스그로브의 두 가지 예를 식별했다고 주장한다. 16개의 표본을 간략히 검사하는 동안 12.5%에서 재활용/스카벤지된 인공물이 있었다. 우리는 이 주장을 독립적으로 검증할 수 없었다. 그러나, 우리는 박스그로브 주먹도끼의 많은 다른 예에서 차별 파티네이션 된 표면을 주목하였는데 각각의 경우, 이 채취물들이 호미닌에 의해 의도적으로 재작업되었는지는 명확하지 않았다.

(계속)

장소	숫자	유형	출처	참고
마노팜 (Manor Farm)	1	주먹도끼	Woodcock (1981, p160)	—
보그노르 레지스 (Bognor Regis)	1	주먹도끼	Smith(1929)	재작업 일화는 아마도 인간 활동으로 초기의 중기 구석기 맥락에 관련이 있을 것이다.
하이 로지 (High Lodge) (MIS 13)	5	주먹도끼(n=1); 끌개(n=2); 몸돌(n=1); 조각난 격지(n=1)	AB, pers. obs., June 2009	[그림 7.10]을 보라.
혹슨 (Hoxne) (MIS 11)	5	끌개(n=2); 격지(n=3); 격지 소재 몸돌(n=2); 몸돌(n=1)	AB, pers. obs., June 2009	재활용된 격지로 만든 끌개 2개와 더 오래된 파티네이션 몸돌/격지 조각의 몸돌은 혹슨(MIS 11)에 있는 '후기 공정'에서 확인되었다(AB, 개인적 관찰. 2009년 6월)(Ashton, Lewis, Parfitt, Penkman, & Coope, 2008; Wymer & Singer, 1993). 파티네이션 몸돌에서 맞아서 차별 풍화된 격지 그리고 원위 격지 조각, 그리고 풍화된 격지에 만들어진 자연면은 같은 복합물에서 도구 재활용의 증거를 제공해주는 것으로 주목을 받았다. 마찬가지로, 혹슨 '초기 공정'은 또한 MIS 11(Ashton et al., 2008)에 할당되는데, 돌칼 같은 격지가 파티네이션 몸돌로부터 떨어져 나왔고, 얼룩지거나 파티네이션 된 격지 소재가 양날로 그리고 구심력에 의해 몸돌을 향해 작업 되었다. 와이머 그리고 싱어(1993, 〈표 4.16〉 참고)는 혹슨의 '후기 공정'에서 나온 톱니 모양이 더 오래되고 풍화된 격지에서 만들어졌다는 것에 주목했다. 그러나, 대영박물관 등록 카탈로그에서 이 검시물(P1980.4-1.2963)은 잔손질 받지 않은 격지로 재분류된다. 우리는 그 조각을 점검하면서 복면의 신선한 흔은 아마도 퇴적 후 뭉개진 결과라고 결론지었다.

(계속)

장소	숫자	유형	출처	참고
반햄 (Barnham) (MIS 12)	3	조각난 격지(n=1); 격지 소재 몸돌(n=1); 몸돌(n=1)	AB, pers. obs., January 2010	I구역 옅은 회색 토사에서 발굴된 양날 작업된 격지(Ashton, 1998b)는 미확인된 더 오래되고 파티네이션 된 인공물에서 맞은 소재에서 만들어졌을 것이다. 같은 맥락의 격지 소재 몸돌은 또한 풍화된 소재에서 만들어졌다. 미확인 형태의 재활용 격지 조각에서 만들어진 몸돌은 I구역 자갈 무리에서 발견되었다.
스완스콤 (Swanscombe) (MIS 12)	1	몸돌(n=1)	AB, pers. obs., August 2010	이전에 작업했던, 파티네이션 된 몸돌에서 맞았던 격지는 웨크터 스완스콤 반필드 피트에 있는 로워 그래블(~OIS 12)의 웨크터 발굴을 하는 동한 복합물로 존재한다.
엘베덴 (Elveden) (MIS 12)	2	조각난 격지(n=1); 몸돌(n=1)	AB, pers. obs., January 2010	I구역 벽돌 흙에서 나온 파티네이션 격지(1995 대영박물관 발굴)는 몸돌로 재작업되었다. 더 오래된 파티네이션 몸돌에서 만들어진 양날 몸돌 또는 시험받은 결절 또한 III구역(고토양 상부)에서 발견되었다(Ashton et al., 2005).

참고: 자료는 저자가 편집. AB; pers. comm.(personal communication, 개인적 의사소통); pers. obs.(personal observation, 개인적 관찰).

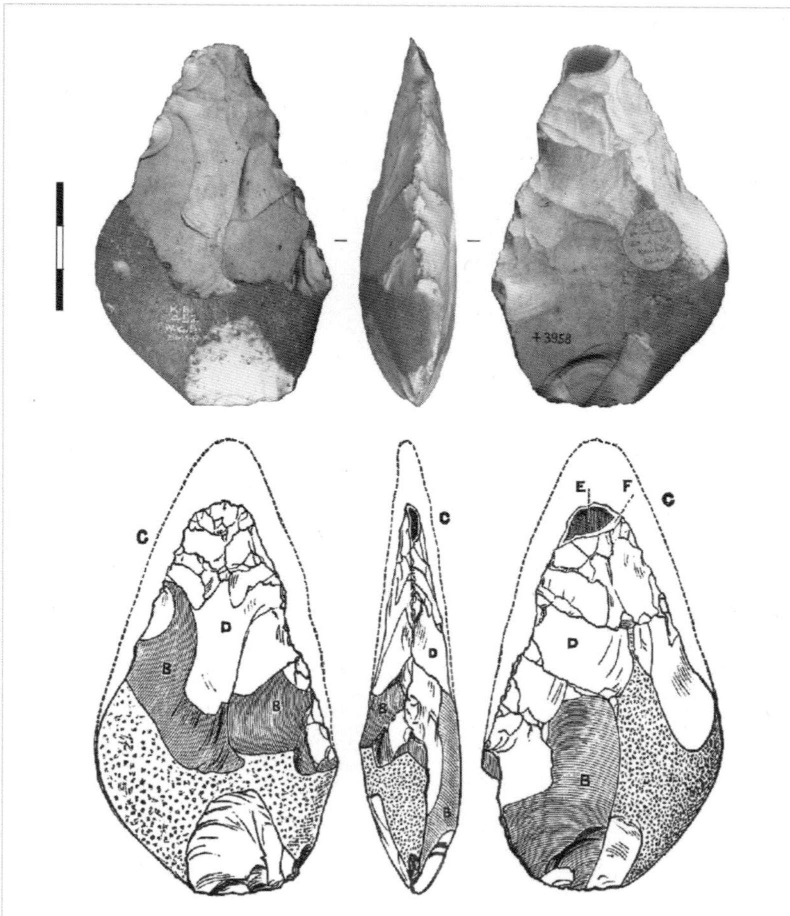

[그림 7.1] 잉글랜드 켐프턴에서 재파티네이션 된 주먹도끼

B=오래된 흔, C=주먹도끼 원래 차원, D=재작업 흔, E=화석생성 손상, F=파티나 두께. 척도는 30mm이다. 상단 행 이미지는 아담 브룸(Adam Brumm)의 이미지. 대영박물관의 견본 사진 촬영 허가를 받음. 아래 줄의 그림은 Smith(1894), *Man the Primeval Savage*, Edward Standford(공공 도메인의 자료)에서 인용했다.

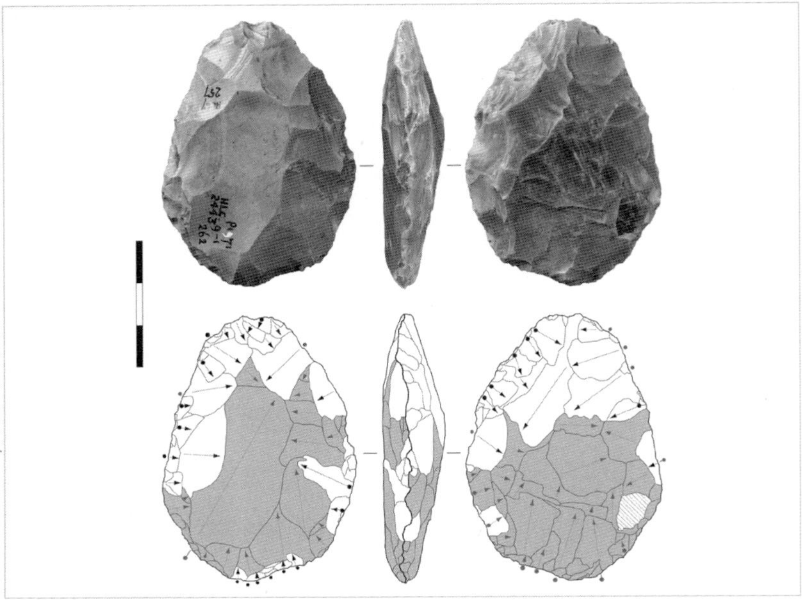

[그림 7.2] 잉글랜드 혹슨에서 재파티네이션 된 주먹도끼

오래된 흔은 회색이고 나중에 다시 재작업한 흔은 흰색이다. 화살=격지 제거 방향, 검정색 원=완전한 음영 타격 지점, 회색 원=누락된 음영 타격 지점. 척도는 30mm이다. 아담 브룸(Adam Brumm)의 이미지. 대영박물관의 견본 사진 촬영 허가를 받음.

[그림 7.3] 잉글랜드 워렌 힐에서 재파티네이션 된 주먹도끼

작업 중 원래 단계에서 나온 파티네이션 된 흔은 조각의 밑동에 뚜렷이 나타나며, 끝부분과 중간 부분에 있는 더 어둡고 신선한 흔과 뚜렷하게 대비된다. 척도는 30mm이다. 아담 브룸(Adam Brumm)의 이미지. 대영박물관의 견본 사진 촬영 허가를 받음.

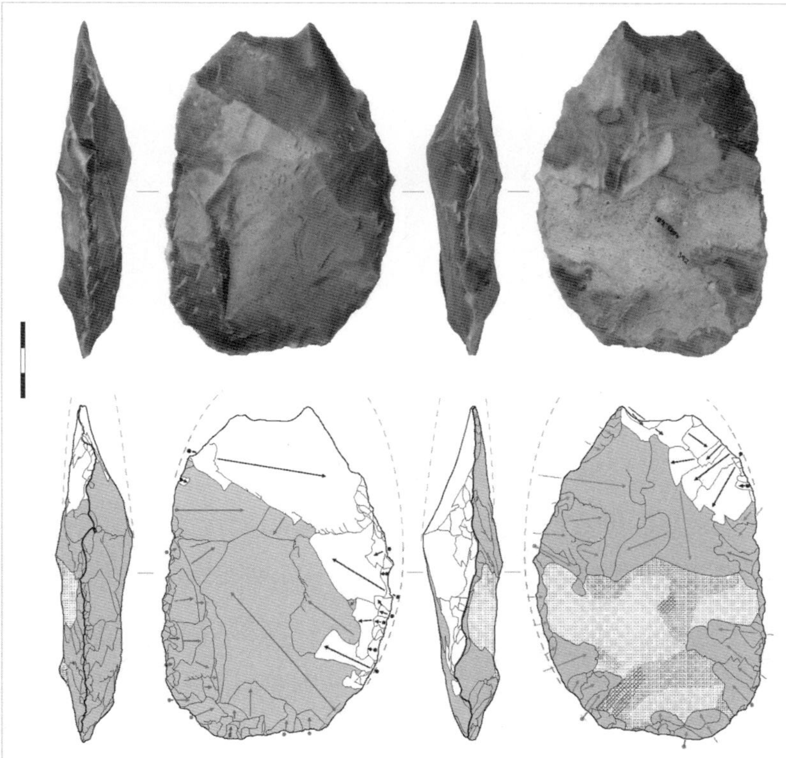

[그림 7.4] 잉글랜드 박스그로브에서 재파티네이션 된 주먹도끼

오래된 흔은 회색이고 나중에 재작업한 흔은 흰색이다. 끊어진 선은 원본 조각의 대략적인 크기를 나타내고 화살은 트랑쉐(tranchet)[114] 제거 방향을 나타낸다. 2차 작업은 주로 원래의 주먹도끼의 끝에 영향을 미치는 큰 트랑쉐의 제거로 이루어진다. 트랑쉐 타격은 반대쪽 면의 덜 침습적인 변형과 관련이 있다. 비침습적 제거는 트랑쉐 제거에서 밑동까지 날에 따라 연장된다. 척도는 30mm이다. 마티외 레루이어(Mathieu Leroyer)의 자료 이미지. 대영박물관의 견본 사진 촬영 허가를 받음.

114 중석기에서 신석기 사이 끌 모양 석기(역자 주).

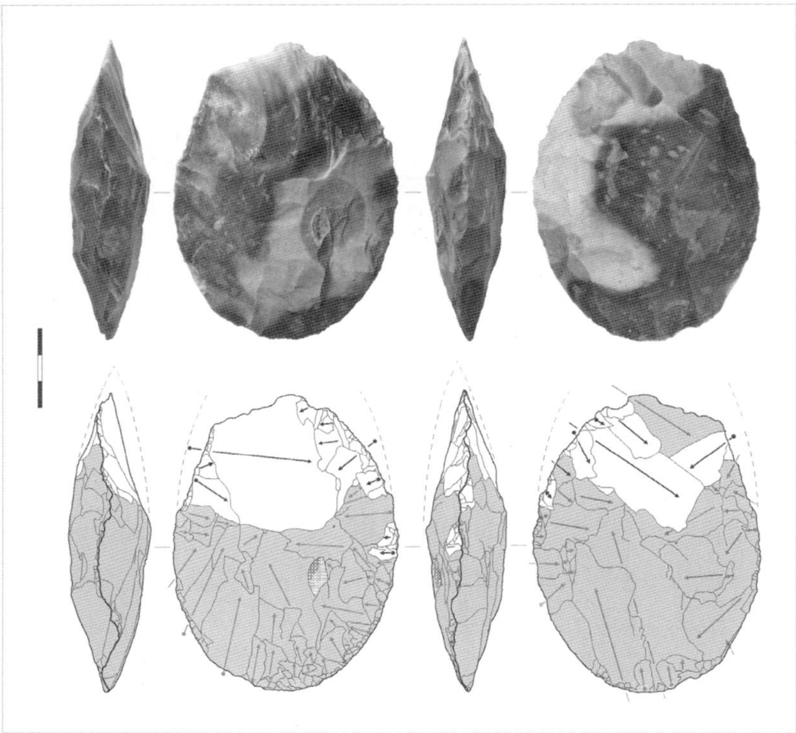

[그림 7.5] 잉글랜드 박스그로브에서 재파티네이션 된 주먹도끼

오래된 흔은 회색이고 나중에 재작업한 흔은 흰색이다. 깨진 선은 원본 조각의 대략적인 크기를 나타내고 화살은 트랑쉐 제거 방향을 나타낸다. 2차 작업은 주로 원래의 주먹도끼 끝에 영향을 미치는 큰 트랑쉐의 제거로 이루어진다. 감쇄는 주먹도끼의 윗부분으로 제한되는 것처럼 보이지만 반대쪽 두 날에 영향을 미치며, 반침습적인 트랑쉐 제거 흔 감쇄가 선행된다. 척도는 30mm이다. 마티외 레루이어(Mathieu Leroyer)의 자료 및 이미지. 대영박물관의 견본 사진 촬영 허가를 받음.

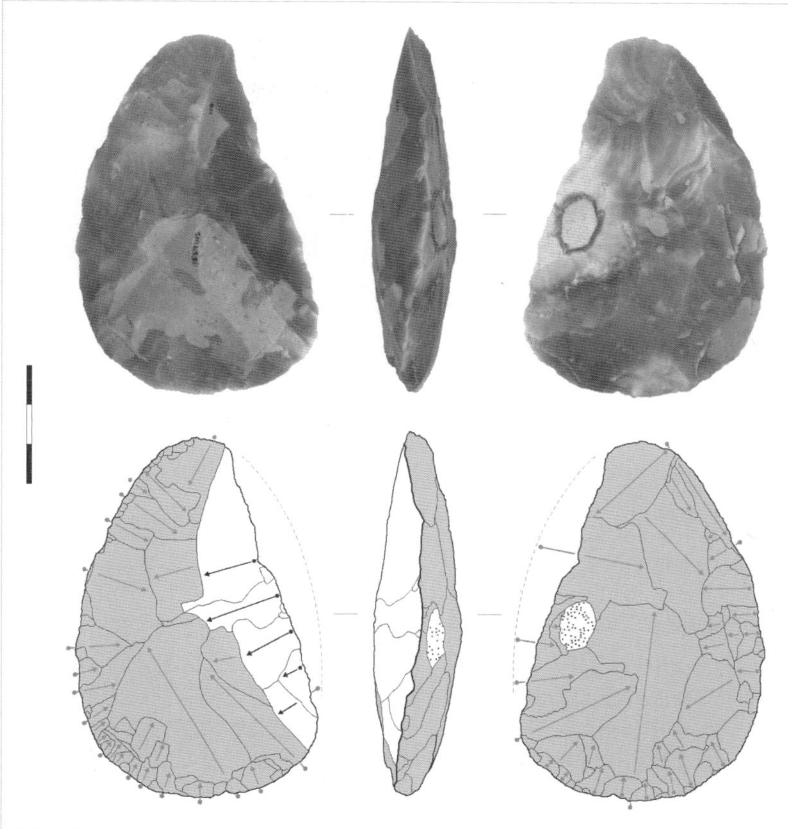

[그림 7.6] 잉글랜드 박스그로브에서 재파티네이션 된 주먹도끼

오래된 흔은 회색으로 음영 처리되고, 나중에 재작업한 흔은 흰색이며, 깨진 선은 원본 조각의 대략적인 크기를 나타내고, 화살은 타격 방향을 나타낸다. 주먹도끼는 정밀하게 작업되고 파티네이션 된 표본으로, 한 날에 따라 5번의 깊은 평행 타격을 가하며, 아마도 단단한 망치 두들김에 의해 생성되어 톱니 긁개 모양의 날이 성형된다. 척도는 30mm이다. 아담 브룸(Adam Brumm)의 이미지. 대영박물관의 견본 사진 촬영 허가를 받음.

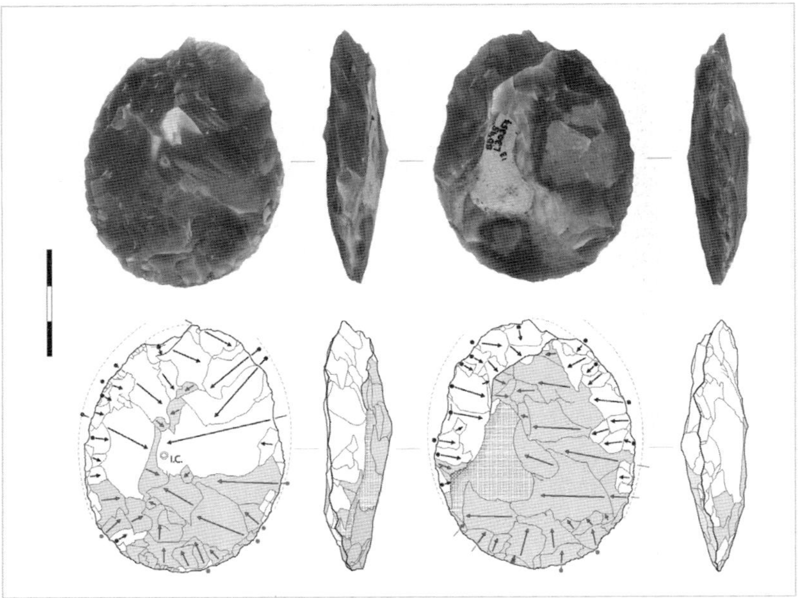

[그림 7.7] 잉글랜드 박스그로브에서 재파티네이션 된 주먹도끼

오래된 흔은 회색으로 음영 처리되고 나중에 재작업한 흔은 흰색으로 표시된다. 깨진 선은 원본 조각의 대략적인 크기를 나타내고 화살은 재작업 방향을 나타낸다. 주먹도끼는 광범위하게 재작업 된 달걀모양이다. 작은 굽은 균열이 관찰될 수 있는 끝부분을 제외하고, 한 날에서 2차 재작업이 조심스럽게 실행된다. 반면 다른 날은 덜 규칙적인 제거에 의해 변경된다. 한쪽 면의 중심에는 초기 원뿔(incipient cone)(I.C.)이 있지만, 재활용 일화와의 시간적 관계는 정립하기 어렵다. 척도는 30mm이다. 마티외 레루이어(Mathieu Leroyer)의 자료 및 이미지. 대영박물관의 견본 사진 촬영 허가를 받음.

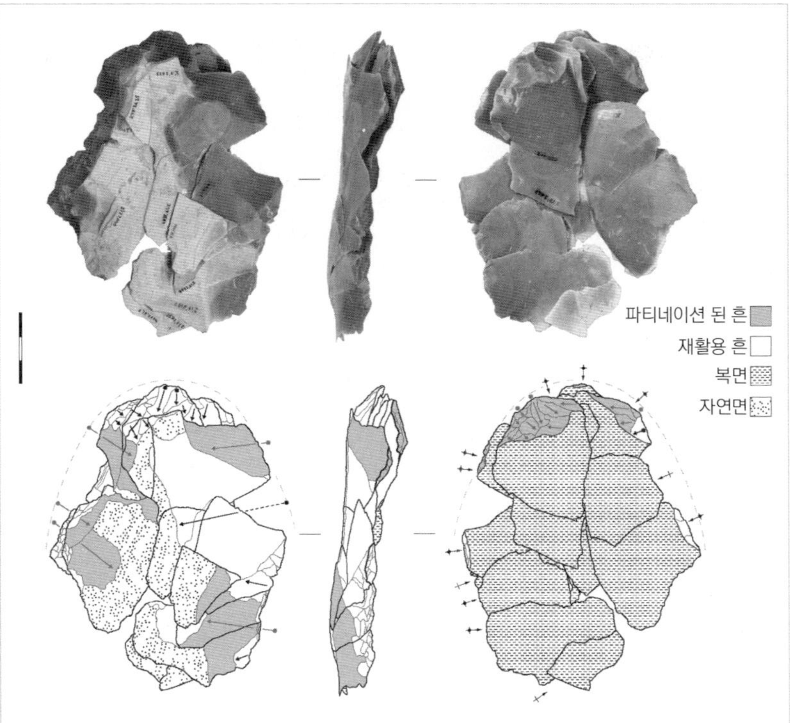

[그림 7.8] 박스그로브에서 스카벤징된 주먹도끼의 감쇄에서 나온 재처리된 격지

재처리 세트(집단 50)는 말 도살 부위인 GTP17의 생산물로, 잘 개발된 거친 표면 또는 부분적으로 완성된 양날의 후반 단계 감쇄로부터 17개의 격지로 구성된다. 재처리 때 한 면에서 최소 6개의 대형 격지를 제거하면서 부분적으로 완전한 양날/밑그림이 도입되었음을 알 수 있다. 이 재처리 집단을 구성하는 격지의 면형 타격면은 이에 더하여 반대쪽 면이 광범위하게 얇아졌음을 제안한다. 이전 제거된 모든 곳에는 청백색의 파티나가 있는데, 이것은 도입된 것이 노출된 고고학 유적지에서 발굴되었음을 나타낸다. 그 결과 재활용된 도구는 그 영역에서 제거되었다. 오래된 흔은 회색으로 음영 처리되고 나중에 재작업 된 흔은 흰색으로 표시된다. 깨진 선은 원본 조각의 대략적인 크기를 나타낸다. 흔의 화살=격지 제거 방향, 검은색 원=완전한 음영 타격 지점, 회색 원=누락된 음영 타격 지점. 작은 화살표=격지 두둘김 축, 밑동에 검은색 원이 달린 작은 화살표=힘으로 온전한 원형, 밑동에 가로지르는 선이 달린 작은 화살표=힘으로 결여된 원형. 눈금은 30mm이다. 아담 브룸(Adam Brumm)의 이미지. 대영박물관의 견본 사진 촬영 허가를 받음.

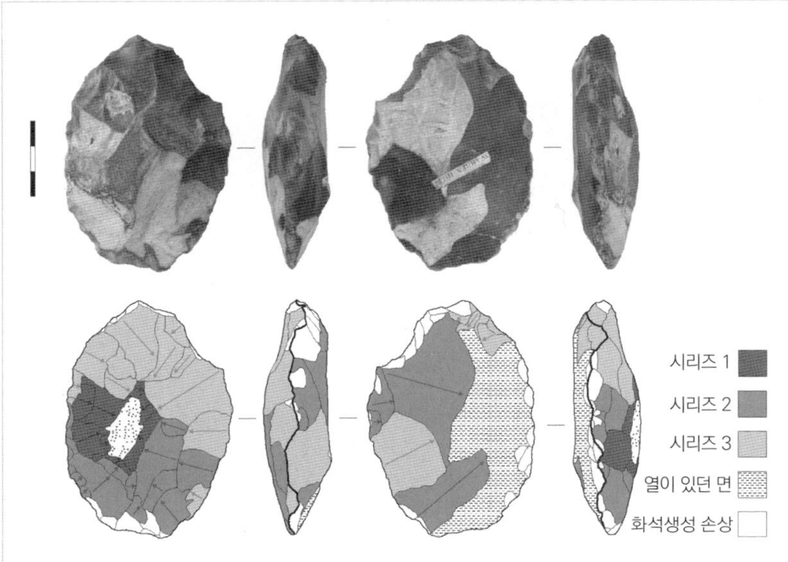

[그림 7.9] 잉글랜드 워렌 힐에서 재파티네이션 된 주먹도끼

흔은 세 가지 다른 상태의 파티네이션을 나타내며, 이는 세 가지의 시간으로 분리된 사용 기간을 나타낸다. 이 주먹도끼는 원래 열이 있던 단지의 뚜껑이나 다른 얼어붙어 조각난 파편 위에서 만들어졌다. 돌떼기는 주로 감쇄와 재활용의 다양한 단계에서 한 면에 집중되었다. 화살=격지 제거 방향, 검은색 원=완전한 음영 타격 지점. 척도는 30mm이다. 아담 브룸(Adam Brumm)의 이미지. 대영박물관의 견본 사진 촬영 허가를 받음.

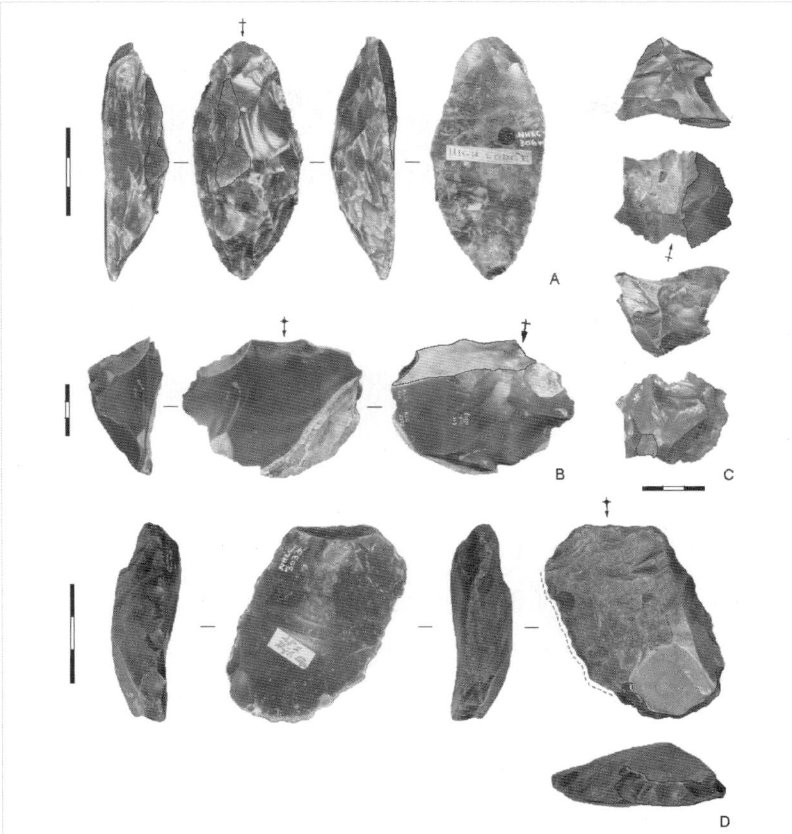

[그림 7.10] 잉글랜드 하이 로지에서 재파티네이션 된 도구

(A)뾰족끝 볼록 옆날긁개('Old collection'), (B)떼진 격지(de Sieveking collection), (C)격지 소재 몸돌(de Sieveking collection), (D) 재활용 옆날 긁개로 만들어진 긁개('Old collection'). 파티네이션을 받은 흔은 A–C의 윤곽선에 표시되며, D의 끊어진 선은 이전 긁개에 원래 잔손질 흔을 나타낸다. 그것은 심하게 파티네이션 된 격지 소재로 만들어졌으며, 복면과 배면 흔에 황갈색의 '두꺼비 배' 파티나(Sturge, 1911)로 표시되어 있다. 단, 주목해야 할 점은 재활용 긁개는 그 자체로 화학적 변형의 영향을 받아 확실히 덜 발달된 두꺼비-배 표면을 가지고 있다는 것이다. 떼진 격지(B)는 Bed E 모래와 자갈에서 나온 것이며, 파티네이션을 받은 격지 소재의 복면에서 강타되었다. 그 결과로 생긴 격지는 양날로 감쇄되었고, 잔손질도 있었다. 심하게 작동되는 비대칭 양날 몸돌(C)은 Bed C2에서 나왔으며, 두껍고 풍화된 격지 위에서 만들어졌다. 또한, 몸돌의 한 면에는 후속 재활용 단계를 나타내는 타격 자국이 있다. 화살=격지 타격 축, 밑동에 검은색 원이 달린 화살=힘으로 온전한 원형, 밑동에 가로진 선이 달린 화살=힘으로 결여된 원형 척도는 30mm이다. 아담 브룸(Adam Brumm)의 이미지. 대영박물관의 견본 사진 촬영 허가를 받음.

도구 스카벤징과 재사용은 예외적인가? 아니면 흔한 일인가?

전기 구석기 복합물에서 재파티네이션 된 도구들의 확인은 초기 호미닌들이 적어도 160만 년 전 혹은 그 이전에 버려진 돌 인공물들을 스카벤징하고 재사용하고 있었다는 것을 보여준다. 더욱이, 오래된 돌 인공물의 재사용은 아슐리안과 다른 초기 그리고 중기 홍적세Pleistocene 돌 기법의 구성요소였다. 문헌을 좀 더 포괄적으로 검토하면 틀림없이 더 많은 출판된 예들이 드러날 것이다. 그러나 가장 철저한 검색조차도 미완성 상태로 남아 있을 가능성이 높은 이유는 일반적으로 호기심을 보이지 않는 차별 파티네이션을 받은 인공물이 종종 보고되지 않았을 가능성이 있기 때문이다. 어쨌든, 대부분의 전기 구석기 유적에서 재파티네이션 된 인공물이 흔치 않다는 것은 피상적인 검토에서조차 명백하다. 이러한 대상의 희귀성은 도구 스카벤징과 재사용이 초기 호미닌 기법의 중요한 구성요소가 아니었음을 시사하는가? 아니면 단순히 이러한 행태가 제대로 인식되지 않았다는 것을 의미할 수 있는가?

도구 스카벤징과 재사용의 잠재적인 경제적 이익은 이러한 행태가 전기 구석기 돌 기법의 편재성ubiquitous[115] 구성요소였을 수도 있다는 것을 주장한다. 돌 조달과 관련된 비용 편익 인자의 이론적 모델링은 모든 것이 동일하다는 것을 주장한다. 수렵채집자는 추출 노력을 최소화하면서 도구 제작 돌의 생산량을 극대화함으로써 경제적으로 효율적인 방식으로 행동하려고 할 것이다(Elston, 1992; 또한 Andrefsky, 1994; Beck et al., 2002; Binford, 1979; Close, 1996; Kelly, 1988; Metcalfe & Barlow, 1992). 여기에는 먹이, 노동력, 이동 시간 그리고 운반 비용과 같은 돌 확

115 편재성(遍在性), 어디에나 존재한다는 뜻(역자 주).

보의 간접 비용을 가능한 많이 줄임으로써 자원 조달의 편익-비용 비율을 증가시키는 것이 포함된다. 이것의 근본적인 이점은 우발적 위험의 부수적인 감소 즉, 생계유지 요구를 충족시키기 위한 도구 제작 돌이 충분하지 않을 확률에 있다는 것이다(Elston, 1992). 또한, 실제 연구에 따르면 도구 제작을 위해 가공 돌에 소요된 시간을 늘린다고 해서 반드시 사용 가능한 도구(즉, 양날) 수의 회수율이 높아지는 것은 아니다(Elston, 1992). 한 가지 시사하는 바는 수렵채집자들이 새로운 재료를 조달하기 위해 특별한 여행을 하는 것보다, 항상 도구의 현지 생산에 초점을 맞추고 현장에서 이용할 수 있는 모든 재료를 사용하는 것이 경제적으로 더 타당하다는 것이다(Binford, 1979; Gould, 1980; Hayden, 1977와 비교하라). 이러한 이유로, 수천 년 동안 지형을 견딜 수 있는 이전의 격지 인공물인 특정 종류의 암석(예: 플린트)의 경우, 호미닌 도구 제작자에게 유용하고 매우 중요한 재료의 원천이 되었을 것이다. 현장에서 발견된 더 오래된 도구를 스카벤징할 때 얻을 수 있는 분명한 이점은 돌 조달 그리고 큐레이션curation[116]에 관련된 것 중 비용이 가장 많이 드는 시간과 에너지 투자가 이미 다른 사람에 의해 발생했다는 것이다(Amick, 2007). 고품질의 원재료가 호미닌 활동 영역 또는 '근거지' 근처에 위치하더라도 이를 조달하는 데는 비용이 필요하다. 예를 들어, 1차 석회암 노두chalk outcrcp의 경우, 그러한 비용은 출처를 찾아내고 플린트의 덩어리나 결절을 찾아내고, 떼기 위해 검사하고 분석하며, 적절한 돌 꾸러미를 격지 소재, 양날 또는 몸돌로 작업하고, 마지막으로, 크고 무거운 인공물을 출처에서 멀리 운반한다(Elston, 1992). 이러한 모든 활동은 다른 경

116 목적에 따라 분류하고 배포하는 일로, 원저의 뜻을 살리기 위해 큐레이션으로 번역을 했다(역자 주).

제 활동을 저해할 때 비용이 많이 들 수 있는 시간과 에너지의 최소 투자를 요구한다(예: Stout, Semaw, Rogers, & Cauche, 2010).

특히 주먹도끼와 같은 대형 도구는 더 작은 인공물과 비교했을 때 침전 과정에 저항하는 경향이 크고 추가 감쇄 가능성이 높기 때문에 스카벤징 그리고 재사용의 지속적인 초점이 되었을 수 있다(예: Baker, 1978; Camilli & Ebert, 1992). 앞서 언급한 바와 같이, 영국의 초기 복합물에는 적어도 두 차례에 걸쳐 스카벤징하고 재사용한 개별 주먹도끼의 몇 가지 예가 있다. 또한, 박스그로브와 영국의 다른 중기 홍적세 유적지에서는 풍부한 식물상과 동물상 그리고 돌 원재료의 천연 공급원을 가진 영구적 또는 반영구적 수역에서처럼 고정된 자원을 이용할 수 있는 지점에서 주먹도끼와 다른 석기들을 반복적으로 폐기했다는 증거가 있다(Ashton, 1998a). 호미닌은 또한 석기들을 이 장소들에서 다른 고정된 자원들이 있는 곳으로 운반하여, 집단 활동이 집중된 특정 장소들에 돌 재료들의 밀집된 누적을 이끌었다. 더욱이, 고정된 자원을 이용할 수 없고, 호미닌이 거대한 초식동물의 시체와 같은 임의의 장소에서 먹이 조달 기회를 더 많이 잡을 수 있는 경관에서 석기들이 더 많이 운반되었다. 이동성 자원과 관련된 돌 퇴적 패턴은 훨씬 더 넓은 영역에서 단일 사건 폐기라는 특징이 있다. 스카벤징 인공물을 위한 기회 측면에서, 환경의 고정된 지점에서 주먹도끼 집중 모임의 반복된 특징이 선호하는 수면 장소 그리고 집단 재응집을 위한 장소와 같이 재사용 가능성이 가장 높은 장소에서 재사용 가능한 재료의 출처를 제공했을 가능성이 높다. 그러나 우리는 이동 자원이 위치한 경관의 일부에서 석기들을 운반하고 버리는 반복적인 패턴들이 이 영역들에서 재사용 가능한 석기들의 더 많은 가용으로 이끌었을 것이라고 가정할 수도 있다.

이러한 구조화된 인공물 폐기 패턴이 시간이 지나면서 별개의 문화적 경관으로 발전함에 따라(Pope, 2002; Pope & Roberts, 2005), 초기 떼기 활동의 영구적 잔해를 발견할 수 있는 기회가 더욱 빈번해졌을 것으로 예상된다. 이전에 뗐던 품목을 뒤질 가능성이 가장 필요한 영역 즉, 천연 원재료 공급원을 이용할 수 없는 지형의 무작위 지점에서 정확히 증가했을 것이다. 따라서 도구 감소와 지역 사용의 장기적인 처리는 이동 자원이 접한 지역에서 문화적으로 생성되고 표면적으로는 고정적인 돌 공급원이 형성되어 돌 재료의 조달, 감소 그리고 큐레이션에 대한 투자가 점점 더 미미해질 수 있었다. 이러한 누적은 또한 큐레이션 된 도구 그리고 원재료 폐기 등과 같은 특정 지점에서의 다른 행태를 자극하거나 '지시'하는 데 작용했을 수 있다. 기록에서 피드백 역학과 자기 조직 패턴의 잠재력은 박스그로브에서 이용할 수 있는 예외적으로 풍부하고 잘 문서화 된 고고학적 증거에 의해 분명하게 제안된다(Pope, Russel, & Watson, 2006). 이러한 가능성들은 자연경관의 석기 인공물 누적이 호미닌 생태학에서 어떤 역할을 했는지 조사하는 데 있어서 인공물 스카벤징과 함께 탐구되고 고려되어야 한다.

요약하면, 오래된 석조 인공물의 스카벤징과 재사용은 후기 구석기 호미닌 도구 제작 문화의 광범위한 측면이었다는 이론적인 근거를 통해서 예상할 수 있다. 또한, 앞서 언급했듯이, 이러한 예측은 경험적 증거로 입증되지 않는다. 차별 파티네이션을 받은 인공물들은 거의 항상 전기 구석기시대의 복합물에서 흔치 않은 형태이다. 그러나 다음 세션에서는 원래의 흔 세트와 이후의 추가 부분 사이에 식별 가능한 차이를 초래하지 않고, 이전에 떼낸 석기를 경관에서 회수하여 호미닌에 의해 재사용할 수 있는 여러 가지 상황이 있음을 보여준다.

파티네이션 처리의 복합성

고고학자들은 화학 그리고/또는 기계적 풍화 처리의 노출 결과로써 돌 인공물 표면에 발생하는 변화를 나타내기 위해 파티나patina라는 용어를 사용한다(Andersen & Whitlow, 1983; Goodwin, 1960; Hogg, 1905; Howard, 1999, 2002; Hurst & Kelly, 1961; Purdy & Clark, 1987, p. 211; Rottländer, 1975; Schmalz, 1960). 그러나 용어 자체는 종종 상당히 다른 다양한 현상을 포함한다. 선택적 침출과 화학 분해는 석기 기록에서 가장 흔한 파티나 형성 과정이다. 광물이 퇴적된 물질 또는 기타 물질(예: 망간 얼룩)이 인공물에 누적됨에 따라 발생하는 표면 변형을 파티나라고도 한다. 그러나 이러한 처리는 석기 표면의 화학적 변화보다는 석기 표면의 화학적 추가를 포함하므로, 이는 엄밀하게 정확하지는 않다(예: Cackler, Glascock, Neff, & Chiarulli, 1999; Meeks, Sieveking, Tite, & Cook, 1982; Shackley, 1989). 용어의 광범위한 사용을 고려할 때, 바위의 의도적인 열처리에 의한 변화를 제외하고, 외부 표면과 변하지 않은 내부 재료 사이에 시각적으로 인지할 수 있는 차이를 생성하는 돌 인공물에 대한 변경으로 파티나를 정의하는 것만으로도 충분하다.

고고학적 기록에 누적된 돌 인공물은 침전물 매트릭스와의 상호작용 또는 표면 맥락에서의 빛과 대기 조건에 노출되어 외부 풍화된 층을 획득한다(Rottländer, 1975). 일반적인 파티나 형성의 법칙은 인공물에 대한 풍화된 층의 두께가 풍화 과정에 대한 노출 길이에 따라 달라진다는 것이다(Purdy & Clark, 1987). 그러나 돌 인공물에 대한 파티나 형성의 깊이는 그들의 연대를 절대적으로 측정할 수 없다는 것은 오래전부터 알려져 있었다(Burroni, Donahue, Pollard, & Mussi, 2002; Goodwin, 1960;

Prestwich, 1860, p. 296; Viereck, 1964). 이것은 파티나 정보가 복잡한 환경 그리고 물질적 요인에 따라 결정되며(Goodwin, 1960; Howard, 1999, 2002; Purdy & Clark, 1987; Rottlander, 1975; Schmalz, 1960), 항상 선형 풍화율로 특징지어지지는 않기 때문이다(Pope, Meierding, & Paradise, 2002; Wells, Hancock, & Fryer, 2008).

인공물이 퇴적된 대기, 수중 또는 토양 환경의 특별한 특성(예: 용액 pH, 습도, 온도, 지면 그리고 토양 수분 구성)은 파티나 형성 과정에 매우 중요하다(Polikreti, 2007; Purdy & Clark, 1987). 그러나 화학적 변화율(스카벤징으로 인한 것이 아닌)이 다른 재처리된refitted 인공물의 예는 품목의 표면 풍화가 종종 단순한 지속 시간이 아닌 미세 환경 요인 그리고 풍화 처리에 대한 노출의 특성 그리고 강도에 따라 결정된다는 것을 보여준다(Ashton et al., 2005; Kelley, 1965; Ophoven, 1938). 동일한 퇴적 맥락의 석기에서 다른 비율의 파티나 형성에 기여할 수 있는 많은 미세 환경 요인들이 있다. 예를 들어, 생물 풍화제(예: 박테리아, 이끼, 조류 그리고 곰팡이)는 파티나 형성에 상당한 영향을 미칠 수 있으며, 산 분해, 산화 그리고 다양한 기계적 풍화 기전에 기여할 수 있으며, 환경 내에서 항상 균일하게 분포되지 않는다(Pope et al., 2002; 또한 Ackerman, 1964; Goodwin, 1960; Rottländer, 1975를 보라). 더욱이, 산 방출로 인해 부패하는 유기물질과 관련하여 누적된 인공물에서 더 빠른 파티네이션 속도가 촉진될 수 있다(Burroni et al., 2002). 경관에서의 인공물의 고도와 같은 다른 변수도 역할을 하는 것으로 보인다(예: Thompson, 2009). 화석생성과 사용 관련 요인은 서로 가까이에서 발견되는 도구의 차별화된 풍화 현상을 초래할 수 있다(Clemente-Conte, 1997; Collins, 1993; Rottlander, 1975).

착색 불순물의 구성, 광물학, 종류 그리고 비율과 같은 원재료의 특별한 속성은 마찬가지로 파티나 형성의 중요한 결정 요인이다(Purdy & Clark, 1987). 일부 원재료 유형은 경도로 인해 풍화에 상대적으로 내성이 있는 반면, 다른 원재료(예: 화산재)는 동일한 조건에서 빠르게 파티네이션될 수 있다(Rottländer, 1975). 또한, 단일 암석 유형 내에서도 동일한 물질로 만들어진 개별 인공물의 비율에 영향을 미칠 수 있다. 예를 들어, 미세한 입자의 백악기 플린트의 경우, 그것의 주요 이산화규소 구성요소들의 특정한 비율은, 즉 이전의 구조적 성분들 사이의 빈 공간을 채우는 규화된 골격 조각들, 구형 석영 집합체spherical quartz lepispheres, 그리고 미세섬유 석영 옥수microfibrous quartz chalcedony[117] "시멘트cement"[118]는 재결정화가 같은 지역적 노두outcrop[119]의 출처들 사이에서 그리고 결절들 안에서 모두 다양하다(Bradley & Clayton, 1987). 이 가변성은 재료의 다공성 정도에 영향을 미치며, 따라서 이것은 물과 기타 풍화제가 물질로 확산되는 속도를 결정한다(Howard, 2002; Hurst & Kelly, 1961; Purdy & Clark, 1987). 침출은 선택적 추출이며 가장 용해성이 높은 구성요소에서 시작한다(Burroni et al., 2002). 미세한 균열, 줄무늬, 모공 그리고 균열의 존재는 이러한 과정을 가속화하며, 인공물의 표면 거칠기는 파티나 형성의 범위와 크기에 영향을 미친다(Purdy & Clark, 1987). 변형되지 않은 플린트를 뗄 때, 확산 균열은 우선적으로 미세 석영 주변과 약한 틈새 성분 옥수 사이의 균열을 통해 파괴되어, 미세 석영 분포와 밀도에 따라 반구형 돔 또는 분화구 간격이 벌어진다(Bradley & Clayton, 1987). 이러한 형태는 화학 물질이 침투할 수 있는 취약점을 제공하여 돌떼기

117 비정질 석영 총칭(역자 주).

118 물과 반응하여 굳고 단단해진 물질로 다른 재료들과 함께 굳힐 수도 있다(역자 주).

119 노두(露頭), 광맥·암석 등의 노출부(역자 주).

인공물의 표면 거칠기를 증가시킨다. 그러나 이산화규소 '시멘트'의 재결정화가 발생하면, 그 강도가 증가하여 결과적으로 균열된 전면은 옥수뿐만 아니라 미세 석영까지 절단한다. 이로 인해 심한 물결 모양의 표면 미세지형도를 가진 인공물이 생성되고 화학적 공격에 대한 민감도가 감소한다. 중요한 것은 동일한 출처의 플린트 결절은 종종 다양한 수준의 재결정화를 보이는 반면, 플린트 구조 내의 미세 석영 밀도는 다를 수 있다는 것이다(Bradley & Clayton, 1987). 따라서 우리는 화학적 풍화 과정이 같은 지질학적 노두에서 얻은 재료로 만들어진 것이라도, 개별 플린트 인공물에 영향을 미치는 정도의 변화를 발견할 수 있을 것으로 예상할 수 있다.

석기의 차별 파티네이션을 식별하는 데 다른 실제적인 문제가 있다. 예를 들어, 이 현상에 대한 진단 증거는 도구에 대한 파티나 정보의 정도가 미미하거나 스카벤징 도구를 사용했지만, 추가 잔손질에 의해 변경되지 않은 상황에서 거시적으로 식별하기가 특히 어려울 수 있다(예: Callow, 1986, pp. 207-208; Frame, 1986, p. 355). 더욱이 재작업 순간에 존재하는 파티네이션의 사소한 차이는 하천에서 수압으로 인해 뒹구는 것과 같이 폐기 후 시간 범위 내의 인공물의 총 풍화 현상에 의해 가려질 수 있다(Shackley, 1974). 마지막으로, 폐기된 도구는 종종 너무 집중적으로 재작업되어 재파티네이션 된 표면에 대한 증거가 전혀 남아 있지 않을 수 있다. 이는 드문 경우이긴 하지만, 지나치게 얇은 주먹도끼 또는 기타 양날 도끼와 관련이 있을 수 있다.

아믹Amick(2007)은 그레이트 베이슨 사막Great Basin Desert[120]에서 인공물 사용과 재활용의 고고학적 가시성과 관련된 파티나 형성의 문제를 다

120 미국 유타주에 있는 사막(역자 주).

룬다(또한, Evans & Meggers, 1960; Michels, 1969; Rondeau, 1997; Silliman, 2005를 보라). 여기서, 반복된 흑요석 발사체 촉의 표본에 대한 흑요석 수화 측정값obsidian hydration measusrement은 초기 폐기 사건과 이후 재사용 일화 사이를 분리하는 0.1에서 3.9 마이크론micron(약 100년~3,900년)의 범위를 보였다(Amick, 2007; 그러나 흑요석 수화 연대 측정과 관련된 잠재적 문제들에 대해 비교하기 위해서는 Rogers, 2008을 보라). 그러나 일부 현장의 수화hydration 분석 결과 재사용의 진단 증거가 없는 첨두의 촉이 해당 몸통보다 연대순으로 최근인 경우도 있었다. 이러한 관찰은 흑요석 첨두가 종종 초기 폐기로부터 오랜 후, 풍화작용의 영향을 받지 않고 스카벤징되고 재처리되었을 수 있다는 것을 제안한다(이 현상에 관한 미발표 연구는 Amick, 2007, p. 238를 보라; Moore & Burke, 1992를 보라).

요약하면, 폐기 후(즉, 며칠에서 몇 달) 짧은 시간 내에 인공물을 2차 재활용하는 것은 경우에 따라 차별 파티네이션을 통해 검출되지 않을 수 있다(Hiscock & Attenbrow, 2005). 반대로, 매우 오랜 시간에 걸쳐 표면 고고학 유적지에 노출된 일부 도구들은 풍화작용을 겪었을 수 있지만, 눈에 띄는 파티나를 생산하기에는 지속 시간이나 강도가 불충분하다. 두 가지 가능성 모두 광범위한 환경 조건 그리고 인공물의 개별 퇴적 이력, 돌 재료의 구성 그리고 질감 등 다른 요인에 따라 달라진다(Hurst & Kelly, 1961). 요점은 석기 위에 풍화된 흔이 없다고 해서 흔을 만든 지도가 일시적으로 연속되었다는 것을 반드시 보여주는 것은 아니라는 것이다.

도구 스카벤징과 재사용의 이해에 대한 다른 매개변수

고려해야 할 추가 문제가 있다. 스카벤징이 옵션이 되려면 호미닌이 스카벤징 가능한 도구에 접근해야 한다(Camilli & Ebert, 1992; Ebert, 1992; McDonald, 1991). 따라서 중요한 것은, 전기 구석기에서의 도구 스카벤징 빈도가 경관 표면에서 버려진 도구의 가용성과 발견 가능성에 달려 있었음이 틀림없다. 마찬가지로, 스카벤징이 고고학적으로 인정되어야 할 경우 폐기된 인공물은 재활용 전에 도구에서 눈에 띄는 표면 변화를 일으키는 풍화 인자에 노출되어 후속 재작업으로 변형되지 않은 내부 재료가 드러나도록 해야 한다. 일정한 스카벤징 비율을 가정하면, 고고학적 유적지의 지표면 가시성과 폐기된 인공물에 대한 파티나 형성률이 모두 증가함에 따라 복합물에서 반복된 도구 비율이 증가할 것으로 예상할 수 있다.

따라서, 이전에 폐기된 인공물이 보이지 않았던 지표면 가시성의 한계점이 있어야 한다. 그로인해 매우 퇴적된 환경 및 조밀한 초목 환경과 같이 호미닌이 사용할 수 있는 스카벤징의 기회는 무시할 수 있었다. 반대로, 지표면 가시성이 다소 총체적이고 비퇴적non-depositional 그리고/또는 비초목non-vegetated 환경과 같이 스카벤징 수거 기회가 그에 상응하여 무수히 많았던 상한 한계치도 존재해야 한다. 만약 이 상한치가 매우 높은 비율의 파티나 정보와 결합된다면, 다르게 파티네이션을 받은 도구에 대한 증거가 많이 있을 수 있다. 단, 폐기된 도구의 표면 가시성 정도에 따라 조건부인 도구 스카벤징 행태의 빈도는 파티나 형성 속도와 무관하다. 따라서 적절한 지표면 가시성이 있는 환경에서 도구 스카벤징의 비율이 높지만, 가능한 여러 가지 이유로 인해 최소의 파티나 정보 비율이 발생하는 반대 시나리오를 상상할 수 있다. 이 상황의 결과는 복제 인공물의 빈도가 불균형적으로 낮으며, 따라서 이 지역에서 도구 스카벤징 그리고 재활용 행태가 통계적으로 드물다는 오해의 소지가 있는 잘못된 인상을 줄 수 있다.

유용한 생각 실험은 한 민족지고고학자가 가상의 살아있는 석기제작자 집단 사이에서 돌인공물 스카벤징과 재사용의 강도를 실험할 수 있는 시나리오를 상상하는 것이다. 이 사람들 사이에서 살 수 없는 그 연구자는 이 사람들이 정기적으로 돌아오는 경관의 특정한 부분에 남긴 조각난 돌조각들의 분리된 표면 산포scatters를 조사함으로써 그들의 행태를 간접적으로 관찰할 수밖에 없었다. 각 산포의 경우, 일부 인공물의 외부 표면을 자외선 아래에서만 검출할 수 있는 페인트로 코팅함으로써 일련의 대조군을 설치했다. 따라서 각 산포지로 돌아왔을 때, 그녀는 재파티네이션 된 돌 인공물과 같은 품목이 은밀하게 칠해진 표면에 침입하는 새로운 흉터를 보이는지 관찰하는 방식으로, 어떤 대조군이 스카벤징되고 재작업되었는지 확인할 수 있었다. 일부 석기 산포는 인공물 파티네이션의 변동을 복제하기 위해 다른 것보다 더 많은 대조군과 함께 심어졌다.

우리는 그 결과를 상상할 수 있다. 우선, 민족지고고학자는 많은 환경적 그리고 행태적 변수가 실험의 매개변수에 영향을 미친다는 것을 발견할 수 있다. 예를 들어, 환경에서 높은 초목 성장률 및 침전물 때문에 특정 비율의 대조군이 손실될 수 있다. 이러한 대조군은 묻히거나 시야에서 가려져서 도구 제작자가 스카벤징할 수 없게 되거나, 또는 재작업된 대조군이 분실될 수 있다. 행태 변수도 결과에 영향을 미칠 수 있다. 일부 대조군은 도구 제작자에 의해 운반되어 다른 모니터링된 돌 산포를 포함하여 다른 곳에 치워졌거나 폐기되었기 때문에 누락될 수 있다. 다양한 환경 요인을 고려하더라도 모니터링되는 현장 전체에 걸쳐 대조군이 고르게 영향을 받지 않을 수 있다. 이동성, 지속 시간, 현장 점유 그리고 재사용 강도, 원재료 출처와의 거리, 현장 기능의 변화, 수렵 채집 일정 등과 같은 인간의 토지 사용 패턴은 모두 도구 스카벤징 속도에 영향을 미칠 수 있다.

간단히 말해, 실험으로 관찰된 재작업 대조군의 양에 근거하여 인공물 스카벤징의 특성과 강도를 결정하는 것은 불가능하지는 않더라도 어려울 수 있다. 재작업된 대조군의 높은 비율이 일부 현장에서 매우 높은 인공물 스카벤징률을 나타내거나 이러한 산포가 화석생성 공작의 영향을 덜 받았음을 나타낼 수 있는가? 초기에 대조군을 많이 설치한 현장에 재작업 된 대조군이 단지 몇 개만 있는 경우, 이는 매장 과정을 통한 통제력의 상실을 반영하는 것인가, 아니면 더 복잡한 행태요인을 반영하는 것인가? 몇 가지 대조군만 심을 수 있는 산포에서, 표시된 항목에 영향을 미치지 않고 품목의 집중적인 스카벤징과 재사용을 하였는가? 분명한 교훈은 방해 자극에 방출되는 대조군의 비율이 이러한 문제와 큰 관련이 있다는 것이다. 따라서 주요 결론은 산포에서 눈에 보이는 모든 인공물에 번호를 매기고 측정하며 꼼꼼하게 기록하여 시간이 지남에 따라 조절에 어떤 일이 발생하는지 훨씬 더 정밀하게 모니터링할 수 있도록 하는 보다 철저한 연구 프로그램의 디자인일 수 있다. 그렇게 함으로써, 폐기물이 재사용에 의해 영향을 받는 다양한 방식들(예를 들어 인공물의 부피와 차원의 감소율 그리고 후속 변환으로 동일한 또는 다른 산포에서 대상이 사라지거나 다시 나타나는 등)을 문서화하는 것도 가능하다.

고고학자들은 분명히 그렇게 귀중한 관찰을 끌어낼 수 없기 때문에,

어떤 의미에서는 고고학적 복합물에서 표현된 인공물의 해석은 항상 문제가 될 것이다. 그러나 만약 그렇다면, 선사시대 도구 재활용과 재사용에 대한 우리의 이해도 더욱 일반적인 문제가 될 것이다. 복제된 표본의 존재 여부와 상관없이, 선사시대의 도구 스카벤징 그리고 재활용은 우리가 '정상적인' 돌 감소라고 호도하는 것과 같을 수 있다.

결론

데이비드슨과 맥그루(2005)는 버려진 돌 인공물의 스카벤징과 재사용이 인류 진화에 주요한 역할을 했다고 주장한다. 왜냐하면, 호미닌이 과거 도구 사용 활동의 잔유물과 상호작용하여 새로운 행태를 전달하고 생성하는 수단을 제공했기 때문이다. 이 장에서, 우리는 차별 파티네이션 된 석기(도구 스카벤징 그리고 재사용 행태의 명백한 프록시proxies)가 전기 구석기 복합물에서 발생한다는 것을 보여주었고, 따라서 데이비드슨과 맥그루(2005) 모델의 기본 신조를 확인했다. 이상적으로, 우리는 호미닌 진화의 인지적, 행태적 변화의 프록시로서 반복된 인공물의 특성과 산포에서 시간적 전개를 추적할 수 있을 것이다. 아프리카 올도원 복합물에서 이러한 품목의 초기 출현으로, 집중적인 재사용이 가능한 고도로 잔손질된 도구 형태(주먹도끼)가 나타나는 아슐리안 그리고 중기 구석기 동안 도구 스카벤징 행태가 증가하는 등의 변화가 나타날 것으로 예상할 수 있다(예: Soressi & Hays, 2003). 그러나 우리가 보아온 것처럼, 석기들이 고고학적 기록에 들어가면 복잡하고 종종 모순되는 환경에서 외부 풍화 특징을 얻는다. 낮은 것이든 높은 것이든 개별 복합물에서 반복된 표본의 비율이 과거 호미닌에서 도구 스카벤징의 정도와 강도에 대한 정확하고 신뢰할 수 있는 통찰력을 제공할 가능성은 거의 없다.

여기서 도출해야 할 필연적인 결론은 차별 파티네이션이 도구 스카벤징의 명백한 고고학적 프록시를 제공하지만, 특정 환경에서 도구 스카벤징의 풍부함을 정확하게 반영하는 것으로 간주할 수는 없다는 것이다. 출토된 고고학 장소에서 발견된 버려진 석기 인공물들은 돌의 환경적 밀도와 관련되지 않은 중요한 문화적으로 생성된 자원으로 구성되었을 가능성이 높다. 따라서 초기 호미닌 복합물(즉, 차별 파티네이션 받은 도구 형태)에 인공물 스카벤징에 대한 프록시 증거가 **적어도** 존재하는 경우, 주어진 복합물에서의 빈도와 관계없이 도구 스카벤징 그리고 재사용이 일상적인 행태이었을 가능성이 높다고 추측할 수 있다. 따라서, 어쨌든 인공물 스카벤징에 대한 대리 증거가 초기 호미닌 복합물(즉, 차별 파티네이션 받은 도구의 형태)에 존재하는 경우, 주어진 복합물에서의 빈도와 관계없이 도구 스카벤징 그리고 재사용이 일상적인 행동이었을 가능성이 높다고 추측할 수 있다. 가끔 반복되는 인공물은 빙산의 일각에 불과할지도 모른다. 예를 들어, 박스그로브에서 관찰된 사례의 작은 수와 그곳의 두드러진 플린트 가용성에 비추어 볼 때, 일부 추가 매개변수를 조사하여 특정 시점의 특정 환경에서 인공물 스카벤징의 조절 요인을 이해할 수 있다. 이전 연구에서는 개별 복합물에 존재하는 주먹도끼 날의 재선명 정도가 재사용 강도에 대한 프록시로 사용될 경우, 원재료 가용성과 재확충 형태의 재사용 정도 사이의 관계가 공간적 또는 시간적으로 단순하지 않을 수 있다는 것을 보여주었다(Emery, 2009). 박스그로브 주먹도끼는 전기 구석기시대의 상대적으로 독특한 패턴을 보여주며, 이는 숨겨진 재사용 그리고 재활용 범위를 추가적으로 지원할 수 있다. 연구를 위한 추가적인 방법에는 기술 에이전트의 다양한 기술 수준(Pigeot, 1990)의 조사와 초기 단계 양날 감쇄 또는 '거친 가공'(Winton, 2004)의 난이도가 포함될 수 있다. 이러한 변수들은 이 유적지와 다른 곳에서도 양날 **작업순서분석**에서 중요한 역할을 하는 것으로 보인다(Leroyer, 2016).

그렇다면 윈의 수십 년 된 탐구에 대한 이 논의의 의미는 무엇일까? 우리의 인지가 침팬지와 우리 사이의 마지막 공통 조상에 대한 기대와 어떻게 다른지 이해하기 위한 것이다. 적어도 440만 년 전에 우리의 호미닌 조상들(또는 가까운 친척들)은 다른 밴드 멤버들의 궤적을 '읽는' 것에서부터 사회적 정보를 얻는 인지 능력을 진화시켰다고 제안되었다. 궤적은 이동의 방향뿐 아니라 신체적 조건, 정신적 상태 그리고 관찰자에게 알려져 있는지에 관계없이 궤적을 만드는 개체의 의도가 포함된다(Shaw-Williams, 2014). 이 능력은 호미닌에게만 고유하다. 침팬지와 다른 유인원들은 보이지 않는 표적을 찾기 위해 냄새 자국과 공기 중에 나는 냄새를 사용한다. 그들은 궤적에 주의를 기울이지 않는다. 단순한 궤적 읽기는 호미닌이 상상력의 자기-투사 형태를 부재중인 에이전트의 '몸과 마음'에서 일어나서, 더 복잡한 인지의 진화를 위한 기초를 제공했을 것이라고 생각된다. 유사한 맥락에서, 데이비드슨Davidson(2010)은 석기제작 그리고 사용의 이전 행동에서 호미닌이 경험한 감정의 기억은 폐기된 생산물을 나중에 볼 때 유발되어 호미닌이 그들 자신의 행태 패턴을 반영할 수 있게 할 수 있다고 주장한다. 호미닌의 궤적은 며칠 또는 몇 주 동안 지속될 수 있지만, 결국 사라진다(Shaw-Williams, 2014). 이와는 대조적으로, 호미닌 돌떼기의 폐기물(경관에 놓여 있는 석기와 돌 파편 산포)은 사실상 파괴하지 못할 수 있다. 대상이 덤불에 묻혀 있지 않거나 가려지지 않는 한, 과거의 인류 행태에 대한 이러한 숨길 수 없는 신호는 몇 년 동안, 어쩌면 무한정까지도 환경에서 볼 수 있다.

만약 호미닌의 궤적이 그런 것이라고 상상해 보라. 만약 호미닌의 통로로 인해 경관에 남아 있는 무수한 자국과 물리적 흔적들이 유명한 라에토리 발자국처럼 화석화되고, 그에 따라 호미닌 환경의 영구적인 부분이 되었다고 생각해보자. 궤적에 내재된 사회적 정보에 대한 선택압력에 의해 조정된 호미닌의 경우, 이 누적된 과거 행태 기록은 이해의 한계를 훨씬 벗어난 서사시적 내러티브 또는 '이야기'를 나타낼 것이다. 사람들은 본질적으로 돌 감소와 사용에 대한 표면 고고학적 기록이 그들에게 어땠을지 추측할 수 있다. 호미닌은 이전에 일어난 사건들에 대한 복잡하고 날로 증가하는 정보의 보고에 둘러싸여 삶을 살았을 것이다. 다양한 증거에 기초하여, 우리는 가능한 한 전기 구석기시대 호미닌족은 돌에 대한 즉각적인 요구를 충족시키기 위해 이 자원을 집중적으로 이용했을 것이라고 주장해 왔다. 그러나 인류 진화 역사의 과정을 거치면서, 이 기록은 명백히 재사용 가능한 도구의 편리한 원천 이상이 되었다. 궤적 읽기와 마찬가지로, 과거의 어느 시점에서 우리의 조상들(또는 가까운 호미닌 친족들)은 이러한 사전 돌떼기 사건들의 잔재를 읽고 아직도 눈에 보이는 인공물을 만들고 남긴 보이지 않는 돌떼는 자들의 몸과 마음에서 그들 자신을 상상할 수 있는 능력을 얻었음이 틀림없다. 또한, 전체적인 경관 속에 버려진 석기들에 관한 이야기를 개념화하고, 이 모든 물질적 대상들이 어떻게 존재하게 되었는지에 대한 정신적인 이미지를 그들 이전에 세계에 살았던 존재들, 또는 적어도 그들의 가까운 주변에서는 더 이상 볼 수 없었던 존재들의 에이전시를 통해 형성할 수 있는 능력을 개발했다. 이 단계에서, 아마, 돌떼는 자들은 버려진 석기들을 단순히 자연환경의 유용한 구성요소로서뿐만 아니라, 과거와 현재를 가진 본래의 문화적인 대상들로 생각할 수 있었을 것이다. 토마스 윈의 연구 배경에서 고려해야 할 근본적인 문제는 언제부터 그러한 능력이 호미닌 가계에서 처음 생겨났고, 그 이유는 무엇인지 그리고 이 복잡한 세상을 인지하는 방법이 **호모 사피엔스**의 영역이었는지 여부이다.

감사

매우 많은 사람들이 재파티네이션 된 인공물에 대한 우리의 질문에 답했고, 귀중한 자료와 통찰력을 제공했다. 이에 대해, 우리는 애커맨K. Akerman, 애쉬튼N. Ashton, 바톤N. Barton, 블레이저F. Blaser, 부주거A. Bouzouggar, 클리켓D. Cliquet, 델라 토레I. de la Torre, 디블H. Dibble, 제마H. Djema, 플럭H. Fluck, 구에도J. M. Gouedo, 호스펠드R. Hosfeld, 호버스E. Hovers, 젤리넥A. Jelinek, 쥬비C. Juby, 쿤S. Kuhn, 르페브르B. Lefevre, 로이드 스미스L. Lloyd-Smith, 맥나브J. McNabb, 맥퍼런S. McPherron, 펠레그린J. Pelegrin, 페트라글리아M. Petraglia, 레이놀즈T. Reynolds, 스콧B. Scott, 쇼A. Shaw, 샤론G. Sharon, 소리아노S. Soriano, 엔반 스미스F. Wenban Smith, 위켈R. Wikell, 자이드너Y. Zaidner, 그리고 투르크A. Turq에게 감사드린다. 작고한 야코비R. Jacobi는 워싱턴 스미스Worthington Smith와 스터지Sturge의 재파티네이션 된 인공물들에 대한 저술들을 우리에게 주목하라고 한 점에 감사한다. 우리는 또한 이 장의 초기 초고에 대한 데이비드슨I. Davidson과 무어M. Moore의 사려 깊은 논평에 대해 감사를 드린다. 브리티시 박물관에서의 브룸Brumm의 연구는 울런공대학교University of Wollongong에 기반을 둔 호주 연구회의 박사 후 연구 펠로우

쉽과 케임브리지대학교University of Cambridge 고고학 연구소의 박사후 연구 펠로우쉽(2007년~2009년)으로부터 자금 지원을 받았다. 브룸Brumm은 대영박물관(프랭크 하우스Franks House[121], 선사 유럽부Department of Prehistory and Europe)으로부터 애쉬튼N. Ashton의 환대를 받고, 프랭크 하우스Franks House의 스터지Sturge 컬렉션에서 자료를 연구하고 사진을 찍을 수 있도록 허락을 받은 것에 감사를 드린다.

참고문헌

Ackerman, R. E. (1964). Lichens and the patination of chert in Alaska. *American Antiquity, 29*(3), 386–387.

Amick, D. S. (2007). Investigating the behavioral causes and archaeological effects of lithic recycling. In S. P. McPherron (Ed.), *Tools versus cores: Alternative approaches to stone tool analysis* (pp. 223–252). Newcastle, UK: Cambridge Scholars Publishing.

Andersen, H. H., & Whitlow, H. J. (1983). Wear traces and patination on Danish flint artefacts. *Nuclear Instruments and Methods in Physics Research, 218*(1), 468–474.

Andrefsky, W. (1994). Raw-material availability and the organization of technology. *American Antiquity, 59*(1), 21–34.

Andrefsky, W. (2009). The analysis of stone tool procurement, production, and maintenance. *Journal of Archaeological Research, 17*(1), 65–103.

Ashton, N. M. (1998a). The spatial distribution of the flint artefacts and human behaviour. In N. M. Ashton, S. G. Lewis, & S. Parfitt (Eds.), *Excavations at the Lower Palaeolithic site at East Farm, Barnham, Suffolk 1989–94* (pp. 251–258). London: British Museum.

Ashton, N. M. (1998b). The technology of the flint assemblages In. In N. M. Ashton, S. G. Lewis, & S. Parfitt (Eds.), *Excavations at the Lower Palaeolithic site at East Farm, Barnham, Suffolk 1989–94* (pp. 205–235). London: British Museum.

Ashton, N. M., Lewis, S. G., Parfitt, S. A., Candy, I., Keen, D., Kemp, R., . . . White, M. J. (2005). Excavations at the Lower Palaeolithic site at Elveden, Suffolk, UK. *Proceedings of the Prehistoric Society, 71*, 1–61.

Ashton, N. M., Lewis, S. G., Parfitt, S. A., Penkman, K. E. H., & Coope, G. R. (2008). New evidence for complex climate change in MIS 11 from Hoxne, Suffolk, UK. *Quaternary Science*

121 대영박물관의 일부로, 초기 선사시대 컬렉션의 보관과 연구에 사용되었다(역자 주).

Reviews, 27(7), 652–668.

Aumassip, G. (2004). *Préhistoire du Sahara et de ses abords. T1: Au temps des chasseurs, le paléolithique*. Paris: Maisonneuve & Larose.

Baker, C. M. (1978). The size effect: An explanation of variability in surface artifact assemblage content. *American Antiquity, 43*(2), 288–293.

Baker, T. (2007). Recycling. Paleoindian & other archaeological stuff. Retrieved from http://www.ele.net/recycling/diffsurf.htm

Bamforth, D. B. (1986). Technological efficiency and tool curation. *American Antiquity, 51*(1), 38–50.

Barkai, R., Gopher, A., & Shimelmitz, R. (2006). Middle Pleistocene blade production in the Levant: An Amudian assemblage from Qesem Cave, Israel. *Eurasian Prehistory, 3*(2), 39–74.

Bar-Yosef, O., & Goren-Inbar, N. (1993). *The lithic assemblages of 'Ubeidiya: A Lower Palaeolithic site in the Jordan Valley*. Jerusalem: Hebrew University of Jerusalem.

Beck, C., Taylor, A. K., Jones, G. T., Fadem, C. M., Cook, C. R., & Millward, S. A. (2002). Rocks are heavy: Transport costs and Paleoarchaic quarry behavior in the Great Basin. *Journal of Anthropological Archaeology, 21*(4), 481–507.

Binford, L. R. (1979). Organization and formation processes: Looking at curated technologies. *Journal of Anthropological Research, 35*(3), 255–273.

Boucher de Perthes, J. (1999a). *Antiquités celtiques et antédiluviennes. T II: L'âge de la pierre, les preuves—1857*. Clermont-Ferrand: Éditions Paléo.

Boucher de Perthes, J. (1999b). *Antiquités celtiques et antédiluviennes. T III: La galerie des silex—1867*. Clermont-Ferrand: Éditions Paléo.

Bradley, R., & Clayton, C. (1987). The influence of flint microstructure on the formation of microwear polishes. In G. de G. Sieveking & M. H. Newcomer (Eds.), *Human uses of flint and chert: Proceedings of the Fourth International Flint Symposium held at Brighton Polytechnic 10–15 April 1983* (pp. 81–89). Cambridge, UK: Cambridge University Press.

Breuil, H. (1954). Prolégomènes à une classification préhistorique—discours du président entrant. *Bulletin de la Société préhistorique française, 51*(1), 7–15.

Brown, A. (1893). On the continuity of the Palaeolithic and Neolithic periods. *Journal of the Anthropological Institute of Great Britain and Ireland, 22*, 65–98.

Burkitt, M. C., Paterson, T. T., & Mogridge, C. J. (1939). The Lower Palaeolithic industries near Warsash, Hampshire. *Proceedings of the Prehistoric Society, 51*(1), 39–50.

Burroni, D., Donahue, R. E., Pollard, A. M., & Mussi, M. (2002). The surface alteration features of flint artefacts as a record of environmental processes. *Journal of Archaeological Science, 29*(11), 1277–1287.

Cackler, P. R., Glascock, M. D., Neff, H., & Chiarulli, B. M. (1999). Effects of weathering on the coloration of chert and its implications for provenance studies. *Lithic Technology, 24*(2), 81–90.

Callow, P. (1986). Raw materials and sources. In P. Callow & J. M. Cornford (Eds.), *La Cotte de St Brelade 1961–1978: Excavations by C. B. M. McBurney* (pp. 203–211). Norwich, UK: Geo Books.

Camilli, E. L., & Ebert, J. I. (1992). Artifact reuse and recycling in continuous surface distributions and implications for interpreting land use patterns. In J. Rossignol & L. Wandsnider (Eds.),

Space, time, and archaeological landscapes (pp. 113–136). New York: Plenum Press.
Clarkson, C. (2007). *Lithics in the land of the Lightning Brothers: The archaeology of Wardaman country, Northern Territory*. Canberra: ANU E-Press.
Clemente-Conte, I. (1997). Thermal alterations of flint implements and the conservation of microwear polish: Preliminary experimental observations. In A. R. Millán & M. A. Bustillo (Eds.), *Siliceous rocks and culture* (pp. 399–410). Granada, Spain: Universidad de Granada.
Close, A. E. (1996). Carry that weight: The use and transportation of stone tools. *Current Anthropology, 37*(3), 545–553.
Collins, M. B. (1993). Comprehensive lithic studies: Context, technology, style, attrition, breakage, use-wear and organic residues. *Lithic Technology, 18*(1/2), 87–94.
Davidson, I. (2010). Stone tools and the evolution of hominin and human cognition. In A. Nowell & I. Davidson (Eds.), *Stone tools and the evolution of human cognition* (pp. 185–205). Boulder, CO: University Press of Colorado.
Davidson, I., & McGrew, W. C. (2005). Stone tools and the uniqueness of human culture. *Journal of the Royal Anthropological Institute of Great Britain and Ireland, 11*(4), 793–817.
de Mortillet, G. (1885). *Le préhistorique: Antiquité de l'homme. Deuxième édition revue et complétée*. Paris: C Reinwald.
de Mortillet, P. (1906). Coup de poing chelléen à deux patines. *Bulletin de la Société préhistorique française, 3*(6), 231–232.
de Pradenne, A. V. (1935). "Fossil tradition" in stone implements. *Antiquity, 9*(33), 74–83.
Ebert, J. I. (1992). *Distributional archaeology*. Albuquerque: University of New Mexico Press.
Elston, R. G. (1992). Modeling the economics and organization of lithic procurement. In R. G. Elston & C. Raven (Eds.), *Archaeological investigations at Towawihi, a Great Basin quarry, Part 1: The periphery* (pp. 31–47). Elko, NV: Bureau of Land Management Elko Resource Area.
Emery, K. (2009). *A re-examination of variability in handaxe form in the British Palaeolithic (doctoral dissertation)*. London: University College London.
Evans, C., & Meggers, B. J. (1960). A new dating method using obsidian. Part II: An archaeological evaluation of the method. *American Antiquity, 25*(4), 523–537.
Evans, J. (1872). *The ancient stone implements, weapons and ornaments of Great Britain*. London: Longmans, Green, Reader, and Dyer.
Frame, H. (1986). Microscopic use-wear traces. In P. Callow & J. M. Cornford (Eds.), *La Cotte de St Brelade 1961–1978: Excavations by C. B. M. McBurney* (pp. 353–362). Norwich, UK: Geo Books.
Frison, G. C. (1968). A functional analysis of certain chipped stone tools. *American Antiquity, 33*(2), 149–155.
Goodwin, A. J. H. (1960). Chemical alteration (patination) of stone. *South African Archaeological Bulletin, 15*(59), 67–76.
Gopher, A., Barkai, R., Shimelmitz, R., Khalaily, M., Lemorini, C., Heshkovitz, I., & Stiner, M. C. (2005). Qesem Cave: An Amudian site in Central Israel. *Journal of the Israel Prehistoric Society, 35*, 69–92.
Gould, R. A. (1980). *Living archaeology*. Cambridge, UK: Cambridge University Press.
Gowlett, J. A. J., Harris, J. W. K., Walton, D., & Wood, B. A. (1981). Early archaeological sites,

hominid remains and traces of fire from Chesowanja, Kenya. *Nature, 294*(5837), 125–129.

Haslam, M., Hernandez-Aguilar, R. A., Ling, V., Carvalho, S., De la Torre, I., DeStefano, A., . . . Warren, R. (2009). Primate archaeology. *Nature, 460*(7253), 339–344.

Hayden, B. (1977). Stone tool functions in the Western Desert. In R. V. S. Wright (Ed.), *Stone tools as cultural markers: Change, evolution and complexity* (pp. 178–188). Canberra: Australian Institute of Aboriginal Studies.

Henri-Martin, H. (1906). Commentaire sur la communication de Paul de Mortillet, 1906, “Coup de poing chelléen à deux patines.” *Bulletin de la Société préhistorique française, 3*(6), 233.

Henri-Martin, H. (1923). *Recherches sur l'évolution du Moustérien dans le gisement de la Quina (Charente). 2e volume: Industrie lithique.* Angoulème: Mémoires de la Société archéologique et historique de la Charente.

Hiscock, P., & Attenbrow, V. (2005). *Australia's Eastern Regional Sequence revisited: Technology and change at Capertee 3.* Oxford: British Archaeological Reports.

Hogg, A. J. (1905). The patination of flint implements. *Man, 5*, 6–7.

Howard, C. D. (1999). River patina on flint artifacts: Features and genesis. *The Plains Anthropologist, 44*, 293–295.

Howard, C. D. (2002). The gloss patination of flint artifacts. *The Plains Anthropologist, 47*(182), 237–287.

Hurst, V. J., & Kelly, A. R. (1961). Patination of cultural flints. *Science, 134*(3474), 251–256.

Kelley, H. (1965). Outils levalloisiens de grande taille. *Bulletin de la Société préhistorique française, 62*(1), 31–47.

Kelly, R. L. (1988). The three sides of a biface. *American Antiquity, 53*(4), 717–734.

Kuman, K. (2001). An Acheulean factory site with prepared core technology near Taung, South Africa. *South African Archaeological Bulletin, 56*(173/174), 8–22.

Laland, K. N., & Brown, G. R. (2006). Niche construction, human behavior, and the adaptive-lag hypothesis. *Evolutionary Anthropology: Issues, News, and Reviews, 15*(3), 95–104.

Laland, K. N., & O'Brien, M. J. (2010). Niche construction theory and archaeology. *Journal of Archaeological Method and Theory, 17*(4), 303–322.

Laland, K. N., Odling-Smee, F. J., & Feldman, M. W. (2001). Cultural niche construction and human evolution. *Journal of Evolutionary Biology, 14*(1), 22–33.

Leakey, M. D. N. (1971). *Olduvai Gorge. Vol. 3, Excavations in Beds I and II, 1960–63.* Cambridge, UK: Cambridge University Press.

Leroyer, M. (2016). *Palethnologie acheuléenne: De la technologie bifaciale à l'organisation de la subsistance collective. Etude du site de Boxgrove, Eartham Pit (West Sussex, Angleterre) et de deux sites du cours moyen de la Seine.* Doctoral thesis, Université de Paris 1 en anthropologie et archéologie, Paris.

Le Tensorer, J.-M. (Ed.). (1997). *Les premiers hommes du désert syrien Fouilles Syrio-Suisses à Nadaouiyeh Aïn Askar 18 fevr.–1er septembre.* Paris: Muséum national d'Histoire naturelle.

Ludwig, B. V, & Harris, J. W. K. (1998). Towards a technological reassessment of East African Plio-Pleistocene lithic assemblages. In M. D. Petraglia & R. Korisettar (Eds.), *Early human behaviour in global context: The rise and diversity of the Lower Palaeolithic record* (pp. 84–107). London: Routledge.

Marder, O., Milevski, I., & Matskevich, Z. (2006). The handaxes of Revadim Quarry: Typotechnological considerations and aspects of intra-site variability. In N. Goren-Inbar & G. Sharon (Eds.), *Axe age: Acheulian tool-making from quarry to discard* (pp. 223–242). London: Equinox.

McDonald, M. M. A. (1991). Systematic reworking of lithics from earlier cultures in the Early Holocene of Dakhleh Oasis, Egypt. *Journal of Field Archaeology, 18*(2), 269–273.

Medina, M. (2007). *The world's scavengers: Salvaging for sustainable consumption and production.* Lanham, MD: Altamira Press.

Meeks, N. D., Sieveking, G. de G., Tite, M. S., & Cook, J. (1982). Gloss and use-wear traces on flint sickles and similar phenomena. *Journal of Archaeological Science, 9*(4), 317–340.

Metcalfe, D., & Barlow, K. R. (1992). A model for exploring the optimal trade-off between field processing and transport. *American Anthropologist, 94*(2), 340–356.

Michels, J. W. (1969). Testing stratigraphy and artifact reuse through obsidian hydration dating. *American Antiquity, 34*(1), 15–22.

Moore, M. W., & Burke, T. D. (1992). *Cultural resources inventory and evaluation: Truckee River Flood Control Project, Washoe and Storey Counties, Nevada, summary report.* Sacramento, CA: Department of the Army, Corps of Engineers.

Mora, R., de la Torre, I., & Martínez-Moreno, J. (2004). Middle Palaeolithic mobility and land use in the Southwestern Pyrenees: The example of Level 10 in La Roca dels Bous (Noguera, Catalunya, Northeast Spain). In N. J. Conard (Ed.), *Settlement dynamics of the Middle Paleolithic and Middle Stone Age* (Vol. 2, pp. 415–435). Tübingen, Germany: Kerns Verlag.

Odell, G. H. (2001). Stone tool research at the end of the millennium: Classification, function, and behavior. *Journal of Archaeological Research, 9*(1), 45–100.

Odling-Smee, F. J., Laland, K. N., & Feldman, M. W. (1996). Niche construction. *The American Naturalist, 147*(4), 641–648.

Ophoven, C. (1938). Quelques cas de patines intéressantes. *Bulletin de la Société préhistorique française, 35*(10), 31–47.

Pappu, S., & Akhilesh, K. (2006). Preliminary observations on the Acheulian assemblages from Attirampakkam, Tamil Nadu. In N. Goren-Inbar & G. Sharon (Eds.), *Axe age: Acheulian tool-making from quarry to discard* (pp. 155–180). London: Equinox.

Pigeot, N. (1990). Technical and social actors: Flintknapping specialists and apprentices at Magdalenian Etiolles. *Archaeological Review from Cambridge, 9*(1), 126–141.

Polikreti, K. (2007). Detection of ancient marble forgery: Techniques and limitations. *Archaeometry, 49*(4), 603–619.

Pope, G. A., Meierding, T. C., & Paradise, T. R. (2002). Geomorphology's role in the study of weathering of cultural stone. *Geomorphology, 47*(2), 211–225.

Pope, M. I. (2002). *The significance of biface-rich assemblages: An examination of behavioural controls on lithic assemblage formation in the Lower Palaeolithic.* Doctoral dissertation, University of Southhampton, Southampton, UK.

Pope, M. I., & Roberts, M. B. (2005). Observations on the relationship between Palaeolithic individuals and artefact scatters at the Middle Pleistocene site of Boxgrove, UK. In C. Gamble & M. Porr (Eds.), *The hominid individual in context: Archaeological investigations of Lower and Middle Palaeolithic landscapes, locales and artefacts* (pp. 81–97). London: Routledge.

Pope, M. I., Russel, K., & Watson, K. (2006). Biface form and structured behaviour in the

Acheulean. *Lithics: The Journal of the Lithic Studies Society, 27*, 44–57.
Potts, R. (1988). *Early hominid activities at Olduvai*. New York: Aldine de Gruyter.
Preston, B. (2000). The functions of things: A philosophical perspective on material culture. In P. Graves-Brown (Ed.), *Matter, materiality and modern culture* (pp. 22–49). London: Routledge.
Prestwich, J. (1860). On the occurrence of flint-implements: Associated with the remains of animals of extinct species in beds of a late geological period, in France at Amiens and Abbeville, and in England at Hoxne. *Philosophical Transactions of the Royal Society of London, 150*, 277–317.
Purdy, B. A., & Clark, D. E. (1987). Weathering of inorganic materials: Dating and other applications. *Advances in Archaeological Method and Theory, 11*, 211–253.
Roberts, M. B., & Parfitt, S. A. (Eds.). (1999). *Boxgrove: A Middle Pleistocene hominid site at Eartham Quarry, Boxgrove, West Sussex*. London: English Heritage.
Rogers, A. K. (2008). Obsidian hydration dating: Accuracy and resolution limitations imposed by intrinsic water variability. *Journal of Archaeological Science, 35*(7), 2009–2016.
Rondeau, M. F. (1997). Technology as context for obsidian hydration studies. *Lithic Technology, 22*(1), 86–98.
Rottländer, R. (1975). The formation of patina on flint. *Archaeometry, 17*(1), 106–110.
Rudner, I., & Rudner, J. (1954). A local Late Stone Age development. *South African Archaeological Bulletin, 9*(35), 103–107.
Rutot, A. L. (1906). *La géologie appliquée à la démonstration de l'authenticité des silex taillés paléolithiques de la vallée de la Haine*. Bruxelles: Hayez.
Schiffer, M. B. (1972). Archaeological context and systemic context. *American Antiquity, 37*(2), 156–165.
Schiffer, M. B. (1987). *Formation processes of the archaeological record*. Albuquerque: University of New Mexico Press.
Schiffer, M. B., Downing, T. E., & McCarthy, M. (1981). Waste not, want not: An ethnoarchaeological study of reuse in Tucson, Arizona. In R. A. Gould & M. B. Schiffer (Eds.), *Modern material culture: The archaeology of us* (pp. 67–86). New York: Academic Press.
Schmalz, R. F. (1960). Flint and the patination of flint artifacts. *Proceedings of the Prehistoric Society, 26*, 44–49.
Shackley, M. L. (1974). Stream abrasion of flint implements. *Nature, 248*(5448), 501–502.
Shackley, M. L. (1989). "Glazed" (silica coated) flint artifacts from the Azraq Basin, eastern Jordan. In L. Copeland & F. F. Hours (Eds.), *The hammer on the rock: Studies in the Early Palaeolithic of Azraq, Jordan* (pp. 399–402). Oxford, UK: British Archaeological Reports.
Shaw-Williams, K. (2014). The social trackways theory of the evolution of human cognition. *Biological Theory, 9*(1), 16–26.
Silliman, S. W. (2005). Obsidian studies and the archaeology of 19th-century California. *Journal of Field Archaeology, 30*(1), 75–94.
Smith, R. A. (1929). Palaeolith found at West Bognor. *Sussex Archaeological Collection, 70*, 196–197.
Smith, W. G. (1894). *Man the primeval savage: His haunts and relics from the hilltops of Bedfordshire to Blackwall*. London: Edward Stanford.
Soressi, M., & Hays, M. A. (2003). Manufacture, transport, and use of Mousterian bifaces: A case

study from the Périgord (France). In M. Soressi & H. L. Dibble (Eds.), *Multiple approaches to the study of bifacial technologies* (pp. 125–147). Philadelphia: University of Pennsylvania Museum of Archaeology and Anthropology.

Soriano, S. (2000). *Outillage bifacial et outillage sur éclat au Paléolithique ancien et moyen: Coexistence et interaction (doctoral dissertation)*. Paris: Université de Paris X.

Stout, D., Semaw, S., Rogers, M. J., & Cauche, D. (2010). Technological variation in the earliest Oldowan from Gona, Afar, Ethiopia. *Journal of Human Evolution, 58*(6), 474–491.

Sturge, W. A. (1911). The chronology of the Stone Age. *Proceedings of the Prehistoric Society of East Anglia, 1*(1), 43–105.

Thompson, E. (2009). Acheulean artifact accumulation and early hominin land use, Garden Route Casino Road, Pinnacle Point, South Africa. *Geoarchaeology, 24*(4), 402–428.

Turner, R., & Wymer, J. J. (1987). An assemblage of Palaeolithic hand-axes from the Roman religious complex at Ivy Chimneys, Witham, Essex. *Antiquaries Journal, 67*(1), 44–60.

Viereck, A. (1964). An examination of patina on stone tools with regard to possible dating. *South African Archaeological Bulletin, 19*(74), 36–37.

Villa, P. (1983). *Terra Amata and the Middle Pleistocene archaeological record of southern France*. Berkeley, CA: University of California Press.

Warren, S. H. (1902). I—On the value of mineral condition in determining the relative age of stone implements. *Geological Magazine, 9*(3), 97–105.

Wells, T., Hancock, G., & Fryer, J. (2008). Weathering rates of sandstone in a semi-arid environment (Hunter Valley, Australia). *Environmental Geology, 54*(5), 1047–1057.

Winton, V. (2004). *A study of Palaeolithic artefacts from selected sites on deposits mapped as clay-with-flints of southern England*. Oxford, UK: Archaeopress.

Woodcock, A. (1981). *The Lower and Middle Palaeolithic periods in Sussex*. Oxford, UK: British Archaeological Reports.

Wymer, J. J., & Singer, R. (1993). Flint industries and human activity. In R. Singer, B. G. Gladfelter, & J. J. Wymer (Eds.), *The Lower Paleolithic site at Hoxne, England* (pp. 74–128). Chicago, IL: University of Chicago Press.

Wynn, T., & McGrew, W. C. (1989). An ape's view of the Oldowan. *Man, 24*(3), 383–398.

| 제8장 |

격지 제작과 '인지 루비콘'

돌떼기 실험에서 나온 통찰

Mark W. Moore

진화적 분석에서 필요한 첫 단계는 특별히 인간적인 것의 식별이다 (Wynn, 2002, p. 392).

서론

석기제작은 호미닌 계통의 특징 중 하나이다. 석기제작은 약 330만 년 전의 고고학 유적지에 편재되었을 뿐만 아니라(Harmand et al., 2015), 현생 인류의 정신적, 운동적 능력에 지속적으로 도전하는 습득된 기술이다(Whittaker, 2004). 이것 때문에, 석기들은 토마스 윈Thomas Wynn과 그의 동료들이 개발한 자극적이고 영향력 있는 설명 모델에 의해 증명된 것처럼, 우리 조상의 정신적인 진화를 탐구하기 위한 중요한 정보 원천이다. 윈의 연구는 돌조각 공작의 제약과 결합된 도구 형태학을 고려하여, 초기 현장에서 발견된 석기를 만드는 데 필요한 최소 능력을 해석한다. 인지심리학 그리고 신경생물학의 원칙은 초기 호미닌 고고학 기록의 다양한 지점에서 볼 수 있는 인공물을 생산하고 그러한 제약조건 내에서 작업하는 데 필요한 정신 능력을 평가하기 위해 발동된다(예: Wynn, 1979, 1981, 2002, Wynn & Coolidge, 2004, 2016, Wynn & McGrew, 1989). 돌조각내기의 제약과 정신적인 과정 사이의 인식론적 연결epistemological link[122]은 현대의 돌떼는 자들이 제공하는 '중간 영역' 통찰력이다. 이러한 통찰력은 일화적이며(예: Edwards, 2001, Pelegrin, 1993, Toth, 1985), 통제된 실험 결과(예: Dibble & Whittaker, 1981, Pelcin, 1997), 또는 둘의 조합(예: Eren, Bradley, & Sampson, 2011, Kelterborn, 2003, Newcomer, 1971, Pelegrin, 2006, Schlanger, 1996, van Peer, 1992)이다.

인지고고학자들은 논쟁의 틀을 짜고 연구의 우선순위와 방향을 설정하기 위해 윈의 모델을 연구했고, 나는 윈의 모델의 측면을 실험하거나 다듬기 위한 석기제작의 '디자인 공간'을 모형화하기 위해 스스로 일화적이고 실험적인 지식을 그려왔다(Moore, 2007, 2010, 2011; Moore & Perston, 2016). 디자인 공간 모델은 격지를 두 가지 계층적 수준으로 분석한다. 첫째, 조각('격지 단위')을 개별적으로 생성하는 데 개념 그리고 운동행동이 필요하다. 둘째, 도구를 만들려는 격지 단위를 결합하기 위해 정신적 개념 그리고 운동행동이 필요하다(Moore, 2010). 디자인 공간 모델의 중요한 의미는 파괴 역학의 엄격한 물리적 한계 때문에, 격지 단위의 단순한 조합은 고의적인 의도 없이 그리고 고차 인지 기술 없이 이론적으로 복잡해 보이는 도구나 속성을 생성할 수 있다는 것이다(Moore, 2010, 2011). 굴드와 레온틴Gould and Lewontin(1979)이 특정 목적을 위해 잘못 생성된 것으로 보이는 불가피한 형태에 대해

122 인식론은 지식의 본성과 범위를 연구하는 철학의 분과다(역자 주).

건축 용어를 사용한 후에, 복잡해 보이는 도구 또는 속성은 '스팬드럴 spandrel'[123](Moore, 2010, p. 23)이라고 일컬었다. 스팬드럴 가설의 실험은 현대의 플린트 떼내는 자의 인지과정을 교란시키기 위해 명시적으로 디자인된 일련의 돌조각 실험을 통해 시작되었으며, 그 결과는 특정 초기 석기와 특성이 사실상 스팬드럴로 간결하고 명료하게 설명될 수 있다는 것을 보여주었다(Moore & Perston, 2016). 그러나 이러한 실험의 주제는 도구 제작을 위한 격지 단위의 조합이었다. 격지 단위 자체는 더 높은 수준의 도구 생산에 디자인의 초점을 둔 실험적인 용어로, 블랙박스라고 간주되었다.

이 장에서는 호미닌들 사이의 돌조각 기법 혁신에 대한 윈의 관점의 맥락에서 격지 단위의 디자인 공간 의미를 고찰한다. 호미닌은 고고학 기록에 석기들이 등장한 직후에 격지의 기본적인 역학을 이해한 것으로 보인다(de la Torre, 2010; Toth, Schick, & Semaw, 2006). 이러한 초기 도구 제작자들은 잘 타격받은 격지를 생산하기 위해 조절된 격지를 사용했으며, 상대적으로 작은 격지 크기, 망가진 격지 타격면, 산산이 조각나고 부서진 수많은 몸돌 날, 직각 타격면 같은 제어되지 않은 떼내기의 증거적 특징들이 낮은 발생률을 보였다(Toth, Schick, Savage-Rumbaugh, Sevcik, & Rumbaugh, 1993, p. 89). 따라서 우리는 이 초기 단계에서, 도구를 위한 돌떼기(Davidson & McGrew, 2005)와 몸돌에서의 격지에 대한 숙달된 의도를 추론할 수 있다. 윈은 이 발달의 인지적 중요성에 깊은 인상을 받지 못했으며, 초기 복합물에서 보이는 잘 타격받은 격지를 생산하는 인지적 복잡성은 현대의 유인원과 다른 영장류

123 아치의 양쪽과 위쪽에 있는 삼각형에 가까운 형태의 부분(역자 주).

의 능력 안에 있다고 주장했다(Wynn, 1981, 2002, pp. 394, 398; Wynn & McGrew, 1989; 또한 Marchant & McGrew, 2005를 보라). 이러한 관점에서, 보다 현대적인 인간의 정신 능력에 대한 '인지적 루비콘cognitive Rubicon'[124](Wynn & Coolidge, 2016)은 훨씬 후에 건넜고, 대략 175만 년 전에 초기 아슐리안(Wynn, 2002)에서 양날 주먹도끼가 나타났다(Beyene et al., 2013). 여기서 이 문제는 돌 모양의 디자인 공간의 몸돌로 가서 조절된 격지를 만드는 데 있어 격지 단위의 중요성을 명확히 하는 두 가지 생각 실험을 통해 탐구된다. 나는 돌떼기의 초기 발명은 사실 인지 루비콘이 호미닌에만 국한된 것이었다고 주장한다. 그리고 이것은 윈의 인지 발달 모델의 공간적 그리고 작업기억에 중요한 의미를 가지고 있다.

현대적 플린트와 격지 디자인 공간: 두 가지 생각 실험

디자인 공간 모델은 현대의 플린트 떼기 시연을 포함한 두 가지 생각 실험에서 기원을 이루었다. 각 생각 실험의 시연을 위한 청중은 순진naïve하며, 플린트 떼기의 목적은 3차원 대칭과 S-트위스트를 가진 후기 아슐리안 주먹도끼를 만드는 것이다(Wynn, 2000, p. 395-397을 보라). 일반적으로, 플린트 떼기 시연의 청중은 방해하지 않으며, 플린트 떼는 자는 석기제작의 전문적인 기법과 노하우를 보여준다. 그러나 첫 번째 생각 실험에서, 한 순진한 청중은 돌조각에서 각 조각이 제거되기를 원하는

124 로마의 시저가 루비콘강을 건너듯, 경계를 넘어섰다는 뜻이다(역자 주).

위치를 정확하게 지시함으로써 계속해서 플린트 떼는 자를 교란시킨다. 그리고 두 번째 생각 실험에서, 순진한 청중들은 처음에 플린트 떼는 자에게 그들이 원하는 격지를 제거하도록 허락했지만, 그 후에 "그 격지를 제거하지 말라. 다른 격지를 제거하라"라고 말함으로써, 플린트 떼는 자가 다른 위치에 주의를 돌리게 된다.[125] 그렇다면, 이 두 가지 상황에서, 플린트 떼는 자가 후기 아슐리안 주먹도끼를 만들 수 있을까?

생각 실험은 복잡한 석기를 만드는 데 필요한 두 세트의 기법적 지식에서 근본적인 분열을 드러낸다. 첫 번째 세트는 몸돌에서 개별 격지를 타격하는 데 필요한 정신적 식별과 운동 작용이다([그림 8.1]과 Moore, 2010을 보라). 이러한 식별과 작용의 성공은 돌 균열을 지배하는 물리학에 의해 결정된다. 성공적인 돌떼기를 위해, 플린트 떼는 자는 커다란 덩어리에 대해 예각으로 방향을 맞춘 인접 타격 표면을 가진 몸돌의 한 면에 있는 커다란 덩어리의 영역으로 구성된 3차원 구성을 식별할 수 있어야 한다. 이것에 대처하기 위해, 플린트 떼는 자는 몸돌을 기울여 부딪치는 표면이나 타격 표면, 즉 **타격면**platform에 비스듬히 타격을 가하여 힘이 큰 덩어리를 통해 전달되도록 한다. 그 타격은 우세한 손에 쥐어진 망치로 전달된다. 타격 강도는 의도한 격지의 크기를 포함하여 몸돌에 식별된 구성의 특성에 따라 조절되어야 한다. 중심부의 크기에 비해 타격이 너무 심한 경우 타격면이나 격지가 산산조각 날 수 있으며, 타격이 충분히 강하지 않은 경우, 격지가 계단 균열을 일으키거나 전혀 생성되지 않을 수 있다. 몸돌 크기에 대한 변경은 타격 강도를 바꾸거

125 이것은 플린트 떼는 니콜라스 토스(Nicholas Toss)의 주먹도끼 제작 시연회에서 일어났다. 청중[이아인 데이비드슨(Iain Davidson)]이 질문을 하며 끼어들었다. 나는 이 일화를 전해준 이아인에게 감사한다.

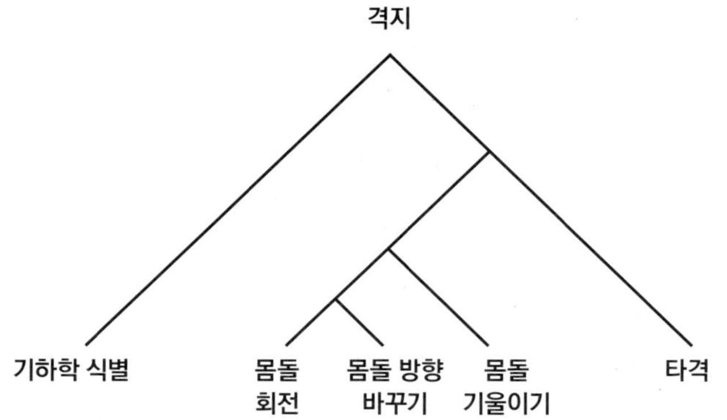

[그림 8.1] 조절된 격지떼기에 필요한 시각적 탐색 그리고 운동 작용 과제의 계층적 구성을 보여주는 무어(Moore)(2010)의 기본 격지 단위 모델

변경된 나무 구조는 그린필드(Greenfield)(1991)를 따른다. 이미지는 저자 제공.

나, 질량이 크거나 작은 돌망치를 선택하여 실행한다. 단일 격지를 제거하기 위해 확보한 정신적 그리고 운동적 행동 지식은 '격지 단위flake unit' 라고 불린다(Moore, 2007, 2010).

첫 번째 생각 실험에서, 순진한 청중은 격지 단위가 요구하는 타격면과 커다란 덩어리에 대한 기법적 지식을 통합하려는 플린트 떼는 자의 시도를 방해했다. 돌떼기의 성공은 완전히 중단되었고, 그 과정은 두 개의 암석을 우연히 부딪치는 것과 같았다. 잘 부딪힌 격지는 거의 발생하지 않았고, 후기 아슐리안 주먹도끼는 생산되지 않았다.

두 번째 생각 실험에서 순진한 청중은 플린트 떼는 자가 정신적인 식별을 한 후, 그렇지만 운동 작용이 격지 단위를 완성하기 전에 개입했다. 청중의 반응에 대해, 플린트 떼는 자는 중심부의 다른 곳으로 주의를 옮기고 정신적인 식별을 반복하며 격지 하나를 제거했지만, 원래 의도했던 그 격지는 아니었다. 시연하는 동안 잘 부딪힌 격지는 성공적으로 만들어졌지만, 부딪힌 순서는 플린트 떼는 자에 의해 조절되지 않았고, 효과적으로 무작위화되었으며, 후기 아슐리안 주먹도끼는 생산되지 않았다. 이는 복잡한 석기를 만드는 데 필요한 두 번째 기법적 지식을 강조한다. 격지 제거는 복잡한 결과를 얻기 위해 특정한 방법으로 순차적인 배열되어야 한다. 후기 아슐리안 주먹도끼와 같은 복잡한 석기 제작을 위해서는 격지 단위를 작업 계획에 따라 계층적으로 배치해야 하며, 플린트 떼는 자는 원하는 결과를 얻기 위해 많은 격지 제거를 미리 생각하고 있어야 한다(Moore, 2010, 2015). 생각 실험에서, 행동 계획의 혼란은 플린트 떼기가 성공적으로 주먹도끼 제작을 위해 미리 생각하는 것을 막았지만, 잘 부딪힌 조각의 생산을 막지는 못했다.

현대 실험을 추론의 원천으로 사용할 때, 플린트 떼는 자는 전형적인 시연을 따르면서 석기를 생산하기 위해 자신의 기법적 지식의 양 측면을 모두 요구하는 데 방해를 받지 않는다. 실험 생산물과 부산물이 선사시대 버전과 밀접하게 일치하는 경우, 격지 단위 그리고 행동 계획의 측면인 플린트 떼는 자의 덜 가시적인 작용은 과거의 플린트 떼는 자와 유사하다고 추론한다. 이 추론에는 현재와 과거의 동등성에 대한 세 가지 타당한 주장이 포함된다. 첫째, 돌 균열의 물리학은 동등하다. 둘째, 호미닌 신체 계획은 동등하다. 셋째, 인지 능력은 동등하다. 이러한 타당한 주장은 행태적으로 현생 인류들에 의해 만들어진 후기 선사시대의 도구들의 실험적인 복제에 대해서는 논란의 여지가 없다. 이러한 플린트 떼기 실험에 대한 비판은 이러한 균일론자uniformitarian 원칙에 의문을 제기하기보다는 패턴 일치 또는 부수 현상의 경험적 문제에 초점을 맞추는 경향이 있다(예: Clark, 2002, Thomas, 1986).

그러나 비현생 호미닌에 의해 만들어진 석기들을 복제하는 대부분의 실험들 또한 이런 방식으로 구조화되어있다. 첫 번째 타당한 주장 때문에, 현대의 플린트 떼는 자들이 후기 아슐리안 주먹도끼나 르발루아 격지와 같은 대상을 제작하기 위해 사용한 행동계획은 비현생 인류의 행동계획을 정확하게 반영하는 것으로 생각되지만, 현생 인류의 복잡한 도구들에 대한 실험과 마찬가지로 세 번째 타당한 주장은 과거와 현재의 해석적 관계를 지속하는 데 필요하다. 이와 같은 복제 실험에서 재구성된 행동 계획(또는 관련 뇌 이미지)은 진화하는 호미닌 인지에 대한 통찰력을 위해 분해되지만, 이러한 모델은 현대 플린트 떼는 자의 생각 과정을 개괄할 수 있을 뿐이다. 왜냐하면, 제한받지 않는 현대의 플린트 떼는 자는 이러한 모델과 연결되어 있어서, 세 번째 보증하는 타당한 주장은 내재되어있기 때문이다. 두 번째 생각 실험으로 돌아가, 순진한 청중들은 격지 제거를 무작위로 하고 그들의 행동 계획을 막음으로써 현대의 플린트 떼기 시연이 암시하는 세 번째 타당한 주장을 제거함으로써 제약을 가한다. 감쇄는 각 격지 제거와 함께 효과적으로 새롭게 시작된다(Moore & Perston, 2016, p. 4를 보라). 몸돌은 생산되었지만, 후기 아슐리안 주먹도끼는 생산되지 않았다.

그 몸돌은 어떻게 생겼나? 이 질문을 탐구하기 위해, 우리는 두 번째 생각 실험 버전을 제정하기 위한 일련의 실험인 '스패드럴 실험'을 디자인했다(Moore & Perston, 2016). 그러나 이러한 실제 실험의 결과로 눈을 돌리기 전에, 왜 첫 번째 생각 실험이 비참한 실패를 초래했는지 생각해 보는 것이 중요하다. 조절된 플린트 떼기는 단순히 돌을 함께 때리는 것과는 어떻게 다른가? 이 문제를 해결하려면 격지 단위의 내부 작동에 대한 추가 조사가 필요하다.

격지 단위의 시각적 탐색 측면

첫 번째 생각 실험에서, 격지 단위를 방해하는 것은 시연의 실패로 귀결되었다. 왜 그럴까? 대중문화와 몇몇 고고학자들 사이에 널리 퍼진 고정관념은 사실 단순한 돌떼기가 두 개의 암석을 함께 때리는 것 이상도 이하도 아니라는 것이다. 이것은 플린트 떼는 자가 아닌 순진한 청중이 돌을 치기 위해 모든 위치를 선택한 첫 번째 실험의 결과였다. 대조적으로, 두 번째 생각 실험에서, 플린트 떼는 자는 다른 적절한 타격면을 선택할 수 있는 범위를 가지고 있었고, 격지가 성공적으로 생산되었다. 그렇다면 플린트 떼는 자의 지식의 어떤 부분이 첫 번째 생각 실험에서 방해되었을까? 가장 먼저 몸돌의 적절한 기하학적 구성을 식별하는 격지 장치의 시각적 주의 측면에서 교란이 발생한 것으로 보인다(Wynn & Coolidge, 2016).

현생 인류에 의한 탐색 과제의 시각적 주의는 인지심리학자에 의해 상세하게 모델링되었다. 특징 통합론feature integration theory[126]에 따르면, 시야의 모든 정보를 처리하는 것은 불가능하다. 따라서 주의를 방해시키는 구성의 잡음들 사이에서 표적 구성을 탐색하기 위해 주의를 기울인다(Quinlan, 2003; Treisman & Gelade, 1980). 주의는 두 단계로 구성된다. 즉, 시야의 기본 형태가 식별되는 **사전주의**pre-attentive 단계(주의와는 무관함)와 입력이 보다 광범위하게 처리되는 **주의**attentive 단계가 있다. 사전주의 단계는 일련의 안내 재현을 사용하여 주의 단계에 대한 정보를 제공한다. 조절 모듈은 경험적인 속성으로 구성되어 있다. 시각적 경로

126 시각 자극이 병행 독립적으로 처리된 후 초점주의로 통합되고 알아보게 되는 과정(역자 주).

에서 도출되지만 두 단계의 시퀀싱sequencing을 포함하기 때문에 주의 단계의 밖에 배치되어야 한다(Wolfe, 2007; Wolfe & Horowitz, 2004). 이 조절 모듈은 색상, 방향, 크기, 모양, 위상 그리고 곡률 등의 속성에 대한 범주형 정보를 사용하여 사전주의 입력을 안내한다(Wolfe & Horowitz, 2004의 〈표 1〉을 보라). 안내 처리를 통해 **방해자**의 배경 잡음 중에서 **표적**의 선택 또는 속성 조합을 허용할 수 있다.

쉬운 탐색 과제도 있지만, 그렇지 않은 탐색 과제도 있다. 쉽고 효율적인 탐색은 표적과 방해자 간의 차이에 대한 함수이며, **현저성**이라고 한다. 큰 차이는 '강한' 신호이고, 작은 차이는 '약한' 신호이다. 방해자 자극 사이에 많은 변화가 있고, 표적과 방해자 자극 사이의 차이가 단일 고유 형태로 정의되지 않을 경우 신호는 추가로 손상된다(Hout & Goldinger, 2015). 또한, 방해자가 변화하는 방식도 중요한 문제이다. 예를 들어, 방해자가 시각적 필드의 표적 형태에 인접하면 탐색이 복잡해진다. 그럼에도 불구하고, 복잡한 현장 탐색도 '우선 학습'을 통해 빠르고 쉽게 '자동' 검색될 수 있다(Christie, Livingstone, & McDonald, 2014; 또한 Land & Hayhoe, 2001; Land & McLeod, 2000을 보라). 이 학습은 탐색 없이도 표적 항목의 관심을 바로 끌 수 있다. 표적은 시야에서 '튀어 나가게' 된다고 한다(Bravo & Nakayama, 1992). 자동성automaticity은 주의력(사전주의력 자동성)과는 무관하거나 주의력 자동성(주의 후 자동성post-attentive automaticity)과 연계될 수 있다(Logan, 1992; Wolfe, 2016).

주의 후 자동성은 사전 경험에 의해 조건화되며(그리고 학습될 수 있음), 기억에 의해 지배된다. "초보 실행자가 해결을 위해 집행하는 알고리즘의 다양한 단계에 주의를 기울이는 반면, 자동 실행자는 기억이 제공하는 해결에 주의를 기울인다"(Logan, 1992, p. 321; 그리고 Dowd & Mitroff,

2013를 보라). 주의를 기울일 때 경험적 속성을 조절 모듈로 코드화하는 것이 의무적이지만, 그에 따라 기억 강도를 구축하기 위해서는 주의가 필요하다. 반대로 기억에서 정보를 쉽게 탐색할 수 없다면 자동성은 불가능하다(Logan, 1992, p. 336). 주의는 특정 수준의 조직을 향하며, 그 아래의 모든 수준은 자동으로 실행된다(Vallacher & Wegner, 1987). 오류는 주의를 낮은 수준(기술의 프록시)으로 돌릴 수 있지만, 주의는 더 낮은 수준으로 전환하지 않고 과제를 완료할 수 있는 가장 높은 수준으로 관심을 기울인다. 자동성에 대한 숙련도가 증가함에 따라, 주의력은 과제 조직의 계층적 수준을 높인다. 시각적 탐색 그리고 사후 주의 처리의 또 다른 측면은 **억제**이다. 익숙한 표적은 자동으로 주의를 끌며 당면 과제에서 주의를 다른 곳으로 돌려 계층적 숙련도를 방해할 수 있다.

몸돌로부터 격지를 제거하기 위한 적절한 타격면을 식별하는 능력은 시각적 주의의 문제이다. 이것은 격지 단위의 **기하학적 식별** 성분이며 ([그림 8.1]과 Moore, 2010을 보라) 탐색 표적은 (1) 평평한 표면에 (2) 가파른 각도로 방향을 잡고 (3) 볼록한 표면을 (4) 평평한 표면 옆에 위치시킨다. 평평한 표면은 타격면이며, 이에 대한 허용 가능한 매개변수는 약간 오목한 것부터 적당히 볼록한 것에 이르는 반면, 볼록한 표면은 몸돌 표면에 있는 커다란 덩어리를 나타내므로 상당히 뚜렷하게 볼록해야 한다. 따라서 두 표면은 비대칭적이다. 표면 사이의 허용 가능한 각도는 90도 이하이며 35도~45도 이상이어야 하지만(Whittaker, 1994), 커다란 덩어리를 성공적으로 겨냥하기 위해서는 75도에서 80도까지의 범위가 최적이다(Toth et al., 1993, p. 89). 이것들은 호미닌 플린트 떼는 자에서는 구체적이지만 다른 모양의 두 교차 표면과 3차원 공간에서 서로 정확한 방향을 구별해야 하는 다중값 속성multi-attribute 탐색 표적을 형성하는 연속 변수이다. 돌(적합한 타격면)의 바람직한 성형 구성은 종종 바람직하지 않은 성형(적합하지 않은 타격면)과 미묘하게 달라 '약한 신호'를 초래한다.

또한, 성형 방해물 장치는 상당히 다양하며 허용 가능한 구성의 주위에 연속적으로 분포한다. 단일 형태가 아닌 적합한 타격면과 적합하지 않은 타격면의 차이는 여러 성형 특성에 의해 정의된다. 이러한 요인들 때문에, 돌에서 적합한 타격면을 찾는 과제는 매우 어려운 일이다. 구성에 대한 작용은 타격면이 타격할 위치에 있도록 비지배적인 손에 쥐어진 몸돌을 회전시켜 플린트 떼는 자의 직접적인 시야에서 몸돌 표면을 제거하는 것을 포함한다. 현대의 플린트 조각들은 덩어리를 시각화해서 뒤에서 타격하는데, 그 과정에 몸돌을 잡고 있는 손가락들의 촉각적인 입력에 의해 증강될 수 있는 힘들을 전달한다. 시각적 탐색 과제와 정신 시각화의 복잡성에도 불구하고 숙련된 현대의 플린트 떼는 자는 탐색 과제를 쉽게 실행하고 크고 잘 부딪힌 격지를 연속적으로 제거함으로써, 부서진 격지에서 주의 후 자동성을 보여준다. 자동성의 정도는 경험의 함수이며, 그것은 적절한 타격면 구성에 대한 정보를 기억에서 쉽게 탐색할 수 있다는 것을 보여준다. 현대의 플린트 떼는 자가 조심스럽게 조직된 플린트 격지를 통해 의도적으로 돌을 형성할 수 있게 하는 것은 개별 격지를 제거하는 데 주의를 기울이지 않는 자동성이다(Moore, 2015와 비교하라).

현대의 비인간 영장류들에 의한 돌 균열fracture은 격지 단위의 적용과 유사한가? 침팬지는 나무나 돌 모루에 돌망치로 견과류를 깨는 두들김 기법을 사용한다(Neufuss, Humle, Cremaschi, & Kivell, 2016; Whiten et al., 2001), 구세계 마카크들은 돌을 망치로 사용하고 때로는 두들김 기법을 사용하기도 한다(Marchant & McGrew, 2005, p. 341; Wynn, Hernandez-Aguilar, Marchant, & McGrew, 2011, p. 186). 마카크(Gumert, Kluck, & Malaivijitnond, 2009)와 신세계 카푸친원숭이(Visalberghi et al., 2007) 모두 두들김 기법으로 돌을 사용하여 견과류를 깬다. 또한, 카푸친은 고정된 자갈에 망치를 사용하여 강력하게 두들기는데, 이는 그들이 섭취하는 분진 또는 분말 이끼를 생산하기 위한 것으로 보인다(Proffitt et al., 2016). 이러한 다양한 두들김 활동은 돌과 모루 날의 파편 발생이나 두들김 돌의 파편 발생과 같은 손상을 초래하며(Marchant & McGrew, 2005), 이 조각들 중 일부는 고고학자들이 고의적인 돌조각을 식별하기 위해 사용한 경험적 특성을 보여준다(Mercader et al., 2007; Proffitt et al., 2016의 [그림 2] 참고). 그러나 관측된 모든 사례에서, 격지 그리고 몸돌의 생산은 의도적인 격지 생산이 아닌 두들김의 부산물이었다(Peacock, 1991; Wiśniewski, Badura, Salamon, & Lewandowski, 2014). 그러므로 격지 단위의 시각적 탐색 측면과 그것에 작용하는 후속 운동 작용은 야생 돌을 사용하는 침팬지나 원숭이에 의해 행해지지 않는다는 것은 분명하다.

또 다른 연구에서는 숙련된 현대의 플린트 떼는 자인 니콜라스 토스 Nicholas Toth가 여러 해 동안 포획된 보노보인 칸지에게 격지 단위의 적용을 통해 돌을 쪼개는 것을 가르치는 데 실패했다고 한다. 칸지는 돌을 깰 수 있었지만, 대부분의 조각들은 초기 호미닌 복합물에서 명백하게 드러난 조절된 격지 특성이 없었다(Toth et al., 1993). 칸지의 어려움 중 일부는 강력한 타격을 위한 돌을 고정하는 보노보의 생체역학적인 한계와 관련이 있을 수 있지만(단, Neufuss et al., 2016를 보라), 결정적으로 칸지는 타격면 표면과 몸돌 표면 사이의 가파른 타격면 각도를 식별할 수 없었다(de Beaune, 2004, p. 141; Toth et al., 1993, p. 89). 이것은 지속적인 직접적 가르침에도 불구하고, 포획된 유인원들은 그들의 야생동물처럼, 격지 단위를 만드는 데 필요한 시각적 탐색을 할 수 없다는 것을 보여준다.

복제의 대가인 현생 인류 주체에게 조절된 격지 제작을 가르치는 과정을 고려하는 것은 유익하다(Henrich & McElreath, 2007). 학생들은 필요한 기하학적 그리고 운동 작용에 대한 광범위한 시연과 직접적인 지시에도 불구하고 과정이 어렵다고 느끼며, 좌절감을 느낀다. 물론 과정은 힘이 들고 또는 직관적이지 않다. 대부분의 학생들은 격지 단위를 마스터하기 위해 수천 번의 반복이 필요하지만, 중요한 것은 그것이 그들의 능력 밖인 경우는 드물다는 것이다(MWM의 개인적인 관찰).

우리의 첫 번째 생각 실험으로 돌아가서, 조절된 돌조각들을 생산하지 못한 것은 순진한 청중이 플린트 떼는 자의 시각적인 관심을 방해했기 때문이다. 그 결과는 비인간적인 돌 사용과 비슷했는데, 돌에 돌을 부딪히는 격파와 함께 산산이 부서지고 가끔 격지가 나기도 하지만 거의 잘 부딪히지 않았다. 격지 단위는 시각적인 주의 없이는 가능하지 않으며, 시각적인 주의의 구성요소들은 다른 영장류보다 더 뛰어난 인지능력을 필요로 한다. 다음으로 나는 격지 단위에 내재된 정신적인 측면이 석기의 대칭의 진화를 설명하기 위해, 윈(2002)에 의해 유발된 정신적인 측면과 유사하다는 것을 보여줄 것이다. 그러나 먼저 어떻게 격지 단위의 순환 적용이 의도치 않게 그러한 대칭들 중 일부를 만들어 낼 것인지 검토할 것이다.

격지 단위와 격지 스팬드럴의 조합

두 번째 생각 실험에서는 시각적 주의가 손상되지 않았으며, 잘 부딪힌 격지가 생성되었지만, 후기 아슐리안 주먹도끼는 발생하지 않았다. 왜 그럴까? 이것이 실제로 결과가 될 수 있는지를 실험하고, 대신 생산될 수 있는 것에 무엇이 있는지를 탐구하기 위해 59개의 새로운 실험이 실행되었다(Moore & Perston, 2016). 각각의 실험은 큰 자갈이나 격지 소재 하나를 줄이는 것과 관련이 있는데, 이것은 여러 개의 격지 제거를 필요로 했다. 각 조각 제거에 대해, 경험이 풍부한 현대의 플린트 떼는 자[127]는 육안 검색을 사용하여 돌에 있는 모든 적절한 기하학적 구성을 식별하고 번호를 매겼다. 두 번째 생각 실험의 순진한 청중을 모방해서 난수 생성기를 사용하여, 하나의 형상(타격면)이 선택되었다. 플린트 떼는 자는 타격면에서 가능한 한 큰 격지를 제거했다. 격지를 제거하면 돌의 기하학이 불가피하게 바뀌었고, 그래서 플린트 떼는 자는 새로운 타격면을 식별하기 위해 시각적 탐색을 반복했고, 그다음 타격면은 무작위로 선택되었고, 격지가 부딪혔다. 돌이 임의로 정의된 크기의 임곗값 아래로 떨어지면서 실험이 종료되었다. 플린트 떼는 자의 격지 단위의 적용은 방해받지 않았다. 그렇지 않았다면, 우리의 첫 번째 생각 실험에서처럼 조절된 격지떼기는 발생하지 않았을 것이다. 그러나 타격면이 무작위

127 일관성을 위해 한 명의 플린트 떼는 자가 모든 실험을 실행했다. 격지 단위는 실험용 블랙박스로 간주되었고, 전문 플린트 떼는 자는 타격면을 성공적으로 식별하고 개별 플린트를 제거하기 위해 자신의 모든 노하우를 사용할 수 있었다(Moore & Perston, 2016, pp. 3-6). 고도의 숙련된 플린트 떼는 자 사이의 전문지식의 변화는 개별 플린트 떼기보다는 플린트 떼기 시퀀스의 개념화와 실행에 재현되는 경향이 있으며, 플린트 떼기 시퀀스는 실험 프로토콜에 의해 명시적으로 방지되었다. 이러한 이유로, 실험은 플린트 떼는 자의 잠재적인 무의식적 편견을 제한한다. 동일한 엄격한 프로토콜에 따라 경험 많은 다른 플린트 떼는 자를 사용한 실험을 반복하면 유사한 결과가 나올 것으로 예측된다.

로 선택되었기 때문에, 플린트 떼는 자의 향후 목표 지향적 생각 성향은 두 번째 생각 실험에서 보았던 것과 같은 방식으로 손상되었다. 1,115개 몸돌의 복합물에서, 각 격지 제거 후 몸돌의 형태학은 생성된 대상의 종류를 탐색하고 초기 격지 고고학적 기록과 비교하기 위해 기록되고 분석되었다(Moore & Perston, 2016).

우리의 실험은 기법적 그리고 인지적 진화의 표준 이야기에서 주요 초기 이정표를 표시하는 표면상 의도적인 기법의 측면을 보여주는 몸돌과 격지를 생성했다([그림 8.2] 참고). 여기에는 자연 돌 소재인 '찍개 choppers' 반대편의 양날 격지 날이 있는 몸돌, 양날을 뗀 원판형 몸돌 그리고 다면체와 유사한 다중 타격면 몸돌이 포함되었다. 양날 격지떼기는 불가피했고 모든 실험에서 12번의 타격 이내에 발생했다. 이러한 몸돌의 모양은 감쇄 과정을 통해 패턴화된 방식으로 변화했으며, 이러한 형태를 달성하려는 의도는 없었지만, 양날 폭 대 두께 그리고 길이 대 너비 비율(각각 1.8~1.9 그리고 1.33~1.34)에서 안정되고 일관된 진행을 포함했다. 실험 몸돌은 아이작Isaac(1977)에 의해 정의된 유형으로 분류되었고, 실험 복합물에서 '큰 도구'의 비율은 초기 아슐리안에 있다(Isaac, 1977, p. 112. [그림 37] 이후). 원형-양날proto-bifaces 또는 거친 주먹도끼로 분류할 수 있는 대상은 실험([그림 8.3] 참고)에 의해 생성되었으며, 이는 넓은 뜻으로 르발루아 방법의 몸돌 속성 '사전 결정된' 격지 제거([그림 8.4] 참고)를 사용한 몸돌이었다. 이러한 돌 인공물의 유형과 속성은 많은 고고학자들에 의해 목표 지향적이고 의도적인 돌조각에 의해 만들어진 것으로 생각되는 것을 모방하지만, 그것보다는 그것들은 같은 몸돌에 반복적으로 적용되는 단순한 돌조각 제거 알고리즘과 결합된 돌 깨기를 지배하는 기술적 결과였다(Moore & Perston, 2016). 시각적인 주의가 격지 단위의 조작에서 운동 작용보다 우선한다는 점을 감안할 때, 호미닌 진화의 돌 스팬드럴의 출현은 시각적인 주의의 인지 발달의 결과로 보인다.

그럼에도 불구하고, 이 실험 복합물은 올도완과 초기 아슐리안에서 볼 수 있는 몇몇 돌 인공물 형태와 속성을 모방했지만, 그것들은 윈의 인지 진화 모델과 관련된 면에서 특정한 후기 아슐리안 인공물들과 달랐다. 예를 들어, 모든 실험 몸돌이 이중 공간적으로 감쇄하고 대략적인 좌우대칭을 가진 상대적으로 조잡한 주먹도끼가 생성되었지만, '합

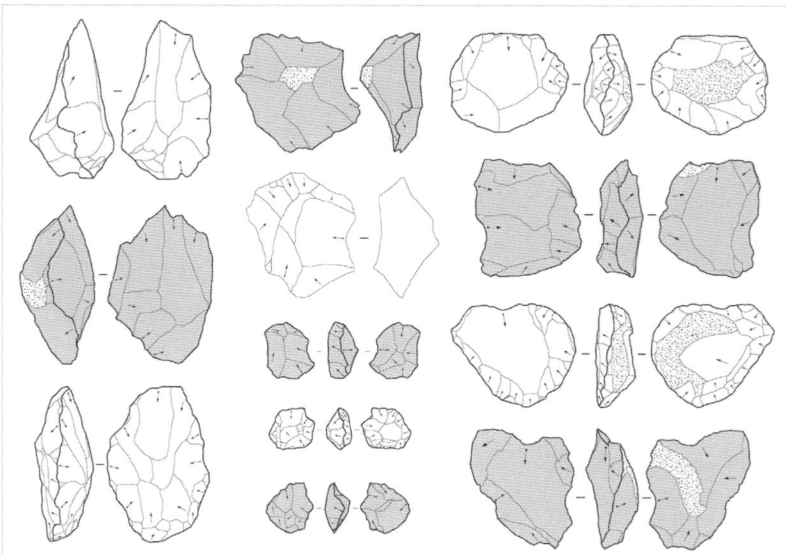

[그림 8.2] 돌 인공물과 스팬드럴의 비교(Moore & Perston, 2016, [그림 19]에서 인용)

음영이 없는 석기는 아프리카의 초기 호미닌들에 의해 만들어졌다. 전통적으로 의도적인 디자인의 결과라고 여겨진다. 음영 처리된 대상은 의도적인 디자인을 방해하는 프로토콜을 사용한 실험에서 생성되었다. 그럼에도 불구하고 스팬드럴은 원형-양날 주먹도끼(왼쪽), 원판형 양날 찍개(중앙) 그리고 미리 준비된 르발루아 몸돌(오른쪽)을 포함하여 '디자인된' 도구를 모방한다. 이미지는 저자 제공.

[그림 8.3] 스팬드럴 실험에서 생산된 주먹도끼와 유사한 원형-양날(Moore & Perston, 2016, [그림 16]에서 인용)

이 몸돌을 재구성하기 위해 격지가 결합되었다. 척도는 50mm이다. 이미지는 저자 제공.

[그림 8.4] 스팬드럴 실험에서 생성된 몸돌 그리고 '사전 결정된' 격지(Moore & Perston, 2016, [그림 12]에서 인용)

척도는 50mm이다. 이미지는 저자 제공.

치하는congruent' 대칭성을 가진 주먹도끼는 생성되지 않았다. 그 이유는 (1) 무작위 타격면 선택으로 인해 무작위 몸돌 방향이 조정이 강제적으로 변경되었고, (2) 플린트 떼는 자는 나중에 격지떼기하기 위해, 타격면에 대한 타격을 개선하기 위해 그리고 사전 격지떼기 작업을 하기 위해 반복적으로 작동하는 것을 방지했으며(Moore, 2010, pp. 20-22), (3) 몸돌 성형은 될 수 있는 대로 무작위 몸돌 방향 조정과 대규모 격지 제거로 방지되었기 때문이다. 공동 대칭인 눈물방울 모양의 후기 아슐리안 주먹도끼의 생산은 최대한 프로토콜과 무작위 타격면 선택을 제거하고 반복 격지떼기에 의한 타격면 준비를 허용하지 않는 한 발생하지 않을 것이다(Moore & Perston, 2016). 스팬드럴이 의도하지 않은 모양의 몸돌을 실험하고 대칭으로 만드는 정도는 윈Wynn(1979, 1981, 2002, Wynn & Coolidge, 2004, 2016)이 인지 진화를 모델링하기 위해 사용한 경험적 증거와 직접적으로 관련이 있다. 다음으로 넘어가서 유인원 적응 등급과 인간 등급 사이의 '인지적 루비콘' 문제를 살펴보고, 고고학적 기록에서 윈이 파악한 추세에 대한 대안 모델을 제시하겠다.

격지 제작과 '인지 루비콘'

윈의 모형에서, 가장 초기의 돌 중심부와 잔손질된 조각들은 경계와 근접성의 상대적으로 원시적인 공간 개념을 반영한다. 경계는 공간 영역을 두 영역으로 나누고, 호미닌은 돌 중심부에 양날을 만드는 경계 개념을 보여주었다. 근접부위proximity, 즉 '근접성'은 호미닌이 거의 같은 장소에서 돌 자갈을 치는 방식으로 추측된다. 호미닌 진화의 '인지적 루비콘'(Wynn & Coolidge, 2016)은 대략 175만 년 전(Beyne et al. 2013) 아프리카의 초기 아슐리안의 주먹도끼에서 볼 수 있듯이, 대칭의 공간 개념이 석기제작에서 '변형 규칙'이 되었을 때 발생했다(Wynn, 2000. p. 138). 이러한 대상에 대한 단순하고 대략적인 반영적 대칭의 생성은 '프레임 독립성 또는 시각적 배열에 의해 부과된 제약조건을 과거로 볼 수 있는 능력'의 개발을 나타낸다(Wynn, 2002, p. 395). 또한, 이러한 복합물의 원판형 몸돌은 모든 직경을 대략적으로 같게 제작하기 위해 손질을 제안하며, 이는 공간적 양의 단순한 개념을 의미한다. 초기 주먹도끼가 암시하는 돌파구는 경계, 근접성 그리고 양과 같은 공간적 능력이 몸돌들에 반복적인 형상을 부과하기 위해 그리고 성형 인식을 위해 신경 네트워크와 조정되었다는 것이다(Wynn, 2002, p. 395). 두 번째 돌파구는 50만 년 전 후기 아슐리안에서 일어났는데, 대칭적인 '합치' 즉, 양적 중복quantitative duplication을 가진 눈물방울 모양의 주먹도끼가 거울에 비친 측면에 출현했다. 합동 대칭은 평면 형태뿐만 아니라 단면까지 확장되었고, 이후 예에서는 '부러진 대칭'(예: 주먹도끼 프로파일에 대한 S-비틀림)으로 확장되었다. S-트위스트를 달성하기 위해 호미닌 플린트 떼는 자는 정교한 기하학적 추정을 사용하여 격지가 즉시 볼 수 없는 것을 포함하여 혼합된 관점에서 몸돌을 어떻게 변화시키는지 시각화했다. 공간을 3차원 위치로 개념화한 것은 형상 인식 그리고 공간 평가가 아닌 중심 처리 문제인 조각내기 작용을 조직하는 데 사용되었다(Wynn, 2002).

이 복잡한 중앙 처리는 복잡한 3차원 대칭을 부과하기 위해 운동 동작을 조정하는 데 필요한 작업 계획을 뒷받침하기 위해 작업기억에 의존했다. 현생 인류의 작업기억(Coolidge & Wynn, 2005; Wynn & Coolidge, 2004)은 목표와 무관한 자극을 억제하고 관련 자극을 유지하며 들어오는 정보를 업데이트하여 주의를 집중시키는 의사결정 중앙집행으로 구성된다. 중앙집행은 두 가지 체계, 즉 언어 그리고 소리 자극에 대한 음운루프와 시각('무엇')과 공간('어디') 정보를 통합하고 일시적으로 저장하기 위한 시공간 스케치패드에 의해 지원된다. 도구 제작은 음운루프보다는 시공간 스케치패드를 주로 또는 독점적으로 사용한다. 무의식적인 장기기억은 이 의식적인 구조를 뒷받침하고, 사실과 언어의 정보에 대한 선언적 기억과 비언어적 운동 기술을 위한 비선언적 절차적 기억을 포함한다. 절차적 기억은 운동-작용 반복을 통해 천천히 형성되고, 간섭에 저항하며, 일단 획득되면 사라지지 않는다. 그들은 특정한 행동이나 도메인에 매우 근소하게 집중하는 경향이 있다. 돌떼기와 같은 활동에서의 전문가 실행은 절차적 기억에 대한 빠르고 신뢰할 수 있는 접근을 허용하는 연합 규칙 또는 인출 구조를 만들어 달성된다. 덩이는 정확한 알고리즘과 유사한 운동 패턴으로, 의식적인 방향 없이 전개될 수 있다. 그렇게 함으로써 전문가는 '새로운 관계를 통해 추리'할 필요가 없다(Coolidge & Wynn, 2005, p. 19). 전문가들은 수년에 걸친 광범위한 연습과 수만 번의 반복을 통해 점점 더 넓은 범위의 강력한 인출 구조와 기억 덩이를 개발한다. 도구와 재료 자체는 인출 구조일 수도 있고 외부 기억의 '발판'일 수도 있다. 작업기억의 정도는 대칭과 일치하도록 후기 아슐리안 주먹도끼를 생산하는 데 필요한 계층적 단계에 포함되지만, 그것은 또한 르발루아 방법으로 **엄밀한 의미**에서 '선호성' 격지를 생성하는 데 필요한 계층적 격지떼기 단계에도 반영된다(Wynn & Coolidge, 2004).

윈의 모델은 격지 단위에 반영된 기술이 인지 루비콘을 나타내지 않고 '지적 능력의 명백한 도약 없이 기본적인 유인원 적응 패턴의 변형'이기 때문에, 몸돌에서 개별적인 격지보다는 다중 격지를 제거하는 인지적 측면에 기초한다(Wynn, 2002, p. 394). 그러나 우리의 첫 번째 실험처럼, 조절된 돌떼기는 격지 단위를 마스터하지 않고서는 가능하지 않으며, 역설적으로, 윈의 인지 발달 모델의 다섯 가지 측면은 격지 단위의 작동에서 볼 수 있다.

(1) 격지 단위의 시각적 탐색 측면은 성공적인 격지 생산을 위한 적절한 구성을 식별하기 위해 시각적 배열의 제약조건을 과거로 보아야 한다. 이것은 '프레임 독립'의 한 형태다.
(2) 타격면 표면의 타격 위치는 타격에 의해 제거되는 큰 덩어리 크기의 함수이다. 큰 덩어리의 넓은 영역을 제거하려면, 타격면이 큰 덩어리의 작은 영역(더 얕은 타격면)을 제거하는 것과 관련하여 날(상대적으로 더 깊은 타격면)에서 더 멀리 떨어져 있어야 한다. 이것은 공간의 양을 측정하는 것이다.
(3) 두 타격면 표면의 이질적인 형태와 그 상호 간의 관계('예리함')는 일련의 3차원 위치로서 공간의 기하학적 추정 그리고 시각화를 포함한다. 또한, 타격 몸돌의 방향에서 플린트 떼는 자는 시야 밖에 있는 몸돌 표면의 위치 즉 '숨겨진 관점'을 추정해야 한다. 이것들은 유클리드 공간감각의 성분들이다.
(4) 플린트 떼는 자는 격지가 제거될 때마다 몸돌의 형태학에 다시 참여해야 하며, 공간 기하학에서 제공하는 관련 자극을 유지하고, 들어오는 정보를 업데이트해야 한다. 이것들은 작업기억의 집행기능의 측면들이다.
(5) 잘 부딪힌 격지의 제거는 지속적인 반복에 따라 달라지며, 전문가의 실행으로 이어진다.

격지 단위를 직렬로 연결하는 알고리즘(Moore, 2010)은 작업기억의 장기 절차 기억 구성요소의 핵심 측면이다. 초기 호미닌 현장에서 떼어진 물질의 양["날카로운 격지를 획득하는 데 필요했던 것보다 훨씬 더 많은 돌떼기가 있었던 것 같다."(Davidson & McGrew, 2005, p. 810)]은 호미닌이 격지를 맞을 때마다 격지 단위의 기하학적 관계를 의식적으로 재평가할 필요가 없다는 간접적인 증거일 수 있다. 이 다섯 가지 특징 모두 고고학 기록에 돌떼기가 일찍 등장하면서 자리를 잡았다(de la Torre, 2010을 보라).

윈의 모델은 개별적으로 격지 제거의 중요성을 강조하지 않고, 대신 주먹도끼, 원판형 몸돌 그리고 르발루아 몸돌과 같은 고고학적 기록에 나타난 인공물에 반영되어 몸돌에서 여러 개의 격지를 제거하여 목표 지향적인 행동을 탐구하는 데 초점을 맞추고 있다. 스팬드럴 실험은 타격면 선택을 무작위로 하여 목표 지향적 행태를 명시적으로 방지했지만, 몸돌(예: **넓은 의미로** 주먹도끼, 원판형 몸돌 그리고 르발루아 몸돌) 또는 중요하게 정의한 속성(양날 격지떼기, 평면 그리고 단면에서의 대략적인 대칭성, '선호하는' 격지의 제거)을 생성했다(Moore & Perston, 2016). 이것은 균열 역학에 의해 지시된 운동 작용과 정신 평가가 자연에서 무작위 격지(역석기eoliths)[128]와 다른 영장류(침팬지, 보노보, 원숭이)에 의한 조절되지 않은 균열과 경험적으로 다른 호미닌 복합물에서 수렴을 생성하기 때문이다. 목표 방향을 제한한 실험으로부터 단일 격지 제거까지 이러한 돌 스팬드럴(몸돌 형태와 속성)이 나타났기 때문에, 그것들은 또한 의도치 않게 초기 호미닌 플린트 돌떼는 자에 의해 생성되었을 가능성이 높다고 추론하는 것이 타당하다. 이는 매우 이른 초기 복합물에서 이러한 표

128 역석기는 가장 오랜 형태의 석기로서, 규암·석영 등 자갈의 한쪽 모서리를 두들겨 깨뜨려 날을 세운 것이다(역자 주).

면적으로 늦은 몸돌 형태가 때때로 발생함으로써 경험적으로 뒷받침된다. 예를 들어, 발달된 올도완(de la torre & Mora, 2014) 그리고 올도완에서 **넓은 의미의** 르발루아 방법(de la Torre, Mora, Domínguez-Rodrigo, de Luque, & Alcalá, 2003) 그리고 다른 초기 복합물(Nowell & White, 2010, p. 73)에서 주먹도끼들의 비율이 드물게 있었다. 그러나 실험에서 생산된 스팬드럴은 후기 아슐리안 주먹도끼에서 볼 수 있는 일치 대칭성과 **엄밀한 의미의** 르발루아 방법(Moore & Perston, 2016, p. 27)의 계층적 격지 전략을 보여주지 못했으며, 이러한 기법들이 호미닌의 목표 방향에서 비롯되었다는 윈의 주장을 뒷받침했다. 필요한 인지 능력의 많은 부분이 격지 단위의 구축에 의해 암시되고 따라서 목표 방향이 나타나기 훨씬 전에 호미닌 플린트 떼기에 이용 가능했다는 것을 고려하면, 스팬드럴을 의도하지 않은 부산물로부터 감쇄의 목표로 이동시킨 과정은 무엇이었는가?

한 가지 가능성은 고고학자들이 원형-양날 또는 거친 주먹도끼로 인식하는 속성들의 의도하지 않은 조합과 같은 이러한 스팬드럴이 몸돌 감쇄 요법의 인출 구조로 사용되는 호미닌 플린트떼는 자의 단서들이 되었다는 것이다. 초기의 호미닌 플린트 조각들은 몸돌에서 격지의 조절된 제거에 관해 전문가였다. 초기에 개별 격지에 초점을 맞춘 절차적 기억에서 격지 제거 덩이에 대한 인출 구조는 시각적 검색에서 식별된 몸돌의 즉각적인 형태였으며, 격지 단위 자체의 내부 측면이었다. 예를 들어, 둥근 강 자갈에 비교하여 각진 돌들이 좀 더 구별할 수 있고, 급격한 타격면을 가지고 있어 편평한 돌, 깨진 자갈 그리고 커다란 격지가 상대적으로 강한 신호를 시각적으로 탐색 받을 수 있다. 몸돌에서 둘 이상의 격지가 제거되었을 때, 이것은 격지 소재 둘레와 같이 종종 각진 돌에 발생하는 연속적인 타격면(Moore & Perston, 2016, pp. 8-9)에서 외날 '세트' 또는 '연쇄'(Moore, 2010)의 격지 단위의 적용을 전달시켰을 수 있다. 그렇지만 제한되지 않은 타격면의 선택은 모든 성형된 돌에서 양날 모서리를 생산하는 결과를 이끌었다.

절단에 사용된 격지의 날카로운 날은 몸돌의 외날 그리고 양날과 같았으며, 이러한 몸돌의 일부는 항상 (의도하지 않게) 대칭이었다. 스팬드럴 실험에서 대략적인 반영적 대칭 또는 '전반적으로 양측 대칭'을 갖는 기다란 주먹도끼 같은 '원형-양날proto-biface'(Wynn, 2000, p. 123에 따른다)은 전체 실험 몸돌 복합물의 약 5%를 구성했지만, 43%의 격지 소재와 45%의 자갈cobble[129] 감쇄는 감쇄의 역사에서 적어도 하나의 주먹도끼와 같은 원형-양날을 생성했다(Moore & Perston, 2016, p. 27). 이러한 거의 대칭인 주먹도끼와 유사한 스팬드럴은 쿨리지와 윈Coolidge and Wynn(2004, pp. 65-67)이 네안데르탈인이 현생 인류의 칼날 제작을 모방하기 위한 시도로 각기둥 돌칼을 사용했을 수 있다고 제안하는 것과 유사한 방법으로, 절차적 기억 노하우의 단서가 될 수 있다. 이러한 맥락에서, 초기 아슐리안의 거친 주먹도끼의 수의 증가에 의해 제안된 인지 변화는 두 가지 발전에서 비롯되었을 수 있다. 격지를 개별적으로 제거(격지 단위)하는 데 내재된 인지 기술의 정교한 노력과 동시에, 몸돌의 끝에서 적절한 타격면을 타격하는 것에 대한 억제가 결합되었다.

연속되는 격지 제거는 최소한 초기에 격지 제거 세트에 대한 의식적인 주의와 스팬드럴의 속성이나 형태를 재현하기 위해 격지 제거 세트에 의해 조작될 수 있는 기하학적 형상을 표적으로, 육안 탐색 절차의

129 자갈(cobble)은 조약돌(pebble)보다 크고 바위(boulder)보다 작은 64~256mm의 돌이다. 위키피디아 참조(역자 주).

관련 확장을 포함한다. 반복하여, 격지 제거 세트의 요구사항과 작동은 (현생 인류 플린트 떼는 자에서 보듯이) 절차적인 장기기억 속에 잠겨 있었다. 윈(2002, p. 395; 또한 Wynn, 1985, p. 40, 1993, p. 315를 보라)은 단순한 복제를 통해 몸돌 날의 모양을 거울반응하려는 동기에서 격지 제거 세트의 적용이 유발되었을 수 있음을 주장한다. 이러한 형태는 절차적 기억 인출 구조로 사용될 수 있다. 억제 또한 필요했다. 스팬드럴 실험은 타격면이 몸돌 끝에서 무작위로 선택되기 때문에 어떻게 감쇄 중에 주먹도끼 형태가 나타났다가 사라질 수 있는지를 보여준다(Moore & Perston 2016의 [그림 18] 참고). 이는 긴 양날(그리고 격지 되지 않은 끝을 가진 가로날도끼)을 만드는 호미닌이 억제 작용을 실행했음을 시사한다. 즉, 격지가 몸돌에서 연속적으로 제거되는 방식으로, 이 전에 명확히 존재하지 않는 중앙집행기능이다.

이러한 요소들은 적어도 초기 주먹도끼 생산의 의도성 즉, 스팬드럴을 '모방'하려는 의도를 시사하지만, 윈Wynn(2002, p. 395)이 제안하듯이, 이러한 비언어적 규칙을 실천한다고 해서 반드시 초기 주먹도끼와 가로날도끼가 '마음속에 있는' 대상인 것은 아니다. 초기 주먹도끼는 전체 형태가 아닌 특정 속성에 초점을 맞추어 생성되었고, 반복 형태는 파괴 역학의 결과로서, 이러한 속성으로 히치하이크될 수 있다. 그런 의미에서 초기 주먹도끼는 고고학자들이 보통 그것들을 상상하는 방식으로 의도적으로 만들어진 유형이라기보다는 격지 제거 세트의 암기적 적용과 되찾은 단서에서 운행되는 일종의 고차원 스팬드럴일 수 있다. '공통' 몸돌과 스팬드럴 몸돌은 모두 초기 호미닌에 의해 사용된 것으로 추정되며, 이를 에뮬레이션하려는 동기는 개선된 기능 성능에서 비롯되었을 수 있다(Nowell & Chang, 2009, pp. 82-83). 또는 진보한 작업기억 과제에서의 전문가 실행을 위해서는 절차적 기억 알고리즘(Coolidge & Wynn, 2005)에 초점을 맞춘 학습 처리가 필요하며, 그 결과 스팬드럴 속성과 형태론이 아마도 에뮬레이션을 통해서 사회적 상호작용의 역학에서 파생되어 자주 반복될 수 있다(Wynn, 1993, p. 315; Wynn, 1995, pp. 19-20).

유사한 공작process은 또한 매우 이른 초기 석기 복합물에서 산발적으로 볼 수 있는 다양한 르발루아 유사 몸돌 감쇄 처리로 이어질 수 있었고, 아슐리안 주먹도끼 생산을 위한 커다란 격지 소재를 더 자주 생성할 수 있었다(예: Clark, 2001; Sharon, 2009; Sharon & Beaumont, 2006). 스팬드럴 실험에서, 르발루아 감쇄에서 보이는 것과 유사한 큰 '선호하는' 격지가 자갈의 24%와 격지 소재 감쇄의 13%에서 발생했다(Moore & Perston, 2016, p. 20). 선호성 격지는 그 이전의 격지보다 컸으며([그림 8.4] 참고), 몸돌에 있는 격지의 속성 및 선호성 흔이 주먹도끼 스팬드럴과 유사한 방식으로 절차적 기억의 단서 역할을 했을 수 있다. 앞에서 논의한 바와 같이, 격지 소재의 경계에 있는 각도 구성은 명확한 시각적 표적을 제공하고 주먹도끼 생산의 측면인 격지 제거 세트의 적용을 위한 조건을 제공한다. 따라서 스팬드럴을 탐색 단서로 사용하는 유사한 인지과정은 추가적인 격지 제거 세트를 적용하는 데 이상적인 소재를 에뮬레이션하기 위한 르발루아와 유사한 방법의 개발을 뒷받침할 수 있으며, 그 격지 제거 세트는 주먹도끼와 같은 스팬드럴을 검색 단서로 사용하여 주먹도끼를 생산한다.

윈Wynn(2002, p. 397)은 일부 후기 아슐리안 주먹도끼에서 볼 수 있는 정교한 일치 그리고 다차원 대칭과 **엄밀한 의미의** 르발루아 방법의 계층 구조는 생산물이 호미닌 플린트떼는 자의 마음속에 '범주'였으며, 범주로서 그들은 절차적 장기기억의 밖에 있는 선언적 장기기억에 있어야 한다고 주장한다. 이와 같이, 그것들은 의미론적 기억 목표 또는 지식의 역할을 한다(Wynn & Coolidge, 2004, pp. 473-477; 또한 Wynn, 1993, p.315를 보라). 다시 말해서, 이것은 이 도구들을 생산하는데 음운루프의 활성화를 의미하는데, 이것은 초기 아슐리안 주먹도끼를 제작하기 위해 격지를 개별적으로 타격하거나 격지 제거 세트에 필요하지는 않은 인식의 측면이다. 일단 이러한 생산물이 목표로 인지되면, 이전 알고리즘인 격지 단위와 격지 제거 세트를 구현함으로써 확보된 기억 용량은 절차 기억에서 더 크고 복잡한 덩이짓기와 중앙집행의 집중력 향상을 위해 확보될 수 있다. 인출 구조와 재료 단서는 스팬드럴이 제공하는 단서에 대응하여 방아쇠가 되지 않고 목표 자체['마음속에 간직된' 시각화(Russell, 1996)]에 상대적인 장기기억장치로 기록할 수 있다. 음성학적 루프와 선언적 기억을 절차적 과제에 통합하는 능력은 언어에 의해 '굴절적응'되었다(Coolidge & Wynn, 2005, p. 13). 일단 이것이 달성되면, "더 이상 복잡한 형태의 돌떼기는 **결코** 나타나지 않는다"(Coolidge & Wynn, 2005, p. 16, 원문 강조). 완전히 현대적인 인지(Wynn & Coolidge, 2016)를 초래하는 작업기억의 후속적인 강화는 후기 선사시대부터 볼 수 있는 다양한 석기를 생산하는 데 필요하지 않았다.

요약하면, 이 에세이를 소개한 생각 실험은 스팬드럴 실험의 결과와 결합되어 두 가지를 시사한다(Moore & Perston, 2016). 첫째, 우리가 고고학자로 인식하는 초기 석기 유형의 측면은 일반적인 의미에서 '발명'된 것이 아니라 반복의 자극을 위한 비옥한 땅, 즉 단서나 발판을 제공하였다. 결국, 언어 구조가 진화함에 따라, 절차적 기억을 회복하기 위한 발판은 후기 아슐리안 주먹도끼를 복제할 때 현생 인류 플린트 떼는 자들에 의해 구상된 것과 유사한 돌로 작동하는 목표가 되었다. 둘째로, 후대의 정신발달을 뒷받침하는 기본적인 인지 성분들, 특히 작업기억에 있어서 많은 것들이 격지 단위 내부에 존재하며 다른 영장류의 인지 능력 이상의 복잡성을 보여준다. 이와 같이, 이러한 인지적 성분들은 호미닌이 영장류의 사촌들로부터 우리를 분리시키는 인지적 루비콘을 건너면서 나타난 격지를 제거하는 전문지식에 반영되어 있다.

결론

이 연구는 두 가지 생각 실험으로 시작했는데, 하나는 격지를 제거하기 위한 자원들을 모으기 전에 현대의 플린트 떼는 자를 방해하는 것이고, 다른 하나는 플린트 떼는 자의 선언적 지식과 절차적 노하우를 파괴하는 것이다. 첫 번째는 격지조차 생성되지 않은 상태에서 처참한 실패로 끝나고, 두 번째는 상대적으로 진보된 몸돌 형태에서 끝나지만, 현대의 플린트 돌떼는 자의 목표는 아니다. 인지 진화에 대한 토마스 윈의 서술(1979, 1981, 2002, Wynn & Coolidge, 2004, 2016)은 첫 번째의 의미에 대한 고려를 덜 하면서 사실상 두 번째 생각 실험에서 여러 개의 격지를 제거하는 것의 내포로 시작한다. 나중에 인지 진화의 후반 단계를 위해 윈에 의해 식별된 특정한 몸돌 능력들은 330만 년 전에 개별적인 격지를 제거하는 데 필요한 성분들에서 조절된 돌조각의 시작에서 볼 수 있다.

우리의 실험은 의도적으로 디자인된 것으로 보이는 돌 모양의 스팬드럴 또는 돌 대상과 속성이 의도치 않게 몸돌 감쇄에서 생성될 수 있다는 것을 보여준다(Moore & Perston, 2016). 스팬드럴은 격지 단위 자체의 내부 작용에서 파생된 것이지만, 그들은 나중에 인지 진화의 획기적인 발전에 관련된 도구들을 예상한다. 스팬드럴은 처음에는 윈의 모델에 의해 제안된 작업기억의 초기 확장을 지시하는 발판 역할을 했을 수 있으며, 나중에는 절차적 기억의 인출 구조 역할을 했을 수 있다. 그때부터 그들은 돌떼기를 하는 '목표'로서 선언적 기억을 증가시켰고, 그 뒤에 있었던 매우 복잡한 석기들의 개발에 대한 작업기억을 자유롭게 해주었다. 이것은 초기 고고학적 기록의 중요한 측면을 설명한다. 훨씬 단순한 기법(초기 예는 스팬드럴)과 시간이 지남에 따른 증가(후기 예는 발판)로, 완전히 현대적 수준의 복잡성으로 절정에 달한 것이다(현생 인류의 예는 목표이다). 호미닌 진화에서 '인지적 루비콘'은 홍적세를 통해 인지 발달의 물질적 기초를 제공한 격지 단위의 출현과 교차되었다.

감사

'스팬드럴' 격지떼기 실험은 호주 연구 위원회(DP1096558)의 보조로 뒷받침되었다. 실험 작업에 도움을 준 이니카 퍼스턴Yinika Perston과 매튜 스미스Mathew Smith에게 감사드리며, 이 장의 초기 초고를 논평해준 것에 대해 이아인 데이비드슨Iain Davidson과 두 명의 익명 평론가들에게 감사를 표한다.

참고문헌

Beyene, Y., Katoh, S., WoldeGabriel, G., Hart, W. K., Uto, K., Sudo, M., . . . Asfaw, B. (2013). The characteristics and chronology of the earliest Acheulean at Konso, Ethiopia. *Proceedings of the National Academy of Sciences of the United States of America, 110*(5), 1584–1591.

Bravo, M. J., & Nakayama, K. (1992). The role of attention in different visual-search tasks. *Attention, Perception, and Psychophysics, 51*(5), 465–472.

Christie, G. J., Livingstone, A. C., & McDonald, J. J. (2014). Searching for inefficiency in visual search. *Journal of Cognitive Neuroscience, 27*(1), 46–56.

Clark, J. D. (2001). Variability in primary and secondary technologies of the Later Acheulian in Africa. In S. Miliken & J. Cook (Eds.), *A very remote period indeed: Papers on the Palaeolithic presented to Derek Roe* (pp. 1–18). Oakville, CT: Oxbow Books.

Clark, J. E. (2002). Failure as truth: An autopsy of Crabtree's Folsom experiments. In J. E. Clarke & M. B. Collins (Eds.), *Folsom technology and lifeways (lithic technology special publication No. 4)* (pp. 191–208). Tulsa, OK: University of Tulsa.

Coolidge, F. L., & Wynn, T. (2004). A cognitive and neuropsychological perspective on the Châtelperronian. *Journal of Anthropological Research, 60*, 55–73.

Coolidge, F. L., & Wynn, T. (2005). Working memory, its executive functions, and the emergence of modern thinking. *Cambridge Archaeological Journal, 15*(1), 5–26.

Davidson, I., & McGrew, W. C. (2005). Stone tools and the uniqueness of human culture. *Journal of the Royal Anthropological Institute of Great Britain and Ireland, 11*(4), 793–817.

de Beaune, S. A. (2004). The invention of technology: Prehistory and cognition. *Current Anthropology, 45*(2), 139–162.

de la Torre, I. (2010). Insights on the technical competence of the Early Oldowan. In A. Nowell & I. Davidson (Eds.), *Stone tools and the evolution of human cognition* (pp. 45–65). Boulder, CO: University Press of Colorado.

de la Torre, I., & Mora, R. (2014). The transition to the Acheulean in East Africa: An assessment of paradigms and evidence from Olduvai Gorge (Tanzania). *Journal of Archaeological Method and Theory, 21*(4), 781–823.

de la Torre, I., Mora, R., Domínguez-Rodrigo, M., de Luque, L., & Alcalá, L. (2003). The Oldowan industry of Peninj and its bearing on the reconstruction of the technological skills of Lower Pleistocene hominids. *Journal of Human Evolution, 44*(2), 203–224.

Dibble, H. L., & Whittaker, J. C. (1981). New experimental evidence on the relation between percussion flaking and flake variation. *Journal of Archaeological Science, 8*(3), 283–296.

Dowd, E. W., & Mitroff, S. R. (2013). Attentional guidance by working memory overrides salience cues in visual search. *Journal of Experimental Psychology: Human Perception and Performance, 39*(6), 1786–1796.

Edwards, S. W. (2001). A modern knapper's assessment of the technical skills of the Late Acheulean biface workers at Kalambo Falls. In J. D. Clark (Ed.), *Kalambo Falls prehistoric site* (Vol. 3, pp. 605–611). Cambridge, UK: Cambridge University Press.

Eren, M. I., Bradley, B. A., & Sampson, C. G. (2011). Middle Paleolithic skill level and the individual knapper: An experiment. *American Antiquity, 76*(2), 229–251.

Gould, S. J., & Lewontin, R. C. (1979). The spandrels of San Marco and the Panglossian paradigm: A critique of the adaptationist programme. *Proceedings of the Royal Society of London B: Biological Sciences, 205*(1161), 581–598.

Greenfield, P. M. (1991). Language, tools and brain: The ontogeny and phylogeny of hierarchically organized sequential behavior. *Behavioral and Brain Sciences, 14*(4), 531–595.

Gumert, M. D., Kluck, M., & Malaivijitnond, S. (2009). The physical characteristics and usage patterns of stone axe and pounding hammers used by long-tailed macaques in the Andaman Sea region of Thailand. *American Journal of Primatology, 71*(7), 594–608.

Harmand, S., Lewis, J. E., Feibel, C. S., Lepre, C. J., Prat, S., Lenoble, A., . . . Roche, H. (2015). 3.3-million-year-old stone tools from Lomekwi 3, West Turkana, Kenya. *Nature, 521*(7552), 310–315.

Henrich, J., & McElreath, R. (2007). Dual-inheritance theory: The evolution of human cultural capacities and cultural evolution. In R. I. M. Dunbar & L. Barrett (Eds.), *Oxford handbook of evolutionary psychology* (pp. 555–570). Oxford, UK: Oxford University Press.

Hout, M. C., & Goldinger, S. D. (2015). Target templates: The precision of mental representations affects attentional guidance and decision-making in visual search. *Attention, Perception and Psychophysics, 77*(1), 128–149.

Isaac, G. L. (1977). *Olorgesailie: Archaeological studies of a Middle Pleistocene lake basin in Kenya.* Chicago, IL: University of Chicago Press.

Kelterborn, P. (2003). Measurable flintknapping. In K. G. Hirth (Ed.), *Mesoamerican lithic technology: Experimentation and interpretation* (pp. 120–131). Salt Lake City, UT: University of Utah Press.

Land, M. F., & Hayhoe, M. (2001). In what ways do eye movements contribute to everyday activities? *Vision Research, 45*(25), 3559–3565.

Land, M. F., & McLeod, P. (2000). From eye movements to actions: How batsmen hit the ball. *Nature Neuroscience, 3*(12), 1340–1345.

Logan, G. D. (1992). Attention and preattention in theories of automaticity. *American Journal of Psychology, 105*(2), 317–339.

Marchant, L. F., & McGrew, W. C. (2005). Percussive technology: Chimpanzee baobab smashing and the evolutionary modelling of hominin knapping. In V. Roux & B. Bril (Eds.), *Stone knapping: The necessary conditions for a uniquely hominin behaviour* (pp. 341–350). Cambridge, UK: McDonald Institute for Archaeological Research.

Mercader, J., Barton, H., Gillespie, J., Harris, J., Kuhn, S. L., Tyler, R., & Boesch, C. (2007). 4,300–year-old chimpanzee sites and the origins of percussive stone technology. *Proceedings of the National Academy of Sciences of the United States of America, 104*(9), 3043–3048.

Moore, M. W. (2007). Lithic design space modelling and cognition in *Homo floresiensis*. In A. C. Shalley & D. Khlentzos (Eds.), *Mental states: Nature, function and evolution* (pp. 11–33). Amsterdam: John Benjamins.

Moore, M. W. (2010). "Grammars of action" and stone flaking design space. In A. Nowell & I. Davidson (Eds.), *Stone tools and the evolution of human cognition* (pp. 13–43). Boulder, CO: University Press of Colorado.

Moore, M. W. (2011). The design space of stone flaking: Implications for cognitive evolution.

World Archaeology, 43(4), 702–715.

Moore, M. W. (2015). Bifacial flintknapping in the Northwest Kimberley, Western Australia. *Journal of Archaeological Method and Theory, 22*(3), 913–951.

Moore, M. W., & Perston, Y. (2016). Experimental insights into the cognitive significance of early stone tools. *PLoS One, 11*(7), 1–37.

Neufuss, J., Humle, T., Cremaschi, A., & Kivell, T. L. (2016). Nut-cracking behaviour in wild-born, rehabilitated bonobos (*Pan paniscus*): A comprehensive study of hand-preference, hand grips and efficiency. *American Journal of Primatology, 79*(2), 1–16.

Newcomer, M. H. (1971). Some quantitative experiments in handaxe manufacture. *World Archaeology, 3*(1), 85–94.

Nowell, A., & Chang, M. L. (2009). The case against sexual selection as an explanation of handaxe morphology. *PaleoAnthropology, 2009*, 77–88.

Nowell, A., & White, M. J. (2010). Growing up in the Middle Pleistocene: Life history strategies and their relationship to Acheulian industries. In A. Nowell & I. Davidson (Eds.), *Stone tools and the evolution of human cognition* (pp. 67–82). Boulder, CO: University Press of Colorado.

Peacock, E. (1991). Distinguishing between artifacts and geofacts: A test case from eastern England. *Journal of Field Archaeology, 18*(3), 345–361.

Pelcin, A. W. (1997). The effect of core surface morphology on flake attributes: Evidence from a controlled experiment. *Journal of Archaeological Science, 24*(8), 749–756.

Pelegrin, J. (1993). A framework for analysing prehistoric stone tool manufacture and a tentative application to some early stone industries. In A. Berthelet & J. Chavaillon (Eds.), *The use of tools by human and non-human primates* (pp. 302–314). Oxford, UK: Clarendon Press.

Pelegrin, J. (2006). Long blade technology in the Old World: An experimental approach and some archaeological results. In J. Apel & K. Knutsson (Eds.), *Skilled production and social reproduction: Aspects of traditional stone-tool technologies: Proceedings of a symposium in Uppsala, August 20–24, 2003* (pp. 37–68). Upsala, Sweden: Societas Archaeologica Upsaliensis.

Proffitt, T., Luncz, L. V, Falótico, T., Ottoni, E. B., De la Torre, I., & Haslam, M. (2016). Wild monkeys flake stone tools. *Nature, 539*(7627), 85–88.

Quinlan, P. T. (2003). Visual feature integration theory: Past, present, and future. *Psychological Bulletin, 129*(5), 643–673.

Russell, J. (1996). Development and evolution of the symbolic function: The role of working memory. In P. Mellars & K. R. Gibson (Eds.), *Modelling the early human mind* (pp. 159–177). Cambridge, UK: McDonald Institute for Archaeological Research.

Schlanger, N. (1996). Understanding Levallois: Lithic technology and cognitive archaeology. *Cambridge Archaeological Journal, 6*(2), 231–254.

Sharon, G. (2009). Acheulian giant-core technology: A worldwide perspective. *Current Anthropology, 50*(3), 335–367.

Sharon, G., & Beaumont, P. B. (2006). Victoria West: A highly standardized prepared core technology. In N. Goren-Inbar & G. Sharon (Eds.), *Axe age: Acheulian tool-making from quarry to discard* (pp. 181–199). London: Equinox.

Thomas, D. H. (1986). Points on points: A reply to Flenniken and Raymond. *American Antiquity, 51*(3), 619–627.

Toth, N. P. (1985). The Oldowan reassessed: A close look at early stone artifacts. *Journal of*

Archaeological Science, 12(2), 101–120.

Toth, N. P., Schick, K. D., Savage-Rumbaugh, E. S., Sevcik, R. A., & Rumbaugh, D. M. (1993). *Pan* the tool-maker: Investigations into the stone tool-making and tool-using capabilities of a bonobo (*Pan paniscus*). *Journal of Archaeological Science, 20*(1), 81–91.

Toth, N. P., Schick, K. D., & Semaw, S. (2006). A comparative study of the stone tool-making skills of *Pan, Australopithecus,* and *Homo sapiens.* In N. P. Toth & K. D. Schick (Eds.), *The Oldowan: Case studies into the Earliest Stone Age* (pp. 155–222). Gosport, IN: Stone Age Institute Press.

Treisman, A. M., & Gelade, G. (1980). A feature-integration theory of attention. *Cognitive Psychology, 12*(1), 97–136.

Vallacher, R. R., & Wegner, D. M. (1987). What do people think they're doing? Action identification and human behavior. *Psychological Review, 94*(1), 3–15.

van Peer, P. (1992). *The Levallois reduction strategy (monographs in world archaeology no. 13).* Madison, WI: Prehistory Press.

Visalberghi, E., Fragaszy, D. M., Ottoni, E. B., Izar, P., De Oliveira, M. G., & Andrade, F. R. D. (2007). Characteristics of hammer stones and anvils used by wild bearded capuchin monkeys (*Cebus libidinosus*) to crack open palm nuts. *American Journal of Physical Anthropology, 132*(3), 426–444.

Visalberghi, E., & McGrew, W. C. (1997). *Cebus* meets *Pan. International Journal of Primatology, 18*(5), 677–681.

Whiten, A., Goodall, J. van L., McGrew, W. C., Nishida, T., Reynolds, V., Sugiyama, Y., . . . Boesch, C. (2001). Charting cultural variation in chimpanzees. *Behaviour, 138,* 1481–1516.

Whittaker, J. C. (1994). *Flintknapping: Making and understanding stone tools.* Austin, TX: University of Texas Press.

Whittaker, J. C. (2004). *American flintknappers: Stone Age art in the age of computers.* Austin, TX: University of Texas Press.

Wiśniewski, A., Badura, J., Salamon, T., & Lewandowski, J. (2014). The alleged Early Palaeolithic artefacts are in reality geofacts: A revision of the site of Kończyce Wielkie 4 in the Moravian Gate, South Poland. *Journal of Archaeological Science, 52,* 189–203.

Wolfe, J. M. (2007). Guided search 4.0: Current progress with a model of visual search. In W. D. Gray (Ed.), *Integrated models of cognitive systems* (pp. 99–119). New York: Oxford University Press.

Wolfe, J. M. (2016). Visual search revived: The slopes are not that slippery: A reply to Kristjansson. *I-Perception, 3,* 1–6.

Wolfe, J. M., & Horowitz, T. S. (2004). What attributes guide the deployment of visual attention and how do they do it? *Nature Reviews: Neuroscience, 5*(6), 495–501.

Wynn, T. (1979). The intelligence of later Acheulean hominids. *Man, 14,* 371–391.

Wynn, T. (1981). The intelligence of Oldowan hominids. *Journal of Human Evolution, 10*(7), 529–541.

Wynn, T. (1985). Piaget, stone tools and the evolution of human intelligence. *World Archaeology, 17*(1), 32–43.

Wynn, T. (1993). Two developments in the mind of early *Homo. Journal of Anthropological Archaeology, 12*(3), 299–322.

Wynn, T. (1995). Handaxe enigmas. *World Archaeology, 27*(1), 10–24.

Wynn, T. (2000). Symmetry and the evolution of the modular linguistic mind. In P. Carruthers & A. Chamberlain (Eds.), *Evolution and the human mind: Modularity, language and meta-cognition* (pp. 113–139). Cambridge, UK: Cambridge University Press.

Wynn, T. (2002). Archaeology and cognitive evolution. *Behavioral and Brain Sciences, 25*(3), 389–402.

Wynn, T., & Coolidge, F. L. (2004). The expert Neandertal mind. *Journal of Human Evolution, 46*(4), 467–487.

Wynn, T., & Coolidge, F. L. (2016). Archaeological insights into hominin cognitive evolution. *Evolutionary Anthropology: Issues, News, and Reviews, 25*(4), 200–213.

Wynn, T., Hernandez-Aguilar, R. A., Marchant, L. F., & McGrew, W. C. (2011). "An ape's view of the Oldowan" revisited. *Evolutionary Anthropology, 20*(5), 181–197.

Wynn, T., & McGrew, W. C. (1989). An ape's view of the Oldowan. *Man, 24*(3), 383–398.

| 제9장 |

석기와 공간 인지

Derek Hodgson

서론

공간 지각 그리고 인지는 이동 중에 공간 정보를 업데이트 그리고 코드화하는 것을 의미한다. 도구 제작에서, 그러한 능력은 인지 진화를 이해하는 데 기초적인 시각 공간 그리고 시각 운동 능력에서 실현된다. 도구 제작과 도구 사용에 관한 이러한 능력들이 피질에서 펼쳐지는 정교한 과정은 뇌 스캐닝 기법의 발전 덕분에 더욱 명확해졌다. 이것이 전개되는 복잡성은 복합적이어서 도구 제작의 공간적 측면과의 관련성을 평가하기 위해 다양한 신경 경로를 세부적으로 탐구할 필요가 있다.

초기에 두 가지 주요 배쪽과 등쪽 경로가 식별되었으며, 이 장에 자세히 요약되어 있다(Milner & Goodale, 2006; Ungerleider & Mishkin, 1982). 이러한 영역은 도구 제작/사용의 다양한 측면에 기초하므로 고대 석기와 인지 진화의 연대표 사이의 관계를 명확히 하는 데 영향을 미친다. 이 분석의 주요 목적은 관련된 다양한 경로를 조사하여 이 문제를 어떻게 조명할 수 있는지 보여주는 것이다. 전반부는 도구를 만들고 사용하는 맥락에서 시각 공간 능력과 운동 기술을 뒷받침하는 신경 경로를 상세히 설명한다. 후반부는 고고학적 기록을 통해 이해된 석기가 식별된 근본적인 신경 구조와 어떻게 관련이 있는지에 대한 함의를 조사한다.

이것을 성취하기 위해서, 현존하는 진원류의 뇌구조, 전문 돌떼는 자들의 뇌 스캔 그리고 신경과학과 인지 진화의 아이디어를 포함한 많은 출처로부터 증거를 끌어내는 것이 필요할 것이다. 바라건대, 이러한 다양한 자료들이 고고학적 기록에 나타난 시각 공간 능력과 다양한 기법 복합체 사이의 가능성 있는 관계를 지도화할 수 있게 되기를 바란다. 식별된 신경 경로를 분석하여 얻은 통찰력을 바탕으로, 다음과 같은 가설을 옹호할 것이다. (1) 올도완 그리고 초기 아슐리안 도구의 제작 그리고 사용은 처음에는 '눈 먼blind' 등쪽 경로에 의존했다. (2) 이 경로의 일부가 강화되어 후기 아슐리안의 보다 정교한 도구가 되었다. 그리고 (3) 오직 의식적인 배쪽 연결로는 등쪽 연결로와 완전히 통합되고 난 이후, 이것이 자루와 복합도구의 제작을 용이하게 했다.

등쪽과 배쪽 연결로

등쪽과 배쪽 경로의 해부학 및 기능

여기에서 제시된 주장의 핵심적인 측면은 배쪽 그리고 등쪽 연결로streams 모두 윈Wynn(2002, 2014, Wynn & Coolidge, 2016)과 호지슨Hodgson(2005, 2007, 2009a, 2009b, 2012)이 제안한 복잡한 도구를 생성하기 위해 그들의 전문화된 기능을 상호작용하고 조정해야 한다는 것이다. 더 높은 수준의 처리에서, 이러한 통합은 '시공간 스케치패드visuospatial sketchpad'(작업기억에 시각적 그리고 공간적 정보가 통합된 곳)에서 실현되며, 등쪽 경로pathway는 배쪽 연결로와 상호작용하며, 연합된 다중 신경 네트워크와 상호 연결된다[예를 들어, 감각운동 학습을 위한 소뇌 그리고 전두엽 피질(Taylor & Ivry, 2014)을 포함]. 그러므로 시공간 스케치패드는 상호작용 체계 배열을 포함하는 다면적인 인지 접속이다(Logie & van der Meulen, 2008).[130]

시각 공간 정보는 여러 가지 다른 방식으로 대상과 상호작용할 때 손재주 그리고 협응을 위해 '눈 먼' 등쪽 경로('행동을 위한 비전')를 통해 인간의 뇌에서 처리된다. 등쪽 연결로가 잘 보지 못하기 때문에 시각적 공간 기능이 승화되어 부드러운 궤도 작용을 방해할 수 있는 최소한의 반영만으로 손재주를 자동으로 실행할 수 있다. 반대로, 대상의 공간적 관계뿐만 아니라 내구적 측면을 코드화하기 위한 시각적 입력을 변환하는 의식적 배쪽 체계(Goodale & Milner, 2013; Milner & Goodale, 2006)는 개념적 그리고 의미적 입력이 필요한 복잡한 도구를 만들고 사용하는 데 필수적이다(Buxbaum, Shapiro, & Coslett, 2014). 결과적으로, 이러한 경로의 손상은 대상과의 상호작용 시 특정한 어려움으로 이어진다(Buxbaum, 2001; Cronin-Golomb & Hof, 2004; Jakobson, Archibald, Carey, & Goodale, 1991; Jeannerod, 1986; Milner & Goodale, 2006; Perenin & Vighetto, 1988; Ungerleider & Mishkin, 1982). 예를 들어, 배쪽 연결로를

130 **시공간 스케치패드**라는 용어는 배들리의 작업기억 모델(Baddeley, 2007; Baddeley & Hitch, 1974)에서 유래되었다. 그러나 이 용어는 특정 뇌 영역과 관련된 단일 현상의 인상을 가지고 있다. 사실, 근본적인 신경 처리는 뇌의 다른 부분에 관여하는 것으로 보이며, 배들리가 처음 생각했던 것보다 훨씬 더 복잡해 보인다(예: Logie & Van Der Meulen, 2008을 보라).

따라 발생하는 결손은 **통각적 실인증**apperceptive agnosia이 발생하는데, 이것은 시각적 형상을 분간하고 식별할 수 없거나 다른 시각적 자극을 구별할 수 없게 한다. 그리고 **연합적 실인증**associative agnosia이 발생할 수도 있는데, 여기서 대상의 사용에 대한 지식은 보존되지만, 대상은 다른 것으로 오인된다(Farah, 2004; Warrington & James, 1988). 반대로 등쪽 연결로의 손상은 온라인 손재주 문제로 이어진다(Sakreida et al., 2016). 바이와 동료들Bi and colleagues(2015)도 마찬가지로 등쪽 그리고 배쪽 경로의 도구 사용과 도구 개념 네트워크 사이의 연관성을 발견했다. 따라서 등쪽 그리고 배쪽 채널은 내재적 시각 공간/운동 좌표가 기능하는 방식을 이해하고 명백한 지각 기준과 상호작용하는 데 필수적이다(Binkofski & Buxbaum, 2013; Milner & Goodale, 2006, 2008).

초기 시각피질의 재조직화

등쪽 그리고 배쪽 체계를 자세히 탐구하기 전에, 더 높은 경로의 변화가 일차 입력 영역의 재포맷reformatting으로 이어질 수 있기 때문에 시각 체계의 일차 영역에 대한 변화가 진원류와 차이를 보이는지를 조사할 필요가 있다. 여러 연구에 따르면, 특히 파보 연결로parvo stream(고밀도 정보를 매개)와 마그노 연결로magno stream(코드화 동작에 특화)가 1차 시각 피질(V1)에서 상호작용하는 방식에서 실제로 사실이라는 것이 밝혀졌다. 이 영역은 고등 영장류와 마카크가 비교될 때 그리고 현생 인류와 비교될 때, 피질 조직에서의 뚜렷한 차이를 드러낸다. 특히 특정 피질 속에 존재하는 망사 같은 구조가 현생 인류와 비교된다. 구체적으로, 망사 같은 구조는 침팬지에 없는 인간의 특정 피질 층에 존재한다(Hodgson, 2007; Preuss, Qi, & Kaas, 1999). 이것은 이러한 초기 층에서도 인간의 경로의 새로운 상호작용을 시사한다.

인간의 경우, 약간 늦게 나타난 시각 부위 중 일부는 비인간 영장류non-human primate의 영역과 비교했을 때 차이를 나타낸다. 예를 들어, 영역 V3a의 시각적 공간 특징은 V3와 위치가 뒤바뀐 것으로 보인다(Tootell et al., 1997; Vanduffel et al., 2001). 또한, 안쪽두정후두피질medial parietal occipital cortex(이하 mPOC로 표기)은 시각적 공간 처리를 위한 여러 경로가 발생하는 등쪽 연결로 내의 중요한 부위를 나타내며(Kravitz, Saleem, Baker, & Mishkin, 2011), 가장 중요한 것은 V6a가 대상의 조작에 관련된 시각적 동작과 행동을 위한 도달 부위로 식별된다(Pitzalis, Fattori, & Galletti, 2015). 따라서 별도의 기능영역으로 구분되는 이 부위에는 손목 위치에 매우 민감한 공간적으로 조정된 팔 동작 관련 세포가 많이 포함되며(Fattori et al., 2009), 특히 쥐기grip를 코드화하는 V6Ad에서 V6a의 앞쪽(Pitzalis et al., 2015)까지 포함된다(Fattori, Gamberini, Kutz, & Galletti, 2001; Fattori, Kutz, Breveglieri, Marzocchi, & Galletti, 2005). 인간에게서 V6와 V6a의 기능은 마카크의 기능과 명백한 유사성을 가지고 있지만, 인간에게서 위치가 바뀐 것으로 보인다(Pitzalis et al., 2015).

이러한 차이는 후두엽-두정엽 영역을 고려할 때 더욱 뚜렷해진다(즉, 등쪽 연결로 자체가 두 경로, 각각 위두정엽 부위와 두정엽속고랑으로 향하는 등등쪽 그리고 배등쪽 연결로로 분할). 영역 V3a, V6 그리고 V6a는 온라인 손 재주를 위해 위두정엽에 대한 투사를 위한 관문 역할을 하는 반면, 배쪽 경로는 시각 공간 전문지식을 위해 중간측두 시각 영역middle temporal

(A) Dorsal-dorsal pathway

V1 → V3a → V6 → V6a → SPL → Premotor (dorsal)

(B) Ventrodorsal pathway

V1 → MT/MST → IPS (LIP, VIP, AIP) → Premotor (Ventral, F5, and F4) → Prefrontal area 8a and 46

(C) Ventral pathway

V1 → V4 → [MT] → LOC → Inferotemporal area

[그림 9.1] 인체 피질 내 3개의 분리된 시각 경로

A: 등등쪽경로(Dorsal-dorsal pathway). B: 배등쪽 경로(Ventrodorsal pathway). C: 배쪽 경로(Ventral pathway).

약어: 앞쪽두정엽속고랑(AIP, anterior intraparietal sulcus), 두정엽속고랑(IPS, intraparietal sulcus), 가쪽두정엽속고랑(LIP, lateral intraparietal sulcus), 가쪽후두피질(LOC, lateral occipital cortex), 안위측두(MST, medial superior temporal), 중간측두 시각 영역(MT, middle temporal visual area), 위두정엽(SPL, superior parietal lobe), 시각(V, visual), 배쪽두정엽속고랑(VIP, ventral intraparietal sulcus). 이미지는 저자 제공.

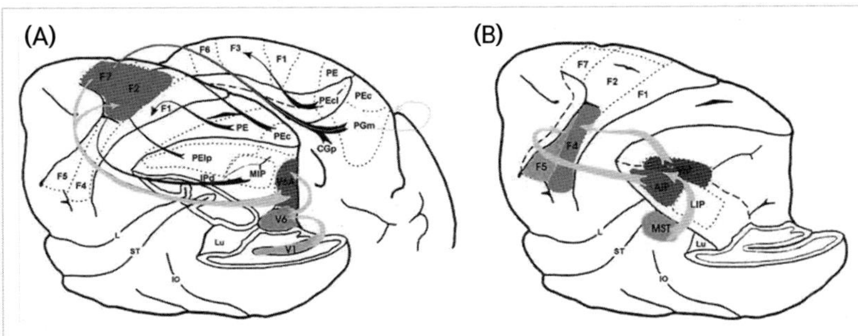

[그림 9.2] 마카크 뇌의 기본 "원시적" 등쪽 체계.

A: 등등쪽 연결로(Dorsal-dorsal stream). B: 배등쪽 연결로(Ventrodorsal stream).

약어: 앞쪽두정엽속고랑(AIP, anterior intraparietal sulcus), 뒤대상이랑(CGp, posterior cingulate gyrus), 운동영역(F, motor areas), 아래후두고랑(IO, inferior occipital sulcus), 두정엽속 등쪽(IPd, intraparietal dorsal), 가쪽두정엽속고랑(LIP, lateral intraparietal sulcus), 초승달고랑(Lu, lunate sulcus), 안두정엽속(MIP, Medial intraparietal), 안위측두(MST, medial superior temporal), 뒤두정피질 부위(PE, PEc, PEcl, PEIp, PGm, posterior parietal cortical regions), 위측두(ST, Superior Temporal), 시각적(V, visual). 이미지는 Binkofski and Buxbaum(2013)의 이전에 출판된 Two action systems in the human brain, Brain and Language에 있는 [그림 1](p. 223)에 있는 그림으로, 엘세비어(Elsevier)의 허가를 받아 다시 출판되었다.

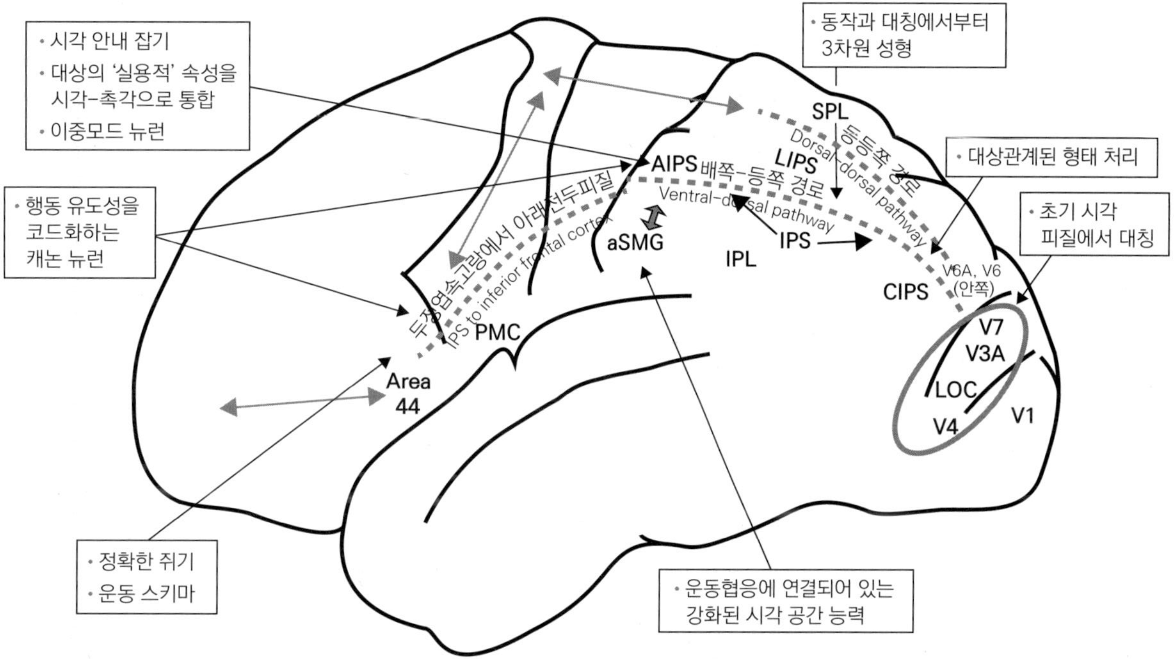

[그림 9.3] 인간의 등등쪽 그리고 배등쪽 경로: 강화된 '원시적' 등쪽 체계

약어: 앞쪽두정엽속고랑(AIPS, anterior intraparietal sulcus), 앞모서리위이랑(aSMG, anterior supramarginal gyrus), 아래두정엽(IPL, inferior parietal lobe), 두정엽속고랑(IPS, intraparietal sulcus)[앞쪽(A, anterior), 가쪽(L, lateral), 꼬리쪽(C, caudal)], 가쪽후두피질(LOC, lateral occipital cortex), 위두정소엽(SPL, superior parietal lobule), 시각적(V, visual), 배전운동피질(vPMC, ventral premotor cortex).

선: AIPS와 aSMG 사이의 넓은 회색 선은 IPL에 대한 초기 연결로서 IPS-aSMG 연결을 나타낸다. 꼬리표가 없는 회색 실선은 다른 관련 경로를 나타낸다. 이미지는 저자 제공.

visual area(이하 MT로 표기)을 통해 두정엽속 영역로 투사되며, 이는 배전운동 부위에 그리고 궁극적으로는 전전두피질([그림 9.1] 참고)의 46영역까지 투사된다. 대조적으로, 배쪽 경로는 의식적인 시각 처리를 위해 V4 그리고 가쪽후두피질lateral occipital cortex(이하 LOC로 표기)을 통해 측두엽 영역으로 올라간다. 세 경로의 기본 처리 경로는 [그림 9.1]에 요약되어 있다. 등등쪽 그리고 배등쪽 경로의 뇌 배치는 원숭이의 경우 [그림 9.2]와 인간의 경우 [그림 9.3]에 설명되어 있다(배쪽 연결로의 세부 정보는 곧 설명될 예정이다).

두정엽속고랑

동작에서 3차원 형상

초기 도구 제작을 촉진하는 것이 가능한 신경 기질을 우리에게 알려줄 수 있는 인간과 고등 진원류들higher simians 사이의 차이에 대한 증거를 제공하기 위해, 두정엽속고랑intraparietal sulcus(이하 IPS로 표기)의 미세한 부분을 자세히 탐구할 필요가 있다. 인간과 원숭이는 일차 시각 피질에서 위두정엽 영역(등등쪽 경로를 따라) 그리고 IPS(배등쪽 경로를 따라)에 이르는 정보가 유사하게 투사되지만, 인간 IPS에서 형태에 전념하는 더 복잡한 처리 그리고 자원에서의 차이가 관찰된다. 이것은 특히 2차원two-dimensional(2D) 형상의 경우보다 훨씬 더 많은 처리를 요구하는 동작으로, 3차원three-dimensional(3D) 형상에 관련된다. 따라서 동작으로부터 3D 형상의 코드화는 인간 IPS에서 비인간 영장류에서보다 훨씬 더

뚜렷하고 광범위하게 발견된다(이러한 차이에 대한 자세한 설명은 각주를 보라).[131]

두정엽속고랑에 있는 잡기의 시각 공간 측면

IPS([그림 9.3] 참고)는 특정 모양과 방향에 대한 감각 뉴런을 포함할 뿐만 아니라, 시각적으로 안내되는 경향이 있으며, 여기에는 잡기와 특정 손동작 동안 활성화되는 운동 뉴런이 포함된다(Burgess, Jeffery, & O'Keefe, 1999). 실제로 IPS를 통한 배등쪽 경로는 비인간 영장류가 손

131 올반과 동료들(Orban and colleagues, 2006)은 인간의 IPS(두정엽속고랑, intraparietal sulcus)가 4가지 동작(motion)에 민감한 부위인 배쪽 IPS(Ventral IPS, VIPS), 두정후두쪽 IPS(parieto-occipital IPS, POIPS), 등쪽 IPS 안쪽(dorsal IPS medial, DIPSM), 등쪽 IPS 앞쪽(dorsal IPS anterior, DIPSA)을 포함하는 차이점에 대해 자세히 설명했다. 그러나 진원류 IPS는 동작에 의한 3D 모양에 민감하지 않은 하나의 동작 감지 영역(motion-sensitive area, VIPS)만 구성한다. 또한, 인간 IPS는 2D 모양을 코드화하는 네 개의 부위와 중앙 시야(높은 정밀도 인지의 경우)를 나타내는 세 개의 재현을 가지고 있는 반면, 진원류 IPS는 모양에 민감한 두 개의 부위와 하나의 중앙 재현만 포함하고 있다. 이는 마카크에서 IPS 모양 민감도가 인간의 해당 영역보다 2D 좌표에 더 집중된 것으로 확인된다(Denys et al., 2004; Orban et al., 2006; Orban, Sunaert, Todd, Van Hecke, & Marchal, 1999; Orban, van Essen, & Vanduffel, 2004). 이것은 이 부위의 형태가 인간에서 더 큰 단서(cue) 불변성이라는 사실에 의해 강화된다(즉, 가변성을 다루는 더 큰 능력이 있다. Denys et al., 2004) **일본원숭이(Macaca fuscata)**를 이용한 연구는 3D 대상에 시각적으로 반응하는 가쪽두정엽속고랑(lateral intraparietal sulcus, LIPS)이 3D를 잡기 위해 손 움직임에 반응하는 좀 더 초기의 후두부 영역으로부터 투사를 수신한다는 점에서 이 경로의 중요성을 확증한다. 후두부 영역의 축색은 운동 그리고 전운동(pre-motor) 영역과 상호작용하는 앞두정엽속 영역(anterior interparietal area, AIP, 정확한 그립을 사용하여 3D 대상을 위한 손 운동에 반응을 보인다)에 투사를 한다(Davare, Rothwell, & Lemon, 2010; Nakamura et al., 2001). 이에 대응하여, 반두펠과 동료들(Vanduffel and colleagues, 2002)은 2D와 3D 배열에서 도출한 활성화를 진원류와 인간에서 비교하고, 움직임에서 나온 3D 모양이 인간 IPS를 따라 광범위하게 활성화되었음을 확인했다(Orban et al., 2006; Todd, 2004). 따라서 잠재된 3D 정보는 비인간 영장류, 특히 IPS의 앞쪽 부위, 특히 AIP와 LIP(Grafton, 2010)에 존재할 수 있지만, 인간에서 강화된다. 이와 관련하여 듀란드와 동료들(Durand and colleagues, 2007)은 IPS의 더 많은 앞쪽 영역(즉, AIP와 LIP)이 배경 단서로부터 3D 형상을 구별하는 데 도움이 될 수 있다고 제안했다. 이러한 발견은 도구를 생산하기 위해, 특히 형상 모형이 중요한 경우(아슐리안 도구의 경우와 같이), 동작에서 3D 형상을 처리하는 능력이 중요하다는 점에서 도구 사용에 있어 흥미로운 결과를 가져온다. 참고: 저자가 편집한 자료.

전체를 사용하여 대상을 잡을 수 있게 해주는 시각 공간과 운동 통합이 일어나는 곳이다. 그러나 인간의 경우 이 영역은 강화된 능력으로 정밀한 쥐기grip를 용이하게 한다. 이는 앞으로 나아가는(앞쪽) IPS와 전운동 피질 그리고 운동 피질premotor and motor cortex(신체감각영역도 포함)의 접속으로 인해 발생한다(Sakreida et al., 2016). 이 부위에는 또한 대상의 행동 유도성과 신체의 확장이 촉진되는 캐논 뉴런canonical neuron과 이중모드 뉴런bimodal neuron이 포함되어 있다(캐논 뉴런은 잡을만한 대상을 볼 때 점화되고 대상에 도달하여 잡을 때는 점화되지 않는다. 반면 양모 뉴런은 체내 감각과 시각적 정보 모두의 통합을 촉진한다. 도구는 공간에 도달하여 확장할 수 있는 전체 신체 스키마와 협응을 한다). 이러한 뉴런은 아치의 일부로서 등쪽 연결로에서 중요한 역할을 하며, 영장류([그림 9.2]와 [그림 9.3] 참고)가 대상의 행동 유도성에 반응하여 과제를 자동으로 실행하는 곳의 등쪽 연결로에서 공유되는 무의식적인 '원시적' 체계(Stout & Chaminade, 2007)라고 한다. 의심할 여지 없이, 이것은 동작에서 나온 3D 모양과 함께 올도완과 **초기** 아슐리안 도구의 생산을 촉진시킨 호미닌 IPS의 뉴런에 대한 미묘하고 점진적인 변화였다.

요약하면, 기본 신경 구조와 도구 생산 사이에는 상호관계가 있다. 이것은 대상에 내재된 행동 유도성과 밀접하게 일치하는 구조에 미묘한 변화를 야기시켰고, 올도완과 초기 아슐리안 도구의 보수성을 설명할 수 있다. 따라서 초기 도구 제작은 변환 중인 재료와의 긴밀한 계약과 관련된 내재적 인지 절차와 밀접하게 연관되었을 수 있다.

모서리위이랑과 함께 강화된 두정엽속 연결

등쪽 경로는 두정엽속 영역(배등쪽 연결로)과 위두정엽 부위(등등쪽 연결로) 모두를 포함하여 자기중심 기준 프레임(즉, 보는 자 중심)을 매개하는 반면, 배쪽 체계는 환경중심(또는 대상 중심)을 이끈다(James, Humphrey, Gati, Menon, & Goodale, 2002; Kravitz et al., 2011). 환경중심 처리는 도구 제작의 사회적 측면에서 특히 중요하며, 나중에 더 자세히 다룬다.

인간 IPS는 움직임에서 3D 모양을 코드화하는 처리 능력이 향상되었으며, 주변 공간에 있는 대상을 잡고 도달하는 데에도 특화되어 있다. 이것은 인간의 두정엽속 영역 일부도 재조직화를 거쳤음을 시사한다. 전방의 두정전전두엽 회로는 또한 시각 공간/운동 매개변수의 집행적 조절을 위해 배등쪽 경로를 따라 전전두엽 피질(영역 8A 그리고 46)까지 IPS에서 나오는 강력한 상호 연결부를 가지고 있기 때문에 도구 제작과 관련이 있다. 이러한 부위는 도구의 의식적 지식과 관련된 아래두정엽inferior parietal lobe(이하 IPL로 표기)과의 중요한 연계를 가지고 있으며, 도구에 대한 의미적 지식을 코드화하는 네트워크의 일부로 공간 정보를 제공하는 다중 회로 역할을 한다(Mahon, Schwarzbach, & Caramazza, 2010; Martin, 2007; Tranel, Kemmerer, Adolphs, Damasio & Damasio, 2003). 이 회로는 특히 피터와 동료들Peeters and colleagues(2009; Peeters, Rizzolatti, & Orban, 2013; Caruana et al., 2017을 보라)이 인간 IPL 영역의 앞모서리위이랑anterior supramarginal gyrus(이하 aSMG로 표기)은 비인간 영장류에서 없는 것처럼 보인다고 제안함에 따라, 사람에게서 유래된 것일 수 있다([그림 9.3] 참고).

의식적인 시각 배쪽 연결로와 IPS를 연결하는 상호 연결이 마카크에게서 발견되었지만(Webster, Bachevalier, & Ungerleider, 1994), 인간과의 차이는 관련된 처리 수준에 있는 것으로 보인다. 이는 인간 피질을 특징짓는 더 광범위하고 조밀한 신경 상호 연결이(Rilling et al., 2008), 특히 aSMG에 수렴하는(Peeters et al., 2009, 2013) 배쪽 그리고 등쪽 경로를 연결하는 트랙tracts과 관련이 있다(Bi et al., 2015; Hecht et al., 2013, 2015).

두정엽속고랑과 배쪽 경로의 관계

배쪽 연결로는 운동과 관련된 도구의 사용, 식별 그리고 조작의 개념적 측면과 의미적 측면을 위해 중간측두엽을 통해 측두엽에 투사되며(Beauchamp & Martin, 2007; Martin, 2007; Tranel et al., 2003), 과제를 실행하기 위한 배쪽 연결로가 상당히 강화되었음을 제안한다. 규정된 바와 같이, 이 영역에 대한 병변은 인간 이외의 영장류(Milner & Goodale, 2006)에 존재하지 않는 인간에게서 특정 지각적 결손을 야기한다(Buxbaum et al., 2014). 따라서 aSMG를 통해 배쪽 그리고 등쪽 연결로의 입력이 결합됨에 따라, 강화된 시각 공간/운동 회로를 이끈 도구 사용의 개념적 측면(전두측두엽 체계의 일부)의 모집이 용이해졌을 수 있다(Watson & Buxbaum, 2015). 두 개의 등쪽 하위연결로sub-streams와 배쪽 연결로의 다른 기능은 〈표 9.1〉에 제시되어 있다.

〈표 9.1〉 배쪽, 배등쪽 그리고 등등쪽 연결로의 기능

배쪽 연결로 (시력의 지각)	배등쪽 연결로 (행동의 지각)	등등쪽 연결로 (행동의 지각)
• 외현적/의식	• 내재된/맹검	• 내재된/맹검
• 느린	• 중등도 느린	• 즉각적/빠른/자동적
• 오프라인	• 어느 정도 오프라인	• 온라인
• 긴 잠복기(기억)	• 긴 잠복기(몇 분)	• 짧은 잠복기[밀리초(msec)]
• 대상의 확인	• 통제(근처)	• 통제(먼 거리)
• 대상 지식	• 대상 이용/기능적	• 구조적 구성요소
• 양측	• 좌반구	• 양측
• 대상 항상성	• 안정적 행동 유도성	• 변화적 행동 유도성
• 지속되는	• 지연된 시간-과정	• 지속적으로 업데이트
• 독립적 관점	• 의존적 관점	• 의존적 관점
• 환경중심적	• 자기중심적	• 자기중심적
• 대상 부분	• 일차 축	• 일차 축
• 대칭	• 대칭	
	• 동작에서 2차원/3차원 모양	

참고: 저자가 모은 자료.

인간과 진원류 등쪽 연결로에 있는 도구 이용과 분화

인간과 진원류 IPS 사이에 관찰된 차이는 앞서 언급한 이중모드 뉴런에 반영되며, 손 움직임의 체내 감각과 시각적 측면에 반응한다. 도구를 사용하도록 훈련된 일본원숭이에서, 이중모드 신경 세포는 앞쪽 IPS에 위치한다. 결정적으로, 한 연구에서, 이러한 뉴런은 훈련되지 않은 진원류에서 단일한 상태를 유지했다(Hihara et al., 2006). 또한, 훈련된 집단에서는 14일의 까다로운 도구 사용 훈련이 이중모드 뉴런이 명백해지기 전에 요구되었다. 실제로 도구를 사용하여 대상을 회상하도록 교육받았을 때, 진원류는 공간 확장을 위해 도구를 신체 스키마에 통합하는 이중모드 뉴런 형태로 통합되는 IPS에서 활성화 상태의 증가했음을 보여준다(Hihara et al., 2006; Iriki, Tanaka, & Iwamura, 1996; Ishibashi, Hihara, & Iriki, 2000; Maravita & Iriki, 2004). 이중모드 뉴런은 훈련되지 않은 원숭이에게는 없고, 그러한 뉴런을 모집하기 위해 집중적인 훈련이 필요하기 때문에, 연합된 능력과 행태 상관관계는 야생 개체군에서만 일시적으로 이용할 수 있을 것이다. 따라서 히하라와 동료들Hihara and colleagues(2006)의 연구결과는 인공(실험실) 상황에서 원숭이가 IPS의 신경 기질 재구성에서 드러난 도구를 사용하기 위해 약간의 시각 공간 기술을 개발할 수 있음을 시사한다.

그에 맞게, 캐논 뉴런은 마카크 뇌의 앞쪽 IPS뿐만 아니라 배쪽 전운동 피질의 F5 영역(인간에서 44영역)에서 발견되었다(Grèzes, Armony, Rowe, & Passingham, 2003). 이 뉴런들은 잡을 수 있는 대상을 볼 때 활성화되지만, 그것을 잡고 있을 때는 활성화되지 않는다. 따라서 캐논 뉴런은 잠재적 쥐기potential grip와 관련하여 대상이 제안하는 실용적 행동 유도성을 중재하는 것으로 보이며(Grèzes et al., 2003), 이는 이 영역이 등쪽 체계 내에서 내재적/체화된 처리를 통해 기능한다는 것을 입증한다. 그러한 뉴런들은 야생에서 간단한 도구 사용에 관여할 수 있는 진원류들의 능력에 기초할 수 있다.

앞의 분석은 인공 조건에서 훈련받은 인간 이외의 고등 영장류에게 잠재적으로 이용 가능한 도구 기술이 도구를 처음 만들고 사용하기 시작했을 때 올도완 호미닌 이전의 기본 피질 기질에 대한 초기 변화를 나타낼 수 있다는 것을 제안한다(Kibunjia, 1994; Toth & Schick, 2009). 이러한 기술에는 투박한 석기를 만들 수 있는 기본적인 던지기 그리고 초보적인 두드리기 기술이 포함되며(Schick et al., 1999; Toth, Schick, Savage-Rumbaugh, Sevcik, & Rumbaugh, 1993), 주로 손목과 손가락이 아닌 어깨와 팔꿈치의 움직임에서 파생되었다(Ambrose, 2001). 올도완 도구를 생산하기 위해, 동작으로부터 3D 모양에 추가 자원을 투입해야 하는 IPS에 변화가 필요했다. 따라서 이 변화는 이중모드 그리고 캐논 뉴런을 통해 체내 감각 그리고 운동 기준과 상호작용할 수 있다. 올도완 도구는 비교적 조잡하고 '유인원과 비슷ape-like'하지만(Wynn, 2010), 현대의 침팬지와 카푸친에 의해 생산된 도구보다 약간 더 복잡했으며(Schick & Toth, 2001), 따라서 동작으로부터 3D 형상을 처리하는 데 더 큰 신경 자원이 필요했다. 이 처리가 등쪽 연결로 내에 남아있었기 때문에 내재적 절차가 계속 지배적이었다. 즉, 도구 제작은 등쪽 연결로 내에서 제공되는 일반적인 행동 유도성에 의해 제약을 받는다는 의미에서 계속해서 실제 물질에 의해 밀접하게 정렬되고 발판이 형성되었다(Malafouris, 2010a, 2010b).

이러한 차이는 특히 V3A와 V6/V6A에서 IPS로 3D 형태를 처리하여 결국 배쪽 전운동영역에 투사할 때 인간에서 파생된 시각적 공간/운동 경로를 제안한다. 이와 관련하여, 후두정엽의 일부로서 IPS는 인간의 점진적인 확장과 재구성을 거친 것으로 보인다(Bruner, 2010; Husain & Nachev, 2007; Orban, van Essen, & Vanduffel, 2004; Roland, 1993; Zilles & Palomero-Gallagher, 2001). 뇌의 형태학적 변형을 기반으로, 브루너Bruner(2010)는 IPS에서 중요한 변형이 발생했다고 주장했다. 의심할 여지 없이, 이것은 아래두정엽 영역으로 이어졌고(Peeters et al., 2009,

2013), 따라서 중기 구석기/석기시대 동안 더 광범위한 도구를 생산할 수 있는 신경 용량을 제공했다.

간단히 말해서, 올도완 도구는 강화된 '원시적' 시각 공간/시각 운동 체계에 얽매여 신경 구조에 의해 제약을 받았으며, 이는 비록 침팬지의 체계와 유사하지만, 기본 네트워크의 중요한 '조정tuning'으로부터 이익을 얻었다. 이 체계가 암묵적으로 작동한다는 점을 감안할 때 올도완과 초기 아슐리안 도구를 만드는 데 필요한 시각 공간 좌표는 조작 중인 실제 재료의 일반적인 행동 유도성과 밀접하게 정렬되었다.

대칭

우리가 비인간 영장류와 비교했을 때 더 큰 차이는 대칭에 대한 민감성을 포함한다. 사사키와 동료들(Sasaki, Vanduffel, Knutsen, Tyler, & Tootell, 2005)은 대칭적 자극에 대한 V3A와 이후의 외선조 부위extrastriate regions의 반응이 진원류보다 인간에게 훨씬 더 강력하다는 것을 발견했다. 그들은 또한 더 많은 대칭적 자극이 V3A 그리고 인접 영역(LOC 또는 가쪽 후두엽 복합체, 초기 배쪽 경로의 V7 그리고 V4)에서 더 큰 활동을 유발한다는 것을 입증했다. V3A 이전의 영역(V3에서 대칭에 대한 한계 반응이 발견되었지만)에서 대칭에 대한 응답이 없었기 때문에, 그러한 응답은 시각적 배열의 더 넓은 영역의 정보를 통합하는 광범위한 외선조 영역(즉, V1 또는 1차 시각 피질 뒤 부위)으로 제한된다(Beck, Pinsk, & Kastner, 2005). 결정적으로, 마카크 V3A, V4 그리고 뒤쪽 아래측두부 영역의 대칭 관련 반응은 진원류가 인간에 비해 상대적으로 약한 것으로 발견되었다(Sasaki et al., 2005). 즉, 진원유의 V3A와 V3에 비교하여 인간의 V3A와 V3가 바뀌어 있음을 상기시킨다. 사사키와 동료들(2005)은 또한 외선조 영역이 크기가 변화하는 대칭 자극에 반응한다는 것을 발견했으며, 이는 그러한 형상의 일반화된 경향을 시사한다. 따라서 시각적 피질에서 IPS에 이르기까지 대칭은 전의식적으로 처리될 수 있다(Gurd, Fink, & Marshall, 2002; Hodgson, 2009a, 2009b, 2011; Wagemans, 1997).

따라서 시각 공간 좌표, 움직임, 대칭 그리고 다른 기본적인 형태의 3D 모양은 눈 먼 등쪽 '어디서/어떻게' 경로(작용에 대한 지각)에 의해 처리되어 대상과 능동적으로 결합하는 것으로 보인다. 이는 인간에게서 비인간 영장류에서보다 많은 측면에서 처리 능력을 가지고 있는 내재적인 배등쪽 경로의 일부로서, IPS를 통해 진행된다. 이러한 발견들은 움직임으로부터 대칭과 3D 모양을 처리하는 인간의 능력이 도구를 만들고 조작하는 것과 관련된 상세한 시각적 정보를 코드화할 필요성과 관련이 있다는 것을 제안하는데, 이 능력은 아마도 올도완과 초기 아슐리안 도구를 만드는 전제조건에서 도출되고 상호적으로 관련이 있을 것이다.

신경영상과 초기 도구 제작

도구 제작의 인지적 측면을 이해하기 위한 시각 공간 그리고 운동 연결로의 동화assimilation의 중요성은 스타우트와 동료들이 실행한 일련의 연구로 뒷받침된다(Stout, Apel, Commander, & Roberts, 2014; Stout & Chaminade, 2007; Stout, Toth, Schick, & Chaminade, 2008; Stout, Toth,

Schick, Stout, & Hutchins, 2000). 이러한 연구들은 뇌 스캔을 통해 초보 돌떼는 자가 올도완 같은 도구를 만들 때 후두부 영역이 IPS(등등쪽 그리고 배등쪽 연결로) 내의 위두정엽 영역과 부위가 함께 활성화된다는 것을 보여준다. 이는 '원시적' 등쪽 연결로에 의존하는 과제를 완료하기 위한 즉각적인 해결과 관련된 초기 기본 시각 운동 기술을 반영하기 위해 사용된다([그림 9.3] 참고). 그러나 전문 돌떼는 자들이 아슐리안 도구를 생산할 때, 유사한 부위가 올도완 도구에서 활성화된 지역들에서 모집되지만(Stout et al., 2000), 이들 부위의 활성화는 감소되는 반면, 아래두정엽 영역을 포함한 전방 영역은 더 활발해진다(Stout et al., 2008, 2014). 단, 전전두피질(특히 아래전두이랑)은 후기 아슐리안 도구가 생산될 때까지 완전히 활성화되지 않았다(Stout et al., 2014). 이는 올도완과 그보다 더 낮은 수준의 초기 아슐리안 도구는 광범위한 계획을 포함하지 않음을 시사한다. 이러한 연구결과는 과제가 점차적으로 어려워지고 전문지식이 향상됨에 따라 뇌의 더 앞선 전방의 다중모드 영역이 모집된다는 것을 보여준다(Putt, Wijeakumar, Franciscus, & Spencer, 2017). 이는 강화된 배등 경로(IPS 그리고 배쪽 전운동 피질 포함)의 일부로, 등쪽 경로를 따라 앞서 언급한 신경 경로와 관련된 다양한 기능의 통합을 제안한다.

이러한 연구는 석기제작 전문지식이 아래두정피질의 모서리위이랑 supramarginal gyrus(이하 SMG로 표기)에 수렴하는 강화된 시각적 공간 그리고 운동 능력을 모집하기 위해 배등쪽 연결로를 따라 정보를 더 많이 동화시키는 것을 수반한다는 결론을 도출한다(Peeters et al., 2013; Stout et al., 2008). 규정된 바와 같이, SMG는 인간의 핵심key 파생 영역인 것으로 보이며, 배등쪽 연결로의 앞쪽 IPS에서 나오는 정보가 배쪽 경로와 상호작용한다([그림 9.4]를 보라). 이는 푸트와 동료들의 아슐리안 도구 제작에 대한 신경영상 연구가 최근 뒷받침한 결과이다(Putt et al., 2017).[132] 그러한 동화assimilation는 후기 아슐리안 양날의 점점 더 복잡한 대칭을 생산하는 데 필수적이었을지도 모른다. 이는 (계획 그리고 제어용) 아래전두이랑을 포함하여 앞쪽두정엽속고랑anterior intraparietal sulcus(이하 AIP로 표기)과 SMG 그리고 전두두정 회로 사이에 안정적인 상호 연결을 유도한 배등쪽, 배쪽 그리고 전운동 체계 사이의 상호 연결을 통해 발생할 수 있다(Sakreida et al., 2016). 이는 IPS뿐만 아니라 SMG가 인간의 '단순한' 도구 사용에서 활성화되고 도구 사용 훈련을 받은 비인간 영장류에서는 비활성 상태로 유지되는 피질 영역으로 남아있다는 사실에 의해 입증된다(Peeters et al., 2009, 2013). 다시 말하지만, 이것은 비인간 영장류에서 '원시적' 경로의 제약조건을 반영하며, 손상된 배쪽 경로를 가진 환자들은 망치를 초보적인 막대나 막대처럼 잡는 경향이 있다는 발견으로 인간의 존재가 확증된다(Goodale & Milner, 2013). 즉, 도구의 기능적/개념적 측면은 인정받지 못한다.

따라서 등쪽 경로는 도구의 다른 기능 부분을 적절히 통합할 수 없다는 점에서 대상의 일차 축과 관련이 있는 것으로 보인다. 신경영상은 인간이 일상적인 도구를 계획하고 사용할 때 등쪽 경로 외에 좌반구의 배쪽 연결로 영역이 활성화됨을 추가로 확인한다(Johnson Frey, Newman-Norlund, & Grafton, 2005)([그림 9.5] 참고). 존슨-프레이와 동료들Johnson-Frey and colleagues(2005, p. 1)은 "이 왼쪽 측면의 네트워크는 의미심장한 기술meaningful skills에 의존하는 의미적semantic 그리고 운동적 재현의 상호작용을 위한 신경 기질을 구성한다"라고 제안한다. 따라서 스타우트와 동

132 흥미롭게도, 푸트와 동료들(Putt and colleagues, 2017)은 언어와 아슐리안 주먹도끼 제작 사이의 의심스럽다고 알려진 관계를 발견했다.

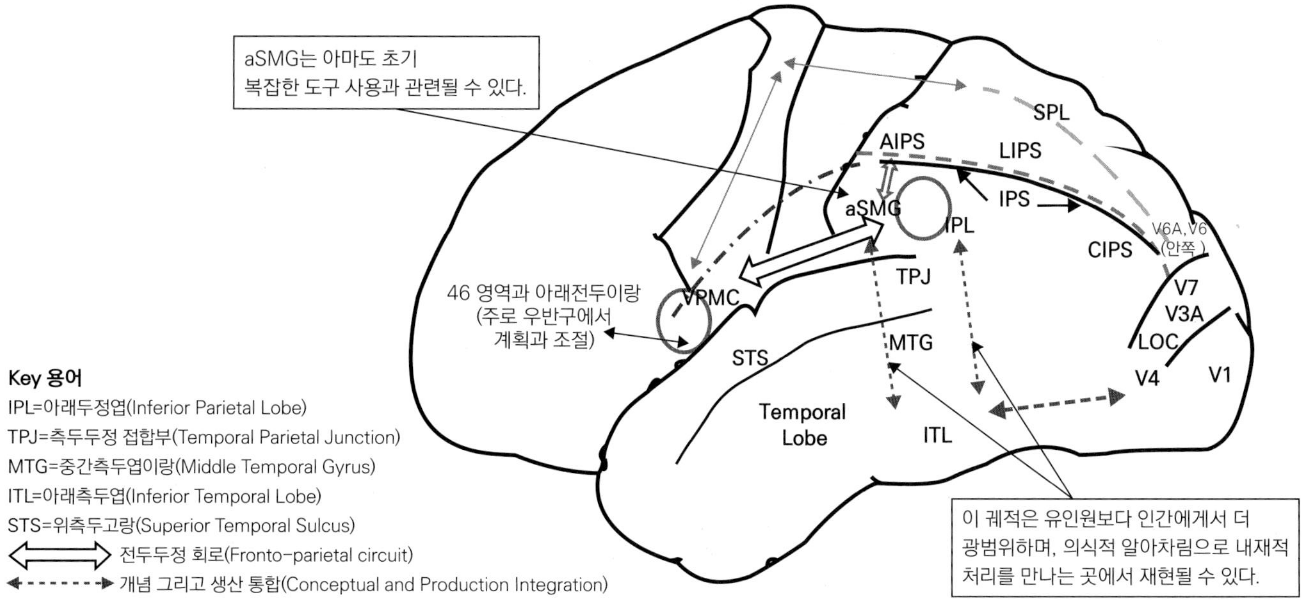

[그림 9.4] 인간 피질에서 상호 연결 경로의 전체 배열은 도구를 만들고 사용하는 것과 관련이 있다

개념적/의미적 능력과 관련된 복부 의식적 '무엇' 경로(화살이 있는 두꺼운 회색 점선)는 [그림 9.3]에 표시된 강화된 '원시적' 회로에 추가되었으며, 개념적 그리고 생산 능력의 통합을 나타낸다. 두 개의 원(vPMC 근처 그리고 aSMG와 IPL 사이)은 상호 연결의 중요한 영역을 정의한다.

약어: 앞쪽 모서리위이랑(aSMG, anterior supramarginal gyrus), 두정엽속고랑(IPS, intraparietal sulcus) [앞쪽(A, anterior), 가쪽(L, lateral), 꼬리쪽(C, caudal)], 아래측두엽(ITL, inferior temporal lobe), 가쪽후두피질(LOC, lateral occipital cortex), 중간측두이랑(MTG, middle temporal gyrus), 위두정소엽(SPL, superior parietal lobule), 위측두고랑(STS, superior temporal sulcus), 측두두정 접합부(TPJ, temporal parietal junction), 배쪽전운동피질(vPMC, ventral premotor cortex).

선: vPMC와 aSMG 사이의 긴 회색 라인은 전두두정 회로를 나타낸다. 달리 표시한 경우를 제외하고 [그림 9.3]에서 이전에 지정한 다른 약어와 선이다. 이미지는 저자 제공.

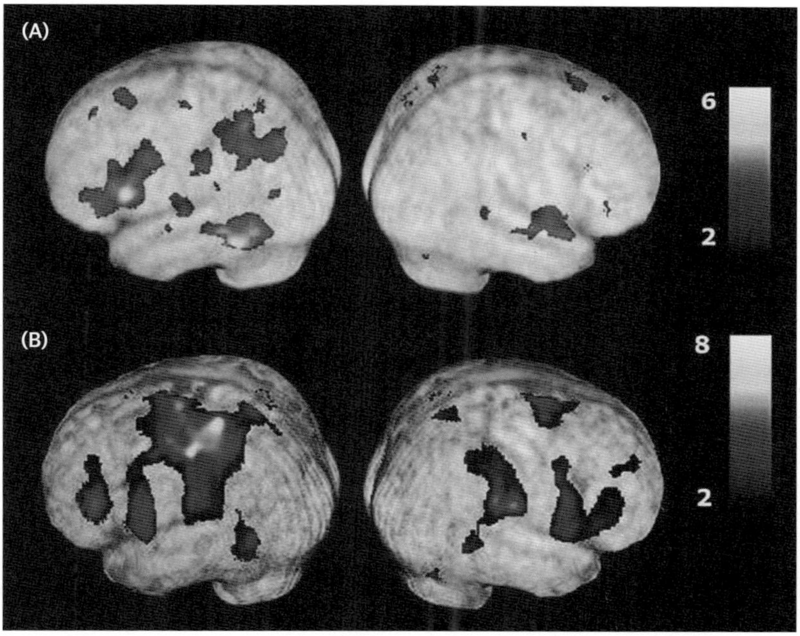

[그림 9.5] 도구 사용이 관찰되었을 때 더 활성화되었다고 식별된 좌반구 네트워크의 활성화를 나타내는 인간 피질의 신경영상

(A, 상단) 무작위 손동작 준비. (B, 하단) 도구 작업. Johnson-Frey et al. (2005)의 A distributed left hemisphere network active during planning of everyday tool use skills, *Cerebral Cortex*에 있는 Figure 2(p. 684)에서 이전에 출판되었다. 저자와 옥스퍼드대학교 출판부의 관대한 허가를 받아 재출간되었다.

료들이 SMG와 전두두정 영역이 전문 돌떼는 자가 도구를 생산하면서 더 많이 관여하게 되었다는 것을 발견한 것은 놀라운 일이 아니다. 사실, 이러한 경로를 연결하는 백질 트랙은 마카크 그리고 침팬지의 경로와 비교하여 위세로다발superior longitudinal fasciculus을 따라 인간에게 더 광범위하다(Bi et al., 2015; Hecht et al., 2013, 2015; Stout & Hecht, 2017). 호지슨Hodgson(2007, 2012)은 이러한 트랙과 관련된 뇌 부위는 도구 제작의 진화를 이해하는 데 중요한 영향을 미친다고 제안했다.

도구 고고학을 위한 함의

진화와 도구

호모 하빌리스의 존재에 대한 연대가 이전에 예측되었던 것보다 훨씬 더 오래 되었다는 사실(Spoor et al., 2015)은 가계도가 230만 년 전 이전으로 거슬러 올라간다는 것을 시사한다. 이는 올도완 유사 도구인 '로메크위안Lomekwian'(LOM3)이 최소 330만년 전까지 거슬러 올라간다는 최근 조사 결과와 일치한다(Harmand et al., 2015). 이 순서의 올도완 이전 도구는 330만 년 전에 소뇌 그리고 척추 트랙뿐만 아니라 체내 감각, 전운동/운동 피질 그리고 시각 영역의 초기 재구성과 관련하여 약간 강화된 손 조절 기능을 지원한다(Harmand et al., 2015). 이는 할로웨이Holloway(2008)의 관측과 일치하며, 초승달고랑lunate sulcus은 이미 오스트랄로피테쿠스에서 대체되었다. 또한, 올도완 호미닌의 기본 공간 능력이 앞선 호미닌보다 약간 향상되었다는 윈의 주장과도 일치한다(Wynn, Tierson, & Palmer, 1996). 이러한 속성은 초기 호미닌 뇌가 비인간 영장류에서 발견된 도구 사용보다 진화하여 도구를 생산하기 위해 준비되었다는 것을 나타낸다(Wynn, 2010; Wynn et al., 1996; 이 책의 제1장을 보라). 칸지와 같은 보노보는 인위적 상황에서 도구를 제작하기 위해 돌을 두드리는 법을 배울 수 있지만, 그들의 기술은 올도완 도구를 제작하는 데 필요한 기술에는 여전히 미치지 못한다는 점에 유의해야 한다(Toth & Schick, 2009). 이것은 도구를 사용하는 방법을 학습할 때 진원류 IPS에서 이중모드 뉴런이 강화된 이전의 관찰과 부합된다(Hihara et al., 2006). 주요 문제는 어떻게 대뇌피질에서 식별된 다양한 트랙이 다른 수준의 전문지식과 병행하여 재구성 그리고 강화를 거쳤는지 결정하는 것이다. 조상 종ancestral species들은 더 복잡하고 가변적인 도구가 나타나기 시작하면서 이전의 내재적 단계에서 외현적으로 프로그램된 단계로 넘어갔다.

슐츠, 넬슨 그리고 던바Shultz, Nelson, and Dunbar(2012)는 **호모 하빌리스**와 함께 나타나고 **호모 에르가스터**가 뒤따르는 급속한 성장의 일화가 혼재된 두뇌 확장에 있어 광범위한 상대적 균형 상태를 주장해 왔다. 그러고 나서 초기부터 후기 **호모 에렉투스**까지 뇌의 크기가 점차적으로 증가한 것으로 보이며, 그다음으로는 **호모 하이델베르겐시스**의 급속한 변화가 있었고, 마지막 단계는 약 10만 년 전 현생 인류에게 일어난 것으로 보인다. 이러한 급격한 변화 중 일부는 새로운 기법 복합체와 함께 발생했다. 예를 들어, **호모 에르가스터**(또는 초기 **호모 에렉투스**)는 180만 년 전 즈음 나타났는데, 이것은 아슐리안 도구와 거의 같은 시간이었다. 그러나 **호모 에렉투스**의 뇌 크기가 이 시기부터 그리고 아슐리안 단계 동안 점진적으로 증가했음에도 불구하고, 혁신은 상대적으로 보수적이었다(Lycett & Gowlett, 2008; Sharon, Alperson-Afil, & Goren-Inbar, 2011). 이 문제는 약 70만 년 전 이후인 아슐리안의 후반기 동안 발생한 것으로 보이는 기법과 정교함의 일부 발전으로 완화될 필요가 있다(Clark, 2001; Gowlett, 2006; Stout, 2011; Wynn, 2002; Wynn & Coolidge, 2016; 그러나 일부 평론가들은 이것을 논쟁한다, 예를 들면, McNabb & Cole, 2015).

후기 아슐리안(Clark, 2001; Gowlett, 2006; Stout et al., 2014; Wynn, 2002, 2014) 동안 더 작고 정교한 도구에 대한 추세가 발생했다는 의견 일치는 더 큰 뇌를 가진 종인 **호모 하이델베르겐시스**의 출현과 일치하는 것으로 보인다. 이것은 아슐리안의 시작부터 **호모 하이델베르겐시스**

까지 긴 기간을 설명해야 하는데, 이 기간 동안 도구들에서 뚜렷한 변화가 거의 없었기 때문이다. 또한, 이것은 뇌의 점진적인 팽창과 도구 모양과 유형의 명백한 변화 부족 사이에 불일치를 야기한다. 그러나 에티오피아에서의 최근 증거는 석기의 정교함과 대칭성이 실제로 약 85만 년~175만 년 전까지(Beyene, Asfaw, Sano, & Suwa, 2015; Beyene et al., 2013) 그리고 그 이후(Iovita et al., 2017)까지 발생했다는 것을 입증했다. 이는 대칭, 정교함 그리고 표준화의 동반 증가가 분명한 유사 기간 동안의 에티오피아의 다른 유적지에 의해 입증되었다(Gallotti, Raynal, Geraads, & Mussi, 2014). 바이엔과 동료들Beyene and colleagues(2015, p. 72)은 "이 기간 중 더 잘 만들어진 주먹도끼와 가로날도끼는 미세한 직선 날과 함께 상당히 얇고 3차원 대칭 형태를 보이는 형태학에서 표준화되는 경향이 있다"라고 결론 내렸다. 더욱이, 르 텐저Le Tensorer(2009)는 대략 50만 년 전에 시리아에서 8,000개가 넘는 주먹도끼를 발견했다고 보고했고, 대다수는 대칭에서 현저한 일관성을 보였다. 그러므로 비록 몇몇 연구원들이 정교함의 진보를 반박하지만, 이러한 합리적으로 확실한 예들은 **호모 에렉투스**의 인지 능력이 시간이 지남에 따라 증가했다는 것을 제안하는 진보적인 경향의 현실을 확인한다. 이 점에 있어서, 발사체 무기로 사용된 것으로 생각되는 아슐리안 회전타원체spheroids도 정교함을 보였다(Wilson, Zhu, Barham, Stanistreet, & Bingham, 2016). 사실, 로블랑셰와 반Lorblanchet and Bahn(2017)은 회전타원체의 대칭이 점점 더 완벽해지는 것은 올도완에 처음 나타나서 아슐리안 전역에 걸쳐 진행되며, 형상의 미학에 대한 관심이 커진 결과일 수도 있다고 주장했다.

이러한 통찰은 돌떼기가 의존하는 신경 구조가 점차 상호의존적이 되었고, 뇌 크기의 점진적인 증가와 함께, 후대의 **호모 에렉투스**에서 뇌의 영구적인 특징이 되었음을 시사한다. 그러나 이는 엄격한 유전자 결정 시나리오를 의미하는 것이 아니라, 볼드윈 효과Baldwin effect[133]를 통해, 적응적이고 확장된 재현형으로 개발을 이끈 기법 관련 유전자의 점진적인 발생을 의미한다(Baldwin, 1896; Corbey, Jagich, Vaesen, & Collard, 2016; Hodgson, 2012; Sznajder, Sabelis, & Egas, 2012). 여기에서는 유전자 동화genetic assimilation[134]를 통해 그리고 평균 집단 구성원, 필터링된 연속적인 근사치와 그러한 성질의 선택적 이점을 촉진하는 학습을 통해 도구를 생산하기 위한 효율성 증가를 발생시키는 피드백 루프를 포함시킬 것이다(Waddington, 1953). 실제로, 최근 공간적 능력이 유전적 구성요소에 의해 구조화된 별개의 인지 도메인으로 존재하는 것이 확인되었다(Shakeshaft et al., 2016). 이러한 특성은 변화하는 적합도 환경에서 즉각적인 환경에 대한 변화가 이로운 적소 건설에서 발생하는 장점으로 보완될 것이다(Laland & Sterelny, 2006). 실제로 바이엔과 동료들Beyene and colleagues(2013, 2015)은 지정된 90만 년 동안 시각적 공간 능력이 석기 정교화의 미묘한 진보로 개선되었고, 따라서 이 기간 동안 최소 인지 능력을 확인하는 프록시가 된다고 주장한다(Wynn, 2002).[135]

그러나 아슐리안 단계 동안 도구의 정교함은 **호모 하이델베르겐시스**가 다른 재료로 다른 도구 유형을 점점 더 많이 만들었기 때문에 주먹도끼에만 국한되지 않는다. 예를 들어, 뼈와 뿔은 박스그로브Boxgrove와 빌징슬벤Bilzingsleben에서 도구를 만드는 데 활용되었으며(Mania

133 학습된 행동이 진화에 미치는 영향이다(역자 주).

134 처음의 표현형을 자연선택 또는 인공선택함으로, 나중에 유전자로 코드화되는 현상(역자 주).

135 **최소 인지 능력**은 도구를 만드는 사람이 인공물이 보여주는 것보다 인지 능력이 더 있을 가능성을 의미한다(Wynn, 2002). 이에 비해 '최대 인지 능력'(McNabb & Cole, 2015)은 특정 인공물이 인지 능력의 한계를 나타낸다는 것을 의미한다. 원의 정의는 매우 희박한 고고학적 지평에서 기본적인 능력 수준만을 추론할 수 있기 때문에 더 유용한 것으로 보인다.

& Mania, 2005; Pope & Roberts, 2005; Wenban-Smith, 1999), 쇄닝겐 Schöningen '창spear'에서 목재가 사용되었음은(Thieme, 2005) 다양한 재료가 탐구되고 있음을 확인해주었다. 더욱이, 자루가 달린 도구는 약 50만 년 전에 나타나기 시작했다(Wilkins, Schoville, Brown, & Chazan, 2012). 이러한 발견은 더 복잡한 도구를 생산하기 위해 새로운 물질을 조작하는 데 그러한 능력을 적용함으로써 기본적인 시각 공간 능력이 보완되고 있음을 나타낸다. 더욱이 형상에 대한 관심은 대칭에 대한 과도한 우려를 나타내는 예외적으로 큰 주먹도끼의 출현으로 입증되었듯, 실용주의 우려와는 무관한 것으로 보인다(Hodgson, 2011). 주먹도끼가 찍는 도구나 자갈이 아닌 코끼리의 뼈로 만들어지기 시작했다는 사실은 실용적인 의식의 목적을 넘어서는 특정 물질에 대한 관심을 시사한다(Hodgson, 2009a, 2009b, 2011; Zutovski & Barkai, 2016). 더욱이, 다른 큰 동물 뼈의 사용 가능함에도 불구하고, 다양한 지역에 걸쳐 오직 코끼리 뼈만이 양날을 만드는 데 사용되었다. 이처럼, 일부 후기 주먹도끼는 50만 년 전 이후로 더 빈번하게 고고학적 기록에 나타나는 대칭성 깨짐과 같은 특이한 형태로 특징을 보인다(Wynn, 2000, 2002, 2014). 윈 Wynn(2014)이 제안한 바와 같이, 이는 내부적으로 생성된 이미지를 작동하여 행동을 안내할 수 있는 '내부 가상 공간'의 출현을 입증한다.

그러므로 초기 아슐리안 동안, 뇌의 크기의 점진적인 성장은 묘사된 방식으로 피질의 미묘한 재조직과 유사하다고 가정할 수 있다. 그러므로 올도완과 초기 아슐리안 동안 도구 형태론의 정교함의 느린 변화는 지정된 신경 하위 구조의 점차적으로 진화하는 함수였을 수 있다. 이는 이러한 하위체계가 더 큰 규모로 나타나기 전에 미묘한 변화가 일어났음을 시사한다. 그러나 도구 유형의 범위가 넓어지고 보다 복잡한 **작업**

순서분석이 발생하기 전에는(Hodgson, 2007, 2012; Stout & Hecht, 2017) 기저의 백질 트랙이 배쪽 경로 '무엇'('지각의 비전')과 등쪽 경로 '어디/어떻게'('행동을 위한 비전')의 완전한 통합이 이루어지지 않았다(Milner & Goodale, 2008).

요약하면, 올도완 도구는 의식적으로 정의된 '무엇' 배쪽 연결로로부터 상대적으로 독립적인 기능을 하는 강화된 '원시적' 눈 먼 등쪽 경로에 의해 매개되었다. 정확히 이 원시적 트랙이 잘 보이지 않기 때문에, 변경되고 있는 재료들은 궁극적인 결과물들을 발판으로 삼는 단서들을 제공했다. 즉, 실제 도구 제작 절차 동안 재료와의 상호작용이 필요했으며, 작용이 관련 재료와 불가분하게 얽혀 있는 일시적 사건 인지(Donald, 2007)에 기초할 수 있다.

토론

일부 학자들은 아슐리안 발전 초기부터 형태 또는 도구 정교화가 거의 또는 전혀 발달하지 않았다고 주장하지만(McNabb & Cole, 2015), 여기에서 인용한 최근의 경험적 연구에서 알 수 있듯이 점점 더 많은 증거들이 그렇지 않다고 제안한다(Hodgson, 2015; Stout & Hecht, 2017; Wynn & Coolidge, 2016). 도구를 만드는 데 더 많은 범위의 재료가 사용되었고 후기 중기 홍적세Late Middle Pleistocene 동안 코끼리 뼈를 사용하여 주먹도끼를 만드는 것에 관심이 생겼다는 사실과 함께, 이 이정표는 도구의 비기능적인 측면에 대한 증가하는 우려를 나타낸다. 그러한 통찰은 초기 아슐리안 동안, 특히 IPS 내의 배등쪽 경로를 따라 시각 공간 트랙이 변경되었고, 비인간 영장류의 동일한 영역에 비해 추가적인 기능을 채용했다는 것을 나타낸다. 그러나 초기 아슐리안 동안 도구 제작은 변화를 겪고 있는 물질에 의해 계속 제약을 받았고, 거의 완전히 구현되었다. 도구 형상에 대한 원시 미학적인 관심이 생겨났을 때 비로소 SMG를 통해 두정엽속 영역과 배쪽 경로가 보다 완전하게 연결되기 시작했다. 이에 따라 정교한 도구 제작을 위한 정신적 템플릿이 가능해졌다. 이러한 방식으로, 시각적 시공간 스케치패드는 기법된 내재적 우발성의 결과로서뿐만 아니라, 특히 배쪽 연결로와 전두엽 영역의 다른 영역과 접속함으로써 강화되었다. 흥미롭게도 로지와 반 데르 뮐렌Logie and van der Meulen(2008)은 현대의 시공간 스케치패드를 두 영역으로 구분해야 한다고 제안한다. 하나는 형태와 색상에 관한 분해 가능한 정보를 일시적으로 저장하는 '시각적 저장소'라고 불리고, 다른 하나는 '내부 새김the inner scribe'으로 알려져 있는데 시각적 저장소에서 정보의 리허설이 잠재적으로 발생할 수 있는 동작을 계획하기 위해 사용되는 임시 공간 저장소이다. 이 두 개의 체계는 각각 좌뇌와 우뇌에 관련되었고, 앞서 언급한 '무엇 배쪽'과 '어디/어떻게 등쪽' 뇌 트랙과 연결할 수 있는 가능성으로 이어졌다. 이 연구결과는 아슐리안 도구가 더 표준화되고 대칭이 된 70만 년 전에 이러한 트랙이 더욱 통합되고 있다는 윈Wynn(2002, 2014)과 호지슨Hodgson(2005, 2009a, 2009b, 2011, 2012)의 주장에 영향을 미친다.

가로날도끼와 같은 다른 아슐리안 도구보다 형상의 프로필profile과 관련하여 주먹도끼가 왜 그렇게 중요하게 되었는지에 대한 문제는 주먹도끼가 양날로 작동하는 반면에 가로날도끼는 외날로 떼어졌다는 사실과 관련이 있을 수 있다. 결과적으로, 주먹도끼는 가로날도끼보다 회전을 더 자주 겪으며, 따라서 대칭에 대한 더 큰 인지를 촉진한다(Hodgson, 2011). 회전타원체도 마찬가지이다. 주먹도끼의 윤곽선 또한 가로날도끼의 윤곽선보다 지각적으로 덜 복잡하여 돌출성이 증가한다. 이것은 생산의 능동적인 수동 제어에 관련된 현생 인류가 대상을 볼 때 시각적 인식과 학습이 빨라진다는 사실에 의해 뒷받침된다(Harman, Humphrey, & Goodale, 1999; James, Humphrey, & Goodale, 2001). 따라서 이러한 관점의 능동적 탐구는 대상의 3D 구조의 학습을 촉진한다(예: 환경중심적 지각은 정신 회전을 위한 능력과 유클리드 기하학의 내재적 이해와 관련이 있다. Wynn, 1989, 2010).

초기에서 중기 아슐리안 동안 뇌의 크기와 도구의 복잡성 증가 사이에 직접적인 연관성이 없다는 의견은 두 가지 이유로 그러한 연관성이 실제로 존재할 수 있다는 제안에 의해 반박된다. 첫째, 도구의 정교함에 있어 미묘한 변화가 있었지만, 바이엔과 동료들Beyene and colleagues(2013, 2015) 그리고 기타 연구결과(Gallotti et al., 2014; Iovita et al., 2017)에서 제시된 바와 같이 이러한 변화는 과소평가되었다. **호모 에렉투스** 뇌 크기의 점진적인 증가는 부분적으로 등쪽 연결로의 신경 구조의 점진적인 강화에 의해 추진되었고, 배쪽 경로와 이 연결로가 서로 물리며 누적이 되었다. 이러한 혼동이 후기 아슐리안 동안 완전히 작동하게 된 후에야 비로소 복합도구도 사회 문화적 요인으로부터 더 많은 정보를 요구받았을 수 있지만, 자루와 복합도구를 포함한 더 복잡한 도구가 생산될 수 있었다. 50만 년 전 이후부터 사용할 수 있는 복잡한 도구를 만드는 데 필요한 환경중심(비자기중심non-egocentric) 프레임은 대상을 다양한 관점에서 시각화할 수 있도록 했다. 이러한 관점을 다루는 능력은 특히 팬터마임을 포함할 때 다른 사람의 행태로부터 학습을 촉진할 수 있다는 점에서(Iriki, 2006) 도구 제작의 사회적 측면에 영향을 미쳤을 수 있다 (Frey, 2008).

결론

현존하는 비인간 영장류와 비교하여 도구 제작 그리고 도구 사용과 관련하여 네 가지 단계의 신경 인지가 발생한 것으로 보인다.

(1) 올도완 도구와 관련된 IPS를 따라 '원시적' 등쪽 체계의 제한적 조정된다.
(2) IPS를 따라 배전운동 피질에 투사되는 강화된 배등쪽 체계 덕택에 초기 아슐리안 동안, 이 '원시적' 경로의 확대된다.
(3) 특히 aSMG 그리고 아래전두이랑을 통해 전운동영역 그리고 아래두정엽 영역에 대한 연결이 개선되어 후기 아슐리안 동안 IPS 내 배등쪽 연결로의 추가 강화된다.
(4) 중기 구석기/석기시대에 복합도구의 출현과 개념적/의미적 도메인을 추가했는데, '무엇'의 배쪽 경로와 아래전두이랑과의 연계 증가로 구동된다.

비인간 영장류와는 대조적으로, 추가의 시각 공간 좌표는 올도완 도구의 생산을 용이하게 한 기본적인 영장류 '원초적' 배등쪽 경로로부터 오스트랄로피테쿠스/**호모 하빌리스**의 IPS로 초안되었을 수 있다. 이것은 나중에 **호모 에렉투스**에 의한 초기 아슐리안 도구 제작을 촉진하며,

동작으로부터 3D 모양과 같은 시각적 기능으로 강화되었다. 이러한 증가들이 점점 더 체내 감지 그리고 운동 체계와 상호 연관됨에 따라, 호미닌은 더 큰 감각으로 대상을 작동하고 성형할 수 있었다. 배등쪽 그리고 등등쪽 연결로는 올도완 그리고 아슐리안 도구의 보수성을 유도하는 방식으로 구현된다는 점에서 관련 대상과 밀접하게 관련되는 정보를 암시적으로 처리할 수 있는 수단을 제공했다.

나중에 아슐리안 도구는 움직임에서 3D 형상의 처리와 관련하여 대칭과 좌표에 대한 더 큰 관심을 야기한 aSMG를 통해 IPS의 강화와 IPL의 모집을 증가시켰다. 마침내, IPL은 더 복잡한 도구의 생산에 중요한 역할을 담당하기 시작했으며, 배쪽 경로의 과도한 알아차림과 연결되어 개념적 책무가 중재되었다. 이는 **호모 하이델베르겐시스**(Dubreuil, 2010)와 함께 아마도 '티핑 포인트tipping point'[136]에 도달한 피질의 이 부분의 재구성을 추진했을 것이다. 배쪽 연결로가 등쪽 경로와 완전히 결합되기 시작했을 때, 이것은 더 넓은 범위의 도구를 생산하고 사용할 수 있는 능력으로 이어질 수 있다. 따라서 도구 제작과 관련된 상호 처리에 대응하여 발생한 신경 경로의 재구성 덕분에, 인간의 뇌는 시각 공간, 시각 운동 그리고 (의식적인) 시각적 능력을 포함하여 결합할 수 있는 많은 수준의 시각적 정보를 허용하는 독특한 구조를 실현하게 되었다.

136 갑자기 뒤집히는 점이란 뜻으로 때로는 엄청난 변화가 작은 일들에서 시작될 수 있고 대단히 급속하게 발생할 수 있다는 의미로 사용되는 개념(역자 주).

감사

편집 과정을 용이하게 하는 데 도움을 준 카렌레이 오버만Karenleigh A. Overmann과 프레데릭 쿨리지Frederick L. Coolidge에게도 감사드린다. 원고를 개선하는 데 도움이 되는 논평을 준 익명의 평론가들에게도 또한 감사를 표한다. 마지막으로, 제 연구를 이 장의 수준으로 인도해 준 톰 윈Tom Wynn의 장기적인 지원과 격려에 진심으로 감사드린다.

참고문헌

Ambrose, S. H. (2001). Paleolithic technology and human evolution. *Science, 291*(5509), 1748–1753.

Baddeley, A. D. (2007). *Working memory, thought, and action*. New York: Oxford University Press.

Baddeley, A. D., & Hitch, G. J. (1974). Working memory. In G. H. Bower (Ed.), *The psychology of learning and motivation: Advances in research and theory* (Vol. 8, pp. 47–89). New York: Academic Press.

Baldwin, J. M. (1896). A new factor in evolution. *American Naturalist, 30*(354), 441–451.

Beauchamp, M. S., & Martin, A. (2007). Grounding object concepts in perception and action: Evidence from fMRI studies of tools. *Cortex, 43*(3), 461–468.

Beck, D. M., Pinsk, M. A., & Kastner, S. (2005). Symmetry perception in humans and macaques. *Trends in Cognitive Sciences, 9*(9), 405–406.

Beyene, Y., Asfaw, B., Sano, K., & Suwa, G. (Eds.). (2015). *Konso-Gardula research project. Vol. 2, Archaeological collections: Background and the early Acheulean assemblages. Bulletin 48.* Tokyo: University of Tokyo.

Beyene, Y., Katoh, S., WoldeGabriel, G., Hart, W. K., Uto, K., Sudo, M., . . . Asfaw, B. (2013). The characteristics and chronology of the earliest Acheulean at Konso, Ethiopia. *Proceedings of the National Academy of Sciences of the United States of America, 110*(5), 1584–1591.

Bi, Y., Han, Z., Zhong, S., Ma, Y., Gong, G., Huang, R., . . . Caramazza, A. (2015). The white matter structural network underlying human tool use and tool understanding. *Journal of Neuroscience, 35*(17), 6822– 6835.

Binkofski, F., & Buxbaum, L. J. (2013). Two action systems in the human brain. *Brain and Language, 127*(2), 222–229.

Bruner, E. (2010). Morphological differences in the parietal lobes with the human genus: A neurofunctional perspective. *Current Anthropology, 51*(1), S77–S88.

Burgess, N. E., Jeffery, K. J., & O'Keefe, J. E. (1999). The hippocampal and parietal foundations of spatial cognition. In N. E. Burgess, K. J. Jeffery, & J. E. O'Keefe (Eds.), *The hippocampal and parietal foundations of spatial cognition* (pp. 3–20). Oxford, UK: Oxford University Press.

Buxbaum, L. J. (2001). Ideamotor apraxia: A call to action. *Neurocase, 7*(6), 445–458.

Buxbaum, L. J., Shapiro, A. D., & Coslett, H. B. (2014). Critical brain regions for tool-related and imitative actions: A componential analysis. *Brain, 137*(7), 1971–1985.

Caruana, F., Avanzini, P., Mai, R., Pelliccia, V., LoRusso, G., Rizzolatti, G., & Orban, G. A. (2017). Decomposing tool-action observation: A stereo-EEG study. *Cerebral Cortex, 27*(8), 4229–4243.

Clark, J. D. (2001). Variability in primary and secondary technologies of the Later Acheulian in Africa. In S. Miliken & J. Cook (Eds.), *A very remote period indeed: Papers on the Palaeolithic presented to Derek Roe* (pp. 1–18). Oakville, CT: Oxbow Books.

Corbey, R., Jagich, A., Vaesen, K., & Collard, M. (2016). The Acheulean handaxe: More like a bird's song than a Beatles' tune? *Evolutionary Anthropology: Issues, News, and Reviews, 25*(1), 6–19.

Cronin-Golomb, A., & Hof, P. R. (Eds.). (2004). *Vision in Alzheimer's disease*. Basel: Karger Medical and Scientific Publishers.

Davare, M., Rothwell, J. C., & Lemon, R. N. (2010). Causal connectivity between the human anterior intraparietal area and premotor cortex during grasp. *Current Biology, 20*(2), 176–181.

Denys, K., Vanduffel, W., Fize, D., Nelissen, K., Peuskens, H., Van Essen, D., & Orban, G. A. (2004). The processing of visual shape in the cerebral cortex of human and nonhuman primates: A functional magnetic resonance imaging study. *Journal of Neuroscience, 24*(10), 2551–2565.

Donald, M. (2007). The slow process: A hypothetical cognitive adaptation for distributed cognitive networks. *Journal of Physiology—Paris, 101*(4), 214–222.

Dubreuil, B. (2010). Paleolithic public goods games: Why human culture and cooperation did not evolve in one step. *Biology and Philosophy, 25*(1), 53–73.

Durand, J. B., Nelissen, K., Joly, O., Wardak, C., Todd, J. T., Norman, J. F., . . . Orban, G. A. (2007). Anterior regions of monkey parietal cortex process visual 3D shape. *Neuron, 55*(3), 493–505.

Farah, M. J. (2004). *Visual agnosia* (2nd ed.). Cambridge, MA: MIT Press.

Fattori, P., Breveglieri, R., Marzocchi, N., Filippini, D., Bosco, A., & Galletti, C. (2009). Hand orientation during reach-to-grasp movements modulates neuronal activity in the medial posterior parietal area V6A. *Journal of Neuroscience, 29*(6), 1928–1936.

Fattori, P., Gamberini, M., Kutz, D. F., & Galletti, C. (2001). "Armreaching" neurons in the parietal area V6A of the macaque monkey. *European Journal of Neuroscience, 13*(12), 2309–2313.

Fattori, P., Kutz, D. F., Breveglieri, R., Marzocchi, N., & Galletti, C. (2005). Spatial tuning of reaching activity in the medial parieto-occipital cortex (area V6A) of macaque monkey. *European Journal of Neuroscience, 22*(4), 956–972.

Frey, S. H. (2008). Tool use, communicative gesture and cerebral asymmetries in the modern human brain. *Philosophical Transactions of the Royal Society of London. Series B, Biological Sciences, 363*(1499), 1951–1957.

Gallotti, R., Raynal, J.-P., Geraads, D., & Mussi, M. (2014). Garba XIII (Melka Kunture, Upper Awash, Ethiopia): A new Acheulean site of the late Lower Pleistocene. *Quaternary International, 343*, 17–27.

Goodale, M. A., & Milner, A. D. (2013). *Sight unseen: An exploration of conscious and unconscious vision* (2nd ed.). Oxford, UK: Oxford University Press.

Gowlett, J. A. J. (2006). The elements of design form in Acheulian bifaces: Modes, modalities, rules and language. In N. Goren-Inbar & G. Sharon (Eds.), *Axe age: Acheulian tool-making from quarry to discard* (pp. 203–222). London: Equinox.

Grafton, S. T. (2010). The cognitive neuroscience of prehension: Recent developments. *Experimental Brain Research, 4*(4), 475–491.

Grèzes, J., Armony, J. L., Rowe, J., & Passingham, R. E. (2003). Activations related to "mirror" and "canonical" neurons in the human brain: An fMRI study. *NeuroImage, 18*(4), 928–937.

Gurd, J. M., Fink, G. R., & Marshall, J. C. (2002). Tacit symmetry detection and explicit symmetry processing. *Behavioral and Brain Sciences, 25*(3), 409.

Harman, K. L., Humphrey, G. K., & Goodale, M. A. (1999). Active manual control of object views facilitates visual recognition. *Current Biology, 9*(22), 1315–1318.

Harmand, S., Lewis, J. E., Feibel, C. S., Lepre, C. J., Prat, S., Lenoble, A., . . . Roche, H. (2015). 3.3-million-year-old stone tools from Lomekwi 3, West Turkana, Kenya. *Nature, 521*(7552), 310–315.

Hecht, E. E., Gutman, D. A., Khreisheh, N., Taylor, S. V, Kilner, J., Faisal, A. A., . . . Stout, D. (2015). Acquisition of Paleolithic toolmaking abilities involves structural remodeling to inferior frontoparietal regions. *Brain Structure and Function, 220*(4), 2315–2331.

Hecht, E. E., Gutman, D. A., Preuss, T. M., Sanchez, M. M., Parr, L. A., & Rilling, J. K. (2013). Process versus product in social learning: Comparative diffusion tensor imaging of neural systems for action execution–observation matching in macaques, chimpanzees, and humans. *Cerebral Cortex, 23*(5), 1014–1024.

Hihara, S., Notoya, T., Tanaka, M., Ichinose, S., Ojima, H., Obayashi, S., . . . Iriki, A. (2006). Extension of corticocortical afferents into the anterior bank of the intraparietal sulcus by tool-use training in adult monkeys. *Neuropsychologia, 44*(13), 2636–2646.

Hodgson, D. (2005). More on Acheulean tools. *Current Anthropology, 46*(4), 647–650.

Hodgson, D. (2007). The reorganisation of primary visual cortex and extrastriate areas of the human brain in relation to evolution and behavioural indicators. Paper presented at Centre for Archaeology of Human Origins, Southampton University.

Hodgson, D. (2009a). Evolution of the visual cortex and the emergence of symmetry in the Acheulean techno-complex. *Comptes Rendus Palevol, 8*(1), 93–97.

Hodgson, D. (2009b). Symmetry and humans: Reply to Mithen's "sexy handaxe theory." *Antiquity, 83*(319), 195–198.

Hodgson, D. (2011). The first appearance of symmetry in the human lineage: Where perception meets art. *Symmetry, 3*(1), 37–53.

Hodgson, D. (2012). Hominin tool production, neural integration and the social brain. *Human Origins, 1*, 41–64.

Hodgson, D. (2015). The symmetry of Acheulean handaxes and cognitive evolution. *Journal of Archaeological Science: Reports, 2,* 204–208.

Holloway, R. L. (2008). The human brain evolving: A personal retrospective. *Annual Review of Anthropology, 37,* 1–19.

Husain, M., & Nachev, P. (2007). Space and the parietal cortex. *Trends in Cognitive Sciences, 11*(1), 30–36.

Iovita, R., Tuvi-Arad, I., Moncel, M.-H., Despriée, J., Voinchet, P., & Bahain, J.-J. (2017). High handaxe symmetry at the beginning of the European Acheulian: The data from La Noira (France) in context. *PLoS One, 12*(5), e0177063.

Iriki, A. (2006). The neural origins and implications of imitation, mirror neurons and tool use. *Current Opinion in Neurobiology, 16*(6), 660–667.

Iriki, A., Tanaka, M., & Iwamura, Y. (1996). Coding of modified body schema during tool use by macaque postcentral neurons. *NeuroReport, 7*(14), 2325–2330.

Ishibashi, H., Hihara, S., & Iriki, A. (2000). Acquisition and development of monkey tool-use: Behavioural and kinematic analyses. *Canadian Journal of Physiology and Pharmacology, 78*(11), 958–966.

Jakobson, L. S., Archibald, Y. M., Carey, D. P., & Goodale, M. A. (1991). A kinematic analysis of reaching and grasping movements in a patient recovering from optic ataxia. *Neuropsychologia, 29*(8), 803–809.

James, K. H., Humphrey, G. K., & Goodale, M. A. (2001). Manipulating and recognizing virtual objects: Where the action is. *Canadian Journal of Experimental Psychology, 55*(2), 111–120.

James, T. W., Humphrey, G. K., Gati, J. S., Menon, R. S., & Goodale, M. A. (2002). Differential effects of viewpoint on object-driven activation in dorsal and ventral streams. *Neuron, 35*(4), 793–801.

Jeannerod, M. (1986). The formation of finger grip during prehension: A cortically mediated visuomotor pattern. *Behavioural Brain Research, 19*(2), 99–116.

Johnson-Frey, S. H., Newman-Norlund, R., & Grafton, S. T. (2005). A distributed left hemisphere network active during planning of everyday tool use skills. *Cerebral Cortex, 15*(6), 681–695.

Kibunjia, M. (1994). Pliocene archaeological occurrences in the Lake Turkana basin. *Journal of Human Evolution, 27*(1/3), 159–171.

Kravitz, D. J., Saleem, K. S., Baker, C. I., & Mishkin, M. (2011). A new neural framework for visuospatial processing. *Nature Reviews: Neuroscience, 12*(4), 217–230.

Laland, K. N., & Sterelny, K. (2006). Perspective: Seven reasons (not) to neglect niche construction. *Evolution, 60*(9), 1751–1762.

Le Tensorer, J.-M. (2009). The image before the image: Considerations on the colloquium. *Anthropologie, 113*(5), 1005–1017.

Logie, R. H., & van Der Meulen, M. (2008). Fragmenting and integrating visuospatial working memory. In J. F. Brockmole (Ed.), *The visual world in memory* (pp. 1–32). Hove, UK: Psychology Press.

Lorblanchet, M., & Bahn, P. (2017). *The first artists: In search of the world's oldest art.* London: Thames and Hudson.

Lycett, S. J., & Gowlett, J. A. J. (2008). On questions surrounding the Acheulean "tradition." *World Archaeology, 40*(3), 295–315.

Mahon, B. Z., Schwarzbach, J., & Caramazza, A. (2010). The representation of tools in left parietal cortex is independent of visual experience. *Psychological Science, 21*(6), 764–771.

Malafouris, L. (2010a). Metaplasticity and the human becoming: Principles of neuroarchaeology. *Journal of Anthropological Sciences, 88*, 49–72.

Malafouris, L. (2010b). The brain-artefact interface (BAI): A challenge for archaeology and cultural neuroscience. *Social Cognitive and Affective Neuroscience, 5*, 264–273.

Mania, D., & Mania, U. (2005). The natural and socio-cultural environment of *Homo erectus* at Bilzingsleben, Germany. In C. Gamble & M. Porr (Eds.), *The hominid individual in context: Archaeological investigations of Lower and Middle Palaeolithic landscapes, locales and artefacts* (pp. 98–114). London: Routledge.

Maravita, A., & Iriki, A. (2004). Tools for the body (schema). *Trends in Cognitive Sciences, 8*(2), 79–86.

Martin, A. (2007). The representation of object concepts in the brain. *Annual Review of Psychology, 58*, 25–45.

McNabb, J., & Cole, J. (2015). The mirror cracked: Symmetry and refinement in the Acheulean handaxe. *Journal of Archaeological Science: Reports, 3*, 100–111.

Milner, A. D., & Goodale, M. A. (2006). *The visual brain in action* (2nd ed.). Oxford, UK: Oxford University Press.

Milner, A. D., & Goodale, M. A. (2008). Two visual systems re-viewed. *Neuropsychologia, 46*(3), 774–785.

Nakamura, H., Kuroda, T., Wakita, M., Kusunoki, M., Kato, A., Mikami, A., . . . Itoh, K. (2001). From three-dimensional space vision to prehensile hand movements: The lateral intraparietal area links the area V3A and the anterior intraparietal area in macaques. *Journal of Neuroscience, 21*(20), 8174–8187.

Orban, G. A., Claeys, K., Nelissen, K., Smans, R., Sunaert, S., Todd, J. T., . . . Vanduffel, W. (2006). Mapping the parietal cortex of human and non-human primates. *Neuropsychologia, 44*(13), 2647–2667.

Orban, G. A., Sunaert, S., Todd, J. T., Van Hecke, P., & Marchal, G. (1999). Human cortical regions involved in extracting depth from motion. *Neuron, 24*(4), 929–940.

Orban, G. A., van Essen, D., & Vanduffel, W. (2004). Comparative mapping of higher visual areas in monkeys and humans. *Trends in Cognitive Sciences, 8*(7), 315–324.

Peeters, R. R., Rizzolatti, G., & Orban, G. A. (2013). Functional properties of the left parietal tool use region. *NeuroImage, 78*, 83–93.

Peeters, R. R., Simone, L., Nelissen, K., Fabbri-Destro, M., Vanduffel, W., Rizzolatti, G., & Orban, G. A. (2009). The representation of tool use in humans and monkeys: Common and uniquely human features. *Journal of Neuroscience, 29*(37), 11523–11539.

Perenin, M.-T., & Vighetto, A. (1988). Optic ataxia: A specific disruption in visuomotor mechanisms. I. Different aspects of the deficit in reaching for objects. *Brain, 111*(3), 643–674.

Pitzalis, S., Fattori, P., & Galletti, C. (2015). The human cortical area V6 and V6a. *Visual Neuroscience, 32*, 1–15.

Pope, M. I., & Roberts, M. B. (2005). Observations on the relationship between Palaeolithic individuals and artefact scatters at the Middle Pleistocene site of Boxgrove, UK. In C. Gamble & M. Porr (Eds.), *The hominid individual in context: Archaeological investigations of Lower and Middle Palaeolithic landscapes, locales and artefacts* (pp. 81–97). London: Routledge.

Preuss, T. M., Qi, H., & Kaas, J. H. (1999). Distinctive compartmental organization of human primary visual cortex. *Proceedings of the National Academy of Sciences of the United States of America, 96*(20), 11601–11606.

Putt, S. S., Wijeakumar, S., Franciscus, R. G., & Spencer, J. P. (2017). The functional brain networks that underlie Early Stone Age tool manufacture. *Nature Human Behaviour, 1,* 1–8.

Rilling, J. K., Glasser, M. F., Preuss, T. M., Ma, X., Zhao, T., Hu, X., & Behrens, T. E. J. (2008). The evolution of the arcuate fasciculus revealed with comparative DTI. *Nature Neuroscience, 11*(4), 426–428.

Roland, P. E. (1993). *Brain activation.* New York: Wiley.

Sakreida, K., Effnert, I., Thill, S., Menz, M. M., Jirak, D., Eickhoff, C. R., ... Binkofski, F. (2016). Affordance processing in segregated parieto-frontal dorsal stream sub-pathways. *Neuroscience and Biobehavioral Reviews, 69,* 89–112.

Sasaki, Y., Vanduffel, W., Knutsen, T., Tyler, C., & Tootell, R. (2005). Symmetry activates extrastriate visual cortex in human and non-human primates. *Proceedings of the National Academy of Sciences of the United States of America, 102*(8), 3159–3163.

Schick, K. D., & Toth, N. P. (2001). Paleoanthropology at the millennium. In G. M. Feinman & T. D. Price (Eds.), *Archaeology at the millennium: A sourcebook* (pp. 39–108). New York: Kluwer Academic.

Schick, K. D., Toth, N. P., Garufi, G., Savage-Rumbaugh, E. S., Rumbaugh, D. M., & Sevcik, R. A. (1999). Continuing investigations into the stone tool-making and tool-using capabilities of a bonobo (*Pan paniscus*). *Journal of Archaeological Science, 26*(7), 821–832.

Shakeshaft, N. G., Rimfeld, K., Schofield, K. L., Selzam, S., Malanchini, M., Rodic, M., ... Plomin, R. (2016). Rotation is visualisation, 3D is 2D: Using a novel measure to investigate the genetics of spatial ability. *Scientific Reports, 6*(30545), 1–10.

Sharon, G., Alperson-Afil, N., & Goren-Inbar, N. (2011). Cultural conservatism and variability in the Acheulian sequence of Gesher Benot Ya'aqov. *Journal of Human Evolution, 60*(4), 387–397.

Shultz, S., Nelson, E., & Dunbar, R. I. M. (2012). Hominin cognitive evolution: Identifying patterns and processes in the fossil and archaeological record. *Philosophical Transactions of the Royal Society of London. Series B, Biological Sciences, 367*(1599), 2130–2140.

Spoor, F., Gunz, P., Neubauer, S., Stelzer, S., Scott, N., Kwekason, A., & Dean, M. C. (2015). Reconstructed *Homo habilis* type OH 7 suggests deep-rooted species diversity in early *Homo*. *Nature, 519*(7541), 83–86.

Stout, D. (2011). Stone toolmaking and the evolution of human culture and cognition. *Philosophical Transactions of the Royal Society of London. Series B, Biological Sciences, 366*(1567), 1050–1059.

Stout, D., Apel, J., Commander, J., & Roberts, M. B. (2014). Late Acheulean technology and cognition at Boxgrove, UK. *Journal of Archaeological Science, 41,* 576–590.

Stout, D., & Chaminade, T. (2007). The evolutionary neuroscience of tool making. *Neuropsychologia, 45*(5), 1091–1100.

Stout, D., & Hecht, E. E. (2017). Evolutionary neuroscience of cumulative culture. *Proceedings of the National Academy of Sciences of the United States of America, 114*(30), 7861–7868.

Stout, D., Toth, N. P., Schick, K. D., & Chaminade, T. (2008). Neural correlates of Early Stone Age tool-making: Technology, language and cognition in human evolution. *Philosophical Transactions of the Royal Society of London. Series B, Biological Sciences, 363*(1499), 1939–1949.

Stout, D., Toth, N. P., Schick, K. D., Stout, J., & Hutchins, G. (2000). Stone tool-making and brain activation: Positron emission tomography (PET) studies. *Journal of Archaeological Science, 27*(12), 1215–1223.

Sznajder, B., Sabelis, M. W., & Egas, M. (2012). How adaptive learning affects evolution: Reviewing theory on the Baldwin effect. *Evolutionary Biology, 39*(3), 301–310.

Taylor, J. A., & Ivry, R. B. (2014). Cerebellar and prefrontal cortex contributions to adaptation, strategies, and reinforcement learning. *Progress in Brain Research, 210*, 217–253.

Thieme, H. (2005). The Lower Palaeolithic art of hunting: The case of Schoningen 13 II-4, Lower Saxony, Germany. In C. Gamble & M. Porr (Eds.), *The hominid individual in context: Archaeological investigations of Lower and Middle Palaeolithic landscapes, locales and artefacts* (pp. 115–132). New York: Routledge.

Todd, J. T. (2004). The visual perception of 3D shape. *Trends in Cognitive Sciences, 8*(3), 115–121.

Tootell, R. B. H., Mendola, J. D., Hadjikhani, N. K., Ledden, P. J., Liu, A. K., Reppas, J. B., . . . Dale, A. M. (1997). Functional analysis of V3A and related areas in human visual cortex. *Journal of Neuroscience, 17*(18), 7060–7078.

Toth, N. P., & Schick, K. D. (2009). The Oldowan: The tool making of early hominins and chimpanzees compared. *Annual Review of Anthropology, 38*, 289–305.

Toth, N. P., Schick, K. D., Savage-Rumbaugh, E. S., Sevcik, R. A., & Rumbaugh, D. M. (1993). *Pan* the tool-maker: Investigations into the stone tool-making and tool-using capabilities of a bonobo (*Pan paniscus*). *Journal of Archaeological Science, 20*(1), 81–91.

Tranel, D., Kemmerer, D., Adolphs, R., Damasio, H., & Damasio, A. R. (2003). Neural correlates of conceptual knowledge for actions. *Cognitive Neuropsychology, 20*(3/6), 409–432.

Ungerleider, L. G., & Mishkin, M. (1982). Two cortical visual systems. In D. J. Ingle, M. A. Goodale, & R. J. W. Manfield (Eds.), *Analysis of visual behavior* (pp. 549–586). Cambridge, MA: MIT Press.

Vanduffel, W., Fize, D., Mandeville, J. B., Nelissen, K., Van Hecke, P., Rosen, B. R., . . . Orban, G. A. (2001). Visual motion processing investigated using contrast agent-enhanced fMRI in awake behaving monkeys. *Neuron, 32*(4), 565–577.

Vanduffel, W., Fize, D., Peuskens, H., Denys, K., Sunaert, S., Todd, J. T., & Orban, G. A. (2002). Extracting 3D from motion: Differences in human and monkey intraparietal cortex. *Science, 298*(5592), 413–415.

Waddington, C. H. (1953). Genetic assimilation of an acquired character. *Evolution, 7*(2), 118–126.

Wagemans, J. (1997). Characteristics and models of human symmetry detection. *Trends in Cognitive Sciences, 1*(9), 346–352.

Warrington, E. K., & James, M. (1988). Visual apperceptive agnosia: A clinico-anatomical study of three cases. *Cortex, 24*(1), 13–32.

Watson, C. E., & Buxbaum, L. J. (2015). A distributed network critical for selecting among tool-directed actions. *Cortex, 65*, 65–82.

Webster, M. J., Bachevalier, J., & Ungerleider, L. G. (1994). Connections of inferior temporal areas TEO and TE with parietal and frontal cortex in macaque monkeys. *Cerebral Cortex, 4*(5), 470–483.

Wenban-Smith, F. F. (1999). Knapping technology. In M. B. Roberts & S. A. Parfitt (Eds.), *Boxgrove: A Middle Pleistocene hominin site at Eartham Quarry, Boxgrove, West Sussex* (pp. 384–395). London: English Heritage.

Wilkins, J., Schoville, B. J., Brown, K. S., & Chazan, M. (2012). Evidence for early hafted hunting technology. *Science, 338*(6109), 942–946.

Wilson, A. D., Zhu, Q., Barham, L., Stanistreet, I., & Bingham, G. P. (2016). A dynamical analysis of the suitability of prehistoric spheroids from the Cave of Hearths as thrown projectiles. *Science Reports, 6*(30614), 1–9.

Wynn, T. (1989). *The evolution of spatial competence*. Chicago, IL: University of Illinois Press.

Wynn, T. (2000). Symmetry and the evolution of the modular linguistic mind. In P. Carruthers & A. Chamberlain (Eds.), *Evolution and the human mind: Modularity, language and meta-cognition* (pp. 113–139). Cambridge, UK: Cambridge University Press.

Wynn, T. (2002). Archaeology and cognitive evolution. *Behavioral and Brain Sciences, 25*(3), 389–402.

Wynn, T. (2010). The evolution of human spatial cognition. In F. L. Dolins & R. W. Mitchell (Eds.), *Spatial cognition, spatial perception: Mapping the self and space* (pp. 213–236). Cambridge, UK: Cambridge University Press.

Wynn, T. (2014). Commentary on "Extended mind and visuo-spatial integration: Three hands for the Neandertal lineage." *Journal of Anthropological Sciences, 92*, 291–293.

Wynn, T., & Coolidge, F. L. (2016). Archeological insights into hominin cognitive evolution. *Evolutionary Anthropology: Issues, News, and Reviews, 25*(4), 200–213.

Wynn, T., Tierson, F. D., & Palmer, C. T. (1996). Evolution of sex differences in spatial cognition. *American Journal of Physical Anthropology, 101*(S23), 11–42.

Zilles, K., & Palomero-Gallagher, N. (2001). Cyto-, myelo-, and receptor architectonics of the human parietal cortex. *Neuroimage, 14*(1), S8–S20.

Zutovski, K., & Barkai, R. (2016). The use of elephant bones for making Acheulian handaxes: A fresh look at old bones. *Quaternary International, 406*, 227–238.

제10장

석기 손잡이 모델 실험

Natalie Uomini and Lana Ruck

서론

직립보행, 크고 복잡한 두뇌, 문화, 언어와 같은 **호모 사피엔스**의 독특한 특성은 전문가들과 대중들에 의해 종종 우리를 인간으로 만드는 것으로 언급된다. 그러나 비록 최근의 연구가 우리의 진화에서 중요성을 강조하기 시작했지만, 인간 고유성 중 종종 무시되는 한 가지 측면은 손잡이handedness이다. 살아있는 인간의 85%~90% 사이는 오른손잡이 우세자이다. 집단 수준에서 손잡이 우세는 다른 영장류와 구별되는 인간다운 독특한 부분이다(Annett, 1985). 이것이 사실인지 결정하기 위해서, 연구원들은 언제, 어떻게, 그리고 왜 손 선호의 오른쪽 편향이 진화했는지를 질문하면서 우리 종족에서 손잡이의 이점과 독특성, 그리고 진화적 기원을 조사해야 한다.

오른손과 왼손의 이분법은 4,000년 전 역사기록에서 언급되었고, 인간 사회는 문학, 철학, 과학에서 손잡이의 본질을 묘사하고 논쟁해왔다(Corballis, 1991). 심리학과 뇌과학, 영장류학, 고고학을 포함한 여러 분야의 수십 년간의 연구로부터, 현존하는 인간의 손잡이, 비인간 영장류에서 손잡이의 발현 그리고 화석 증거로부터 손잡이의 진화 역사에 대해 많은 것을 배웠다. 이러한 연구의 가장 중요한 연구결과는 다음과 같다. 손잡이는 우리 종족에게서만 유일하게 측면화된 특성은 아니며, 일반적인 반구 특수화 그리고 현생 인류 두뇌의 많은 언어 기능의 측면화와 관련이 있다(Cai & van der Haegen, 2015). 손잡이의 유전은 약한 유전자 구성요소와 우연의 결합이지만, 유전 기전은 여전히 파악하기 힘들다(Kavaklioglu, Ajmal, Hameed, & Francks, 2016; Paracchini & Scerri, 2017). 발달 압력도 매우 중요하다(Fagard, 2013). 인간의 손 선호도에서 강한 개체군과 오른쪽 편향은 영장류 사이에서 독특하지만, 손 선호 자체는 그렇지 않다(Uomini, 2009b). 목표 지향적이고 차별적인 양손 협응은 영장류 계통 내에서 매우 다양하며, 도구 제작 그리고 도구 사용을 포함하여 대상 손놀이의 중요성이 증가하는 것과 관련이 있다(Heldstab et al., 2016). 호미닌의 골격과 치아(Uomini, 2011) 그리고 돌(Ruck, Broadfield, & Brown, 2015)에 기초한 방법을 포함하여 고생물학적 기록을 사용하여 개별 손잡이를 평가하는 많은 방법이 있다. 이러한 연구에 따르면, 우세한 오른손잡이는 적어도 전기 구석기의 후기 단계까지 거슬러 올라가며, 오른손으로의 선호도 변화는 더 오래전으로 확대될 가능성이 있다(Mosquera, Geribàs, Bargalló, Llorente, & Riba, 2012).

비록 우리가 인간의 손잡이에 대해 많은 것을 배웠지만, 그것은 믿을 수 없을 정도로 복잡한 특징이며, 분포에 있어 오른쪽 편중의 많은 측면과 다른 인간 측면과의 연관성은 대부분 미스터리로 남아있다. 살아있는 인간과 다른 동물들의 손작업의 행태를 조사하고, 도구 제작과 사용, 언어, 심지어 시각 공간적 정확성과 그들의 관계를 연구하며 화석 기록과 이 자료들을 연결하려고 시도함으로써, 우리는 우리의 종인 '한쪽으로 치우친 유인원'을 초래한 연대표와 압력을 더 잘 이해할 수 있다(Corballis, 1991).

이 장에서는 특히 호미닌 진화 전반에 걸친 석기제작과 손잡이가 어떻게 관련이 있는지에 초점을 맞추고 있다. 돌 재료에서 손잡이를 평가하는 주요 작업을 요약한 후, 손잡이의 진화에 관한 세 가지 주요 가설, 즉 사회학습 가설, 싸움 가설 그리고 과제 복잡성 가설을 설명하고, 고생물학 기록에 어떻게 나타나는지 논의할 것이다. 우리는 이러한 가설과 다른 열린 질문을 평가하고, 손잡이의 진화에 관한 연구를 위한 향후 방향을 제안하는 인지고고학자들의 능력에 대한 비판적인 평가로 결론을 내린다.

인지고고학과 손잡이 진화

이 책의 핵심 주제는 다음과 같다. 고고학은 인간의 마음의 진화에 대해 무엇을 말해 줄 수 있을까? 그리고 손잡이는 그 범위 내에서는 비교적 좁은 주제이지만, 손잡이의 진화에 관심이 있는 사람들은 어떤 인지고고학자들과 똑같은 문제에 직면해 있다. 우리는 호미닌 조상들의 뇌와 행태에 직접적으로 접근할 수 없다. 인지 그리고 언어와 같이 우리가 가장 관심을 갖는 많은 행태들은 직접적으로 보존되지 않기 때문에, 고인류학자들은 작은 표본과 보조 자료 또는 대리 자료에서 가능한 한 많은 정보를 얻을 수 있는 방법론을 개발해야 한다(Cashmore, Uomini, & Chapelain, 2008; Toth & Schick, 1986; Wynn, 2002). 호미닌 화석 기록의 부족은 호미닌 가계도의 손잡이와 인지 진화를 연구하는 데 있어서 주요한 장애물이지만, 이것이 연구원들이 시도하는 것을 멈추게 하지는 못했다. 호미닌 손잡이를 연구하는 방법에는 직간접적으로 여러 가지가 있는데, 여기서는 석기 기법을 사용하는 방법에 초점을 맞출 것이다.

돌 재료에서 손잡이를 결정하는 것에 대한 가장 초기의 현대적 추측은 세르게이 세메노프Sergei A. Semenov(1964)가 하였으며, 다양한 구석기시대의 손잡이 결정이 그의 실험 연구에서 나왔다. 닉 토스Nick Toth(1985)가 단순한 자갈과 격지 기법에서 손잡이의 상관관계를 조사하기 전까지, 호미닌 손잡이에 대한 돌 기반 접근 방식은 존재하지 않았다. 토스는 그의 실험 복제에 의해 알려진, 연속적으로 제거되는 돌조각에 대한 자연면의 방향이 호미닌 도구 복합물에서 손잡이를 추론하는 데 사용될 수 있다고 주장했다. 케냐의 쿠비 포라의 돌 복합물(150만 년~190만 년 전으로 거슬러 올라간다)을 사용하여 토스는 **호모 하빌리스**와 **호모 에렉투스**를 포함한 초기 호미닌 개체군에서 오른손잡이의 높은 비율이 나타났다는 초기 증거를 주장했다(Toth, 1985). 이 출판물이 초기 호미닌이 이전에 생각했던 것보다 행태적으로 우리와 더 유사할 가능성에 대해 많은 흥미를 불러일으켰지만, 토스의 방법의 진실성에 관한 논쟁이 이어졌다(Patterson & Sollberger, 1986; Pobiner, 1999). 수십 년 동안, 다양한 성공과 함께 토스의 기법을 재평가하기 위한 여러 시도가 있었다(Ruck et al., 2015).

토스의 연구(1985) 이외에는 수십 년 동안 돌 재료에서 손잡이를 식별하려는 시도가 없었다. 그러나 진 콘포드Jean M. Cornford(1986)는 저지

Jersey[137]에 있는 구석기 유적지인 라 코테 드 세인트 브레라드La Cotte de Saint Brelade에 관한 전공 논문을 통해, 돌 재성형 기법에서 손잡이의 증거를 발표했다. 돌 재료의 차별 잔손질에 관한 광범위한 문헌이 있으며, 특히 자루 도구에 대한 문헌이 있으며, 후기 구석기 도구Upper Paleolithic tools 에서 '잡는 힘'의 증거는 손잡이와 돌 유골에 대한 조사를 강화한다. 최근 몇 년 동안 마이크로뷔렝microburin[138]과 지면 돌 인공물에 대한 형태를 구체적으로 사용하므로 이후 기법에만 적용되는 두 가지 추가 출판 방법은 다양한 모집단의 손잡이 편향을 평가하는 데 성공하였다(Dominguez-Ballesteros, 2016; Peresani & Miolo, 2012). 그러나 골격 연구와 마찬가지로, 잡을 수 있는 힘, 잔손질 그리고 자루와 관련하여 연구될 수 있는 복합물은 흔히 오른손잡이의 확립된 증거가 덜 강하게 논의되는 후기로 거슬러 올라간다.

2001년 고든 러그와 모린 멀레인Gordon Rugg and Maureen Mullane(2001)은 격지에 대한 원뿔의 경사에 기초한 새로운 방법을 발표했다. 경험 수준이 혼합된 8개의 돌떼는 자의 격지 **데비타지**를 사용하여, 러그와 멀레인은 격지의 75%에 대한 돌떼는 자 손잡이를 정확하게 식별했다. 그러나 구석기시대의 집단을 분석하지 않았기 때문에, 연구에서 나온 호미닌에 대한 직접적인 정보는 없었다. 접근 방식 또한 비판받아왔는데, 주된 이유는 상대적으로 적은 숫자의 격지들이 그들의 기법을 사용하여 평가될 수 있기 때문이다.

나탈리 우오미니Natalie Uomini(2001, 2008)는 구석기 자료에서 호미닌 손잡이와의 동질성을 평가하기 위해 노력을 기울였다. 2001년 우오미

137 프랑스 노르망디 해안의 영국 왕실령 섬(역자 주).

138 세석기의 부산물(역자 주).

니는 토스Toth(1985)의 연구와 러그와 멀레인Rugg and Mullane(2001)의 연구를 재현하려고 시도했고, 그들의 기법을 두 개의 영국 전기 구석기 유적지British Lower Paleolithic sites인 스완스콤과 퍼플릿Swanscombe and Purfleet의 구석기 복합물에 적용했지만, 약간의 성과만 있었을 뿐이었다. 토스Toth(1985)의 접근법과 러그와 멀레인Rugg and Mullane(2001)의 접근법 외에 우오미니Uomini(2008)는 대규모 실험 복합물과 두 개의 더 많은 영국 전기 구석기 유적지인 박스그로브와 하이 로지Boxgrove and High Lodge에서 손잡이를 추론하기 위해, 콘포드Cornford(1986)의 트랑쉐 격지tranchet flakes에 관한 연구에서 파생된 세 번째 접근 방식을 사용했다. 실험 복합물을 사용해서 우오미니는 토스의 자연면 모델로 가변적인 성공을 거두었지만, 러그와 멀레인의 두들김 원뿔cone of percussion(CoP) 방법을 통계적으로 평가할 수 없었다. 그녀는 또한 트랑쉐 격지 방법이 돌떼는 자의 손에 의해 제한되지 않는다는 것을 발견했다(Uomini, 2008). 각 방법의 약점을 설명하기 위한 시도에서, 우오미니는 플린트 떼기가 매우 유행을 따르고 개체화되었다는 것을 발견했다. 몸돌 회전과 두들김은 각 돌떼는 자에 고유하며 종종 손잡이 모델의 가정과 양립할 수 없다는 것을 발견했다.

아멜리아 바갈로와 마리나 모세라Amèlia Bargalló and Marina Mosquera(2014)는 돌 **데비타지**에서 손잡이를 결정하는 확장된 체계를 발표했다. 이들의 체계는 모두 초보 돌떼는 자에 의해 또 다른 실험적으로 만들어진 복합물에서 파생된 손잡이의 평가에 사용될 수 있는 10가지 이상의 격지 **데비타지** 형태를 포함하고 있다. 이 연구는 토스, 러그와 멀레인뿐만 아니라 럭과 동료들Ruck and colleagues(2015)에 의해 전문 돌떼는 자가 만든 실험 복합물을 사용하여 심층적으로 재평가 그리고 검토하였다. 바갈로와 모세라의 연구처럼, 이 분석은 암석 조각에 대한 하나의 특성이 손잡이의 예측에는 정확하지 않지만, 전체적으로 특징의 조합은 돌떼는 자 손잡이의 비교적 잘 예측할 수 있다는 것을 밝혀냈다. 럭과 동료들은 또한 하나의 격지보다는 한 번의 돌떼기 사건이 더 유익한 미래의 방향이라고 언급했다. 실험 복합물에 대한 추가 맹검법(Daniel, Putt, & Franciscus, 2016)에서도 추출 축을 제외하고 맹검 분석가에게 확실하게 신뢰할 수 있는 손잡이를 나타내는 형태가 없으며, 이러한 특징과 돌떼는 자 경험 또는 성별 간의 관계가 존재하지 않는다는 것을 발견했다.

더욱 전도유망한 점은, 에데르 도밍게즈-발레스테로스Eder Dominguez-Ballesteros(2016; Dominguez-Ballesteros & Arrizabalaga, 2015)는 개별 격지에 대한 손잡이를 결정하기 위해 실험적으로 검증된 방법을 개발했으며, 이를 고고학적 복합물에 성공적으로 적용했다. 타격 지점에서 포물선 균열의 비대칭성은 타격 방향과 그에 따라 사용된 손을 나타낸다. 연구된 네안데르탈인 돌 복합물에서 좌우 3:7의 비율을 밝혀냈다(Dominguez-Ballesteros, 2016). 그러나 돌 공작에서 가장 현저하게 표준화된 편측화는 아슐리안 빅토리아 웨스트 몸돌에서 발견되었는데, 이 몸돌은 가로날도끼 소재 제작을 위해 같은 측면의 같은 지점에서 지속적으로 타격되었다(Sharon & Beaumont, 2006).

요약하면, 이러한 연구는 손잡이가 돌 물질에서 검출하기 어려울 수 있지만, 기존의 조사 방법을 개선할 수 있는 많은 방법이 있으며, 새로운 정량적 기반 기법을 찾기 위해 실행해야 할 많은 작업이 있다는 것을 강조한다. 또한, 이러한 연구에서 분명히 알 수 있는 것은 손잡이가 진화 시간에서 추적을 위한 핵심 특성이라는 것이다. 현재 골격과 다른 형태의 자료는 호미닌 손 선호도의 초기 우측 이동까지는 멀리 거슬러 올라가지 않는다. 더욱이, 우리가 다음 절에서 논의하듯이, 석기제작 자체는 호미닌 진화 전반에 걸쳐 많은 인지기능뿐만 아니라 오른손잡이의 우위에 중요한 영향을 끼쳤을 것이다. 그러므로 석기제작은 돌 재료에서 손잡이의 직접적인 증거로서, 여전히 이용 가능한 자료의 가장 풍부하고 강력한 공급이며, 이러한 특징의 진화 역사에 관심이 있는 인지고고학자들에게는 매우 중요하다. 다음으로 우리는 도구 제작에 대한 돌 기록을 이용하여 고고학적 실험에 가장 적합하다고 믿는 세 가지 가설을 논한다.

사회학습 가설

사회학습 가설social learning hypothesis(이하 SLH로 표기)은 기술 획득을 핵심에 둔다(Bradshaw & Nettleton, 1982; Steele & Uomini, 2009; Uomini, 2009b). 사회학습은 현생 인류에서 중요한 적응이며, 현존하는 유인원에 일부 증거가 존재하지만(Sanz & Morgan, 2016), 인간이 사회적 입력을 통해 배우는 정보의 양은 엄청나다. SLH에 따르면 도구 제작과 도구 사용에 대한 사회학습에 대한 의존도가 높아짐에 따라, 손 선호도의 균질화가 촉진되었다. 사회학습, 협력 그리고 복잡한 도구 행태를 위한 선택은 사회적으로 학습된 도구 제작이 생존에 필수적이 되었을 때 집단 수준의 손잡이가 진화하도록 이끌었다.

SLH는 실험된 예측에 기초한다. 예를 들어 숙련된 과제 학습은 학습자가 시연자와 동일한 손 선호도를 가질 때 더 쉬워야 한다. 이것은 86명의 참가자들이 왼손이나 오른손잡이 강사로부터 배운 매듭 묶기 실험에서 미쉘과 하킨스Michel and Harkins(1985)에 의해 보여졌다. 손의 선호도를 일치시키는 것은 매듭을 묶는 데 큰 도움이 되었다. 다른 과제에 대한 추가 실험은 동일한 효과를 발견하였다(Rohbanfard & Proteau, 2011). 반대의 결과는 우오미니와 로슨의 연구Uomini and Lawson(2017)를 보면 알 수 있다. 현재까지 석기제작이나 고고학적으로 관련된 자료에서 SLH를 특별히 실험한 다른 출판된 연구는 없으므로, 이 문제를 해결하기 위해 더 많은 자료가 필요하다. 또한, 발달심리학 그리고 사회 심리학에서 수십 년 동안 연구된 추가 자료는 특히 사회학습 체계의 진화를 위한 기법적 유사점을 지적한다. 전반적으로, 연구결과에 따르면 손, 특히 대상과 도구를 작동하는 손은 정보 전달을 위한 가장 충실도가 높고 두드러진 타격면 중 일부를 제공한다. 시간이 지남에 따라 이 체계가 손잡이 비율과 구체적으로 어떻게 특별하게 상호작용했는지는 미해결 문제이지만, 우리는 SLH의 많은 측면이 돌 기법을 사용하여 연구될 수 있다고 믿는다(Sterelny, 2012).

싸움 가설

싸움 가설fighting hypothesis(이하 FH로 표기)은 원래 음의 빈도-의존적 선택 기전을 통해 인간의 깊은 선사시대 시간에 걸쳐 왼손잡이와 오른손잡이 사이의 일정한 비율을 설명하기 위해 제안되었다(Raymond, Pontier, Dufour, & Møller, 1996). 즉, 깊은 시간까지 거슬러 올라 추적할 수 있는 한 먼 옛날, 왼손잡이가 인간 종의 약 10%를 항상 차지해 왔다는 사실을 설명하는 것을 목표로 한다(Cashmore et al., 2008; Steele & Uomini, 2005;

Uomini, 2011). 현재까지 FH는 이 안정된 손 다형성polymorphism(즉, 오른손잡이와 왼손잡이 모두 안정된 비율로 존재)을 유지하는 데 필요한 정확한 진화 기전을 다루는 유일한 가설이다. FH는 오른손잡이가 우세한 집단 내에서 왼손잡이가 소수인 것이 유리하다고 제안한다. 이러한 음의 빈도-의존적 이점은 두 번째 선택 기전인 왼손잡이 비용(Faurie, Uomini & Raymond, 2016)에 의해 균형을 잡는데, 여기에는 선천성 결함 증가, 인지결손 그리고 왼손잡이 건강 문제가 포함된다. 왼손잡이의 적합도 비용이 왼손잡이들을 완전히 멸종시킨 것은 아니기 때문에, 그 비용보다 더 큰 이익이 있을 것이다.

FH는 왼손잡이 소수자의 장점이 싸움에서 가장 강하게 표현된다고 주장한다. 싸움 중에, 왼손잡이들은 상대 팀보다 놀라운 이점을 얻는다. 왜냐하면 대부분의 상대들은 왼손잡이들과 마주칠 가능성이 낮으므로, 오른손잡이들과 싸우는 데 더 익숙하기 때문이다. 따라서 FH는 왼손잡이가 대화형 스포츠에서 더 일반적이고 더 성공적일 것으로 예측한다(Groothuis, McManus, Schaafsma, & Geuze, 2013). 우리는 쌍방향 스포츠를 호미닌이 직면했을 수 있는 선사시대 싸움상황의 유효한 비유라고 생각한다. 이러한 예측은 스포츠 과학(Loffing & Hagemann, 2012)의 자료와 UFCUltimate Fighting Championship(Pollet, Stulp, & Groothuis, 2013)의 자료에 의해 부분적으로 뒷받침된다. 흥미롭게도, 왼손잡이의 이점은 상대방이 신체적으로 더 가까울수록 더 강하다. 테니스 선수들은 권투선수나 탁구 선수들보다 약한 효과를 보인다(Faurie & Raymond, 2013). 실제 싸움에서 더 많은 자료가 필요하지만, 이러한 자료를 얻는 것은 매우 어렵다!

특히 호미닌 진화의 경우, FH는 더 나은 싸움꾼이 더 높은 생식 성공을 거둔 사회와 관련이 있다. 영토의 경계를 방어하는 호미닌 부족이나, 다른 집단이나 종이 점유하는 새로운 영역으로 이주하는 호미닌 부족의 경우, 전투 능력이 생존에 매우 중요했을 것이다(예: 침팬지, Boesch et al., 2008를 보라. 선사시대 인간의 경우, Gaudzinski-Windheuser & Roebroeks, 2011 그리고 Lahr et al., 2016을 보라). 여전히 육탄전을 연습하는 전통적인 인간 사회의 몇 안 되는 기존 자료는 왼손잡이와 높은 수준의 폭력 사이의 강한 연관성을 보여주며(Faurie & Raymond, 2005), 남성의 손힘(방향에 관계없이)과 자녀 수 사이의 상관관계를 보여준다(Schaafsma, Geuze, Lust, Schiefenhövel, & Groothuis, 2013). 성공적인 왼손잡이 싸움꾼을 위해 더 높은 생식 우위로 자료를 산출하는 향후 연구는 FH에 더 많은 지원을 제공할 것이다.

과제 복잡성 가설

과제 복잡성 가설task complexity hypothesis(이하 TCH로 표기)은 도구 제작에 내재된 것과 같은 과제 복잡성이 손잡이의 표현을 증가시킨다고 기술한다. TCH는 인간, 원숭이 그리고 비인간 유인원에 관한 광범위한 연구에서 작업별 손 선호 자료에 의해 매우 잘 지원된다. 이것들은 손 선호의 강도가 더 어렵거나 복잡한 과제를 포함하여 작업의 특성에 따라 다르다는 것을 보여준다(Cashmore et al., 2008; Mosquera et al., 2012; Rogers, 2009; Uomini, 2009b). 코발리스Corballis(1998)는 비인간들이 단순히 인간만큼 복잡한 일에 관여하지 않기 때문에 인간보다 더 약하게 집단에서 손잡이 경향을 보인다고 처음으로 주장했다. 여기서는 어려운 과제를 학습하는 데에는 시간이 더 필요한 것으로 정의하는데, 그것들은 운동 학습을 통해 획득한 운동 작용으로 구성되기 때문이다(Steele & Uomini, 2009; 영장류의 운동 작동에 대한 보다 미묘한 분류는 Heldstab et al., 2016을 보라). 여기서 복잡 과제를 인지적 복잡으로 정의를 내리는 이유는 성취하기 위한 더 많은 단계 또는 결합하기 위한 더 많은 단계가 필요하기 때문이다(Fairlie & Barham, 2016; Pelegrin & Roche, 2017; Rugg, 2011; Uomini, 2009b; Wynn & Coolidge, 2010). 목표를 달성하기 위해 더 긴 단계 또는 하위 루틴의 시퀀스를 장기기억해야 한다(Wynn & Coolidge, 2010). 의식적인 주의에서 더 많은 부분을 동시에 관리해야 한다. 단계와 부분 모두 복잡성은 개념적이지만 과제의 모든 구성요소는 여전히 운동으로 실행되어야 하며, 이를 위해서는 장기 작업기억이 필요하다(Wynn & Coolidge, 2004). 본 장의 목적을 위해, 우리는 TCH가 어렵거나 복잡하거나 둘 다에 해당하는 과제를 다루도록 고려한다.

TCH는 과제 형태를 손잡이의 강도와 관련시키지만, 방향(왼쪽 대 오른쪽)에 대해서는 아무 말도 하지 않는다. 사실, 그 효과는 양방향에서 나타난다. 숙련된 손작업은 자신의 손 선호도와 관계없이 강한 왼손잡이와 강한 오른손잡이에 의해 능숙하게 실행될 수 있다. 덜 복잡한 과제는 어느 손으로도 실행할 수 있다. 예를 들어, 손 선호가 쓰기 학습에 영향을 받지 않는 비문학적인 사회에서, 도구를 사용하지 않는 단순한 행동은 개체 또는 집단 선호 없이 오른손과 왼손 사이에 균등하게 분배된다(Marchant, McGrew, & Eibl-Eibesfeldt, 1995).

TCH는 특히 고고학적 기록에 대한 전문지식의 인식과 관련이 있다. 방금 설명한 것과 같이 간단한 작업은 손작업 모집의 정도와 방향에 따라 다양하지만, 작업 복잡성의 증가는 편파적인 방식으로 추가적인 편측화를 유도한다. 영장류 이전의 팔다리 동작, 시각 공간 주의 그리고 시퀀싱 사건에 대한 전문적 편향을 고려할 때, 파파다토-파스토Papadatou-Pastou(2011)는 이 방향이 복잡한 양손 과제에 대한 오른손-정밀/왼손-지원 체계를 약간 선호한다고 주장했다. 그러므로 TCH는 이러한 방향 편향을 기법적 복잡성 또는 시간 경과에 따른 제작 난이도의 변화와 연결시키는 데 사용할 수 있다. 윈과 쿨리지Wynn and Coolidge(2010)에 의한 분석에 따르면, 르발루아는 돌떼기 시퀀스 동안 작업기억의 단서에 의해 각각 활성화되는 이미지 공간 몸돌 구성(모델)과 운동 동작(절차)을 모두 장기기억에 보유해야 한다. 이와는 대조적으로, 후기 아슐리안의 양날 돌떼기는 더 적은 서브루틴, 더 적은 성분, 더 적은 단서를 요구했고, 이는 장기기억에 대한 더 가벼운 부하를 의미했다(Wynn & Coolidge, 2010). 복잡한 선사시대 기법은 전문가 실행과 유사하다(Wynn, Haidle, Lombard, & Coolidge, 2017). 이러한 인지고고학 분석을 통해, 일부 선사시대 활동들은 복잡성의 기울기를 따라 정렬될 수 있다. 이것은 잠재적으로 TCH에 대한 실험 가능한 예측을 구축하는 토대가 될 수 있다는 것을 의미한다.

토론과 향후 방향

진화적 설명에 있어서, SLH는 두 가지 가정에 의존한다. (1) 생존을 위해 사회학습 도구 제작이 필수적이었으며, (2) 같은 손 학습자가 다른 손 학습자에 비해 얻는 이익은 모집단의 손 선호도를 일치하도록 선택할 수 있을 만큼 충분히 컸다. 도구 제작은 먼 과거의 어느 시점에서 호미닌 생존에 필수가 되었다. 이것은 아마도 먹이를 얻기 위한 기법에 대한 의존성을 강화한 최초의 종인 **호모 에렉투스**에 대한 사실일 것이다(Ungar, Grine, & Teaford, 2006). 이러한 조건은 도구 제작 능력을 효율적으로 획득하기 위해 선택할 수 있는 진화의 이상적인 조건이다. 사회학습이 기초적인 돌떼기 기술의 습득을 크게 강화시킨다는 좋은 증거가 있다(Morgan et al., 2015; Uomini, 2009a). 따라서 SLH의 가정은 최소한 **호모 에렉투스**로 충족되었을 가능성이 높다. 실제로 손 선호도에 대한 가장 오래된 골격 증거는 **호모 에르가스터** 개체에게서 발견된다(Uomini, 2009a).

고고학적 기록의 자료를 사용하여 실험할 수 있는 SLH의 예측은 더 많은 사회학습이 필요한 도구가 오른손잡이 신호를 더 강하게 보여야 한다는 것이다. 이 예측을 실험하려면 몇 가지 추론 단계가 필요하다. 첫째, 도구는 사회학습과 신뢰성 있게 연계되어야 한다. 이상적으로는 분석 범위를 더 세분화하면 관찰에서 상호작용적 의도적 가르침에 이르기까지 다양한 도구 유형과 관련된 다양한 사회학습 수준을 구별할 수 있다(Uomini & Lawson, 2017). 둘째, 도구는 오른손잡이 또는 왼손잡이가 만든 것으로 보여야 한다. 셋째, 도구 복합물의 전반적인 패턴은 더 많은 수의 오른손잡이 개체가 더 많은 사회적으로 학습된 도구를 만드는 것을 보여주어야 한다.

이와는 대조적으로, FH는 왼손잡이들의 증거를 찾는다. 상대편의 신체적 거리와 왼손잡이의 장점 사이의 연관성은 손으로 싸우는 동안 손의 다형성이 진화했다는 것을 시사한다. 우리는 이것이 장거리 무기가 발명되기 전의 인류 진화의 초기 단계에서 일어났다고 주장한다. 따라서 FH는 창던지기나 화살촉과 같은 투사된 무기에 비해 휴대용 무기로 사용되는 인공물의 복합물에서 왼손잡이 비율이 더 높을 것으로 예측한다.

이 예측은 고고학적 기록에서 결정되어야 할 몇 가지 추론의 단계에 기초한다. 첫째, 인공물(예를 들어, 돌조각이나 손잡이의 흔적 등)은 휴대용 무기라는 것을 확실히 보여야 한다. 둘째로, 사용 자료는 왼손잡이가 무기를 사용했다는 것을 입증해야 한다(아마도 잡는 힘 측정을 통해). 또는 무기 **제작자**가 왼손잡이인 경우, 세 번째 단계는 왼손잡이와 실제 전투 행위를 연결하기 위해 제작자가 사용자와 동일하다고 가정해야 한다.

TCH와 관련하여, 과제 복잡성이 손잡이 표현에서 요인이 되는 것은 명백하다. 인간이 실행하는 가장 복잡한 손 과제는 음악, 수화, 도구 제작이다. 처음 두 개의 도메인은 현재 고고학적 증거가 거의 없기 때문에, 여기서는 도구 제작에 초점을 맞출 것이다. TCH는 많은 감쇄 단계나 고도의 기술을 요하는 돌 문화와 같은 더 복잡한 고고학적 발견이 더 강한 손잡이를 보여야 한다고 예측할 것이다. 이 예측을 실험하기 위해 필요한 추론의 단계는 첫째, 제작의 전체 시퀀스가 동일한 개체에 의해 완료되어야 하며, 둘째, 인공물은 복잡한 시퀀스, 작용 또는 조합에서 비롯되는 것으로 보여야 한다. '복잡한' 인공물을 구성하는 것의 정의는 복잡한 도구 대 복잡하지 않은 도구의 객관적인 한계가 없기 때문에, 반드시 다른 도구와 상대적이다. 따라서 가장 가치 있는 분석은 복잡성과 손잡이에 대한 다른 인공물을 비교하여, 손 선호 **강도**(오른쪽 또는 왼쪽 방향이 아님)와 복잡성 수준의 명확한 상관관계를 보여주는 것이다.

가장 복잡한 돌 기법에는 하위 목표의 긴 계층, 장기 작업기억, 유연한 오류 변경 그리고 제안 추론이 포함된다(Pelegrin & Roche, 2017; Wynn & Coolidge, 2010). TCH를 실험하려면 올도완, 아슐리안, 르발루아 복합물에서 손잡이를 결정할 수 있는 좋은 방법이 필요하다. 앞에서 검토한 바와 같이, 현재 개별 돌떼는 자를 떼어진 조각에 안정적으로 연결하는 분석 방법은 거의 없다. 따라서 이러한 기법에서 손잡이를 평가하기 위한 작업 방법을 찾기 위해서는 들어오는 복합물에서 개별 돌떼는 자 사건과 개별 돌떼는 자를 식별하는 방법을 탐구하는 것이 가장 효과적일 것이다. 도구 제작 친숙성이나 전문지식을 어느 정도 수준으로 갖춘 오른손잡이와 왼손잡이 피험자를 모두 명시적으로 모집하는 지속적인 실험 작업은 앞으로 나아가는 데 필요한 방향이 될 것이다. 이러한 종류의 작업에 대한 자극은 이러한 정보를 쉽게 이용할 수 있는 잘 보존된 화석생성 맥락의 복합물로 어느 정도 수준의 확실성을 달성할 수 있다는 것이다(Bargalló, Mosquera, & Lorenzo, 2018; Dominguez-Ballesteros, 2016).

어떤 가설에 대한 추론 단계가 고고학적 기록에 나타나려면, 개별 자료에 의존할 것이다. 따라서 개별 수준의 손 선호도가 먼저 결정된다. 그런 다음 집단 차원의 손잡이를 결정하려면 동일한 연령대의 일련의 인공물이 필요한데, 이는 모두 개별 손 선호도를 나타낸다. 해석이 정확하다면, 반드시 동일한 유형의 인공물로 구성될 필요는 없다. 그러나 우리는 항상 개체를 인공물에 맞추는 문제에 직면한다. 현재 집단 차원의 분석은 개체별로 인지할 수 있는 경우에만 실시할 수 있다. 혼재된 복합물을 분석하는 방법이 보류 중인 경우, 잘 보존된 돌떼기 분산, 높은 비율의 재처리 또는 다른 식별 가능한 돌떼기 사건을 분석에 대한 우선순위로 분류해야 한다. 신뢰할 수 있는 혼합 **데비타지** 기반 방법을 찾을 때까지, 이러한 복합물의 분석(알려진 돌떼기 사건에서 작동하는 방법을 사용)은 우리가 개체군 또는 종 전체의 오른쪽-이동 추세의 변화를 평가하기 위한 기법을 개발하는 데 도움이 될 수 있으며, 이는 현장에서 대부분 다루지 않은 주제이다.

SLH가 사회적으로 학습된 인공물에 더 많은 오른손잡이를 예측하고, FH는 휴대용 무기에서 더 많은 왼손잡이를 예측하고, TCH는 복잡한 기법에서 양방향 모두에 대한 강한 손잡이를 예측한다는 점을 감안할 때, 우리는 고고학적 기록에서 손잡이를 회복하는 데 그 전망이 좋다고 믿는다. 예측에서 앞으로 나아가는 것이 핵심이 될 것이다. 진화인지고고학의 좋은 연구와 마찬가지로(Wynn, 2009; Wynn et al., 2017), 추론 사슬의 각 단계를 명확하게 설명하고 여러 분야의 자료를 성실하게 통합하는 것이 중요하다. 토마스 윈이 개척한 획기적인 접근법으로 우리는 돌에서 마음을 짜낼 수 있다.

감사

나탈리 우오미니Natalie Uomini는 막스 플랑크 협회Max Planck Society의 지원을 받고 있다. 이 장의 이전 버전에 대한 유용한 의견을 주신 익명의 평론가에게 감사드린다.

참고문헌

Annett, M. (1985). *Left, right, hand and brain: The right shift theory*. London: LEA Publishers.

Bargalló, A., & Mosquera, M. (2014). Can hand laterality be identified through lithic technology? *Laterality: Asymmetries of Body, Brain and Cognition, 19*(1), 37–63.

Bargalló, A., Mosquera, M., & Lorenzo, C. (2018). Identifying handedness at knapping: An analysis of the scatter pattern of lithic remains. *Archaeological and Anthropological Sciences, 10*(3), 587–598.

Boesch, C., Crockford, C., Herbinger, I., Wittig, R. M., Moebius, Y., & Normand, E. (2008). Intergroup conflicts among chimpanzees in Taï National Park: Lethal violence and the female perspective. *American Journal of Primatology, 70*(6), 519–532.

Bradshaw, J. L., & Nettleton, N. C. (1982). Language lateralization to the dominant hemisphere: Tool use, gesture and language in hominid evolution. *Current Psychology, 2*, 171–192.

Cai, Q., & Van der Haegen, L. (2015). What can atypical language hemispheric specialization tell us about cognitive functions? *Neuroscience Bulletin, 31*, 220–226.

Cashmore, L., Uomini, N. T., & Chapelain, A. (2008). The evolution of handedness in humans and great apes: A review and current issues. *Journal of Anthropological Sciences, 86*, 7–35.

Corballis, M. C. (1991). *The lopsided ape: Evolution of the generative mind*. Oxford, UK: Oxford University Press.

Corballis, M. C. (1998). Evolution of language and laterality: A gradual descent? *Cahiers de Psychologie Cognitive, 17*(6), 1148–1155.

Cornford, J. M. (1986). Specialized resharpening techniques and evidence of handedness. In P. Callow & J. M. Cornford (Eds.), *La Cotte de St Brelade 1961–1978: Excavations by C. B. M. McBurney* (pp. 337–351, 413–414). Norwich: Geo Books.

Daniel, C., Putt, S. S., & Franciscus, R. G. (2016). Investigating other causes for stone flake features attributed to handedness. In *81st Annual Meeting of the Society for American Archaeology*, April 6–10, 2016, Orlando, FL. tDAR id: 404840. http://doi.org/10.6067/XCV8VX0J9W

Dominguez-Ballesteros, E. (2016). *Evaluación arqueológica del proceso de lateralización Determinación cuantitativa de la lateralidad poblacio- nal, desde los neandertales hasta la actualidad*. PhD Thesis, University of the Basque Country, Vitoria-Gasteiz.

Dominguez-Ballesteros, E., & Arrizabalaga, A. (2015). Flint knapping and determination of human handedness: Methodological proposal with quantifiable results. *Journal of Archaeological Science: Reports, 3*, 313–320.

Fagard, J. (2013). The nature and nurture of human infant hand preference. *Annals of the New York Academy of Sciences, 1288*(1), 114–123.

Fairlie, J. E., & Barham, L. S. (2016). From *chaîne opératoire* to observational analysis: A pilot study of a new methodology for analysing changes in cognitive task-structuring strategies across different hominin tool-making events. *Cambridge Archaeological Journal, 26*(4), 643–664.

Faurie, C., & Raymond, M. (2005). Handedness, homicide and negative frequency-dependent selection. *Proceedings of the Royal Society of London B: Biological Sciences, 272*(1558), 25–28.

Faurie, C., & Raymond, M. (2013). The fighting hypothesis as an evolutionary explanation for the handedness polymorphism in humans: Where are we? *Annals of the New York Academy of Sciences, 1288*(1), 110–113.

Faurie, C., Uomini, N. T., & Raymond, M. (2016). Origins, development and persistence of laterality in humans. In F. Loffing, N. Hagemann, B. Strauss, & C. MacMahon (Eds.), *Laterality in sports: Theories and applications* (pp. 11–30). San Diego, CA: Elsevier Academic Press.

Gaudzinski-Windheuser, S., & Roebroeks, W. (2011). On Neanderthal subsistence in last interglacial forested environments in Northern Europe. In N. J. Conard & J. Richter (Eds.), *Neanderthal lifeways, subsistence and technology: One hundred fifty years of Neanderthal study* (pp. 61–71). Dordrecht, The Netherlands: Springer.

Groothuis, T. G. G., McManus, I. C., Schaafsma, S. M., & Geuze, R. H. (2013). The fighting hypothesis in combat: How well does the fighting hypothesis explain human left-handed minorities? *Annals of the New York Academy of Sciences, 1288*(1), 100–109.

Heldstab, S. A., Kosonen, Z. K., Koski, S. E., Burkart, J. M., Van Schaik, C. P., & Isler, K. (2016). Manipulation complexity in primates coevolved with brain size and terrestriality. *Scientific Reports, 6*(24528), 1–9.

Kavaklioglu, T., Ajmal, M., Hameed, A., & Francks, C. (2016). Whole exome sequencing for handedness in a large and highly consanguineous family. *Neuropsychologia, 93*(Part B), 342–349.

Lahr, M. M., Rivera, F., Power, R. K., Mounier, A., Copsey, B., Crivellaro, F., . . . Foley, R. A. (2016). Inter-group violence among early Holocene hunter-gatherers of West Turkana, Kenya. *Nature, 529*(7586), 394–398.

Loffing, F., & Hagemann, N. (2012). Side bias in human performance: A review on the left-handers' advantage in sports. In T. Dutta, M. K. Mandal, & S. Kumar (Eds.), *Bias in human behaviour* (pp. 163–182). Hauppage, NY: Nova Science.

Marchant, L. F., McGrew, W. C., & Eibl-Eibesfeldt, I. (1995). Is human handedness universal? Ethological analyses from three traditional cultures. *Ethology, 101*(3), 239–258.

Michel, G. F., & Harkins, D. A. (1985). Concordance of handedness between teacher and student facilitates learning manual skills. *Journal of Human Evolution, 14*(6), 597–601.

Morgan, T. J. H., Uomini, N. T., Rendell, L. E., Chouinard-Thuly, L., Street, S. E., Lewis, H. M., . . . Laland, K. N. (2015). Experimental evidence for the co-evolution of hominin tool-making teaching and language. *Nature Communications, 6*(6029), 1–18.

Mosquera, M., Geribàs, N., Bargalló, A., Llorente, M., & Riba, D. (2012). Complex tasks force hand laterality and technological behaviour in naturalistically housed chimpanzees: Inferences in hominin evolution. *The Scientific World Journal, 2012*, 1–12.

Papadatou-Pastou, M. (2011). Handedness and language lateralization: Why are we right-handed and left-brained? *Hellenic Journal of Psychology, 8*, 248–265.

Paracchini, S., & Scerri, T. (2017). Genetics of human handedness and laterality. In L. J. Rogers & G. Vallortigara (Eds.), *Lateralized brain functions: Methods in human and non-human species* (pp. 523–552). New York: Humana Press/Springer.

Patterson, J. B., & Sollberger, L. W. (1986). Comments on Toth's right-handedness study. *Lithic Technology, 15*(3), 109–111.

Pelegrin, J., & Roche, H. (2017). L'humanisation au prisme des pierres taillées. *Comptes rendus Palevol, 16*(2), 175–181.

Peresani, M., & Miolo, R. (2012). Small shifts in handedness bias during the Early Mesolithic? A reconstruction inferred from microburin technology in the eastern Italian Alps. *Journal of Anthropological Archaeology, 31*(1), 93–103.

Pobiner, B. L. (1999). The use of stone tools to determine handedness in hominids. *Current Anthropology, 40*(1), 90–92.

Pollet, T. V, Stulp, G., & Groothuis, T. G. G. (2013). Born to win? Testing the fighting hypothesis in realistic fights: Left-handedness in the Ultimate Fighting Championship. *Animal Behaviour, 86*(4), 839–843.

Raymond, M., Pontier, D., Dufour, A.-B., & Møller, A. P. (1996). Frequency-dependent maintenance of left handedness in humans. *Proceedings of the Royal Society of London B: Biological Sciences, 263*(1377), 1627–1633.

Rogers, L. J. (2009). Hand and paw preferences in relation to the lateralized brain. *Philosophical Transactions of the Royal Society of London. Series B, Biological Sciences, 364*(1519), 943–954.

Rohbanfard, H., & Proteau, L. (2011). Effects of the model's handedness and observer's viewpoint on observational learning. *Experimental Brain Research, 214*(4), 567–576.

Ruck, L., Broadfield, D. C., & Brown, C. T. (2015). Determining hominid handedness in lithic debitage: A review of current methodologies. *Lithic Technology, 40*(3), 171–188.

Rugg, G. (2011). Special issue: Innovation and the evolution of human behavior: Quantifying technological innovation. *PaleoAnthropology, 2011*, 154–165.

Rugg, G., & Mullane, M. (2001). Inferring handedness from lithic evidence. *Laterality: Asymmetries of Body, Brain and Cognition, 6*(3), 247–259.

Sanz, C. M., & Morgan, D. B. (2016). Rethinking chimpanzee tool use: Niche construction and developmental bias in maintaining technological traditions among African apes. *American Journal of Physical Anthropology, 159*, 279–280.

Schaafsma, S. M., Geuze, R. H., Lust, J. M., Schiefenhövel, W., & Groothuis, T. G. G. (2013). The relation between handedness indices and reproductive success in a non-industrial society. *PLoS One, 8*(5), 1–10.

Semenov, S. A. (1964). *Prehistoric technology: An experimental study of the oldest tools and artefacts from traces of manufacture and wear.* (M. W. Thompson, Trans.). London: Cory, Adams and Mackay.

Sharon, G., & Beaumont, P. B. (2006). Victoria West: A highly standardized prepared core technology. In N. Goren-Inbar & G. Sharon (Eds.), *Axe age: Acheulian tool-making from quarry to discard* (pp. 181–199). London: Equinox.

Steele, J., & Uomini, N. T. (2005). Humans, tools and handedness. In V. Roux & B. Brill (Eds.), *Stone knapping: The necessary conditions for a uniquely hominin behaviour* (pp. 217–239). Cambridge, UK: McDonald Institute for Archaeological Research.

Steele, J., & Uomini, N. T. (2009). Can the archaeology of manual specialization tell us anything about language evolution? A survey of the state of play. *Cambridge Archaeological Journal, 19*(1), 97–110.

Sterelny, K. (2012). *The evolved apprentice: How evolution made humans unique.* Cambridge, MA: MIT Press.

Toth, N. P. (1985). Archaeological evidence for preferential right-handedness in the Lower and Middle Pleistocene, and its possible implications. *Journal of Human Evolution, 14*(6), 607–614.

Toth, N. P., & Schick, K. D. (1986). The first million years: The archaeology of protohuman culture. *Advances in Archaeological Method and Theory, 9*, 1–96.

Ungar, P. S., Grine, F. E., & Teaford, M. F. (2006). Diet in early *Homo*: A review of the evidence and a new model of adaptive versatility. *Annual Review of Anthropology, 35*, 209–228.

Uomini, N. T. (2001). *Lithic indicators of handedness: Assessment of methodologies and the evolution of laterality in hominids*. MSc Thesis, University of Durham, England.

Uomini, N. T. (2008). *In the knapper's hands: Testing markers of laterality in hominin lithic production, with reference to the common substrate of language and handedness*. Doctoral thesis, University of Southampton, UK.

Uomini, N. T. (2009a). Prehistoric left-handers and prehistoric language. In S. A. de Beaune, F. L. Coolidge, & T. Wynn (Eds.), *Cognitive archaeology and human evolution* (pp. 37–55). Cambridge, UK: Cambridge University Press.

Uomini, N. T. (2009b). The prehistory of handedness: Archaeological data and comparative ethology. *Journal of Human Evolution, 57*(4), 411–419.

Uomini, N. T. (2011). Handedness in Neanderthals. In N. J. Conard & J. Richter (Eds.), *Neanderthal lifeways, subsistence and technology: One hundred fifty years of Neanderthal study* (pp. 139–154). Heidelberg: Springer.

Uomini, N. T., & Lawson, R. (2017). Effects of handedness and viewpoint on the imitation of origami-making. *Symmetry, 9*(9), 182.

Wynn, T. (2002). Archaeology and cognitive evolution. *Behavioral and Brain Sciences, 25*(3), 389–402.

Wynn, T. (2009). Hafted spears and the archaeology of mind. *Proceedings of the National Academy of Sciences of the United States of America, 106*(24), 9544–9545.

Wynn, T., & Coolidge, F. L. (2004). The expert Neandertal mind. *Journal of Human Evolution, 46*(4), 467–487.

Wynn, T., & Coolidge, F. L. (2010). How Levallois reduction is similar to, and not similar to, playing chess. In A. Nowel & I. Davidson (Eds.), *Stone tools and the evolution of human cognition* (pp. 83–104). Boulder, CO: University of Colorado Press.

Wynn, T., Haidle, M. N., Lombard, M., & Coolidge, F. L. (2017). The expert cognition model in human evolutionary studies. In T. Wynn & F. L. Coolidge (Eds.), *Cognitive models in Palaeolithic archaeology* (pp. 21–43). Oxford, UK: Oxford University Press.

| 제11장 |

초기 수렴문화 진화

아프리카의 아슐리안 거대 몸돌 방법

Gonen Sharon

서론

진화생물학에서, **수렴진화**convergent evolution라는 용어는 서로 다른 생물종에서 유사한 특성들의 독립적 진화의 과정이며, 분리된 생태계에 대한 적응에서 비롯된다. 예를 들면 곤충, 새, 박쥐의 날개 또는 다른 대륙에 서식하는 다양한 개미핥기의 긴 얼굴과 끈적끈적한 혀가 있다. 다윈(1859)은 최근 몇 년 동안 인간 문화 진화 연구에 적용된 이 기전을 인정했다(논의와 참고문헌은 Mesoudi, Whiten, & Laland, 2004를 보라). 달시 톰슨D'Arcy Thompson(Gould, 1971을 보라)과 많은 다른 이들은 수렴진화 형태 뒤에 있는 물리적 원리와 생물학적 기전을 논의하였다. 그럼에도 불구하고, 인지와 행태의 연구에 수렴진화 원리를 적용하는 것은 어렵다. 에머리와 클레이턴Emery and Clayton(2004)은 유인원과 까마귀에서 유사한 도구 사용과 기억 관련 전략을 연구했다. 유인원과 까마귀들은 분명히 다르지만, 그들의 지능이 높은 뇌는 도구와 다른 지능에 기초한 행태의 유사한 사용을 생산한다고 주장했다. 인간의 행태와 문화의 진화는 훨씬 더 복잡하다. 문화적 수렴진화의 원리로 인용되는 주요 예는 이집트, 메소포타미아 그리고 중국 문화에서의 글쓰기의 발명과 세계 여러 지역의 농업의 혁신이다(예: Fuller et al., 2014). 그러나 농업 실행은 많은 행동, 전략, 기능들의 집합체이다.

문화적 수렴진화의 보다 구체적인 기법적 예를 찾는 것은 예상보다 어렵다. 세계적인 관점에서, 가장 큰 어려움은 서로 다른 지역에 살고 있는 관련 도구나 기법의 생산자나 개발자들 사이에 접촉이 없었다는 것을 증명하는 것이다. 모든 유로-아시아 문자 체계는 메소포타미아에서 기원전 4천 년쯤 수메르인들이 발명한 체계로 추적될 수 있기 때문에, 이러한 어려움은 쓰기의 발전에 대한 다이아몬드Diamond의 논의(1997)에 내재되어 있다. 특정한 발달의 가장 좋은 예는, 아마도 태양의 해로운 광선을 막기 위해 발명된 눈 차양eyeshade일 것이다. 눈 차양은 눈이 태양 광선을 반사하고 실명을 야기할 수 있는 환경에서 매우 중요하다. 눈 차양은 이누이트 문화의 뼈(예: Norn, 1996), 중앙아시아의 평원의 청동(7세기~9세기, 제227호분, 아스타나, 투루판, 신장 위구르 자치구 박물관 소장), 티베트의 양털로 만들어졌다. 비록 매우 다른 원재료로부터 생산되었지만, 눈 보호의 필요성은 거의 동일한 발명으로 이어졌다.

전기 구석기시대 아슐리안과 같은 인간 문화 발전의 초기 단계로부터 수렴문화적 진화의 예는 확립하기 어렵다. 아슐리안의 문화적 표식은 커다란 양날도구인 주먹도끼와 가로날도끼이다. 이 도구들은 남아프리카에서 영국, 스페인에서 중국까지 백만 년 이상 호미닌에 의해 생산되었다. 주먹도끼와 가로날도끼는 전 세계적으로 모양과 크기가 놀라울 정도로 유사하며, 단일 출처에서 확장되었는지 아니면 다른 지역에서 별도로 발명되었는지에 대한 질문은 전기 구석기 연구의 주요 논쟁 중 하나이다(참고와 토론은 Sharon, 2007을 보라). 이 '양날 수수께끼'(Wynn, 1995)는 해결되지 않은 채로 남아 있지만, 주먹도끼와 가로날도끼 기법에 관한 연구는 중요한 단서를 제공할 수 있다.

여기에 제시된 연구결과는 큰 격지 생산을 위해 아슐리안의 양날 제작자들에 의해 적용된 다른 거대한 몸돌 방법들이 초기 수렵문화 진화의 증거라는 것을 제안한다. 나는 이 관점을 가장 잘 뒷받침하는 가장 정교한 두 가지 방법인, 아프리카 대륙의 남쪽과 북쪽 가장자리에서 온 빅토리아 웨스트와 타벨발라-타젠기트에 초점을 맞출 것이다. 그들이 이 관점을 가장 잘 지지하고 있기 때문이다.

아슐리안의 커다란 격지

양날도구의 생산을 위한 소재blank로서의 큰 격지를 생산하는 능력은 오래전에 글린 아이작Glynn L. Isaac(1969)에 의해 아프리카의 발달된 올도완과 아슐리안의 경계로 구분되었다. 다음의 일차적 기준에 따라 샤론(2007)은 아슐리안의 커다란 격지large flake(이하 LF로 표기) 단계를 정의하였다.

(1) 이들 복합물에서 양날도구를 제작하기 위한 일차적인 석기 기법은 거대 몸돌의 커다란 격지 생산이었다.
(2) 아슐리안 호미닌은 커다란 격지 생산에 있어 매우 체계적이고 잘 계획되고 미리 결정된 다양한 몸돌 방법을 적용했으며, 이들 방법은

모두 당면한 원재료의 유형과 성형에 잘 적응되었다.

(3) LF 아슐리안 공정에서는 미세 입자 원재료가 아닌 거친 입자 암석 유형에서의 LF 생산에 대한 일반적인 경향이 관찰되었다.

(4) 양날도구의 크기 범위에 관한 연구는 최대 길이에서 10cm를 초과하는 LF의 정의를 뒷받침한다(Kleindienst, 1961).

(5) 대부분의 주먹도끼와 가로날도끼의 모양은 복면[139]의 접촉면을 최소로 하여 제작하였다. 이 성형 절차의 주요 형태는 다른 아슐리안 공정과 커다란 격지 도구를 구별하는 기법적 특성으로 격지 소재를 두들겨서 원형이 얇아지는 것이었다. 이러한 문화에서는 대형 절단 도구large cutting tools(이하 LCTs로 표기)도 격지 소재에서 종종 생산되었지만, 도구 성형의 최종 단계에서는 도구의 양쪽 면에 대한 훨씬 높은 잔손질 강도가 수반되었다.

(6) LF 복합물은 엄격한 빈도 임곗값을 설정하는 것은 불가능하지만, 상당한 빈도의 '진정한' 가로날도끼(즉, Tixier, 1956년 이후 정의된 변경되지 않은 절단날을 가진 격지에서 제작된 가로날도끼)를 포함한다.

LF 아슐리안 단계는 아프리카, 서아시아(레반트에서 코카서스까지), 아라비아 그리고 인도에서 식별되었다. 이 아슐리안 단계의 존재는 최근 중국에서 동쪽으로 더 먼 곳에서 식별되었다(예: Kuman, Li, & Li, 2014; Li, Li, & Kuman, 2014; Li, Li, Kuman et al., 2014; Yamei et al., 2000; Zhang, Huang, & Wang, 2010). 서쪽에서, LF 아슐리안은 이베리아반도에 분명히 존재하지만, 피레네산맥 북쪽에 있는 유럽에서는 관찰되지 않았다

139 복면이란 배의 쪽을 뜻하고 배면이란 등의 쪽을 뜻한다(역자 주).

(Sharon, 2007; Sharon & Barsky, 2016).

많은 경우에 있어서, LF 아슐리안 유적지들의 연대는 도전적이다. 많은 현장에는 지질학적 그리고 유형학적 고려 사항에 기초한 상대적인 연대순만 있다(Sharon, 2007). 다른 유적지는 중간 홍적세 초기 또는 심지어 이전까지 거슬러 올라가는 방사선 측정 연대를 기반으로 더 나은 연대표를 갖는다(Gibbon, Granger, Kuman, & Partridge, 2009; Goren-Inbar et al., 2000; Sharon et al., 2010). 일부 지역, 주로 아프리카에서 LF 문화는 후기 홍적세까지 존속하는 것처럼 보이지만, 대부분의 유적지는 50만 년 이상 오래된 것으로 주장해도 무방할 것 같다(Sharon, 2007).

아슐리안 가로날도끼

가로날도끼는 전통적으로 문화적 실체로서 아슐리안 기법 복합체에 대한 논의에서 간과되어 온 뚜렷한 양날도구이다(최근의 예는 Corbey, Jagich, Vaesen, & Collard, 2016). 이러한 간과는 유럽에서 발견한 것에 따라 아슐리안을 정의한 선구적인 선사시대의 역사가들의 고향인 피레네를 넘어의 유럽에서 가로날도끼들이 없기 때문일 가능성이 크다(예: Bordes, 1961). 사실, 가로날도끼는 아마도 LF의 가장 특징적인 도구일 것이며(Sharon, 2007, [그림 11.1]을 보라), 가로날도끼에 대한 아슐리안의 '욕구desire'는 여기에 제시된 기법 혁신을 뒷받침하는 일차적인 문화적 진화적 힘이다.

가로날도끼의 정의

가로날도끼cleaver(프랑스어로는 hachereau)라는 용어는 길고 계속되는 논쟁의 주제이다. 무어Mourre(2003)는 아슐리안 가로날도끼에 대한 포괄적인 연구에서 이 논쟁은 가로날도끼에 대한 최소한의 정의를 지지했던 프랑코폰Francophone 선사학자들과 좀 더 포괄적인 분류를 선호하는 영어권 학자들 사이의 의견 차이에서 비롯되었다고 옳게 지적했다. 광의로 횡단 절단 모서리를 가진 모든 양날 돌뗀 도구를 가로날도끼로 포함시키자는 분류도 있었다(예: 보르데스Bordes의 '양날 가로날도끼', 1961). 가로날도끼는 주먹도끼와 같은 것들이 널리 퍼져있던 스페인, 레반트 그리고 인도에서 기록되었다. 그럼에도 불구하고, 아슐리안 가로날도끼가 가장 풍부한 지역은 도구 식별의 원천인 아프리카이다(자세한 내용은 Sharon, 2007을 보라). 틱시어Tixier(1956; Balout & Tixier, 1957을 보라)에 따르면, 두 성분이 가로날도끼를 정의한다. 첫째, 가로날도끼는 오로지 격지 도구이다. 따라서 비격지 소재(예: 자갈 또는 평평한 조각)에 만들어진 가로 절단날이 있는 LCTs는 가로날도끼가 아니다. 둘째로, 가로날도끼의 날은 2차 잔손질을 통해 형성된 것이 아니라, 항상 가로날도끼 격지의 복면과 배면 사이의 접합부에 의해 형성되었다. 이날은 소재 추출 처리의 시작 부분에서 원래 큰 몸돌에 형성된 흔의 자연면 또는 소재일 수 있다([그림 11.1] 참고). 많은 학자들에 의해 추가 정의가 제시되었는데, 가장 주목할 만한 것은 로Roe(1994, p. 151-153)의 정의이지만, 틱시어(1956)의 정의는 가장 정확하며, 여기에서 따를 것이다.

[그림 11.1] 세계의 가로날도끼

(1) 모로코, 에스티아이씨(STIC), (2) 사하라 타젠기트(Tachenghit), (3) 알제리 시디진(Sidi Zin), (4) 인도 테글리할리(Tegglihalli), (5) 인도 치르키(Chirki), (6) 인도 훈스기 V(Hunsgi V), (7) 알제리, 테르니페닌(Ternifin), (8) 남아프리카 그로테 데 우르스(Grotte des Ours), (9) 이스라엘, 게셔 베노트 야아코프(Gesher Benot Ya'aqov), (10) 이스라엘 엔비에이(NBA), (11) 이스라엘 엔비에이(NBA), (12) 탄자니아, 이시밀라(Isimila), (13) 남아프리카 프니엘 6, 발강(Pniel 6, Vaal River), (14) 남아프리카 프니엘 6, 발강(Pniel 6, Vaal River), (15) 남아프리카, 듀오렌락테 발강(Doorenlaacte, Vaal River), (16) 남아프리카 리버뷰 발강(Riverview, Vaal River), (17) 남아프리카 프니엘 7, 발강(Pniel 7, Vaal River), (18) 탄자니아 이시밀라(Isimila). 이미지는 저자 제공.

아슐리안 거대 몸돌 방법

LF 아슐리안의 일차적인 기법적 특성은 양날 소재로 사용될 거대한 몸돌의 큰 격지(>10cm; Kleindienst, 1962를 보라)의 생산이다. 많은 다른 거대한 몸돌 방법들이 다양한 LF 아슐리안 지역에서 구별되어 왔다. 샤론

Sharon(2007, 2009)은 르발루아, 평평한 조각떼기, 양날, 안타미Entame, 콤베와Kombewa, 빅토리아 웨스트Victoria West, 타벨발라-타젠기트와 같은 7가지 몸돌 방법을 정의하고 설명했다. 거대한 몸돌 방법들은 아슐리안의 양날 제작자들의 위대한 혁신의 지표들이다. 양날 제작자들은 각기 다른 지역에서 구할 수 있는 원재료로부터 큰 격지를 생산하기 위한 우수한 기법 해결을 디자인했다. 그들은 현장 주변에 있는 암석 유형의 모양과 크기를 이용하여 주먹도끼와 가로날도끼의 생산에 적합한 모양과 크기의 많은 큰 격지를 생산하기 위해 효율적으로 사용했다. 생성된 대부분의 격지 소재에는 완성된 도구로 최소한의 추가 형상만이 필요하다(Madsen & Goren-Inbar, 2004; Sharon, 2007, 2008, 2009). 이러한 서로 다른 몸돌 방법들 중, 빅토리아 웨스트와 타벨발라-타젠기트라는 두 가지가 가장 정교하고 기법적으로 진보된 것으로 두드러진다. 이러한 몸돌 방법은 다음에 자세히 설명되어 있다.

빅토리아 웨스트 몸돌 방법

얀센F. J. Jansen(1926)은 남아프리카의 빅토리아 웨스트 마을에서 이러한 전통에 속하는 몸돌을 처음으로 설명했다. 굿윈과 반 리에트 로(Goodwin, 1929, 1953; Goodwin & van Riet Lowe, 1929; van Riet Lowe, 1935, 1937)는 이어서 얀센의 빅토리아 웨스트 몸돌과 몸돌 방법에 대한 설명을 상세히 기술했다. 그들에 따르면 빅토리아 웨스트 몸돌은 중간 크기의 몸돌(최대 치수로 150mm에서 250mm)로, 남아프리카 공화국의 중앙지역에서 아슐리안 LCT 소재 생산을 목적으로 단일의 큰 측면 격지가 제거되었다

([그림 11.2] 참고). 나중에 샤론과 보몽Sharon and Beaumont(2006)은 이 기법에 대한 새로운 이해를 제안했다. 이러한 연구 활동에도 불구하고, 빅

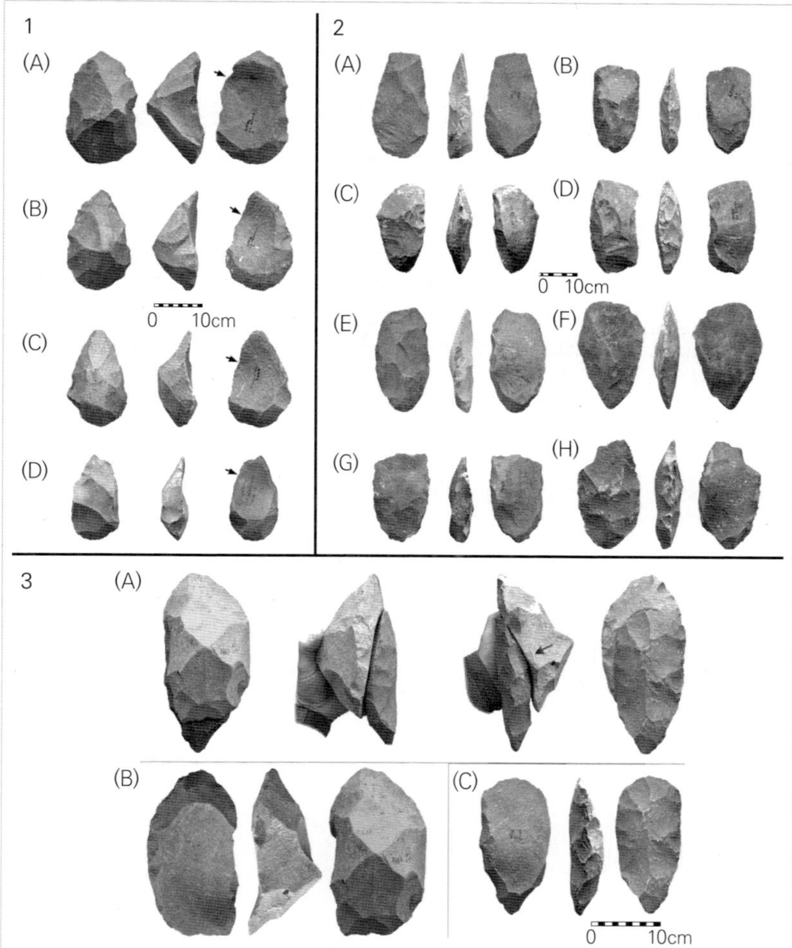

[그림 11.2] 빅토리아 웨스트 몸돌 방법(Victoria West core method)

(1) 칸틴 카피(Canteen Kopje)의 빅토리아 웨스트 몸돌(Victoria West core), (2) 발강 아슐리안 유적지(Vaal River Acheulian site)의 가로날도끼, (3) 빅토리아 웨스트 몸돌과 가로날도끼 방법. A=몸돌과 가로날도끼를 합친 것, B=몸돌, C=가로날도끼. 이미지는 저자 제공.

토리아 웨스트 기법과 그 생산물에 대한 포괄적인 개요는 제시되지 않았는데, 이런 이유 중 하나는 빅토리아 웨스트 도구와 몸돌을 포함하는 아슐리안 유적지가 광범위하게 발굴되거나 공개된 적이 없기 때문이다. 인도(Corvinus, 1983; 참고 문헌은 Pappu & Akhilesh, 2006), 북서 아프리카(Biberson, 1961; Clark, 1992), 사하라(Alimen, 1978)를 포함한 많은 지역의 현장에 유사한 기법의 존재가 주장되어 왔다. 그럼에도 불구하고, 빅토리아 웨스트 몸돌 방법에 대한 명확한 정의가 없기 때문에, 이러한 주장들을 검증하는 것은 어려웠고, 이제 그들 중 대부분은 기각되어야 할 것으로 보인다.

여기서, 수렴문화 진화의 증거는 주로 칸틴 카피Canteen Kopje 현장에서 수집된 빅토리아 웨스트 몸돌의 복합물에 기초하고 있다. 지층 복합물은 아슐리안의 2층 작업장의 잔재를 대표하는 것으로 해석되어 왔다(Beaumont, 1990; McNabb, 2001; McNabb & Beaumont, 2012; Wilkins, Pollarolo, & Kuman, 2010). 이러한 빅토리아 웨스트 유형I몸돌([그림 11.2]의 (1) 참고)은 크기와 형태가 동일하며 비교적 미세한 입자의 안삼암andesite[140]으로 제작되며, 발강 하류 분지의 대부분의 아슐리안 부지에서 가장 흔한 원재료이다(Sharon, 2007; Sharon & Beaumont, 2006).

몸돌/예비형성 준비

빅토리아 웨스트 유형I몸돌의 준비는 매우 정교했고, 그 과정에 많은 작업이 투자되었다. 르발루아 용적 측정 접근Levallois volumetric approach

140 세립질 화산암(역자 주).

이란 용어는 이 방법에서 몸돌의 양날에 모두 적용된다. 보에다 Boëda(1995)는 이러한 표면을 **데비타지** 조각(또는 격지) 표면과 타격면 표면의 준비로 정의했다. 양날은 현저하게 비대칭적이며 빅토리아 웨스트 몸돌의 전형적인 부분을 형성한다([그림 11.2] 참고). **데비타지** 면의 흔 패턴은 빅토리아 웨스트 몸돌의 준비에서 분명한 지식과 에너지를 보여준다. 세심하게 계획된 방사형 흔 패턴은 간격이 넓고, 잘 배열된, 가늘고 얇은 격지를 제거함으로써 달성되었다. 이러한 전형적인 패턴은 빅토리아 웨스트 몸돌에서 제거된 일부 가로날도끼의 배면 그리고 모든 몸돌에서 볼 수 있다([그림 11.2]의 (2) 참고). 몸돌 당 평균 총 흔 개수는 다른 LF 아슐리안의 소재 생산 몸돌 유형에 비해 매우 높다.

빅토리아 웨스트 몸돌에서 가로날도끼의 제거

빅토리아 웨스트 몸돌 준비에서 발휘된 균일성은 양날 격지 소재 추출로 이어졌다. 연구 대상 복합물에 있는 모든 몸돌은 예비 형태의 동일한 면에 있는 동일한 지점에서 타격 되었다. 그들은 예비 형태의 날과 같은 방향에서 비슷한 거리에 부딪혔다([그림 11.2] 참고).

빅토리아 웨스트 격지 소재의 사전 결정

빅토리아 웨스트 소재의 형태학은 몸돌의 형태학과 몸돌에 대한 타격 위치에 의해 미리 결정되었다. 격지 제거 중, 거친 양날 형태의 예비형성

(몸돌)은 끝이 돌떼는 자를 향하고 타격면 준비 표면이 위를 향하도록 하여 고정되었다. LF를 제거할 때, LF는 2개의 날로 디자인된 예비형성의 끝과 함께 운반된다. [그림 11.2]의 (3)은 이러한 독특한 실행을 보여준다. 그림 속의 중심부는 칸틴 카피 현장에서 유래한 반면, 가로날도끼는 프니엘Pniel 6a에서 수집되었다. 여기서 설명하는 감쇄 시퀀스는 빅토리아 웨스트 몸돌 생산의 마지막 단계이며, 그 후 몸돌의 남은 부분은 폐기된다는 점에 유의해야 한다. 많은 발강 가로날도끼들은 초기 생산 단계에서 생산되었으며, 아마도 훨씬 더 큰 몸돌에서 생산되었다. 간단히 말해서, 우리는 빅토리아 웨스트 몸돌 방법의 전체 감쇄 시퀀스에 대해 아직 완전히 이해하지 못했다.

가로날도끼의 우세

빅토리아 웨스트의 몸돌 감쇄 시퀀스는 가로날도끼의 소재로 적합한 것으로 여겨지는 큰 격지의 생산을 위한 것이었다. 이는 대부분의 발강 복합물에 뚜렷한 가로날도끼의 존재와 전형적인 빅토리아 웨스트 형태(공격 타격면, 밑동 모양 그리고 타격 방향; Sharon, 2007; Sharon & Beaumont, 2006)의 높은 빈도에서도 명백하다. 주먹도끼는 빅토리아 웨스트 소재에서 만들어졌지만, 조금 더 적게 만들어졌다. 연구 중인 모든 복합물은 표면 채집으로부터 나왔지만, 모든 발강 아슐리안 유적지에서는 가로날도끼들의 우세가 두드러진다. 발강 복합물에 반영된 가로날도끼의 우세는 전 세계 아슐리안 문화들 사이에서 흔한 현상이 아니다(Ranov, 2001; 그러나 Isenya의 유사한 유형의 빈도에 대해서는 Roche, Brugal, Lefevre, Ploux

& Texier, 1988년 참고). 가로날도끼의 우위성과 발강 아슐리안 현장의 가로날도끼 소재 생산을 위해 디자인된 몸돌 방법의 광범위한 사용은 아직 충분히 설명될 수 없다. 이러한 LCTs에 대한 특정한 실용적 요구가 있었을 수도 있고, 또는 조절된 빅토리아 웨스트 기법의 혁신이 돌떼는 자들로 하여금 더 효율적이고 미리 계획된 가로날도끼 소재를 생산하도록 자극했을 수도 있다.

타벨발라-타젠기트 몸돌 방법

타벨발라-타젠기트 몸돌 방법Tabelbala-Tachenghit core method은 처음에 아베 브뢰유Abbé Breuil(1930)에 의해 정의되었고, 나중에 틱시어Tixier(1956), 샹폴Champault(1951, 1956, 1966), 아리멘Alimen(1978)에 의해 상세히 기술되었다. 사하라의 지질학적 형성 상관관계에 기초하여, 그 방법은 중기 아슐리안Middle Acheulean(Alimen, 1978; Clark, 1992)으로 기술되었다. 여기에서 연구된 타젠기트 가로날도끼의 작은 표본 중, 소수의 가로날도끼만이 타벨발라-타젠기트 몸돌 방법([그림 11.3] 참고)에서 파생된 것으로 확실하게 식별되었다. 표본의 다른 가로날도끼들은 부분적인 타벨발라-타젠기트 형태학적 속성으로만 표시하였다([그림 11.3] 참고). 문헌에 제시된 타벨발라-타젠기트 몸돌 방법에 대한 몇 가지 대안적 설명 중, 틱시어Tixier(1956)의 재구성이 가장 자주 인용된다. 아리멘Alimen(1978, pp. 133-135, [그림 39])은 타젠기트 가로날도끼(유형 4)가 두 가지 몸돌 방법인 르발루아(유형 4a)와 콤베와Kombewa(유형 4b)에 의해 생성되었을 수 있다고 주장했다. 르발루아 타젠기트 가로날도끼(유형 4a)에 대한 설명에

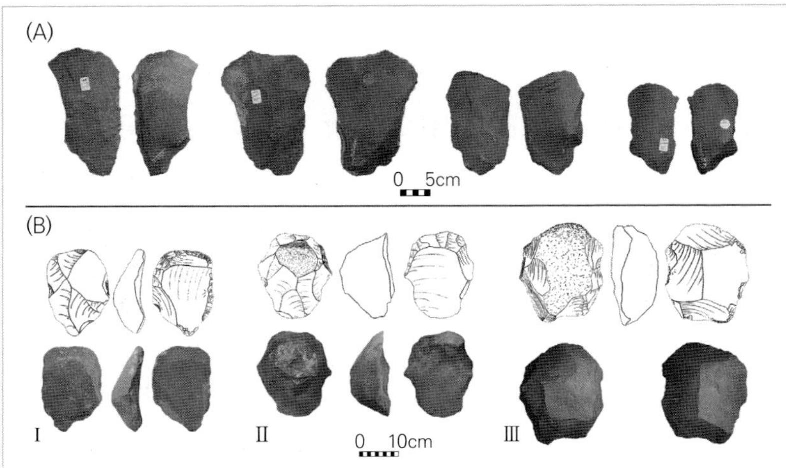

[그림 11.3] 타벨발라-타젠기트 몸돌 방법

(A) 타벨발라-타젠기트 가로날도끼, (B) 타벨발라-타젠기트 몸돌. I, II, III은 더 큰 몸돌 3개. 이미지는 저자 제공.

서, 그녀는 도구에서 타격면 준비의 중요한 단계를 관찰할 수 있다고 지적했다.

여기에 제시된 빅토리아 웨스트 몸돌 방법의 분석에 비추어, 타벨발라-타젠기트 몸돌 방법에 대한 추가 재구성이 제안될 수 있다. [그림 11.3]의 (B)는 타젠기트 유적지에서 가져온 3개의 더 큰 몸돌을 제공한다. 몸돌 3b-I와 3b-II는 **데비타지** 면에서 하나의 LF를 제거하는 것을 보여주는데, 이것은 빅토리아 웨스트 유형I기법과 매우 흡사하게 흔 제거로 완전히 덮여 있었다. 여기서 타벨발라-타젠기트 몸돌 방법에 대한 설명은 매우 짧고 단편적이다. 매우 적은 몸돌과 결과로 초래된 도구는 연구용으로 사용할 수 있으며, 대부분은 문서화된 발굴보다는 표면 수집에 속한다. 그럼에도 불구하고, 몸돌 그리고 가로날도끼의 고유성과 구체적이고 명확하게 입증된 기법을 통해 우리는 타벨발라-타젠기트 몸돌 방법을 별개의 방법으로 평가할 수 있다. 타벨발라-타젠기트 양날 제작자들은 목표, 형태, 크기, 특히 기법 의 경제화와 정교함에 있어서 빅토리아 웨스트의 몸돌 방법에 필적하는 기법을 적용한 것으로 보인다.

빅토리아 웨스트와 타벨발라-타젠기트

빅토리아 웨스트와 타벨발라-타젠기트 몸돌 방법은 많은 기법적 특징을 공유하지만, 그 외에도 기법적 개념과 아이디어를 공유하며, 그중 일부는 다음과 같이 요약되어 있다.

- 두 방법 모두에서 일차적인 목표는 상대적으로 작은 몸돌(아슐리안 거대 몸돌의 관점에서 작음)에서 선호되는 단일 가로날도끼 격지를 제거하는 것이다. 원하는 격지 소재를 제거한 후 몸돌은 '소모되고' 더 이상 큰 격지를 제거할 수 없다. 따라서 몸돌은 이 단계에서 폐기된다.
- 두 가지 몸돌 방법은 모두 **우선적** 격지 접근 방식을 따르며, **반복**되는 개념과 반대이다(Boëda, 1995).
- 몸돌에는 두 개의 비대칭[보에다Boëda(1995년)가 사용한 용어 계층] 표면이 준비된다. 즉, 타격면 준비 표면과 격지 제거 표면이다.
- 몸돌의 끝은 격지 소재를 분리하는 동안 제거된다([그림 11.2] 그리고 [그림 11.3] 참고). 이것은 중심부에 흔이 남아 있는 것보다 더 큰 격지의 생성으로 이어지며, 격지의 전형적인 형태학에서 볼 수 있다.
- 두 가지 몸돌 방법 모두 석기 기법에서 고급 수준의 사전 계획을 보여

준다. 돌떼는 자는 그 결과로 생긴 격지의 형태를 지시하기 위해 미리 몸돌 단계를 디자인했다. 그들은 최소의 추가적인 성형이 필요한(때로는 없는) 가로날도끼 생산에 완벽하게 적합한 모양과 크기의 LF를 생산하기 위해 치밀하게 계획되고 일관된 제거 사슬을 구현했다. 몸돌을 떼는 데 에너지와 계획에 대한 막대한 투자는 결과적으로 생긴 실수에 대한 투자의 필요성을 없애주었다.

- 생산의 균일성은 크기와 형태 면에서 거의 동일한 몸돌의 '기계 같은' 생산에서 분명히 드러난다. 또한, 두 몸돌 방법은 소재를 제거하기 위한 타격 방향의 균일성을 보여준다. 타격의 디자인은 똑같고 그들은 같은 방향에서 맞았다.
- 두 가지 몸돌 방법 모두에서, 가로날도끼는 제거된 격지 소재를 사전 디자인한 목표이다.

빅토리아 웨스트와 타벨발라-타젠기트의 몸돌 방법들의 주요한 유사점은 떼는 자들이 증명한 정교하고 진보된 기법적 기술이다. 몸돌 그리고 최종 생산물의 높은 균일성은 특별히 강조할 가치가 있다. 몸돌의 모양과 크기는 매우 유사하며, 가로날도끼도 마찬가지이다. 빅토리아 웨스트나 타벨발라-타젠기트 가로날도끼를 쉽게 식별할 수 있으며, 때로는 '기계 제작'인 것처럼 보인다([그림 11.2] 참고). 그것들은 모양과 크기가 너무 균일해서 페닐Penil 6의 가로날도끼를 칸틴 카피Canteen Kopje에서 수 킬로미터 떨어진 곳에 모아진 몸돌에 거의 완벽하게 다시 붙일 수 있다([그림 11.2]의 (3) 참고).

그러나 빅토리아 웨스트와 타벨발라-타젠기트의 몸돌 방법은 동일하지 않다. 그들 사이의 한 가지 근본적인 차이점은 타벨발라-타젠기트 격지 타격면이 타격의 정확성을 확보하기 위한 시도로 인해 표면으로부터 더 세심하게 준비되고 격리된 것 같다는 것이다. 보통 평범하고 크게 발생한 원뿔이 뚜렷하게 보인다([그림 11.3]의 (A) 참고). 빅토리아 웨스트 가로날도끼에서, 이 놀라운 타격면은 두 겹으로 갈라진 중심부의 표면의 잔해를 보여준다. 빅토리아 웨스트 몸돌 방법처럼 타벨발라-타젠기트 몸돌 방법은 지리적으로 제한되었고, 북서 사하라의 작은 지역으로 제한되었다. 사하라 사막으로부터의 충분한 자료가 부족하다. 그러나 빅토리아 웨스트 몸돌 방법과 달리, 타벨발라-타젠기트 방법은 지배적이거나 일차적인 몸돌 방법이 아닌 것으로 보인다. 이러한 몸돌과 가로날도끼가 발견되는 제한된 영역 내에서도, 타벨발라-타젠기트 몸돌 방법에 의해 만들어진 도구의 수는 제한적으로 나타난다.

두 몸돌 방법은 모두 르발루아 개념의 정의 내에 쉽게 들어맞지만 (Boëda, 1995), 그것들은 르발루아 몸돌이 아니다. 각 몸돌 방법은 타격면의 정밀한 준비 또는 격지 소재와 함께 몸돌 끝의 제거와 같은 고유한 기법적 특징을 가지고 있다. 또 다른 점은 몸돌의 크기이다. 일부 아슐리안 대형 몸돌은 분명히 르발루아 몸돌 방법을 사용하여 생산되었지만, 대부분의 르발루아 대형 몸돌은 아슐리안 대형 몸돌에 비해 훨씬 작다. 르발루아 몸돌 방법이 매우 큰 격지 생산에 완전히 적합하지 않으므로 드물게 사용되었음을 시사할 수 있다. 빅토리아 웨스트와 타벨발라-타젠기트가 유사하게 발전되고 준비된 몸돌 기법이기 때문에, 아슐리안 돌떼는 자들이 르발루아 방법을 사용하는 것을 막은 것은 인지능력이나 기법적 한계가 줄어든 것이 아니었다. 반대로, 아슐리안의 몸돌 방법은 떼기 어려운 원재료 유형의 큰 격지 생산에 더 잘 적응되었다 [Sharon(2007)의 토론을 보라].

토론과 결론

인간 문화 발전과 행태의 이해에 진화의 원칙을 적용하는 것은 매우 효과적일 수 있지만, 주의가 필요하다. 수렴적 생물학적 진화는 제대로 적용되면 인간 문화에서 서로 다른 아이디어와 기법의 기원에 대한 논의에 기여할 수 있는 잘 확립된 원칙이다. 전 세계의 별개의 지역에서 나타나는 유사한 문화적 발전을 연구할 때, 그들의 기원에 대한 의문이 생긴다. 핵심 질문은 아이디어, 개념 그리고 기법이 단일 '핵심' 영역에서 개발되어 세계의 다른 지역으로 확산되었는지, 또는 도구, 생계 전략, 정부 조직 또는 의사소통의 병렬적 필요성이 동일하지는 않지만 유사한 해결의 혁신을 초래했는지이다. 농업, 글쓰기, 수레바퀴의 기원은 이 문제에 대한 논의의 예이다(Diamond, 1997).

수렴적 문화 진화에 대한 이 질문은 인류 역사와 진화의 오랜 단계를 향해 과거로 돌아갈 때 더 복잡해진다. 만약 우리가 운이 좋다면, 이 시기는 기록되기 훨씬 전의 기간이며, 아이디어와 개념에 대한 논의는 석기와 몇 개의 뼈에 기초한다. 그럼에도 불구하고, 어떤 경우에는, 석기 기법의 연구는 매우 낮은 구석기시대에서도 문화적 경향과 혁신을 식별할 수 있다.

아슐리안의 거대한 몸돌 방법에 관한 연구는 이러한 기회들 중 하나를 제공한다. 아슐리안 호미닌은 이 기법 복합체의 광범위한 지리적 분포에 걸쳐 양날도구와 주먹도끼 그리고 가로날도끼를 생산하고 있었다. 다른 많은 연구원들과 마찬가지로, 나는 이러한 도구들이 전 세계적으로 크기, 모양, 기법 면에서 비슷하다고 생각한다(Sharon, 2007). 아슐리안의 도구 제작자는 이러한 도구의 생산에 이용 가능한 국소 암석 유형,

모양 그리고 크기에 가장 적합한 석기 기법을 결정하는 가로날도끼와 주먹도끼 '정신 틀'을 가지고 있었다. 이것은 특히 LF 아슐리안의 전통에서 명백하다. 양날, 특히 가로날도끼 생산을 위한 소재로 큰 격지를 사용하는 것은 매우 효율적인 감쇄 시퀀스이다(Jones, 1994; Madsen & Goren-Inbar, 2004; Sharon, 2007, 2009). 모든 지역에서 가로날도끼를 생산하고자 하는 아슐리안의 도구 제작자는 주변 환경을 조사하여 가로날도끼 소재에 적합한 LF를 생산하기 위한 최선의 방법을 적용했다. 한편, 아슐리안의 돌떼는 자들은 도구 생산에서 매우 보수적이었다. 그들은 수십만 년 동안 유사한 주먹도끼와 가로날도끼를 생산하고 사용했다. 반면에, 그들이 원하는 도구를 생산하기 위해 지역 원재료를 효율적으로 사용하는 데 있어서 엄청난 혁신과 진보되고 정교한 기법을 보여주었다.

빅토리아 웨스트와 타벨발라-타젠기트의 몸돌 방법은 그러한 행태에 대한 가장 좋은 증거를 제공한다. 두 가지 몸돌 방법은 모두 돌 작업의 높은 재주를 보여준다. 정교하고, 국소 암석 유형 특성에 대한 친밀한 지식을 보여주며, 높은 수준의 사전 계획을 나타내며, 모양과 크기가 균일하며, 심지어 비대칭적으로 강한 손(꼭 오른손은 아님)을 제안하는 단일 선호 타격 방향을 나타낸다.

타벨발라-타젠기트와 빅토리아 웨스트 몸돌 방법은 유사하지만 상호 필요성, 즉 가로날도끼의 필요성과는 완전히 동일한 해결책은 아니다. 두 가지 몸돌 방법은 남아프리카와 서부 사하라 사막의 작은 영역으로 제한된다. 발강 북쪽에서는 빅토리아 웨스트 몸돌 또는 가로날도끼가 단 한 개도 발견되지 않았으며, 서부 사하라 외곽에서는 타벨발라-타젠기트 몸돌이 단 한 개도 보고되지 않았다(Sharon, 2007). 이들은 비슷한 몸돌 방법으로 수렴되는 지리적으로 멀리 떨어져 있는 별개의 해결을 나타낸다.

이러한 기법적 수렴은 최종 도구(가로날도끼) 단계가 아니라, 몸돌/소재 생산 단계에서 관찰된다는 점을 강조하는 것이 중요하다. 가로날도끼의 필요성은 이 경우에 있어서 진화의 원동력이다. 우리는 여전히 왜 그렇게 많은 세대와 그렇게 다양한 환경에서 변하지 않고 그렇게 원하는 도구로서의 가로날도끼가 생산되는지 이해할 수 없다([그림 11.1] 참고). 그러나 가로날도끼는 LF 아슐리안의 모든 유적지에서 발견되며, 모양, 크기 그리고 생산 기법 면에서 비슷하다. 아마도 개미 둥지를 관통해야 할 필요성이 다른 대륙의 개미핥기의 긴 코와 끈적끈적한 혀를 지배했던 것처럼, 가로날도끼에 대한 욕구는 다른 몸돌 방법들의 혁신으로 이어졌다. 모든 거대한 몸돌 방법은 사실 수렴적 문화 진화의 예로 이해될 수 있지만, 타벨발라-타젠기트와 빅토리아 웨스트 방법이 가장 명확한 예이다. 왜냐하면 그것들은 진보적이고 독특하며, 인지하기 쉬우며, 가로날도끼의 생산을 위해 디자인되고 작은 지역으로 제한되기 때문이다.

거대한 몸돌 기법이 수렴적 문화 진화의 예를 제공하지만, LF 아슐리안의 최종 생산물(주먹도끼와 가로날도끼)은 반대되는 원리를 보여준다. LF 아슐리안의 지리적 그리고 시간적 분포 전체에서, LCTs의 크기와 형태 모두에서 현저한 유사성은 그것들이 서로 다른 지역에서 유사하고 관련 없는 혁신적인 기법의 결과라는 가설에 반대되는 명확한 증거를 제공한다. 여기에 제시된 자료에 비추어 볼 때, 이처럼 다양한 몸돌 방법에 의해 다양한 원재료로부터 압수한 도구가 모두 이와 유사한 최종 생산물로 형성될 가능성은 거의 없다. 비록 우리가 아슐리안 LCTs의 제작자들이 유사한 기능적 필요를 위해 그들의 도구를 디자인했다고 주장하더라도, 최종 생산물의 그러한 유사성은 상상도 할 수 없다. 한편으로 원재료 전략과 몸돌 방법에서의 큰 적응적 가변성과 다른 한편으로 최종 생산물의 놀라운 유사성은 오직 돌 전통으로만 설명될 수 있다. 아슐리안 LCTs의 제작자들은 그들의 돌 문화 전통에 의해 만들어진 원하는 도구의 모양과 크기에 대한 명확한 생각을 가지고 있었다. 이들의 정교함, 혁신 그리고 적응 능력은 목표를 달성하기 위해 사용되는 많은 기법적 경로로 입증된다.

감사

이 중요한 책에 초대해 주신 이 책의 편집자 여러분께 감사드린다. 두 명의 평론가가 이 장을 읽고, 가치 있는 제안을 했으며, 원본의 많은 결함을 지적해 주었다. 그 외에 남아 있는 결함이 있다면, 내 책임이다. 에이미 클라인Amy Klein은 이 장을 편집했다. 이 장에서는 발강 유적의 세계를 관대하게 소개한 피터 보몽Peter Beaumont의 기억을 기리고 있다. 남아프리카 아슐리안의 선구적인 연구 동안 그가 발굴한 조각, 주먹도끼, 몸돌이 가득한 보물상자를 모두 들여다 볼 수 있다.

참고문헌

Alimen, M. H. (1978). *L'évolution de l'Acheuléen au Sahara nord-occidental: Saoura, Ougarta, Tabelbala: Atlas*. Paris: Éditions CNRS.

Balout, L., & Tixier, J. (1957). L'Acheuléen de Ternifine. In *Congrès préhistorique de France: Compte rendu de la XV session: Poitiers-Angouleme 15–22 juillet 1956* (pp. 214–218).

Paris: Société préhistorique française.
Beaumont, P. B. (1990). Canteen Kopje. In P. B. Beaumont & D. Morris (Eds.), *Guide to the archaeological sites of the Northern Cape* (pp. 14–16). Kimberley: McGregor Museum.
Biberson, P. (1961). *Le Paléolithique inférieur du Maroc atlantique* (Vol. 17). Rabat, Morocco: Service des Antiquités du Maroc.
Boëda, E. (1995). Levallois: A volumetric construction, methods, a technique. In H. L. Dibble & O. Bar-Yosef (Eds.), *The definition and interpretation of Levallois technology* (Vol. 23, pp. 41–65). Madison, WI: Prehistory Press.
Bordes, F. (1961). *Typologie du Paleolithique ancien et moyen*. Paris: Éditions CNRS.
Breuil, H. (1930). Premières impressions de voyage sur la préhistoire sud-africaine. *Anthropologie, 40*, 209–223.
Champault, B. (1951). L'industrie de Tachenghit. In *70ème Congrès de L'Association française pour l'avancement des sciences* (Vol. III, pp. 123–130). Paris: AFAS.
Champault, B. (1956). Nucléus à technique Levalloisienne accompagné d'une partie de ses éclats de taille (industrie de Tachenghit, Sahara algéro-marocain). *Bulletin de la Société préhistorique française, 53*, 267.
Champault, B. (1966). *L'Acheuléen évolué au Sahara occidental. Notes sur l'homme au paléolithique ancien*. Doctoral thesis, Faculté de Lettres, Paris.
Clark, J. D. (1992). The Earlier Stone Age/Lower Paleolithic in Northern Africa and the Sahara. In F. Klees & R. Kuper (Eds.), *New light on the Northeast African past* (pp. 17–38). Köln, Germany: Heinrich-Barth-Institut.
Corbey, R., Jagich, A., Vaesen, K., & Collard, M. (2016). The Acheulean handaxe: More like a bird's song than a Beatles' tune? *Evolutionary Anthropology: Issues, News, and Reviews, 25*(1), 6–19.
Corvinus, G. (1983). *A survey of the Pravara River system in western Maharashtra, India: Volume 2, The excavations of the Acheulian site of Chirki-on-Pravara, India*. Tübingen, Germany: Institut für Urgeschichte.
Darwin, C. (1859). *On the origin of species*. London: Penguin.
Diamond, J. M. (1997). *Guns, germs, and steel: The fates of human societies*. New York: W.W. Norton & Co.
Emery, N. J., & Clayton, N. S. (2004). The mentality of crows: Convergent evolution of intelligence in corvids and apes. *Science, 306*(5703), 1903–1907.
Fuller, D. Q., Denham, T., Arroyo-Kalin, M., Lucas, L., Stevens, C. J., Qin, L., . . . Purugganan, M. D. (2014). Convergent evolution and parallelism in plant domestication revealed by an expanding archaeological record. *Proceedings of the National Academy of Sciences of the United States of America, 111*(17), 6147–6152.
Gibbon, R. J., Granger, D. E., Kuman, K., & Partridge, T. C. (2009). Early Acheulean technology in the Rietputs Formation, South Africa, dated with cosmogenic nuclides. *Journal of Human Evolution, 56*(2), 152–160.
Goodwin, A. J. H. (1929). The Victoria West industry. *The Stone Age Cultures of South Africa, XXVII*, 53–69.
Goodwin, A. J. H. (1953). *Methods in prehistory: An introduction to the discipline of prehistoric archaeology with special reference to South African conditions* (2nd ed.). Cape Town, South Africa: South African Archaeological Society.

Goodwin, A. J. H., & van Riet Lowe, C. (1929). *The Stone Age cultures of South Africa. Annals of the South African Museum* (Vol. 27). Cape Town, South Africa: AMS Press.

Goren-Inbar, N., Feibel, C. S., Verosub, K. L., Melamed, Y., Kislev, M. E., Tchernov, E., & Saragusti, I. (2000). Pleistocene milestones on the out-of-Africa corridor at Gesher Benot Ya'aqov, Israel. *Science, 289*(5481), 944–947.

Gould, S. J. (1971). D'Arcy Thompson and the science of form. *New Literary History, 2*(2), 229–258.

Isaac, G. L. (1969). Studies of early culture in East Africa. *World Archaeology, 1*(1), 1–28.

Jansen, F. J. (1926). A new type of stone implement from Victoria West. *South African Journal of Science, 23,* 818–825.

Jones, P. R. (1994). Results of experimental work in relation to the stone industries of Olduvai Gorge. In M. D. N. Leakey & D. A. Roe (Eds.), *Olduvai Gorge. Volume 5. Excavations in Beds III, IV and the Masek Beds, 1968–1971* (Vol. 5, pp. 254–298). Cambridge, UK: Cambridge University Press.

Kleindienst, M. R. (1961). Variability within the Late Acheulian assemblage in eastern Africa. *The South African Archaeological Bulletin, 16*(62), 35–52.

Kleindienst, M. R. (1962). Components of the East African Acheulian assemblage: An analytic approach. In G. Mortelmans & J. Nenqui (Eds.), *Actes du IVeme Congrès panafricain de préhistoire et de l'étude du quaternaire* (Vol. 40, pp. 81–105). Tervuren, Belgium: Museé Royal.

Kuman, K., Li, C., & Li, H. (2014). Large cutting tools in the Danjiangkou Reservoir region, central China. *Journal of Human Evolution, 76,* 129–153.

Li, H., Li, C., & Kuman, K. (2014). Rethinking the "Acheulean" in East Asia: Evidence from recent investigations in the Danjiangkou Reservoir region, central China. *Quaternary International, 347*(1), 163–175.

Li, H., Li, C., Kuman, K., Cheng, J., Yao, H., & Li, Z. (2014). The Middle Pleistocene handaxe site of Shuangshu in the Danjiangkou Reservoir region, central China. *Journal of Archaeological Science, 52,* 391–409.

Madsen, B., & Goren-Inbar, N. (2004). Acheulian giant core technology and beyond: An archaeological and experimental case study. *Eurasian Prehistory, 2*(1), 3–52.

McNabb, J. (2001). The shape of things to come: A speculative essay on the role of the Victoria West phenomenon at Canteen Kopje, during the South African Stone Age. In S. Milliken & J. Cook (Eds.), *A very remote period indeed: Papers on the Palaeolithic presented to Derek Roe* (pp. 37–46). Oxford, UK: Oxbow Books.

McNabb, J., & Beaumont, P. B. (2012). Excavations in the Acheulean levels at the Earlier Stone Age site of Canteen Koppie, Northern Province, South Africa. *Proceedings of the Prehistoric Society, 78,* 51–71.

Mesoudi, A., Whiten, A., & Laland, K. N. (2004). Perspective: Is human cultural evolution Darwinian? Evidence reviewed from the perspective of *The Origin of Species. Evolution, 58*(1), 1–11.

Mourre, V. (2003). *Implications culturelles de la technologie des hachereaux.* Doctoral thesis, Université de Paris X, Paris.

Norn, M. (1996). *Eskimo snow goggles in Danish and Greenlandic museums, their protective and optical properties* (Vol. 20). Copenhagen: Museum Tusculanum Press.

Pappu, S., & Akhilesh, K. (2006). Preliminary observations on the Acheulian assemblages from

Attirampakkam, Tamil Nadu. In N. Goren-Inbar & G. Sharon (Eds.), *Axe age: Acheulian tool-making from quarry to discard* (pp. 155–180). London: Equinox.

Ranov, V. A. (2001). Cleavers: Their distribution, chronology and typology. In S. Milliken & J. Cook (Eds.), *A very remote period indeed: Papers on the Palaeolithic presented to Derek Roe* (pp. 105–113). Oxford, UK: Oxbow Books.

Roche, H., Brugal, J.-P., Lefevre, D., Ploux, S., & Texier, P.-J. (1988). Isenya: État des recherches sur un nouveau site acheuléen d'Afrique orientale. *African Archaeological Review, 6*(1), 27–55.

Roe, D. A. (1994). A metrical analysis of selected sets of handaxes and cleavers from Olduvai Gorge. In M. D. Leaky & D. A. Roe (Eds.), *Olduvai Gorge. Volume 5. Excavations in Beds III, IV and the Masek Beds, 1968–1971* (pp. 146–234). Cambridge, UK: Cambridge University Press.

Sharon, G. (2007). *Acheulian large flake industries: Technology, chronology, and significance.* Oxford, UK: Archaeopress.

Sharon, G. (2008). The impact of raw material on Acheulian large flake production. *Journal of Archaeological Science, 35*(5), 1329–1344.

Sharon, G. (2009). Acheulian giant-core technology: A worldwide perspective. *Current Anthropology, 50*(3), 335–367.

Sharon, G., & Barsky, D. (2016). The emergence of the Acheulian in Europe—A look from the east. *Quaternary International, 411*, 25–33.

Sharon, G., & Beaumont, P. B. (2006). Victoria West: A highly standardized prepared core technology. In N. Goren-Inbar & G. Sharon (Eds.), *Axe age: Acheulian tool-making from quarry to discard* (pp. 181–199). London: Equinox.

Sharon, G., Feibel, C. S., Alperson-Afil, N., Harlavan, Y., Feraud, G., Ashkenazi, S., & Rabinovich, R. (2010). New evidence for the northern Dead Sea Rift Acheulian. *PaleoAnthropology*, 79–99.

Tixier, J. (1956). Le hachereau dans l'Acheuléen nord-africain. Notes typologiques. In *Congrès Préhistorique de France: Compte rendu de la XV session: Poitiers-Angouleme 15–22 juillet 1956* (pp. 914–923). Paris: Société préhistorique française.

van Riet Lowe, C. (1935). Implementiferous gravels of the Vaal River at Riverview Estates. *Nature, 136*(3428), 53–56.

van Riet Lowe, C. (1937). The archaeology of the Vaal River Basin. In P. G. Söhnge, D. J. L. Visser, & C. Van Riet Lowe (Eds.), *The geology and archaeology of the Vaal River Basin: (Union of South Africa Department of Mines, Geological Survey Memoir No 35)* (pp. 61–134). Pretoria, South Africa: The Government Printer.

Wilkins, J., Pollarolo, L., & Kuman, K. (2010). Prepared core reduction at the site of Kudu Koppie in northern South Africa: Temporal patterns across the Earlier and Middle Stone Age boundary. *Journal of Archaeological Science, 37*(6), 1279–1292.

Wynn, T. (1995). Handaxe enigmas. *World Archaeology, 27*(1), 10–24.

Yamei, H., Potts, R., Baoyin, Y., Zhengtang, G., Deino, A., Wei, W., . . . Weiwen, H. (2000). Mid-Pleistocene Acheulean-like stone technology of the Bose Basin, south China. *Science, 287*(5458), 1622–1626.

Zhang, P., Huang, W., & Wang, W. (2010). Acheulean handaxes from Fengshudao, Bose sites of south China. *Quaternary International, 223*, 440–443.

| 제12장 |

마지막 공통 조상에서 르발루아 감쇄자에게 문화 전달

우리는 무엇을 추론할 수 있는가?

Stephen J. Lycett

서론

정보를 공유하고 학습할 수 있는 인간의 능력에 대한 증거가 우리 주변에 널려 있다. 그것은 우리가 만들고 사용하는 도구와 장치, 짓는 집, 건설하는 신념 체계와 정치 제도, 식생활 선호 그리고 많은 다른 행태 패턴에서 명백하다. 태어날 때부터, 다른 사람들이 부추긴 다양한 행동들과 행태들에 지속적으로 노출되는데, 그것은 결국 가지고 있는 많은 믿음, 입는 옷, 말하는 방식 그리고 갖게 될지 모르는 지식과 기술에 영향을 주게 된다. 따라서 이러한 정보의 공유와 학습은 공통적인 행태 패턴 또는 최소한 행태의 일부 측면에 의해 통합된 사람들의 공동체와 하위 공동체에 속하는 개인들 간에 공유되는 뚜렷한 전통이나 관습을 형성하게 된다. 다시 말해, 이러한 공유와 학습 과정의 산물은 많은 사람들이 '문화'라고 부르는 것이며, 개인의 (하위) 공동체 간의 차이는 더 나아가 '문화적 차이'로 설명된다(Boyd & Richerson, 1985; Ellen, Lycett, &

Johns, 2013; McGrew, 2004; Mesoudi, 2011).

인간 문화의 특히 주목할 만한 구성요소는 문화적 '래칫'이라 불리는 능력으로, 세대를 거쳐 상대적인 복잡성에 연속적으로 구축되는 지식의 누적 능력이다(Tomasello, 1999). 이러한 능력은 문화 생산물이 이전의 여러 세대의 누적된 지식을 직접 그리는 사람만이 관련 문화 주체를 복제, 사용, 실행 및 제작할 수 있는 정교함과 복잡성의 수준을 갖는 상황을 초래할 수 있다. 따라서 행태는 비교적 단순하게 시작되었을 수 있다(예: 날카로운 막대기를 창으로 던지는 것). 후대에 의해 기법적으로 더 복잡한 것으로 변경되었고(예: 투척기를 사용하여 깃털 달린 날카로운 막대기를 던지는 것), 그 후에 훨씬 더 큰 것을 끌어당기는 행태의 전통으로 다시 변경되었다(예: 활을 사용하여 깃털이 달리고 뼈 촉이 있는 발사체를 발사한다). 우리는 이전 세대의 문화적 지식을 끌어내는 이러한 능력이 인간에게만 국한된다고 가정할 때 신중해야 한다. 침팬지(Pan troglodytes)로부터 약간의 증거가 있다. 예를 들어, 꿀 채취, 개미 디핑ant-dipping[141]과 같은 활동에 여러 도구 '키트'를 사용할 뿐 아니라, 솔 끝 흰개미brush-tipped termite('낚시') 탐침은 단순한 탐침보다 더욱 효과적인데, 이 또한 '래칫'의 산물이 될 수 있다(Boesch, Head, & Robbins, 2009; Sanz, Call, & Morgan, 2009; Sanz, Schöning, & Morgan, 2010). 이러한 잠재적인 예들에도 불구하고, 많은 인간 문화 생산물들이 누적된 문화적 지식과 침팬지들이 실행할 수 있는 행태의 유형에는 분명한 차이가 있다. 따라서 그 차이가 상당한 정도인지 아니면 종류인지에 관계없이, 많은 평론가들은 인간 문화의 가장 중요한 특징들 중 하나이자 우리가 지구 생태계에서 지배적인 힘이 될 수 있게 해준 것은 연속적인 유전자에 대해 문화 정보를 정확하고 누적적으로

141 나뭇가지로 개미 무리를 줄 세워 먹는 행동(역자 주).

'래칫'할 수 있는 능력이라는 것에 동의한다(Boyd, Richerson, & Henrich, 2011; Coolidge & Wynn, 2005; Dean, Kendal, Schapiro, Thierry, & Laland, 2012; Kempe, Lycett, & Mesoudi, 2014; Kurzban & Barrett, 2012).

어떻게 그리고 언제 우리의 사회학습 능력이 생겨났을까? 한 가지 가능성은 우리 종족의 출현과 함께 인간의 문화 능력은 진화적인 선례 없이 갑자기 그리고 완전히 생겨났다는 것이다. 그러나 이 시나리오는 몇 가지 이유로 인해 가능성이 낮다. 첫째로, 같은 종의 다른 동물들로부터 사회적으로 배울 수 있는 능력은 조류, 어류, 포유류 종 등에서 식별되었다(예: Claidière, Smith, Kirby, & Fagot, 2014; Galef & Laland, 2005; van de Waal, Borgeaud, & Whiten, 2013; Whiten, Caldwell, & Mesoudi, 2016; Zentall, 2012). 이것은 인간의 사회학습 능력이 (특정 방식으로 인상적이고 잠재적으로 독특하기는 하지만) 어떤 형태의 진화적 전조가 **전혀** 없다는 것과는 다르게 보이게 한다. 가장 주목할 만한 것은 지난 수십 년 동안 침팬지(P. troglodytes), 보노보(P. paniscus), 고릴라(genus Gorilla), 오랑우탄(genus Pongo)을 포함한 다른 대형 유인원 종들이 사회적으로 정보를 배울 수 있는 능력이 있다는 것을 보여주는 풍부한 새로운 자료가 있었다는 것이다(예: Byrne, Hobaiter, & Klailova, 2011; Dindo, Stoinski, & Whiten, 2010; Hopper, Lambeth, Schapiro, & Whiten, 2015; Jaeggi et al., 2010; Luef & Pika, 2013; McGrew, 2004, 2010b; Whiten, 2010; Whiten, McGuigan, Marshall-Pescini, & Hopper, 2009; Whiten & van Schaik, 2007). 이것은 특히 인간의 문화적 역량이 대형 유인원 조상에 깊이 뿌리박고 있는 능력을 기반으로 하는 진화 과정의 결과라는 것을 시사한다.

둘째, 심리학자들은 다양한 사회학습 기전(예: Whiten, Horner, Litchfield, & Marshall-Pescini, 2004)을 식별하고 라벨을 붙였는데, 이러한 다양한 기전의 배치와 사용 능력이 인류 진화 과정 동안 진화했을 가능성을 이끈다(Lycett, 2010b, p. 261; Tomasello, 2009, pp. 218–219; Whiten, Schick, & Toth, 2009). 어떤 의미에서, **사회학습**은 다른 사람의 행태나 행태의 결과를 관찰함으로써 얻는 학습(즉, 정보의 획득)으로 비교적 직접 정의될 수 있다(Heyes, 1994). 그러나 직접적 또는 간접적으로 다른 것들로부터 감시와 학습을 하는 몇 가지 상당히 뚜렷한 기전이 식별되었다. 예를 들어, **자극 강화**는 한 개인이 자신의 행태에 영향을 미치는 정보를 사회적으로 학습할 수 있는 가장 간단한 수단 중 하나이다(Thorpe, 1963). 이 학습 기전 하에서, 한 개인이 다른 개인에 대한 행태 효과는 간접적이다. 학습자는 다른 개인의 행태를 직접적으로 복제하지 않고 오히려 다른 개인의 행태에 의해 유발되는 자극에 더 많이 노출됨으로써, 자신의 행태 패턴에 영향을 받는다. 자극에 노출된 후, 학습자는 그 행동에 대한 나머지 많은 정보를 스스로 조각내서 실행하는데, 이렇게 해서 전반적인 행태 패턴은 다른 사람의 행동 패턴과 비슷해진다. 번과 러슨Byrne and Russon(1998, p. 669)은 한 원숭이가 다른 원숭이에게서 음식 자원으로 제공된 자극인 견과류를 깨는 방법을 (가정적으로) 어떻게 배울 수 있는지에 대한 예시로 이 과정('국소 강화'라는 처리와 밀접한 관련이 있다)을 개념적으로 설명한다. 여기서 원숭이의 주의는 그 과정의 핵심 성분들로 향하며(예: 견과류, 망치, 모루), 이후 개별 학습을 통해 적절한 작동을 시작한다. 따라서 많은 개별 사건의 과정에서 반복된 이러한 처리는 조치의 직접적인 복제가 이루어지지 않았더라도 견과류 깨기의 진정한 '전통'으로 이어질 수 있다(**의미적으로** Fragaszy & Perry, 2003). 대안적으로, 개체는 다른 개체의 행동을 **에뮬에이트**emulate할 수 있는데, 이는 행동의 일부 측면을 실행하는 게 핵심적이지만, 다른 개체의 행동을 직접 복제하는 것을 포함하지 않는 특정 행동의 직접적인 결과 또는 명백한 결과를 복제하는 것으로 정의된다(Whiten et al., 2004). 예를 들어, 도구(즉, 탐사 가지)를 사용하여 흰개미를 낚고, 다른 개체가 해당 도구를 관찰하고 직접 만드는 경우가 해당될 수 있다. **모방**imitation이라는 용어는 목격된 결과와 동일한 결과 또는 결과를 가져오기 위해 다른 개체의 정확한 행동을 직접 복제하는 것을 포함하는 학습의 예를 위한 것이다(Schillinger, Mesoudi, & Lycett, 2015; Whiten et al., 2004). 마지막으로, **가르침**은 지식이 부족한 개체에서 학습을 용이하게 하는 방식으로 지식을 갖춘 개체가 자신의 행동을 의도적으로 변경하는 상황으로 정의될 수 있다(Thornton & Raihani, 2010). 물론 이러한 학습 기전이 인간에게도 반드시 상호 배타적인 것은 아니며, 따라서 특정 행동을 어떠한 정확도로 복제하기 위해 장기간의 개별 학습(예: 연습)과 함께 사용될 수 있다(Lycett, 2015; Martin, 2000).

따라서 사회학습 기전의 다소 조잡한 분류는 자극 강화, 에뮬레이션, 모방 그리고 가르침의 최소 네 가지 다른 학습 경로를 인정한다. 이러한 각각의 기전은 학습의 정확한 세부사항에 대해 세분화된 구별로 더 세분화될 수 있다. 실제로, 예를 들어, 어떤 사람들은 모방과 '과잉 모방'을 구별하는데, 이는 다른 사람의 행동이 복제되는 정확한 성분과 복제되는 정도에 더 중점을 둔다(예: Nielsen, 2012; Whiten, McGuigan et al., 2009). 가르침의 경우 언어 매개 가르침과 비언어적 가르침을 구별하는 것도 필요하다(예: Wynn & Coolidge, 2010, p. 97). 그러나 학습 과정의 이 조잡한 분류법조차도 한 개체가 다른 개체에게서 정보를 얻을 수 있는 잠재적 수단의 배열을 고려할 때 유용하게 될 수 있으며, 따라서 이는 다른 개체에게서 행태 패턴의 반복으로 이어질 수 있다.

적어도 330만 년 전부터 우리 종족의 출현 이후까지, 호미닌은 종종 '돌떼기'라고 부르는 두들김 행태를 통해 고의적으로 돌을 절단하는 도구의 제작을 시작했다(Harmand et al., 2015). 이로 인해 우리는 아프리카와 유라시아의 넓은 지역에 걸쳐 수백만 년 동안 돌 감쇄의 확산으로 풍부한 기록을 갖게 되었다(Schick, 1998). 그러므로 원칙적으로, 이러한 돌 인공물들과 시간의 경과에 따른 다양한 형태는 잠재적으로 멸종된 조상들의 사회학습 패턴에 대해 말해준다. 그러나 사회학습 언어나 멸종된 호미닌의 인지와 같은 중요한 현상을 연구하는 것은 과학에 상당한 도전을 제기한다. 이러한 문제는 기본적인 사실 때문에 발생한다. 생각, 대화, 지능, 사회적 전달의 어느 것도 화석화되지 않는다. 이것은 이러한 호미닌 존재의 중요한 형태들 중 어떤 것에 대한 **직접적인** 화석이나 공예적인 증거를 가지고 있지 않다는 것을 의미하며, 간접적인 증거만 가지고 있다. 수십 년간의 작업에 걸쳐 톰 윈Tom Wynn은 두 가지 신중한 원칙을 적용하여, 보이지는 않지만 우리 진화 역사의 핵심 측면 중 하나인 호미닌 인지 문제를 해결했다(Wynn, 1979, 1981, 1991, 1995, 1996, 2004; Wynn & Coolidge, 2004, 2010, 2012; Wynn, Tierson, & Palmer, 1996). 이들 중 첫 번째는 고고학적 자료와 적절한 계통발생학적 그리고 증거적 맥락을 설정하는 비교 접근법의 중요성이다(Wynn, Hernandez-Aguilar, Marchant, & McGrew, 2011; Wynn & McGrew, 1989). 두 번째는 관련된 고고학적 현상을 설명하는 데 필요한 최소한의 능력만을 발동하도록 노력해야 한다는 것이다(Wynn, 2002). 다시 말하면, 이 후자의 원칙은 불가피하게 호미닌의 능력에 대한 거짓 양성 진술(즉, 제1형 오류)이나 거짓 음성 진술(제2형 오류)의 위험을 무릅쓰는 위치에 놓여 있다는 것을 강조한다. 관련 고고학적 현상을 설명하는 데 필요한 최소한의 인지 능력만을 발동함으로써, 제2형 오류를 범할 위험이 높아지지만(즉, 호미닌에서의 행동이나 능력을 인지하지 못함), 제1형 오류의 발생을 최소화한다(즉, 사실과 다른 행태와 능력이 호미닌에 기인함).

여기서, 윈의 두 가지 원칙은 마지막 공통 조상last common ancestor(이하 LCA로 표기)에서 소위 르발루아 감쇄 시퀀스와 그 생산자에 이르기까지 멸종된 호미닌의 문화적 전달 능력에 대해 합리적으로 결정할 수 있는 것을 추론하기 위해 적용된다. 이 접근 방식을 사용하고 각각의 경우에서 여러 개의 증거를 바탕으로 하면, 우리가 관찰할 수 있는 경험적 고고학적 기록을 형성할 때 호미닌에 의해 최소로 사용되었을지도 모르는 사회학습 기전에 대한 몇 가지 추론을 할 수 있다. 또한, 우리가 실제로 무엇을 하고 있었는지 과소평가할 위험으로 거짓 음성 추론을 할 수 있는 추가적인 사회학습 기전의 관점에서 각 사례의 최소 시나리오에 대한 확장을 제공하는 가능성을 고려할 수 있다. 이러한 후자의 가능성은 그 자체를 위해 논의되는 것이 아니라, 보다 엄격하게 검토할 필요가 있는 미래의 질문과 이슈에 대한 기초를 제공하기 때문에, 본 장의 마지막 절에서 더 자세히 논의된다.

모든 호미닌들의 공통 조상에서의 사회학습

비교 접근법은 광범위한 진화적 질문과 관련하여 필수적이며(Nunn, 2011), 물론 인간의 경우 살아있는 가장 가까운 친척인 **침팬지** 속genus Pan은 특히 중요한 참고 사항을 제시한다(Carvalho & McGrew, 2012; Lycett, 2010b; McGrew, 2010a; Whiten, Schick et al., 2009; Wynn & McGrew, 1989).

호미닌 문화 전달의 진화에 대한 추론은 비교 접근법에서 시작되어야 하며, 특히 LCA의 전달 능력이 어떤 것이었는지를 재구성하려고 할 때 시작해야 한다(Lycett, 2010b, 2013). 최근 수십 년간, 야생에서나 포획된 침팬지들의 행태에 관한 집중적인 연구로부터 풍부한 자료가 얻어졌는데, 이는 LCA의 사회학습 역량이 어떻게 생겼는지에 대한 문제를 직접적으로 다루고 있다. 이 연구의 많은 부분이 다른 사람들에 의해 상세하게 검토되었지만(예: Horner & de Waal, 2009; McGrew, 2010a, 2010b, 2015; Whiten, 2011; Whiten, Schick, et al., 2009), 선사시대의 가정에서의 사회학습 문제를 효과적으로 토론하기 위해서는 잠시 이 연구의 핵심 사항들을 도출하는 것이 중요하다.

최근의 연구결과 이 문제에 대한 가장 강력한 과학적 근거 중 일부는 포획된 침팬지와 함께 실행된 통제된 실험으로부터 도출된다(Horner & de Waal, 2009; Whiten, 2011; Whiten, Schick, et al., 2009). 예를 들어, 대체 기법이 가능한 과제에 직면했을 때 특정 도구 사용 기술에 대한 사회학습은 침팬지(**P. troglodytes**)에서 실험적으로 입증되었으며, 이를 통해 집단의 구성원들이 유사한 행태 패턴을 공유하게 되었다(Whiten, Horner, & de Waal, 2005). 이러한 연구는 포획된 수컷 보노보(**P. paniscus**)인 칸지와 그의 이복 여동생 판바니샤Panbanisha의 간단한 돌떼기 생산(그리고 그들의 절단 과제에서의 사용)을 보여주는 이전의 실험들이 실제로 사회학습의 영향을 받았음을 시사한다(Schick et al., 1999; Toth, Schick, Savage Rumbaugh, Sevcik, & Rumbaugh, 1993; Whiten, Schick, et al., 2009). 마찬가지로 중요한 것은 '전달 연쇄transmission chain' 실험이며, 이는 최대 6마리의 침팬지(Horner, Whiten, Flynn, & de Waal, 2006)가 연쇄적으로 먹이를 수렵채집하는 행태를 연속적으로 전달할 수 있다는 것을 보여주었고, 다른 포획 집단들 사이의 여러 실험 '전통'의 전달을 입증하는 실험도 있었다(Whiten et al., 2007).

이러한 유형의 과제에서 침팬지가 사용하는 사회학습 모드의 측면을 보면, 자극 강화는 매우 많은 실험들이 보상으로 음식을 포함하기 때문에 관련될 수 있다(예: Whiten et al., 2005). 그러나 실험에 관련된 여러 집단에서 대조적인 행태의 일치(예: Horner & de Waal, 2009; Whiten et al., 2005)는 자극 강화만으로는 실험 집단 개체에 걸친 이러한 행태의 집단 패턴(좀 더 임의적인 것과는 반대로) 표현을 설명할 수 없음을 보여준다(Whiten, 2011). 실제로 침팬지가 모방하는 능력(즉, 행태를 복제하는 다른 개체의 행동에 영향을 받는다)은 실험적으로 잘 확립되어 있다(예: Hopper, Lambeth, Schapiro, & Whiten, 2008; Horner & Whiten, 2005; Nagell, Olguin, & Tomasello, 1993; Price, Lambeth, Schapiro, & Whiten, 2009). 비록 실험증거가 침팬지가 특정 상황에서 행태들을 복제할 수 있다는 것을 암시하지만, 침팬지Pan 속genus이 모방할 수 있는 능력(예: 행동의 복제)과 그러한 능력의 정도가 더 논란이 되고 있다(Bonnie, Horner, Whiten, & de Waal, 2007; Fuhrmann, Ravignani, Marshall-Pescini, & Whiten, 2014; Horner et al., 2006; Tomasello, Savage-Rumbaugh, & Kruger, 1993; Whiten, McGuigan, et al., 2009). 심지어 침팬지가 모방에 관여할 능력이 있다는 개념에 대한 일부 이전의 비평가들도 실험적인 증거에 비추어 최근에 이 문제에 대한 그들의 의견을 변경했다(예: Tomasello, 2009, p. 215). 모방에 대한 가장 시사적인 증거 중 일부는 소위 '유령 조건ghost condition' 실험을 통해 나왔는데(Whiten, McGuigan et al., 2009), 여기서 침팬지는 실험 과제의 기계적 작동과 실험 과제의 결과만을 보는 것 대versus 다른 침팬지가 그러한 행동을 실행하는 것을 보는 것과 관련이 있다. 집필하면서,

이러한 실험의 최신은 과제의 '유령 상태'(기계적인) 표시만 보는 상황과 비교하여, 다른 침팬지나 인간이 이 과제를 실행하는 것을 보는 것이 성공하는 중요한 역할을 한다는 것을 확인하였다(Hopper et al., 2015). 다른 실험 연구는 관찰학습 중 운동모방 증거를 제공했으며, 이는 침팬지의 모방 가능성을 고려할 때 돌발적이다(Fuhrmann et al., 2014). 그럼에도 불구하고, 침팬지의 모방 능력, 특히 침팬지의 모방 범위는 여전히 논쟁의 여지가 있다.

그러나 LCA의 가능성 있는 사회학습 능력을 밝히는 데 도움을 줄 수 있는 것은 포획 연구만이 아니다. 현장 영장류학자가 누적한 수십 년 분량의 자료는 **침팬지** 속genus Pan 야생 공동체에 속하는 개체의 행태에 대한 사회학습을 입증한다(McGrew, 2010b, 2015). 이러한 연구에서 분수령이 된 순간은 화이튼과 동료들Whiten and colleagues(1999)이 동아프리카와 서아프리카에서 가장 오래 연구된 침팬지(**P. troglodytes**)의 7개 공동체에 걸쳐 표현에 차이가 있는 39종의 행태 변종을 발표하면서 찾아왔다. 이러한 행태는 개별 학습의 경우 예상할 수 있는 대로 무작위로 분포되지 않고, 사회학습의 경우 예상할 수 있는 집단 일반 패턴을 형성한다. 보노보(**P. paniscus**)의 더 제한된 증거는 유사한 패턴이 침팬지의 종도 특징지을 수 있다는 것을 시사한다(Hohmann & Fruth, 2003). 화이튼과 동료들Whiten and colleagues(1999)의 공동체 간 가변성 카탈로그에 나열된 행태에는 도구 사용 행동과 사회적 관습(예: 특정 형태의 털 손질)이 모두 포함된다. 이 자료 세트 내의 특정 행동에 관한 상세한 연구는 야생 침팬지가 이러한 행태를 실행하는 방법을 배울 때 수용 실험에서 증명된 능력의 종류를 실제로 사용하고 있다는 것을 나타낸다. 예를 들어, 아프리카 기니의 보소우Bossou의 야외 실험실에서 실시한 실험은 실험적으로 도입된 새로운 견과류 깨기를 포함하는 행태의 확산에 있어 지식이 있는 개체의 존재가 핵심이라는 것을 보여주었다(Biro et al., 2003). 보소우의 다른 연구는 도구 사용 행태에 대한 사회학습의 영향을 입증했다. 가장 주목할 만한 것은 훔, 스노든 그리고 마쓰자와Humle, Snowdon, and Matsuzawa(2009)가 스카벤징(5살 이하)의 어미들이 개미 디핑 ant-dipping(즉, 스카벤징이 노출되는 학습 기회)을 하는 시간이 초보자의 개미 디핑 행태의 빠른 시작에 긍정적인 영향을 미치고 더 높은 숙련도로 이어진다는 것을 보여주었다는 것이다.

좀 더 최근에는 조절된 수용 실험(Whiten et al., 2007)에서 문서화된 것과 유사한 과정을 통해 한 공동체에서 다른 공동체로 행태의 확산이 밀접하게 문서화되었다(O'Malley, Wallauer, Murray, & Goodall, 2012). 또한, 사회적 네트워크 분석은 도구 사용 행태의 사회적 전달을 직접 문서화하기 위해 사용되었다(Hobaiter, Poisot, Zuberbühler, Hoppitt, & Gruber, 2014). 최근의 연구는 암컷이 빈번히 이동함에도 불구하고 이웃 침팬지 집단 사이에 도구 사용 행태와 관련된 독특한 집단 차원의 전통이 어떻게 유지되는지 또한 보여주었다(Luncz, Mundry, & Boesch, 2012). 여기서는 이동하는 암컷이 새로운 공동체의 이웃과 보다 비슷한 행태를 채택하였다(Luncz & Boesch, 2014, 2015). 따라서 이웃 공동체를 사용하여 유전적, 생태학적 차이를 조절함으로써 이루어진 이러한 연구는 유전자 차이(Lycett, Collard, & McGrew, 2010)와 공동체 간의 생태적 차이(Kamilar & Marshack, 2012)가 교차 공동체에 대한 타당한 설명이 되지 않음을 보여주는 이전의 광범위한 분석과 일치한다. 이는 광범위한 지리적 척도로, 횡단 공동체 행태 변화에 대한 설명으로는 타당하다(Whiten et al., 1999, 2001).

이것은 훨씬 더 큰 문헌에 대해 필요한 요약이며 선별적인 검토이다. 그러나 여기서 도출해야 할 핵심 요점은 LCA가 사회적으로 정보를 학습할 수 있는 능력이 있다는 것이다. 특히 자극 강화와 에뮬레이션과 같은 기전을 통해 (그리고 야생 침팬지의 인색함과 행태에 의지하여) LCA는 다양한 사회적, 먹이 관련 활동에 참여할 가능성이 높았다(McGrew, 2010b; Whiten, Schick et al., 2009). 이 추론의 인색한 성분은 침팬지 속genus에서의 증거가 고릴라 그리고 오랑우탄의 증거와 결합될 때 강화된다(예: Byrne et al., 2011; Dindo et al., 2010; Jaeggi et al., 2010; Luef & Pika, 2013; Whiten & van Schaik, 2007). 이에 상상할 수 없는 사회적 수렴 학습의 최소화를 가능하게 한다. 비록 개연성이 없는 논쟁거리이긴 하지만, 어떤 형식의 기본적인 모방 기술 또한 존재할 수 있다. 만약 문화가 사회학습을 통해 집단 내에서 여러 개체가 공유하는 여러 전통의 존재로 정의된다면, 침팬지는 이러한 현상을 가지고 있다(McGrew, 2004, 2015).

석기 생산의 로메크위안-올도완 단계에서의 사회학습

고맙게도, 비교 접근을 통해, 우리는 선사시대 석기 기록과 관련된 질문들을 다룰 때 무지한 상태로 시작하지 않는다. 여러 해 동안, 석기제작의 기원은 약 260만 년 전에 유래된 것으로 생각되었고, 이러한 초기 복합물들은 1930년대 올두바이Olduvai(당시는 올도웨이Oldoway) 협곡에서(Leakey, 1936) 처음 파생된 용어인 '올도완' 공작'Oldowan' industry(Semaw et al., 1997, 2003)을 대표하는 것으로 종종 언급되어 왔다. 단순 격지와 몸돌로 구성된 올도완 인공물은 이후 북아프리카에서 남아프리카까지 분포된 현장에서 발견되었으며, 100만 년 이상 동안 생산되었다(Schick & Toth, 2006). 얼마 전, 윈과 맥그루Wynn and McGrew(1989)는 보노보 칸지Kanzi the Bonobo가 가장 최근에 강화된 위치로 올도완에 명백하게 있는 **침팬지** 속genus Pan의 인지 능력을 넘어서지 못한다는 사례를 제시하였다(Wynn et al., 2011). 가장 눈에 띄는 것은 비록 인간이 몇 주 동안 시연을 보이고 지속적인 격려를 하였지만 보노보 칸지의 돌떼기 능력은 한계가 있었다는 점이다(Toth et al., 1993).

최근 케냐에 있는 웨스트 투르카나Turkana의 로메크위Lomekwi 3에서 나온 돌 절단 도구가 생산되었다는 증거는 격지의 기원을 적어도 330만 년 전으로 되돌렸다(Harmand et al., 2015). 현재, 로메크위에서 돌떼기가 정확히 어떤 영향을 주었는지는 거의 알려지지 않았다. 우리가 호미닌이 그들 자신의 즐거움을 위해 돌떼기를 하고 있다고 가정하지 않는 한, 침팬지의 기본 도구 사용에는 음식과 관련된 절단 활동과 관련이 있는 것 같고, 추출적 수렵채집 활동이 주요 동기부여가 되는 것으로 알려져 있다(McGrew, 1992). 올도완 도구 문화가 생산되고 있을 때(260만 년 전 이후부터), 직접적인 증거는 격지 생산이 절단된 뼈의 형태로 수렵채집 행태와 관련된 활동이었다는 것을 보여준다(de Heinzelin et al., 1999; Pickering & Domínguez-Rodrigo, 2006; Semaw, 2006). 먹이 연결활동은 강력한 인센티브를 제공하므로 자극적/국소적 강화는 고고학적 기록의 첫 백만 년을 설명할 수 있는 그럴듯한 학습 기전이 될 것이다. 실제로 비인간 영장류와의 실험 연구는 자극 강화가 올도완에서 잠재적인 역할을 강조하면서 전통을 만들 수 있다는 것을 보여주었다(Matthews, Paukner, & Suomi, 2010). 그런 다음 개별 학습은 직접(돌 위에 돌) 두들김과 타격면 각도 선택을 통해 원뿔형 균열의 효과적이고 일관된 실행을 보여주는 올도완 기록의 일부 돌떼기 시퀀스를 생성하는 데 필요한 운동 기술의 관점에서 돌떼기 행태를 정교하게 할 수 있다(예; Delagnes & Roche, 2005; Semaw, 2006; Stout & Semaw, 2006).

그러나 비교 접근법에서 도출된 LCA의 능력을 고려할 때, 자극 강화를 통한 사회학습만이 올도완 기록을 적절히 설명한다는 생각에 주의해야 할 이유가 있다(Lycett, von Cramon-Taubadel, & Eren, 2016). 우리는 비인간 동물에 관한 학습 연구를 통해 비사회학습(즉, 개체적)이 사회학습보다 비용이 더 많이 들고, 위험한 곳에서는 사회학습이 더 많이 발생한다는 것을 안다(예: Chivers & Smith, 1995; Greggor, McIvor, Clayton, & Thornton, 2016; Kelley, Evans, Ramnarine, & Magurran, 2003; Kendal, Coolen, & Laland, 2004). 그 이유는 매우 명백하다. 예를 들어, 포식자 회피와 같은 행태에서, 다른 사람이 대체 전략을 실험하게 하고, 그들이 먹히는지 안 먹히는지에 대한 결과로부터 배우는 것이 여러분 자신을 실험하는 것보다 훨씬 더 낫다. 그러므로 여기서 중요한 변수는 돌떼기의 본질적인 위험성이다. 현대의 실험자들은 손가락의 힘줄이 절단되어(급작스럽게!) 교정 수술에도 불구하고 움직임이 저하되고(Whittaker, 1994), 잘못된 형태를 통한 팔이 영구적으로 비활성화되는 등 플린트 떼기와 관련된 위험성에 주목했다(Holmes, 1897, pp. 61, 151). 실제로, 많은 현대의 돌떼는 자들은 날아다니는 파편과 조각 파편으로부터 부상을 막기 위해 보호 고글과 다른 장비를 착용한다. 돌떼기에 관한 민족지학 그리고 민족지사 문헌은 열상을 통한 잠재적 부상뿐만 아니라 눈의 손상 위험 또한 강조한다(예: Arthur, 2010, p. 236; Hampton, 1999, p. 267; Kroeber, 1961, p. 184; Pope, 1918, p. 117). 홍적세 환경에서, 그러한 부상은 효과적인 수렵채집을 방지하는 단순한 감염이나 부상(침착)

을 통해서도 잠재적으로 치명적일 수 있다.

이와 같은 위험과 같은 상황에서, 다시 말해, 사회학습에 대한 가장 적절한 방아쇠를 알려주는 비교 접근 방식을 통해, 특히 학습 중에 이러한 위험을 줄이기 위해 에뮬레이션을 포함한 사회학습 기전의 완전한 파견대를 배치하지 않을 가능성이 거의 없어 보인다. 실제로, 돌떼기의 특히 중요한 결과는 다른 사람이 에뮬레이션을 통해 배울 수 있는 물리적 기록(즉, 인공물 그리고 버리는 물질)을 남기는 것이며, 원래 돌떼기 사건이 있은 지 몇 주 또는 몇 달 후까지도 가능하다. 다시 말해, 도구 제작이 제공하는 시간 변환 학습 기회도 침팬지 학습에 포함되었으며(Fragaszy et al., 2013), 특히 돌떼기와 같은 위험한 활동의 경우 이용될 수 있다.

요약하면, 수렵채집 활동과 관련된 자극 강화와 같은 간단한 사회학습 기전과 기법을 마스터하는 개체 학습은 고고학적 기록의 초기 단계의 많은 구성요소들을 적절하게 설명할 수 있을 것이다. 그러나 돌떼는 호미닌과 관련된 위험과 비용을 고려한다면 그 능력도 에뮬레이션에 활용했을 것이다. (동부) 아프리카 올도완에서 집단별 전통이 나타났다는 증거는 거의 없지만(Stout, Semaw, Rogers, & Cauche, 2010), 정량적 측면에서 교차 복합물 비교는 여전히 제한적이다. 그러나 침팬지 도구에 대한 최근 연구는 그러한 차이를 더 자세히 살펴보면 효과가 있을 수 있음을 시사한다(Koops, Schöning, Isaji, & Hashimoto, 2015).

아슐리안의 사회학습

약 170만 년 전에 호미닌은 특징적인 주먹도끼를 포함하여 올도완 도구들을 보완하기 위한 새로운 형식의 석기를 생산하기 시작했다(Beyene et al., 2013; Diez-Martin et al., 2015; Lepre et al., 2011). 아마 불행하게도, **주먹도끼**라는 용어는 넓은 범위의 돌 형태를 포괄할 수 있다. 날과 끝부분에서 몇 개의 격지만 제거하고 끝이 길고 뾰족한 형태를 만드는 격지 기반 소재 또는 결절에서부터, 중간 홍적세 동안 더욱 흔해지고 더 광범위하게 격지된 예에 이르게 된다(Edwards, 2001; Stout, Apel, Commander, & Roberts, 2014). 그러나 이러한 새로운 인공물의 생산은 단순히 격지를 생산하기 위해 몸돌 또는 결절을 부딪힌 물체에서(Toth, 1985) 긴 절단 모서리를 가진 모양, 양날 그리고 양측면 조직된 석기들을 생산하기 위해 함께 엮는 상황으로 이동하였다(Gowlett, 2006; Lycett, Schillinger, Eren, von Cramon-Taubadel, & Mesoudi, 2016; Roche, 2005; Wynn, 1995)([그림 12.1] 참고). 이러한 인공물들은 동아프리카에서 처음 생산되었지만(Beyene et al., 2013; Diez-Martin et al., 2015), 지리적으로나 시간적으로 볼 때 '아슐리안'으로 잘 알려진 인공적인 패턴을 형성하기 위해 아프리카, 유럽 그리고 아시아 전역에서 제작되었다(Gowlett, 2011; Wynn & Tierson, 1990). 다양한 증거에 따르면 주먹도끼는 도살 그리고 목공과 같은 절단 활동에 사용된 기능성 품목이었다(Bello, Parfitt, & Stringer, 2009; Domínguez-Rodrigo, Serrallonga, Juan-Tresserras, Alcalá, & de Luque, 2001; Gowlett, 2006; Nowell et al., 2016; Roberts & Parfitt, 1999; Solodenko et al., 2015; Yravedra et al., 2010). 만약 래칫이 이전의 혁신에 기초하고 있다면, 특히 주먹도끼가 올도완 문화에서 사용되는 유형의 단순한 격지를 능가할 수 있는 명확한 기능적 영역(즉, 특정 성능 기능)을 가지고 있다는 점에서 아슐리안은 올도완에 대한 래칫의 예를 나타낸 것으로 보인다(Key & Lycett, 2017b). 그러나 우리는 아슐리안이 이후의 호미닌 실행과 비교될 수 있는

'폭주하는 래칫'을 볼 수 없다(Shipton & Nielsen, 2015). 그러므로 아슐리안과 관련하여 자주 제기되는 중요한 질문은 호미닌이 LCA가 보유한 사회학습 능력을 넘어서는 사회학습 기술을 더 정기적으로 끌어올렸는지다(Lycett, Schillinger et al., 2016; Mithen, 1999; Nielsen, 2012; Schillinger et al., 2015; Shipton & Nielsen 2015).

일부는 유사한 인공물 형태의 반복적이고 광범위한 생산이 아슐리안을 담당하는 호미닌에 의한 단순한 에뮬레이션 학습보다는 모방적 학습을 의미한다고 제안했다(Mithen, 1999). 그러나 올도완과 마찬가지로 자극적/국소적 강화와 결과 기반(즉, 에뮬레이션) 복제의 조합은 다른 인류가 생산한 주먹도끼 및 **데비타지**의 시각적 측면으로부터 학습하는

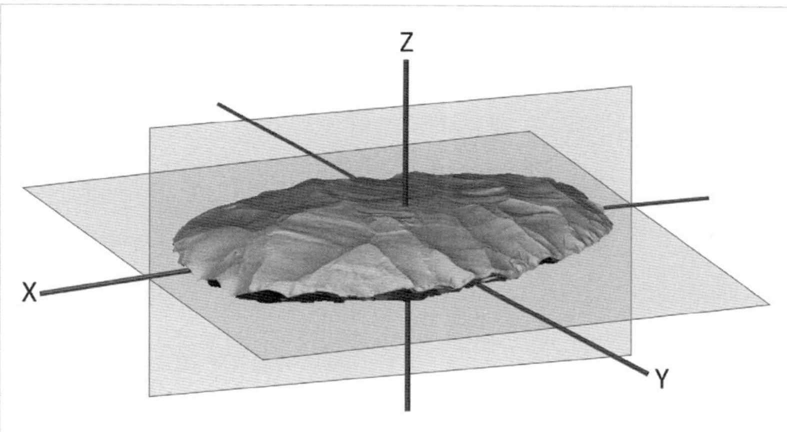

[그림 12.1] 아슐리안 주먹도끼는 생산 중에 세 평면에서 변수 작동을 수반하는 다변량 개체이다(Gowlett, 2006; Wynn, 1995, 2002)

양 측면 절단날을 생성하기 위해, 너비(y 축)와 전체 길이(x 축)를 유지하면서 (z 축을 따라) 침습적인 격지떼기에 의해 결절 또는 격지 소재가 얇아진다. 이 예는 저자가 캡처하여 구조화된 조명 스캐너를 사용하여 3D로 스캔했다. 이미지는 저자 제공. Inizian and colleagues(1999)의 *Technology and Terminology of Knapped Stone*, Cercle de Recherches et d'Etudes Préhistoriques에 있는 Figure 11(p. 45)에서 영감을 받은 그림의 형상화.

것으로서 지리적으로 그리고 일시적으로 널리 확산된 주먹도끼의 생산을 설명하는 데 어느 정도 도움이 될 수 있다. 실제로 최근의 실험 결과, 최종 생산물 복제도 명확한 진화 패턴을 생성할 수 있다는 것을 보여주었고, 모방은 정량화할 수 있는 추세를 가진 진정한 문화-진화 시대의 절대적 전제조건이 아닐 수 있음을 시사했다(Schillinger, Mesoudi, & Lycett, 2016). 시행착오 학습도 주먹도끼 제작 학습에 한몫했을 가능성이 있다. 그러나 부상 위험이 올도완 기간 동안 사회학습을 동기화하는 데 적절한 요소였다면, 그러한 비용은 주먹도끼 생산과 관련된 더 확장된 감쇄 시퀀스와 현생 인류가 일반적으로 신뢰성 있게 필요한 기술을 구축하기 위해 필요한 연장된 연습 기간이 필요하다는 사실을 고려할 때 증가했을 가능성이 높다. (즉, 반복적으로) 많은 선사시대 예들과 3차원에서 비교되는 인공물을 제작한다(Edwards, 2001; Stout, 2005).

그러나 최근의 실험 결과, 특징적인 주먹도끼 형식의 크기와 특히 **성형**shape 특징과 관련된 복제 오류는 복제 오류 비율의 영향을 받는 것으로 나타났으며, 이는 에뮬레이션 복제에만 기초한다면 주먹도끼 전통을 본질적으로 불안정하게 만들 수 있음을 보여주었다(Kempe, Lycett, & Mesoudi, 2012; Lycett, Schillinger, Kempe, & Mesoudi, 2015; Schillinger, Mesoudi, & Lycett, 2014). 이러한 실험 중 다수가 실제 주먹도끼 제작에 필요한 기술 수준을 훨씬 밑도는 과제를 수반함에도 불구하고, 이러한 작업에서는 주먹도끼 형식이 분해되어 비교적 빠른 속도로 아슐리안과 유사한 패턴이 침식될 수 있음을 보여주었다(Kempe et al., 2012; Lycett, Schillinger, et al., 2016; Schillinger et al., 2014, 2016). 모방은 에뮬레이션과는 대조적으로 주먹도끼 형태(즉, 결과)뿐만 아니라 추가로 (일부) 다른 호미닌들이 주먹도끼를 제작하는 데 사용한 실제 **행태**를 복제하는 것을 포함한다. 제작의 세부사항 그리고 기법의 차이 또는 패튼Patten(2005)이 '처리 조절'이라고 지칭하는 돌떼기(예: Nonaka, Bril, & Rein, 2010을 보라)는 특히 다른 인류를 보면서 가시적인 지불payoffs을 통해 이를 바람직한 표적으로 삼을 수 있다. 처리 제어는 단일 격지 제거 수준에서 작동하는 연삭grinding, 작은 면분할faceting(Stout et al., 2014)과 같은 간단한 타격면 준비 방법부터 특정 방식으로 소재를 잡고 쥐는 것(Patten, 2005)과 같은 방법까지, 작동을 효과적이고 안전하게 실행하기 위해 전략적으로 연결된 일련의 동작의 확산 시퀀스에 이르기까지 다양할 수 있다.

따라서 여기서 중요한 것은 조절된 실험의 증거이다(Schillinger et al., 2015). 이는 모방학습이 에뮬레이션 학습과 비교하여 주먹도끼 모양의 대상을 생산하는 동안 복제 오류를 크게 감소시킨다는 것을 보여줬다. 중요한 것은, 이러한 실험에서 주먹도끼 성형(거품foam) 인공물을 제작할 때 실제 주먹도끼 제작과 관련된 기술 수준이 필요하지 않았음에도 불구하고 학습 조건의 차이는 인공적인 수준에서 나타났으며, 따라서 학습 요인은 진짜 주먹도끼 생산보다 덜 적절할 것으로 예상할 수 있었다(Schillinger et al., 2015). 흥미롭게도, 모르간과 동료들Morgan and colleagues(2015)은 언어가 단순한 격지 생산의 학습을 포함하는 실험에 기초한 석기 전통의 학습에서 중요한 역할을 할 수 있다고 주장했는데, 여기서 언어학적으로 매개된 학습은 사회학습의 대안적인 형태에 대한 격지 생산물의 정량적 차이로 이어졌다. 그러나 푸트, 우즈 그리고 프랜시스커스Putt, Woods, and Franciscus(2014)는 이 단계에서 모방학습과 에뮬레이션 학습이 조사되지 않았지만, 언어 지시가 주먹도끼 제작 학습에 필요한 구성요소가 아님을 제안하는 비언어적 의사소통에 대한 강한 효과를 발견하지 못했다. 그러므로 실링거와 동료들Schillinger and colleagues(2015)

의 실험 결과는 모방만으로 학습하는 것이 성형(즉, 인공물 특성이 여러 가지 전략적으로 결합된 작용의 의도적인 결과인 경우)을 요구하는 전통에서 전달의 충실성에 통계적으로 유의미한 영향을 미칠 수 있다는 점을 강조할 때 중요한데, 추가적인 몸짓 또는 구두 의사소통이 없는 경우에도 중요하다. 전통을 복제하는 에뮬레이션 전용 형태에서 기대할 수 있는 주먹도끼 전통의 내재적 불안정성을 감안할 때(Kempe et al., 2012; Schillinger et al., 2014, 2016), 모방 기반 학습은 아슐리안 기록에서 경험적으로 증명된 패턴의 종류를 유지하는 데 필수적인 성분이었을 수 있다(Lycett, Schillinger, et al., 2016; Lycett et al., 2015; Schillinger et al., 2015).

특정 제작 세부사항 또는 공작 조절에 대한 모방학습(의미적으로, Paten, 2005)은 주먹도끼 형태학 연구가 다른 지역이나 현장의 주먹도끼 복합물 사이에서 통계적으로 패턴 변화를 밝혀낸 이유를 설명할 수 있다(예: Lycett & Gowlett, 2008; Lycett & von Cramon-Taubadel, 2015; Wynn & Tierson, 1990). 실제로 이러한 패턴은 기능과 문화가 결코 상호 배타적이 아니지만, 감쇄 그리고/또는 원재료 요인(Eren, Roos, Story, von Cramon-Taubadel, & Lycett, 2014; Lycett & von Cramon-Taubadel, 2015; Sharon, 2008; Shipton & Clarkson, 2015) 또는 기능적 차이(Key & Lycett, 2017a)로만 설명하기가 여전히 어렵다. 그러나 그러한 패턴의 변화는 반드시 인공적인 형태와 관련하여 엄격한 '정신적 템플릿mental template'을 고수하는 것을 나타내는 것이 아니라, 집단들 사이에 다른 인공적인 '방법'의 학습이나, 단지 부적절한 행태의 무의식적인 복제를 통해 간접적으로 나타날 수 있다는 것을 강조하는 것이 중요하다. 미묘하지만 통계적으로 탐지할 수 있는 방식으로 인공물 형식에 조심스럽게 영향을 미친다(Lycett, 2010a, p. 212; Schillinger, Mesoudi, & Lycett, 2017). 다시, '모델 인공물'이라고 일컬어졌던 것을 사용한 조절된 실험들은(생물학의 작은 규모의 전달 과정을 연구하기 위한 '모델 유기체'의 사용과 철학에서 다소 유사함) 복합물의 수준에서 통계적으로 식별 가능한 문화적 패턴을 생산하는 데 있어서 그러한 '방법'의 효력을 입증했다(Schillinger et al., 2017).

요약하면, 아슐리안에 관한 연구는 올도완과 같은 사회학습을 유추하는 것과 동일한 도전 작업을 제시한다. 그럼에도 불구하고, 아슐리안에서 실험한 경험적 패턴을 생산함에 있어 LCA의 전체 역량(즉, 자극 강화 학습과 에뮬레이션)이 요구되었을 것이라고 추론하는 것은 충분히 타당하다(Kempe et al., 2012). 더욱이, 모방이 그 이전의 올도완에 의해 지시된 것보다 아슐리안 단계 동안 사회학습의 더 중요한 기전이었을 수 있다는 증거가 증가하고 있다(Schillinger et al., 2015; Shipton & Nielsen, 2015). 그러나 현재 모방을 넘어서는 사회학습의 어떠한 형태가 아슐리안 학습 체계의 필수적인 특징이었다는 것을 제안할 충분한 증거가 없다.

중기 구석기에서의 사회학습

중기 구석기시대Middle Paleolithic, 또는 아프리카 중기 석기시대Middle Stone Age[142]는 고고학적 단계로, 그 시작은 '르발루아' 감쇄 시퀀스로 널리 알려진 것의 출현에 의해 가장 자주 정의된다(Avraham, 1982; Morgan & Renne, 2008; Tryon & Faith, 2013; Wurz, 2013). 현재의 증거에 따르면, 이러한 새로운 형태의 몸돌 감쇄는 약 30만 년 전에 동아프리카와 유럽 모두에서 나타났다(Adler et al., 2014; Moncel, Moigne, Sam, & Combier,

142 아프리카 중기 석기시대는 전기 구석기와 후기 구석기의 사이에 있다(역자 주).

2011; Morgan & Renne, 2008; Tryon & Faith, 2013). 그 후, 르발루아 인공물들은 아프리카와 유라시아의 넓은 지대 위에서 그들이 대체한 아슐리안 공정의 인공물들을 광범위하게 반영하는 지리적 분포로 생산되었다(Schick, 1998). 르발루아 공정은 네안데르탈인(**호모 네안데르탈인**)과 현생인류(**호모 사피엔스**)를 포함한 여러 종에 의해 제작되었는데, 이는 르발루아에 대한 논의가 후대의 인류 진화 그리고 인지 양상에 관한 논쟁에 자주 휘말렸음을 의미했다(Hublin, 2009; Wynn & Coolidge, 2004, 2010).

비록 르발루아 감쇄 시퀀스와 그 생산물의 식별이 자주 논의되는 주제였지만(예: Copeland, 1983; Perpère, 1986; van Peer, 1992), 많은 학자들은 르발루아 감쇄가 몸돌 건설과 감쇄의 특정 '용적 측정' 배열을 통해 발생한다는 생각을 중심으로 종합했다(Boëda, 1995; Brantingham & Kuhn, 2001; Chazan, 1997; Lycett & Eren, 2013b에서 검토). 보에다 Boëda(1994, 1995)에 의해 처음 요약된 이 용적 측정 개념은 몸돌이 먼저 몸돌의 소재에서 교차하는 계층적으로 관련된 두 개의 표면으로 이중으로 조직되고 궁극적으로 교차 평면을 형성한다고 명시한다([그림 12.2]의 (A) 참고). '르발루아' 격지는 교차 면에 광범위하게 평행한 원위부 그리고 횡방향 볼록성을 가진 몸돌 복면에서 직접 두들김을 통해 제거된다([그림 12.2]의 (A) 참고). 르발루아 감쇄 시퀀스의 생산은 오랫동안 호미닌의 부분에서 계획 그리고 사전 검토의 신호를 잠재적으로 드러내는 것으로 간주되어 왔다(Bordes, 1950; Chazan, 1997; Schlanger, 1996; Spurrell, 1884; van Peer, 1992; Wynn & Coolidge, 2004, 2010).

이러한 감쇄 시퀀스 동안 제거된 르발루아 격지에 대한 실험 그리고 형태학적 분석에 따르면, 이들은 더 큰 전체적인 견고성, 균형 그리고 잔손질 용량을 포함하여 호미닌에게 기능적으로 바람직하게 만드는 특

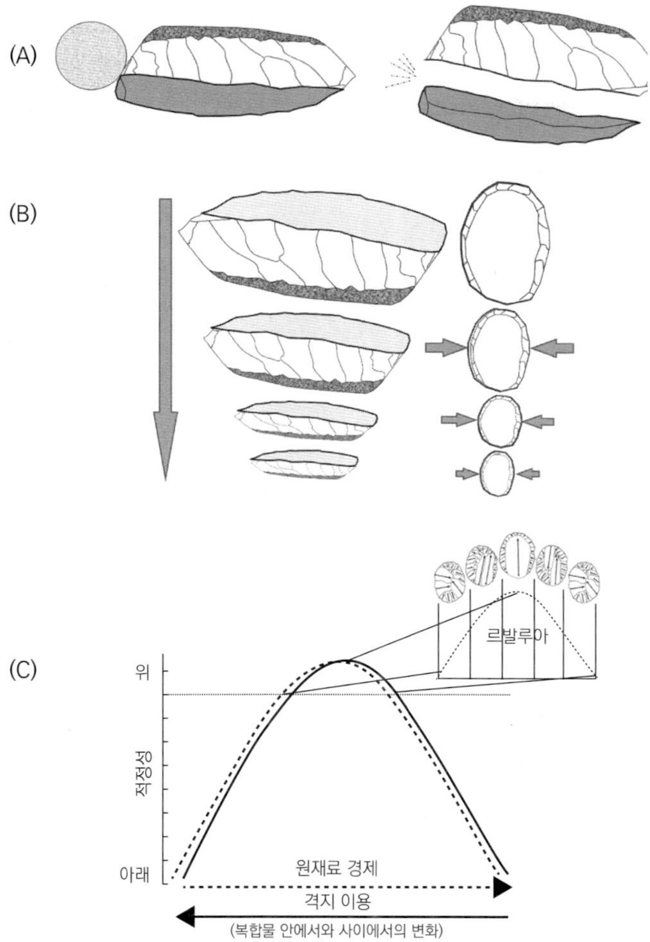

[그림 12.2] 르발루아 감쇄

(A) 몸돌 형태는 이 평면에 광범위하게 평행인 가파른 각도의 타격면에서 '르발루아' 격지를 제거하여 교차점에서 만나는 두 개의 계층 구조 표면을 중심으로 설정된다. (B) 몸돌 감쇄가 진행되어 경계가 하향 이동함에 따라, 원위부 그리고 측면 볼록 부위 그리고 몸돌 경계는 3차원으로 반복적으로 관리되어야 한다. (C) 르발루아 감쇄는 여러 가지 격지 특성과 원재료 경제 측면에서 이점을 제공한다(논의 그리고 관련 참고문헌은 본문을 보라). (A) 이미지는 저자 제공. (B) 그리고 (C)는 이전에 Lycett and colleagues(2016)의 Levallois: Potential implications for learning and cultural transmission capacities, *Lithic Technology*에 있는 Figures 1 and 6(pp. 5 and 10)에서 이전에 출판되었다. 테일러와 프랜시스(Taylor and Francis) Ltd.(www.tandfonline.com)의 허가를 받아 재출판되었다.

정 특성이 있음을 보여준다(Eren & Lycett, 2012). 또한, 실험 몸돌에 대한 추가 분석에 따르면, 르발루아 스타일의 감쇄는 유용한 절단날을 제공하여 일반적인 격지 각도(르발루아 격지에서)의 장점이 있지만, 적용 시 날카롭지 않아서 부서지기 쉬었다(Eren & Lycett, 2016). 기능적으로 유익할 수 있는 일련의 속성을 보유한 격지 생산 외에도, 르발루아 개념에 따라 몸돌 감쇄를 조직하는 데 추가적인 경제적 이득이 있을 수 있다. 브랜팅엄과 쿤Brantingham and Kuhn(2001)은 기하학 원리에 기초한 수학적 모델링을 사용하여, 보에다Boëda(1995)의 르발루아 용적 측정 개념과 일치하는 몸돌 형태가 원재료 낭비를 최소화하는 동시에 르발루아 격지에서 얻은 누적 첨단을 최대화한다는 것을 보여주었다. 리셋과 에런Lycett and Eren(2013a)은 이후 실험 복합물을 통계적으로 분석하여 이러한 이론적 모델의 주요 가정이 실제 돌을 사용한 조건에서 유지될 수 있음을 보여주었으며, 또한 경제적 고려가 논리적으로 르발루아 감쇄를 유발했을 수 있다는 브랜팅엄과 쿤Brantingham and Kuhn(2001)의 결론을 지지했다.

이 모든 모델링 그리고 실험 작업은 르발루아 몸돌 감쇄 전략과 그것들로부터 제거된 조각들이 의도적인 생산물이라는 고고학적 복합물의 연구에서 도출된 오랜 관점과 일치하며, 실제로 이런 관점을 지지한다(Chazan, 1997; Schlanger, 1996; Spurrell, 1884; van Peer, 1992). 이것은 호미닌에게 어느 정도 사전 숙고와 계획을 필요로 하는 의도적인 생산물이었다(Wynn & Coolidge, 2004, 2010). 그러한 '고전적' 몸돌은 결코 고고학적인 르발루아 복합물 내에서 유일한 또는 심지어 지배적인 유형의 몸돌 형태를 나타내지 않지만(예: Delagnes, 1995; Meignen, Delagnes, & Bourguignon, 2009), 이러한 최적 모델은 르발루아의 고전적 개념과 **좀 더 가깝게** 유사한 감쇄 체계를 제안한다(평균적으로). (르발루아 이외의) 다른 감쇄 전략보다 예측 가능한 편익을 제공한다([그림 12.2] 참고). 따라서 우리는 이전의 개념과 돌떼기 방법에 대한 약간의 정보를 볼 수 있을 것이다.

흥미롭게도, 사회학습의 관점에서, 르발루아 감쇄는 자주 일어난다. 특히 돌떼기의 도전적인 위업으로 간주된다(Callahan, 1982; Eren, Bradley, & Samson, 2011; Hayden, 1993; Pelegrin, 2005; Wynn & Coolidge, 2004). 몸돌 스타일의 몇 가지 특징은 그러한 인공물을 일관되게 생산하기 위해 성공적으로 작동되어야 한다(Boëda, 1995; Pelegrin, 2005; Schlanger, 1996; van Peer, 1992; Wynn & Coolidge, 2004, 2010). 따라서 르발루아 스타일 감쇄의 최적 편익을 획득할 수 있다(**의미적으로**, Brantingham & Kuhn, 2001; Lycett & Eren, 2013b). 더욱이, 고고학적 르발루아 몸돌의 3차원 기하학적 형태학 분석에 따르면, 고전적(최적) 르발루아 몸돌이 생산되기 위해서는 돌떼는 자는 차이가 나는 부위를 가로질러서 몸돌 형태의 다른 측면보다 덜 변화하는 특정한 경계 기하학을 몸돌에 부과해야 한다(Lycett & von Cramon-Taubadel, 2013). 보에다 Boëda(1995)와 다른 사람들이 개괄적으로 설명한 돌떼기 책략의 종류를 성공적으로 실행할 경우, 이 제약된 3차원 경계 기하학은 일관되고 반복적으로 부과될 필요가 있을 것이다([그림 12.2]의 (B) 참고). 이것은 르발루아 돌떼기 계획의 성공적인 실행에 있어 원위 그리고 횡방향 볼록 실행 같은 다른 특징 외에도 경계 기하학의 몸돌 역할을 제안한다.

아슐리안 주먹도끼와 마찬가지로, 르발루아와 관련된 확장된 돌떼기 시퀀스는 르발루아 몸돌 형태의 특정 측면을 성공적으로 학습하고 반복적으로 관리하기 위한 요건뿐만 아니라, 최소한, 에뮬레이션 그리고 모방학습 방식 모두 고고학적으로 증명된 시퀀스의 종류를 복제하는 데 관여한다는 것을 의미한다. 성형과 관련된 전통의 복제 오류와 관련된 모든 문제(예: Lycett, Schillinger et al., 2016; Schillinger et al., 2015)는 아슐리안 공정과 마찬가지로 르발루아 공정에서도 중요할 것이다. 실제로 과제의 어려움이 적어도 인간 주체에서 사회 정보 사용 성향에 긍정적인 영향을 미친다는 실험증거가 있다(Baron, Vandello, & Brunsman, 1996).

르발루아 공정이 출현하기 위해 더 복잡한 사회학습 방법이 필요했는가에 대한 문제가 남아 있다. 윈과 쿨리지Wynn and Coolidge(2010)는 르발루아 돌떼기의 어려움과 상대적인 복잡성을 고려할 때, 비언어학적으로 잠재적으로 중재되었지만, 능동적 교육(즉, 가르침)이 르발루아 감쇄를 성공적으로 학습하기 위해 필요했을 수 있다고 주장했다. 리셋과 동료들Lycett and colleagues(Lycett, von Cramon-Taubadel et al., 2016)은 이 논쟁에 대한 추가 지원이 몇 가지 추가 고려 사항에서 나올 수 있다고 제안했다. 첫째, 과제의 상대적 불투명성은 요구되는 사회학습 강도에 영향을 미칠 수 있다는 것이 제시되었다(예: Gergely & Csibra, 2006). 좀 더 불투명한 과제의 경우, 관찰을 통해 필요한 정보를 추출하는 것이 더 투명한 작업의 경우보다 더 어렵다(예: Horner & Whiten, 2005). 주먹도끼 생산의 경우, 연장된 형태와 연장된 절단날과 같은 도구와 그 기능적(실제로 유용한) 특성은 최종 목표로 덩어리 성형을 직접 표적으로 하는 양날 돌떼기 처리의 직접적인 결과로 나타난다. 그러나 르발루아 감쇄에서 유사한 형태가 수반되는 반면, 연습의 가장 유용한 성분들 중 일부(즉, 르발루아 격지)는 결국 그들의 출현을 책임지는 바로 그 형태(즉, 몸돌 덩어리)에서 분리되어, 관련된 여러 형태들 사이의 연결을 상대적으로 더 어렵게 만든다([그림 12.2] 참고). 더욱이, 격지 효용 그리고 원재료 경제와 같은 형태의 잠재적 편익은 관찰자가 추출하기 어려울 수 있으며, 특히 이러한 특성이 '절대' 형태가 아닌 르발루아 감쇄의 통계적 **경향**인 경우,

연습의 주제를 더욱 불투명하게 만든다([그림 12.2]의 (C) 참고). 참고로, 최근의 수학적 모델들(Fogarty, Strimling, & Laland, 2011)은 교육이 '선생님'에게 부과되는 모든 비용(예: 시간)이 핵심 정보를 친족에게 전달함으로써 얻을 수 있는 이득보다 클 수 있고, **그리고** 특정 정보를 쉽게 얻을 수 없는 상황에서 (즉, 안내되지 않은 관찰학습을 통해) 능동적 지도가 발생할 가능성이 가장 높다고 지적했다. 요약하면, 르발루아 감쇄는 이러한 조건들을 충분히 만족시킬 수 있으며, 따라서 능동적 교육을 위한 그럴듯한 후보가 될 수 있다. 그러나 윈과 쿨리지(2010)와 리셋과 동료들(Lycett, von Cramon-Taubadel et al., 2016)은 현재, 르발루아 학습에서 (어떤 형태의) 교육 사용법은 작업가설로 간주되어야 하며, 따라서 향후 실험의 대상이 되어야 한다고 강조해왔다.

지속적인 과제: 앞으로 나아가라

지난 330만 년 동안 돌 기록의 패턴을 바꾼 것은 석기제작의 올도완, 아슐리안 그리고 르발루아 단계에서 볼 수 있는 기법적 가변성의 일부 한계와 마찬가지로, 사회학습을 위한 우리의 발전 능력의 변화를 대체로 연대순으로 입증한다. 그러나 우리가 이상적으로 훨씬 더 많이 알 필요가 있다고 말하는 것은 진부할 정도로 명백한 결론이다. 특히 호미닌에 의해 다양한 지점에서 사용될 수 있는 사회학습의 가능한 기전과 관련하여, 몇 가지 문제가 제기되었다는 점에서, 훨씬 더 흥미로운 질문은 이러한 문제들 중 일부에 관해서 더 많이 배우기 위해 우리가 무엇을 할 수 있는지다.

이 리뷰 내내 이어지는 주목할 만한 특징은 구석기시대의 기록을 사회학습의 관점에서 이해하는 데에 실험이 할 수 있는 중요한 역할이다. 우리가 이상적으로 알아야 할 것 중 하나는 비인간 영장류의 돌떼기와 돌떼기 비슷한 활동을 배우는 것의 효과이다. 칸지와 함께 선구적인 실험을 시작한 지 25년이 넘었음에도(Toth et al., 1993), 우리는 이러한 측면에서 여전히 제한된 기준점만을 가지고 있을 뿐이지만, 그러한 노력의 중요성은 입증되었다(Toth, Schick, & Semaw, 2006). 미래의 다른 대형 유인원 종들과 유사한 실험을 하는 것과 관련하여 윤리적이고 안전적인 문제가 분명히 하나의 요소가 될 것이다. 그러나 한 가지 가능성은 사회학습의 물질적 결과를 연구하기 위해 인간 참여자를 포함하는 실험에 현재 사용되고 있는 '모델 인공물' 접근 방식을 확장하는 것일 수 있다(예: Schillinger et al., 2015, 2016). 모델 인공물 접근법에서, 실험의 몇 가지 측면은 학습 과정을 연구하기 위해 사회 심리학에서 사용되는 측면과 유사하지만, 그 방법은 실제 사회적 학습 과정 자체만큼이나 정량적 속성 측면에서 물질(즉, 인공물) 결과를 직접 연구하는 것을 추가로 포함한다(Schillinger et al., 2016). 비인간 영장류에 대한 이러한 접근법의 확장은 우리에게 사회학습의 물질적 결과에 대한 중요한 통찰력을 제공할 수 있을 것이며, 이는 고고학적 기록에 적용될 수 있다. 이와 관련하여 홍적세 인공물의 특정 측면 그리고/또는 공간 면을 모방하는 과제가 특히 유용할 수 있다(Wynn et al., 1996).

추가적으로, 실험 결과와 직접적으로 결합되어, 문화적 진화 패턴에 대한 연구(**의미적으로** Lycett, Schillinger, et al., 2016)를 검토해야 한다. 문화적 진화론은 우리에게 경험적 자료가 적합성에 대해 실험될 수 있는 광범위한 예측 가설을 제공한다(Lycett, 2015; Mesoudi, 2011). 윈과 티어

슨(1990)의 선구적인 연구가 얼마 전에 증명했듯이, 이러한 종류의 이론적인 틀을 눈여겨보고 전기 구석기시대의 시간-공간 패턴을 보는 것은 우리에게 아직 심오한 것을 말해 줄 수 있을 것이다. 특히 침팬지(P. troglodytes) 물질문화 가변성에 관한 최근 연구에 비추어 볼 때, 올도완의 문화적 가변성의 범위는 더 고려할 가치가 있는 문제이다(Koops et al., 2015). 여기서 한 가지 방법론적 문제는 올도완 가변성을 수량화하기 위한 더 나은 수단이 필요할 수 있다는 것이지만, 최근의 개발은 그러한 연구가 불가능하지는 않다는 것을 시사한다(Reti, 2016).

석기제작의 로메크위안과 올도완 단계와 아슐리안 단계는 모두 시간적 팽창을 나타내며, 여기서 암시된 바와 같이, 단순히 그것들 사이에 있었는가가 아니라 이러한 넓은 기법 복합체 **내에서** 사회학습이 변화했는가가 중요한 질문이 될 것이다. 로메크위 3은 후기 호미닌에 의해 나타난 것과 다른 떼기 행태를 재현하며(Harmand et al., 2015), 이것이 사회학습 패턴의 변화를 나타내는지를 결정할 필요가 있다. 이것은 대형 유인원에 의한 사회학습이 없을 때 무엇을 배울 수 있고 배울 수 없는지를 결정하기 위한 비교적이고 실험적인 틀의 중요성을 다시 한번 암시한다. 중요한 것은 광범위한 기법 패턴 내의 잠재적 변화 문제와 관련하여, 후기 아슐리안의 주먹도끼를 생산하는 호미닌이 제작방법과 타격면 준비기법을 포함하여 더 광범위한 돌떼기 기술을 가지고 있었다는 증거이다(Edwards, 2001; Stout et al., 2014). 다시 말해, 어떤 한 시점에서 한 주먹도끼는 초기 아슐리안의 호미닌에서 부족했던 사회학습 기술의 개발을 통해 만들어졌을지도 모른다. 르발루아의 경우에도, 이러한 감쇄 형태가 특정한 인지 그리고 사회적 능력을 나타낼 수 있지만, 우리는 반드시 이것만이 르발루아 스타일의 감쇄 패턴을 만든 모든 호미닌에서 이러한 문제에 동등성을 가정하는 근거가 된다고 가정해서는 안 된다(Wynn & Coolidge, 2004). 다른 증거가 반드시 필요하다(Wynn & Coolidge, 2010). 그러나 르발루아 공정의 성공적인 복제에서 가르치는 것의 기대를 돋우는 가능성들은 호미닌 가계도 내에서 이러한 행태의 초기 증거를 식별할 수 있는 가장 좋은 기회 중의 하나일 수 있다. 따라서 이러한 문화의 출현과 네안데르탈인과 **호모 사피엔스** 집단의 궁극적인 출현에 따른 누적 문화 진화에 대한 더 나은 증거를 감안할 때 이 질문을 다루는 것은 특히 중요할 수 있다.

이 장은 의도적으로 인류 진화의 과정에 대한 사회학습 능력에 대한 증거에 초점을 맞추었다. 그러나 물론, 우리는 사회학습에 대한 추론을 우리의 계획과 기법적 능력, 진화하는 생활사 패턴, 그리고 화석 기록의 기초가 되는 인지 능력의 진화에 대한 증거와 연관시켜야 한다. 따라서 사회학습과 그 진화적 기반과 맥락을 이해하기 위한 노력은 "학제적이어야만 한다"(Wynn, 2002, p. 402). 최근의 노력들은 이것을 할 수 있는 성장 잠재력을 보여주었다(예: Lycett, Schillinger et al., 2016; Nowell, 2010; Shipton & Nielsen, 2015; Stout, Hecht, Khreisheh, Bradley, & Chaminade, 2015; Wynn et al., 2011). 그리고 만약 진화하는 사회적 능력에 대해 더 배울 수 있다면, 우리의 진화 역사의 다양한 구성요소들을 함께 묶는 능력이 비길 데 없이 개선될 것이다.

감사

나는 최근 몇 년간의 많은 귀중한 대화와 협조에 대해 메틴 에런Metin

Eren, 알라스테어 키Alastair Key, 알렉스 메수디Alex Mesoudi, 커스틴 실링거Kerstin Schillinger, 노린 폰 크라몽-타우바델Noreen von Cramon-Taubadel에게 깊은 감사를 표한다. 이들은 이 본문에 대해서 책임질 부분이 없다. 나는 도움이 되고 통찰력 있는 논평을 해준 두 명의 익명의 평론가들에게 감사한다. 나는 또한 이 프로젝트에 참여해 달라고 했던 친절한 초대에 매우 감사한다. 나는 작품을 통해 나를 포함한 많은 사람에게 영감을 주었던 톰 윈Tom Wynn에게 이 장을 바친다.

참고문헌

Adler, D. S., Wilkinson, K. N., Blockley, S., Mark, D. F., Pinhasi, R., Schmidt-Magee, B. A., . . . Gasparian, B. (2014). Early Levallois technology and the Lower to Middle Paleolithic transition in the Southern Caucasus. *Science, 345*(6204), 1609–1613.

Arthur, K. W. (2010). Feminine knowledge and skill reconsidered: Women and flaked stone tools. *American Anthropologist, 112*(2), 228–243.

Avraham, R. (Ed.). (1982). *The transition from the Lower to Middle Palaeolithic and the origins of modern man: International symposium to commemorate the 50th anniversary of excavations in the Mount Carmel Caves by Garrod, D. A. E., University of Haifa, 6–14 October 1980*. Oxford, UK: British Archaeological Reports.

Baron, R. S., Vandello, J. A., & Brunsman, B. (1996). The forgotten variable in conformity research: Impact of task importance on social influence. *Journal of Personality and Social Psychology, 71*(5), 915–927.

Bello, S. M., Parfitt, S. A., & Stringer, C. B. (2009). Quantitative micromorphological analyses of cut marks produced by ancient and modern handaxes. *Journal of Archaeological Science, 36*(9), 1869–1880.

Beyene, Y., Katoh, S., WoldeGabriel, G., Hart, W. K., Uto, K., Sudo, M., . . . Asfaw, B. (2013). The characteristics and chronology of the earliest Acheulean at Konso, Ethiopia. *Proceedings of the National Academy of Sciences of the United States of America, 110*(5), 1584–1591.

Biro, D., Inoue-Nakamura, N., Tonooka, R., Yamakoshi, G., Sousa, C., & Matsuzawa, T. (2003). Cultural innovation and transmission of tool use in wild chimpanzees: Evidence from field experiments. *Animal Cognition, 6*(4), 213–223.

Boëda, E. (1994). *Le concept Levallois: Variabilité des méthodes. Monographie du CRA, 9*. Paris: Éditions CNRS.

Boëda, E. (1995). Levallois: A volumetric construction, methods, a technique. In H. L. Dibble & O. Bar-Yosef (Eds.), *The definition and interpretation of Levallois technology* (Vol. 23, pp. 41–65). Madison, WI: Prehistory Press.

Boesch, C., Head, J., & Robbins, M. M. (2009). Complex tool sets for honey extraction among chimpanzees in Loango National Park, Gabon. *Journal of Human Evolution, 56*(6), 560–569.

Bonnie, K. E., Horner, V., Whiten, A., & de Waal, F. B. M. (2007). Spread of arbitrary conventions among chimpanzees: A controlled experiment. *Proceedings of the Royal Society of London B: Biological Sciences, 274*(1608), 367–372.

Bordes, F. (1950). Principes d'une méthode d'étude des techniques de debitage et de la typologie du Paléolithique ancien et moyen. *Anthropologie, 54*, 19–34.

Boyd, R., & Richerson, P. (1985). *Culture and the evolutionary process*. Chicago: University of Chicago Press.

Boyd, R., Richerson, P. J., & Henrich, J. (2011). The cultural niche: Why social learning is essential for human adaptation. *Proceedings of the National Academy of Sciences of the United States of America, 108*(Suppl. 2), 10918–10925.

Brantingham, P. J., & Kuhn, S. L. (2001). Constraints on Levallois core technology: A mathematical model. *Journal of Archaeological Science, 28*(7), 747–761.

Byrne, R. W., Hobaiter, C., & Klailova, M. (2011). Local traditions in gorilla manual skill: Evidence for observational learning of behavioral organization. *Animal Cognition, 14*(5), 683–693.

Byrne, R. W., & Russon, A. E. (1998). Learning by imitation: A hierarchical approach. *Behavioral and Brain Sciences, 21*(5), 667–684.

Callahan, E. (1982). An interview with flintknapper Jacques Pelegrin. *Contract Abstracts, 3*(1), 62–70.

Carvalho, S., & McGrew, W. C. (2012). The origins of the Oldowan: Why chimpanzees (*Pan troglodytes*) still are good models for technological evolution in Africa. In M. Domínguez-Rodrigo (Ed.), *Stone tools and fossil bones: Debates in the archaeology of human origins* (pp. 201–221). Cambridge, UK: Cambridge University Press.

Chazan, M. (1997). Redefining Levallois. *Journal of Human Evolution, 33*(6), 719–735.

Chivers, D. P., & Smith, R. J. F. (1995). Chemical recognition of risky habitats is culturally transmitted among fathead minnows, *Pimephales promelas* (Osteichthyes, Cyprinidae). *Ethology, 99*(4), 286–296.

Claidière, N., Smith, K., Kirby, S., & Fagot, J. (2014). Cultural evolution of systematically structured behaviour in a non-human primate. *Proceedings of the Royal Society of London B: Biological Sciences, 281*(1797), 20141541.

Coolidge, F. L., & Wynn, T. (2005). Working memory, its executive functions, and the emergence of modern thinking. *Cambridge Archaeological Journal, 15*(1), 5–26.

Copeland, L. (1983). Levallois/non-Levallois determinations in the Early Levant Mousterian: Problems and questions for 1983. *Paléorient, 9*, 15–27.

Dean, L. G., Kendal, R. L., Schapiro, S. J., Thierry, B., & Laland, K. N. (2012). Identification of the social and cognitive processes underlying human cumulative culture. *Science, 335*(6072), 1114–1118.

de Heinzelin, J., Clark, J. D., White, T. D., Hart, W., Renne, P. R., WoldeGabriel, G., . . . Vrba, E. S. (1999). Environment and behavior of 2.5-million-year-old Bouri hominids. *Science,*

284(5414), 625–629.

Delagnes, A. (1995). Variability within uniformity: Three levels of variability within the Levallois system. In H. L. Dibble & O. Bar-Yosef (Eds.), *The definition and interpretation of Levallois technology* (pp. 201–211). Madison, WI: Prehistory Press.

Delagnes, A., & Roche, H. (2005). Late Pliocene hominid knapping skills: The case of Lokalalei 2C, West Turkana, Kenya. *Journal of Human Evolution, 48*(5), 435–472.

Diez-Martín, F., Yustos, P. S., Uribelarrea, D., Baquedano, E., Mark, D. F., Mabulla, A. Z. P., . . . Domínguez-Rodrigo, M. (2015). The origin of the Acheulean: The 1.7 million-year-old site of FLK West, Olduvai Gorge (Tanzania). *Scientific Reports, 5*(17839), 1–9.

Dindo, M., Stoinski, T. S., & Whiten, A. (2010). Observational learning in orangutan cultural transmission chains. *Biology Letters, 7*(2), 181–183.

Domínguez-Rodrigo, M., Serrallonga, J., Juan-Tresserras, J., Alcalá, L., & de Luque, L. (2001). Woodworking activities by early humans: A plant residue analysis on Acheulian stone tools from Peninj (Tanzania). *Journal of Human Evolution, 40*(4), 289–299.

Edwards, S. W. (2001). A modern knapper's assessment of the technical skills of the Late Acheulean biface workers at Kalambo Falls. In J. D. Clark (Ed.), *Kalambo Falls prehistoric site* (Vol. 3, pp. 605–611). Cambridge, UK: Cambridge University Press.

Ellen, R. F., Lycett, S. J., & Johns, S. E. (Eds.). (2013). *Understanding cultural transmission in anthropology: A critical synthesis*. New York: Berghahn.

Eren, M. I., Bradley, B. A., & Sampson, C. G. (2011). Middle Paleolithic skill level and the individual knapper: An experiment. *American Antiquity, 76*(2), 229–251.

Eren, M. I., & Lycett, S. J. (2012). Why Levallois? A morphometric comparison of experimental "preferential" Levallois flakes versus debitage flakes. *PLoS One*, 7(1), 1–10.

Eren, M. I., & Lycett, S. J. (2016). A statistical examination of flake edge angles produced during experimental lineal Levallois reductions and consideration of their functional implications. *Journal of Archaeological Method and Theory, 23*(1), 379–398.

Eren, M. I., Roos, C. I., Story, B. A., von Cramon-Taubadel, N., & Lycett, S. J. (2014). The role of raw material differences in stone tool shape variation: An experimental assessment. *Journal of Archaeological Science, 49*, 472–487.

Fogarty, L., Strimling, P., & Laland, K. N. (2011). The evolution of teaching. *Evolution, 65*(10), 2760–2770.

Fragaszy, D. M., Biro, D., Eshchar, Y., Humle, T., Izar, P., De Resende, B. D., & Visalberghi, E. (2013). The fourth dimension of tool use: Temporally enduring artefacts aid primates learning to use tools. *Philosophical Transactions of the Royal Society of London. Series B, Biological Sciences, 368*(1630), 1–10.

Fragaszy, D. M., & Perry, S. (Eds.). (2003). *The biology of traditions: Models and evidence*. Cambridge, UK: Cambridge University Press.

Fuhrmann, D., Ravignani, A., Marshall-Pescini, S., & Whiten, A. (2014). Synchrony and motor mimicking in chimpanzee observational learning. *Scientific Reports, 4*(5283), 1–7.

Galef, B. G., & Laland, K. N. (2005). Social learning in animals: Empirical studies and theoretical models. *Bioscience, 55*(6), 489–499.

Gergely, G., & Csibra, G. (2006). Sylvia's recipe: The role of imitation and pedagogy in the transmission of cultural knowledge. In N. J. Enfield & S. C. Levenson (Eds.), *Roots of human soci-*

ality: Culture, cognition, and human interaction (pp. 229–255). New York: Berg.
Gowlett, J. A. J. (2006). The elements of design form in Acheulian bifaces: Modes, modalities, rules and language. In N. Goren-Inbar & G. Sharon (Eds.), *Axe age: Acheulian tool-making from quarry to discard* (pp. 203–222). London: Equinox.
Gowlett, J. A. J. (2011). The Empire of the Acheulean strikes back. In J. Sept & D. R. Pilbeam (Eds.), *Casting the net wide: Papers in honor of Glynn Isaac and his approach to human origins research* (pp. 93–114). Cambridge, UK: American School of Prehistoric Research.
Greggor, A. L., McIvor, G. E., Clayton, N. S., & Thornton, A. (2016). Contagious risk taking: Social information and context influence wild jackdaws' responses to novelty and risk. *Scientific Reports, 6*(27764), 1–7.
Hampton, O. W. (1999). *Culture of stone: Sacred and profane uses of stone among the Dani*. College Station, TX: Texas A&M Press.
Harmand, S., Lewis, J. E., Feibel, C. S., Lepre, C. J., Prat, S., Lenoble, A., . . . Roche, H. (2015). 3.3-million-year-old stone tools from Lomekwi 3, West Turkana, Kenya. *Nature, 521*(7552), 310–315.
Hayden, B. (1993). The cultural capacities of Neandertals: A review and re-evaluation. *Journal of Human Evolution, 24*(2), 113–146.
Heyes, C. M. (1994). Social learning in animals: Categories and mechanisms. *Biological Reviews, 69*(2), 207–231.
Hobaiter, C., Poisot, T., Zuberbühler, K., Hoppitt, W. J. E., & Gruber, T. (2014). Social network analysis shows direct evidence for social transmission of tool use in wild chimpanzees. *PLoS Biology, 12*(9), 1–12.
Hohmann, G., & Fruth, B. (2003). Culture in bonobos? Between-species and within-species variation in behavior. *Current Anthropology, 44*(4), 563–571.
Holmes, W. H. (1897). *Stone implements of the Potomac-Chesapeake tidewater province: Fifteenth annual report of the Bureau of Ethnology*. Washington, DC: Government Printing Office.
Hopper, L. M., Lambeth, S. P., Schapiro, S. J., & Whiten, A. (2008). Observational learning in chimpanzees and children studied through "ghost" conditions. *Proceedings of the Royal Society of London B: Biological Sciences, 275*(1636), 835–840.
Hopper, L. M., Lambeth, S. P., Schapiro, S. J., & Whiten, A. (2015). The importance of witnessed agency in chimpanzee social learning of tool use. *Behavioural Processes, 112*, 120–129.
Horner, V., & de Waal, F. B. M. (2009). Controlled studies of chimpanzee cultural transmission. *Progress in Brain Research, 178*, 3–15.
Horner, V., & Whiten, A. (2005). Causal knowledge and imitation/emulation switching in chimpanzees (*Pan troglodytes*) and children (*Homo sapiens*). *Animal Cognition, 8*(3), 164–181.
Horner, V., Whiten, A., Flynn, E. G., & de Waal, F. B. M. (2006). Faithful replication of foraging techniques along cultural transmission chains by chimpanzees and children. *Proceedings of the National Academy of Sciences of the United States of America, 103*(37), 13878–13883.
Hublin, J.-J. (2009). The origin of Neandertals. *Proceedings of the National Academy of Sciences of the United States of America, 106*(38), 16022–16027.
Humle, T., Snowdon, C. T., & Matsuzawa, T. (2009). Social influences on ant-dipping acquisition in the wild chimpanzees (*Pan troglodytes verus*) of Bossou, Guinea, West Africa. *Animal Cognition, 12*(1), 37–48.
Inizian, M.-L., Reduron-Ballinger, M., & Roche, H. (1999). *Technology and terminology of*

knapped stone: Followed by a multilingual vocabulary Arabic, English, French, German, Greek, Italian, Portuguese, Spanish (Vol. 5). Paris: Cercle de Recherches et d'Etudes Préhistoriques.

Jaeggi, A. V, Dunkel, L. P., van Noordwijk, M. A., Wich, S. A., Sura, A. A. L., & van Schaik, C. P. (2010). Social learning of diet and foraging skills by wild immature Bornean orangutans: Implications for culture. *American Journal of Primatology, 72*(1), 62–71.

Kamilar, J. M., & Marshack, J. L. (2012). Does geography or ecology best explain "cultural" variation among chimpanzee communities? *Journal of Human Evolution, 62*(2), 256–260.

Kelley, J. L., Evans, J. P., Ramnarine, I. W., & Magurran, A. E. (2003). Back to school: Can antipredator behaviour in guppies be enhanced through social learning? *Animal Behaviour, 65*(4), 655–662.

Kempe, M., Lycett, S. J., & Mesoudi, A. (2012). An experimental test of the accumulated copying error model of cultural mutation for Acheulean handaxe size. *PLoS One, 7*(11), e48333.

Kempe, M., Lycett, S. J., & Mesoudi, A. (2014). From cultural traditions to cumulative culture: Parameterizing the differences between human and nonhuman culture. *Journal of Theoretical Biology, 359*, 29–36.

Kendal, R. L., Coolen, I., & Laland, K. N. (2004). The role of conformity in foraging when personal and social information conflict. *Behavioral Ecology, 15*(2), 269–277.

Key, A. J. M., & Lycett, S. J. (2017a). Influence of handaxe size and shape on cutting efficiency: A large-scale experiment and morphometric analysis. *Journal of Archaeological Method and Theory, 24*(2), 514–541.

Key, A. J. M., & Lycett, S. J. (2017b). Reassessing the production of handaxes versus flakes from a functional perspective. *Archaeological and Anthropological Sciences, 9*(5), 737–753.

Koops, K., Schöning, C., Isaji, M., & Hashimoto, C. (2015). Cultural differences in ant-dipping tool length between neighbouring chimpanzee communities in Kalinzu, Uganda. *Scientific Reports, 5*(12456), 1–8.

Kroeber, T. (1961). *Ishi in two worlds: A biography of the last wild Indian in North America*. Berkeley, CA: University of California Press.

Kurzban, R., & Barrett, H. C. (2012). Origins of cumulative culture. *Science, 335*(6072), 1056–1057.

Leakey, L. S. B. (1936). *Stone Age Africa: An outline of prehistory in Africa*. Oxford, UK: Oxford University Press.

Lepre, C. J., Roche, H., Kent, D. V, Harmand, S., Quinn, R. L., Brugal, J.-P., . . . Feibel, C. S. (2011). An earlier origin for the Acheulian. *Nature, 477*(7362), 82–85.

Luef, E. M., & Pika, S. (2013). Gorilla mothers also matter! New insights on social transmission in gorillas (*Gorilla gorilla gorilla*) in captivity. *PLoS One, 8*(11), e79600.

Luncz, L. V, & Boesch, C. (2014). Tradition over trend: Neighboring chimpanzee communities maintain differences in cultural behavior despite frequent immigration of adult females. *American Journal of Primatology, 76*(7), 649–657.

Luncz, L. V, & Boesch, C. (2015). The extent of cultural variation between adjacent chimpanzee (*Pan troglodytes verus*) communities: A microecological approach. *American Journal of Physical Anthropology, 156*(1), 67–75.

Luncz, L. V, Mundry, R., & Boesch, C. (2012). Evidence for cultural differences between neighbouring chimpanzee communities. *Current Biology, 22*(10), 922–926.

Lycett, S. J. (2010a). Cultural transmission, genetic models, and lithic variability: Integrative analytical approaches. In S. J. Lycett & P. R. Chauhan (Eds.), *New perspectives on old stones: Analytical approaches to Palaeolithic technologies* (pp. 207–234). New York: Springer.

Lycett, S. J. (2010b). The importance of history in definitions of culture: Implications from phylogenetic approaches to the study of social learning in chimpanzees. *Learning & Behavior, 38*(3), 252–264.

Lycett, S. J. (2013). Cultural transmission theory and fossil hominin behaviour: A discussion of epistemological and methodological strengths. In R. F. Ellen, S. J. Lycett, & S. E. Johns (Eds.), *Understanding cultural transmission in anthropology: A critical synthesis* (pp. 102–130). New York: Berghahn.

Lycett, S. J. (2015). Cultural evolutionary approaches to artifact variation over time and space: Basis, progress, and prospects. *Journal of Archaeological Science, 56*, 21–31.

Lycett, S. J., Collard, M., & McGrew, W. C. (2010). Are behavioral differences among wild chimpanzee communities genetic or cultural? An assessment using tool-use data and phylogenetic methods. *American Journal of Physical Anthropology, 142*(3), 461–467.

Lycett, S. J., & Eren, M. I. (2013a). Levallois economics: An examination of "waste" production in experimentally produced Levallois reduction sequences. *Journal of Archaeological Science, 40*(5), 2384–2392.

Lycett, S. J., & Eren, M. I. (2013b). Levallois lessons: The challenge of integrating mathematical models, experiments and the archaeological record. *World Archaeology, 45*(4), 519–538.

Lycett, S. J., & Gowlett, J. A. J. (2008). On questions surrounding the Acheulean "tradition." *World Archaeology, 40*(3), 295–315.

Lycett, S. J., Schillinger, K., Eren, M. I., von Cramon-Taubadel, N., & Mesoudi, A. (2016). Factors affecting Acheulean handaxe variation: Experimental insights, microevolutionary processes, and macroevolutionary outcomes. *Quaternary International, 411*, 386–401.

Lycett, S. J., Schillinger, K., Kempe, M., & Mesoudi, A. (2015). Learning in the Acheulean: Experimental insights using handaxe form as a "model organism." In A. Mesoudi & K. Aoki (Eds.), *Learning strategies and cultural evolution during the Palaeolithic* (pp. 155–166). Tokyo: Springer.

Lycett, S. J., & von Cramon-Taubadel, N. (2013). A 3D morphometric analysis of surface geometry in Levallois cores: Patterns of stability and variability across regions and their implications. *Journal of Archaeological Science, 40*(3), 1508–1517.

Lycett, S. J., & von Cramon-Taubadel, N. (2015). Toward a "quantitative genetic" approach to lithic variation. *Journal of Archaeological Method and Theory, 22*(2), 646–675.

Lycett, S. J., von Cramon-Taubadel, N., & Eren, M. I. (2016). Levallois: Potential implications for learning and cultural transmission capacities. *Lithic Technology, 41*(1), 19–38.

Martin, G. (2000). Stasis in complex artifacts. In J. Ziman (Ed.), *Technological innovation as an evolutionary process* (pp. 90–100). Cambridge, UK: Cambridge University Press.

Matthews, L. J., Paukner, A., & Suomi, S. J. (2010). Can traditions emerge from the interaction of stimulus enhancement and reinforcement learning? An experimental model. *American Anthropologist, 112*(2), 257–269.

McGrew, W. C. (1992). *Chimpanzee material culture: Implications for human evolution*. Cambridge, UK: Cambridge University Press.

McGrew, W. C. (2004). *The cultured chimpanzee: Reflections on cultural primatology*. Cambridge, UK: Cambridge University Press.

McGrew, W. C. (2010a). In search of the last common ancestor: New findings on wild chimpanzees. *Philosophical Transactions of the Royal Society of London. Series B, Biological Sciences, 365*(1556), 3267–3276.

McGrew, W. C. (2010b). New theatres of conflict in the animal culture wars: Recent findings from chimpanzees. In E. V Lonsdorf, S. R. Ross, & T. Matsuzawa (Eds.), *The mind of the chimpanzee: Ecological and experimental perspectives* (pp. 168–177). Chicago, IL: Chicago University Press.

McGrew, W. C. (2015). The cultured chimpanzee: Nonsense or breakthrough? *Human Ethology Bulletin, 30*(1), 41–52.

Meignen, L., Delagnes, A., & Bourguignon, L. (2009). Patterns of lithic material procurements and transformation during the Middle Palaeolithic in western Europe. In B. Adams & B. S. Blades (Eds.), *Lithic materials and Palaeolithic societies* (pp. 15–24). Chichester, UK: Blackwell.

Mesoudi, A. (2011). *Cultural evolution: How Darwinian theory can explain human culture and synthesize the social sciences*. Chicago, IL: Chicago University Press.

Mithen, S. J. (1999). Imitation and cultural change: A view from the Stone Age, with specific reference to the manufacture of handaxes. In H. O. Box & K. R. Gibson (Eds.), *Mammalian social learning: Comparative and ecological perspectives* (pp. 389–399). Cambridge, UK: Cambridge University Press.

Moncel, M.-H., Moigne, A.-M., Sam, Y., & Combier, J. (2011). The emergence of Neanderthal technical behavior: New evidence from Orgnac 3 (Level 1, MIS 8), southeastern France. *Current Anthropology, 52*(1), 37–75.

Morgan, L. E., & Renne, P. R. (2008). Diachronous dawn of Africa's Middle Stone Age: New 40AR/39AR ages from the Ethiopian Rift. *Geology, 36*(12), 967–970.

Morgan, T. J. H., Uomini, N. T., Rendell, L. E., Chouinard-Thuly, L., Street, S. E., Lewis, H. M., . . . Laland, K. N. (2015). Experimental evidence for the co-evolution of hominin tool-making teaching and language. *Nature Communications, 6*(6029), 1–18.

Nagell, K., Olguin, R. S., & Tomasello, M. (1993). Processes of social learning in the tool use of chimpanzees (*Pan troglodytes*) and human children (*Homo sapiens*). *Journal of Comparative Psychology, 107*(2), 174–186.

Nielsen, M. (2012). Imitation, pretend play, and childhood: Essential elements in the evolution of human culture? *Journal of Comparative Psychology, 126*(2), 170–181.

Nonaka, T., Bril, B., & Rein, R. (2010). How do stone knappers predict and control the outcome of flaking? Implications for understanding early stone tool technology. *Journal of Human Evolution, 59*(2), 155–167.

Nowell, A. (2010). Working memory and the speed of life. *Current Anthropology, 51*(S1), S121–S133.

Nowell, A., Walker, C., Cordova, C. E., Ames, C. J. H., Pokines, J. T., Stueber, D., . . . Al-Souliman, A. S. A. (2016). Middle Pleistocene subsistence in the Azraq Oasis, Jordan: Protein residue and other proxies. *Journal of Archaeological Science, 73*, 36–44.

Nunn, C. L. (2011). *The comparative approach in evolutionary anthropology and biology*. Chicago, IL: Chicago University Press.

O'Malley, R. C., Wallauer, W., Murray, C. M., & Goodall, J. van L. (2012). The appearance and spread of ant fishing among the Kasekela chimpanzees of Gombe: A possible case of intercommunity cultural transmission. *Current Anthropology, 53*(5), 650–663.

Patten, B. (2005). *Peoples of the flute: A study in anthropolithic forensics.* Denver, CO: Stone Dagger Publications.

Pelegrin, J. (2005). Remarks about archaeological techniques and methods of knapping. In V. Roux & B. Bril (Eds.), *Stone knapping: The necessary conditions for a uniquely hominin behaviour* (pp. 23–33). Cambridge, UK: McDonald Institute for Archaeological Research.

Perpère, M. (1986). Apport de la typométrie à la définition des éclats Levallois: L'exemple d'Ault. *Bulletin de La Société Préhistorique Française, 83,* 115–118.

Pickering, T. R., & Domínguez-Rodrigo, M. (2006). The acquisition and use of large mammal carcasses by Oldowan hominins in eastern and southern Africa: A selected review and assessment. In N. P. Toth & K. D. Schick (Eds.), *The Oldowan: Case studies into the Earliest Stone Age* (pp. 113–128). Gosport, IN: Stone Age Institute Press.

Pope, S. T. (1918). *Yahi archery.* Berkeley, CA: University of California Press.

Price, E. E., Lambeth, S. P., Schapiro, S. J., & Whiten, A. (2009). A potent effect of observational learning on chimpanzee tool construction. *Proceedings of the Royal Society of London B: Biological Sciences, 276*(1671), 3377–3383.

Putt, S. S., Woods, A. D., & Franciscus, R. G. (2014). The role of verbal interaction during experimental bifacial stone tool manufacture. *Lithic Technology, 39*(2), 96–112.

Reti, J. S. (2016). Quantifying Oldowan stone tool production at Olduvai Gorge, Tanzania. *PLoS One, 11*(1), e0147352.

Roberts, M. B., & Parfitt, S. A. (Eds.). (1999). *Boxgrove: A Middle Pleistocene hominid site at Eartham Quarry, Boxgrove, West Sussex.* London: English Heritage.

Roche, H. (2005). From simple flaking to shaping: Stone knapping evolution among early hominins. In V. Roux & B. Bril (Eds.), *Stone knapping: The necessary conditions for a uniquely hominin behaviour* (pp. 35–48). Cambridge, UK: McDonald Institute for Archaeological Research.

Sanz, C. M., Call, J., & Morgan, D. B. (2009). Design complexity in termite-fishing tools of chimpanzees (*Pan troglodytes*). *Biology Letters: Animal Behaviour, 5,* 293–296.

Sanz, C. M., Schöning, C., & Morgan, D. B. (2010). Chimpanzees prey on army ants with specialized tool set. *American Journal of Primatology, 72*(1), 17–24.

Schick, K. D. (1998). A comparative perspective on Paleolithic cultural patterns. In T. Akazawa, K. Aoki, & O. Bar-Yosef (Eds.), *Neanderthals and modern humans in western Asia* (pp. 449–460). New York: Plenum Press.

Schick, K. D., & Toth, N. P. (2006). An overview of the Oldowan industrial complex: The sites and the nature of their evidence. In N. P. Toth & K. D. Schick (Eds.), *The Oldowan: Case studies into the earliest Stone Age* (pp. 3–42). Bloomington, IN: Stone Age Institute.

Schick, K. D., Toth, N. P., Garufi, G., Savage-Rumbaugh, E. S., Rumbaugh, D. M., & Sevcik, R. A. (1999). Continuing investigations into the stone tool-making and tool-using capabilities of a bonobo (*Pan paniscus*). *Journal of Archaeological Science, 26*(7), 821–832.

Schillinger, K., Mesoudi, A., & Lycett, S. J. (2014). Copying error and the cultural evolution of "additive" vs. "reductive" material traditions: An experimental assessment. *American*

Antiquity, 79(1), 128–143.

Schillinger, K., Mesoudi, A., & Lycett, S. J. (2015). The impact of imitative versus emulative learning mechanisms on artifactual variation: Implications for the evolution of material culture. *Evolution and Human Behavior, 36*(6), 446–455.

Schillinger, K., Mesoudi, A., & Lycett, S. J. (2016). Copying error, evolution, and phylogenetic signal in artifactual traditions: An experimental approach using "model artifacts." *Journal of Archaeological Science, 70*, 23–34.

Schillinger, K., Mesoudi, A., & Lycett, S. J. (2017). Differences in manufacturing traditions and assemblage-level patterns: the origins of cultural differences in archaeological data. *Journal of Archaeological Method and Theory, 24*(2), 640–658.

Schlanger, N. (1996). Understanding Levallois: Lithic technology and cognitive archaeology. *Cambridge Archaeological Journal, 6*(2), 231–254.

Semaw, S. (2006). The oldest stone artifacts from Gona (2.6–2.5 Ma), Afar, Ethiopia: Implications for understanding the earliest stages of stone knapping. In N. P. Toth & K. D. Schick (Eds.), *The Oldowan: Case studies into the Earliest Stone Age* (pp. 43–75). Gosport, IN: Stone Age Institute.

Semaw, S., Renne, P. R., Harris, J. W. K., Feibel, C. S., Bernor, R. L., Fesseha, N., & Mowbray, K. (1997). 2.5-million-year-old stone tools from Gona, Ethiopia. *Nature, 385*(6614), 333–336.

Semaw, S., Rogers, M. J., Quade, J., Renne, P. R., Butler, R. F., Domínguez-Rodrigo, M., . . . Simpson, S. W. (2003). 2.6-million-year-old stone tools and associated bones from OGS-6 and OGS-7, Gona, Afar, Ethiopia. *Journal of Human Evolution, 45*(2), 169–177.

Sharon, G. (2008). The impact of raw material on Acheulian large flake production. *Journal of Archaeological Science, 35*(5), 1329–1344.

Shipton, C., & Clarkson, C. (2015). Handaxe reduction and its influence on shape: An experimental test and archaeological case study. *Journal of Archaeological Science: Reports, 3*, 408–419.

Shipton, C., & Nielsen, M. (2015). Before cumulative culture. *Human Nature, 26*(3), 331–345.

Solodenko, N., Zupancich, A., Cesaro, S. N., Marder, O., Lemorini, C., & Barkai, R. (2015). Fat residue and use-wear found on Acheulian biface and scraper associated with butchered elephant remains at the site of Revadim, Israel. *PLoS One, 10*(3), e0118572.

Spurrell, F. C. J. (1884). On some Palaeolithic knapping tools and modes of using them. *Journal of the Anthropological Institute of Great Britain and Ireland, 13*, 109–118.

Stout, D. (2005). The social and cultural context of stone knapping skill acquisition. In V. Roux & B. Bril (Eds.), *Stone knapping: The necessary conditions for a uniquely hominin behaviour* (pp. 331–340). Cambridge: McDonald Institute for Archaeological Research.

Stout, D., Apel, J., Commander, J., & Roberts, M. B. (2014). Late Acheulean technology and cognition at Boxgrove, UK. *Journal of Archaeological Science, 41*, 576–590.

Stout, D., Hecht, E. E., Khreisheh, N., Bradley, B. A., & Chaminade, T. (2015). Cognitive demands of Lower Paleolithic toolmaking. *PLoS One, 10*(4), 1–18.

Stout, D., & Semaw, S. (2006). Knapping skill of the earliest stone toolmakers: Insights from the study of modern human novices. In N. P. Toth & K. D. Schick (Eds.), *The Oldowan: Case studies into the earliest Stone Age* (pp. 307–320). Gosport, IN: Stone Age Institute Press.

Stout, D., Semaw, S., Rogers, M. J., & Cauche, D. (2010). Technological variation in the earliest Oldowan from Gona, Afar, Ethiopia. *Journal of Human Evolution, 58*(6), 474–491.

Thornton, A., & Raihani, N. J. (2010). Identifying teaching in wild animals. *Learning & Behavior, 38*(3), 297–309.

Thorpe, W. H. (1963). *Learning and instinct in animals.* London: Methuen.

Tomasello, M. (1999). *The cultural origins of human cognition.* Cambridge, MA: Harvard University Press.

Tomasello, M. (2009). Postscript: Chimpanzee culture, 2009. In K. N. Laland & B. G. Galef (Eds.), *The question of animal culture* (pp. 213–221). Cambridge, MA: Harvard University Press.

Tomasello, M., Savage-Rumbaugh, E. S., & Kruger, A. C. (1993). Imitative learning of actions on objects by children, chimpanzees, and enculturated chimpanzees. *Child Development, 64*(6), 1688–1705.

Toth, N. P. (1985). The Oldowan reassessed: A close look at early stone artifacts. *Journal of Archaeological Science, 12*(2), 101–120.

Toth, N. P., Schick, K. D., Savage-Rumbaugh, E. S., Sevcik, R. A., & Rumbaugh, D. M. (1993). *Pan* the tool-maker: Investigations into the stone tool-making and tool-using capabilities of a bonobo (*Pan paniscus*). *Journal of Archaeological Science, 20*(1), 81–91.

Toth, N. P., Schick, K. D., & Semaw, S. (2006). A comparative study of the stone tool-making skills of *Pan, Australopithecus,* and *Homo sapiens.* In N. P. Toth & K. D. Schick (Eds.), *The Oldowan: Case studies into the Earliest Stone Age* (pp. 155–222). Gosport, IN: Stone Age Institute Press.

Tryon, C. A., & Faith, J. T. (2013). Variability in the Middle Stone Age of Eastern Africa. *Current Anthropology, 54*(S8), S234–S254.

van de Waal, E., Borgeaud, C., & Whiten, A. (2013). Potent social learning and conformity shape a wild primate's foraging decisions. *Science, 340*(6131), 483–485.

van Peer, P. (1992). *The Levallois reduction strategy (monographs in world archaeology no. 13).* Madison, WI: Prehistory Press.

Whiten, A. (2010). A coming of age for cultural Panthropology. In E. V. Lonsdorf, S. R. Ross, & T. Matsuzawa (Eds.), *The mind of the chimpanzee: Ecological and experimental perspectives* (pp. 87–100). Chicago, IL: Chicago University Press.

Whiten, A. (2011). The scope of culture in chimpanzees, humans and ancestral apes. *Philosophical Transactions of the Royal Society of London. Series B, Biological Sciences, 366*(1567), 997–1007.

Whiten, A., Caldwell, C. A., & Mesoudi, A. (2016). Cultural diffusion in humans and other animals. *Current Opinion in Psychology, 8,* 15–21.

Whiten, A., Goodall, J. van L., McGrew, W. C., Nishida, T., Reynolds, V., Sugiyama, Y., . . . Boesch, C. (1999). Cultures in chimpanzees. *Nature, 399*(6737), 682–685.

Whiten, A., Goodall, J. van L., McGrew, W. C., Nishida, T., Reynolds, V., Sugiyama, Y., . . . Boesch, C. (2001). Charting cultural variation in chimpanzees. *Behaviour, 138,* 1481–1516.

Whiten, A., Horner, V., & De Waal, F. B. M. (2005). Conformity to cultural norms of tool use in chimpanzees. *Nature, 437*(7059), 737–740.

Whiten, A., Horner, V., Litchfield, C. A., & Marshall-Pescini, S. (2004). How do apes ape? *Animal Learning & Behavior, 32*(1), 36–52.

Whiten, A., McGuigan, N., Marshall-Pescini, S., & Hopper, L. M. (2009). Emulation, imitation, over-imitation and the scope of culture for child and chimpanzee. *Philosophical Transactions of the Royal Society of London. Series B, Biological Sciences, 364*(1528), 2417–2428.

Whiten, A., Schick, K. D., & Toth, N. P. (2009). The evolution and cultural transmission of percussive technology: Integrating evidence from palaeoanthropology and primatology. *Journal of Human Evolution, 57*(4), 420–435.

Whiten, A., Spiteri, A., Horner, V., Bonnie, K. E., Lambeth, S. P., Schapiro, S. J., & De Waal, F. B. M. (2007). Transmission of multiple traditions within and between chimpanzee groups. *Current Biology, 17*(12), 1038–1043.

Whiten, A., & van Schaik, C. P. (2007). The evolution of animal "cultures" and social intelligence. *Philosophical Transactions of the Royal Society of London. Series B, Biological Sciences, 362*(1480), 603–620.

Whittaker, J. C. (1994). *Flintknapping: Making and understanding stone tools.* Austin, TX: University of Texas Press.

Wurz, S. (2013). Technological trends in the Middle Stone Age of South Africa between MIS 7 and MIS 3. *Current Anthropology, 54*(S8), S305–S319.

Wynn, T. (1979). The intelligence of later Acheulean hominids. *Man, 14,* 371–391.

Wynn, T. (1981). The intelligence of Oldowan hominids. *Journal of Human Evolution, 10*(7), 529–541.

Wynn, T. (1991). Tools, grammar and the archaeology of cognition. *Cambridge Archaeological Journal, 1*(2), 191–206.

Wynn, T. (1995). Handaxe enigmas. *World Archaeology, 27*(1), 10–24.

Wynn, T. (1996). The evolution of tools and symbolic behaviour. In A. Lock & C. R. Peters (Eds.), *Handbook of human symbolic evolution* (pp. 263–287). Oxford, UK: Clarendon Press.

Wynn, T. (2002). Archaeology and cognitive evolution. *Behavioral and Brain Sciences, 25*(3), 389–402.

Wynn, T. (2004). Evolutionary developments in the cognition of symmetry. In D. K. Washburn (Ed.), *Embedded symmetries, natural and cultural* (pp. 27–46). Albuquerque, NM: University of New Mexico Press.

Wynn, T., & Coolidge, F. L. (2004). The expert Neandertal mind. *Journal of Human Evolution, 46*(4), 467–487.

Wynn, T., & Coolidge, F. L. (2010). How Levallois reduction is similar to, and not similar to, playing chess. In A. Nowel & I. Davidson (Eds.), *Stone tools and the evolution of human cognition* (pp. 83–104). Boulder, CO: University of Colorado Press.

Wynn, T., & Coolidge, F. L. (2012). *How to think like a Neandertal.* Oxford, UK: Oxford University Press.

Wynn, T., Hernandez-Aguilar, R. A., Marchant, L. F., & McGrew, W. C. (2011). "An ape's view of the Oldowan" revisited. *Evolutionary Anthropology, 20*(5), 181–197.

Wynn, T., & McGrew, W. C. (1989). An ape's view of the Oldowan. *Man, 24*(3), 383–398.

Wynn, T., & Tierson, F. D. (1990). Regional comparison of the shapes of later Acheulean handaxes. *American Anthropologist, 92*(1), 73–84.

Wynn, T., Tierson, F. D., & Palmer, C. T. (1996). Evolution of sex differences in spatial cognition. *American Journal of Physical Anthropology, 101*(S23), 11–42.

Yravedra, J., Domínguez-Rodrigo, M., Santonja, M., Pérez-González, A., Panera, J., Rubio-Jara, S., & Baquedano, E. (2010). Cut marks on the Middle Pleistocene elephant carcass of Áridos 2 (Madrid, Spain). *Journal of Archaeological Science, 37*(10), 2469–2476.

Zentall, T. R. (2012). Perspectives on observational learning in animals. *Journal of Comparative Psychology, 126*(2), 114–128.

| 제13장 |

주먹도끼 미학

Thomas Wynn and Tony Berlant

서론

현대의 미적 감성이 아프리카 후기 석기시대African Later Stone Age(이하 LSA로 표기)의 예술가들과 유럽 후기 구석기시대European Upper Paleolithic(이하 UP로 표기)의 덕분이라는 것은 논란의 여지가 없다. 비록 특정한 해석에 상당한 이견이 있더라도, 암각화와 동산미술mobiliary art[143]은 항상 고고학자들과 미술사학자들 모두에게 친숙하게 다가왔다. 진화적인 관점에서 볼 때, 어떠한 사전 개발 없이 현생 인류의 미적 감수성이 완전히 형성되었을 가능성은 거의 없다. 그러나 LSA 또는 UP의 예술은 기술적으로 덜 능숙하고 초기 사례의 형태로 분명한 선례를 가지고 있지 않다. 사람들은 보다 페인팅과 같이 고고학적 기록이 거의 또는 전혀 남지 않은 선례를 내세움으로써 이 명백한 허점에 대해 논할 수 있다(Barham,

143 등산미술(動産美術), 돌과 뼈에 새겨 운반할 수 있는 인공물(역자 주).

2002; Henshilwood & Dubreuil, 2011). 그러나 이러한 결론은 설득력 있다고 해도, 기법 자체에 대한 설명을 포함하지 않기 때문에 미적 의미 그 자체의 발전에 대한 논의에는 거의 쓸모가 없다. 대안은 풍부한 증거, 즉 석기를 이용하여 미적 발전을 위한 증거를 추출하는 것이다. 대부분의 석기들은 호미닌들이 작업을 실행하기 위해 만들고 사용하는 간단한 기계 장치였다. 그러나 어떤 것들은 '과잉결정overdetermined'[144]된 것처럼 보인다. 호미닌은 기계적 기능에 필요한 것보다 더 많은 시간과 노력을 제작에 투자했다. 심미적 감성을 우리에게 알릴 수 있는 잠재력을 가지고 있는 것이 이러한 '부가가치'이다.

이 장에서는 아슐리안 주먹도끼에 나타나는 심미적 감성에 관해 설명한다. 해석적인 관점은 미적, 예술적 경험의 신경 인지적 기초를 조사하는 인지과학의 비교적 최근의 전문 분야인 신경미학이다. 이러한 자세에서 미적 경험은 "보는 사람이 예술작품에 '지각-느낌-보기perceive-feel-see'를 해주는 것"이다(Cinzia & Vittorio, 2009). 그러나 미학과 예술은 영역을 공유하지 않는다. 특히 시각 예술은 문화적, 사회적, 역사적 맥락에 크게 의존한다. 이와는 대조적으로 시각적 미학은 대상 그리고 장면에 대한 감정적 그리고 평가적 반응을 포함한다(Chatterjee, 2014a; Chatterjee & Vartanian, 2014; Vartanian & Skov, 2014). 따라서 많은 사람들이 예술을 고려하지 않으리라는 경험(예: 일몰 또는 금문교 보기)을 포함한다.

많은 고고학자들은 아슐리안 주먹도끼가 미적 대상이라고 주장해왔다(Gowlett, 2006; Hodgson, 2011; Le Tensorer, 2006, 2009; Machin,

144 심리학에서 overdetermined idea는 과잉결정 사고라고 부른다(역자 주).

2009). 그리고 그것을 만든 호미닌들이 이러한 미적 효과를 이용하기 위해 형태를 지나치게 결정했다고 말했다. 그러나 우리가 아는 바로는, 오직 호지슨Hodgson(2011, 2015)만이 이 주먹도끼 미학이 현생 인류의 미학 경험과 어떻게 다를 수 있는지를 탐구했다. 이것은 중요한 진화적 질문이지만, 그것을 해결하기 위해서는 단순히 '미학'의 일반적인 발현을 넘어, 명확한 분석적 개념이 필요하다. 신경미학은 미적 경험을 구성요소들로 분석parsing함으로써 이 역할을 훌륭하게 실행하며, 이는 고고학적 기록에 적용될 수 있다.

미적인 마음

"미학의 심리학은… 인간이 도구, 일용품, 디자인, 다른 사람 또는 자연을 포함한 다양한 대상과 현상을 미학적인 용어(아름다운, 매력적인, 흉측한, 숭고한, 그림 같은 것 등)로 경험하고 감상할 수 있도록 하는 심리학적 기전을 식별하고 기술하는 것을 목표로 한다"(Leder & Nadal, 2014). 신경미학의 관점에서 인간의 심미적 경험은 여러 개의 신경 네트워크와 자원을 끌어들이는 복잡한 행태 현상이다. 이러한 목적으로만 진화한 뉴런 집단의 의미에서는 미적 경험을 위한 전용 신경회로가 없다. 대신, 다중 신경망이 함께 작동하며, 각각의 경우에서 특정한 진화 문제를 해결하기 위해 초기에 진화한 네트워크와 적응 기능을 계속 실행한다. 따라서 미적 경험은 함께 일하는 신경 자원의 새로운 특성이다(Chatterjee & Vartanian, 2014). 신경미학자들은 미적 인지를 주요 구성요소들에 어떻게 분석하는지에 있어서 다소 차이가 있지만, 이 차이는 개인의 학문적 역사와 연구 강조를 반영하는 것이며 기본적인 현상을 이해하는 방법에 있어서 중요한 차이는 아니다. 여기서 우리는 세 가지 주요 구성요소를 가진 모델을 선호하는 채터지Chatterjee(예: 2014b)를 따라갈 것이다. (1) **감각운동**, 1차 지각 처리와 더 '하류 영역'으로 통합한다, (2) **감정-가치평가**emotion-valuation, 즐거움/보상 네트워크 그리고 조사평가(좋음-싫음)를 포함한다.[145] 그리고 (3) **의미-지식**, 개인이 미적 경험으로 가져올 수 있는 독자적인 역사와 문화 지식 모두를 포함한다. 비록 모델은 이러한 구성요소들을 구별되는 것으로 취급하지만, 각 구성요소는 여전히 다수의 뇌 부위의 참여와 함께 그 자체로 분산 신경 네트워크이며, 따라서 공유 자원을 포함하는 중복도degree of overlap가 있다. 예를 들어, 일차감각영역은 가치평가에 능동적인 역할을 하는 것으로 보인다(Satpute et al., 2015). 실제로, 공유된 자원은 규칙이고 뉴런 기능에서 예외가 아니며, 별개 뉴런 집단 간의 관계가 개별 뉴런 기능보다 더 중요한 것으로 보인다(Anderson, 2010).

감각운동

1차 감각운동 처리는 미적 경험에 있어 중요한 '상향적' 역할을 한다(Redies, 2015). **일차**primary라는 용어는 말초 감각 기관으로부터 입력을 받는 피질 세포 집단을 가리킨다. '상향적'이라는 것은 신경 과정이 사전

145 valuation, evaluation 그리고 appraisal은 모두 일반적으로 평가로 번역되고 있다. 엄밀한 정의에 의하면 valuation은 좀 더 공식적인 표현, evaluation은 좀 더 비공식적인 표현 그리고 appraisal은 필요 등을 위해 검사하는 행동을 뜻한다. 제13장에서 valuation은 가치평가, evaluation은 평가 그리고 appraisal은 조사평가로 번역을 하였다(역자 주).

주의적이고 의식적인 조절 또는 알아차림으로 인해 인지에 접근할 수 없다는 것을 의미한다(지나간 착시의 시각 효과를 볼 수 없는 이유이다). 여기서는 일차적인 시각적 처리를 강조한다. 그것은 가장 잘 이해되고 묘사된 감각 처리체계며 또한 가장 발달된 미적 경험 이론의 기초이기도 하다.

시각 정보는 세포 집단이 특정 선 방향, 색상 그리고 기타 기본적인 시각적 특성에 민감한 후두엽의 일차 시각 피질에서 처리된다. 더 많은 세포 집단은 장면의 잠재적으로 덜 두드러진 형태보다 잠재적으로 두드러진 형태에 민감하여 초기 시각적 처리를 편향시킨다. 예를 들어, 비스듬한 선보다 수평선과 수직선을 탐지하는 데 사용되는 자원이 더 많다. 뇌는 두드러진 방향에 더 많은 자원을 투입할 뿐만 아니라 긍정적인 영향을 끼친다. 이러한 방향은 눈에 더 좋다. 그런 다음 시각 피질은 낮은 수준의 입력을 더 높은 수준의 모양과 장면으로 모으고, 다시 특정 인지를 다른 것보다 편향시킨다. 사람들은 단순한 형태보다 복잡한 형태, 비대칭 형태보다 대칭적인 형태, 그리고 비율이 황금비(1.6:1)에 가까운 형태를 선호하는 경향이 있다. 틀림없이 지각 편향이 오래전에 진화한 이유는 시각적 장면의 내용에 대한 중요한 정보(예: 대칭은 아마도 생명체를 나타냄)를 제공했기 때문이다. 하지만 현대 세계에서도 그들은 인지와 미학에서 계속 역할을 한다(Chatterjee & Vartanian, 2014; Leder & Nadal, 2014; Palmer, Schloss, & Sammartino, 2013; Ramachandran & Hirstein, 1999).

그런 다음 뇌는 추가적인 처리를 위해 시각적 정보를 '앞으로' 전달한다. 두 가지 주요 경로가 있는데, 등쪽 경로와 배쪽 경로이다. 등쪽 경로는 대부분 왼쪽-오른쪽, 위쪽-아래쪽, 안쪽-밖, 시퀀스 연결 등과 같은 공간 정보를 처리하는 두정엽의 신경 자원으로 구성된다. 배쪽 경로는 측두엽의 부위, 특히 방추형 이랑을 포함하며, 얼굴 그리고 최근의 인간에게서는 글과 숫자의 그래픽 성분과 같은 형태 정보를 처리한다. 여기서도 뇌는 특정한 시각적 패턴을 편향시킨다. 실제로 특정 시각적 패턴은 배쪽 경로의 세포를 흥분시켜, 리더와 동료들(Leder, Belke, Oeberst, & Augustin, 2004)이 '암묵적 기억효과'라고 부르는 것을 산출한다(p. 495). 이 효과들은 두드러지고, 학습된 정보를 통합하고, 즐거움을 이끌어 내지만, 사전에 주의를 기울인다.

이러한 내재적 효과 중 네 가지는 현대 미적 경험에 있어 특히 중요하다. 이 네 가지는 친숙성familiarity, 원형성prototypicality, 첨두 이동peak shift, 프레임framing이다. 형태나 장면에 반복적으로 노출되면 친숙성이 증가하며, 친숙성은 감정적으로 긍정적이다. 뇌는 적어도 지각적 수준에서 친숙한 것을 새로움보다 더 즐긴다. 마찬가지로, 원형적 예제는 기이한 예제보다 더 긍정적인 감정적 반응을 유도한다. 한 예제가 대상 분류에서 이상적인 형태에 가까울수록 긍정적인 영향이 더 커진다. 인지과학에서는 뇌가 범주를 구성하는 방법에 대해 이견이 있지만, 뇌가 범주를 구성하는 것과 그러한 범주가 인지 처리의 구성요소라는 것에는 의심의 여지가 없다(Carey, 2009). 첨두 이동은 감정적으로 강한 효과의 과장이다(Ramachandran & Hirstein, 1999). 정치 만화가들은 공인의 얼굴에서 엄선된 특징들을 과장할 때, 이러한 효과를 크게 이용한다. 공포물 영화와 슬래셔물 영화도 충격과 공포를 이끌어내기 위해 첨두 이동에 의존하기 때문에 첨두 이동은 즐거움과 재미만을 위한 것이 아니다. 네 번째 내재적 효과는 라마찬드란(Ramachandran & Hirstein, 1999) 또는 리더 등Leder et al.(2004)에 의해 강조되지 않았다. 그러나 우리의 분석에 중요할 것이다. 이것은 **프레임**이다(Palmer et al., 2013). 많은 패턴의 중심축은 특히 두드러지며 시각적 주의를 집중시키는 역할을 할 수 있다. 따라서 시각 영역의 중심부에 주의를 집중시키는 직사각형 프레임은 서양 미술에서 매우 흔해서 그 자체는 거의 주의를 끌지 못한다. 그럼에도 불구하고 미학에서 중요한 역할을 한다.

감정-가치평가

미적 경험은 평가evaluation를 포함한다. 우리는 어떤 것을 좋아하거나 싫어하거나 어느 한쪽으로의 감흥도 받지 않는다. 이것은 미적 경험과 다른 감각적 경험을 구별하는 평가적인 작품이며, 뇌의 상향과 하향의 자원을 모두 포함하는 다소 복잡한 인지 프로필을 가지고 있다. "미적 처리는 그 핵심에서 **대상-조사평가**object-appraisal 과정과 동일시될 수 있으며, 그 결과 감정은 초월에서부터 반발repulsion에 이르는 스펙트럼을 따라 배치될 수 있다"(Brown, Gao, Tisdelle, Eickhoff, & Liotti, 2011). 신경영상은 전두피질과 전측피질의 궤도에 있는 자원이 평가(또한, 도발적으로 사회적 인지)에 밀접하게 관련되어 있다는 것을 나타내지만, 평가의 핵심인 뇌 구조는 가쪽고랑 깊숙한 곳에 위치한 구조인 앞뇌섬엽anterior insula이다. 브라운과 동료들Brown and colleagues(2011)이 네 가지 다른 미적 판단(시각, 청각, 미각 그리고 후각)에 대해 신경 활성화를 비교했을 때, 앞뇌섬엽은 그들 각각에서 강하게 활성화된 몇 안 되는 부위 중 하나였다. 이 뇌 부위는 오랫동안 미각 처리의 중심지로 인지되어 왔고, 따라서 다른 종류의 평가를 위해 굴절적응되어 온 것으로 보인다. 표현으로 좋은 맛이라는 것은 한 사람의 실제적인 미각에 달려 있다! 조사평가 판단은 감정을 이끌어낸다. 실제로, 복부 선조체와 중격의지핵을 포함한 중

독적인 행태에서 활성화되는 것과 동일한 쾌락/보상 네트워크를 활성화한다. 부정적인 판단은 부정적인 보상 회로를 작동시킨다. 일반적으로, 이러한 자원들은 욕망이나 회피에 힘을 준다. 우리는 우리가 좋아하는 것을 원한다. 그러나 채터지Chatterjee(2014b)는 현대 사회에서 심미적 감상은 원함 없는 좋음liking without wanting, 회피 없는 싫음disliking without avoiding을 요구한다는 흥미로운 주장을 하고 있다. 이러한 분리는 거의 확실히 개인의 역사와 학문에 기인한다. 따라서 주의 깊은 인지의 하향식 자원은 그렇지 않은 경우 상향식 처리에 중요한 역할을 한다.

안와전두엽 피질은 학습된 쾌락-회피pleasure-avoidance 범주와 가장 자주 동일시되는 구조이다. 경험을 통해 사람은 인지의 범주를 즐거움이나 회피와 연관시키고, 따라서 친숙함과 마찬가지로 개인의 역사는 미적 평가에서 중요한 역할을 한다. 사람은 이전에 좋아했던 것을 좋아한다.

의미-지식

미적 인지의 마지막 요소는 의미-지식 구성요소이다. 이 구성요소는 관찰자(또는 장인artisan)가 미적 경험에 제공하는 하향식 지식 자원을 모두 포함한다. 이러한 지식의 대부분은 기억으로 구성되는데, 기억에는 여러 가지 종류가 있고, 각각의 신경 기반은 다르다. 첫째, 장기 선언적 기억들이 있는데, 이 기억들은 언어로 재현 가능한 형식으로 존재하며 단어로 재현될 수 있다는 가정하에 **의미적 기억**이라고도 불린다. 이것은 진화학자들에게는 불편한 정의이다. 아마도 침팬지는 언어적으로 쉽게 이해할 수 있는 형식으로 존재하지 않는 외현적 정보에 대한 장기적인 기억을 가지고 있을 것이다(예: "판다 견과류panda nuts는 먹을 수 있다"). 우리는 **외현적 기억**explicit memory이라는 용어를 선호한다. 장기간의 외현적 기억은 작가, 스타일, 역사적 맥락, 그리고 외현적인 상징적 의미와 같은 미적 경험과 관련된 정보를 포함한 방대한 정보의 저장소를 구성한다. 두 번째 기억은 루브르 박물관에서 열린 「메두사호의 뗏목The Raft of the Medusa」과의 첫 만남과 같은 자신의 과거사를 회상하는 자서전적 기억이다. 마지막으로 근육기억을 포함한 절차적 기억들이 있다. 절차적 지식은 비언어적이고 뇌에 의한 선언적 기억과 다르게 처리된다. 그럼에도 불구하고 절차적 지식은 미적 경험의 구성요소가 될 수 있으며, 특히 심미적 생산의 개인적 이력이 있고 처리의 '느낌'에 접근할 수 있는 경우(예: 그림이나 돌떼기) 그러하다.

마음은 미적 경험을 하는 동안 몇 가지 일을 하는 데 이러한 기억들을 사용한다. 하나는 명확한 분류를 하는 것이다: 이것은 그림이다. 19세기 초 프랑스 낭만주의 스타일이다. 제리코Gericault에 의한 것이다. 이러한 분류 자체는 쾌락/보상 자원을 포함한다. 역사적 맥락의 기억도 관련이 있다. 메두사는 서아프리카 연안에서 침몰한 프랑스 선박으로, 생존자들의 운명은 당시 프랑스에서 센세이션을 일으켰다. 따라서 그림에 대해 더 많이 알수록 정동의 수준이 더 높아진다. 보는 사회적 맥락은 추가적인 외부적 하향식 효과이다. 프랑스 낭만주의를 싫어하는 미술학도 일행과 함께 「메두사호의 뗏목」을 본다면 색다른 경험을 할 수 있을 것이다. 보는 맥락에 관한 관심은 사람이 미적 작품을 평가하는 방법에 지대한 영향을 미칠 수 있다.

현대 세계에서 미적 경험의 필수적인 인지 구성요소는 '의미 탐색'이다(Leder et al., 2004). 실제로, 고고학자들은 선사시대 미술을 논할 때 학생들과 대중들로부터 다음과 같은 질문을 자주 듣는다. "그것은 무엇을 의미하는가?" 그들이 의도하는 의미는 상징적인 의미이다. 이 이미지 또는 인공물은 다른 것 또는 추상적인 아이디어를 나타낸다. 전 세계의 현대 생활은 그러한 상징[146]에 몰입되어 있고, 예술이라고 생각하는 것들의 범주는 종종 명백하거나 암시적인 상징들을 가지고 있다. 인지적으로, 의미적 연관성을 첨부하는 것은 상당히 간단한 학습의 한 종류이며, 외현적 지식의 대부분은 의미적 연관성의 형태로 기억 속에 보관된다. 그러나 상징 외에도 다른 종류의 기호도 있다. 지표[147]는 연관성별로 항목을 나타내지만, 임의적인 신호 연결의 조정 없이 해당 작업을 실행한다. 대신 빨간색이 위험 또는 멈춤을 나타내는 경우처럼 연결이 직접 연결된다. 마지막으로, 도상[148]은 신체적 유사성을 통해 사물을 나타낸다. 미적 경험은 종종 동시에 모든 종류의 기호적 재현을 이용하며, 예술 관찰은 모든 것을 풀어야 한다[예: 십자가 모양, 도상(죽어가는 사람), 지표(열정), 상징(하나님의 사랑 등)].

의미-지식 구성요소는 하향식 처리이며 관찰자 또는 에이전트 쪽에서 다소 덜 힘들다. 그러나 하향식 조사평가의 경험은 결국 상향식 과정을 변화시키고, 처음에는 불쾌감이나 혐오감을 유발했던 미적 현상들이 즐거움을 유도하는 '훈련 효과'가 있다. 전문가는 초보자가 보지 못하는 방식으로 본다(Chatterjee, 2014b; Leder et al., 2004; Ramachandran & Hirstein, 1999).

146 상징(symbol, 象徵). 기호학의 기호 중 하나(역자 주).
147 지표(indexes, 指標). 기호학의 기호 중 하나(역자 주).
148 도상(icons, 図像). 기호학의 기호 중 하나(역자 주).

미적 경험의 몇 가지 다른 신경 구성요소들을 식별하는 것은 고고학적 기록의 분석을 매우 용이하게 한다. 일반적으로 미학을 탐구하는 것보다는 더 쉬운 경로를 택하여 개별 구성요소의 증거를 찾을 수 있다. 그러나 우리가 이런 종류의 분석을 다루기 전에 먼저 더 근본적인 문제, 즉 진정한 도구 개념의 출현을 다룰 필요가 있다.

도구 개념의 출현

도구가 미학화된 대상이 되기 전에 먼저 다른 대상과 구별되는 개체발생적 지위를 획득할 필요가 있었다. 그것들은 음식, 장소, 또는 도구가 아닌 대상과 구분되는 물건의 범주가 되어야 했다. 현생 인류는 도구를 그런 범주라고 생각하고, 이 지위는 우리가 인생에서 매우 일찍 배우는 것으로 보인다. 그러나 우리는 그것을 가지고 태어나지 않은 것 같다. 인간의 유아들은 생래적으로 연결된 개념적 편견을 가지고 있다. 생후 몇 달밖에 되지 않은 유아들도 생물 대상과 무생물 대상을 구별할 수 있다. 예를 들어, 무생물 대상이 스스로 움직이는 것처럼 보이는 장면을 보여주었을 때 놀라움을 나타낸다(Mandler, 2004). 그러한 개념적 구분은 생존 가치가 분명하며, 진화적 의미에서는 거의 확실히 매우 오래되었다. 그러나 우리의 '도구 개념'은 분명히 전용의 유선 신경회로를 획득하지 못했다. 우리는 유아기 때 도구와의 결합을 통해 그것을 매우 일찍부터 배운다. 일단 도구가 뚜렷한 개체발생적 지위를 획득하면 관심의 초점이 되어, 미적 고려에 이용될 수 있다.

비인간 영장류들은 도구 개념을 가지고 있지 않은 것 같다. 많은 유인원 영장류들은 대상을 도구로 사용하고, 심지어 필요에 따라 대상을 변경한다. 또한, 대상 손놀이, 특히 먹이는 광범위한 신경망을 지지하도록 선택한 인체공학적 적응의 중요한 구성요소다(Hecht et al., 2013; Orban & Caruana, 2014; Orban et al., 2006). 그러나 비인간 영장류에서 이 네트워크는 형태 인식이나 뇌의 '의미적' 부위를 포함하지 않는다. 도구를 사용하는 현생 인류에게는 해당된다(Orban & Caruana, 2014). 비인간 영장류들은 도구 자체에 많은 관심을 기울이지 않는 것 같다. 그들의 초점은 다른 방법으로 얻을 수 없는 것을 획득하는 것을 돕기 위해 그 대상들을 사용하는 것에 있다. 그들은 어떤 과제를 마치면 그 자리에서 그 대상을 버린다. 몇 시간 혹은 며칠 후에 다른 일화를 위해 그것을 얻을 수 있지만, 그 사이에 그것은 더 이상 존재하지 않는다. 비인간 영장류는 도구를 고치지 않는다.

초기의 돌떼기들은 도구 사용에 대한 과제 지향적인 접근을 계속했다. 가장 초기의 떼낸 석기는 몸돌에서 떨어져 나온 단순한 격지로, 스카벤징된 고기의 도살을 돕는 데 사용되었다(Harmand et al., 2015; Semaw et al., 2003; Toth & Schick, 2006). 또한, 결과적으로 생성된 몸돌을 때리는 도구로 사용했다(Mora & de la Torre, 2005). 돌떼는 자들은 도구 자체의 특징에 거의 신경을 쓰지 않았고 사용 후 즉시 버렸다. 결국, 수십만 년 동안 이렇게 한 후에, 호미닌은 진정한 도구 개념의 전조일 수도 있는 활동들을 보여주었다. 먼저, 원재료와 몸돌을 운반하기 시작했다. 한 사례로 최대 13km까지 운반했다(Braun, Harris, & Maina, 2009). 비록 이 운반이 단계별로 발생하더라도 자극적으로 인지에 영향을 미쳤다. 대상은 시간 확장을 획득했다. 몸돌의 경우 사용 전후에 존재했다. 시간적 확장은 도구 개념의 필수 구성요소인 대상 연속성으로 이어진다. 또한 돌떼는 자들은 몸돌의 특성에 더 가까이 접근하기 시작했다. 우리는 약 230만 년 전의 로칼라레이 2CLokalalei 2C의 재합치 된 몸돌을 통해 이 사실을 알고 있다(Delagnes & Roche, 2005). 재처리를 통해 우리는 가장 생산적인 타격면 위치를 식별하기 위해 몸돌을 면밀히 조사했다는 것을 알게 되었다. 또한, 도구를 다른 대상과 구별하기 위해서는 대상의 특징에 주의를 기울여야 한다.

몸돌의 속성에 대한 이러한 초점은 첫 번째 주먹도끼의 생산으로 이어졌을 수 있다. 실험 고고학의 한 부분에서, 무어와 동료들(Moore & Perston, 2016)은 몸돌에 대한 미래의 결과를 고려하지 않고 각 떼기 연속 타격에 대해 가장 최적의 타격면 위치만을 탐색하기 위한 엄격한 지침을 사용하여 몸돌에서 떼내도록 현대의 돌떼는 자들에게 지시했다. 가장 일반적인 결과는, 완전히 계획되지 않은 양날을 가진 긴 몸돌(즉, 주먹도끼의 두 가지 기본 속성을 가진 몸돌)의 출현이었다. 만약 로칼라레이 돌떼는 자가 몸돌에 세심한 주의를 기울였고, 긴 몸돌을 가지고 다니고 그 몸돌을 사용했다면, 그 결과는 최초의 사실상의 진정한 도구였을 것이다. 일단 그런 일이 일어나면, 주먹도끼의 출현을 위한 무대가 마련된 것이다.

존 고울렛John Gowlett(2006)은 돌떼는 자를 안내하는 6가지 '디자인 필수 사항'을 식별하여, 기본 주먹도끼에 대한 최상의 설명을 제공했다. 이러한 필수 사항은 주로 인체공학적 고려 사항이며, 효과적이며 견고한 손잡이가 있는 절단 도구를 생산하는 특징이 있다. 그 6가지는 다음과 같다.

(1) **방울모양 밑동**Glob-butt: 주먹도끼는 손잡이의 무게중심이 그립 안에 있어야 하므로 밑쪽이 가장 두껍다.

(2) **전방 확장**Forward extension: 그립에서 날을 확장함으로써 도구는 긴 날에 더하여 추가 레버리지를 획득한다.

(3) **날 지지대**Edge support: 양날적으로 절단날을 다듬으면 견고하고 날카로운 절단 도구가 생성된다.

(4) **측면 확장**Lateral extension: 도구는 또한 사용 중 비틀림 경향을 줄이기 위해 긴 축에 수직으로 확장되어야 한다.

(5) **두께 조정**Thickness adjustment: 도구의 무게를 조절하기 위한 돌떼는 자의 주된 방법은 두께를 유지하거나 줄이는 것이었다.

(6) **왜도**Skewness: 돌떼는 자는 종종 긴 축을 약간 상쇄시켜 손잡이를 수용한다.

179만 년 전, 케냐의 코키셀레이 유적지site of Kokiselei(Lepre et al., 2011)와 에티오피아의 콘소 유적지site of Konso(Beyene et al., 2013)의 동아프리카 고고학적 기록에 이러한 디자인의 필요성을 충족시키는 인공물이 나타났다. [그림 13.1]은 코키셀레이Kokiselei 주먹도끼 중 하나의 사진이다. 사진은 방울모양 밑동, 전방 확장 그리고 측면 확장을 매우 분명하게 보여준다(양날은 존재하지만 사진에서 뚜렷하지 않음).

이러한 첫 번째 주먹도끼의 출현과 거의 동시에 호미닌은 작은 바위의 크기 중심부에서 큰 격지(>10cm)를 생성하는 돌떼기 기법도 사용하기 시작했다(Jones, 1981; Sharon, 2010). 이 큰 조각은 둥그스름한 부위를 두드려서 편리하게 밑동을 제공하고, 돌떼는 자는 최소의 노력으로 전방 확장과 측면 확장을 생산할 수 있기 때문에 기본 주먹도끼 디자인

[그림 13.1] 코키셀레이(Kokiselei)의 179만 년 전 주먹도끼

덩어리 밑동, 전방 확장 그리고 측면 확장을 보여준다(Lepre et al., 2011을 보라). 토마스 윈(Thomas Wynn)의 사진.

의 필요성을 부과하는 과제를 크게 완화시켰다. 큰 격지와 주먹도끼 사이에는 흥미로운 '닭이 먼저냐 달걀이 먼저냐'의 문제가 연결되어 있다. 주먹도끼 필수가 LF 기법의 개발에 동기부여를 했는가, 아니면 LF 기법이 주먹도끼의 개발을 가능하게 했는가? 콘소Konso의 초기 현장에서는 최소 179만 년 전(Beyene et al., 2013)의 LF 제작의 명확한 예가 제시되었으며(주먹도끼뿐만 아니라 찍개와 가로날도끼의 경우), 현시점에서는 우선순위를 지정할 수 없다.

6가지 디자인 필수 사항을 예시한 주먹도끼는 179만 년 전에 있었고, 호미닌이 미적 효과를 위해 이용할 수 있는 표적 도구 개념을 제공하였다. 그리고 곧 그렇게 되었다.

시각 효과 탐구

주먹도끼가 거의 처음 등장한 시점부터, 돌떼는 자는 시각적 처리 효과를 이용하여 만족스러운 결과를 도출한 것으로 보인다. 초기 명확한 외관의 대략적인 시간 순서에서 시각적 효과는 특히 대칭적인 기본 **게슈탈트 형태**Gestalt forms, 초기 크기 과장을 통한 **첨두 이동**, 정규화를 통한 **원형성**, 공동체 스타일로 재현되는 **친숙성** 그리고 시각적인 주의를 집중시키기 위한 **프레임**의 사용이었다.

데릭 호지슨Derek Hodgson(2009, 2011, 2015)은 1차 시각 피질에서 패턴 활성화에 의한 뮤-오피오이드mu-opioid 민감 세포 집단의 자극을 통한 즐거운 효과를 만들어내는 기본 게슈탈트 형태의 잠재력과 첨두 이동에 주목했다. 좋은 형태는 보기에도 좋다. 호지슨은 시각적 처리의 기본적인 사실을 이용하여 인간의 진화 과정을 통해 이 효과를 추적하는 '시각적 공명이론visual resonance theory'[149]을 뒷받침한다. 가장 두드러진 게슈탈트 형태 중 하나는 좌우대칭과 방사대칭을 포함한 대칭이다. [그림 13.2]는 올두바이 협곡의 FLK 웨스트에서 가져온 주목할 만한 주먹도

149 시각적 자극의 특성에 따라 시각적 체계가 형태를 구성한다는 이론이다(역자 주).

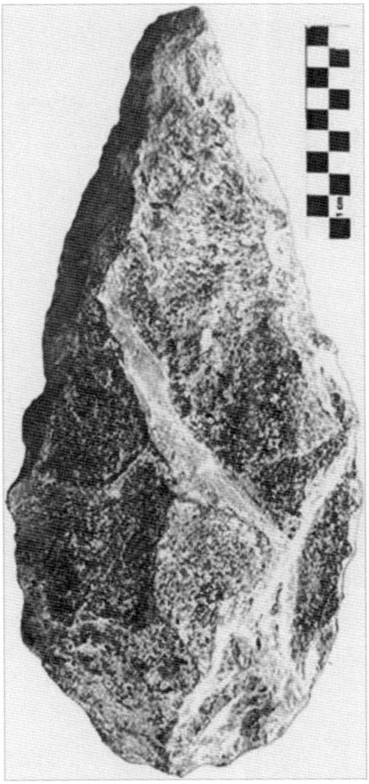

[그림 13.2] 분명한 좌우대칭을 보여주는 올두바이 조지 FLK 웨스트에서 온 169만 년 전의 대형(>30cm) 주먹도끼

Diez-Martín et al. (2015), The origin of the Acheulean: The 1.7 million-year-old site of FLK West, Olduvai Gorge(Tanzania), *Scientific Report*에 있는 Figure 5(p. 6)에서 이전에 출판되었고, 크리에이티브 커먼즈 라이센스로 배포되었다.

끼를 보여주는데, [그림 13.1]의 코키셀레이 주먹도끼보다 근래에 불과 몇천 년 더 가까운 169만 년 전으로 거슬러 올라간다.

코키셀레이 주먹도끼가 모든 디자인 요구 사항을 충족시키지만, 모호할 뿐이다. 대칭을 이루는 FLK 웨스트 주먹도끼는 상당히 다르다. 여기서 대칭은 명확하고 의도된 것이다. 한 날이 다른 쪽을 비추도록 돌떼

[그림 13.3] 어퍼 베드II의 타원체, 올두바이 조지아, 대략 8cm

토마스 윈(Thomas Wynn)의 사진.

는 자가 주먹도끼를 잘라냈다. 우리는 여기서 이 주먹도끼는 예외라는 것을 주목해야 한다. 다른 모든 FLK 웨스트 주먹도끼는 코키셀레이 그리고 콘소 주먹도끼와 유사하며, 6가지 디자인 필요성을 예시화하지만 상호 대칭성이 모호할 뿐이다. 이 '예외주의exceptionalism'[150]는 주먹도끼 기법의 수수께끼 중 하나이지만, 그것은 흔한 현상이었다.

양쪽 대칭만이 이 돌떼는 자들의 관심을 끄는 유일한 대칭은 아니었다. 그들은 또한 구체(3D의 방사대칭)를 좋아했다. [그림 13.3]은 올두바이 협곡의 어퍼 베드IIUpper BedII에서 나온 인공물 사진으로, FLK 웨스트보다 좀 더 최근이다.

---

150 특별하다는 지각 또는 믿음(역자 주).

닉 토스Nick Toth(Toth & Schick, 1986)는 호미닌이 둥그스름한 몸돌을 반복적으로 타격용으로 사용할 때 의도치 않게 '타원체spheroids'가 나타났다고 주장했지만, 이 설명은 [그림 13.3]과 같은 인공물에 대해서는 공허하게 들린다. 구형은 너무 규칙적인 것 같다. 우리는 호미닌이 어떤 기능이 있든지 모양이 보기 좋았기 때문에 둥글게 하려고 의도했다는 것을 주장한다. 마찬가지로 150만 년 전의 유적지인 이스라엘의 우베이디야 유적지site of Ubeidiya에서 거대한 타원체들이 발견되었는데, 모두 명백하게 변형되었지만 너무 커서 손으로 때리는 도구가 될 수 없었다. 이것은 어떤 이유로든 150만 년 전의 호미닌들이 돌로 된 공stone balls을 좋아했다는 우리의 결론을 확증한다.

FLK 웨스트 주먹도끼는 좌우대칭일 뿐만 아니라, 거의 휴대용 도구의 범위를 벗어난 크기(길이 30cm 이상)이다. 이러한 크기 과장은 첨두 이동 효과를 이용한다. 대칭이 만족스럽다면, 거대한 대칭은 훨씬 더 큰 시각적 영향을 미칠 것이다. 첨두 이동은 현대 예술가들에 의해 이용되는 가장 두드러진 시각적 효과들 중 하나이며(Chatterjee, 2014b; Leder et al., 2004; Ramachandran & Hirstein, 1999), 초기 모습은 최소한 일부 주먹도끼가 미학적인 인공물이라는 강력한 **첫인상** 사례를 만든다. 첨두 이동은 단순히 크기가 과장된 것이 아니라 색상과 질감을 포함한 시각적 효과까지 확장된다. 140만 년 전의 올두바이 협곡의 돌떼는 자는 반짝이는 석영 쇄설암을 골라서 주먹도끼로 변형시켰고(사진에서 그 효과를 포착하기에는 슬프게도 어렵다), 놀라운 색상과 원재료를 위한 선택이 다음 100만 년 동안 계속되었다([그림 13.4]와 [그림 13.5] 참고).

원형성은 아마 주먹도끼에 있어 가장 도발적인 시각적 효과일 것이다. 원형성은 괴짜 사례보다 시각적으로 더 만족스럽다. 훈련을 받은 서

[그림 13.4] (왼쪽) 올두바이 조지아 쿼츠(Quartz) 주먹도끼

토마스 윈(Thomas Wynn)과 토니 베를란트(Tony Berlant)의 사진.

양의 미술학도들에게 달리Dali의 녹은 시계는 시각적으로 매력적일 수 있지만, 이 반응은 특정한 문화적 맥락에 따라 달라지며, 주의를 기울이는 효과는 아니다. 사전주의적 시각 용어로 가장 긍정적인 영향을 미치는 것은 원형적 시계prototypical clock이다. 그러나 주먹도끼의 원형적 형태는 무엇일까? 이것은 단지 양자대칭의 도구가 아니다. 대부분의 전문가들은 보통의 주먹도끼가 아니라 학술 논문과 책을 설명하는 예외적인 예에 바탕을 둔 주먹도끼를 생각할 때, 실제로 어떤 모양을 염두

[그림 13.5] (오른쪽) 알제리의 복합(conglomerate) 주먹도끼(25cm)

토마스 윈(Thomas Wynn)과 토니 베를란트(Tony Berlant)의 사진.

[그림 13.6] 베르누이의 렘니스케이트(Lemniscate of Bernoulli)

공개 도메인에 있는 이미지.

에 두고 있다. 이 모양은 눈물방울이며 기하학적인 용어로 **반연주형** hemilemniscate(半連珠形, 베르누이의 렘니스케이트의 절반; [그림 13.6]을 보라)으로 알려져 있다(Mason, 1967).

왜 눈물방울이 원형 모양이 되었을까? 어찌 되었든, 그것은 기본적인 게슈탈트 형태 중 하나가 아니다. 답은 6가지 디자인 원칙의 정규화에 있는 것으로 보인다. 만약 어떤 사람이 방울모양 밑동, 전방 확장 등을 규칙적인 곡선과 비율 그리고 양쪽 대칭성을 가진 원형 모양으로 변형한다면, 그 결과는 반연주형이거나 어느 정도 근접한 근사치가 될 것이다. 따라서 반연주형은 아테나처럼 제우스의 머리에서 갑자기 나타난 것이 아니라, 주먹도끼의 인체 공학적인 필수성의 규칙화에서 비롯되었다. 그러나 그 모양은 즉시 나타나지 않았다. 사실, 아마도 100만 년 전에서야 진정한 반연주형의 주먹도끼가 나타났다. 점진적인 곡선과 대칭성이 더 큰 형태의 규칙성은 첨두 이동의 한 형태이다. 첨두 이동을 통한 원형성은 결국 이스라엘의 게셔 베노트 야아코프Gesher Benot Ya'aqov로부터 78만 년 된 주먹도끼와 같은 비대칭 형태를 생성했다([그림 13.7]을 보라).

두 가지 최종 시각 효과인 친숙성과 프레임은 주먹도끼의 시간적 범위에서 늦게 명백해졌다. 친숙한 형태는 이국적이거나 이상한 형태보다 더 즐거움을 준다. 그러므로 돌떼는 자들은 그들 공동체의 다른 돌떼는 자들이 만든 것과 비슷한 주먹도끼를 만드는 경향이 있다. 불행히도, 이것은 고고학적으로 기록하기 매우 어렵다. '주먹도끼 시대'는 너무 오래 전이어서, 매우 희귀한 장소들만이 단일 집단에 의해 만들어진 일관성 있는 패턴을 보존한다. 주먹도끼 복합물은 장기간, 종종 수천 년에 걸쳐 누적된 집합이므로 공동체 식별에 적합하지 않다. 예외가 있는데, 그중

[그림 13.7] 게셔 베노트 야아코프 북쪽 다리(Gesher Benot Ya'qov North Bridge)의 78만 년 된 주먹도끼(Goren-Inbar, Werker, & Feibel, 2002)

토마스 윈(Thomas Wynn)의 사진.

가장 장관인 것은 아마도 영국 남부 해안에 있는 50만 년 된 장소인 박스그로브일 것이다. 박스그로브는 사실 해수면 상승으로 덮이기 전에 아주 잠깐 노출되었던 선사시대 경관이다. 그것은 매우 짧은 기간 동안 생산된 지역성과 주먹도끼를 보존하고 있는데, 아마도 25년의 단 한 세

[그림 13.8] 박스그로브에서 나온 50만 년 된 세 개의 주먹도끼(Roberts & Parfitt, 1999)

토마스 윈(Thomas Wynn)의 사진.

[그림 13.9] 웨스트 토프트(West Tofts)에서 온 함유물을 포함한 주먹도끼

케임브리지대학교의 고고학과 인류학 박물관의 허가를 받아 복제되었다. 등록번호 1916.82/Record 2.

[그림 13.10] 알제리에서 온 가로날도끼

토니 베를란트(Tony Berlant)의 사진.

대만을 보존한다(Roberts & Parfitt, 1999). 호미닌의 단일 집단(**호모 하이델베르겐시스**)은 모든 주먹도끼를 생산했다. 그리고 주먹도끼는 모두 매우, 정말 매우 유사하여([그림 13.8] 참고) 익숙한 패턴의 매력을 보여주는 증거가 된다.

프레임은 정규 형태의 시각적 초점 능력을 탐구한다. [그림 13.9]는 프레임의 가장 유명한 예시이다. 돌떼는 자들은 잘 보존된 화석 껍질이 들어 있는 플린트 결절을 골랐다. 그들은 껍데기 주위를 떼어 강조할 수 있었고 관심을 끌 수 있었다. 이 예시가 고유한 것은 아니다. 돌떼는 자들은 종종 크리스털, 화석, 구멍 그리고 경우에 따라 얼굴들을 틀에 새기기 위해 주먹도끼를 사용했다([그림 13.10] 참고).

감정-가치평가 탐구

평가는 현대 세계의 모든 미적 경험에 내재되어 있다. 우리는 무언가를 좋아하거나 싫어한다. 아름다운 것을 찾거나 혐오감을 느낀다. 이것들은 감정적으로 두드러진 반응이고 쾌락/보상 네트워크의 신경 자원을 관여시킨다. 그러나 조사평가 자체에도 신경 자원이 있으며, 감각운동 효과와 달리 평가는 상향식 그리고 하향식 처리를 모두 실행한다. '자동' 상향식 자원에는 앞뇌섬엽과 전대상피질이 있으며 오래전부터 진화를 하며 소화기능을 지지했었다. 초기에는 미각을 지지하기 위해 진화했던 자원, 건강한 것을 '좋아'하고 큰 생존 가치를 갖지 못한 것을 싫어하는 자원 등이 포함된다. 다른 미각적인 은유를 사용하자면, 상향 조사평가는 한 사람의 '내장' 반응이다. 그러나 적어도 현대 사회의 대부분의 사람들에게 이런 조사평가는 직감적 반응 그 이상이다. 그것은 또한 세상에 대한 기억과 지식을 포함한다. '아름다움'에 대한 판단이 그것에 대한 한 예이다. 그것은 내장 반응만큼이나 학습된 공동체 규범에 기준한 정보에 근거한 반응이다. 이러한 반응을 매개하는 것으로 보이는 신경 구조는 안와전두엽 피질이다. 진화적 과거의 미적 경험에 대한 조사평가 부분을 찾는 모든 연구는 가능하면 상향식 처리와 하향식 처리를 구별하려고 노력해야 한다.

비인간 영장류들이 그들의 도구에 대해 미적 판단을 한다고 결론지을 이유는 없다. 실제로, 비인간 영장류들은 도구의 겉모양에 전혀 무관심한 것처럼 보인다. 그들은 어떤 대상이 어떤 과제를 실행할 수 있는지를 조사평가하지만, 이것은 (그런 과제 중심 활동에서는 그 과제 자체가 잘 될 수 있지만) 미각 기반gustatory, tasted-based 조사평가는 아니다. 초기 돌떼기는 다른 많은 것들과 마찬가지로 이 점에서 유인원과 흡사한 것으로 보인다(Wynn, Hernandez-Aguilar, Marchant, & McGrew, 2011). 도구가 필요한 과제를 실행하는 한, 미각적 의미에서는 격지나 몸돌 또는 망치의 시각적 외관은 무관했다. 앞에서 논의한 바와 같이, 이러한 초기 돌떼는 자는 효과적인 돌떼는 것의 보조 수단으로 몸돌의 형태에 더 가까이 하기 시작했으며, 집중적인 관심은 도구 개념의 개발에 중요한 전제조건이었다고 우리는 믿고 있다. 도구 개념이 확립됨에 따라 도구는 그 자체로 고려 대상으로 사용 가능하게 되었으며, 이러한 고려 사항에는 곧 미적 조사평가의 구성요소가 포함되었다.

과잉결정은 미적 조사평가에 대한 가장 초기의 단서이다. FLK 웨스트의 주먹도끼([그림 13.2] 참고)에 이를 때쯤, 호미닌 돌떼는 자는 기능성에 필요한 것보다 더 많은 시간과 에너지를 좋은 형태를 얻기 위해 투자했다. 그 이유는 무엇일까? 적어도 그 돌떼는 자 자신은 이 인공물에 대해 조사평가를 했다. 심지어 "이것이 나를 기쁘게 한다"라는 기본적인 판단도 미적 감정이다. 그리고 그것은 분명히 도구가 얼마나 잘 작동하는지 조사평가하는 것이 아니라, 주먹도끼의 형태에 대한 조사평가였다. 우리는 처음부터 과잉결정이 주먹도끼를 동반한다는 것을 매우 잘 말해준다고 생각한다. 그것은 미적 조사평가가 처음부터 **호모 에렉투스**의 생활방식의 확립된 구성요소였음을 시사한다. 그러나 과잉결정을 과도하게 해석하지 않는 것이 중요하다. FLK 웨스트의 예시를 위해 요구되는 것은 한 개체가 자신의 작품이 기쁘게 만들어 준다고 판단하는 것이었다. 이 조사assessment에 공동체 기반의 하향식 구성요소가 있을 필요는 없다. 그러나 이것은 그 평가가 완전히 특이했음이 틀림없다는 것을 의미하는 것은 아니다. 그 돌떼는 자는 다른 사람을 염두에 두고 있었을지도 모른다.

예외주의는 많은 주먹도끼 복합물의 반복되는 현상에 대해 우리가 채택한 용어이다. 많은 경우, 복합물에서 대부분의 주먹도끼는 단순하고 평범한 예로서 모호하게 대칭적이지만, 형식이나 제작 기술의 규칙성 측면에서 인상적이지 않다. 그러나 한두 가지는 질적으로 다르다. 과잉결정되어 있고, 일정한 비율과 숙련된 돌떼기의 증거가 있다. 이것은 여러 가지 이유로 계량화하기 어렵다. 첫째, 박물관들은 종종 가장 좋은 예들을 전시하는데, 수백 개의 평범한 예들을 최하위 서랍에 남겨두거나, 더 나쁜 것은 처분하거나 잃어버린다. 둘째, 예외적인 예에 대해 정해진 표준이 없다. 직관적으로 주먹도끼 복합물의 변동은 크기, 기술 그리고 형식의 정규 분포를 따르는 것으로 보이며, 예외적인 조각은 실제 특잇값이다. [그림 13.11]은 [그림 13.7]의 원형성 예와 크게 대조되는 게셔 베노트 야아코프의 주먹도끼 표본을 보여준다.

카투 팬Kathu Pan 복합물에는 지금까지 발견된 것 중 가장 아름다운 주먹도끼가 포함되어 있다([그림 13.12] 참고). 수천 가지의 평범하고 일상적인 예들과 함께 있다(개인 검사에 따르면 TW는 카투 팬의 예외적인 예제의

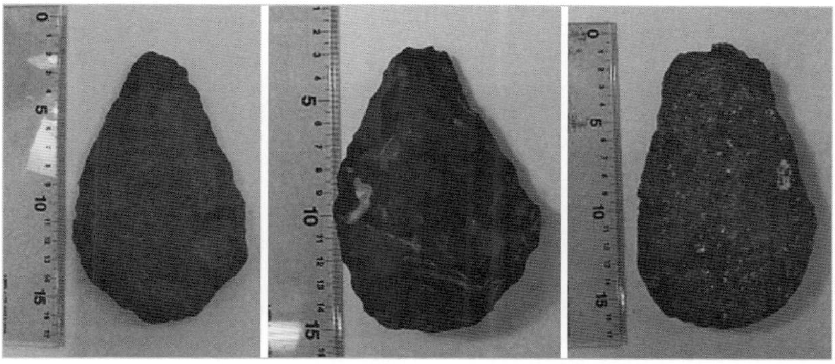

[그림 13.11] 게셔 베노트 야아코프(Gesher Benot Ya'aqov)의 평균 주먹도끼 세 개

[그림 13.7]과 비교하라. 토마스 윈(Thomas Wynn)의 사진.

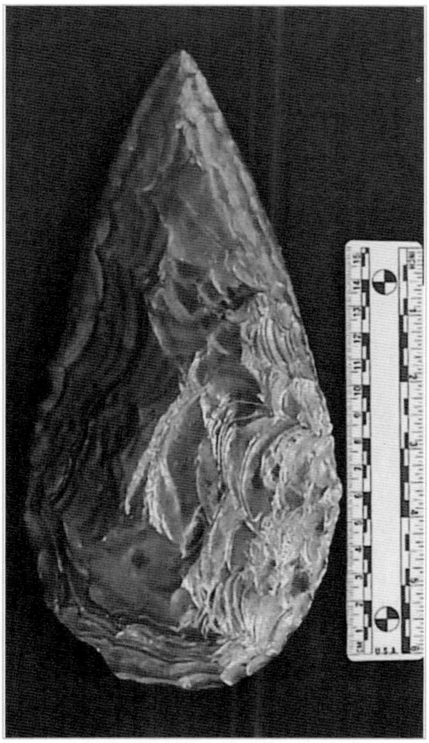

[그림 13.12] 남아프리카의 카투 팬(Kathu Pan)에서 온 주먹도끼

토마스 윈(Thomas Wynn)의 사진.

빈도를 1% 미만으로 추정한다).

심지어 FLK 웨스트 주먹도끼([그림 13.2] 참고)도 현장의 다른 모든 주먹도끼(Diez-Martín et al., 2015)와 크게 다르고, 올두바이 협곡의 로우어 베드II Lower Bed II에서 알려진 주먹도끼와 비교되었다. 그러므로 예외주의는 아슐리안의 전체 기간 동안 주먹도끼 복합물의 공통적인 형태이었던 것으로 보인다. 하지만 왜 그럴까? 그것은 일반적으로 **호모 에렉투스**(그리고 후에 **호모 하이델베르겐시스**)와 특히 미학에 대해 무엇을 의미할까?

우리는 예외주의가 **호모 에렉투스**의 삶의 사회적 현실에 대해 뭔가 특이한 것을 반영할 수도 있다고 믿는다. 호미닌이 비정상적인 상황에서 재료 표시를 사용했다는 것을 시사하고, 이는 다시 다른 개체나 개체에 대한 조사평가를 위해 일했다는 것을 암시하지만, 다시 말해, 단지 특이한 상황에서만 일어났다. 예외적인 예들은 어떤 의미에서 **과도하게** 과잉결정over-overdeterminded되어 있고, 비록 돌떼는 자가 단지 자신의 즐거움을 위해서 그것을 했을 수도 있지만, 그럴 가능성은 거의 없어 보인다. 이것은 마음이론theory of mind(이하 ToM으로 표기)에 영향을 미친다. 이러한 예외적인 주먹도끼 중 어느 하나를 돌떼는 자는 자신의 관점뿐만 아니라, 적어도 한 명의 다른 개체가 볼 수 있는 것을 고려했다. 우리의 현재 지식 상태에서는 이러한 비정상적인 상황이 무엇이었는지 아는 것이 불가능하다. 비인간과 인간의 사회적 상호작용에서 시각적 표시의 역할을 고려할 때, 사회적 지배력과 지위 유지 가능성이 가장 높을 것이다. 그러나 그것이 비전형적이었던 것처럼 보이기 때문에, 일상적인 신분 유지였을 것 같지는 않다. 우리에게 중요한 것은 미적 조사평가가 **호모** 속genus 진화의 아주 초기 시점에서 사회적 판단의 일부가 되었다는 것이다. 이러한 사회적 지식과 맥락의 통합은 하향식 구성요소이다.

아슐리안의 주먹도끼의 시간적 범위의 후반에서야 비로소 미적 조사평가의 공동체 표준에 대한 증거가 나타났다. 우리가 앞서 친숙함의 맥락에서 논했듯이, 오랜 과거의 사회 공동체를 보는 것조차 어렵다. 우리는 개체의 행동과 심지어 예외주의의 경우에서 한 쌍dyads을 볼 수 있다. 그러나 공동체는 볼 수 없다. 50만 년 전까지만 해도 주먹도끼 모양의 지역적 경향이 있었던 것으로 보이지만, 고고학자들은 최근 선사시대의 인공물 스타일에서 스타일라고 할 만한 것을 정의할 수 없었다(Ashton & White, 2003; Lycett & Gowlett, 2008; Machin, 2009; White, 1998). 박스그로브 주먹도끼는 거의 틀림없이 한 세대에 걸쳐 단일 공동체에 의해 만들어졌으며, 놀라울 정도로 균일하다. 그러나 다른 예가 없다면 이 모양이 이 공동체에 국한되었는지 아닌지를 결정하는 것은 불가능하다. 만약 우리가 그것이 그 순간이었다고 가정한다면, 공동체 표준이 개체의 표시 역할을 대체(또는 보완)하면서 사회 상황이 변한 것이다. 그것은 확실히 모든 박스그로브 주먹도끼가 과잉결정되었다는 것을 말해주고 있다. 공동체의 기준이 있거나 소수의 인류만이 주먹도끼를 뗐는데, 이는 가능성이 희박하다.

요약하면, 심미적 경험의 조사평가 구성요소는 주먹도끼 기법의 초기부터 존재했다. 처음에는 형태에 대한 개별적인 이해였지만, FLK 웨스트 주먹도끼는 쌍으로 된 또는 심지어 다원적polyadic으로 된 표현이 비정상적인 환경에서 발생했음을 시사한다. 미학은 사회적 역할을 실행했다. 이 사회적 역할의 본질은 500,000년 전의 조사평가에 기초한 공동체 표준의 가능성이 부상하면서, 수천 년 동안 주먹도끼 기법에 의해 진화한 것으로 보인다. 이것은 자연스럽게 미적 경험의 마지막 구성요소인 문화적, 상징적 맥락으로 우리를 인도한다.

의미-지식

미적 인지의 의미-지식 구성요소는 관찰자 또는 장인이 경험에 가져오는 외현적 그리고 내재적 지식으로 구성된다. 현대 세계에서, 그러한 지식은 본질적으로 대부분 의미적이며 언어학적으로 항상 나타나지는 않더라도 언어로 재현될 수 있다. 그러나 사실 지식에 대한 명백한 알아차림이 자의적인 상징으로 저장될 필요는 없다. 모든 포유류는 학습된 정보에 의존하지만, 오직 인간만이 단어의 형태로 그것을 저장한다. 상징에 기초한 지식 체계로의 전환이 언제, 어떻게 일어났는지 아는 것은 고인류학의 근본적인 질문 중 하나이다. 그리고 주먹도끼 장인이었던 **호모 에렉투스**와 **호모 하이델베르겐시스**의 지위는 항상 논쟁의 주제가 되어왔다. 이 문제는 나중에 다루겠지만, 더 쉽게 다룰 수 있는 또 다른 질문이 있다. 명시적 지식은 주먹도끼 미적 경험에 어느 정도 역할을 했는가?

석기, 특히 주먹도끼를 제작할 때 명시적 지식의 사용을 탐지하거나 추론할 수 있는가? 모든 수동 기법과 마찬가지로, 돌떼기는 주로 물리적인 연습을 통해 습득한 비언어적 절차적 지식에 크게 의존하는 전문가 체계이다(Keller & Keller, 1996; Wynn & Coolidge, 2014). 그러나 모든 전문가 체계와 마찬가지로, 명시적 지식은 역할을 하며, 심지어 초기 돌떼는 자에게도 그랬다(예: "이 원재료 조각은 잘 떼어진다"). 그렇다면 첫 번째 질문은 다음과 같다. 어떤 명시적 지식의 구체적인 예들이 초기 미적 경험에서 역할을 했는가? 인공물 자체의 특징에서, 우리는 초기 주먹도끼에 대해 적어도 두 개 그리고 나중의 주먹도끼에 대해 세 개를 유추한다.

큐레이션curation과 과잉결정은 도구 개념의 사용을 나타내며, 과잉결정, 첨두 이동 그리고 예외성은 다른 개체가 보고 이해할 수 있는 것을 고려했다는 것을 나타낸다. 도구 개념이 없었다면, 돌떼는 자들은 완성된 도구를 가지고 다니지 않았을 것이고, 도구를 만드는 데 여분의 시간과 노력을 투자하지 않았을 것이다. 돌떼는 자는 도구 지향 기법의 맥락에서 자라난 유아로서 도구 개념을 분명히 배웠다. 의미 범주를 적용할 필요는 없다. 돌떼는 자의 생활 세계의 영구적인 구성요소로서, 도구들은 아마도 처음에는 기본적인 게슈탈트 형태를 통한 개체적인 즐거움만을 위해 미적 재현을 할 수 있게 되었다. 그러나 FLK 웨스트 거대 주먹도끼에 있어 예외주의와 첨두 이동은 다른 개체들에 대한 지식도 고려 사항이었음을 시사한다. 첨두 이동만으로는 대안적 관점을 이해할 필요가 없지만, 예외적인 관점이 필요할 것이다. 그 돌떼는 자는 아마도 다른 개체에게 깊은 각인을 주거나 알리기 위해 주먹도끼를 보여주었는데, 이를 위해 심미적인 효과를 이용했다. 따라서 '다른 개체'가 알고 있는 것은 미적 재현을 유도하는 데 사용되는 약간의 명시적 지식이 되었다. 이 지식이 '무엇'이었는지 아는 것은 불가능하지만, 우리는 '그것'이 그곳에 있었다는 것을 안다. 이는 ToM이 주먹도끼 생산에 필수적이라는 쉬프턴과 콜Shipton and Cole(Cole, 2014, 2015; Shipton, 2010)의 주장을 뒷받침한다.

주먹도끼 시대의 처음 백만 년 동안, 사회적 고려는 직접적인 것으로 보인다. 돌떼는 자들은 때때로 다른 개체 또는 개체의 이해나 행태에 영향을 미치기 위해 특별한 주먹도끼를 만들었다. 반복되는 형태의 공동체 규범이 있었던 것 같지는 않다. 그러나 50만 년 전에 그곳에는 있었다. 박스그로브가 전형적이라면, **호모 하이델베르겐시스**는 스타일을 지배하기 위해 공동체 규범을 이용했다. 공동체 규범은 개체적인 선호보다 더 추상적이다. 공동체의 모든 개체들이 공유하는 명시적 지식의 한 부분으로서, 그것이 의미적 지식의 항목임이 틀림없다고 결론짓는 것은 유혹적이다. 그러한 표준을 꼬리표 붙이지 않고 배우는 것은 가능한 일이지만, 그것은 다른 개체의 지식뿐만 아니라 모든 개체의 지식을 고려해야 한다. 따라서 콜Cole이 주장했던 것처럼 박스그로브 주먹도끼는 최소한 더 높은 수준의 ToM이 필요했다(Cole, 2014).

스타일에 대한 고려는 고인류학의 가장 논쟁적인 문제 중 하나인 상징적 문화의 진화에 이르게 한다. 확실히 현대의 미적 경험은 대부분의 미적 생산물들에 외현적 그리고 내재적 의미와 함께 매우 복잡한 상징적 환경에 내재되어 있다. 이것이 주먹도끼 제작자들에게 사실이었을까? 이 질문에 답하기 위해서는 우선 상징주의를 좀 더 신중하게 정의할 필요가 있다. 여기서는 참 상징symbol(신호와 참고를 임의 연결), 지표index(직접 연관성) 그리고 도상icon(물리적 유사성)을 구별하는 피어스(Houser & Kloesel, 1992)의 기호적 정의를 선택할 것이다.

임의의 방식으로 다른 것을 나타내는 의미에서 주먹도끼가 진정한 상징으로 작용한다고 결론지을 근거가 없다(예: 주먹도끼가 태양의 상징인 경우). 물론, 이것은 고고학적으로 발견하기 매우 어려울 것이다. 임의의 연결고리는 그 특성상 다소 추상적이거나 최소한 사실적이지 않기 때문에 고고학적으로 보존될 가능성은 낮다. 지표는 다소간 단서를 남기기 쉽다. 현대 사회에서 물질문화를 통한 지표 참고는 매우 흔해서, 사회 정보를 전달하는 데 언어만큼 중요하다고 주장할 수 있다. 우리가 하는 선택들은 우리와 우리가 속한 집단을 대표할 수 있다. 우리가 입는 옷, 우리가 사용하는 도구 그리고 우리가 사는 집들은 모두 다른 사람들이 쉽게 해석하는 지표적인 의미를 가지고 있다. 우리의 '상징 문화에 대한 몰두'는 대부분 지표 신호에 대한 몰두로 이루어진다.

주먹도끼가 이 역할을 했을 수 있다. 도구, 특히 도구 개념에 의해 뒷받침되는 도구는 자연적인 지표성indexicality을 가지고 있다. 그들은 '도구성toolness'을 대표하고 그들의 사용을 대표한다. 단순히 특정 주먹도끼에 주의를 끄는 것만으로도 사용 연관성이 활성화될 것이다. 주먹도끼로 몸짓을 취하는 것은 상당한 의사소통 효과가 있을 것이다. 더 깊게 이야기하자면, 주먹도끼가 제작자/사용자를 대표할 수 있다는 것이다. 그리고 여기서 미학은 그 방정식에 들어가는 것이다. 처음부터, **호모 에렉투스**는 주먹도끼의 모양을 과잉결정했다. 사실, 게슈탈트 형태의 생산, 첨두 이동 그리고 원형성에 있어서 개체적인 즐거움의 요소가 있었지만, 또한 지표적인 지불payoff도 있었다. 더욱 심미적으로 만족스러운 주먹도끼를 만들어 내는 것은 지표적인 메시지를 강화시켰다. 예외주의는 이러한 개선이 적어도 때때로 의도적으로 탐구됐음을 나타냈다. 따라서 주먹도끼는 비록 좁은 의미의 상징은 아니었지만 매우 특정한 기호 환경에 내장되어 있었다.

도상은 세 번째 종류의 신호이며, 아마도 고고학적으로 가장 쉽게 찾을 수 있을 것이다. 구석기시대의 도상 이미지의 가장 먼저 제시된 예는 이스라엘의 아슐리안 유적지에서 만들어진 변경된 부석pumice[151] 조각인 베레하트 람 조각상Berekhat Ram figurine(Goren-Inbar & Peltz, 1995)이

151 부석(浮石), 화산의 용암이 갑자기 식어서 굳어진 돌(역자 주).

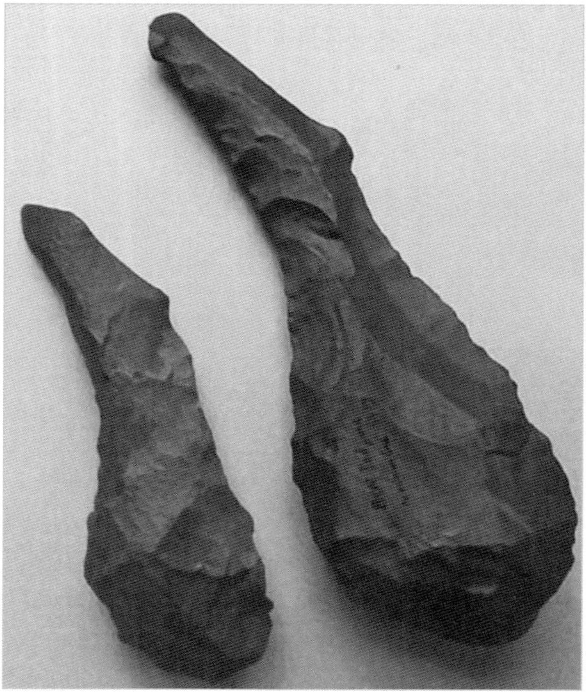

[그림 13.13] 알제리 벤타진(Bentadjine)의 주먹도끼

대략 25cm보다 더 크다. 토마스 윈(Thomas Wynn)의 사진.

다. 그것은 약 23만 년 전으로 거슬러 올라간다. 고고학자들은 여성을 닮은 것이 가장 초기의 도상이라고 할 수 있을 만큼 충분히 가까운 것인지에 대해 의견이 엇갈리지만, 그것이 논쟁을 이끌어낼 만큼 충분히 가깝다는 것은 확실하다! [그림 13.13]에서는 알제리의 벤타진Bentadjine에서 가져온 두 개의 주먹도끼를 보여준다.

불행하게도, 그것들은 표면적인 발견이다. 그러나 관련 인공물에는 그 지역 아슐리안 최종 단계의 전형적인 제작 기법을 가진 주먹도끼와 가로날도끼가 포함된다(Alimen, 1978). 둘 다 동물 형태를 본뜬 것으로 보이며, 오른쪽의 인공물은 특히 그렇다. 맥락상의 문제들은 열정을 금지하지만, 이러한 주먹도끼는 제작자들이 도상 참고를 알고 사용했다는 것을 나타낸다.

아마 주먹도끼 시대에서 가장 주목할 만한 것은 합리적으로 상징적인 인공물로 해석될 수 있는 주먹도끼 이외의 어떤 것도 거의 완전히 없다는 것이다. 시간 범위의 맨 마지막에 **호모 하이델베르겐시스**는 색소를 사용하기 시작했으며(Barham, 2002), 심지어 시체 처분까지 실행했다(Carbonell & Mosquera, 2006). 그러나 색소 사용과 시체 처분은 모두 주먹도끼가 이미 석기 기법의 주요 초점으로 대체되기 시작했을 때 일어났다.

주먹도끼 미학의 의미-지식 요소는 현대 미학의 의미-지식 구성요소와 매우 다른 것으로 보인다. 좁은 의미에서 상징을 고려할 추상적인 의미는 없었다. 돌떼는 자들은 그들의 삶을 통해 얻은 지식을 가지고 왔고, 이 지식은 아마도 지표적 연관성을 포함했을 것이다. 사실, 도구 개념, 지표 참고 그리고 ToM의 존재는 주먹도끼 미학에 대해 매우 중요한 것을 말해준다. 물질문화는 적어도 어느 정도는 사회적 관계를 중재하기 위해 왔고, 미학은 중요한 역할을 했다. 마틴-루지스Martín-Loeches(2017)도 마찬가지로 상징 이전의 '예술'의 중요성을 주장하면서, 인공물 생산의 구체화되고 감정적인 요소들이 상징적인 참고가 되기 훨씬 이전에 존재했다는 것을 강조했다. 그러므로 현대 세계의 인공물들과 비교했을 때, **호모 에렉투스**와 **호모 하이델베르겐시스** 인공물들의 참고적인 역할은 매우 빈곤했고, 항상 구체적이었다. 50만 년 전과 현재 사이에 가장 극적으로 진화한 것은 심미적 인지의 구성요소인 다계층 상징적 참고의 외현적 사용이었다.

결론

이전의 신경미학 분석은 주먹도끼의 미적 의미에 관한 세 가지 결론을 보증한다.

첫째, 주먹도끼는 사실 미학적인 인공물이었다. 여기서 우리는 호지슨Hodgson(2009, 2011, 2015)의 의견에 동의한다. 주먹도끼를 만들 때, 호미닌은 현대 사회에서 예술가들이 계속해서 이용하는 많은 내재적인 시각 효과들을 이용했다. 여기에는 게슈탈트 형태, 첨두 이동, 원형성, 친숙함 그리고 프레임이 포함된다. 더욱이, 호미닌 돌떼는 자들은 최소한 때때로 주먹도끼의 시각적 외관을 미적으로 조사평가했다. 이러한 조사평가는 미학이 아직 이해되지 않는 사회적 역할을 하는 사회적 맥락에서 이루어졌다.

둘째, 주먹도끼 미학은 현대 세계에서 경험하는 미학과 달랐다. 주먹도끼에 대한 미적 경험이 모든 현대 예술적 노력의 전형인 풍부하고 다층적인 상징적 환경을 포함했다는 증거는 없다. 지표 참고에서의 가능한 역할에도 불구하고, 주먹도끼의 미관은 틀림없이 사전-상징적pre-symbolic이었다.

셋째, 주먹도끼 미학은 150만 년에 걸쳐 발전하여, 주먹도끼가 호미닌 석기 기법에서 중심적인 역할을 하게 했다. 돌떼기에서 발생한 많은 기법적 발전은 호미닌에게 최종 생산물에 대한 통제력을 증가시켰고, 돌떼는 자들은 이 통제를 미적 효과를 강조하기 위해 사용했다. 50만 년 전에, 어떤 호미닌 돌떼는 자는 정기적으로 거대한 주먹도끼(30cm 이상)를 생산했고, 다른 것들은 뒤틀린 달걀모양을 만들었고, 다른 것들은 큐스톤 자이언트Cuxton Giant([그림 13.14] 참고)와 같은 과다한 상상물

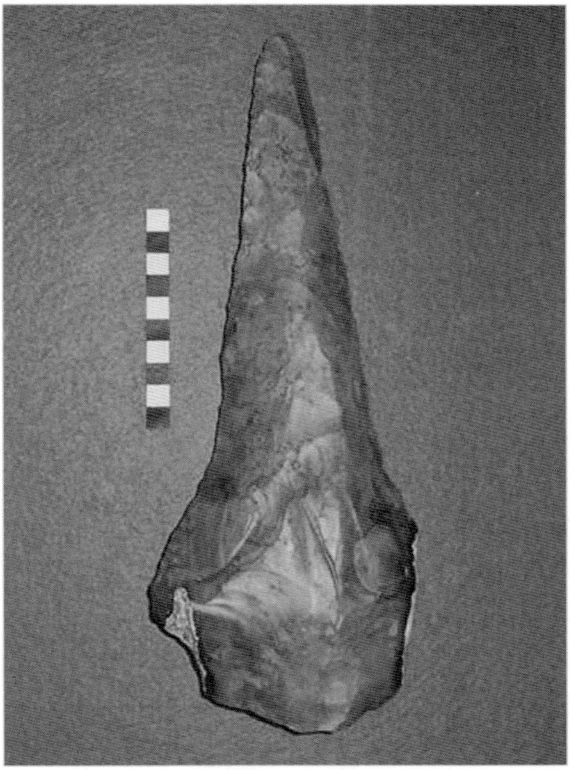

[그림 13.14] 영국 큐스톤(Cuxton)에서 온 거대한 비대칭 피크론(ficron) 주먹도끼

토마스 윈(Thomas Wynn)의 사진.

hypertropic ficrons을 만들었다. 심지어 이 기간이 끝날 무렵에 몇몇 돌떼는 자들이 주먹도끼를 도상 참고와 함께 투자했다는 증거가 있는데, 이것은 우리가 오늘날 알고 있는 현대 미적 경험에 결국 꽃을 피운 다층적인 상징적 참고의 시작을 암시한다.

감사

앤 켈리Anne Kelley 여사는 이 장의 초기 개발에 기여했다. 이 연구는 2018년 1월부터 4월까지 진행된 국제 전시회 「첫 조각: 주먹도끼에서 돌 형상으로First Sculpture: Handaxes to Figure Stones」를 지원하기 위해 텍사스주 댈러스에 있는 내셔 조각 센터Nasher Sculpture Center에서 자금을 지원받았다. 제레미 스트릭Jeremy Strick 감독과 내셔Nasher의 직원들은 열렬한 지지를 보냈다. 우리는 적절한 예를 찾기 위해 20개 이상의 박물관을 방문했다. 본 출판물에 나타나는 인공물은 다음 기관에 있다. 케냐 국립 박물관([그림 13.1] 참고)(퓨리티 쿠리타Purity Kurita 박사와 임마누엘 은제마Immanuel Ndjema 박사에게 감사를 드린다), 탄자니아의 국립 박물관([그림 13.2]와 [그림 13.3] 참고)(아우닥스 마불라Audax Mabulla 박사에게 감사를 드린다), 케임브리지 윤리 그리고 고고학 박물관([그림 13.4]와 [그림 13.9] 참고)(이모진 건Imogene Gunn 박사에게 감사를 드린다), 훌레 계곡 선사 박물관([그림 13.7] 참고)(고넨 샤론Gonen Sharon 박사에게 감사를 드린다), 대영박물관([그림 13.8] 참고)(닉 애쉬튼Nick Ashton 박사에게 감사를 드린다), 예루살렘 히브리 대학교([그림 13.11] 참고)(나마 고렌-인바르Naama Goren-Inbar 박사에게 감사를 드린다), 남아프리카 킴벌리의 맥그리거 박물관([그림 13.12] 참고)(데이비드 모리스David Morris 박사에게 감사를 드린다), 프랑스 오바스의 소베활프 선사 박물관([그림 13.13] 참고)(크라우드 도우스Claude Douce 박사에게 감사를 드린다) 그리고 사우샘프턴대학교([그림 13.14] 참고)(프란시스 엔반 스미스Francis Wenban-Smith 박사에게 감사를 드린다).

우리는 또한 두 명의 익명 평론가들의 귀중한 의견에 감사를 드린다.

참고문헌

Alimen, M. H. (1978). *L'évolution de l'Acheuléen au Sahara nord-occidental: Saoura, Ougarta, Tabelbala*. Paris: Éditions CNRS.

Anderson, M. L. (2010). Neural reuse: A fundamental organizational principle of the brain. *Behavioral and Brain Sciences, 33*(4), 245–313.

Ashton, N. M., & White, M. J. (2003). Bifaces and raw material: Flexible flaking in the British Early Paleolithic. In M. Soressi & H. L. Dibble (Eds.), *Multiple approaches to the study of bifacial technologies* (pp. 109–124). Philadelphia: University of Pennsylvania Museum of Archaeology and Anthropology.

Barham, L. S. (2002). Systematic pigment use in the Middle Pleistocene of South-Central Africa. *Current Anthropology, 43*(1), 181–190.

Beyene, Y., Katoh, S., WoldeGabriel, G., Hart, W. K., Uto, K., Sudo, M., . . . Asfaw, B. (2013). The characteristics and chronology of the earliest Acheulean at Konso, Ethiopia. *Proceedings of the National Academy of Sciences of the United States of America, 110*(5), 1584–1591.

Braun, D. R., Harris, J. W. K., & Maina, D. N. (2009). Oldowan raw material procurement and use: Evidence from the Koobi Fora formation. *Archaeometry, 51*(1), 26–42.

Brown, S., Gao, X., Tisdelle, L., Eickhoff, S. B., & Liotti, M. (2011). Naturalizing aesthetics: Brain areas for aesthetic appraisal across sensory modalities. *NeuroImage, 58*(1), 250–258.

Carbonell, E., & Mosquera, M. (2006). The emergence of a symbolic behaviour: The sepulchral pit of Sima de los Huesos, Sierra de Atapuerca, Burgos, Spain. *Comptes Rendus Palevol, 5*(1), 155–160.

Carey, S. (2009). *The origin of concepts*. Oxford, UK: Oxford University Press.

Chatterjee, A. (2014a). Scientific aesthetics: Three steps forward. *British Journal of Psychology, 105*(4), 465–467.

Chatterjee, A. (2014b). *The aesthetic brain: How we evolved to desire beauty and enjoy art*. Oxford, UK: Oxford University Press.

Chatterjee, A., & Vartanian, O. (2014). Neuroaesthetics. *Trends in Cognitive Sciences, 18*(7), 370–375.

Cinzia, D. D., & Vittorio, G. (2009). Neuroaesthetics: A review. *Current Opinion in Neurobiology, 19*(6), 682–687.

Cole, J. (2014). The identity model: A theory to access visual display and hominin cognition within the Palaeolithic. In R. I. M. Dunbar, C. Gamble, & J. A. J. Gowlett (Eds.), *Lucy to language: The benchmark papers* (pp. 90–107). Oxford, UK: Oxford University Press.

Cole, J. (2015). Handaxe symmetry in the Lower and Middle Palaeolithic: Implications for the Acheulean gaze. In F. Coward, R. Hosfield, M. I. Pope, & F. Wenban-Smith (Eds.), *Settlement, society and cognition in human evolution: Landscapes in mind* (pp. 234–257). Cambridge, UK: Cambridge University Press.

Delagnes, A., & Roche, H. (2005). Late Pliocene hominid knapping skills: The case of Lokalalei 2C, West Turkana, Kenya. *Journal of Human Evolution, 48*(5), 435–472.

Diez-Martín, F., Yustos, P. S., Uribelarrea, D., Baquedano, E., Mark, D. F., Mabulla, A. Z. P., . . . Domínguez-Rodrigo, M. (2015). The origin of the Acheulean: The 1.7 million-year-old site of FLK West, Olduvai Gorge (Tanzania). *Scientific Reports, 5*(17839), 1–9.

Goren-Inbar, N., & Peltz, S. (1995). Additional remarks on the Berekhat Ram figurine. *Rock Art Research, 12,* 131–132.

Goren-Inbar, N., Werker, E., & Feibel, C. S. (2002). The Acheulian Site of Gesher Benot Ya'aqov, Israel: The Wood Assemblage. Oxford: Oxbow Books.

Gowlett, J. A. J. (2006). The elements of design form in Acheulian bifaces: Modes, modalities, rules and language. In N. Goren-Inbar & G. Sharon (Eds.), *Axe age: Acheulian tool-making from quarry to discard* (pp. 203–222). London: Equinox.

Harmand, S., Lewis, J. E., Feibel, C. S., Lepre, C. J., Prat, S., Lenoble, A., . . . Roche, H. (2015). 3.3-million-year-old stone tools from Lomekwi 3, West Turkana, Kenya. *Nature, 521*(7552), 310–315.

Hecht, E. E., Murphy, L. E., Gutman, D. A., Votaw, J. R., Schuster, D. M., Preuss, T. M., . . . Parr, L. A. (2013). Differences in neural activation for object-directed grasping in chimpanzees and humans. *Journal of Neuroscience, 33*(35), 14117–14134.

Henshilwood, C. S., & Dubreuil, B. (2011). The Still Bay and Howiesons Poort, 77–59 ka: Symbolic culture and the evolution of the mind during the African Middle Stone Age. *Current Anthropology, 52*(3), 361–400.

Hodgson, D. (2009). Evolution of the visual cortex and the emergence of symmetry in the Acheulean techno-complex. *Comptes Rendus Palevol, 8*(1), 93–97.

Hodgson, D. (2011). The first appearance of symmetry in the human lineage: Where perception meets art. *Symmetry, 3*(1), 37–53.

Hodgson, D. (2015). The symmetry of Acheulean handaxes and cognitive evolution. *Journal of Archaeological Science: Reports, 2,* 204–208.

Houser, N., & Kloesel, C. J. W. (Eds.). (1992). *The essential Peirce.* Bloomington, IN: Indiana University Press.

Jones, P. R. (1981). Experimental implement manufacture and use: A case study from Olduvai Gorge, Tanzania. In J. Z. Young, E. M. Jope, & K. P. Oakley (Eds.), *The emergence of man* (pp. 189–195). London: The Royal Society and the British Academy.

Keller, C. M., & Keller, J. (1996). *Cognition and tool use: The blacksmith at work.* Cambridge, UK: Cambridge University Press.

Leder, H., Belke, B., Oeberst, A., & Augustin, D. (2004). A model of aesthetic appreciation and aesthetic judgments. *British Journal of Psychology, 95*(4), 489–508.

Leder, H., & Nadal, M. (2014). Ten years of a model of aesthetic appreciation and aesthetic judgments: The aesthetic episode: Developments and challenges in empirical aesthetics. *British Journal of Psychology, 105*(4), 443–464.

Lepre, C. J., Roche, H., Kent, D. V, Harmand, S., Quinn, R. L., Brugal, J.-P., . . . Feibel, C. S. (2011). An earlier origin for the Acheulian. *Nature, 477*(7362), 82–85.

Le Tensorer, J.-M. (2006). Les cultures acheuléennes et la question de l'émergence de la pensée symbolique chez *Homo erectus* a partir des données relatives à la forme symétrique et harmonique des bifaces. *Comptes Rendus Palevol, 5*(1), 127–135.

Le Tensorer, J.-M. (2009). L'image avant l'image: Réflexions sur le colloque. *Anthropologie,*

113(5), 1005–1017.

Lycett, S. J., & Gowlett, J. A. J. (2008). On questions surrounding the Acheulean "tradition." *World Archaeology, 40*(3), 295–315.

Machin, A. J. (2009). The role of the individual agent in Acheulean biface variability. *Journal of Social Archaeology, 9*(1), 35–58.

Mandler, J. M. (2004). A synopsis of *The foundations of mind: Origins of conceptual thought. Developmental Science, 7*(5), 499–505.

Martín-Loeches, M. (2017). Art without symbolic mind: Embodied cognition and the origins of visual artistic behavior. In T. Wynn & F. L. Coolidge (Eds.), *Cognitive models in Palaeolithic archaeology* (pp. 113–132). Oxford, UK: Oxford University Press.

Mason, R. J. (1967). Analytical procedures in the Earlier and Middle Stone Age cultures in Southern Africa. In W. W. Bishop & J. D. Clark (Eds.), *Background to evolution in Africa* (pp. 737–764). Chicago, IL: University of Chicago Press.

Moore, M. W., & Perston, Y. (2016). Experimental insights into the cognitive significance of early stone tools. *PLoS One, 11*(7), 1–37.

Mora, R., & de la Torre, I. (2005). Percussion tools in Olduvai Beds I and II (Tanzania): Implications for early human activities. *Journal of Anthropological Archaeology, 24*(2), 179–192.

Orban, G. A., & Caruana, F. (2014). The neural basis of human tool use. *Frontiers in Psychology, 5*, 1–12.

Orban, G. A., Claeys, K., Nelissen, K., Smans, R., Sunaert, S., Todd, J. T., . . . Vanduffel, W. (2006). Mapping the parietal cortex of human and non-human primates. *Neuropsychologia, 44*(13), 2647–2667.

Palmer, S. E., Schloss, K. B., & Sammartino, J. (2013). Visual aesthetics and human preference. *Annual Review of Psychology, 64*, 77–107.

Ramachandran, V. S., & Hirstein, W. (1999). The science of art: A neurological theory of aesthetic experience. *Journal of Consciousness Studies, 6*(6–7), 15–51.

Redies, C. (2015). Combining universal beauty and cultural context in a unifying model of visual aesthetic experience. *Frontiers in Human Neuroscience, 9*(218), 1–20.

Roberts, M. B., & Parfitt, S. A. (Eds.). (1999). *Boxgrove: A Middle Pleistocene hominid site at Eartham Quarry, Boxgrove, West Sussex.* London: English Heritage.

Satpute, A. B., Kang, J., Bickart, K. C., Yardley, H., Wager, T. D., & Feldman Barrett, L. (2015). Involvement of sensory regions in affective experience: A meta-analysis. *Frontiers in Human Neuroscience, 6*, 1–14.

Semaw, S., Rogers, M. J., Quade, J., Renne, P. R., Butler, R. F., Domínguez-Rodrigo, M., . . . Simpson, S. W. (2003). 2.6-million-year-old stone tools and associated bones from OGS-6 and OGS-7, Gona, Afar, Ethiopia. *Journal of Human Evolution, 45*(2), 169–177.

Sharon, G. (2010). Large flake Acheulian. *Quaternary International, 223*, 226–233.

Shipton, C. (2010). Imitation and shared intentionality in the Acheulean. *Cambridge Archaeological Journal, 20*(2), 197–210.

Toth, N. P., & Schick, K. D. (1986). The first million years: The archaeology of protohuman culture. *Advances in Archaeological Method and Theory, 9*, 1–96.

Toth, N. P., & Schick, K. D. (Eds.). (2006). *The Oldowan: Case studies into the earliest Stone Age.*

Gosport, IN: Stone Age Institute Press.

Vartanian, O., & Skov, M. (2014). Neural correlates of viewing paintings: Evidence from a quantitative meta-analysis of functional magnetic resonance imaging data. *Brain and Cognition, 87*, 52–56.

White, M. J. (1998). On the significance of Acheulean biface variability in southern Britain. In *Proceedings of the Prehistoric Society* (Vol. 64, pp. 15–44). Cambridge, UK: Cambridge University Press.

Wynn, T., & Coolidge, F. L. (2014). Technical cognition, working memory and creativity. *Pragmatics & Cognition, 22*(1), 45–63.

Wynn, T., Hernandez-Aguilar, R. A., Marchant, L. F., & McGrew, W. C. (2011). "An ape's view of the Oldowan" revisited. *E*volutionary Anthropology, 20(5), 181–197.

| 제14장 |

언어와 진화를 말해주는 돌 이야기

Shelby S. Putt

서론

언어는 뇌의 인지체계에 의해 인도되는 복잡한 인간의 행태이다. 인간은 언어에 필요한 모든 종류의 특징을 가진 유일한 동물 종이기 때문에, 침팬지와 인간이 500만 년 전에 마지막으로 공통된 조상을 공유한 이래로 이 인지체계가 진화했다고 가정해야 한다. 고고학 기록에 있는 고대 석기들은 멸종된 호미닌 인지의 산물이며, 아마도 330만 년 전까지 거슬러 올라갈 것이다. 따라서 수십 년 동안, 왜 연구자들이 언어와 석기들 사이의 연결을 그려서 언어의 진화를 추적하려고 했는지 쉽게 알 수 있다.

언어와 도구 사용에 대해 토마스 윈Thomas Wynn(1991, p. 191)은 "몇 가지 예외를 제외하고, 모든 '선사시대 인공물들을 언어 기원에 대한 논의에 통합하려는 시도'는 설득력이 없었다. 내 생각에 그들의 약점은 도구 행태와 언어 사이의 연결을 끌어내는 이론적 정당성의 부족에 있다"

라고 썼다. 윈은 언어와 유사한 '인지 능력'에 의존한 것으로 추정되는 석기 특징에 대한 추측에 기초하여 언어의 진화에 대해 대담하지만 잘못된 주장을 하는 고고학자 사이의 추세를 강조했다(Kitahara-Frisch, 1978). 그러나 도구 제작과 언어의 인지 처리를 직접 연결하는 객관적인 방법이 없다면 이러한 유형의 주장은 항상 설득력이 없을 것이다. 어떤 사람들은 윈의 발언이 일반적인 언어의 진화에 대한 고고학적 조사에 대한 만류로 해석할 수도 있다. 그러나 진화인지고고학에 관한 윈의 많은 연구에 익숙한 사람이라면, 그가 인지과학의 발견을 끌어내는 이론 기반의 고고학적 연구의 강력한 지지자라는 것을 알고 있다. 그래서 반대로, 나는 이 진술이 다른 고고학자들에게 주관적인 추측은 제쳐두고, 대신에 인지과학의 확립된 이론을 이용해서 석기제작 행태를 두뇌와 연결시키는 새롭고 증거에 기반한 방법들을 찾는 것을 의미했다고 믿는다.

인지신경과학 분야는 실제로 뇌에서 언어와 운동 처리 사이의 연결을 위한 이론적 토대를 개발했다. 더 나아가서, 언어와 석기 제작이 아래전두피질에서 공통 신경회로를 공유한다는 일부 증거가 있으며(Stout, Toth, Schick, & Chaminade, 2008), 이에 따라 일부 연구자들은 언어가 기법적 기원을 가지고 있다고 주장하였다(Stout & Chaminade, 2012). 이것은 언어가 복잡한 도구 제작에 필요한 브로카 영역의 이미 확립된 계층적 기능을 끌어들였다는 것을 의미한다. 그러나 이 가설은 엄격한 실험에 맞설 수 있을까? 이 장에서, 나는 언어와 석기 사이에 직접적인 연계가 이루어질 수 있는지 확인하기 위해 가장 최근의 뇌 이미지 연구의 결과를 실험적인 석기제작에 합성할 것이다. 그리고 브로카 영역의 언어와 우반구 유사 언어의 기법적 기원에 대한 타당성을 실험해 볼 것이다. 따라서 나는 석기들이 언어 생산을 지원하는 인지체계가 시간이 지남에 따라 어떻게 생겨나고 변화했는지에 대해 어떤 이야기를 들려줄지 탐구함으로, 윈의 행동에 대한 요청을 받아들일 것이다.

언어 기원에 대한 운동과 기법 가설

대부분의 오른손잡이 개체에서 좌뇌의 아래전두이랑inferior frontal gyrus(이하 IFG로 표기)을 차지하는 브로카 영역은 전통적으로 음성/언어 생산의 중심으로 정의됐다. 그러나 최근의 연구는 브로카의 영역이 언어 처리 기능에 참여하는 뇌의 많은 부분 중 하나일 뿐이라는 것을 입증했다(Vigneau et al., 2011). 예를 들어, 브로카 영역과 유사한 우뇌는 음성으로 전달되는 감정적 그리고 운율적 정보의 인지에 관련된다(Wildgruber et al., 2005). 좌반구에 있는 브로카 영역은 또한 원위부 손 운동 기능(Heiser, Iacoboni, Maeda, Marcus, & Mazziotta, 2003; Higuchi, Chaminade, Imamizu, & Kawato, 2009), 작업기억(Rottschy et al., 2012), 장기기억(Ranganath, Johnson, & d'Esposito, 2003)과 같은 비언어적 행태에 참여한다. 친숙한 향기에 대한 냄새(Ciumas, Lindström, Aoun, & Savic, 2008), 음악의 즐거움(Koelsch, Fritz, Müller, & Friederici, 2006), 촉각 이미지(Yoo, Freeman, McCarthy, & Jolesz, 2003) 등 몇 가지를 예로 들 수 있다. 브로카 영역이 언어 생산 외에 여러 기능에 참여한다는 사실은 일부 연구자가 이 영역을 더 이상 단일 목적 기능 단위가 아니라(Fedorenko, Duncan, & Kanwisher, 2012), 다중모드 정보 처리 그리고 계층 정보 통합의 허브로 간주해야 한다고 주장하도록 이끌었다.

인간은 브로카 영역에서 크기의 비대칭을 보이며, 이 비대칭은 언어 지배력과 상관관계가 있다(Amunts et al., 1999). 또한 화석 인간의 엔도캐스트endocasts[152]에도 기록되어 있어 멸종된 인간 종이 일부 언어 능력을 보유했을 수 있다는 추측이 제기되고 있다(Broadfield et al., 2001; Tobias, 1983). 그러나 대형 유인원은 언어가 없음에도 불구하고 인간과 유사한 형태학적 비대칭 패턴을 보이는 좌반구 브로카 영역에 대한 상동기관을 가지고 있다(Cantalupo & Hopkins, 2001). 비인간 영장류에서 브로카 영역이 의사소통 신호 생산에 참여한다는 일부 증거가 있지만(Taglialatela, Russell, Schaeffer, & Hopkins, 2008), 이 영역은 원위부 손 운동 그리고 일반 기능 도메인에도 관련된다(Hepp-Reymond, Hüsler, Maier, & Qi, 1994; Kurata & Tanji, 1986; Rizzolatti, Scandolara, Gentilucci, & Camarda, 1981). 사실, 마카크에서 브로카 영역에 대한 상동기관에는 거울 뉴런, 즉 목표 지향적인 행동을 실행하거나 다른 사람이 목표 지향적인 행동을 실행하는 것을 관찰하거나 들을 때 방출되는 뇌세포가 포함되어 있다(Gallese, Fadiga, Fogassi, & Rizzolatti, 1996; Kohler et al., 2002; Rizzolatti et al., 1988). 거울 뉴런은 도구를 사용하여 실행되는 동작에도 반응한다(Ferrari, Rozzi, & Fogassi, 2005). 따라서 거울 뉴런의 가능한 기능은 운동 학습을 위한 행동을 내부적으로 나타내고 자신과 관련된 행동의 의도를 이해하는 것이다.

거울 뉴런은 인간의 뇌에도 존재한다(Grèzes, Armony, Rowe, & Passingham, 2003; Iacoboni et al., 1999; Koski, Iacoboni, Dubeau, Woods, & Mazziotta, 2003; Mukamel, Ekstrom, Kaplan, Iacoboni, & Fried, 2010;

152 두개골 안을 주물로 만든 형태(역자 주).

Nishitani & Hari, 2002). 그러나 마카크와 더불어 공통 조상을 공유하고 있어서 몇 가지 새로운 기능을 도입한 것으로 보인다. 이러한 많은 새로운 기능은 구두 의사소통 행동의 의도 이해(Buccino et al., 2001), 모방(Iacoboni et al., 1999), 계층적으로 복잡한 시퀀스 정보 처리(Molnar-Szakacs, Kaplan, Greenfield, & Iacoboni, 2006) 그리고 다른 사람들의 의도성과 감정의 이해(Carr, Iacoboni, Dubeau, Mazziotta, & Lenzi, 2003; Iacoboni et al., 2005)와 같은 언어에 필요한 사전 적응이었다. 이런 이유로, 일부 연구원들은 브로카의 영역이 IFG에 위치한 거울 뉴런 회로 위에서 진화했다고 주장한다. 다시 말해, 인간의 언어 능력은 영장류에 이미 존재하는 다중모드 거울 체계에서 진화했고 손, 음성 그리고 얼굴 행태에 도움이 되었다. 리졸라티와 아르비브Rizzolatti and Arbib(1998)는 이 아이디어를 처음으로 제시했고, 그것을 거울 체계 가설mirror system hypothesis이라고 이름 지었다. 마카크에서 볼 수 있듯이 행동을 식별하는 원시 거울 뉴런이 모방, 팬터마임, 원형 신호proto-signing 그리고 결국에는 호미닌 가계도의 성대 언어를 지원하기 위해 여러 단계로 진화했다고 주장했다. 다시 말하면, 이 가설은 브로카 영역의 언어 처리 작업이 오랜 기간 동안 존재해 온 일반적인 운동 기원을 가지고 있다고 주장한다(Allot, 2012; Kimura, 1979; Lieberman, 1984; Studdert-Kennedy, 1983).

일부 연구자들은 특히 도구 사용이 뇌 언어의 운동 토대를 제공한다고 주장했다(Holloway, 1969; Ruck, 2014; Stout & Chaminade, 2012). 만약 기법이 정말로 언어 처리를 위한 사전 적응을 제공했다면, 우리는 운이 좋은 것이다. 왜냐하면 고고학적 기록에 보존된 수십만 개의 석기들이 언어의 진화에 대한 몇 가지 단서를 가지고 있을 것이기 때문이다. 예를 들어, 할로웨이Holloway(1969)는 언어와 석기제작을 각각 의미 있는 말이나 도구를 형성하기 위해 단어 또는 행동의 순서를 지배하였는데, 이를 위해 구문 규칙에 의존한다고 가정하여 직접 비교했다. 도구 제작의 문법뿐만 아니라 다른 병렬 디자인 형태들도 언어와 석기제작이 동일하지는 않더라도 유사한 인지과정을 수반한다고 주장하도록 이끌었다. 예를 들어, 일부 학자들은 석기제작의 구문과 언어의 문법은 내부적으로 도출된 규칙이 아닌 외부 조건에 의해 결정되기 때문에 비교할 수 없다고 주장하면서, 언어 진화의 척도로써 석기제작의 생존 가능성에 의문을 표시했다(Graves, 1994; Wynn, 1995). 현재 신경고고학자들은 이 과제 동안 발생하는 해당 기능적 뇌 활동 패턴을 모니터링하면서 전기 석기시대/전기 구석기시대Early Stone Age/Lower Paleolithic(이하 ESA로 표기/이하 LP로 표기)[153] 도구 제작 과정을 복제함으로써 언어 기원에 대한 이 기법적 가설을 실험하려는 노력을 하고 있다. 만약 브로카 영역의 언어 기능이 석기제작에 이미 적용된 동일한 인지 처리를 공동 선택하여 진화했다면, 우리는 이 신경 기질에서 이 두 행태 사이의 기능적 중복을 보아야 한다(Stout & Chaminade, 2012).

스타우트와 동료들Stout and colleagues(Stout & Chaminade, 2007; Stout, Passingham, Frith, Apel, & Chaminade, 2011; Stout et al., 2008)은 ESA/LP 도구 제작의 신경 상관관계를 조사한 일련의 뇌 이미지 실험으로, 초기 **호모**에 대한 잠재적인 인지 그리고 언어 능력에 대한 감질적인 창tantalizing window을 제공했다. 그들이 조사한 두 개의 석기 공작은 올도완과 후기 아슐리안이다. 올도완 공작은 260만 년 전후에 고고학적 기록에 처음 등장하며(Semaw et al., 1997), 몸돌에서 단순한 격지를 제거

153 전기 석기시대는 아프리카 연대표 표기로 전기 구석기에 해당한다(역자 주).

하기 위한 시기적절한expedient 기법으로 특징지어진다. 성형화된 몸돌 도구로 구성된 아슐리안 공작은 처음에는 약 176만 년 전후로 나타나며, 70만 년전에 더욱 정교하고 능숙하게 제작된다(Beyene et al., 2013; Roche, 2005). 이 연구들은 올도완 도구 제작이 브로카 영역 바로 뒤에 위치한 뇌의 양쪽 배쪽 전운동영역을 포함하는 반면, 후기 아슐리안 도구 제작은 양쪽 배쪽 전운동영역과 함께 오른쪽 반구의 **삼각부**Pars triangularis도 관여한다는 것을 보여주었다. **삼각부**는 IFG의 앞쪽 부분을 형성하며 계층적으로 구조화된 시퀀스 정보를 위한 초모드 처리 장치supramodal processor이다(Fadiga, Craighero, & D'Ausilio, 2009). 그것은 아마도 언어 처리에서의 역할로 가장 잘 알려져 있을 것이다. 왜냐하면 그것은 좌뇌에 있는 브로카 영역의 한 부분으로서 의미론적 그리고 통사적 정보의 통합에 관련된 것으로 생각되기 때문이다(Vigneau et al., 2006). 스타우트와 샤미나드Stout and Chaminade(2012)는 이러한 결과를 ESA/LP 중에 어느 정도 발생하는 기법적 기원을 가진 언어와 관련시킨다. 따라서 이 시기에 언어는 이미 아슐리안 도구 제작과 같은 복잡한 작업을 실행하기 위해 시행 중인 IFG의 계층적 처리 기능을 끌어당길 수 있었다. 오른쪽 반구에 있는 **삼각부**는 일부 언어 기능에 참여하지만 대부분의 언어 기능을 처리하는 것은 왼쪽 반구라는 점에 유의해야 한다. 만약 돌떼기가 진행되는 동안 좌반구에서 브로카 영역이 활성화되었다는 증거가 있다면 기법적 가설은 더 설득력이 있을 것이다.

우리는 현시점에서 어떤 형태의 언어든 초기 **호모**가 석기를 만들 때쯤에는 진화했다는 것을 확신할 수 없다. 스타우트와 동료들은 비언어적 모방과 달리 언어지시를 실험의 변수로 고려하지 않았다. 모든 참가자는 훈련 중 어느 시점에 구두로 전달된 지침을 통해 학습했는데, 이는 과거에 비언어적 기술 전달의 조건을 충실히 재현하지 못할 수 있다. 나와 동료들은 언어 교육을 받은 참가자와 언어를 사용하지 않고 배운 참가자들 사이의 학습 차이를 탐구한 실험의 결과를 기반으로, 올도완과 아슐리안 도구를 만드는 과제를 언어학적인 교육의 도움 없이 배울 수 있다는 것을 발견했다(Putt, Woods, & Franciscus, 2014; 또한 Morgan et al., 2015; Ohnuma, Aoki, & Akazawa, 1997을 보라). 더욱이, 언어 그리고 비언어적 학습 조건하에서 생성된 격지들은 형태학적으로 서로 달랐고, 이것은 다른 인지과정이 생산에 관여한다는 것을 시사했다. 그 후, 우리는 신경영상 실험을 통해 아슐리안 도구를 만드는 동안 언어적으로 기법을 배운 참가자 중에만 오른쪽 반구의 **삼각부**가 활성화되었다는 것을 입증했다(Putt, Wijeakumar, Franciscus, & Spencer, 2017). 올도완과 아슐리안 도구 제작 작업 모두, 언어 교육 없이 학습되었을 때 증가된 인지조절이 필요했다.

언어 기원에 대한 기법 가설 실험

이제 우리는 복제 ESA/LP 석기를 돌떼기하는 법을 배우는 동안 언어 지시가 신경 활성화 패턴에 영향을 미친다는 것을 알았기 때문에, 언어의 진화에 대한 신경 구조학적 증거를 다시 고려하는 것이 매우 중요하다. 언어 지시 없이 학습한 ESA/LP 석기제작 행태를 복제하여, 보다 보수적인 접근법을 취하는 것이 유용할 수 있다. 만약 브로카 영역의 언어 중심이나 그것의 우반구 유사체가 무언의 모방을 통해 돌떼는 방법을 배운 참가자들 사이의 돌떼기 활성화와 겹친다면, 이는 언어 기원에 대한 기법적 가설을 더 강하게 지지할 것이다, 그러나 일반적인 운동 활동이 이러한 언어 센터와 겹치지 않을 경우에만 그럴 것이다.

이 가설을 실험하기 위해, 나는 동료들과 최근 실행한 실험 결과를 바탕으로 33명의 건강하고 오른손잡이인 성인 인간 피실험자의 뇌에서 일어나는 혈류역학적 변화를 측정하기 위해 기능적 근적외선 분광법 functional near-infrared spectroscopy(이하 fNIRS로 표기)으로 알려진 신경영상 기법을 사용했다. ESA/LP 도구를 만들 때 이들은 17명의 여성, 16명의 남성으로 23.8±7.9(평균±표준편차)세이었다([그림 14.1] 참고, Putt et al., 2017을 보라. 또한 Put, 2016을 보라). fNIRS는 PET와 fMRI보다 동작 인공물의 영향을 덜 받고, 자연적으로 올도완과 아슐리안 석기를 만들었을 때 실시간으로 뇌 활동을 측정할 수 있게 해주었기 때문에 이러한 목적에 유용한 기법이었다. 참가자들은 두 집단으로 나뉘었고, 1시간씩 7번의 개별 훈련 세션 동안 ESA/LP 도구 제작 기술 전달의 맥락을 결정했다. 한 집단(n=17)은 강사가 구두 지시와 함께 강의를 전달하는 지침 비디오를 시청했다. 다른 집단(n=16)은 동일한 비디오를 시청했지만, 소리를 끄고 구두 지시가 아닌 모방을 통해 기술을 습득했다. 강사의 얼굴은 언어적 단서를 없애기 위해 어떤 비디오에서도 보이지 않았다. 학습의 서로 다른 시점(1차, 4차, 7차 교육 후)에서 참가자들은 세 번의 신경영상 촬영 세션에 참석했다.

신경영상 세션에는 운동 기준점 과제, 올도완 과제 그리고 아슐리안 과제가 포함되었다. 각 과제는 교대 작업 그리고 휴식 블록으로 구성된 블록 디자인을 가지고 있었다. 운동 기준점 작업은 두 개의 돌을 함께 클릭하여 격지 생성에 필요한 추가 성분 없이 메트로놈의 박자에 맞추는 것을 포함했다. 메트로놈이 부재한 상태에서, 참가자들은 올도완 과

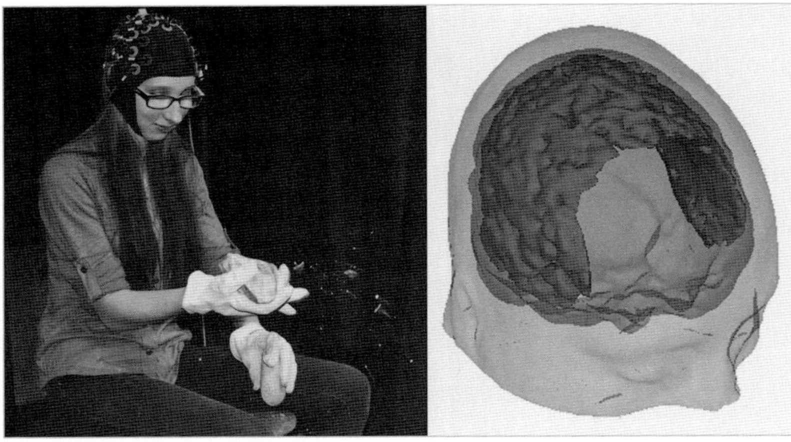

[그림 14.1] 자연을 모방한 돌떼기(왼쪽) 동안 기능적 근적외선 분광법(fNIRS)을 사용한 기능적 뇌영상(오른쪽)과 고객 맞춤 모자의 광도 기하학(optode geometry)으로 덮인 피질 영역

참고: 연구의 모든 참가자는 오른손잡이였다. 이 그림에 사용된 모델은 왼손잡이이며 연구에 참여하지 않았다. Putt et al. (2017), The functional brain networks that underlie Early Stone Age tool manufacture, *Nature Human Behavior*에 있는 Figure 1b(p. 2)에서 인용하였고 Nature의 허가를 받아 다시 출판되었다.

제에서 몸돌의 단순한 격지를 제거했고, 아슐리안 과제에서 주먹도끼를 성형했다. fNIRS 자료는 파장이 690nm와 830nm인 24채널 TechEn CW6 체계로 25Hz에서 수집되었다. 광케이블을 통해 맞춤형 모자로 빛이 전달되었다([그림 14.1] 참고). 통계 분석 전에 fNIRS 자료는 움직임을 보정하고 뇌 부피 내의 이미지 공간에서 재구성되었다(이 처리에 대한 자세한 내용은 Putt et al., 2017을 보라).

IFG에서 돌떼기와 언어가 기능적으로 겹치는지를 결정하는 두 가지 방법이 있다. 첫 번째 방법(눈어림by-eye)은 언어 처리와 관련된 뇌의 해부학적 부위에 대해 능동적 돌떼기 과제 군집이 어디에 있는지 보기 위해 뇌 지도를 시각적으로 검사하는 것을 포함한다. 이것은 스타우트와 동료들Stout and colleagues(2008)이 아슐리안 도구 제작이 오른쪽 IFG에서 언어 구조를 사용한다고 판단하기 위해 사용한 방법이지만, 현재 우리가 알고 있는 바와 같이, 이 결과는 적어도 잠재적으로 학습 환경에서 말하는 지시의 결과였다(Putt et al., 2017). 두 번째 방법(좌표by-coordinate)은 알려진 언어 센터의 정확한 위치에서 돌떼기 고유 활성화 수준을 측정한다는 점에서 더 엄격하다. 양쪽 IFG를 중심으로 ESA/LP 돌떼기와 언어 간의 기능적 중복을 점검하기 위해 눈어림과 좌표의 분석을 모두 실행했다.

첫 번째 분석을 위해, 8mm의 구체와 겹치는 다원 분산 분석a multifactor analysis of variance(ANOVA)에 의해 결정된 모든 활성 군집을 식별했으며, 이는 대규모 언어 처리 메타 분석의 좌표를 중심으로 구성되었다(Vigneau et al., 2006, 2011). 이러한 메타 분석에는 음운학, 사전 의미론 그리고 문장 처리 신경영상 연구가 포함되었다. 그런 다음 비언어적 집단의 활성화를 의미하는 영zero 이상의 신호 변화를 보이는 군집만 고려했다(Putt, 2016). 오른쪽 반구와 왼쪽 반구 모두에서 이러한 기준인 F3opd$_L$과 F3t$_R$을 충족하는 **삼각부**의 유의미한 군집을 발견했다(코드는 Vigneau et al., 2006, 2011이 사용한 라벨링 체계를 일컫는다. [그림 14.2] 참고).

명심해야 할 한 가지 주의 사항은 언어 기능이 기법 행태와 관련된 기능에서 특별히 확장되었다고 주장하는 경우, 운동 기준 과제가 이러한 IFG 영역에서 돌떼기 과제보다 훨씬 더 큰 활성화를 이끌어 내서는 안된다는 것이다. 그렇지 않으면 언어보다 일반적인 운동 기원에 대한 가설이 자료에 더 적합할 것이다. 그러나 [그림 14.2]의 (A)의 막대그래프에서 볼 수 있듯이 운동 기준점 과제 중에 돌을 리드미컬하게 클릭하면 돌떼기보다 훨씬 더 큰 범위로 오른쪽 IFG(F3t$_R$)가 활성화된다. 오른

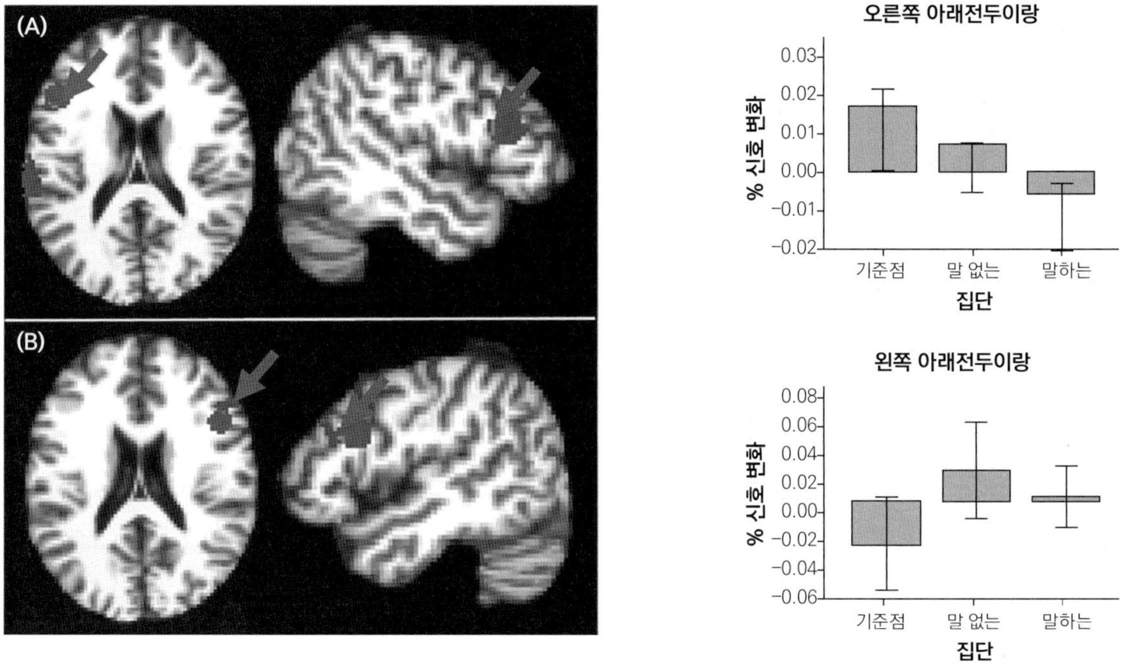

[그림 14.2] 아래전두이랑(IFG)의 언어 처리 영역(원)

겹치는 복셀(voxels)은 밝은 회색 영역으로 표시된다. 표시된 것은 오른쪽 삼각부가 집단 주효과에서 나온 것이며 $F3t_R$과 겹친다(Vigneau et al., 2011; A), 왼쪽 삼각부는 집단×세션 상호작용 효과(Group×Session interaction effect)에서 나온 것이며 $F3opd_L$(B)과 겹친다. % 신호 변화는 μM 단위다. 오차 막대는 95% 신뢰 구간을 나타낸다. Putt(2016), *Human brain activity during stone tool production: Tracing the evolution of cognition and language*, doctoral thesis, University of Iowan에 있는 Figure 26으로 이전에 출판되었다.

쪽 IFG의 주요 언어 기능 중 하나는 언어에서 스트레스와 억양의 리드미컬 한 패턴인 정동적 운율(Wildgruber et al., 2005)을 이해하는 것이므로, 오른쪽 **삼각부**right pars triangularis(F3t$_R$)의 큰 운동 기준점 신호가 운동 기준점 과제의 타이밍 성분을 반영할 수 있다. 이 영역은 적어도 비언어적으로 교육을 받지 않은 참가자들 사이에서 리듬을 신체 움직임으로 번역하는 데 중요한 역할을 하는 것으로 보인다. 따라서 돌떼기 동안의 활성화 증가는 격지 제거의 타이밍 요소를 반영할 수 있다. 예를 들어, 활동 목표에 따라 팔의 움직임을 시작하고 억제한다. 이 영역이 구두로 지시받은 참가자들 사이에서 돌떼기 하는 동안 비활성화되는 이유는 명확하지 않다. 이 문제는 더 조사되어야 한다.

반대로 왼쪽 **삼각부**left pars triangularis(F3opd$_L$)는 돌떼기에 대한 특수한 역할을 보여준다([그림 14.2]의 (B); Putt, 2016). 왼쪽 반구 돌떼기 군집은 의미론적 검색 그리고 선택(Noesselt, Shah, & Jäncke, 2003), 어휘 결정 과제(Binder et al., 2003; Perani et al., 1998; Poldrack et al., 1999), 복잡한 문장의 이해(Ben-Shachar, Palti, & Grodzinsky, 2004; Caplan, 2001; Caplan, Alpert, & Waters, 1999; Constable et al., 2004; Stromswold, Caplan, Alpert, & Rauch, 1996), 문법 오류 감지(Embick, Marantz, Miyashita, O'Neil, & Sakai, 2000)의 중요한 언어적 센터와 겹친다. 돌떼기 과제 동안 비언어적 집단의 참가자들 사이에서 이 군집의 활성화와 운동 기준 과제 동안의 해당 비활성화는 비운동 관련(즉, 인지) 처리에 관여를 나타낸다. 이러한 결과는 석기제작의 문법과 언어 문법이 실제로 동일한 인지과정에 의존할 수 있다는 할로웨이Holloway(1969)의 주장을 뒷받침하는 것으로 보인다. 이 유망한 결과에도 불구하고, [그림 14.2]의 (B)에서 이 돌떼기 군집과 내가 언어 중심 좌표를 중심으로 구성한

임의의 분야 사이의 겹침은 상당히 주변적이며 이 분석에서 이러한 행태가 실제로 겹친다는 것을 완전히 확신할 수 없다.

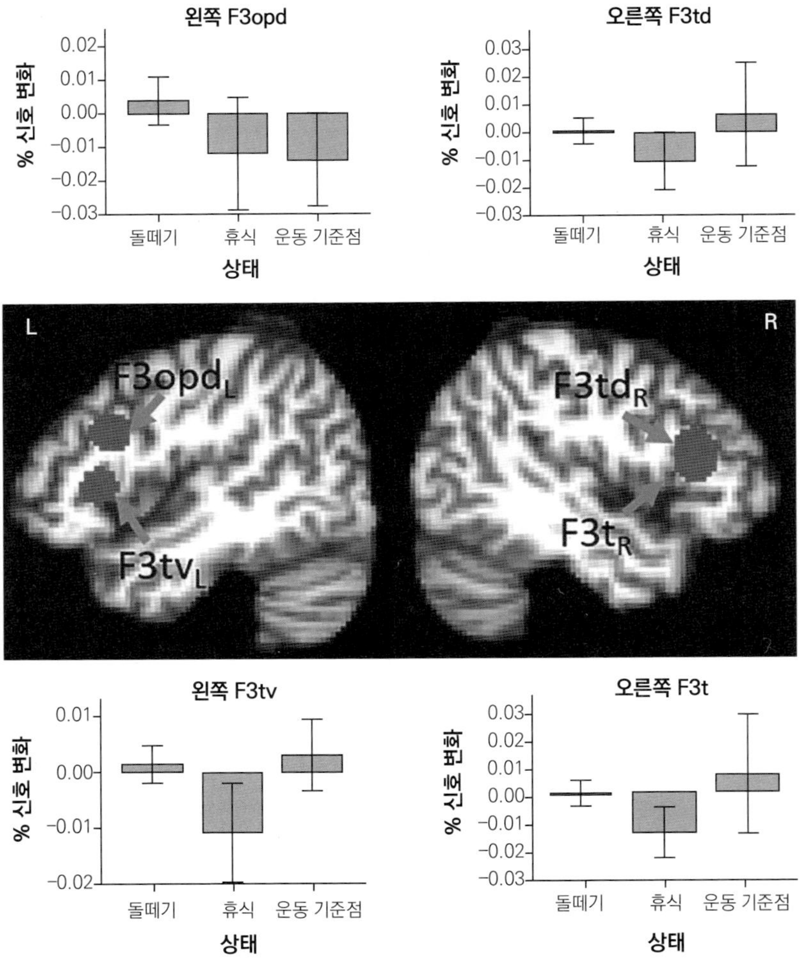

[그림 14.3] 7시간의 말 하지 않는 훈련 후, 휴식과 비교하여 돌떼기 과제 중에 크게 활성화되는 언어 센터

F3opd$_L$에서만 운동 기준 신호보다 훨씬 더 높은 돌떼기 신호가 있으며, 이 영역이 언어 그리고 돌떼기 모두에서 비운동(non-motor) 역할을 한다는 것을 나타낸다. 이미지는 저자 제공.

이 이슈를 해결하기 위해, 이제 내가 수행했던 두 번째 분석으로 넘어간다. 동일한 언어 메타 분석(Vigneau et al., 2006, 2011)으로 IFG의 언어 센터에 대해 알려진 좌표를 사용하여 동일한 좌표에서의 돌떼기 신호 변화 수준을 나타내는 베타 값을 추출했다. 그런 다음 이러한 값을 윌콕슨Wilcoxon 부호 순위 실험을 사용하여 휴식 시간에서 얻은 값과 통계적으로 비교하여 돌떼기가 뇌의 특정 영역을 유의하게 활성화하는지 확인했다. 나는 양쪽 IFG에서 비언어적 집단이 휴식 신호보다 훨씬 더 높은 돌떼기 신호를 가진 4개의 언어 센터를 발견했다(Putt et al., 2017). 이 영역에는 오른쪽 반구의 **삼각부**($F3t_R$ 그리고 $F3td_R$)와 왼쪽 반구의 배쪽ventral **삼각부**($F3tv_L$) 그리고 **덮개부**pars opercularis($F3opd_L$)의 두 영역이 포함되었다([그림 14.3] 참고). $F3opd_L$은 일반적인 운동 기능으로는 설명할 수 없는 중첩이 발생한 첫 번째 분석의 왼쪽 반구 부위와 동일하다.

다시 한번 말하지만, 이러한 영역은 단순히 돌떼기의 운동 성분 때

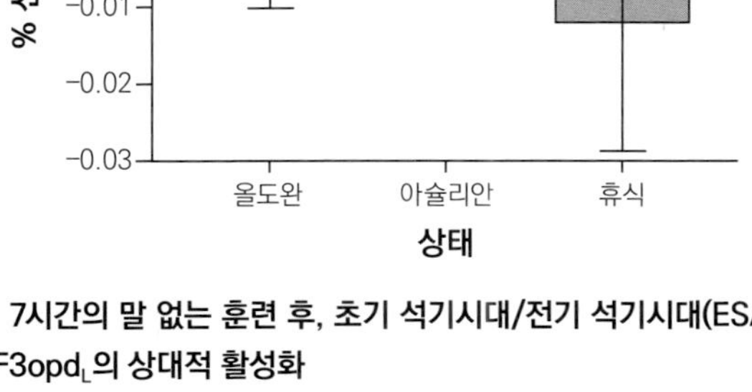

[그림 14.4] 7시간의 말 없는 훈련 후, 초기 석기시대/전기 석기시대(ESA/LP) 돌떼기 과제 및 휴식 중 $F3opd_L$의 상대적 활성화

활성화는 아슐리안 돌떼기 과제 중에는 휴식보다 훨씬 높지만, 올도완 돌떼기 과제 중에는 그렇지 않다. 이미지는 저자 제공.

문에 돌떼기 과제 중에만 활성화될 수 있다는 가능성을 고려하는 것이 중요하다. 관심 있는 오른쪽 반구 부위와 $F3tv_L$에서 돌떼기 활성화보다 더 높은 수준의 운동 기준점 활성화를 발견했다. 이 4개 부위 중에서 $F3opd_L$은 돌떼기 신호가 운동 기준 신호보다 훨씬 높은 유일한 언어 센터이다([그림 14.3] 참고). 또한 $F3opd_L$ 돌떼기 신호는 아슐리안 작업 중에는 휴식 신호보다 훨씬 높지만 올도완 작업 중에는 그렇지 않다([그림 14.4] 참고). 이것이 의미하는 가장 가능성이 높은 것은 아슐리안 과제가 올도완 과제와 행동 시퀀스 순서를 좀 더 강조한다는 점에서 다르다는 것이다. 여기에는 기능적 및 심미적으로 만족스러운 몸돌 그리고 사용 가능한 격지를 생성하기 위한 타격면 설정, 사각형 모서리 제거, 조각을 얇게 모양내기 그리고 과제의 궁극적 목표 같은 작업의 하위 목표가 관련된다. 이러한 방식으로 아슐리안 도구 제작은 앞서 논의한 $F3opd_L$의 의미론적, 구문론적 그리고 문장 수준 처리 기능을 활용할 수 있다는 점에서 언어 제작과 유사하고 심지어 동음이의일 수도 있다.

토론

이러한 결과가 언어 기원에 대한 기법적 가설을 뒷받침할까? 스타우트와 샤미나드Stout and Chaminade(2012, p. 76)는 다음과 같이 지적했다. "모든 운동 활동은 계층적으로 구조화된 행태 단위 시퀀스로 설명될 수 있다. 도구 제작과 언어 사이의 **특별한** 진화적 관계에 대한 가설은 이 두 행동 사이의 정보 처리 요구 및 신경해부학적 기질의 더 특별한 중복을 예측한다." 나는 이 진술을 언어와 기법 사이의 공진화 관계가 브로카 영역의 신경 기질의 활성화를 주도하는 도구 제작의 운동행태가 아니라 인지 행태라는 확신이 있을 때만 주장할 수 있음을 의미한다고 해석한다. 여기에 설명된 눈어림과 좌표에 의한 방법 모두 $F3opd_L$을 ESA/LP 석기제작의 비운동 측면에 참여하는 양쪽 IFG의 유일한 언어 센터로 식별했다.

따라서 이 부위의 기능적 그리고 해부학적 중첩은 다른 사람들이 가정한 것처럼 언어와 기법 간에 공진화 관계가 존재할 수 있음을 나타낸다(Uomini & Meyer, 2013). 이것은 석기를 만드는 데 필요한 인지 기술이 나중에 브로카 영역의 이 부분에서 의사소통 목적으로 확장되어 결국 복잡한 언어의 진화에 기여했다고 볼 수 있지만, 한편으로는 평생 언어를 사용한 현생 인류 참여자들 사이에서 브로카의 영역 활성화가 이루어졌기 때문에 생각의 전문화된 형식이 유발했을 가능성을 완전히 배제할 수는 없음을 의미할 수 있다. 이러한 진화적 변화가 어떻게 발생했는지에 대한 한 가지 가능성은 도구 제작 처리가 시간이 지나면서 더욱 복잡해짐에 따라 이러한 기술이 세대에 걸쳐 충실하게 전달되게 하려고 기법적 기술 학습의 사회적 맥락이 더욱 중요해졌으리라는 것이다. 도구 제작 기술(Stout & Chaminade, 2012)의 의도적인 사회적 전달에 대한 강조가 증가하고 아마도 매우 사회적인 도구 제작 맥락이 의도적인 발성 의사소통을 위해 신경해부학적 부위에 필요한 발판을 제공하였다. 따라서 이미 이 영역에 존재했던 언어 이전의 호미닌의 도구 제작과 의사소통 사이에 가교역할을 했다.

언어는 한 덩이monolithic[154]로 된 전체가 아니며 뇌의 특정 지점에 국

154 하나의 암석이란 원어에서 제시하듯 한 뭉치로 나타났다는 뜻이다(역자 주).

한되지도 않다. 브로카 영역의 한 부분에서 언어와 기법 간의 기능적 겹침은 중요한 발견이지만, 해당 특정 부위의 특정 기능에만 적용된다. 양쪽 IFG의 무수한 다른 언어 센터 또는 그 문제에 대한 나머지 뇌의 경우는 어떨까? 우리가 보았듯이, IFG의 다른 언어 부위site는 특히 우반구에서 암석을 잡고 지정된 속도로 일반적인 팔 동작을 실행하는 동안 훨씬 더 많이 모집되는 것으로 보인다. 왜 그래야 할까? 이미 언급했듯이 오른쪽 IFG는 청각적 감각 기억을 매개하는 보다 일반적인 타이밍 체계에 의존할 수 있는 운율적 언어 기능을 가지고 있다(Rao et al., 1997). 따라서 정확한 시간을 정하고 팔 동작을 협응할 필요가 있기 때문에 오른쪽 IFG가 돌떼기 행태 중에 모집된다. 이 부위는 동작의 타이밍이 과제의 중요한 목표일 때 훨씬 더 많이 모집될 것이며, 이는 이 부위의 혈역학적 신호가 돌을 떼는 과제보다 운동 기준 과제 동안 훨씬 더 강한 이유를 설명한다. 의미론적 그리고 구문적 언어 기능에 참여하는 $F3tv_L$(Vigneau et al., 2011)이 돌떼기 과제보다 운동 기준 과제 중에 더 큰 활성화를 갖는 이유는 명확하지 않지만, 이는 메트로놈의 리듬 구조와도 관련이 있을 수 있다. 그러나 이것은 브로카 영역의 왼쪽 **삼각부**도 운동 기능을 가지고 있음을 시사하는데, 일반적으로 **덮개부**에만 기인하는 기능이다(Binkofski & Buccino, 2004).

이러한 결과는 양쪽 IFG의 다른 신경해부학적 부위의 언어 기능이 별도의 진화 역사를 가지고 있을 가능성이 있음을 시사한다. 따라서 언어가 단일 패키지로 한 번에 모두 진화하지 않았을 것이다(Corballis, 2010; Jackendoff, 2002). ESA/LP 기법이 브로카 영역의 왼쪽 등쪽 **덮개부**에서 언어 기능의 진화에 기여할 수 있다는 증거가 있는 반면, IFG의 다른 부분에 있는 언어 기능은 아마도 일반적인 운동 기능에서 파생된 것이라고 이론화한다. 따라서 우리는 뇌의 다른 부분에 있는 언어 처리 영역도 별도의 진화 역사가 있다고 가정할 수 있지만, 이 가설은 아직 검증되지 않았다.

이것은 석기가 그것을 만든 개체의 언어 능력에 대해 우리에게 무엇이든 말할 수 있는지에 대한 질문으로 돌아간다. 윈은 석기와 언어를 연결하려는 시도는 이론적으로 정당화되지 않는 한, 본질적으로 설득력이 없다고 주장했다. 이에 대한 응답으로, 나는 브로카의 뇌 영역의 한 부분에서 언어와 석기 생산 사이의 기능적 중복을 정당화하기 위해 인지신경과학의 방법과 이론에 의존했다. 이는 유사한 인지과정에 의존하는 이 두 행태를 지적한다. 이 부위는 앞서 설명한 언어의 특정 구문 그리고 의미 처리 기능에 참여하기 때문에 석기제작 과정에서도 유사한 역할을 실행하여, 도구 제작자가 행동 단위의 전체 구조에서 작업 단위를 식별하고 올바른 순서로 배치하여 의미를 도출할 수 있도록 한다. 아슐리안 과제 중에 이 영역이 더 강력하게 활성화된다는 것은 이러한 능력이 올도완 도구보다 아슐리안 주먹도끼를 만드는 데 더 중요하다는 것을 의미한다. 이는 아마도 주먹도끼 생산에 더 복잡한 동작의 시퀀스가 필요하기 때문일 것이다. 그리고 고고학 기록은 시간이 지남에 따라 도구 제작 과제 이미지의 복잡성이 점진적으로 나타남에 따라, 도구 생산 그리고 언어에 사용되는 브로카 영역의 이 부분에서 발생하는 이러한 특정 기능이 기법적 복잡성이 바뀐 약 180만 년 전에 진화했음을 추론할 수 있다. 석기에는 언어와 그 진화에 관해 이야기할 수 있는 이야기가 있는 것처럼 보이지만, 조절된 신경과학적 접근 방식을 통해서만 석기와 뇌의 언어 사이에 직접적인 연결을 설정하여 메시지를 해독할 수 있다.

감사

이 책에 참여할 수 있도록 초대해 주신 편집자분들께 감사드린다. 마크 푸트Mark Putt와 두 명의 익명의 평론가에게 감사의 말을 전한다. 이 작업은 존 스펜서John Spencer, 소바나완티 위자쿠마르Sobanawartiny Wijeakumar, 로버트 프랜시스커스Robert Franciscus, 내 연구 조교인 다니엘 존스Danielle Jones와 클로이 다니엘Chloe Daniel을 포함한 내 연구팀의 도움과 웬너그웬재단Wenner-Gren Foundation(Grant#8968)의 자금이 없었다면 불가능했을 것이다. 또한, 리키Leakey 재단, 존 템플턴John Templeton 재단, 시그마 XiSigma Xi, 과학연구협회, 아이오와대학교 그리고 미국대학여성협회American Association of University Women(AAUW)의 도움이 없었으면 가능하지 않았을 것이다.

참고문헌

Allot, R. (2012). *The motor theory of language origin: 1989*. Bloomington, IN: Xlibris Corporation.

Amunts, K., Schleicher, A., Bürgel, U., Mohlberg, H., Uylings, H., & Zilles, K. (1999). Broca's region revisited: Cytoarchitecture and intersubject variability. *Journal of Comparative Neurology, 412*(2), 319–341.

Ben-Shachar, M., Palti, D., & Grodzinsky, Y. (2004). Neural correlates of syntactic movement: Converging evidence from two fMRI experiments. *NeuroImage, 21*(4), 1320–1336.

Beyene, Y., Katoh, S., WoldeGabriel, G., Hart, W. K., Uto, K., Sudo, M., . . . Asfaw, B. (2013). The characteristics and chronology of the earliest Acheulean at Konso, Ethiopia. *Proceedings of the National Academy of Sciences of the United States of America, 110*(5), 1584–1591.

Binder, J. R., McKiernan, K. A., Parsons, M. E., Westbury, C. F., Possing, E. T., Kaufman, J. N., & Buchanan, L. (2003). Neural correlates of lexical access during visual word recognition. *Journal of Cognitive Neuroscience, 15*(3), 372–393.

Binkofski, F., & Buccino, G. (2004). Motor functions of the Broca's region. *Brain and Language, 89*(2), 362–369.

Broadfield, D. C., Holloway, R. L., Mowbray, K., Silvers, A., Yuan, M. S., & Màrquez, S. (2001). Endocast of Sambungmacan 3 (Sm 3): A new *Homo erectus* from Indonesia. *The Anatomical Record, 262*(4), 369–379.

Buccino, G., Binkofski, F., Fink, G. R., Fadiga, L., Fogassi, L., Gallese, V., . . . Freund, H.-J. (2001). Action observation activates premotor and parietal areas in a somatotopic manner: An fMRI study. *European Journal of Neuroscience, 13*(2), 400–404.

Cantalupo, C., & Hopkins, W. D. (2001). Asymmetric Broca's area in great apes: A region of the ape brain is uncannily similar to one linked with speech in humans. *Nature, 414*(6863), 505.

Caplan, D. (2001). Functional neuroimaging studies of syntactic processing. *Journal of Psycholinguistic Research, 30*(3), 297–320.

Caplan, D., Alpert, N., & Waters, G. S. (1999). PET studies of syntactic processing with auditory sentence presentation. *NeuroImage, 9*(3), 343–351.

Carr, L., Iacoboni, M., Dubeau, M.-C., Mazziotta, J. C., & Lenzi, G. L. (2003). Neural mechanisms of empathy in humans: A relay from neural systems for imitation to limbic areas. *Proceedings of the National Academy of Sciences of the United States of America, 100*(9), 5497–5502.

Ciumas, C., Lindström, P., Aoun, B., & Savic, I. (2008). Imaging of odor perception delineates functional disintegration of the limbic circuits in mesial temporal lobe epilepsy. *NeuroImage, 39*(2), 578–592.

Constable, R. T., Pugh, K. R., Berroya, E., Mencl, W. E., Westerveld, M., Ni, W., & Shankweiler, D. (2004). Sentence complexity and input modality effects in sentence comprehension: An fMRI study. *NeuroImage, 22*(1), 11–21.

Corballis, M. C. (2010). Mirror neurons and the evolution of language. *Brain and Language, 112*(1), 25–35.

Embick, D., Marantz, A., Miyashita, Y., O'Neil, W., & Sakai, K. L. (2000). A syntactic specialization for Broca's area. *Proceedings of the National Academy of Sciences of the United States of America, 97*(11), 6150–6154.

Fadiga, L., Craighero, L., & D'Ausilio, A. (2009). Broca's area in language, action, and music. *Annals of the New York Academy of Sciences, 1169*(1), 448–458.

Fedorenko, E., Duncan, J., & Kanwisher, N. (2012). Language-selective and domain-general regions lie side by side within Broca's area. *Current Biology, 22*(21), 2059–2062.

Ferrari, P. F., Rozzi, S., & Fogassi, L. (2005). Mirror neurons responding to observation of actions made with tools in monkey ventral premotor cortex. *Journal of Cognitive Neuroscience, 17*(2), 212–226.

Gallese, V., Fadiga, L., Fogassi, L., & Rizzolatti, G. (1996). Action recognition in the premotor cortex. *Brain, 119*(2), 593–609.

Graves, P. (1994). Flakes and ladders: What the archaeological record cannot tell us about the origins of language. *World Archaeology, 26*(2), 158–171.

Grèzes, J., Armony, J. L., Rowe, J., & Passingham, R. E. (2003). Activations related to "mirror" and "canonical" neurons in the human brain: An fMRI study. *NeuroImage, 18*(4), 928–937.

Heiser, M., Iacoboni, M., Maeda, F., Marcus, J., & Mazziotta, J. C. (2003). The essential role of Broca's area in imitation. *European Journal of Neuroscience, 17*(5), 1123–1128.

Hepp-Reymond, M.-C., Hüsler, E. J., Maier, M. A., & Qi, H.-X. (1994). Force related neuronal activity in two regions of the primate ventral premotor cortex. *Canadian Journal of Physiology and Pharmacology, 72*(5), 571–579.

Higuchi, S., Chaminade, T., Imamizu, H., & Kawato, M. (2009). Shared neural correlates for language and tool use in Broca's area. *Neuroreport, 20*(15), 1376–1381.

Holloway, R. L. (1969). Culture: A human domain. *Current Anthropology, 10*(4), 395–412.

Iacoboni, M., Molnar-Szakacs, I., Gallese, V., Buccino, G., Mazziotta, J. C., & Rizzolatti, G. (2005). Grasping the intentions of others with one's own mirror neuron system. *PloS Biology, 3*(3), 1–7.

Iacoboni, M., Woods, R. P., Brass, M., Bekkering, H., Mazziotta, J. C., & Rizzolatti, G. (1999). Cortical mechanisms of human imitation. *Science, 286*(5449), 2526–2529.

Jackendoff, R. (2002). *Foundations of language: Brain, meaning, grammar, evolution.* Oxford, UK: Oxford University Press.

Kimura, D. (1979). Neuromotor mechanisms in the evolution of human communication. In H. D. Steklis & M. J. Raleigh (Eds.), *Neurobiology of social communication in primates: An evolutionary perspective* (pp. 197–220). New York: Academic Press.

Kitahara-Frisch, J. (1978). Stone tools as indicators of linguistic ability in early man. *Kagaku Kisoron Gakkai Annals, 5*(3), 101–109.

Koelsch, S., Fritz, T., Müller, K., & Friederici, A. D. (2006). Investigating emotion with music: An fMRI study. *Human Brain Mapping, 27*(3), 239–250.

Kohler, E., Keysers, C., Umilta, M. A., Fogassi, L., Gallese, V., & Rizzolatti, G. (2002). Hearing sounds, understanding actions: Action representation in mirror neurons. *Science, 297*(5582), 846–848.

Koski, L., Iacoboni, M., Dubeau, M.-C., Woods, R. P., & Mazziotta, J. C. (2003). Modulation of cortical activity during different imitative behaviors. *Journal of Neurophysiology, 89*(1), 460–471.

Kurata, K., & Tanji, J. (1986). Premotor cortex neurons in macaques: Activity before distal and proximal forelimb movements. *Journal of Neuroscience, 6*(2), 403–411.

Lieberman, P. (1984). *The biology and evolution of language.* Cambridge, MA: Harvard University Press.

Molnar-Szakacs, I., Kaplan, J., Greenfield, P. M., & Iacoboni, M. (2006). Observing complex action sequences: The role of the fronto-parietal mirror neuron system. *NeuroImage, 33*(3), 923–935.

Morgan, T. J. H., Uomini, N. T., Rendell, L. E., Chouinard-Thuly, L., Street, S. E., Lewis, H. M., . . . Laland, K. N. (2015). Experimental evidence for the co-evolution of hominin toolmaking teaching and language. *Nature Communications, 6*(6029), 1–18.

Mukamel, R., Ekstrom, A. D., Kaplan, J., Iacoboni, M., & Fried, I. (2010). Single-neuron responses in humans during execution and observation of actions. *Current Biology, 20*(8), 750–756.

Nishitani, N., & Hari, R. (2002). Viewing lip forms: Cortical dynamics. *Neuron, 36*(6), 1211–1220.

Noesselt, T., Shah, N. J., & Jäncke, L. (2003). Top-down and bottom-up modulation of language related areas—An fMRI study. *BMC Neuroscience, 4*(1), 13.

Ohnuma, K., Aoki, K., & Akazawa, T. (1997). Transmission of tool-making through verbal and nonverbal communication: Preliminary experiments in Levallois flake production. *Anthropological Science, 105*(3), 159–168.

Perani, D., Paulesu, E., Galles, N. S., Dupoux, E., Dehaene, S., Bettinardi, V., . . . Mehler, J. (1998). The bilingual brain: Proficiency and age of acquisition of the second language. *Brain, 121*(10), 1841–1852.

Poldrack, R. A., Wagner, A. D., Prull, M. W., Desmond, J. E., Glover, G. H., & Gabrieli, J. DE. (1999). Functional specialization for semantic and phonological processing in the left inferior prefrontal cortex. *NeuroImage, 10*(1), 15–35.

Putt, S. S. (2016). *Human brain activity during stone tool production: Tracing the evolution of cognition and language*. Doctoral thesis, University of Iowa, Iowa City.

Putt, S. S., Wijeakumar, S., Franciscus, R. G., & Spencer, J. P. (2017). The functional brain networks that underlie Early Stone Age tool manufacture. *Nature Human Behaviour, 1*, 1–8.

Putt, S. S., Woods, A. D., & Franciscus, R. G. (2014). The role of verbal interaction during experimental bifacial stone tool manufacture. *Lithic Technology, 39*(2), 96–112.

Ranganath, C., Johnson, M. K., & d'Esposito, M. (2003). Prefrontal activity associated with working memory and episodic long-term memory. *Neuropsychologia, 41*(3), 378–389.

Rao, S. M., Harrington, D. L., Haaland, K. Y., Bobholz, J. A., Cox, R. W., & Binder, J. R. (1997). Distributed neural systems underlying the timing of movements. *Journal of Neuroscience, 17*(14), 5528–5535.

Rizzolatti, G., & Arbib, M. A. (1998). Language within our grasp. *Trends in Neurosciences, 21*(5), 188–194.

Rizzolatti, G., Camarda, R., Fogassi, L., Gentilucci, M., Luppino, G., & Matelli, M. (1988). Functional organization of inferior area 6 in the macaque monkey: II. Area F5 and the control of distal movements. *Experimental Brain Research, 71*(3), 491–507.

Rizzolatti, G., Scandolara, C., Gentilucci, M., & Camarda, R. (1981). Response properties and behavioral modulation of "mouth" neurons of the postarcuate cortex (area 6) in macaque monkeys. *Brain Research, 225*(2), 421–424.

Roche, H. (2005). From simple flaking to shaping: Stone knapping evolution among early hominins. In V. Roux & B. Bril (Eds.), *Stone knapping: The necessary conditions for a uniquely hominin behaviour* (pp. 35–48). Cambridge, UK: McDonald Institute for Archaeological Research.

Rottschy, C., Langner, R., Dogan, I., Reetz, K., Laird, A. R., Schulz, J. B., . . . Eickhoff, S. B. (2012). Modelling neural correlates of working memory: A coordinate-based meta-analysis. *NeuroImage, 60*(1), 830–846.

Ruck, L. (2014). Manual praxis in stone tool manufacture: Implications for language evolution. *Brain and Language, 139*, 68–83.

Semaw, S., Renne, P. R., Harris, J. W. K., Feibel, C. S., Bernor, R. L., Fesseha, N., & Mowbray, K. (1997). 2.5-million-year-old stone tools from Gona, Ethiopia. *Nature, 385*(6614), 333–336.

Stout, D., & Chaminade, T. (2007). The evolutionary neuroscience of tool making. *Neuropsychologia, 45*(5), 1091–1100.

Stout, D., & Chaminade, T. (2012). Stone tools, language and the brain in human evolution. *Philosophical Transactions of the Royal Society of London. Series B, Biological Sciences, 367*(1585), 75–87.

Stout, D., Passingham, R. E., Frith, C. D., Apel, J., & Chaminade, T. (2011). Technology, expertise and social cognition in human evolution. *European Journal of Neuroscience, 33*(7), 1328–1338.

Stout, D., Toth, N. P., Schick, K. D., & Chaminade, T. (2008). Neural correlates of Early Stone Age tool-making: Technology, language and cognition in human evolution. *Philosophical Transactions of the Royal Society of London. Series B, Biological Sciences, 363*(1499), 1939–1949.

Stromswold, K., Caplan, D., Alpert, N., & Rauch, S. (1996). Localization of syntactic comprehension by positron emission tomography. *Brain and Language, 52*(3), 452–473.

Studdert-Kennedy, M. (1983). *Psychobiology of language*. Cambridge, MA: MIT Press.

Taglialatela, J. P., Russell, J. L., Schaeffer, J. A., & Hopkins, W. D. (2008). Communicative signaling activates "Broca"s' homolog in chimpanzees. *Current Biology, 18*(5), 343–348.

Tobias, P. V. (1983). Recent advances in the evolution of the hominids with especial reference to brain and speech. In C. Chagas (Ed.), *Working group on recent advances in the evolution of primates, May 24–27, 1982* (pp. 85–140). Vatican City: Pontificial Academy of Sciences.

Uomini, N. T., & Meyer, G. F. (2013). Shared brain lateralization patterns in language and Acheulean stone tool production: A functional transcranial Doppler ultrasound study. *PLoS One, 8*(8), 1–9.

Vigneau, M., Beaucousin, V., Hervé, P.-Y., Duffau, H., Crivello, F., Houde, O., . . . Tzourio-Mazoyer, N. (2006). Meta-analyzing left hemisphere language areas: Phonology, semantics, and sentence processing. *NeuroImage, 30*(4), 1414–1432.

Vigneau, M., Beaucousin, V., Hervé, P.-Y., Jobard, G., Petit, L., Crivello, F., . . . Tzourio-Mazoyer, N. (2011). What is right-hemisphere contribution to phonological, lexico-semantic, and sentence processing? Insights from a meta-analysis. *NeuroImage, 54*(1), 577–593.

Wildgruber, D., Riecker, A., Hertrich, I., Erb, M., Grodd, W., Ethofer, T., & Ackermann, H. (2005). Identification of emotional intonation evaluated by fMRI. *NeuroImage, 24*(4), 1233–1241.

Wynn, T. (1991). Tools, grammar and the archaeology of cognition. *Cambridge Archaeological Journal, 1*(2), 191–206.

Wynn, T. (1995). Handaxe enigmas. *World Archaeology, 27*(1), 10–24.

Yoo, S.-S., Freeman, D. K. I., McCarthy, J. J., & Jolesz, F. A. (2003). Neural substrates of tactile imagery: A functional MRI study. *Neuroreport, 14*(4), 581–585.

| 제15장 |

세 가지 마음에서

사회적 뇌로 인지고고학의 확장

Cory Stade and Clive Gamble

서론

초기 조상들의 인지에 관여하는 우리의 현재의 능력은 대체적으로 토마스 윈Thomas Wynn의 업적 때문에 가능하다. 그는 거의 40년 전에 출판된 논문에서(Wynn, 1979) 화석 호미닌의 인지 진화를 연구하는 방법론을 제안했다. 윈의 무기arms에 대한 요구는 명백한 증거로 살아남지 못하는 의도와 감정과 같은 부드러운 인간의 능력을 연구하는 것을 막는 규율에 혁명적인 것이었다. 예를 들어, 스티븐 미튼Steven Mithen(1996, pp. 36-37)은 학생 때 이 논문을 읽고 피아제Piaget의 아이디어에 대한 결론과 적용 방법을 찾았다고 회상한다. 따라서 인지고고학의 규율은 실제로 윈이 뿌린 씨앗과 고고학과 심리학과의 융합에서 생겨났다.

윈의 두 가지 접근법은 다른 인지적 여행에서 화석 선조들의 머리로 구별하게 했다. 첫째, 인지과학에 대한 그의 친숙함이 있었고, 둘째, 고고학적 증거에 이러한 모델들의 엄격한 적용이었다. 훨씬 후에, 그는 인지고고학에서 타당한 논거는 다음 세 가지를 해야 한다고 프레데릭 쿨리지Fredrick Coolidge(Wynn & Coolidge, 2009)와 함께 썼다.

(1) 정밀하게 조사되는 인지 능력을 이해한다.
(2) 이 인지 능력에 의해 활성화되는 특정한 행동을 식별한다.
(3) 고고학 증거를 이용한 인지행동 식별기준을 정의한다.

이 틀은 그가 비판해 온 "고인류학 기록에 대한 무지를 배양한" 일부 진화심리학자들의 고고학적 증거 사용과 대조된다(Wynn, 2009). 또한, 세 가지 기준은 석기 분류법(19세기의 다른 의제를 제공하도록 고안된)을 인지 발달의 시퀀스에 맞추기 위한 고고학자들의 잘못된 시도를 강조한다(Wynn, 2009).

이러한 배경에서 우리는 진화인지고고학evolutionary cognitive archaeology(이하 ECA로 표기)[155]에 대한 윈의 비전을 확장하는 방법을 탐구한다. 그는 깊은 역사에서 언어적(Noble & Davidson, 1996), 행동 지향적(Leroi-Gourhan, 1993) 그리고 재현적(Mithen, 1996)이라는 세 가지 현재 접근 방식을 식별했는데(Wynn, 2009), 우리는 이 분할에 동의하지 않는다. 이 장에서는 그러한 접근 방식을 뒷받침하는 구석기적 마음의 세 가지로 인지주의자, 경험적 그리고 인류학적 모델을 고찰한다. 우리는 마음의 죽음을 고고학적 추구라고까지 선언하지는 않을 것이다(Gosden, 2010). 그러나 우리는 윈이 선호하는 ECA가 호미닌적 존재의 물질성materiality과 함께 사회적, 감정적 존재를 포함하도록 확장될 필요가 있다고 주장한다. 다음은 가능성에 관한 탐구이다. 우리의 출발점은 인지 진화가 시간적 모자

155 인간 인지의 진화를 연구하는 선사시대 고고학의 분야다(역자 주).

이크였다는 윈의 결론이다(2009, p. 149). 이 모자이크를 더 자세히 조사하기 위해, 사회적 뇌 가설과 마음이론theory of mind(이하 ToM으로 표기)의 분석 장치를 채택한다. 우리는 증거를 가브리엘 드 모르티에Gabriel de Mortillet(1872)의 고전 구석기 유형학 그리고 그레이엄 클라크Grahame Clark의 5가지 기법 모드와 같은 문제 있는 분류법과 일치시키는 것을 피한다. 대신 다음과 같이 윈의 주장에 동조한다.

(1) ToM 그리고 관련 공감 능력 측면에서 면밀히 조사 중인 인지 능력 이해
(2) 이러한 인지 능력, 즉 ToM에 의해 허용된 인지 추론에 의존하는 사회 생활의 정서적 발판에 의해 활성화되는 특정한 행동의 식별
(3) 고고학적 증거('재료stuff'의 물질성 그리고 인지를 **확장**extend하는 것이고, 그것을 **반영**reflect하지 않는다)를 이용하여 이러한 인지 행동을 식별하기 위한 기준을 정의

이러한 방식으로, 우리는 윈의 엄격한 틀을 사용하여 윈의 ECA를 확장할 것이다. 우리는 인간 마음속에 남아있는 물질들을 해석하는 것과 떨어질 스 없고 통합하는 감정과 사회를 아우름으로써 이 일을 할 것이다.

세 가지 마음

우리가 **이성적 마음**rational mind이라고 부르는 구석기시대의 마음의 첫 번째이자 지배적인 모델은 마음과 육체를 분리한다는 점에서 데카르

트적 기원이 있다. 그것은 주체와 대상, 생물과 무생물, 인간과 동물 사이의 이항 구분을 다룬다. 데카르트적 이성주의는 인간 행위자들에게만 그러한 능력을 보존하면서, 에이전시agency를 '물체thing'의 탓으로 돌리는 데 어려움을 겪고 있다. 마음의 모델과 인지 작용의 모델로서, 그것의 가장 큰 성공은 과학적인 방법의 승리이며, 이것이 의학이나 공학과 같은 매개변수에 가져다준 측정 가능한 이점이다. 덜 긍정적인 점으로, 이러한 진보의 많은 부분이 과학 지식의 도메인을 확장함으로써 이루어졌다. 특히, 감정의 중요성은 기껏해야 과소평가되어 왔고 종종 무시되어 왔다. 이것은 종교와 신앙을 비과학적이고 감정에 바탕을 둔 것으로 폭로하려는 일부 진화 과학자들의 최근 시도에서 볼 수 있다. 이와 마찬가지로, 예술 중 가장 감성적인 음악은 '청각 치즈케이크auditory cheesecake'로 치부되었다(Pinker, 1997). 이는 쉬운 이성적인 분석보다 더 다른 이유가 없기 때문이다(Morley, 2014).

우리는 두 번째 마음을 경험적이거나 현상학적인 것으로 묘사한다. 지배적인 이성적 접근법과 직접적이며 대조적으로, 현상학은 인간의 경험을 다룬다. 경험적 접근은 몸과 마음을 다시 합치게 하지만, 육체의 관점을 강조하는 것처럼 보인다. 결과적으로, 영향력의 힘은 시간, 장소, 사물 그리고 사람들에 대한 양적 이해를 질적 감각으로 대체한다. 이것은 현재 깊은 역사에서 나온 예가 거의 없지만 '해석적 고고학'의 상승을 이끌었다. 대신에, 농부와 도시국가들의 풍부한 인구밀도가 있는 곳에서 경험적 접근법이 번창했다. 간단히 말해, 마음의 경험적 모델은 많은 '재료stuff'에서 번창하고(Miller, 2012), 많은 것들이 농업이나 정착 사회의 출현과 함께 일어나는 것이다. 이것이 깊은 역사 속에서 어떻게 작용할 수 있는지에 대한 한 예는 틸리Tilley(1999)의 확실한 은유에 대한 조사를 기반으로 한 갬블Gamble의 연구(2007)에 의해 제공된다. 담아있거나 포장된 대상 그리고 도구 역할을 하는 대상 사이에 단순한 구별이 이루어졌다. 이 두 가지 광범위한 범주는 '안에' 있거나 '위에'서 행동하는 신체 경험을 강조한다. 그것들은 좀 더 친숙한 언어학적 대열에 필적하는 견고한 물질적 은유로서 작용한다(Lakoff & Johnson, 1980).

세 번째 마음은 인류학으로, 관계적이라는 것을 의미한다(에이전트 자신을 분리하는 것이 아니라 에이전트 간의 관계를 강조한다). 이 모델은 개인들이 고립되어 있다는 생각을 뒤집음으로써 마음과 신체, 또는 주체와 대상 사이의 이분법을 더욱 해소한다. 개체는 피부 경계에 머물지만, 그들의 에이전시 즉 에이전트의 행위는 다른 사람들, 사물 그리고 주변 환경에 스며들어 갈 것이다. 이 마음은 다공성이고, 체로 거른 것처럼 새어 나간다. 이것은 상호작용에 의해 지지되기 때문에 체의 구멍을 통과하는 연결로는 양방향이다. 세계는 사물과 장소의 대체로 수동적인 복합물에 따라 행동하는 대신에 그 자신의 에이전시를 가지고 있다. 따라서 우리의 마음은 분산되고 우리의 인지는 확장된다(Clark & Chalmers, 1998). 우리가 앉아있는 나무나 호미닌이 만든 석기는 신피질의 세포만큼이나 관계적인 마음의 한 부분이다. 그러나 우리는 데카르트 이원론을 반복하는 것을 경계해야 한다. 예를 들어 인지와 마음에 대한 이항 접근 방식을 강화하는 것처럼 보이는 서양인과 멜라네시아인 개인 사이에 관계적 접근법을 사용하여 대조된다(LiPuma, 1998). 대신, 우리는 이성적, 경험적 또는 관계적 사고방식의 단일 마음의 모델이 인간의 인지 복잡성을 정당화하지 못한다는 것을 인정해야 한다.

현재의 목적에 대한 우리의 성향은 확장된 마음과 인지의 관계형 모델로 우리를 끌어당기지만(Dunbar, Gamble, & Gowlett, 2010; Fowler,

2016), 다른 두 모델의 관점이 다른 상황에서 적절하리라는 것을 인지하고, 그것들을 상호 배타적으로 보지 않는다. 그러나 중요한 것은 우리가 ECA의 일부로 다루기를 원하는 질문이다. 이 장의 나머지 부분에서는 사회적, 정서적 관점에 초점을 맞추고, 4백만 년의 깊은 인류 역사에 걸쳐 뇌의 성장, 사회성, 기법적 복잡성의 증가와 어떤 인지적 능력이 연관되어 있는지 질문할 것이다.

사회적 뇌, 사회적 마음

인간의 지능이 생태학적 문제를 해결하기보다는 사회생활을 지원하기 위해 진화했다는 제안은 새로운 것이 아니다(예: Byrne & Whiten, 1988). 그러나 영장류의 뇌 크기가 사회적 집단 크기에 따라 예측 가능한 규모로 확장된다는 던바의 관찰 이후, 그 결과로 나타난 사회적 뇌 가설이 고고학적 논의에서 중심이 되었다(Dunbar, Gamble, & Gowlett, 2014). 크고 복잡한 집단 내에서 생존하고 번창하는 고된 일들은 개인들이 매우 개인적이고 예측할 수 없는 사회적 파트너들로 구성된 집단과 역동적으로 관계를 맺도록 요구한다.

이러한 집단 역학은 감정, 의도, 지식 또는 신념 상태와 같은 정신 상태를 다른 사람의 원인으로 돌리는 능력인 ToM과 관련이 있다. 이러한 인지적 정신화 기술은 우리가 사회적 파트너들의 관점을 취하게 하고, 그들이 무엇을 생각하고 있는지 상상하게 하며, 그들의 생각이 우리 자신과 다를 수 있다는 것을 이해하게 한다. ToM은 우리가 종종 당연하게 여기는 사회적 상호작용의 많은 형태에서 매우 중요하다. 복잡한 언어, 모방, 가르침 그리고 자부심, 수치심, 죄책감과 같은 사회적 감정은 모두 우리의 사회적 파트너들의 생각에 대해 가설을 세울 수 있는 능력을 요구한다. 사회적 뇌 가설은 인류 진화 전반에 걸쳐 증가한 뇌 크기가 점점 더 발전하는 ToM의 획득을 지표로 나타낼 수 있음을 시사한다(Dunbar, 2004, 2007, 또한 이 책의 제17장을 보라).

사회적 뇌 가설에 의해 제공되는 통찰력은 윈의 ECA에 대한 사회적, 정서적 관점을 향한 가치 있는 움직임이다. 그러나 그것은 '인지적인' 구석기시대 마음 안에 확고히 속해 있다. 현재 정의된 바와 같이, ToM은 거의 전적으로 개인의 뇌 **안에서** 일어나는 과정을 가리킨다. 이러한 생각이 일어나는 사회문화적 맥락에 대한 명확한 초점은 거의 없다. 그것이 사용된 맥락은 종종 이러한 인지주의적 관점이지만, ToM에 내재된 어떤 것도 그것이 인류학적 개념적 틀 안에서 작용하는 것을 막지 못한다. 우리가 보는 ECA의 작업은 이러한 방식으로 ToM을 정의하는 것이다. 대신 '마음 사이의 공간'(관계적 공간)과 이들을 하나로 묶는 과정에 초점을 맞추어 인류학적 마음 내에서 재배치할 수 있다는 것이다. 두 개의 인지적 마음이 그들 자신의 정신세계를 점유하고 서로 독립적으로 존재하는 반면에, 인류학적 마음은 다른 사람들과 그들의 세계와 상호 주관적인 상호작용을 하면서 서로 얽혀 있을 때만 완전히 이해될 수 있다. 이것은 정신 상태와 물질적 의미의 공유를 통해 이루어지며, 개인뿐만 아니라 두뇌의 경계를 넘어 마음의 경계를 확장한다.

감정은 사회적 접착제 역할을 하여(Whitehouse & Lanman, 2014), 사람들을 하나로 묶는 '결합'을 만들어낸다(Gamble, Gowlett, & Dunbar, 2012). 이는 개별적인 의미 부여가 아니라 사회적 담론의 동적 과정을 통해 이루어지며, 감정이 자신을 발생시키는 상호작용에서 형태와 의미를 도출한다(Boiger & Mesquita, 2015). 역동적인 사회적 상호작용을 할 때, 마음은 억제된 상태로 남아있을 수 없다. 그것들은 우리의 감정을 통해 세계로 퍼져나가서, 정신적 과정에 대한 지속적인 피드백을 사회 파트너들에게 제공한다. 이와 같이, 감정은 내면의 정신과 외부 세계를 연결하는 중요한 역할을 한다. 이것은 '뜨거운' 인지로 묘사될 수 있는데, 정신화mentalizing의 '냉정한' 인지와는 반대로, 개인들과 함께 깊은 감정적인 의미에서 다른 사람의 생각을 **느끼는** 것으로, 그들이 평가하고 있는 상황에서 분리된다. 깊고 감정적으로 느껴지는 관계와 함께, 사람들은 현생 인류의 적소를 특징짓는 응집력 있는 사회 집단을 형성하면서 더 단단히 결속되어 있다. 인류학적인 마음은 인정 많고 이타적이다. 그래야 한다고 **생각**하기 때문이 아니라, 그렇게 될 필요를 **느끼기** 때문이다.

이러한 역동적인 사회적 상호작용은 공유된 물질세계 안에 포함되어 형성된다. 어린 나이부터 아이들은 보호자와 공유하는 세상을 탐색하고, 반응을 통해 검증되었을 때 대상을 지적하고 즐거움을 얻는다(Lewis & Granic, 2010). 이런 방식으로 어떤 대상에 공동으로 관심을 기울임으로써, 두 사람의 마음이 물질세계로 유입되고, 사회적 파트너들이 물리적으로 함께 고정된다. 대상이 더 이상 단순히 자신의 것이 아니라 그 의미들로 가득 찬 다른 사람들의 세계에 존재하는 것으로 이해되기 때문에, 마음은 확장된다. 이러한 의미에서, 사람과 물체things는 상호작용을 인도할 수 있는 자신만의 에이전시를 가진 대상과 함께 생각하는 것으로 볼 수 있다. 이러한 사회적 상호작용의 동적 과정에 대한 참여를 통해, 대상은 **행동 유도성**affordances(Gibson, 1986)을 넘어 행동과 경험에 대한 물질적 은유가 된다(Gamble, 2007). 물체를 **통해** 생각함으로써 물질세계는 의미와 중요성을 얻고, 그 속에 기억과 경험을 접어서 궁극적으로 민속 심리 범주(folk psychological categories, 즉 ToM)의 구성과 주변의 세계에 대한 우리의 사고방식을 알려준다. 감정이 결합하는 묶음이라면, 대상은 마음을 세계로 끌어들이고 공유된 물질적 경관에서 그들을 하나로 모으는 유혹이다.

물질적 차원

인지고고학의 인류학적 모델은 물질과 마음을 기울기 경계로 친밀하게 배치한다. 개인의 인지에서 도구와 대상의 에이전시와의 적극적인 역할을 인정한다. 여기서 개인 또한 대상이며, 따라서 확장된 마음속에서도 '생각해야 할 것'으로 기능한다는 것을 기억하는 것이 중요하다. 개인이 확장된 마음의 일부라는 것을 기억하는 것은 ECA의 사회적, 감정적 차원을 더욱 강화시킨다.

이것이 물질문화의 해석에서 의미하는 것은 사람과 대상이 함께 생각한다는 것이고, 사람들은 삼각관계(사람과 사람 사이에 그리고 물체 사이에)에서 대상과 공동으로 생각한다는 것이다. 고고학자에게 물질 인공물은 한때 인간(그리고 그 관계) 인지의 활동적인 부분이었다. 그러므로 과거에 사람들이 사용한 것들은 **인지 화석**이다. 이런 식으로 사물을 보는 것은 어떻게 진화인지고고학자들이 깊은 시간에 대상을 기초적 증거로 사용하여, 신체적 상태에 대해 뼈가 기여하는 방식과 같이 과거의 능력과 인지과정을 정확하게 재구성할 수 있는지를 정당화한다.

이것은 우리가 물질적 기록을 보는 방식을 변화시킨다. 물질적 기록을 실행하는 행동과 생각에서 수동적인 행동의 수신자로 보는 것이 아니라 능동적인 당사자로 보는 것이다. 다음 단계는 대상이 역할을 수행한 '실행 그리고 생각'을 염두에 두고 물질 기록에 다시 접근하고, 대상의 활동에 대한 정보를 추론하는 것이다. 고고학자들이 발굴한 구석기 인지 화석의 대부분은 석기이며, 이것들은 윈의 연구에서 핵심 성분을 형성하고 있다. 그는 "석기는 인간 행태의 진화를 기록하려는 고고학자들의 시도에 항상 역할을 해왔다"라고 말했지만(Wynn, 1985, p. 32), 고고학적 해석의 약점은 현재 벌어지고 있는 기전을 논의하는 데 사용되는 심리학적 정보의 부족이라고 지적했다. 그것이 바로 문화적 물질에 대한 강력한 설명을 제공하기 위해 감정과 ToM에 대한 이해를 가져올 수 있는 부분이다. 이를 위해서는 그것들이 주장 전체에 존재해야 하고 방법론에 포함되어야 한다. 석기가 하나의 공동체 안에서 만들어지고 사용되는 문화적인 대상이라면, 그것들은 사회적, 감정적 삶에 싸여 있는 것이다.

330만 년 전(Harmand et al., 2015)부터 케냐의 로메크위Lomekwi에 있던 가장 오래된 것으로 알려진 석기는 연구팀이 실행한 실험에서 수동 망치 또는 양극 기법(Lewis & Harmand, 2016)에 의해 만들어진 것이라 주장되는 크고 튼튼한 화성암igneous[156] 도구이다. 수동 망치 기법에서는 몸돌을 양손으로 잡고 모루로 내려치며 파손시킨다. 양극 기법에서는 침팬지 견과류 깨기 기법과 유사하게, 돌은 모루 위에 고정되고 다른 돌은 모루 위에 내리쳐진다(Matsuzawa, Humle, & Sugiyama, 2014). 돌떼기 기법의 관련성은 이러한 기술들이 공동체 내 개체들 사이에 문화적으로 전달될 수 있는 방법이다. 우리가 침팬지 공동체에서 볼 수 있듯이, 견과류는 ToM과 함께 제공되는 정신 상태의 이론화가 필요하지 않은 사

156 마그마로 형성된 돌(역자 주).

회학습 과정을 통해 배울 수 있다(Tennie, Call, & Tomasello, 2010). 침팬지는 어릴 때 견과류 깨기를 배우고 어미와 강한 유대감을 가지고 있는데, 어미는 오랜 시간에 걸쳐 침팬지를 능력을 습득하는 데 관련된 행태와 기술에 수동적으로 노출시킨다. 그러나 이러한 기술들은 대부분 어린 침팬지가 도구 근처에 있고, 껍질 안에 견과류가 있고, 그것들이 바람직하다는 실험, 학습 등을 통해 그들의 능력을 경험함으로써 얻어진다. 어린 침팬지들은 어미의 행동을 모방하여 배우는 것으로 보이지는 않는다(Matsuzawa et al., 2014, 또한 Boesch, 1991을 보라). 따라서, 각 침팬지는 효과적으로 '바퀴를 재발명'하고 있고(Tennie et al., 2010), 이것은 작은 변경도 추가되고 전달될 수 있을 정도로 충분히 충실한 방식으로 문화적 행태가 전달되는 것을 방지하며, 따라서 누적 문화의 '래칫효과'를 절대 도입하지 않는다. 로메크위 도구들은 또한 이러한 품질증명hallmark을 가지고 있기 때문에 풍부한 물질문화의 문화적 레퍼토리나 복잡한 사회학습에 의해 이용 가능한 '래칫효과'를 공동체에 보여주지 않는다.

인지 화석 기록으로 돌아가면, 이러한 인지 화석이 일어나는 다른 사회적 상호작용을 불러일으키기 시작하는 시기는 더 복잡한 도구 형태가 출현하는 시기이며, 더 정교한 정보 전달에 따른 '래칫효과'에 따라 충실히 복제된 것으로 보인다. 올도완 기법 복합체의 몸돌 그리고 격지 기법이(복제된 형태보다 복제 기법에 더 가까울 수 있는) 충실한 복제의 결과였는지는 아마도 덜 분명하지만, 주먹도끼는 복제된 형태의 더 두드러진 예를 제공한다. 이 인공물들은 인간 기법 기록에서 '지체stasis'[157]의 인기 있는 예이며, 3개의 대륙에서 백만 년 이상 사용되었다. 주먹도끼

157 진화가 정지되어 일정하게 유지되는 현상(역자 주).

의 일반적인 계획은 학습자가 물질적 자료와 기능적 동기 부여에 노출되었더라도 무無에서 반복적으로 학습될 수 있는 계획은 아닌 것으로 보인다(생물학적 기동력이 없다면, 예를 들어 Corbey, Jagich, Vaesen, & Collard, 2016). 그것의 독특한 형태와 형태 자체가 지리적으로 그리고 일시적으로 현저하게 유사하다는 사실은 기능을 실행하는 도구를 만드는 특정한 방법의 문화적 전달을 암시한다. 이는 주먹도끼와 같은 도구를 만드는 학습이 이루어졌을 사회적 맥락의 중요성을 암시한다. 그러고 나서 모방 능력은 반드시 존재하게 될 것이고, 이것은 공동주의와 사람과 대상 사이의 삼각관계에 주의하는 능력과 같은 다른 능력의 내포로 이어지며, 다른 개체 마음의 존재를 이해하는 발판으로 작용하여 모든 능력을 이끈다. 일단 유사 ToMquasi-ToM의 이러한 능력을 가지게 되면, 그들은 의미가 단지 개체적인 것이 아닌 공유된 정신 지형을 열어준다. 물질과 방법은 이제 협정을 맺고 물질과 마음 사이의 관계는 강화되고 상호작용한다. 이후 물질의 차원은 특성에서 기하급수적으로 증가했다.

이 관계는 스스로의 알아차림으로 강화될 수 있다. 더 복잡한 ToM은 다른 사람들이 여러분처럼 생각할 뿐만 아니라 여러분에 대해서도 알고 있다는 것과 함께 오는 공유된 정신 지형에 대한 지식에 의해 정의된다. 특히, 의도적으로 다른 사람에게 지식을 전달하는 이 능력(그리고 동기)은 가르치는 결과를 초래할 수 있다. 가르침이 일어난 것을 암시하는 인지 화석은 단순한 복제에 의해 쉽게 얻어지지 않는 측면을 가진 화석이다. '선생님'은 기법적으로나 기능적으로나 그것이 두드러지도록 변경이 명시되어야 한다. 준비된 핵심 기법에 의해 만들어진 돌은 성공적인 전달을 위한 교육을 암시하기 위해 연구원들에 의해 여러 번 제안되었다(Lycett, von Cramon-Taubadel, & Eren, 2016; Morgan et al., 2015). 이러한 유형의 전달에서는 사회적 네트워크가 반드시 내포된다. 가르침은 또한 지식을 전달하기 위한 감정적 투자를 의미하는데, 그것은 사회적 의미를 가지고 발생한다. 이는 확립된 공감 네트워크를 환기시키기 때문이다.

돌떼는 법을 배울 때, 도구는 선생님과 학생 모두의 공동주의의 대상이기 때문에 '상호 주관적인 삼각관계' 과정의 세 번째 파트너가 된다. 주의의 대상으로서, 마음을 함께 끌어당기고, 대인관계의 의미와 중요성에 대한 투자를 하게 된다. 선생님에게 있어 주먹도끼는 학생들을 위한 실증의 한 예가 될 수 있다("여기, 내가 전에 만든 게 있어"). 그것은 성취하고 열망할 수 있는 예가 될 수도 있다. 두 가지 모두에 대해, 주먹도끼는 역동적이고 변화하는 관계에서 과거의 상징으로, 과거 상호작용에 대한 기억이다. 물체가 더 널리 사용됨에 따라, 많은 상호작용에서 나타날 수 있고 다양한 다른 관계를 대표할 수 있다. 이런 식으로, 물체는 그들이 한때 행동했던 관계에서 남겨진 가시적인 유물로 볼 수 있다.

마음속의 동굴: 진화인지고고학과 지형

윈은 분석적인 시선을 석기에 집중시켰다. 동료 프레데릭 쿨리지Frederick Coolidge와 함께, 기억의 진화를 위한 심리학적 연구를 통합한 정교한 모델을 개발했는데, 이 모델은 돌 형태학의 변화를 참고할 수 있다. 이 책의 많은 장에서는 이러한 문제를 살펴본다. 우리는 진화인지고고학evolutionary cognitive archaeology[ECA]의 확장에서, 사례 연구를 보고자 한다. 여기서 목표는 세 가지 생각(이성적, 경험적, 인류학적)의 관점을 고려하여 ECA를 확장하는 것이다. 우리는 프랑스 브루니켈 동굴Bruniquel Cave

내부에 있는 초기 네안데르탈인 구축물에 대한 최근 발견에 대한 예비 분석을 제공한다(Jaubert et al., 2016). 보고서에 포함된 비디오 회전video fly-round을 포함하여 다른 연구원들이 제공한 훌륭한 설명에 의존한다.

이성적 마음의 반응

브루니켈은 구축물의 시기, 이 구축물을 만들었을 종, 그리고 발견된 장소라는 세 가지 이유 때문에 예상하지 못했다. 화재 흔적이 남아 있는 곳에 널려 있는 고의적으로 부서진 스펠레오팩트speleofacts[158]로 이루어진 6개의 원형 구축물은 17만 6천 년 전으로 거슬러 올라간다. 이것은 동아프리카에서 가장 오래된 해부학적으로 현대적인 인간 화석들과 동시대의 것으로 만든다(Clark et al., 2003; McDougall, Brown, & Fleagle, 2005). 그들의 시기는 유럽에서 북유럽이 빙하였고 프랑스 남서부가 영구 동토층이었을 때의 혹독한 추위(MIS6)가 있을 때이다. 현재, 건설로 인정받을 수 있는 유일한 유라시아 호미닌은 네안데르탈인이다.

브루니켈의 구축물은 맥브리어트와 브룩스McBrearty and Brooks의 논문(2000)이 이전에 널리 퍼졌던 인간 혁명에 관한 생각을 가라앉힌 이후 시행되어 온 인간의 인지 진화 모델에 도전하고 있다. 아프리카 전역에서 30만 년 전에서 5만 년 전(Wadley, 2013) 사이의 발견은 단일 대륙 내에 광범위한 현대적 특성이 천천히 누적되는 것을 지적했다(Henshilwood et al., 2002). 브루니켈은 다른 지리공간 영역과 뚜렷한 호

158 네안데르탈인이 석순 조각들로 만든 구조물로 동굴이란 뜻의 speleo와 사실이란 뜻의 facts의 단어 조합이다(역자 주).

미닌 집단이 이러한 개발의 일부라는 것을 보여주는데, 네안데르탈인은 전시하기 위해 의도적으로 색상별로 깃털을 선택하고(Finlayson et al., 2012), 장식품으로 독수리 발톱에 관심을 갖는 자세를 취한다(Radovčić, Sršen, Radovčić, & Frayer, 2015).

사회 두뇌 모델은 우리가 이 인지적 정교함에 놀라지 말아야 한다고 제안한다. 네안데르탈인과 홍적세 인간은 뇌 크기에서 예측한 바와 같이 매우 유사한 개인 네트워크 크기를 가지고 있다. 일부(Pearce & Dunbar, 2012; Pearce, Stringer, & Dunbar, 2013)의 경우, 이러한 유사성은 네안데르탈인의 전체 뇌 크기에 대한 시각 피질의 더 큰 기여로 대신 설명될 차이이며, 그 자체는 북반구 위도의 더 낮은 조명 조건에 대한 반응이다. 그러나 브루니켈의 증거는 피어스가 선호하는 약간 작은 네트워크 크기가 여전히 사회적 유대의 강화를 위한 복잡한 문화적 기전을 포함하고 있다는 것을 암시한다. 우리는 프랑스 남부의 MIS6에서 추가적인 압력을 볼 수 있는데, 이곳에서 경관의 심각성은 더 긴밀한 협력이 필요한 수준의 자원을 지원한다.

그러므로 데카르트파의 마음은 브루니켈과 같은 발견이 생존의 생태계에 의해 선택된다고 주장한다. 이전 경력 단계에서 갬블Gamble(1982)은 그라베티안Gravettian 여성 피규어의 형태 유사성을 설명하기 위해 경관을 사용했다(Gaudzinski-Windheuser & Jöris, 2015; Mussi, 2015). 이러한 고도로 스트레스를 받는 환경에서 협력은 필수적으로 되고, 물질문화는 생존에 대한 한계를 작동시키기 위해 적응적 혼합으로 흡수된다. 그러나 왜 스펠레오뎀speleothem[159]에서 원을 만들고 왜 깊고 어두운 지하에서 이

159 석회 동굴 안에서 물에 녹은 탄산칼슘이 결정을 이루며 형성된 퇴적 지형(역자 주).

것을 만드는가 하는 것은 ECA의 마음속에 있는 동굴인 루이스 윌리엄즈Lewis-Williams(2004)[160]를 다른 말로 바꿔 말하기 위한 질문들이다. 이 접근법은 의도와 감정을 검토과제의 일부로 고려하지 않기 때문에 더 나은 답을 도출하기 위해 애쓴다. 네이처에서 「네안데르탈인은 동굴 구조를 건설했다-그리고 아무도 이유를 모른다」(Callaway, 2016)라는 제목으로 보고된 초기 반응은 이성적인 마음이 어떤 추가적인 패러다임에 직면했을 때 항상 가지고 있던 문제를 지적한다. 의식, 종교, 동굴곰들은 모두 앞으로 나아갔다. 이것들은 구축물에 이름을 붙이기는 했지만, 설명은 하지 않았다.

경험적 마음의 반응

브루니켈의 발견은 중기 구석기시대의 네안데르탈인들이 세계에 관여하고 경험하는 방식을 다시 상상해보게 한다. 첫째, 동굴은 만든 인류의 한 측면으로 경험했을 것이다. 둘째로, 동굴에서 보낸 시간은 함께 하는 공유된 경험이었을 것이다.

당시로서는 이례적으로 브루니켈은 석순을 원형으로 둘러쌓아 동굴의 자연배치에 구조와 질서를 부여한 구축환경이다. 이와 같이 브루니켈을 건설하는 과정은 세계에 작용하는 호미닌 에이전시의 하나였고 자연 질서에서 개인의 의지 부과의 하나이다. 에이전시의 표현은 자연환경의 희생이었다. 종유석을 부수는 것은 그 동굴을 건설하는 인류의 마음

160 『The mind in the cave』의 저자(역자 주).

속에서 상상했던 새로운 것으로 재구성될 수 있게 하는 파괴 행위였다. 이런 식으로 동굴의 변화를 경험한 인류는 에이전시가 주변 세계에 미치는 영향을 시험하면서 실험을 하고 있었다.

브루니켈을 점령한 호미닌들은 겨울잠을 자는 육식동물의 서식처인 어둡고 위험한 장소를 차지하여 그들 자신의 질서를 부여했다. 동굴 안에서 그렇게 깊이 탐구하는 행위는 건설된 공간은 항상 존재하는 위험이 호미닌 에이전시에 의해 억제되는 경계 구역으로 경험하면서, 안전의 경계를 넘어선 행위 중 하나였다. 이것은 생명에 필수적인 따뜻함과 빛을 제공하기 위해 호미닌에 의해 이용되는 야생적이고 파괴적인 힘인 불을 사용하는 것에서 볼 수 있다(Harris & Sørensen, 2010).

브루니켈의 거주민들은 이 은신처를 건설함으로써 예측할 수 없는 세계 안에서 그들만의 적소niche를 만들어냈다. 위스너Wiessner(2014)는 수렵채집 공동체에서 화로는 일상적인 잡담, 스토리텔링 그리고 신화에 대해 이야기를 할 수 있는 시간과 장소를 제공한다는 것을 보여주었다. 결과적으로, 화로는 집단 서술뿐만 아니라 사회적 정체성을 구축하기 위한 맥락을 제공한다. 브루니켈은 매일의 고된 일을 뒤로할 수 있는 공간이었다. 동굴을 바꾸기 위해 함께 하는 과정은 또한 개체들이 새로운 것을 제작하기 위해 함께 일하면서 함께 노력하는 경험을 만들어 냈을 것이다. 개체가 이 과정을 통해 더 가까워짐에 따라, 동굴 자체와 함께 구성된 집단 소속 밖에 존재하는 것들이 명백해졌을지도 모른다. 즉 그들 자신의 구성된 세계 내에 포함된 집단(Gamble, 2007, 봉쇄containment의 은유를 보라)이었다. 브루니켈은 그 후 세계의 공동 행동에서 집단 정체성이 드러나는 것을 보게 된다.

덴마크인들은 휘게hygge라고 알려진 감정 상태를 일컫는 말을 가지고 있다. 영어로 직접 번역되는 것은 없지만, 가장 가까운 것은 편안함과 가정적임일 것이다. 브루니켈의 네안데르탈인들이 그들만의 휘게를 즐기는 것을 상상하는 것은 유혹적이다. 의례도 없고, 기능도 없고, 냉정한 인지도 없지만, 세상 속에서 함께 있는 단순한 경험이다. 브루니켈에서 시간을 보낸 인류에게, 그 동굴은 바깥에 놓여 있는 것과 구별되는, 심오한 변화된 경험이었을 것이다.

인류학적 마음의 반응

브루니켈에서의 활동을 해석하여 마음의 인류학적 관점을 만족시키도록 하는 우리의 능력은 물질과 서로에 대한 개체의 힘을 강조해야 한다. 이 목표를 달성하기 위해, 사회적, 감정적 교류가 이루어진 상호작용 네트워크를 재구성할 필요가 있다. 개체와 물질 사이의 관계는 사회적 유대가 개체들을 묶고 감정이 작용하는 정보 전달자 역할을 한다. 즉, 개별 주체들 그 자체가 아니라, 그 사이의 공간에 중점을 둔다.

브루니켈의 방에 있는 석순 구축물은 아마도 한두 명에 의해 지어지지는 않았을 것이다. 자베르트와 동료들Jaubert and colleagues(2016) 그리고 소레시Soressi(2016)의 논문에 의하면 구축물의 크기 때문에 많은 인류가 함께 일했고, 협응과 사회 계획이 생겨났다고 가정할 수 있다. 구조물의 크기는 또한 한 개체 이상이 사용하는 것을 나타낸다. 개인이 협력하는 예를 들면, 공사는 의도의 일치보다는 공동의 목표에서 비롯되었다고 추론된다. 그러한 의도는 즉각적으로 가시적이거나 유형화되지 않았을 가능성이 높다(즉각적인 기능은 구조 구축자들의 외현적인 의도에 의존하지 않고 순진한 관찰자로서 우리에게 명백할 것이다). 목표는 목표 행태(또는 행태들)를 실행하는 구조였고, 이것은 공유된 지식을 내포한다. 이 경우에, 사회적 협응이 성공하기 위해서 그 협응은 공유된 지식뿐만 아니라 어떤 지식이 공유되는지에 대한 이해도 요구될 수 있고, 따라서 행태들은 개인(들)에 의해 지시될 수 있다. 만약 그들이 공유된 지식을 가정하고 다른 인류가 보유하고 있는 가설적인 정보를 반영할 능력이 없다면, 협동은 아마도 일어났을 수 있지만 관리되지는 않았을 것이다. "나는 내가 생각하는 것을 당신이 생각한다고 생각한다I think that you think that I think"의 순서를 반영하는 것은 3단계 ToM과 그에 수반되는 모든 인지적 발달을 개체발생적 그리고 계통적으로 반영한다(de Villiers, 2007; Liddle & Nettle, 2006).

브루니켈 구축물의 정확한 사용은 이러한 해석을 환기시키기 위해 해석될 필요가 없다. 오히려 중요한 것은 많은 인류가 함께 일한다는 증거이다. 구조의 인지된 기능은 설명과 사전 공유 지식이 없는 참가자들에게 불투명했을 가능성이 높기 때문에 기능이나 필요의 시연이 요구되었을 것이다. 이것은 내용 기반의 해석이 아니라 오히려 관계적인 해석이다. 그러므로 석순의 관념은 사회적 응집력을 유도하여 적응적 이익을 주기 위한 수단이나 의례적인 목적을 위해 준비된 '상징으로서' 적용할 필요가 없다. 그것은 정보의 길이고 마음과 활동을 위한 강한 인지적 주장을 구성하는 물질과 개체를 묶는 방법이다.

결론

이 장에서는, 심리학과 고고학을 결합시킨 토마스 윈에 의해 개발된 진화인지고고학에 대한 더 넓은 접근을 시도했다. 그것은 인간의 마음의 진화를 다루고 사회적, 감정적 관심사를 포함하도록 확장시켰다. 우리는 이성적인 데카르트 영향, 현상학적 접근에 의해 인도된 경험적 프리즘 그리고 물체의 확장되고 분포된 관계에 기초한 인류학적 틀과 같은 세 가지 다른 렌즈를 통해 마음을 조사했다.

ECA는 너무 자주 데카르트파 안에 자리하는데, 아마도 인지에 관한 연구가 본질적으로 이원적이고, 생각 과정과 그것이 일어나는 사회세계를 분리하기 때문일 수 있다. 그러나 우리는 이것이 꼭 그럴 필요는 없다고 믿는다. 인류학적인 마음에서, 우리는 호미닌이 남겨둔 인지 화석을 그것이 발생한 현장에서 어떻게 사회적 인공물로, 상징적인 모습으로 상호작용하는지를 볼 수 있었다. 이러한 관점은 우리가 물질적 인공물 안에서 인지력을 가장 강하게 볼 수 있게 한다. 왜냐하면, 인공물들은 행동과 생각에서 친밀한 선수로서 인정받기 때문이다. 이런 식으로, 우리는 물질문화를 인지과정의 이전 역할 때문에 인지의 화석으로 간주할 수 있다. 우리는 또한 고고학적 조사의 새로운 길을 약속하는 근거 있고, 경험적으로 주도된 경험적 접근법의 가능성을 보여주었고, 남겨진 빈약한 잔해로부터 진정으로 감정적인 세계를 건설할 수 있는 가능성을 다루었다.

우리는 이것이 인지고고학과 호미닌 마음 진화에 대해 생각하는 유일한 방법이라고 제안하지는 않지만, 세 가지 마음이 인간 행태의 이해에 있어 필수적인데 누락되었던 사회적, 감정적 측면을 포함시켜 윈의 원래 ECA를 개념화하고 확장한다고 생각한다. 현명하게 사용될 때, 확장된 ECA의 세 가지 마음은 고고학자들에게 전통적인 접근법만으로도 얻을 수 있는 것을 넘어 해석적인 힘을 제공할 수 있고, 사회적 그리고 감정적 관계의 과정을 확장하고 분배함으로써 인지 작용이 어떻게 작용하는지를 인정하는 인지고고학을 만들어 낼 수 있다.

ECA를 개발함으로써, 윈은 과거에 대한 진정한 발견적 연구의 토대를 마련했고, 고고학자들에게는 눈에 보이는 것보다 주먹도끼에 훨씬 더 많은 것이 있고, 연구자들이 그들의 제작자들의 행태와 생각에 대해 추론할 수 있는 더 많은 해석의 힘이 있다는 것을 보여주었다. 다음 세대의 작업은 그가 시작한 고고학적 운동의 경계를 계속 넓히는 것이다. 윈은 고대 돌에서 인지활동에 대한 해석을 짜냈고, 그것들은 아직 마르지 않았다.

감사

우리는 이 장에서 귀결된 토론과 아이디어로 귀중한 공헌을 해준 댄 헌트Dan Hunt에게 감사드리고, 논평을 준 익명의 평론가들에게 감사한다.

참고문헌

Boesch, C. (1991). Teaching among wild chimpanzees. *Animal Behaviour, 41*(3), 530–532.

Boiger, M., & Mesquita, B. (2015). A sociodynamic perspective on the construction of emotion. In L. Feldman Barrett & J. A. Russel (Eds.), *The psychological construction of emotion* (pp.

377–398). New York: Guilford Press.

Byrne, R. W., & Whiten, A. (Eds.). (1988). *Machiavellian intelligence: Social expertise and the evolution of intellect in monkeys, apes, and humans*. Oxford, UK: Clarendon Press.

Callaway, E. (2016). Neanderthals built cave structures—and no one knows why. *Nature News*. doi:10.1038/nature.2016.19975

Clark, A., & Chalmers, D. J. (1998). The extended mind. *Analysis, 58*(1), 7–19.

Clark, G. (1969). *World prehistory: A new outline* (2nd ed.). Cambridge, UK: Cambridge University Press.

Clark, J. D., Beyene, Y., WoldeGabriel, G., Hart, W. K., Renne, P. R., Gilbert, H., . . . White, T. D. (2003). Stratigraphic, chronological and behavioural contexts of Pleistocene *Homo sapiens* from Middle Awash, Ethiopia. *Nature, 423*(6941), 747–752.

Corbey, R., Jagich, A., Vaesen, K., & Collard, M. (2016). The Acheulean handaxe: More like a bird's song than a Beatles' tune? *Evolutionary Anthropology: Issues, News, and Reviews, 25*(1), 6–19.

de Mortillet, G. (1872). Classification de l'âge de la pierre. In *Matériaux pour l'histoire primitive et naturelle de l'Homme* (pp. 464–465). Paris: C. Reinwald.

de Villiers, J. (2007). The interface of language and theory of mind. *Lingua, 117*(11), 1858–1878.

Dunbar, R. I. M. (1992). Neocortex size as a constraint on group size in primates. *Journal of Human Evolution, 22*(6), 469–493.

Dunbar, R. I. M. (2004). *The human story: A new history of mankind's evolution*. London: Faber and Faber.

Dunbar, R. I. M. (2007). The social brain and the cultural explosion of the human revolution. In P. Mellars, K. Boyle, O. Bar-Yosef, & C. Stringer (Eds.), *Rethinking the human revolution: New behavioural and biological perspectives on the origin and dispersal of modern humans* (pp. 91–98). Cambridge, UK: McDonald Institute for Archaeological Research.

Dunbar, R. I. M., Gamble, C., & Gowlett, J. A. J. (Eds.). (2010). *Social brain, distributed mind*. London: British Academy.

Dunbar, R. I. M., Gamble, C., & Gowlett, J. A. J. (Eds.). (2014). *Lucy to language: The benchmark papers*. Oxford, UK: Oxford University Press.

Finlayson, C., Brown, K., Blasco, R., Rosell, J., Negro, J. J., Bortolotti, G. R., . . . Llanes, J. M. R. (2012). Birds of a feather: Neanderthal exploitation of raptors and corvids. *PLoS One, 7*(9), 1–9.

Fowler, C. (2016). Relational personhood revisited. *Cambridge Archaeological Journal, 26*(3), 397–412.

Gamble, C. (1982). Interaction and alliance in Palaeolithic society. *Man, 17*, 92–107.

Gamble, C. (2007). *Origins and revolutions: Human identity in earliest prehistory*. Cambridge, UK: Cambridge University Press.

Gamble, C., Gowlett, J. A. J., & Dunbar, R. I. M. (2012). The social brain and the shape of the Palaeolithic. *Cambridge Archaeological Journal, 21*(1), 115–135.

Gaudzinski-Windheuser, S., & Jöris, O. (2015). Contextualising the female image—Symbols for common ideas and communal identity in Upper Palaeolithic societies. In F. Coward, R. Hosfield, M. I. Pope, & F. Wenban-Smith (Eds.), *Settlement, society and cognition in human evolution: Landscapes in mind* (pp. 288–314). Cambridge, UK: Cambridge University Press.

Gibson, J. J. (1986). *The ecological approach to visual perception*. Hillsdale, NJ: Lawrence Erlbaum Associates.

Gosden, C. (2010). The death of the mind. In L. Malafouris & C. Renfrew (Eds.), *The cognitive life of things: Recasting the boundaries of the mind* (pp. 39–46). Cambridge, UK: McDonald Institute for Archaeological Research.

Harmand, S., Lewis, J. E., Feibel, C. S., Lepre, C. J., Prat, S., Lenoble, A., . . . Roche, H. (2015). 3.3-million-year-old stone tools from Lomekwi 3, West Turkana, Kenya. *Nature, 521*(7552), 310–315.

Harris, O. J. T., & Sørensen, T. F. (2010). Rethinking emotion and material culture. *Archaeological Dialogues, 17*(2), 145–163.

Henshilwood, C. S., D'Errico, F., Yates, R., Jacobs, Z., Tribolo, C., Duller, G. A. T., . . . Wintle, A. G. (2002). Emergence of modern human behavior: Middle Stone Age engravings from South Africa. *Science, 295*(5558), 1278–1280.

Jaubert, J., Verheyden, S., Genty, D., Soulier, M., Cheng, H., Blamart, D., . . . Santos, F. (2016). Early Neanderthal constructions deep in Bruniquel Cave in southwestern France. *Nature, 534*(7605), 111–114.

Lakoff, G., & Johnson, M. (1980). *Metaphors we live by*. Chicago, IL: University of Chicago Press.

Leroi-Gourhan, A. (1993). *Gesture and speech*. Cambridge, MA: MIT Press.

Lewis, J. E., & Harmand, S. (2016). An earlier origin for stone tool making: Implications for cognitive evolution and the transition to *Homo*. *Philosophical Transactions of the Royal Society of London. Series B, Biological Sciences, 371*(1698), 1–8.

Lewis, M. D., & Granic, I. (2010). Phases of social–emotional development from birth to school age. In M. Ferrari & L. Vuletic (Eds.), *The developmental relations among mind, brain and education* (pp. 179–212). London: Springer.

Lewis-Williams, D. (2004). *The mind in the cave: Consciousness and the origins of art*. London: Thames & Hudson.

Liddle, B., & Nettle, D. (2006). Higher-order theory of mind and social competence in school-age children. *Journal of Cultural and Evolutionary Psychology, 4*(3/4), 231–244.

LiPuma, E. (1998). Modernity and forms of personhood in Melanesia. In M. Lambek & A. Strathern (Eds.), *Bodies and persons: Comparative perspectives from Africa and Melanesia* (pp. 53–79). Cambridge, UK: Cambridge University Press.

Lycett, S. J., von Cramon-Taubadel, N., & Eren, M. I. (2016). Levallois: Potential implications for learning and cultural transmission capacities. *Lithic Technology, 41*(1), 19–38.

Matsuzawa, T., Humle, T., & Sugiyama, Y. (Eds.). (2014). *The chimpanzees of Bossou and Nimba*. Tokyo: Springer Science & Business Media.

McBrearty, S., & Brooks, A. S. (2000). The revolution that wasn't: A new interpretation of the origin of modern human behavior. *Journal of Human Evolution, 39*(5), 453–563.

McDougall, I., Brown, F. H., & Fleagle, J. G. (2005). Stratigraphic placement and age of modern humans from Kibish, Ethiopia. *Nature, 433*(7027), 733–736.

Miller, D. (2012). *Stuff*. Cambridge, UK: Polity Press.

Mithen, S. J. (1996). *The prehistory of mind: The cognitive origins of art, religion and science*. London: Thames & Hudson.

Morgan, T. J. H., Uomini, N. T., Rendell, L. E., Chouinard-Thuly, L., Street, S. E., Lewis, H. M.,

. . . Laland, K. N. (2015). Experimental evidence for the co-evolution of hominin tool-making teaching and language. *Nature Communications, 6*(6029), 1–18.

Morley, I. R. M. (2014). A multi-disciplinary approach to the origins of music: Perspectives from anthropology, archaeology, cognition and behaviour. *Journal of Anthropological Sciences, 92*, 147–177.

Mussi, M. (2015). Encoding and decoding the message: The case of the Mid Upper Palaeolithic female imagery. In F. Coward, R. Hosfield, M. I. Pope, & F. Wenban-Smith (Eds.), *Settlement, society and cognition in human evolution: Landscapes in mind* (pp. 275–287). Cambridge, UK: Cambridge University Press.

Noble, W., & Davidson, I. (1996). *Human evolution, language, and mind: A psychological and archaeological inquiry*. Cambridge, UK: Cambridge University Press.

Pearce, E., & Dunbar, R. I. M. (2012). Latitudinal variation in light levels drives human visual system size. *Biology Letters, 8*, 90–93.

Pearce, E., Stringer, C. B., & Dunbar, R. I. M. (2013). New insights into differences in brain organization between Neanderthals and anatomically modern humans. *Philosophical Transactions of the Royal Society of London. Series B, Biological Sciences, 280*(1758), 1–7.

Pinker, S. (1997). *How the mind works*. New York: W. W. Norton & Company.

Radovčić, D., Sršen, A. O., Radovčić, J., & Frayer, D. W. (2015). Evidence for Neandertal jewelry: Modified white-tailed eagle claws at Krapina. *PLoS One, 10*(3), 1–14.

Soressi, M. (2016). Archaeology: Neanderthals built underground. *Nature, 534*(7605), 43–44.

Tennie, C., Call, J., & Tomasello, M. (2010). Evidence for emulation in chimpanzees in social settings using the floating peanut task. *PLoS One, 5*, e10544.

Tilley, C. (1999). *Metaphor and material culture*. Oxford, UK: Blackwell.

Wadley, L. (2013). Recognizing complex cognition through innovative technology in Stone Age and Palaeolithic sites. *Cambridge Archaeological Journal, 23*(2), 163–183.

Whitehouse, H., & Lanman, J. A. (2014). The ties that bind us: Ritual, fusion and identification. *Current Anthropology, 55*(6), 674–695.

Wiessner, P. W. (2014). Embers of society: Firelight talk among the Ju/'hoansi Bushmen. *Proceedings of the National Academy of Sciences of the United States of America, 111*(39), 14027–14035.

Wynn, T. (1979). The intelligence of later Acheulean hominids. *Man, 14*, 371–391.

Wynn, T. (1985). Piaget, stone tools and the evolution of human intelligence. *World Archaeology, 17*(1), 32–43.

Wynn, T. (2009). Whither evolutionary cognitive archaeology? In S. A. de Beaune, F. L. Coolidge, & T. Wynn (Eds.), *Cognitive archaeology and human evolution* (pp. 145–149). Cambridge, UK: Cambridge University Press.

Wynn, T., & Coolidge, F. L. (2009). Implications of a strict standard for recognizing modern cognition in prehistory. In S. A. de Beaune, F. L. Coolidge, & T. Wynn (Eds.), *Cognitive archaeology and human evolution* (pp. 117–127). Cambridge, UK: Cambridge University Press.

| 제16장 |

아슐리안 사회적 전달의 진화

Ceri Shipton

서론

인간은 모든 종 중에서 가장 충실도가 높은 사회적 전달을 가지고 있다. 다음 세대의 인간은 이전 세대의 지식과 기술을 유지할 수 있다. 그들은 이것을 서로 공유할 수 있고, 많은 경우 그들을 기반으로 새로운 고도의 지식과 기술을 달성할 수 있다(Tennie, Call, & Tomasello, 2009; Tomasello, 1999). 이러한 문화적 '래칫효과' 또는 누적 문화적 진화는 인간 사회의 주목할 만한 기법 그리고 예술적 능력을 야기시켰다(Dean, Vale, Laland, Flynn, & Kendal, 2014). 누적 문화 진화는 높은 전달 충실도에 매우 의존하며(Lewis & Laland, 2012), 이러한 충실도를 가능하게 하는 것은 모방에 대한 우리의 성향과 언어 교육에 대한 역량이다(Dean, Kendal, Schapiro, Thierry, & Laland, 2012). 이 장에서는 이러한 역량이 약 175만 년 전에 처음 등장하여 가장 오래 생존한 선사시대 문화인 아슐리안 동안 발생했다는 사례를 제시한다(Beyene et al., 2013).

아슐리안의 가장 눈에 띄는 특성은 장수longevity와 편재성ubiquity이다. 그 문화는 150만 년 이상 지속되었다. 희망봉에서 영국까지 그리고 마그레브 대서양 연안에서 히말라야 산기슭까지 발견된다. 그것은 **호모 에렉투스**와 **호모 하이델베르겐시스**를 포함한 여러 호미닌 종에 의해 생산되었다. 이러한 편재성을 설명하는 한 가지 가설은 아슐리안 돌떼기 기법이 유전적으로 결정되었다는 것이다(Corbey, Jagich, Vaesen, & Collard, 2016). 그러나 이것은 특정한 돌 형태에 맞게 제작된 고고학적 기록에서 발견된 여러 가지 돌떼기 기법에 의해 거짓이 된다(예: Sharon, 2007; Shipton, Petraglia, & Paddayya, 2009). 또 다른 가설은 아슐리안 기법이 매우 쉽게 발명되었기 때문에 독특한 다면 도구 형태(주먹도끼와 가로날도끼)가 반복적으로 발견되었다는 것이다(Tennie, Braun, Premo, & McPherron, 2016; Tennie, Premo, Braun, & McPherron, 2017). 그러나 이는 아슐리안의 출현 이전에 아프리카를 떠난 **호모 에렉투스**의 집단이 왜 아슐리안을 발명하지 않았는지(Baena et al., 2010; Mgeladze et al., 2011), 또한 아슐리안 기법의 초기 예가 모두 동아프리카에 있지 않았는지(Beyene et al., 2013; Diez-Martín et al., 2015; Lepre et al., 2011)를 설명하지 못한다. 주먹도끼와 유사한 형식은 선사시대의 다른 시간과 장소에서 발생하지만(예: Moore, 2003), 가로날도끼는 특정 도구 유형으로(Tixier & Inizian, 1983) 아마도 아슐리안에서 독특하고 재발명되지 않은 것으로 보인다. 이러한 가설과는 대조적으로, 여기에서 아슐리안은 우리 자신과 견줄 만한 높은 충실도의 사회적 전달 능력에 의해 뒷받침된 반면, 문화적 보수주의와 낮은 수준의 혁신은 수십만 년 동안 새로운 기법으로 대체되지 않았다는 것을 보장한다는 주장이 있다.

아슐리안 이전 호미닌의 사회적 전달

강력한 사회적 전달은 영장류 가계도에 깊은 선례를 가지고 있다. 우리의 가장 가까운 살아있는 친척인 침팬지는 사회적 전달을 통해 야생에서 가장 복잡한 기법적 기술을 습득한다(Koops, Schöning, Isaji, & Hashimoto, 2015; Luncz, Mundry, & Boesch, 2012). 특히, 이러한 기술에는 두들김 기법이 포함된다. 실험 결과 침팬지는 최종 상태와 이를 달성하는 데 필요한 처리를 모두 복제할 수 있는 것으로 나타났다(Horner, Whiten, Flynn, & De Waal, 2006; Whiten, McGuigan, Marshall-Pescini, & Hopper, 2009). 그러나 침팬지는 우리가 모방하는 것과 같은 성향을 보이지 않는다. 그들은 의도적인 행동 그러나 인과적으로 불투명하거나 무관한 행동을 복제하지 않으며(Lyons, Damrosch, Lin, Macris, & Keil, 2011), 습관적인 행동에서 벗어나는 새로운 행태를 쉽게 모방하지 않는다(Marshall-Pescini & Whiten, 2008a; Tennie, Call, & Tomasello, 2012).

가장 초기의 돌떼기는 지금까지 로메크위Lomekwi의 단일 유적지에서만 알려져 있으며(Harmand et al., 2015; Lewis & Harmand, 2016), 사회적 전달이 어느 정도까지 전달되었는지는 아직 분명하지 않다. 현장에는 최소한 두 가지 종류의 돌떼기가 사용되었는데, 바로 수동 망치와 양극 기법이 그것이다. 수동 망치는 돌을 깨는 가장 간단한 방법 중 하나로 단단한 표면에 부딪혀 돌을 여는 방법이며(Tennie et al., 2017), 인간 이외의 영장류가 잠재적 해결 영역에 있을 가능성이 있다(Savage-Rumbaugh & Fields, 2006; Westergaard & Suomi, 1994). 표적(떼는 몸돌)이 모루 위에 안정되어 손잡이 망치에 부딪히는 양극 격지는 에뮬레이션 저충실도 모방을 통해 전달되는 기법인 침팬지 견과류 깨기(Sakura &

Matsuzawa, 1991)와 유사하다(Marshall-Pescini & Whiten, 2008b; Whiten et al., 2009).

약 260만 년 전에 시작되는 올도완 돌떼기는 침팬지에 의해 증명된 것보다 더 높은 충실도의 사회적 전달을 나타낼 수 있다. 수동 망치는 올도완에서 눈에 띄게 드물거나 없는 기법으로 손만으로 하는 두들김인데, 주로 몸돌과 망치를 모두 손에 쥐는 기법이다. 초기 올도완 유적지에서는 호미닌이 개별 쇄설암의 형태에 따라 타격할 곳과 같은 이 기법의 기본을 숙달한 것으로 보인다(Goldman-Neuman & Hovers, 2009; Stout, Quade, Semaw, Rogers, & Levin, 2005). 올도완 몸돌은 종종 광범위하게 감소했는데, 이는 단순히 다음번 격지 제거 방법을 식별하는 것 외에, 매우 중요한 돌떼기 스키마schema에 대한 지식을 암시하는 행태로, 감쇄 시퀀스를 통해 떼는 오류를 교정하고 날의 각도를 유지할 수 있기 때문이다(Delagnes & Roche, 2005; de la Torre, 2004; Hovers, 2009). 초기 올도완 인공물에는 격지가 떨어지지 않은 채 격지하기에 부적절한 곳에 돌을 맞추는 현대 초보자 돌떼는 자의 특징인 광범위한 타박 자국이 없다(Delagnes & Roche, 2005). 이것은 올도완의 돌떼기에 대한 지식이 시행착오 학습에서 나온 것이 아니라 더 완전히 형성된 상태에서 습득되었다는 것을 시사한다.

실험적인 올도완 돌떼기의 운동학적 분석에 따르면, 전문가와 견습생 모두의 특정 동작에는 큰 개별적 변동성이 있으며 짝을 이룬 전문가와 견습생 사이의 상관관계는 거의 없음을 나타낸다(Parry, Dietrich, & Bril, 2014; Rein, Nonaka, & Bril, 2014). 돌떼는 자 간에 전달되는 것은 특별한 동작은 아니지만, 신체-대상-환경의 전체적인 기능 역학, 즉 몸돌의 적절한 각도, 타격 각도, 타격면에 대한 타격점 그리고 고차원적 돌떼기 전략을 결합할 가능성이 더 높다.

에티오피아 고나Gona의 초기 올도완 지역에서, 모든 현장들은 양날과 외날 격지떼기 둘 다의 예시를 포함하고 있다. 그러나 서로 가까운 두 지역 EG10과 EG12는 외날 격지떼기에 의해 지배되는 반면, 다른 더 먼 지역 OGS7은 양날 격지떼기에 의해 지배된다(Stout, Semaw, Rogers, & Cauche, 2010). 서로 다른 지역에서 전략을 짜는 것에 대한 이러한 편향은 전략이 사회적 전달을 통해 전달되었다는 것을 시사한다. 고나에서 온 올도완 물질의 출현에 익숙한 세 명의 인간 초보 돌떼는 자에게는 돌떼기에 사용되는 지역 바위가 제공되었고, 그 인공물들을 복제하도록 요청했으며, 어떻게 그렇게 할 것인지에 대한 어떠한 지시도 없었다(Stout & Semaw, 2006). 그들의 생산물은 고나 지역 중 한 곳(EG10)의 것과 비교되었다. 그 결과는 실험 초보자들이 EG10 고고학적 표본에서보다 훨씬 더 가변적이라는 것을 보여주었고, 다시 한번 고나 호미닌 사이에서 돌떼기 전략의 사회적 전달을 시사했다.

현대의 돌떼는 자들을 대상으로 한 전달 연쇄 실험은 단순히 격지만 보는 것에서부터 완전한 언어 학습에 이르는 다양한 수준의 사회적 전달이 돌을 쥐고 망치처럼 타격하여 격지를 만들어 내면서 어떤 영향을 미치는지 조사했다(Morgan et al., 2015). 돌떼는 자가 생산할 수 있었던 실행 가능한 플린트 조각(즉, 2cm보다 긴 것)의 수는 연속적인 교육 수준에 따라 증가했다. 기본적인 가르침은 에뮬레이션과 모방 조건에서 실행 가능한 격지 수의 비율에서 상당한 향상을 일으키기에 충분했다. 이 조건에는 학생들이 돌망치나 몸돌에 대해 손으로 쥐는 모양을 형성하고, 학생들이 시연자를 명확히 볼 수 있도록 방향을 지정하는 것이 야생 침팬지들 사이에서 관찰된 것과 유사한 행태로 포함되었다

(Boesch, 1991). 에뮬레이션과 모방 조건에서만 연속적인 전달 반복 사이에 실행 가능한 격지 비율이 개선되었다. 모르간과 동료들Morgan and colleagues(2015)의 실험은 사회적 전달 자산portfolio을 제안한다(Whiten, Horner, Litchfield, & Marshall-Pescini, 2004와 비교하라). 여기에는 초보자가 실행 가능한 격지를 생산할 수 있는 수준에서 올도완을 시작하기에 충분한 기본 가르침이 포함되어 있다. 에뮬레이션과 모방이 기본 가르침에 추가되면, 초보자는 연습으로 기술을 향상시킬 수 있다.

단순한 올도완 기법의 사회적 전달이 현존하는 대형 유인원에 요구됨에도 불구하고, 돌떼기하는 법을 배운 두 마리의 보노보는 그 과제를 빨리할 수 없었고, 반복적인 격려가 없었더라면 포기했을 것이다(Savage-Rumbaugh & Fields, 2006). 이 보노보들은 현재 유능한 돌떼는 자들이지만, 고나Gona 호미닌들과 같은 기술 수준을 달성하지는 못한다(Toth, Schick, & Semaw, 2006). 보노보 손과 손목 형태학에는 **호모 사피엔스**와 올도완 호미닌에 비해 해부학적 제약이 있는 것으로 알려졌으며(Key & Dunmore, 2015; Kivell, 2015; Marzke, 2013), 그 제약은 보노보 모방의 충실도는 두들길 때 몸돌과 돌망치 모두 정확한 방향을 필요로 하기 때문에 돌떼기 기술을 습득하는 능력도 제한할 수 있다. 몸돌과 망치의 타격 올도완에서 문서화된 더 진보된 돌떼기 기법으로[예: 원판형 스키마(de la Torre, 2004), 타격면 유지보수(Delagnes & Roche, 2005), 단계 종료 제거(Hovers, 2009)], 현존하는 비인간 대형 유인원보다 훨씬 더 높은 사회적 전달 충실도를 요구할 수 있다.

아슐리안 사회적 전달

아슐리안의 몇몇 측면은 그것이 올도완보다 더 강력한 사회적 전달을 나타낸다는 것을 시사한다. 여기에는 구세계old world[161]의 대부분에 걸친 주먹도끼와 가로날도끼에 부과된 대칭 형태의 편재성이 포함된다(Wynn, 2000). 완성된 도구 형태의 유지와 다양한 암석 유형에서 창조를 뒷받침하는 다양한 제작방법은 높은 충실도의 모방을 필요로 하며, 이 경우 수단과 목표는 모두 별개의 실체로 간주되고 이들 사이의 대응 관계가 적응되고 유지된다.

레반트의 게셔 베노트 야아코프Gesher Benot Ya'aqov의 80만 년 된 유적지에서, 약 5만 년에 걸쳐 누적된 아슐리안 석기들의 층화가 이루어졌다(Feibel, 2004). 이 복합물들은 이 기간 내내 양날 형태의 크기와 모양이 일정하였고, 격지의 가장 두꺼운 부분인 타격면과 원형을 두들겨서 현무암의 큰 격지에서 지속적으로 생산되었고, 격지 흔은 최소한 횟수로 잔손질했다(Sharon, Alperson-Afil, & Goren-Inbar, 2011). 양날 생산 기법의 이러한 보수주의는 호미닌이 그 지역을 점령했던 약 5만 년 동안 방법과 최종 생산물 모두의 지속적인 사회적 전달을 제안한다.

120만 년 된 것으로 추정되는 인도 이삼퍼 쿼리Isampur Quarry에 있는 매우 온전한 아슐리안 유적지의 기법 구조(Blackwell et al., 2001)는 돌떼기 전달에서 높은 충실도의 모방을 나타낸다. 다른 방법이 가능했음에도 불구하고 대조 유인 제작방법contrasting canalized manufacturing methods은 주먹도끼와 가로날도끼 생산에 사용되었고, 방법과 해당 목표가 함

161 콜럼버스가 신대륙을 발견하기 전까지 알려졌던 아프리카, 유럽, 아시아 대륙을 일컫는다(역자 주).

께 전달되었다(Petraglia, LaPorta, & Paddayya, 1999; Shipton, 2010, 2013; Shipton et al., 2009). 주먹도끼는 중간 두께의 평평한 석판slab을 감쇄시켜 완성된 주먹도끼의 주 평면을 원래 평평한 석판의 밑바탕과 평행하게 하여 제작되었다([그림 16.1]을 보라). 가로날도끼는 두껍고 평평한 석판에서 큰 격지 소재를 쳐서 만들었으며, 바닥 평면에 비스듬히 놓여 있었다. 그러나 소수의 가로날도끼(제작방법이 식별 가능한 36개 중 5개)는 주먹도끼와 동일한 방식으로 만들어졌다(Shipton, 2013). 이것은 얇은 석판을 만들어서 가로날도끼를 만드는 것이 가능했지만, 일반적인 제작 방법은 두꺼운 몸돌을 만들어서 큰 격지의 소재를 타격하는 것이었음을 보여준다. 격지-가로날도끼 감쇄 시퀀스는 몇 가지 준비 단계가 필요했다. 시퀀스에 익숙하지 않은 경우, 이러한 단계 중 일부는 주 타격면을 설정하기 위해 평평한 석판 옆면의 더 작은 격지를 아래로 타격하는 등 목적이 불투명하다([그림 16.2] 참고). 이러한 시퀀스를 전달하려면 방법의 충실도가 높은 모방이 필요하며, 심지어는 과잉모방이 필요할 수도 있다(Shipton & Nielsen, 2015).

아슐리안 과잉모방

이 부분에서는 아슐리안에서의 과잉모방에 관한 주장을 뒷받침하는 새로운 증거가 제시된다. **과잉모방**over-imitation[특히, 자동 인과 코드화automatic causal encoding(Rossano, 2017을 보라)]은 목적이 불분명하거나 단계가 중복된 경우에도 시연자의 모든 의도적인 행동을 복제하려는 인간의 경향을 설명한다(Horner & Whiten, 2005; Lyons et al., 2011; Nielsen, Mushin,

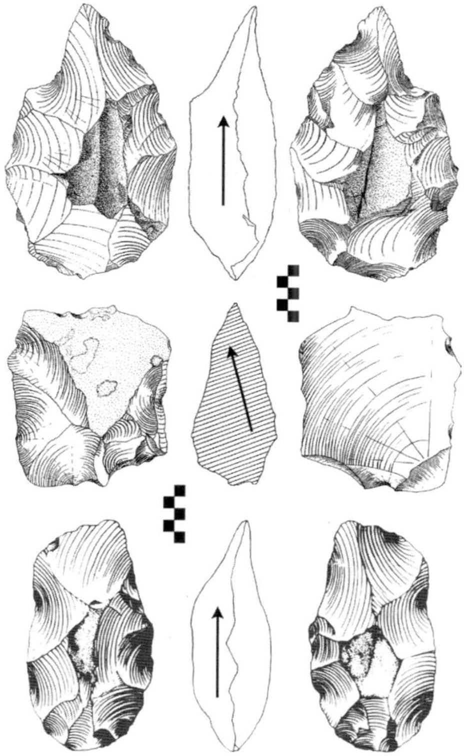

[그림 16.1] 인도의 이삼퍼 쿼리에서 나온 아슐리안 양날 석기

화살표는 도구가 만들어진 원래 평평한 석판의 밑바탕 방향을 나타낸다. 상단: 밑바탕과 평행하게 더 얇은 석판에 제작된 주먹도끼. 양쪽 표면에 있는 평탄한 자연면을 주목하라. 중간: 큰 격지 위에 만들어진 가로날도끼는 두꺼운 석판의 밑바탕 평면에 비스듬히 타격을 받았다. 자연면은 한 표면과 원위부 끝에만 있음을 주목하라. 하단: 밑바탕과 평행하게 더 얇은 석판 위에 만든 가로날도끼. 양쪽 표면에 평탄한 자연면을 주목하라. 저울 막대는 센티미터이다. Paddayya(2007), Evolution within the Acheulian in India: A case study from the Hunsgi and Baichbal Valleys, Karnataka, *Bulletin of the Deccan College Research Institute*에서 인용하였다. Paddayya, Jhaldiyal, and Petraglia(2006), The Acheulian quarry at Isampur, Lower Deccan, India, Axe Age: *Acheulian Tool-Making from Quarry to Discard*, Equinox 그리고 Petraglia and colleagues(1999), The first Acheulian quarry in India: Stone tool manufacture, biface morphology, and behaviors, *Journal of Anthropological Research*에서 인용하였다.

[그림 16.2] 이삼퍼 쿼리에서 나온 두 개의 두꺼운 석판 몸돌

석판 옆면을 타격하여 생긴 작은 흔이 오른쪽 몸돌의 밑면에서 보이는데 이는 타격면을 확보하기 위해 만들어졌다. 이 타격면은 이후에 가로날도끼 소재에 필요한 커다란 격지 제작을 위해 사용되었다. 커다란 흔이 왼쪽 자연면의 윗부분에서 보인다. Paddayya and colleagues(2006), *The Acheulian quarry at Isampur, Lower Deccan, India, Axe Age: Acheulian Tool-Making from Quarry to Discard*, Equinox 그리고 Paddayya(2007), Evolution within the Acheulian in India: A case study from the Hunsgi and Baichbal Valleys, Karnataka, *Bulletin of the Deccan College Research Institute*에서 인용하였다.

Tomaselli, & Whiten, 2014). 인간은 실제로 과제의 인과적 기전을 이해하지 못할 때 더 정확하게 모방한다(Williamson & Markman, 2006). 아슐리안의 과잉모방을 보여주는 네 가지 사례 연구가 제시되어 있다. 인도의 데칸고원에 있는 치르키Chirki와 모가온Morgaon, 남아프리카 카루의 빅토리아 웨스트 페이시즈Victoria West facies 그리고 아프리카 북서부의 타벨발라-타젠기트의 유적지들Tabelbala-Tachengit facies이다.

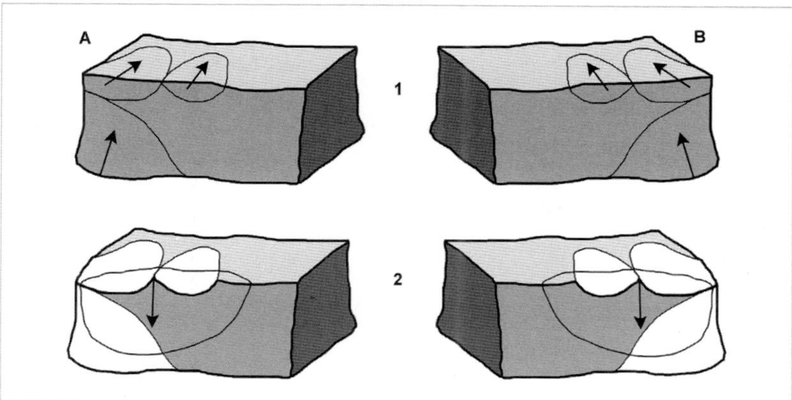

[그림 16.3] 치르키에서 가로날도끼를 생산하기 위한 스키마

(1) 가로날도끼 소재를 위한 가로날도끼 날 흔과 두 면의 타격면 제작을 위해 세 개의 준비 흔이 타격을 받았다. (2) 두 면의 타격면에서 가로날도끼 소재를 타격하였다. (A) 가로날도끼가 일반적으로 치르키에서 생산되는 방식과 (B) 거의 동일한 몸돌 모양에서 똑같이 실행 가능한 거울 버전인데 거의 하지 않은 것으로 보인다. 이미지는 저자 제공.

치르키의 아슐리안 유적지는 우라늄 계열과 고자기연대 추정치 palaeomagnetism age estimates로 각각 35만 년 이상(Kale, 1990)과 78만 년 이상(Sangode, Mishra, Naik, & Deo, 2007) 되었다. 여기 강가에 위치한 호미닌은 지역 현무암으로 주먹도끼와 가로날도끼를 만들었고, 때로는 더 작은 풍화 자갈과 평평한 석판을 성형했으며, 때로는 더 큰 바위의 큰 격지 소재를 타격했다(Corvinus, 1983). 특정 제작 시퀀스는 큰 격지 소재를 생산하여 가로날도끼 제작을 위해 사용되었다. 큰 격지가 주 격지 표면의 한쪽 날에서 처음 제거되었다([그림 16.3] 참고). 몇 센티미터 떨어진 반대쪽 날에는 직교 제거에 의해 두 면 타격면이 설치되었으며 그리고 나서 이 타격면의 주요 표면을 가로질러 큰 격지가 타격을 받았다. 두 번째 큰 격지가 첫 번째 흔을 만난 곳에서, 가로날도끼의 조각이 형성되었다. 따라서 가로날도끼 조각 흔은 가로날도끼 소재 격지와 반대

방향으로 타격을 받았다([그림 16.4] 참고).

치르키 가로날도끼 생산 시퀀스에서, 몸돌의 양쪽은 분명히 큰 격지

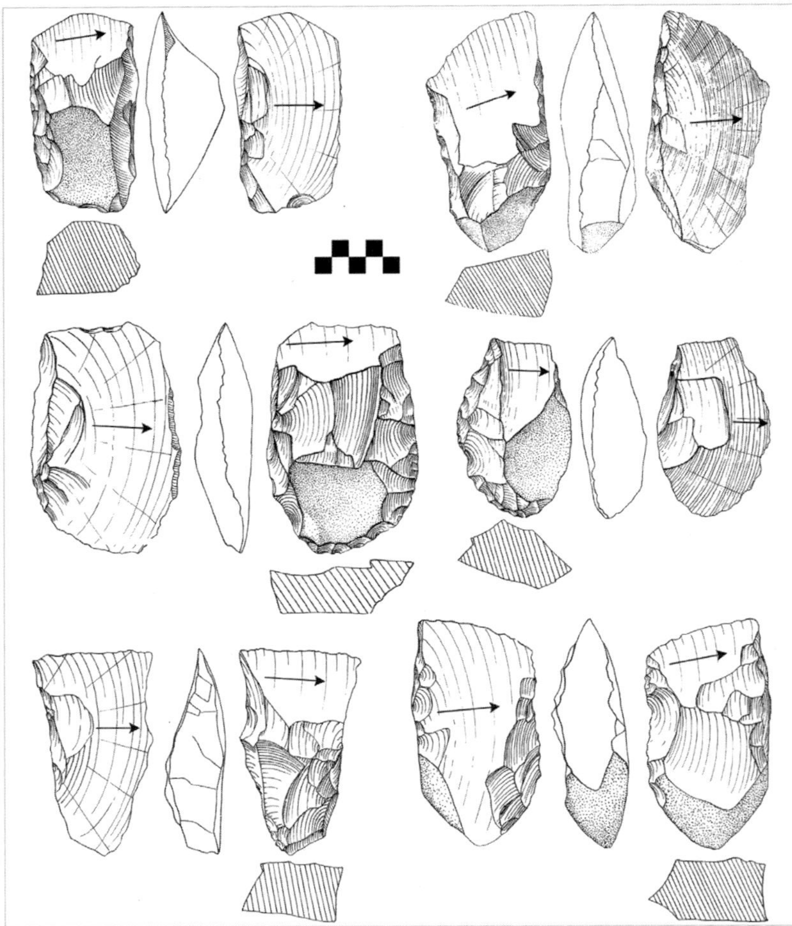

[그림 16.4] 치르키에서 나온 6개의 가로날도끼

코비누스(Corvinus)(1983)가 지적한 바와 같이, 복면에서 볼 때 모두 왼쪽(화살표)의 배면에서 보면 오른쪽에서 타격을 받아 격지가 만들어졌다는 점에 주목하라. 또한 가로날도끼 날을 만드는 데 사용된 준비 격지 흔은 모두 배면을 볼 때 반대 방향인 왼쪽(화살표)에서 타격을 받았다는 점에 주목하라. 이미지는 저자 제공.

를 생산할 수 있었다. 그래서 처리가 현무암 덩어리에 무작위로 대칭되어, 어떤 것은 오른쪽 타격면, 어떤 것은 왼쪽 타격면을 가진 가로날도끼를 만들 수 있었다([그림 16.3] 참고). 그러나 코비누스(1983, p. 40)는 "치르키에 있는 대부분의 가로날도끼들은 (오른쪽에서) 분리되어 있고, 그 오른쪽에 날짐승의 발톱(두 면 타격면)이 있어서 ,이것이 가로날도끼를 생산하는 의도된 방법임이 매우 분명해 보인다"라고 지적했다([그림 16.4]를 보라). 코비누스Corvinus(1983)가 묘사한 57개의 치르키 격지 소재 가로날도끼의 표본에서 소재 타격의 방향을 결정할 수 있었는데(코비누스가 타격 방향을 기술한 것처럼 배면이 아닌 복면에서 보았을 때), 49개는 왼쪽에서, 2개는 오른쪽에서, 2개는 근위부 끝에서였다. 소재 타격의 방향을 결정할 수 있는 치르키 격지 소재 양날 45개의 별도 분석에서(코비누스가 타격 방향을 기술한 것처럼 배면이 아닌 복면에서 보았을 때) 15개는 왼쪽에서, 3개만 오른쪽에서 나왔다(Sharon, 2007). 코비누스의 그림에서와 마찬가지로, 흔 방향이 분명한 32개의 경우 왼쪽에서 그리고 9개의 경우에서 오른쪽에서 타격을 받았다([그림 16.4] 참고). 따라서 치르키에서는 특정하지만 임의적인 순서로 주요 중심면의 반대쪽 날을 떼는 경향이 있었다.

모가온의 유적지는 78만 년 이상 된 것으로 추정된다(Sangode et al., 2007). 여기서 양날 생산은 현무암의 큰 격질로 만들어진 가로날도끼에 거의 전적으로 집중되었다. 격지 소재를 만드는 가장 일반적인 방법은 다른 격지, 심지어 더 큰 격지의 근위부에서 큰 격지를 쳐서 두 개의 복면을 가진 양볼록biconvex 격지를 만드는 것인데, 때로는 '야누스' 격지라고도 한다(Deo, Mishra, Rajaguru, & Ghate, 2007; Mishra et al., 2009). 두 개의 복면이 만나는 격지의 측면 날은 가로날도끼 조각으로 사용되었다([그림 16.5] 참고). 본 장에 대해 분석된 31개의 모가온 가로날도끼의 무

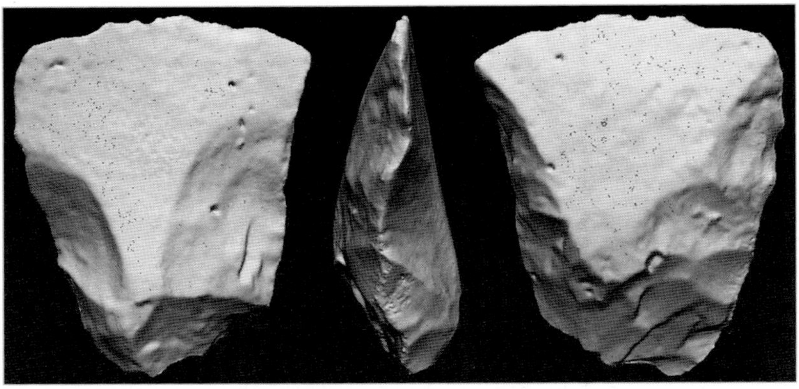

[그림 16.5] 대형 격지의 복면으로부터 격지 소재가 타격받았음을 나타내는 두 개의 복면을 가진 모가온(Morgaon) 가로날도끼

그 조각의 길이는 143mm이다. 두 개의 배면이 서로 만나는 격지의 말단은 가로날도끼 날로 사용되었었다. 이미지는 저자 제공.

작위 표본 중 11개가 두 개의 복면의 흔적을 보존했으며, 이는 모든 아슐리안의 복합물에서 가장 높은 비율 중 하나이다(Sharon, 2007과 비교하라). 이 기법에서 조각을 만드는 데 사용되는 완만한 볼록성이 전체 복면을 덮기 때문에 완성된 가로날도끼를 몸 격지의 축과 관련하여 한 방향 또는 다른 방향으로 향해야 하는 선험적인 이유는 없다. 이 연구를 위해 표본으로 추출된 31개의 모가온 가로날도끼 중 14개에서 격지 소재의 타격 방향을 알 수 있었다. 이 14개의 가로날도끼 중 12개는 왼쪽에서 타격을 받았고(배 표면에서 볼 때), 2개만 오른쪽에서 타격을 받았다([그림 16.6] 참고).

빅토리아 웨스트 기법은 남아프리카에서 알려진 가로날도끼와 주먹도끼 소재를 만드는 특별한 방법이다(Li, Kuman, Lotter, Leader, & Gibbon, 2017; Sharon & Beaumont, 2006). 빅토리아 웨스트 기법에서, 양날 몸돌은 그들의 주변 대부분에 준비되었고, 더 평평한 상부 표면과 가

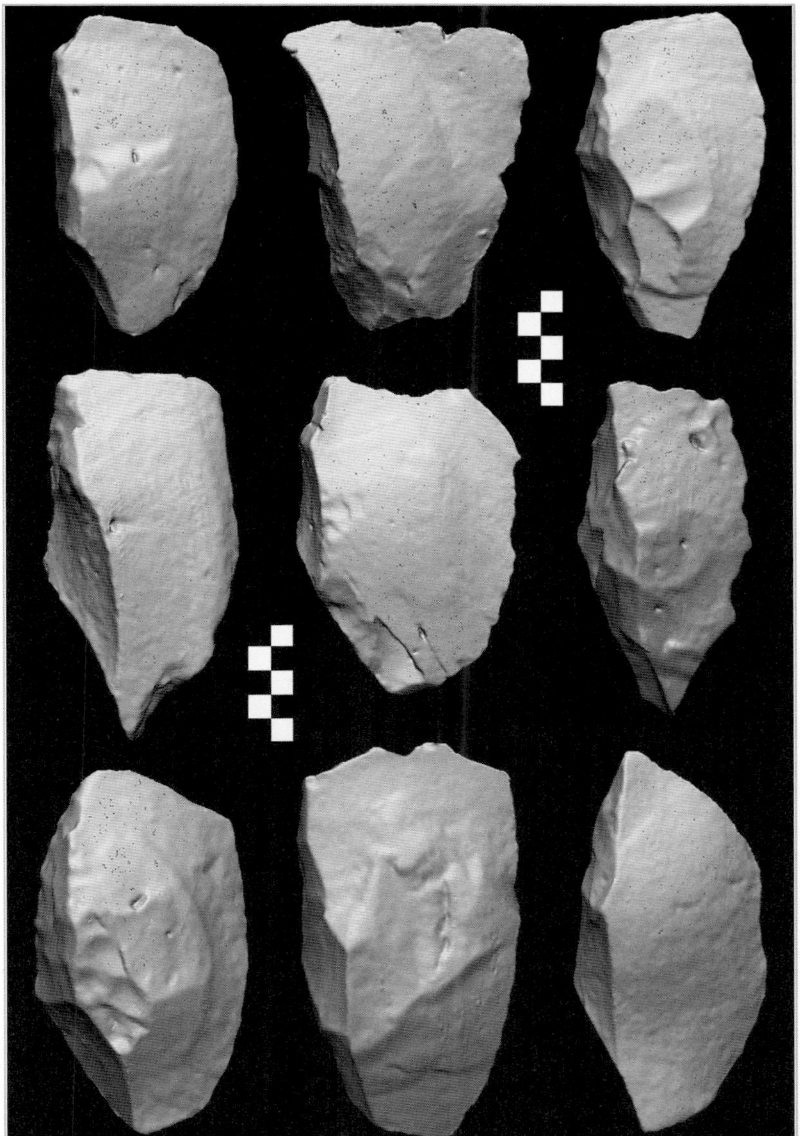

[그림 16.6] 도구 축의 왼쪽으로부터 타격을 받은 소재에서 만들어진 모가온 가로날도끼(복면에서 보았을 때)

이미지는 저자 제공.

파른 반구형 아래 표면을 가지고 있었다(르발루아와 유사함). 몸돌은 측면에 우선 타격을 하였고(르발루아와는 다름), 그 결과 대부분의 상부 표면을 제거한 큰 격지가 양날 소재로 사용되었다. 몸돌은 평면에서 눈물방울 모양이며, 좁은 끝은 완성된 도구의 밑동에 상응한다. 흥미롭게도, 몸돌은 항상 동일한 측면에서 타격을 받았다(Leader, 2014; Li et al., 2017; Sharon & Beaumont, 2006, 또한 [그림 16.7]을 보라). 서로 다른 네 개의 복합물에서, 이것은 양날 자체에 우세한 타격 방향과 일치한다(Sharon & Beaumont, 2006). 소재 타격 방향을 알 수 있는 빅토리아 웨스트 지역의 226개의 격지 양날 중 180개는 왼쪽에서, 46개는 오른쪽

[그림 16.7] 타격면을 보여주는 빈저폰테인(Vingerfontein)의 빅토리아 웨스트 몸돌

선호하는 가로날도끼 격지 소재는 검은색으로 윤곽이 잡힌 격지 소재의 흔과 함께 타격이 되었다. 빅토리아 웨스트 몸돌이 선호하는 격지가 타격받기 전에는 대칭이었던 것처럼 보이지만, 가로날도끼 격지 소재들은 항상 같은 쪽에 타격받았다는 점에 주목하라. 케임브리지대학교 고고학과 인류학 박물관의 허가를 받아 복제되었다. 등록번호 Z.36167.

에서 왔다(Sharon, 2007). 빅토리아 웨스트 몸돌은 가로날도끼 소재를 치기 전에 긴 축에 대해 대칭적이기 때문에, 그들을 다른 쪽보다 한쪽으로 치기 위한 기법적 이유는 없는 것 같다.

아프리카 북서부의 타벨발라-타젠기트Tabelbala-Tachengit 방법은 빅토리아 웨스트(Alimen, 1978; Tixier, 1956, 또한 [그림 16.8]을 보라)와 상당히 유사한 또 다른 복잡한 가로날도끼 소재 생산 전략이다. 두 방법의 주요 차이점 중 하나는 타격면 격리가 빅토리아 웨스트 몸돌은 타격을 받은 모퉁이가 오른쪽이었는데 타벨발-타젠기트 몸돌은 왼쪽이다(Sharon, 2007)([그림 16.9] 참고). 몸돌이 타격면 격리 전에 대략적으로 대칭적이었기 때문에([그림 16.8]의 (C) 참고), 오른쪽 모퉁이가 아닌 왼쪽 모퉁이를 선택해야 하는 선험적인 이유가 다시 없는 것 같다.

특히 인도의 훈스기 V와 예디야푸르 ⅣHunsgi V and Yediyapur Ⅳ와 같이 덜 공식적인 격지 소재 생산 전략에 의존하는 아슐리안 복합물은 특정 타격 방향의 동일한 우위를 보여주지 않는다(Sharon, 2007). 치르키, 모가온, 빅토리아 웨스트 그리고 타벨발라-타젠기트 공작에서 특정 방향에서 타격을 받은 격지 소재의 우세는 상대적으로 복잡한 이러한 돌떼기 전략을 재현하는 데 사회적 전달의 중요성이 증가했기 때문이라고 가정된다. 칸틴 카피Canteen Kopje 유적지에서 빅토리아 웨스트 공작은 약 100만 년 전으로 거슬러 올라가며 점점 복잡해지는 몸돌 준비의 세 단계의 정점으로 보인다(Leader, 2014; Li et al., 2017). 그 후, 기법 복잡성의 증가에 대응하여 아슐리안 단계 동안 과잉모방이 나타났을 수 있다.

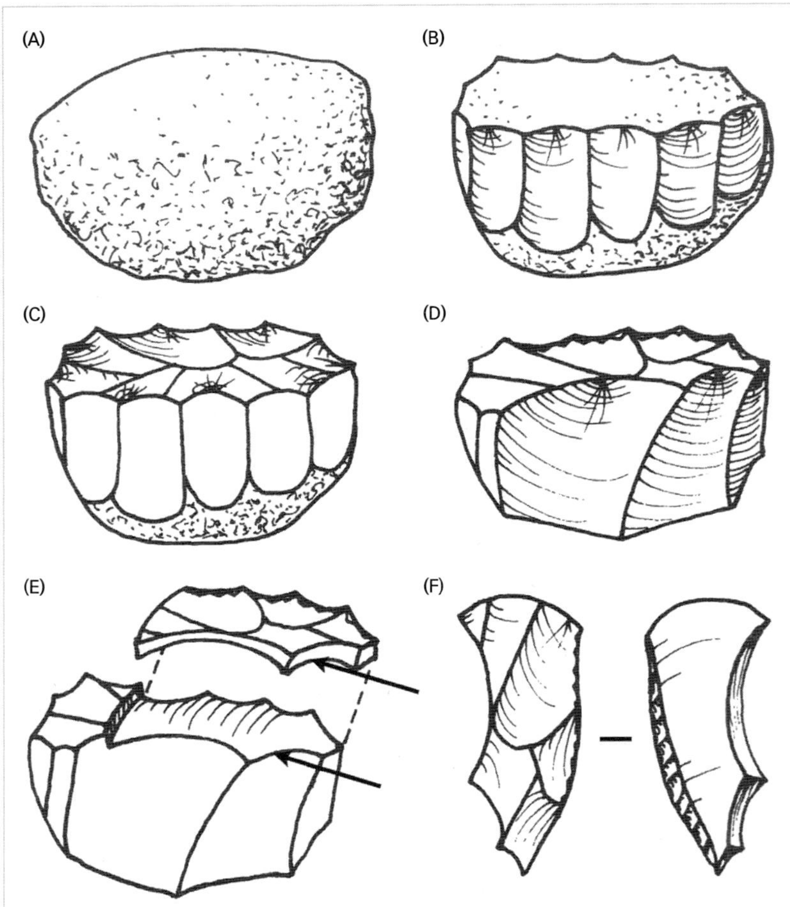

[그림 16.8] 가로날도끼 소재 생산을 위한 타벨발라-타젠기트 방법

A=가공되지 않은 자갈, B=자갈 둘레에 면 생성, C=상부 표면 형성, D=타격면을 격리할 수 있는 큰 격지 흔 세 개, E=가로날도끼 소재를 타격, F=최종 가로날도끼 복면 날을 다듬은 양쪽 측면. Clark(1992), The earlier Stone Age/Lower Palaeolithic in North Africa and the Sahara, *New Light on the Northeast African Past*, Heinrich-Barth-Institut 그리고 Tixier(1956), *Le hachereau dans l'Acheuléen nord-africain*, Société préhistorique française에서 인용하였다.

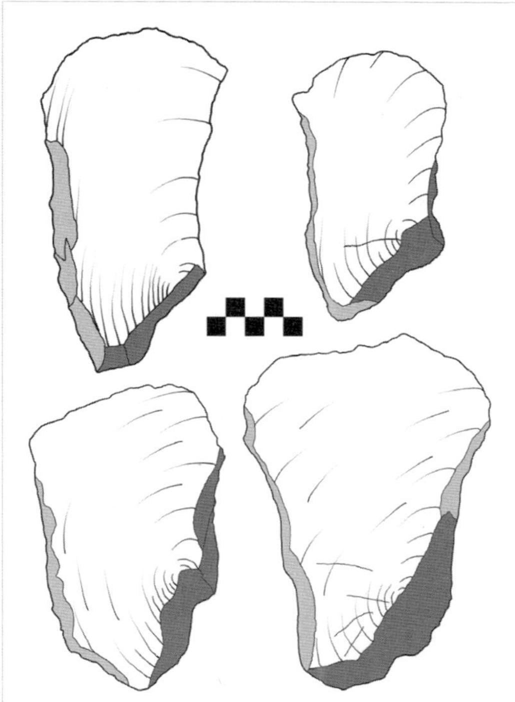

[그림 16.9] 타젠기트(Tachengit)에서 나온 4개의 가로날도끼

진한 회색은 타격면을 나타내고, 연한 회색은 잔손질을 나타낸다. 이들 장치는 모두 복면에서 볼 때 오른쪽 하단 모서리에서 타격을 받았다. 이미지는 저자 제공.

후기 아슐리안 가르침

작업이 대담하고 명확한 복잡한 과제를 복제하는 데는 과잉모방이 충분하다. 예를 들어 타벨발라-타젠기트 방법의 타격면 격리는 몸돌 왼쪽과 근위부 끝의 큰 격지 제거와 관련이 있었다(Alimen, 1978; Tixier, 1956, 또한 [그림 16.8]을 보라). 그러나 후기 아슐리안 (60만 년 전 이하)에 의해, 더 미묘한 타격면 준비가 명백하게 드러났고, 이것은 아마도 관찰만으로는 복제하기 어려운 것일 것이다.

약 50만 년 된 영국 박스그로브 유적지(Pitts & Roberts, 1997)에서는 다면체 타격platform faceting[162] 기법이 뚜렷하다(Stout, Apel, Commander, & Roberts, 2014). 다면체 타격은 일반적으로 길이가 0.25cm 미만인 작은 격지를 양날에서 제거하는 것을 포함한다. 이는 모서리를 뭉툭하게 만들고 양날의 두 표면 사이의 각도를 가파르게 함으로써 날을 강화시키는 역할을 하며(Callahan, 1979), 흔의 여러 다면체는 더 강한 힘을 준다. 그런 다음 이 날은 더 큰 타격력을 견딜 수 있는 타격면으로 사용할 수 있으므로 더 큰 격지가 전달될 수 있다. 이 타격면 준비기법과 관련하여 행해지는 것 그리고 종종 다면체의 과정에서 행해지는 것은 교차평면을 양날의 한 표면 쪽으로 이동시키는 것이다(때로는 '날 돌리기'라고도 한다). 이로 인해 주 타격의 힘이 주 타격에 대한 각도가 아닌 양날의 표면을 가로질러 향하게 되고, 조각의 중앙 또는 그 이상으로 이동하는 침습적 격지가 발생하여 얇아진다(Callahan, 1979). 이 기법은 인도 팻파라Patpara의 최종적인 아슐리안 유적지(Shipton, 2016)에서 문서화되었으며, 박스그로브([그림 16.10] 참고)에서도 입증되었다. 일단 침습성 격지가 부딪히면, 그들은 다면체의 타격면을 제거하고 교차점의 평면을 더 중간 위치로 복원하는 경향이 있다. 침습성 격지떼기는 양날을 가늘게 하고 박스그로브와 같은 후기 아슐리안 유적지에서 확연히 드러나는 더욱 정교한 양날을 뒷받침한다(Coolidge & Wynn, 2009, 또한 [그림 16.10]을 보라).

양날을 과도하게 다듬는 것과 관련된 추가 단계는 기본 양날 돌

162 여러 면의 부분들을 떼어내며 새로운 꼭대기를 만들지 않고 제거해나가는 타격이다(역자 주).

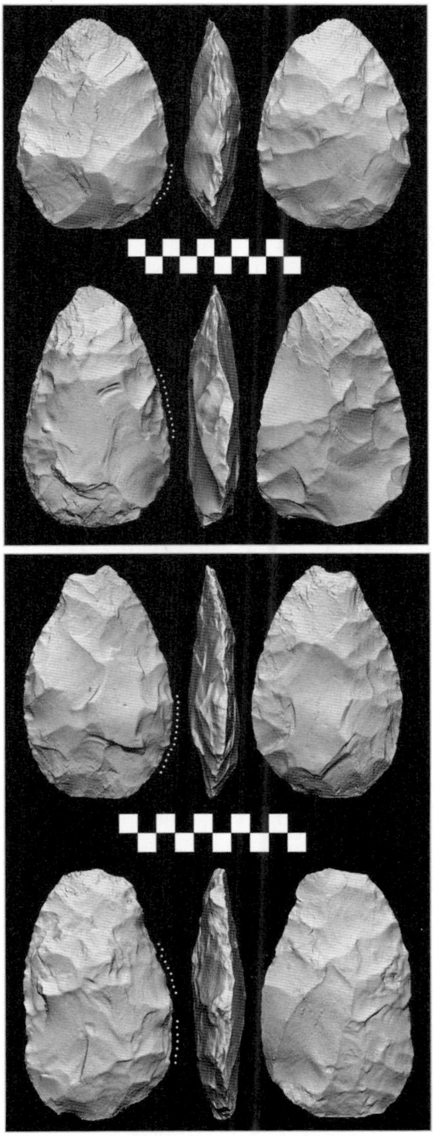

[그림 16.10] 4개의 박스그로브(Boxgrove) 주먹도끼는 있음직한 다면체(점으로 표시)와 한 표면에 대한 교차 상쇄 면을 가지고 있다.

특히 [그림 16.1]과 [그림 16.4]~[그림 16.6]에 표시된 이전의 아슐리안인의 양날과 비교하여, 고도로 침습적인 격지 그리고 조각의 얇고 대칭성을 기록한다. 이미지는 저자 제공.

떼기보다 계층적으로 구성된 하위 목표 수준을 필요로 한다(Muller, Clarkson, & Shipton, 2017). 높은 수준의 하위 목표는 직접적으로 그 목적을 지각하기가 더 어렵고 이해하기도 더 어렵다(Gardenfors & Högberg, 2017). 평가 피드백, 주의 끌기 그리고 시연과 같은 단순한 형태의 교육은 개념의 가르침이 필수적이 되어 침습적 격지 기법을 전달하기에 충분하지 않았을 수 있다(Gardenfors & Högberg, 2017).

타격면 면분할faceting[163]과 교차 면의 상승 과정에서 제거되는 작은 크기의 격지를 고려할 때, 이러한 기법들은 망치의 매우 미묘한 운동만을 포함한다. 그들은 날을 가는 것과 같은 다른 기법과 혼동하기 쉬울 수도 있고 심지어 빗맞은 타격으로 무시될 수도 있다. 또한, 이러한 기법의 중간 효과도 매우 미묘하여 도구의 정밀 검사를 통해서만 볼 수 있다. 모방과 심지어 과잉모방은 무엇이 행해지고 왜 행해지는지에 대한 설명이 필요하기 때문에 이러한 기법들을 호미닌들 사이에서 전달하기에 충분치 않을 것이라는 가설이 있다.

이런 점에서 돌떼는 자로서 크리스 클락슨Chris Clarkson의 경험은 흥미롭다. 그가 말하길, 원칙적으로 이러한 기법들을 알고 있었음에도 불구하고, 그렇게 하는 것을 적극적으로 배우기 전까지는 완전히 활용할 수 없었다. "(전문 돌떼는 자는) 나에게 이론상 알고 있었던 타격면 분리와 날을 돌리는 것에 대해 몇 가지 가치 있는 것들을 보여주었지만, 실제 해보니 정말로 잘 몰랐다(개인 의사소통, 2017)."

주먹도끼 돌떼기에 대한 가르침의 효과를 경험한 적 없는 참가자들을 두 집단으로 나누어 실험하기 위해 외현적으로 디자인된 실험으로,

163 facet은 면을 나눈다는 뜻이다(역자 주).

한 집단은 간단한 몸짓 교육(돌의 돌출 부분을 가리킴)만 하고 다른 집단은 완전한 언어 교육만 한다(Putt, Woods, & Franciscus, 2014). 두 집단에 의해 생산된 주먹도끼는 유사한 품질이었지만, 그들 사이의 주된 차이점은 언어 가르침 집단에서 참가자가 타격면을 준비하는 정도까지만 강사를 복제했다는 것이다. 그 결과, 말로 가르친 집단은 큰 격지를 만들 수 있었고 유사한 결과를 얻기 위한 제거 작업을 적게 했다. 다른 측면에서는 실패한 시도 횟수와 같이 언어 가르침 집단이 사실상 효율성이 떨어졌는데, 이는 그들이 매우 초기 단계의 돌떼기 능력에서 지나치게 야심적으로 타격면 준비를 시도했기 때문일 수 있다(Putt et al., 2014).

후기 아슐리안의 정교한 양날을 만드는 데 사용된 기법 중 일부(특히, 타격면 준비 그리고 교차로 평면 상승)는 너무 섬세하고 숙달하기 어려워서 지나치게 모방하는 것조차 전달에 불충분했을 가능성이 있다. 그러한 기법을 뒷받침하는 개념과 방법을 전달하는 것은 상징적인 지시가 필요한 것 같다. 이 지시는 석기의 특정 세부사항을 참고적으로 분리할 수 있고 이들의 관계를 서로 설명할 수 있다.

아슐리안의 누적 문화 진화?

만약 아슐리안이 다양한 수준의 높은 충실도의 사회적 전달로 특징지어진다면, 그것은 또한 누적 문화적 진화를 증명해야 하는가? 올도완의 돌떼기 레퍼토리(Gowlett, 1986; Roche, 2005)에 아슐리안 초기의 성형이 추가된 것은 누적 문화적 진화의 초기 사례일 수 있다. 고전적인 아슐리안은 표준화된 LF 소재 생산과 더 대칭적인 주먹도끼를 위한 기법을 가지고 있으며(Gallotti & Mussi, 2017; Li et al., 2017; Saragusti, Sharon, Katzenelson, & Avnir, 1998; Texier, 1996), 돌떼기 능력의 추가적인 발전을 나타냈다. 가벼운 망치로 만들어진 후기 아슐리안의 정교한 주먹도끼(Stout et al., 2014)와 여기에 설명된 고급 돌떼기 기술은 전문가 **호모 사피엔스** 돌떼는 자에 의해 오늘날 보이는 수준에 매우 근접했다(Edwards, 2001). 그러나 이러한 변화들은 100만 년 이상 동안 일어났기 때문에, 그것들이 누적 문화적 진화를 대표했을지도 모르지만, 그것의 빙하가 녹는 속도는 여전히 우리 종족의 그것과 매우 달랐다.

높은 충실도의 사회적 전달은 누적 문화적 진화를 위해 필요하지만, 이것이 유일한 요소는 아니다. 딘과 동료들Dean and colleagues(2014)은 인구통계학, 사회구조 그리고 인지를 주요 요인으로 파악했다. 또한, 적은 집단 구성원 수와 더 짧은 삶의 역사가 아슐리안의 문화적 지위에 기여했을 수 있다는 주장도 제안되었다(Nowell & White, 2010). 누적 문화와 관련될 가능성이 높지만, 이후 문화 기간에 비해 아슐리안에서 부족했던 것으로 보이는 인지적 측면이 있다(Shipton et al., 2013). 여기는 **계층적 조직**으로, 순서형 시퀀스로 여러 행태를 구조화하는 능력, **재귀**recursion로 더 큰 시퀀스 내에 별개의 행동 일상을 내장하는 능력 그리고 **생식성**generativity으로 기존의 두 행동을 새로운 것으로 결합하는 능력이 포함된다. 아슐리안에서 중기 구석기시대의 전환은 더 많은 단계를 가진 석기 감쇄 시퀀스(Moncel, Moigne, Sam, & Combier, 2011; Shipton, 2016), 최근 르발루아 같이 재귀적으로 격지떼는 전략(Tryon, McBrearty, & Texier, 2005) 그리고 새로운 개념을 창조하기 위해 기존의 격지떼기 개념과 결합이란 특징이 있었다(White & Ashton, 2003).

결론

사회적 전달은 지식과 기술의 수평적 공유와 세대에 걸친 그들의 수직적 연속성을 둘 다 가능하게 한다. 이와 같이, 그것은 우리 문화 적응의 필수적인 부분이다. 비인간 대형 유인원들은 망치를 이용한 수렵채집 기법을 포함하여 동물세계에서 가장 강력한 사회적 전달을 보여준다. 그러나 인간의 아이들과 달리 다른 유인원들은 의도적이지만, 여분의 행동을 복제하지 않는다.

올도완과 초기 아슐리안의 복잡한 두둘김 기법은 높은 충실도의 사회적 전달에 선택적 프리미엄을 부여했을 수 있다. 모델링은 한 종의 행태 레퍼토리가 클 때만 충실도가 높은 사회적 전달이 진화하며, 공간 탐색은 개별 학습에 의해 이용될 수 있는 정보를 제공하지 않는다는 것을 시사한다(Acerbi, Jacquet, & Tennie, 2012). 올도완에서 아슐리안으로의 이행은 다양한 돌떼는 자 행태의 레퍼토리를 나타내는 몸돌 긁개를 지닌 카라리 공작Karari industry(Harris & Isaac, 1976)[163]과 같은 다양한 새로운 석기 기법으로 특징 지어졌다. 현대의 초보 돌떼는 자를 대상으로 한 실험은 과정을 사회적 관찰 없이 기본적인 손 두들김에서 주먹도끼나 심지어 능력을 생산하는 데 실패했으며(Geribàs, Mosquera, & Vergès, 2010), 개체 학습이 초기 석기시대를 지속하기에 충분할 수 없었다는 것을 보여준다. 올도완과 아슐리안의 돌떼기는 따라서 더 높은 충실도의 모방을 위한 선택적 조건을 만들었을 것이다.

아슐리안의 고전적인 단계에 의해 100만 년 전 어느 시기에 시작되

164 150만 년 전에서 125만 년 전, 케냐 북부 지역 올도완의 전통(역자 주).

면서, 대규모 격지 생산을 위한 표준화된 방법들이 널리 퍼지게 되었다. 여기에서의 일부 단계는 너무 불투명해서 과잉모방을 통해 전달되었을 것이 틀림없다. 이 장에서 설명한 네 가지 예는 모두 중심 몸돌의 특정 측면에서 격지 소재를 타격하는 편향이 있으며, 명확한 기법적 설명이 없다. 인과적으로 불투명한 단계를 가진 복잡한 돌떼기 시퀀스의 과잉 복제는 몸돌의 특정, 외관상 임의적으로 보이는 측면에서 큰 격지 소재를 타격하는 뚜렷한 편향을 야기했을 수 있다.

후기 아슐리안인의 많은 양날은 놀라울 정도로 얇고 대칭적이다. 이 기교를 뒷받침하는 것은 높이 솟은 교차면 위의 면분할 타격면에서 침습적인 격지를 타격할 수 있는 능력이었다. 이러한 타격면 준비는 물리적으로 미묘하고 개념적으로 멀리 떨어져 있으므로, 기법들이 관찰만으로는 전달될 수 없었을 것이다. 그리고 실제로 실험은 간단한 몸짓 교육으로는 충분하지 않다는 것을 보여준다(Putt et al., 2014). 이러한 고급 돌떼기 기법을 전달하려면 상징적인 지시가 필수적일 수 있다. 오늘날 어린이 언어 상호작용의 핵심 발달 기능은 인과적 설명을 제공하는 것이며, 이를 통해 이후에 사용할 수 있는 일반화가 가능하다(Legare & Lombrozo, 2014). 인간 생활사의 독특한 유년기 단계는 인간 언어와 교육 모두에 매우 중요하다(Locke & Bogin, 2006; Nielsen & Shipton, 2015). 유년기가 후기 아슐리안에 의해 새로운 생활사 단계로 부상하고 있었다는 몇 가지 주장들이 있다(De Castro, Rozzi, Martinon-Torres, Pérez, & Rosas, 2003; Robson & Wood, 2008). 아슐리안에서 매우 충실도가 높은 사회적 전달에 대한 증거에도 불구하고, 누적 문화는 미미한 것으로 보인다. 우리 자신과 비교하여, 아슐리안 호미닌은 아이디어를 혼합하는 능력을 뒷받침하는 세 가지 인지적 특성으로 아마도 누적 문화의 발생에 중요한 요소인 계층적 조직, 재귀, 그리고 생산성이 부족했었다. 아이디어를 재조합할 수 있는 현대적인 능력이 없는 높은 충실도의 사회적 전달은 아슐리안인의 특별한 시간적, 지리적 범위의 주요한 요인이었을 것이다.

감사

데칸대학교의 수스마 데오Sushma Deo와 쉴라 미슈라Sheila Mishra는 나에게 모가온Morgaon과 치르키Chirki 복합물을 연구할 수 있도록 관대하게 허락해 주었다. 빈저폰테인 빅토리아 웨스트 몸돌 Vingerfontein Victoria West core을 사진 촬영하도록 해준 케임브리지 고고학과 인류학 박물관의 이모제 건Imogen Gunn에게도 감사드린다. 박스그로브 양날 소장품들에 접근하게 해준 대영박물관에도 감사드린다.

참고문헌

Acerbi, A., Jacquet, P. O., & Tennie, C. (2012). Behavioral constraints and the evolution of faithful social learning. *Current Zoology, 58*(2), 307–318.

Alimen, M. H. (1978). *L'évolution de l'Acheuléen au Sahara nord-occidental: Saoura, Ougarta, Tabelbala*. Paris: Éditions CNRS.

Baena, J., Lordkipanidze, D., Cuartero, F., Ferring, R., Zhvania, D., Martín, D., . . . Rubio, D. (2010). Technical and technological complexity in the beginning: The study of Dmanisi lithic assemblage. *Quaternary International, 223*, 45–53.

Beyene, Y., Katoh, S., WoldeGabriel, G., Hart, W. K., Uto, K., Sudo, M., . . . Asfaw, B. (2013). The characteristics and chronology of the earliest Acheulean at Konso, Ethiopia. *Proceedings of the National Academy of Sciences of the United States of America, 110*(5), 1584–1591.

Blackwell, B. A. B., Fevrier, S., Blickstein, J. I. B., Paddayya, K., Perraglia, M., Jhaldiyal, R., & Skinner, A. R. (2001). ESR dating of an Acheulean quarry site at Isampur, India. *Journal of Human Evolution, 40*(3), A3.

Boesch, C. (1991). Teaching among wild chimpanzees. *Animal Behaviour, 41*(3), 530–532.

Callahan, E. (1979). *The basics of biface knapping in the eastern fluted point tradition: A manual for flintknappers and lithic analysts.* Bethlehem, CT: Eastern States Archeological Federation.

Clark, J. D. (1992). The Earlier Stone Age/Lower Palaeolithic in North Africa and the Sahara. In F. Klees & R. Kuper (Eds.), *New light on the Northeast African past: Current prehistoric research: Contributions to a symposium, Cologne 1990* (pp. 17–37). Köln, Germany: Heinrich-Barth-Institut.

Coolidge, F. L., & Wynn, T. (2009). *The rise of* Homo sapiens: *The evolution of modern thinking.* Oxford, UK: Wiley-Blackwell.

Corbey, R., Jagich, A., Vaesen, K., & Collard, M. (2016). The Acheulean handaxe: More like a bird's song than a Beatles' tune? *Evolutionary Anthropology: Issues, News, and Reviews, 25*(1), 6–19.

Corvinus, G. (1983). *A survey of the Pravara River system in western Maharashtra, India: Volume 2, The excavations of the Acheulian site of Chirki-on-Pravara, India.* Tübingen, Germany: Institut für Urgeschichte.

Dean, L. G., Kendal, R. L., Schapiro, S. J., Thierry, B., & Laland, K. N. (2012). Identification of the social and cognitive processes underlying human cumulative culture. *Science, 335*(6072), 1114–1118.

Dean, L. G., Vale, G. L., Laland, K. N., Flynn, E. G., & Kendal, R. L. (2014). Human cumulative culture: A comparative perspective. *Biological Reviews, 89*(2), 284–301.

de la Torre, I. (2004). Omo revisited: Evaluating the technological skills of Pliocene hominids. *Current Anthropology, 45*(4), 439–465.

Deo, S. G., Mishra, S., Rajaguru, S. N., & Ghate, S. (2007). Antiquity of Acheulian culture in upland Maharasthra: A geoarchaeological approach. In A. R. Sankjhyan & V. R. Rao (Eds.), *Human origins, genome, & people of India: Genomic, palaeontological & archaeological perspectives* (pp. 292–308). Calcutta: Concept Publishers.

Diez-Martín, F., Yustos, P. S., Uribelarrea, D., Baquedano, E., Mark, D. F., Mabulla, A. Z. P., . . . Domínguez-Rodrigo, M. (2015). The origin of the Acheulean: The 1.7 million-year-old site of FLK West, Olduvai Gorge (Tanzania). *Scientific Reports, 5*(17839), 1–9.

Edwards, S. W. (2001). A modern knapper's assessment of the technical skills of the Late Acheulean biface workers at Kalambo Falls. In J. D. Clark (Ed.), *Kalambo Falls prehistoric site* (Vol. 3, pp. 605–611). Cambridge, UK: Cambridge University Press.

Feibel, C. S. (2004). Quaternary lake margins of the Levant Rift Valley. In N. Goren-Inbar & J. D. Speth (Eds.), *Human paleoecology in the Levantine Corridor* (pp. 21–36). Oxford, UK: Oxbow Books.

Gallotti, R., & Mussi, M. (2017). Two Acheuleans, two humankinds: From 1.5 to 0.85 Ma at Melka Kunture (Upper Awash, Ethiopian highlands). *Journal of Anthropological Sciences, 95*, 1–46.

Gärdenfors, P., & Högberg, A. (2017). The archaeology of teaching and the evolution of *Homo docens. Current Anthropology, 58*(2), 188–208.

docens. *Current Anthropology, 58*(2), 188–208.

Geribàs, N., Mosquera, M., & Vergès, J. M. (2010). What novice knappers have to learn to become expert stone toolmakers. *Journal of Archaeological Science, 37*(11), 2857–2870.

Goldman-Neuman, T., & Hovers, E. (2009). Methodological considerations in the study of Oldowan raw material selectivity: Insights from AL 894 (Hadar, Ethiopia). In E. Hovers & D. R. Braun (Eds.), *Interdisciplinary approaches to the Oldowan* (pp. 71–84). Dordrecht, The Netherlands: Springer Science + Business Media.

Gowlett, J. A. J. (1986). Culture and conceptualisation: The Oldowan-Acheulian gradient. In G. N. Bailey & P. Callow (Eds.), *Stone Age prehistory: Studies in memory of Charles McBurney* (pp. 243–260). Cambridge, UK: Cambridge University Press.

Harmand, S., Lewis, J. E., Feibel, C. S., Lepre, C. J., Prat, S., Lenoble, A., . . . Roche, H. (2015). 3.3-million-year-old stone tools from Lomekwi 3, West Turkana, Kenya. *Nature, 521*(7552), 310–315.

Harris, J. W. K., & Isaac, G. L. (1976). The Karari industry: Early Pleistocene archaeological evidence from the terrain east of Lake Turkana, Kenya. *Nature, 262*(5564), 102–107.

Horner, V., & Whiten, A. (2005). Causal knowledge and imitation/emulation switching in chimpanzees (*Pan troglodytes*) and children (*Homo sapiens*). *Animal Cognition, 8*(3), 164–181.

Horner, V., Whiten, A., Flynn, E. G., & De Waal, F. B. M. (2006). Faithful replication of foraging techniques along cultural transmission chains by chimpanzees and children. *Proceedings of the National Academy of Sciences of the United States of America, 103*(37), 13878–13883. Institute Press.

Kale, V. S. (1990). Time-scale of landscape development in the Deccan Plateau. *Tropical Geomorphology Newsletter, 10*, 4–5.

Key, A. J. M., & Dunmore, C. J. (2015). The evolution of the hominin thumb and the influence exerted by the non-dominant hand during stone tool production. *Journal of Human Evolution, 78*, 60–69.

Kivell, T. L. (2015). Evidence in hand: Recent discoveries and the early evolution of human manual manipulation. *Philosophical Transactions of the Royal Society of London. Series B, Biological Sciences, 370*(1682), 20150105.

Koops, K., Schöning, C., Isaji, M., & Hashimoto, C. (2015). Cultural differences in ant-dipping tool length between neighbouring chimpanzee communities in Kalinzu, Uganda. *Scientific Reports, 5*(12456), 1–8.

Leader, G. M. (2014). *New excavations at Canteen Kopje, Northern Cape Province, South Africa: A technological comparison of three earlier Acheulean assemblages with new interpretations on the Victoria West phenomenon*. Doctoral thesis, University of the Witwatersrand, Johannesburg, South Africa.

Legare, C. H., & Lombrozo, T. (2014). Selective effects of explanation on learning during early childhood. *Journal of Experimental Child Psychology, 126*, 198–212.

Lepre, C. J., Roche, H., Kent, D. V, Harmand, S., Quinn, R. L., Brugal, J.-P., . . . Feibel, C. S. (2011). An earlier origin for the Acheulian. *Nature, 477*(7362), 82–85.

Lewis, H. M., & Laland, K. N. (2012). Transmission fidelity is the key to the build-up of cumulative culture. *Philosophical Transactions of the Royal Society of London. Series B, Biological*

Sciences, 367(1599), 2171–2180.

Lewis, J. E., & Harmand, S. (2016). An earlier origin for stone tool making: Implications for cognitive evolution and the transition to *Homo*. *Philosophical Transactions of the Royal Society of London. Series B, Biological Sciences, 371*(1698), 1–8.

Li, H., Kuman, K., Lotter, M. G., Leader, G. M., & Gibbon, R. J. (2017). The Victoria West: Earliest prepared core technology in the Acheulean at Canteen Kopje and implications for the cognitive evolution of early hominids. *Royal Society Open Science, 4*(6), 170288.

Locke, J. L., & Bogin, B. (2006). Language and life history: A new perspective on the development and evolution of human language. *Behavioral and Brain Sciences, 29*(3), 259–280.

Luncz, L. V, Mundry, R., & Boesch, C. (2012). Evidence for cultural differences between neighbouring chimpanzee communities. *Current Biology, 22*(10), 922–926.

Lyons, D. E., Damrosch, D. H., Lin, J. K., Macris, D. M., & Keil, F. C. (2011). The scope and limits of overimitation in the transmission of artefact culture. *Philosophical Transactions of the Royal Society of London. Series B, Biological Sciences, 366*(1567), 1158–1167.

Marshall-Pescini, S., & Whiten, A. (2008a). Chimpanzees (*Pan troglodytes*) and the question of cumulative culture: An experimental approach. *Animal Cognition, 11*(3), 449–456.

Marshall-Pescini, S., & Whiten, A. (2008b). Social learning of nut-cracking behavior in East African sanctuary-living chimpanzees (*Pan troglodytes schweinfurthii*). *Journal of Comparative Psychology, 122*(2), 186–194.

Marzke, M. W. (2013). Tool making, hand morphology and fossil hominins. *Philosophical Transactions of the Royal Society of London. Series B, Biological Sciences, 368*(1630), 20120414.

Mgeladze, A., Lordkipanidze, D., Moncel, M.-H., Despriée, J., Chagelishvili, R., Nioradze, M., & Nioradze, G. (2011). Hominin occupations at the Dmanisi site, Georgia, Southern Caucasus: Raw materials and technical behaviors of Europe's first hominins. *Journal of Human Evolution, 60*(5), 571–596.

Mishra, S., Deo, S. G., Abbas, R., Naik, S., Shete, G., Agrawal, N., & Rajaguru, S. N. (2009). Excavations at the early Acheulian site of Morgaon, Maharashtra (2000–2007). In *Recent research trends in South Asian archaeology* (pp. 121–137). Pune: Deccan College Post Graduate and Research Institute.

Moncel, M.-H., Moigne, A.-M., Sam, Y., & Combier, J. (2011). The emergence of Neanderthal technical behavior: New evidence from Orgnac 3 (Level 1, MIS 8), southeastern France. *Current Anthropology, 52*(1), 37–75.

Moore, M. W. (2003). Australian aboriginal biface reduction techniques on the Georgina River, Camooweal, Queensland. *Australian Archaeology, 56*(1), 22–34.

Morgan, T. J. H., Uomini, N. T., Rendell, L. E., Chouinard-Thuly, L., Street, S. E., Lewis, H. M., . . . Laland, K. N. (2015). Experimental evidence for the co-evolution of hominin tool-making teaching and language. *Nature Communications, 6*(6029), 1–18.

Muller, A., Clarkson, C., & Shipton, C. (2017). Measuring behavioral and cognitive complexity in lithic technology throughout human evolution. *Journal of Anthropological Archaeology, 48*, 166–180.

Nielsen, M., Mushin, I., Tomaselli, K., & Whiten, A. (2014). Where culture takes hold: "Overimitation" and its flexible deployment in Western, Aboriginal, and Bushmen children. *Child Development, 85*(6), 2169–2184.

Nielsen, M., & Shipton, C. (2015). Childhood and the evolution of higher-effort teaching. *Behavioral and Brain Sciences, 38*, 34–35.

Nowell, A., & White, M. J. (2010). Growing up in the Middle Pleistocene: Life history strategies and their relationship to Acheulian industries. In A. Nowell & I. Davidson (Eds.), *Stone tools and the evolution of human cognition* (pp. 67–82). Boulder, CO: University Press of Colorado.

Paddayya, K. (2007). Evolution within the Acheulian in India: A case study from the Hunsgi and Baichbal Valleys, Karnataka. *Bulletin of the Deccan College Research Institute, 66*, 95–111.

Paddayya, K., Jhaldiyal, R., & Petraglia, M. D. (2006). The Acheulian quarry at Isampur, Lower Deccan, India. In N. Goren-Inbar & G. Sharon (Eds.), *Axe age: Acheulian tool-making from quarry to discard* (pp. 45–73). London: Equinox.

Parry, R., Dietrich, G., & Bril, B. (2014). Tool use ability depends on understanding of functional dynamics and not specific joint contribution profiles. *Frontiers in Psychology, 5*, 1–15.

Petraglia, M. D., LaPorta, P., & Paddayya, K. (1999). The first Acheulian quarry in India: Stone tool manufacture, biface morphology, and behaviors. *Journal of Anthropological Research, 55*(1), 39–70.

Pitts, M. W., & Roberts, M. B. (1997). *Fairweather Eden: Life in Britain half a million years ago as revealed by the excavations at Boxgrove.* London: Random House.

Putt, S. S., Woods, A. D., & Franciscus, R. G. (2014). The role of verbal interaction during experimental bifacial stone tool manufacture. *Lithic Technology, 39*(2), 96–112.

Rein, R., Nonaka, T., & Bril, B. (2014). Movement pattern variability in stone knapping: Implications for the development of percussive traditions. *PloS One, 9*(11), e113567.

Robson, S. L., & Wood, B. A. (2008). Hominin life history: Reconstruction and evolution. *Journal of Anatomy, 212*(4), 394–425.

Roche, H. (2005). From simple flaking to shaping: Stone knapping evolution among early hominins. In V. Roux & B. Bril (Eds.), *Stone knapping: The necessary conditions for a uniquely hominin behaviour* (pp. 35–48). Cambridge, UK: McDonald Institute for Archaeological Research.

Rossano, M. J. (2017). Cognitive fluidity and Acheulean over-imitation. *Cambridge Archaeological Journal, 27*(3), 495–509.

Sakura, O., & Matsuzawa, T. (1991). Flexibility of wild chimpanzee nut-cracking behavior using stone hammers and anvils: An experimental analysis. *Ethology, 87*(3-4), 237–248.

Sangode, S. J. S., Mishra, S., Naik, S., & Deo, S. G. (2007). Magnetostratigraphy of the Quaternary sediments associated with some Toba tephra and Acheulian artefact bearing localities in the western and central India. *Gondwana Magazine, 10*, 111–121.

Saragusti, I., Sharon, I., Katzenelson, O., & Avnir, D. (1998). Quantitative analysis of the symmetry of artefacts: Lower Paleolithic handaxes. *Journal of Archaeological Science, 25*(8), 817–825.

Savage-Rumbaugh, E. S., & Fields, W. M. (2006). Rules and tools: Beyond anthropomorphism. In N. P. Toth & K. D. Schick (Eds.), *The Oldowan: Case studies into the earliest Stone Age* (pp. 223–241). Gosport, IN: Stone Age Institute Press.

Sharon, G. (2007). *Acheulian large flake industries: Technology, chronology, and significance.* Oxford, UK: Archaeopress.

Sharon, G., Alperson-Afil, N., & Goren-Inbar, N. (2011). Cultural conservatism and variability in the Acheulian sequence of Gesher Benot Ya'aqov. *Journal of Human Evolution, 60*(4), 387–397.

Sharon, G., & Beaumont, P. B. (2006). Victoria West: A highly standardized prepared core technology. In N. Goren-Inbar & G. Sharon (Eds.), *Axe age: Acheulian tool-making from quarry to discard* (pp. 181–199). London: Equinox.

Shipton, C. (2010). Imitation and shared intentionality in the Acheulean. *Cambridge Archaeological Journal, 20*(2), 197–210.

Shipton, C. (2013). *A million years of hominin sociality and cognition: Acheulean bifaces in the Hunsgi-Baichbal Valley, India*. Oxford, UK: Archaeopress.

Shipton, C. (2016). Hierarchical organization in the Acheulean to Middle Palaeolithic transition at Bhimbetka, India. *Cambridge Archaeological Journal, 26*(4), 601–618.

Shipton, C., Clarkson, C., Pal, J. N., Jones, S. C., Roberts, R. G., Harris, C., . . . Petraglia, M. D. (2013). Generativity, hierarchical action and recursion in the technology of the Acheulean to Middle Palaeolithic transition: A perspective from Patpara, the Son Valley, India. *Journal of Human Evolution, 65*(2), 93–108.

Shipton, C., & Nielsen, M. (2015). Before cumulative culture. *Human Nature, 26*(3), 331–345.

Shipton, C., Petraglia, M. D., & Paddayya, K. (2009). Stone tool experiments and reduction methods at the Acheulean site of Isampur Quarry, India. *Antiquity, 83*(321), 769–785.

Stout, D., Apel, J., Commander, J., & Roberts, M. B. (2014). Late Acheulean technology and cognition at Boxgrove, UK. *Journal of Archaeological Science, 41*, 576–590.

Stout, D., Quade, J., Semaw, S., Rogers, M. J., & Levin, N. E. (2005). Raw material selectivity of the earliest stone toolmakers at Gona, Afar, Ethiopia. *Journal of Human Evolution, 48*(4), 365–380.

Stout, D., & Semaw, S. (2006). Knapping skill of the earliest stone toolmakers: Insights from the study of modern human novices. In N. P. Toth & K. D. Schick (Eds.), *The Oldowan: Case studies into the earliest Stone Age* (pp. 307–320). Gosport, IN: Stone Age Institute Press.

Stout, D., Semaw, S., Rogers, M. J., & Cauche, D. (2010). Technological variation in the earliest Oldowan from Gona, Afar, Ethiopia. *Journal of Human Evolution, 58*(6), 474–491.

Tennie, C., Braun, D. R., Premo, L. S., & McPherron, S. P. (2016). The island test for cumulative culture in the Paleolithic. In M. N. Haidle, N. J. Conard, & M. Bolus (Eds.), *The nature of culture: Based on an interdisciplinary symposium "The nature of culture", Tübingen, Germany* (pp. 121–133). Dordrecht, The Netherlands: Springer Science + Business Media.

Tennie, C., Call, J., & Tomasello, M. (2009). Ratcheting up the ratchet: On the evolution of cumulative culture. *Philosophical Transactions of the Royal Society of London. Series B, Biological Sciences, 364*(1528), 2405–2415.

Tennie, C., Call, J., & Tomasello, M. (2012). Untrained chimpanzees (*Pan troglodytes schweinfurthii*) fail to imitate novel actions. *PloS One, 7*(8), e41548.

Tennie, C., Premo, L. S., Braun, D. R., & McPherron, S. P. (2017). Early stone tools and cultural transmission: Resetting the null hypothesis. *Current Anthropology, 58*(5), 652–672.

Texier, P.-J. (1996). L'Acheuléen d'Isenya (Kenya), approche expérimentale des principales chaînes opératoires lithiques. In *La vie prehistorique* (pp. 58–63). Paris: Société préhistorique française.

Tixier, J. (1956). Le hachereau dans l'Acheuléen nord-africain. Notes typologiques. In *Congrès préhistorique de France: Compte rendu de la XV session: Poitiers-Angouleme 15–22 juillet 1956* (pp. 914–923). Paris: Société préhistorique française.

Tixier, J., & Inizian, M.-L. (1983). *Préhistoire de la pierre taillée. 1. Terminologie et technologie.*

Paris: Valbonne.

Tomasello, M. (1999). The human adaptation for culture. *Annual Review of Anthropology, 28*(1), 509–529.

Toth, N. P., Schick, K. D., & Semaw, S. (2006). A comparative study of the stone tool-making skills of Pan, Australopithecus, and Homo sapiens. In N. P. Toth & K. D. Schick (Eds.), *The Oldowan: case studies into the earliest Stone Age* (pp. 155–222). Gosport IN: The Stone Age Institute Press.

Tryon, C. A., McBrearty, S., & Texier, P.-J. (2005). Levallois lithic technology from the Kapthurin Formation, Kenya: Acheulian origin and Middle Stone Age diversity. *African Archaeological Review, 22*(4), 199–229.

Westergaard, G. C., & Suomi, S. J. (1994). A simple stone-tool technology in monkeys. *Journal of Human Evolution, 27*(5), 399–404.

White, M. J., & Ashton, N. M. (2003). Lower Palaeolithic core technology and the origins of the Levallois method in North-Western Europe. *Current Anthropology, 44*(4), 598–609.

Whiten, A., Horner, V., Litchfield, C. A., & Marshall-Pescini, S. (2004). How do apes ape? *Animal Learning & Behavior, 32*(1), 36–52.

Whiten, A., McGuigan, N., Marshall-Pescini, S., & Hopper, L. M. (2009). Emulation, imitation, over-imitation and the scope of culture for child and chimpanzee. *Philosophical Transactions of the Royal Society of London. Series B, Biological Sciences, 364*(1528), 2417–2428.

Williamson, R. A., & Markman, E. M. (2006). Precision of imitation as a function of preschoolers' understanding of the goal of the demonstration. *Developmental Psychology, 42*(4), 723–731.

Wynn, T. (2000). Symmetry and the evolution of the modular linguistic mind. In P. Carruthers & A. Chamberlain (Eds.), *Evolution and the human mind: Modularity, language and meta-cognition* (pp. 113–139). Cambridge, UK: Cambridge University Press.

| 제17장 |

어둠 속에서 돌떼기

석기와 마음이론

James Cole

서론

구석기시대의 고고학적 기록은 연구원들이 우리 호미닌 선조들의 행태와 인지 능력을 평가할 수 있는 주요한 수단으로 남아 있다. 구석기시대는 약 330만 년 전부터 1만 년 전까지의 기간을 포함한다(Harmand et al., 2015). 이 석기시대의 대부분은 정의상 석기에 초점을 맞추고 있다. 돌이 아닌 인공물들은 몇 가지 예외가 있기는 하지만 일반적으로 잘 보존되지 않기 때문이다(Thieme, 1997; Warren, 1911). 비교를 하자면, 다양한 호미닌 종에 의해 만들어지거나 변형된 유기 인공물에 대한 지난 12만 년의 기록은 비범한 것으로 입증되었다(예: d'Errico, Henshilwood, Vanhaeren, & van Niekerk, 2005; Radovčić, Sršen, Radovčić, & Frayer, 2015; Vanhaeren et al., 2006; Zilhão et al., 2010). 우리 종족의 오랜 기원에 관심이 있는 연구원들은 구석기 인공물들의 호미닌 제작자들의 틀을 형성하는 사회적, 물리적 경관을 생각하고, 행동하고, 관여하는 방식을 이해하고자 하는 열망으로 뭉쳤다.

이와 같이, 이론적이고 경험적인 연구의 오랜 역사(이 문헌의 작은 샘플은 Davidson & Noble, 1993; Gowlett, 1979, 1996; Gowlett, Gamble, & Dunbar, 2012; Stout, 2011; Wynn, 1979, 1981, 1985, 1991, 2002)로 인공물 제작이 선사시대 마음의 작용을 어떻게 조명할 수 있는가에 대한 모델을 찾으려고 노력해왔다(그러나 Stout, Hecht, Khreisheh, Bradley, & Chaminade, 2015는 유용한 반대 관점을 가지고 있다). 이러한 모델은 종종 원재료 선택, 관리, 이동과 돌떼기 감쇄 시퀀스, 성형, 정교함의 복잡성, 사용 그리고 폐기 등 인공물 제작의 **작업순서분석**에 초점을 맞춘다. 또한, 연구는 기법이 모드 1의 단순한 몸돌-격지 기반 도구 세트에서 모드 4의 돌칼-준비된 몸돌 도구 세트로 변경됨에 따라 **작업순서분석**에서 기법적 그리고 인지적 복잡성을 증가시키는 일반적인 진전을 보여 준다(Clark, 1961; Gamble, 2013; Lycett & Norton, 2010). 이러한 인지 모델 중 일부는 최근 윈과 쿨리지Wynn and Coolidge(2017)에 의해 편집된 책으로 공식화되었으며, 이는 과거의 호미닌에 대한 우리의 생각 방식을 발전시키는 데 가장 유용한 것으로 입증될 것이다.

호미닌 인지 예측하기

인공물 제작의 세부사항에 초점을 맞추는 것 외에도, 연구자들은 뇌 크기를 통해 과거 호미닌 인지에 접근하려고 노력했고 사회적 뇌 가설을 주요 틀로 사용하여 사회 집단 구조를 예측했다(예: Dunbar, 1998a, 2003, Dunbar, Gamble, & Gowlett, 2010, 2014; Gamble, Gowlett, & Dunbar,

2014). 이 접근법은 언어가 언제 진화했는지를 이해하는 데 유용한 것으로 입증되었다. 확실히, 그것은 구슬과 예술의 더 명확한 푯말들 이전에 고고학적으로 표식을 발견할 수 있는지에 대한 논의를 용이하게 했다(Aiello & Dunbar, 1993; Cole, 2015a, 2015b; Davidson & Noble, 1989, 1993; Deacon, 1997; d'Errico et al., 2003; Dunbar, 1996, 1998b, 2003, 2007; Gamble, 2012; McNabb, 2012; Shultz, Nelson, & Dunbar, 2012). 언어의 발달과 관련하여, 시각적 또는 구두적 언어에 대한 이해를 달성하기 위해서는 정신화 능력에 주목하는 것은 필수적이다(Dunbar, 1998b; Gamble et al., 2014; Origgi & Sperber, 2000).

정신화mentalizing는 다른 개인이 무엇을 생각하고 있는지 이해하거나 추론할 수 있는 능력이다(Gamble et al., 2014, p. 18). 그리고 그것은 심리철학자들이 '의도성 층위orders of intentionality'라고 부르는 일련의 기술을 포함한다(Premack & Woodruff, 1978). 의도성 층위는 자기반영 정신 상태의 연속이며, 더 많은 정신 상태가 시퀀스에 추가됨에 따라 인지 복잡성의 순위 척도를 야기한다. 예를 들어, 셰익스피어의 『오셀로Othello』[165]에서 던바Dunbar(2004, p. 162)는 의도성의 다섯 가지 층위를 보여준다. 셰익스피어는 다음과 같이 **의도하였다**. (1) 청중들이 무언가를 알아차리기 시작한다. (2) 무어인Moor[166] 오셀로는 정숙한 아내의 불륜에 대해 의심하며 믿게 된다. (3) 하인 이아고Iago는 아는 것에 대해 정직하게 말을 한다고 여겼다. (4) 아내 데스데모나Desdemona가 불륜의 관계가 있다. (5) 신뢰를 받는 부하 카시오Cassio가 대상이라고 지레짐작한다. 의도성

165 셰익스피어의 4대 비극 중 하나로, 작품 속 주인공인 장군 오셀로는 하인 이아고의 질투로 인해, 부인 데스데모나가 부하 카시오와 불륜에 빠졌다고 믿게 된다(역자 주).

166 북서 아프리카의 이슬람교도를 가리키는 호칭이다(역자 주).

과 마음이론(theory of mind, 이하 ToM으로 표기)의 층위는 상관관계를 가지고 있다. ToM은 자신과 누군가의 두 정신 상태를 상상하는 데 필요로 한다. 따라서 ToM은 의도성의 두 번째 층위와 동일하다.

ToM은 가장 중요하고 기본적인 인지 능력 중 하나이다. ToM은 언어, 상징주의, 문화 그리고 사회 조직을 포함하여 우리를 인간으로 만드는 모든 핵심 구성요소를 뒷받침한다(Gamble et al., 2014). ToM은 종종 자신의 마음 상태와 '다른 사람'의 정신 상태를 이해하고 상대방의 정신 상태가 자신과 다를 수 있음을 인지하는 능력으로 정의된다(Baron-Cohen, 2001). 따라서 ToM은 다른 정신 상태, 욕망 그리고 믿음을 다른 사람에게 귀인 시키는 능력에 필수적이며(Krupenye, Kano, Hirata, Call, & Tomasello, 2016; Premack & Woodruff, 1978), 결과적으로 의도성 두 번째 이상의 층위를 달성하는 능력을 뒷받침해야 한다. 의도성의 층위가 순서적 척도라는 점을 고려할 때, 소수의 정신 상태만 함께 연결된다면 상당한 인지적 그리고 사회적 복잡성이 실현될 수 있다(Premack & Woodruff, 1978). 현생 인류는 의도성의 다섯 번째 층위(일부 개인에 대해서는 여섯 번째 층위)로 작동하는 경향이 있으므로(Gamble et al., 2014), 진화 기록에 적용될 때(나중의 논의를 보라) 다섯 번째 층위는 일반적으로 최대 층위로 간주된다.

우리가 의도성 층위와 ToM의 진화적 그리고 고고학적 기록을 논하기 전에, 먼저 어떤 종이 이러한 능력을 획득했는지 이해해야 한다. 코끼리, 돌고래, 까마귀 같은 비인간 영장류와 동물이 ToM에 접근할 수 있는지에 대한 많은 최근의 논쟁이 있었다. 상상할 수 있듯이, 이것은 솔직한 답이 없는 논쟁거리이다. 거울 자기인식mirror self-recognition이 다른 대상의 마음의 내용에 대한 진정한 이해를 나타내는 행태라는 것에 대해 반대하는 타당한 주장이 있지만(de Veer & van den Bos, 1999; Nielsen & Dissanayake, 2004), 어떤 학자들은 ToM과 동일하다고 주장하기도 한다(Plotnik, De Waal, & Reiss, 2006; Povinelli et al., 1997; Reiss & Marino, 2001; Savanah, 2013). 다른 곳(Cole, 2015b, 2015c)에서 이러한 입장을 요약했으므로 여기서 반복하지 않겠다. 그러나 ToM 실험은 광범위한 인간 접촉을 훈련된, 손으로 길러진 또는 포획된 영장류로 실행되는 경향이 있으며(Davidson & Noble, 1989), 이러한 인간 접촉은 본질적으로 그러한 실험 결과를 편향시킬 수 있다(이 논쟁의 유용한 요약은 Call & Tomasello, 2008; van der Vaart & Hemelrijk, 2012를 보라). 나는 우리의 가장 가까운 살아있는 호미니드 사촌과 다른 지적 동물들의 인지 능력을 진정으로 평가하기 위해서는 야생 개체군이 그러한 연구의 초점으로 남아 있어야 한다고 강조하고 싶다.

크록포드와 동료들Crockford and colleagues(Crockford, Wittig, Mundry, & Zuberbühler, 2012)의 연구에 따르면 야생 침팬지들은 그들 집단의 다른 구성원들이 자신이 소유하고 있는 지식(이 경우, 잠재적인 포식자의 존재)에 대해 무지할 때 진정으로 이해한다고 주장한다. 아마도, 이것은 나머지 집단의 행태를 변경시키는 의사소통에 기초한다. 이것은 분명히 더 많은 조사가 필요하지만, 이 영장류에서 ToM이 존재한다는 것에 대한 강한 유사점과 함축성이 있다. 크루페니예와 동료들Krupenye and colleagues(2016)의 더 최근의 연구는 대형 유인원이 단순히 외부 단서에 기초한 행태의 좋은 예측자일 뿐 아니라 인지 능력을 촉진하는 거짓 믿음 상태에 대한 내재적인 이해를 가지고 있다는 것을 추가로 시사한다(Call & Tomasello, 2008). 거짓 믿음 상태 실험은 인간의 유아와 함께 ToM을 확인하기 위해 사용된다(일반적으로, 어린이들은 4살에서 5살 정도까지 이러한 실험을 통과할 수 있다)(Gamble et al., 2014). 이것은 크루페니예 연구 등Krupenye et al.의 연구에서 아마도 대형 유인원이 내재적 ToM을 가지고 있음을 암시한다. 이 새로운 연구는 확실히 인간과 다른 현존하는 영장류들 사이의 공유된 인지 행태의 흥미로운 가능성을 제기한다. 이는 또한 다른 곳에서도 제안되었다(예: Cheney & Seyfarth, 1990; Seyfarth & Cheney, 2011, 2013, 2017a, 2017b). 그러나 나는 던바Dunbar(2007)가 대형 유인원은 단지 이차적 의도성만을 달성할 수 있을 뿐이라고 말할 때, 여전히 옳은 길을 가고 있다고 생각한다. 대형 유인원은 이차적 의도성을 달성하지만, 잘하지 못하며, 항상 달성하는 것도 아니다. 그러므로 우리는 대형 유인원을 ToM을 인지적 장벽의 경계에서 맴돌며 돌파할 준비가 되어 있는 영장류로 보고 있다. 현생 인류 그리고 아마도 우리의 진화적 조상 중 일부와의 차이는 우리가 의식적으로 ToM을 가지고 있다는 것을 자각하고 있다는 것이다. 이러한 정신 상태를 의식적으로 깨닫는 것은 결국 더 높은 의도성의 층위에 발판이 되는 것이다.

ToM이 없으면 추상적 생각, 언어 그리고 상징적 구성의 능력은 여전히 파악되지 않았으며, 따라서 ToM의 부족은 동물 의사소통이 상징적이라기보다는 도상iconic적이고 지표적인indexical 이유를 적어도 부분적으로 설명해야 한다(Barbieri, 2010; Deacon, 1997; Peirce, 1974; Wynn, 1995). 비록 인간의 의사소통이 도상, 지표적일 수 있다는 것은 충분히 인정되지만, 중요한 차이점은 우리가 상징주의를 쉽게 통합할 수 있다는 것인데, 다른 동물들도 그렇게 하려고 애쓰는 것이다. 다른 곳에서 도상, 지표, 상징적 의사소통의 예를 제공해 왔다(Cole, 2015c; Cole, 2017). 그러나 일반적으로 파일스Peirce(1974)가 제공한 기호 체계에서 도상은 대상과 유사함을 통해 나타내며 지표는 어떤 형태(예: 물리적, 시간적, 인과적 등)로 대상을 가리키며 나타낸다. 이와는 대조적으로 상징은 사회적 또는 문화적으로 합의된 임의의 규칙을 통해 나타낸다. 그러므로 ToM은 인간 상태의 중요한 요소이며, 호미닌 화석과 고고학적 기록에 적용될 수 있는 복잡성에서 영장류 의사소통의 인지적 분리에 필수적이다.

의도성 층위는 현대 영장류의 뇌 크기와 알려진 화석 호미닌의 뇌 크기를 이용하여 호미닌 진화 기록에 다시 투영되었다. 이것들은 전두엽 부피, 예측 집단 크기 그리고 호미닌 인지 수준을 추정하는 예측 연습으로서의 달성 가능한 의도성 수준에 기초하여 호미닌 화석 기록에 보충되었다(Dunbar, 1992, 2004, 2007; Gamble et al., 2014, p. 146, 또한 [그림 17.1]을 보라). 특히, 이것은 화석 기록의 희박한 특성을 고려할 때 종 내의 개체군 변동성에 관한 정보가 거의 없기 때문에, 호미닌 인지 수준을 추정하기 위한 상당히 광범위한 접근 방식을 나타낸다. 그러나 [그림 17.1]에서 볼 수 있듯이, 뇌 크기에는 여전히 약간의 종내 변동성이 있다. 인지 능력에 대한 이것의 의미는 장 뒷부분에서 더 논의된다.

〈표 17.1〉은 기법적 모드를 통해 의도성 그리고 고고학적 기록에 호미닌을 할당하기 위한 갬블과 동료들(2014, p. 146)의 스키마를 요약한다(Clark, 1961; Gamble, 2013, p. 64, [Box 2.3] 그리고 [그림 17.1]을 보라).

[그림 17.1]과 〈표 17.1〉에서 호미닌 기록에 의도성 층위를 부여하려는 이전의 시도가 어려웠다는 것은 명백하며, 뇌 크기 변동성은 동일한 종 내의 일부 개체가 다른 의도성 층위를 달성했을 수 있음을 시사한다. 이는 특히 아타푸에르카 동굴 화석인 시마데 데 로스 우에소스 호미닌 Sima de los Huesos hominin에 대해 명확하다(Meyer et al., 2015, 2016에 기초한 [그림 17.1]의 초기 네안데르탈인으로 지정). 그들은 뇌의 크기에 따라 의도

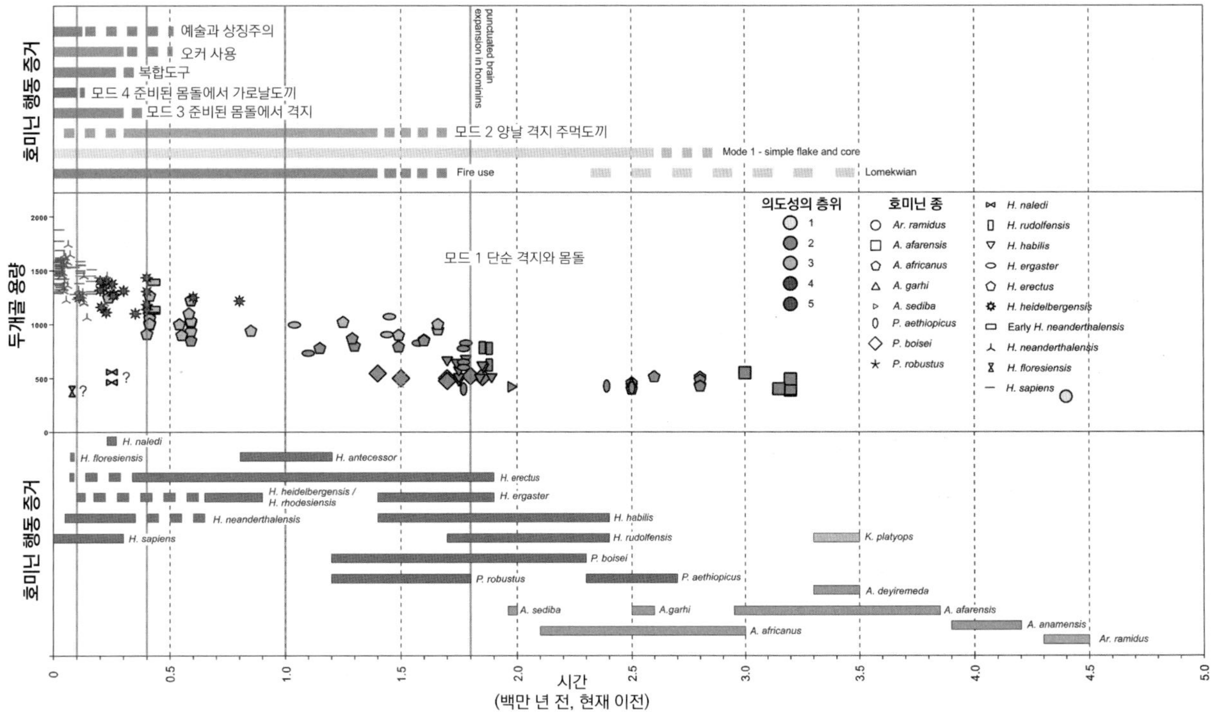

[그림 17.1] 호미닌 뇌의 크기, 의도성 층위, 첫 번째 출현 기준점(first appearance datum, FAD) 그리고 호미닌 행태 기록에 대한 마지막 출현 기준점(last appearance datum, LAD)에 대한 화석 호미닌 연대표

갈색 선은 10만 년 전, 40만 년 전, 100만 년 전, 180만 년 전(Shultz et al., 2012)에서 호미닌 뇌 크기의 절단된 변화를 보여준다. 두개골 용량 그리고 날짜는 슐츠 외 연구진(Shultz et al., 2012)이며, 버거 등(Berger et al., 2015), 브라운 등(Brown et al., 2004) 그리고 더크스 등(Dirks et al., 2017)으로부터의 추가 정보로 보완된다. 호모 하이델베르겐시스와 호모 네안데르탈렌시스의 존재를 둘러싼 불확실성은 최근 간행물(예: Meyer et al., 2015, 2016)을 반영한다. 그 결과 아타푸에르카 호미닌(Atapuerca hominins)(대략 43만 년 전)에 초기 호모 네안데르탈렌시스가 할당되었다. 던바(Dunbar)(1992, 2004), 던바와 슐츠(Dunbar and Shultz)(2007), 갬블, 고울렛 그리고 던바(Gamble, Gowlett, and Dunbar)(2014)에 따라 화석 기록에 의동성 층위를 적용하였다. 기법 모드 설명 그리고 날짜는 Gamble(2013), *Settling the Earth: The Archaeology of Deep Human History*, Cambridge University Press에 있는 Box 2.3(pp. 64-65)에서 인용하였다. 예술과 상징주의에는 구슬, 동굴 예술, 휴대용 예술 그리고 트리닐(Trinil)(역자 주: 인도네시아 자바섬 옆에 있으며 자바원인의 화석이 발견되었다) 조개 껍데기가 포함된다(Joordens et al., 2015). 황토의 확장된 사용은 남아프리카의 최근 증거를 포함한다(Watts, Chazan, & Wilkins, 2016). 저자가 편집한 연대표.

〈표 17.1〉 의도성 층위, 호미닌 종 그리고 기법적 모드

의도성 층위	획득자	호니민 종	기법적 모드
다섯 번째	우리가 알고 있는 언어를 가진 현생 인류	H. sapiens, 일부 H. neandertals(?)	모드 4로 준비된 몸돌 기술들(돌날)
네 번째	네안데르탈인과 마지막 공통조상	H. heidelbergensis, H. neanderthalensis	일부 모드 2-양날 주먹도끼, 대부분 모드 3-준비된 몸돌 기법(격지)
세 번째	뇌가 큰 모든 호미닌들(>900cc)	H. ergaster, H. erectus, H. antecessor, 일부 H. heidelbergensis	일부 모드 1-단순 격지 및 몸돌, 대부분 모드 2-양날 주먹도끼
두 번째 (마음이론)	5세 아동(H. sapiens), 모든 작은 뇌의 호미닌(400~900cc) 그리고 아마도 대형 유인원	A. afarensis, A. africanus, A. garhi, A. sediba, P. boisei, P. robusts, P. aethiopicus, H. rudolfensis, H. naledi, H. habilis, 일부 H. ergaster, 일부 H. erectus	로메크위안 및 모드 1-단순 격지 및 몸돌, 일부 모드 2-양날 주먹도끼
첫 번째	원숭이, 소형 유인원들 그리고 코끼리와 돌고래와 같은 몇몇 포유류들, 소뇌의 호미닌(<400cc)	A. ramidus, 일부 A. afarensis	알 수 없지만, 아마 카푸친에 의해 생산된 격지와 비슷(비교. Profett et al.,2016)

참고: Table 5.2(p. 146) in Gamble et al.(2014), Thinking Big: *How the Evolution of Social Life Shaped the Human Mind*, Thames & Hudson에 있는 Table 5.2(p. 146)에서 인용. 또한 Box 2.3(pp. 64–65) in Gamble(2013). *Settling the Earth: The Archaeology of Deep Human History*, Cambridge University Press에 있는 Box 2.3(pp. 64–65) 그리고 Clark(1961) World Prehistory: In New Perspective, Cambridge University Press를 보라.

성의 세 번째 층위를 배정받지만, 자연에서 의식적으로 해석되는 복잡한 행태와 관련이 있다(Carbonell & Mosquera, 2006). 이것들은 아마도 나중에 네안데르탈인에게 배정된 것과 같은 의도성의 네 번째 또는 다섯 번째 층위를 더 잘 나타낸다. 또한, 사회적 뇌 가설의 해결과 의도성 층위의 적용은 뇌 크기와 관련된 행태와 인지 가소성 사이의 관계를 명시적으로 고려하지 않는다(van Schaik, 2013과 비교하라).

그러나 이것이 반드시 문제가 되는 것은 아니다. 우리 종족 내에서조차, 우리 모두가 다섯 번째 또는 여섯 번째 층위 의도성으로 작동하지는 않는다. 호미닌 기록 내에 이러한 행태적 변화와 인지적 변화가 뒤섞여 있는 것은 우리 자신의 진화적 이야기의 복잡성에 대한 진정한 반영이다. 맥나브와 콜McNabb and Cole(2015)은 절대적인 뇌 크기의 종내 변동성을 '변화-평형'으로 설명하고, 호미닌의 뇌화를 뇌 크기의 단속적punctuated 증가를 가진 계단으로 본다(Cole, 2012; McNabb, 2012; Shultz et al., 2012). 그러나 사회적 뇌 가설의 예측에 따르면, 오스트랄로피테신, 파라트로핀 그리고 **호모** 속(**호모 루돌펜시스**와 **하빌리스**)의 초기 구성원들은 ToM 또는 의도성의 두 번째 층위를 가질 것으로 보인다. 일단 **호모 에르가스터**와 **호모 에렉투스**가 나타나게 되면, 고고학적 기록에서 모드 2 또는 양날 주먹도끼의 출현과 일치하는 것으로 보이는 의도성의 세 번째 층위가 달성되었다. 의도성의 네 번째 층위는 **호모 하이델베르겐시스** 그리고 네안데르탈인의 보존 상태로 남아 있으며, 모드 3 준비된 몸돌 기법의 출현에 광범위하게 대응된다. **호모 사피엔스**는 다섯 번째 층위 그리고 모드 4 돌날 준비된 몸돌 기법을 달성한다.

언어문제로 간단히 돌아가 보면, ToM이 실현되는 동시에 완전히 발달된 문법적 언어 능력이 호미닌 인지에서 나타났을 가능성은 거의 없어 보인다. 나는 이전에(Cole, 2015c) 물질적 문화를 포함하는 상징적 상호작용에 기초한 언어 능력 발달에는 두 번째 층위의 의도성이 필요할 뿐만 아니라 세 번째 의도성이 있어야만 진정으로 달성될 수 있다고 주장한 바 있다. 갬블과 동료들(2014)의 스키마에 따르면, **호모 에르가스터**와 **호모 에렉투스**가 아마도 비언어적 의사소통과 시각적 표시를 기반으로 한 언어 체계(Gowlett et al., 2012)를 가졌으리라는 것을 주장한다(McNabb, 2012). 이 능력은 구세계 대부분의 지역에 분산되고(Dennell, 2004와 비슷하지만) 다양한 환경 조건에 성공적으로 적응한 호미닌 집단에 분명 타당할 것이다. 그러나 지시된 몸짓과 발성에 기초한 의사소통 체계는 두 번째 층위의 의도성으로 거의 확실히 가능하다. 의도성의 다섯 번째 층위로만 상징적 추상성에 대한 완전한 이해가 일어나며, 문법적 언어나 연설은 상징적 추상적 재현을 가능하게 하는 선택적인 우위로서 발전한다. 문법적 언어는 개체와 집단 사이의 복잡한 개념을 동등한 이해를 촉진하는 방법으로 설명하기 위해 필요하다. 신체나 물질적 문화를 이용하는 비언어적 시각 표시는 예를 들어 초자연적인 것과 같은 완전히 추상적인 개념의 완전한 의미를 전달하기에 충분하지 않거나 형태를 만들기 쉽지 않다. 슐츠와 동료들Shultz and colleagues의 최근 연구(2012)에 따르면 문법적 언어는 뇌 크기의 단속적 증가(점진적인 것과는 대조적으로) 그리고 호미닌 기록에서 의도성의 다섯 번째 층위의 출현에 대응하여 거의 10만 년 전에 발달했을 수 있다고 주장한다([그림 17.1] 참고).

물론 사회적 뇌 가설에 대한 비판과 호미닌 행태 기록에 의도성을 적용하는 것에 대한 비판이 있었다(예: Barrett, Henzi, & Rendall, 2007; de Ruiter, Weston, & Lyon, 2011). 던바(2007) 자신은 사회적 뇌 가설이 고고학적 기록에 부합할 필요는 없다고 주장하였는데, 이는 단지 행태적 증거로부터 제한된 통찰력만을 얻었기 때문이다. 사회적 두뇌 가설은 도구 제작tool-making과 같은 도구적 기술instrumental skills에 초점을 맞춘 명백한 행태나 인지의 측면보다는 사회적 행태의 기초가 되는 정신적인 과정을 명백히 다룬다. 사회적 뇌 가설의 핵심에 놓여 있는 생각방식이 고고학자들이 도구와 관련될 수 있는 화석 기록에 가시적인 흔적을 남기지 않기 때문에, 도구는 사실상 주의가 딴 데로 돌아가게 되었다(Dunbar, 2007). 그러므로 뇌의 크기에 기초한 호미닌 화석 기록에 의도성의 층위를 할당하는 것은 인지 능력의 추정치로서 사실이다.

그러나 광범위한 고고학적 연구는 물질문화를 사회적 관계를 유지하고 구조화하는 데 능동적인 참여자로 식별했다(Barham, 2010; Gamble, 1999, 2007; Gosden & Marshall, 1999; Ingold, 2007). 이러한 결과는 사회적 관계, 신념 그리고 사회적 관행을 매개하는 도구를 설명하는 민족지적 연구에 의해 뒷받침된다(Killick, 2004). 어떤 호미닌 종이 문제 해결과 학습과 관련하여 본질적으로 사회 그리고 인지적 행동인 다른 도구 유형, 도구 제작과 물질적 문화 창조를 확실히 생산했는지 종종 불분명하더라도, 그것들은 달성되었다(예: 모방, 관찰 또는 실연을 통해)(Bamforth & Finlay, 2008; Barham, 2010; Stout et al., 2002; Stout & Chaminade, 2012). 따라서 도구는 호미닌 생성자의 행태 그리고 인지 복잡성에 대한 통찰력을 제공할 수 있는 큰 잠재력을 가지고 있다.

석기와 의도성 층위

구석기시대의 인류학적으로 변형된 석기 인공물에는 여러 가지 돌 기법, 지리적 부위 그리고 기법 용어들이 포함되어 있다. 330만 년 이상의 기간으로 볼 때 기법적 변동성은 놀랄만한 것이 아니다. 이러한 기법적 변동성에 대한 다양한 접근 방식은 격지 생산, 형태학적 형태, 계량적 변화, 몸돌 감쇄 그리고 미세마모 분석을 포함한 다양한 측면을 강조해 왔다(Foley & Lahr, 2003; Gowlett, 2009).

클라크Clark(1961) 기법 모드([그림 17.1], 〈표 17.1〉 참고)는 호미닌 행태의 다재다능성을 다루는 데 필요한 미세한 세분성이 결여된 경우 유용하게 광범위한 비교 척도를 제공했다. 비록 클락크의 모드와 고고학자들이 구석기시대 기록에 적용한 것에 대한 타당성 문제가 있으며(Bar-Yosef & Belfer-Cohen, 2001), 기법 모드는 종종 더 미묘한 지역 또는 지역 기록을 무시하는 경향이 있지만, 시간 전체에 걸쳐 자료를 비교하는 데 유용한 틀을 제공한다(Gamble, 2013). 물질적 이용가능성 또한 많은 연구자들이 채택한 경직된 유사 배열homotaxial[167] 시퀀스를 벗어나는 석기 기법의 광범위한 비교를 허용하며, 그들은 기법과 시간분할 사이의 연속성을 고려한다. 이러한 큰 그림 접근 방식은 방식이 증가하는 기법적 복잡성, 더 큰 돌떼기 기법 조절 그리고 원재료 활용의 광범위한 궤적을 반영하는 인지 능력의 동등하게 큰 그림을 다루기 위해 필요하다(Foley & Lahr, 2003). 모드의 사용은 결코 이상적인 것은 아니지만, 이 논의의 목적을 위한 유용한 경험적 접근법으로서의 역할을 한다. 향후 작업은 광범위한 호미닌 인지 명칭 내에 국지적인 소규모의 복잡성과 가변성을 통합하는 인지 모델을 제작하는 데 초점을 맞출 것이다.

나는 이전에 개체 그리고 집단 수준에서 물질적 문화를 능동적 사회

167 시대가 다른 화석, 지층 사이의 서로 비슷한 배열(역자 주).

신호로 통합하는 데 필요한 최소한의 인지 복잡성에 기초하여 의도성의 층위를 고고학적 기록에 연관시키기 위해 정체성 모델과 함께 기법 모드를 사용해 왔다(Cole, 2017). 정체성 모델 스키마에 따른 기법 모드, 행태적 영향 그리고 의도성 층위에 대한 관계는 〈표 17.2〉에 요약되어 있다.

여기에서 중요한 것은 재료 문화 범주 간의 경계가 클라크의 기법적 방식에 기초하고 있지만, 실제로 우리는 고고학적 기록, 호미닌 행태 그리고 호미닌 인지가 그렇게 깔끔한 경우는 드물다는 것을 알고 있다. 따라서 고고학적 기록에 대한 의도성 층위의 적용은 파생(또는 개발된) 인공물과 그것들이 호미닌 인지에 대해 암시하는 것에 초점을 맞춰야 한다. [그림 17.1]은 같은 종 내에서조차 뇌의 크기가 다양하다는 사실을 강조하며, 사회적 뇌 가설에 따른 작업에 따른 의도성의 층위도 마찬가지일 것이다. 여기서 우리는 행태 기록의 복잡성을 인정하고 동일한 추론을 적용할 것을 강력히 주장한다. 아마도 같은 종 내의 서로 다른 문화 집단들은 다른 의도성의 층위를 얻었고 그들의 행태 기록에서 다르게 표현했다. 따라서 더 높은 범주의 재료 문화에서 파생된 요소(더 친숙한 방식보다는 〈표 17.2〉의 재료 문화 설명에 집중)가 복합물 내에서 확실하게 입증되는 경우, 생성 호미닌이 더 높은 의도성 층위에 도달했을 수 있다고 조심스럽게 추론할 수 있다. 예를 들어, 주로 모드 3 돌 복합물(일반적으로 세 번-네 번째 층위 의도성)에 구슬과 같은 장식 성분(다섯 번째 층위 의도성)이 포함되어 있는 경우, 해당 집단(아마도 국소적 수준에서만)은 다섯 번째 의도성 장벽을 적극적으로 침해했을 수 있다. 이것은 다시 나머지 종들이 변화-평형 틀 안에서 같은 일을 할 수 있는 가능성을 가지고 있었다는 것을 제안한다. 사실, 우리의 호미닌 조상들의 인지 능력을 모델링하는 데 있어서의 많이 어려운 부분은 인공적인 기록의 문화적 변화

〈표 17.2〉 기법, 행태 그리고 의도성 층위 사이의 관계

기법적 모드	물질문화 기술	행태적 함축	의도성 층위
1(초기 석기시대/전기 구석기시대: 이 스키마의 로메크위안을 포함한다) 대략 330만 년 전에서 1만 년 전까지	• 사용하기 위한 날을 창조하려는 의도적인 석기 생산. • 표준 형태 시행 없음; 주로 원재료 크기, 형태 그리고 기계적 격지떼기 속성으로 만들어진 도구 모양. • 작은 격지 제거(<10cm)와 찍기(올도완), 또는 대형 격지 제거(로메크위안)로 지배한 조약돌 도구 공정으로 구성. • 인류 활동으로 제한된 증거 가능성이 있는 뼈 또는 나무 도구.	• 호미닌들은 자기중심을 칭찬하는 자의식을 가지고 있다; 도구 생산 전략에 반영된 목표 지향적인 행동. • 원료 조달에 있어서 일부 앞선 계획에 대한 증거. • 추측하건대 현존하는 영장류보다 더 위대한 레퍼토리로 자기중심, 한 쌍, 몸짓 그리고 주의를 주는 청각 신호를 사용한 사회적 의사소통. • 모방적인 현재 학습.	첫 번째 층위
2(초기 석기시대/전기 구석기시대: 아슐리안) 대략 170만 년 전에서 10만 년~6만 년 전까지	• 석기들은 주로 대형 격지(>10cm) 또는 양날 감쇄 몸돌에 기반을 둠. • 대부분 양날로 떼낸 주먹도끼와 가로날도끼[대형 절단 도구[LCT]]로 구성되지만, 격지, 격지 도구 및 몸돌은 여전히 생산됨. • 성형과 형태의 지역적 변화는 주로 원재료에 의해 영향을 받음. • 성형 및 형태를 고의적으로 부과되었다는 대형 절단 도구 증거는 어느 정도 개념 표준화를 가지고 대형 절단 도구 형태에 관한 정신 구조의 존재를 통함. 최종 대형 절단 도구 형태는 시간을 통한 인위적 대칭 또는 표준화된 형태의 증가에 대한 증거가 없는 유동적인 개념으로 남아 있음. • 유기적 인공물이 쓰였을 수 있음(예: 사냥을 위한 나무 창).	• 호미닌들은 추상적인 생각이 시작되는 마음이론을 의식적으로 실현했음; 이것은 다음으로 처리가 시작되기 전에(얼마나 유연한가와 관계없이) 정신적 구조를 통해 주먹도끼를 성형하고 형태를 고안했던 부담이 반영돼있음. • 목표 지향적 행태 증거는 더 큰 계획능력, 복잡한 모방, 능동적인 사회학습, 조직적인 사냥 그리고 불의 조절 사용과 관련이 있음. • 시각에 기반을 둔 복잡한 사회적 의사소통/언어를 반영하는 집단 조직.	두 번째 층위 (마음이론)

(계속)

기법적 모드	물질문화 기술	행태적 함축	의도성 층위
모드 2의 끝을 향해 지배적 기법 표현 대략 40만 년 전에서 20만 년 전	• 개별집단이 대형 주먹도끼, S-트위스트 주먹도끼, 주먹도끼 쌍, 대칭적인 주먹도끼와 같이 기이하게 디자인한 인공물을 생성할 수 있음. • 대형 격지 생산과 양날 감쇄 몸돌에 대해 여전히 강조하지만, 준비된 몸돌 기법의 요소(모드 3)를 행동 기록에 입력할 수 있음.	• 만약 복합물에 '진정한' 대칭을 향한 확실한 편향 또는 '기이한 디자인'으로 된 인공물(예: 거대한 주먹도끼)이 있다면, 이런 인공물들은 순전히 기능적인 것 이상의 의미로 사회적 또는 문화적 중요성을 가질 수 있음. • 만약 모드 3과 모드 2 복합물을 지닌 합성 도구가 있다면, 아마도 마음이론을 넘어서 더 지속적인 인지의 돌파가 있었을 것임.	두 번째에서 세 번째 층위
3(준비된 몸돌, 중기 석기시대/중기 구석기 시대: 르발루아) 대략 30만 년 전에서 4만 년 전까지	• 몸돌과 격지로부터 특별한 형태와 크기의 격지를 추출하기 위해 몸돌을 준비하는 석기를 생산하는 이동 형태. • 준비된 몸돌 기법(예: 르발루아)은 나중에 수정할 수 있는 가능성을 가지고 표준화된 격지 생산에 초점(예: 찍개 또는 주먹도끼로)을 둠. • 이러한 유형의 돌 생산은 또한 복합도구의 존재를 나타냄. • 비록 원료가 어느 정도의 인공물을 만드는 데 여전히 형태와 크기를 좌우할 수 있지만, 지역적 변동은 원재료보다는 문화적 영향에 의해 유발될 수 있음. • 합성도구 창조를 위한 유기 재료 문화의 사용. • 오크의 사용은 명백함.	• 호미닌들은 순수한 기능을 넘어서는 역할을 하기 시작하는 이해의 공통성(문화적 친밀감)과 성형과 형태의 분명한 감각을 가지고 있음. • 복합도구를 생산하는 능력은 기능적 수준을 넘어서는 추상적인 사고 능력을 보여주며, 색소사용처럼 고고학기록에서 보여주는 문화적 신호의 시작으로 나타남. • 인공물은 대부분 기능적 중요성을 유지하지만, 창조자나 집단과 관련하여 사회적 의미를 수반할 수 있음. • 사회적 의사소통은 시각적 표시와 결합한 복합적 몸짓과 발성의 중심에 있음.	세 번째에서 네 번째 층위

(계속)

기법적 모드	물질문화 기술	행태적 함축	의도성 층위
4(후기 석기시대/후기 구석기시대 돌날과 작은 돌날이 복합물을 지배함. 예를 들어, 오리그냐시안) 대략 12만 년 전에서 1만 년 전까지	• 미리 결정한 성형과 형태의 격지 생산에 대한 지속적인 강조. • 이 범주 내의 빈 조각은 주로 이차 형상이 제한된 복합 공구 생산과 관련되어 있음. • 복합도구생성을 위한 유기체 물질문화 사용. 이 범주는 복잡한 유기체 도구에 관한 확장된 레퍼토리를 포함(예를 들어 작살 촉). • 또한, 순수하게 물질적인 문화와 함께 비활용적 디자인은 장식(구슬), 예술(동굴과 이동성) 그리고 작은 조각상(동물, 인형 그리고 의인형)과 같은 형태의 기록에 들어감. • 문화기반의 물질적 문화생산에 있어 지역적 변화에 대한 명확한 증거.	• 호미닌의 공통점은 이해력, 명확한 형태와 형태 감각, 완전한 상징적 그리고 비실용적이고 복합 물질 문화(장식) 및 행동(예: 상징적인 매장)을 통해 증명된 기능적 추상적 생각에 대한 능력임. • 사회적 의사소통은 시각적 표시, 몸짓 및 완전한 문법적 언어를 둘러싼 중심. • 인공물은 창조와 및 사용자(개인 및 집단)와 관련하여 사회적 의미를 전달하고 이제 개인과 집단의 완전한 정체성에 연루됨.	다섯 번째 층위(가끔 여섯 번째 층위)

참고: 어떻게 의도성 층위가 고고학 기록에 지도로 표현되었는지를 요약. 회색 음영은 [그림 17.1]에 사용된 표기와 상응함. Cole(2017), Accessing homin cognition: Language and social signalling in the Lower to Middle Paleolithic, *Cognitive Models in Paleolithic Archaeology*, Oxford University Press에 있는 Table 8.4(pp. 182–187)에서 인용. Gamble(2013), *Settling the Earth: The Archaeology of Deep Human History*, Cambridge University Press에 있는 Box 2.3(pp. 64–65)의 기법 모드 연대표 인용(역자 주: 대형 절단 도구는 large cutting tools로, LCT로 표기).

를 통해 재현된 종내 인지변화에 대한 미묘한 잠재성을 무시한 채 광범위한 종 수준에서 접근하는 경향이 있다는 사실에서 기인한다. 추가적인 어려움은 구석기시대 호미닌 집단 내부와 집단 사이의 구성원 규모와 네트워크에 대한 일반적인 이해 부족에 있다(나중에 더 자세히 논의됨).

[그림 17.1]과 〈표 17.1〉과 〈표 17.2〉를 비교할 때, 종에 할당된 의도성 층위와 관련 행태 기록에 명백한 불일치가 있다. 아마도 가장 큰 차이점은 의도성의 두 번째 층위가 초기 **호모**나 파라트로푸스가 아니라 **호모 에르가스터**와 **호모 에렉투스**로 시작해서 모드 2 양날을 생성하는 호미닌들에 의해서만 침해된다는 주장일 것이다. 다른 곳(Cole, 2015c, 2017; McNabb & Cole, 2015)에서는 이러한 차이가 생물학적 변화(예: 뇌 크기 증가, 반드시 먼저 와야 함) 대 행태 변화(다음에 따른다)의 차이에 의해 부분적으로 설명될 수 있다고 주장했다. 따라서 뇌 크기에 기초한 호미닌의 의도성에 대한 사회적 두뇌 예측은 최대 호미닌 인지 **가능성**의 좋은 척도인 반면, 고고학적 기록과 정체성 모델을 통해 볼 수 있는 의도성의 층위는 **실현된** 인지 수준을 나타낸다. 사실, 호미닌은 두 예측 범위 사이의 어딘가에 살았을지도 모른다. 이는 현생 인류가 다섯 번째 내지는 여섯 번째 층위 의도성 사이에서 변동하고, 대형 유인원이 첫 번째 층위 의도성과 두 번째 층위 의도성 사이에서 변동하는 것과 거의 같은 것이다.

〈표 17.2〉 대versus [그림 17.1]과 〈표 17.1〉의 핵심 구성요소는 아슐리안(또는 모드 2) 인공물의 양날 제작자가 의식적으로 실현된 두 번째 층위 의도성 또는 ToM 내에서 확실하게 근거가 있다는 주장이다. 이 추론은 맥나브와 콜(2015)에 의해 더 자세히 설명되지만, 정확한 최종 형태가 유동적인 개념으로 남아 원재료 품질, 돌떼는 자 기술, 원하는 기능 그리고 미학에 적응할 수 있음에도 불구하고 모드 2 양날은 개념적 표준화를

공유한다는 개념(McNabb, Binyon, & Hazelwood, 2004)에 초점을 맞추고 있다. 모드 2 양날 제작을 위해서는 제작과정이 진행되기 전에 주먹도끼의 추상적 개념을 마음의 눈에 담을 필요가 있었다(Ashton & McNabb, 1994). 즉, 결절을 무작위로 때리는 것은 모드 2 양날을 생성하지 않는다(그러나 McPherron, 2000을 보라). 이것은 주먹도끼를 떼내기 위해서, 떼내는 자는 첫 번째 결절에서 격지를 제거하기 전에 그 인공물을 상상하고 전략을 짜는 추상적인 생각을 할 수 있어야 한다는 것을 의미한다. 결국, ToM은 추상적인 생각의 한 예이다. 호미닌은 자신의 돌떼기에 영향을 준 사회문화적 틀 안에서 다른 인류의 주먹도끼의 의도를 인지함으로써 주먹도끼를 만드는 법을 배웠다. 따라서 사회적 맥락에서 주먹도끼를 만드는 행위는 ToM을 의미하고 필요로 한다(McNabb & Cole, 2015).

그러나 모드 2 양날 제작은 의도성의 세 번째 층위를 요구하지 않는다. 세 번째 의도성이 필요한 것은 복합도구(모드 3)의 생성과 사회적 관계를 중재하고 상징을 만드는 능동적인 매개체로 물질문화를 사용하는 것이다. 비록 이것이 네 번째 층위 괄호에 잘 들어맞지만, 언어체계는 시각적 표시와 복잡한 몸짓에 기반을 두었다(Cole, 2017). 의도성의 다섯 번째 층위가 되어서야 비로소 우리는 문법적 언어와 오직 구어를 통해서만 설명할 수 있는 복잡한 상상의 신화를 대표하는 물질적 문화(예: 구슬, 예술, 조각)의 창조에 대한 완전한 능력을 보게 될 것이다(Cole, 2017).

앞에서 언급했듯이, 고고학적 기록은 아무리 많은 현대 연구자들이 원하더라도 그렇게 깔끔한 범주에는 거의 들어맞지 않는다. 유적지는 종종 호미닌이 일반적으로 예측되는 것보다 더 높은(또는 더 낮은) 인지 수준에서 작동했을 수 있음을 시사한다. 놀라운 발견으로 네안데르탈인의 상징주의와 보석(Radovčić et al., 2015; Welker et al., 2016; Zilhão et al., 2010)

과 거대한 주먹도끼, S- 트위스트 그리고 쌍이 있으며, 이것들은 아마도 전기 구석기시대에서 사회적 신호 수단으로 사용될 수 있다(Hopkinson & White, 2005; Pope, Russel, & Watson, 2006; Wenban-Smith, 2004; White, 1998; White & Plunkett, 2004). 여기서 예상되는 인지 수준과 행태 결과 사이의 설명적 연관성은 종의 최대 인지 잠재력(사회적 뇌 가설에 의해 예측된 바와 같다. [그림 17.1]을 보라)과 얻어진 행태 한계치([그림 17.2]와 〈표 17.2〉에 요약됨) 사이의 변화-균형이다. 뇌 크기 증가의 단속적 틀 내에서 종 인지의 변화-평형은 사회 그리고 환경 조건이 허용하면 개별 공동체가 이전에 실현된 행태 한계점을 돌파하고 더 높은 수준의 인지 잠재력과 일치하는 행태에 참여할 수 있음을 의미한다(Shultz et al., 2012). 전기 구석기시대 내에서, 고고학적 패턴은 작고 고립된 개체군이 때때로 더 넓은 종의 인지 수준을 넘어 혁신할 수 있었고 의도성의 더 높은 층위와 관련된 사회적 그리고 상징적 수준에서 물질문화 생산에 관여할 수 있었다는 것을 암시한다. 이러한 혁신은 정의에 따른 소규모의 고립된 개체군이 집단 간의 열악하거나 제한된 사회적 네트워크와 연관되어, 더 넓은 개체군에 대한 문화적 그리고 인지적 전달을 억제하기 때문에 더 넓은 종 수준으로 유입되는 경우가 많지는 않다(Cole, 2015a, 2017).

그러므로 우리가 고고학적 기록을 검토할 때, 한 종의 인지적 잠재력, 정상적인 예상 행태 산출량 그리고 집단이나 공동체가 구성원의 동적 그리고 사회적 네트워크 맥락 안에서 완전한 인지적 그리고 행태적 잠재력으로 확장되는 순간들 사이에 존재하는 모든 범위의 복잡성을 고려해야 한다. 우리는 과거를 이해하기 위해 광범한 접근 방식을 취해야 할 뿐만 아니라 유적지별 세부사항까지 철저히 조사하여, 세부사항으로 캔버스를 채워야 한다. 다행히 윈은 오랫동안 그러한 접근

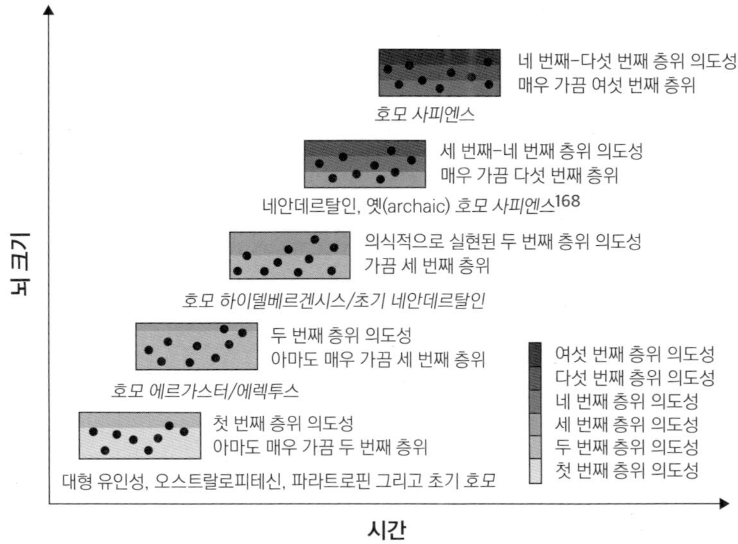

[그림 17.2] 변화–평형 모델의 개략도

검은 점은 개체들뿐만 아니라 개체와 집단들 사이의 두뇌 크기의 가변성을 나타낸다. 그 종들은 상응하는 의도성의 층위를 이룬 종들의 예시로 제안된다. 그러나 이 예들은 명명된 예에만 국한되지 않는다. McNabb and Cole(2015), The mirror cracked: Symmetry and refinement in the Acheulean handaxe, *Journal of Archaeological Science: Reports*의 Figure 5 and 6(p. 109)에서 인용하였다. 그리고 에테슈비에르(Ethesvier)의 허가로 다시 출판되었다.

방식을 지지해 왔다(Wynn, 2002, 2009; Wynn & Coolidge, 2004; Wynn, Hernandez- Aguilar, Marchant, & McGrew, 2011). 우리는 그러한 세부사항을 분석에 포함하도록 노력해야 한다. 이 정도의 복잡성을 무시하고 행태적, 인지적 복잡성을 일반적인 종 수준으로 줄이려고 시도하는 것은 우리가 각 의도성 층위 사이에서 인지 단계를 움직이게 한 격지를 결코 식별할 수 없다는 것을 의미한다.

---

168 archaic Homo sapiens는 중기 홍적세 호미닌으로 형태와 행태가 호모 에렉투스와 호모 사피엔스 사이의 어딘가에 있다고 한다. Nature education 참조(역자 주).

결론

이 장에서는 ToM, 의도성 층위, 구석기시대 기록 사이의 관계를 탐구해 보았다. 이러한 상관관계는 사회적 뇌 가설과 같은 뇌 크기에 기초한 인지 예측 그리고 인지과정의 행태적 결과로 간주되는 고고학적 인공물을 조사하는 것에 기초한 인지 예측 사이의 차이를 강조하였다. 그러나 이러한 단절은 반드시 양립할 수 없는 분석 방법이거나 현대의 연구자들이 우리의 동족 조상들의 마음에 접근할 수 없는 것의 결과인 것은 아니다. 오히려, 그 차이점들은 행태와 인지에서 더 진정으로 호미닌성을 나타낼 수 있다. 현생 인류는 우리 종 전체에 걸쳐 보편적으로 적용될 수 없는 다양한 복잡한 행태와 인지 상태를 가지고 있고, 따라서 우리가 그러한 가변성을 가진 유일한 인간 종이라고 가정하는 것은 아마도 불공평하다. 만약 우리가 고고학적 기록과 화석 기록의 복잡성을 받아들이고 변화-평형 모델의 렌즈를 통해 그것들을 본다면, 우리는 개별적이고 집단적인 수준에서 종들 내의 다양성이 이전에 도달했던 것보다 더 풍부한 과거의 해석을 낳는 것을 볼 수 있다.

다양한 호미닌 종간 그리고 종내 복잡성에 대한 이러한 전체적인 해석은 **호모 사피엔스**가 몇몇 고대 호미닌 종의 유전자 입력을 통합하여 모자이크 종이라고 제안하는 최근의 고생물학적 증거에 의해 뒷받침될 수 있다. 따라서 우리가 상호작용한 호미닌 종(예: 네안데르탈인과 데니소바인)이 우리가 이전에 생각하고 인식했던 것보다 더 우리와 비슷했을 수 있다고 가정하는 것은 무리가 아니다. 사실, 네안데르탈인과 데니소바인은 생물학적인 의미뿐만 아니라 행태적으로도 인정받을 수 있는 인류이었을 것이다. 여기에는 복잡한 석기와 유기적인 기법, 복잡한 언어 체계, 상징적인 물질문화가 포함될 것이다. 그렇지 않은 경우, 무엇이 이종교배 욕구를 유발했는지에 대해 의문을 제기해야 한다(비록 제한적인 규모였더라도?). 결국, 실질적으로 그리고 비유적으로 말하자면, 불꽃이 없이는 불을 피울 수 없다.

의심할 여지 없이, 인류 종과 석기 기법의 기원에 관한 미래의 발견은 고고학적 기록을 의도성의 층위에 연관시키기 위해 여기서 제안된 경계를 바꿀 것이다. 그러나 우리는 이러한 변화들을 받아들이고 그러한 발견들이 제안하는 복잡성의 정도가 증가하는 것을 환영해야 한다. 우리는 거의 150년 동안 구석기를 연구한 후, 전례 없는 방법론적 엄격함과 과학적 연구의 시대로 접어들고 있는데, 여전히 인간이 되는 것이 무엇을 의미하는지 겉만 간신히 긁어낸 채 우리의 조상을 이해하고 있다.

감사

존 맥나브John McNabb, 클라이브 갬블Clive Gamble, 존 고울렛John Gowlett, 로빈 던바Robin Dunbar 등, 이 주제에 대한 다양한 토론을 통해 의견을 주신 많은 동료들에게 감사의 말씀을 전하고 싶다. 또한, 이 장에 대한 평론가들의 의견은 매우 유용하고 도움이 되었다. 혹시 오류가 있다면 나의 책임이다. 나는 또한 이 책에 기여할 수 있게 초대해 준 톰Tom, 프레드Fred 그리고 리Leee에게 감사드리고 싶다. 나는 내가 주먹도끼와 호미닌 인지에 대해 톰과 나눈 많은 대화들에 항상 감사할 것이다. 그것들은 매우 유익할 뿐만 아니라 매우 즐거웠다. 톰은 확실히 인지고고학의 규율을 정의했고 우리 중 많은 사람들이 그의 뒤를 따르도록 영감을 주었다.

참고문헌

Aiello, L. C., & Dunbar, R. I. M. (1993). Neocortex size, group size and the evolution of language. *Current Anthropology, 34*(2), 184–193.

Ashton, N. M., & McNabb, J. (1994). Bifaces in perspective. In N. Ashton & A. David (Eds.), *Stories in stone: Proceedings of the anniversary conference at St. Hilda's College Oxford, April 1994* (pp. 182–191). London: Lithic Studies Society.

Bamforth, D. B., & Finlay, N. (2008). Introduction: Archaeological approaches to lithic production skill and craft learning. *Journal of Archaeological Method and Theory, 15*(1), 1–27.

Barbieri, M. (2010). On the origin of language: A bridge between biolinguistics and biosemiotics. *Biosemiotics, 3*(2), 201–223.

Barham, L. S. (2010). A technological fix for Dunbar's dilemma? In R. I. M. Dunbar, C. Gamble, & J. A. J. Gowlett (Eds.), *Social brain, distributed mind* (pp. 367–389). London: British Academy.

Baron-Cohen, S. (2001). Theory of mind in normal development and autism. *Prisme, 34*(1), 174–183.

Barrett, L., Henzi, P., & Rendall, D. (2007). Social brains, simple minds: Does social complexity really require cognitive complexity? *Philosophical Transactions of the Royal Society of London. Series B, Biological Sciences, 362*(1480), 561–575.

Bar-Yosef, O., & Belfer-Cohen, A. (2001). From Africa to Eurasia: Early dispersals. *Quaternary International, 75*(1), 19–28.

Berger, L. R., Hawks, J., de Ruiter, D. J., Churchill, S. E., Schmid, P., Delezene, L. K., . . . Zipfel, B. (2015). *Homo naledi*, a new species of the genus *Homo* from the Dinaledi Chamber, South Africa. *Elife, 4*, 1–35.

Brown, P., Sutikna, T., Morwood, M. J., Soejono, R. P., Saptomo, E. W., & Due, R. A. (2004). A new small-bodied hominin from the Late Pleistocene of Flores, Indonesia. *Nature, 431*(7012), 1055–1061.

Call, J., & Tomasello, M. (2008). Does the chimpanzee have a theory of mind? 30 years later. *Trends in Cognitive Sciences, 12*(5), 187–192.

Carbonell, E., & Mosquera, M. (2006). The emergence of a symbolic behaviour: the sepulchral pit of Sima de los Huesos, Sierra de Atapuerca, Burgos, Spain. *Comptes Rendus Palevol, 5*(1–2), 155–160.

Cheney, D. L., & Seyfarth, R. M. (1990). *How monkeys see the world: Inside the mind of another species*. Chicago, IL: University of Chicago Press.

Clark, G. (1961). *World prehistory: In new perspective*. Cambridge, UK: Cambridge University Press.

Cole, J. (2012). The identity model: A method to access visual display and hominin cognition within the Palaeolithic. *Human Origins, 1*, 24–40.

Cole, J. (2015a). Examining the presence of symmetry within Acheulean handaxes: A case study in the British Palaeolithic. *Cambridge Archaeological Journal, 24*(4), 713–732.

Cole, J. (2015b). Handaxe symmetry in the Lower and Middle Palaeolithic: Implications for the

Acheulean gaze. In F. Coward, R. Hosfield, M. I. Pope, & F. Wenban-Smith (Eds.), *Settlement, society and cognition in human evolution: Landscapes in mind* (pp. 234–257). Cambridge, UK: Cambridge University Press.

Cole, J. (2015c). Hominin language development: A new method of archaeological assessment. *Biosemiotics, 8*(1), 67–90.

Cole, J. (2017). Accessing hominin cognition: Language and social signalling in the Lower to Middle Paleolithic. In T. Wynn & F. L. Coolidge (Eds.), *Cognitive models in Palaeolithic archaeology* (pp. 157–195). New York: Oxford University Press.

Crockford, C., Wittig, R. M., Mundry, R., & Zuberbühler, K. (2012). Wild chimpanzees inform ignorant group members of danger. *Current Biology, 22*(2), 142–146.

Davidson, I., & Noble, W. (1989). The archaeology of perception: Traces of depiction and language. *Current Anthropology, 30*(2), 125–155.

Davidson, I., & Noble, W. (1993). Tools and language in human evolution. In K. R. Gibson & T. Ingold (Eds.), *Tools, language and cognition in human evolution* (pp. 363–388). Cambridge, UK: Cambridge University Press.

Deacon, T. W. (1997). *The symbolic species: The co-evolution of language and the brain.* New York: W.W. Norton & Co.

Dennell, R. W. (2004). Hominid dispersals and Asian biogeography during the Lower and Early Middle Pleistocene, c. 2.0–0.5 Mya. *Asian Perspectives, 43*(2), 205–226.

d'Errico, F., Henshilwood, C. S., Lawson, G., Vanhaeren, M., Tillier, A.-M., Soressi, M., . . . Julien, M. (2003). Archaeological evidence for the emergence of language, symbolism, and music—An alternative multidisciplinary perspective. *Journal of World Prehistory, 17*(1), 1–70.

d'Errico, F., Henshilwood, C. S., Vanhaeren, M., & van Niekerk, K. L. (2005). *Nassarius kraussianus* shell beads from Blombos Cave: Evidence for symbolic behaviour in the Middle Stone Age. *Journal of Human Evolution, 48*(1), 3–24.

de Ruiter, J., Weston, G., & Lyon, S. M. (2011). Dunbar's number: Group size and brain physiology in humans reexamined. *American Anthropologist, 113*(4), 557–568.

de Veer, M. W., & van den Bos, R. (1999). A critical review of methodology and interpretation of mirror self-recognition research in nonhuman primates. *Animal Behaviour, 58*(3), 459–468.

Dirks, P. H. G. M., Roberts, E. M., Hilbert-Wolf, H., Kramers, J. D., Hawks, J., Dosseto, A., . . . Berger, L. R. (2017). The age of *Homo naledi* and associated sediments in the Rising Star Cave, South Africa. *eLife, 6*, e24231.

Dunbar, R. I. M. (1992). Neocortex size as a constraint on group size in primates. *Journal of Human Evolution, 22*(6), 469–493.

Dunbar, R. I. M. (1996). *Grooming, gossip and the evolution of language.* London: Faber and Faber.

Dunbar, R. I. M. (1998a). The social brain hypothesis. *Evolutionary Anthropology: Issues, News, and Reviews, 6*(5), 178–190.

Dunbar, R. I. M. (1998b). Theory of mind and the evolution of language. In J. R. Hurford, M. Studdert-Kennedy, & C. Knight (Eds.), *Approaches to the evolution of language* (pp. 92–110). Cambridge, UK: Cambridge University Press.

Dunbar, R. I. M. (2003). The social brain: Mind, language, and society in evolutionary perspective. *Annual Review of Anthropology, 32*(1), 163–181.

Dunbar, R. I. M. (2004). *The human story: A new history of mankind's evolution.* London: Faber and Faber.

Dunbar, R. I. M. (2007). The social brain and the cultural explosion of the human revolution. In P. Mellars, K. Boyle, O. Bar-Yosef, & C. Stringer (Eds.), *Rethinking the human revolution: New behavioural and biological perspectives on the origin and dispersal of modern humans* (pp. 91–98). Cambridge, UK: McDonald Institute for Archaeological Research.

Dunbar, R. I. M., Gamble, C., & Gowlett, J. A. J. (Eds.). (2010). *Social brain, distributed mind.* London: British Academy.

Dunbar, R. I. M., Gamble, C., & Gowlett, J. A. J. (Eds.). (2014). *Lucy to language: The benchmark papers.* Oxford, UK: Oxford University Press.

Dunbar, R. I. M., & Shultz, S. (2007). Evolution in the social brain. *Science, 317*(5843), 1344–1347.

Foley, R. A., & Lahr, M. M. (2003). On stony ground: Lithic technology, human evolution and the emergence of culture. *Evolutionary Anthropology: Issues, News, and Reviews, 12*(3), 109–122.

Gamble, C. (1999). *The Palaeolithic societies of Europe.* Cambridge, UK: Cambridge University Press.

Gamble, C. (2007). *Origins and revolutions: Human identity in earliest prehistory.* Cambridge, UK: Cambridge University Press.

Gamble, C. (2012). When the words dry up: Music and material metaphors half a million years ago. In N. Bannan (Ed.), *Music, language, and human evolution* (pp. 81–106). Oxford, UK: Oxford University Press.

Gamble, C. (2013). *Settling the earth: The archaeology of deep human history.* New York: Cambridge University Press.

Gamble, C., Gowlett, J. A. J., & Dunbar, R. I. M. (2014). *Thinking big: How the evolution of social life shaped the human mind.* London: Thames & Hudson.

Gosden, C., & Marshall, Y. (1999). The cultural biography of objects. *World Archaeology, 31*(2), 169–178.

Gowlett, J. A. J. (1979). Complexities of cultural evidence in the Lower and Middle Pleistocene. *Nature, 278*(5699), 14–17.

Gowlett, J. A. J. (1996). Mental abilities of early *Homo*: Elements of constrain and choice in rule systems. In P. Mellars & K. R. Gibson (Eds.), *Modelling the early human mind* (pp. 191–215). Oxford, UK: Oxbow Books.

Gowlett, J. A. J. (2009). The longest transition or multiple revolutions? Curves and steps in the record of human origin. In M. Camps & P. R. Chauhan (Eds.), *Sourcebook of Paleolithic transitions: Methods, theories and interpretations* (pp. 65–78). Berlin: Springer Verlag.

Gowlett, J. A. J., Gamble, C., & Dunbar, R. I. M. (2012). Human evolution and the archaeology of the social brain. *Current Anthropology, 53*(6), 693–722.

Harmand, S., Lewis, J. E., Feibel, C. S., Lepre, C. J., Prat, S., Lenoble, A., . . . Roche, H. (2015). 3.3-Million-year-old stone tools from Lomekwi 3, West Turkana, Kenya. *Nature, 521*(7552), 310–315.

Hopkinson, T., & White, M. J. (2005). The Acheulean and the handaxe: Structure and agency in the Palaeolithic. In C. Gamble & M. Porr (Eds.), *The hominid individual in context: Archaeological investigations of Lower and Middle Palaeolithic landscapes, locales and artefacts* (pp. 13–28). London: Routledge.

Ingold, T. (2007). Materials against materiality. *Archaeological Dialogues, 14*(1), 1–16.

Joordens, J. C. A., d'Errico, F., Wesselingh, F. P., Munro, S., de Vos, J., Wallinga, J., . . . Roebroeks, W. (2015). *Homo erectus* at Trinil on Java used shells for tool production and engraving. *Nature, 518*(7538), 228–231.

Killick, D. (2004). Social constructionist approaches to the study of technology. *World Archaeology, 36*(4), 571–578.

Krupenye, C., Kano, F., Hirata, S., Call, J., & Tomasello, M. (2016). Great apes anticipate that other individuals will act according to false beliefs. *Science, 354*(6308), 110–114.

Lycett, S. J., & Norton, C. J. (2010). A demographic model for Palaeolithic technological evolution: The case of East Asia and the Movius Line. *Quaternary International, 211*(1), 55–65.

McNabb, J. (2012). The importance of conveying visual information in Acheulean society: The background to the visual display hypothesis. *Human Origins, 1*, 1–23.

McNabb, J., Binyon, F., & Hazelwood, L. (2004). The large cutting tools from the South African Acheulean and the question of social traditions. *Current Anthropology, 45*(5), 653–677.

McNabb, J., & Cole, J. (2015). The mirror cracked: Symmetry and refinement in the Acheulean handaxe. *Journal of Archaeological Science: Reports, 3*, 100–111.

McPherron, S. P. (2000). Handaxes as a measure of the mental capabilities of early hominids. *Journal of Archaeological Science, 27*(8), 655–663.

Meyer, M., Arsuaga, J. L., de Filippo, C., Nagel, S., Aximu-Petri, A., Nickel, B., . . . Pääbo, S. (2016). Nuclear DNA sequences from the Middle Pleistocene Sima de los Huesos hominins. *Nature, 531*(7595), 504–507.

Meyer, M., Arsuaga, J.-L., Nagel, S., Martínez, I., Gracia, A., de Castro, J. M. B., . . . Pääbo, S. (2015). Nuclear DNA sequences from the hominin remains of Sima de los Huesos, Atapuerca, Spain. In *Proceedings of the 5th annual meeting of the European Society for the study of Human Evolution, 10–12 September 2005, London, UK* (Vol. 4, p. 162). Leipzig, Germany: Max Planck Institute for Evolutionary Anthropology.

Nielsen, M., & Dissanayake, C. (2004). Pretend play, mirror self-recognition and imitation: A longitudinal investigation through the second year. *Infant Behavior and Development, 27*(3), 342–365.

Origgi, G., & Sperber, D. (2000). Evolution, communication and the proper function of language. In P. Carruthers & A. Chamberlain (Eds.), *Evolution and the human mind: Modularity, language and meta-cognition* (pp. 140–169). Cambridge, UK: Cambridge University Press.

Peirce, C. S. (1974). Basis of pragmatism. In C. Hartshorne & P. Weiss (Eds.), *The collected papers of Charles Sanders Peirce* (Vol. 1, pp. 1931–1935). Cambridge, MA: Harvard University Press.

Plotnik, J. M., De Waal, F. B. M., & Reiss, D. (2006). Self-recognition in an Asian elephant. *Proceedings of the National Academy of Sciences of the United States of America, 103*(45), 17053–17057.

Pope, M. I., Russel, K., & Watson, K. (2006). Biface form and structured behaviour in the Acheulean. *Lithics: The Journal of the Lithic Studies Society, 27*, 44–57.

Povinelli, D. J., Gallup, G. G., Eddy, T. J., Bierschwale, D. T., Engstrom, M. C., Perilloux, H. K., & Toxopeus, I. B. (1997). Chimpanzees recognize themselves in mirrors. *Animal Behaviour, 53*(5), 1083–1088.

Premack, D., & Woodruff, G. (1978). Does the chimpanzee have a theory of mind? *Behavioral and Brain Sciences, 4*, 515–526.

Proffitt, T., Luncz, L. V, Falótico, T., Ottoni, E. B., de la Torre, I., & Haslam, M. (2016). Wild monkeys flake stone tools. *Nature, 539*(7627), 85–88.

Radovčić, D., Sršen, A. O., Radovčić, J., & Frayer, D. W. (2015). Evidence for Neandertal jewelry: Modified white-tailed eagle claws at Krapina. *PLoS One, 10*(3), 1–14.

Reiss, D., & Marino, L. (2001). Mirror self-recognition in the bottlenose dolphin: A case of cognitive convergence. *Proceedings of the National Academy of Sciences of the United States of America, 98*(10), 5937–5942.

Savanah, S. (2013). Mirror self-recognition and symbol-mindedness. *Biology and Philosophy, 28*(4), 657–673.

Seyfarth, R. M., & Cheney, D. L. (2011). Animal cognition: Chimpanzee alarm calls depend on what other know. *Current Biology, 22*(2), R51–R52.

Seyfarth, R. M., & Cheney, D. L. (2013). Social cognition: The primate mind before tools, language, and culture. In G. Hatfield & H. Pittman (Eds.), *Evolution of mind, brain, and culture* (pp. 105–122). Philadelphia: University of Pennsylvania Press.

Seyfarth, R. M., & Cheney, D. L. (2017a). Precursors to language: Social cognition and pragmatic inference in primates. *Psychonomic Bulletin & Review, 24*(1), 79–84.

Seyfarth, R. M., & Cheney, D. L. (2017b). The origin of meaning in animal signals. *Animal Behaviour, 124*, 339–346.

Shultz, S., Nelson, E., & Dunbar, R. I. M. (2012). Hominin cognitive evolution: Identifying patterns and processes in the fossil and archaeological record. *Philosophical Transactions of the Royal Society of London. Series B, Biological Sciences, 367*(1599), 2130–2140.

Stout, D. (2011). Stone toolmaking and the evolution of human culture and cognition. *Philosophical Transactions of the Royal Society of London. Series B, Biological Sciences, 366*(1567), 1050–1059.

Stout, D., Bril, B., Roux, V., De Beaune, S. A., Gowlett, J. A. J., Keller, C. M., ... Stout, D. (2002). Skill and cognition in stone tool production: An ethnographic case study from Irian Jaya 1 [and comments and reply]. *Current Anthropology, 43*(5), 693–722.

Stout, D., & Chaminade, T. (2012). Stone tools, language and the brain in human evolution. *Philosophical Transactions of the Royal Society of London. Series B, Biological Sciences, 367*(1585), 75–87.

Stout, D., Hecht, E. E., Khreisheh, N., Bradley, B. A., & Chaminade, T. (2015). Cognitive demands of Lower Paleolithic toolmaking. *PLoS One, 10*(4), 1–18.

Thieme, H. (1997). Lower Palaeolithic hunting spears from Germany. *Nature, 385*(6619), 807–810.

van der Vaart, E., & Hemelrijk, C. K. (2012). "Theory of mind" in animals: Ways to make progress. *Synthese, 191*(3), 335–354.

Vanhaeren, M., d'Errico, F., Stringer, C. B., James, S. L., Todd, J. A., & Mienis, H. K. (2006). Middle Paleolithic shell beads in Israel and Algeria. *Science, 312*(5781), 1785–1788.

van Schaik, C. P. (2013). The costs and benefits of flexibility as an expression of behavioural plasticity: A primate perspective. *Philosophical Transactions of the Royal Society of London. Series B, Biological Sciences, 368*(1618), 1–9.

Warren, S. H. (1911). On a Palaeolithic (?) wooden spear. *Quarterly Journal of the Geological Society of London, 67*, xcix.

Watts, I., Chazan, M., & Wilkins, J. (2016). Early evidence for brilliant ritualized display: Specularite use in the Northern Cape (South Africa) between ~500 and ~300 Ka. *Current Anthropology, 57*(3), 287–310.

Welker, F., Hajdinjak, M., Talamo, S., Jaouen, K., Dannemann, M., David, F., . . . Hublin, J.-J. (2016). Palaeoproteomic evidence identifies archaic hominins associated with the Châtelperronian at the Grotte du Renne. *Proceedings of the National Academy of Sciences of the United States of America, 113*(40), 11162–11167.

Wenban-Smith, F. F. (2004). Handaxe typology and Lower Paleolithic cultural development: Ficrons, cleavers and two giant handaxes from Cuxton. *Lithics: The Journal of the Lithic Studies Society, 25*, 11–21.

White, M. J. (1998). Twisted ovate bifaces in the British Lower Palaeolithic: Some observations and implications. In N. Ashton, F. Healy, & P. Pettitt (Eds.), *Stone Age archaeology: Essays in honour of John Wymer* (Vol. 6, pp. 98–104). Oxford, UK: Lithic Studies Society.

White, M. J., & Plunkett, S. J. (2004). *Miss Layard excavates: A Palaeolithic site at Foxhall Road, Ipswich, 1903–1905*. Liverpool: Western Academic & Specialist Press.

Wynn, T. (1979). The intelligence of later Acheulean hominids. *Man, 14*, 371–391.

Wynn, T. (1981). The intelligence of Oldowan hominids. *Journal of Human Evolution, 10*(7), 529–541.

Wynn, T. (1985). Piaget, stone tools and the evolution of human intelligence. *World Archaeology, 17*(1), 32–43.

Wynn, T. (1991). Tools, grammar and the archaeology of cognition. *Cambridge Archaeological Journal, 1*(2), 191–206.

Wynn, T. (1995). Handaxe enigmas. *World Archaeology, 27*(1), 10–24.

Wynn, T. (2002). Archaeology and cognitive evolution. *Behavioral and Brain Sciences, 25*(3), 389–402.

Wynn, T. (2009). Hafted spears and the archaeology of mind. *Proceedings of the National Academy of Sciences of the United States of America, 106*(24), 9544–9545.

Wynn, T., & Coolidge, F. L. (2004). The expert Neandertal mind. *Journal of Human Evolution, 46*(4), 467–487.

Wynn, T., & Coolidge, F. L. (Eds.). (2017). *Cognitive models in Palaeolithic archaeology*. New York: Oxford University Press.

Wynn, T., Hernandez-Aguilar, R. A., Marchant, L. F., & McGrew, W. C. (2011). "An ape's view of the Oldowan" revisited. *Evolutionary Anthropology, 20*(5), 181–197.

Zilhão, J., Angelucci, D. E., Badal-García, E., d'Errico, F., Daniel, F., Dayet, L., . . . Zapata, J. (2010). Symbolic use of marine shells and mineral pigments by Iberian Neandertals. *Proceedings of the National Academy of Sciences of the United States of America, 107*(3), 1023–1028.

| 제18장 |

유럽 후기 구석기시대에서 과제의 성별 분할에 대한 비판적 분석

Sophie A. de Beaune

서론

현재, 우리는 남겨진 유골의 분석과 해석을 바탕으로 후기 구석기Upper Paleolithic(이하 UP로 표기) 동안 유럽의 인간 집단들의 생활방식에 대한 정확한 그림을 제공할 수 있다. 활동의 분석을 용이하게 하기 위해 과제로 재현되는 그들의 다른 단계를 분석할 수 있다. 예를 들어, 가죽을 벗기는 작업에는 육질 제거, 무두질tanning[169] 그리고 커링currying[170]과 같은 몇 가지 고유한 과제가 포함된다. 집단 내 작업의 분포는 전체 집단이 단일 활동에 참여할 수 있더라도 각 개인에 따라 다를 수 있기 때문에 사회 조직과 직접적으로 연결되어 있다. 그다음에는 과제를 분석하고 기법적 조치와 몸짓으로 세분화할 수 있다. 그러나 여기서는 이러한 세분화를 상세히 다루지 않을 것이다(de Beaune, 2000 참고).

169 생가죽을 부드럽게 만드는 일(역자 주).

170 가죽의 유연성을 높이기 위해 식물성 기름 등으로 처리하는 일(역자 주).

이러한 집단의 물질적 삶에 대한 믿을 만한 지식에도 불구하고, 나이와 성별에 따른 과제의 분포에 대해 거의 알지 못한다. 성별이나 개인에 의한 노동의 분배는 거의 모든 인간 사회의 중심 구성요소이다. 그것은 또한 사회적 불평등과 갈등의 발전의 전단계이기도 하다. 연구자들은 구석기에 대한 이러한 주제들을 주기적으로 다루었지만, 한동안 중요한 통합은 제공되지 않았다. 더욱이, 많은 해석이 순진하거나 부정확한 고정관념에 바탕을 두고 있다는 것을 알게 될 것이다. 세 가지 유형의 설명이 제안되었다.

(1) 민족지적 비교에 기초한 단순한 가정으로 특히 과제의 성별 분할에 관한 것으로서, 생활 인구 또는 최근 인구에서 가장 많이 관찰되는 것에 대한 언급
(2) 간접 고고학적 증거에 기초한 설명
(3) 직접적 증거에 기초한 설명으로 우리가 볼 수 있듯이, 해석하기 어려운 설명

이 장의 분석은 UP와 그것의 소재에 초점을 맞춘다. 왜냐하면, 구석기시대 초기의 과제의 분화는 거의 정보를 가지고 있지 않은 인간 이전의 종에 관한 것이기 때문이다. **호모 사피엔스**보다 **호모** 속과 오스트랄로피테신 속의 첫 번째 대표자들의 사회 조직이 현대의 대형 유인원에 더 가까웠을 가능성이 있으며, 또한 유럽 UP 유적지가 **호모 사피엔스**에 의해 점유되었다는 것이 일반적으로 받아들여지고 있다. 몇몇 연구자들은 네안데르탈인의 행위로 보고 있다. 생활방식이 기원전 4만 년에서 1만 년까지 크게 바뀌지 않은 것처럼 보이기 때문에, 이것은 여기에

제시된 아이디어와 비교했을 때 그다지 유의미하지 않다.

그럼에도 불구하고, 이용 가능한 자료가 UP 기간 동안 일어난 일에 대한 통찰력을 제공할 수 있다면 UP 이전[즉, 전기 구석기, 중기 구석기시대Lower Paleolithic/Middle Paleolithic(이하 LP, MP로 표기)] 또는 아구석기Epipaleolithi[171]그리고 중석기시대Mesolithic periods 직후에 일어난 일을 고려하는 것이 흥미롭다.

나는 성 고고학이 영미 고고학에서 흔한 주제라는 것을 알고 있다. 이에 관한 문헌의 양은 엄청나기 때문에 여기서는 완벽함을 주장하지 않고 가장 관련성이 높은 참고문헌만 선정했다(Bolger, 2013).[172] 여기서 나는 남성과 여성의 과제를 논할 때조차도, 기법적 전문화가 성에만 관련된 것이 아닐 수도 있다고 생각한다.

민족지 비교에 근거한 '단순' 추정

일반적으로, 최근까지 북극 이누이트족Arctic Inuit, 호주 원주민, 칼라하리사막의 산 부족Kalahari San과 이와 유사한 집단 등 현재의 사냥 그리고 채집 민족지는 중앙집권적 권한, 상비군 또는 관료적 체계 없이 비교적 작은 집단에서 살았다고 인정된다(Ingold, 2004; Lee & Daly, 2004). 이러한 사회들은 비교적 평등했으며 특정 유형의 대상을 생산하는 것

171 구석기시대 말기와 중석기시대 초기(역자 주).

172 여기서는 남성과 여성 사이에 인지적 차이가 있다는 논지를 다루지 않을 것이다[예를 들어, 여성이 남성에 비해 더 많은 회백질을 가질 수 있고(Luders, Gaser, Narr, & Toga, 2009), 더 잘 강조하거나(Baron-Cohen, Knickmeyer, & Belmonte, 2005), 대상의 위치를 더 잘 기억할 수 있다(Eals & Silsman, 1994)라는 것이 있다]. 우리의 일상생활 경험뿐만 아니라 민족지적 대응 사례들은 이러한 역량이 사회적 맥락에 달려있다는 것을 보여주기에 충분하다.

만이 유일한 과제인 구성원은 포함하지 않았다(Woodburn, 1982). 모르간Morgan의 진화론 사상은 마르크스와 엥겔스가 인간 사회의 원래 상태를 '원초적 공산주의'의 하나로 특징짓도록 영감을 주었다(Lee, 1979, 1988; Testart, 1985). 수렵채집 사회의 '공산주의'는 마샬 살린스Marshall Sahlins가 '가내 생산양식'(Sahlins, 1972)이라고 부른 직계 친족, 본질적으로 '가족주의적'(Service, 1966) 관계에 내재되어 있었다. 물론 일부 저자들은 단순하고 복잡한 수렵채집인을 구별하여 모든 사냥꾼과 채집가들이 소규모 이동 집단에 살지는 않았고, 그들 중 일부는 준거주지에 살았고, 촌장을 거느리고, 일부 자원을 저장했다고 주장했다(Hayden, 2013; Price & Brown, 1985; Testart, 1982, 2005, 2012).

UP 사회의 평등과 관련하여, 몇몇 저자들은 **평등**이라는 용어가 자격이 필요하고, 프랑스 남서부나 러시아 중부 평야와 같은 일부 생태학적 조건에서 이 기간 동안 사회 계층의 초기 형태가 존재한다는 것을 보여주었다(Conkey, 1985; Mellars, 1985; Soffer, 1985). 브라이언 헤이든Brian Hayden은 일부 UP 지역 집단을 북미 북서부와 비교하여, 이 아이디어를 널리 발전시켰다(Hayden, 2001, 2013). 나는 이 장 뒷부분에서 이 점을 다시 언급할 것이다.

그럼에도 불구하고 대다수의 연구자들은 현존 또는 최근의 '단순한' 수렵채집 사회와 마찬가지로, 구석기 집단에게는 노동의 성별 분업으로 구성된 가장 단순한 형태의 과제가 어느 정도 분포했을 것이라고 가정한다(Lee, 1979, 1982; Testart, 1982). 대부분의 과제는 성별로 구분되었으며, 큰 규모의 집단 사냥은 전적으로 남성 과제는 아니지만, 일반적으로 남성 과제인 것으로 보인다(Knüsel & Smith, 2013; Murdock & Provost, 1973; Testart, 1986). 리Lee(1979)에 따르면, 수렵채집 사회의 여성들은 모이고 공유하는 활동을 통해 가족의 하루 칼로리 대부분을 기여하지만, 이것은 단일 사례에 기초한 다소 지나치게 단순화된 일반화이다. 다양한 음식 출처와 성별에 따른 식생활에 대한 기여는 전 세계적으로 매우 다양하다. 빙하기 유럽에서는 남아프리카 홀로세Holocene[173]와는 매우 다른 식생활 혼합이 예상될 것이다. 더욱이, 고고학적인 맥락에서 전통적으로 여성 활동(예: 막대기로 파기, 가죽 주머니 등)과 관련된 유기물 대상은 흔적을 남기지 않을 것이다. 이는 1965년 어벤 드보어와 리차드 리Irven DeVore and Richard Lee가 주최한 인류학 심포지엄 이후, '남성 사냥꾼Man the Hunter' 모델과 같은 인용문이 널리 홍보된 이유일 수 있다. "사냥은 매우 보편적이고 지속적인 남성 활동이기 때문에, 비록 그것이 먹이 공급의 극히 일부만을 제공했더라도, 초기 문화 적응의 기본적인 부분이었을 것이다", "또한 초기 여성이 홍적세 기간 동안 놀고 있지 않았을 것이며, 오늘날 내륙의 수렵채집인들의 식생활에서 매우 중요한 식물 음식은 초기 인류의 식생활에서 비슷한 역할을 했을 것이다"(Lee & DeVore, 1968b). 따라서 사냥은 인류 진화를 설명하는 중심적인 것으로 간주된다(Tiger, 1969년; Washburn & Lancaster, 1968; Zihlman, 2013). 성별과 여성 작업의 중요성은 '남성 사냥꾼Man the Hunter' 컨퍼런스와 의사록 발표 이후에 많이 논의된 주제였다(Lee & Daly, 2004; Lee & DeVore, 1968a; Sterling, 2014). 채집 또는 '여성 채집인woman the gatherer' 가설은 그러한 재구성에서 여성과 여성의 활동이 누락된 것에 대한 교정조치로 개발되었다(Dahlberg, 1981; Zihlman, 1998).

어쨌든, UP 집단의 사회 조직을 고려할 때, 추측성이 매우 높은 '남

173 홀로세는 약 1만 년 전부터 현재까지의 지질시대로, 충적세 또는 현세라고도 부른다(역자 주).

성=도구 제작자=사냥꾼 대versus 여성=어머니=채집인'의 비유는 한 세기 이상 널리 받아들여졌다(Clottes, 2015; Guthrie, 1984, 2005). 민족지 지도책(Murdock, 1967)에 발표된 자료에 따르면, 석공 작업은 기본적으로 남성 활동(Murdock & Provost, 1973)으로 간주되었으며,[174] 여성은 암묵적으로 식물 자원과 의류, 직물, 노끈, 줄 그리고 도자기 생산(후기 선사시대)과 같은 '소프트' 기법을 수집하는 것으로 식별되었다(Finlay, 2013; Zihlman, 2013). 현존하는 수렵채집인 집단 중에서, 공동체의 모든 구성원들은 이동성에 따라 일상 과제에 참여한다. 젊은 엄마들이 어린아이들을 돌보는 동안, 노약자와 여자들은 보통 캠프 근처에서 작은 동물들을 모아서 사냥한다. 막달레니안 겐더스도르프 유적지Magdalenian Gönnersdorf site에서 발견된 스키마적인 판화는 아기를 등에 업고 있는 것으로 보이는 여성을 나타내며 UP 기간 동안 동일한 것이 사실이라는 생각을 지지하는 경향이 있다(Bosinski, 2007; Bosinski & Fischer, 1974). 그러므로 아이들이 캠프 근처에서 땔감을 수집하고, 여성들이 식물 자원을 모으는 것을 돕고, 물을 나르고, 덫에 걸린 작은 동물들을 채집했다고 추측된다. 성년 남성들은 큰 동물들을 사냥했고 캠프 근처에서 구할 수 없는 특정한 자원들을 얻기 위해 더 멀리 이동하였다. 예를 들어 즈데넥 버리언Zdenek Burian의 그림과 수많은 구석기 삶의 재구성에서 볼 수 있듯이, 이 시나리오는 일반적으로 인기 있는 문학, 영화, 만화에서 퍼졌다(Gifford-Gonzalez, 1993).

20세기 초의 첫 번째 해석(Bégouën, 1924, 1939; Breuil, 1952; Reinach,

174 1962년에 조지 머독(George Murdock)은 동물행동학(Ethology)을 설립했다. 1962년부터 1980년 사이에 피츠버그대학교에서 발간한 「국제문화사회인류학 저널(International Journal of Cultural and Social Anthropology)」에서 100개 이상의 변수에 대해 코드화된 1,167개의 문화를 수록한 자료집을 발간했다.

1903)에 이어, 구드리Guthrie는 구석기 예술은 사냥꾼의 예술이며, 앞에서 언급한 성 활동에 대한 스키마적인 비전의 결과로, 그것이 남성 활동이라는 결론을 내렸다(Guthrie, 1984, 2005). 오늘날의 연구원들은 구석기 동굴에서 가장 자주 발견되는 동물들이 음식으로 가장 적게 소비되는 동물들 중 하나라는 것을 일관되게 증명해 왔다(Delporte, 1990; Iakovleva & Pinçon, 1997). 비록 그 사진 속의 동물들이 사냥된 동물이라는 것이 확인되었다 하더라도, 이것은 남성의 활동이었다는 것을 따르지 않는다. 구스리는 도발적인 태도로 여성상을 『플레이보이Playboy』 여성의 이미지에 비유하고, 예술가들이 에로틱한 선입견을 가진 남성이라고 주장했다. 물론 구석기 미술 전문가들은 UP 미술의 문화적 맥락을 과소평가한 이 단순한 해석을 비판했다(Hays-Gilpin, 2004; White, 2006).

그러나 이러한 재구축에 대한 민족지적 근거는 명확하지 않다. 그것은 보편적인 남성 활동(예: 대형동물 사냥)과 보편적인 여성 활동(작은 동물 사냥, 채집, 수집)이 있다는 가정에 기초한다(Endicott, 2004). 일부 학자들은 보편적인 행태 법칙을 식별하려고까지 했다. 그들은 보편적이거나 거의 비슷한 인간 사회의 특징이 있으며(Brown, 1991), 성별에 의해 사냥꾼과 채집업자로서의 노동의 광범위한 분할이 이러한 보편적인 것 중 하나라고 주장한다. 그렇다면 그러한 이질적인 사회가 이러한 특징들을 공유해야 한다는 사실은 그들이 깊은 진화적 조상을 가지고 있다는 것을 암시한다(Codding, Bird, & Bird, 2011; Kaplan, Hill, Lancaster, & Hurtado, 2000; Marlowe, 2007). 알랭 테스타트Alain Testart(1986)에 따르면, 절단 무기로 동물을 죽이는 것과 같은 어떤 과제는 여성들에 의해 행해진 적이 없는 것처럼 보이지만, 이 가설에 반대하는 두 가지 주장이 있다. 첫째, 수렵채집 사회에서 여성이 피를 뽑을 수 없다는 이론은 이러한 사회가 다른 유형의 사회와 구별될 수 있는 특정한 실체였다고 가정한다. 그러나 우리가 수렵채집 사회라고 정의하는 것은 서구 연구자들이 만든 인공적인 분류에서 비롯되는데, 그들은 농업의 부재로만 구분한다. 그러나 일부 요소의 부재는 사회를 정의하기에는 분명히 불충분한 기준이다. 사냥과 채집(낚시는 어떤가?)을 통해 살아남는 사회의 이 범주는 실제로는 매우 이질적이다. 프랑수아 시고트François Sigaut(2009)는 이 분류와 척추동물과 무척추동물 사이의 동물학자들이 만든 분류를 유사시 했는데, 과학자들이 척추동물의 부재가 동종의 집단을 정의하기에 충분치 않다는 것을 깨달았을 18세기 후반부터 불충분한 것으로 인지되었다. 더욱이, 테스타트의 논문은 어떤 기적에 의해, 비농업 사회에서 노동의 성별 분업이 호주에서 칼라하리 그리고 아마존에서 시베리아까지 동일한 이념적 원리에 의해 지배되었다는 것을 암시한다. 지금까지, 아무도 인간 사회에 '보편'이 존재한다는 것을 증명하지 못했다(Lenclud, 2013). 반면 로버트 L. 켈리Robert L. Kelly(1995)는 전 세계 사냥 그리고 채집 사회의 엄청난 다양성을 기록했고, 수잔 켄트Susan Kent(1996)는 아프리카에서도 비슷한 다양성을 관찰했다. 테스타트 자신은 여성이 피를 뽑을 수 없는 것으로 가정된 '법'에 일부 예외가 있다는 것을 인지해야 했다. 아그타Agta 여성들은 정기적으로 칼이나 활과 화살을 가지고 사냥한다(Estioko-Griffin & Griffin, 1981; Hayden, 1992; Testart, 1986). 아그타 족 외에도, 특히 대부분의 식생활이 사냥된 음식에서 나오는 고위도 지역에서, 일시적이든 영구적이든, 여성들이 사냥꾼 역할을 하는 많은 사례들이 있다. 또한, 테스타트의 가설은 미국 원주민 수렵채집 여성에 대한 포로 학대와 관련된 문서화된 참여를 무시한다(Donohoe, 2009). 이 '혈액 이데올로기'는 수렵채집가보다 테스타트의 이념인 것 같다.

더욱이, 불을 피우는 것, 작업용 가죽이나 나무 만들기, 밧줄 만들기 같은 일부 가사 활동은 사회에 따라 남성과 여성 모두에 의해, 집단 내 활동들의 전 세계적인 분포의 함수로서 실현되기 때문에, 민족지 자료는 맥락화되어야만 한다. 많은 수렵채집 남성들은 비록 일상적인 활동이 아니더라도 필요하거나 기회가 생길 때 채식을 한다. 대부분의 수렵채집 사회에서, 남성의 주요 과제가 사냥이라면, 여성들도 종종 사냥을 한다(Endicott, 2004). 민족지학적으로, 여성들은 종종 동물 단백질을 획득하는 데 중요한 역할을 하지만, 주로 사냥감을 이끌기 위한 도살자, 드라이브 참가자, 그리고 초자연적인 지원의 역할을 하는 사냥꾼으로서의 역할을 한다. 결국, 사냥은 동물을 죽이는 단순한 행위 그 이상이며, 와들리Wadley(1998)가 그린 민족지 설명은 바느질에서부터 고기 나누기까지 다양한 집단이 사냥의 일부로 간주하는 다양한 보조 활동들을 보여준다.

대조적으로 돌떼기는 예외가 있긴 하지만 알려진 거의 모든 사회에서 남성들에 의해 행해지는 것으로 보인다(Casey, 1998; Kelly, 1995; Sassaman, 1998). 예를 들어, 돌떼기 여성들은 에티오피아의 콘소Konso, 뉴기니의 아라위Arawe 그리고 호주 북부와 웨스트의 티위Tiwi와 제라문업Jerramungup에서 발견된다(Arthur, 2010; Bird, 1993; Goodale, 1971; Weedman, 2006). 더욱이, 돌떼기가 주로 남성 활동으로 나타날 경우, 이는 민족지적 자료가 편향되어 있기 때문일 수 있다. 우리가 관찰한 몇 가지 관찰은 남성 관찰자들에 의해 이루어졌고, 종종 공간 사용에 있어 성별이 강한 사회 그리고 에티오피 가죽 작업자들에 대한 캐서린 위드먼Kathryn Weedman(2005)의 연구에서 강조되었듯이, 거의 항상 인류가 더 이상 부서진 돌에 의존하지 않았다. 린다 오웬Linda Owen(2005)은 현존 또는 최근의 수렵채집 사회에서 남성과 여성의 활동에 관한 비교 연구가 통계 분석을 단순화하기 위해 변수의 수를 줄임으로써 역할에 대한 고정관념을 만드는 데 기여했다고 지적한다. 오늘날, 고고학적 해석에서 민족지학적 유추의 사용에 대한 보다 비판적인 태도는 많은 연구자들에 의해 재현되었다(Bolger, 2013).

그러나 여성과 남성이 표면적으로 '동일한' 과제를 실행하는 경우에도 기법, 재료, 생산물 유형 및 소비자에 따라 구별이 유지될 수 있다. 예를 들어, 테스타트(1986)는 이 점에 대해서 정확하다. 남성과 여성의 사냥 기법과 무기는 종종(항상 그렇지는 않다) 다르다(Endicott, 2004). 서아프리카의 일부 지역에서, 여성과 남성들은 다른 종류의 베틀loom들을 사용하고 명백히 '여성의 옷'과 '남성의 옷'(Kent, 1971; Kriger, 2006)이라고 불리는 별개의 유형의 옷감을 짜낸다. 파푸아 뉴기니의 월라Wola 고원지대에서, 여성들은 경우 남성들이 부적절하다고 여길 때 몇 차례 돌 떼는 작업으로 양극 기법을 사용한다(Sillitoe & Hardy, 2003). 시드니 항(호주)에서 나온 민족지적 증거는 남성과 여성이 모두 해안이나 카누에서 낚시한다는 것을 보여준다. 그러나 남성은 항상 두 갈래 또는 네 갈래의 철조망 낚싯대를 사용하는 반면 여성은 스스로 제작하는 조개 낚싯바늘과 식물성 섬유 줄을 사용했다(McDonald, 1992).

또한 집단의 모든 구성원은 동일한 활동에 참여할 수 있지만 동일한 과제를 실행하지는 않는다. 예를 들어, 초식동물의 큰 무리를 몰아 사냥하는 것은 많은 참가자를 필요로 하고 집단의 모든 구성원들에게 요구되지만, 모두가 같은 일을 하는 것은 아니다. 음부티Mbuti족의 활 사냥에서, 여성들은 무장한 남성들의 반경 내에서 먹잇감을 몰기 위해 몰이꾼

beaters 역할을 한다(Turnbull, 1965). 넷실리크Netsilik족 여성과 아이들은 바다표범 사냥을 돕고 모두가 물고기를 잡는다(Balikci, 1970). 또한 제작 시퀀스의 다른 단계가 모두 동일한 개인에 의해 실행되지 않을 수도 있다. 직물 생산에서, 경우에 따라 생산 시퀀스 내의 다른 과제가 성별에 따라 실행된다. 예를 들어, 18세기 베닌Benin의 왕실 직물 작업장에서 남성은 실을 내고 여성은 실을 짰다(Kriger, 2006). 때때로 성별 과제의 분할이 너무 미묘하여 민족지학자가 이를 놓칠 수 있다(Costin, 2013). 예를 들어, 구석기시대에서는 동물 시체들이 몇몇 인류에 의해 조각조각 잘려나갔을 수도 있고, 고기는 식사를 준비하는 다른 인류에 의해 치워졌을지도 모른다.

더욱이, 고고학 유적지가 과제 전문화의 지표를 산출하는 것처럼 보일지라도, 우리는 이 과제를 실행한 인류의 신원을 추정할 수 없다. 예를 들어 케네스 사사만Kenneth Sassaman(1998)이 북아메리카의 동부 삼림지대에서 남성들이 석기 기법(즉 여성들이 다른 활동을 위해 만들고 사용하는 것과는 구별되는 돌 기법), 즉 손잡이 달린 양날을 사용하여 사냥감을 사냥했다고 주장할 때, 그는 고고학적 자료에 고정관념을 적용하는 것처럼 보인다. 동물 생산물을 저장하는 것은 반드시 한 성별이 아니라, 몇몇 현대 사냥 사회에서 그렇듯이 특정한 집단이며, 특정 집단이 전체 공동체를 위해 고기 비축량을 제공하는 책임을 맡고 있다. 어떤 경우든 고고학적 자료에서는 이러한 지표를 관측하기 어렵다. 발굴되지 않은 유적지의 일부에서 행해질 수도 있고, 유목민 집단이 계절 이동을 하는 경우, 다른 캠프나 다른 시기에 행해질 수도 있기 때문에 유적지에서 행해진 활동이 아무것도 증명되지 않는다.

간접적 고고학 증거에 근거한 설명

몇몇 저자들은 간접 자료에 기초하여 UP 모집단의 사회 조직을 모델화하려고 시도했다. 성별 과제는 직접 볼 수 없지만, 일부 고고학적 유골은 과제의 성별 분할을 보여주는 것으로 해석된다. 이러한 시도 중 몇 가지를 살펴보겠다.

과제 다양화의 출현

스티븐 쿤과 메리 스티너Steven L. Kuhn and Mary C. Stiner(2006)는 **호모 사피엔스** 사이의 성별 작업 분할은 식생활 다양화와 특히, 작은 먹이 사냥과 채집과 관련이 있다고 연결시킨다. 이 저자들은 여성과 어린이들의 과제가 작은 먹이를 사냥하고 모으는 것에 한정되어 있는 반면, 남성들은 큰 먹이를 사냥했다는 고전적인 가설에서 출발한다. 그들은 논증을 지지하기 위해, 해부학적 현생 인류anatomically modern humans(이하 AMH로 표기)의 식생활과 네안데르탈인을 비교했다.

쿤과 스티너에 따르면, 네안데르탈인은 큰 먹이만을 사냥했다고 한다. 그러나 이 활동은 모든 구성원에게 충분한 양의 고기를 먹일 수 있도록 집단의 모든 구성원들의 협조가 필요했을 것이다. 대조적으로, 그들은 UP AMH 집단이 훨씬 더 두드러진 노동의 성별 분업을 가졌다고 묘사한다. 이는 여성들이 식물 자원을 이용할 수 있게 하여, 생계 범위를 넓히고, 집단을 환경에 더 효과적으로 적응시켜 더 높은 집단밀도를 초래하였다(Kuhn & Stiner, 2006). 현대에 반대 사례가 존재한다. 이누이트족은 육류로만 구성된 식생활을 하고 성별 과제 분할이 다른 집단과 마찬가지로 강했다. 여성들은 가죽을 만들고, 옷을 만들고, 요리하고, 불을 피우는 반면, 남성들은 집을 짓고 사냥하고 낚시를 했다(Hayden, 2012).

비록 노동 분할이 과제 다양화와 동시에 나타난다는 생각이 흥미롭지만, 이러한 '혁신'이 실제로 MP와 UP 사이에서 일어났는지는 확실하지 않다. 우리는 최근에 네안데르탈인의 식생활이 이전에 생각했던 것보다 더 다양했다는 것을 알게 되었다. 석기와 표면에 있는 유기적 잔류물에 대한 사용-마모 분석을 통해, 네안데르탈인이 작은 먹이를 사냥하고 낚시를 했다는 것이 밝혀졌다. 또한, 이러한 분석은 프랑스 페이레Payre, 아르데체Ardèche, 스페인 볼로모르 동굴Bolomor Cave, 이탈리아 후마네Fumane 등 서로 충분히 멀리 떨어져 있는 유적지에서 나온 인공물에 대한 분석을 통해 현지 현상이 될 수 있다는 가설을 제거했다(Hardy & Moncel, 2011). 벨기에 스파이와 이라크 샤니다르의 네안데르탈인의 치아에 대한 다른 분석에서는 그들이 다양한 식물 자원을 소비했다는 것을 보여주었다(Henry, Brooks, & Piperno, 2010). 따라서 AMH와 네안데르탈인의 식생활은 서로 크게 다르지 않은 것으로 보인다. 이러한 음식이 네안데르탈인 식생활에 얼마나 중요한지에 대한 문제는 여전히 남아 있다. 고기를 먹으면서도 과일과 야채를 많이 먹는 것은 산에서와같이 상대적으로 중요했을까? 아니면 야채보다 고기를 훨씬 더 많이 먹는 이누이트족의 일화처럼 일화였을까? 사용 가능한 네안데르탈인 자료는 여전히 너무 산재하여 우리가 확실하게 대답할 수 없다. 흥미로운 사실은 네안데르탈인이 야채 음식, 빠르고 작은 사냥감 그리고 어떤 비율이든 간의 큰 규모의 고기를 사용할 수 있었다는 것이다.

더욱이, 주먹도끼 제작과 같은 몇몇 과제는 높은 기술 수준을 요구했고 따라서 MP에 이미 있는 어떤 형태의 전문화와 관련되었으리라는 것을 우리는 이제 확실히 알고 있다. 나는 나중에 이 점을 다시 언급하겠다.

이 논의에서 보듯이, 고고학 분야는 지난 20년 동안 극적으로 변화해 왔는데, 여성 고고학자들은 찾기 어려운 여성 작업의 증거보다 창과 같은 단단한 인공물에 대한 남성 동료들의 독점적인 집중에 이의를 제기해 왔다. 짐 아도바시오와 올가 소퍼Jim Adovasio and Olga Soffer(Adovasio, Soffer, & Page, 2007; Soffer, Adovasio, & Hyland, 2002)는 바구니 세공품, 밧줄, 직조 등과 같은 부패하기 쉬운 인공물들의 연구를 통해 여성들이 사냥 활동에 참여하지 않더라도 물에서 장거리 이동을 할 수 있게 하는 뗏목을 만드는 데 사용되는 밧줄 그리고 공동 사냥에 사용되는 그물을 포함하여 필요한 모든 종류의 옷을 발명했다고 주장한다. 더욱 중요한 것은 여성들이 언어와 사회생활의 발전에 중심적인 역할을 했다는 것이다. 간단히 말해서, 인간이 되는 데 중요하다. 우리가 정확히 누가 무엇을 했는지 모르지만, 아도바시오와 소퍼는 여성의 활동이 뼈, 녹말, 상아 그리고 돌의 인공물에서 추론한 것보다 훨씬 더 다양하다는 것을 보여준다고 주장한다.

점거 장소에서의 활동 구역 위치

점령지에서 특정 활동을 위한 구역의 존재는 성 과제의 분할을 지형적으로 반영하는 것으로 해석되어 왔다. 이러한 유형의 연구는 일부 인공물이 특정 성별과 관련된 활동을 반영한다는 가설을 기반으로 한다. 따라서 무기, 도구 그리고 돌떼기 부산물은 철저하게 남성의 과제인 사냥,

도살, 돌떼기와 관련이 있을 것이고, 화로, 바늘, 끌개는 숨겨진 작업과 음식 준비와 같은 여성의 과제를 반영할 것이다. 그러한 가정들은 이러한 고정관념들이 단순하고 성차별적이라는 것을 보여준 린다 오웬Linda Owen(2005)에 의해 크게 무시되었다. 실제로 특정 활동에 지정할 수 있는 전용 위치는 남성과 여성 모두에 의해 여전히 자주 방문되고 있다.

문헌에서 몇 가지 예를 살펴보자. 시베리아의 말타Mal'ta에서, 미하일 게라시모프Mikhail Gerasimov는 그 현장의 두 부문을 구별할 수 있으리라고 생각했다. 그가 남성적인 것으로 해석한 하나는 양날, 뼈다귀, 작은 새 조각상들과 관련이 있는 반면, 여성적인 것으로 해석된 다른 하나는 긁개, 바늘, 송곳, 목걸이 그리고 여성 조각상을 포함하고 있었다(Baffier, Julien, & Karlin, 1981에서 인용된 Gerasimov, 1958). 우리는 1950년대 후반에 만들어진 이 해석이 매우 민족지 중심적이라는 것을 알 수 있다.

아구석기epipaleolithic 유적지의 또 다른 최근의 사례는 이스라엘의 티베리아스 호수Lake Tiberias 또는 갈릴리해the Sea of Galilee의 둑에 위치한 오할로 IIOhalo II의 유적에 관한 것이다. 기원전 2만 3천 년에서 2만 2천 년(보정)까지 거슬러 올라가는 이 장소는 농경이나 가축이 없는 수렵채집 인구에 의해 점유되었다. 그럼에도 불구하고, 이 유적지에는 야생 상태에서 소비되거나 사용된 142종의 식물에서 나온 최소 9만 점의 유물이 있다. 특히 1만 9천 개의 풀씨가 잘 보존돼 있었는데, 그 이유는 이 씨앗이 호수에 잠기기 전 난롯가에 검게 그을려 보호됐기 때문이다. 이 풀들 중에서, 특히 에머 밀emmer wheat[175]과 보리의 고대 야생 조상이

175 신석기시대이래 재배되고 있는 밀(역자 주).

존재한다(Nadel et al., 2004).

오두막들 중 하나에서 발견된 현무암(1번)은 이 곡식을 가공하는 빻는 돌 역할을 한 것으로 보이며, 150개의 곡물 파편이 상면에 덮여 있는데 그중 127개는 보리와 밀 과family(보리Hordeum, 밀Triticum, 염소 풀 속Aegilops)에 속한다며 지지받는 가설이다. 다른 곡식들이 돌 주위에 흩어져 있었다. 또한 재로 덮인 돌을 배열하면 오븐의 존재를 알 수 있다고 주장한다. 여기서부터, 야생 곡물로 만들어진 빵의 조상이 여기서 요리되었다고 상상하는 것은 대단한 도약은 아니다(Piperno, Weiss, Holst, & Nadel, 2004).

반면 다니 나델과 에후드 바이스Dani Nadel and Ehud Weiss(Weiss, Kislev, Simchoni, Nadel, & Tschauner, 2008)는 이 오두막에 두 개의 매우 뚜렷한 활동 구역이 통행 영역으로 구분되어 있음을 인식하였다. 오두막의 북쪽 지역의 한 구역은 빻는 돌과 산포된 곡식을 포함하고 있어 희미하게 빛나고 있는 것 같다. 두 번째 구역은, 돌멩이들이 부산물을 떼내는 곳인데, 입구 근처에 있었기 때문에, 아마도 불이 더 잘 붙었을 것이다. 저자들은 제1지대는 먹이 제작과 연계된 반면, 제2지대는 도구와 무기 제작을 전담하는 여성과 연관되었을 것이라고 주장한다. 이러한 해석이 솔깃하긴 하지만, 우리는 신중해야 하며, 성별 분할보다는 위생적인 문제와 관련된 과제의 물리적 분리에 대한 가설을 제거할 수 없다.

마찬가지로, 프랑수아 아우두즈Françoise Audouze(2010)는 프랑스 오이즈의 막달레니안 현장Magdalenian site of Verberie, Oise, France의 화로 주변에 있는 잔손질한 작은 돌 칼backed bladelet(여기서는 발사체 무기 요소로만 사용됨)의 분포가 남성 활동 구역과 일치할 수 있으며, 화로에서 가장 멀리 떨어진 곳에 있는 긁개가 있으면 숨겨진 작업 구역이 될 수 있는데, 여성과 관계있다고 주장했다. 그러면서도 그녀는 이러한 공간적 분포에 대한 기법적 이유가 있을 수 있다는 점에 주목하면서 이러한 해석을 누그러뜨렸다. 즉 접착제를 녹이는 데 열이 필요하기 때문에 무기는 화로 근처에서 제작되었을 수 있지만, 불꽃을 튀기면서 가죽이 손상될 위험이 있기에 화재에서 멀리 떨어진 곳에서 작업해야 한다(Audouze & Beyries, 2007). 따라서 우리는 그러한 활동 구역의 위치가 사회 규범과 연관되어 있다고 가정하는 것을 경계해야 한다.

뺑스방Pincevent에서 그레고리 디바우트Grégory Debout(2007)는 더 나아갔다. 그는 특징적인 플린트 도구, 황화석 존재 그리고 건조 지역에 해당하는 1㎡의 재를 누적한 것으로 보이는 지역을 식별했다. 이 유적지에서는 돌칼 제작에 대한 세 가지 기술 수준도 구별되었다. 가장 성공적인 생산물들은 진정한 전문가들에 의해, 다른 것들은 평균적인 기술 수준을 가진 자들에 의해 실행되었던 것으로 보인다. 마지막으로, 최악의 작품들은 아마도 도제 생활 초기 젊은 인류의 생산물이었을 것이다. 그러나 이러한 불량품질 생산물은 은밀한 작업에 대한 증거가 있는 영역 근처에 위치하며, 이는 인근 성년들을 흉내 내고 노는 아이들이 있는 여성 활동 구역이라는 해석을 낳는다.

이러한 다른 해석에 의해 제기된 문제는 그것들이 비 공작non-industrial 사회에서 남성과 여성 사이의 과제 분배와 관련하여 앞에서 설명한 가정에 기초하고 있다는 것이다. 그러나 공간의 전문화가 반드시 거주자의 전문화를 반영하는 것은 아니라는 것을 분명히 알 수 있다. 이것이 바로 일부 저자들이 작업 분배의 보다 직접적인 증거를 찾기 시작한 이유이다.

직접 증거에 근거한 설명

하나의 매개변수는 기법적 전문화를 충분히 식별할 수 있을 정도로 고고학적인 맥락에서 볼 수 있다. 즉 기술 수준이다. 그것은 개인의 능력 정도에 대해 가능한 전문화를 평가하는 데 사용되어 왔다. 이 증거가 성별 과제에 대한 정보를 제공하는지 알아보겠다.

다른 기술 수준의 증거

이론적으로, 전문화는 다양한 다른 과제를 실행하거나 특정 생산물의 표준화를 실행하는 데 필요한 차이 나는 기술 수준과 같은 기법적 기준에 근거하여 식별될 수 있다. 두 번째 주장인 표준화는 전문가 또는 작업장의 작업 또는 단일 운영 절차에 의해 부과되는 엄격한 기법적 또는 사회적 제약에서 비롯될 수 있기 때문에 즉시 삭제될 수 있다(Le Dosseur, 2005).

돌떼기 대한 고고학적 실험은 숙련된 전문가의 감독하에 대화식 학습 과정과 장기간의 훈련을 통해 높은 수준의 전문지식이 획득된다는 것을 나타낸다(Eren, Bradley, & Sampson, 2011). 그러한 실험은 우리에게 돌떼는 자가 효율적이고 정기적으로 표준화된 정교한 형태를 만들 수 있도록 하는 돌떼기 전문지식을 얻는 데 관련된 노력에 대한 아이디어를 준다.

다양한 기술 수준의 존재가 에티올레스Étiolles와 뺑스방Pincevent에서 확인되었는데, 니콜 피게와 모니크 올리브Nicole Pigeot and Monique

Olive(Olive & Morgenstern, 2004; Pigeot, 1987)는 막달레니안 인공물들의 돌떼는 자들이 모두 똑같은 재능을 가지고 있지 않다는 것을 증명했다. 능숙하게 격지를 떼는 자들은 뛰어난 품질의 긴 돌날과 도구를 만들 수 있었다. 다른 개체는 일상 활동에 필요한 간헐적인 도구를 제작하기에 충분한 일반적인 기술 수준을 가지고 있었다. 또한, 전혀 사용하지 않았을 격지들도 발견되었는데, 아마도 기술이 부족한 어린아이들에 의해 만들어졌을 것이다. 초보자, 아마도 낮은 수준의 기술을 가진 아이들도 베르베리Verberie에 있을 것이라고 제안되었다(Janny, 2010). 어린아이들이 어른들의 일을 관찰하고 성취해야 했던 동작과 행동을 각인시키는 것을 상상하는 것은 쉽다. 그러고 나서 때때로 조언을 받거나 질책을 받는 동안 서투른 손으로 이러한 행동을 흉내 내곤 했다. 어쨌든, 수천 년 동안 석기의 안정성은 지식과 노하우가 한 세대에서 다음 세대로 전달되었다는 것을 보여준다. 우리는 행위자의 성별 정체성에 대한 어떠한 의혹도 없이, 여기서 다시 한번 그레고리 디바우트Gregory Debout의 재구성을 접하게 된다.

우리는 니콜 피게Nicole Pigeot(2010)의 에티올레스에서의 돌날 제작에 관한 연구에서 이러한 주장을 발견했다. 아마 초보자나 능숙한 돌떼는 자에 해당하는 두 가지 기술 수준 외에도, 잘 숙달되었지만 단순화된 생산들을 감지할 수 있었다고 주장한다. 성년의 탓으로 돌리는 이 중간 카테고리는, 간혹 즉각적인 요구를 만족시키기 위해 돌떼는 여성들과 연관될 수 있지만, 이것이 그들의 주된 활동은 아니었다. 왜 여성들과 충분히 훈련받은 10대들은 안 될까? 그녀는 이 질문에 대답하지 않는다. 암묵적으로 여성의 돌 생산을 보다 편리한 기술 전략과 연결시킨다(Bamforth & Finlay, 2008). 많은 고고학자들에 의해 여성들은 여전히 제작자가 아닌 석기 사용자이고, 석기 노동자들은 아들에게 돌떼기를 가르치는 아버지로 여겨지고 있다(Johansen & Stapert, 2008). 같은 맥락에서, 쉬크와 클라크Schick and Clark(2003)는 동아프리카 아슐리안 유적지의 작은 격지들이 노약자, 여성 또는 청소년 개체들에 의해 만들어져서 우연히 스카벤징 사건에 직면했을 경우에 대비할 필요가 있었을 것이고, 반면, 큰 양날을 가진 지역들은 먼 곳에서 얻은 재료로 남성의 계획된 사냥을 반영한다고 주장한다.

피터 히스콕Peter Hiscock(2014)은 석기 인공물을 제작하기 위해서는 LP와 같이 일찍부터 일어났던 광범위한 기간 동안 배우고 연습한 매우 숙련된 개체들이 필요하다고 주장한다. 이러한 전문적 역량은 그 자체에만 국한된 것이 아니라, 가공되고 있는 무기물질에 대한 이해와 지형을 가로지르는 지질학적 자원을 추적할 수 있는 능력을 요구하는 재료의 조달도 포함했다. 역량과 전문지식은 여러 세대에 걸쳐 사회학습과 교육의 형태를 통해 전문화를 발전시킬 수 있으며, 심지어 돌떼는 자들 간의 경쟁을 자극할 수도 있다. 피터 히스콕은 올도완과 아슐리안 공작(Hiscock, 2014)에서 '집단 중 일부가 그들의 에너지를 돌떼기에 집중한 공예 전문화'에 대해 주저하지 않고 이야기한다.

자크 펠레그린Jacques Pelegrin(2007)은 공동체의 생존에 필수적인 기능을 실행할 수 있는 유일한 인류가 진정한 돌떼기 전문기술자라는 가설에 동의하지 않는다. 이것이 그가 '구석기 전문가'와 '신석기 전문기술자'를 구별하는 이유이다. 구석기 전문가는 확실한 기술을 가지고 있었고 특정한 기법 작업을 실행할 수 있었지만 보통 생산 범위 내에 남아 있는 맥락에서 그렇게 한 반면, 뛰어난 기술을 가진 신석기 전문기술자는 외부 요구를 충족시키기 위해 특정한 유형의 생산물만을 만들었다.

전문화가 항상 예외적인 기술 수준을 의미하지는 않는다는 것을 알고 있기 때문에, 역량 수준에 기초한 이러한 구별의 타당성은 논란의 여지가 있다. 예를 들어, 신석기 토기의 경우, 평균적인 기술 수준만을 필요로 하지만 그럼에도 불구하고 전문화의 맥락에서 제작되었다(Gomart & Burnez-Lanotte, 2012; Vieugué, 2012). 인류가 전문가가 될 수 있고 그리 숙련되지 않을 수 있으며, 기술이 거의 필요하지 않은 활동은 전문가(예: 인도의 많은 전통적인 카스트 직업)에 의해 실행될 수 있다. 전문화는 활동의 시간적 요구와 다른 활동을 방해하는지와 많은 관련이 있다. 그것은 또한 다른 활동에 참여할 수 없는 개인들을 위한 선택이 될 수 있다.

1965년 '남성 사냥꾼' 컨퍼런스가 열리기 전까지, 돌떼는 자들의 성별에 대해서는 남성과 여성의 역할에 기인하는 가치에 따라서 남성 활동이라는 것이 일반적으로 받아들여졌다(Lee & DeVore, 1968a). 성별에 따른 과제의 재분배에 관한 또 다른 주장은 『민족지 아틀라스 Ethnographic Atlas』[176]에 나타났다(Murdock & Provost, 1973). 돌 작업은 67개 사회에서 남성 활동, 6개 사회에서만 남성 또는 여성 활동으로 식별되었다. 많은 편견과 잘못된 계산에도 불구하고, 이 증거는 여전히 많은 연구원들에 의해 무비판적으로 사용되고 있다. 사실, 여성에 의해 만들어지고 사용되는 석기는 앞에서 본 바와 같이 다양한 민족지 맥락에서 알려져 있다(Finlay, 2013). 그러나 이것을 바탕으로 UP 돌떼는 자의 성별을 추정하는 것은 매우 어렵다.

176 이 책은 Murdock이 상대적으로 독립적인 1,167개의 사회에 대한 기초자료를 모아 1967년에 출판한 책이다(역자 주).

전문화 증거

그렇다면 이러한 서로 다른 기술 수준은 무엇을 나타낼까? 우리는 가내 생산과의 연령과 성별에 따른 단순한 노동력 분배를 보고 있는가, 아니면 그 활동이 더 큰 공동체 사이에서 일용품을 재분배한 제한된 수의 개인들(또는 집단)에 의해서만 실행되었다는 점에서 진정한 전문화를 보고 있는가? 이러한 유형의 전문화는 **작업순서분석**의 일부에만 해당될 수 있기 때문에 식별하기가 더욱 어렵다. 게일 르 도서Gaëlle Le Dosseur(2005, p. 127)는 특정 활동을 실행하는 데 필요한 시간을 평가하여 문제를 해결할 것을 제안하며, 이는 최소한 특정한 경우에 '전업' 활동을 제안할 수 있을 만큼 길 수도 있다. 예를 들어, 뼈 구슬을 제작하는 경우인데, 그중 수백 개는 여러 나투피안Natufian 유적지에서 발견되었다. 러시아 숭기르Sunghir의 3개의 무덤에서 발견된 약 13,300개의 상아 구슬은 25,000~27,500^{14}C BP[177] 사이에 제작되었으며 한 개의 구슬에 30분 또는 주당 40시간으로 3.33년(총 6,650시간)의 작업 시간이 필요했을 것이다!(Trinkaus, Buzhilova, Mednikova, & Dobrovolskaya, 2015.) 다양한 실험 후에, 랜달 화이트Randall White(1999)는 심지어 각각의 구슬이 45분이 필요하다고 주장했는데, 이것은 더 많은 시간의 작업을 의미한다. 이 경우 장인이 개인 장신구 제작에 특화된 것을 상상하지 않기란 어렵다. 그러나 숭기르에 매장된 구슬로 대표되는 방대한 시간은 많은 사람들의 시간제(계절 또는 저녁) 작업도 의미할 수 있다. 전통적인 사람들은 거의 게으르지 않다. 그들이 생존과 관련된 일을 직접 하

177 ^{14}C에서의 C는 Carbon의 이니셜이다. 14는 동위원소 번호이다. BP는 before present 약어로, 1950년을 기준으로 방사성탄소연대측정법을 사용하였다(역자 주).

지 않을 때, 그들은 종종 만들고 고치느라 바쁘다. 그러나 활동에 관련된 개인의 수를 알지 못하는 한, 먹이 조달 활동에 대해 헌신하는 시간의 양을 평가하는 것은 불가능하며, 그 활동이 전담 전문가를 필요로 하는지 성별을 필요로 하는지는 말할 것도 없다.

또한 특정 원재료가 수집 및 작업 장소에서 멀리 떨어진 곳에서 사용되었다는 것을 알았을 때 전문화의 가능성을 고려할 수 있다. 그러나 원재료를 조달하기 위해 먼 거리를 여행했던 사람들이 작업 후에 거주지로 가져왔을 때 이러한 다양한 과제가 같은 사람들에 의해 실행한 것은 아니라고 확신한다. 이것은 우리가 최종 생산물의 사용자들 이외의 개인들에 의해 조직된 교환 네트워크의 존재를 보여줄 수 있다고 가정한다. 이러한 네트워크와 전문화는 신석기 초기에 식별되었다. 예를 들어 중앙 그리고 동부 아나톨리아Anatolia[178]에서 육로로는 근동지역으로, 바다로는 키프로스Cyprus로 향하는 900km 이상의 흑요석의 순환은 완성된 대상의 형태로 정착지에 도입된 전문 생산물을 나타낸다(Astruc, 2005). UP의 경우, 프랑수아 본François Bon(2005)은 프랑스 남서부의 몇몇 점령지에서 발견되고 초기 오리나시안Aurignacian 시대로 거슬러 올라가는 석회암 물체들을 분석함으로써 같은 일이 더 이른 기간에 일어났을 수 있는를 알아내려 했다. 이 대상이 만들어진 원재료는 지역적이면서도 먼 곳에서 유래되었다. 일부 작업장은 플린트 공급원 또는 근처에 있고 다른 작업장은 점령지 근처에 있어 우리는 원재료 감쇄 단계에 따른 과제 전문화의 가능성을 고려할 수 있다. 그러나 두 가지 유형의 작업장이 있더라도, 돌떼기 기법을 분석한 결과 모든 원재료에 대해 동일

178 옛날의 소아시아, 현재의 터키(역자 주).

한 기법을 사용하였으므로 채택된 기술은 동일했다. 그는 교환이나 전문 돌떼는 자가 없었고 순환하는 물체는 같은 사람들, 혹은 적어도 같은 집단에 의해 제작되고 운반되었다고 추론한다. 이 결과는 흥미롭고 근거가 충분하지만, 두 개체, 혹은 두 개의 다른 집단이 똑같은 돌떼기 기술을 가졌다는 것을 상상할 수 있을까? 어쨌든, 본의 결론을 전체 UP로 확대할 근거가 없다. 그리고 다시 한번 말하지만, 이 사람들의 성별에 대해서는 아무 말도 할 수 없다.

또 다른 가능성은 1995년 마리아 앤 도브레스Maria-Anne Dobres가 막달레니안Magdalenian 유적지의 뼈 도구에 관한 연구를 바탕으로 탐구했다. 도브레스는 한 유적지에서 다른 유적지로의 기법적 '전략'의 가변성이 과제 분배의 다른 조직 때문일 수 있다고 가정한다. 예를 들어, 재처리된 도구의 비율은 매우 다양하여 경우에 따라 20%에 달한다(예: 라 바쉬La Vache에서 재처리된 도구의 3/4이 작살이다). 집단 구성이 모든 현장(예: 많은 재처리된 도구가 있는 현장, 도구가 만들어진 현장 등)에서 동일한 방식으로 구성되어 있지 않다고 가정한다. 도구가 제작된 현장에서는 장기간 활동을 계획한 반면, 재처리된 현장에서는 즉각적인 요구에 부응하였다. 도브레스에 따르면, 기법 전략에서 변동성이 적을수록 도구 생산 활동은 더 공식화되었다. 현장들 사이에서 관찰된 다양성은 전문성이 낮다는 증거로 해석하는데, 왜냐하면 일부 사람들만이 대상(돌과 뼈의 재료)을 작동하는 필요한 기술을 가지고 있고 원재료를 이용할 수 있다 하더라도, 모든 사람들이 그것들을 고칠 수 있기 때문이다. 그러나 기법적 기술이 나이, 성별, 사회적 지위에 따라 달라질 수 있다고 주장하기도 한다.

부장품에 대한 증거

무기와 도구로 매장된 남성과 도구로 매장된 여성의 민족지적이고, 역사적인 사례가 풍부하다. 그러므로 죽은 사람과 묻힌 부장품이 다른 사람의 특정한 활동에 유익하다고 생각하는 것은 논리적이다. 불행히도, 중석기mesolithic periods의 수렵채집 집단에 대한 이런 종류의 증거에 대한 몇 가지 예가 있지만, UP에 대한 예는 찾기가 더 어렵다. 후기 선사시대의 경우, 첫 중석기시대 네크로폴리스necropolis[179] 골격 유적이 통계 분석이 가능할 만큼 충분히 풍부하다. 키나 골격의 우아함과 같은 성적 이형성의 형태들이 같은 모집단 내의 개인을 비교하며 관찰하기 쉽기 때문에, 더 많은 모집단에서 매장된 개체의 성별을 결정하기는 실제로 쉽다. 골격 자료는 때때로 무덤이 실제로 남성인지 여성인지를 판별할 수 있게 한다. 예를 들어, 호디크Hoëdic 네크로폴리스에서는 죽은 사람과 함께 묻힌 개인 장신구가 성별에 따라 다른 것처럼 보이지만, 기법적 대상들은 과제 분배 문제를 해결하는 데 더 큰 효용을 가지고 있다.

가장 주목할 만한 예들 중 하나는 베드백Vedbaek에 있는 보그바켄Bogebakken 네크로폴리스에 의해 제공되었는데, 베드백은 1975년에 발굴된 것으로 기원전 약 4,800년 경에 만들어진 것으로 추정되는 22개의 무덤을 가지고 있다. 모든 시체는 길게 뉘어졌고 붉은 오커ochre가 스며들었다. 부장품은 동물의 이빨과 붉은 사슴뿔로 구성되어 있었다. 그러나 남성들만이 허리에 플린트 날을 하나 또는 두 개씩 달고 있었다. 무덤들 중 하나(8호)에서, 아마도 임신 중에 사망한 18세 전후의 젊은 여성

179 고대 도시 가까이에 있는 묘지를 뜻하는 고고학 용어(역자 주).

이, 아마도 사산한 한 유아를 동반하고 있었다. 두 장신구 모두 붉은 사슴과 멧돼지 이빨로 만든 수많은 장식물과 구멍이 뚫린 네리티나 플루비아틸리스Neritina fluviatilis[180] 껍질로 장식되어 있었고, 아이는 백조 날개 위에 놓여 있었다. 그러나 가장 흥미로운 것은 이 아이가 또한 네크로폴리스의 성년 남성들처럼 플린트 날을 가지고 있었다는 것이다(Albrethsen& Petersen, 1976; Petersen, 1975). 이것은 이 아이가 어린 소년이었고, 아마도 사냥이나 전투에 사용되는 단검 날은 이 여성이 일생 동안 사용한 도구라기보다는 남성적인 특성을 지니고 있다는 것을 암시한다.

중석기시대 무덤은 그 이전에 존재했었더라도, 성별로 분류된 과제에 대한 증거를 제공하는 가장 오래된 무덤이 될 것이다. 물론, 신석기시대와 금속 시대의 더 최근의 무덤들은 또한 부장품에서 중요한 차이를 보여주는데, 가장 장관인 것은 청동기시대의 풍부한 전사 무덤이다. 그러나 이러한 기간에도 일부 대상은 상징적 가치가 높지만, 일상 활동에 대한 관련 정보는 거의 제공하지 않기 때문에 결론에 있어 주의를 기울여야 한다(Péré-Noguès, 2008).

오래된 매장지는 어떤가? 첫 번째 어려움은 그러한 매장물이 거의 없고, 시공간적으로 흩어져 있다는 것이다. 유라시아 전체에는 UP 매장이 거의 없다. 1,000년당 3개가 조금 넘는다(Riel-Salvatore & Gravel-Miguel, 2013). 그러므로 반복됨을 발견하기가 어렵고, 반대로 신체의 위치나 장신구 그리고 부장품의 유무에 있어서 매우 높은 수준의 장례 행위의 가변성을 관찰한다. 두 가지 다른 어려움이 이 분산에 추가된다. 첫째는 죽은 자와 무덤의 연관성에 관한 것이다. 오래전에 구석기 무덤

---

180 달팽이의 일종(역자 주).

이 많이 발견되었기 때문에, 종종 무덤에서 발견된 플린트나 뼈 도구들이 무덤을 채우고 있는 퇴적물에 우연히 유입된 것인지 알지 못한다. 그럼에도 불구하고 죽은 자와 분명히 관련이 있는 몇 가지 알려진 도구들이 있다. 가장 오래된 것 중 하나는 23,440±190 BP로 거슬러 올라가, 1942년 리구리아Liguria의 아렌 칸디데 동굴cave of Arene Candide에서 발굴된 그라베티안Gravettian에 기인한 청소년 매몰이다(Henry-Gambier, 2005). 수백 개의 구멍 뚫린 조개껍질로 장식하고 붉은 오커 침대에 눕혀진 이 청년은 오른손에 25cm 길이의 플린트 날을 들고 있었고, 옆에는 네 개의 큰 구멍이 뚫린 사슴 뿔elk antler 막대기들이 놓여 있었다. 비슷하게, 현재 11세~13세, 9세~11세로 추정되는[181] 25,000에서 27,500 ^{14}C BP 사이의 숭기르 매장지의 두 아이는 수많은 창 촉과 긴 창을 가지고 있었다(Trinkaus et al., 2015). 이 무기들은 명백히 그들의 나이나 성별에 대한 고려 없이 몸과 연관되어 있었다. 결과적으로, 그것들은 우리가 매장된 개인의 역할을 결정할 수 있도록 해주지 않는다(Henry-Gambier, 2005; Trinkaus, Buzhilova, Mednikova, & Dobrovolskaya, 2014).

오래된 매장에서의 두 번째 어려움은 보존 상태의 불량, 사망자의 나이(사춘기 이전) 또는 사용된 방법의 신뢰성을 고려할 때, 종종 매장된 개인의 성별을 결정하는 것이 어렵다는 것이다(Henry-Gambier, 2005). 이전의 수십 년 동안, 매장된 뼈의 성별은 두개골이나 긴 뼈의 견고함, 또는 그것과 관련된 부장품에 근거해서 보통 성차별적인 방식으로 해석되어 여성의 과소재현을 초래했다. 보다 최근의 고인류학 연구는 이러한 속성이 때때로 잘못되었다는 것을 보여주었다(Henry-Gambier, 2001).

181 이러한 개인에 대한 성 평가는 신뢰할 수 없으며, 트린카우스(Trinkaus)는 이러한 자료를 주의 깊게 다룰 것을 촉구한다.

바로 이탈리아 카빌론 동굴cave of Cavillon, 또는 라 바르마 드 카비글리오네La Barma de Caviglione에서 발견된 '멘톤의 남자the man of Menton'로 알려진 뼈대의 경우이다. 반 구부러진 자세로 퇴적된 그 사람은 횃불로 풍부하게 덮여 있었고, 200개의 구멍이 뚫린 껍질로 이루어진 인상적인 머리장식을 하고 있었는데, 이 머리장식은 마치 머리망에 붙어 있는 것처럼 보였다. 그러나 뼈 단검과 두 개의 큰 플린트 날을 포함한 수 많은 도구들의 존재에 기초하여 이 사람을 남성으로 확인하였다. 단, 볼기뼈coxal bone[182]에 대한 한 분석은 실제로는 성년 여성임을 나타낸다(Brůžek, 1991; De Lumley, Stalens, & Brůžek, 1992). 이것은 "성, 신체 그리고 매장 의례에 관한 현재의 연구를 보다 안전한 토대 위에 놓기 위해, 기존의 인간 유골 수집품들을 재검토할 필요가 있다는 것을 보여준다. 현재 연구 프로그램에서도 마찬가지로 중요한 것은 성별 신체의 연구와 매장의 분석을 완전히 21세기로 가져오기 위해 DNA, 안정적인 동위원소 분석 그리고 다른 유형의 과학적 조사를 사용하는 것이다"(Bolger, 2013). 세바스티앙 빌로트와 그의 동료들Sébastien Villotte and his colleagues(Villotte, Brůžek, & Henry-Gambier, 2011)은 유럽 그라베티안Gravettian의 화석에 대해 이러한 재분석을 실시하기 시작했다.

우리는 이 몇 가지 예를 통해 UP 남성 무덤과 여성 무덤과 관련된 부장품에 뚜렷한 차이가 없다는 결론을 내릴 수 있다. 그러므로 죽은 자와 함께 있는 무덤의 성질에 대한 해석에 있어서 신중해야 한다. 왜냐하면, 그것들은 과제의 분배 이외의 것들을 드러낼 수 있기 때문이다. 중대한 물건들이 성정체성의 불완전한 지표이고, 성별 범주가 항상 같

182 엉덩이뼈라고도 부르며 자궁 등 골반 내부 장기를 보호한다(역자 주).

지는 않았고, 학자들이 규칙을 '장난play with'할 수 있다는 것을 인정해야 한다. 몇몇 민족지 사례들이 그것을 확인할 수 있는데, 한 집단 내의 장례 관행의 변화는 뚜렷한 범주(성, 나이, 계급, 기원)와 관련된 정보의 조합뿐만 아니라 그들의 사망 상황에도 달려있다는 것을 명심해야 한다.

골학 분석의 증거

무덤 맥락에서의 성별 해석은 관련 부장품을 통해서가 아니라 골학적 분석에 의해 성별된 골격 소재에 기초해야 한다. 골격 정보는 건강, 영양, 활동, 신체적 스트레스 또는 작업 부하, 위험 그리고 사망률에 대한 자료를 제공한다. 뼈 분석으로부터 다량의 정보는 상대적으로 새로운 것이다. 마크 네이선 코헨과 샤론 베넷Mark Nathan Cohen and Sharon Bennett(1998)은 성별 불평등 문제에 대한 골격 분석 적용 문헌의 리뷰를 기반으로 표본을 제시했다. 그러나 많은 고고학적 자료에서 가장 큰 어려움은 구석기시대의 유적이 고립된 개체라는 것이다. 거기에는 중석기시대 이전의 큰 네크로폴리스에 대한 증거는 없다. 그래서 전체 모집단에 하나의 개별적인 골격을 쉽게 해석할 수 있는 위험이 있다.

과제의 분배와 관련하여, 과거에 남성과 여성 작업의 직접적인 증거를 제공하는 몇 가지 방법 중 하나는 치아 잔여물과 활동성의 골학적 지표에 관한 연구였다. 치아 마모 패턴은 치아가 도구로 사용되거나 '제3의 손' 역할을 하는 활동을 재구성하는 데 사용되어 왔다. 골관절염osteoarthritis 또는 다른 뼈의 변화들은 기어오름, 무릎 꿇기, 곡식 갈기, 무거운 짐을 나르는 것과 같은 정기적인 성년의 활동에서 비롯된다. 그러나 일단 나이와 유전자의 영향을 고려한다면, 활동이 관절염으로 인한 뼈 변화의 주요 원인이라는 것을 시사하는 증거는 거의 남아있지 않다. 그러나 극단적인 활동과 관련된 팔꿈치 관절염을 가진 이누이트 골격을 포함한 몇 가지 예외가 있다. 다른 유형의 변형은 뼈에 근육이 붙어 있는 부위와 관련이 있다. 특정 근육을 반복적으로 사용하면 부착점에 변화가 생긴다. 그러나 다시 한번, 그러한 뼈의 변화에 대한 원인은 수없이 많고 나이와 유전적 영향을 포함한다. 이러한 스트레스 지표들은 일부 저자들에 의해 생계 변화나 노동의 성별 분업을 연결시켜 왔다(Hawkey & Merbs, 1995; Jurmain, 1999; Molleson, 1994; Molnar, 2006; Robb, 1998; Villotte, Churchill, Dutour, & Henry-Gambier, 2010).

이러한 분석은 신석기시대와 청동기, 철기시대에는 통계학적인 연구를 가능하게 하는 일련의 골격 유적이 존재하기 때문에 더 흔하다. 예를 들어 앨리슨 매킨토시와 동료들Alison Macintosh and colleagues(Macintosh, Pinhasi, & Stock, 2014)은 농업과 금속공들 사이의 뼈 적응에 대한 분석의 개요를 제시했다. 특히 신석기시대와 초기 청동기시대 사이의 변화에서 중앙 유럽의 남성과 여성 사이의 상지 비대칭성의 변화를 연구한다. 또한, 두드러진 측면화도 문서화되었으며, 이는 많은 돌, 뼈 그리고 금속 도구와 무기의 제작 및 사용과 관련된 일방적인 하중의 결과일 수 있다. 비슷하게, 알린 토마스Aline Thomas(2014)는 유럽 중기 신석기시대의 공동묘지에서 나온 화살촉과 관련된 36개의 남성 해골에서 활쏘기의 활동을 가정했다. 기계적 부하에 반응하는 팔뚝 뼈와 쇄골의 기능적 적응과 상지 근육의 반복적인 강제 사용을 암시하는 근골격계 스트레스(즉, 인대 부착의 병변)를 관찰했는데, 이 두 발견 모두 그녀의 가설을 뒷받침하는 것이었다.

신석기시대의 초기에 체코의 모라비아Moravia 지역의 베드로비체Vedrovice, 서부 슬로바키아의 니트라 호른 크르카니Nitra Horné Krškany의 묘지에 관한 연구는 식물 섬유의 작용과 줄이나 밧줄의 생산을 위해 치아를 사용한 치과적 증거를 보여주었다(Frayer, 2004; Jarašová & Dočkalová, 2008). 또 다른 예는 몰레손Molleson(1994, 2007)이 시리아의 아부 후레이라Abu Hureyra의 신석기시대의 여성 골격을 관찰한 것과 관련이 있다. 앞니의 씹는 표면들의 홈을 몇몇 여성들에 의해 바구니와 체의 생산을 위한 섬유들을 얻는 것과 연결시킨다. 중족골metatarsals, 中足骨, 발가락뼈 기타 골격의 신호를 관찰한 결과, 곡식을 빻는 일상의 잡무가 주로 발가락을 구부리고 무릎을 꿇은 여성들에게 일어났다고 주장한다.

수렵채집 집단에 관한 몇몇 연구는 중석기 네크로폴리스를 대상으로 하고 있다. 중세기의 남부 스칸디나비아에서, 성년 여성의 치아 마모는 씹어서 작업하는 가죽을 반영하는 반면, 남성의 치아 마모는 물질을 붙드는 것을 나타낸다. 성별과 연령에 따라 치아 마모가 증가하지만, 여성들 사이에서 더 일찍 나타난다(Alexandersen, 1993; Blankholm, 2008).

브리짓 홀트Brigitte M. Holt(2003)는 81개의 UP와 중석기 유럽의 대퇴골 그리고 경골의 분석을 통해, UP와 중석기 동안 이동성의 진화를 조사했다. 이동성 수준과 하부 뼈몸통 구조 사이의 관계는 중석기 동안 이동성의 가설을 실험하고 지지하기 위해 사용되었다. 다른 결과 중, 3개의 기간(초기, 후기 UP와 중석기시대) 동안, 뼈몸통 강도의 성적 이형성 수준이 낮은 것을 관찰했고, UP와 중석기 수렵채집자의 행태에 성별 차이가 없음을 주장했다. 그러나 신석기시대 그리고 MP/UP 표본의 인간 하퇴골에 대한 다른 분석은 시간이 지남에 따라, 특히 수렵채집부터 농업생활까지의 남성과 여성의 상대적 이동성 측면에서, 노동의 성별 분업이 감소했음을 나타낸다(Ruff, 1987).

생존 전략의 경우, 안쪽 위관절융기medial epicondyle의 일방적인 부착부병증enthesopathy[183]은 이전에 손으로 던지는 창/작살의 좋은 표시로 인식되어 왔다(Dutour, 1986). 세바스티앙 빌로트와 크리스토퍼 크뉘셀Sébastien Villotte and Christopher J. Knüsel(2014)은 선사시대, 공작 이전 그리고 현대 유럽 집단의 팔꿈치 종양을 분석했다. 오른쪽 안쪽 위관절융기의 병리학적 변화의 증가된 확산은 '던지기 팔꿈치'에 해당하는 바깥쪽 팔다리 사용을 시사한다. 이것은 여성들이 아닌 남성들이 이러한 수렵채집 집단과 초기 농경 집단에서 투척 운동을 하는 것을 우선적으로 사용했다는 것을 암시한다. 이 증거에 기초하여, 이 저자들은 이러한 선사시대 유럽 집단에서 일방적인 사지 사용과 관련된 하나 또는 여러 가지 격렬한 활동을 포함하는 지속적인 성별 분할의 존재를 가정한다.

이전 분석에서 세바스티앙 빌로트와 동료들Sébastien Villotte and colleagues(2010)은 UP 또는 중석기 유럽 집단의 남성 16명과 여성 21명을 평가했다. 남성은 던지기 활동과 연관될 수 있는 병변을 보였고, 여성은 그러한 병변을 보이지 않았다. 사냥에 관한 과제의 성별 분할은 창 던지기에 근거하여, 남성 개인들은 특별한 손상을 보였고 여성은 보이지 않았다. 이러한 분업은 유년기나 청소년기에 시작되었을 것이다. 빌로트와 그의 팀Villotte and his team은 또 다른 출판물에서 후기 홍적세를 통한 인간 비대칭성이 특히 여성들에 비교하여 남성들 사이에서 높다는 점에 주목하고 있으며, 한 손 과제(대부분 남성)와 두 손 과제(대부분 여성) 사이에 분업이 발생할 가능성을 고려한다. 동시에, 더 큰 신체 크기로 비대칭성이 증가하는

183 근육의 힘줄과 인대가 뼈나 관절에 붙는 부분의 병적 상태(역자 주).

일반적인 패턴이 있지만, 그것이 어느 정도까지 신체 크기 또는 성별 영향을 양쪽 인체 부하에 반영하는지는 여전히 불분명하다(Sparacello, Villotte, Shackelford, & Trinkaus, 2016).

UP 표본에서 표시된 상지 측방향화 수준은 드물지 않으며, 대부분의 경우 사지 우위성dominance과 관련된 뼈 리모델링 그리고 기타 경우 병리적으로 유도된 변화의 영향을 반영한다. 라 바르마 그란데La Barma Grande의 성년 남성은 오른쪽이 다른 UP 남성 표본의 평균값을 훨씬 상회하는 이례적으로 높은 정도의 상지 양쪽 비대칭을 보인다. 그러나 최근의 골격 표본뿐만 아니라 정상 그리고 병리학적 구석기시대의 비교는 이 현상이 근육 외상과 같은 병리학적 조건의 이차적 영향일 수 있음을 시사한다(Churchill, 1994; Churchill & Formicola, 1997).

레반트에 있는 나투피안Natufian[184]과 초기 농업 집단에서 발견된 골격 상지의 근골격계 스트레스 표식에 기초한 또 다른 연구는 나투피안과 신석기시대의 성별에 기초한 노동력 분열을 보여준다(Eshed, Gopher, Galili, & Hershkovitz, 2004). 슬라덱과 동료들Sládek and colleagues(2016)은 UP 초기부터 20세기까지 11개의 고고학적 시기에 분포된 대규모(n>1200) 유럽 표본에서 상지골의 비대칭을 비교했다. UP에서 신석기까지의 궤적이 남성과 여성에 따라 다르다는 것을 보여주려고 의도했다. 예를 들어, 작동 행태의 변화는 성별에 따라 달라졌으며, 남성 비대칭성(예: 단일한 던짐에서 활과 화살의 사용으로의 이동)과 여성의 음식 곡물 처리(특히 초기 농업 기간에는 두 손으로 앉아서 맷돌을 사용하고, 후기 농업 기간에는 한 손으로 회전하는 맷돌을 사용한다)의 영향이 더 클 수 있다(Sládek et al., 2016).

---

184 팔레스타인의 중석기 문화(역자 주).

이 장은 특별히 UP에 초점을 맞추고 있지만, 세 개의 서로 다른 유적지에서 19개의 네안데르탈인 화석의 활동 관련 치아 마모 패턴을 분석한 결과, 모든 개체가 문화적으로 가는 흠striations을 가지고 있지만 성년 여성에게서 검출된 것은 성년 남성에게서 발견된 가는 흠보다 더 길다는 것을 알 수 있다. 치아의 분포와 관련하여, 이가 빠진 흔적의 대부분은 남성의 경우 상악 치아에 있는 반면, 여성의 경우 하악 치아에 있다. 전반적인 활동 관련 치아 마모 패턴에서 감지된 차이는 입을 세 번째 손(즉, 음식 제공 이외의 활동에서)으로 사용할 때 네안데르탈인의 연령과 성별에 따른 노동력 차이 또는 분배를 나타낸다. 이러한 발견은 이 홍적세 화석 인류 종의 생활방식에 대한 새로운 증거를 제공하며, 집단 내에서 개별적인 역할을 제안하는 미묘한 차이를 나타낸다(Estalrrich & Rosas, 2015). 이 분석은 쿤과 슈타이너가 앞서 제시한 것과 상반된다.

뼈와 치아 유골에 대한 활동 지표에 관한 문헌은 여기서 검토하기에는 너무 크다. 그러나 로버트 주르메인과 동료들Robert Jurmain and colleagues(Jurmain, Cardoso, Henderson, & Villotte, 2012)은 주제를 종합적으로 검토하고 이러한 분석의 한계를 보여주었다. 일부 예가 자기모순적이라는 사실은 이동성과 생계형 성별 과제가 사냥꾼과 채집 집단에서 시간과 공간적으로 변화했음을 나타낼 수 있다. 어쨌든, 그러한 분석은 과도한 일반화를 피할 수 있다면 과거 집단의 활동을 재구성하고, 성별 과제 분할의 직접적인 증거를 얻는 가장 좋은 방법의 하나임은 틀림없다.

남녀 손도장

구석기시대 암벽 예술에 관한 연구는 성별에 따른 설명을 제안했지만, 그 대부분은 특정 이데올로기에 영향을 받은 해석이다(Hays-Gilpin, 2004, 2013). 이 연구 중 고고학적 증거로 그들의 주장을 뒷받침하려는 것은 거의 없다. 다음에 제시되는 이러한 가설들 중 하나는 흥미로운데, 저자가 예술가들이 그렇게 흔하지 않은 여성이라는 것을 증명하고, 이론을 단지 확고한 신념이 아닌 고고학적 증거로부터 추론할 것을 제안하기 때문이다.

딘 스노우Dean Snow(2013)에 따르면, 동굴을 장식한 예술가들은 여성이었다고 한다. 몇몇 장식된 동굴에서 음영 손 스텐실stencils(동굴 벽에 손을 대고 그 위에 페인트를 부어 만든 스텐실은 벽에 대고 있던 손 자체가 페인트 칠되지 않은 공간이나 빈 공간을 남긴 채 손의 윤곽이 그려지게 만드는 것이다)의 연구에 기초하고 있다. 손 스텐실 제작자의 성별을 규명하기 위해 존 매닝John Manning(2002)이 개발한 검지와 약지의 길이를 기반으로 한 지표를 사용했다. 이 지표에 따르면, 이 손가락들은 여성의 경우 같은 길이인 반면, 남성의 경우 검지가 약지보다 짧다. 스노우는 이 지표를 처음 사용한 것이 아니다. 이전에 보르네오 동쪽 마스리 II Masri II의 동굴에서 음영 손도장을 검사했었다. 스노우는 8개의 서로 다른 동굴에서 32개(엘 카스티요El Castillo의 16개, 가르가스Gargas의 6개, 페치 메를Pech Merle의 5개 포함)를 대상으로 이 지표를 실험했고, 그들 중 24개가 여성이었다고 추론했다. 미국 남학생들과 여학생들의 손과 비교한 결과, UP 기간 동안 성적 이형성이 지금보다 더 컸다는 결론을 내렸다. 몇 년 전, 데일 구드리R. Dale Guthrie(2005)는 손바닥과 엄지의 너비에 기초한 유사한 연구를 실행했고 페인트칠 된 손 대부분은 청소년들의 것이라고 결론 내렸다.

이러한 연구에 사용된 표본은 대부분의 손도장이 불완전했기 때문에 작다(즉, 손가락 두 개 또는 세 개만 사용하여 의도적으로 나타남). 따라서 그러한 연구의 통계적 타당성에 의문을 제기할 수 있는데, 이는 음영 손자국이 그라벳 문화Gravettian[185] 기간에 해당하는 짧은 시간 범위 내에서만 발견되기 때문이다. 그럼에도 불구하고, 관련된 몇 안 되는 동굴에서, 구드리와 스노우Guthrie and Snow는 성년 남성 손이 전체 손의 약 10%에 불과하다는 것에 동의한다. 그러므로 남성들만이 예술 활동에 참여하는 것은 아니었다.

결론적 제의

여기에 제시된 정보를 바탕으로, 새로운 사회 계층구조와 함께 집단 내 활동의 합리적 분포가 있었지만, 장인의 성별을 알 수 없기 때문에 활동의 성별에 대한 결론을 내리기는 매우 어렵다고 제안한다.

'작업장' 활동의 분포

적어도 두 가지 이유로 과제 배분 형식이 존재했던 것으로 보인다. 첫째, 사회 내의 삶은 집단의 생존을 보장하기 위해 사용되는 모든 수단의 균

185 유럽 후기 구석기시대(역자 주).

형을 관리하는 능력을 의미한다. 프랑수아 시고트Francois Sigaut는 종종 프레데리크 르 플레이Frédéric Le Play[186]의 학파에서 비롯되고 폴 드캉Paul Descamps(1923)에 의해 '야생 민족지'에 적용되는 '작업장workshop' 개념을 언급하면서 이 아이디어[187]를 논의했다. 여기서, 작업장의 개념은 주어진 활동이 동시적이거나 연속적인, 그러나 연결된 과제의 형태로 사회 집단 사이에 분배되는 방식을 지정하였다. 이는 선사학자(그리고 기법 인류학자)가 특정 활동에 관심을 갖는 것이 아니라 사회 집단의 활동 전체 목록과 이러한 활동을 구성하는 다양한 과제에 관심을 가지고 있다는 것을 의미하며, 전체 어울림의 균형을 이해한다.[188] 이 개념 덕분에, 성별 간 과제 분배 문제는 새로운 관점에서 볼 수 있다. 즉, 특별히 남성 또는 여성 과제가 없다. 이 배분의 특성을 이해하기 위해 워크숍 내에서 사회 단체와 그 단체의 모든 구성원이 실행하는 모든 작업을 고려한다. 이 노선을 따라 71명의 수렵채집인으로부터 수집된 자료를 기초로 한 것이다. 니콜 워즈팩Nicole M. Waguespack(2005)은 남성이 사냥하는 대형 초식동물의 육류에 의존하는 정도에 따라 여성이 채식을 위해 소비하는 시간이 다르다는 것을 보여주었다. 가장 많은 시간을 소비하는 과제는 매일 먹을 고기를 구해서 나누는 것이었는데, 이것은 야생 식물을 채집하는 데 걸리는 시간에 영향을 미쳤다. 야생 식물 채집을 포기하면 할수록, 다른 기법 그리고 음식이 아닌 활동에 더 많은 시간을 할애하게 될 것이다. 또 다른 예는 이누이트족에게서 온다. 만약 이누이트족에 아들이 없다면, 아버지는 사냥을 위해 한두 명의 딸들을 훈련시킬

186 프랑스의 경험적 사회학자(역자 주).

187 특히 파리의 에콜 데 하우테스 에투데센 사이언스 소사이어티(École des Hautes Études en Sciences Sociales)에서 세미나를 개최한다(de Beaune, 2013을 보라).

188 이러한 '작업장'의 개념은 작은 변화가 어떻게 예상외로 중요한 영향을 미칠 수 있는지를 설명한다.

지도 모른다. 마찬가지로, 딸이 거의 없는 가정은 아들들에게 바느질이나 다른 여성 기술을 가르칠 수 있고, 고아들은 남녀 기술을 모두 배운다(Briggs, 1970; Endicott, 2004). 헤티 조 브룸바흐와 로버트 자벤파Hetty Jo Brumbach and Robert Jarvenpa는 치페와이언족Chipewyan[189] 사이의 다른 활동들은 더 크거나 더 적은 수준의 업무 조직을 필요로 하며, 이러한 균형은 외부 요인이 변화함에 따라, 시간이 지남에 따라 변할 수 있다고 관찰했다. 예를 들어, 집단의 일부가 더 앉아 지냈기 때문에 다른 부분(남성)은 '더욱 유동적이고 논리적으로 조직화'되어야 했다(Brumbach & Jarvenpa, 1997). 또한, 적어도 이러한 특정 극지 주변의 사회에서는 먹이 크기가 증가함에 따라 음식을 도살, 가공, 저장 그리고 분배하는 과제가 남성보다 여성에게 떨어지는 경향이 있다(Jarvenpa & Brumbach, 2009). 이것은 여성들이 식물 자원을 모으고 남성들이 사냥하는 것에 대한 이분법적인 관점이 단순하다는 것을 보여주기에 충분하며 공동체의 구성원들이 실행하는 모든 과제들 사이의 균형을 고려하지 않는다.

두 번째 이유는 고려된 과제나 활동과 관계없이, 그것이 성공하기 위해 가장 잘 갖춰진 남성 또는 여성 개인에게 우선적으로 할당되었다고 합리적으로 가정할 수 있기 때문이다. 그러나 어떤 활동은 집단의 어떤 구성원이 실행할 수 있지만, 다른 활동(특히 기법 그리고 예술 도메인)은 어느 정도의 역량을 요구한다. 개개인의 적성이 개인마다 다르다는 것을 알면서, 뼈, 플린트, 가죽 그리고 인공물의 제작과 유지보수를 맡긴 다른 재료의 전문가들이 있다는 것을 추론할 수 있다. 공예 전문화를 제안하지 않고, 비록 집단 전체가 같은 전반적인 지식을 가지고 있다고 할

189 캐나다에 사는 인디언의 한 부족(역자 주).

지라도, 어떤 성인들은 그들이 가장 적합한 과제를 실행하는 데 집중한다고 상상할 수 있다. 현대의 예를 들면, 모든 투아레그Tuareg[190] 대장장이들은 다양한 인공물들을 만드는 방법을 어느 정도 알고 있지만, 종종 그들이 가장 능숙하다고 느끼는 어떤 종류의 물건이든 만드는 것을 전문으로 선택한다. 어떤 이들은 낙타 안장, 다른 나무 숟가락, 삽 또는 보석들을 만든다(Casajus, 1987). 호주의 피쉬 크릭Fish Creek 집단의 35~40세 남성의 경우도 이와 관련이 있다. 그들은 창 촉과 창 막대를 재처리하고 파이프와 불로어bullroarers[191]를 생산할 수 있는 능숙한 장인이었다. 그들은 모든 음식 과제에서 면제되었다(McCarthy & McArthur, 1960). 또 다른 예로, 데보라 올라우손Deborah Olausson(2008)은 신석기시대 남부 스칸디나비아의 플린트 기법, 특히 공예의 전문성과 농경 전략의 요소로서의 잠재력을 탐구했다. 특정 개인들이 플린트 떼기에 뛰어날 수 있게 하는 자연적인 적성의 요소들이 있으며, 특별한 크기와 아름다운 대상을 만들 수 있게 해준다고 주장한다. 만약 특정 도메인의 선천적 능력이 희귀한 생활품이라면, 그것을 활용하고 연습을 통해 그것을 발전시키는 것은 잠재적인 강화자가 위풍재prestige goods[192]를 통제하고 사회적 자본을 누적할 수 있는 기회를 제공한다. 우리는 유럽 연합에서 같은 일이 일어났을 가능성을 배제해서는 안 된다.

우리는 UP 기간 동안 돌떼기의 다른 능력 수준에 대한 명확한 증거가 있다는 것을 보아왔고, 이것은 성년들이 도제 방식을 통해 지식과 기술을 젊은 개인들에게 전달했다는 것을 암시한다(예를 들어, Tostevin,

190 사하라 사막 유목민(역자 주).

191 호주 원주민의 의식용 악기의 일종(역자 주).

192 명품처럼 가격이 오르면 오히려 수요를 늘리는 재화(역자 주).

2012, 플린트 떼기 행태의 전달에 관한 참고). 주먹도끼를 제작하기 위해 필요한 기술 수준은 전문화가 이미 MP에서 수만 년 또는 심지어 수십만 년 전에 존재했음을 나타낸다. 이 집단들은 학습 과정을 용이하게 하기 위해 사회 구조를 필요로 했다. 피터 히스콕Peter Hiscock(2014)은 견습생-마스터 관계의 발전이 소집단 내에서 차별화된 노동 역할과 전문화의 성장을 강화시켰을 것이라고 주장한다.

라스코와 다른 곳에서의 예술은 누구에 의해서도 이루어질 수 없었기 때문에, 예술 도메인에서도 사실이었을 것이다. UP 전체에서 사용된 기법(각화, 조각 그리고 그림)은 휴대용 그리고 벽 예술품의 30,000년 동안 크게 발전하지 않은 것으로 보이며, 반대로 UP의 초기부터 완전히 개발된 것으로 보인다(de Beaune, 2019). 이 예술가들은 특정한 능력뿐만 아니라 동굴 깊숙한 곳으로 들어갈 수 있는 특권도 가지고 있었다. 그리고 그들의 특징, 동료들과 구별될 수 있는 특징들을 남길 수 있는 특권도 가지고 있었다. 특정 지위(샤먼, 마법사, 성직자 등)와는 무관하게 집단 구성원 중 적어도 일부에 의해 예술가에게 부여된 기술을 인정받은 개인이었다. 이는 예술가가 집단에서 특정한 역할을 실행했으리라는 것을 암시하며, 아마도 재능으로 집단의 나머지 구성원들에 의한 유지를 정당화시킨 노스웨스트 코스트 원주민 공동체의 토템 폴totem pole[193] 조각가의 역할에 필적할 수 있다(Leroi-Gourhan, 1982). 물론, 이 조각가들은 결코 전업 예술가가 아니었다. 또한, 낚시와 같은 음식 수집 활동에도 종사했다. 견습생들은 공동체의 예술가들에 의해 훈련을 받았다(예술가들은 보통 높은 지위의 개인이었다. 마리 마우제Marie Mauzé, 개인적인 의사소통). 숙련된 석공들처럼, 예술가들은 아마도 어린 도제들을 동반했을 것이

193 토템 그림이나 조각을 새긴 기둥(역자 주).

다. 왜냐하면 기본적인 보안상의 이유로 동굴을 혼자 모험하지 않을 것이기 때문이다. 그리고 램프를 잡거나 색소를 준비하기 위한 조수의 도움이 필요했기 때문이다.

더욱이, 단순한 논리는 여성들이 비록 가정적인 과제에 제한되었다 하더라도, 또한 전통적으로 남성들에게 주어진 기법적 과제를 실행할 수 있었음이 틀림없다는 것을 시사한다. 예를 들어, 만약 요리할 수 있었다면, 불을 피울 수 있었을 것이다. 시체를 토막 내고 가죽을 벗기면서 돌과 뼈로 만든 도구를 사용했다. 이 도구들은 금방 닳아 없어지므로, 돌과 뼈를 만들 수 있거나 최소한 다시 깎을 수 있었을 것이다. 이 모든 기법들은 보통 남성들을 위해 남겨진 것으로 여겨진다.

사회적 위계 출현에 대한 가능성 있는 증거

UP 기간 동안 집단이 밀집되어 있거나, 주기적으로 대규모 주거단위로 집결하거나, 상대적으로 한곳에 머물러 산다(Conkey, 1980, 1985; Hayden, 1981; Mellars, 1985)는 사실을 인정한다면, 특정 지위를 가진 개인이 나타났다고 가정할 수 있다. 그들은 집단의 활동을 조직하고 조정하고, 음식과 다른 자원의 분배를 보장하고, 아마도 갈등에서 중재자 역할을 하는 것과 같은 것들을 책임졌을 것이다.

그러한 사람들의 존재는 고고학적 증거로 입증하기 어렵다. UP 기간 동안 일부 개인들만 매장되었다는 사실은 잠재적인 사회적 차별성을 나타낸다. 그러나 시신에 대한 뚜렷한 처치가 남성, 여성 또는 노인 대 젊은이들을 위한 특정한 처치로 존재하는 것인지를 결정하는 데 어려움을 준다. UP 매장물은 정교함의 측면에서, 심지어 한 지역 안에서도 그리고 때로는 한 장소 안에서도 매우 다르다. '전형적인' UP 매장 같은 것은 없다. 성별 비율은 시간이 지남에 따라 변화하여 해석하기 어려우며(Riel-Salvatore & Gravel-Miguel, 2013), 남성 장식과 여성 장식(마리안 반헤렌Marian Vanhaeren, 개인 의사소통) 사이에는 큰 차이가 없는 것으로 보인다. 브리짓 홀트와 빈센조 포미콜라Brigitte M. Holt and Vincenzo Formicola(2008)는 후기 UP의 경우 선천성 장애에 의해 영향을 받는 개인들의 흥미롭고 예상치 못한 발병률이 있었으며, 이는 아마도 비정상적인 개인에 대한 선택적 매장 관행을 나타낸다고 지적했다. 그러므로 우리는 매장이 특정 사회적 지위와 관련된 집단의 특정 구성원들과 아마도 그들의 가족을 위해 남겨져 있다는 가설을 제거할 수 없다.

브라이언 헤이든Brian Hayden(2001, 2013)은 아프리카에서 관찰된 수렵채집 사회와 같이 대체로 평등주의적인 이러한 사회의 전통적인 모델의 개정을 제안했다(Childe, 1954). 그의 연구에서, 프랑스 남서부와 같이 가장 유리한 환경을 차지하고 있는 집단은 북아메리카의 태평양 북서부 해안과 같은 상대적으로 복잡하고 위계적인 사냥꾼 사회의 범주에 속했을 것이다. 이 사회들은 심각한 사회경제적 불평등을 가지고 있었고, 좀 더 정착되어 있었으며, 더 높은 집단밀도를 가지고 있었다. 더욱이, 그들은 부에 바탕을 둔 경쟁 속에서 공개적으로 싸웠고, 특권적인 대상을 소유했고, 특정한 자원과 부를 독점적으로 얻었으며, 공유한 것은 거의 없었다. 프랑스 남서부의 막달레니안 유적지Magdalenian sites에서 발견된 고고학적 증거들은 이러한 사회들과 유사성을 시사하는데, 이는 태평양 북서 해안 고원의 연어, 프랑스의 순록과 같은 이동하는 종 그리고 다른 종들의 대량 착취로 인한 잉여 생산 때문일 수 있다. 헤이든은 매장, 개인 장신구 등의 일부 유물들 뿐 아니라 유적지와 그 표면 영역의 지리적 분포를 분석한 결과, 네안데르탈인 사회에 유적지와 과제의 특화가 있었고 이미 다른 사회적 지위가 존재했다는 것을 주장하기도 했다. 모든 알려진 수렵채집 사회와 마찬가지로 과제의 성별 분포는 고도로 발달된 것이 분명하다(Hayden, 2012).

매장과 관련된 부장품에 관한 기법적 연구와 현대 유적지와 매장에서의 장신구 그리고 동물상 복합체와의 비교는 생제르맹 라 리비에르, 라 마들렌, 라 그로테 데 덴판트, 그리고 숭기르Saint-Germain-La Rivière, La Madeleine, La Grotte des Enfants, and Sunghir(예: Vanhaeren, 2002; Vanhaeren & d'Errico, 2001, 2003; White, 1999)와 같은 일부 매장의 예외적인 특징을 보여준다. 다수의 수렵채집자 집단에서 관찰된 바와 같이, UP 사회의 평등주의적으로 추정되는 특징과는 달리, 이러한 품목들은 개인이 특권 사회 집단에 속해 있었음을 나타낼 수 있다(Vanhaeren & d'Errico, 2003).

결론적으로, 구석기에서의 성별에 따른 분업과 관련하여 새로운 활동 전문화에 대한 증거가 있지만, 그것을 특정 성별에 신뢰성 있게 할당하는 것은 어렵거나 불가능하다. 우리가 이해하고자 하는 것은 구석기 선조들의 정체성이 수천 년의 선사시대 동안 강제로 진화되어 구석기 사회의 역사를 형성하며 성쇠를 하였기 때문에, 해석에 있어서 신중히 해야 한다고 다시 주장함으로써 이 장을 끝낼 것이다(de Beaune, 2016; Lenclud, 2003).

감사

나는 이 장을 개선하는 데 도움을 준 두 명의 익명의 평론가들에게 감사한다.

참고문헌

Adovasio, J. M., Soffer, O., & Page, J. (2007). *The invisible sex: Uncovering the true roles of women in prehistory*. Walnut Creek, CA: Left Coast Press.

Albrethsen, S. E., & Petersen, E. B. (1976). Excavation of a Mesolithic cemetery at Vedbæk, Denmark. *Acta Archeologica, 47,* 1–28.

Alexandersen, V. (1993). Teeth: Health, disease and use. In S. Hvass & B. Storgaard (Eds.), *Digging into the past: 25 years of archaeology in Denmark* (p. 81). Copenhagen: Aarhus Universitetsforlag.

Arthur, K. W. (2010). Feminine knowledge and skill reconsidered: Women and flaked stone tools. *American Anthropologist, 112*(2), 228–243.

Astruc, L. (2005). Approches multi-échelles de la spécialisation technique: Les industries lithiques taillées du Néolithique pré-céramique au Proche-Orient. *Techniques & Culture, 46/47,* 79–104.

Audouze, F. (2010). Domesticity and spatial organization at Verberie. In E. B. W. Zubrow, F. Audouze, & J. G. Enloe (Eds.), *The Magdalenian household: Unraveling domesticity* (pp. 145–175). Albany, NY: State University of New York Press.

Audouze, F., & Beyries, S. (2007). Chasseurs de rennes d'hier et d'aujourd'hui. In S. Beyries & V. Vaté (Eds.), *Les Civilisations du Renne d'hier et d'aujourd'hui: Approches ethnohistoriques, archéologiques et anthropologiques* (pp. 185–208). Antibes: Éditions APDCA.

Baffier, D., Julien, M., & Karlin, C. (1981). La femme et la préhistoire. *Pénélope, 4,* 95–99.

Balikci, A. (1970). *The Netsilik Eskimo*. Prospect Heights, IL: Waveland Press.

Bamforth, D. B., & Finlay, N. (2008). Introduction: Archaeological approaches to lithic production skill and craft learning. *Journal of Archaeological Method and Theory, 15*(1), 1–27.

Baron-Cohen, S., Knickmeyer, R. C., & Belmonte, M. K. (2005). Sex differences in the brain: Implications for explaining autism. *Science, 310*(5749), 819–823.

Bégouën, H. (1924). La magie aux temps préhistoriques. *Mémoires de l'Académie des sciences, 12*(II), 417–432.

Bégouën, H. (1939). Les bases magiques de l'art préhistorique. *Scientia, 4*(33), 202–216.

Bird, C. F. M. (1993). Woman the tool maker: Evidence for women's use and manufacture of flaked stone-tools in Australia and New Guinea. In H. du Cros & L. Smith (Eds.), *Women in archaeology: A feminist critique* (pp. 22–30). Canberra: Australian National University.

Blankholm, H. P. (2008). Southern Scandinavia. In G. Bailey & P. Spikins (Eds.), *Mesolithic Europe* (pp. 107–131). Cambridge, UK: Cambridge University Press.

Bolger, D. (2013). Introduction: Gender prehistory—The story so far. In D. Bolger (Ed.), *A companion to gender prehistory* (pp. 1–19). Chichester, UK: Wiley-Blackwell.

Bon, F. (2005). Être un ou plusieurs: Quelles différences pour l'Aurignacien? *Techniques & Culture, 46/47*, 35–49.

Bosinski, G. (2007). *Gönnersdorf und Andernach-Martinsberg: Späteiszeitliche Siedlungsplätze am Mittelrhein.* Koblenz, Germany: Gesellschaft für Archäologie am Mittelrhein und Mosel e.V.

Bosinski, G., & Fischer, G. (1974). *Die Menschendarstellungen von Gönnersdorf: Der Ausgrabung 1968. Der Magdalénien—Fundplatz Gönnersdorf 1.* Wiesbaden, Germany: Steiner.

Breuil, H. (1952). *Quatre cents siècles d'art pariétal: Les cavernes ornées de l'Âge du Renne.* Montignac: Centre d'Études et de Documentation préhistoriques.

Briggs, J. L. (1970). *Never in anger: Portrait of an Eskimo family.* Cambridge, MA: Harvard University Press.

Brown, D. E. (1991). *Human universals.* New York: McGraw-Hill.

Brumbach, H. J., & Jarvenpa, R. (1997). Ethnoarchaeology of subsistence space and gender: A subarctic Dene case. *American Antiquity, 62*(3), 414–436.

Brůžek, J. (1991). *Fiabilité des procédés de détermination du sexe à partir de l'os coxal: Implications à l'étude du dimorphisme sexuel de l'homme fossile.* Doctoral thesis, Institut de paleontologie humaine, Museum national d'Histoire naturelle, Paris.

Casajus, D. (1987). Craft and ceremonies: The Inadan in Tuareg society. In A. Rao (Ed.), *The other nomads: Peripatetic minorities in cross-cultural perspective* (pp. 291–310). Köln-Wien: Böhlau Verlag.

Casey, J. (1998). Just a formality: The presence of fancy projectile points in a basic tool assemblage. In S. Kent (Ed.), *Gender in African prehistory* (pp. 83–103). London: SAGE.

Childe, V. G. (1954). Early forms of societies. In C. Singer, E. J. Holmyard, A. R. Hall, & T. I. Williams (Eds.), *A history of technology* (Vol. 1, pp. 38–57). Oxford, UK: Clarendon Press.

Churchill, S. E. (1994). *Human upper body evolution in the Eurasian Later Pleistocene.* Doctoral thesis, University of New Mexico.

Churchill, S. E., & Formicola, V. (1997). A case of marked bilateral asymmetry in the upper limbs of an Upper Paleolithic male from Barma Grande (Liguria), Italy. *International Journal of Osteoarchaeology, 7*(1), 18–38.

Clottes, J. (2015). *Pourquoi l'art préhistorique?* Paris: Gallimard.

Codding, B. F., Bird, R. B., & Bird, D. W. (2011). Provisioning offspring and others: Risk–energy trade-offs and gender differences in hunter–gatherer foraging strategies. *Proceedings of the Royal Society of London B: Biological Sciences, 278*(1717), 2502–2509.

Cohen, M. N., & Bennett, S. (1998). Skeletal evidence for sex roles and gender hierarchies in prehistory. In B. D. Miller (Ed.), *Sex roles and gender hierarchies* (pp. 273–296). Cambridge, UK: Cambridge University Press.

Conkey, M. W. (1980). The identification of prehistoric hunter-gatherer aggregation sites: The case of Altamira. *Current Anthropology, 21*(5), 609–630.

Conkey, M. W. (1985). Ritual communication, social elaboration, and the variable trajectories of Paleolithic material culture. In T. D. Price & J. A. Brown (Eds.), *Prehistoric hunter-gatherers: The emergence of cultural complexity* (pp. 299–323). New York: Academic Press.

Costin, C. L. (2013). Gender and textile production in prehistory. In D. Bolger (Ed.), *A companion to gender prehistory* (pp. 180–202). Chichester, UK: Wiley-Blackwell.

Dahlberg, F. (Ed.). (1981). *Woman the gatherer*. New Haven, CT: Yale University Press.

de Beaune, S. A. (2000). *Pour une archéologie du geste: Broyer, moudre, piler, des premiers chasseurs aux premiers agriculteurs*. Paris: CNRS Éditions.

de Beaune, S. A. (2013). François Sigaut (1940–2012), agronome et technologue. *Revue de synthèse, 134*(1), 115–124.

de Beaune, S. A. (2016). *Qu'est-ce que la Préhistoire?* Paris: Gallimard.

de Beaune, S. A. (2019). Vertical transfer of knowledge on the *Longue durée*: Technical perspective on the development of Upper Paleolithic art in Europe. In S. Hansen, F. Klimscha, & J. Renn (Eds.), *Proceedings of the international conference: "Prehistoric networks in the Longue durée: Palaeolithic innovations enabling the Neolithic revolution."* Berlin: Topoi.

Debout, G. (2007). Un atelier de peausserie il y a 12 000 ans à Pincevent? In S. Beyries & V. Vaté (Eds.), *Les Civilisations du Renne d'hier et d'aujourd'hui: Approches ethnohistoriques, archéologiques et anthropologiques* (pp. 439–455). Antibes: Éditions APDCA.

Delporte, H. (1990). *L'image des animaux dans l'art préhistorique*. Paris: Picard.

de Lumley, H., Stalens, H., & Brůžek, J. (1992). Nouvelles données sur la sépulture de l'homme de Menton, Grotte du Cavillon (Baoussé-Roussé, Grimaldi, Italie). *Communication à la réunion de la Société préhistorique française, séance de janvier 1992.*

Descamps, P. (1923). L'atelier chez les sauvages. *Revue de l'Institut de sociologie, I*(3), 352–378.

Dobres, M. (1995). Gender and prehistoric technology: On the social agency of technical strategies. *World Archaeology, 27*(1), 25–49.

Donohoe, F. (2009). "Hand him over to me and I shall know very well what to do with him": The gender map and ritual native female violence in early America. In K. Williams, R. Jones, H. Van Koten, & C. Murray (Eds.), *Debating the difference: Gender, representation and self-representation*. Dundee, Scotland: University of Dundee.

Dutour, O. J. (1986). Enthesopathies (lesions of muscular insertions) as indicators of the activities of Neolithic Saharan populations. *American Journal of Physical Anthropology, 71*(2), 221–224.

Eals, M., & Silverman, I. (1994). The hunter-gatherer theory of spatial sex differences: Proximate factors mediating the female advantage in recall of object arrays. *Ethology and Sociobiology, 15*(2), 95–105.

Endicott, K. L. (2004). Gender relations in hunter-gatherer societies. In R. B. Lee & R. H. Daly (Eds.), *The Cambridge encyclopedia of hunters and gatherers* (Reprint ed., pp. 411–418). Cambridge, UK: Cambridge University Press.

Eren, M. I., Bradley, B. A., & Sampson, C. G. (2011). Middle Paleolithic skill level and the individual knapper: An experiment. *American Antiquity, 76*(2), 229–251.

Eshed, V., Gopher, A., Galili, E., & Hershkovitz, I. (2004). Musculoskeletal stress markers in Natufian hunter-gatherers and Neolithic farmers in the Levant: The upper limb. *American Journal of Physical Anthropology, 123*(4), 303–315.

Estalrrich, A., & Rosas, A. (2015). Division of labor by sex and age in Neandertals: An approach through the study of activity-related dental wear. *Journal of Human Evolution, 80*, 51–63.

Estioko-Griffin, A., & Griffin, P. B. (1981). Woman the hunter: The Agta. In F. Dahlberg (Ed.), *Woman the gatherer* (pp. 121–151). New Haven, CT: Yale University Press.

Finlay, N. (2013). Gender and lithic studies in prehistoric archaeology. In D. Bolger (Ed.), *A companion to gender prehistory* (pp. 142–160). Chichester, UK: Wiley-Blackwell.

Frayer, D. W. (2004). The dental remains from Krškany (Slovakia) and Vedrovice (Czech Republic). *Anthropologie, 42*(1), 71–103.

Gerasimov, M. M. (1958). Paleoliticheskaya stoyanka Mal'ta (Raskopki 1956–1957 gg.). *Sovetskaya Etnografiya, 3*, 28–52.

Gifford-Gonzalez, D. (1993). You can hide, but you can't run: Representation of women's work in illustrations of Palaeolithic life. *Visual Anthropology Review, 9*(1), 3–21.

Gomart, L., & Burnez-Lanotte, L. (2012). Techniques de façonnage, production céramique et identité de potiers: Une approche technologique de la céramique de style non rubané du site du Staberg à Rosmeer (Limbourg, Belgique). *Bulletin de la Société préhistorique française, 2012*, 231–250.

Goodale, J. C. (1971). *Tiwi wives: A study of the women of Melville Island, North Australia.* Seattle, WA: University of Washington Press.

Guthrie, R. D. (1984). Ethological observations from Paleolithic art. In H.-G. Bandi, W. Huber, M.-R. Sauter, & B. Sitter (Eds.), *La contribution de la zoologie et de l'éthologie à l'interprétation de l'art des peuples chasseurs préhistoriques* (pp. 35–74). Fribourg, Switzerland: Éditions Universitaires.

Guthrie, R. D. (2005). *The nature of Paleolithic art.* Chicago, IL: University of Chicago Press.

Hardy, B. L., & Moncel, M.-H. (2011). Neanderthal use of fish, mammals, birds, starchy plants and wood 125–250,000 years ago. *PLoS One, 6*(8), 1–10.

Hawkey, D. E., & Merbs, C. F. (1995). Activity induced musculoskeletal stress markers (MSK) and subsistence strategy changes among ancient Hudson Bay Eskimos. *International Journal of Osteoarchaeology, 5*(4), 324–338.

Hayden, B. (1981). Research and development in the Stone Age. *Current Anthropology, 22*(5), 519–548.

Hayden, B. (1992). Observing prehistoric women. In C. Claasen (Ed.), *Exploring gender through archaeology: Selected papers from the 1991 Boone conference* (pp. 33–47). Madison, WI: Prehistoric Press.

Hayden, B. (2001). Richman, poorman, beggarman, chief: The dynamics for social inequality. In G. M. Feinman & T. D. Price (Eds.), *Archaeology at the millennium: A sourcebook* (pp. 231–271). New York: Kluwer/Plenum.

Hayden, B. (2012). Neandertal social structure? *Oxford Journal of Archaeology, 31*(1), 1–26.

Hayden, B. (2013). *Naissance de l'inégalité. L'invention de la hiérarchie durant la préhistoire.* Paris: CNRS Éditions.

Hays-Gilpin, K. A. (2004). *Ambiguous images: Gender and rock art.* Walnut Creek, CA: Altamira Press.

Hays-Gilpin, K. A. (2013). Gender and prehistoric rock art. In D. Bolger (Ed.), *A companion to gender prehistory* (pp. 122–141). Chichester, UK: Wiley-Blackwell.

Henry, A. G., Brooks, A. S., & Piperno, D. R. (2010). Microfossils in calculus demonstrate consumption of plants and cooked foods in Neanderthal diets (Shanidar III, Iraq; Spy I and II, Belgium). *Proceedings of the National Academy of Sciences of the United States of America, 108*(2), 486–491.

Henry-Gambier, D. (2001). *La sépulture des enfants de Grimaldi (Baoussé-Roussé, Italie): Anthropologie et palethnologie funéraire des populations de la fin du Paléolithique supérieur*. Paris: Comité des Travaux historiques et scientifiques.

Henry-Gambier, D. (2005). Évolution des pratiques funéraires en Italie au Paléolithique supérieur. In D. Vialou, J. Renault-Miskovsky, & M. Patou (Eds.), *Comportements des hommes du Paléolithique moyen et supérieur en Europe: Territoires et milieux* (pp. 213–229). Liège: ERAUL 111.

Hiscock, P. (2014). Learning in lithic landscapes: A reconsideration of the hominid "toolmaking" niche. *Biological Theory, 9*(1), 27–41.

Holt, B. M. (2003). Mobility in Upper Paleolithic and Mesolithic Europe: Evidence from the lower limb. *American Journal of Physical Anthropology, 122*(3), 200–215.

Holt, B. M., & Formicola, V. (2008). Hunters of the Ice Age: The biology of Upper Paleolithic people. *American Journal of Physical Anthropology, 137*(S47), 70–99.

Iakovleva, L., & Pinçon, G. (1997). *La frise sculptée du Roc-aux-Sorciers: Angles-sur-l'Anglin (Vienne)*. Paris: Comité des Travaux historiques et scientifiques.

Ingold, T. (2004). On the social relations of the hunter-gatherer band. In R. B. Lee & R. H. Daly (Eds.), *The Cambridge encyclopedia of hunters and gatherers* (Reprint ed., pp. 399–410). Cambridge, UK: Cambridge University Press.

Janny, F. (2010). Technologie lithique à Verberie: Production domestique et apprentissage. In E. B. W. Zubrow, F. Audouze, & J. G. Enloe (Eds.), *The Magdalenian household: Unraveling domesticity* (pp. 51–75). Albany, NY: State University of New York Press.

Jarašová, I., & Dočkalová, M. (2008). Dental remains from the Neolithic settlements in Moravia, Czech Republic. *Anthropology, 46*(1), 77–101.

Jarvenpa, R., & Brumbach, H. J. (2009). Fun with Dick and Jane: Ethnoarchaeology, circumpolar toolkits, and gender "inequality." *Ethnoarchaeology, 1*(1), 57–78.

Johansen, L., & Stapert, D. (2008). Stone age kids and their stones. In M. Sørensen & P. Desrosiers (Eds.), *Technology in archaeology: Proceedings of the SILA Workshop: The study of technology as a method for gaining insight into aocial and cultural aspects of prehistory* (pp. 15–39). Copenhagen: National Museum of Denmark.

Jurmain, R. (1999). *Stories from the skeleton: Behavioral reconstruction in human osteology*. London: Taylor and Francis.

Jurmain, R., Cardoso, F. A., Henderson, C., & Villotte, S. (2012). Bioarchaeology's Holy Grail: The reconstruction of activity. In A. L. Grauer (Ed.), *A companion to paleopathology* (pp. 531–542). New York: Wiley-Blackwell.

Kaplan, H., Hill, K., Lancaster, J., & Hurtado, A. M. (2000). A theory of human life history evolution: Diet, intelligence, and longevity. *Evolutionary Anthropology: Issues, News, and Reviews, 9*(4), 156–185.

Kelly, R. L. (1995). *The foraging spectrum: Diversity in hunter-gatherer lifeways*. Washington, DC: Smithsonian Institution Press.

Kent, K. P. (1971). *Introducing West African cloth*. Denver, CO: Denver Museum of Natural History.

Kent, S. (Ed.). (1996). *Cultural diversity among twentieth-century Foragers: An African perspective*. Cambridge, UK: Cambridge University Press.

Knüsel, C. J., & Smith, M. J. (2013). The osteology of conflict: What does it all mean? In C. J. Knüsel & M. J. Smith (Eds.), *The Routledge handbook of the bioarchaeology of human conflict* (pp. 656–694). London: Routledge.

Kriger, C. E. (2006). *Cloth in West African history*. Lanham, MD: Altamira Press.

Kuhn, S. L., & Stiner, M. C. (2006). What's a mother to do? The division of labor among Neandertals and modern humans in Eurasia. *Current Anthropology*, 47(6), 953–981.

Le Dosseur, G. (2005). La spécialisation des tâches au début de la néolithisation au Levant: L'exploitation des matières osseuses au Natoufien. *Techniques & Culture, 46/47*, 105–138.

Lee, R. B. (1979). *The !Kung San: Men, women and work in a foraging society*. Cambridge, UK: Cambridge University Press.

Lee, R. B. (1982). Politics, sexual and non-sexual, in an egalitarian society. In E. Leacock & R. B. Lee (Eds.), *Politics and history in band societies* (pp. 37–59). Cambridge, UK: Cambridge University Press.

Lee, R. B. (1988). Reflections on primitive communism. In T. Ingold, D. Riches, & J. Woodburn (Eds.), *Hunters and gatherers, Volume 1: History, evolution and social change* (pp. 252–268). Oxford, UK: Berg.

Lee, R. B., & Daly, R. H. (2004). Introduction: Foragers and others. In R. B. Lee & R. H. Daly (Eds.), *The Cambridge encyclopedia of hunters and gatherers* (Reprint ed., pp. 1–19). Cambridge, UK: Cambridge University Press.

Lee, R. B., & DeVore, I. (Eds.). (1968a). *Man the hunter: The first intensive survey of a single, crucial stage of human development—Man's once universal hunting way of life*. Chicago, IL: Aldine Transaction.

Lee, R. B., & DeVore, I. (1968b). Problems in the study of hunters and gatherers. In R. B. Lee & I. DeVore (Eds.), *Man the hunter: The first intensive survey of a single, crucial stage of human development—Man's once universal hunting way of life* (pp. 3–12). Chicago, IL: Aldine Transaction.

Lenclud, G. (2003). Identité et changement sont-ils compatibles? In M. Bley (Ed.), *Grand dictionnaire de la philosophie* (pp. 512–516). Paris: Éditions Larousse-CNRS Éditions.

Lenclud, G. (2013). *L'universalisme ou le pari de la raison: Anthropologie, histoire, psychologie*. Paris: EHESS-Gallimard-Le Seuil.

Leroi-Gourhan, A. (1982). *Les racines du monde: Entretiens avec Claude-Henri Rocquet*. Paris: Pierre Belfond.

Luders, E., Gaser, C., Narr, K. L., & Toga, A. W. (2009). Why sex matters: Brain size independent differences in gray matter distributions between men and women. *Journal of Neuroscience*, 29(45), 14265–14270.

Macintosh, A. A., Pinhasi, R., & Stock, J. T. (2014). Divergence in male and female manipulative behaviors with the intensification of metallurgy in Central Europe. *PLoS One*, 9(11), 1–17.

Manning, J. T. (2002). *Digit ratio: A pointer to fertility, behavior, and health*. New Brunswick,

NJ: Rutgers University Press.
Marlowe, F. W. (2007). Hunting and gathering: The human sexual division of foraging labor. *Cross-Cultural Research, 41*(2), 170–195.
McCarthy, F. D., & McArthur, M. (1960). Food consumption and dietary levels of groups of Aborigines living on naturally occurring foods. In C. P. Mountford (Ed.), *Records of the Australian-American scientific expedition to Arnhem Land, 1948. Vol. II. Anthropology and nutrition* (pp. 90–135). Melbourne: Melbourne University Press.
McDonald, J. (1992). The Great Mackerel rockshelter excavation: Women in the archaeological record? *Australian Archaeology, 35*(1), 32–50.
Mellars, P. (1985). The ecological basis of social complexity in the Upper Paleolithic of Southern France. In T. D. Price & J. A. Brown (Eds.), *Prehistoric hunter-gatherers: The emergence of cultural complexity* (pp. 271–297). New York: Academic Press.
Molleson, T. I. (1994). The eloquent bones of Abu Hureyra. *Scientific American, 271*(2), 70–75.
Molleson, T. I. (2007). Bones of work at the origins of labour. In S. Hamilton, R. D. Whitehouse, & K. I. Wright (Eds.), *Archaeology and women: Ancient and modern issue* (pp. 185–198). Walnut Creek, CA: Left Coast Press.
Molnar, P. (2006). Tracing prehistoric activities: Musculoskeletal stress marker analysis of a stone-age population on the Island of Gotland in the Baltic Sea. *American Journal of Physical Anthropology, 129*(1), 12–23.
Morgan, L. J. (1877). *Ancient society, or researches in the lines of human progress, from savagery through barbarism to civilization.* LL. D. New York: Henry Holt & Co.
Murdock, G. P. (1967). Ethnographic atlas: A summary. *Ethnology, 6*(2), 109–236.
Murdock, G. P., & Provost, C. (1973). Factors in the division of labor by sex: A cross-cultural analysis. *Ethnology, 12*(2), 203–225.
Nadel, D., Weiss, E., Simchoni, O., Tsatskin, A., Danin, A., & Kislev, M. E. (2004). Stone Age hut in Israel yields world's oldest evidence of bedding. *Proceedings of the National Academy of Sciences of the United States of America, 101*(17), 6821–6826.
Olausson, D. J. (2008). Does practice make perfect? Craft expertise as a factor in aggrandizer strategies. *Journal of Archaeological Method and Theory, 15*(1), 28–50.
Olive, M., & Morgenstern, M. (2004). L'organisation de l'espace habité. In N. Pigeot (Ed.), *Les derniers Magdaléniens d'Étiolles: Perspectives culturelles et paléohistoriques, l'unité d'habitation Q31* (pp. 181–220). Paris: CNRS Éditions.
Owen, L. R. (2005). *Distorting the past: Gender and the division of labor in the European Palaeolithic.* Tübingen, Germany: Kerns Verlag.
Pelegrin, J. (2007). Réflexion sur la notion de "spécialiste" dans la taille de la pierre au Paléolithique. In R. Desbrosse & A. Thévenin (Eds.), *Des grottes de Châtelperron au musée des Antiquités nationales: Hommage à Henri Delporte* (pp. 315–318). Paris: Comité des Travaux historiques et scientifiques.
Péré-Noguès, S. (2008). Recherches autour des "marqueurs funéraires" à travers l'exemple de quelques sépultures féminines de la nécropole du Fusco (Syracuse). *Pallas: Revue d'histoire antique, 2008*, 151–171.
Petersen, E. B. (1975). A survey of the late Paleolithic and the Mesolithic of Denmark. In S. K. Kozlowsk (Ed.), *The Mesolithic in Europe* (pp. 77–129). Warsaw: University Press.

Pigeot, N. (1987). Magdaléniens d'Étiolles: Économie du débitage et organisation sociale (l'unité d'habitation U5). *Supplément À Gallia préhistoire, 25*, 9–157.

Pigeot, N. (2010). Éléments d'une organisation sociale magdalénienne à Étiolles: Du savoir-faire au statut social des personnes. In E. B. W. Zubrow, F. Audouze, & J. G. Enloe (Eds.), *The Magdalenian household: Unraveling domesticity* (pp. 198–212). Albany, NY: State University of New York Press.

Piperno, D. R., Weiss, E., Holst, I., & Nadel, D. (2004). Processing of wild cereal grains in the Upper Palaeolithic revealed by starch grain analysis. *Nature, 430*(7000), 670–673.

Price, T. D., & Brown, J. A. (Eds.). (1985). *Prehistoric hunter-gatherers: The emergence of cultural complexity*. New York: Academic Press.

Reinach, S. (1903). L'art et la magie à propos des peintures et des gravures de l'Âge du Renne. *Anthropologie, XIV*, 257–266.

Riel-Salvatore, J., & Gravel-Miguel, C. (2013). Upper Paleolithic mortuary pratices in Eurasia: A critical look at the burial record. In S. Tarlow & L. N. Stutz (Eds.), *The Oxford handbook of the archaeology of death and burial* (pp. 303–346). Oxford, UK: Oxford University Press.

Robb, J. E. (1998). The interpretation of skeletal muscle sites: A statistical approach. *International Journal of Osteoarchaeology, 8*(5), 363–377.

Ruff, C. B. (1987). Sexual dimorphism in human lower limb bone structure: Relationship to subsistence strategy and sexual division of labor. *Journal of Human Evolution, 16*(5), 391–416.

Sahlins, M. (1972). *Stone Age economics*. London: Tavistock.

Sassaman, K. E. (1998). Lithic technology and the hunter-gatherer sexual division of labour. In K. A. Hays-Gilpin & D. S. Whitley (Eds.), *Reader in gender archaeology* (pp. 159–171). London: Routledge.

Schick, K. D., & Clark, J. D. (2003). Biface technological development and variability in the Acheulean industrial complex in the Middle Awash region of the Afar Rift, Ethiopia. In M. Soressi & H. L. Dibble (Eds.), *Multiple approaches to the study of bifacial technologies* (pp. 1–29). Philadelphia, PA: University of Pennsylvania, Museum of Archaeology and Anthropology.

Service, E. R. (1966). *The hunters*. Englewood Cliffs, NJ: Prentice-Hall.

Sigaut, F. (2009). Propos contre-révolutionnaires sur le Néolithique, l'agriculture, etc. In J.-P. Demoule (Ed.), *La révolution néolithique dans le monde* (pp. 181–196). Paris: CNRS Éditions.

Sillitoe, P., & Hardy, K. (2003). Living lithics: Ethnoarchaeology in Highland Papua New Guinea. *Antiquity, 77*(297), 555–566.

Sládek, V., Ruff, C. B., Berner, M., Holt, B. M., Niskanen, M., Schuplerová, E., & Hora, M. (2016). The impact of subsistence changes on humeral bilateral asymmetry in Terminal Pleistocene and Holocene Europe. *Journal of Human Evolution, 92*, 37–49.

Snow, D. R. (2013). Sexual dimorphism in European Upper Paleolithic cave art. *American Antiquity, 78*(4), 746–761.

Soffer, O. (1985). Patterns of intensification as seen from the Upper Paleolithic of the Central Russian plain. In T. D. Price & J. A. Brown (Eds.), *Prehistoric hunter-gatherers: The emergence of cultural complexity* (pp. 235–270). New York: Academic Press.

Soffer, O., Adovasio, J. M., & Hyland, D. C. (2002). Perishable technologies and invisible people: Nets, baskets, and "Venus" wear ca. 26,000 BP. In B. A. Purdy (Ed.), *Enduring records: The environmental and cultural heritage of wetlands* (pp. 233–245). Oxford,

UK: Oxbow Press.
Sparacello, V. S., Villotte, S., Shackelford, L. L., & Trinkaus, E. (2016). Patterns of humeral asymmetry among Late Pleistocene humans. *Comptes rendus Palevol, 16*(5/6), 680–689.
Sterling, K. (2014). Man the hunter, woman the gatherer? The impact of gender studies on hunter-gatherer research (a retrospective). In V. Cummings, P. Jordan, & M. Zvelebil (Eds.), *The Oxford handbook of the archaeology and anthropology of hunter-gatherers* (pp. 151–173). Oxford, UK: Oxford University Press.
Testart, A. (1982). *Les chasseurs-cueilleurs ou l'origine des inégalités.* Paris: Société d'Ethnologie.
Testart, A. (1985). *Le communisme primitif.* Paris: Éditions de la Maison des Sciences de l'Homme.
Testart, A. (1986). *Essai sur les fondements de la division sexuelle du travail chez les chasseurs-cueilleurs.* Paris: Éditions de l'EHESS.
Testart, A. (2005). *Éléments de classification des sociétés.* Paris: Errance.
Testart, A. (2012). *Avant l'histoire: L'évolution des sociétés, de Lascaux à Carnac.* Paris: Gallimard.
Thomas, A. (2014). Bioarchaeology of the Middle Neolithic: Evidence for archery among early European farmers. *American Journal of Physical Anthropology, 154*(2), 279–290.
Tiger, L. (1969). *Men in groups.* New York: Random House.
Tostevin, G. B. (2012). *Seeing lithics: A middle-range theory for testing for cultural transmission in the Pleistocene.* Oxford, UK: Oxbow Books.
Trinkaus, E., Buzhilova, A. P., Mednikova, M. B., & Dobrovolskaya, M. V. (2014). *The people of Sunghir: Burials, bodies and behavior in the Earlier Upper Paleolithic.* New York: Oxford University Press.
Trinkaus, E., Buzhilova, A. P., Mednikova, M. B., & Dobrovolskaya, M. V. (2015). The age of the Sunghir Upper Paleolithic human burials. *Anthropologie (Brno), 53*(1–2), 221–231.
Turnbull, C. M. (1965). *Wayward servants: The two worlds of the African Pygmies.* Garden City, NY: Natural History Press.
Vanhaeren, M. (2002). *Les fonctions de la parure au Paléolithique supérieur: De l'individu à l'unité culturelle.* Doctoral thesis, Université Bordeaux I, Bordeaux, France.
Vanhaeren, M., & d'Errico, F. (2001). La parure de l'enfant de La Madeleine (fouilles Peyrony): Un nouveau regard sur l'enfance au Paléolithique supérieur. *Paléo, 13,* 201–237.
Vanhaeren, M., & d'Errico, F. (2003). Le mobilier funéraire de la Dame de Saint-Germain-la-Rivière (Gironde) et l'origine paléolithique des inégalités. *Paléo, 15,* 195–238.
Vieugué, J. (2012). Spécialisation fonctionnelle des premières productions céramiques dans les Balkans (6100–5500 av. J.-C.). *Bulletin de la Société préhistorique française, 2012,* 251–265.
Villotte, S., Brůžek, J., & Henry-Gambier, D. (2011). Caractéristiques biologiques des sujets adultes gravettiens: Révision de l'âge au décès et du sexe. In N. Goutas, L. Klaric, D. Pesesse, & P. Guillermin (Eds.), *À la recherche des identités gravettiennes: Actualités, questionnements et perspectives: Actes de la table ronde sur le Gravettien en France et dans les pays limitrophes* (pp. 209–216). Paris: Mémoires de la Société préhistorique française.
Villotte, S., Churchill, S. E., Dutour, O. J., & Henry-Gambier, D. (2010). Subsistence activities and the sexual division of labor in the European Upper Paleolithic and Mesolithic: Evidence from upper limb enthesopathies. *Journal of Human Evolution,*

59(1), 35–43.

Villotte, S., & Knüsel, C. J. (2014). "I sing of arms and of a man . . .": Medial epicondylosis and the sexual division of labour in prehistoric Europe. *Journal of Archaeological Science, 43,* 168–174.

Wadley, L. (1998). The invisible meat providers: Women in the Stone Age of South Africa. In S. Kent (Ed.), *Gender in African prehistory* (pp. 69–81). London: SAGE.

Waguespack, N. M. (2005). The organization of male and female labor in foraging societies: Implications for Early Paleoindian archaeology. *American Anthropologist, 107*(4), 666–676.

Washburn, S. L., & Lancaster, C. S. (1968). The evolution of hunting. In R. B. Lee & I. DeVore (Eds.), *Man the hunter: The first intensive survey of a single, crucial stage of human development—Man's once universal hunting way of life* (pp. 293–303). Chicago, IL: Aldine Transaction.

Weedman, K. (2005). Gender and stone tools: An ethnographic study of the Konso and Gamo hideworkers of southern Ethiopia. In L. Frink & K. Weedman (Eds.), *Gender and hide production* (pp. 175–196). Walnut Creek, CA: Altamira Press.

Weedman, K. (2006). Gender and ethnoarchaeology. In S. M. Nelson (Ed.), *Handbook of gender archaeology* (pp. 247–294). Walnut Creek, CA: Altamira Press.

Weiss, E., Kislev, M. E., Simchoni, O., Nadel, D., & Tschauner, H. (2008). Plant-food preparation area on an Upper Paleolithic brush hut floor at Ohalo II, Israel. *Journal of Archaeological Science, 35*(7), 2400–2414.

White, R. (1999). Intégrer la complexité sociale et opérationnelle: La construction matérielle de l'identité sociale à Sungir. In H. Camps-Fabrer & M. Julien (Eds.), *Préhistoire d'os: Recueil d'études sur l'industrie osseuse préhistorique* (pp. 319–331). Aix-en-Provence: Publications de l'Université de Provence.

White, R. (2006). Looking for biological meaning in cave art. *American Scientist, 94*(4), 371–372.

Woodburn, J. (1982). Egaliarian societies. *Man, New Series, 17*(3), 431–451.

Zihlman, A. L. (1998). Woman the gatherer: The role of women in early hominid evolution. In K. A. Hays-Gilpin & D. S. Whitley (Eds.), *Reader in gender archaeology* (pp. 91–105). London: Routledge.

Zihlman, A. L. (2013). Engendering human evolution. In D. Bolger (Ed.), *A companion to gender prehistory* (pp. 23–44). Chichester, UK: Wiley-Blackwell.

| 제19장 |

강화된 작업기억 모델

기원과 발달

Frederick L. Coolidge

서론

거의 20년 전, 나는 사이언티픽 아메리칸(Tattersall, 2000)의 논문을 읽으며 그것에 즐겁게 몰두했다. 이 논문은 약 50만 년 전에는 아프리카에 인간 유형의 다섯 또는 여섯 종이 서로 가까이 살고 있었을지도 모른다고 주장했다. 약 10만 년 전에는 **호모 사피엔스**와 네안데르탈인 두 유형만 남아 있었다고 주장했다. 마침내 약 3만 년 전에는 네안데르탈인이 멸종하면서 오직 우리만 존재한다고 말했다. 그 논문의 마지막에, 태터솔Tattersall은 네안데르탈인의 멸종 원인이 언어 부족 때문이라고 추측했다. 나는 현대의 버빗 원숭이vervet monkey가 세 종류의 다른 포식자들 때문에 적어도 세 종류의 다른 소리를 가르쳐서, 세 종류의 다른 행태를 유도한다면(Price et al., 2015; Seyfarth, Cheney, & Marler, 1980), 네안데르탈인은 적어도 그런 능력을 가지고 있었을 것이라고 잠깐 생각했다. 흥미롭게도, 현대의 흰코원숭이putty-nosed monkey들은 두 개의 다른 포식자(독수리와 표범)에 대한 두 개의 다른 경고음을 가지고 있다고 생각되는데, 이것은 또한 표범으로부터 멀리 나무 위로 올라가거나 독수리 때문에 덤불 속으로 내려가는 두 개의 뚜렷한 행태를 유도한다. 그러나 더 흥미로운 것은 두 가지 소리가 결합될 경우 집단이 다른 위치로 이동해야 한다는 신호인 것 같다는 것이다(Schlenker, Chemla, Arnold, & Zuberbühler, 2016). 이러한 음의 조합성combinatoriality은 비인간 영장류 의사소통에서 매우 드문 일이지만, 그럼에도 불구하고 네안데르탈인은 특히 훨씬 더 큰 뇌를 가지고 있는데 **비언어적**alinguistic이란 주장은 더욱 그럴듯하지 않다. 그러나 만약 원숭이가 다른 행태를 유도하는 다른 포식자들 때문에 다른 소리를 내는 것이라면, 분명히 네안데르탈인은 언어 또는 최소한 의사소통 능력을 가지고 있었다. 그러나 이는 딜레마를 야기한다. 네안데르탈인의 멸종의 원인은 무엇**이었는가**? 나는 심리학 학위와 임상 신경 심리학 박사 후 펠로우쉽을 가지고 있었지만, 인류학이나 고고학 학위는 없었다. 내가 부족한 교육을 받기 위해 누군가와 협력해야 할 필요가 있다면 그 누군가는 토마스 윈이 될 것이다. 그래서 나는 흥미롭고, 여전히 상대적으로 새로운 분야인 인지고고학을 소개하게 되었다.

집행기능

2000년에 쿨리지Coolidge, 테드Thede, 영Young은 쌍둥이 아동과 청소년의 표본에서 전두엽의 집행기능의 유전성을 조사했다. 집행기능은 의사결정과 계획, 전략, 구성, 억제 그리고 일시적으로 사건을 시퀀스할 수 있는 기능으로 구성된다. 집행기능은 1962년 러시아의 신경심리학자인 알렉산더 루리아에 의해 세간의 주목을 받았다. 2000년 연구에서, 집행기능은 다유전성 기반(부가적인 유전적 영향)과 함께 유전성이 높은 특성(이들과 관련된 분산의 약 77%는 유전적 영향에서 기인할 수 있다)이 있다고 밝혀졌다. 이 정보는 다음과 같이 네안데르탈인에 적용된다. 적어도 **호모 사피엔스**가 약 4만 년 전에 같은 지역으로 들어갈 때까지 유럽과 아시아에서 20만 년 이상 생존했다면, 의사결정, 계획, 조직화, 억제, 시퀀싱 등 합리적인 범위의 집행기능을 보유했어야 했다. 더군다나, 대중 문헌들조차 두 유형의 인간들 사이의 전쟁이 네안데르탈인의 멸종을 야기시켰다는 증거는 거의 없다고 말했다. **호모 사피엔스**가 네안데르탈인을 단순히 앞섰을지도 모른다는 생각은 아마도 두 인간 종의 집행기능에 차이가 있으리라는 것을 암시했다. 즉, 집행기능의 유전적 사건이 **호모 사피엔스**에서 발생하여 집행기능을 강화했을 가능성을 시사했다. 즉, 집행기능을 담당하는 많은 유전자에서 유익한 유전자 돌연변이가 발생하여 표준 기능 범위를 훨씬 넘어서는 수준으로 향상되었다. 이 시나리오에서, **호모 사피엔스**는 이성에 대한 강화된 능력 때문에 살아남을 것이고, 반면에 네안데르탈인은 멸종할 것이다. 추론 능력이 강화되었다는 것은 **호모 사피엔스**가 같은 환경에서 네안데르탈인보다 더 많은 식량과 다른 자원을 추출할 수 있었다는 것을 직접적으로 의미했을지도 모른다. 따라서 두 인간 유형 간의 전쟁이나 네안데르탈인의 언어 부족은 오히려 **호모 사피엔스**의 환경 자원을 추출할 수 있는 강화된 능력이 요구되지 않았을 것이다.

운 좋게도 우리의 인류학 교수진에 고고학 인지 모델을 적용하는 데 정통한 토마스 윈Thomas Wynn을 포함시켰다. 그는 자신의 고전 논문 중 하나인 「올도완에 대한 유인원의 견해」(1989)에서 영장류학자 윌리엄 맥그루William McGrew와 함께 올도완 석기의 인지 전제조건은 현존하는 침팬지의 도구 유행 문화와 본질적으로 동일하다고 주장했다. 집행기능이 네안데르탈인 멸종의 근원이었을지도 모른다는 생각에 대해 그는 그런 생각이 흥미롭고, 1996년 저서인 『마음의 선사시대』에서 스티븐 미튼Steven Mithen이 사용한 추론과 비슷하다는 반응을 보였다. 다만 미튼이 인간의 마음에 관한 작업을 할 때 **인지적 유연성**(인지 문헌에서 나오지 않았다)이라는 용어와 성당의 은유cathedral metaphor[194]라는 용어를 사용했다는 것이다. 우리는 그가 집행기능에 대한 고고학적 증거를 제공하는 것에 동의했고, 나는 임상 신경 심리학적 문헌(일차적으로 뇌 손상 환자에 기초한 연구)에서 그들을 위해 심리학적 증거를 제공하기로 했다. 그리고 우리는 그 결과를 공동 출판하기로 했다. 윈은 언어와 상징적 생각의 논쟁적인 문제들이 네안데르탈인의 멸종 논쟁에서 회피될 수 있다는 것과 집행기능의 개념이 인지과학에 확고히 뿌리박고 있다는 생각을 좋아했다. 그래서 2001년, 케임브리지 고고학 저널에 「**호모 사피엔스**의 전두엽의 집행기능과 진화적 우세」라는 첫 논문을 함께 실었다. 그 속에서, 우리는 시간적 시퀀싱, 억제, 계획/조직의 세 가지 주요 집행기능에 대한 고고학적 증거를 조사했다.

시간적 시퀀싱의 집행기능은 소뇌 입력과 다른 뇌 부위뿐만 아니라 전전두피질에서 브로카Broca 영역을 필요로 하는 것으로 잘 알려져 있다. 인지적으로, 복잡한 단계의 연결이 필요하며, 각각의 선행 단계는 후속 단계 이전에 성공적으로 완료된다. 신석기시대에는 베틀 짜기, 도자기 제

194 신체적 특성이 빠졌다는 의미다(역자 주).

작, 야금술(철과 주석 생산 등)이 다양하게 존재하였고, 야금술 등은 신석기 시대의 종말을 예고하고 있다. 시퀀스 기억의 구석기적 예들을 식별하는 것은 훨씬 더 어려웠고, 심지어 르발루와 같은 정교한 석기 기법도 시간적 시퀀싱에 대한 **일단의**prima facie 증거가 아니다. 윈은 엄격한 시퀀스 행동을 요구하는 최종 생산물의 증거로 약 8만 8천 년 전에서 7만 7천 년 전 사이의 콩고 민주 공화국의 카탄다Katanda의 미늘이 있는 촉barbed point을 선택했다. 비슷한 시기에 활과 화살 기법도 행동의 복잡한 시퀀스를 필요로 하는 과제이었다(예: Coolidge, Haidle, Lombard, & Wynn, 2016).

억제 작업과 관련하여, 농업에 대한 증거는 농산물을 성공적으로 재배하고, 심고, 저장하는 데 필요한 만족감의 지연을 보여주는 대표적인 예인 것 같다. 원격 먹잇감 덫Remote game traps 또한 억제를 위한 증거가 될 수 있지만, 우리는 네안데르탈인이나 **호모 사피엔스** 지역에서 중기 구석기 수렵채집 활동의 증거가 거의 또는 전혀 없었으며, 원격 덫은 농업 활동 이전의 것으로 보이지 않는다는 점에 주목했다.

마지막으로, 우리는 조직과 계획에 대한 고고학적 증거를 다루었다. 여기서 우리는 6만 년 전에서 4만 년 전 사이에 일어난 사울Sahul의 점유를 복잡한 조직과 계획뿐만 아니라 시간적 시퀀싱의 증거로 인용했다. 출발 지점에서 볼 수 없는 광대한 육지를 향한 성공적인 항해를 위해 배와 사람들을 준비하는 것은 절대적으로 현대적 집행기능을 필요로 하기 때문이다(거꾸로 매우 가능성이 적지만, 단순히 엄청난 양의 행운일 수도 있다). 노블과 데이비드슨Noble and Davidson(1991)은 그러한 여정은 현대적인 행태와 현대 언어를 필요로 한다고 지적했고, 클라인Klein(2000) 역시 인지적 전제조건을 강조하지 않고 본질적으로 완전히 현대적인 집행기능의 증거로 해석하지 않았지만 정교한 기법이 필요했을 것이라고 주장했다.

요약하자면, 우리는 **호모 사피엔스**의 강화된 집행기능을 주장했지만, 고고학 기록에 상대적으로 늦게 나타났다. 우리는 또한 미튼Mithen(1996)이 이전에 6만 년 전에서 3만 년 전 사이의 인간 문화의 '빅뱅'을 제안했는데, 그때 그가 제안한 정신 모듈들 사이의 완전한 접근성이 일부 복잡한 사회적, 지적 상호작용의 기능으로 발생했다는 점을 주목했다. 클라인과 에드거Klein and Edgar(2002)도 후기 구석기시대를 문화적 폭발로 보고, **호모 사피엔스**의 유전적 사건 때문일 것이라고 추정했다. 그래서 우리의 아이디어는 **호모 사피엔스**에게 현대적 생각을 주는 유전적 사건 아이디어와 그 사건의 기능으로서 일어났을 수도 있는 문화적 폭발에 대해 초기에 지지를 받았다.

작업기억

작업기억에 대한 일반적인 정의는 간섭interference에도 불구하고 마음속에 간직하거나 처리할 수 있는 정보의 양일 수 있다. 원래, 이 용어는 단기기억과 사실상 동의어였고, 단기기억은 거의 항상 언어적 음향 패러다임에서 실험되었는데, 이 패러다임에서 피험자들은 숫자의 배열과 같은 점점 더 많은 양의 언어 정보를 반복하도록 요청받았다. 1974년, 실험 심리학자인 알란 배들리와 그레이엄 히치Alan Baddeley and Graham Hitch는 고전적인 논문인 「작업기억」을 출판했다. 그들은 작업기억을 단기 언어 저장, 시각 공간 구성요소, 그리고 중요한 것은 다른 두 하위체계에서 제공한 정보를 관리하는 대단히 중요한 구성요소(중앙집행)를 포함하는 다중 구성요소 모델로 상상했다. 우리는 좀 더 제한적인 이 작업기억의 인지 모델에 매력을 느꼈는데, 주된 이유는 임상 신경 심리학 문헌에서 사용한 집행기능의 개념이 배들리와 히치의 중앙집행자의 기능, 특히 과제와 목표에 대한 주의와 거의 유사하다는 것을 보았기 때문이다. 더욱이, 그들의 두 하위체계인 음운루프와 시공간 스케치패드는 고고학적 기록을 해석하기 위한 추가적인 발견적 가치를 제공했다.

2000년에 배들리는 네 번째 요소인 일화완충기episodic buffer를 추가했는데, 이 구성요소는 중앙집행의 직접 서비스에서 다중모드 통합 기억 저장소multimodal integrative memory store의 역할을 하도록 제안했다. 그는 일화완충기가 일시적으로 두 하위체계의 정보를 혼합하고, 장단기 목표를 달성하기 위해 장기기억 저장소의 관련 정보에 접근했다고 가설을 세웠다. 유사한 개념인 일화기억은 1972년 실험심리학자인 엔델 툴빙Endel Tulving에 의해 제안되었다. 배들리는 이 개념들을 대략적으로 비슷하다고 보았지만, 그의 개념은 단순히 장기적인 외현적 기억에서 일화를 떠올리는 것이 아니라, '아이스하키를 하는 코끼리'를 만들 수 있는 중요한 다중모드 통합 기전이라고 강조했다(Baddeley, 2001, p. 857). 실제로, 툴빙의 초기 일화기억 개념은 의도적으로 장기기억에서 이전의 경험을 상기시키는 기억 체계에 더 가까웠고, 그는 이 능력을 의미론적 기억, 즉 사실과 의미에 대한 저장된 지식과 분명히 구별했다. 그러나 나중에 툴빙Tulving(2002)은 훨씬 더 복잡성과 힘을 가진 일화기억을 불어넣었고, 자아 개념, 시간의 주관성 그리고 이 주관성에 대한 의식적 알아차림의 관계를 상세히 설명했는데, 이것을 **자기인지적 의식**autonoetic consciousness[195]이라고 이름 붙였다.

195 자기인지란 자기 자신의 생각을 검사할 수 있는 인간의 능력이다(역자 주).

또한 임상 신경 심리학 문헌에서 나온 집행기능의 개념이 배들리의 중앙집행을 예고했을 수 있고, 툴빙의 일화기억의 개념은 배들리의 일화완충기보다 앞서 있었듯이, 크라우더와 모튼Crowder and Morton(1969)의 전범주적 음향 저장장치precategorical acoustic storage(이하 PAS로 표기) 개념도 배들리의 음운론을 앞섰다. PAS는 음향 정보를 위한 초기 임시 기억 저장소로 간주되었고, 정보가 음향 저장소에 보관된 반면 '의미'는 장기 기억에서 소리를 찾기 때문에 **전범주적**precategorical이라는 꼬리표가 달렸다. 배들리는 음운루프phonological loop가 소리를 위한 일시적인 저장 장소일 뿐만 아니라 조음articulatory 리허설 체계를 포함한다고 주장함으로써 PAS와 더욱 구별했다. 이 체계는 소리가 영구적인 저장 공간을 얻을 때까지 외현적 장기기억에서 음성이든 잠재 음성subvocally이든 고의적으로 반복될 수 있다.

작업기억의 유전력

앞서 언급한 바와 같이, 쿨리지와 동료들Coolidge and colleagues(2000)은 부모 보고서에 의해 일련의 집행기능을 측정한 쌍둥이 표본에서 집행기능에 대한 높은 유전가능성(77%)과 다유전성 기준을 발견했다. 쌍둥이들의 집행기능을 실험실 평가에 의해 측정했던 후속 연구는 이러한 결과를 직접적으로 뒷받침했다. 프리드만과 동료들Friedman and colleagues(2008)은 집행기능에 대한 모든 측정값이 상호관계가 매우 높다는 것을 발견했다. 왜냐하면 그들은 모두 상속성이 매우 높은(99%) 공통 요인에 영향을 받았기 때문이다. 다른 유전학 연구는 작업기억의 두 주요 하위체계의 높은 유전성을 뒷받침했다. 따라서 작업기억 모델과 작업기억의 유전가능성은 작업기억, 작업기억능력 또는 그 구성요소 중 하나에서의 상대적으로 최근(20만 년 전후)의 유전적 사건이 **호모 사피엔스**에게 본질적으로 현대적 생각과 완전히 현대적 언어를 주었을지도 모른다는 우리의 의심과 잘 들어맞는다. 우리는 **강화된 작업기억**enhanced working memory 사건의 결과를 라벨로 표시했다(Coolidge & Wynn, 2005).

강화된 작업기억의 특정한 특성에 상관없이, 최근 10만 년 전보다 더 최근의 고고학적 기록의 극적인 변화에 의해 증명된 인지 능력에서 특별한 일이 일어난 것처럼 보인다. 문화적 점진주의자들(예: McBrearty & Brooks, 2000)이 있지만, 다른 사람들(예: Klein & Edgar, 2002; Mithen, 1996)은 5만 년 전 주위에 문화적 폭발이 있었다고 주장했고, 미튼Mithen, 클라인Klein과 에드가Edgar는 유전적 돌연변이 때문일 수 있다고 가설을 세웠다. 그러나 그 당시에는 돌연변이의 성질이나 특정한 인지적 또는 신경적 후유증에 대해 더 구체적이지 않았다. 그러나 많은 고고학자들은 개인적인 장식, 묘사적이고 때로는 신비로운 동굴 예술, 매우 의식적인 매장, 활과 화살 기법, 홀렌슈타인-스타델 사자인간 같은 수수께끼 같은 조각상들이 약 8만 년 전 무렵에 나타나기 시작했다는 것을 인정했다. 우리는 2010년 논문(Wynn & Coolidge)에서 완전히 현대적인 언어(완전히 현대적인 구문 언어를 사용하는)가 적어도 4만 년 전부터 존재했을 것이라고 추론했다.

토마스 윈의 "내가 강조하지 않을 사항들"

톰Tom은 2001년 출간 직후 피하고 싶은 두 가지 쟁점으로 네안데르탈인과 언어가 있다고 말했다. 그 당시 나는 톰이 에렉투스에 대해 가르친 강좌에 '참가' 하였다. 구체적으로는 투르카나 보이Turkana Boy라고도 알려진 나리오코토메Nariokotome(KNM-WT 15000)였다. 이 유골은 1984년 투르카나 호수 근처 케냐 나리오코토메에 있는 연구팀의 일원인 카모야 키메우Kamoya Kimeu가 리처드 리키Richard Leakey와 함께 발견했다. 놀랍게도, 약 160만 년 된 것으로 추정되는 이 골격은 거의 완성되었다. 척추 부상으로 죽었을지도 모르는 8살에서 11살 사이 소년의 것으로 식별되었다. 그는 이미 160cm의 키에 도달했고, 모든 **호모 에렉투스**처럼, 성년으로서는 훨씬 더 키가 컸을 것이다(아마 168~170cm). 이 강의의 본문은 리처드 리키와 인류학자 앨런 워커에 의해 쓰였다. 나리오코토메에 대한 연구가 둘의 경력에 주요 부분이었다. 골격, 골격 성장, 치아 그리고 다른 신체적 특징에 대해 알고 싶은 것보다 더 자세히 배우면서 때때로 내 마음이 표류했다는 것을 인정한다. 어느 순간, 나는 분명히 톰이 "그러고 나서 호미닌들이 땅에서 살기 시작했습니다"라고 말했을 때 완전히 집중했던 것을 기억한다. 그 순간 바로 든 생각은 '그래서 그들은 땅바닥에서 살고 잠자고 있었구나'라는 것이었다. 그래서 나는 이 의혹을 확인하기 위해 손을 들었다. 톰은 "네"라고 말했다. 그래서 나는 물었다. "그 당시에 고고학적인 변화가 있었습니까?" "정말 있었습니다"라고 톰은 말했다. "그들의 석기는 이전의 석기보다 양날적이고, 대칭적이며, 전반적으로 훨씬 더 정교해졌습니다." 수면 중 학습에 관한 석사 논문과 박사 학위 논문을 모두 마쳤기 때문에, 나의 마음은 가능성으로 흔들렸다. 그러고 나서 우리는 인류학과 심리학 문헌을 샅샅이 뒤져 커다란 집단이 땅 위에서 자는 것이(보호 목적으로) 루시처럼 나무 둥지에서 자는 것보다 양적으로 그리고 질적으로 다르고 더 나은 수면을 만들어낼 수 있다는 가능성을 찾아냈다.

우리는 초기 호모에서, 나무에서 땅으로 수면이 이행되는 영향에 대한 꽤 긴 논문을 썼다. 오스트랄로피테신에서 **호모 에렉투스**로의 주요한 인지적 도약은 궁극적으로 **호모 사피엔스**와 네안데르탈인과 같은 후대의 **호모** 종의 인지 능력에 어떤 영향을 미쳤는지에 대한 절선단면 tangential section을 가지고 있다. 우리는 땅 위에서 자는 것이 급속안구운동rapid eye movement(이하 REM으로 표기)의 증가 기간과 아마도 훨씬 더 느린 파도의 수면과 함께 하나의 통합된 수면 기간을 허용했을지도 모른다고 추론했다. 이러한 REM 기간의 내용이 위협 시뮬레이션과 사회적 리허설을 허용했을 수 있으며, 따라서 이러한 호미니드가 이후의 깨어 있는 위협과 상호작용에 더 잘 대비할 수 있다고 주장했다. 꿈은 문학(콜리지Coleridge의 시, 『Kubla Khan; or, A Vision in a Dream: A Fragment』), 과학적 발견(멘델레예프Mendeleev 주기율표), 수학적 이론(라마누잔Ramanujan 작업) 그리고 음악 작곡(타르티니Tartini의 「악마의 트릴」)과 같은 수많은 증거에 의해 창조성과 혁신과 연관되어 있다. 이 증거에 근거하여, 우리는 이 새롭고 더 복잡한 석기들을 위한 디자인이 꿈에서 전문가적인 돌떼는 자에게 다가왔을 것으로 추측했다. 그리고 마지막으로, 돌떼기 같은 절차적 기억 그리고 길 찾기와 같은 시각 공간 기억은 REM과 서파수면 동안 통합될 뿐만 아니라 잠자는 동안에도 강화된다는 생각을 실험증거가 뒷받침해 주었다(Coolidge & Wynn, 2006). 톰이 유일하게 반대했던 것은 네안데르탈인에 관한 섹션이었다. 그는 그것을 없애자고 제안했다.

"그렇게 한다고 해서 모든 것을 잃은 것은 아닙니다"라고 그가 장담했다. "다른 논문의 근거가 될 수 있다고 생각합니다."

전문가 네안데르탈 마음

인류학에서 가장 큰 미스터리 중 하나는 네안데르탈인의 멸종이다. 우리(Wynn & Coolidge)는 2004년 논문 「전문가 네안데르탈인 마음The Expert Neandertal Mind」을 다음과 같은 네 가지 기본 전제에서 시작했다.

(1) 현생 인류는 네안데르탈인을 대체했는데, 이것은 해부학적으로 그리고 행태적으로 현생 **호모 사피엔스**가 대략 4만 5천 년 전 유럽에 도착한 후 네안데르탈인이 멸종했다는 것을 의미했다. 그렇다, 많은 현생 인류는 일부 네안데르탈인 유전자를 가지고 있지만(1~4%), 일부 현생 인류는 전혀 가지고 있지 않다. 그러므로 네안데르탈인이 뚜렷한 개체군으로 멸종되었다고 말하는 것은 타당하지만, 그들이 우리 안에서 뚜렷하게 살고 있다고 말하는 것은 옳지 않다. 일부 비교적 적은 양의 독특한 DNA가 현생 인류에 의해 전해지지만, 전부는 아니다.

(2) 우리는 우리와 네안데르탈인 사이에 인지적 차이를 두었다. 이런 차이는 각각의 뇌 사이의 총 신경해부학적 차이에 기초한 인지적 차이들, 두개골과 엔도캐스트endocast로부터 평가된 것에 기초하였다. 후속 연구(예: Bastir et al., 2011; Bruner, 2004, 2010; Bruner & Iriki, 2016; Weaver, 2005, 2010)는 이러한 차이(예: **호모 사피엔스**에서 두정엽 확장,

보다 큰 소뇌와 후각망울olfactory bulb)를 입증했다. 두 인간 유형 사이에는 많은 문화적 유사성이 있지만, 특히 사냥과 채집 활동에서 네안데르탈인은 현생 **호모 사피엔스** 문화의 덫 놓기를 완전히 획득하지 못한 것으로 보인다. 우리는 그 이유가 아마도 극적인 차이가 아니라, 생각과 추론에서의 작고 매우 중요한 차이점인 인지적 차이 때문이라고 주장했다. 이 덫 놓기는 무엇이었을까? 동굴 미술, 조각상, 매우 의식적인 매장 그리고 다양한 돌과 뼈 도구들이 있다. 네안데르탈인의 변호자들(예: Rodríguez-Vidal et al., 2014)은 지브롤터의 한 동굴에서 하나의 단순한 틱택토tic-tac-toe[196], 에칭etching[197]이 라스코Lascaux나 초베Chauvet의 동굴 그림과 인지적으로 동등하다고 반박하지만, 분명히 그렇지 않다. 그들은 에칭이 상징적이고 추상적인 추론에 대한 증거라고 주장하지만, 다시 말하지만, 그 추론은 우리에게 좀 성급한 것처럼 보인다. 또 다른 사람들은 이라크 샤니다르 동굴Shanidar Cave에 있는 네안데르탈인의 꽃장식이 러시아 숭기르Sungir의 정교하고 고도로 의식화된 매장과 인지적으로 동등하다고 주장하지만, 다시 한번 말하지만, 그렇지 않다. 네안데르탈인은 의도적으로 사체를 묻었을 수도 있지만, 이 사례들 사이의 의심할 여지 없는 질적 차이는 네안데르탈인과 **호모 사피엔스** 문화의 근본적인 차이가 인지적임을 암시한다.

(3) 이러한 인지적 차이는 극적일 필요가 없었다. 네안데르탈인은 현생 인류의 인지 능력을 거의 완전히 보완했을지도 모른다. 의심할 여지

---

196 3목 두기로, 두 사람이 9개의 칸 속에 번갈아 가며 O나 X를 그려나가는 게임. 연달아 3개의 O나 X를 먼저 그리는 사람이 이김(역자 주).

197 식각(飾刻), 약물을 써서 유리나 금속 따위에 조각함(역자 주).

없이, 그들은 추론하고, 결정을 내리고, 목표를 만들고, 성취하고, 꿈을 꿀 수 있었다. 우리는 두 인간 유형의 차이점들을 지나치게 강조하는 것은 피했지만, 또한 유사점들을 지나치게 강조하는 것도 피했다. 대신, 작은 인지적 차이와 함께 심각한 장기적 결과를 제시했다. 이것은 나중에 설명했듯이(Wynn, Overmann, & Coolidge, 2016) "두 종은 구분이 안 된다"(예: Villa & Roebroeks, 2014)와 "우리는 완전히 달랐다"(허수아비 때리기 오류로 19세기 후반에 처음으로 표현되었다) 사이의 배타적인 중간 위치이다.

(4) 현대적 생각은 주로 오래전에 호미닌, 영장류, 심지어 포유류에서도 진화한 인지 능력에 기초하고 있다. 따라서 우리는 네안데르탈인과 **호모 사피엔스** 사이의 이 작은 양의 인지적 차이는 지난 20만 년 정도 동안 일어난 유전적 사건의 결과라고 가정했다. 또한 그것이 **하나의** 지배적인 유전자가 아니라고 반복해서 말했다. 그것이 유전적 또는 후생유전학적 사건이라고 생각하지만, 다른 많은 것들과 결합하는 돌연변이이지만 유익한 유전자가 이미 인지기능을 제어하고, 그 기능을 강화시키고 있다.

인지 차이의 본질: 강화된 작업기억

2007년, 배들리는 '작업기억의 소유가 네안데르탈인보다 **호모 사피엔스**가 가지고 있는 결정적인 이점'이라는 우리의 추측에 "관심있다"라고 말했다(Baddeley, 2007, p. 336). 그러나 그는 또한 어떻게 우리의 가설이 어떻게 실험될 수 있는지 보는 것이 어렵다는 것을 발견했다고 말했다. 이 논의를 시작할 때 작업기억을 **호모 사피엔스**로 제한하지 **않았다**는 점을 주목하는 것이 중요하다. 어떻게 그럴 수 있는가? 만약 현존하는 영장류들이 결정을 내리고, 처리를 위한 소리를 저장(음운저장)하고, 시각적 이미지들을 처리하고, 저장하고(시공간 스케치패드), 과거의 시나리오들을 무엇, 어디서 그리고 언제 신호(일화완충기/기억)와 함께 상기한다면, 네안데르탈인은 의심할 여지 없이 배들리의 작업기억 모델의 모든 다양한 구성요소들을 가지고 있었다. 다시, 우리가 제안한 것은 지난 20만 년 또는 그 이상의 최근 **호모 사피엔스**가 **강화된** 작업기억을 소유하고 있다는 것이다(Wynn & Coolidge, 2010). 그러나 배들리가 작업기억 용량의 표준 실험실 측정값을 선사시대 사람들에게 적용할 수 없다고 말한 것은 옳다. 그래서 우리는 고고학적 기록에서 강화된 작업기억에 대한 증거를 탐지할 필요가 있었고, 아마도 다양한 작업기억 용량 수준의 차이를 평가해야 할 수도 있다.

음운루프

물론 우리는 여러 가지 가능성을 추측해 왔음에도 불구하고 작업기억 강화의 정확한 본질을 밝히기를 주저하고 있다. 배들리와 그의 동료들은 우리가 생각하는 강력한 후보를 제안했다. 그들은 언어 획득 장치로서 음운루프의 진화적 이점을 인정했다(예: Baddeley, Gathercole, & Papagno, 1998). 더욱이, 배들리와 로지Baddeley and Logie(1999)는 음운루프를 '언어 이해의 주요한 병목현상'이라고 불렀다. 흥미롭게도, 그들은 음운루프의 주된 목적을 중요한 진화적인 구성요소임에도 불구하고 장기기억에서 알려진 의미와 소리를 일치시키는 것으로 보지 않았지만, 중요한 진화적 기능은 새로운 단어를 배우는 기전으로 보았다. 그리고 왜 음운루프는 강화된 작업기억의 특별한 본성에 대한 가장 강력한 후보로 여겨질까? 우리의 책 『호모 사피엔스의 출현The Rise of Homo sapiens』(Coolidge & Wynn, 2018)의 두 번째 판에서 썼듯이, 현생 인류의 뇌는 약 2억 년 전의 포유류 가계도의 발달에 의해 깊은 영향을 받았다. 포유류의 뇌의 가장 중요한 표면인 피질은 **신피질**이라는 꼬리표가 붙을 정도로 파충류나 어류의 뇌보다 훨씬 더 크게 확장되고, 주름지며, 둘둘 말렸다. 정교하고 복잡한 포유류 신피질은 포유동물들에게 그들의 환경에 반응하는 데 훨씬 더 큰 유연성과 다른 동물들보다 더 복잡한 행태 레퍼토리를 제공했다. 그러나 우리는 영장류 가계도라는 것을 주목했다. 영장류 가계도는 포유류 가계도로부터 6천 5백만 년 전에 발달 되었고, 현생 인류의 뇌와 그 기능에 **가장** 큰 영향을 미쳤다.

첫 번째 영장류는 작은 야행성 동물로, 풀, 나뭇잎, 과일과 같은 먹이를 위해 파충류, 새 그리고 다른 포식 동물들과 경쟁하는 나무에서 사는 동물이었다. 인간의 뇌는 신체 질량의 약 2%를 차지하지만, 제대로 기능하기 위해서는 총 칼로리 섭취량의 약 20~25%가 필요하다. 이러한 이유로, 뇌는 값비싼 대사 조직으로 여겨진다. 과일이 풀이나 잎보다 훨씬 더 많은 칼로리를 가지고 있기 때문에, 신체 사이즈에 비례하는 뇌의 크기를 증가시킨다. 그래서 영양가 있는 과일을 얻기 위해 다른 동물들과 경쟁하기 위해서, 최초의 영장류들은 서로 협응하여 수렵채집 활동을 해야만 했다. 그리고 그들은 발성을 통해 그렇게 했다. 그 결과는 사회적 뇌였고, 그것의 신경 기반은 집단 활동에 소통하고 협응하려는 소리를 사용하기 위해 자연스럽게 선택되었다. 아보이티즈, 가르시아, 보스만 그리고 브루네티Aboitiz, García, Bosman, and Brunetti(2006)는 음운 저장 용량이 호미니드 진화의 초기 상동기관 그리고 현재의 영장류 뇌 체계까지 계통학적으로 추적될 수 있다고 언급했다. 확장 기억 체계가 여러 항목을 나타내는 더 복잡한 기억들이 조합적으로 작동될 수 있게 하여 "주의력과 기억 자원을 포획하는 '마음의 상태'의 유지"를 허용한다고 믿었다(p. 51). 아보이티즈, 아보이티즈 그리고 가르시아Aboitiz, Aboitiz, and García(2010)는 음향 단기기억 용량의 증가가 더 복잡한 발음을 증가시키고, 결과적으로 사회적 유대를 강화하여 집단 구성원들 간에 더 복잡한 메시지를 전달하게 된다고 가정했다. 또한, 처리를 위한 소리를 유지하는 이 증가된 능력은 언어 요소가 추가적인 의미(즉, 재귀적인 언어 구조)를 만들기 위해 상호작용할 수 있도록 복잡한 발성 내에서 장거리 의존성을 개발할 수 있게 한다고 제안했다.

촘스키, 재귀 그리고 화용론

촘스키와 그의 동료들(예: Bolhuis, Tattersall, Chomsky, & Berwick, 2014; Fitch, Hauser, & Chomsky, 2005; Hauser, Chomsky, & Fitch, 2002)은 다음과 같이 선언했다. (1) 현대 언어의 특징은 **재귀**recursion다. (2) 완전한 현대 언어는 10만 년 전 단일 유전자에 의해 한 사람에게서 갑자기 그리고 완전하게 나타났다. (3) 동물의 의사소통은 인간의 언어를 연구하는 데 쓸모가 없다. 발성vocalization과 언어 연구도 마찬가지이다. 왜냐하면 그것들은 언어와 동의어가 아니기 때문이다. (4) 언어는 자연선택의 대상이 **아니었다**. (5) 언어의 원래 목적은 의사소통이 아니었다. 그들의 두 번째 주장은 유전학 연구의 어떤 지원도 받지 못하고, 세 번째 주장은 논쟁의 여지가 많고, 언어학자들의 강한 다수가 그 입장을 지지하지 않으며, 네 번째와 다섯 번째 주장은 지금까지 촘스키나 그의 동료들의 글에서 전혀 설명되지 않고 있기에, 그들은 창조론자들의 주장과 유사하다. 그러나 첫 번째 주장은 그들의 후속 저술에서 설명의 깊이가 부족하더라도 흥미로운 것이다.

우리는 재귀의 본질에 대한 광범위한 논문을 썼다. 「재귀: 그것은 무엇이고, 누가 그것을 가지고 있으며, 어떻게 진화했는가?」(Coolidge, Overmann, & Wynn 2011). 그 속에서, 재귀의 계산 능력을 인정했고, 훨씬 이전에(예: Wynn & Coolidge, 2006), 말의 목적 즉, 그것의 화용론 pragmatics에 대해 쓴 것에 대해 곰곰이 생각해 보았다. 비록 복잡한 **발화** utterance들이 재귀로 재현될 수 있지만, 진화적으로 적응하는 재귀의 **복잡성**이 아니라, 오히려 재귀를 통해 방출된 생각의 진화적 가치와 궁극적인 결과라고 가설을 세웠다. 물론, 이는 재귀가 구에 포함된 것으로 정의되는 것을 전제로 하며, 2010년 논문에서 '강력한' 것으로 식별한 정의이다. 재귀의 약하고 덜 일반적인 정의는 재귀가 지시와 출력 둘 다라는 것이며, 따라서 별개의 더 작은 단위의 조합이 점점 더 커지게 된다는 것이다. 약한 정의에 따르면 재귀가 작업기억의 일화완충기에 대한 명령을 호출하고 명령이 먼저 제시되면 작업기억에 큰 부담을 주지 않는다. 바꾸어 말하면, 명령어가 구문의 끝에 발생하는 경우 작업기억에 추가 부담이 있다. 그러나 우리는 더 강한 정의의 진화적 함의에 관심이 있었다(비록 우리가 그것에 반대하는 주장을 하였지만).

2006년에, 우리는 재귀가 말의 범위나 말의 화용론에 영향을 미쳤을 수도 있다고 제안했다. **말하는 행동**은 말로 실행되는 행동을 일컫는다(예: Adams, 2002). 말하는 행동 분석에는 일반적으로 감탄어(고통, 즐거움 또는 놀라움의 외침), 명령어(명령), 서술어(사실 진술, 인사말, 부인), 의문어(질문 또는 요청) 그리고 가정법(희망, 가능성, 가설 그리고 반사실 등과 같은 주관적인 진술의 표현)이 나열되지만, 의사소통의 의도를 평가하는 단일 분류 체계에 대한 일반적인 합의는 없다(최소한 영어에서). 흥미롭게도, 감탄어("아야!"), 명령어("움직여!"), 서술어("좋아요!") 그리고 의문어("어디?")와 같은 첫 네 개의 말은 간단한 단음절어(적어도 영어로)로 재현할 수 있다. 그러므로 재귀는 이러한 말 행위에 필요한 전제조건으로 보이지 않는다. 그러나 말의 가정법 모드인 '만약에' 생각방식은 재귀나 더 긴 정형적인 발화canonical utterances를 필요로 하는 것처럼 보인다. 그러므로 재귀는 종속적 생각의 형성과 해방을 가능하게 했을 수도 있지만, 결국 확장된 음운학적 고리를 필요로 했을 것이다. 또한 처음의 네 가지의 말하는 행위는 수신자가 무엇을 생각하고 있는지에 대한 복잡한 생각을 요구하지 않는다는 것을 주목하는 것도 흥미롭다. 화자에 의한 언어 수신자의 반응, 생각 또는 감정을 적절하게 추정하는 것을 **마음이론** theory of mind이라고 한다(예: Baron-Cohen, 2000; Kinderman, Dunbar, & Bentall, 1998).

외교적 말을 위한 인지적 조건

암브로즈Ambrose(2010)는 중기 석기시대와 중기 구석기시대의 인류는 지나치게 효과적인 사냥꾼이 아니었고, 그들의 고향의 경계를 거의 벗어나지 않았고, 효과적인 전략적 토지 이용을 계획하지 않았으며, 격렬한 대인관계 폭력을 겪었을지도 모른다고 지적했다. 이러한 행태의 통합은 암브로즈에게 계획할 수 있는 제한된 능력뿐만 아니라 다른 집단과의 제한적이고 문제가 있는 상호작용을 제안했다. 그는 계획을 세울 수 있는 신경학적 능력이 갖춰졌을 수도 있지만, 7만 7천 년 전의 인도네시아 토바Toba 화산 폭발과 같은 치명적인 환경 변화에 의해 촉발된 사회 그리고 언어적 혁신이 이 능력을 방출하기 위해 필요했을지도 모른다고 가설을 세웠다. 암브로즈와 다른 사람들은 토바 폭발이 아프리카에서 인간의 유전적 병목현상을 초래하여 현존하는 **모든 호모 사피엔스**의 2,000명의 선조들로 효과적인 집단effective population(번식)을 감소시켰다고 가설을 세웠다. 집단 병목현상의 원인과 상관없이, 토바 폭발 무렵에 약 6년 길이의 화산 겨울이 일어났고, 이 겨울은 약 1,800년 동안 지속된 북반구의 갑작스러운 빙하시대를 유발했다(Ambrose, 2003).

암브로즈Ambrose(2010)는 이러한 병목현상의 일부 행태적 결과물로 제한된 경관과 다른 사람들과의 제한된 상호작용이 지리적 그리고 사회적 경관으로 확장되었는데, 특히 물질적 교환, 거래 그리고 기타 형태의 협력에서 보인다고 지적했다. 암브로즈는 이러한 혁신들 중 하나가 '외교 언어language of diplomacy'였을 수도 있다고 믿었다. 이것은 사람들이 종종 그들의 의도를 함축한다고 언급했던 핑커, 노왁 그리고 리Pinker, Nowak, and Lee(2008)의 **간접 화법**ndirect speech의 개념에 기초했다. 핑커와 동료들은 또한 인간의 대화는 상호작용에 있는 어떤 사람이 상호작용에 대해서 무엇을 생각하고 있는지, 다른 사람이 표적 사람이 상호작용에 대해서 무엇을 생각하는지, 다른 사람이 상호작용과 관계에 대해 무엇을 생각하는지 등 그렇게 예상하는 표적 대상자의 결과가 종종 있다고 제안했다. 암브로즈는 외교적 발언이 상호 협력을 유지하는 데 필요한 상호신뢰를 촉진했을 수 있다고 주장했는데, 이는 아마도 집단 내의 대인관계 및 먼 집단의 다른 사람들과의 상호작용에 대한 것으로 추정된다. 분명히, 그러한 유형의 생각은 다른 사람들의 의도를 읽을 수 있는 능력(마음이론)을 필요로 한다. 암브로즈는 또한 아마도 상호 보람 있는 관계를 조장하는 외교적인 연설을 사용하는 사람들이 새롭고 더 가혹하고 더 예측 불가능한 환경에서 살아남을 수 있을 것으로 추측했다.

2009년, 우리는 영국 힌스턴의 웰컴 트러스트 게놈 캠퍼스the Wellcome Trust Genome Campus, Hinxton에서 열린 진화에 관한 컨퍼런스에서 네안데르탈 인지의 한계를 다시 한번 언급했다. 우리는 외교적인 말의 인지적 전제조건에 대해 추측했고, 네안데르탈인의 멸종의 한 가지 가능성은 간접적으로 말할 수 없는 능력이었을지도 모른다고 가정했다. 사회적 지배 계층은 대부분의 영장류 사회적 상호작용의 고유하고 만연된 특징으로 보이며, 영장류 진화 전반에 걸쳐 특징적이었을 가능성이 매우 높다. 던바Dunbar(2004)는 신체적 털 손질이 사회적 유대감을 조장하고 비인간 영장류에서 대인관계의 공격성을 감소시키지만, **호모** 속의 진화는 또 다른 털 손질 기전인 언어라는 것을 필요로 한다고 지적한다. 던바에 따르면, 언어는 신체 털 손질과 같은 초기 목적을 가지고 있지만, 훨씬 더 큰 규모로 실행될 수 있으며, 따라서 집단 크기가 확대될 수 있다고 한다. 우리는 고도로 구조화된 사회적 지배 계층에서 명령과 같은 직접적인 형태의 말에 의존하는 것으로 충분할 수 있다고 추론했다. 그러나 단일 집단 내에서도, 간접적인 형태의 말은 생존 가치를 지녔을 수도 있다. "내 앞에서 비켜!"라고 하는 것은 지배계급에서 더 높은 사람들에게는 충분할 수도 있지만, 낮은 지위의 사람들에게는 "이쪽으로 옮겨가 주시겠어요?"라고 하면 협력, 신뢰, 동맹의 형성, 긍정적인 감정 그리고 어쩌면 미래의 상호작용에서 더 큰 상호협력을 일으킬 수도 있다. 더욱이, 집단들 간의 성공적인 사회적 상호작용은 의심할 여지 없이 간접적인 말이나 외교 언어로부터 이익을 얻었을 것이다.

우리는 외교적인 말에 몇 가지 인지적 전제조건이 필요하다고 추론했다. 첫째는 음운루프 능력이다. 앞에서 언급했듯이, 음운 저장소는 언어 생산과 이해에 중요한 역할을 한다고 생각되어 왔다. 음운 저장 용량이 더 큰 성년은 지능과 언어 유창성에 대한 언어 실험에서 더 좋은 점수를 받고, 소급적이고 주도적인 간섭 과제에서도 더 나은 점수를 받는 것으로 나타났다(Kane & Engle, 2002). 음운 저장 용량이 더 큰 아이들은 어휘가 더 크고, 더 긴 발화utterance를 생산하며, 구문 구성의 더 광범위한 범위를 보여준다(Adams & Gathercole, 2000). 우리의 두 번째 인지적 전제조건은 재귀적 생각과 재귀적 말이었다(예: "바이올렛은 써니가 탈출하고 싶다고 말했다"). 그러나 재귀에 대한 **필수 조건**sine qua non은 음운 저장 용량을 확장해야 했다. 현대의 말과 생각은 재귀적인 문구로 가득 차 있으며, 이론적으로 현대 언어는 무한한 생성적 재귀가 가능하다(예: "클라우스는 바이올렛이 써니가 탈출하고 싶다고 말했다"). 언어학자 에릭 룰란드Eric Reuland(2010)는 재귀의 결합 가능성 특성을 강조해왔다. 즉, 두 식이 병합될 수 있으며, 그중 하나는 본질적으로 결과의 추가 결합가능성과 같은 특성을 결정할 수 있다. 이러한 방식으로, 결합 가능성은 재귀의 핵심 특징이며, 그것의 선택적인 이점은 더 복잡한 계산을 할 수 있는 능력이다. 결합 가능성으로 작동한 복잡한 기억으로 구성된 이러한 재귀의 관점은 재귀가 충분한 음소 저장 용량에 크게 의존한다고 주장하는 아보이티즈 그리고 동료들Aboitiz and colleagues(2006)에 의해서도 지지된다.

그러나 재귀는 단순한 결합 가능성 그 이상이며, 내장된 구문의 실제 구조는 작업기억과 음운 저장 용량에 대한 차별 요구를 할 수 있다. 예를 들어, 직접 언어(특히 필수)는 종종 명령문의 시작 부분에 명령을 놓는데, 이는 작업기억에 최소한의 부담을 준다. 그러나 명령어가 구문의 끝이나 구문의 조합에서 발생하면 작업기억에 대한 요구가 증가한다. 우리는 간접적인 말이 때때로 명령문의 끝에 지시사항을 놓거나, 또는 발언의 완전한 의도를 끝까지 알 수 없게 한다고 주장했다(예를 들어, "만약 당신이 지독하게terribly, 특별히 불편하지 않다면, 자리를 양보해 줄 수 있나요?"). 아보이티즈와 동료들(2006) 또한 구문의 중요한 측면 중 하나가 재귀의 기본 속성인 계층적 구절phrase 구성에 주목했다. 재귀는 계층적 구절의 성분들을 조작할 수 있게 해주며, 예를 들어 삽입구가 발화 내에서 다양한 위치로 이동될 수 있게 한다. 우리의 현재 주장에 있어 중요한 것은 아보이티즈와 동료들이 재귀적인 발화에서 정규 층위canonical order를 바꾸는 것과 발화를 수동적인 형태로 바꿀 수 있다는 것에 주목했다는 것이며, 우리는 이 수동성의 한 형태가 좀 더 예의 바르고, 간접적이며 그리고 좀 더 직접적 형태에서 온 외교적 형태의 발언일 것이라고 가정했다. 아보이티즈와 동료들은 또한 언어 재귀의 능력은 발화자와 청취자가 삽입구와 구문 이동 사이의 시간적 그리고 장거리 의존성을 추적할 수 있는 단기기억 기전에 크게 의존하는 확장된 작업기억 체계에서**만** 비롯되었을 수 있다고 주장한다. 그러므로 외교 언어는 내재된 구절을 위협적이지 않은 형태로 변환해야 할 수 있으며, 이는 우리와 다른 사람들이 지적한 바와 같이 재귀의 핵심 속성이다.

외교 언어의 세 번째 인지적 전제조건은 마음이론이었다. 마음이론의 결여는 자폐증과 조현병과 같은 심리적 장애에서 오랫동안 주목되어 왔으며, 주기적으로 그 결여는 우울증, 불안, 편집증, 망상상태와 같은 일부 장애에서 인과적, 핵심적 결여라고 주장되어 왔다(예: Kinderman et al., 1998). 마음이론은 또한 네 가지 독립적인 기술들로 구성되어 있다. 다른 사람들의 의도를 감지하는 것, 눈 방향의 감지, 공유된 주의 그리고 마음 모듈 이론이라고 불리는 마지막 구성요소이다. 4세까지 인간에게서 시작된 것으로 생각되는 마지막 구성요소는 복잡한 사회적 인지 법칙을 포함하고 다른 세 가지 요소와 결합하면 완전한 성년과 같은 마음이론을 만들어낸다(예: Baron-Cohen, 1997; Gerrans, 2002).

마음이론이 거울 뉴런 체계에 기초한다는 수많은 추측(그리고 많은 논쟁들)이 있어왔다(Borg, 2007, 2013; Hickok, 2014). 거울 뉴런은 원래 운동 과제에 관여하는 동일한 종conspecific을 관찰할 때 배쪽 전운동피질에서 일련의 뉴런이 활성화되는 마카크에서 식별되었다. 다양한 뇌 이미지 기법의 강력한 증거는 인간에게 유사한 체계의 존재를 확인시켜 주었다(예: Arbib & Mundhenk, 2005). 흥미롭게도, 두정엽속고랑의 앞부분도 최근 많은 관심을 받고 있다. 마음이론은 전통적으로 전두엽 피질과 관련이 있는 반면에, 현재의 신경심리학 그리고 신경영상학 증거는 범주 구성 그리고 개념 형성의 주요 중심점으로서 두정엽 피질을 지적한다(예: Medin & Atran, 2004). 그곳은 뇌가 다중의 감각 양식을 세계의 포괄적인 모델에 통합하는 부위이다(예: Lou et al., 2004). 다른 사람의 행동, 의도 그리고 목표를 올바르게 해석하는 능력도 다른 사람의 예상하지 못한 행동의 평가를 포함하여 성공적인 사회적 상호작용에서 중요한 단계로 간주될 수 있다. 다른 사람들의 행동, 의도, 목표를 적절히 해석하는 것은 분명히 자신의 행동을 계획하고 개인적인 목표를 형성하는 데 유용하다. 이제 이러한 후자의 능력의 진원지는 두정엽속고랑(예: Coolidge,

2014; Hamilton & Grafton, 2006)과 뒤뇌량팽대피질(예: Coolidge & Hicks, 2016; Vann, Aggleton, & Maguire, 2009)인 것으로 보인다.

쿨리지와 윈Coolidge and Wynn(2009)에서, 우리는 또한 외교 언어의 변화는 잠재 음성subvocal(즉, 내적 음성)을 통해 내부적으로 자체 토론될 수 있고, "내가 이러한 방식으로 이 의사소통을 진술하려면 어떻게 해야 하는가? 아니면 내가 다른 방식으로 진술해야 하는가?"와 같은 대체 문법 구조에 의해 제기될 수 있다고 제안했다. 이러한 진술은 확장 음운 저장 능력, 재귀(또는 재귀적 생각) 그리고 마음이론을 필요로 하는 것으로 보인다. 그럼에도 불구하고, 우리는 이러한 것들이 외교 언어의 필요조건이며 충분조건은 아니라고 주장했다.

우리의 네 번째이자 또 다른 외교 언어의 **필수 조건**sine qua non인 것은 전두엽의 집행기능이었다. 우리의 첫 번째 논문(Coolidge & Wynn, 2001)에서, 집행기능의 은유에 관한 기원을 버몬트 주 시골 의사 존 마틴 할로우John Martyn Harlow(1848, 1868)에게서 추적했다. 그는 철도 건설 사고로 부분 전두엽 절제술을 받은 젊은 남자인 피네아스 게이지Phineas Gage를 묘사했다. 할로우는 게이지의 언어, 기억 그리고 일반적인 지성의 사용은 온전해 보이지만, 더 이상 매일의 행동 계획을 세우고 실행할 수 없다고 말했다. 게이지는 철도 승무원의 책임자로서, 이러한 계획과 집행 기술은 매우 중요했고, 비록 신체적인 머리 상처에서는 회복되었지만, 직업을 되찾을 수는 없었다. 게이지는 앞서 설명한 대로 시간적 시퀀싱, 계획, 조직화 그리고 뛰어난 대응 억제와 같은 그의 집행기능에 대한 지휘권을 상실했다. 우리는 외교의 언어를 위해서는 중앙집권적 행정기능이 요구되며, 나아가서 완전한 마음이론의 표현에 매우 중요하다고 제안했다. 이 논쟁에 대한 증거는 아이들의 집행기능과 마음이론에 대한 연구로부터 나온다. 2살에서 4살까지의 아이들을 대상으로 한 연구에서, 휴즈와 엔소르Hughes and Ensor(2007)는 집행기능이 마음이론의 전제조건이라는 더 강력한 증거를 발견했다. 그들은 "어린이들의 집행기능에서 향상하는 능력은 마음이론의 획득을 위한 중요한 플랫폼을 제공한다"라고 결론지었다(p. 1457).

칼슨, 모세, 클랙스턴Carlson, Moses, and Claxton(2004)은 마음이론 과제, 억제 과제, 계획 과제, 어휘 측정으로 3살과 4살의 아이들을 실험했다. 억제 과제가 마음이론과 유의하게 관련이 있는 반면(나이와 수용적 어휘의 영향을 다루면서), 계획 과제는 마음이론 과제와 고유한 차이를 공유하지 않는다는 것을 발견했다. 그들의 연구는 억제 과정이 집행기능과 마음이론 사이의 관계를 뒷받침한다는 가설을 강화했다. 저자들은 또한 지연 억제를 측정하는 과제가 아닌 갈등 억제를 측정하는 과제에 있어 이러한 관계가 특히 강한 것으로 보인다고 결론 내렸다. 유년기의 집행기능과 문제 행동 사이의 관계에 관한 도발적인 연구에서, 휴즈와 엔소르Hughes and Ensor(2008)는 집행기능이 초기 언어 능력과 이후의 문제 행태 사이의 관계를 완전히 중재했다는 것을 발견했다. 문제 행동에 대한 집행기능에 대한 통찰력은 아이들이 언어를 자기 조절의 도구로 사용하고 있다. 특히 부정적인 감정(분노와 동요와 같은)과 충동적인 행동에 사용한다. 이전에는 아이들이 문제를 해결하고, 목표를 달성하고, 행태를 규제하기 위한 수단으로 '개인적 말'에 참여한다는 가설을 세워왔다(예: Berk, 1992). 비록 이 가설이 휴즈와 엔소르에 의해 직접적으로 검증되지는 않았지만, 억제적인 집행기능이 그것의 외부 말과 외교 말의 조절에서 내면 말을 중재하는 것을 돕는다는 개념은 흥미로운 가능성으로 남아있다. 예를 들어, 외교적인 대인 관계 의사 통신(예: 낯선 사람을 두

려워하는 경향)에서 우세한 행동에 대한 정서적 조절과 억제는 외교적인 의사소통의 성공에 매우 중요할 것이다. 또한 내부 말을 통한 대체 문법적 표현에 대한 논의는 뛰어나기는 하지만 일부 다른 반직관적 선택뿐만 아니라 외교의 기능을 제공하지 못할 수도 있어 선택을 억제할 수 있다. 그러므로 억제 집행기능은 외교행위의 감정 표현을 조절할 수 있으며 내적 말에서 대체 문법 구조 중 하나를 억제하고 선택하도록 요구될 수 있다.

좀 더 최근에, 마음이론에 대한 문화적, 가족적 영향에 관한 연구에서 휴즈와 동료들(2014)은 마음이론 모듈이 영국, 이탈리아, 일본의 5~6세 아동에 걸쳐 사실상 불변한다는 것을 발견했다. 그러나 그들은 보다 '집단주의' 문화에서(즉, 일본), 아이들은 '정신적 상태의 주관적 본성에 대한 덜 진보된 이해'(p. 8)를 보인다는 것을 발견했다. 5살과 6살 일본 어린이들이 보여준 마음이론의 지연은 빠르게 사라질 수 있기 때문에 일본 성년들이 세계의 어떤 또래들보다도 마음이론을 덜 가지고 있다는 것을 의미하지는 않는다는 것을 주목하는 것이 중요하다. 그러나 문화와 가족 요인들은 일찍부터 마음이론에 영향을 줄 수 있다는 것을 가리킨다. 더욱이 한 문화의 특성과 그 가족의 상호작용도 생물학적 구속의 적용을 받는다. 그러므로 적어도 이론적으로, 네안데르탈인의 문화와 가족의 상호작용은 다른 사람들의 정신 상태를 적절하게 추론하는 능력에 영향을 줄 수 있었다. 이 가설은 네안데르탈인이 **호모 사피엔스**보다 더 작은 집단을 가지고 살고 동시에 더 멀리 여행하지 않았을 수 있다는 고고학적 증거와 일치하며, 또한 그들의 장거리 거래에 대한 증거도 더 적다(Coolidge & Wynn, 2018).

구문론과 문법의 진화

다소 동의어인 용어이긴 하지만, **구문론**syntax은 종종 발화에서 단어의 순서를 위한 규칙을 언급하는 반면, **문법**grammar은 구문, 굴절inflections[198] 역, 구두점 그리고 의미론을 포함하여 언어를 구성하는 모든 규칙과 과정을 더 자주 언급한다. 쿨리지Coolidge(2012)의 경우에서, 나는 작업기억 용량, 특히 음운 저장 용량의 한계가 언어의 단어 순서(구문/문법) 개발을 촉진했을 수 있다고 가정했다. '주어subject-동사verb-목적어object'순서는 언어에서 완전히 임의적일 수 있지만, 임의 또는 변덕스러운 단어의 순서와 반대로 언어에서 단어의 강제 순서는 작업기억 용량, 특히 음운 루프의 한계를 우회하는 데 도움이 될 수 있다. 앞에서 언급한 바와 같이, 명령문 시작 부분에 있는 지시사항이나 발화의 주제는 작업기억에 최소한의 부담을 주는 것으로 보인다. 예를 들어 "The little boy hurt himself while playing on a swing in a rural school playground"는 주어(S)와 동사(V)가 문장의 시작 부분에 언급되는 반면 목적어(O)는 문장 끝에 놓이기 때문에 작업기억에 최소한의 요구를 해야 한다. 이 S-V-O 구조는 그 안에 있는 관련 구문 요소들이 멀리 떨어져 있는 것이 아니라 서로 더 가깝기 때문에 발화의 요해도intelligibility[199]를 높이는 것으로 보인다.

그러나 문장 끝에 S가 발생하는 경우, 초기 정보는 일시적으로 보류되어야 하며, 따라서 음운 저장뿐만 아니라 도메인 일반 작업기억 용량에 더 큰 인지적 요구를 가해야 한다. 예를 들어, "While playing on a swing in

198 단어가 모양을 바꾸는 현상으로, 예를 들면 동사의 시제 변화가 있다(역자 주).

199 문장과 단어를 정확히 듣는 비율(역자 주).

a rural school playground, the little boy hurt himself(시골 운동장에 있는 그네에서 놀다가, 아이가 다쳤다)"의 구성에서는 초기 정보는 본질적으로 무의미하지만, 에이전트가 누구였고 행동이 무엇이었는지가 말끝에 드러날 때까지 단기기억 속에 보관되어야 한다. 나의 가설과 일관되게, 언어에 대한 문화적 비교 연구는 강제적인 단어 순서가 없는 언어는 드물다는 것을 보여준다. 더욱이, V-O-S, O-V-S, 그리고 O-S-V는 매우 드문데, 영어, 로맨스어Romance language[200], 중국어, 스와힐리어Swahili[201] 등 세계에서 가장 많은 수의 화자들이 S-V-O 순서를 사용하기 때문이다. 가장 많은 수의 고유 언어(사용자 수가 아님)는 S-O-V 순서를 사용하고, 독일어와 같은 일부 언어는 S-O-V와 S-V-O의 조합을 사용하는데, 후자는 더 흔하다. 따라서 실험적으로 시험 가능한 가설 중 하나는 S-O-V와 S-V-O 단어 순서(희귀한 V-O-S, O-V-S 그리고 O-S-V 단어 순서와는 대조적으로)가 작업기억 용량에 대한 요구를 적게 하는지다.

시공간 스케치패드, 일화완충기 그리고 일화기억

고생물학자인 에밀리아노 브루너Emiliano Bruner(2004)는 지난 10만 년 동안 **호모 사피엔스**의 뇌에서 유래된 특징이 네안데르탈인에 비해 두정엽이 확장된 것으로 보인다는 것을 증명했다. 우리는 그의 논문을 보고 나서 바로 이메일로 연락했다. 2008년 웨너-그렌 재단Wenner-Gren Foundation이 강화된 작업기억 가설을 중심으로 한 국제 컨퍼런스를 위해

200 라틴어에서 분파된 프랑스어, 이탈리아어, 스페인어, 루마니아어 등(역자 주).

201 아프리카의 반투어에 속하는 아프리카의 대표적 언어(역자 주).

우리에게 자금을 제공했을 때, 브루너는 16명의 초대자 중 한 명이었다. 이 컨퍼런스는 특별한 이슈인 **현재의 인류학**Current Anthropology에 관한 것으로, 초대받은 사람들이 우리의 컨퍼런스 주제 「작업기억: 언어와 상징주의를 넘어」에 독특한 기여를 하였다(Wynn & Coolidge, 2010). 브루너의 후속 연구(예: Bruner & Iriki, 2016)는 두정엽의 중간 그리고 윗부분의 두 가지 중요한 영역을 확립했다. 바로 두정엽속고랑intraparietal sulcus과 쐐기앞소엽precuneus이다.[202]

이러한 해부학적 부위는 시공간 스케치패드, 일화완충기 그리고 일화기억의 인지과정에 중요한 역할을 한다. 세 가지 인지기능들은 강화된 작업기억 개념의 특별한 본성에 관한 두 번째 주요 후보이다. 인지과학자인 로저 셰퍼드Roger Shepard(1997)는 회상의 중요한 진화적 장점 중 하나가 '생각 실험thought experiments'일 수도 있다고 언급했다. 그는 어떤 문제를 해결하기 위한 모든 실제 세계 실험은 상응하는 생각 실험이 선행되어야 한다고 말했다. 그러나 새로운 해결책을 만들기 위해 마음속으로 재조합된 '수많은' 이전의 실제 실험을 이용한다고 상상했다. 이러한 내부화된 지식의 장점은 '시도를 하는 데 치명적일 수 있는 오류'(p. 24)를 피할 수 있다는 것이다. 비록 셰퍼드가 '일화적인' 기억을 구체적으로 언급하지는 않았지만, 그것의 주요한 진화적 이점 중 하나를 높이 평가했다는 것은 분명하다. 배들리Baddeley(2000, 2001)는 또한 더 큰 작업기억 용량이 여러 과거의 경험에 대한 반영과 비교를 가능하게 할 것이라고 주장했다. 이를 통해 개인은 단순히 가장 가능성이 높은 성공의

202 나는 브루너를 설득하기 위해 노력했는데, 두정엽의 중간과 윗부분 팽창은 또한 아래두정엽 부위, 특히 모서리위이랑, 각이랑, 뒤뇌량팽대피질(아래두정엽보다 아래에 위치)이 상당히 아래로 위치가 바뀐 것을 의미한다고 했다. 분명히, 그러한 내부 뇌 조직 개편은 화석과 엔도캐스트에서 발견하기 어렵다.

길을 선택하는 것이 아니라 미래의 행동을 적극적으로 선택하거나 대안적인 행동을 만들 수 있을 것이다. 비록 개인은 과거에 비해 단순히 과거에 근거해서 대안을 선택하는 것이 여전히 더 낫지만(경직된 예측 과정의 예), 과거 경험의 혜택을 받지 못한 사람에 비해, 배들리는 더 큰 작업기억 용량이 미래 행태에 더 성공적일 수 있는 정신 모델의 형성을 가능하게 할 것이라고 주장했다.

툴빙Tulving(2002)은 미래의 대안 시나리오를 시뮬레이션하고 고려하는 능력이 일화기억 체계의 진화에 원동력이었을 수 있다고 주장했다. 정신적 시간 여행을 포함하는 일화기억 체계는 과거뿐만 아니라 미래의 대안 시나리오에 관한 알아차림도 가능하게 한다. "이러한 알아차림은 자기인지적 생물체들이 자기 자신과 자손의 미래에 대해 되돌아보고, 걱정하고, 계획을 세울 수 있게 한다. 이러한 능력이 없는 생물체들은 그렇지 못할 수도 있다. **호모 사피엔스**는 이윽고 자신의 지속적인 존재에 관한 알아차림을 완전히 이용하여, 다른 종의 구성원들은 말할 것도 없고 우리의 먼 조상들이 상상할 수 없었던 문화와 문명의 하나로 자연세계를 변화시켰다"(Tulving, 2002, p. 20).

일화기억(고전적 그리고 조작적 조건화와 함께)은 연합학습의 하위 유형이며, '무엇, 어디서, 언제'라는 특성을 가진 특별한 경험을 상기할 수 있는 능력이다. 조류와 포유류를 포함한 많은 동물들이 일화기억의 행태적 정의를 충족한다는 주장이 제기되어 왔으며, 따라서 그것은 오랜 진화 역사를 가지고 있다(예: Allen & Fortin, 2013). 그러나 인간의 일화기억 체계는 과거와 미래의 사건(자서전적 기억)에 자신을 배치할 수 있는 능력을 포함하기 때문에 질적으로 다르다. 이러한 형태들은 특히 풍부한 형식의 기억을 제공하는 것으로 보이며, 미래 사건의 상세한 시뮬레이션도 가능하게 한다. 사실, 애디스, 웡 그리고 샤터Addis, Wong, and Schacter(2007)는 이전의 일화를 완전한 충실도로 회상하는 것이 일화기억의 **유일한** 목적은 아니지만, 그것의 진화적 적응력은 새로운 문제를 해결하기 위해 이전 사건들의 **본질**essence을 상기시키는 능력이라고 주장해왔다. 인간 일화기억의 신경 기반은 해마hippocampus, 해마주위피질parahippocampal cortex, 내후각피질entorhinal cortex, 편도체amygdala, 쐐기앞소엽precuneus, 그리고 뒤뇌량팽대피질retrosplenial cortex을 포함하는 복잡한 네트워크이다. 전두엽 피질과 함께, 이 신경 네트워크는 일화기억의 형성과 사용을 위한 고도로 전문화된 체계를 만든다. 흥미롭게도, 이 복잡한 네트워크는 또한 뇌의 휴식 상태 디폴트 네트워크의 신경 기반을 형성한다. 현생 **호모 사피엔스** 이전의 모든 호미닌들은 앞서 언급했던 것처럼 의심할 여지 없이 기본적인 형태의 일화기억을 가지고 있었다. 또한 현생 **호모 사피엔스**의 뚜렷한 두정엽 확장에 관한 브루너의 연구(2004, 2010; Bruner & Iriki, 2016)에서 나온 고신경학적 증거 때문에, 이러한 확장과 관련된 가능한 별개의 인지 전환 중 하나는 시각 공간 능력(즉, 시공간 스케치패드)이 강화되었다는 가설이 있을 수 있다. 자기인지적 생각, 인간의 자서전적 기억, 그리고 미래의 시나리오를 구성하는 능력으로 성장한다. 가상적 이야기로 변장한 고고학은 후기 아프리카 석기시대와 유럽의 구석기(예: 올가미, 어살weirs, 관리된 수렵채집 그리고 두정엽의 이동 예술mobile art)에서 자기인지적 생각에 대한 강력한 증거를 제공한다. 이전의 증거는 논란의 여지가 있다(예: 자기인지적 자아의 물질적 발판 작용을 하는 큐레이트된 아슐리안 주먹도끼).

강화된 시공간 스케치 패드는 기본 네비게이션에 도움이 되었을 수도 있는데, 물론 일단 **호모 에렉투스**가 지상 생명체로 완전히 전환되었더라면 유용했을 것이다. **호모 에렉투스**의 경관은 크게 변화했는데, 이는 오스트랄로피테신을 너머 약 10배 정도 영역을 확장했을 뿐만 아니라, **호모 에렉투스**가 '잡초 종weed species'으로 분류될 정도로 새로운 환경과 단절된 환경을 탐험하면서이다(예: Cachel & Harris, 1995; Wells & Stock, 2007). 예를 들어, **호모 에렉투스**는 아프리카에서 진화했지만, 중동, 유럽, 아시아, 인도, 동남아시아로 최소한 150만 년 전에 시작한 일련의 이주 속에 남겨진 것으로 보인다. '잡초'와 유사한 부분은 **호모 에렉투스**가 결코 상당한 또는 많은 집단을 가지고 있지 않은 것처럼 보이지만, 먼 곳과 두절된 환경에서 계속 '튀어나왔다popping up'라는 것이다. 더욱이, **호모 에렉투스**의 강화된 시각 공간 능력(오스트랄로피테신과 하빌린에 비해)이 아주 먼 이주를 도운 것이었을지도 모른다. 더욱이, 환경 속에서 자신의 위치를 '보는' 강화된 능력이 다음에 논의될 것처럼 한 사람의 현상학적인 세계에도 영향을 미칠 수 있다.

두정엽: 자기중심적 그리고 환경중심적 지각

두정엽의 상부, 중간 그리고 하부(예: 두정엽속고랑intraparietal sulcus, 쐐기앞소엽precuneus, 모서리위이랑supramarginal gyrus, 각회angular gyrus)는 특히 자기인지 그리고 다른 인지에 관여할 수 있다(예: Lou et al., 2004). 또한, 일화기억, 탐색, 상상 그리고 계획과 같은 인지기능에 관련된 뒤뇌량팽대피질Retrosplenial Cortex(이하 RSC로 표기)(Vann et al., 2009)은 두정엽 아래에 위치하며, 뇌량corpus callosum의 후방이다. 팽대splenium는 뇌량의 가장 두꺼운 부분이며 가장 뒤쪽 부분이다. 두정엽, 해마 그리고 시상과 관련된 신경 네트워크에서 RSC는 특히 새로운 환경 그리고 공간 기억과 관련하여 네비게이션에서 주요 공동작용 역할을 하는 것으로 보인다. 이 네트워크는 또한 일시적이고 자서전적인 기억에서 중요한 역할을 하는 것으로 나타났다. 그러나 가장 중요한 인지기능은 자기중심적egocentric 관점(주로 안쪽medial 그리고/또는 뒤쪽 두정엽posterior parietal lobe 기능으로 알려진 자신의 관점)과 환경중심적allocentric 관점(독립적 관점 또는 다른 사람이나 장소의 관점) 사이의 변환적 역할에 있을 수 있다. 밴, 애글턴 그리고 맥과이어Vann, Aggleton, and Maguire(2009)의 경험적 연구에 따르면, 해마의 장소세포place cell와 격자세포grid cell는 일화적 또는 자서전적 기억 내에 포함된 장소를 지표로 나타내며, RSC는 기억 속의 위치를 다른 관점(즉, 환경중심)에서 자기중심적 정보로 볼 수 있도록 변환한다. 또한 RSC가 변환되는 이미지 공간 정보의 단기 저장 완충기 역할을 할 수 있다는 의심도 든다. 많은 인간 신경생리학 연구에서 RSC는 풍경 수동 보기, 가상 상호작용 공간 네비게이션 그리고 새로운 환경과 매우 친숙한 환경 모두에 대한 능동적 네비게이션을 포함하여 많은 종류의 공간 네비게이션 과제에 의해 상당히 활성화된다는 것이 확인되었다.

RSC는 지형 정보를 업데이트하거나 자신의 운동(이디오세틱ideothetic[203])을 사용하여 경로를 계획할 때 매우 활동적이다. 이러한 부위에서 뇌 손상을 수반하는 인간과 동물 연구는 앞서 언급한 공간적 능력의 손실 또는 주요 저하를 확인시켜 준다. 따라서 에렉투스의 '세계적인' 성공은 자기중심적이고 환경중심적인 관점을 상호 변환할 수 있는 뇌 부위의 자연선택에 달려 있었을지도 모른다. 마지막으로 버지스, 베커, 킹 그리

203 미로에서 길을 찾을 때 내부적 단서를 사용하는(역자 주).

고 오키프Burgess, Becker, King, and O'Keefe(2001)는 이 변환 RSC 모델이 장면을 재구성하거나 대체 장면을 상상하는 기본적인 능력에 대한 상상력 또는 창조적 생각과 관련이 있을 수 있다고 제안했으며, 따라서 셰퍼드Shepard(1997)의 '생각 실험'은 일화완충기가 대안적인 미래 행동을 창조할 수 있다는 배들리Baddeley(2001)의 주장과 미래의 행태 옵션 그리고 일화기억이 인지 진화에 주요한 역할을 했다는 툴빙Tulving(2002)의 가설은 모두 신경학적으로 두정엽, 해마, 시상 그리고 RSC의 중요한 신경 네트워크에 있을 수 있다. 모드 1에서 모드 2 석기로의 기법의 극적인 변화는 공통의 신경학적 기질을 공유하기 때문에, 행태적으로 그리고 신경학적으로 **호모 에렉투스**의 강화된 네비게이션과 결부될 수 있다고 추측하는 것도 흥미롭다. 다시 말해서, 모드 2 양날 주먹도끼와 강화된 네비게이션 능력은 공동 진화한 행동일 수 있으며, 브루너와 동료들에 의해 묘사된 두정엽의 팽창은 이러한 인지 능력이 **호모 사피엔스**에서 훨씬 더 발전했다는 것을 의미할 수 있다.

학습과 기억의 궁극적 기원

우리의 협력을 통해, 나는 언어와 상징주의와 같은 논쟁에 얽매이지 않고 남은 것의 이점을 가졌다. 그리고 강화된 작업기억 가설이 **호모 사피엔스**가 현대 언어와 상징적 생각을 가졌을 때 어떻게 현대적 마음에 도달하였냐는 표준 설명을 우회할 수 있었던 이유를 알게 되었다. 현대 언어와 상징적 생각 주장에서 한 가지 중요한 문제는 고고학적 증거가 상징적 생각의 기초가 되는 인지적 과정을 실제로 반영하거나 반영하지 않을 수도 있는 인공물에 있다는 것이다. 예를 들어, 헨실우드, 에리코, 반헤런, 반 니케르 그리고 제이콥스Henshilwood, d'Errico, Vanhaeren, Van Niekerk, and Jacobs(2004)는 남아프리카의 블롬보스 동굴에서 발견된 7만 5천 년 된 구슬 장식과 오커 조각들이 상징적으로 매개된 행태가 '명백한' 표식이고 '현대 구문의 프록시proxy' 라고 주장했다(p. 404). 아마도 고고학 인공물들을 완전히 상징적인 생각으로 가득 채우는 더욱 터무니없는 예는 로드리게스-비달과 동료들Rodríguez-Vidal and colleagues(2014)이 네안데르탈인의 동굴에서 단순한 네 개의 크로스 해치 선cross-hatched line을 발견한 것인데, 이것을 '상징적 코드'로 그리고 '추상적 생각과 표현'에 대한 증거로 해석했다(p. 13301). 그러나 보타Botha(2008, 2010)가 지적했듯이, 헨실우드와 동료들Henshilwood and colleagues의 최종 주장은 몇 가지 추론 단계 또는 가교 논거를 필요로 하며, 각각의 추론 비약의 위험에 대해 경고했다. 물론, 첫 번째는 구슬이 의도적으로 만들어져서 개인 장신구로 착용 되었는지다. 우리가 지적한 바와 같이(Coolidge & Wynn, 2011) 고고학적 증거를 감안할 때, 조개껍질이 의도적으로 변형되었다는 것은 우리에게 받아들여질 수 있다. 그러나 그것들이 개인적인 장식물이었다는 것을 자신 있게 확인할 수 있을까? 그것들은 계수tally나 계산 장치로 사용될 수 있었을까? 현대의 미 육군 레인저스Rangers[204]가 줄 위에 작은 묵주 모양의 구슬을 사용하여 보폭의 길이로 거리를 측정하듯이(예: Wynn, Overmann, Coolidge, & Janulis, 2017), 그것들을 네비게이션 목적으로 사용할 수 있었을까? 구슬이 상징적인 의미를 지녔다는 다음 추론은 부당한 것으로 보인다. 다른 사람들이 주

204 기습공격대원(역자 주).

목했듯이, 소쉬르 학파에서는 상징의 의미가 보통은 단어인데, 소리(또는 기록된 신호)와 그것이 재현하는 것 사이에 임의의 연관성이 있다. 그것은 또한 집단적으로 배우고 전달되어야 하며, 그것의 의미에 대한 공동체 내의 동의가 있어야 한다. 그러나 조개껍질 목걸이는 매우 개인주의적이고, 개인특권이며, 독특한 생산물일 수 있으며, 그들의 의미는 오직 그들의 제작자들에게만 있을 수 있다. 그들은 아마도 "나는 구슬을 만든다. 나는 구슬을 목에 건다. 나는 구슬을 사용한다"라는 것 외에 어떤 참고할 만한 의미를 가지고 있지 않을 수 있다. 이런 점에서, 우리는 헨실우드와 동료들이 매우 호기심 많은 관찰을 했다는 것을 주목했다. 그들은 약 8만 년 전에서 6만 년 전까지 그러한 인공물의 출현과 소멸은 무언가가 그들의 전달에 장애물이 되었을 수도 있다는 것을 의미한다고 말했다. 우리는 집단적으로 공유된 의미의 부재가 아마도 장벽일 수 있다고 주장했다. 후자는 구슬이 매우 개인주의적이고 기껏해야 집단으로 구분된 의미를 지녔을 것이라는 개념을 강화한다. 더욱이, 아마도 구슬은 상징보다는 집단으로 구분된 의미를 가진 단순한 지표일 것이다. 예를 들어, 그들은 다음과 같이 의미할 수 있다. "우리는 구슬을 겁니다. 우리는 구슬을 쓰지 않는 사람들과는 다릅니다." 다시 말해서, 그것들은 외모와 사회적 역할의 연관성을 넘어 외현적이거나 내재적인 의미 없이 집단 멤버십이나 사회적 역할의 단순한 지표이었을지도 모른다. 우리가 추가로 주장했듯이, 사회적 역할은 약간의 자기 알아차림과 다른 사람들의 관점에 대한 인식을 요구**할 수도** 있지만, 그들이 주장했듯이, 그것은 확실히 더 높은 수준의 마음이론의 지표가 될 수 없을 것이다.

학습과 기억의 진화적 토대

학습과 기억 체계에 대한 인지심리학에서 가장 일반적인 이분법은 연합학습과 비연합학습의 차이이다. **연합학습**은 고전적 조건화, 조작적 조건화 그리고 역할 모델링으로 구성된다. 고전적 조건화에서, 새로운 자극은 조건 없는 자극과 짝을 이루고 조건화된 반응을 이끌어낸다. 조작적 조건화에서 행태는 결과에 따라 빈도가 증가하거나 감소할 수 있다. 강화물은 행태가 재발할 확률을 증가시키고, 처벌은 행동이 재발할 확률을 감소시킨다. 역할 모델링은 의식적으로 또는 무의식적으로 다른 사람의 행태를 복제하는 것으로 구성된다. 행동주의자들은 정교한 행태 레퍼토리는 이 세 가지 유형의 조건화로부터 진화했을지도 모른다고 오랫동안 주장해왔다. 그렇다, 그러나 여기에는 문제가 있다. 앞서 언급했듯이, 고고학적 인공물을 해석할 때 보장되는 것보다 더 많은 인지적 복잡성을 내포하는 경향이 있다. 파블로프의 개는 결국 먹이가 없는 종소리만 듣고 침을 흘릴 것이기 때문에, 그 종이 개에게 음식을 '상징하기' 위해 왔다고 추측하고 싶을지도 모른다. 고전적인 조건화는 플라나리아와 같은 매우 단순한 유기체에서 증명되어왔다. 플라나리아는 확정적 두뇌가 결여되어 있고 기초적인 신경계만 가지고 있다. 따라서 기본적인 인지 기전은 인류학에서 더 세심하게 설명되어야 하며, '상징적 생각'에 대한 해석은 먼저 해당 행태가 더 간단한 용어(즉, 연상학습)로 설명될 수 있는지를 판단해야 한다.

비연합학습은 민감화(유기체가 강도나 신뢰도를 높이며 관련 자극에 반응)와 습관화(관련되지 않은 자극은 무시)로 구성된다. 습관화는 종종 가장 단순한 형태의 학습(즉, 반복적인 자극에 반응하지 않는 학습)으로 권장된다.

진화적으로, 비연합적 학습은 생명이 도래하기 전에 출현하였다. 분자가 화학적 그리고 원자적 편애predilection에 기초한 다른 성분들과 분자들의 친화력affinities(민감화sensitization) 또는 비친화력disaffinities[205](습관화habituation)을 가지고 있기 때문에, 안정된 에너지 상태를 만들기 위해 성분들이 응고하는 것(자유 에너지를 최소화하고 안정된 아원자 비율을 형성하는 것)에 기초한다. 민감화와 습관화 사이의 항상성 균형은 유기체가 감각제sensitizer나 습관제habituators 중 하나의 선천적인 성향을 가지고 있다고 주장하는 아이젠스타인과 아이젠스타인Eisenstein and Eisenstein(2006)에 의해 제안되었다. 이것은 체계의 닭을 설명하지만(민감하게 되거나 습관화하려는 진화적 경향), 달걀은 무시한다(어떻게 유기체가 처음에 어느 하나의 경향이 발달시켰나?). 분자생물학자 빅토르 드 로렌조Victor de Lorenzo(2014)의 '이기적인 신진대사 가설selfish metabolism'에 따르면 40억 년 전의 초기 분자의 생존과 복제는 신진대사를 위해 새로운 화학경관을 이용하는 능력에 의해 예측되었다. 그 후에야 신진대사와 자기 촉매 능력을 가진 이 분자들은 유전자 풀에서 복제와 다양화에서 경쟁하는 형태보다 더 성공적이었다. 그러므로 전생물학적 조건prebiotic condition에서도, 생존을 강화시키는 다른 분자에 대한 분자의 친화력(대사)은 민감화의 원형이고, 다른 분자에 대한 분자의 비친화력(대사를 강화하지 않는)은 습관화의 원형이다(Coolidge, 출판 중). 이러한 초기 분자 응고들은 다윈의 자연선택의 대상이었고, 아마도 이기적인 신진대사 가설에 기초했을 것이다. 다른 분자 형태가 영속화되거나 확장되지 못한 것은 그들이 그들 자신의 신진대사 과정을 강화하지 못했기 때문일 수 있다.

---

205 친화력의 부재다. 반감이라고 번역하지 않은 이유다(역자 주).

대장균 박테리아 Escherichia coli(**E. coli**)는 약 39억 년 전에 나타난 최초의 벽으로 둘러싸인 세포인 원핵생물을 연구하기 위한 모델로 사용된다(비록 첫 번째 원형생물은 오직 한 가닥 RNA를 지니고 있다. 현대 세균처럼 두 가닥 DNA를 지니지 않았지만). **대장균**은 편모를 가지고 있는데, 이 편모는 조정되면 관련 자극에 접근(민감화)하게 하고 조정되지 않으면 무관한 자극을 피하게(습관화) 한다. 플라나리아planaria와 활유어amphioxus같은 편형동물은 첫 번째 좌우대칭동물(핵과 DNA를 가진 다세포 진핵생물)의 모델로 사용된다. 연구들은 이 현대의 편형동물이 연합적이고 비연합적인 학습을 할 수 있다는 것을 보여주었는데, 이것은 약 5억 4천 5백만 년 전에 나타난 최초의 단순 편형동물이 두 가지 형태의 학습을 모두 할 수 있었다는 것을 나타낼 수 있다. 또한 긴즈버그와 자블론카Ginsburg and Jablonka(2010)는 캄브리아기(5억 4천 5백만 년 전에서 5억 2천 5백만 년 전까지) 동안 생명의 수와 다양성의 폭발이, 특히 무제한의 연합학습을 보여주는 좌우대칭동물의 능력 때문에 발생했다고 제안했다. 이전에 기억된 경험을 사용할 수 있는 능력은 좌우대칭동물이 미래의 사건과 보상을 예측하고 다양한 자극들 사이에서 차별 행동을 할 수 있게 했을지도 모른다. 더욱이, 최근 계통유전체학 연구에 따르면, 동물 왕국의 첫 시작(후생동물 문metazoan phylum)은 이제 해면보다는 해파리ctenophores(빗해파리)에 기인한다고 한다(Shen, Hittinger, & Rokas, 2017). 약 6억 년 전 그들의 모습은 최초의 다세포 진핵생물의 원형 역할을 한다. 그러나 해면은 고착성이며 빗해파리는 이동하지만 종종 부주의하게 움직인다(바람, 파도, 조류 등). 약 5억 4천 5백만 년 전에 최초의 단순한 편형동물의 출현으로, 동작은 의도적이 되었다.

또한 이 시기에 편형동물의 다양한 세포들은 이미 고도로 전문화되었다는 것을 주목하라. 감각(빛, 진동, 화학 물질 등의 지각)에 대한 세포와 동작에 대한 세포가 있었다. 그리고 가장 중요한 것은, 적절한 동작을 이끌기 위한 감각의 해석에 전념하는 세포들이 있었다는 것이다. 그리고 그것들은 최초의 기초적인 뇌세포들이었다. 이 캄브리아기 생명체의 폭발은 특별한 전쟁을 야기시켰을지도 모른다. 동물들이 움직일 수 있기 때문에, 그들은 더 나은 포식자가 될 수도 있고, 포식자에 대한 딱딱한 신체 부위, 껍질, 이빨, 송곳니, 손톱, 가시, 독소와 같은 방어의 폭발도 있었다. 또한, 특정 적소niche[206]도 포식으로부터 보호하는 역할을 했다(예: 야행성 또는 주행성 활동, 진흙 굴 파기, 날기 등). 그러나 기억의 기원으로 돌아가기 위해, 긴즈버그와 자블론카가 주장했듯이, 생명체의 수와 다양성의 폭발은 유기체들이 이미 오랫동안 유지되어 온 비연합학습 능력 외에도 사실상 무제한의 연합학습을 할 수 있게 되었기 때문에 일어났다.

학습과 기억의 기원에 대한 세 가지 최종적인 관찰이 순서대로 있다. 첫째로, 인지심리학자들이 항상 먼저 연합학습을 나열하고, 그다음에 비연합학습을 나열하는 것은 이상하다. 분명히 비연합학습은 약 40억 년 전 생명의 도래에서 명백하게 나타났고, 모든 가능성에서 연합학습은 훨씬 후에야 일어날 것이다(즉, 약 6억 년 전 후생동물 문의 시작). 두 번째 관찰은 다음과 같다. 민감화와 습관화에서와같이 자극과 반응 사이에 명확하고 안정적인 **연합**이 있다면 왜 **비**연합학습이라고 불리는가? 마지막 관찰은 사실 가설이다. 비연합학습은 자극과 반응 사이의 안정적인 관계를 형성하는 분자 또는 유기체의 능력을 포함하기 때문에, 연합학습은 비연합학습의 핵심 원칙(즉, 자극과 반응 사이의 안정된 관계를 형성하는

---

206 틈새, 생태학적 지위로도 번역된다(역자 주).

것)의 **굴절적응**일 수 있다. 요약하자면, 학습과 기억 체계의 궁극적인 기원은 서로에 대한 기본적인 성분들로 화학적이고 원자적인 친화력과 비친화력에 거주할 수 있다. 이러한 기본 속성은 비연합학습을 위한 원형적인 기초가 되며, 연합학습은 비연합학습의 기초가 되는 기본 처리의 굴절적응이 된다.

감사

거의 20년 동안 토마스 윈Thomas Wynn과 함께 일하게 되어 큰 기쁨이자 영광이었다. 그는 진정한 신사이자 학자이다. 스코틀랜드 스털링에서 그와 연구를 한 후, 훌륭한 위스키를 매우 잘 판단한다는 것도 알았다. 나는 거의 20년 전에 그의 사무실로 걸어가 “내 생각에 테터솔Tattersall이 이 일을 잘못 알고 있는 것 같아요”라고 말한 행운에 감사한다. 2008년 리 오버만Leee Overmann이 내 사무실로 걸어와 “저는 (4번째) 전공을 추가할 것입니다”라고 말했고 나는 “나와 톰과 함께 석사학위를 받는 게 어때요?”라고 대답한 행운에도 감사한다. 내가 42년간 학업에 종사해오면서 다녔던 모든 학위 수여식의 하이라이트는 그녀가 2016년 옥스퍼드대학교(Keble College)에서 박사학위를 받는 것을 본 것이다.

참고문헌

Aboitiz, F., Aboitiz, S., & García, R. R. (2010). The phonological loop. *Current Anthropology, 51*(S1), S55–S65.

Aboitiz, F., García, R. R., Bosman, C., & Brunetti, E. (2006). Cortical memory mechanisms and language origins. *Brain and Language, 98*(1), 40–56.

Adams, A.-M., & Gathercole, S. E. (2000). Limitations in working memory: Implications for language development. *International Journal of Language & Communication Disorders, 35*(1), 95–116.

Adams, C. (2002). Practitioner review: The assessment of language pragmatics. *Journal of Child Psychology and Psychiatry, 43*(8), 973–987.

Addis, D. R., Wong, A. T., & Schacter, D. L. (2007). Remembering the past and imagining the future: Common and distinct neural substrates during event construction and elaboration. *Neuropsychologia, 45*(7), 1363–1377.

Allen, T. A., & Fortin, N. J. (2013). The evolution of episodic memory. *Proceedings of the National Academy of Sciences of the United States of America, 110*(S2), 10379–10386.

Ambrose, S. H. (2003). Did the super-eruption of Toba cause a human population bottleneck? Reply to Gathorne-Hardy and Harcourt-Smith. *Journal of Human Evolution, 45*(3), 231–237.

Ambrose, S. H. (2010). Coevolution of composite-tool technology, constructive memory, and language: Implications for the evolution of modern human behavior. *Current Anthropology, 51*(S1), S135–S147.

Arbib, M. A., & Mundhenk, T. N. (2005). Schizophrenia and the mirror system: An essay. *Neuropsychologia, 43*(2), 268–280.

Baddeley, A. D. (2000). The episodic buffer: A new component of working memory? *Trends in Cognitive Sciences, 4*(11), 417–423.

Baddeley, A. D. (2001). Is working memory still working? *American Psychologist, 56*(11), 851–864.

Baddeley, A. D. (2007). *Working memory, thought, and action.* New York: Oxford University Press.

Baddeley, A. D., Gathercole, S. E., & Papagno, C. (1998). The phonological loop as a language learning device. *Psychological Review, 105*(1), 158–173.

Baddeley, A. D., & Hitch, G. J. (1974). Working memory. In G. H. Bower (Ed.), *The psychology of learning and motivation: Advances in research and theory* (Vol. 8, pp. 47–89). New York: Academic Press.

Baddeley, A. D., & Logie, R. H. (1999). Working memory: The multi-component model. In A. Miyake & P. Shah (Eds.), *Models of working memory: Mechanisms of active maintenance and executive control* (pp. 28–61). New York: Cambridge University Press.

Baron-Cohen, S. (1997). *Mindblindness: An essay on autism and theory of mind.* Cambridge, MA: MIT Press.

Baron-Cohen, S. (2000). Theory of mind and autism: A review. *International Review of Research in Mental Retardation, 23,* 169–184.

Bastir, M., Rosas, A., Gunz, P., Peña-Melian, A., Manzi, G., Harvati, K., . . . Hublin, J.-J.

(2011). Evolution of the base of the brain in highly encephalized human species. *Nature Communications, 2*, 1–8.

Berk, L. E. (1992). Children's private speech: An overview of theory and the status of research. In R. M. Diaz & Laura E. Berk (Eds.), *Private speech: From social interaction to self-regulation* (pp. 17–53). Hillsdale, NJ: Lawrence Erlbaum Associates.

Bolhuis, J. J., Tattersall, I., Chomsky, N., & Berwick, R. C. (2014). How could language have evolved? *PLoS Biology, 12*(8), 1–6.

Borg, E. (2007). If mirror neurons are the answer, what was the question? *Journal of Consciousness Studies, 14*(8), 5–19.

Borg, E. (2013). More questions for mirror neurons. *Consciousness and Cognition, 22*(3), 1122–1131.

Botha, R. (2008). Prehistoric shell beads as a window on language evolution. *Language & Communication, 28*(3), 197–212.

Botha, R. (2010). On the soundness of inferring modern language from symbolic behaviour. *Cambridge Archaeological Journal, 20*(3), 345–356.

Bruner, E. (2004). Geometric morphometrics and paleoneurology: Brain shape evolution in the genus *Homo*. *Journal of Human Evolution, 47*(5), 279–303.

Bruner, E. (2010). Morphological differences in the parietal lobes with the human genus: A neurofunctional perspective. *Current Anthropology, 51*(1), S77–S88.

Bruner, E., & Iriki, A. (2016). Extending mind, visuospatial integration, and the evolution of the parietal lobes in the human genus. *Quaternary International, 405*, 98–110.

Burgess, N., Becker, S., King, J. A., & O'Keefe, J. (2001). Memory for events and their spatial context: Models and experiments. *Philosophical Transactions of the Royal Society of London. Series B, Biological Sciences, 356*(1413), 1493–1503.

Cachel, S., & Harris, J. W. K. (1995). Ranging patterns, land-use and subsistence in *Homo erectus* from the perspective of evolutionary biology. In J. Bowe & S. Sartono (Eds.), *Human evolution in its ecological context. Paleo-anthropology: Evolution and ecology of Homo erectus* (pp. 51–66). Leiden, The Netherlands: Pithecanthropus Centennial Foundation.

Carlson, S. M., Moses, L. J., & Claxton, L. J. (2004). Individual differences in executive functioning and theory of mind: An investigation of inhibitory control and planning ability. *Journal of Experimental Child Psychology, 87*(4), 299–319.

Coolidge, F. L. (2012). On the emergence of grammatical language as a means of bypassing the limitations of working memory capacity: Comment on "Interaction between lexical and grammatical language systems in the brain" by Alfredo Ardila. *Physics of Life Reviews, 9*(2), 217–218.

Coolidge, F. L. (2014). The exaptation of the parietal lobes in *Homo sapiens*. *Journal of Anthropological Sciences, 92*, 295–298.

Coolidge, F. L. (in press). The origins of learning and memory systems. *Human Evolution*.

Coolidge, F. L., Haidle, M. N., Lombard, M., & Wynn, T. (2016). Bridging theory and bow hunting: Human cognitive evolution and archaeology. *Antiquity, 90*(349), 219–228.

Coolidge, F. L., & Hicks, J. M. (2016). Evolutionary implications of the neuropsychological functions of the retrosplenial cortex. Poster presented at the meeting of the European Society for the study of Human Evolution, Madrid, Spain.

Coolidge, F. L., Overmann, K. A., & Wynn, T. (2011). Recursion: What is it, who has it, and how did it evolve? *Wiley Interdisciplinary Reviews: Cognitive Science, 2*(5), 547–554.

Coolidge, F. L., Thede, L. L., & Young, S. E. (2000). Heritability and the comorbidity of attention deficit hyperactivity disorder with behavioral disorders and executive function deficits: A preliminary investigation. *Developmental Neuropsychology, 17*(3), 273–287.

Coolidge, F. L., & Wynn, T. (2001). Executive functions of the frontal lobes and the evolutionary ascendancy of *Homo sapiens. Cambridge Archaeological Journal, 11*(3), 255–260.

Coolidge, F. L., & Wynn, T. (2005). Working memory, its executive functions, and the emergence of modern thinking. *Cambridge Archaeological Journal, 15*(1), 5–26.

Coolidge, F. L., & Wynn, T. (2006). The effects of the tree-to-ground sleep transition in the evolution of cognition in early *Homo. Before Farming, 4*, 1–18.

Coolidge, F. L., & Wynn, T. (2009). Did Neandertals lack diplomatic speech? Cognitive prerequisites for speaking indirectly. In *Evolution of brain, behavior, & intelligence.* Hinxton, UK: Wellcome Trust Centre.

Coolidge, F. L., & Wynn, T. (2011). Comment on "The Still Bay and Howiesons Poort, 77–59 ka: Symbolic material culture and the evolution of the mind during the African Middle Stone Age." *Current Anthropology, 52*(3), 380–382.

Coolidge, F. L., & Wynn, T. (2018). *The rise of* Homo sapiens: *The evolution of modern thinking* (2nd ed.). Oxford, UK: Oxford University Press.

Crowder, R. G., & Morton, J. (1969). Precategorical acoustic storage (PAS). *Attention, Perception, & Psychophysics, 5*(6), 365–373.

de Lorenzo, V. (2014). From the selfish gene to selfish metabolism: Revisiting the central dogma. *BioEssays, 36*(3), 226–235.

Dunbar, R. I. M. (2004). Gossip in evolutionary perspective. *Review of General Psychology, 8*(2), 100–110.

Eisenstein, E. M., & Eisenstein, D. (2006). A behavioral homeostasis theory of habituation and sensitization: II. Further developments and predictions. *Reviews in the Neurosciences, 17*(5), 533–558.

Fitch, W. T., Hauser, M. D., & Chomsky, N. (2005). The evolution of the language faculty: Clarifications and implications. *Cognition, 97*(2), 179–210.

Friedman, N. P., Miyake, A., Young, S. E., DeFries, J. C., Corley, R. P., & Hewitt, J. K. (2008). Individual differences in executive functions are almost entirely genetic in origin. *Journal of Experimental Psychology: General, 137*(2), 201–225.

Gerrans, P. (2002). The theory of mind module in evolutionary psychology. *Biology and Philosophy, 17*(3), 305–321.

Ginsburg, S., & Jablonka, E. (2010). The evolution of associative learning: A factor in the Cambrian explosion. *Journal of Theoretical Biology, 266*(1), 11–20.

Hamilton, A. F. de C., & Grafton, S. T. (2006). Goal representation in human anterior intraparietal sulcus. *Journal of Neuroscience, 26*, 1133–1137.

Harlow, J. M. (1848). Passage of an iron rod through the head. *Boston Medical and Surgical Journal, 39*, 389–393.

Harlow, J. M. (1868). Recovery from the passage of an iron bar through the head. *Publications of the Massachusetts Medical Society, 2*(3), 327–346.

Hauser, M. D., Chomsky, N., & Fitch, W. T. (2002). The faculty of language: What is it, who has it, and how did it evolve? *Science, 298*(5598), 1569–1579.

Henshilwood, C., d'Errico, F., Vanhaeren, M., Van Niekerk, K., & Jacobs, Z. (2004). Middle stone age shell beads from South Africa. *Science, 304*(5669), 404.

Hickok, G. (2014). *The myth of mirror neurons: The real neuroscience of communication and cognition*. New York: W. W. Norton & Company.

Hughes, C., Devine, R. T., Ensor, R., Koyasu, M., Mizokawa, A., & Lecce, S. (2014). Lost in translation? Comparing British, Japanese, and Italian children's theory-of-mind performance. *Child Development Research, 2014*, 1–10.

Hughes, C., & Ensor, R. (2007). Executive function and theory of mind: Predictive relations from ages 2 to 4. *Developmental Psychology, 43*(6), 1447–1459.

Hughes, C., & Ensor, R. (2008). Does executive function matter for preschoolers' problem behaviors? *Journal of Abnormal Child Psychology, 36*(1), 1–14.

Kane, M. J., & Engle, R. W. (2002). The role of prefrontal cortex in working-memory capacity, executive attention, and general fluid intelligence: An individual-differences perspective. *Psychonomic Bulletin & Review, 9*(4), 637–671.

Kinderman, P., Dunbar, R. I. M., & Bentall, R. P. (1998). Theory-of-mind deficits and causal attributions. *British Journal of Psychology, 89*(2), 191–204.

Klein, R. G. (2000). *The human career: Human biological and cultural origins* (2nd ed.). Chicago, IL: University of Chicago Press.

Klein, R. G., & Edgar, B. (2002). *The dawn of human culture: A bold new theory on what sparked the "Big Bang" of human consciousness*. New York: John Wiley & Sons.

Lou, H. C., Luber, B., Crupain, M., Keenan, J. P., Nowak, M., Kjaer, T. W., . . . Lisanby, S. H. (2004). Parietal cortex and representation of the mental self. *Proceedings of the National Academy of Sciences of the United States of America, 101*(17), 6827–6832.

Luria, A. R. (1962). *Higher cortical functions in man*. Berlin: Springer Science & Business Media.

McBrearty, S., & Brooks, A. S. (2000). The revolution that wasn't: A new interpretation of the origin of modern human behavior. *Journal of Human Evolution, 39*(5), 453–563.

Medin, D. L., & Atran, S. (2004). The native mind: Biological categorization and reasoning in development and across cultures. *Psychological Review, 111*(4), 960–983.

Mithen, S. J. (1996). *The prehistory of mind: The cognitive origins of art, religion and science*. London: Thames & Hudson.

Noble, W., & Davidson, I. (1991). The evolutionary emergence of modern human behaviour: Language and its archaeology. *Man, 26*(2), 223–253.

Pinker, S., Nowak, M. A., & Lee, J. J. (2008). The logic of indirect speech. *Proceedings of the National Academy of Sciences of the United States of America, 105*(3), 833–838.

Price, T., Wadewitz, P., Cheney, D., Seyfarth, R., Hammerschmidt, K., & Fischer, J. (2015). Vervets revisited: A quantitative analysis of alarm call structure and context specificity. *Scientific Reports, 5*, 1–11.

Reuland, E. (2010). Imagination, planning, and working memory: The emergence of language. *Current Anthropology, 51*(S1), S99–S110.

Rodríguez-Vidal, J., D'Errico, F., Pacheco, F. G., Blasco, R., Rosell, J., Jennings, R. P., . . . Finlayson, C. (2014). A rock engraving made by Neanderthals in Gibraltar. *Proceedings of the National*

Academy of Sciences of the United States of America, 111(37), 13301–13306.

Schlenker, P., Chemla, E., Arnold, K., & Zuberbühler, K. (2016). *Pyow-hack* revisited: Two analyses of putty-nosed monkey alarm calls. *Lingua, 171*, 1–23.

Seyfarth, R. M., Cheney, D. L., & Marler, P. (1980). Vervet monkey alarm calls: Semantic communication in a free-ranging primate. *Animal Behaviour, 28*(4), 1070–1094.

Shen, X.-X., Hittinger, C. T., & Rokas, A. (2017). Contentious relationships in phylogenomic studies can be driven by a handful of genes. *Nature Ecology & Evolution, 1*(5), 126–148.

Shepard, R. (1997). The genetic basis of human scientific knowledge. In G. R. Bock & G. Cardew (Eds.), *Characterizing human psychological adaptations* (pp. 4–13). Chichester, UK: John Wiley & Sons.

Tattersall, I. (2000). Once we were not alone. *Scientific American, 282*(1), 56–62.

Tulving, E. (1972). Episodic and semantic memory. In E. Tulving & W. Donaldson (Eds.), *Organization of memory* (pp. 382–423). Oxford, UK: Academic Press.

Tulving, E. (2002). Episodic memory: From mind to brain. *Annual Review of Psychology, 53*(1), 1–25.

Vann, S. D., Aggleton, J. P., & Maguire, E. A. (2009). What does the retrosplenial cortex do? *Nature Reviews Neuroscience, 10*(11), 792–802.

Villa, P., & Roebroeks, W. (2014). Neandertal demise: An archaeological analysis of the modern human superiority complex. *PLoS One, 9*(4), 1–10.

Weaver, A. H. (2005). Reciprocal evolution of the cerebellum and neocortex in fossil humans. *Proceedings of the National Academy of Sciences of the United States of America, 102*(10), 3576–3580.

Weaver, A. H. (2010). Cerebellum and brain evolution in Holocene humans. In D. Broadfield, M. Yuan, K. D. Schick, & N. P. Toth (Eds.), *The human brain evolving: Paleoneurological studies in honor of Ralph L. Holloway* (pp. 97–106). Bloomington, IN: Stone Age Institute Press.

Wells, J. C. K., & Stock, J. T. (2007). The biology of the colonizing ape. *American Journal of Physical Anthropology, 134*(S45), 191–222.

Wynn, T., & Coolidge, F. L. (2004). The expert Neandertal mind. *Journal of Human Evolution, 46*(4), 467–487.

Wynn, T., & Coolidge, F. L. (2006). The effect of enhanced working memory on language. *Journal of Human Evolution, 50*(2), 230–231.

Wynn, T., & Coolidge, F. L. (2010). Beyond symbolism and language: An introduction to Supplement 1, Working Memory. *Current Anthropology, 51*(S1), S5–S16.

Wynn, T., & McGrew, W. C. (1989). An ape's view of the Oldowan. *Man, 24*(3), 383–398.

Wynn, T., Overmann, K. A., & Coolidge, F. L. (2016). The false dichotomy: A refutation of the Neandertal indistinguishability claim. *Journal of Anthropological Sciences, 94*, 1–21.

Wynn, T., Overmann, K. A., Coolidge, F. L., & Janulis, K. (2017). Bootstrapping ordinal thinking. In T. Wynn & F. L. Coolidge (Eds.), *Cognitive models in Palaeolithic archaeology* (pp. 197–213). Oxford, UK: Oxford University Press.

| 제20장 |

숫자의 물질성과 선사시대

Karenleigh A. Overmann

서론

물질성materiality은 숫자에 중요하다. 손가락, 연필과 종이, 계산기 등 물질 형태를 사용하거나 사용하지 않는 계산의 상대적 어려움을 고려하라. 거의 모든 사람들에게 물질 형태가 있을 때가 없을 때보다 훨씬 쉽고 더 큰 정확도, 속도 그리고 계산 복잡성을 허용한다. 물질 장치(손가락과는 별도로)가 더 긴 시간 동안 더 많은 양에 걸쳐 수치 정보를 표시하고 보유하기 때문에 숫자 시각화 그리고 기억도 마찬가지로 용이하다. 그러나 계산과 컴퓨터 작업을 위한 물질 장치는 두뇌에 대한 외부 보조적 지원 이상의 역할을 한다. 우리가 숫자를 작동할 때, 손가락, 주판의 구슬, 또는 표기법을 쓴 방정식의 형태로 숫자를 구분하는 것은 어렵고 아마도 무의미할 정도로 서로 얽혀 있다.

물질 형태의 중심성은 뇌, 신체 그리고 물질성이 상호작용하여 어떤 부분이 고립되어 달성할 수 있는 것보다 더 큰 체계적 결과를 만들어내는 인지체계의 구성요소를 만든다(Malafouris, 2013). 물질성을 모집하고 통합하는 능력은 특히 인간의 인지와 다른 종의 인지를 구별하는 특성이다. 이러한 관점에서, 인지는 **확장되고**extended(즉, 구성요소로서의 물질성 포함) **제정되었다**enacted(물질성의 상호작용은 "변형적이고 단순한 정보가 아니다", di Paolo, Rhohde, & de Jaegher, 2010, p. 39). 인지 구성요소로서 물질성은 에이전시 그리고 기호적 기능을 가지고 있다(Malafouris, 2013). 우리가 물질성 통해 그들 또는 세계를 끌어들일 때, 물질적 형태는 우리의 행태적, 심리적 반응을 형성하고, 그러한 상호작용이 세대를 거쳐 특정한 심리적, 행태적 반응을 이끌어내기 위해 점점 더 미세하게 조정된다. 물질성은 이 상호작용을 통해 기호적 가치를 획득한다. 그것이 무엇이고 우리가 그것으로 무엇을 하는지는 그것이 의미를 부여한다(Malafouris, 2013). 후자는 숫자인지에서 특히 중요하다. 물질적 기반 의미가 숫자의 언어보다 앞서기 때문에 물질적 형태의 변화는 숫자의 개념화와 구조화 방법을 변화시킬 수 있다.

숫자는 물질적인 형태를 포함하고 있고, 그러한 인공물들과 행태 흔적들은 과거의 생각방식을 재구성하기 위한 전부일 수 있기 때문에, 과거와 현재에 대한 물질과학으로서 고고학은 숫자의 유래와 발생 시기를 가장 잘 구별할 수 있는 학문이다. 확실히, 중기 석기시대middle stone age(이하 MSA로 표기) 아프리카와 후기 구석기시대upper paleolithic(이하 UP로 표기) 유럽의 물질 기록들은 세는 장치들의 가능성을 보여주는 감질나는 힌트를 제공한다. 남아프리카의 블롬보스 동굴Blombos Cave의 끈이 달린 구슬(7만 5천 년 전, d'Errico, Henshilw ood, Vanhaeren, & van Niekerk, 2005), 남아프리카 레봄보 산 보더 동굴Border Cave in the Lebombo Mountains의 노치notch[206]된 뼈(4만 2천 년 전, d'Errico et al., 2012), 프랑스 코스커 동굴

Cosquer Cave의 스텐실 손도장(Clottes, Courtin, & Vanrell, 2005; Overmann, 2014; Rouillon, 2006)이 있다. 그러나 이러한 인공물이 계산을 나타냈는지를 결정하는 것은 고고학적 분석을 통해 달성하기 어려울 수 있다.

선사시대 장치가 계산을 위한 현대의 장치처럼 보일지 모르지만, 유사성은 유형학적으로 부과될 수 있는 신뢰할 수 없는 기준이다. 선사시대의 장치들은 종종 시간과 공간에서 분리되기 때문에 그것들은 애매모호한 의미나 시간의 경과에 따른 변화를 의미할 수 없다. 제작 특징[예: 표면 처리 그리고 표시 생성에 있어 동일하거나 다른 도구의 사용(d'Errico, 1991, 1998)] 그리고 사용-마모 패턴은 특히 상당히 그럴듯한 다른 사회적 목적이 있을 때 계산을 위한 선사시대 장치의 가능성과 관련하여 종종 모호하다(예: 구슬은 장식, 노치는 꾸밈 그리고 손도장은 우리가 결코 완전히 이해하지 못할 의례적인 의도를 가지고 있다). 또한, 전통 사회에서 계산은 일반적으로 손가락, 몸짓, 노치 표시된 막대, 잎사귀, 물감, 땅 위의 흔적, 조약돌, 곡물 등 고고학적인 흔적을 남기지 않는 자료들을 포함하는데, 특히 시간 척도와 물질이 쉽고 안정적으로 부패하는 환경에서 고고학적 기록이 계산에 소요되는 시간을 상당히 과소평가할 수 있음을 암시한다.

숫자에 대한 인간 능력의 진화적 전구체

물질 기록 외에도, 우리는 숫자에 대한 인지체계의 다른 구성요소들을

207 'V' 자나 'U' 자 꼴로 된 표시(역자 주).

고려할 수 있다(예: 뇌 기능과 형태, 신체 해부학, 행태). 물질 형태가 모집되고 통합됨에 따라, 다른 구성요소들은 문화적 상호 유사성이 현저한 숫자 체계를 생산하기 위해 상호작용한다(예: 그들은 즉시 셀 수 있는 수량으로 시작하며 종종 손을 사용하여 숫자를 재현한다. 짝짓기 그리고 일대일 대응과 같은 행동은 수치 개념의 발판을 만들 수 있으므로, 따라서 기존의 숫자 어휘의 필요성이 명확해진다). 물질성을 모집하고 수치적 인지에 통합하는 능력에는 수량 인지, 언어, 개념 형성 그리고 작동, 두정엽 뇌화 그리고 분류를 포함한 몇 가지 진화적 전구체가 있다. 이러한 전구체의 다수는 숫자에 대한 인간의 능력이 발달할 가능성이 있는 연대표를 함의하고 있다. 다른 사람들은 숫자들이 개념으로서 무엇인지에 대해 곰곰이 생각하거나, 과거의 숫자들을 포함하여 숫자에 사용된 물질성, 행태 그리고 심리적인 기능을 알려준다. 물질 형태들이 숫자 개념의 구조와 다른 특징에 영향을 주듯이, 다른 것들도 인간이 숫자에 대해 생각하고 그것들을 재현하고 작동하기 위해 사용되는 물질 형태에 영향을 미치는 방식에 필수적이다.[208]

수량 지각

대상은 양을 가지고 있고 유기체는 양을 인지할 수 있는 능력을 가지고 있다. 즉, **수 인식**numerosity으로 알려진 지각 능력이다(Piazza & Izard, 2009). 인간 외에도, 다른 영장류뿐만 아니라 포유류, 새, 양서류, 물고

208 여기서 논의는 숫자 체계가 어떻게 정교한지에 초점을 맞추고 있지만, 반드시 그렇게 한다고 가정하지는 않는다. 정교한 작업에 동기를 부여하는 필수 조건(예: 집단의 크기 그리고 내부 복잡성, 집단 간 접촉)이 없을 경우, 숫자 체계는 성장 그리고 정교함이 아니라 장기간 안정되거나 사용을 통해 감소할 수 있다.

기 그리고 어쩌면 곤충까지 다양한 다른 종들이 양을 평가하는 능력을 보여주었다. 따라서 인간에 대한 호미닌 종의 조상들도 양을 인지하는 것으로 가정하는 것이 타당하며, 그 능력은 현대의 영장류 종에서와같이 두정엽의 기능이 되었을 것이다(Orban et al., 2006). 그러나 양을 평가하는 능력을 보여주었음에도 불구하고, 어떤 다른 종도 숫자 개념을 가지고 있지 않고, 가지고 있다고 의심받지도 않는다. 즉시세기subitize(즉, 3개 또는 4개까지의 소량을 신속하고 분명하게 구별하기) 이상의 어떤 것과 규모magnitude(차이가 유의한 임계치 이상일 경우 작은 것에서 더 큰 것을 알아차리기)는 수 인식에서 숫자를 얻는 데 필요하다.

언어

언어학자들은 양의 지각적 경험에서 분리된 양의 개념을 변경하는 데 필요한 능력은 언어 또는 언어가 접근을 제공하는 언어와 숫자 모두에 기초하는 계산 능력이라고 추측했다(Chomsky, 2004; Hurford, 1987, 2007). 그러나 숫자 언어에서 교차 언어 패턴은 언어에만 내재된 규칙보다는 언어 외부 기전의 영향을 제안한다. 예를 들어, 언어가 발달하는 경우 문법적 숫자(단수형과 복수형의 차이)와 마찬가지로(Overmann, 2015), 언어에 걸쳐 나타나는 첫 번째 어휘 번호는 특징적인 '1, 2, 3, 많은'과 같은 패턴을 공유한다(예: Menninger, 1992).[209] 이 패턴은 양의 지각적

209 1934년에 처음 출판된 메닝거(Menninger)의 작업은 날짜가 지정되었지만, 첫 번째 숫자가 양의 지각적 경험과 일치한다는 무수한 관찰의 예를 제공한다(예: 분할할 수 있는 수량에 대한 개별 명칭과 개별적이지 않은 수량에 대한 '다수'). 사실 이러한 것들이 나타나는 방식에는 상당한 가변성이 있다. 예를 들어'하나'가 '둘' 앞에 나타나는지, '둘'이 '하나' 앞에 나타나는지, 아니면 둘 다

경험과 일치하기 때문에 언어의 구조가 양의 지각적 경험에 의해 영향을 받는다는 것을 시사한다. 다른 언어-외부 기전은 숫자에 대한 단어가 복합되는 방식에 의해 제안된다. 집단화는 즉시세기 제약조건으로 알려진 약 4개 이상의 수량을 구별하기가 점점 어려워지기 때문에 나타난다. 그러한 분류는 종종 손가락, 즉 언어가 더 많은 양을 위한 어휘 용어를 만들 때 흡수하는 '열ten-ness[210]'을 의미하는 양에 의해 이루어진다. 즉, 언어에 내재된 '열ten-ness'은 없다. 오히려 집단화는 물질적 형태(즉, 손가락)의 사용을 반영한다. 이는 언어 구조가 숫자에 사용되는 물질적 형태에 의해 영향을 받는다는 것을 의미한다.

언어는 수치 개념을 설명, 재현 그리고 통념화하는 데 있어 의심할 여지 없이 핵심적이다(예: Saxe, 2012). 그러나 인간이 언어를 가지고 있기 때문에 숫자를 가지고 있다는 가정은 지각적 경험에 대한 물질적 양의 기호적 의미를 무시한다. 더욱이, 모든 인간 사회는 숫자를 필요로 하는 반면에, 누군가는 언어를 가지고 있지만 숫자가 부족하기 때문에, 언어 또한 숫자를 발전시키는 데 불충분하다(가장 유명한 예는, 브라질 아마존의 피라항어Pirahã이다). 숫자인지는 또한 수치 개념을 형식화, 작동 가능 그리고 재현할 수 있게 만드는 물질 형식에 대한 수동적 접근에 크게 의존한다(Malafouris, 2010). 실제로 언어는 수치적 직관 접근의 '느리고 망설이는' 수단이라고 불렸다(Sfard & Linchevski, 1994, p. 198). 또한 손가락, 몸짓 그리고 물질 장치(민족지적으로 증명된)에 의한 비언어적 수치 재현의 보급은 숫자 개념이 관련 어휘의 개발 그리고 가용성에 앞서 물질

'하나'에 대해 정의된 대로 함께 나타나는지, 그리고 '셋"이 있다면 '둘과 하나', '하나와 둘'로 형성되었는지, 또는 고유하게 이름이 지어졌는지에 대한 경우다. 엡스(Epps, 2006)의 토론과 오버만(Overmann, 2015)에 대한 쿨리지(Coolidge)의 주석에 대한 응답을 보라.

210 열 손가락을 의미하는 열(역자 주).

참여를 통해 개발된다는 것을 제안한다. 이는 결국 물질성을 작동할 수 있는 능력, 즉 구성요소로서 수 인식에 오는 숫자에 대한 인지체계에 물질성을 통합하는 능력(Malafouris, 2013)을 제안한다.

개념 형성과 작동

현존하는 뇌가 수학적 과제를 실행할 때, 운동 계획을 세우고 실행하는데 관련된 신경회로를 모집한다(Andres, Seron, & Olivier, 2007; Heimann, Umilta, & Gallese, 2013; Penner-Wilger et al., 2007; Tschentscher, Hauk, Fischer, & Pulvermüller, 2012). 개념을 작동하기 위해 운동 회로를 모집하는 시간적 뿌리는 상당히 깊을 수 있다. 약 2백만 년 전, 하빌린은 물질성과 새로운 관계의 가장 초기의 분명한 신호를 보여주었다. 그들은 자신들이 만들고 사용한 돌을 버리고 그 뒤에 새로운 돌을 만들기보다는 보존하고 재사용하기 시작했다. 대상을 만들고 사용하는 것의 과정을 분리함으로써, 도구 작동에 관련된 운동 회로를 채용할 가능성이 있는 개념인 두 과정과 제작자가 분리된 대상으로서 '도구'의 첫 번째 개념이 생성되었다(Coolidge & Wynn, 2018).

대상과 숫자를 모두 작동할 때 '신경 근육'의 사용은 정신적 주판abacus으로 입증되는데, 이는 실행자가 손가락을 사용하여 현저한 복잡성, 정확성 그리고 속도로 수학적 계산을 실행하는 물리적 절차이다. 실행자가 손을 움직이지 않고 있어도 정신적 주판 성능은 중단되지 않으며, 손이 다른 과제를 실행할 경우 방해받지 않는데, 이는 운동 회로 계획이 필수적이지만 집행은 필수적이지 않는다는 것을 의미한다(Brooks,

Barner, Frank, & Goldin-Meadow, 2014; Frank & Barner, 2012). 그러나 우리는 숫자 개념의 개발을 의심하지 않고, 단지 도구와 개념을 모두 작동하기 위해 운동 회로 계획을 활용하는 능력이 그것에서 시작되었을 가능성이 높다는 것을 인식할 필요가 있다. 이것은 인간 인지에 물질성을 통합하는 데 일시적으로 깊이 뿌리가 내려있음을 강조한다.

두정엽 뇌화

해부학적 현생 인류anatomically modern humans(이하 AMH로 표기)는 약 20만 년 전에 화석 기록에 나타났다(Shea, Fleagle, & Assefa, 2007).[211] AMH를 초기 종과 구별하는 특징 중 하나는 두정엽의 뇌화에 영향을 받는 두개골의 특징적인 구형의 형태이다(Bruner, 2004, 2010, 2014; Bruner, de la Cuétara, & Holloway, 2011; Bruner et al., 2004; Bruner, Manzi, & Arsuaga, 2003). 이 부피 증가는 두정엽이 양 인지quantity perception(Piazza & Izard, 2009), 수치 추론numerical reasoning(Amalric & Dehaene, 2016), 손가락세기finger counting(Kringinger et al., 2011), 손가락세기 상실과 수적인 추론(Roux, Boetto, Sacko, Chollet, & Trémoulet, 2003), 말의 형태로 숫자 작동(Dehaene, Piazza, Pinel, & Cohen, 2003), 기억에서 산술적 사실 검색(Grabner, Ansari, et al., 2009), 수학적 역량(Grabner, Ischebeck, et al., 2009), 추상화(Harvey, Klein, Petridou, & Dumoulin, 2013), 숫자로 추상적인 개념을 재현하는 은유(Lakoff & Núñez, 2000), 내적 말(Geva et al., 2011)

211 더 최근의 증거는 이 날짜를 30만 년 전으로 되돌리는 것으로 보인다(Richter et al., 2017).

그리고 더 높은 숫자에 대한 복합 단어 구축을 담당하는 재귀적 '합병merge'과 가장 가까이 연관된 뇌의 부위이기 때문이다(Hung et al., 2015).

공 모양은 영역 간 그리고 영역 내 연결을 최대화하고 뇌화와 관련된 일부 진화적 절충을 피했을 것이며(Gibson, 1991; Kaas, 2000; Rilling & Insel, 1999), 두정엽 확장에는 손가락, 도구 사용 그리고 언어 기능의 조절을 지원하는 영역과 관련된 공동 위치가 있을 것이다. 은유화, 내부 음성, 상호작용 촉진과 같은 수치적 직관을 언어적으로 재현하는 데 있어 매우 중요한 것으로 보인다(Coolidge & Overmann, 2012). 뇌 부위의 크기와 심리적 기능의 적응적 가치 사이의 일반적인 관계(Rehkämper, Frahm, & Mann, 1995)는 두정엽 확장과 인간 생태학적 적소의 중요한 측면을 연관시킨다. 그러나 총 형태학적 변화가 수반되거나, 후속 신경 재구성 또는 심리적 기능의 변화를 어느 정도까지 지표화할 수 있는지는 불분명하다. 확실히, 현대 두개골의 출현과 행태 현대성의 시작 사이에 아마도 수만 년 정도 지연이 있었을지도 모른다는 생각은 해부학적 현대성이 나중에 수에 중요한 두정엽 기능을 뒷받침하는 신경해부학적 발달의 신호일 뿐일 수도 있다는 것을 암시한다. 이러한 지연은 확실히 5만 년 이상 된 방사성 탄소 연대 측정 물질의 한계와 같은 문제를 반영하고 있으며, 정의적이고 전개념적 근거preconceptual grounds(예: McBrearty & Brooks, 2000)로 강하게 이의제기 하고 있다. 그러나 최소한, AMH와 관련된 총 형태학의 변화는 숫자에 대한 필수 신경해부학이 20만 년 내에 사용 가능했을 수 있음을 제안하며, 숫자에 대한 필수 기능은 나중에 실현될 가능성이 있다.

범주화

개념으로서, 숫자는 **관계**에 대한 범주적 판단 또는 배수 원소multiple elements에서의 동일성과 차이를 포함한다(예; AA와 BB는 동일한 원소를 포함하는 품질을 공유하는 반면, AB와 AD는 포함하지 않는다, Christie & Gentner, 2007). 숫자는 두 개체 집합이 공유 또는 수량에서 서로 다르다는 판단(**관계수**cardinality[212])의 속성으로, 집합에서 대상의 숫자에서 시작하여 비교(종종 손으로, 5와 10으로 기본 패턴을 설정)에서 한 집합으로 표시된다. 그러한 비교는 쌍과 일 대 일 대응의 형태를 취하며, 일련의 대상들을 그들의 관계수를 비교할 수 있는 배열로 작동하는 행태이다. 그리고 숫자에 대한 언어는 필요하지 않다. 인간과 마찬가지로, 다른 종들도 **동일성**의 범주적 판단(즉, A는 A와 동일하지만 B와는 다르다)을 형성할 수 있다. 비인간 대형 유인원들은 관계의 범주를 형성할 수도 있지만, (인간의 아이처럼) 직관적이거나 힘들이지 않고서는 얻지 못하고 특정한 훈련을 필요로 하는데, 훈련을 받더라도 결코 그렇게 강력해지지 않는 것으로 보인다. 반면에 인간에게서는 자연적으로 일어난다(Christie & Gentner, 2007; Langer, 1986; Thompson & Oden, 2000; Thompson, Oden, & Boysen, 1997). 비인간 유인원들은 또한 분명히 교차 차원 관계를 구별하는 것을 어려워한다(예: aaaaaaa와 BB는 모두 동일한 원소로 구성되며, aaaaaaa와 cde는 작은 글자 크기를 공유하며, BBB와 %^&와는 크기나 종류의 원소를 공유하지 않아 3개 조가 된다, Gentner & Colhoun, 2010).

212 집합의 크기이다. 예를 들어 집합의 원소로 남자, 여자란 두 속성이 있다면 관계수는 2이다. 많은 사람들이 여러 가지 속성이 아닌 두 가지 속성 중 하나에 포함되므로 관계수는 상대적으로 낮다고 표현한다(역자 주).

인간의 범주화는 심지어 밀접하게 관련된 종들의 분류를 능가하는데, 부분적으로는 우리의 더 큰 뇌 때문에(피질 부피는 신체 크기에 적응하며 지능과 관계있다, Falk, 2011) 그리고 10만 년 후에 점점 더 입증되는 물질성, 행태 복잡성을 이용하는 우리의 능력 때문이다. 우리가 물질문화를 사용하는 것은 단지 동기부여(즉, 계산해야 할 물건 그리고 그것들을 계산해야만 하는 이유)뿐 만이 아니라, 물질성과 체화된 상호작용성이 개념을 생성할 수 있는 잠재력을 가지고 있기 때문이다(예: 공유 수량의 분류는 개체 집합을 재배치하는 행태에 의해 기회가 된다). 물질 구조는 범주화(Hutchins, 2005), 뇌가 스스로 달성할 수 없는 연속성(Fauconnier & Turner, 1998) 그리고 그것들을 재현하고 작동하는 수단을 제공한다(Malafouris, 2010). 따라서 인간의 인지체계에 물질문화를 통합하는 것이 우리의 분류가 다른 영장류의 분류보다 더 복잡해진 이유일 것이다. 연대표적으로, 사회적 정체성을 나타내는 데 있어서, 블롬부스 구슬은 7만 5천 년 전에 다른 유형의 관계 범주를 형성할 수 있는 가능성과 함께 사회적 관계에 대한 범주적 판단을 거의 확실하게 지표로 나타낸다.

서수성

얼마나 많은가에 대한 개념을 고려할 때, 크기 증가에 의한 순서는 매우 중요하며, '대부분의 수학적 특성'을 숫자에 제공한다(Russell, 1920, p. 29). 시퀀스sequence는 순서order 능력으로, 언어, 인지, 집행기능, 조직과 타이밍, 학습 그리고 동작을 포함한 광범위한 인지기능을 알려준다(Bapi, Pammi, Miyapuram, & Ahmed, 2005; Salthouse, 2005). 숫자에서 시퀀스는 낮은 숫자에서 높은 숫자까지의 세는 순서를 알려준다. 시퀀싱에 전용 신경회로가 포함한다는 증거가 있다. 공감각synesthesia으로 알려진 상태는 신경 네트워크 사이의 '교차 대화cross-talk'를 의미한다(예: 색상으로 경험되는 순서 범주는 후자와 관련된 신경 활동이 전자와 관련된 신경 활동에 개입함을 의미한다)(Cohen Kadosh, Gertner, & Terhune, 2012; Gertner, Henik, Reznik, & Cohen Kadosh, 2013). 가능한 전용 신경회로와 인간이 시퀀스로 만든 것이 문화 품목이라는 사실(예: 구슬, 요일, 알파벳)을 감안할 때 이 능력은 물질문화의 참여와 함께 발전했을 가능성이 있다(Wynn, Overmann, Coolidge, & Janulis, 2017).

인구통계학적 밀도

그러나 우리가 숫자에 대해 **호모 하비리스**를 생각하지 않았듯이, 우리는 고대 인류가 그들의 현대적 구조와 행태에도 불구하고 7만 5천 년 전에 제한된 숫자[213]를 반드시 사용할 수 있었다고 가정할 필요는 없다. 수 인식에 더하여 개념 형성 그리고 작동을 위한 '신경 근육'과 두정엽 기능 강화, 물질문화와 관련된 확장된 분류를 위한 인구통계학적 밀도가 필요했다. 사회 집단의 크기, 접촉과 숫자 체계 복잡성 사이에는 자주 언급되는(잘 설명되지 않은) 상관관계가 있다(예: Epps, Bowerin, Hansen, Hill, & Zentz, 2012). 상대적으로 고립된 생활을 하는 소규모 집단은 제한된 숫자를 가질 가능성이 더 높다. 예를 들어, 현재 제한된 수

213 제한된 구성원의 수는 20개 이상을 헤아리지 못하며(Comri, 2013) 2 또는 3과 같이 훨씬 작은 숫자도 헤아리지 못하는 경우가 종종 있다.

로 분류되는 피라항어Pirahã 숫자 체계는 숫자가 전혀 없거나 한두 개만 세는 것으로 다양하게 묘사되어 왔다(Dryer & Haspelmath, 2013; Everett, 2005; Gordon, 2004). 단순히, 소규모 또는 고립된 집단은 숫자 계산 없이 자신의 자원을 잘 관리할 수 있을 것이다. 규모가 커지거나 고립되지 않은 집단은 숫자 계산을 개발하거나 확장함으로써 응답하는 자원 관리 요구를 증가시킨다.

선사시대 사람들에게 고고학적 증거는 선사시대(즉, 신석기시대 이전[214])의 많은 기간 동안, 작은 집단들이 상대적인 고립에서부터 적어도 다른 집단과의 접촉에 이르기까지 다양한 접촉 상황에서 살았다는 것을 제안하고 있으며, 또한 상당한 양의 이국적인 물질들이 출처에서부터 상당한 거리를 두고 발견되었다는 점에서 더 광범위한 접촉도 포함할 수 있다. 선사시대 사람들이 아닌 현존하는 사람들에 관해 이야기한다면, 광범위한 시나리오는 숫자가 20(즉, 더 많은 접촉을 가진 맥락 등)이 넘는 일부 체계의 가능성을 인정하지만 제한된 숫자를 가질 것으로 보인다. 만약 "그러나 고대의 두뇌와 현존하는 두뇌가 같지 않다"라는 반대를 따로 떨어뜨려 놓은 채 숫자 체계 복잡성과 사회적 인구통계학 사이의 상관관계에 근거한 합리적인 추론을 하자면, 진화적 전제조건이 마련되었다는 전제하에 선사시대 사람들이 신석기시대 훨씬 이전인 7만 5천 년 전에 제한된 숫자를 가지고 있을 수도 있을 것이다. 실제로 이러한 추론은 인공물 증거와 일치한다. 아프리카 구슬, 아프리카 뼈 그리고 코스커 동굴Cosquer Cave 손바닥 자국은 제한된 숫자와 일치하는 누적된 수량의 손

---

214 신석기시대에는, 흩어진 사냥과 채집 집단에서부터 작은 정착촌과 마을, 더 큰 정착촌 그리고 궁극적으로 도시 국가까지 집단 규모가 크게 증가했다. 이러한 인구통계학적 변화는 세계 각지에서 서로 다른 시기에 일어났지만, 수치적 정교함을 위한 필수 조건과 직접적으로 관련이 있고 아마도 그것에 의해 실행되었을 것이다.

도장을 가지고 있다.

최근 숫자 선사시대로의 통찰

숫자의 선사시대에 대한 추가적인 통찰력을 위해, 우리는 가능성 있는 초기 인공물이 아니라 다른 방향에서 문제를 찾아올 수 있다. 첫 번째 애매모호하지 않은 숫자에서 시작하여 가능성 있는 전구체로 되짚는 것이다. 고고학적으로 증명된 최초의 숫자는 신석기시대 메소포타미아 남쪽의 고대 근동Ancient Near East(이하 ANE로 표기)에서 유래되었다. 글쓰기의 발명과 함께 이러한 초기 숫자와 가장 밀접하게 연관된 문화 집단들은 수메르인Sumerians(현재의 이라크 남부에 있는 최초의 도시 문명), 아카드인Akkadians(이라크 북부와 시리아에 있는 처음으로 셈어를 사용한 메소포타미아 제국), 엘람인Elamites(이란 남서부에 있는 고대 문화 집단)이다. 기원전 4천년 중반까지, 메소포타미아는 집중적인 농업, 대규모 건설 프로젝트 그리고 광범위한 노동력과 관료체제를 필요로 하는 격렬한 주기적 전쟁과 함께 밀집된 도시 중심지에 사는 전례 없이 많은 인구를 특징으로 했다. 가장 초기의 명확한 숫자는 점토판에 숫자적인 각인을 주었다. 이것들은 신석기시대의 숫자에 사용된 점토 토큰과 후기(고대 바빌로니아, 기원전 1,900년에서 1,600년)에 사용된 원형의 쐐기문자cuneiform 그리고 쐐기 숫자 사이의 중간 형태로 이해된다. 그것들은 일시적으로 중간 형태이며, 또한 모양과 크기와 관련하여 초기 그리고 후기 기술을 연결한다(Amiet, 1972; Schmandt-Besserat, 1992a). 이런 대응은 적어도 신석기시대의 점토 징표의 일부를 숫자적인 목적을 가진 것으로 해석할 것을 보증한다(Englund, 2004a; Høyrup, 2002).

숫자 토큰으로 알려진 대상들은 기원전 1만 년 경에 발견되었다(Moore, 2000). 다양한 문제는 그러한 물체를 4천 년 이전의 수치로 해석하는 데 어려움이 있다(즉, 모양과 크기가 분명하게 수치적 각인과 유사할 때다). 예를 들어, 점토 물체의 크기로부터 수치적 목적을 해석하기 어렵다. 고고학적 맥락은 종종 모호하거나 문서화되지 않았다. 토큰은 꽤 그럴듯하게 사냥감, 장난감, 장례 또는 의식적인 제물일 수 있다. 그리고 토큰의 고고학적 보급과 재현했다고 알려진 물품commodities 사이에는 큰 차이가 있다(Englund, 1998a, 1998b; Friberg, 1994; Shendge, 1983; Zimansky, 1993). 더욱이, 그들의 수치 해석이 가장 안전한 시점에서도, 토큰은 숫자를 나타내기 위한 단일 체계가 아니라, 열거된 물품, 사용 도시 그리고 시간에 따라 형태와 크기가 달라지는 여러 개의 체계로 구성된다(Friberg, 1994; Nissen, Damerow, & Englund, 1993). 숫자 표기법과 해당 토큰은 4천 년 중후반에서는 분명하다. 토큰 발견의 고고학적 기록에도 불구하고, 표기 이전의 숫자 재현(즉, 오직 토큰의 수단)은 생각할수록 점점 모호해진다.

토큰이 계산을 대표하는 것으로 합리적으로 해석되는 기간에 관계없이, 토큰은 종종 ANE 수 세기을 위해 사용된 최초의 물질 기법인 것처럼 논의된다. 그러나 그들이 아니라고 생각할 몇 가지 이유가 있다. 첫째, 토큰 모양과 크기는 도량형 관계를 코드화했다(즉, 4쿼트가 1갤런과 같다는 생각과 유사한 곡물 용기 또는 기름 항아리 사이의 관계이다, Nissen et al., 1993). 이 '묶음bundling'은 더 높은 값의 토큰 중 하나가 더 작은 값의 토큰의 일부 수와 동일하다는 것을 의미한다. 즉 2개만큼 적지만, 더 자주, 6개 또는 10개까지 될 수 있다. 중요한 것은 6과 10 같은 수량을 즉시 셀 수 없다는 것이다. 즉시 셀 수 없는 수량Non-subitizable quantities은 반드시 의미 있는 것으로 간주되어야 하며, 즉시 셀 수 없는 수량을 사용한 사람들이 즉시 셀 수 있는 범위를 넘어 셀 수 있었다는 것을 의미한다.[215] 사실, 기원전 3천 년 즈음에 숫자 토큰과 각인이 겹칠 때, 그들은 소수의 즉시 셀 수 없는 숫자뿐만 아니라 수백, 수천 개의 숫자를 나타낼 수 있게 된 숫자 체계를 증명한다. 예를 들어, 「쐐기문자 디지털 도서관Cuneiform Digital Library」은 3,600으로 해석된 표시sign가 포함된 최소 9개의 점토 인공물을 문서화하고 있는데(Cuneiform Digital Library, 2015), 이는 집단 크기(극히 큰)와 집단 간 접촉(확대적)의 인구통계학적 요인과 일치하여 상당히 정교해진 여러 체계를 의미한다.[216] 또한 묶음은 토큰이 계산한 물품(손가락과 계수를 예시하는 단일 차원)뿐만 아니라 서로 관련이 있다는 것(두 번째 지수exponential[217] 차원)을 의미하므로 토큰이 상대적으로 복잡한 기법이 되었다(Chrisomalis, 2010, 그리고 [그림 20.1] 참고). 2차원에서는 적어도 하나 또는 여러 개의 1차원 기법이 반드시 2차원 토큰 앞에 있어야 한다는 것을 제안한다. 그리고 실제로, 이 지역에 1차원 전구체가 있다는 증거가 있다. 계수와 손가락세기다.

후기 UP까지 거슬러 올라갈 수 있는 작업된 뼈가 레반트Levant에서 발견되었다(Davis, 1974; Reese, 2002; Tixier, 1974). 신석기시대, 금석병용시대Chalcolithic[218] 또는 그 이후의 청동기시대의 메소포타미아에서

---

215 대안에는 토큰으로 알려진 표준과 일대일 대응으로 배치하는 비효율적인 절차 또는 토큰으로 대표되는 (즉시세기를 할 수 없는) 수량의 부정확한 추정치가 포함된다. 어느 쪽이든 효율성과 정확성을 향상시켜야 한다는 압박감을 표현했을 것이다.

216 그 당시에는 그 단어를 대표할 수 있는 문자 체계가 없었기 때문에 단어 자체를 알 수 없었다고 할지라도, 이러한 정교함은 숫자 개념이나 단어가 없을 때 일어나지 않았을 것이다.

217 거듭제곱한 횟수(역자 주).

218 석기시대에서 청동기시대로의 과도기(역자 주).

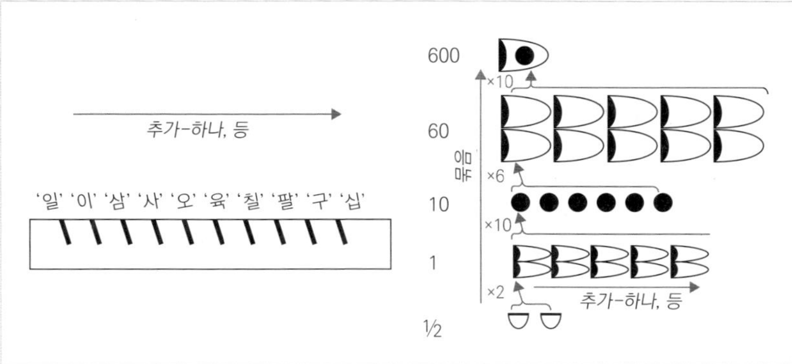

[그림 20.1] 계산 장치의 지표 차원

(왼쪽) 계수에서 숫자 간의 잠재적 관계는 1차원이며[지수(exponential) 내에만 해당] 1보다 작거나 같거나, 1보다 작거나, 더 큰 관계를 포함한다. 총값은 단일 차원을 따라 값을 누적함으로써 얻을 수 있다. (오른쪽) 대상 수를 세는 고전적인 ANE 표기법 체계(표시된 바와 같이 대부분의 대상을 세는 60진법(sexagesimal system S; Nissen et al., 1993) 숫자 사이의 관계는 명백하며 서수 계산 시퀀스(지수 내, 수평 축)를 포함한다. 묶음에 내재된 관계(지수 간 축, 수직 축)를 모두 포함한다. 총값은 두 차원을 따라 값을 누적하여 얻을 수 있다. 토큰의 2차원 복잡성은 하나 이상의 1차원 전구체(예: 계수, 손가락)를 의미한다. 이미지는 저자 제공. Overmann(2016b), *Materiality in numerical cognition: Material engagement theory and the counting technologies of the Ancient Near East*, doctoral thesis, University of Oxford에 있는 Figure 8.10을 개발하고 포함하였다.

도 유사한 인공물들이 거의 발견되지 않았으며, 이는 사용하지 않음과 보존 실패 둘 다와 일치하는 환경이었다. 뼈와 같은 유기물질은 이 지역의 기후 조건에서 잘 보존되지 않는 것으로 알려져 있기 때문에 후자의 가능성은 매우 높다(Coinman, 1996). 계수는 두 번째 천 년second millenum[219] 문헌(예: 「곡물과 양 사이의 논쟁」, 2005, lines 130-133)에서 언급된다. 그러나 대체로, 계수와 토큰은 다른 시기에 이웃 지역에 거주하는 독특한 문화 집단들에 의해 사용되었다. 신석기시대 남부 메소포타미

219 1,001년부터 2,000년(역자 주).

아로 확장한 후기 UP의 레반트 수렵채집자와 자그로스Zagros 산악 집단 사이에는 강한 유전적 차이가 있다(Lazaridis et al., 2016). 이 집단들은 아마도 수메르인, 아카드인 그리고 엘람인들에게 별개의 기초와 어휘를 사용하여 제안한 별개의 숫자 전통을 재현했을 것이다.

두 가지 상황이 이들 집단 간의 접촉 확산 가능성을 뒷받침한다. 첫째, 신석기시대 농부들이 레반틴과 이란의 수렵채집인을 대체했다는 생각을 거부하면서, "근동지역의 인구구조가 전체적으로 유지되고 있다는 사실에서 알 수 있듯이, 아이디어와 농경기법의 확산은 사람들의 확산보다 더 빠르게 진행되었다"(Lazaridis et al., 2016). 농업이 접촉을 통해 확산됨에 따라 숫자가 집단 간에 확산될 가능성이 매우 높았기 때문에 수치적 아이디어도 그럴 가능성이 높았다(숫자적으로 외래어가 현존 언어 그리고 숫자 체계에서 비슷하게 사용된다고 입증되었다, Comrie, 1999, 2005). 집단 간 접촉이 드물더라도 특히 무역과 같은 상호작용의 추진력을 고려할 때 수치적 단어, 개념 그리고 기법을 확산시킬 가능성이 있다. 더욱이 접촉이 수치적 발전(즉, 상호주의 보장과 같은 목적)에 동기를 부여하는 데 도움이 되었을 것이기 때문에, 확산이 유일한 효과라고 가정할 필요는 없다.

둘째, 사회적 인구통계학과 수치적 정교함의 상관관계는 후기 UP 레반트에서 주기적으로 서로 접촉하는 소규모 유목민 집단이 제한된 범위 내에서 노치notch 계수로 계산할 수 있음을 제안한다(Reese, 2002). 더욱이, 그들이 레반트 집단과의 접촉에 영향을 받았든, 독립적인 수치 전통을 발전시켰든, 남부 메소포타미아로 확장되는 자그로스 인구는 증가된 집단 규모와 정착생활(기원전 15,000년에서 10,000년)과 동물 축산 husbandry, 소규모 곡물 재배, 저장(기원전 7,000년) 그리고 가축 사육(기원

전 6,500년 이후)과 관련하여 자원 관리 요구를 지원하기 위해 더 많은 수를 개발하고 자세히 설명하라는 압력을 받았을 것이다(Robson, 2008). 기원전 4천 년 후반의 수치적 정교함으로 볼 때, 수치적 선사시대는 신석기시대의 인구통계학적 변화와 병행하였다는 것이, 4천 년 후반에 숫자가 갑자기 출현하여 2차원적인 복잡성으로 나타났다는 것보다 좀 더 그럴듯하다.

손가락은 신석기시대 토큰의 또 다른 가능한 일차원적 전구체이다. 손가락세기는 표기법과 단어로써 5, 10, 20의 집단에서 수치적 재현을 하는 특징적 조직에 의해 증명된다. 예를 들어, 엘람 사람들은 토큰과 도량형 관계에 기반하여 쓰인 수메르 숫자 재현을 채택했을 때, 그것들을 십진법 체계로 재구성했다(Englund, 2004b). 그 후, 기원전 3천 년 중반까지 쐐기문자는 의미적 가치뿐만 아니라 음성 정보를 나타낼 수 있게 되면서, 수메르어는 5, 10, 20으로 구성된 숫자 단어를 가지고 있다는 것을 보여주었다. '6'에서 '9'까지의 단어는 '5+'의 복합물이었다. 예를 들어, '6'의 단어는 '5+1'이었다. '30'의 단어는 '3개의 10'을 의미하고 '40'은 '2개의 20'을 의미했다(Blažek, 1999). 또한 아카드인어(셈어)는 십진법이었다. 셈어에서는 십진법 숫자가 되는 경향이 있기 때문이다(Friberg, 2007).

손가락세기의 문헌적 증거[220]는 ANE 숫자 인지에 몇 가지 중요한 영향을 미친다. 첫째, 그것은 메소포타미아인들이 현존하는 사람들처럼 손가락을 계산에 사용했다는 것을 보여준다(현존하는 사람들은 수치적 정

220 숫자 언어의 텍스트 증거는 수치적 각인, 이야기, 토큰의 고고학적 증거보다 훨씬 늦게 발생하지만, 이것은 전례 없고 독특한 빠른 속도로 생겨나는 숫자 체계로, 복잡한 2차원 숫자의 증거라기보다는 언어의 의미적 요소와 음성적 요소를 모두 보존할 수 있는 문자 체계['음성표시(glottographic)' 기록(writing)]가 결여된 인공물이다.

교함의 상당한 수준에도 불구하고 알려진 숫자 체계에서 십진법, 오진법 그리고 이십진법의 기초와 순환을 사용하고, '다섯과 열' 그리고 손가락세기를 지속한다고 증명된다). 둘째, 현대에 출현한 번호 체계에 손가락세기가 존재한다는 것은 ANE 계산 초기에 손가락세기가 나타났을 수 있다는 것을 의미한다(즉, 수치적 토큰, 각인 그리고 표기법의 후기 도량형 기반 체계보다 빠르며 아마도 레반트 맥락에서 발견된 가능한 계산보다 빠를 수 있다). 초기 출현은 손가락을 조절하고 양을 인지하는 뇌의 부분들 사이의 신경학적 통합, 열거된 대상을 작동하기 위한 손가락의 사용 그리고 양을 나타내기 위한 물질 장치로서 손가락의 사용 가능성과 일치할 것이다(Overmann, 2016c).[221] 마지막으로, 그 지역은 적어도 세 가지 고유의 수적 전통이 서로 접촉하고 있었다.[222] 수메르어, 엘라마이트어 그리고 아카드어는 별개의 언어였으며,[223] 숫자 재현의 세부사항(예: 더 작은 숫자에서 더 큰 숫자를 합성하는 방법)에서 차이를 보였다. 이러한 별개의 수치 전통들 사이의 상호작용(높은 숫자를 위해 표기법의 인용과 공유된 언어 형태로 시연됨)은 인구통계학적 요인, 자원 관리와 무역 같은 사회적 목적 그리고 수치적 차이를 대조적으로 밝히려는 숫자에 대한 증가하는 요구에 대한 대응으로서 수치적 정교함을 위한 기회를 의미한다.

---

221 메소포타미아 사람들은 해부학적, 행태적 근대성이 특징이기 때문에, 그들이 이러한 특징들을 공유하는 것을 배제할 이유가 없다.

222 여성들에 의한 지역 내 다른 숫자 체계, 삼계수(ternal counting) 체계 그리고 숫자를 포함하는 에메살(emesal)(역자 주: 수메르어로 가벼운 말이란 뜻) 또는 수메르어 방언의 증거가 있다(Lambert, 1969; Whittaker, 2002). 삼계수는 서기 그리고 사제(즉, 남성) 맥락에서 발생한다(Lambert, 1969). 에메살은 아마도 여성의 사투리가 아닌 문학적인 관습이었을 것이다(Whitaker, 2002). 그러나 이것은 발명된 계산법이 기묘하게 구체적인 세부사항이 될 것이기 때문에 믿을 수 없는 것으로 보인다. 또는 수메르인, 아카디아인 그리고 엘라마이트 인구와 접촉하는 소수 문화권의 새로운 숫자 체계를 대표했을 수 있다.

223 수메르어와 엘라마이트는 언어적으로 고립되어 있으며, 서로를 포함하여 알려진 언어와 무관하며, 아카디아어는 동쪽 셈어다.

ANE 민족지가 현존하는 민족지와 비슷한 방식으로 숫자를 깨달은 것은 언어적 증거에 의해 더욱 뒷받침된다. 현대 언어에서, 가장 초기의 어휘 수(Menninger, 1992)와 문법 수(Corbett, 2000)는 언어와 문화에 걸쳐 '하나, 둘, 셋'과 (크고 작은) '다수'의 일반적인 형태를 취한다. 이 패턴은 양의 지각적 경험(수직 그리고 크기 평가)에 부합하므로 이를 반영할 가능성이 있다. 그들의 어휘 번호의 초기 형태에 대한 언어적 증거는 없지만, '하나-둘-셋-다수' 패턴은 수메르어, 아카드어, 엘라마이트어에서 문법적 숫자로 특징된다. 단수와 복수형을 구별하는 문법적 숫자는 기원전 3천 년 동안 수메르어, 아카드어 그리고 엘라마이트어로 재현할 수 있게 되었다(Dahl, 2015). 문법적 숫자가 어휘적 수(Corbett, 2000; Overmann, 2015) 다음에 나타남에 따라, 세 고대 언어에서 문법적 숫자가 존재한다는 것은 어휘적 숫자 단어가 상대적으로(절대적이 아님) 일찍 나타났음을 의미한다. 또한, 문법 수에서 작지만 중요한 차이는 세 언어가 독립적으로 특징을 발전시켰다는 것을 시사한다. 이것은 그들이 반영하는 숫자 전통도 독립적으로 발전했다는 것을 시사한다.

전체적으로, 언어 그리고 고고학적 증거는 메소포타미아 사람들이 양에 대한 지각적 경험, 공유(또는 다른) 관계수에 대한 집합의 비교, 그리고 숫자의 비교와 재현을 위한 손가락의 사용을 통해 그들의 숫자를 현존하는 사람들이 하는 방식과 유사한 방식으로 발전시켰음을 시사한다. 그들의 수치적 발전은 아마도 후기 UP(레반트 계수와 연계되거나 그보다 더 일찍)일 수 있고 기원전 4천 년보다 훨씬 일찍 시작되었을지도 모른다.

숫자인지에 대한 메소포타미안 인공물과 효과

계산에 대한 물질적 기법의 에이전시 그리고 기호적 기능(Malafouris, 2013)을 분석하면 숫자인지에서 자신의 역할에 대한 추가 통찰력을 얻을 수 있다. 물질적 에이전시의 한 측면은 유기체가 인식하고 탐구할 수 있는 잠재적 유용성인 **행동 유도성**affordance에 대한 아이디어이다(Gibson, 1977; Greeno, 1994; Jenkins, 2008). 행동 유도성은 물질 인공물로 코드화될 수 있으며, 이를 다른 개인과 세대가 사용할 수 있게 하고 공간과 시간에 걸쳐 인지 노력을 분배한다(Hutchins, 1995; Smith, 2007). 다른 물질적 인공물에 따라 계산을 위한 행동 유도성이 달라지며, 새로운 물질적 형태는 좀 더 오래된 물질적 행동 유도성의 연장 그리고 반응을 재현한다. 이러한 분석에 필수적인 것은 ANE(〈표 20.1〉 참고)와 같이 단순 계산과 정밀 계산에 사용되는 물질적 기법의 확장된 시퀀스로, 초기 숫자 개념의 실현(아마도 후기 UP)과 복잡한 수학적 체계(구 바빌로니아 시대)에 이를 수 있다. 각 물질적 형태는 능력과 구조뿐만 아니라 결국 새로운 물질적 형태의 통합에 동기를 부여하려는 한계도 제공했을 것이며, 이것은 그들이 공유한 행동 유도성 그리고 이전 형태와는 다른 능력에 기초하여 선택되었을 것이다. 새로운 물질적 형태는 이전 형태의 한계를 해결하는 동시에 그 자체의 새로운 한계를 주입할 수 있을 것이다. 또한, 그들은 새로운 행동 유도성을 오래된 행동 유도성과 대조하며 새로운 패턴을 생성할 수 있는 가능성을 도입함으로써 수치적 정교화를 촉진할 수 있었을 것이다.

〈표 20.1〉 고대 근동의 기술인 물질 계산 기법으로 사용된 인공물의 행동 유도성과 한계

인공물	행동 유도성	한계
손가락	• 양 지각과 신경학적 통합 • 심리-행동-물질 가교 • 사용 가능, 계산 중인 개체를 조작 • 선형성, 안정적 순서	• 능력의 한계, 수명이 짧음 • 물품 미지정
계수	• 선형성, 안정적 순서 • 누적 • 더 많은 능력, 지속성	• 물품 미지정 • 서너 단계 이상은 시각적으로 식별하기 어려움, 조작할 수 없음, 일차원
토큰	• 선형성, 안정적 순서(강제, 형태 안에 내재되지 않음) • 누적, 더 큰 용량, 지속성 • 코드화된 물품 • 집단화(더 구별 가능), 조작 가능(작동, 관계), 2차원	• 느슨함(수용의 필요성을 부과), 간결하지 않음, 다면적 가치
표기법	• 선형성, 안정적 순서(부과된) • 많은 운영, 더 큰 용량, 지속성 • 물품은 번호를 매기는 것과 별도로 지정됨 • 집단화, 2차원 • 양식의 온전함, 간결함, 단가 • 손으로 쓴 것(방추형 이랑은 훈련됨, 향상된 손-눈의 조정능력, 향상된 특성 인식 및 회상), 객체로서의 개념화 • 전체 부분 관계(토큰 사용) • 표(예: 곱셈, 상호작용) • 계산의 더 큰 복잡성	• 고정됨(토큰을 사용하여 계산해야 하거나 새 알고리즘과 숫자 사이의 관계를 조정해야 함)

참고: 고대 근동 지역에서 계산에 사용된 기술은 네 가지 주요 변화를 나타낸다. 손가락은 수치 개념(예: 직선성; 안정적인 순서)에서 기본 구조에 영향을 주었다. 계수는 물질문화로의 전환을 대표한다(즉, 몸을 세는 것과는 반대로). 토큰은 지식 기반 번호의 출현을 나타낸다. 마지막으로, 서면 표기법은 숫자를 실체로 개념화할 수 있게 했다. 비용 및 한계는 기술 전반에 걸쳐 연속성과 불연속성을 보여주며, 새로운 물질 형태의 선택에 동기를 부여하고 영향을 준 요인을 나타낸다. Overmann(2017), Concepts and how they get that way, *Phenomenology and the Cognitive Sciences*에 있는 Table 1(p. 10)에서 이전에 출판되었다. 2017년 10월 31일 Springer Science+Business Media B.V. (https://doi.org/10.1007/s11097-017-9545-8)을 통해 온라인으로 이용할 수 있다.

손가락

손 숫자는 종종 몇 가지 이유로 숫자 개념을 나타내기 위해 사용되는 초기 물질 형태다. 첫째, 손가락의 감각운동 조절과 양 인지 사이의 신경 상호작용은 손가락세기가 인지적으로 뛰어나며 수치 정교함의 중요한 차이점에 대한 편재성과 지속성을 설명할 가능성이 있음을 암시한다. 둘째, 손가락은 열거된 대상을 작동하여 인지의 심리적, 행태적, 물질적 요소를 연결한다(Gallagher, 2013; Mattens, 2013). 셋째, 손가락은 단순히 기억을 돕고 필요에 따라 주의력 한계를 완화하기 위해 사용할 준비가 되어 있다. 문화 전반에 걸쳐 손가락세기는 습관적으로 순서화되며, 종종 손을 가로질러 바깥 손가락으로부터 정렬된다(Overmann, 2014). 이는 선형성과 안정적인 순서 또는 **서수성**ordinality, 크기를 증가시키는 시퀀스를 부여한다(Gelman & Gallistel, 1978). 이러한 문화적으로 반영되는 패턴은 주의력과 기억에 대한 요구를 줄이고 시각적 구별성을 개선함으로써 수치 정보에 더 쉽게 접근할 수 있게 한다(구별할 수 있는 **손가락세기 헤아림**finger-montring, 즉 다른 사람들에게 손가락세기 패턴을 보여주기는 특히 중요하다). 서수성은 심리적, 행태적, 물질적 구성요소들의 상호작용에서 나타난다. 즉 기억과 서수적 시퀀싱, 운동능력과 생활습관, 그리고 손의 다섯 손가락 특성pentadactylism이 있다. 그러나 손가락은 방해와 기억상실과 같은 과정의 영향을 받는 상황이나 기억에서 별도로 유지되어야 하는 정보로 무엇을 세는지 명시하지 않는다. 손가락은 또한 열거할 수 있는 능력이 상대적으로 제한적이며(대개 일반적으로는 손 하나에 5개) 조만간 기록 양recording quantity 이외의 어떤 것을 위해 손이 필요하다는 점에서 소멸하기 쉽다. 이러한 제한은 더 큰 지속성과 더 많은 양을 수용할 수 있는 능력을 가진 새로운 물질 형태의 통합에 동기를 부여할 수 있다.

계수

손가락의 한계를 해결하기 위해 통합된 물질 형태는 유사한 구조일 수 있다(예: 노치된 계수notched tallies, 매듭이 있는 끈). 선형성 그리고 안정된 차례와 같은 속성은 물질 형태와의 심리적 그리고 행태적 능력의 상호작용에 의해 강화되어 수치 정보의 접근성을 향상시킨다. 손가락과 마찬가지로, 계수도 계산 값을 명시하지 않으므로 정보를 상황이나 기억에 보관해야 한다. 손가락과는 달리, 계수는 지속성과 용량의 문제를 해결한다. 또한, 노치를 만드는 운동 활동은 누적과 같은 수치 개념과 '하나 더'와 같은 관계를 실현하는 데 도움이 될 수 있다. 계수는 조작할 수 없다. 일단 만들어진 한 노치는 움직이거나 빼기가 어렵다. 즉시세기의 제약으로 인해, 노치는 3개 또는 4개 이상의 수량으로 구별하기가 점점 어려워진다. 이것은 제작과정 동안 노치를 소정의 즉시 셀 수 있는 또는 인식 가능한 양으로 집단화하거나 것과 같은 노치에 동기를 부여한다(예: 5개 집단). 집단화 그리고 분리는 무엇을 세든 간에 서로를 노치에 연관시키기 때문에 두 번째 차원의 지수 재현을 추가한다([그림 20.1] 참고). 마지막으로, 계수는 물질성을 협력적인 매개체로 사용하는 것으로의 전환뿐 아니라 물질성을 외부적으로 몸에 보내다가 숫자로 인지체계에 통합하는 것을 재현한다.

토큰

각인impressions과 토큰을 모두 포함하는 인공물은 규모의 증가에 따라 숫자 각인의 크기를 증가시켜 정렬되었음을 보여준다(Nissen et al., 1993). 이것은 토큰이 손가락과 계수처럼 효율적이고 효과적인 사용과 일치할 수 있는 유사한 방식으로 정렬되었다는 것을 의미한다. 그러나 이러한 선형성과 안정적인 순서의 근원은 물질 형태 자체에서 더 이상 분명하지 않다(즉, 느슨한 토큰은 계수와 손가락에는 결여된 노치를 재배열하는 유연성이 있다). 토큰은 모양과 크기의 편리를 통해 코드화된 토큰 값 사이의 관계인 묶음bundling을 통해 즉시세기 제약의 영향을 완화했다(앞서 설명했듯이, 6과 10같이 즉시세기를 할 수 없는 묶음의 양은 계산해야 함을 의미한다). 모양/크기 규칙은 열거할 내용을 추가로 명시하여 손가락과 계수 모두에 내재된 또 다른 한계를 해결했다. 토큰이 느슨했기 때문에 토큰은 계수나 손가락으로는 불가능한 정도를 조작할 수 있었다. 조작성은 묶음과 풀음, 연산의 실행을 가능케 했으며, 뺄셈과 역수reciprocation(나누기의 한 유형)[224]와 같은 연산을 관례화하고, 토큰 값 간의 명확한 관계를 형성하고, 계산 알고리즘을 개발할 수 있는 기회를 제공했다(연산, 관계 그리고 알고리즘이 수학의 기초를 형성하기 때문에 중요하다). 그러나 토큰은 느슨했고, 기원전 4천 년 중반에, 점토로 만들어진 용기(물단지bullae와 포장용기envelopes) 안에 놓여졌다. 천 년 동안, 용기의 외부 표면은 토큰과 유사한 모양으로 표시되었고, 토큰의 필요성이 없어졌으며, 오늘날 쓰기의 기원으로서 토큰의 필요성과 수량 및 일용품을 별도로 재현할 수 있는 능력이 분리되어 널리 인정받고 있다(예: Schmandt-Besserat, 1992b, 2010).

224 수학에서 곱했을 때 1이 되게 하는 수(역자 주).

각인과 표기법

초기의 수치적 각인numerical impressions과 원형의 쐐기문자 표기법proto-cuneiform notations은 형태, 크기 그리고 묶음 관계에서 토큰과 유사했는데, 이는 양과 일용품 모두를 코드화하는 데 사용되는 관례였다. 이에 비해, 쐐기형 표기법은 수량과 일용품을 구분하고 궁극적으로 장소 가치의 체계를 개발할 것이다. 각인과 표기법은 이전 기법의 선형성과 안정적인 순서를 공유했다. 토큰과 달리, 각인과 표기법은 고정되어 숫자 정보 기록과 전달에만 적합했다. 표기법을 작동하기 위한 적절한 연산과 알고리즘이 개발될 때까지 토큰은 여전히 계산에 사용되었다(Friberg, 1981; Høyrup, 2002). 계산을 위해 토큰을 사용하고, 기록을 위해 각인/표기법을 사용하는 것은 전체-부분 관계(예: 60은 2와 30에 관련됨)의 평가를 촉진할 수 있는 두 가지 물질적 형태와 숫자 사이의 관계의 설명과 정교함을 의미한다. 이전의 어떤 기법과 달리, 쐐기문자 표기법은 간결하여 상당한 양의 수치 정보(예: 곱셈표, 교환표)를 불멸성, 운반성 그리고 쉽게 재생 가능한 매체로 기록할 수 있었다. 선 긋기scribe는 그들의 훈련의 일환으로 쓰기 표를 연습했고, 그 과정에서 숫자 관계를 배웠다. 이를 통해 선 긋기는 토큰을 사용하는 것보다 계산하는 데 더 많은 옵션을 제공했다. 그들은 숫자 사이의 관계를 작동하기 위한 새롭고 복잡한 알고리즘을 개발하는 요소인 표나 기억의 정보를 추가로 사용할 수 있었다. 필기 쐐기문자 표기법(예: 훈련된 대상-인식 처리)의 영향은 숫자 작동에 관한 쓰기 능력이 연산 개념의 개발을 촉진하는 반면, 숫자 조작에 대한 쓰기 능력은 분리된discrete 대상으로 숫자의 개념을 강화시켰다(Overmann, 2016a).

개념 변화와 구조 지속

분리된 양의 개념으로서, 숫자는 초기에 손가락과 대상에 일치하는 일대일 대응과 같은 행태를 통해 실현되는 동등성이다. 계수와 같은 형태가 통합됨에 따라, 숫자는 열거된 대상과 양을 공유하는 집합이 되고, 일단 손가락이 제공하면 생산적인 집단의 원천은 더 이상 분명하지 않다. 토큰과 같은 조작 가능한 형태가 통합됨에 따라 숫자는 서로의 양을 공유하기 시작하고, 선형성과 안정된 순서의 출처는 더 이상 분명하지 않다. 마지막으로, 일단 숫자가 유사한 실체와 수치적으로 관련된 실체가 되면, 관계와 알고리즘을 개발하는 데 필요한 조작 가능성의 출처는 더 이상 분명하지 않다. 간단히 말해, 숫자는 계산에 사용되는 물질 형태에서 선형성, 안정된 순서, 생산적인 집단 그리고 조작 가능한 관계와 같은 속성을 획득한다. 이러한 속성은 숫자 개념 자체와 계산에 물질 기법을 만들고 사용하는 행태 모두에 내재적으로 남지만, 더 이상 새로운 물질 형태에 내재되지 않을 수 있다. 이러한 현상들은 각각 **개념적 변화와 구조적 지속성**이라고 불릴 것이다.

개념적 변화는 숫자 개념을 조작하고 나타내기 위해 사용되는 물질성의 변화와 함께 일어난다. 물질적 형태의 변화는 추상화의 한 유형이다(즉, 맥락이탈화decontextualization로 의미에 있어 영향을 제거하기 위해 원래 환경에서 내용을 추출한다). 이러한 추상화는 새롭고 구속력이 덜한 행태 가능성의 출현을 허용함으로써, 즉각적인 행동 유도성을 효과적으로 가릴 수 있다(Clowes & Mendonça, 2016). 그러한 변화의 예는 수치적 각인과 상형문자 라벨pictographic label로 수량 그리고 일용품(토큰에 결합됨)의 재현을 분리한 것이며, 수학적 그리고 문헌적 전통으로 더욱 정교해질 수 있게 했다(Schmandt-Besserat, 1992a, 1992b). 또 다른 것은 쐐기문자 표기법의 개발인데, 그 간결성은 숫자 사이의 수치 관계에 대한 대량의 정보를 나타내기 위한 수치표를 만들 수 있게 해주었고, 그 결과 숫자가 유사한 실체와 관련되어 분리된 실체로 개념화되는 데 도움이 되었다. 마찬가지로, 토큰을 계수 기반 체계에 통합하면 서수 계산 시퀀스보다 조작이 더 쉬우며, 숫자 간의 관계가 계산이나 손가락으로 실현할 수 있는 것보다 더 많은 것을 포함하는 숫자의 개념을 촉진했을 것이다.

물질 형태가 변경될 때, 개념이 변경될 수 있지만 구조는 지속될 수 있다(예: 손가락에서 계수, 토큰까지 선형성의 지속성이다). 하나는 공간과 시간에 걸쳐 고려되는 물질 구성요소는(특히 개별적으로 개발된 여러 전통이 상호작용할 때) 좀 더 오래된 형태와 새로운 형태가 공존하는 패치워크patchwork라는 점이다. 구조가 지속되는 또 다른 이유는 신경학적인 이유인데, 손가락세기의 밑바탕이 되고, 잠재화하고, 영구화하는 두정엽속고랑intraparietal sulcus과 각이랑angular gyrus 사이의 상호작용 때문이다. 셋째, 물질성과 구조화된 상호작용을 나타내는 학습과 실행 또한, 개인과 세대 간에 그 같은 지식을 전달하는 사회적 행태이다. 가르치는 데 사용되는 언어는 언어의 시간적 순서는 숫자를 시퀀스적으로 표현할 것을 요구하기 때문에 선형성과 같은 특성을 강화시킬 가능성이 있다. 또한 숫자가 선형 순서, 생산적 집단화 그리고 조작 가능한 관계를 가진 실체일 경우, 물질 구조는 개념 자체에 내재되어 있으며, 이러한 내재적 구조는 오래된 물질 형태의 보존과 사용을 촉진할 수 있다. 마지막으로 물질성은 에이전시를 가지고 있다. 어떤 물질적 형태가 사람들로 하여금 물질적 형태는 그것을 가지고 할 수 있는 것을 가능하게 하고, 제한하고, 구조화할 수 있는 것이다. 오래된 물질 형태의 구조는 또한 새로운 형태의 구조적 잠재력에 영향을 미친다. 왜냐하면, 물질적 조건이 사람들을 특정한 방식으로 작용하는 사물에 적응시키고, 이것은 가능한 행태 결과의 범위를 좁히기 때문이다. 잠재적 해결의 구조화 또한 한계이다. 이전 해결책에 대한 친화력을 가진 해결책으로 가능성의 범위를 좁히기 때문이다. 이것이 바로 관련 없는 물질 형태의 제시가 새로운 해결책을 촉발하는 효과적인 기법이 된 이유일 수 있다(Kirsh, 2014).

여기서 몇 가지 점을 강조해야 한다. 첫째로, ANE 숫자 개념의 개발은 보편적 또는 결정론적 과정으로 계획되지 않고 오히려 다른 숫자 체계에 대한 친화성이 공유된 심리적, 생리학적 그리고 행태적 능력의 참여를 반영하며, 그 가변성이 고유한 물질 선택과 조합적 결정을 반영한다. 둘째, 물질적 형태를 가진 행태는 뇌에 훈련 효과를 일으키기 위해 지속적인 참여의 어떤 한계점에서 반복되어야 한다(예: 신경 용도 변경 또는 부위 협응이 있다). 필요한 임계치는 현재 정의되지 않았지만, 유사한 용도 변경으로 쓰기 행태에서 읽고 쓰는 능력을 발전시키는 것이 주 수준state-level의 관료주의와 관련된 행태 요구 하에서 나타나는 것으로 보인다(Overmann, 2016a). 행태적 지속은 사회적 요구의 수준에 따라 결정된다(또한 현재 전통적인 생산절차와 관련된 것 이상으로 정의되지 않은 것이 있다. 예: Epps et al., 2012를 보라).

후기 구석기/중기 석기시대 인공물

진화적 전구체에서 전진하고 나서 첫 번째 불분명한 숫자와 관련된 물질 형태에서 후진하는 것은 가능성 있는 전구체와 행동 유도성의 상호작용을 고려할 수 있게 하였다. 이것은 숫자인지에서 물질성의 역할에 대한 새로운 통찰력을 제공했다. 손가락세기는 심리학적, 행태적, 물질적 요소들 사이의 상호작용에서 선형성과 안정된 차례가 나타나면서 신경학적 상호작용, 손 가용성과 대상 손놀이의 기능으로 나타난다. 후속 기법은 새로운 기능과 한계를 숫자에 대한 인지체계에 주입하는 동시에 구조와 행동 유사성을 공유한다. 이차원 관계는 이전 기법과 열거된 개체의 관계를 반영한다. 이러한 통찰은 심지어 초기 선사시대에도 어떤 물질적 형태와 그 변화가 에이전시와 행동 유도성 그리고 수치적 어휘lexicon의 가용성과 범위와 같은 문제에 대해서 계산하기 위해 사용된 인공물을 해석하는 데 영향을 미친다.

보수적으로 보면, 구슬, 뼈 그리고 손바닥 자국과 같은 선사시대 인공물들은 현대의 묵주처럼 숫자적인 개념을 나타낼 필요가 없다. 하나의 요소(구슬, 노치)는 단순히 계산되고 있는 것 중 하나와 일치한다. 그러나 노치 만들기 그리고 줄 구슬과 같은 활동은 심리-행태-물질 상호작용을 나타내기 때문에 수치 개념('누적', '하나 더')을 그럴듯하게 생성할 수 있다. 앞서 언급했듯이, 가장 초기의 계산은 고고학적 흔적을 남기지 않을 수도 있다.[225] 따라서 부패하지 않는 물질의 인공물은 후속적인 정교함을 나타낼 수 있으며, 제한된 범위(즉, 최대 20개까지)에서 발생하는 수 개념 그리고 용어와 관련된 1차원 기법(즉, 손가락과 2차원 기법의 가교)일 가능성이 있다. 1차원 누적은 대상 또는 사건을 열거하며, 문화적 맥락(인식 가능한 예: 음력 주기, 며칠. 인식 불가능한 예: 신부 가격bride-price)에서

225 초기 계수는 과거의 심리적, 행태적, 물질적 특성에 대한 통찰력을 제공하는 언어적 흔적('1-2-3-많은' 패턴, '5+' 합성물)을 남길 수 있다. 그러나 언어 재구성은 초점이 어휘 유사성인지 또는 구조적 특징인지에 따라 약 지난 10,000년으로 다소 제약된다(Dunn, Terrill, Reesink, Foley, & Levinson, 2005).

일단 제거되면 숫자 자체에서 인식할 수도 있고 인식할 수 없을 수도 있다. 숫자에 대한 사회적 요구가 증가함에 따라, 계수와 같은 물질적 형태는 두 가지 방식으로 시간이 지남에 따라 변할 것으로 예측된다. 첫째, 기록하는 양이 증가할 것이다(즉, 숫자가 증가할 것이다). 둘째, 양은 표시의 시각적 분화를 촉진하는 전략(예: 집단화)을 반영할 것이다. 그러한 변화는 일반적으로 더 큰 집단 크기 그리고 집단 간 접촉과 같은 인구통계학적 요인과 관련되는 수의 더 큰 효율성에 대한 사회적 압력 하에서 예상할 수 있을 것이다.

계수와 같은 물질 형태는 인지의 심리적, 행태적, 물질적 차원 간의 상호작용을 수반하므로 수치적 개념을 발돋움할 수 있다. 그러나 일련의 노치는 숫자 표기법과 같이 관련된 숫자의 개념과 동일한 개념을 생성하지는 않을 것이다. 즉, 그 개념은 발판을 세우고 그것을 나타내기 위해 사용되는 물질 형태와 관련이 있다. 계수는 불연속적인 수량을 누적하여 나타내는 집합이다. 계수에 의해 예시화된 숫자의 개념은 노치를 세거나 표준과 비교하여 접근하며, 숫자 사이의 관계를 상대적으로 적게 나타낸다(예: '보다 많음', '보다 작음', '~만큼 많음'). 대조적으로, 쓰여진 숫자(예: 구 바빌로니아의 60진법)는 그 자체로 불연속적인 수량을 나타내는 실체이다. 숫자 표기에 의해 예시화된 숫자의 개념은 형태에서 명백하지만 변형할 수 없으며, 숫자 실체의 관계형 체계 내에 존재한다.

또한, 계수의 노치는 시간이 지남에 따라 수집될 수 있으며, 숫자는 일반적으로 완전한 단위로 손으로 작성된다. 각각의 생산적인 과정과 관련된 움직임과 행태들은 다른 심리적인 과정을 수반하며 신경 재편을 위한 다른 기회들을 암시한다. 예를 들어, 상징적 숫자를 인식하기 위해 수 인식numerosity이 용도 변경된 것으로 생각되지만(Dehaene & Cohen,

2007), 계수 기반 숫자 인식에서 유사한 재구성이 발생하는 정도는 불분명하다. 마찬가지로, 연산arithmetic facts에 대한 각이랑에서 작동할 때처럼 부위 간 협응을 촉진하는 것은(Grabner, Ansari, et al., 2009; Grabner, Ischebeck, et al., 2009) 계수 기반 수치 재현을 얻을 수 없는 연산(예: 수 사이의 관계)의 가용성에 따라 달라진다. 신경 참여와 훈련 효과는 또한 사회적 요구와 그럴듯하게 연관된 예시화 행태의 재발을 요구한다. 예를 들어, MSA 계수의 생성과 사용(한 명 이상의 개인에서)이 신경 기능성의 용도를 바꾸는 데 필요한 행동 재발 한계치를 초과할지는 알려지지 않았다. 이는 행태 재발에 대한 요구 한계점이 확립되지 않은 상황 때문에 더욱 복잡해진다.

블롬보스 동굴의 구슬(d'Errico et al., 2005), 보더 동굴의 노치 뼈(d'Errico et al., 2012), 코스커 동굴(Rouillon, 2006)의 스텐실 손바닥 자국과 같은 UP/MSA 인공물은 무집단(노치 그리고 손바닥 자국)이거나, 집단화(구슬)와 관련하여 모호하다. 이는 제한된 범위의 숫자 개념과 더 높은 숫자와 집단에 대한 사회적 압력의 부족을 의미한다(그리고 이것은 확립된 인구통계학적 요인과 일치한다). 사회적 압력의 부족은 다시 계산과 관련된 행태에 제한된 참여를 시사하며, 따라서 제한된 신경 용도 변경의 양을 제안한다. 인구통계학적 요인들에 관련된 숫자에 대한 사회적 목적과 관련 행태들이 없었더라면, 숫자 개념의 정교함은 신석기시대만큼 늦게 일어났을지도 모른다.

약 30,000년 동안 블롬보스 구슬과 레봄보Lebombo 뼈, 또 다른 15,000년 동안 레봄보 뼈와 코스쿼Cosquer 손바닥 자국을 분리했다. 비록 그들 모두가 초기 계산에 예측 가능한 물질 형태이지만, 어떤 것도 숫자 기원 문제를 해결하지 못하고 제한된 숫자 이상과 합리적으로 연관시킬 수 없다. 이들 중 적어도 일부가 특히 계수의 사례와 같이 계산을 나타낸 경우, 시간적 범위는 수치 실현과 상세한 수치 사이의 상대적 균형 상태를 시사하며, 이는 다시 유의한 인구통계학적 압력의 부족을 반영할 수 있다. 인구통계학적 요인 외에도 자원과 기법(예: 생계, 정착생활, 전문화)과 같은 문화적 특성은 MSA 아프리카와 UP 유럽 지역에서 나타난 물질문화의 정교함에 대한 함축적 요소가 있다. 풍부한 물질문화는 숫자를 깨닫고 정교하게 만드는 데 중요할 수 있다. 물질문화는 일반적으로 인지체계의 필수적인 부분이지만, 또한 계산에 동기를 부여하는 가치가 되는 대상, 형태가 가능하게 하고 세는 것을 가능하게 하는 대상, 그리고 어떤 것과 관계없는 대상들을 제공하면 습관과 고착된 물질 구조를 넘어서 혁신과 창조의 불꽃이 일어나는 도움을 준다. 일단 사용할 수 있게 되면, 숫자는 복잡성을 관리할 수 있게 하는 인지 기법이며, 훨씬 더 복잡한 것을 가능하게 한다.

감사

나는 스티븐 크리스오말리스Steven Chrisomalis와 린 와들리Lyn Wadley에게 이 장에 대한 건설적인 리뷰에 대해 감사를 드리고 싶다. 물론, 토마스 윈Thomas Wynn과 프레데릭 쿨리지Frederick Coolidge의 영감, 멘토링과 우정에 대해서도 감사를 드리고 싶다.

참고문헌

Amalric, M., & Dehaene, S. (2016). Origins of the brain networks for advanced mathematics in expert mathematicians. *Proceedings of the National Academy of Sciences of the United States of America, 113*(18), 4909–4917.

Amiet, P. (1972). *Mémoires de la délégation archéologique en Iran, Tome XLIII, Mission de Susiane* (Vol. I). Paris: Librairie Orientaliste Paul Geuthner.

Andres, M., Seron, X., & Olivier, E. (2007). Contribution of hand motor circuits to counting. *Journal of Cognitive Neuroscience, 19*(4), 563–576.

Bapi, R. S., Pammi, V. S. C., Miyapuram, K. P., & Ahmed, A. (2005). Investigation of sequence processing: A cognitive and computational neuroscience perspective. *Current Science, 89*(10), 1690–1698.

Blažek, V. (1999). *Numerals: Comparative etymological analyses and their implications: Saharan, Nubian, Egyptian, Berber, Kartvelian, Uralic, Altaic and Indo-European languages*. Brno, Czech Republic: Masarykova Univerzita.

Brooks, N. B., Barner, D., Frank, M. C., & Goldin-Meadow, S. (2014). Abacus: Gesture in the mind, not the hands. In P. Bello, M. Guarini, M. McShane, & B. Scassellati (Eds.), *Proceedings of the Cognitive Science Society* (Vol. 36, pp. 72–73). Austin, TX: Cognitive Science Society.

Bruner, E. (2004). Geometric morphometrics and paleoneurology: Brain shape evolution in the genus *Homo*. *Journal of Human Evolution, 47*(5), 279–303.

Bruner, E. (2010). Morphological differences in the parietal lobes with the human genus: A neurofunctional perspective. *Current Anthropology, 51*(1), S77–S88.

Bruner, E. (2014). Functional craniology, human evolution, and anatomical constraints in the Neanderthal braincase. In T. Akazawa, N. Ogihara, H. C. Tanabe, & H. Terashima (Eds.), *Dynamics of learning in Neanderthals and modern humans: Cognitive and physical perspectives* (Vol. 2, pp. 121–129). Tokyo: Springer.

Bruner, E., de la Cuétara, J. M., & Holloway, R. L. (2011). A bivariate approach to the variation of the parietal curvature in the genus *Homo*. *Anatomical Record, 294*(9), 1548–1556.

Bruner, E., Manzi, G., & Arsuaga, J. L. (2003). Encephalization and allometric trajectories in the genus *Homo*: Evidence from the Neandertal and modern lineages. *Proceedings of the National Academy of Sciences of the United States of America, 100*(26), 15335–15340.

Bruner, E., Saracino, B., Ricci, F., Tafuri, M., Passarello, P., & Manzi, G. (2004). Midsagittal cranial shape variation in the genus *Homo* by geometric morphometrics. *Collegium Antropologicum, 28*(1), 99–112.

Chomsky, N. (2004). *The generative enterprise revisited: Discussions with Riny Huybregts, Henk van Riemsdijk, Naoki Fukui and Mihoko Zushi*. Berlin: Mouton de Gruyter.

Chrisomalis, S. (2010). *Numerical notation: A comparative history*. Cambridge, UK: Cambridge University Press.

Christie, S., & Gentner, D. (2007). Relational similarity in identity relation: The role of language. In S. Vosniadou, D. Kayser, & A. Protopapas (Eds.), *Proceedings of the 2nd European Cognitive Science conference* (pp. 402–406). Mahwah, NJ: Lawrence Erlbaum Associates.

Closs, M. P. (1993). Native American number systems. In M. P. Closs (Ed.), *Native American mathematics* (pp. 3–43). Austin, TX: University of Texas Press.

Clottes, J., Courtin, J., & Vanrell, L. (2005). *Cosquer redécouvert*. Paris: Seuil.

Clowes, R. W., & Mendonça, D. (2016). Representation redux: Is there still a useful role for representation to play in the context of embodied, dynamicist and situated theories of mind? *New Ideas in Psychology, 40*(Special Issue on Representation), 26–47.

Cohen Kadosh, R., Gertner, L., & Terhune, D. B. (2012). Exceptional abilities in the spatial representation of numbers and time: Insights from synesthesia. *The Neuroscientist, 18*(3), 208–215.

Coinman, N. R. (1996). Worked bone in the Levantine Upper Paleolithic: Rare examples from the Wadi al-Hasa, West-Central Jordan. *Paléorient, 22*(2), 113–121.

Comrie, B. (1999). Haruai numerals and their implications for the history and typology of numeral systems. In J. Gvozdanović (Ed.), *Numeral types and changes worldwide* (pp. 81–94). Berlin: Mouton de Gruyter.

Comrie, B. (2005). Endangered numeral systems. In J. Wohlgemuth & T. Dirksmeyer (Eds.), *Bedrohte Vielfalt: Aspekte des Sprach(en)tods* (pp. 203–230). Berlin: Weißensee-Verlag.

Comrie, B. (2013). Numeral bases. In M. S. Dryer & M. Haspelmath (Eds.), *World atlas of language structures online*. Leipzig: Max Planck Institute for Evolutionary Anthropology.

Coolidge, F. L., & Overmann, K. A. (2012). Numerosity, abstraction, and the emergence of symbolic thinking. *Current Anthropology, 53*(2), 204–225.

Coolidge, F. L., & Wynn, T. (2018). *The rise of* Homo sapiens: *The evolution of modern thinking* (2nd ed.). Oxford, UK: Oxford University Press.

Corbett, G. G. (2000). *Number*. Cambridge, UK: Cambridge University Press.

Cuneiform Digital Library. (2015). Oxford, UK: Oriental Institute, University of Oxford.

Dahl, J. L. (2015). Comment on "Numerosity structures the expression of quantity in lexical numbers and grammatical number." *Current Anthropology, 56*(5), 647–648.

Davis, S. J. M. (1974). Incised bones from the Mousterian of Kebara cave (Mount Carmel) and the Aurignacian of Ha-Yonim cave (Western Galilee), Israel. *Paléorient, 2*(1), 181–182.

Dehaene, S., & Cohen, L. (2007). Cultural recycling of cortical maps. *Neuron, 56*(2), 384–398.

Dehaene, S., Piazza, M., Pinel, P., & Cohen, L. (2003). Three parietal circuits for number processing. *Cognitive Neuropsychology, 20*(3), 487–506.

d'Errico, F. (1991). Microscopic and statistical criteria for the identification of prehistoric systems of notation. *Rock Art Research, 8*, 83–93.

d'Errico, F. (1998). Palaeolithic origins of artificial memory systems: An evolutionary perspective. In C. Renfrew & C. Scarre (Eds.), *Cognition and material culture: The archaeology of symbolic storage* (pp. 19–50). Cambridge, UK: McDonald Institute for Archaeological Research.

d'Errico, F., Backwell, L., Villa, P., Degano, I., Lucejko, J. J., Bamford, M. K., . . . Beaumont, P. B. (2012). Early evidence of San material culture represented by organic artifacts from Border Cave, South Africa. *Proceedings of the National Academy of Sciences of the United States of America, 109*(33), 13214–13219.

d'Errico, F., Henshilwood, C. S., Vanhaeren, M., & Van Niekerk, K. L. (2005). *Nassarius kraussianus* shell beads from Blombos Cave: Evidence for symbolic behaviour in the Middle Stone Age. *Journal of Human Evolution, 48*(1), 3–24.

di Paolo, E. A., Rohde, M., & de Jaegher, H. (2010). Horizons for the enactive mind: Values, social interaction, and play. In J. Stewart, O. Gapenne, & E. A. di Paolo (Eds.), *Enaction: Toward a new paradigm for cognitive science* (pp. 33–87). Cambridge, MA: MIT Press.

Dryer, M. S., & Haspelmath, M. (2013). *World atlas of language structures online*. Leipzig: Max Planck Institute for Evolutionary Anthropology.

Dunn, M., Terrill, A., Reesink, G., Foley, R. A., & Levinson, S. C. (2005). Structural phylogenetics and the reconstruction of ancient language history. *Science, 309*(5743), 2072–2075.

Englund, R. K. (1998a). Review: Denise Schmandt-Besserat, *How writing came about. Written Language and Literacy, 1*, 257–261.

Englund, R. K. (1998b). Texts from the Late Uruk period. In *Mesopotamien: Späturuk-Zeit und Frühdynastische Zeit* (pp. 15–233). Freiburg, Switzerland: Universitätsverlag.

Englund, R. K. (2004a). Proto-cuneiform account books and journals. In M. Hudson & C. Wunsch (Eds.), *Creating economic order: Record-keeping, standardization and the development of accounting in the ancient Near East* (pp. 23–46). Bethesda, MD: CDL Press.

Englund, R. K. (2004b). The state of decipherment of proto-Elamite. In S. D. Houston (Ed.), *The first writing: Script invention as history and process* (pp. 100–149). Cambridge, UK: Cambridge University Press.

Epps, P. (2006). Growing a numeral system: The historical development of numerals in an Amazonian language family. *Diachronica, 23*(2), 259–288.

Epps, P., Bowerin, C., Hansen, C. A., Hill, J. H., & Zentz, J. (2012). On numeral complexity in hunter-gatherer languages. *Linguistic Typology, 16*(1), 41–109.

Everett, D. L. (2005). Cultural constraints on grammar and cognition in Pirahã: Another look at the design features of human language. *Current Anthropology, 46*(4), 621–646.

Falk, D. (2011). Evolution of the primate brain. In W. Henke, I. Tattersall, & T. Hardt (Eds.), *Handbook of paleoanthropology* (Vol. Vol. II, pp. 1133–1162). Berlin: Springer-Verlag.

Fauconnier, G., & Turner, M. (1998). Conceptual integration networks. *Cognitive Science, 22*(2), 133–187.

Frank, M. C., & Barner, D. (2012). Representing exact number visually using mental abacus. *Journal of Experimental Psychology: General, 141*(1), 134–149.

Friberg, J. (1981). Methods and traditions of Babylonian mathematics: Plimpton 322, Pythagorean triples, and the Babylonian triangle parameter equations. *Historia Mathematica, 8*(3), 277–318.

Friberg, J. (1994). Preliterate counting and accounting in the Middle East: A constructively critical review of Schmandt-Besserat's *Before writing. Orientalistische Literaturzeitung, 89*(5–6), 477–489.

Friberg, J. (2007). *A remarkable collection of Babylonian mathematical texts*. New York: Springer Science + Business Media.

Gallagher, S. (2013). The enactive hand. In Z. Radman (Ed.), *The hand, an organ of the mind: What the manual tells the mental* (pp. 209–225). Cambridge, MA: MIT Press.

Gelman, R., & Gallistel, C. R. (1978). *The child's understanding of number*. Cambridge, MA: The President and Fellows of Harvard College.

Gentner, D., & Colhoun, J. (2010). Analogical processes in human thinking and learning. In B. M. Glatzeder, V. Goel, & A. von Müller (Eds.), *Towards a theory of thinking: Building blocks*

for a conceptual framework (pp. 35–48). Heidelberg: Springer.
Gertner, L., Henik, A., Reznik, D., & Cohen Kadosh, R. (2013). Implications of number-space synesthesia on the automaticity of numerical processing. *Cortex, 49*(5), 1352–1362.
Geva, S., Jones, P. S., Crinion, J. T., Price, C. J., Baron, J.-C., & Warburton, E. A. (2011). The neural correlates of inner speech defined by voxel-based lesion symptom mapping. *Brain: A Journal of Neurology, 134*(10), 3071–3082.
Gibson, J. J. (1977). The theory of affordances. In *Perceiving, acting, and knowing: Toward an ecological psychology* (pp. 127–143). Hillsdale, NJ: Lawrence Erlbaum Associates.
Gibson, K. R. (1991). Myelination and behavioral development: A comparative perspective on questions of neoteny, altriciality and intelligence. In K. R. Gibson & A. C. Petersen (Eds.), *Brain maturation and cognitive development: Comparative and cross-cultural perspectives* (pp. 29–63). Piscataway, NJ: Aldine Transaction.
Gordon, P. (2004). Numerical cognition without words: Evidence from Amazonia. *Science, 306*(5695), 496–499.
Grabner, R. H., Ansari, D., Koschutnig, K., Reishofer, G., Ebner, F., & Neuper, C. (2009). To retrieve or to calculate? Left angular gyrus mediates the retrieval of arithmetic facts during problem solving. *Neuropsychologia, 47*(2), 604–608.
Grabner, R. H., Ischebeck, A., Reishofer, G., Koschutnig, K., Delazer, M., Ebner, F., & Neuper, C. (2009). Fact learning in complex arithmetic and figural-spatial tasks: The role of the angular gyrus and its relation to mathematical competence. *Human Brain Mapping, 30*(9), 2936–2952.
Greeno, J. G. (1994). Gibson's affordances. *Psychological Review, 101*(2), 336–342.
Harvey, B. M., Klein, B. P., Petridou, N., & Dumoulin, S. O. (2013). Topographic representation of numerosity in the human parietal cortex. *Science, 341*(6150), 1123–1126.
Heimann, K., Umilta, M. A., & Gallese, V. (2013). How the motor-cortex distinguishes among letters, unknown symbols and scribbles: A high density EEG study. *Neuropsychologia, 51*, 2833–2840.
Høyrup, J. (2002). *Lengths, widths, surfaces: A portrait of Old Babylonian algebra and its kin.* New York: Springer.
Hung, Y.-H., Pallier, C., Dehaene, S., Lin, Y.-C., Chang, A., Tzeng, O. J.-L., & Wu, D. H. (2015). Neural correlates of merging number words. *NeuroImage, 122*, 33–43.
Hurford, J. R. (1987). *Language and number: The emergence of a cognitive system.* Oxford, UK: Blackwell.
Hurford, J. R. (2007). *The origins of meaning: Language in the light of evolution.* Oxford, UK: Oxford University Press.
Hutchins, E. (1995). *Cognition in the wild.* Cambridge, MA: MIT Press.
Hutchins, E. (2005). Material anchors for conceptual blends. *Journal of Pragmatics, 37*(10), 1555–1577.
Jenkins, H. S. (2008). Gibson's "affordances": Evolution of a pivotal concept. *Journal of Scientific Psychology, 12*, 34–45.
Kaas, J. H. (2000). Why is brain size so important: Design problems and solutions as neocortex gets bigger or smaller. *Brain and Mind, 1*(1), 7–23.
Kirsh, D. (2014). The importance of change and interactivity in creativity. *Pragmatics &*

Cognition, 22(1), 5–26.

Kringinger, H., Koten, J. W., Horoufchin, H., Kohn, N., Arndt, D., Sahr, K., . . . Willmes, K. (2011). The role of finger representations and saccades for number processing: An fMRI study in children. *Frontiers in Psychology, 2,* 1–12.

Lakoff, G., & Núñez, R. E. (2000). *Where mathematics comes from: How the embodied mind brings mathematics into being.* New York: Basic Books.

Lambert, W. G. (1969). Review, O. R. Gurney and P. Hulin, *The Sultantepe tablets II. Journal of Semitic Studies, 14*(2), 242–247.

Langer, J. (1986). *The origins of logic: One to two years.* Orlando, FL: Academic Press.

Lazaridis, I., Nadel, D., Rollefson, G., Merrett, D. C., Rohland, N., Mallick, S., . . . Reich, D. (2016). Genomic insights into the origin of farming in the ancient Near East. *Nature, 536*(7617), 419–424.

Malafouris, L. (2010). Grasping the concept of number: How did the sapient mind move beyond approximation? In C. Renfrew & I. Morley (Eds.), *The archaeology of measurement: Comprehending heaven, earth and time in ancient societies* (pp. 35–42). Cambridge, UK: Cambridge University Press.

Malafouris, L. (2013). *How things shape the mind: A theory of material engagement.* Cambridge, MA: MIT Press.

Mattens, F. (2013). Perception and representation: Mind the hand! In Z. Radman (Ed.), *The hand, an organ of the mind: What the manual tells the mental* (pp. 159–184). Cambridge, MA: MIT Press.

McBrearty, S., & Brooks, A. S. (2000). The revolution that wasn't: A new interpretation of the origin of modern human behavior. *Journal of Human Evolution, 39*(5), 453–563.

Menninger, K. (1992). *Number words and number symbols: A cultural history of numbers.* (P. Broneer, Trans.). New York: Dover Publications.

Moore, A. M. T. (2000). Stone and other artifacts. In A. M. T. Moore, G. C. Hillman, & A. J. Legge (Eds.), *Village on the Euphrates: From foraging to farming at Abu Hureyra* (pp. 165–186). Oxford, UK: Oxford University Press.

Nissen, H. J., Damerow, P., & Englund, R. K. (1993). *Archaic bookkeeping: Early writing and techniques of economic administration in the ancient Near East.* (P. Larsen, Trans.). Chicago, IL: University of Chicago Press.

Orban, G. A., Claeys, K., Nelissen, K., Smans, R., Sunaert, S., Todd, J. T., . . . Vanduffel, W. (2006). Mapping the parietal cortex of human and non-human primates. *Neuropsychologia, 44*(13), 2647–2667.

Overmann, K. A. (2014). Finger-counting in the Upper Palaeolithic. *Rock Art Research, 31*(1), 63–80.

Overmann, K. A. (2015). Numerosity structures the expression of quantity in lexical numbers and grammatical number. *Current Anthropology, 56*(5), 638–653.

Overmann, K. A. (2016a). Beyond writing: The development of literacy in the Ancient Near East. *Cambridge Archaeological Journal, 26*(2), 285–303.

Overmann, K. A. (2016b). *Materiality in numerical cognition: Material Engagement Theory and the counting technologies of the Ancient Near East.* Doctoral thesis, University of Oxford.

Overmann, K. A. (2016c). The role of materiality in numerical cognition. *Quaternary International, 405,* 42–51.

Overmann, K. A. (2017). Concepts and how they get that way. *Phenomenology and the Cognitive Sciences*, 1–16. Retrieved from https://doi.org/10.1007/s11097-017-9545-8

Penner-Wilger, M., Fast, L., LeFevre, J.-A., Smith-Chant, B. L., Skwarchuk, S.-L., Kamawar, D., & Bisanz, J. (2007). The foundations of numeracy: Subitizing, finger gnosia, and fine motor ability. In D. S. McNamara & J. G. Trafton (Eds.), *Proceedings of the Cognitive Science Society* (Vol. 29, pp. 1385–1390). Austin, TX: Cognitive Science Society.

Piazza, M., & Izard, V. (2009). How humans count: Numerosity and the parietal cortex. *Neuroscientist, 15*(3), 261–273.

Reese, D. S. (2002). On the incised cattle scapulae from the East Mediterranean and Near East. *Bonner Zoologische Beitrage, 50*, 183–198.

Rehkämper, G., Frahm, H. D., & Mann, M. D. (1995). Brain composition and ecological niches in the wild or under man-made conditions (domestication): Constraints of the evolutionary plasticity of the brain. In E. Alleva, A. Fasolo, H.-P. Lipp, L. Nadel, & L. Ricceri (Eds.), *Proceedings of the NATO Advanced Study Institute on behavioural brain research in naturalistic and semi-naturalistic settings: Possibilities and perspectives (Acquafredda di Maratea, Italy, Sept. 10–20, 1994)* (pp. 83–103). Dordrecht, The Netherlands: Kluwer Academic.

Richter, D., Grün, R., Joannes-Boyau, R., Steele, T. E., Amani, F., Rué, M., . . . McPherron, S. P. (2017). The age of the hominin fossils from Jebel Irhoud, Morocco, and the origins of the Middle Stone Age. *Nature, 546*(7657), 293–296.

Rilling, J. K., & Insel, T. R. (1999). Differential expansion of neural projection systems in primate brain evolution. *Neuroreport, 10*(7), 1453–1459.

Robson, E. (2008). *Mathematics in ancient Iraq: A social history*. Princeton, NJ: Princeton University Press.

Rouillon, A. (2006). Au Gravettien, dans la grotte Cosquer (Marseille, Bouches-du-Rhône), l'Homme a-t-il compté sur ses doigts? *Anthropologie, 110*(4), 500–509.

Roux, F., Boetto, S., Sacko, O., Chollet, F., & Trémoulet, M. (2003). Writing, calculating, and finger recognition in the region of the angular gyrus: A cortical stimulation study of Gerstmann syndrome. *Journal of Neurosurgery, 99*(4), 716–727.

Russell, B. (1920). *Introduction to mathematical philosophy* (2nd ed.). London: George Allen & Unwin.

Salthouse, T. A. (2005). Relations between cognitive abilities and measures of executive functioning. *Neuropsychology, 19*(4), 532–545.

Saxe, G. B. (2012). *Cultural development of mathematical ideas*. Cambridge, UK: Cambridge University Press.

Schmandt-Besserat, D. (1992a). *Before writing: From counting to cuneiform* (2 vols). Austin, TX: University of Texas Press.

Schmandt-Besserat, D. (1992b). *How writing came about*. Austin, TX: University of Texas Press.

Schmandt-Besserat, D. (2010). The token system of the ancient Near East: Its role in counting, writing, the economy and cognition. In C. Renfrew & I. Morley (Eds.), *The archaeology of measurement: Comprehending heaven, earth and time in ancient societies* (pp. 27–34). Cambridge, UK: Cambridge University Press.

Sfard, A., & Linchevski, L. (1994). The gains and the pitfalls of reification? The case of algebra. *Educational Studies in Mathematics, 26*(2–3), 191–228.

Shea, J. J., Fleagle, J. G., & Assefa, Z. (2007). Context and chronology of early *Homo sapiens* fossils from the Omo Kibish Formation, Ethiopia. In P. Mellars, K. Boyle, O. Bar-Yosef, & C. B. Stringer (Eds.), *Rethinking the human revolution: New behavioural and biological perspectives on the origin and dispersal of modern humans* (pp. 153–162). Cambridge, UK: McDonald Institute for Archaeological Research.

Shendge, M. J. (1983). The use of seals and the invention of writing. *Journal of the Economic and Social History of the Orient, 26*(2), 113–136.

Smith, O. F. (2007). Object artifacts, image artifacts and conceptual artifacts: Beyond the object into the event. *Artifact, 1*, 4–6.

Thompson, R. K., & Oden, D. L. (2000). Categorical perception and conceptual judgments by nonhuman primates: The paleological monkey and the analogical ape. *Cognitive Science, 24*(3), 363–396.

Thompson, R. K., Oden, D. L., & Boysen, S. T. (1997). Language-naive chimpanzees (*Pan troglodytes*) judge relations between relations in a conceptual matching-to-sample task. *Journal of Experimental Psychology: Animal Behavior Processes, 23*(1), 31–43.

Tixier, J. (1974). Poinçon décoré du Paléolithique supérieur à Ksar'Aqil (Liban). *Paléorient, 2*, 187–192.

Translation of "The debate between grain and sheep." (2005). In *Electronic Text Corpus of Sumerian Literature*. Oriental Institute, University of Oxford.

Tschentscher, N., Hauk, O., Fischer, M. H., & Pulvermüller, F. (2012). You can count on the motor cortex: Finger counting habits modulate motor cortex activation evoked by numbers. *NeuroImage, 59*(4), 3139–3148.

Whittaker, G. (2002). Linguistic anthropology and the study of emesal as (a) women's language. In S. Parpola & R. M. Whiting (Eds.), *Sex and gender in the Ancient Near East: Proceedings of the 47th Rencontre Assyriologique Internationale, Helsinki, July 2–6, 2001* (Vol. Part II, pp. 633–644). Helsinki: The Neo-Assyrian Text Corpus Project.

Wynn, T., Overmann, K. A., Coolidge, F. L., & Janulis, K. (2017). Bootstrapping ordinal thinking. In T. Wynn & F. L. Coolidge (Eds.), *Cognitive models in Palaeolithic archaeology* (pp. 197–213). Oxford, UK: Oxford University Press.

Zimansky, P. (1993). Review of Denise Schmandt-Besserat's *Before writing*, Volumes I and II. *Journal of Field Archaeology, 20*(4), 513–517.

| 제21장 |

마음 사로잡기

올가미와 덫의 인지적 함의

Lyn Wadley

서론

일상 과제, 특히 도구나 다양한 생산물을 만들어 사용하는 작업은 유사하고 복잡한 인지에 대한 정보를 제공할 수 있다. 때로는 과제에 필요한 절차가 다중과제 처리와 같은 복잡한 인지 능력 없이는 실행될 수 없다. 그 예로는 계절이나 출발지에 따라 다양한 속성을 가질 수 있는 천연 성분의 조합으로 만든 복합 접착제의 제작 그리고 사용이 있다 (Wadley, Hodgskiss, & Grant, 2009).

원격 포획을 위한 장치인 덫traps과 올가미snares는 복잡한 인지를 수반하는 물질문화의 또 다른 훌륭한 예를 제공한다. 그것들은 복합물이 될 때, 즉시가 아니라 미래의 운영자에게 이익을 주기 위해 기능하도록 디자인되기 때문에 만족이 지연된다. 더욱이, 먹이를 잡는 것은 사냥꾼으로부터 멀리 떨어져 있고, 보이지 않는다. 그러므로 올가미와 덫은 인간이 공간과 시간에 걸쳐 행동을 통합할 수 있는 능력에 대한 증거이다(Wynn & Coolidge, 2003). 그들은 선견지명이 있다는 설득력 있는 증거를 제공한다(Vaesen, 2012). 특히 사냥꾼이 현재 행동이 미래에 보이지 않는 사건에 어떤 영향을 미칠지 계산해야 하기 때문이다(Coolidge & Wynn, 2005). 인간이 직접 감독하지 않고 이러한 방식으로 실행하는 사전 계획적인 행동에는 뇌의 현대적인 집행기능이 포함되며, 이는 강화된 작업기억과 현대적인 인지를 특징으로 한다(Coolidge & Wynn, 2005; Wynn & Coolidge, 2003, 2007a, 2007b). 중앙집행은 작업기억의 의사결정 구성요소이며, 그 역할은 에이전트가 특정 과제의 목표를 달성하는 데 집중하는 동안 주변적 생각이나 행동을 예방하는 것을 포함한다(Wynn & Coolidge, 2007b). 올가미와 덫은 복잡한 행동 인지의 좋은 예를 제공하며, 사용은 정교한 정신 개념과 기법적 전문지식을 내포한다(Wadley, 2010). 후자는 과제의 철저한 반복을 포함하며, 빠른 과제 전환과 주의 분산을 무시하는 능력과 같은 작업기억의 일부 인지 제어 기전을 가진 절차적 기억을 기반으로 한다(Wynn, Haidle, Lombard, & Coolidge, 2017). 이러한 인지적 속성은 기법이 비교적 단순하긴 하지만 덫을 놓기 위한 요구사항이다. 험담꾼들은 거미들이 거미줄의 형태로 올가미를 만든다고 주장할 수 있지만, 그러한 행태는 짧고 간단한 작동 시퀀스인 '코그니그람cognigrams'으로 본능적이며, 도전과 해결책 사이의 간격이 인간의 행동으로 드러난 것보다 훨씬 적다(Haidle, 2006). 더욱이, 거미는 일반적으로 거미줄에서 감시하기 때문에 행동이 멀리 떨어져 있지 않다.

여기서, 나는 뇌의 현대 집행기능과 올가미 또는 덫에 관련된 정신적인 측면을 연결하기 위해 작업기억 모델의 몇 가지 특성을 가교 이론bridging theory(Botha, 2008; Wynn, 2009)으로 사용한다. 나아가, 가교 이론은 우리가 민족지 그리고 역사적 기록에서 알고 있는 원격 포획 기법과 이해하기 어려운 고고학적 자료를 연결하기 위해 필요하다. 그런 다음 유적지에서 발견된 고고학적 동물상과 과거 올가미와 덫의 사용 사이의 간격을 메우는 데 필요한 종류의 증거를 조사한다. 그것은 어려운 주제이며, 결론은 조심스럽게 내려졌다. 남아프리카의 중기 석기시대Middle Stone Age(이하 MSA로 표기)[226]에서 올가미에 대한 주요 정황 증거의 예는 남아프리카의 시부두에서 6만5천 년에서 6만2천 년 전에 있었던 동물지 기록faunal record, 動物誌 記錄[227]에서 나온 것이다. 이용 가능한 자료를 간략히 설명하겠다.

덫 또는 올가미 설치에 대한 기법적 그리고 인지적 전제는 무엇일까?

덫이나 올가미를 설정하고 수확할 수 있으려면 먹이 생태학과 행태 형태의 절차적 지식이 필요하다(Frison, 1991; Schmitt, Madsen, & Lupo, 2004). 그럼에도 불구하고 고기 탐구에 대한 동물행동학을 도출하는 것이 반드시 우리와 같은 인지의 증거일 필요는 없다. 네안데르탈인도 이러한 능력을 보유하고 있을 수 있다(Stringer et al., 2008). 우간다의 침팬지들은 인간의 행태를 연구하기 위해 비슷한 것을 연습한다. 그들은 인간 포획자들보다 한 걸음 앞서고, 인간이 깔린 올가미에서 살거나 죽은 파란

226 아프리카 선사시대로, 대략 280,000년 전에 시작해서 50,000년~25,000년 전에 끝난 시기이다. 위키피디아 참조(역자 주).

227 특정 지역이나 수역에 살고 있는 모든 동물들의 기록(역자 주).

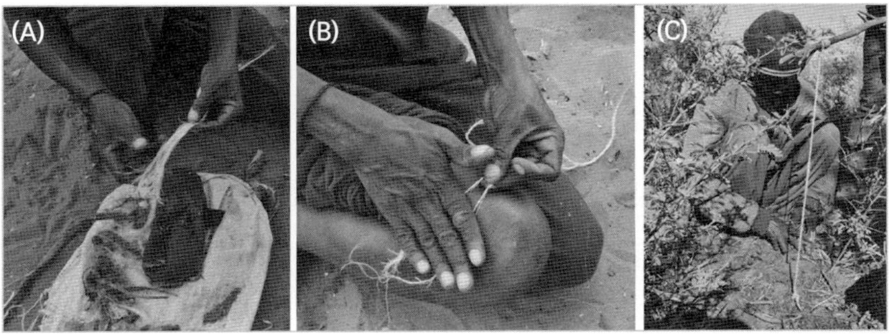

[그림 21.1] 칼라하리(Kalahari)에서의 간단한 올가미 제작

(A) 산 사냥꾼이 산세비에라(Sanseviera)잎에서 섬유를 추출하고, (B) 섬유를 꼬아서 줄을 만들고, (C) 구부러진 묘목, 갈라진 막대 그리고 노끈을 사용하여 스프링이 달린 발 올가미를 만든다. 게리 트로우어(Gary Trower)의 이미지이며, 그의 허락을 받아 복제되었다.

다이커duiker[228] 중 하나를 쉽게 강탈한다(Brand, Eguma, Zuberbühler, & Hobaiter, 2014).

올가미를 제작할 때, 촉발장치trigger의 역할을 할 유연한 묘목뿐만 아니라 어떤 형태의 밧줄이 필요하다([그림 21.1] 참고). 이 기법은 가식적이지 않으며 활과 화살 세트를 만드는 데 필요한 긴 작업 시퀀스를 포함하지 않는다(Lombard & Haidle, 2012). 덫의 기법적 단순함에도 불구하고, 성공적인 사용은 몇 가지 까다로운 인지과정을 포함한다. 먹이의 발 또는 목을 걸기 위한 올가미를 만들 것인지 결정이 내려질 필요가 있다. 먹이의 크기와 무게 그리고 습관은 올가미의 구조와 위치를 결정할 것이다. 오직 내러티브한 마음만이 동물의 머리나 발이 자국을 덫을 따라 정확히 어디에 놓일지 상상할 수 있다. 그리고 눈에 띄지 않는 올가미의 정확한 장소를 선택할 수 있다(Shaw-Williams, 2014). 더욱이, 올가미로 잡는 것은 먹이로서의 행태를 이해하고 예측할 수 있으며, 동물

228 영양의 일종(역자 주).

의 발자국을 읽는 능력이 있어야 한다. 마음이론은 동물의 발자국이 나타내는 대로 동물의 상태와 행동을 상상하기 위한 전제조건이다(Shaw-Williams, 2014). 성공적인 올가미를 설정하기 위한 표지로 자국sign을 사용하는 것은 최소 요건으로서 자국(동물의 경로)의 표현과 자국과의 이전 연관성을 통해 기억에서 상기된 이미지를 동시에 염두에 둘 수 있는 인지 능력이 필요하다(Stuart-Fox, 2015). 인과관계를 설정하기 위해서는 두 가지 재현을 모두 스투아트-폭스Stuart-Fox(2015)가 **초기 작업기억** incipient working memory이라고 부르는 곳에 보관해야 한다. 따라서 추적의 인지 요건과 자국에 의해 제시된 정보를 지속적으로 업데이트할 필요성

[그림 21.2] 남아프리카의 웨스턴 케이프(Western Cape)에 있는 해조류 덫

돌담은 자연 웅덩이를 이용하는 어살을 만든다. 높은 조수는 민물과 물고기를 덫으로 운반한다. 조수가 물러갈 때, 물고기는 벽을 헤엄쳐 지나갈 수 없고 다음 만조 때까지 웅덩이에 갇히게 된다. 그레이엄 에이버리(해조류 덫에 대한 논의는 Graham Avery, 1975, 참고)의 이미지이며, 그의 허락을 받아 복제되었다.

을 통해 인과적 추론(Lombard & Gärdenfors, 2017)은 작업기억이 구축된 인지 기반 중 하나였을 수 있다. 만약 이것이 사실이라면, 보잘것없는 올가미의 발명과 사용은 광범위한 진화적 의미를 지녔을지도 모른다. 이 장의 마지막에 이 문제를 다시 토론한다.

수천 년 이상, 사람들은 함정pitfalls과 돌담stone-wall을 포함한 다양한 원격 포획 요령을 고안해냈다. 함정은 먹이가 횡단할 가능성이 높은 곳에 구멍을 파고 잎으로 구멍을 위장하는 것을 포함한다. 작은 생명체를 잡으려면 구멍으로 충분할 수 있지만(Forbes, 2015), 더 큰 동물은 예를 들어 구덩이에 날카로운 말뚝을 세워 살상시켜야 한다. 돌담은 때때로 사막 연desert kites(Holzer, Avner, Porat, & Horwitz, 2010)과 밀물과 썰물의 물고기 덫(Avery, 1975; Hine, Sealy, Halkett, & Hart, 2010, 또한 [그림 21.2]를 보라)을 만드는 데 사용된다. 사람들이 사냥감을 잡을 수 있도록 하는 함정은 지연된 만족을 수반하지 않으며 여기서 더 이상 논의되지 않는다. 돌담과 관련된 종류의 덫과는 별도로, 대부분의 올가미와 덫은 남지 못했고, 고고학자들은 그들의 사용을 추론하기 위해 정황 증거를 사용해야만 한다.

고고학 유적지에서의 덫과 올가미: 증거가 있는가?

고고학자들이 과거에 원격 포획 같은 덫의 사용을 추론하기 위해 사용할 수 있는 믿을 만한 정황 증거는 무엇인가? 남은 먹이의 재고를 면밀히 조사하는 것도 한 가지 방법이다. 덫을 사용하면 얻기 어려운 동물로부터 많은 수의 비정상적인 유골이 생성되어야 한다. 야행성 동물이나 혼자 사는 숲속 동물은 창이나 발사체로 사냥할 때보다 더 쉽게 포획된다. 재빠른 토끼와 산토끼 그리고 몇몇 큰 새들은 덫이나 올가미에 잡히기에 적합하다. 몽구스와 같은 작은 육식동물은 올가미와 덫에 우연히 걸리는 경향이 있으며(Lupo & Schmitt, 2002), 유골의 높은 빈도는 무기나 그물로 사냥하는 활동보다는 원격 포획 장치를 가리킬 가능성이 높다. 특히 작은 육식동물은 덫에 잡히기 쉽지만, 만약 그 덫이 충분히 강하다면 더 큰 육식동물 또한 우연히 잡힐 수도 있다. 이러한 포획이 가능한 이유는 육식동물들이 먹이를 찾아다니는 경향이 있고 미끼를 물게 될 것이기 때문이다. 예를 들어 캐나다에서 퓨마의 사망은 이러한 대형 육식동물이 늑대의 미끼 배치에서 우연히 잡힐 때 흔하다(Knopff, Knopff, & Boyce, 2010). 남부 케이프 클립드리프트Klipdrift에 있는 위험한 카라칼caracal[229]과 하이에나의 잔해([그림 21.3] 참고)는 우발적인 포획의 결과일 수 있다(Reynard, Discamps, Badenhorst, van Niekerk, & Henshilwood, 2016). 그럼에도 불구하고, 클립드리프트에 있는 육식동물의 사체는 뼈의 두둘김과 자국이 가죽을 벗기는 것과 도살하는 것을 모두 제안하기 때문에 인간에 의해 사용되었다고 볼 수 있다(Reynard, Discamps, Badenhorst, et al., 2016).

작은 보비드bovid[230]는 올가미로 포획할 수 있는데(Klein, 1981), 특히 이들 중 다수가 이동하지 않고, 작은 범위의 집을 가지며, 고립되거나 은밀하기 때문이다. 클라인Klein은 아프리카의 MSA와 후기 석기시대Later Stone Age(이하 LSA로 표기) 유적지 모두에서 올가미가 사용되었다고 추론했다(Klein, 1977; 또한 [그림 21.3]을 보라). 실제로, 몇몇 아프리카 유

229 스라소니의 일종(역자 주).

230 소과의 동물(역자 주).

적지로부터의 증거는 고기 탐구meat quest가 MSA와 더 최근의 LSA, 특히 작은 크기의 분류 I 유제류class I ungulates[231]의 존재와 관련하여 유사했을 가능성을 제기한다(Brain, 1981; Marean, Abe, Frey, & Randall, 2000). 스틴복steenbok/그리스복grysbok(**Raphicerus** spp.)[232], 파란 다이커blue duiker(**Philantomba monticola**), 딕 딕dik-dik(**Madoqua** sp.)과 같은 몸 크기는 올가미에 걸리기에 매우 적합하다. 파란 다이커의 질량은 약 5kg 정도여서 정말 작은 고기 꾸러미를 이루고 있다.

크고 작은 생물들이 MSA 유적지에 나타나 있다. 그러한 부위의 뼈는 일반적으로 골수를 추출하기 위해 산산조각이 난 것으로 추정된다. 버려진 뼛조각들이 자주 불에 탔기 때문에, 사체들이 도살되었는지 혹은 어떻게 도살되었는지 결정하기 위한 화석생성론적 연구taphonomic studies를 하는 것이 항상 가능한 것은 아니다. 그럼에도 불구하고, MSA의 먹이 다양성은 사람들이 다양한 고기 섭취 전략을 사용했음을 의미한다(Wadley, 2015). 창이나 화살과 같은 무기를 가지고 사냥하는 것은 얼룩말과 누wildebeest와 같은 동물의 잔해에 의해 제안되고, 코뿔소와 하마와 같은 크고 위험한 동물들에 의해 약탈되고, 다른 방법으로는 쉽게 잡히지 않는 숲속 동물들에 의해 포획된다. 클라시에스 강Klasies River([그림 21.3] 참고)에서 멸종된 거대한 버팔로의 척추에 박힌 돌촉 부분은 위험한 사냥이 돌촉의 무기로 이루어졌거나 돌촉의 말뚝이 함정에 숨겨져 있었음을 나타낸다(Milo, 1998). 마일로Milo는 돌이 버팔로의 척추로 들어가는 각도로 함정 덫을 해석한다.

클라크와 칸델Clark and Kandel(2013)이 17만 년 전에서 4만 년 전 사

231 몸 크기를 I, II, III, IV로 나누었다(역자 주).

232 남아프리카산 영양의 일종(역자 주).

이의 아프리카 남부 8개의 유적지에서 자료를 수집했을 때, 그들은 식생활의 폭이 약 7만 년에서 6만 년 전에 절정에 달했다는 것을 알아챘다. 이것은 낮은 순위의 작은 먹이(특히 크기 분류 1의 브라우저)의 높은 빈도와 일치한다. 토끼hares, 바위너구리rock hyraxes, 그리스복grysbok/스틴복steenbok(**Raphicerus** spp.), 리드벅reedbuck(**Redunca** spp.)의 잔해는 남아프리카에서 광범위하게 발견되며, 다양한 환경에 걸쳐 분포하는 경향이

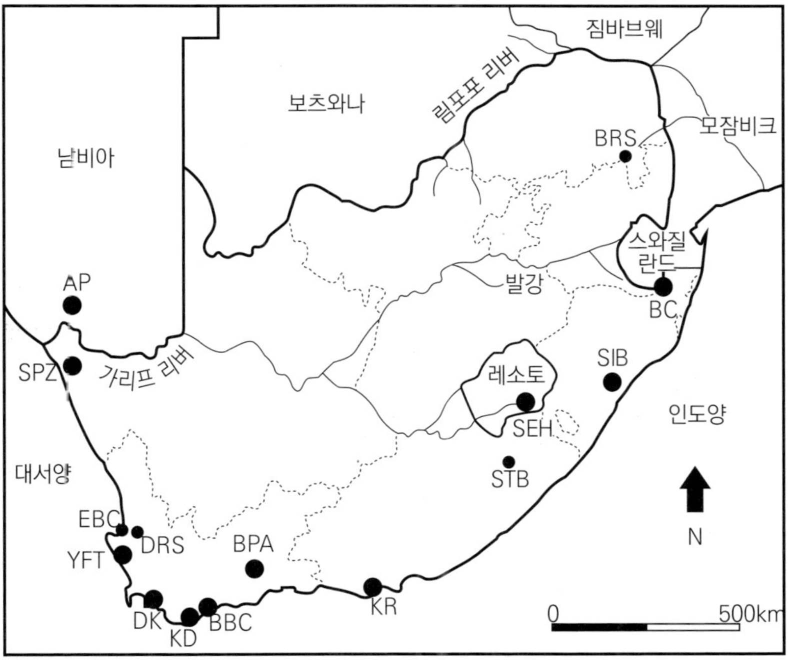

[그림 21.3] 본문에서 언급된 남아프리카 중기 석기시대(MSA) 유적지

AP=아폴로 11(Apollo 11); BBC=블롬보스 동굴(Blombos Cave); BC=보더 동굴(Border Cave); BPA=붐플라스(Boomplaas); BRS=부시맨 암석 은신처(Bushman Rockshelter); DK=디 켈더스 1(Die Kelders 1); DRS=디프클루프(Diepkloof); EBC=엘란드 베이(Elands Bay); KD=클립드리프트(Klipdrift); KR=크라시즈 리버(Klasies River); SEH=세홍공(Sehonghong); SIB=시부두(Sibudu); SPZ=스피츠크루프 A(Spitzkloof A); STB=스트라타란 B(Strathalan B); YFT=이스터폰테인 1(Ysterfontein 1). 이미지는 저자 제공.

있다. 따라서 덫에 잡기에 분명히 적합한 생물의 잔해가 대부분의 석기 시대 유적지에서 발견된다(Wadley, 2015).

적어도 7만 년 전부터 약 5만 5천 년 전, 동물상 복합물faunal assemblage은 주로 블롬보스 동굴Blombos Cave(Henshilwood et al., 2001), 디프클루프Diepkloof(Parkington, Poggenpoel, Rigaud, & Texier, 2005; Rigaud, Texier, Parkington, & Poggenpoel, 2006) 그리고 시부두Sibudu(Clark & Plug, 2008, 또한 [그림 21.3]을 보라)와 같은 장소에서 작은 생물들로 구성되어 있다. 블롬보스에서, 이 작은 생물들의 수집 패턴은 10만 년 전에 시작된다(Badenhorst, van Niekerk, & Henshilwood, 2016). 블롬보스에서, 몸 크기 분류 1에 속하는 그리스복, 스틴복과 식별되지 않은 보비드 그리고 모래언덕 두더지 쥐dune mole rats(**Bathyergus suillus**)와 같은 작은 생물들 그리고 바위너구리들이 MSA와 LSA에 얻어졌다(Badenhorst et al., 2016; Henshilwood et al., 2001). 이것은 LSA에 고기 획득 전략이 일찍이 기원했음을 시사한다. 블롬보스에서 채취한 식별할 수 없는 뼈의 피질 두께에 관한 연구는 중간 크기의 포유류가 식별 가능한 뼈로 입증되는 것보다 MSA 현장에서 더 흔하다는 것을 보여준다(Reynard, Henshilwood, & Badenhorst, 2014). 그러나 이 발견이 원격 포획을 통해 작은 포유동물이 발견되었을 가능성을 떨어뜨리지는 않는다. 거북이, 바위너구리 그리고 작은 유골은 블롬보스 근처의 클립드리프트에서 흔하지만, 약 6만 3천 년 전에서 6만 년 전 사이에 크고 작은 유골의 빈도는 다양하다(Henshilwood et al., 2014; Reynard, Discamps, Wurz, et al., 2016; Reynard, Discamps, Badenhorst, et al., 2016). 클립드리프트에 미성숙 바위너구리가 남아 있는 것은 올가미를 의미할 수 있다(Reynard, Discamps, Badenhorst, et al., 2016). 바위너구리는 웨스턴 케이프Western Cape의 붐

플라스Boomplaas에서 특히 잘 표현되었지만, 이 현장의 많은 작은 생물들은 육식동물과 맹금에 의해 누적되었을 수 있다(Faith, 2013). 디프클루프Diepkloof에서는 모래언덕 두더지 쥐 그리고 작은 육식동물은 셀 수 없이 많다(Parkington et al., 2005; Steele & Klein, 2013). 동물들이 올가미 또는 덫에서 가장 효과적으로 잡혔을 수도 있지만, 뼈의 퇴적물 손상으로 인해 그 뼈를 디프클루프에 이끈 물질을 식별하는 것이 불가능해졌다(Steele & Klein, 2013). 북쪽으로 더 가면, 몸 크기 분류 1인 거북이와 포유동물이 암석 은신처 스피츠크루프Spitzkloo A Rockshelter에서 습관적으로 먹는 반면(Dewar & Stewart, 2012), 바위 두더지rock hyrax는 나미비아Namibia의 아폴로 11에서 인기가 있었다(Thackeray, 1979; Vogelsang et al., 2010). 모래언덕 두더지 쥐는 케이프 연안 현장에 주로 많이 존재하며, 다이 켈더스 1Die Kelders 1(Klein & Cruz-Uribe, 2000)과 이스터폰테인 1Ysterfontein 1에서 가장 흔한 먹잇감이었다(Avery et al., 2008; Halkett et al., 2003; Klein et al., 2004). 그러나 이러한 작은 생물체들은 인간에 의해 착취당했는지 확인하기 위해 세심하게 분석될 필요가 있다. 많은 다이 켈더스의 뒤쥐mole rats는 올빼미들에 의해 그 장소로 이끌어진것 같다(Klein & Cruz-Uribe, 2000). 거북이는 디 켈더스Die Kelders(Steele & Klein, 2009), 블롬보스, 클립드리프트, 이스터폰테인 1에서 수집되었지만, 손으로 쉽게 수집할 수 있고 장비가 필요하지 않다. 최소 MSA의 일부에서 소형 또는 중형 동물을 강조하는 것은 남부 아프리카뿐만 아니라 훨씬 더 먼 북쪽에서도 명백하다. 예를 들어, 에티오피아의 포르크-에픽 동굴Porc-Epic Cave에서, 이 진기한 기록은 주로 딕-딕, 토끼, 바위너구리, 가젤(**Gazella** spp.)과 같은 동물들로 구성되어 있다(Assefa, 2006).

시부두에서 올가미에 대한 상황적 증거

시부두 지역의 식물 변화는 차콜charcoal 분석을 통해 식별되었다(Allott, 2006). 모자이크 초목vegetation은 시부두의 근처에 인간의 점령 기간 내내 존재했을 가능성이 있다. 따라서 숲과 사바나는 항상 나란히 있었지만, 공동체의 비율은 다양했다. 일부 분류군은 시간이 지나면서 사라지기도 했지만, 그 변화가 가장 간단한 기간으로 줄이면, 최근 5만 8천 년 전에 숲이 증식한 반면, 사바나는 더 최근 시대에 광범위했던 것으로 보인다. 숲이나 폐쇄된 초목에서, 덫의 사용은 중앙아프리카 숲에서 사용되는 포획 형태인 그물 사용을 제외하고 다른 형태의 사냥보다 더 실용적이다(Lupo & Schmitt, 2005). 모든 사람들이 이 해석에 동의하는 것은 아니다. 예를 들어, 처칠Churchill(1993)은 화살의 '수술적surgical' 성질이 화살을 숲에서 사용하기에 적합하게 만든다고 주장한다. 시부두에서 화살촉 뼈로 추정되는 발견으로(Backwell, d'Errico, & Wadley, 2008), 다양한 무기가 이 현장에서 사용되었을 가능성이 있다.

초목이 변하면서 시부두에게 되돌아온 동물상의 비율도 변했다. 시부두의 사냥꾼들은 자연에서 그들의 비율에 따라 동물을 잡아먹은 것 같다(Clark & Plug, 2008). 시부두에서는 크기 등급 Ⅲ(70~300kg) 그리고 Ⅳ(300~1,000kg)의 유구체가 시간이 지남에 따라 증가했다(Clark & Plug, 2008). 푸른 누, 사슴영양, 얼룩말과 같은 크기의 등급 Ⅲ 가축의 잔류가 5만 8천 년 전에 비해 최근 특히 번식력이 강해졌기 때문에 사바나와 초원 방목지가 우선적인 표적이 되었다. 그 결과, 분류학적 변동성은 이전 기간에 비해 줄어들었다(Clark & Plug, 2008). 이러한 변화들이 직접적으로 또는 완전히 환경적인 변화와 동기화되는 것은 아니지만, 5만

8천 년 전에 비해 최근에 기법의 단순화가 관찰되었다고 말할 수 있다. 시부두의 5만 8천 년 된 점령지는 시기가 겹치는 여러 퇴적 지평선이 있기 때문에 고해상도 자료를 제공한다(Jacobs, Wintle, Duller, Roberts, & Wadley, 2008). 5만 8천 년 전의 초기 점령지에서는 양날 및 외날 촉이 드물게 나타나며, 그다음에는 더 심화된 무리 동물 사냥과 함께 늘어난다. 긍정적인 상관관계는 사람들이 돌촉 창으로 큰 동물들을 사냥하고 있었다는 것을 암시한다.

이와는 대조적으로, 6만 5천 년 전에서 6만 2천 년 전의 기간은 시부두의 기법적 다양성과 함께 넓은 범위의 동물 형태의 분류학적 다양성으로 특징지어진다. 5만 8천 년 어느 때에도 이전에 풍부했던 작은 육식동물이나 토끼류가 없고 어떤 크기 분류 1 유제류, 영장류, 비둘기들도 거의 없었다.

시부두는 원격 포획이 5만 8천 년 전에 행해졌다는 것을 시사하는 많은 증거들을 가지고 있다. 이 장의 나머지 부분 동안, 나는 더 초기 시기에 집중할 것이다. 그 당시 습기 찬 상록수 숲과 강변 그리고 사바나 공동체는 현장 근처에 있었다(Allott, 2006; Sievers, 2006). 이러한 식물 다양성은 동물들 간의 분류학적 다양성을 지원했지만, 6만 5천 년 전에서 6만 2천 년 전 사이에 숲(또는 폐쇄된) 초목을 선호하는 동물 분류군은 종별로 식별된 뼈 수의 91.4%를 차지했다(Clark & Plug, 2008). 이 기이한 복합물에는 야행성 감비아거인 쥐Gambian giant rat(**Cricetomys gambianus**)가 포함되어 있는데(Clark & Plug, 2008; Glenny, 2006), 이 쥐는 올가미 또는 덫에서 가장 성공적으로 잡힐 뿐만 아니라 원숭이, 바위 두더지, 토끼도 잡힌다. 페리드Felid[233], 사향고양이Viverrids, 족제비과

233 고양잇과 동물로, 가축화되면 cat이라고 부른다(역자 주).

Mustelid, 개과Canids, 몽구스mongoose와 같은 육식동물을 포함한 많은 수의 작은 포유류들은 특히 그 시대의 특징이다(Clark, 2009; Clark & Plug, 2008). 그러나 그 지역의 동물상에 있어 파란 다이커들이 다른 모든 동물보다 많이 우세하였다. 파란 다이커와 함께 스틴복영양steenbock, 회색 다이커gray duiker, 빨간 다이커red duiker, 그리고 부시벅bushbuck 같은 다른 작은 보비드들이 있다. 이 모든 종의 비이동적이고 예측 가능한 행태와 작은 서식지는 올가미에 포획되기 쉬운 먹이의 유형에 대한 루포와 슈미트Lupo and Schmitt(2002)의 예측을 충족한다.

살아있는 무리의 나이 구조를 요약한 사망률 프로파일은 자연 재해 또는 대량 살해의 전형이지만(Klein, 1982; Klein & Cruz-Uribe, 1984) 반복된 포획 사건 때문에 포획도 이러한 프로파일을 생성할 수 있다. 올가미는 모든 연령의 분류학적으로 다양한 범위의 먹이를 억류하고 있으며(Lupo & Schmitt, 2002; Schmitt & Lupo, 2008) 따라서 올가미 수집의 고고학이 살아있는 개체군과 광범위한 종의 다양성(작은 육식동물 포함)을 모방하는 연령 프로파일을 보일 때 암시될 수 있다. 무기를 가지고 사냥할 때, 아마도 청소년기juvenile 동물은 성체보다 표적이 덜 된다(Speth & Clark, 2006). 그렇기에 원격 포획 기법이 사용될 때 더 많은 수의 청소년기 동물을 기대할 수 있다.

클라시에스 강Klasies River의 주요 유적지에서는 소형의 보비드가 실제로 재앙적인 시대적 프로파일을 가지고 있다(Klein, 1981). 그리고 인간의 포식을 암시하는 화석생성을 가지고 있다(Milo, 1998). 그래서 아마 포식자의 희생자가 된 것 같다. 시부두에서는 파란 다이커 유골의 약 11%만이 청소년기 유골이다(Clark, 2009). 에스테스Estes(1997)는 야생 파란 다이커 집단의 38%가 1세 미만이어야 한다고 계산한다. 따라서 시부두 사망률 프로필은 파란 다이커 개체군의 특징이 아니며, 동물이 그물에 포획될 때 중앙아프리카의 살아있는 인구 추정치와 더 유사하다(Lupo & Schmitt, 2002). 이 두 곳의 수치는 동물들의 행태 때문에 이용 가능한 파란 다이커 청소년기의 수를 과소평가할지도 모른다. 출생 후, 청소년기들은 위험이 있을 때 가만히 누워 있고, 신생아들은 몇 주 동안 숨어 있다(Estes, 1997). 생후 3개월이 되면, 파란 다이커 한 마리가 겨우 73m를 걷는데, 성체가 되어서 부모의 영역을 떠나기 전까지 이 거리를 넘지 않는다(Estes, 1997). 대조적으로, 성체는 매일 650m와 1,770m 사이를 걷고, 이로 인해 이러한 이동 간에 그들 영토의 거의 40%를 넘는다(Estes, 1997). 그들이 항상 같은 경로를 사용하므로(Apps, 2000), 그들의 이동을 알아차린 사람들은 위치가 좋은 덫에서 쉽게 잡을 수 있다(Skinner & Chimimba, 2005). 청소년기들은 덫의 먹잇감이 될 가능성이 광범위한 성체들보다 훨씬 적으며, 따라서 많은 청소년기들에 있어 치명적인 사망 패턴은 덫에 걸린 파란 다이커에게 일어날 가능성이 낮다는 것은 명백하다.

왜 내가 시부두에서 그물 사냥이나 활과 화살로 하는 사냥보다 덫 포획에 대한 해석을 선호하는가? 6만 5천 년에서 6만 2천 년 된 유골 중 작은 육식동물 구성요소가 사냥의 의도하지 않은 부산물이 될 가능성이 높기 때문에(그리고 활 사냥으로 희생되지 않기에), 이 작은 육식동물이 파란 다이커보다 더 많은 것을 내게 납득시킨다. 작은 육식동물이 일반적으로 그러한 동물을 포획하지 않는 그물보다 덫에 걸릴 가능성이 더 높기 때문에 시부두의 덫보다 그물이 선호될 가능성은 거의 없어 보인다(Lupo & Schmitt, 2002). 따라서 시부두의 작은 육식동물 구성요소는 5만 8천 년 전에 그물이 아닌 올가미의 해석을 지지하는 경향이 있다.

시부두(Clark, 2009)의 작은 육식 뼈에서 절단 자국이나 다른 처리 표시가 발견되지 않았다는 점을 감안할 때, 인간이 이 동물들을 현장으로 데려왔는지 완전히 확신할 수도 없다. 그러나 작은 육식동물은 5만8천 년 전 보다 더 최근의 점령지인 시부두에서 발견되지 않고 있다(Clark & Plug, 2008). 이것은 그들이 보통 바위 은신처에서 살거나 죽지 않았으며, 비인간 포식자들이 지속적으로 그곳에 데려오지 않았다는 것을 암시한다.

5만 8천 년 전까지만 해도, 시부두에서는 파란 다이커 다음으로 부시피그bush pig 잔유물이 가장 많이 남아있는 유형이었다(Clark & Plug, 2008). 부시피그는 호전적이고 야행적으로 움직인다(Skinner& Chimimba, 2005). 그들의 존재는 직접 대면하는 것이 위험하기 때문에 올가미/덫의 해석을 지지하는 경향이 있다. 그들은 카메룬 남동부(Yasuoka, 2006)와 중앙아프리카와 서아프리카(Fa, Ryan, & Bell, 2005)에서 길을 따라 설치되는 올가미 또는 덫에 보통 걸린다. 부시피그는 파란 다이커보다 훨씬 크기(69~72kg) 때문에 다이커에 적합한 가냘픈 덫보다 더 강력한 덫이 필요하다. 함정은 부시피그를 포획하는 효과적인 방법이 될 것이다.

새들은 시부두 동물상의 흥미로운 구성요소이다. 플러그 앤 클라크Plug and Clark(2008)는 시부두의 잔존 조류 대부분이 뿔닭guinea fow(**Numida meleagris**), 자고새francolins(**Pternisitis/Scleroptila** sp.), 물새waterfowl[234], 해양 조류marine birds, 쇠가마우지pelagic birds, 갈매기(**Larus** sp.), 되부리장다리물떼새avocets(**Recurvirostra avosetta**)를 제외하고 인간 먹이로써 바위 은신처에 들어갔을 가능성이 낮다는 것을 제안한다. 이 주장은 비둘기

234 특히 오리와 거위(역자 주).

pigeons, 비둘기과doves, 닭목Galliformes, 섭금류waders[235], 맹금raptors으로 구성된 시부두 MSA 조류 복합물에 대한 뼈 표면 변경이 검사된 더 최근의 연구에서 반박되었다. 가죽 벗기기와 탈피와 관련된 일부 절단 부위는 인정받았지만, 조류의 분화 과정에서 생성된 원위부에 대한 인간의 치아 자국과 천공도 인정되었다(Val, 2016; Val, de la Peña, & Wadley, 2016). 따라서 최소한 비둘기pigeons and doves 중 일부는 인간에 의해 먹혔다. 지브롤터에 있는 고르함 동굴Gorham's Cave, Gibraltar에 있는 네안데르탈인은 적어도 6만 7천 년 전에 비둘기를 포획하여 먹었으며, 둥지에서 바로 잡아 떼거나 덫이나 미끼 그물을 설치했을 가능성이 있다(Blasco et al., 2014). 시부두의 주민과 같은 행동을 했을 수도 있고, 어쩌면 무화과(**Ficus** spp.) 같은 나무에서 추출한 끈적끈적한 새끈끈이bird lime[236]를 새들이 자주 찾는 나뭇가지나 바위 가루에 놓아두었을 수도 있다. 새끈끈이 사용은 오늘날에도 여전히 많은 곳에서 사용되고 있는 간단하고 효과적인 원격 포획 수단이다. 시부두 외에도 아폴로 11호의 나미비아 유적Namibian sites, 파켈트뢰거Fackelträger, 하알렌베르크Haalenberg(Thackeray, 1979), 동부 케이프의 스트라타란 동굴Strathalan Cave in the Eastern Cape(Opperman & Heydenrych, 1990), 레소토의 세홍공 동굴Sehonghong in Lesotho(Plug, 1978; Plug & Mitchell, 2008), 블롬보스 동굴Blombos Cave(Henshilwood et al., 2001) 그리고 디프클루프Diepkloof(Steele & Klein, 2013)에서 조류 잔유물이 발견되었다. 클라시에스 강Klasies River(von den Driesch, 2004)와 디 켈더즈Die Kelders(Klein & Cruz-Uribe, 2000; Marean et al., 2000)와 같은 해안 지역에는 자카스펭귄jackass penguin(**Spheniscus demersus**)과 같은 날지 못

235 황새, 두루미 등을 포함한다(역자 주).

236 감탕나무의 점착성 물질(역자 주).

하는 새들의 잔해가 있지만, 이것들은 올가미 또는 덫에 걸리기는커녕 몽둥이로 맞을 수도 있었다.

고고학 연대, 동물행동학 그리고 인지이론 사이의 가교

고고학 유적지에서 올가미와 덫을 알아보는 것은 여전히 어려운 일이다. 왜냐하면 이러한 장치들은 보통 발굴된 살아있는 유적지에 흔적을 남기지 않기 때문이다. 이것은 부분적으로 썩기 쉬운 물질로 만들어졌기 때문이기도 하지만, 또한 일반적으로 주택 기지로부터 멀리 떨어져 있기 때문이기도 하다. 주택 기지는 반복적으로 점유되고 따라서 상당한 문화적 파편들이 누적되는 반면, 원격 포획 유적지는 일시적이다. 따라서 점령지에 덫이나 올가미가 없는 것이 그것들이 존재하지 않았음을 암시하는 것은 아니다. 비록 해일 어패류 덫이나 사막 연과 같은 장치들이 세계 일부 지역에 오래 지속된 흔적을 남겼지만, 원격 포획에 대한 정황 증거는 우리가 대부분의 고고학 유적지에서 바랄 수 있는 가장 좋은 것으로 보인다. 앞서 설명한 바와 같이 비선택적 포획 기법이 반드시 치명적인 사망률 패턴을 만들어내는 것은 아니기 때문에 상황 증거의 평가는 어렵다. 실제로, 절벽 위로 무리를 몰고 가는 것과 같이, 먹이와 직접 접촉하는 몇몇 형태의 사냥은 이러한 사망률 패턴을 더 성공적으로 만들어낸다. 원칙적으로, 올가미와 덫은 치명적인 사망 패턴을 만들어내야 하지만, 이러한 장치에 가장 잘 잡힌 동물의 유형은 때때로 이러한 패턴의 개발을 방해하는 행태 전략을 가지고 있다. 5만 8천 년 전 시부두에서 잘 대표되는 파란 다이커와 같은 외로운 동물들은 새끼들을 숨겨두고 앉아있는 경향이 있어, 성체가 정기적으로 지나다니는 길을 헤매지 못하게 한다. 이것은 성체가 그들의 습관적인 산책로에 설치된 올가미의 먹이가 되기 때문에 올가미가 연습될 때 조차도 청소년기들은 기록에 불충분하게 나타나게 되리라는 것을 의미한다.

시부두의 낮은 파란 다이커 청소년기 대 성체의 비율은 고고학적으로 발견된 유골의 사망률 연구와 함께 왜 민족지 연구가 필요한지를 보여주는 예를 제공한다. 올가미가 5만 8천 년 전에 파란 다이커와 부시피그 유적에 비교적 높은 빈도로 남아있지만, 파란 다이커와 부시피그가 다른 방법으로 사냥될 수 있다는 것은 인정된다. 그러나 덫의 사용은 특히 그러한 장치에 잡히기 쉽기 때문에 덫의 우발적인 희생자가 될 가능성이 있는 작은 육식동물의 수에 의해 시부두에서 지지를 받고 있다. 대부분의 작은 육식동물은 시부두에서 6만 5천 년 전에서 6만 2천 년 전 사이에 발생하는데, 이것은 그들이 그 장소에서 일어나는 것이 자연스럽지 않다는 것을 암시한다.

맹금과 육식동물은 때때로 바위너구리와 같은 작은 생물체의 기형적인 특징을 남길 수 있고, 이것은 덫에 걸린 듯한 잘못된 인상을 준다. 올빼미와 아마도 다른 맹금이 시부두(Glenny, 2006)로 생쥐, 쥐, 그리고 땃쥐류shrews를 데려왔고, 다른 작은 동물들도 은신처에서 유사한 기원을 가질 수 있다. 토끼, 바위너구리, 작은 육식동물, 비둘기 같은 작은 생물들의 고르지 못한 시간적 확산은 시부두의 비인간 포식자들에 의한 이러한 잔해의 중요한 공헌에 반대한다. 이 작은 동물 유골은 대부분 6만 2천 년 전에 발견되고, 3만 8천 년 전에 발견된 후 다시 적은 수로 발견된다. 비인간적인 요소들이 일찍이 이 생물체들을 선택하고 나서 그 후에 그들을 간과했을 것 같지는 않다. 약 3만 8천 년 전 최종 MSA

에 파란색 다이커, 바위너구리 그리고 작은 육식동물이 다시 나타나지만, 이 작은 생물 수집 전략은 이전 기간만큼 설득력이 없다(Clark & Plug, 2008; Collins, 2013).

나는 여기서 시부두의 민족지 기록과 MSA의 원격 포획 기법의 해석 사이에 가교적 논쟁을 만들려고 시도하고 있다(Botha, 2008; Wynn, 2009). 시부두로부터 제시된 증거와 남아프리카의 다른 MSA 유적지로부터의 뒷받침적인 증거에도 불구하고, 방법론 그리고 화석생성에 관한 질문은 여전히 남아있다. 따라서 올가미의 해석은 가설로 남아있어야 한다. 토마스 윈과 프레데릭 쿨리지Thomas Wynn and Frederick Coolidge(2003)에게 고고학적 기록의 원격 포획에 대한 증거는 논쟁의 여지가 없는 만족 지연과 원격 포획을 초래하는 사전 계획된 행동의 표시이기 때문에 앞으로 그 도전이 더 성공적으로 해결될 수 있기를 바란다. 나는 그 증거들이 현대 두뇌의 집행기능, 강화된 작업기억, 그리고 궁극적으로 오늘날 모든 사람들이 공유하고 있는 종류의 복잡한 인지를 암시한다는 것에 동의한다.

도구 제작은 인과적 추론과 같은 몇 가지 인지적 측면을 내포하므로 도구는 인간의 과거 인지에 접근하기 위한 가교를 구축하는 데 이상적이다(Haidle, 2014). 하이들Haidle의 용어에서, 덫은 보이지 않는 에이전트에 대하여 도구의 효과에 관한 추상적인 인과 추론을 요구하는 '표기적 도구 행태'를 의미한다(Haidle, 2014). 이 책의 많은 부분을 포함한 대부분의 토론은 덫과 같은 도구 행태와 기법 혁신이 제작자의 인지 상태에 대해 우리에게 말해주는 것에 집중한다. 그러나 뇌, 신체 그리고 사물 사이에는 복잡한 재귀 관계가 있으며(Malafouris, 2010) 올가미와 같이 도구와 장치를 제작자에 대한 정보를 수동적으로 구현하는 대상으로 보는 것은 순진한 일일 것이다. 인지와 기법 사이의 피드백은 끊임없는 과정이다. 6만 5천에서 6만 2천 년 전 시부두에서 있었던 기간에는 사냥 관행과 관련된 다양한 혁신이 포함되어 있다(예: 석영 화살 촉quartz arrowheads과 미늘barbs[237], 다양한 접착제 유형 그리고 추정 화살촉을 포함한 뼈 도구 생산물군). 혁신은 거의 확실히 그들의 제작자들에게 더 큰 창의력을 고무시키는 자극제 역할을 했다. 상상력, 창조 그리고 혁신 사이의 재귀적인 관계는 기법의 진화뿐만 아니라 인간 마음의 진화에 중요한 요소가 되었을 가능성이 있다. 작업기억(Wynn et al., 2017)에 의해 혁신이 가능하므로, 우리는 기법과 함께 작업기억이 발전하는 것을 보아야 한다. 현대 사례에서, 말라푸리스Malafouris(2010)는 탁월한 네비게이션 기술을 개발해야 하는 런던 택시 운전자에 관한 연구를 인용하며, 결과적으로 조절된 표본보다 훨씬 큰 뒤쪽 해마를 보유하고 있다고 했다. 마음과 사물은 그 특정 환경 내에서 분리되지 않고 서로 얽혀 있다(Malafouris, 2013). 그래서 우리는 '인지 생태학'을 말할 수 있다(Malafouris, 2015). 그러므로 나는 단순한 포획 기법이 강력한 인지 개념을 구현했고, 기법적 과정과 '인지 생태학' 사이에서 일어난 강화가 두 가지 모두의 진화에 효과적으로 기여했을 것이라고 제안한다.

감사

나는 국립연구재단으로부터 연구비를 지원받았는데, 그렇다고 해서 이

237 낚싯바늘에 가시랭이 모양으로 된 갈고리(역자 주).

재단이 이 장에 제시된 아이디어를 반드시 지지하는 것은 아니다. [그림 21.1]과 [그림 21.2]의 이미지를 사용하게 해준 그레이엄 에이버리와 게리 트로우어Graham Avery and Gary Trower에게 감사 드린다. 나는 또한 이 장을 개선시킨 제안들에 대해 익명의 평론가들에게 감사한다.

참고문헌

Allott, L. F. (2006). Archaeological charcoal as a window on palaeovegetation and wood use during the Middle Stone Age at Sibudu Cave. *Southern African Humanities, 18*(1), 173–201.

Apps, P. (Ed.). (2000). *Smithers' mammals of southern Africa: A field guide.* Cape Town, South Africa: Struik Publishers.

Assefa, Z. (2006). Faunal remains from Porc-Epic: Paleoecological and zooarchaeological investigations from a Middle Stone Age site in south-eastern Ethiopia. *Journal of Human Evolution, 51*(1), 50–75.

Avery, G. (1975). Discussion on the age and use of tidal fish-traps (Visvywers). *South African Archaeological Bulletin, 30*(119/120), 105–113.

Avery, G., Halkett, D., Orton, J., Steele, T. E., Tusenius, M., & Klein, R. G. (2008). The Ysterfontein 1 Middle Stone Age Rock Shelter and the evolution of coastal foraging. *South African Archaeological Society Goodwin Series, 10*, 66–89.

Backwell, L., d'Errico, F., & Wadley, L. (2008). Middle Stone Age bone tools from the Howiesons Poort layers, Sibudu Cave, South Africa. *Journal of Archaeological Science, 35*(6), 1566–1580.

Badenhorst, S., van Niekerk, K. L., & Henshilwood, C. S. (2016). Large mammal remains from the 100 ka Middle Stone Age layers of Blombos Cave, South Africa. *South African Archaeological Bulletin, 71*(203), 46–52.

Blasco, R., Finlayson, C., Rosell, J., Marco, A. S., Finlayson, S., Finlayson, G., . . . Vidal, J. R. (2014). The earliest pigeon fanciers. *Scientific Reports, 4*(5971), 1–7.

Botha, R. (2008). Prehistoric shell beads as a window on language evolution. *Language & Communication, 28*(3), 197–212.

Brain, C. K. (1981). *The hunters or the hunted? An introduction to African cave taphonomy.* Chicago, IL: University of Chicago Press.

Brand, C., Eguma, R., Zuberbühler, K., & Hobaiter, C. (2014). First report of prey capture from human laid snare-traps by wild chimpanzees. *Primates, 55*(3), 437–440.

Churchill, S. E. (1993). Weapon technology, prey size selection, and hunting methods in modern hunter-gatherers: Implications for hunting in the Paleolithic and Mesolithic. In G. L. Peterkin, H. M. Bricker, & P. A. Mellars (Eds.), *Hunting and animal exploitation in the Later*

Palaeolithic and Mesolithic of Eurasia (pp. 11–24). Arlington, VA: American Anthropological Association.

Clark, J. L. (2009). *Testing models on the emergence and nature of modern human behavior: Middle Stone Age fauna from Sibudu Cave (South Africa)*. PhD Thesis, University of Michigan, Ann Arbor, MI.

Clark, J. L., & Kandel, A. W. (2013). The evolutionary implications of variation in human hunting strategies and diet breadth during the Middle Stone Age of southern Africa. *Current Anthropology, 54*(S8), S269–S287.

Clark, J. L., & Plug, I. (2008). Animal exploitation strategies during the South African Middle Stone Age: Howiesons Poort and post-Howiesons Poort fauna from Sibudu Cave. *Journal of Human Evolution, 54*(6), 886–898.

Collins, B. R. (2013). The taphonomy of the Final Middle Stone Age fauna from Sibudu Cave, South Africa. *International Journal of Osteoarchaeology, 25*(6), 805–815.

Coolidge, F. L., & Wynn, T. (2005). Working memory, its executive functions, and the emergence of modern thinking. *Cambridge Archaeological Journal, 15*(1), 5–26.

Dewar, G., & Stewart, B. A. (2012). Preliminary results of excavations at Spitzkloof Rockshelter, Richtersveld, South Africa. *Quaternary International, 270*, 30–39.

Estes, R. D. (1997). *The behavior guide to African mammals: Including hoofed mammals, carnivores, primates*. Berkeley, CA: University of California Press.

Fa, J. E., Ryan, S. F., & Bell, D. J. (2005). Hunting vulnerability, ecological characteristics and harvest rates of bushmeat species in afrotropical forests. *Biological Conservation, 121*(2), 167–176.

Faith, J. T. (2013). Taphonomic and paleoecological change in the large mammal sequence from Boomplaas Cave, Western Cape, South Africa. *Journal of Human Evolution, 65*(6), 715–730.

Forbes, V. (2015). Duck fleas as evidence for eiderdown production on archaeological sites. *Journal of Archaeological Science, 61*, 105–111.

Frison, G. C. (1991). Hunting strategies, prey behavior and mortality data. In M. C. Stiner (Ed.), *Human predators and prey mortality* (pp. 15–30). Boulder, CO: Westview Press.

Glenny, W. (2006). Report on the micromammal assemblage analysis from Sibudu Cave. *Southern African Humanities, 18*(1), 279–288.

Haidle, M. N. (2006). *Menschen–Denken–Objekte Zur problem-lösung-distanz als Kognitionsaspekt im Werkzeugverhalten von Tieren und im Laufe der Menschlichen Evolution*. PhD Thesis, University of Tübingen, Germany.

Haidle, M. N. (2014). Building a bridge—An archeologist's perspective on the evolution of causal cognition. *Frontiers in Psychology, 5*(1472), 1–15.

Halkett, D., Hart, T., Yates, R., Volman, T. P., Parkington, J. E., Orton, J., . . . Avery, G. (2003). First excavation of intact Middle Stone Age layers at Ysterfontein, Western Cape Province, South Africa: Implications for Middle Stone Age ecology. *Journal of Archaeological Science, 30*(8), 955–971.

Henshilwood, C. S., Sealy, J. C., Yates, R., Cruz-Uribe, K., Goldberg, P., Grine, F. E., . . . Watts, I. (2001). Blombos Cave, Southern Cape, South Africa: Preliminary report on the 1992–1999 excavations of the Middle Stone Age levels. *Journal of Archaeological Science, 28*(4), 421–448.

Henshilwood, C. S., Van Niekerk, K. L., Wurz, S., Delagnes, A., Armitage, S. J., Rifkin, R. F., . . . Mienies, S. S. (2014). Klipdrift Shelter, southern Cape, South Africa: Preliminary report on the Howiesons Poort layers. *Journal of Archaeological Science, 45*, 284–303.

Hine, P., Sealy, J., Halkett, D., & Hart, T. (2010). Antiquity of stone-walled tidal fish traps on the Cape coast, South Africa. *South African Archaeological Bulletin, 65*(191), 35–44.

Holzer, A., Avner, U., Porat, N., & Horwitz, L. K. (2010). Desert kites in the Negev desert and northeast Sinai: Their function, chronology and ecology. *Journal of Arid Environments, 74*(7), 806–817.

Jacobs, Z., Wintle, A. G., Duller, G. A. T., Roberts, R. G., & Wadley, L. (2008). New ages for the post-Howiesons Poort, late and final Middle Stone Age at Sibudu Cave, South Africa. *Journal of Archaeological Science, 35*(7), 1790–1807.

Klein, R. G. (1977). The mammalian fauna from the Middle and Later Stone Age (Later Pleistocene) levels of Border Cave, Natal Province, South Africa. *South African Archaeological Bulletin, 32*(125), 14–27.

Klein, R. G. (1981). Stone Age predation on small African bovids. *South African Archaeological Bulletin, 36*(134), 55–65.

Klein, R. G. (1982). Age mortality profiles as a means of distinguishing hunted species from scavenged ones in Stone Age archaeological sites. *Paleobiology, 8*(2), 151–158.

Klein, R. G., Avery, G., Cruz-Uribe, K., Halkett, D., Parkington, J. E., Steele, T. E., . . . Yates, R. (2004). The Ysterfontein 1 Middle Stone Age site, South Africa, and early human exploitation of coastal resources. *Proceedings of the National Academy of Sciences of the United States of America, 101*(16), 5708–5715.

Klein, R. G., & Cruz-Uribe, K. (1984). *The analysis of animal bones from archaeological sites.* Chicago, IL: University of Chicago Press.

Klein, R. G., & Cruz-Uribe, K. (2000). Middle and Later Stone Age large mammal and tortoise remains from Die Kelders Cave 1, Western Cape Province, South Africa. *Journal of Human Evolution, 38*(1), 169–195.

Knopff, K. H., Knopff, A. A., & Boyce, M. S. (2010). Scavenging makes cougars susceptible to snaring at wolf bait stations. *Journal of Wildlife Management, 74*(4), 644–653.

Lombard, M., & Gärdenfors, P. (2017). Tracking the evolution of causal cognition in humans. *Journal of Anthropological Sciences, 95*, 1–16.

Lombard, M., & Haidle, M. N. (2012). Thinking a bow-and-arrow set: Cognitive implications of Middle Stone Age bow and stone-tipped arrow technology. *Cambridge Archaeological Journal, 22*(2), 237–264.

Lupo, K. D., & Schmitt, D. N. (2002). Upper Paleolithic net-hunting, small prey exploitation, and women's work effort: A view from the ethnographic and ethnoarchaeological record of the Congo Basin. *Journal of Archaeological Method and Theory, 9*(2), 147–179.

Lupo, K. D., & Schmitt, D. N. (2005). Small prey hunting technology and zooarchaeological measures of taxonomic diversity and abundance: Ethnoarchaeological evidence from Central African forest foragers. *Journal of Anthropological Archaeology, 24*(4), 335–353.

Malafouris, L. (2010). The brain-artefact interface (BAI): A challenge for archaeology and cultural neuroscience. *Social Cognitive and Affective Neuroscience, 5*, 264–273.

Malafouris, L. (2013). *How things shape the mind: A theory of material engagement.* Cambridge,

MA: MIT Press.

Malafouris, L. (2015). Metaplasticity and the primacy of material engagement. *Time and Mind, 8*(4), 351–371.

Marean, C. W., Abe, Y., Frey, C. J., & Randall, R. C. (2000). Zooarchaeological and taphonomic analysis of the Die Kelders Cave 1 Layers 10 and 11 Middle Stone Age larger mammal fauna. *Journal of Human Evolution, 38*(1), 197–233.

Milo, R. G. (1998). Evidence for hominid predation at Klasies River Mouth, South Africa, and its implications for the behavior of early modern humans. *Journal of Archaeological Science, 25*(2), 99–133.

Opperman, H., & Heydenrych, B. (1990). A 22,000-year-old Middle Stone Age camp site with plant food remains from the north-eastern Cape. *South African Archaeological Bulletin, 45*(152), 93–99.

Parkington, J. E., Poggenpoel, C., Rigaud, J.-P., & Texier, P.-J. (2005). From tool to symbol: The behavioral context of intentionally marked ostrich eggshell from Diepkloof, Western Cape. In F. D'Errico & L. Backwell (Eds.), *From tools to symbols: From early hominids to modern humans* (pp. 475–492). Johannesburg, South Africa: Witwatersrand University Press.

Plug, I. (1978). *Die Latere Steentydperk van die Boesman-rotsskuiling in Oos-Transvaal.* MA Thesis, University of Pretoria, South Africa.

Plug, I., & Clark, J. L. (2008). In the air: A preliminary report on the birds from Sibudu Cave, KwaZulu-Natal, South Africa. *South African Archaeological Society Goodwin Series, 10,* 133–142.

Plug, I., & Mitchell, P. J. (2008). Sehonghong: Hunter-gatherer utilization of animal resources in the Highlands of Lesotho. *Annals of the Transvaal Museum, 45*(1), 31–53.

Reynard, J. P., Discamps, E., Badenhorst, S., van Niekerk, K. L., & Henshilwood, C. S. (2016). Subsistence strategies in the southern Cape during the Howiesons Poort: Taphonomic and zooarchaeological analyses of Klipdrift Shelter, South Africa. *Quaternary International, 404,* 2–19.

Reynard, J. P., Discamps, E., Wurz, S., van Niekerk, K. L., Badenhorst, S., & Henshilwood, C. S. (2016). Occupational intensity and environmental changes during the Howiesons Poort at Klipdrift Shelter, southern Cape, South Africa. *Palaeogeography, Palaeoclimatology, Palaeoecology, 449,* 349–364.

Reynard, J. P., Henshilwood, C. S., & Badenhorst, S. (2014). Inferring animal size from the unidentified long bones from the Middle Stone Age layers at Blombos Cave, South Africa. *Annals of the Ditsong National Museum of Natural History, 4*(1), 9–25.

Rigaud, J.-P., Texier, P.-J., Parkington, J. E., & Poggenpoel, C. (2006). Le mobilier Stillbay et Howiesons Poort de l'abri Diepkloof: La chronologie du Middle Stone Age sudafricain et ses implications. *Comptes Rendus Palevol, 5*(6), 839–849.

Schmitt, D. N., & Lupo, K. D. (2008). Do faunal remains reflect socioeconomic status? An ethnoarchaeological study among Central African farmers in the northern Congo Basin. *Journal of Anthropological Archaeology, 27*(3), 315–325.

Schmitt, D. N., Madsen, D. B., & Lupo, K. D. (2004). The worst of times, the best of times: Jackrabbit hunting by middle Holocene human foragers in the Bonneville Basin of western North America. In M. Mondini, S. Muñoz, & S. Wickler (Eds.), *Colonisation, migra-*

tion, and marginal areas: A zooarchaeological approach (9th ICAZ Conference proceedings, Durham 2002, pp. 86–95). Oxford, UK: Oxford University Press.

Shaw-Williams, K. (2014). The social trackways of the evolution of human cognition. *Biological Theory, 9*(1), 16–26.

Sievers, C. (2006). Seeds from the Middle Stone Age layers at Sibudu Cave. *Southern African Humanities, 18*(1), 203–222.

Skinner, J. D., & Chimimba, C. T. (2005). *The mammals of the southern African sub-region.* Cambridge, UK: Cambridge University Press.

Speth, J. D., & Clark, J. L. (2006). Hunting and overhunting in the Levantine Late Middle Paleolithic. *Before Farming, 2006*(3), 1–42.

Steele, T. E., & Klein, R. G. (2009). Late Pleistocene subsistence strategies and resource intensification in Africa. In J.-J. Hublin & M. P. Richards (Eds.), *The evolution of hominin diets: Integrating approaches to the study of Palaeolithic subsistence* (pp. 113–126). New York: Springer.

Steele, T. E., & Klein, R. G. (2013). The Middle and Later Stone Age faunal remains from Diepkloof Rock Shelter, Western Cape, South Africa. *Journal of Archaeological Science, 40*(9), 3453–3462.

Stringer, C. B., Finlayson, J. C., Barton, N., Fernández-Jalvo, Y., Cáceres, I., Sabin, R. C., . . . Riquelme-Cantal, J. A. (2008). Neanderthal exploitation of marine mammals in Gibraltar. *Proceedings of the National Academy of Sciences of the United States of America, 105*(38), 14319–14324.

Stuart-Fox, M. (2015). The origins of causal cognition in early hominins. *Biology and Philosophy, 30*(2), 247–266.

Thackeray, J. F. (1979). An analysis of faunal remains from archaeological sites in southern South West Africa (Namibia). *South African Archaeological Bulletin, 34*(129), 18–33.

Vaesen, K. (2012). The cognitive bases of human tool use. *Behavioral and Brain Sciences, 35*(4), 203–218.

Val, A. (2016). New data on the avifauna from the Middle Stone Age layers of Sibudu Cave, South Africa: Taphonomic and palaeoenvironmental implications. *Quaternary International, 421*, 173–189.

Val, A., de la Peña, P., & Wadley, L. (2016). Direct evidence for human exploitation of birds in the Middle Stone Age of South Africa: The example of Sibudu Cave, KwaZulu-Natal. *Journal of Human Evolution, 99*, 107–123.

Vogelsang, R., Richter, J., Jacobs, Z., Eichhorn, B., Linseele, V., & Roberts, R. G. (2010). New excavations of Middle Stone Age deposits at Apollo 11 Rockshelter, Namibia: Stratigraphy, archaeology, chronology and past environments. *Journal of African Archaeology, 8*(2), 185–218.

von den Driesch, A. (2004). The Middle Stone Age fish fauna from Klasies River main site, South Africa. *Anthropozoologica, 39*(2), 33–59.

Wadley, L. (2010). Were snares and traps used in the Middle Stone Age and does it matter? A review and a case study from Sibudu, South Africa. *Journal of Human Evolution, 58*(2), 179–192.

Wadley, L. (2015). Those marvellous millennia: The Middle Stone Age of Southern Africa.

Azania: Archaeological Research in Africa, 50(2), 155–226.

Wadley, L., Hodgskiss, T., & Grant, M. (2009). Implications for complex cognition from the hafting of tools with compound adhesives in the Middle Stone Age, South Africa. *Proceedings of the National Academy of Sciences of the United States of America, 106*(24), 9590–9594.

Wynn, T. (2009). Hafted spears and the archaeology of mind. *Proceedings of the National Academy of Sciences of the United States of America, 106*(24), 9544–9545.

Wynn, T., & Coolidge, F. L. (2003). The role of working memory in the evolution of managed foraging. *Before Farming, 2*(1), 1–16.

Wynn, T., & Coolidge, F. L. (2007a). A Stone-Age meeting of minds. *American Scientist, 96*(1), 44–51.

Wynn, T., & Coolidge, F. L. (2007b). Did a small but significant enhancement in working memory capacity power the evolution of modern thinking? In P. Mellars, K. Boyle, O. Bar-Yosef, & C. B. Stringer (Eds.), *Rethinking the human revolution: New behavioural and biological perspectives on the origin and dispersal of modern humans* (pp. 79–90). Cambridge, UK: McDonald Institute for Archaeological Research.

Wynn, T., Haidle, M. N., Lombard, M., & Coolidge, F. L. (2017). The expert cognition model in human evolutionary studies. In T. Wynn & F. L. Coolidge (Eds.), *Cognitive models in Palaeolithic archaeology* (pp. 21–43). Oxford, UK: Oxford University Press.

Yasuoka, H. (2006). The sustainability of duiker (*Cephalophus spp*) hunting for the Baka hunter-gatherers in south-eastern Cameroon. *African Study Monographs, S33*, 95–120.

| 제22장 |

활사냥꾼의 마음

Marlize Lombard

서론

화살과의 공생관계에 있는 사냥이나 전쟁에서 사용되는 활은 세상을 바꾼 다섯 가지 기계 중 첫 번째로 묘사되어 왔다(Denny, 2007). 저장된 기계적 에너지의 힘이 신체적 도전을 극복할 수 있으며 그러한 에너지가 우리의 생존 및 갈등 전략, 구멍 뚫기, 불 피우기 심지어 음악 연주하기에 활용되어 **호모 사피엔스**의 인과적 이해를 재현한다(Lombard, 2016). 그러므로 활 사냥은 '두뇌와 체력의 결합'의 예로서 사용된다(예: Barham, 2013; Cotterell & Kamminga, 1990). 이 독특한 기법 의존적 진화 궤적은 우리가 거의 모든 사회경제적 환경과 관련된 위험에 적응하고 효과적으로 관리할 수 있게 해준다. 남아프리카공화국 콰줄루나탈 KwaZulu-Natal 시부두 동굴Sibudu Cave의 중기 석기시대Middle Stone Age(이하 MSA르 표기) 유적지의 고고학적 기록을 해석한 것이 맞다면, 약 7만 년 전에 이러한 기계적 이해를 적용한 가장 초기의 증거는 스프링 덫spring traps으로 대표된다(Lombard & Wadley, 2016; Wadley, 2010).

그 직후(석기시대 기준), 약 6만 4천 년 전의 경우, 시부두에서 남쪽으로 약 90km 떨어진 움할라투자나 암석 은신처Umhlatuzana Rock Shelter에서 돌촉 화살을 사용한 최초의 여러 가닥을 꼰 줄multi-stranded 증거를 확보했다(Lombard, 2011; Lombard & Phillipson, 2010; Wadley & Mohapi, 2008). 이 해석은 시부두에서 동일한 맥락에서 실험 그리고 고고학적 뼈의 분석에 의해 뒷받침된다(예: Backwell, d'Errico, & Wadley, 2008; Bradfield & Lombard, 2011). 남아프리카 남부 해안의 피너클 포인트 유적지Pinnacle Point Site 5~6에서 약 7만 1천 년 전까지 거슬러 올라가는 소수의 인공물에서 제안된 바와 같이, 돌 촉 활과 화살 기법의 초기 흔적을 발견할 수 있을 것이다(Brown et al., 2012). 그러나 이들 도구는 사용 흔적을 확증하기 위해 직접 분석되지 않았으므로 그 기능은 추측성일 뿐이다. 남아프리카에서는 약 4만 3천 년 전에서 2만 4천 년 전까지의 독극물 사용과 함께 뼈촉 화살 사용에 대한 보다 강력한 증거가 존재한다(예: d'Errico et al., 2012; Robbins, Campbell, Brook, Murphy, & Hitchcock, 2012). 따라서 활과 화살 기법이 시간이 지남에 따라 서로 다른 맥락에서 발명되고 재발명될 수 있었지만, 남아프리카에서 초기 사용에 대한 강력한 증거가 있다(예: Lombard & Parsons, 2010, 2011; Riede, 2008). 아프리카 밖에서, 활 사냥에 대해 가장 오래된 것으로 알려진 증거는 현재 3만 2천 년 전으로 거슬러 올라가는 뼈의 형태로 슬로베니아 포토치카 지자카Potočka zijalka의 동굴에서 나온다(Odar & Maver, 2011).

이 기록은 현대의 집행기능과 작업기억의 문서화처럼 기법을 통해 인간의 인지 진화를 푸는 것을 목표로 하는 이론적 모델에 직접적인 영향을 미친다. 예를 들어, 쿨리지와 윈Coolidge and Wynn(2009)은 집행기능에 대한 기법적 증거를 인간의 감독 없이 에너지를 포획하거나 과제를 실행하도록 디자인된 시설이나 구조물의 증거에서 찾을 수 있다고 주장했다. 스프링 덫, 어살fish weirs[238], '사막 연desert kites'(가젤을 살상 구역에 밀어 넣는 구조물) 등 원격 포획 기법과는 별도로, 작살은 현대적 집행기능을 한다. 작살은 사냥/낚시할 때 총체적으로 기능하는 별도의 도구들의 집합체를 나타내는 줄로 연결된 탈착식 발사체이다. 그들의 추론은 작살들의 개별 구성품들이 사전에 충분히 고려되고 생산되어야 한다는 사실에 기초하고 있다. 그러고 나서 각 구성품들은 필요할 때 함께 최적으로 기능하도록 주의 깊게 유지되어야 한다(Coolidge & Wynn, 2009).

쿨리지와 윈이 책의 초판을 출판했을 때, 사막 연과 같은 구조물에 대한 가장 오래된 증거는 중동에서 약 1만 2천 년 전으로 거슬러 올라갔고, 작살은 유럽에서 약 1만 7천 년 전 만큼 일찍이 사용되었을 수 있었다. 그들의 모든 범위의 고고학, 고인류학, 신경학적인 현상에 대한 세심한 분석은 인색한 결론을 내렸다.

> 현생 인류가 강화된 작업기억을 진화시켜 실행 능력을 강화시켰다. 이를 통해 복잡한 비상 계획(예: 관리된 수렵채집), 상위수준의 범주(예: 홀렌슈타인-스타델Hohlenstein-Stadel[239])를 사용한 추상적 추론 그리고 혁신을 가능하게 했다. 이러한 능력들은 고고학적 기록에서 아주 늦게 증명되는데, 사실 32,000년 전까지만 해도 증명되지 않았고, 이것은 수수께끼이다(Coolidge & Wynn, 2009, p. 244-245).

238 물고기 잡는 장치(역자 주).

239 사자 머리와 인간 몸을 한 조각(역자 주).

따라서 60,000년 전 이상의 MIS 4로 확장되는 지난 30,000년을 앞서는 스프링 덫과 활 사냥의 사용에 대한 최근의 증거는 그러한 기법들이 인간 인지의 진화의 해석에 기여할 수 있는 시계 바늘을 재설정할 수 있는 잠재력을 가지고 있다는 특허이다.

인간의 기법은 수동적인 물질문화나 이미 존재하는 마음의 부수적인 산물을 나타내지 않는다. 오히려 지난 3백만 년 동안, 우리의 기법은 환경(환경적 그리고 사회적), 행태, 생각, 생물학 간의 지속적인 진화적 상호작용에서 우리의 신체 경험, 뇌, 유전자를 공동 생성, 형성, 변형시키는 데 도움을 주었다(예: Bruner & Lozano, 2014; di Paolo, Rohde, & De Jaegher, 2010; Malafouris, 2013). 여기서는 강화된 인지 수준을 해석하기 위한 잠재적인 대용물로서 활 사냥과 관련된 기법-행태에만 초점을 맞춘다. 나의 초점은 다른 기법 체계가 유사한 해석 잠재력을 가지고 있지 않다는 것을 의미하지 않는다(예: Haidle, 2014; Wadley, 2013). 그러나 덫이나 나무 대상과 같은 다른 많은 관리 수렵채집 체계와 대조적으로, 돌과 뼈로 만든 무기들은 깊은 시간까지 추적할 수 있다. 따라서 그러한 무기는 기법 보조 사냥의 진화에 대한 직접적인 시간과 공간적 증거를 제공할 수 있다. 내가 활 사냥에 대해 초점을 맞춘 또 다른 중요한 이유는 지금까지 **호모 사피엔스**의 고고학적 증거가 **호모**의 다른 종과 연관지어 발견되지 않았기 때문이다(예: Coolidge, Haidle, Lombard, & Wynn, 2016; Lombard & Gärdenfors, 2017; Shea & Sisk, 2010; Williams, Burke, & Lombard, 2014). 특히, 현재 활 사냥에 대한 가장 초기의 증거를 가지고 있는 남아프리카에서는 이러한 기법-행태가 **호모 사피엔스**와만 관련이 있다는 것도 알고 있다. 여기서, 인류는 최소 10만 년 전 이후, 해부학적으로 그리고 유전적으로 '현대적'인 것으로 알려져 있다

(예: 고인류학 기록 요약은 Dusseldorp, Lombard, & Wurz, 2013, 유전학적 개요는 Lombard, Schlebusch, & Soodyall, 2013을 보라). 그 지역에서 26만 5천 년 전에서 35만 년 전 시대를 가리키는 새로운 유전적 자료를 나타낸다 (Schlebusch et al., 2017).

활 사냥과 같은 기법-행태와 관련된 인지 기전을 이해할 수 있다면, 우리 가계도의 다른 사람들과 우리의 마음을 구별하는 것에 대한 힌트를 얻을 수 있을 것이다. 만약 언젠가 네안데르탈인의 사촌들 사이에서 활 사냥에 대한 증거를 찾는다면, 여기서 합성된 작품들은 그러한 집단의 인지적 복잡성의 수준을 이해하는 데에 동등한 해석적 가치를 가질 것이다. 그러므로 활 사냥의 인지에 관한 탐구와 활 사냥이 어떻게 현대 마음을 형성하는 데 도움을 줄 수 있었는가에 대한 나의 추진력은 우리의 특정한 진화적 생각 경로를 대표할 수 있는 사실이지만, 활 사냥의 인지 수준 이해에 대한 의미는 시간과 공간과 상관없이 모든 오랜 석기 시대/구석기 사회에 동등하게 적용된다. 다음 섹션에서는 이 기법이 어떻게 우리 뇌의 진화와 상호작용할 수 있는지에 대한 아이디어를 제시하기 전에 활 사냥에 대한 인지 개요를 제공한다.

호모 사피엔스와 연관된 인지적 적소로서 활사냥꾼 실험

많은 연구자들은 고고학적 기록에서 활 및 창 던지기 사용에 대한 초기 증거를 찾는 것의 중요성을 알고 있다(예: Brooks, Nevell, Yellen, & Hartman, 2006; Iovita, Schönekeß, Gaudzinski-Windheuser, & Jäger, 2016; Pargeter, Shea, & Utting, 2016; Shea, 2006). 그러나 활 사냥의 잠재적인

인지적 의미를 이해하고 설명하기 위한 노력은 거의 이루어지지 않았다. 예를 들어, 셰아와 시스크Shea and Sisk(2010)는 활사냥이 후기 홍적세 인류를 대략 5만 년 전에 웨스트 유라시아로 분산시키는 것을 도운 생태학적 적소 확대 맥락에서 핵심 전략적 혁신이었다고 주장했다. 비록 그들은 활사냥을 **호모 사피엔스**에게 활성화enabling[240]하여 아프리카로부터 온대 웨스트 유라시아로 이전 인류의 분산을 제한했던 장애물을 극복할 수 있게 해주는 것으로 보지만, 네안데르탈인의 이러한 기법-행태의 부재를 인지 복잡성의 가변성을 반영하는 것이 아니라, 오히려 그 같은 복잡한 기법과 관련된 활력의 제약과 시간예산 요인time-budgeting factors의 결과로 해석한다(Shea & Sisk, 2010). 나는 다른 연구자들과 비슷하게(예: Coolidge & Wynn, 2009; Wadley, 2013), 기법 체계가 상징적 행태에 대한 증거와 달리 **호모 사피엔스**의 특정한 인지 그리고 행태 경향을 탐구하기 위한 더 안전한 기반이라고 생각한다(예: Donald, 1993). 따라서 인간의 인지 진화에 대한 정보를 제공하는 기법 체계의 잠재력은 그들의 뇌 의미를 즉각적으로 거부하기 전에 철저히 탐구되어야 한다.

미리암 하들(Lombard & Haidle, 2012)과 함께 나는 석기시대/구석기시대 기록에 활사냥에 대한 인지적 설명이 배제될 수 있는지 실험했다. 우리는 조사 방법으로 '코그니그램'과 '효과적인 연쇄순서'를 적용했다(접근법과 그 적용에 대한 자세한 설명은 Haidle, 2012를 보라). 비록 개별 구성요소의 제작이 네안데르탈인과 **호모 하이델베르겐시스**가 휘두른 돌촉 창 생산보다 인지적으로 더 부담스럽지 않을 수 있지만(Lombard & Haidle, 2012), 분석 결과 활사냥의 문제 해결 거리가 창 사냥(창 던지기)

240 심리학적으로는 '허용' 또는 '조장'으로 해석한다(역자 주).

에 비해 훨씬 확장되었다. 활과 화살 체계의 확장된 생각과 행동 시퀀스 또는 문제 해결 거리는 작살을 현생의 집행기능을 대표하는 기법 체계로 해석한 쿨리지와 윈Coolidge and Wynn(2009)과 밀접한 관련이 있다(Haidle, 2014를 보라). 그러나 우리는 또한 생각과 행동 시퀀스와 같은 **작업순서분석** 접근법에 기초한 계층적 분석에서 인지 복잡성을 추론하는 것에 대한 주의를 촉구해 왔다. 왜냐하면 이것들은 일반적으로 명백한 인지 이론이 없기 때문이다(Wynn, Haidle, Lombard, & Coolidge, 2017).

그러나 활사냥이 창 사냥의 인지 요건을 초과하는 것은 우발적 계획이나 문제 해결 거리뿐만이 아니다. 활과 화살로 사냥하는 것은 활과 화살의 동시 집중적인 작동에 의존하는 공생 체계나 기계를 나타낸다. 기법적 공생(다른 것을 동시에 작동하지 않고는 체계의 어느 부분도 효과적이지 않은 경우)은 비공생적, 단순 또는 복합기법으로는 불가능한 복잡성과 유연성을 가능하게 한다(Haidle et al., 2015; Lombard & Haidle, 2012). 예를 들어, 이러한 도구 세트에는 두 가지 성분이 있다. (1) 활처럼 안정적인 용량으로 요소를 강화하는 것과 (2) 화살과 같이 유연하고 변화하는 용량으로 여러 소모품 성분을 강화하는 것이다. 소모품 성분의 적용은 강화 성분에 의해 능동적으로 보강된다(Haidle, 2014; Lombard & Haidle, 2012). 즉, 사용할 때만 소모품 요소의 잠재력을 최대한 드러내는 방식으로 사용자가 처리하고 제어한다. 이 시나리오에서는 문제 해결, 의사결정 그리고 행동 시행에 관한 인지 유연성이 증폭된다(예: Haidle, 2014; Lombard & Haidle, 2012). 예를 들어 화살촉과 기타 장치(길이, 중량, 플레칭fletching[241])등을 먹잇감 유형, 계절, 상황 및 환경에 즉각적으로

241 화살의 깃을 접착시키는 일(역자 주).

적응시켜 성공의 범위와 잠재력을 높일 수 있다(예: Haidle et al., 2015; Lombard, 2016). 일단 공생 기법의 개념이 이해되면, 상이한 성분들과 일련의 성분들이 다양한 결과를 획득하기 위해 여러 길이와 복잡성의 시퀀스로 적응하고 집단화될 수 있다. 예를 들어, 활은

(a) 활비비bow drill[242]로 사용하기 위한 화살촉(때로는 사냥용 화살로 사용), 무거운 막대 그리고 손으로 잡는 조각들로 분류된다.
(b) 불을 피우는 막대로 손바닥 보호대, 방화봉, 기본적 목재 그리고 불쏘시개로 사용된다.
(c) 단순하고, 바이올린과 같은 악기, 막대 또는 화살로 켜기가 남아프리카의 칼라하리 수렵채집자처럼 소리상자에 구강 또는 호롱박을 적용시켜 사용된다.
(d) 칼라하리 산Kalahari San[243]이 시연하는 한 줄 기타처럼 손가락으로 당긴다(비공생적으로)(Lombard, 2016).

따라서 활과 화살 세트와 같은 공생 기법의 핵심 진화적 장점은 개념, 기법과 행태 모듈화 그리고 유연성의 확대이며(예: Carignani, 2016을 보라), 다양한 방법으로 단일 성분 또는 조작 연쇄의 거의 끝없는 조합을 가능하게 한다. 여러 개의 목표 활사냥은 다양한 예측(예측되지 않은) 시나리오 중에서 한 가지 가능성이나 상황을 효과적으로 처리할 수 있는 즉각적이고 자발적인 유연성을 제공하기 때문에 주요 인지 개선을

242 활같이 굽은 나무에 시위를 메우고, 그 시위에 송곳 자루를 건 다음, 당기고 밀고하여 구멍을 뚫거나 불을 피우는 수동 도구(역자 주).

243 칼라하리 사막에 거주하는 부족으로 부시먼족(Bushman)이라고도 부른다(역자 주).

의미한다(Lombard & Haidle, 2012). 다양한 인지적 문화적 복잡성과 유연성을 허용하며, 인간의 행태 기본에서 부터 현재 가장 복잡한 기법에까지 적용된다(Lombard, 2016). 이러한 결과는 활사냥과 연관된 기법과 행태가 인지 복잡성의 수준을 평가하는 데 사용될 수 있다는 것을 보여주며, 인지 능력은 왜 우리가 **호모 사피엔스**를 제외한 인구의 고고학적 기록에서 활사냥을 보지 않는가에 대한 설명으로 배제될 수 없다는 것을 보여준다.

전문가는 인지가 충분한가?

또한 과거와 같이 오늘날 우리가 관찰하는 기법적 복잡성의 상당 부분은 전문가의 인지를 통해 설명될 수 있다는 것이 제안되었는데, 이것은 인간 마음의 강화된 집행기능을 요구하지 않는다(예: Coolidge et al., 2016; Wynn & Coolidge, 2004, 2010). 예를 들어, 쿨리지와 윈Coolidge and Wynn(2009)은 네안데르탈인과 현생 인류 행태의 맥락에서 전문가 인지와 집행기능의 차이를 나란히 했다.

> 우리는 네안데르탈인의 전문가 인지의 유연성이 변화하는 환경과 경쟁하는 **호모** 다양성의 변화에 적응하는 **호모 사피엔스**의 집행기능만큼 성공적이지 않았다고 의심한다. 그리고 결국 **호모 사피엔스**의 삶과 생각 방식이 살아남았고, 네안데르탈인의 삶의 방식은 끝이 났다(Coolidge & Wynn, 2009, p. 206).

따라서 우리가 활사냥이 전문가 인지만으로 설명될 수 있는지 실험했다면, 셰아와 시스크Shea and Sisk(2010)가 맞을 수 있으며, 네안데르탈인의 맥락에서 활사냥과 창 사냥 사이의 선택은 인지의 차이를 고려하지 않고 설명될 수 있을 것이다.

전문가 인지는 최근에 발달한 것은 아니다. 장기 작업기억 용량의 증가는 아마도 **호모 에렉투스**에서 **호모 하이델베르겐시스**로의 이행에 수반되었을 것이고, 따라서 전문가 인지는 네안데르탈인의 생각 범위 내에 있게 되었을 것이다(Coolidge et al., 2016). 오늘날의 실행에서, 전문성은 큰 정보 본체의 덩이짓기chunking 그리고 연쇄(모듈화)chaining을 통해 달성된다(즉, 복잡한 시퀀스는 작고 쉽게 처리되는 덩이로 나뉘며, 그 후에 함께 연결된다). 덩이의 마지막 구성요소는 계층적 연쇄(생각과 행동 시퀀스)에서 다음 덩이의 첫 번째 구성요소를 촉발하거나 신호로 나타낸다. 전문지식은 특정 정보 덩이(예: 체스 또는 음악 마스터)를 연쇄로 묶은 다음 물리적 단서(예: 적절한 대응을 지시하기 위해 색상, 복제열, 소리, 물리적 저항성 그리고 근육 장력에 의존하는 대장장이)에 자동으로 반응하는 광범위한 반복과 함께 제공된다. 따라서 전문가는 자신의 전문 분야에서 상상할 수 있는 거의 모든 다양성과 연계된 방대한 양의 인출 구조를 개발한다(Coolidge et al., 2016). 그러나 전문가의 실행은 좁은 분야에만 국한된다. 예를 들어 체스 마스터는 바둑판의 무늬들이나 바둑에서 유리하지 않으며(Wynn et al., 2017), 전문가는 새로운 사냥감, 새로운 음악 또는 새로운 기법을 상상하거나 구현하지 않는다. 따라서 전문가 인지만으로는 자발적 및 사려 깊은 혁신이 불가능하다.

문제 해결 거리 관점에서 활은 활과 화살 체계에서의 가장 복잡한 생산 시퀀스를 나타낸다(Lombard & Haidle, 2012). 우리는 활과 화살의 각 기법 모듈을 전문가 인지를 통해 학습하거나 설명할 수 있다는 것을 발견했다(Coolidge et al., 2016). 정보를 덩이짓기, 연쇄 그리고 신호 주기에는 약간의 유연성이 내재되어 있다. 예를 들어, 활 제작자는 활시위를 구부리기 위해 적어도 네 가지 다른 방법을 적용할 수 있다(Lombard & Haidle, 2012). 현지 조건과 개인 이력의 변화는 각 활 제작자가 사용하는 적절한 행동 시퀀스를 신호로 준다. 한 사람이 더 많은 절제를 할수록 정보-인출 구조는 더 일상적인 것이 되므로 의사결정에 점점 더 적은 주의가 요구되어 작업기억 용량의 점유율이 감소한다. 따라서 활 생산은 전문가 인지의 고전적인 예이며(Coolidge et al., 2016), 기본 화살 생산은 돌촉 창을 생산하는 것 이상 복잡하지 않다(Lombard & Haidle, 2012).

전문가 체계에서는 절차가 자동으로 실행되므로, 실행 중에 거의 주의를 기울일 필요가 없다. 여기에는 필요한 모든 재료를 수집하거나, 돌촉을 깎거나, 활 몸체나 화살대를 만드는 등의 활동이 포함된다. 그러나 서로 다른 성분들을 결합하는 활동은 결합 과정 동안 각 성분과 그것의 변화하는 속성에 능동적으로 주의를 기울이지 않고는 거의 효과적으로 실행될 수 없다. 예를 들어, 접착제와 결합 재료를 사용하여 돌촉을 화살대에 고정하는 과정에서 장인artisan은 화살대의 특성과 위치 그리고 어떻게 서로 가장 잘 맞을 수 있는지에 동시에 주의를 기울여야 한다. 결합하는 동안 촉과 화살대의 배열이 안정적으로 유지되도록 결합 재료 및 접착제를 조심스럽게 작동해야 한다. 따라서 그러한 기법-행태에 대한 증거는 관련 모집단의 생각 과정이 전문가 인지의 설명 영역에서 벗어나고 있다는 초기 지표일 수 있다(Wynn et al., 2017).

남아프리카에서는 화살촉으로 기능할 수 있는 6만 년 전 이상의 도구와 관련하여 오커가 붙은 복합 접착제를 사용했다는 증거가 있다(예: Lombard, 2008; Wadley, Hodgskiss, & Grant, 2009). 그러한 접착제를 실험하는 동안, 린 와들리Lyn Wadley는 말했다.

> 따를 수 있는 레시피는 없다. 이 접착제를 만드는 것은 케이크를 굽는 것과 같지 않다. 이 기법은 일상적인 것이 아니다. 재료의 품질을 평가하고 그에 따라 그 양을 조절하는 것이다. 또한, 완전한 집중을 요한다(Wadley, 2010, p. S115).

화살 제작업자는 다양한 재료, 그 특성 그리고 상호 간에 미칠 수 있는 다양한 영향에 대한 정보를 능동적으로 보관하고 지속적으로 처리하여 성공적인 복합기법을 달성해야 한다(Wadley, 2010). 우리는 오커 접착제의 혼합이 활과 화살 체계 자체와 유사한 공생 기법을 나타낸다고 주장해 왔다(Lombard & Haidle, 2012). 따라서 복합 접착제가 능동적으로 혼합될 때까지 전문가 인지를 통해 전체 기법 시퀀스를 촉진할 수 있다(Wynn et al., 2017). 그러나 혼합 처리는 성공을 보장하기 위해 여러 성분들을 동시에 집중적으로 조작하고 접착제 제작자의 완전한 주의를 요한다. 따라서 전체 성능이 더 이상 자동으로 처치되지는 않는다. 혼합 사건이 돌촉 화살 생산의 긴 작용 연쇄 내에서 짧은 시간 동안만 활동을 나타내지만(Lombard & Haidle, 2012), 작업기억의 인지적 조절 성분에 대한 과제 전환 그리고 반응 억제는 그러한 실행 중에 크게 관여한다(Wadley, 2010). 효과적인 덩이짓기와 연쇄(즉, 전문가 인지)는 더 이상 성공을 보장할 수 없다(Wynn et al., 2017).

방금 설명한 처리는 확장된 생산 시퀀스 또는 문제 해결 거리만으로는 공생 기법의 혁신, 작동 그리고 응용과 관련된 전체 인지 레퍼토리를 설명할 수 없다는 것을 보여준다. 따라서 우리는 인지 복잡성에 대한 잠재적인 단서가 포획되는 것은 종종 재료의 수집이나 인공물의 생산에 있지 않고, 오히려 활과 화살의 공생적 사용(예: Lombard & Haidle, 2012) 또는 복합 접착제의 세심한 혼합(Wadley, 2010)과 같은 짧은 생생한 실행에서 포획된다는 것을 알게 된다. 물론 고고학적 딜레마는 그런 '신경적 노력neural effort'의 순간들을 발굴할 수 없다는 것이다. 그러나 나는 현대적 생각 방식이 시뮬레이션된 과제 동안 기능적 가변성을 보이는지를 평가하는 방법을 탐구할 수 있다고 제안한다.

화살 쏘는 것에 대한 신경고고학적 일별

화살 쏘기 과제와 비교하여 간단한 창 던지기에 필요한 신경 노력의 양을 평가하기 위한 첫 번째 시도에서, 뇌파와 사건 관련 전위electroencephalography and event-related potential(EEG-ERP)를 사용하여 정적 표적에 창을 던지는 행위보다 활로 화살을 쏘는 것이 인지적으로 어려운 것으로 간주될 수 있는지를 평가할 수 있는 신경 지표를 직접 실험했다(Williams et al., 2014). 우리의 가설은 활에서 화살을 쏘는 행위가 창을 던지는 것보다 더 많은 신경 노력이 필요하지 않다면, 롬버드와 하이들Lombard and Haidle(2012)이 설명한 생각과 행동 시퀀스의 다른 곳에서 인지 복잡성의 차이를 찾아야 한다는 것이었다. 본 섹션에서 설명하는 윌리엄즈와 동료들Williams and colleagues(2014)의 인용문은 예비 연구로 간주될 수 있지만, 나는 향후 연구 그리고 가설 실험에 유용한 지표를 제공하리라 주장한다.

실험하는 동안, 발명, 혁신, 생산 그리고 현실적인 사냥 시나리오의 도전과 관련된 변수들을 제거했다. 세 개의 피질 부위에 초점을 맞췄다. 두정엽, 전두 정중선frontal midline 그리고 안와전두엽 부위이다. 이러한 영역은 각각 인지 활성화 상태(시각 공간 또는 운동 과제 포함) 동안 중요한 역할을 하고 복잡한 인지 그리고 작업기억의 측면을 촉진하는 것으로 나타났기 때문에 선택되었다. 예를 들어, 시각 공간 정보가 마음에서 처리될 때 두정 피질이 활성화되며(Rushworth & Taylor, 2006; Walter & Dassonville, 2008), 시각적 작업기억 과정(Riley, Lambert, Qi, & Constantinidis, 2013; Salazar, Dotson, Bressler, & Gray, 2012), 작업기억의 지각적 정보를 선택하고 유지하는 데 관여할 수 있다(Xu & Chun, 2009). 또한 전두 정중선은 작업기억 처리(Hsieh & Ranganath, 2013)와 관련되며, 지속적이거나 내부화된 주의가 필요할 때 활성화된다(Aftanas & Golocheikine, 2001). 안와전두엽 피질 기능에 대해서는 비교적 거의 알려지지 않았지만, 감각 정보와 협응하고 통합하며(Kringelbach, 2005), 처리 유인 또는 동기 정보의 처리를 보조하며(예: Ostlund & Balleine, 2007; Schoenbaum & Setlow, 2001), 의사결정이 필요한 상황에서 활성화되는 것으로 나타났다(Larquet, Coricelli, Opolczynski, & Thibaut, 2010; Rolls & Grabenhorst, 2008).

사용된 네 가지 전기 주파수 대역은 델타, 세타, 알파 그리고 베타였다. 델타 활동은 휴식 상태(Lu et al., 2007), 일부 의사결정 과제(Nácher, Ledberg, Deco, & Romo, 2013) 그리고 생물학적 보상과 위험에 의해 유발되는 동기 부여 처리와 관련된다(Knyazev, 2012). 세타 활동은 작업기억 과업을 실행하는 동안 마음에 정보를 간직한다(Tesche & Karhu, 2000).

세타 활동은 선언적 그리고 일화기억 처리(Fell et al., 2003; Klimesch et al., 2001), 기억 코드화(Klimesch, Doppelmayr, Russegger, & Pachinger, 1996), 지속되는 주의(Sauseng, Hoppe, Klimesch, Gerloff, & Hummel, 2007), 감각운동 처리(Bland & Oddie, 2001)에 중요한 역할을 한다. 알파 활동은 매우 특별한 주의력(Worden, Foxe, Wang, & Simpson, 2000), 지각(예: Thut, Nietzel, Brandt, & Pascual-Leone, 2006), 기억 관련 처리(Klimesch, Schack, & Sauseng, 2005)에 관여하며, 이는 당면한 과제와 무관한 정보를 억제하는 데 통합적 역할을 한다(Palva & Palva, 2007). 이러한 억제는 정보에서 정보로 코드화, 저장 그리고 검색을 개선한다(Jensen, Gelfand, Kounios, & Lisman, 2002; Obleser, Wöstmann, Hellbernd, Wilsch, & Maess, 2012). 베타파는 고차인지기능이 필요한 정신 활동과 관련이 있다(Geethanjali, Adalarasu, & Rajsekaran, 2012; Weiss & Mueller, 2012를 보라). 예를 들어, 저진폭 베타파는 적극적인 주의가 필요한 곳에 강하게 관여하는 마음을 반영한다(예: Gross et al., 2004).

우리의 결과는 내부 주의뿐만 아니라 외부 주의에서, 억제 그리고 초점 맞추기와 같은 중앙집행부의 일부 성분이 석기시대 창 사냥꾼들의 경우 어느 정도 자리 잡고 있다는 것을 보여주었다(Williams et al., 2014). 이 해석은 창을 사냥하는 네안데르탈인과 **호모 하이델베르겐시스**가 어떤 형태의 집행기능을 가지고 있었다는 것을 시사한다. 그러나 일반적으로 창을 던지는 과제는 신경의 힘을 비교적 적게 들이고도 실행할 수 있다. 활에서 화살을 쏘는 과제는 창 던지기 과업과 비교하여 피질 부위와 주파수 대역에서 통계적으로 유의미한 수준의 신경 활동을 보였다는 것이 우리의 방법과 실험의 범위 내에서 명백하였다. 따라서 석기시대/구석기시대 창 사냥꾼에 의해 달성된 인지 복잡성 수준과 관계없이,

우리의 결과는 단순히 활로 화살을 표적에 쏘는 것이 창을 던지는 것보다 지속적으로 더 인지적으로 부담을 준다는 것을 보여준다(Williams et al., 2014, p. 204). 나는 다음 토론에서 화살 쏘기 과제와 관련된 결과를 제시한다. 창 던지기 과제와 관련된 자세한 결과는 윌리엄즈와 동료들 Williams and colleagues(2014, pp. 203-204)을 보라.

화살 쏘기 과제의 초기 단계 동안, 두정엽 델타 활동에는 변화가 없었고, 뒤이어 참가자가 들어오는 감각 정보 처리에 참여하거나 도움을 주는 시각적 항목에 집중할 수 있도록 약간의 증가가 있었다. 예를 들어, 명료함과 세부사항이 모두 표적 쏘기에 필수적이기 때문에 두정엽 델타 활동은 시각적 명료성에 관련되었을 수 있다(예: Strydom & Ferreira, 2010). 두정엽 세타 활동이 화살 쏘기 과제가 늘어나며 증가했으며, 이는 맥락을 업데이트하기 위해 필요했을 수 있다. 화살 쏘기 과제는 얼마간의 활동 시퀀스를 기억을 요구하는데, 이것은 일화기억 처리의 측면을 반영할 수 있다. 전두 정중선 델타 활동이 증가하였다가 감소 그리고 다시 소폭 증가했다. 이 부위에서 델타 주파수 대역의 증가는 내부 주의를 나타낼 수 있으며, 참가자들이 마음속에서 들어오는 감각 정보를 처리할 수 있게 한다.

창 던지기 과제에 비해 화살 쏘기 과제에서 통계적으로 유의한 전두 정중선 세타 활동 증가는 활로 화살을 쏘는 것이 인지적으로 더 힘들다는 것을 보여준다. 예를 들어, 이 활동에는 높은 수준의 지속적인 주의와 기억 부하가 요구되었다. 참가자들이 화살 쏘기 과제에 관련된 행동 시퀀스를 '정신적으로 리허설'했다는 전제는 과제의 마지막 단계에서 보여준 전두 정중선 베타 활동의 약간 증가에 의해 추가로 검증되었고, 아마도 프락시스 운동의 집행을 반영했을 것이다. 이러한 행태는 고유하게 인간 특성으로 간주되며, 아이디어 또는 개념을 운동 계획 그리고 과제 집행과 동기화할 수 있다(Ayres, 1985; May-Benson & Cermak, 2007). 따라서 우리의 인지적 그리고 행태적 고유성을 반영할 수 있는 기법을 고려할 때, 전두 정중선 베타 활동이 창 던지기 과제 기간 동안 완전히 부재했다는 것은 주목할 만하다. 활쏘기 과제 중에 이 부위의 활동이 크게 증가한 것은 과제 집행에 지속적인 각성이 필요했음을 시사한다. 과제와 무관한 정보는 억제되었을 수 있으며, 참가자들이 관련된 인지기능(예: 내부 주의력, 상상력 그리고 정신 이미지)에 집중할 수 있도록 허용했다(Williams et al., 2014, pp. 204-205).

활쏘기 과제의 초기 단계 동안 안와전두엽 델타 활동이 약간 증가한 후 감소했다. 이러한 증가는 내부 그리고 외부 자극을 선별하고 과업 관련 자극에 대한 주의를 증가시키는 데 유용할 수 있었다. 감각 그리고 지각 정보를 기억에 코드화하는 것을 돕기 위해, 안와전두엽 세타 활동이 점차적으로 증가했고, 그다음에 약간의 감소가 있었다. 안와전두엽 세타 활동은 새로운 자극이 처리되는 필수적인 전두엽 구성요소를 나타낼 수 있다. 안와전두엽 알파 활동은 참가자들이 화살 쏘기 과제에 주의를 집중하도록 동기를 부여할 수 있었다. 과제가 진행되면서 안와전두엽 알파가 계속 증가했으며, 전두 정중선 알파 활동과 함께 작용했을 가능성이 있다. 창을 던지는 일과 비슷하게, 화살을 쏘는 과제에서도 운동 감각은 아마 필요했을 것이다. 이러한 자극은 참가자들에게 실행된 운동 활동에 대한 감각 피드백을 제공하여 행태 조정이 필요한지를 결정할 수 있게 했다. 과제 실행을 개선하기 위해 참여자들은 긍정적인 피드백이나 강화 학습을 사용하여 기억에서 '정확한' 조치를 적극적으로 상기했을 수 있다. 이는 과제가 진행됨에 따라 전두엽 베타 활동이 증가함으로써 뒷받침되었다(Williams et al., 2014, pp. 204-205).

우리의 관찰과 해석은 피질 부위에 따라 제시되지만, 그것들이 서로 관련이 없는 것으로 간주되어서는 안 된다. 예를 들어, 두정엽 그리고 전두 정중선 활동은 친숙한 감각운동 재현을 업데이트하는 데 중요한 역할을 하며, 이를 통해 개인은 기억된 동작 시퀀스를 실행할 수 있다(Makeig et al., 2004). 그것은 처리되어야 할 추가 정보가 필요한 인지적으로 복잡한 과제에 참여해야 하는 상황에서 유용하다. 과제 실행을 돕기 위해, 참가자들은 이러한 행동 시퀀스를 정신적으로 리허설했을 수 있다. 세타 활동은 일반적으로 작업기억 부하 그리고 일화기억 처리와 관련된 많은 행동 시퀀스를 기억해야 하는 새로운 과업을 학습하는 데 도움이 된다(예: Kawasaki & Yamaguchi, 2012). 일단 자원자들이 활과 화살 세트를 효과적인 단위로 사용하여 연습하면, 지속적인 각성은 그들이 과제를 능숙하게 실행하도록 격려했을지도 모른다. 과제 실행은 기억과 관련된 뇌파를 더욱 증가시켰다. 예를 들어, 화살이 우세함에 따라 두정엽과 전두 정중선 세타 활동이 증가했다. 델타 활동 수준은 참가자들이 창 던지기에서 화살 쏘기 과제로 전환할 때 기록된 모든 피질 부위에 걸쳐 증가했다. 이러한 관찰은 화살이 창 던지기 과업과 비교하여 내부 처리(즉, 작업기억, 일화기억 그리고 장기기억에서 내부화된 정보 및 정보의 처리에 선택, 조절 그리고 유지)에 더 많은 주의를 요구했음을 의미한다(Williams et al., 2014, pp. 204-204 205).

사냥 기법과 관련된 변화는 "아마도 작업기억working memory(이하 WM으로 표기) 용량이나 WM이 접근하고 작동할 수 있는 정보의 유형 또는 용량과 유형 둘 다에서 점진적이지만 실질적인 개선이 이루어졌음을 암시한다."(Coolidge, Wynn, & Overmann, 2012, p. 55). 우리의 예비 결과와 자료 해석은 참가자가 창 던지기 과제에서 활쏘기 과업으로 전환할 때 작업기억 처리를 지원하기 위해 몇 가지 집행기능(예: 주의, 능동 억제, 상황 업데이트, 강화 학습 그리고 기억 리허설)이 강화되었음을 나타낸다. 따라서 우리는 창 던지기 그리고 활쏘기 기억장치와 관련된 신경학적 활동 수준의 변화가 사냥 기법의 고고학적 기록의 해석과 설명에 대한 실현 가능한 가설이라는 것을 증명했다.

활사냥꾼의 기억

활사냥의 신경고고학에 관한 우리의 연구는 표적을 맞힐 목적으로 화살을 쏘는 것은 동일한 표적을 향해 창을 던지는 것보다 더 높은 수준의 작업기억 부하와 일화기억 처리가 필요하다는 것을 제안한다. 또한 정신적으로 예행 연습된 프락시스(즉, 개념화 또는 관념화, 계획 그리고 운동 행동의 집행)에 대한 지표는 창 던지기 과제 중에 일반적으로 누락되었지만, 활쏘기 과제 동안 크게 증가하였다(Williams et al., 2014). 프락시스는 두 가지 모두를 작동하는 방법에 대한 '아이디어'에 기초한 대상 그리고 환경과의 효과적인 상호작용을 촉진하며(Ayres, 1985), 이러한 아이디어는 암기된 개념과 이전에 생각하지 못했던 적용 또는 성능 사이의 창의적인 상호작용에서 비롯된다. 전문가 인지 모델뿐만 아니라 코그니그램과 행동 시퀀스에 대한 연구를 기반으로, **호모 하이델베르겐시스**도 활과 화살 생산과 관련된 대부분의 기술을 배울 수 있었다(Coolidge et al., 2016; Lombard & Haidle, 2012). 그러나 우리는 동일한 작업에 기초하여, 그들이 아마도 전체 공생 기법 체계를 개념화하고, 구조화하고, 구현할 수 없었을 것이라고 주장해 왔다. 따라서 그러한 체계를 검토하고, 발명하고, 사용하기 위해서는 전문가의 인지 이상의 것이 필요했다(Coolidge et al., 2016).

모든 재료를 획득하고 체계의 다른 부분을 복합하는 것 외에, 장인은 주의 깊게 전체 체계에 접근할 수 있어야 한다. 즉, 아이디어로 전체 체계에 접근할 수 있어야 한다. 기법 체계의 공생적 응용과 함께 전체 시퀀스와 관련된 변수를 고려하여 확장된 생각과 행동 시퀀스를 달성하는 가장 좋은 방법은 전문가 인지도가 아니라 일화기억이다(Coolidge et al, 2016). 따라서 일화기억이 활사냥에 충분하지는 않지만, 필수 조건이라고 제안했다(Coolidge et al., 2016). 일화기억은 사건 군집(사건과 관련된 추가 성분)뿐만 아니라 사건의 기억을 나타낸다. 그것은 회상된 사건이 원래 사건과 다를 수 있다는 알아차림에 관련되며, 해당 사건이(의식적으로든 무의식적으로든) 다시 상상 또는 변경될 수 있는 경우 주관적이라는 인지를 포함한다(Coolidge et al., 2016).

인간은 대부분의 동물과 기본적인 일화기억을 공유하지만(예: Allen & Fortin, 2013), 어느 시점에서는 '진정한' 일화기억(예: 자기인지적autonoetic 또는 자서전적 기억)이 호미닌에서만 진화했다. 이전의 호미닌은 '현재의' 문제를 해결하기 위해 과거의 사건에 대한 지식을 기억하고 사용할 수 있었지만, 그들이 그렇게 하고 있다는 것을 대부분 알아차리지 못했을 것이다(Tulving, 2002). 과거의 기억 속에 있는 '자신'에 대한 분명한 의식과 그러한 기억의 인지적 조작은 툴빙이 언급했던 '자기인지적 알아차림'으로 최근에 진화했을 수 있고, **호모 사피엔스**에게 고유한 것일 수 있다(Coolidge, Haidle, Lombard, & Wynn, 2016; Tulving, 2002; Tulving & Kim, 2007; 또한 Malafouris, 2008을 보라). 샤크터와 아디스Schacter and

Addis(2007)는 미래의 적용을 위해 새로운 구성으로 상상된 과거 세부사항 또는 사건을 재조합할 수 있는 건설적인 순간 시뮬레이션 가설을 제안했다. 이러한 시뮬레이션은 즉각적인 조치 또는 미래의 조치의 성공을 개선하기 위해 매우 유연한 방법으로 과거의 사건을 상기할 수 있다. 그들은 미래가 과거의 정확한 재현이 아니기 때문에 미래 사건을 시뮬레이션하는 능력은 과거의 사건을 상기, 추출 그리고 재결합하기 위해 본질적으로 유연해야 하며, 미래 행동의 성공을 보호해야 한다고 추론했다(Schacter & Addis, 2007). 그들의 건설적 일화 시뮬레이션 개념은 활사냥을 위한 중요한 인지 구성요소, 즉 시간과 공간 거리에 대한 새로운 방식으로 전문성 모듈을 의식적으로 활성화, 비활성화 그리고 재활성화할 수 있는 인지체계를 대표할 수 있다(Coolidge et al, 2016). 이 해석은 개념적, 기법적, 행태적 모듈화 그리고 유연성의 확대 측면에서 공생기법의 이전에 제안된 진화적 장점과 연결되며, 이는 일상적인 문제 해결에서 즉각적이고 자발적인 가소성을 제공하고 점점 더 복잡해지는 기법과 행태의 개발을 제공한다(Lombard, 2016; Lombard & Haidle, 2012). 이는 네안데르탈인의 종말과 반대로 전 세계에 성공적인 확산을 가능하게 했을지도 모른다(Coolidge & Wynn, 2009; Shea & Sisk, 2010).

그러므로 우리는 활과 화살과 같은 기법 체계를 효과적으로 개념화, 구성, 구축 그리고 사용하기 위한 인지 요건은 완전 현대적인 일화-기억 체계가 필요했다고 제안했다. 즉 자서전적 기억 검색뿐만 아니라 예측하는 건설적인 일화-기억 시뮬레이션을 실행할 수 있어서 초기 활사냥꾼들이 완전히 자기인지적 알아차림을 가지고 있었다는 것을 의미할 수 있다(Coolidge et al., 2016). 우리의 결론에 대한 지지는 사건 대기 패러다임event-queuing paradigm에서 미래의 전망이 자서전적-일화-기억 네트워크에만 의존할 가능성이 낮으며, 개인적인 추상적 지식에 의존하는 개인적 목표가 상상된 사건의 전반적 조직화에 중요한 틀을 제공한다고 주장한 아르겜보와 뎀블론d'Argembeau and Demblon(2012)의 연구에서 찾을 수 있다(Coolidge et al., 2016).

피터 거든Peter Gärdenfors과 인간에 대한 인과적 인지의 진화에 관한 연구를 통해(Gärdenfors & Lombard, 2018; Lombard & Gärdenfors, 2017), 우리는 인과적 네트워크 이해 또는 '인과적 문법'이 사냥꾼들의 추측에 의한 추적을 촉진하기 위해 도메인-특정 지식을 추상적 인과적 이해를 위한 도메인 간 네트워크로 함께 끌어낼 수 있도록 한다고 주장한다. 이러한 추적은 최근 칼라하리 활사냥꾼과 밀접한 관련이 있다(Liebenberg, 1990, 2013). 친족, 비친족, 동물 행태에 대한 친밀한 지식과 이들의 무생물적 신호는 경관(예: 지리적 특징, 수자원, 식물 등), 추상적인 인과적 이해, 정신적 지도maps, 생각 과정 그리고 추적자의 사회적 맥락에 대한 지식과 통합된다. 추측 추적은 활사냥꾼이 어떻게 의미 있고 상상력이 풍부한 인과관계 네트워크 가설을 만들어내는지 보여준다. 사냥꾼의 마음, 즉 전망이 활사냥꾼의 복잡하고 역동적인 변수를 처리할 수 있도록 한다(Liebenberg, 1990; Gärdenfors & Lombard, 2018; Lombard & Gärdenfors, 2017). 따라서 이러한 행태는 자서전적 기억장치 검색과 일화기억 시뮬레이션이 가능한 완전히 현대적인 일화기억 체계의 예이다.

현대 궁수의 신경학

지금까지, 우리는 잠재적으로 **호모 사피엔스**를 우리 계보의 다른 구성원에서 분리하기 위해 인지적 진화의 프로시로서의 활사냥을 따로 떼어 내려는 목표로 한 각각의 평가가 실패했음을 보았다. 활사냥은 창 사냥과 비교했을 때, 작업에서 더 복잡한 인지 수준을 지속적으로 보여주었다. 만약 이것이 사실이라면, 우리의 연구결과를 뒷받침할 독립적인 자료를 기대할 수 있을 것이다. 여기서는 활사냥과 같은 기법-행태와 관련된 인지 진화의 측면과 그러한 해석을 강화하고 제약하는 데 어떻게 사용될 수 있는지에 대해 그러한 과업의 가능성을 입증하기 위한 두 개의 독립적인 신경학적 연구만을 다룬다.

첫 번째 예는 전문 궁수와 비 궁수 통제 집단에게 서양식 궁수 비디오를 보도록 하는 기능자기공명이미지(fMRI) 연구를 실행한 김과 동료들Kim and colleagues(2011)의 작업이다. 김과 동료들은 비디오 자료를 보면서 전문 궁수들이 전운동피질premotor cortex, 아래두정피질inferior parietal cortex, 위측두고랑superior temporal sulcus, 등안쪽 전전두피질dorsomedial prefrontal cortex, 대상피질cingulate cortex, 뒤뇌량팽대피질retrosplenial cortex 그리고 해마곁이랑parahippocampal gyrus에서 더 강한 활성화를 보인다는 사실을 밝혀냈으며, 실험된 부위에서 비 궁수 통제 집단이 다 활성화된 곳은 하나도 없었다. 전문 궁수와 비교한 비 궁수의 등안쪽 전전두피질 활성화 증가는 다른 사람이 활쏘기를 실행하는 것을 보면서 자발적으로 마음이론theory of mind,(이하 ToM으로 표기)에 관여했음을 나타내는 것으로 해석되었으며(Kim et al., 2011), 이는 다른 사람의 기술을 '가르치거나' 향상시키고 싶은 충동을 나타낼 수 있다(예: Lombard, 2015; Strauss, 2005). 또한, 비 궁수와 비교하여, 전문 궁수들은 친숙하고 의미 있는 정보의 일화기억과 관련된 부위에서 더 큰 신경 활동을 보여주었다. 이러한 영역에는 대상피질, 뒤뇌량팽대피질 그리고 해마곁이랑이 포함되었다(Kim et al., 2011). 따라서 김과 동료들은 전문가 궁수가 ToM과 일상의 기억과 관련된 신경 네트워크뿐만 아니라 거울 뉴런 체계의 뇌 활동을 자극할 수 있다고 제안했다.

전문 궁수에서 거울 뉴런 체계의 증가된 반응은 아마도 활동에 대한 운동 친숙도를 반영할 것이다(Kim et al., 2011). 거울 뉴런 체계는 전운동피질과 아래두정피질로 구성되며 다른 유형의 사회학습을 용이하게 하기 위해 다른 신경 체계와 상호작용한다(예: Iriki, 2006). 따라서 거울 뉴런 체계와 ToM 네트워크 사이의 상호작용은 사회적 거울과 마음읽기mind reading(다른 사람의 내부 상태에 대한 재현을 형성하는 능력, Gärdenfors, 2003, 2007)의 핵심으로 보인다. 김과 동료들에 의해 언급되었듯이,

> 등안쪽 전전두피질dorsomedial prefrontal cortex은 두 마음과 대상 그리고 생소한 상대들의 내부 상태 사이의 삼자 관계 재현을 위해 선택적으로 소집되었다. 따라서 등안쪽 전전두피질의 활성화가 전문 궁수에서 관찰된 것은 아마도 두 마음, 활 그리고 비디오에 있는 생소한 주인공의 내적 상태 사이의 삼자 관계 재현이 요구되어졌기 때문이다(Kim et al., 2011, p. 346).

(또한, 칼라하리 수렵채집 집단에서 활사냥 교육에 대한 유사한 토론은 Lombard, 2015를 보라.) 현대적 생각방식의 작용을 고려할 때, 대상피질과 뒤뇌량팽대피질의 활성화가 뇌의 다른 곳에서 유지되는 장기기억으로부터의 상상, 탐색 그리고 일화기억과 관련이 있다는 점도 주목할 만하다(Kim et al., 2011; van Overwalle, 2009).

운동 이미지를 분명하게 평가하기 위한 다른 fMRI 연구에서 전문 궁수 그리고 비 궁수들은 1인칭 관점에서 활쏘기를 정신적으로 연습하

도록 요청받았다(Chang et al., 2011). 그 연구에서는 비 궁수에서 전운동영역 그리고 보조운동영역 그리고 아래전두엽 부위, 기저핵, 소뇌가 더 활동적인 것으로 나타났다. 반면, 전문 궁수는 주로 보조 운동영역에서 양방향으로 활성화되는 것을 보여주었다. 이러한 결과는 익숙하지 않은 활쏘기 과제를 배울 때 비 궁수의 소뇌의 참여가 증가했음을 나타내는 것으로 해석되었다. 전문 궁수 선수와 비 궁수 선수 사이의 소뇌 활성화 차이는 궁수의 정신 리허설에서 전문적 효과를 입증하는 증거로 간주되고, 엘리트 궁수 선수들의 피질 과정에서 상대적인 경제성이 궁수 경기력 강화에 기여하는 것으로 여겨진다. 이 연구에서는 비 궁수에서 더 큰 활성화를 보이는 피질 영역은 주로 대상 회전의 시각적 이미지와 운동 이미지 사이의 결합을 반영할 수 있는 쐐기앞소엽precuneus을 포함한 두정피질을 포함하는 것으로 밝혀졌다(Chang et al., 2011). 또한 이 데이터는 비 궁수 선수가 정확한 활쏘기라는 복잡한 과제를 아직 숙달하지 않아 성공적인 활쏘기 계획에 필요한 관련 감각 그리고 인지 정보를 통합하기 위해 노력하고 있다는 사실을 반영하는 것으로 해석되었다(Chang et al., 2011).

이 두 가지 독립적인 연구는 개념화와 기법-행태로서의 활사냥과 관련된 일화기억의 필요성에 대한 이전의 관찰을 뒷받침한다(Coolidge et al., 2016). 또한 ToM 처리에 대한 신경학적 연결이 강조되었다(Kim et al., 2011). 장과 동료들Chang and colleagues(2011)의 연구에 따르면, 쐐기앞소엽은 전문 궁수보다 비 궁수에서 더 활동적이었다. 이는 활사냥과 같은 기법-행태가 **호모 사피엔스**의 최근 뇌 부위의 확장에 어떻게 기여했는지를 나타낼 수 있다(예: Bruner, 2010). 이 연구들은 현대 궁수의 신경학과 관련된 더 큰 규모의 연구에서 단지 몇 가지에 지나지 않는다. 향후 연구는 인지 진화에 영향을 미칠 수 있는 기법-행태의 중요성에 의해 발휘되는 뇌 부위와 신경 네트워크에 대한 가능한 압력을 이해하기 위한 노력의 일환으로, 훨씬 더 철저한 분석에 초점을 맞출 것이다. 말라푸리스Malafouris(2013) 그리고 브루너와 로자노Bruner and Lozano(2014)에 이어, 그것은 또한 '두뇌에 묶인' 것이 아니라 확장되고 분산된 체화를 통한 인간 마음의 한 예로서 고대 활사냥을 탐구할 것이다.

결론

지난 몇 년 동안, 6만 년 전 이상의 활사냥에 대해 생각하는 것은 점점 더 실현 가능해졌다. 이 기간 동안, 동료들과 나는 이 독특한 인간 기법-행태와 연관될 수 있는 인지의 측면에 대한 실험을 계속해 왔다. 과거의 인간 마음은 해석하기 어려운 도메인으로 남아있으며, 대부분의 추론은 잠정적이다. 그러나 기법을 통한 점점 더 확장된 체화로 인해, 과거 인간의 마음과 상호작용에 대한 점점 더 강력한 통찰력을 제공할 수 있는 여러 가닥의 증거를 탐색하는 것이 불가능하지도 않고 조심스럽게 구축하는 것도 불가능하지 않다. 이 장에서 나는 아직 걸음마 단계이지만, 석기시대/구석기시대 활사냥이 '집행'을 대표하는 것으로 간주되는 몇 가지 인지적 특성과 관련될 수 있으며, 따라서 오늘날 인간과 관련된 복잡한 생각의 특징이라는 것을 보여준다. 더욱이, 현대의 궁수에 기초한 우리의 예비적인 신경고고학적이고 독립적인 신경학 연구는 활사냥이나 활쏘기와 관련된 활동 동안 자극받은 인간의 뇌의 부분을 밝혀냈다. 이 연구들은 뇌, 신체, 마음 그리고 사용(또는 사용법 학습) 기법 사이

〈표 22.1〉 활사냥과 관련된 현재의 인지 그리고 신경학적 연관성

인지	신경학
• 확장된 사고 및 행동 시퀀스 또는 문제 해결 거리	• 두정피질(Parietal cortex) • 전두 정중선 피질(Frontal midline cortex) • 안와전두피질(Orbitofrontal cortex)
• 인지 유연성 또는 가소성	• 쐐기앞소엽(Precuneus) 또는 위안쪽 두정엽(superior medial parietal lobes)
• 작업기억 부하의 증가	• 전운동피질(Premotor cortex) • 아래두정피질(Inferior parietal cortex)
• 능동적 억제	• 위측두고랑(Superior temporal sulcus)
• 지속적인 내부 주의	• 등안쪽 전전두피질(Dorsomedial prefrontal cortex)
• 실행 또는 정신 리허설	• 대상피질(Cingulate cortex)
• 일화/자기인지적 또는 자서전적 기억처리	• 뒤뇌량팽대피질(Retrosplenial cortex) • 해마곁이랑(Parahippocampal gyrus) • 아래전두영역(Inferior frontal region)
• 상상력, 정신적 이미지(전망)	• 기저핵(Basal ganglia) • 소뇌(Cerebellum)
• 마음이론 또는 마음읽기	

참고: 일부 신경학적 부위가 겹친다. 저자가 편집한 표.

의 상호 관련성이 분리할 수 없다는 것을 보여준다. 〈표 22.1〉은 이 장에서 다루어진 인지적 그리고 신경학적 측면의 요약을 제시한다.

6만 년 전 이상까지 거슬러 올라가는 직접적이고 광범위한 인지적 그리고 신경학적 연관성 목록에 현재까지는 다른 기법-행태들은 거의 없다. 나는 현재 이러한 뇌 부위의 일부 알려진 기능이 문제-해결-거리 분석, 공생 기법의 사용과 관련된 인지, 전문가 인지 그리고 완전히 발

달된 자서전적 기억에 대한 가설에서 도출된 해석의 측면과 상관관계가 있다는 사실에 대해 조심스럽게 낙관적이다. 예를 들어, 목록에 있는 뇌 부위 중 적어도 하나에 대해, 최근 **호모 사피엔스**-확장에 대한 증거가 있다. 두정엽 피질 깊숙한 곳에 위치한 쐐기앞소엽이다. 서로 다른 **호모** 집단들 사이의 이 영역의 형태학적 변화에 기초해, 쐐기앞소엽이 우리의 신경학적 진화에 중요한 역할을 했을 수 있다는 주장이 제안되었다(Bruner, 2010). 쐐기앞소엽과 관련된 증명된 기능에는 시각 공간 통합, 범주 인식, 프락시스, 수치 처리 그리고 음성 해독decoding이 포함된다. 이 모든 것들은 현생 인류의 생각 방식과 강하게 연관되어 있으며, 브루너의 2010년 분석에 따르면 오직 **호모 사피엔스**만이 완전한 두정엽 표면의 일반적인 확대를 보여준다. 더욱이, 이 부위의 형태학적 세부사항의 변화는 시각 공간 통합, '외부 공간 환경의 인식 그리고 체계화codification, 외부 프레임과 내부 지각 사이의 관련 통합'의 신경 기능적 차이를 시사한다(Bruner, 2010, p. S77). 앞 절에서 활사냥과 완전한 자기 인지적 알아차림 사이의 연관성을 소개했고(Coolidge et al., 2016), 루와 동료들Lou and colleagues(2004)은 또한 자기와 자기-재현self-representation 감각이 쐐기앞소엽이나 위안쪽 두정엽에 신경학적 기초를 두고 있을 가능성이 있다고 주장했다.

네안데르탈인이 현생 인류보다 이빨을 '제3의 손'으로 사용하는 것은 이 두 개체군 사이의 시각 공간 통합의 차이를 암시할 수 있으며, 네안데르탈인의 시각 공간 통합은 **호모 사피엔스**보다 더 광범위하지 않을 수 있다(Bruner & Lozano, 2014). 이 가설은 두정엽 표면 형태학의 종간 변동과 직접적으로 연관되어, 활발한 '세 개의 손' 논쟁을 초래했다. 이 장에서 관련된 몇 가지 주제는 다음과 같다.

- 신체의 형태와 기능의 기법적 재구성은 '인간-기계 인터페이스'를 기반으로 한 말라푸리스(2014)의 '보형물prosthesis' 개념에 의해 떠오른다. 치아를 '세 번째 손'으로 사용하는 네안데르탈인(그리고 **호모 하이델베르겐시스**)의 경우, 신체와 기계 사이의 인터페이스와 반대로 신체 부분 사이의 인터페이스에 중점을 둔다(Malafouris, 2014).
- 윈Wynn(2014, p. 291)은 약 180만 년 전의 초기 아슐리안의 비공간 통합에 대한 첫 번째 증거를 찾을 수 있으며, 그로부터 100만 년 후 후기 아슐리안인의 '세밀한 3-D 대칭성'에서 두 번째 '주요 발전'이 입증되었다고 주장한다. 그에게 이러한 인공물들은 '자기중심적이지 않은 시각적인 관점을 상상할 수 있는 능력'을 의미했고, 따라서 상상을 통해 '완전히 현대적인 개념화 능력"' 나타냈다(네안데르탈인의 상상력에 관한 Garofoli, 2015; Langbroek, 2014를 보라).
- 르발루아 돌떼기(Rios-Garaizar, 2015; Spinapolice, 2015) 그리고 거리 사냥(거리 추측 그리고 창 던지기에 좋은 조준 포함, Rios-Garaizar, 2015)은 네안데르탈인의 시각 공간 협응의 좋은 일상적 예로 떠오른다.
- 도구의 도달 거리가 멀수록 인체 구조와 이미지 공간 통합의 지도 제작이 확대되어 인간의 실행과 경험에 기법이 통합된다. 그러므로 오버만Overmann(2015, p. 165)은 "두 종의 중요한 차이는 손과 눈의 협응 그 자체가 아니라 **호모 사피엔스**에 의한 더욱 만연된 보형물 적응이었을 수 있다"라고 주장한다.
- **호모 사피엔스**가 네안데르탈인 기술보다 더 발달된 것으로 간주되는 사회 네트워크 '길 안내 표지'의 정교한 변화(자기중심 그리고 환경중심)는 아프리카 중기 석기시대 **호모 사피엔스**에 대해 기록된 상징적 재현에 기초한다(Burke, 2015).

- 마틴-루지스Martin-Loeches(2014, p. 299)는 상징적 중재가 고고학에서 거의 문제없이 진행되는 것처럼 보이지만, "인지과학에서 상징적 관점은 감각운동 경험에 직접적으로 기반을 둔 체화된 인지의 대체 모델로 대체되고 있다"라고 주장한다. 그는 이러한 관점에서 상징주의는 '신경과학 전통에 따라 뇌에서 작용하는 지각 그리고 행동 원리'와 직접적인 관련이 있기 때문에 추상화와 통합을 반영하는 증거로 대체되어야 한다고 주장한다.
- **호모 사피엔스**의 '높은 수준의 추상화, 더 복잡한 수학적 그리고 경제적 추론, 더 뚜렷한 자아와 높은 수준의 경제적 감각, 더 뚜렷한 자아와 높은 수준의 자의식' 능력은 쿨리지의 기여(2014, p. 297)에 의해 강조되었다.

활사냥 그리고 이와 관련된 추적 행태(Lombard, 2015; Lombard & Gärdenfors, 2017)는 본질적으로 강력한 시각적 공간 통합이 필요하다. 여기서 제기되는 모든 점에 비추어 볼 때, 기법-행태는 심오한 보형물 적응prosthetic adaptation을 나타낸다. 즉, 손으로서 이빨을 사용하는 것, 석기 떼내기(기법의 복합성과는 상관없다) 그리고 창 휘두르기(심지어 장거리 사냥의 경우에도 마찬가지다)와는 다른 기계의 사용이라고 주장한다. 추측적 추적speculative tracking(Lombard & Gärdenfors, 2017)과 결합된 활사냥과 같은 기법 행동은 우리의 '내부 가상 공간'을 점점 복잡해지는 사회경제 환경의 현실과 통합하기 위한 **호모 사피엔스**의 능력을 증가시키는(마음과 두뇌 모두에) 힘을 발휘하는 데 기여했을 수 있다.

결론적으로 〈표 22.1〉의 '인지' 아래에 나열된 마지막 세 가지 주제를 강조하고 싶다. 이것들은 종종 고고학적 기록에 반영된 우리의 기법-행태에서 인간의 인지에 대해 배울 수 있는 것에 대한 논의에서 누락된다. 이것은 놀라운 일이 아니다. 왜냐하면 어떻게 자서전적 기억 처리, 상상력, 또는 마음읽기를 발굴하고 분석할 수 있을까? 그러나 이 장에 제시된 연구는 이러한 특징들이 궁수와 관련하여 재발한다는 것을 보여준다. 그러므로 과거에 그들의 존재에 대해 가설을 세우는 것은 불가능하지 않다. 특히 여러 개의, 독립적이고, 교차적인 학문 간 연구가 인간의 독특한 생각방식에 기여하는 유사한 경향을 강조하기 시작할 때 그렇다. 이런 맥락에서, 나는 "자신의 과거를 기억하고(자서전적 기억), 자신의 미래를 상상하고(전망), 다른 사람의 생각과 감정을 상상하는 것(ToM)이 모두 자극-주도 행태와 구별되는 경험을 시뮬레이션하는 것을 포함한다는 점에서 유사하다"(Buckner & Carroll, 2007)라고 주장하는 스프렝과 그래디Spreng and Grady(2010, p. 1112)의 작업에 주목한다. 이 연구는 세 가지 인지과정이 모두 활사냥과 연관되어 있고, 그것들은 성공적인 실행을 위한 신체적 단서나 자극에 의존하는 전문가 인지의 영역 밖에 있기 때문에 관련이 있다.

스프렝과 그래디Spreng and Grady(2010)는 자서전적 기억, 전망, ToM 추론에 종사하는 성년들이 세 가지 조건 모두에서 동일한 뇌 부위를 활성화시킬 것이라는 가설을 실험했다. 그들은 '과거, 미래 그리고 다른 사람들의 생각과 감정에 대한 생각'과 관련된 뇌 활동 패턴을 조사하기 위해 fMRI 자료의 부분 최소 제곱partial least squares(PLS) 분석을 적용했다(Spreng & Grady, 2010, p. 1118). 요약하면, 그들은 자서전적 기억, 전망 그리고 ToM이 디폴트 모드 네트워크default mode network(매우 상호 연결된 뇌 구조의 핵심 세트로, 전두엽과 두정엽의 정중선 구조물, 안쪽과 가쪽 측두엽 그리고 바깥쪽 두정엽 피질이 포함되어 있다)와 연관되어 있고 전두엽과 두정엽의 정중선 구조물들을 포함하는 공통적인 뇌 활동의 패턴을 공유한다는 것을 발견했다. 이것은 자기와 대상참조 생각self-and other-referential thought과 관련된 뇌 활동과 일치한다(또한 d'Argembeau et al., 2008; Johnson et al., 2006; Northoff & Bermpohl, 2004를 보라). 따라서 그들은 이러한 이질방식 부위heteromodal regions의 기능적 협응이 자기 관련 자극 독립적 생각을 생산하기에 충분할 수 있다고 주장했다. 아이리키Iriki(2006)는 또한 아래와 같이 주장했다.

> 인간은 즉각적인 맥락과 분리된 행동을 실행할 수 있거나 또는 상상만 할 수 있는 진정으로 자발적인 의도 체계를 가지고 있다고 주장했다. 이 체계는 우리가 다른 사람들의 의도를 반영하고 이해할 수 있게 해 줄 뿐만 아니라, 완전히 발달된 마음이론을 갖게 해 준다. 안전전두피질medial prefrontal cortex(MPFC), 측두두정엽 연결부temporoparietal junction(TPJ, 특히 인간의 우측 반구) 그리고 측두극temporal pole은 몇 가지 추가 구조와 함께 이 기능을 실행할 수 있다. 인간이 아닌 영장류들은, 지금까지 주관적인 자기에 대한 이런 종류의 감각의 신호를 보여주지 않는다(Iriki, 2006).

감질나게도, 우리는 인간 고유의 능력과 그들을 용이하게 하는 복잡한 신경학적 네트워크에 두정엽(쐐기앞소엽)을 포함시키는 것 사이의 상관관계를 다시 보게 된다. 나는 그러한 신경학적 그리고 생각 처리 네트워크가 전문가 인지만으로는 달성할 수 없고, 창 사냥과 비교하여 더 이상 인지적 가변성을 나타내지 않는 것으로 지각될 수 없는 활과 화살과 같은 공생 기법을 상상, 혁신, 적용 그리고 변경하는 데 필요한 틀을 촉진했을 것이라고 주장한다. 사냥을 꾀하다 동시에, 활사냥과 같은 점점 더 복잡한 기법-행태의 결과로 이러한 네트워크에 압력을 가하는 것은 우리의 독특한 인간적 생각 방식을 용이하게 하기 위해 이들의 확장을 자극하는 데 한몫을 할 수 있었을 것이다.

감사

이 책에 저를 참여하도록 초대해 주시고 효율적인 관리를 해주신 편집자들에게 감사드린다. 두 명의 익명의 평론가들의 건설적인 조언 또한 매우 감사하게 여겨진다. 활 사냥과 인지의 다양한 측면에 대해 저와 함께 작업했던 이전의 공동 저자들의 조언에 감사를 드린다. 나의 연구는 남아프리카 국립연구재단이 수여하는 아프리카 기원 플랫폼 보조금 (#98815)을 통해 자금을 지원받았지만, 의견과 실수는 오로지 나의 책임이다.

참고문헌

Aftanas, L. I., & Golocheikine, S. A. (2001). Human anterior and frontal midline theta and lower alpha reflect emotionally positive state and internalised attention: High-resolution EEG investigation of meditation. *Neuroscience Letters, 310*(1), 57–60.

Allen, T. A., & Fortin, N. J. (2013). The evolution of episodic memory. *Proceedings of the National Academy of Sciences of the United States of America, 110*(S2), 10379–10386.

Ayres, A. J. (1985). *Developmental dyspraxia and adult-onset apraxia*. Torrance, CA: Sensory Integration International.

Backwell, L., d'Errico, F., & Wadley, L. (2008). Middle Stone Age bone tools from the Howiesons Poort layers, Sibudu Cave, South Africa. *Journal of Archaeological Science, 35*(6), 1566–1580.

Barham, L. S. (2013). *From hand to handle: The first industrial revolution*. Oxford, UK: Oxford

University Press.

Bland, B. H., & Oddie, S. D. (2001). Theta band oscillation and synchrony in the hippocampal formation and associated structures: The case for its role in sensorimotor integration. *Behavioural Brain Research, 127*(1), 119–136.

Bradfield, J., & Lombard, M. (2011). A macrofracture study of bone points used in experimental hunting with reference to the South African Middle Stone Age. *South African Archaeological Bulletin, 66*(193), 67–76.

Brooks, A. S., Nevell, L., Yellen, J. E., & Hartman, G. (2006). Projectile technologies of the African MSA: Implications for modern human origins. In E. Hovers & S. L. Kuhn (Eds.), *Transitions before the transition: Evolution and stability in the Middle Palaeolithic and Middle Stone Age* (pp. 233–255). New York: Springer.

Brown, K. S., Marean, C. W., Jacobs, Z., Schoville, B. J., Oestmo, S., Fisher, E. C., . . . Matthews, T. (2012). An early and enduring advanced technology originating 71,000 years ago in South Africa. *Nature, 491*(7425), 590–593.

Bruner, E. (2010). Morphological differences in the parietal lobes with the human genus: A neurofunctional perspective. *Current Anthropology, 51*(1), S77–S88.

Bruner, E., & Lozano, M. (2014). Extended mind and visuo-spatial integration: Three hands for the Neandertal lineage. *Journal of Anthropological Sciences, 92*, 273–280.

Buckner, R. L., & Carroll, D. C. (2007). Self-projection and the brain. *Trends in Cognitive Sciences, 11*(2), 49–57.

Burke, A. (2015). Visuo-spatial integration and spatial cognition: A comment on Bruner & Lozano (2014). *Journal of Anthropological Sciences, 93*, 177–180.

Carignani, G. (2016). On the origin of technologies: The invention and evolution of the bow-and-arrow. In F. Panebianco & E. Serrelli (Eds.), *Understanding cultural traits: A multidisciplinary perspective on cultural diversity* (pp. 315–339). Cham, Switzerland: Springer International Publishing.

Chang, Y., Lee, J., Seo, J.-H., Song, H.-J., Kim, Y., Lee, H. J., . . . Kim, J. G. (2011). Neural correlates of motor imagery for elite archers. *NMR in Biomedicine, 24*(4), 366–372.

Coolidge, F. L. (2014). The exaptation of the parietal lobes in *Homo sapiens*. *Journal of Anthropological Sciences, 92*, 295–298.

Coolidge, F. L., Haidle, M. N., Lombard, M., & Wynn, T. (2016). Bridging theory and bow hunting: Human cognitive evolution and archaeology. *Antiquity, 90*(349), 219–228.

Coolidge, F. L., & Wynn, T. (2009). *The rise of* Homo sapiens: *The evolution of modern thinking*. Oxford, UK: Wiley-Blackwell.

Coolidge, F. L., Wynn, T., & Overmann, K. A. (2012). The evolution of working memory. In T. P. Alloway & R. G. Alloway (Eds.), *Working memory: The connected intelligence* (pp. 37–60). New York: Psychology Press.

Cotterell, B., & Kamminga, J. (1990). *Mechanics of pre-industrial technology: An introduction to the mechanics of ancient and traditional materials culture*. Cambridge, UK: Cambridge University Press.

d'Argembeau, A., & Demblon, J. (2012). On the representational systems underlying prospection: Evidence from the event-cueing paradigm. *Cognition, 125*(2), 160–167.

d'Argembeau, A., Feyers, D., Majerus, S., Collette, F., van der Linden, M., Maquet, P., & Salmon,

E. (2008). Self-reflection across time: Cortical midline structures differentiate between present and past selves. *Social Cognitive and Affective Neuroscience, 3*(3), 244–252.

Denny, M. (2007). *Ingenium: Five machines that changed the world.* Baltimore, MD: Johns Hopkins University Press.

d'Errico, F., Backwell, L., Villa, P., Degano, I., Lucejko, J. J., Bamford, M. K., . . . Beaumont, P. B. (2012). Early evidence of San material culture represented by organic artifacts from Border Cave, South Africa. *Proceedings of the National Academy of Sciences of the United States of America, 109*(33), 13214–13219.

di Paolo, E. A., Rohde, M., & De Jaegher, H. (2010). Horizons for the enactive mind: Values, social interaction, and play. In J. Stewart, O. Gapenne, & E. A. di Paolo (Eds.), *Enaction: Toward a new paradigm for cognitive science* (pp. 33–87). Cambridge, MA: MIT Press.

Donald, M. (1993). Precis of *Origins of the modern mind: Three stages in the evolution of culture and cognition. Behavioral and Brain Sciences, 16*(4), 737–748.

Dusseldorp, G. L., Lombard, M., & Wurz, S. (2013). Pleistocene *Homo* and the updated Stone Age sequence of South Africa. *South African Journal of Science, 109*(5/6), 1–7.

Fell, J., Klaver, P., Elfadil, H., Schaller, C., Elger, C. E., & Fernández, G. (2003). Rhinal-hippocampal theta coherence during declarative memory formation: Interaction with gamma synchronization? *European Journal of Neuroscience, 17*(5), 1082–1088.

Gärdenfors, P. (2003). *How* Homo *became* sapiens: *On the evolution of thinking.* Oxford, UK: Oxford University Press.

Gärdenfors, P. (2007). Evolutionary and developmental aspects of intersubjectivity. In H. Liljenström & P. Århem (Eds.), *Consciousness, transitions: Phylogenetic, ontogenetic and physiological aspects* (pp. 218–305). Amsterdam: Elsevier.

Gärdenfors, P., & Lombard, M. (2018). Causal cognition, force dynamics and early hunting technologies. *Frontiers in Psychology, 9,* article 87. doi: org/10.3389/fpsyg.2018.00087

Garofoli, D. (2015). Neandertal three hands: Epistemological foundations and a theory of visual impedance. *Journal of Anthropological Sciences, 93,* 185–190.

Geethanjali, B., Adalarasu, K., & Rajsekaran, R. (2012). Impact of music on brain function during mental task using electroencephalography. *World Academy of Science, Engineering and Technology, 66,* 883–887.

Gross, J., Schmitz, F., Schnitzler, I., Kessler, K., Shapiro, K., Hommel, B., & Schnitzler, A. (2004). Modulation of long-range neural synchrony reflects temporal limitations of visual attention in humans. *Proceedings of the National Academy of Sciences of the United States of America, 101*(35), 13050–13055.

Haidle, M. N. (2012). *How to think tools? A comparison of cognitive aspects in tool behavior of animals and during human evolution* (M. N. Haidle, Ed.). Tübingen, Germany: University of Tübingen.

Haidle, M. N. (2014). Building a bridge—An archeologist's perspective on the evolution of causal cognition. *Frontiers in Psychology,* 5(1472), 1–15.

Haidle, M. N., Bolus, M., Collard, M., Conard, N. J., Garofoli, D., Lombard, M., . . . Whiten, A. (2015). The nature of culture: An eight-grade model for the evolution and expansion of cultural capacities in hominins and other animals. *Journal of Anthropological Sciences, 93,* 43–70.

Hsieh, L.-T., & Ranganath, C. (2013). Frontal midline theta oscillations during working memory maintenance and episodic encoding and retrieval. *Neuroimage, 85*, 721–729.

Iovita, R., Schönekeß, H., Gaudzinski-Windheuser, S., & Jäger, F. (2016). Identifying weapon delivery systems using macrofracture analysis and fracture propagation velocity: A controlled experiment. In R. Iovita & K. Sano (Eds.), *Multidisciplinary approaches to the study of Stone Age weaponry* (pp. 13–27). Dordrecht, The Netherlands: Springer.

Iriki, A. (2006). The neural origins and implications of imitation, mirror neurons and tool use. *Current Opinion in Neurobiology, 16*(6), 660–667.

Jensen, O., Gelfand, J., Kounios, J., & Lisman, J. E. (2002). Oscillations in the alpha band (9–12 Hz) increase with memory load during retention in a short-term memory task. *Cerebral Cortex, 12*(8), 877–882.

Johnson, M. K., Raye, C. L., Mitchell, K. J., Touryan, S. R., Greene, E. J., & Nolen-Hoeksema, S. (2006). Dissociating medial frontal and posterior cingulate activity during self-reflection. *Social Cognitive and Affective Neuroscience, 1*(1), 56–64.

Kawasaki, M., & Yamaguchi, Y. (2012). Frontal theta and beta synchronisations for monetary reward increase visual working memory capacity. *Social Cognitive and Affective Neuroscience, 80*(5), 523–530.

Kim, Y., Seo, J.-H., Song, H.-J., Yoo, D.-S., Lee, H. J., Lee, J., . . . Chang, Y. (2011). Neural correlates related to action observation in expert archers. *Behavioural Brain Research, 223*(2), 342–347.

Klimesch, W., Doppelmayr, M., Russegger, H., & Pachinger, T. (1996). Theta band power in the human scalp EEG and the encoding of new information. *Neuroreport, 7*(7), 1235–1240.

Klimesch, W., Doppelmayr, M., Stadler, W., Pöllhuber, D., Sauseng, P., & Roehm, D. (2001). Episodic retrieval is reflected by a process specific increase in human electroencephalographic theta activity. *Neuroscience Letters, 302*(1), 49–52.

Klimesch, W., Schack, B., & Sauseng, P. (2005). The functional significance of theta and upper alpha oscillations. *Experimental Psychology, 52*(2), 99–108.

Knyazev, G. G. (2012). EEG delta oscillations as a correlate of basic homeostatic and motivational processes. *Neuroscience and Biobehavioral Reviews, 36*(1), 677–695.

Kringelbach, M. L. (2005). The human orbitofrontal cortex: Linking reward to hedonic experience. *National Review of Neuroscience, 6*(9), 691–702.

Langbroek, M. (2014). Ice age mentalists: Debating neurological and behavioural perspectives on the Neandertal and modern mind. *Journal of Anthropological Sciences, 92*, 285–289.

Larquet, M., Coricelli, G., Opolczynski, G., & Thibaut, F. (2010). Impaired decision making in schizophrenia and orbitofrontal cortex lesion patients. *Schizophrenia Research, 116*(2), 266–273.

Liebenberg, L. (1990). *The art of tracking: The origin of science*. Claremont, South Africa: David Philip Publishers.

Liebenberg, L. (2013). *The origin of science: The evolutionary roots of scientific reasoning and its implications for citizen science*. Cape Town, South Africa: Cyber Tracker.

Lombard, M. (2008). Finding resolution for the Howiesons Poort through the microscope: Micro-residue analysis of segments from Sibudu Cave, South Africa. *Journal of Archaeological Science, 35*(1), 26–41.

Lombard, M. (2011). Quartz-tipped arrows older than 60 Ka: Further use-trace evidence from

Sibudu, KwaZulu-Natal, South Africa. *Journal of Archaeological Science, 58*(8), 1918–1930.

Lombard, M. (2015). Hunting and hunting technologies as proxy for teaching and learning during the Stone Age of southern Africa. *Cambridge Archaeological Journal, 25*(4), 877–887.

Lombard, M. (2016). Mountaineering or ratcheting? Stone Age hunting weapons as proxy for the evolution of human technological, behavioral and cognitive flexibility. In M. N. Haidle, N. J. Conard, & M. Bolus (Eds.), *The nature of culture: Based on an interdisciplinary symposium "The nature of culture", Tübingen, Germany* (pp. 135–146). Dordrecht, The Netherlands: Springer Science + Business Media.

Lombard, M., & Gärdenfors, P. (2017). Tracking the evolution of causal cognition in humans. *Journal of Anthropological Sciences, 95*, 1–16.

Lombard, M., & Haidle, M. N. (2012). Thinking a bow-and-arrow set: Cognitive implications of Middle Stone Age bow and stone-tipped arrow technology. *Cambridge Archaeological Journal, 22*(2), 237–264.

Lombard, M., & Parsons, I. (2010). Fact or fiction? Behavioural and technological reversal after 60 Ka in southern Africa. *South African Archaeological Bulletin, 65*(192), 221–228.

Lombard, M., & Parsons, I. (2011). What happened to the human mind after the Howiesons Poort? *Antiquity, 85*(330), 1433–1443.

Lombard, M., & Phillipson, L. (2010). Indications of bow and stone-tipped arrow use 64,000 years ago in KwaZulu-Natal, South Africa. *Antiquity, 84*(325), 635–648.

Lombard, M., Schlebusch, C., & Soodyall, H. (2013). Bridging disciplines to better elucidate the evolution of early *Homo sapiens* in southern Africa. *South African Journal of Science, 109*(11/12), 27–34.

Lombard, M., & Wadley, L. (2016). Hunting technologies during the Howiesons Poort at Sibudu Cave: What they reveal about human cognition in KwaZulu-Natal, South Africa, between ~65 and 62 Ka. In R. Iovita & K. Sano (Eds.), *Multidisciplinary approaches to the study of Stone Age weaponry* (pp. 273–286). Dordrecht, The Netherlands: Springer.

Lou, H. C., Luber, B., Crupain, M., Keenan, J. P., Nowak, M., Kjaer, T. W., . . . Lisanby, S. H. (2004). Parietal cortex and representation of the mental self. *Proceedings of the National Academy of Sciences of the United States of America, 101*(17), 6827–6832.

Lu, H., Zuo, Y., Gu, H., Waltz, J. A., Zhan, W., Scholl, C. A., . . . Stein, E. A. (2007). Synchronized delta oscillations correlate with the resting-state functional MRI signal. *Proceedings of the National Academy of Sciences of the United States of America, 104*(46), 18265–18269.

Makeig, S., Delorme, A., Westerfield, M., Jung, T.-P., Townsend, J., Courchesne, E., & Sejnowski, T. J. (2004). Electroencephalographic brain dynamics following manually responded visual targets. *PLoS Biology, 2*(6), 747–762.

Malafouris, L. (2008). Beads for a plastic mind: The "blind man"s stick' (BMS) hypothesis and the active nature of material culture. *Cambridge Archaeological Journal, 18*(3), 401–414.

Malafouris, L. (2013). *How things shape the mind: A theory of material engagement.* Cambridge, MA: MIT Press.

Malafouris, L. (2014). Third hand prosthesis (comment for Bruner & Lozano). *Journal of Anthropological Sciences, 92*, 281–283.

Martín-Loeches, M. (2014). Extending the mind, embodying cognition: New light on old endeavours. *Journal of Anthropological Sciences, 92*, 299–301.

May-Benson, T. A., & Cermak, S. A. (2007). Development of an assessment for ideational praxis. *American Journal of Occupational Therapy, 61*(2), 148–153.

Nácher, V., Ledberg, A., Deco, G., & Romo, R. (2013). Coherent delta-band oscillations between cortical areas correlate with decision making. *Proceedings of the National Academy of Sciences of the United States of America, 110*(37), 15085–15090.

Northoff, G., & Bermpohl, F. (2004). Cortical midline structures and the self. *Trends in Cognitive Sciences, 8*(3), 102–107.

Obleser, J., Wöstmann, M., Hellbernd, N., Wilsch, A., & Maess, B. (2012). Adverse listening conditions and memory load drive a common alpha oscillatory network. *Journal of Neuroscience, 32*(36), 12376–12383.

Odar, B., & Maver, A. (2011). Archers at Potočka zijalka? *Arheološki Vestnik, 62*, 433–456.

Ostlund, S. B., & Balleine, B. W. (2007). The contribution of orbitofrontal cortex to action selection. *Annals of the New York Academy of Sciences, 1121*(1), 174–192.

Overmann, K. A. (2015). Teeth, tools and human becoming. *Journal of Anthropological Sciences, 93*, 163–167.

Palva, S., & Palva, J. M. (2007). New vistas for alpha-frequency band oscillations. *Trends in Neurosciences, 30*(4), 150–158.

Pargeter, J., Shea, J. J., & Utting, B. (2016). Quartz backed tools as arrowheads and hand-cast spearheads: Hunting experiments and macro-fracture analysis. *Journal of Archaeological Science, 73*, 145–157.

Riede, F. (2008). The Laacher See-eruption (12,920 BP) and material culture change at the end of the Allerød in Northern Europe. *Journal of Archaeological Science, 35*(3), 591–599.

Riley, M., Lambert, B., Qi, X.-L., & Constantinidis, C. (2013). Neural correlates of visual working memory capacity in the posterior parietal cortex. *Journal of Vision, 13*(9), 1167.

Rios-Garaizar, J. (2015). The visuo-spatial capacities of Neanderthals seen through material culture. *Journal of Anthropological Sciences, 93*, 173–176.

Robbins, L. H., Campbell, A. C., Brook, G. A., Murphy, M. L., & Hitchcock, R. K. (2012). The antiquity of the bow and arrow in the Kalahari Desert: Bone points from White Paintings Rockshelter, Botswana. *Journal of African Archaeology, 10*(1), 7–20.

Rolls, E. T., & Grabenhorst, F. (2008). The orbitofrontal cortex and beyond: From affect to decision-making. *Progress in Neurobiology, 86*(3), 216–244.

Rushworth, M. F. S., & Taylor, P. C. J. (2006). TMS in the parietal cortex: Updating representations for attention and action. *Neuropsychologia, 44*(13), 2700–2716.

Salazar, R. F., Dotson, N. M., Bressler, S. L., & Gray, C. M. (2012). Content-specific fronto-parietal synchronization during visual working memory. *Science, 338*(6110), 1097–1100.

Sauseng, P., Hoppe, J., Klimesch, W., Gerloff, C., & Hummel, F. C. (2007). Dissociation of sustained attention from central executive functions: Local activity and interregional connectivity in the theta range. *European Journal of Neuroscience, 25*(2), 587–593.

Schacter, D. L., & Addis, D. R. (2007). The cognitive neuroscience of constructive memory: Remembering the past and imagining the future. *Philosophical Transactions of the Royal Society of London. Series B, Biological Sciences, 362*(1481), 773–786.

Schlebusch, C. M., Malmström, H., Günther, T., Sjödin, P., Coutinho, A., Edlund,

H., . . . Jakobsson, M. (2017). Southern African ancient genomes estimate modern human divergence to 350,000 to 260,000 years ago. *Science, 358*(6266), 652–655.

Schoenbaum, G., & Setlow, B. (2001). Integrating orbitofrontal cortex into prefrontal theory: Common processing themes across species and subdivision. *Learning and Memory, 8*(3), 134–147.

Shea, J. J. (2006). The origins of lithic projectile point technology: Evidence from Africa, the Levant, and Europe. *Journal of Archaeological Science, 33*(6), 823–846.

Shea, J. J., & Sisk, M. L. (2010). Complex projectile technology and *Homo sapiens* dispersal into Western Eurasia. *PaleoAnthropology,* 100–122.

Spinapolice, E. E. (2015). Third hand: A testable hypothesis. *Journal of Anthropological Sciences, 93,* 169–171.

Spreng, R. N., & Grady, C. L. (2010). Patterns of brain activity supporting autobiographical memory, prospection, and theory of mind, and their relationship to the default mode network. *Journal of Cognitive Neuroscience, 22*(6), 1112–1123.

Strauss, S. (2005). Teaching as a natural cognitive ability: Implications for classroom practice and teacher education. In D. B. Pillemer & S. H. White (Eds.), *Developmental psychology and social change: Research, history, and policy* (pp. 368–388). Cambridge, UK: Cambridge University Press.

Strydom, B., & Ferreira, J. T. (2010). The role of vision and visual skills in archery. *South African Optometry, 69*(1), 21–28.

Tesche, C. D., & Karhu, J. (2000). Theta oscillations index human hippocampal activation during a working memory task. *Proceedings of the National Academy of Sciences of the United States of America, 97*(2), 919–924.

Thut, G., Nietzel, A., Brandt, S. A., & Pascual-Leone, A. (2006). α-Band electroencephalographic activity over occipital cortex indexes visuo-spatial attention bias and predicts visual target detection. *Journal of Neuroscience, 26*(37), 9494–9502.

Tulving, E. (2002). Episodic memory: From mind to brain. *Annual Review of Psychology, 53*(1), 1–25.

Tulving, E., & Kim, A. (2007). The medium and the message of mental time travel. *Behavioral and Brain Sciences, 30*(3), 334–335.

van Overwalle, F. (2009). Social cognition and the brain: A meta-analysis. *Human Brain Mapping, 30*(3), 829–858.

Wadley, L. (2010). Were snares and traps used in the Middle Stone Age and does it matter? A review and a case study from Sibudu, South Africa. *Journal of Human Evolution, 58*(2), 179–192.

Wadley, L. (2013). Recognizing complex cognition through innovative technology in Stone Age and Palaeolithic sites. *Cambridge Archaeological Journal, 23*(2), 163–183.

Wadley, L., Hodgskiss, T., & Grant, M. (2009). Implications for complex cognition from the hafting of tools with compound adhesives in the Middle Stone Age, South Africa. *Proceedings of the National Academy of Sciences of the United States of America, 106*(24), 9590–9594.

Wadley, L., & Mohapi, M. (2008). A segment is not a monolith: Evidence from the Howiesons Poort of Sibudu, South Africa. *Journal of Archaeological Science, 35*(9), 2594–2605.

Walter, E., & Dassonville, P. (2008). Visuospatial contextual processing in the parietal cortex: An fMRI investigation of the induced Roelofs effect. *Neuroimage, 42*(4), 1686–1697.

Weiss, S., & Mueller, H. M. (2012). "Too many betas do not spoil the broth": The role of beta brain oscillations in language processing. *Frontiers in Psychology, 3*, 1–15.

Williams, V. M. E., Burke, A., & Lombard, M. (2014). Throwing spears and shooting arrows: Preliminary results of a pilot neuroarchaeological study. *South African Archaeological Bulletin, 69*(200), 199–207.

Worden, M. S., Foxe, J. J., Wang, N., & Simpson, G. V. (2000). Anticipatory biasing of visuospatial attention indexed by retinotopically specific α-band electroencephalography increases over occipital cortex. *Journal of Neuroscience, 20*(RC63), 1–6.

Wynn, T. (2014). Commentary on "Extended mind and visuo-spatial integration: Three hands for the Neandertal lineage." *Journal of Anthropological Sciences, 92*, 291–293.

Wynn, T., & Coolidge, F. L. (2004). The expert Neandertal mind. *Journal of Human Evolution, 46*(4), 467–487.

Wynn, T., & Coolidge, F. L. (2010). How Levallois reduction is similar to, and not similar to, playing chess. In A. Nowel & I. Davidson (Eds.), *Stone tools and the evolution of human cognition* (pp. 83–104). Boulder, CO: University of Colorado Press.

Wynn, T., Haidle, M. N., Lombard, M., & Coolidge, F. L. (2017). The expert cognition model in human evolutionary studies. In T. Wynn & F. L. Coolidge (Eds.), *Cognitive models in Palaeolithic archaeology* (pp. 21–43). Oxford, UK: Oxford University Press.

Xu, Y., & Chun, M. M. (2009). Selecting and perceiving multiple visual objects. *Trends in Neurosciences, 13*(4), 116–124.

| 제23장 |

끝맺는 말

인지고고학에서의 인지 위치

Thomas Wynn

지난 40년 동안, 진화인지고고학evolutionary cognitive archaeology(이하 ECA로 표기)은 고인류학 게임에서 아마도 두 번째 참가팀으로 참가하여 적극적인 선수로 확정되었고, 인지과학 자체의 활동 분야에도 참여하기 시작했다(Coolidge & Wynn, 2016; Hecht, Gutman, Bradley, Preuss, & Stout, 2015; Stout, Passingham, Frith, Apel, & Chaminade, 2011). 그러나 인지과학의 아이디어와 방법에 대한 헌신 정도는 인지 이론에 있어 마음의 유사 인지적 형태quasi-cognitive features에 대한 참고문헌에서부터 전면적인 척도 연구까지 극적으로 차이가 난다. 그러므로 '인지고고학은 얼마나 인지적인가?'라고 묻는 것이 적절하다.

그러나 우선 언어와 상징주의라는 도깨비에 대해 언급할 필요가 있다. 많은 고인류학자들에게 언어와 상징주의는 마치 다른 어떤 중요한 것이라도 호미닌적 생각에서는 일어나지 않았던 것처럼, 호미닌 인지의 프록시proxies가 되어가고 있다. 이것은 네안데르탈인과 '현생' 인류의 유사성과 차이점의 추정이 점점 더 기괴한 논쟁이 되면서 특히 두드러졌다(예: Villa & Roebroeks, 2014; also see the critique provided by Wynn, Overmann, & Coolidge, 2016). 둘 사이를 구별할 수 없다며 옹호하는 사람들은 네안데르탈인이 동굴 벽에 분명히 추상적인 상징을 사용하여 표식을 했고(또는 깃털 옷을 입거나 몸에 색소를 칠하거나 등) 완전히 구문론적인 언어를 가지고 있었기 때문에 동시대에 아프리카에 살고 있던 **호모 사피엔스**와 다르지 않다는 것을 주장한다. 이 추론의 빈곤을 명백히 해야 한다. 이와 같은 주장은 네안데르탈인에 끊임없이 매료되는 뉴스 매체뿐만 아니라 학술 출판물에도 계속해서 나타나기 때문이다. 불행하게도, 그러한 단순한 주장은 ECA에 부정적인 영향을 미쳤다. 평범한 독자들이 이런 종류의 추론을 접하면 선사시대 마음을 기록하려는 어떤 시도에도 회의적으로 되는 것은 놀랄 일이 아니다. 언어와 상징주의는 의심할 여지 없이 현대 생활에 중요하며, 진화를 기록하는 것은 고인류학의 목표 중 하나가 되어야 한다. 그러나 둘 다 쉽게 정의되는 인지 능력은 아니다. 상징적인 의사소통의 연결고리인 단 하나의 **인지** 능력이나 뇌 부위 또는 신경망은 없고, 다양한 신경 인지적 자원을 통합하고 의존해야 한다.

ECA는 언어 진화 연구에 상당히 기여했지만, 지속적인 영향은 거의 없었다. 예를 들어, 일반적으로 언어 진화에 대한 고고학적인 가장 정교한 주장은 아이언 데이비드슨과 윌리엄 노블Davidson & Noble(1989)(Noble & Davidson, 1996)에 있었다. 그 이론은 깁슨학파 지각 심리학Gibsonian perceptual psychology[244]에 확고히 기반을 두고 있고 고고학적 기록에 대한 명백한 예측을 이끌어 낸다. 그러나 고인류학계에서 널리 무시되고

244 깁슨(Gibson)은 지각이 직접적이고 의미가 있다고 주장했다(역자 주).

있는 이유는 그것의 결론이 호미닌 진화의 표준 서술에 대한 근거 없고 상식적인 기대, 즉 뇌 크기는 오랫동안 점진적으로 증가하였고 언어로 문제 해결 방식을 이끌었다는 것을 위반하기 때문이다. 서술적 설명에 대한 거의 종교적인 집착은 과학이 작용하는 방식이 아니다. 개별 언어 구성요소에 관한 ECA 연구는 스타우트와 동료들Dietrich Stout and colleagues(Hecht, Gutman, Khreisheh, et al., 2015; Stout & Chaminade, 2012)이 언어의 작동과 구문에 대한 잠재적 공통 신경 기초를 설명했을 때처럼 더 성공적이었다. 여기서 아이러니한 것은 스타우트의 연구 프로그램이 일반적으로 인지과학에 중요한 도구 사용과 기법적 인지에 관해 많은 자극적인 정보를 발견하고 있다는 것이다. 그러나 고인류학자들의 관심을 끄는 것은 언어에서 유래한 것이다. 인지 진화에는 언어와 상징주의의 발전보다 더 많은 것이 있었지만, 이 규정하기 어려운 성배 추구에는 관심과 자원이 계속되어 ECA 전체가 훼손당하고 있다.

고고학 담화에서 유사 인지 용어를 접하는 것은 이제 흔한 일이다. 이러한 용어들은 인지기능의 공식적인 모델에서는 명백한 근거가 없지만, 인지에 잠재적인 기반이 있는 능력을 가리키는 용어들이다. '계획', '추상적 생각', '계층적 복잡성' 그리고 엄청난 '정신적 템플릿'은 인지적 입장에 거의 헌신하지 않는 호미닌 진화의 설명에서도 이제 흔한 주제이다[당당히 영향력 있는 맥브리어트와 브룩스McBrearty & Brooks(2000)는 훌륭한 예이다]. 그들의 사용은 고인류학에서 인지적 관점의 현재 일반적인 관용성을 반영하며, 더 구체적으로는 선사시대 마음이 물질적 맥락에 의한 **빈 백지**tabulae rasae가 아니라 고고학적 기록의 능동적 결정 요소라는 이해를 반영한다. 40년 전과 비교했을 때, 이것은 진보이다. 몇몇 유사 인지 접근법들은 훨씬 더 야심적이고 고고학적으로 파생된 인지 모델에 가깝다. 이들 중 가장 정교한 것은 미리암 하이들Miriam Haidle(Haidle, 2009, 2014; Lombard & Haidle, 2012)의 코그니그램 접근법이다. 그것은 '필요의 지각'과 '문제 해결 거리'와 같은 특성을 포함하는데, 인지 구성요소는 그녀 자신의 체계에 기반을 두고 있다. 비록 공식적인 인지 모델에서 파생되지는 않았지만, 이러한 구성요소들은 기법적 인지의 복잡성의 어떤 것을 포착하는 것처럼 보인다. 더욱이, 이들은 보다 공식적인 이론의 관점에서 재해석할 수 있는 것으로 보인다(Lombard & Haidle, 2012; Wynn, Haidle, Lombard, & Coolidge, 2017). 특히 문제 해결 거리는 상당한 효용성을 보였다(Muller, Clarkson, & Shipton, 2017). 실제로 2008년 웬-그렌 작업기억 심포지엄(Wynn & Coolidge, 2010)에서 심리학자들은 문제 해결 거리가 기법적 문제 해결의 척도로서 실질적인 잠재력을 지녔다는 데 의견을 같이했다. 다른 맥락에서, 마크 무어Mark Moore는 돌떼기의 기본적인 기계적 제약으로 초기 기법의 해석을 시작했고, 파나무시아 그린필드Patricia Greenfield(1991)로부터 대략적으로 차용하여 '행동의 문법'을 제약하는 '디자인 공간design space'이라는 개념을 발전시켰다(Moore, 2011; Moore & Perston, 2016; 또한 이 책의 제8장을 보라). 그 결과는 돌 잔유물의 분석을 통해 인지 재구성 시 고려해야 하는 자체 내부 논리를 가진 인지활동으로서의 돌떼기에 대한 이해이다.

이와 같은 유사 인지적 접근법은 확립된 인지 개념에 대한 근거가 충분한 연관성이 없을 수 있지만, 자연적 환경에서 기법적 인지의 잘 발달된 심리적 모델이 사실상 없다는 점을 고려할 때 피할 수 없다. 심리학이 기법적인 인지를 정면으로 다루지 않는 한, 그리고 그 때까지 고고학자들이 비록 그들 자신의 모델을 개발해야만 한다고 하더라도, 필연적으로 그들의 자료 세트가 특권을 갖는 접근법에 끌리게 될 것이다. 그러한 접근법에서, 인지는 직접 인지과학에서 취해진 용어와 개념보다 실무자들이 취하는 인지적 입장에 존재한다. 그러나 고고학자들은 인지과학에 직접 그림을 그릴 수 있고, 또 그리고 있다.

이제 인지과학 그 자체에서 나온 해석적 개념을 접하는 것은 드문 일이 아니다. 인지신경과학은 가장 일반적인 이해의 원천이다. 지난 30년 동안 이 접근법이 경험했던 엄청난 성공을 고려하면 놀라운 일이 아니다. **인지조절**cognitive control(Hecht et al., 2013; Hecht, Gutman, Khreisheh, et al., 2015; Stout, Hecht, Khreisheh, Bradley, & Chaminade, 2015; Twomey, 2013; Vaesen, 2012), **시각적 주의**visual attention(Opitz, 2017), **인지 유연성**cognitive fluidity(Rossano, 2017), **작업기억**working memory(Lombard & Haidle, 2012; Wadley, Hodgskiss, & Grant, 2009; Wynn & Coolidge, 2010), **일화기억**episodic memory(De Smedt & de Cruz, 2011), **미래기억**prospective memory(Ambrose, 2010), **인출 구조**retrieval structures(Wynn et al., 2017), **마음이론**theory of mind(Cole, 2014, 2017; Gärdenfors & Högberg, 2017; Henshilwood & Dubreuil, 2011; Shipton, 2010), **프락시스**praxis(Ruck, 2014), **기술**skill(Bril et al., 2012) 그리고 **공간 인지**spatial cognition(Burke, 2012; Hodgson, 2010; Wynn, 2010)가 있다. 고고학적 논의에 최근에 등장한 개념들이다. 이런 식으로, ECA는 실험 심리학에 의해 정의되고 실험된 용어로 표준 서술문을 재평가하기 시작하고 있다. 결과적인 그림은 고인류학을 강화시킬 뿐만 아니라 진화심리학evolutionary psychology(이하 EP로 표기)이 전형적으로 회피하지만 필사적으로 필요로 하는 시간적, 상황적 정보를 제공함으로써 EP를 강화할 것이다. 이 연구들의 대부분은 **사후분석**이었다. 고고학자들은 처음에 다른 목적으로 생성된 고고학적 자료 세트와 패턴(일반적으로 한 종류 또는 다른 종류의 인공물론 해석)을

가지고 그 결과를 다시 설명하거나 재해석했다. 가장 흥미로운 예 중 일부는 실험 복제 연구에 의존했다(Lombard & Haidle, 2012; Stout et al., 2015; Wadley et al., 2009). 그러나 속성과 더 큰 규모의 패턴은 처음에는 인지적인 의도가 아니었기 때문에, 쿨리지와 윈이 LSA 석기 기법에 대한 설명에서 강화된 작업기억을 인지하기 위해 애쓸 때처럼 인지 분석에 최적화되지 않는 경우가 많다(Coolidge & Wynn, 2001). 만약 ECA가 인지과학 전반에 기여하고 싶어 한다면, 그리고 결코 이것이 모두가 공유하는 목표가 아니라면, 인지적 관점에 더 진지하게 전념할 필요가 있을 것이다.

인지 개념의 사후분석 적용에 대한 대안은 처음부터 인지 개념의 설명과 분석을 기초하는 것이다. 이것은 가장 효과적인 ECA이며, 틀림없이 ECA가 인지과학에 직접적으로 기여할 수 있는 유일한 방법이다. 초기 예로는 피아제의 공간 인지 발달 체계에 기초한 윈의 유형학 사용(Wynn, 1979) 그리고 깁슨학파 지각 심리학에서 파생된 데이비드슨과 노블의 몸짓과 묘사법 사용이 있다(Davidson & Noble, 1989). 보다 최근에는 제임스 콜James Cole(2014, 2015, 2017, 이 책의 제17장을 보라)이 의도와 체화된 인지 수준을 기반으로 한 대인관계 상호작용의 유형 분류 체계를 구축했으며, 이를 통해 고고학적 기록의 패턴에 대한 기대를 이끌어냈다. 그 결과는 사회 인지의 중요한 구성요소에 대한 가계도를 제공하고 진화 적응의 가설 환경뿐만 아니라 발전의 실제 맥락에 관한 토론을 가능하게 하는 연속적으로 더 강력한 호미닌 이론의 진화 시퀀스이다. 카렌레이 오버만Karenleigh Overmann(2013, 2016a, 2016b, 2017, 이 책의 제20장을 보라)은 숫자인지에 관한 기본적인 사실들로 수치 분석을 시작하고, 그러한 생각이 어떻게 구체화되고 물질적인 자원을 통해 진화했을 수 있는지에 대한 가설을 개발한 다음, 증거를 찾기 위해 민족지학 그리고 고고학 기록을 뒤졌다. 그 결과는 숫자인지의 표준(그러나 불충분한 결정밖에 못 내리는) '언어 우선' 모델에 도전하는 강력한 모델이다. 흥미롭게도, 오버만의 모델은 호미닌 진화를 위한 신성불가침의 홍적세 끝부분 종말기를 유쾌하게 지우고 청동기시대까지 이어지는 인지의 중요한 진화적 발전을 문서화한다. 이것은 단지 두 가지 예에 불과하지만, 그들은 ECA의 잠재력을 강조한다. ECA는 호미닌 진화의 표준 내러티브를 풍부하게 할 뿐만 아니라, 마음의 진화를 이해하기 위한 틀로서의 표준 내러티브 자체의 유용성에 도전한다. ECA는 또한 진화심리학에 대한 중요한 대안을 제공한다. 진화심리학은 좁은 다윈주의, 적응주의적인 접근을 위해 고인류학적인 기록을 대부분 무시한다. 그러나 진화심리와 동등한 입장에서 참여하기 위해, ECA는 고고학적 해석의 사후 분석 재정리뿐만 아니라 인지 이론과 개념에서 시작하여 고고학적으로 가시적인 행태에 대한 예측을 생성하고 고고학적 기록을 조사해야 하며 증거를 요구한다.

인지 이론에 대한 진지한 의지를 가진 사람들을 포함한 ECA 실무자들은 종종 지속적인 문제에 직면한다. 인지신경과학의 실험 표적은 고고학자들이 자료에서 정기적으로 접하는 활동의 종류와 문제 해결을 거의 포함하지 않는다. 돌떼기, 식물 채집, 작은 포유동물들을 위한 덫 설치, 색칠을 위한 오커 발견은 심리학자들이 학부 참가자들에게 요구하는 종류의 것이 아니다. 공정하게 말하면, 심리학자들은 실제와 관련이 있는 실험 프로토콜(예를 들어, 스트룹 과제는 참가자들에게 색상과 매칭되지 않는 다른 색깔 단어를 제시하는데, 현실 세계에서 거의 마주치지 않는 실험은 아니다)을 통해 '생태학적으로 타당한' 활동을 연구하기 시작했지만, 지금까지 이러한 연구 대부분은 고고학자가 볼 수 없는 행동에 초점을 맞추고 있다(예: Bethlehem et al., 2017). 고고학자가 볼 수 없는 생태학적 타당성은 EP의 주요 관심사 중 하나이며, 놀랄 것도 없이, 연구는 EP에 항상 울려 퍼지는 주제, 즉 짝 선택, 이타주의, 성 차이 등에 초점을 맞추고 있다. 물론, 진화심리학자들이 고고학자들과 관련된 활동들을 연구할 것이라고 기대할 이유는 없지만, 이것은 분명 좋을 것이다. 고고학자들은 그들 자신을 위해 이것을 해야 할 것이다. 그리고 이것은 ECA라는 방법론적인 테셀레이션tessellation[245]에서 가장 큰 손실된 조각이다.

고고학자들은 그들만의 실험적인 작업을 하기 시작했다. 앞에서 언급한 바와 같이, 린 와들리Lyn Wadley(Wadley et al., 2009)와 같은 고고학자들은 선사시대 기법 활동의 실제적인 복제로 눈을 돌렸다. 방법론적으로, 이 접근법은 인지신경과학보다 민족지학 그리고 인지 인류학과 더 많이 공유하며 종종 인지 기전의 **사후분석** 발동을 요구한다. 고고학자들은 또한 인지신경과학에 기반을 둔 실험 프로토콜을 사용하기 시작했다. 모르간과 동료들(Morgn et al., 2015)과 푸트와 동료들(Putt, Woods, & Franciscus, 2014)은 최근 돌떼기에서 서로 다른 학습 그리고 교육 전략의 효과를 실험했으며, 스타우트와 동료들Stout and colleagues(Hecht, Gutman, Khreisheh, et al., 2015; Stout et al., 2015)은 신규 참가자들이 돌떼기를 배우고 그 진행의 일정한 지점에서 실험되는 오랫동안 사용한 연구를 실행했다. 이것은 만약 ECA가 호미닌 진화의 표준 서사를 풍부하게 할 뿐만 아니라 인지신경과학 전반에 기여하기를 바란다면 반드시 가야 할 방향이다. 사실, 그것은 고고학적인 **세계관**

245 기하학적 도형을 반복적으로 배열하여 틈이나 겹침 없이 평면이나 공간을 완벽하게 덮는 것(역자 주).

Weltanschauung의 변경을 필요로 할지도 모른다. 그곳에서 연구원들은 스스로를 스키너B. F. Skinner보다는 인디애나 존스라고 본다. 그러나 보상은 훨씬 더 효과적인 인지고고학일 것이다.

물론, ECA가 인지신경과학과 제휴할 필요는 없다. 사실, 고고학적 자료에 더 순응할 수 있는 마음의 본질에 대한 대체적인 이해가 있다. 인지신경과학은 마음의 본질에 대해 데카르트적인 입장을 취한다. 생각은 머리에 단단히 자리 잡은 뇌에서 일어난다. 그러나 지난 25년 동안, 비-데카르트인들의 마음에 대한 이해는 점점 더 많은 영향을 끼쳤다. 인지에 대한 '체화된' 그리고 '확장된' 접근은 신체와 물질적 대상이 정신생활에서 하는 적극적이고 불가분의 역할을 강조한다. 우리가 생각하는 방식은 우리 몸이 할 수 있는 것과 인공물들이 할 수 있는 것에 의해 가능해진다. 고고학자에게 그러한 관점의 이점은 명백해야 한다. 고고학자들은 물체를 발견한다. 그리고 만약 선사시대 물체가 선사시대 생각에서 역할을 했다면, 고고학자들은 생각의 실제 구성요소들을 찾고 있다. 이 접근법에 대한 가장 정교한 고고학적 관점은 람브로스 말라푸리스Lambros Malafouris의 물질적 연계성 이론(Malafouris, 2013)으로 진화 기록의 이해에 실질적인 기여하기 시작했다(Malafouris, 2008; Overmann, 2016a; Roberts, 2016). 다른 사람들도 있다. 최근 브릴과 동료들Bril and colleagues은 데이비드슨과 노블Davidson and Noble(1989)이 ECA에서 특히 돌떼기의 일반적 그리고 기원에서 도구 사용을 조사하기 위해 처음 사용한 관점인 깁슨학파 지각 심리학(Bril et al., 2012; Bril, Parry, & Dietrich, 2015)을 생산적으로 사용했다.

ECA 실무자들이 취할 수 있는 마지막 조치는 인지과학에 대한 그들의 가치를 전반적으로 강화시킬 수 있고, 아마도 그 자체로 실행 가능한 과학적 학문으로서 접근 방식을 확립할 수 있을 것이다. 표준 고인류학적인 서술은 버려야 한다. 너무 많은 ECA가 네안데르탈인 **호모 에렉투스**, 심지어 **오스트랄로피테쿠스**의 마음을 설명하는 데 목적을 두고 있다. 이러한 재구성은 아마도 재미있겠지만, 장기적으로는 그다지 유용하지 않다. 초기 호미닌의 마음에 대한 완전한 그림은 네안데르탈인처럼 잘 알려진 호미닌에게도 도달할 수 없다. 그러나 인지의 개별적인 구성요소들은 접근 가능하고, 일반적으로 인지과학에 상당한 관심을 가진다. 예를 들어, 인지조절의 강화가 호미닌 진화의 여러 지점에서 발생했다는 것을 아는 것은 과학이 그것들이 발생한 상황을 식별할 수 있게 한다. 그것은 또한 인간의 정신생활에서 인지조절의 중요성에 관한 주장에 힘을 실어준다. 이러한 방식으로 ECA는 마음의 과학적 이해에 심대한 기여할 수 있다.

예언은 특히 아직 성숙되지 않은 방법론적 접근 방식과 관련된 경우 위험한 과제이다. ECA는 고인류학에서 소수의 관점으로 계속되어 표준 서술에 필요한 인지적 내용을 추가하지만, 일반적으로 인지과학에 간간이 기여하게 될 것으로 보인다. 그러나 ECA 실무자들이 마음 그 자체의 이해에 중요한 기여를 하고자 한다면, 인지 이론과 실험 방법에 훨씬 더 진지한 약속을 할 필요가 있을 것이다.

참고문헌

Ambrose, S. H. (2010). Coevolution of composite-tool technology, constructive memory, and language: Implications for the evolution of modern human behavior. *Current Anthropology*,

51(S1), S135–S147.

Bethlehem, R. A. I., Allison, C., van Andel, E. M., Coles, A. I., Neil, K., & Baron-Cohen, S. (2017). Does empathy predict altruism in the wild? *Social Neuroscience, 12*(6), 743–750.

Bril, B., Parry, R., & Dietrich, G. (2015). How similar are nut-cracking and stone-flaking? A functional approach to percussive technology. *Philosophical Transactions of the Royal Society of London. Series B, Biological Sciences, 370*(1682), 1–13.

Bril, B., Smaers, J., Steele, J., Rein, R., Nonaka, T., Dietrich, G., . . . Roux, V. (2012). Functional mastery of percussive technology in nut-cracking and stone-flaking actions: Experimental comparison and implications for the evolution of the human brain. *Philosophical Transactions of the Royal Society of London. Series B, Biological Sciences, 367*(1585), 59–74.

Burke, A. (2012). Spatial abilities, cognition and the pattern of Neanderthal and modern human dispersals. *Quaternary International, 247*, 230–235.

Cole, J. (2014). The identity model: A theory to access visual display and hominin cognition within the Palaeolithic. In R. I. M. Dunbar, C. Gamble, & J. A. J. Gowlett (Eds.), *Lucy to language: The benchmark papers* (pp. 90–107). Oxford, UK: Oxford University Press.

Cole, J. (2015). Handaxe symmetry in the Lower and Middle Palaeolithic: Implications for the Acheulean gaze. In F. Coward, R. Hosfield, M. I. Pope, & F. Wenban-Smith (Eds.), *Settlement, society and cognition in human evolution: Landscapes in mind* (pp. 234–257). Cambridge, UK: Cambridge University Press.

Cole, J. (2017). Accessing hominin cognition: Language and social signalling in the Lower to Middle Paleolithic. In T. Wynn & F. L. Coolidge (Eds.), *Cognitive models in Palaeolithic archaeology* (pp. 157–195). New York: Oxford University Press.

Coolidge, F. L., & Wynn, T. (2001). Executive functions of the frontal lobes and the evolutionary ascendancy of *Homo sapiens*. *Cambridge Archaeological Journal, 11*(3), 255–260.

Coolidge, F. L., & Wynn, T. (2016). An introduction to cognitive archaeology. *Current Directions in Psychological Science, 25*(6), 386–392.

Davidson, I., & Noble, W. (1989). The archaeology of perception: Traces of depiction and language. *Current Anthropology, 30*(2), 125–155.

De Smedt, J., & de Cruz, H. (2011). The role of material culture in human time representation: Calendrical systems as extensions of mental time travel. *Adaptive Behavior, 19*(1), 63–76.

Gärdenfors, P., & Högberg, A. (2017). The archaeology of teaching and the evolution of *Homo docens*. *Current Anthropology, 58*(2), 188–208.

Greenfield, P. M. (1991). Language, tools and brain: The ontogeny and phylogeny of hierarchically organized sequential behavior. *Behavioral and Brain Sciences, 14*(4), 531–595.

Haidle, M. N. (2009). How to think a simple spear. In S. A. de Beaune, F. L. Coolidge, & T. Wynn (Eds.), *Cognitive archaeology and human evolution* (pp. 57–74). Cambridge, UK: Cambridge University Press.

Haidle, M. N. (2014). Building a bridge—An archeologist's perspective on the evolution of causal cognition. *Frontiers in Psychology, 5*(1472), 1–15.

Hecht, E. E., Gutman, D. A., Bradley, B. A., Preuss, T. M., & Stout, D. (2015). Virtual dissection and comparative connectivity of the superior longitudinal fasciculus in chimpanzees and humans. *NeuroImage, 108*, 124–137.

Hecht, E. E., Gutman, D. A., Khreisheh, N., Taylor, S. V, Kilner, J., Faisal, A. A., . . . Stout, D.

(2015). Acquisition of Paleolithic toolmaking abilities involves structural remodeling to inferior frontoparietal regions. *Brain Structure and Function, 220*(4), 2315–2331.

Hecht, E. E., Murphy, L. E., Gutman, D. A., Votaw, J. R., Schuster, D. M., Preuss, T. M., . . . Parr, L. A. (2013). Differences in neural activation for object-directed grasping in chimpanzees and humans. *Journal of Neuroscience, 33*(35), 14117–14134.

Henshilwood, C. S., & Dubreuil, B. (2011). The Still Bay and Howiesons Poort, 77-59 ka: Symbolic culture and the evolution of the mind during the African Middle Stone Age. *Current Anthropology, 52*(3), 361–400.

Hodgson, D. (2010). Another side of symmetry: The Acheulean biface debate. *Antiquity, 84*, 325.

Lombard, M., & Haidle, M. N. (2012). Thinking a bow-and-arrow set: Cognitive implications of Middle Stone Age bow and stone-tipped arrow technology. *Cambridge Archaeological Journal, 22*(2), 237–264.

Malafouris, L. (2008). Beads for a plastic mind: The "blind man"s stick' (BMS) hypothesis and the active nature of material culture. *Cambridge Archaeological Journal, 18*(3), 401–414.

Malafouris, L. (2013). *How things shape the mind: A theory of material engagement.* Cambridge, MA: MIT Press.

McBrearty, S., & Brooks, A. S. (2000). The revolution that wasn't: A new interpretation of the origin of modern human behavior. *Journal of Human Evolution, 39*(5), 453–563.

Moore, M. W. (2011). The design space of stone flaking: Implications for cognitive evolution. *World Archaeology, 43*(4), 702–715.

Moore, M. W., & Perston, Y. (2016). Experimental insights into the cognitive significance of early stone tools. *PLoS One, 11*(7), 1–37.

Morgan, T. J. H., Uomini, N. T., Rendell, L. E., Chouinard-Thuly, L., Street, S. E., Lewis, H. M., . . . Laland, K. N. (2015). Experimental evidence for the co-evolution of hominin toolmaking teaching and language. *Nature Communications, 6*(6029), 1–18.

Muller, A., Clarkson, C., & Shipton, C. (2017). Measuring behavioural and cognitive complexity in lithic technology throughout human evolution. *Journal of Anthropological Archaeology, 48*, 166–180.

Noble, W., & Davidson, I. (1996). *Human evolution, language, and mind: A psychological and archaeological inquiry.* Cambridge, UK: Cambridge University Press.

Opitz, R. (2017). An experiment in using visual attention metrics to think about experience and design choices in past places. *Journal of Archaeological Method and Theory, 24*(4), 1203–1226.

Overmann, K. A. (2013). Material scaffolds in numbers and time. *Cambridge Archaeological Journal, 23*(1), 19–39.

Overmann, K. A. (2016a). Beyond writing: The development of literacy in the Ancient Near East. *Cambridge Archaeological Journal, 26*(2), 285–303.

Overmann, K. A. (2016b). The role of materiality in numerical cognition. *Quaternary International, 405*, 42–51.

Overmann, K. A. (2017). Materiality and numerical cognition: A material engagement theory perspective. In T. Wynn & F. L. Coolidge (Eds.), *Cognitive models in Palaeolithic archaeology* (pp. 89–112). Oxford, UK: Oxford University Press.

Putt, S. S., Woods, A. D., & Franciscus, R. G. (2014). The role of verbal interaction during experimental bifacial stone tool manufacture. *Lithic Technology, 39*(2), 96–112.

Roberts, P. (2016). "We have never been behaviourally modern": The implications of material engagement theory and metaplasticity for understanding the Late Pleistocene record of human behaviour. *Quaternary International, 405*, 8–20.

Rossano, M. (2017). Cognitive fluidity and Acheulean over-imitation. *Cambridge Archaeological Journal, 27*(3), 495–509.

Ruck, L. (2014). Manual praxis in stone tool manufacture: Implications for language evolution. *Brain and Language, 139*, 68–83.

Shipton, C. (2010). Imitation and shared intentionality in the Acheulean. *Cambridge Archaeological Journal, 20*(2), 197–210.

Stout, D., & Chaminade, T. (2012). Stone tools, language and the brain in human evolution. *Philosophical Transactions of the Royal Society of London. Series B, Biological Sciences, 367*(1585), 75–87.

Stout, D., Hecht, E. E., Khreisheh, N., Bradley, B. A., & Chaminade, T. (2015). Cognitive demands of Lower Paleolithic toolmaking. *PLoS One, 10*(4), 1–18.

Stout, D., Passingham, R. E., Frith, C. D., Apel, J., & Chaminade, T. (2011). Technology, expertise and social cognition in human evolution. *European Journal of Neuroscience, 33*(7), 1328–1338.

Twomey, T. (2013). The cognitive implications of controlled fire use by early humans. *Cambridge Archaeological Journal, 23*(1), 113–128.

Vaesen, K. (2012). Cooperative feeding and breeding, and the evolution of executive control. *Biology and Philosophy, 27*(1), 115–124.

Villa, P., & Roebroeks, W. (2014). Neandertal demise: An archaeological analysis of the modern human superiority complex. *PLoS One, 9*(4), 1–10.

Wadley, L., Hodgskiss, T., & Grant, M. (2009). Implications for complex cognition from the hafting of tools with compound adhesives in the Middle Stone Age, South Africa. *Proceedings of the National Academy of Sciences of the United States of America, 106*(24), 9590–9594.

Wynn, T. (1979). The intelligence of later Acheulean hominids. *Man, 14*, 371–391.

Wynn, T. (2010). The evolution of human spatial cognition. In F. L. Dolins & R. W. Mitchell (Eds.), *Spatial cognition, spatial perception: Mapping the self and space* (pp. 213–236). Cambridge, UK: Cambridge University Press.

Wynn, T., & Coolidge, F. L. (2010). Beyond symbolism and language: An introduction to Supplement 1, Working Memory. *Current Anthropology, 51*(S1), S5–S16.

Wynn, T., Haidle, M. N., Lombard, M., & Coolidge, F. L. (2017). The expert cognition model in human evolutionary studies. In T. Wynn & F. L. Coolidge (Eds.), *Cognitive models in Palaeolithic archaeology* (pp. 21–43). Oxford, UK: Oxford University Press.

Wynn, T., Overmann, K. A., & Coolidge, F. L. (2016). The false dichotomy: A refutation of the Neandertal indistinguishability claim. *Journal of Anthropological Sciences, 94*, 1–21.

| 찾아보기 |

(ㄱ)

(ㄴ)

(ㄷ)

(ㄹ)

(ㅁ)

(ㅂ)

(ㅅ)

(ㅇ)

(ㅈ)

(ㅊ)

(ㅋ)

(ㅌ)

(ㅍ)

(ㅎ)

(A)

(V)

(W)

(Y)

| 지은이 |

카렌레이 오버만 Karenleigh A. Overman

옥스퍼드대학교에서 고고학 박사학위를 받았으며, 콜로라도대학교 콜로라도스프링스[UCCS]에서 인류학, 철학, 영어 학사 학위를 받았다. UCCS 센터의 창립 회원이며, 2018년 6월 노르웨이 베르겐대학교에서 MSCA(Marie Sklodowska-Curie Actions) 펠로우십을 시작했다. 주요 연구는 뇌, 행동, 물질 형태 사이의 지속적 상호작용을 통해 나타나는 복잡한 문화 체계로서의 수학과 문해 능력을 연구한다. 이전 경력은 미 해군에서 통신-전자 작업을 수행했고, 기간제 의무 장교로 복무하다 25년간의 현역 생활을 은퇴했다.

프레데릭 쿨리지 Frederick L. Coolidge

플로리다대학교에서 박사학위를 받았고 임상 신경심리학에서 2년간 박사 후 과정을 수료했다. 풀브라이트 펠로우상을 세 번 받았으며, 콜로라도대학교에서 세 번의 교육상과 두 번의 연구상을 받았다. 2015년에는 옥스퍼드대학교(케블 칼리지) 수석 방문 학자로, 2014년에서 2018년에는 인도 공과대학교 간디나가르 수석 방문 학자로 임명받았다.

| 옮긴이 |

이성근

고려대학교 의과대학을 졸업하고 정신건강의학과 전문의로 현재 형주병원 병원장이다. 형주병원에서 정신질환으로 고통 받고 있는 환자, 주로 정신병과 알코올 중독 환자들을 치료하고 있다. 불완전한 인간들이 조화를 이루는 사회가 되기를 바라며, 환자가 알에서 깨어나 나비처럼 자유롭게 어울리며 살아가도록 명상과 진화 연구에 힘쓰고 있다.

오미경

대학원을 졸업하고 가족의 보다 나은 복지를 위한 연구에 매진하고 있다.

이승현

항생제의 세대별 작용과 부작용 등을 공부하고 있다.

이수빈

식품과 산업 등을 공부하고 있다.

돌에서 짜내는 마음

초판 1쇄 인쇄 2024년 1월 24일
초판 1쇄 발행 2024년 1월 31일

지은이 | 카렌레이 A. 오버만, 프레데릭 L. 쿨리지
옮긴이 | 이성근, 오미경, 이승현, 이수빈
펴낸이 | 소정영

펴낸곳 | 도서출판 하나의학사
출판신고 | 1988년 4월 1일 제2022-000082호

주소 | 서울특별시 송파구 동남로 159, 302호(한흥빌딩)
전화 | 02-730-2555, 2556 **팩스** | 02-730-2557
이메일 | hanampc1@naver.com
홈페이지 | www.hanampc.co.kr

ISBN 979-11-91658-36-1 93120